750007173 6
U0920887

中国企业文化研究会

中国企业文化研究会名誉理事长薄一波（右）和韩天石（左）在一起

中国企业文化研究会名誉理事长韩天石、常务副理事长张大中在企业考察

中国企业文化研究会常务副理事长张同舟同志在“企业文化与经济效益研讨会”上讲话

中国企业文化研究会一届二次理事会暨学术研讨会代表合影（1990 年 5 月于鞍山）

首届中国企业文化社团组织秘书长联席会议代表合影（1993 年 6 月于山东淄博）

中国企业文化研究会第一次会员代表大会（1988 年 11 月）。黄华、韩天石、李锐、张大中、郑必坚等领导在主席台就座

韩天石、季羡林、张大中、张岱年、王济夫、张同舟等与“儒家文化与现代企业管理学术研讨会”（1995 年 5 月于北京）代表合影

“企业改革难点问题与企业文化”高级研讨会（1999年6月于苏州）。胡平、张大中等领导在主席台就座

“企业文化与管理创新研讨会暨《中国企业文化大辞典》出版座谈会”（2000年1月于北京）。全国人大常委会副委员长费孝通、成思危，全国政协副主席孙孚凌，中国企业文化研究会领导韩天石、胡平、张大中，著名经济学家王珏等在主席台就座

“中外企业文化2003年青岛峰会”会场

“中青年学者企业文化论坛首届研讨会”（2001年6月于北京）。中国企业文化研究会常务副理事长兼秘书长孟凡驰在主席台就座

“中国企业文化研究会第二次会员代表大会”（1992年11月于北京）代表合影

海尔集团首席执行官张瑞敏在“中外企业文化2003青岛峰会”上演讲

荣获中国企业文化建设20年“建设实践奖”的企业领导在主席台领奖

中国石油天然气集团公司

CHINA NATIONAL PETROLEUM CORPORATION

创造能源与环境的和谐

培育石油特色企业文化，加快具有国际竞争力跨国企业集团建设

中国石油天然气集团公司坚持以邓小平理论和“三个代表”重要思想为指导，以人为本，继承创新，着力构建具有鲜明时代特征和石油特色的企业文化，为全面建设具有国际竞争力的跨国企业集团提供持久、强劲的动力。

20世纪50年代，石油人建起了被誉为中国石油工业摇篮的玉门油田，培育了“玉门精神”。20世纪60年代开始的大庆石油会战，以铁人王进喜为代表的数万名石油职工，以“宁肯少活二十年，拼命也要拿下大油田”的英雄气概，鏖战三年，一举甩掉了贫油国的帽子。

在一场场艰苦卓绝的石油大会战中，在一次次开拓国内外市场的竞争中，石油人将不畏艰苦、勇于拼搏的革命英雄主义同科学求实、埋头苦干的优良作风相融合，将爱国奉献的伟大情怀融入到石油工业的发展实践中，形成了以大庆精神为核心内容的中国石油企业文化。

1998年中国石油天然气集团公司经过重组，成为上下游、内外贸、产销一体化的企业法人实体和市场竞争主体。在新的发展时期，中国石油天然气集团公司在改革与发展的实践中，实施企业文化战略，赋予“爱国、创业、求实、奉献”大庆精神新的时代内涵，形成了“诚信、创新、业绩、和谐、安全”的核心经营理念，将厚实的文化力转化为现实生产力、核心竞争力和推动企业改革发展的强大动力。

2003年，中国石油天然气集团公司在世界前50位大石油公司的排名由1998年的第16位上升到第9位；在世界企业500强排名从第81位上升到第69位；在中国企业500强中，中国石油天然气集团公司名列首位。

“新时期铁人”王启民

“当代青年的榜样”秦文贵

在新的历史阶段，石油英模层出不穷，“新时期铁人”王启民、“当代青年的榜样”秦文贵是其中杰出的代表，从“五面红旗”到“百面红旗”激励百万石油人开拓奋进

“大庆精神”、“铁人精神”激励几代石油人为中国石油工业的发展顽强拼搏

不断创新的科学技术成果，支撑中国石油集团公司快速发展

大力实施“走出去”战略，石油人勇闯海外市场，已在33个国家和地区进行石油投资经营、工程承包和技术服务

西气东输工程是国家重点工程，管道建设者高扬“大庆精神”的旗帜，攻克了一道道难关，2004年10月1日，全线建成投产

具有强大发展动力的中国石油天然气集团公司

中国空间技

中国载人航天工程于1992年经党中央、国务院批准正式启动。由航天科技集团公司中国空间技术研究院负责抓总研制工程中的载人飞船系统，截至1998年底，完成了各种技术状态下的地面试验，并建立了载人飞船研制试验体系。江泽民同志亲临北京空间技术研制试验中心视察，并为中国载人飞船亲笔题名“神舟”二字，党中央的亲切关怀极大地鼓舞了“神舟”飞船的全体研制人员。1999年11月20～21日，中国载人航天工程第一艘神舟飞船无人飞行试验获得了圆满成功。2001年底至2003年初又相继研制并发射成功了神舟二号、三号和四号无人试验飞船，为实施载人航天打下了坚实的基础。

神舟五号飞船首次载人航天飞行取得圆满成功。实现了中华民族千年飞天的梦想！

术研究院

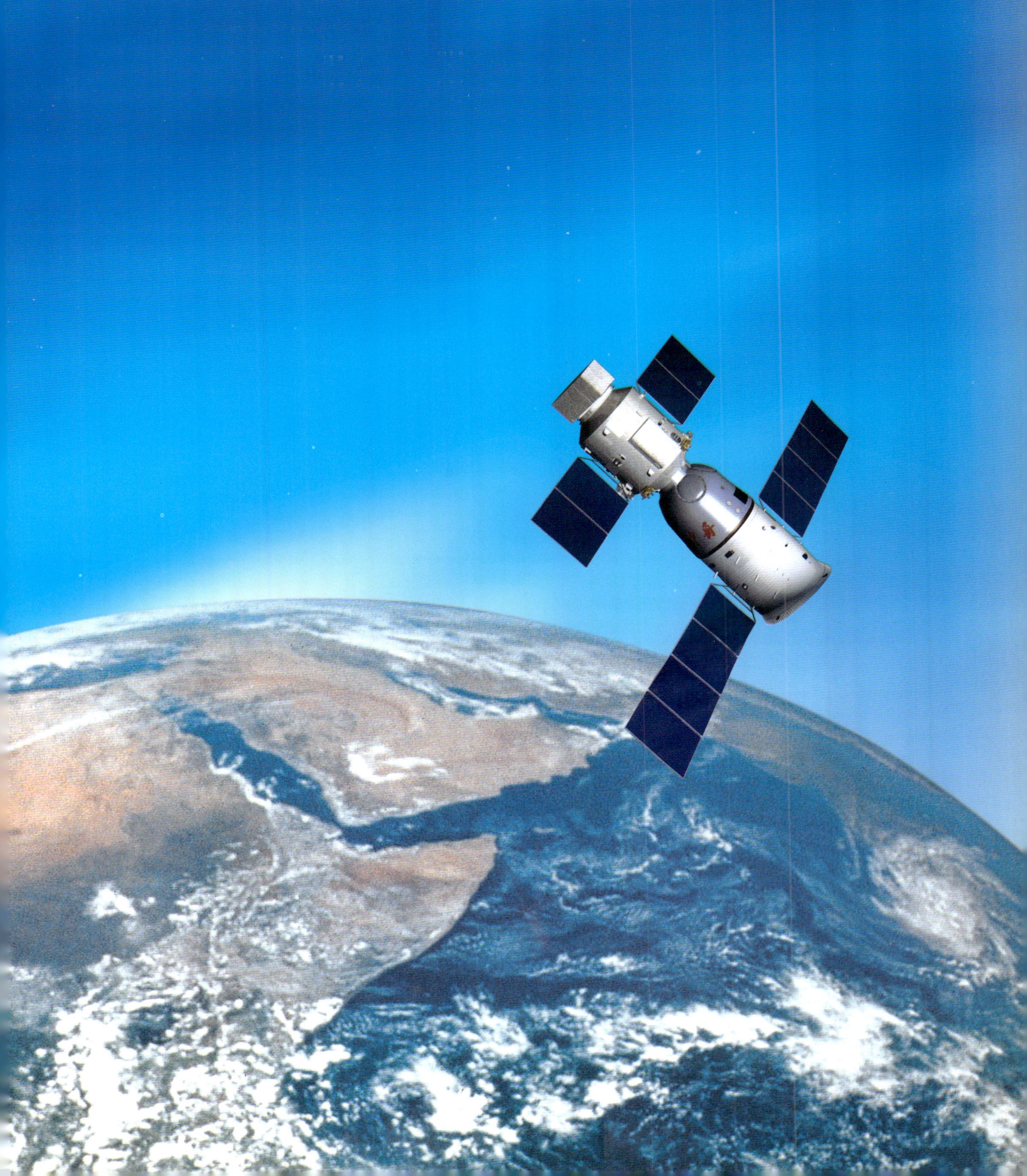

北京燕山石化公司

200 万吨／年重油催化裂化装置

公司领导与基层同志交流以党的“十六大”精神为指导，加强企业文化建设的情况

71 万吨／年乙烯装置

DCS 操作室

20 万吨／年聚丙烯装置

合成橡胶生产线一角

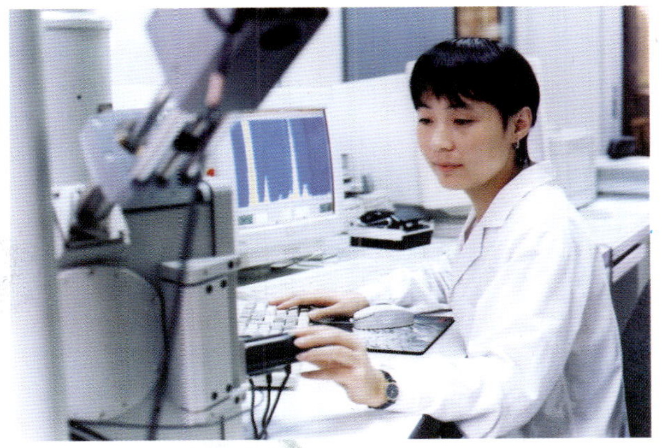

加强技术创新，不断提高企业技术含量

合成树脂包装线

昔日的污水库，今日的水上乐园

职工自编自演的
文艺节目

石家庄电业局

陈郁同志：

转来石家庄电业局全体职工给我的信及天津电业局第三发电厂全体职工给我的签名信，均已收到。请你转告两处电业职工同志们，感谢他们的好意，希望他们团结一致，努力作为完成国家的任务和改善自己的生活而奋斗。

毛泽东 一九五〇年十一月十日

毛泽东主席的亲笔信是企业宝贵恒久的精神财富

国家电监会主席柴松岳（右一）视察全国精神文明建设示范点、国家电网公司优质服务十大标兵集体——石家庄电业局桥东营业大厅

抗击“非典”献爱心

积极参加“百企承诺、万人签名、共筑诚信石家庄”大型宣传活动

95598 服务热线——与客户沟通的桥梁

石家庄电业局是国家特大型企业。多年来坚持“人民电业为人民”宗旨，努力培育“以德为魂”的供电特色企业文化，弘扬“人人敢为天下先，事事争创第一流”的企业精神，促进了企业的全面发展。先后荣获全国思想政治工作优秀企业、全国创建文明行业先进单位、全国一流供电企业、全国用户满意服务单位等多项殊荣。

参加省公司“优质服务是电网企业生命线”演示竞赛并获第一名

电网安全运行的保护神

庆“七一”光明行文艺汇演：歌伴舞《电哥哥》

局领导班子成员

职工和上海明德学习型组织研究所所长张声雄（右三）教授探讨交流学习体会

山东黄台火力发电厂

被誉为泉城明珠的山东黄台火力发电厂位于济南市东部新城区，北邻黄河，东邻济南国际机场。多年来，该厂一直坚持发展与环保并重的方针，在环保治理方面投入了巨额资金，极为有效地改善了济南市的环境质量，成为当地人津津乐道的“绿色电厂”。目前该厂正朝着现代化工业花园的目标迈进。

建厂40多年来，该厂始终坚持“以人为本，安全第一，效益至上”的企业宗旨，企业两个文明建设硕果累累。连续多年保持省级文明单位称号和省级优秀政工企业称号；1996年获全国优秀政工企业称号；1998年被国家电力公司授予“全国电力双文明单位”和“全国一流火力发电厂”称号；2001年，该厂“三维立体”的黄电文化被有关学者认为是中国企业文化建设第五大模式，黄台电厂被命名为“中国企业文化建设示范基地”；2002年获全国五一劳动奖状。

发展规划图

8号机组烟气脱硫外貌

300MW机组控制室

厂区

300MW 汽轮发电机组

供热转换站

环境优美的厂区

锅炉磨煤机

污水处理

黄台电厂鸟瞰

鲁能黄泰茶艺馆

引进德国先进的 R9001 型全自动砌块生产线

职工教育培训中心

北京十三陵蓄能电厂

北京十三陵蓄能电厂位于北京市昌平区。电厂把十三陵水库作为下池，在水库左岸蟒山顶修建一座库容445万立方米的上池。上池与下池最大落差481米，水道系统与地下厂房建在蟒山岩体内。电厂是华北电网最大的抽水蓄能电厂，自1997年6月四台机组全部投产以来，圆满完成了华北电力集团公司下达的生产任务和各项指标，取得了显著的经济效益和社会效益，为保首都政治供电任务和提高电网供电质量发挥了重要作用。北京十三陵蓄能电厂是华北电网第一个实现“四遥”（遥调、遥控、遥信、遥测）的电厂。北京十三陵蓄能电厂荣获国家电力公司和首都精神文明建设委员会授予的“一流水力发电厂”、“首都文明单位”、“首都文明单位标兵”称号。

电厂尾水进／出水口

电厂上池

电厂地下厂房

电厂下池——十三陵水库

潍坊四棉纺织有限公司

潍坊四棉纺织有限公司是全国棉纺织行业前50强排头兵企业，是年销售收入超6亿元的大型企业。公司始终坚持“诚信为本，以义生利”的经营风格和“100−1=0；要讲究不要将就；做足做好小事情”的管理风格，发扬“超越自我，追求完美，创新求优，馈效社会”的四棉精神，企业保持了持续快速健康发展的良好势头，先后获得了全国五一劳动奖状、全国500家最大工业企业、山东省行业实力10强、省级文明单位等近百项荣誉称号。

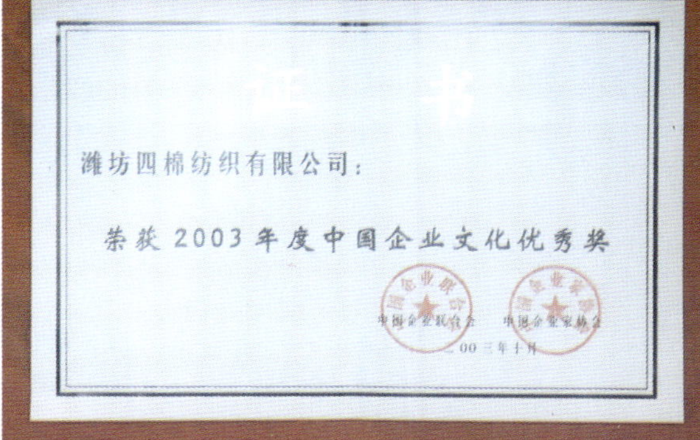

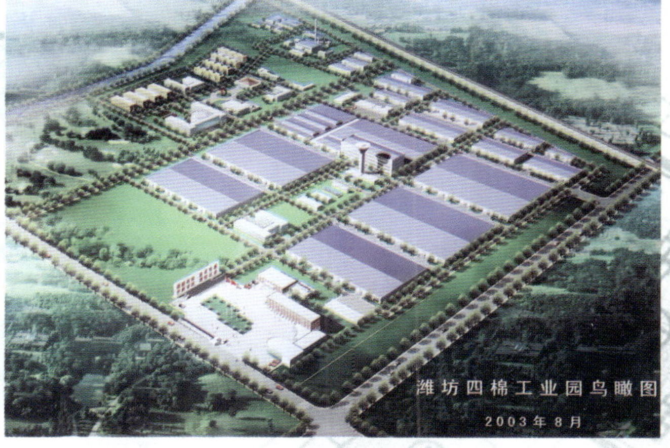

山东真情集团有限公司

全纺劳动模范，董事长马小平

山东真情集团公司是集针织、染整和缝制技术于一体的外向型针织内衣企业。现已配置了从日本、美国、德国等国家和香港、台湾地区引进的具有当今世界领先水平的针织、染整和缝制设备200多台套，具有雄厚的技术实力。总资产3亿元，年生产能力2500万件针织内衣。是山东省纺织系统出口骨干、创汇大户和管理示范单位，综合经济及实力位居全省同行业前列，也是全国同行业的知名企业，曾荣获“富民兴鲁劳动奖状”、“全国纺织系统双文明建设先进单位”、“全国质量效益型先进企业”、“山东省文明单位”、“山东省企业文化建设示范单位”等称号。

中外企业文化的友好使者——中央电视台经济频道《中国财经报道》

CCTV—2《中国财经报道》

——中国第一财经时事评论栏目

——不落幕的经济高峰论坛

姜诗明——《中国财经报道》的制片人、主任记者，多年从事电视经济报道，主创了《时代的大潮》、《中国质量万里行》等节目，担任了《架金桥 觅知音》、《收获——中国农村小康纪实》、《试点追踪》和3.15晚会《世纪的力量》等大型系列节目的总编导，并多次在全国获奖

《中国财经报道》播出专题节目《企业文化助推中国企业竞争力》。中国文化力研究第一人贾春峰教授、中国企业文化研究会常务副理事长兼秘书长孟凡驰教授在中央台录制节目

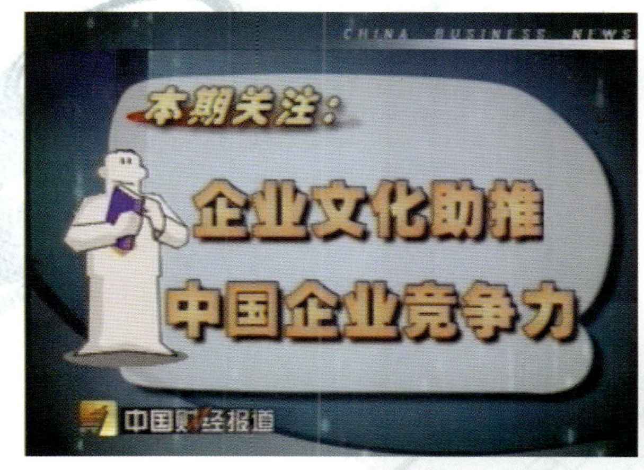

《中国财经报道》推出寻找“聪明的生意”系列节目，讲述普通人充满智慧的创业故事，广大观众踊跃参与

加强企业文化建设的权威范本
提升企业员工素质的最佳路径

中国企业文化研究会会刊——

《企业文化》

《企业文化》简介：

中国企业文化研究会会刊《企业文化》杂志，是全国同类刊物中创刊最早、影响最大、理论探索最具权威性、企业管理最具实用性的文化管理类国家级期刊。

本刊由国内外著名企业家、理论家、经济学家及各界知名人士为顾问，由中外著名企业鼎力相助，并拥有一支熟企业、懂管理、献身于企业文化建设事业的采编队伍。同时，《企业文化》拥有最具影响力的读者群，其中包括世界排名500强企业，国内外著名企业的管理者，经济文化理论的研究者，以及各级政府主抓经济工作的领导者。

栏目简述：

理论版的栏目有理论新知、文化论坛等，主要介绍国内外企业文化建设的最新研究成果，视角新，具有前沿性。

企业文化实践版的栏目有案例经典、管理漫谈等，展示丰富多彩的企业文化建设案例，突出个性化、形象化，可读性强。

企业版的栏目有焦点企业、行业分析、营销策略等，读者在这里可以看到国内外著名企业改革发展的成功经验和失败教训，以及市场营销的成败得失。

企业文化杂志社地址：北京市西城区德外六铺炕北小街5号华信电力大厦西二楼

邮编 100011

电话 （010）82011404

传真 （010）82011404

http: // www.qywh.net

E-mail master@qywh.net

Qywhzzs@0451.com

中外企业文化
CHINESE & FOREIGN CORPORATE CULTURE
本刊宗旨：为企业发展服务 与企业发展同行
舒展眉头
——看看人家的做法?

中国企业文化年鉴

袁宝华题

ZHONGGUO QIYE WENHUA NIANJIAN

2004

中 国 企 业 文 化 研 究 会　编

中国大百科全书出版社

总编辑：徐惟诚　　社　长：田胜立

图书在版编目(CIP)数据

中国企业文化年鉴.2004/中国企业文化研究会编.—北京：中国大百科全书出版社，2004.9
ISBN 7-5000-7173-6

Ⅰ.中…　Ⅱ.中…　Ⅲ.企业文化-中国-2004-年鉴　Ⅳ.F279.23-54

中国版本图书馆 CIP 数据核字(2004)第 107787 号

责任编辑：满运新
责任印制：王丽荣
装帧设计：胡建斌

中国大百科全书出版社 出版
(北京阜成门北大街 17 号　邮政编码：100037　电话：010-68315606)
网址：http://www.ecph.com.cn
北京东远先行公司排版
北京兴达印刷有限公司印刷　新华书店经销
开本：889×1194 毫米　1/16　印张：33.75　彩插：20 面　字数：1300 千字
2004 年 10 月第 1 版　2004 年 10 月第 1 次印刷
印数：1-3000 册
ISBN 7-5000-7173-6/F·220
定价：280.00 元

《中国企业文化年鉴》编辑委员会

前　　言

企业文化作为一种管理理论、管理思想和管理方式，从上个世纪80年代初传入我国，至今已有20余年。中国的企业文化建设伴随着经济发展的脚步，贯穿于企业改革的过程之中，经历了“认知阶段”、“徘徊阶段”、“普及阶段”，走到今天的“深入阶段”，初步形成了具有中国特色的企业文化理论体系，积累了大量鲜活的企业文化建设经验。

目前，越来越多的企业家、有关部门的管理者、理论工作者、社团组织工作者，越来越深刻地意识到企业文化的重要作用，需要了解企业文化发展的理论沿革，需要借鉴企业文化建设的成功经验，需要学习推进企业文化建设的具体操作方法。作为“企业之家”和“企业家之友”的中国企业文化研究会，面对这种需求，决定与中国大百科全书出版社合作，编辑出版我国第一部《中国企业文化年鉴》。

中国企业文化研究会成立于1988年，是中国第一家具有法人资格的全国性企业文化社团。研究会的名誉理事长薄一波、韩天石同志担任年鉴编委会的名誉主任，研究会的顾问委员会作为年鉴编委会的顾问，由国内著名专家组成的研究会学术委员会委员作为年鉴编委会的学术指导委员会委员。

《中国企业文化年鉴》(2004)作为创刊号，以“三个代表”重要思想为指导，坚持企业文化界多年来一贯倡导的“以人为本”的理念，融理论指导性、具体操作性和实用资讯性为一体，较为全面地记录了中国企业文化建设20年的发展历程，总结了不同行业、不同所有制企业以文化力推动经济力的基本经验，集中展示了20年来中国企业文化的理论成就和实践成果。

全书分为四篇：

“特载篇”收录了有关领导和知名专家、企业家对企业文化的重要论述；

“理论篇”精选了20年来不同发展时期观点各异的企业文化理论文章；

“实践篇”精编了不同类型企业各具特色的建设案例、形象策划成果和营销策划案例；

“综合篇”介绍了全国不同行业和地方的企业文化社团组织、企业文化报刊及著作、企业歌曲等实用资讯；精选了部分行业、省市和企业推进企业文化建设的通知、意见及企业文化建设规划、企业文化宣言等；着眼于国际化和前瞻性，编辑了一组企业文化与SA8000(企业社会责任)的文章，以飨读者。

本年鉴作为首卷，选编资料时限为20世纪80年代至2003年末。为使读者及时了解企业文化最新资讯，我们将2004年国资委召开的“中央企业企业文化建设研讨交流会”和“以文化力推动经济力——振兴东北老工业基地研讨会”的重要内容，一并收录在本书中。“特载篇”中专家学者谈企业文化部分和“理论篇”的全部内容是以文章的发表时间排序的，其余内容排序均不分先后。《中国企业文化年鉴》作为一部大型综合性工具书和史料文献，采用文章和条目相结合的表达方式，力求做到言简意赅、可读性强。

我们希望读者从本书中，既能纵向了解中国企业文化建设的发展历程，包括理论形成的背景、发展阶段的划分、不同时期阶段性成果的状况等，又可以横向了解企业文化的内涵界定、重要意义，不同行业和地区企业文化的特点，以及企业文化战略规划的制定、推进企业文化建设的方法、企业形象设计的要义、企业文化的测评等操作实务的内容，还可以从“企业文化与人力资源开发”、“企业文化与建立学习型组织”、“企业文化与企业社会责任”等相关文章中得到一些有益的启示。

但由于客观条件所限，加之我们经验不足，错误和疏漏之处在所难免，恳请广大读者提出批评和建议。

《中国企业文化年鉴》编委会

2004年10月8日

目　录

特载篇

一、有关领导谈企业文化

二、专家学者谈企业文化

三、企业家谈企业文化

理　论　篇

四、21 世纪初文章选编

实　践　篇

一、企业文化建设案例选编

二、企业形象策划成果选编

综 合 篇

特　载　篇

一、有关领导谈企业文化

努力建设有中国特色社会主义文化

——在“21 世纪中国企业文化论坛”上的讲话

李铁映

文化是一个国家、民族根之所系、脉之所维，是其精神和智慧的长期积累和凝聚。马克思曾经指出，从根本上说，文化就是人的素质不断提高的活动及其成果。人创造文化，反过来文化又熏陶人、塑造人、发展人。先进的社会生产力，是先进文化发展的物质基础；而生产力的发展又离不开包括科技、教育、思想道德在内的文化的发展，离不开文化的能力的反作用。科学技术本身就是第一生产力。历史的经验告诉我们，人类社会经济越是向前发展，文化对经济，对社会生活各方面的推动作用就越大。创造社会主义新文化是一个巨大的系统工程，企业文化建设是其中的一个重要组成部分。

当今科学技术突飞猛进，信息革命不断深化，网络经济迅速发展，经济全球化趋势日益明显，产业结构大规模快速调整，市场竞争日趋激烈。这一切对于企业而言，显然是无法回避的严峻挑战。搞好企业文化建设，提高企业管理者、企业员工的文化素质和管理水平，对于企业参与国际国内市场竞争，具有重要意义。

当今时代，文化不仅是综合国力的重要组成部分，而且是企业竞争力的重要组成部分。纵观国际上的一流企业，无不重视企业整体素质的提高和自身的文化建设。企业文化所形成的智力、凝聚力、创造力等，即文化力，是一种无形的资产。从某种意义上可以说，是一种“生产力”。因此，企业文化建设是现代企业生存发展的基础工程。解放生产力，首先要解放人自身这个最活跃并具决定作用的生产要素。

与过去任何时候相比，我们现在应更加重视企业文化建设。相对发达国家的企业而言，我国的经济技术文化还落后，企业员工的科学文化水平还不高；我们的现代企业文化建设还刚刚起步，且经验不足；尤其是我们尚处于经济体制变革时期，新的企业经营机制和制度尚未建立起来。因此，我国企业文化的建设，要付出更多的努力，才能赶上世界时代的潮流。况且我国加入 WTO 的步伐在加快，我国企业普遍面临着国际国内市场激烈竞争的压力。我们必须从战略的高度，充分认识加强企业文化建设的重要性和迫切性。

在 21 世纪，谁拥有文化优势，谁就拥有竞争优势，谁就能掌握主动，在激烈竞争中立于不败之地。加强企业文化建设，是我们提高企业整体素质，增强其凝聚力、竞争力的重大的战略性举措。我们在经济文化还比较落后的起跑线上，要赶上国际一流企业，要充分发挥“后发优势”，除了要加强企业技术设施等硬件建设外，更要注重加强企业文化等软件建设，因为后者是较快增强竞争力的有效途径。

一个国家、一个民族的发展，需要生机勃勃、奋发向上的精神和文化。一个企业的发展，同样需要勇于拼搏、不断创新的企业精神和文化。当今时代，忽视企业文化建设，忽视企业整体素质提高，就不会有企业自己的经营哲学和战略，就不会有科学的管理，就会在瞬息万变的市场竞争中被淘汰出局。如果企业文化素质不高，就连引进、消化外来先进技术都难以做到，更谈不上创新技术和赶超世界先进技术了。

没有现代的企业文化，也就没有企业的现代化。现代的企业文化，是创建现代企业制度的重要组成部分，包含的内容十分丰富。当前中国企业文化的建设，首先要在制度创新，科学进步，强化管理，加强思想和职业道德教育，普及科学文化知识等方面下功夫。企业文化建设要以人为本，以增强凝聚力、提高竞争力为目标。要把企业文化建设与解决企业改革和发展中的实际问题结合起来，与建设社会主义精神文明，建设有中国特色的社会主义文化结合起来，以推动其不断健康向前发展。

怎样建设有中国特色的社会主义企业文化呢？

首先，必须以马列主义、毛泽东思想特别是邓小平理论为指导。在当前，应当把江泽民同志所倡导的“四个一切”贯彻到企业文化建设中去，即用一切有利于发扬爱国主义、集体主义、社会主义的精神，一切有利于改革开放和现代化建设的思想和精神，一切有利于民族团结、社会进步、人民幸福的思想和精神，一切有利于用诚实劳动争取美好生活的思想和精神来武装我们的企业。要转变观念，高度认识企业文化建设的重要性；要充分发挥企业党组织的作用，紧紧依靠广大职工；要调动企业内部各方面的积极性，齐抓共管，切实抓出成效。

其次，要从中国社会主义初级阶段的实际出发，从行业、企业自身的特点出发，面向市场，勇于实践、大胆探索，建设既有中国特色又符合时代要求，既丰富多彩又具有鲜明个性的企业文化。创新是企业文化的灵魂，是企业活力的源泉。

要把创新精神贯彻到企业文化建设的方方面面。要大力加强员工的文化教育和技术培训,全面提高员工的素质,迅速改变我国企业文化落后的现状。这也是落实科教兴国战略的重要举措。

其三,必须继承和发扬中华民族优秀传统文化。我国的企业文化建设要植根于民族传统文化之中,吸取其精华。在我国的传统文化中,有许多瑰宝。如我国古代的孙子兵法,被西方企业界奉为商界的致胜之首的经营法宝,它对于今天的企业竞争仍有现实意义。在祖国和世界各地的华人企业家,他们以其优秀卓越的管理、杰出的经营业绩令世人瞩目。他们所取得的成功与中国传统文化所孕育的勤俭敬业、锐意进取、诚实守信、坚韧不拔、自强不息的精神是分不开的。

从我国的企业发展史看,1949 年以来,国有大中型企业在物质文明和精神文明建设中,不仅为国家的经济发展作出了巨大贡献,而且还创造了诸如“三老四严”的大庆精神、勤俭建国的“孟泰精神”、“两参一改三结合”的鞍钢宪法等独具特色的企业文化。这些都是我们在新时期创建有中国特色社会主义企业文化的宝贵精神遗产。

其四,必须借鉴和吸收国外企业文化的先进成果,大胆引进、消化、创新。我国的企业文化建设不可能离开世界文明而自我封闭。我们历来重视学习和吸取世界一切优秀文化成果,坚持以我为主、为我所用的原则,博采各国企业文化之所长。国外优秀企业在经营中所创立的企业文化和企业精神,是人类文明的共同成果。学习和借鉴这些企业的优秀文明成果,并结合自身实际不断创新,对于建设我国的现代企业文化,增强我国企业竞争力,意义重大。

其五,要建设现代企业文化,就要培养正确的价值观、人生观,增强企业的凝聚力。要正确处理好国家、集体、个人三者之间的利益关系。提倡科学求实、改革创新、平等互信、竞争协作、效率信誉和主人翁精神。要反对封建的家长制、小生产的狭隘偏见、资产阶级的拜金主义和利己主义,以及一切腐朽没落的思想观念。同时,也要打破大锅饭,克服平均主义,以保障我国的现代企业文化建设顺利健康发展。

总之,我国应当创造面向市场、面向大众、面向世界、面向未来,能不断增强凝聚力和竞争力的现代企业文化。这种新型的企业文化,主要包括企业先进的物质文化、先进的制度文化、先进的行为文化、先进的精神文化和先进的企业形象。

中国现代企业文化建设还刚刚起步,任重而道远。庆幸的是,我们已经明确了努力的方向,前途是光明的。企业文化本身属于社会科学研究的领域。面对 21 世纪的挑战,社科界和企业界应携起手来,在以江泽民同志为核心的党中央领导下,高举邓小平理论伟大旗帜,进一步解放思想,勇于探索,励精图治,博采众长,把“三个代表”的重要思想落到实处,为开创建设有中国特色社会主义企业文化的新局面,为加强社会主义精神文明建设,为建设有中国特色的社会主义文化而努力。

(作者系全国人大常委会副委员长)

中国企业发展战略的文化思考

成思危

我当年之所以放弃熟悉的化工专业,到美国学习管理科学,是因为我意识到,中国的科技要发展,而管理更需要发展。联想集团总裁柳传志说得好:即使每个人都是珍珠,如果没有一条线把它们串起来,就不能成为一条项链,这条线也许不值多少钱,但若没有这条线,所有的珍珠就是一盘散沙,这条线就是管理。企业文化是一种适应新时代管理需要而产生的管理理论、管理思想和管理方式。

一、推进企业文化建设的现实意义

1. 推进企业文化建设是迎接经济全球化挑战的需要

我国即将加入 WTO,这既是挑战也是机遇。这个挑战具有深刻的含义。经济全球化有利于我们引进资金,引进技术,引进国外先进管理,但从另一方面来讲,游戏规则都是由发达国家制定的,在一定程度上对我们的经济安全,甚至国家主权都会造成一定威胁。从更深的层次来讲,西方也希望通过经济全球化输出它们的文化和价值观念,通过经济全球化来实现文化全球化,进而实现政治全球化。西方有些人有一种文化优越感,认为他们的文化和价值观就应该是全世界的标准,所以他们要通过经济全球化来输出他们的文化和价值观,进而达到政治全球化。

在这样一个前提下,就应该把包括企业文化建设在内的中国文化建设问题放在重要的战略高度来认识。21 世纪,随着经济全球化的发展,文化交往的内容会越来越多,范围也会越来越广。对于西方的文化,我们要有选择地吸收,面对经济全球化的挑战,无论从国家发展角度考虑,还是从加强企业管理角度考虑,企业文化建设都具有十分重要的现实意义。

2. 推进企业文化建设是知识经济发展的需要

知识经济的发展,一是表现为知识工作者价值的提高。作为生产第三要素的“劳动者”的情况在当前不断变化,蓝领和白领、脑力劳动和体力劳动之间的差距越来越小,知识工作者越来越多,每一个层次的劳动者不可能像 20 世纪初福特公司那样,一个汽车生产流水线 7882 个工序,每个工人只操作一个工序就可以了,而必须要使每个知识工作者本身有一定决策能力,必须要发挥每个人的积极性。这样的话,如果没有强有力的高度认同的企业文化,就不能使他们的每一个决策都服从于整个企业的目标。二是知识经济的发展缩短了时空的距离。一个跨国公司会在世界上许多地方建立企业,这种时空的距离会通过网络和通信而缩短。在这样的情况下,若再因袭传统管理方式是根本不利于企业发展的。那么靠什么来管理呢?要靠统一的价值观、统一的精神来实现跨时空的管理。所以在知识经济时代,企业文化是企业管理非常重要的方式。我们必须适应从经验管理到科学管理、再到文化管理的新形势。

3. 推进企业文化建设是当前国企改革的需要

当前,国企改革问题的关键决定于 4 个层次:第一层次是国有经济的战略调整，即有所为有所不为，有进有退；第二层次是企业产权结构的调整，即股权多元化；第三层次是建立现代企业制度；第四层次是加强企业内部管理。从管理角度来讲，国企改革在当前重要的问题就是提高企业的竞争力。企业没有竞争力，就无法生存下去。

那么如何提高竞争力？第一点是企业内部要有凝聚力。而企业内部凝聚力的形成靠什么？靠文化。以前我们许多企业忽视这个因素，过分依赖政府，所以被称作“干部能上不能下，职工能进不能出，工资能升不能降，福利能增不能减，企业能生不能死”，致使国有企业没有凝聚力，没有活力。要提高凝聚力，实际上就是要把企业所有者、经营者、专业人员、职工的目标、价值观念通过企业文化联系起来。

第二点是提高企业的竞争力要靠品牌。当前国内对品牌有个肤浅的认识，似乎品牌就是商标。决定品牌价值的绝不仅仅是商标，而是商标后面支撑这个品牌的企业核心能力和企业文化。没有企业的核心能力和企业文化，这个品牌只是虚的。如麦当劳这个品牌，后面就有强大的文化支撑。麦当劳的食品和环境设计，就具有文化匠心。中国都是独生子女，小孩爱吃麦当劳，即使父母不愿去吃，也要带子女去吃，等小孩长大后，已形成对麦当劳的兴趣，所以又会带他的下一代去吃麦当劳。可见，麦当劳公司是有其深刻的文化支撑的。我们中国许多名牌之所以树不起来，就是对文化支撑重视不够。最近一个材料显示，世界上 60 个名牌中，中国一个也没有，这是非常值得我们重视的问题。

二、21 世纪企业文化的发展趋向

1. 21 世纪企业战略被提到重要地位，企业战略目标设计也在发生变化

企业战略目标在 20 世纪 80 年代以前，最重要的是经济增长和利润提高，就是企业本身利益的最大化。80 年代以后，由企业短期利益的最大化变成企业长期利益的最大化，就是企业价值的最大化。比如，美国的网络企业，它当前是亏本的，但投资者很感兴趣，因为投资者是看中网络企业的将来，是看中企业的长远价值，而不是企业短期的利润。所以，企业本身利益最大化已从经济增长和利润提高变成长久广泛的价值追求。由此看来，企业本身的目标设计也在发生变化。Amazon 网上书店，1998 年营业额是 2.93 亿美元，亏损 6000 万美元，但它的股票在美国股市上是名列前茅的，这是因为大家看中了它的未来。

仅仅顾及企业利益的最大化，在 21 世纪也是不够的，还要考虑顾客利益的最大化和社会利益的最大化。顾客利益在当前非常重要，因为随着人民生活水平的提高，人的人性化需要越来越强，对产品个性化的要求越来越高，你不考虑顾客的利益，顾客就不选择你。有人说，顾客手里的钞票就像选票，选票投给谁，决定于企业对顾客的态度。Yahoo 网站之所以这么快获得成功，当然从技术上，从搜索引擎来说，有其领先的因素，但更重要的是其开始就树立一个理念——上 Yahoo 不收费，提供的服务都是免费，于是大家都愿意上 Yahoo 网站。上网人多了，广告商也就看好它，它的主要收入都来源于广告。现在大部分网站也都效仿这种方法，但在当初，这个观念是很有特点的。

因此，由于企业目标设计的趋势发生变化，一个企业若只考虑本身利益最大化，而不考虑顾客利益和社会利益，这个企业从长远来看是没有前途的。这就要求企业树立创新的文化理念。

2. 以人为本

21 世纪的管理核心是发挥人的积极性和主动性。

随着知识经济的到来，组织形式日益朝着扁平式的灵活方向发展，也将成为学习型组织。在这种情况下，人的作用越来越重要。泰罗的理论认为人是经济人，行为科学认为人是社会人，现在的人对于企业来说，则是决策人。每个人都要有一定的决策机会和决策能力水平，因而发挥人的积极性就非常重要。

管理既是科学，又是艺术。随着科学技术的发展，科学部分的问题应该说越来越少，艺术部分的问题则显得越来越重要。所以如何提高管理艺术、调动人的积极性，成为非常重要的课题。

创新亦是如此。根据现在的观念，创新不单单是个别人的聪明才智所能奏效的，而是在一个组织内的群体相互作用，相互启发，到一定程度产生一个突发，才能产生较理想的创新效果。其实，创新过程所需要的许多技术都是成熟的，但通过相互作用把它们组织起来就成为一个新课题。从这个角度讲，以人为本非常重要。

3. 企业内部要讲和谐、合作，实施和谐管理

前几年，我国有个权威机构做了一个调查：企业内最大的问题是什么？结论是领导班子不团结。由此看来，和谐管理非常重要，而和谐管理又要靠企业的文化来引领，才能做到。现在国外许多新的创业公司，不是老板炒雇员，而是雇员炒老板，这是文化不认同的结果。

4. 要把企业文化的三个层次紧密结合起来，即把精神层次、制度层次、物质层次结合起来。

其中，精神层次是最重要的，没有精神不行，但精神要变成制度才能巩固，而制度要通过物质形式才能实现。所以，三个层次要紧密结合。

三、如何进一步推进中国企业文化建设

1. 提高认识是关键

当前，企业老总真正把企业文化放在第一位的为数不多，大都关心市场如何，利润如何。我一直认为企业一把手最重要的工作不是管今天的事，而是要管明天的事。如果企业一把手整天管今天的事，忙于应付，就像救火队一样，这个企业搞不好。企业一把手应该是日常工作做好分工安排，而自己主要考虑明天，考虑企业发展战略。但是，现在企业一把手真正在考虑明天、考虑企业文化建设的太少，因而要提高认识。

政府官员也要提高认识。政府官员到企业了解情况，所关心的也主要是产值、利润、销售额、下岗职工情况等，很少有人去过问企业的文化，不提高认识，企业文化建设就搞不上去。

2. 发扬中华文化的优良传统

我们建设中国的企业文化，不发扬中华文化的优良传统，

只用舶来品，是不会适应中国国情的。

我国传统文化有许多精华。如《隆中对》总共才290多字，却包含着极有价值的战略思想，包括三分天下的战略思想，联吴抗曹的战略思想等；范仲淹的《岳阳楼记》讲的“先天下之忧而忧，后天下之乐而乐”、“不以物喜，不以己悲”等，这些观点在企业文化建设中都非常重要。我们的企业文化建设不与传统文化相结合，就成了无源之水，就形不成具有中华气派与风格的企业文化。

当然，我们也要虚心学习发达国家的东西，他们在管理科学上确实比我们超前了一步，我们曾丧失过两个历史机遇：一个是1642年闭关锁国至鸦片战争，西方此时正是文艺复兴和产业革命的时候，而我们拒绝对国外的交流与开放；另一个是20世纪60年代，发达国家此时致力于战后复兴、发展经济、发展管理，而我们在搞“文化大革命”。这两个历史机遇的丧失给我们造成很大损害。所以我们在21世纪不能再丧失机遇，对于西方的东西，我们要认真地去分析、学习，学会扬弃的方法。最近我在主编《世界500强企业丛书》，提出必须要认真研究世界500强。它们之所以会成为500强，固然有客观环境因素，而管理的主观因素——管理文化的进步也不可忽视。

3. 中国的企业文化要形成自己的特色，要形成每一个企业自己的特点

企业文化的一个本质特征就在于个性化。当前许多企业的企业文化建设多数停留在企业口号上，而企业口号又都趋于一般化，毫无个性，大多是“开拓、进取、创新、求实、团结、奋进”等千企一面的模式，很难反映企业文化个性。文化有个性、有特色，企业才能健康成长，才有竞争力。

（作者系全国人大常委会副委员长　摘自《北京行政学院学报》2000年3期《中国企业发展战略的文化思考》）

推进企业文化建设有重要的意义

成思危

经济全球化对我们来说是机遇，也是挑战。在经济全球化过程中，西方的价值观也会随之传播，因此，对于文化建设，我们要提高到战略高度来认识。随着知识经济的发展，劳动者本身也会不断地变化，工人不可能只是体力劳动者，脑力劳动者越来越多，必须用文化调动每个人的积极性。科技的发展缩短了时空的距离，企业通过计算机、通过网络管理，要靠统一的价值观、统一的精神来实现跨时空、跨地域管理。因此，要从经验管理进化到科学管理，再进一步达到文化管理。国有企业改革，不仅要从制度上改革，还要在管理上改革。提高企业的凝聚力、竞争力，也必须靠文化管理。企业的竞争力要靠自己的品牌，不仅是商标，还要有企业的价值观，企业的伦理和理念。企业品牌后面必须有文化的支撑。

企业必须以人为本，这是21世纪管理理念的核心，要发挥人的智慧、积极性和潜力。企业内部的和谐合作非常重要。团结要靠文化。要把企业文化的精神文化层次、物质文化层次、制度文化层次结合好。

推进企业文化建设，必须提高企业领导的认识。关心市场的多、关心文化的少是不行的。企业一把手不但要管今天的事，还要管明天的事，要关心企业文化建设。要发扬中华文化的优良传统，也要虚心地学习西方，中国的企业文化建设要有自己的特色。企业文化建设不只口头说，而且要有实际行动，不只停留在字面上，而且要在实践中发展。

（摘自2002年1月15日在全国企业文化与管理创新研讨会暨《企业文化大辞典》发行座谈会上的讲话）

价值观与企业文化

成思危

企业文化是国外在1980年前后提出的新的管理概念，也有人近似地称之为组织文化或公司文化。这一新概念的产生，一方面是由于科学技术的发展及社会的进步，在企业管理中更加重视人的因素；另一方面则是由于企业间收购、兼并及联合的迅速发展，以及跨国公司的大量兴起，如何处理好企业间及国家间的文化差异成为高层管理者必须面对的重大问题。从管理科学的角度看来，企业文化可以作为一种高级的管理手段，因为企业中许多重大的管理问题（例如国有企业的机制转换、企业并购的组织调整、跨国公司的地区协调等）都与企业文化密切相关，也只有通过适当的利用或改变文化才能得到妥善的解决；在学习和运用西方的管理理论和方法时，也必须考虑到企业文化的影响。

管理实际上很大的工作量是对人的管理，所以管理的发展历程经过了3个发展阶段：第一阶段是经验管理阶段，就是管理者根据他自己的经验来进行管理。第二段是科学管理。科学管理就是利用运筹学的方法，用计算机作为辅助手段来进行管理。从20世纪80年代以后，发达国家已经认识到管理应进入第三阶段，那就是文化管理阶段。所谓文化管理，就是在企业中培养企业文化，使职工树立共同的价值观、道德观，通过这些价值观、道德观来加强管理。当然，这3个管理阶段是相互联系的，在企业中既要有经验管理，又要有科学管理，更重要的是要有文化管理。

以质量管理为例：在经验管理阶段，管理者主要是凭经验观察产品的质量并对员工的操作进行现场监督；在科学管理阶段，主要是推行全面质量管理，强调PDCA循环，强调全员的、全面的、全程的质量管理；在文化管理阶段，则要求在职工中普遍树立“质量就是生命”的价值观。我认为，如果说20世纪是由经验管理进化为科学管理的世纪，则可以说21世纪是由科学管理进化为文化管理的世纪。

虽然近20年来对企业文化进行了大量的研究，但仍存在着许多意见分歧及有待深入探讨的问题。简单地说，企业文化是指企业员工所特有的集体精神面貌，它大体上包括音像（例如企业内部的行话、企业标志、制服等）、楷模（例如企业创始人或关键技术发明人等)、仪式(例如周年纪念会、庆功会、表彰会等)和价值4个层次。其中前3个层次都是企业文化的外在表现,而价值观则构成企业文化的核心。

价值是人所追求的能满足其需求的客体属性,例如经济价值、文化价值、科学价值,历史价值等。而价值观则是人在选择体现某种价值的目标、中态、行动等所表现的偏好。我认为,根据复杂科学的观点,一个组织的价值观是通过其各个成员之间的相互作用而产生的整体性质,因此作为企业文化核心的企业价值观的形成,既取决于企业各个成员原有的价值观,也取决于他们在企业内部的相互作用。

一个人在成为某一企业员工前所具有的价值观主要受性别、民族、阶级、职业及本人经历的影响。研究发现,不同的民族在对待权威、集体、规范、事业、长远利益等方面的态度存在差别,而一个人的价值观在他10岁左右时就已被潜移默化地大体上形成了。当他加入一企业后,如果其价值观与该企业原有成员之间的差别不大,则他会较快地接受该企业的文化,否则就容易产生文化冲突,造成管理上的困难。由于企业职工原有的价值观的改造需要较长时期的努力,故管理者一方面要善于协调不同成员间在价值观上的差异,尽可能"求同存异";另一方面则要善于用企业的价值观来统帅各个职工的价值观,引导他们识大体、顾大局,为实现企业的战略目标而共同奋斗。

企业价值观是企业成员在共同工作及接触中通过相互影响及作用而逐渐形成的,其特性可从6个方面进行表述,即绩效导向、人本思想、全局观念、开放性、控制程度和灵活性。这些特性既取决于企业所在的国家的历史传统、文化特色和发达程度,又取决于企业所处行业的业务类型及经营特点,还取决于企业本身的发展历程和经验教训。

企业领导在企业价值观的形成过程中起着重要的作用,他所提出的战略目标、行动方针、管理理念等都会由于他所处的权威地位和所具有的影响力而较易为全体职工所接受。但是当企业领导与职工之间的原有价值观有显著差异时,就有可能发生文化冲突。例如,日本企业中的美国职工一般不愿意接受每天升社旗并唱社歌的仪式,而在中国的外资企业中外籍主管在实施其认为正当的某些管理理念时会受到许多中国员工的抵制。每个国家、每个民族都有不同的文化背景,不同的文化影响着人们价值观的形成,我国企业的领导一定要努力用中国的先进文化来促使职工树立新的价值观,用先进的文化来提高管理水平。

为了迎接新世纪的挑战,应当在企业中大力提倡文化管理,即以价值观为基础的管理。这要求企业的领导认真学习有关企业文化的理论,并结合国家、行业与企业的具体情况运用于管理的实践中。也要求管理科学界的专家学者认真研究西方的企业文化理论,并深入中国企业中进行案例研究和实证研究。我相信,通过认真学习,努力实践,总结经验,一定能大大提高我国企业的管理水平,创造出适合中国国情的文化管理理论。

(摘自《北京行政学院学报》2000年3期《价值观与企业文化管理》)

我们所要建设的企业文化是有中国特色的社会主义企业文化

韩天石

在中国,企业文化作为一门新兴的企业管理科学提出来已经好几年了,中国企业文化研究会自筹建以来也快四年了,虽然走过了一些曲折的道路,但从总的方面来看还是有很大的发展的,学术界和企业界表现了极大的热情和积极性,不论在理论研究还是实践方面都取得了良好的成绩,有些企业已收到显著效果。但是,这一门管理科学还没有引起企业领导者的普遍关注,有的同志还心存疑虑:企业是否需要企业文化,企业文化的提法是否妥当、准确,要不要换一个提法?等等。对问题提出不同意见是很正常的,也是有益的,可以促进对问题的深入研究,推动理论上的进步和实践的发展。

我认为企业是否需要企业文化,不仅由理论,而更重要的是由实践来解答。几年来的实践证明,不是要不要企业文化,而是要什么样的企业文化,如何来建设企业文化。自从有企业以来,企业里就存在着文化问题,如同有了人类就有文化一样。企业文化上升为管理科学是20世纪80年代的事,中国接受这一概念并与中国实际相结合是近几年的事。它如同其他新事物一样,由人们知之甚少到知之较多,由模模糊糊到比较清楚是一个渐进的曲折的过程。有的同志认为企业文化涵义不太清楚、不准确。是的,这同对文化这一概念的表述一样,据说文化的概念就有270多种;但人们当听到或看到"文化"一词的时候,还是能够理解其涵义的。

企业文化建设的发展规律可能也是这样:在马克思主义、毛泽东思想和邓小平同志建设有中国特色社会主义理论指导下,主要是总结中国企业发展的经验,借鉴吸取外国经验,逐渐发展、形成有中国特色的社会主义企业文化。我们要走自己的路,我们就是要建设有中国特色的社会主义企业文化,而不是其他企业文化。

新中国成立以前,中国就有了相当规模的企业了。党所领导的根据地也有一些小规模企业。1949年后即开始恢复生产并开展了大规模建设,直至今日,已经发展成为门类齐全、遍及全国各地、规模巨大的企业网络,成为国家经济的强大支柱。这些企业在经营管理中创造并积累了丰富多彩的经验、异彩纷呈的文化。首先我们应认真总结我们自己的经验,并吸收外国的先进经验,使之中国化,而不是彻底丢掉中国经验,完全搬用外来的东西。如毛主席在1960年总结了鞍钢50年代的经验,提出《鞍钢宪法》,其内容为:政治挂帅、大搞群众运动、两参一改三结合、党的领导和技术革新与技术革命。由于受时代的限制,虽然也有其指导思想的某些方面的不妥当之处,但其主要内容,如"党的领导"、"两参一改三结合"、"技术革命与技术革新"则是正确的,迄今仍有其现实意义和活力,还是应该坚持的。在一些日本企业里,"两参一改三结合"竟然成为它们的信条。当时鞍钢党(鞍山市委兼鞍钢党委)政(鞍山钢铁公司)共同发动群众建立和推行各种管理制度,如责任制、计划管理、财务管理等，发动了技术革新和技术革命运动，在实践中涌现和培养了一批著名英雄模范人物和大批各种人才，如著名的具有高度爱国主义精神、视厂如家、艰苦奋斗、勤俭办企业的老英雄孟泰，以及革新能手、走在时间前面的王崇伦等等。还有一批技术人员，如周传典工程师(后提为冶金部副部长)等等。鞍钢自1950年起迄今，不仅迅速恢复和发展了生产，连续不断地完成巨大建设工程和改造项目，在管理上也取得了丰富的经验。在钢铁企业中一直名列前茅，居全国500家大企业的第2名。

大庆油田自20世纪60年代会战开始，面对着“头上青天一顶，脚下荒原一片”的极端困难条件，靠“铁人”精神，高速度、高水平地拿下大油田，迄今大庆人仍然坚持他们的“爱国、创业、求实、奉献”的企业精神。30年来，大庆累计生产原油10.7亿吨，累计上缴财政280亿元，采油技术居于世界先进水平。培养锻炼出大批英雄模范人物。大庆精神培育了新的一代，激励了全国人民的艰苦创业精神。大庆名列500家大企业之首。

20世纪80年代，首都钢铁公司在改革方面取得很大成功。他们的体会是：“始终不渝地坚持党的基本路线，充分发挥广大职工主人翁积极性、智慧和创造力，依靠人民群众打人民战争，建设社会主义”。他们在体制改革、实行民主管理方面取得了丰富、实用而有效的经验。12年改革，每年为国家实创收入7.96亿元，为改革前的15倍，对国家贡献132亿元，在500家大企业中名列第3名。

在20世纪50年代初，在鞍钢和其他企业中曾开展过“文明生产”(或称“生产文明”)活动，其内容大体是：安全生产，减轻过分繁重的体力劳动，反对野蛮操作，爱护设备、工器具，场地整洁，遵守操作规程、劳动纪律，等等。“生产文明”和企业文化所包涵的内容是不相同的，而且“生产文明”这一活动以后也不再继续提了，影响不大，没有形成体系并上升为管理科学，也未形成一种管理方法。

总之，我们的企业在40多年中创造、积累了极其丰富的经验，我们应该认真、深入地加以总结，以此为主线，借鉴、吸收外国先进的、符合中国国情的经验，走出自己的路，创造出以实践经验为基础的，以马克思主义为指导的，具有严密科学体系和时代精神的企业管理科学——中国企业文化。我们的依据是：必须以马克思列宁主义、毛泽东思想和邓小平建设有中国特色社会主义理论为指导，“必须继承发扬民族优秀传统文化而又充分体现社会主义时代精神，立足本国而又充分吸收世界文化优秀成果，不允许搞民族虚无主义和全盘西化”。几年来，中国企业文化建设基本上遵循了以上要求。经过企业广大职工可贵的创造性实践，它将逐渐条理化、系统化，逐渐形成对企业实行全面管理，包括对物和对人综合管理的一门新的管理科学。根据这几年的实践经验，我认为建设中国企业文化可以从下列几方面进行努力。

一、中国企业文化建设必须遵照邓小平同志建设有中国特色社会主义理论和江泽民同志讲话的精神和提出的要求，在党的领导下，坚决贯彻执行“一个中心、两个基本点”的方针和党的各项政策及政府法令、法规，大力推进改革，使企业取得持续、稳步、协调发展。

二、确立职工在企业中真正的主人地位，是社会主义企业根本原则和坚实的基础，也是中国企业文化的立脚点。只有这样，才能把职工、企业和国家三者的利益统一起来，从政治上、经济上、社会地位上、伦理道德上一致起来，使三者在价值观上取得共识。资产阶级只承认职工是企业的主体，这是不言而喻的，没有职工便没有谁能为其创造剩余价值，便无法致富，但他们绝不会承认职工是企业的主人，主人只能是资本家自己。我们党的根本宗旨是一切依靠人民群众，一切为了人民群众；只有社会主义才可能把人民的利益与国家的利益统一起来，只有社会主义企业才能把职工、干部的权责利统一起来。领导与职工之间、职工与职工之间应相互尊重、关心、爱护、情感交融，形成团结、和谐、相互理解的文化环境和氛围。正像鲁冠球同志所说的职工成了真正主人，他们就会“想主人之事，干主人之活，尽主人之责、享主人之乐”。

三、物质与精神的统一，把对物和对人的管理统一起来，以人为主。生产和生活的活动无一不是人的精神与物的结合，建设企业文化就是要把二者很好地结合起来。生产经营业务是管理，对人的思想政治工作也是管理工作，也都是通过人来做的。对人不进行思想工作，也就无法把业务工作做好，思想政治如果不结合业务，与生产经营无关，也只能是空头政治。企业文化建设是物质文明与精神文明建设的统一，两者是相互结合、相互渗透的。它的任务是在职工中树立正确的价值观、企业精神、共同的道德规范和行为准则。中国企业文化中的三个层次——物质文化、制度文化和精神文化是相互结合、相互渗透的。

四、中国企业文化是以经济建设和发展生产力为中心。它是改革开放的产物，同时又积极为改革开放服务，搞活企业，使企业取得持续、稳定、协调发展，取得近期和长期的最大效益，不断开辟新的领域和途径，使企业不断扩大，向更高的层次攀登。全体职工都应以此为中心，而不能有其他中心。墨守成规、不思进取、无创新无作为，不能算作好职工、好党员。企业应有长远的发展目标，即目标文化，以激发职工的进取和奋斗精神。

五、企业精神是中国企业文化最重要的组成部分。它是在企业领导的倡导下，经过长期实践培育而总结出来的行为规范、精神风貌、战略目标、奋斗方向等的综合表述，为职工所认同，并通过它此来激励职工自觉地付诸于行动。企业精神有很强的个性，各个企业是不一样的，表述语言有时是相同的，但其具体涵义是不同的。企业精神是企业巨大的精神支柱，是职工主人翁意识、价值观的具体化，它将产生强大的聚合力和奋斗精神。各企业都应大力培育、提高、强化本企业的企业精神。

六、提高职工的文化素质(包括政治、思想、科技业务、道德等)，是企业发展和提高竞争力的迫切需要，也是社会全面发展的需要，更是建设和提高企业文化水平的根本途径。企业应以足够的资金和人力投入，有计划地、不间断地组织多种多样的培训。每一个职工都要接受一种或几种认真的培训，还要组织职工经常的、生动活泼的、联系实际的、有成效的学习。

七、培育、塑造企业的内部和外部良好形象，对企业的自我完善和发展是很必要的。有些企业创造了“企业塑形法”，规定了从书记厂长到普通工人的形象准则，每一个职工都应表现出自己的良好形象。对外推出质优价廉受消费者欢迎的产品，做到热情、周到的服务，进行有吸引力的广告宣传，创造广泛的有效的销售途径和方法，建立良好的公共关系，创造名牌产品，美化包装，参与有意义的社会活动，这些都是提高企业、产品知名度和信誉的必要措施。

八、必要的文化设施，如图书馆、文化宫、报刊、电台、电视台等等，运用文化、艺术、体育、娱乐等手段，以陶冶、培育、提高职工身体和心理素质、道德情操，增进职工之间的感情，传达信息，加强团结。展现企业风貌的必要的形式，如新颖的工作服，厂旗、厂徽、厂歌，举办文化、艺术、体育活动以及必要的典礼、仪式，如厂庆、授勋和奖励大会等等，这些对职工都会起着潜移默化和振奋精神的作用。

九、企业文化建设的关键是企业党政切实加强领导，工会、共青团和广大职工的支持。企业应制订企业文化建设规划，分头执行，及时总结经验，不断提高，持之以恒，必将极大加强企业的凝聚力，发挥职工的积极性和创造精神，推进企业的发展。

（作者系中国企业文化研究会名誉理事长、原中顾委委员、中纪委书记。此文系作者1991年7月为中国企业文化研究会第一届三次理事会暨学术研究讨会所写的书面发言）

认清新形势　做出新贡献

袁宝华

这几年来，随着企业改革的深化和社会主义市场经济的发展，许多企业都在积极探索企业思想政治工作与企业管理结合起来一道去做的途径和形式，建设企业文化也越来越受到人们的重视。企业文化是以人为中心，以文化引导为基本手段，以激发职工的自觉行为为目的的一种文化现象和管理理论。它是市场经济高度发展的产物。在我国兴起企业文化建设已近10年，是由沿海开放城市开始，逐渐扩展到内地一些大中型企业的。党的十四大和十四届三中全会都提出了建设企业文化的要求。通过建设企业文化，培育企业精神，塑造企业形象，培育“四有”职工队伍，促进企业发展。

（作者系中国企业文化研究会顾问，原国家计委副主任。此文系作者1994年4月17日在全国政研会第八次年会上的讲话摘要）

建设企业文化　塑造企业灵魂

徐惟诚

20多年来，对于企业文化，存在着各种不同的认识。有的同志觉得企业里有了企业管理，就没有必要有思想工作和其他的群众工作，也没有功夫做这项事情；有的人觉得搞企业文化的工作我们过去也在做，现在提出企业文化不过是换一个名词，没有意义；还有的人觉得企业困难，没有钱搞；也有的企业是不困难的，也说没有钱；有的企业拿出钱来抓，也只是做一些一般的文化活动，如组织秧歌队，组织文化队，把它作为业余娱乐来看待。也有的人认为，企业文化好得很，重要得很，抓企业文化就行了，就可以代替思想政治工作了，因为在现代企业进行思想政治工作，有若干困难，不如搞企业文化顺手等等。在20年的实践中，这些不同的认识也在不断地变化、发展，通过实践、探讨，人们的认识在逐步深化，趋于一致。这次许多代表从不同的岗位到青岛来，就有一个感觉，青岛市的企业文化发展氛围非常好，许多优秀的企业在青岛诞生不是偶然的，创造出来许多经验，大家都很佩服。有些经验是令人想不到的，如大家想不到服务也可以搞品牌，还可以到工商总局去注册商标。

江泽民同志多次强调文化的重要意义，他早就提出要建设有中国特色社会主义的经济、有中国特色的社会主义的政治、有中国特色社会主义的文化，把经济、政治、文化三个领域并列起来作为我们建设的重要任务，引起了一些同志的重视。但有些人对于为什么要把文化看得与经济、政治同样重要，还未来得及想清楚。后来，江泽民同志又提出要建设社会文化、学校文化、家庭文化、企业文化，特别对企业，提出要建设自己的文化。

从前年江泽民同志提出“三个代表”，即代表中国先进生产力的发展要求，代表中国先进文化的前进方向，代表中国最广大人民的根本利益，把代表先进文化作为共产党的基本职责，作为共产党的最重要的基本经验提出来，把文化到底有什么重要意义这样一个问题提到了整个社会的面前。应该说，共产党是重视文化的。中国的发展，不能不依靠文化作为基础。把代表先进文化提到作为共产党根本的职责任务来概括，应该说是马克思主义与时俱进的一种表现，这很值得我们进行仔细地、深入地、认真地探索和实践。

昨天宝钢的同志讲到，有企业就有文化，从这个概念讲，企业文化是任何企业都存在的，无非是这个文化对这个企业讲适合不适合，好不好，有用没用等等。真正自觉地研究，从理论上来概括企业文化是从20世纪80年代开始的，企业文化在中国的发展，是与社会主义的市场经济在中国的发展同步的。因此我们研究企业文化就必须联系中国的社会主义市场经济，把这两个东西联系起来认识。

企业内部的成员在企业内部分工不同，劳动的性质不一样，互相的关系中，必定会有各种矛盾，特别是在经济结构调整的阶段，心态的不平衡，是不可避免的。人与人之间的矛盾，需要我们用适当的方式来调整，需要建设一种民主的、透明的、温馨的氛围，营造企业员工之间的认同感，心理上得到补偿，使得他们的优势或潜在的优势得到承认和发挥，帮助人形成自己的自豪感，满足人群的精神需求和文化需求，这些都需要企业文化。现在这种需要，由于4种新的情况而显得更为突出了。第一种新情况是由于中国加入WTO，中国的经济进一步融入世界经济一体化的进程中，需要与不同文化的规则、要求打交道。为了这种需要，我们的文化建设需要加快进行。第二种新情况是企业的改组改制，大批新的企业集团产生，新的企业集团如果不能比较快地在文化上一致，这种集团的竞争力就不能比较快地形成。要把文化观念整合一致，使之成为企业改组、改制中最重要的动力。第三种新情况是科技作为第一生产力的作用，在新世纪更加突出地显示出来。产品更新换代的速度越来越快，新产品的寿命越来越短，因此，特别需要使企业变成学习型的企业，使员工树立终身学习的观念。第四种新情况是农民变工人的速度大大加快。几亿农民种地的状况，在今后二三十年中将成为过去，这是一个很深刻、很痛苦的变化。小生产者是自由自在的，与有纪律的、互相协调的劳动是完全不同的文化和生活习惯。在这种新情况下，文化的竞争，就成为企业能否迅速发展的重要条件。在农村扶贫工作中，走的是这样一条路——开拓，觉得扶贫不能只扶钱，先要修路，使产品能运出来。后来想，不光要有物质上的路，也要有精神上的路，要使人的观念改变，使人的文化力改变，智力改变，他就有能力自己致富了。现在看，不仅仅是农民需要新的文化，我们的企业要变成真正的现代企业，有竞争力，也需要依靠文化的力量。有了这种文化力的企业，就可以进一步影响全社会，发挥工人阶级在观念形态上引导整个社会的作用。

企业文化是什么东西？它是一种氛围，是一种理念，是一种追求，是一种形象，是一种精神，是一种习惯，总体上说，就是企业的灵魂。企业文化是企业自身发展的需要，它不是从外面加给企业的东西，而是一种适合于企业所采取的行为，比较容易纳入企业管理的系统，也比较容易量化、物化和制度化。所以，我们应很好地运用企业文化，发挥党的领导作用。党对企业文化的领导，着重在：一是进行倡导，帮助人们认识企业文化的重要意义。二是用正确的价值观进行渗透，把正确的价值观渗透到企业文化的各个方面去。如果把这些工作做好了，企业文化就能起到内聚人心、外塑形象、转变观念、增强实力的作用。

建设好企业文化，还必须处理好若干关系：一是文化建设与思想政治工作的关系。思想政治工作应当或可以以企业文化为有效的载体，通过企业文化实现与经济工作的较佳结合。企业文化也需要正确的思想引导。两者是交叉圆的关系，而不是完全重合的关系。二是形式与内容的关系。各单位在企业文化建设中都创造了许多成功的形式，这些形式差不多每一招都是有用的，也可以说任何一招都是不够用的。企业文化只有形式没有内容，就是僵死的东西。但没有形式就建设不下去，我们不能轻视这种作用。三是硬件与软件的关系。硬件的建设要与企业的发展、企业的经济状况相适应，但这又不是决定性的。企业文化工作者要善于利用已有的舞台，导演生动活泼的节目，充分发挥软件建设的作用。四是目标导向和可操作措施的关系。目标导向是比较大的，具体的措施应该是比较小的。只有通过一个个具体的小措施，才能脚踏实地，才能见到成效，才能积累起来去实现大的导向。五是统一性和多样性的关系。特别是在集团企业中如果没有统一性的文化建设要求，整个集团就形不成共同的品牌、形象和文化力。但如果不承认各种不同特色企业、不同地区企业的特色，统一性也很难贯彻到底。六是一贯性和与时俱进的关系。企业文化的目标、形象、标志都应该是统一的、一贯的，而不应是多变的，变得多了，实际上就不存在了。但又应该是与时俱进的，要根据时间的变化，在统一中不断地发展。七是客体与主体的关系。企业文化建设的客体，是企业中的人群，企业文化建设的主体，也是企业中的人群，要依靠本企业的广大职工自己来建设自己的企业文化，才能真正得到成功。八是在职职工与离退休职工的关系。不应该忘记本企业的离退休职工，他们的心态，对企业的发展影响始终是很大的。他们的今天是企业在职职工的明天，所以做好他们的工作，对于稳定本企业现有的职工会有很好的作用。

企业文化是一项长期的建设过程，需要我们坚持不懈的努力奋斗，才能达到更高的标准。要抓紧时机，一点一滴从今天做起，不要拒绝做小的事情，要用许多小的事情综合形成企业中无所不在的氛围，把企业文化建设得更好。

（作者系中国企业文化研究会顾问，中国大百科全书出版社总编辑。此文系作者2002年4月11日在全国企业文化建设现场经验交流会上的讲话摘要）

建设中国企业文化
振奋中华民族精神

郑必坚

企业文化的理论研究和实践发展，在我国越来越受到企业和社会的重视，十四大报告中也提出要搞好企业文化。实践证明，这个题目抓得对。企业文化是个大题目，搞好中国社会主义企业文化建设意义是多方面的，最重要的意义是中国社会主义企业文化建设事业的成败，关系着中华民族的振兴，关系着中华民族精神的振奋。

这样认识中国社会主义企业文化建设有两点理由：

其一，中国社会主义企业文化建设是创造有活力的社会主义的重要实践。

面对苏联解体、东欧剧变的现实，世界上对社会主义的命运和前途产生了许多疑问，使社会主义事业面临着挑战。在我国要使社会主义事业生机勃勃地发展，就需要我们的综合国力有个大提高，就需要我们创造性地建设一个充满活力的社会主义。只有这样，才能有力地迎接挑战并取得胜利。

创造有活力的社会主义是一项具有历史意义的大事业。列宁很想创造一个有生机的社会主义，出于这个思想，他搞了伟大的创举——星期六义务劳动等活动，但列宁没有彻底实现这一愿望。列宁以后，斯大林、毛泽东等同志都为如何建立一个充满活力的社会主义制度做了许多研究和探索，有成功经验，也有教训。十一届三中全会以来的十几年，我们沿着邓小平同志建设有中国特色社会主义道路，正在创造着有活力的社会主义，这是成功的开始。这十几年经验证明，社会主义只有充满活力，才会走上发达兴旺之路。十几年的经验增强了我们的勇气，坚定了我们的信心。

但是，应该看到，我们现实中的社会主义的活力比起现代事业的要求仍显不足，要想使社会主义变成为有充分活力的状态，仍是任重道远。

要达到创造有活力的社会主义的目的，必须要有广大人民的积极参与和共同创造，必须要培育起共同为之奋斗的民族精神。社会主义企业文化建设以培育共同价值观和企业精神为核心内容，以创设团结和谐的企业氛围为手段，以加强企业向心力和凝聚力为目标。这些目的达到了，不但企业会兴旺发达，而且通过企业文化的辐射功能，还会振奋中华民族精神，从而建设有活力的社会主义，振兴中华民族。因此，我们说社会主义企业文化建设是创造有活力的社会主义的重要实践。

其二，社会主义企业文化建设，有利于加快中国现代化的速度。

企业文化既然是个大题目，就要大做，大题小做不值得。要扎扎实实地做,要有高起点,要制定大战略,要同中国现代化这个大实际联系起来。在世界经济迅猛发展、竞争越来越激烈的历史时期里,20世纪90年代到21世纪初是关键阶段。这个阶段,世界各国将在以经济、科技为基础的综合国力的竞争中见分晓,这阶段的竞争结果可能在21世纪前期就显现出来了。到那时,中国在世界经济中排在第几位?中国的发展能否赶上世界水平?就要看我国综合国力如何,就要看我们的企业在世界竞争中对国家贡献有多大。企业自身能否有个大发展,就要看企业文化建设能否提高到一个新水平,上一个新台阶。因此从这个意义上说,社会主义企业文化关系着中国现代化的实现。

建设社会主义企业文化,要注意两点:

第一,要坚持党的基本路线,为贯彻党的基本路线服务。

社会主义企业文化建设,要贯彻以经济建设为中心的思想,要研究社会主义市场经济体制建立过程中出现的新观念,培养适应市场经济的价值观和企业精神,推动我国经济的大发展。

社会主义企业文化建设要坚持四项基本原则,要通过企业文化的培育实现社会主义企业文明。我们要坚持月十四大报告的精神来统一人们的思想和认识。陆定一同志讲过,有一种公式,他很不赞成,即"为什么而什么",如为教育而教育,为文化而文化……当然每个人都有自己的专业,必须兢兢业业做好本职工作,但是我们要求共产党人,要求马克思主义者,就不能仅限于此。我们应该精通自己的专业,但同时要想到我们的目的是为了贯彻党的总路线,这个中心不能动摇,动摇了就要犯错误,就要使社会主义事业受损失。我们建设社会主义企业文化也应记住这一点。

建设社会主义企业文化,必须坚持改革开放。建设中国企业文化,一定要善于吸取世界上的进步文化成果。吸收外来文化,一要敢于放胆拿来;二要认真分析,区分进步与落后,弄清哪些进步变化能够同中国实际相结合;三要分别处理,只有剔除糟粕,吸取精华,融汇贯通,为我所用,才能走出一条建设中国社会主义企业文化的路子。

第二,建设中国企业文化,要联系广大职工的思想文化实际,提高广大职工的文化素质。

搞社会主义企业文化,要面向广大职工,重在建设。建设企业文化,开展企业文化活动,既要满足广大职工的精神文化需要,也要宣传企业价值观和企业精神,提高广大职工的文化素养,把人们对精神文化的追求引导到健康轨道上来。

方向明了,任务清了,方法有了,社会主义企业文化建设会更有气势。

(作者系中国企业文化研究会顾问、原中央党校副校长。此文系作者1992年11月在中国企业文化研究会第二次代表大会上的讲话摘要。题目为编者所加)

中国企业文化的现状和发展趋势

张大中

企业文化是反映现代化生产和市场经济一般规律的新兴的管理思想、管理理论。它是在经验主义管理、科学管理、行为科学管理的基础上逐步演变产生的一种最新的现代管理学说,是伴随着科学技术迅速发展,生产过程现代化、社会化水平不断提高,市场竞争日趋激烈的条件下发展起来的。其明显的特征是:重视人的因素,把提高人的素质作为发展生产的首要条件;重视围绕企业目标、企业发展战略,培养企业精神、企业价值观和道德意识;重视企业物质环境和精神环境的建设;重视职工参与管理的作用,激励职工以企业为家的归属感、责任感,与企业同命运。从而激发职工的积极性和创造性,增强企业的凝聚力,形成企业全员的整体优势,把企业搞活,为企业和社会创造最好的社会经济效益。

企业文化于20世纪80年代初开始传入我国,受到我国企业界和理论界的重视。80年代初,翻译出版了被称为西方企业文化四重奏的《日本企业管理艺术》、《西方企业文化》、《Z理论》、《成功之路》等著作,对西方企业文化的理论进行了介绍传播。我国沿海开放地区和工业比较集中的地区的一批企业开始了企业文化建设的实践和探索。如广州白云山制药厂原来是白云山农场自筹资金建起来的一个制药车间,是"计划外"产业,资金、原料、产品都只能面向市场,这迫使它抛弃产品经济条件下形成的旧观念,树立与商品经济相适应的新观念,建立起符合商品经济发展要求的一整套经营思想、管理方式,围绕企业的经营目标,提倡具有企业个性特色的"白云山人精神",形成了自己特色的企业文化,到1991年它已发展成年产值超过8亿元的制药企业。广东梅山实业总公司冲破陈腐封建文化、封闭意识,建构起符合现代化生产的价值观念、思维和行为方式,创立崭新的企业文化,使企业获得了巨大发展。四川长城特殊钢厂结合企业文化建设的实践经验,编著出版了《管理之魂》,这是我国自己最早编著的关于企业文化理论著作之一。与此同时,我国企业界和理论界,就西方企业文化能否适用于我国,西方企业文化与我国传统文化,企业文化与社会文化,企业文化的特征、内涵、结构等等,进行了广泛的讨论。中国企业文化研究会就是在这种形势下筹备成立的。

从20世纪80年代初到现在近10年的时间中,我国企业文化建设活动虽然出现过某些曲折,但仍在不断发展,特别是1992年初邓小平同志南方谈话以后,又有了一个新的高潮。到现在为止,各省市都有一批企业开展了具有中国特色的社会主义企业文化建设。它们的做法和经验主要是:

1. 确立以人为中心和目标的管理思想。以职工为主体,增强工人阶级的责任感,使工人阶级认识自己的主人翁地位、责任和利益,为实现自己的主人翁地位、责任和利益而努力奋斗,并建立相应的物质利益机制和民主管理机制作为保证。

2. 塑造和培育企业精神和企业价值观。依据企业的目标和发展战略,培育企业精神和价值观,形成职工的共识,成为企业的精神财富和激励职工奋斗拼搏、开拓前进的内在动力。如北京铁路局在深入调查研究的基础上,制定了企业文化建设的规划,以培养企业精神和职业道德为核心,在管理制度、思想教育、科学技术、文化教育、生活福利等方面进行了一系列的建设,提高了工作效益和服务质量。

3. 以文化为引导,开发文化资源。进行职工培训,增加文化设施,开展文化活动,创造企业良好的文化氛围,以提高职工的思想、文化素质和技术业务水平。

4. 塑造良好的企业形象。美化厂容、店容,注重商品质量,提高经销人员的文化素质和业务水平,重视市场信息,增强了企业的信誉和在国内外市场的竞争力。

5. 创建具有中国特色的企业管理模式(或者叫企业管理方式)。有企业就有企业的文化,只是文化的性质、层次不同。但是,有企业的文化并不等于有企业文化管理。企业文化与企业文化管理是两个相互联系又有区别的概念,也是一个从自在到自为的过程。依据企业文化理论,以人为中心,以文化为主导,渗透落实到制定企业目标、企业的经营决策、企业的运行机制、企业的劳动管理制度、推进技术改造、提高产品和服务质量之中,逐步规范化、制度化,形成具有中国文化特色的企业整体管理模式。

期间,企业文化的理论研究探索也在逐步展开。对于企业文化的特征、内涵,企业文化的精神层次、行为层次、制度层次,中国传统文化与企业文化,建设企业文化的途径,以及企业文化与思想政治工作、企业文化与精神文明建设的关系等等,进行了广泛的探讨。反映实践经验和理论研究成果的专著已有几十种。如长城特钢厂熊振邦主编的《人——企业之本》,南桐矿务局侯宝和、王国成主编的《煤炭企业文化建设》,安徽社科院朱来常著的《文化是明天的经济》,上海电视大学潘肖珏和复旦大学苏勇等编写的《企业文化教程》,北京《城市问题》杂志编辑出版的《走社会主义企业文化管理之路》,深圳宣传部杨广慧关于商品经济条件下的思想政治工作的研究,长春第一汽车制造厂李玉堂关于工人阶级主人翁地位的研究,吉林炭素厂夏有恒对于"企业文化人"的研究,重庆商学院蒲心文关于文化与经济联姻的研究等等,都提出了许多新的创建性的观点。企业文化专刊和专栏也有几十种。如深圳的《特区企业文化》、山东的《企业文化》、哈尔滨的《企业文化》、大连的《东北之窗》等,发表了大量企业文化的文章。上海复旦大学设置了企业文化专业课程。广东、四川、吉林、山东、安徽、浙江、福建、湖南、北京以及广州、鞍山、深圳、无锡、绍兴、淄博等省市相继成立了企业文化研究团体"企业文化研究会"、"企业文化建设协会",进行理论研究,并与企业相结合总结实践经验。

党的十四大明确提出:我国经济体制改革的目标是建立社会主义市场经济体制。这也给企业文化建设提出了新的要求。围绕市场经济体制的建立,研究探索破除适应高度集中的计划经济体制的旧观念,树立适应市场经济体制的新观念,研究探索破除在高度集中经济体制形成的行政管理模式,创建适应市场经济体制的企业文化管理模式,将是企业文化实践和理论研究的两个主要的新趋势,也是经济体制改革逐步深化的客观需要。薄一波同志在《计划与市场》一文中说:"我国人民有勤劳、节俭、集体主义等美德,我们党有注意思想政治工作的传统,曾创建过'两参一改三结合'等。现在看来仍然是好的作法,改革以来又出现了创建社会主义企业文化的的新经验,我们应该而且可能创造出有别于西方文化而且效率更高的社会主义企业管理模式。"这段话概括了我国企业文化的现状,提出了企业文化研究的方向。

(作者系中国企业文化研究会常务副理事长,原北京市人大常委会副主任。此文摘自作者1992年11月在中国企业文化研究会第二次会员代表大会上所作的工作报告)

论企业文化

——答《企业文化》记者问

胡　平

记者:企业文化的引进已经有10多年了,您对目前我国企业文化现状有怎样的评价?

胡平:随着改革开放,外国的一些思想、文化被陆续介绍、引进到国内来。企业文化作为一种新的管理理论格外地引起人们的注目,企业文化的发展在我国已经形成了理论体系,并有了发展实践的阵地。邓小平同志说:"我们要向资本主义发达国家学习先进的科学、技术、经营管理方法以及其他一切对我们有益的知识和文化……"可以说,在企业文化的引进、发展这方面做了很好的工作。在引进资金、技术的同时,还要引进先进的管理科学。这是改革开放的要求,也是中国企业发展的迫切需要。

市场经济背后,有一只看不见的手,是经济规律,同时还有一只看不见的手是不能忽略的,那就是文化。文化观念对整个经济发展起十分重要的作用。我们即将进入21世纪,经济和文化的一体化是时代的大趋势,企业文化从理论到实践都是很有挖掘价值的富矿。

记者:21世纪全世界将进入经济全球化的世纪。从世界角度来看,市场经济的有序竞争使中国走向世界,世界也面对中国,请您谈谈经济全球化发展所面临的文化融合问题。

胡平:改革开放必须要对外交流,外商来到中国利用中国的资源和劳动力,这既是竞争又是合作。引进外来资金以后,不可避免地会带来各种管理模式,日本的、美国的、新加坡的,还有香港的。而这种种管理模式,说到底也是文化模式。听说香港有的老板要带风水先生,有的韩国老板反对企业里建立工会组织,而中国国情是企业里要有工会组织,不搞工会不行。有的"三资"企业里的老板愿意企业成立党组织,有的企业每逢"七一"就要开会,老板还要祝贺,他们感谢共产党帮助他们把企业搞好。这不是从政治角度讲,而是作为一种文化,他们懂得中国要有共产党的帮助、合作,他们是接受了我们的文化。总之,引进外来的管理模式也就引进了外来文化,这种文化要与中国的传统文化融合,否则它将无法生存或被抵制。

中国的企业文化与国际交流中最有生命力的还是受中国传统文化影响的那部分。要想发展繁荣中国的企业文化,一方面要吸收国外企业文化的优秀部分,另一方面要把我们好的传统继承下来,在融合的过程中创新,实现两种文化的对接和超越。

记者:您认为中国企业文化发展最重要的问题是什么?

胡平:中国企业文化发展最根本的问题是企业文化的中国化。西方文明与中国历史发展渊源有着明显不同。我们同西方在政治经济基础等方面都有很大差异,所以在发展企业文化时,就应当把外国企业文化与中国历史传统、政治传统结合起来。比如西方企业讲以人为本,我们讲工人阶级的主人翁精神,应当把这两者结合起来。着重点放在全面提高员工的素质上，使员工树立正确的价值观。又比如，我国许多乡镇企业也在搞企业文化，我们的乡镇企业同西方企业相比差距很大。乡镇企业首要的是要从家族式的自然经济进入现代化商品经济，乡镇企业文化先是一个文化提升问题，这些都是中国国情特点。

记者：国有改革进程已发展到了一个新的阶段。国有大中型企业的深化改革已到了攻坚阶段，企业文化在国有大中型企业的深化改革中应起什么作用？

胡平：中国国有大中型企业是有中国特色社会主义经济的基础和支柱，在几十年的社会主义建设中也形成了自己的管理传统。比如大庆的"三老四严精神"，鞍钢的"孟泰精神"，煤矿的"特别能战斗精神"等，在过去的社会主义建设时期曾起到了不可估量的作用，形成了我党领导企业的优良传统。当我们面对国有大中型企业全面进入市场经济，搞企业文化就要对过去的传统行业精神有新的提升，要赋予新的内涵的全面创新。比如大庆油田就提出了"再稳产10年，二次创业"的新文化观念，应当很好总结。像煤炭行业一直处于亏损状况，行业的观念就不只是多采煤，而是要向多元化发展。铁路行业被推向市场竞争，就要注重营销文化。"人民邮电为人民"这个口号比较抽象，邮电行业目前推行的承诺制服务，一改过去的行业形象，开始重塑"服务第一"的企业形象。面向21世纪，各行业、各国有大中型企业在继承好的传统的同时，要有创新，重树超越传统的行业、企业新理念。

记者：以前您搞商业时，就很重视商业精神，并着力宣传商业精神，应当怎样理解商业精神？

胡平：我认为，作为一定企业，一位企业家，即使是从事工业的，也要把市场工作放在第一位。自上而下培育市场，自下而上开发产品，从下游产品开始往上游推进。从这个意义上讲，工厂厂长也是商人。对"十亿人民九亿商"这句话要重新认识，如果人人都有经商意识，那就是我们民族的觉醒，社会就会进步。我所说的商业精神就是市场意识。曾经有位美国商人对一位犹太人讲："我们的钱在犹太人的口袋里。"这位犹太人讲："我们的财富在脑袋里。"犹太人被认为是一个优秀民族，一是有民族精神，二是有科学精神，三是他们有商业头脑。我们搞社会主义市场经济，我们倡导企业精神，就要有这种商业头脑，善于抓住一切商业机会。美国搞制造业的老板叫制造商，没有商业精神，没有商业意识，就进入不了市场，就搞不了市场经济。

有位学者总结香港文化，认为占主流的是商业文化。香港商业文化对香港的繁荣起了很大作用。

我们倡导商业精神，就是要把企业商品推向市场。三年前我就讲过当代企业家要人人是商人，人人是文人。就拿工厂的厂长来说，应该把市场作为他决策的第一要素，生产的第一车间。如果不是以市场取向来决定企业的经营决策，还是按照过去的思维方法，用老办法，那么这个企业肯定搞不好。现代企业家应该人人是文人。我说的文人不是叫企业家都去写诗人作画，也不是说大家都去打高尔夫球，逛卡拉OK歌舞厅，而是说广义的文人，用现代的文化观、价值观武装起来的文人。我们现代企业家的形象应该是什么样的？具备什么样的素质？这可以探讨，但有一点是很重要的，就是要有内在的素质和外在的气质的统一。培养现代企业家，塑造中国特色的现代企业家的形象，这就要求既要懂得基本的现代科学知识，又要懂得中国的传统文化，还要懂得西方的文化，并且具有能将这些文化知识熟练地转化为在市场经济中探索、实践的本领。

（作者系中国企业文化研究会理事长，原商业部部长。此文选自1998年10月出版的《企业文化在中国》一书）

建设企业文化　开发精神力量

陈清泰

企业是社会的细胞，它的素质、文化和观念受社会和传统的制约，也反作用于社会，影响着社会发展水平。

企业是社会生产力的基础，人又是其中最有活力的要素。因而在企业中如何调动职工的积极性、主动性，是企业管理者永恒的课题。

很长一段时间，我们是用"阶级斗争为纲"和"忆苦思甜"等办法，动员职工努力工作，维持以产品经济、大锅饭分配方式为基础的生产体制。"文化大革命"结束后，在批判"以阶级斗争为纲"和大锅饭体制时，一些人崇拜物质刺激、奖金挂帅的威力，企图以"奖得眼红，罚得发抖"的办法，促使得职工努力工作，使企业在商品经济条件下增强竞争能力。

实践证明，这两种方式在调动人的积极性方面，起过一定作用，但都未能得到预期的效果，最终结果是：要么还是大锅饭，低效率；要么追求高消费，互相攀比。

如果说大力度的奖罚对社会化程度比较低的个体劳动者和小型企业是挖掘内涵潜力基本手段的话，那么对社会化程度比较高的大型企业，建设企业文化就显得更加重要。

崇高目标是企业文化的基础

在旧体制下，"为政治服务"成了企业的目标，它抽象而空泛，缺乏号召力。在社会主义市场经济体制下企业目标又是什么？在批判只讲"政治效果"，忽视经济效益之后，一些人认为企业是经济组织，因而其追求的最高目标是"赚钱"，这是一种似是而非的有害说法。处于新旧体制转轨的今天，以走私、偷税不择手段"赚钱"者有，以假冒伪劣、惟利是图"赚钱"者有，甚至以金融诈骗、掠夺社会"赚钱"者也有。现代大企业要超越自由市场上的叫卖水平，就必须有比"赚钱"更高一层次的追求和目标。目前国际上办得成功的企业已证明：以赚钱为最高追求，往往忽略企业的社会责任，失去自身存在的意义；以崇高目标为其追求，作为对社会贡献的补偿，企业会得到稳定长远的合理利润；以赚钱为最高目标，企业会出现许多非正常行为；以崇高目标为追求，企业会兼顾社会、用户、企业和职工的利益，并以此约束自己的行动。

财务目标难于完全表达企业存在的社会价值，在企业中真正关心并理解"利润"的只是少数经营人员，它难于焕发全体职工的精神动力，难于使全体职工由此而理解自己工作的意义。如果以职工个人所得直接和企业利润"挂钩"，可以使职工从关心自己利益的角度关心企业的发展。这对摧毁大锅饭的分配方式是一次飞跃。在职工物质生活水平很低的条件下，对动员职工努力工作会起到积极作用，但它带来的副作用是促使职工关心近期实惠，造成消费攀比压力，从而有损企业后劲。实际上人们除了物质需求的满足感之外，还有对精神需求满足的要求。人一生总希望做一番事业，总希望自己的工作得到社会、后人的承认和尊重。在一定的意义上讲，崇高的目标可以赢得追随者，企业的利润只是经营业绩的“计分簿”。

一个没有目标的企业，正像大海中一只没有航向的船，船在随波逐浪，每个人在思考自己的前途，一旦遇有风险，它没有力挽狂澜的力量，水手会各寻他路，使船过早地失去平衡。

一般地说，企业的崇高目标是以自己优秀的产品和服务引导，改变和改善人们的社会生活形态，这不是唱高调，不是空谈，而是企业的工作与企业的社会责任、企业在竞争中的地位和企业长远利益融会在一起的产物，它可以囊括职工的理想抱负，可以为职工提供表现才能的大舞台。

二汽建设之初，“为中国汽车工业打翻身仗”的豪情，激励了多少职工，特别是热血青年，当时并没有人担保可以提供多么高的工资、多么好的住房，但大家都是自愿报名，远离城市，来到荒僻的山乡创业，在“文化大革命”中这虽罩上了某种“政治动员”的色彩，但它仍说明改变我国汽车工业和汽车运输落后面貌这一崇高目标的号召力。二汽人的志向和追求就是改善和改变十亿人民的行路和运输条件。当二汽人得知国家批准二汽再建设一个大型轿车基地时，全厂上下都为之欢呼雀跃，许多人以此作为自己后半生奋斗的事业，为了实现这一目标，他们心甘情愿克服一切困难。这是一种从心底迸发出来的火一样的热情，是可以熔化一切困难的力量。

我们已经感受到，崇高的企业目标会唤起职工的使命感，增强职工的向心力，使职工感到实现企业目标的过程正是职工生活和工作价值的自我实现过程。这正是建设企业文化的基础。

调动企业文化的强大动力

企业文化是指能统一管理者和职工的企业目标、信念、哲学、道德和价值观的总和，由此而决定企业的作风、效率和精神风貌——企业的力量。企业文化把企业精神文明建设提到了新的高度。在社会主义条件下，共产主义理想可以通过企业文化而加以具体化。

精神的力量是无形的，但它一旦武装了生产力要素中最具创造性的要素——人，就会转化为强大的物质力量，创造出更高的劳动生产率。

企业中严格的纪律和奖罚分明，是从严治厂所必须的，但它对人终究是一种“外力”，我们要正确使用这种外力来规范人们的行为。对职工来说，它的作用是“要我这样做”。企业文化建设则是把企业的目标和观念与职工生活和工作的价值联系在一起，使职工感到在企业的工作中包含着自己为之奋斗的事业，工作本身正是自我价值实现的过程，因而它对人来说是一种“内力”，它唤起职工的是“我要这样做”。企业物质生产手段需要不断更新改造，职工的精神力量亦需要不断开发，一般来说，人都有上进心，都希望受到尊重，需要用崇高的企业目标、耀人的企业文化，促使人们加深对自身工作价值的理解，用能打动人心的办法去诱发、引导人们的使命感，开发人们的精神需求，在这种需求的满足过程中，焕发出强大的工作主动性、创造性。

早在1984年二汽就提出，要逐步建立经营开发型体制下的企业哲学，在6万名职工中要有统一的目标、信念，企业管理者既要调动物质力量，又要调动精神力量——要逐步建设二汽的企业文化。多年生产建设的实践，精神力量的开发，在职工中正在培育着献身汽车、实现第二次创业的事业心；面向市场，勇于改革、争创一流的竞争意识；“质量第一、用户第一，信誉第一”的价值观；“改变现状，视今天为落后”的企业哲学；“厂兴我荣，厂衰我耻”的主人翁精神。虽然企业文化的建设是个长期精神力量开发的过程，但它已显示的威力正是在鄂西北荒僻山区几万职工凝聚力、向心力的精神支柱，正是二汽兴旺发达、具有后劲的重要基础。

物质鼓励与精神鼓励

在社会主义初级阶段的中国，谁要否定物质鼓励在调动人们工作热情方面的作用，那是空想主义者。广大职工赖以生活的工资还只是解决温饱、略有结余的水平。因此，人们十分关心工资奖励是很自然的，作为企业管理者也必须在保证企业生产、效益不断提高的同时，使职工生活水平得到相应的提高，这是保护职工积极性的重要基础。

一段时间以来，只讲“实惠”不讲精神的弊端比较严重。徘徊于“拉开档次，先富起来”与“照顾左邻右舍，防止贫富悬殊”之间是没有出路的。这种过度利用物质的牵引作用，将会使我们处于两难的地步。在经济上，目前我们没有能力满足已吊得很高的物质需求。职工与前几年相比，得到了更多的实惠，但也出现了更多的牢骚；在精神上，目前一些人失去了追求的目标，价值观念变形，精神空虚，这确实应当引起关注。

即使在西方发达国家，人们也发现，金钱有诱惑力，事业有凝聚力。无论是金钱还是鞭子，都不能真正调动起广大职工的献身精神。

中国要进入国际经济大循环的重要优势是劳动力价格低廉。我们要十分珍惜追赶世界水平的这一优势。这一优势如果过早丧失，将对我们的国际地位产生影响，将会丧失追赶国际水平的机会。

实际上，企业管理者既要调动物质力量，又要调动精神力量，两者相辅相成，都是实现企业目标的手段和资源。

在社会主义中国，企业的目标与社会目标、职工长远利益的高度一致性，为我们调动职工精神力量，建设企业文化创造了良好条件。建设社会主义的热情，蕴藏在人们的心底里，要使其转化成现实的力量，需要我们下功夫去开发，需要用尊重人，关心人，能打动人的灵魂，唤起人们献身精神的企业目标和企业文化，去开发职工的精神力量。

面对社会上高消费攀比的现实，近年二汽为实现企业目标，避免陷入消费攀比深渊，着手建立物质鼓励与精神激励相辅相成的机制。物质鼓励就是要在企业生产和效益不断提高的基础上，使职工福利奖励水平有相应提高。

企业工资管理办法与社会脱钩，结合企业情况有计划地用好国家规定的工资总额指标，使职工直接感受到收入的增加是经过自己努力，企业兴旺，对社会做出更大贡献的结果。通过增长工资福利，使职工增强参与者的自豪感。精神激励就是以企业文化的建设不断提高干部职工的精神境界，以企业目标与追求形成职工的凝聚力。这些工作虽然只处于初始阶段，但已开始显露出端正企业行为的良好效果。

事实不断证明，转变企业经营机制的极端重要性。目前，对企业的行为动力、企业自我制约机制进行深入研究并取得正确答案，是提高我国企业素质的重大课题，大家应下大力气把这篇大文章做好。

（作者系中国企业文化研究会顾问，国务院发展研究中心副主任。此文选自《中外企业文化》杂志1996年1期）

扎实推进企业文化建设 努力打造中央企业核心竞争力

——在中央企业企业文化建设研讨交流会上的讲话（摘要）

王瑞祥

这次中央企业企业文化建设研讨交流会，是在深入学习贯彻党的十六大、十六届三中全会精神，不断完善社会主义市场经济体制，进一步深化国有企业改革，加快建立现代企业制度的新形势下召开的。这是国务院国资委组建以来首次召开的企业文化建设工作专题会议。今天，中央企业主管企业文化建设工作的负责同志汇聚在闻名遐迩的大庆，共同研讨交流企业文化建设工作的经验和思路，必将对中央企业的企业文化建设产生积极而深远的影响。

这次会议的主要任务是，以邓小平理论和“三个代表”重要思想为指导，紧密结合中央企业的实际，总结交流中央企业企业文化建设工作的经验，现场参观学习石油在大庆的企业开展企业文化建设的做法，研究探讨企业文化建设工作的有关问题，讨论修改《国务院国资委党委关于加强中央企业企业文化建设的指导意见》，对中央企业当前和今后一段时期企业文化建设工作进行部署，动员广大干部职工积极投身企业文化建设，不断提高企业管理和精神文明建设的水平，为进一步提升中央企业的核心竞争力，做强做大中央企业而努力奋斗。

认清形势，创新观念，充分认识加强中央企业企业文化建设的重要意义

企业文化是现代企业管理科学理论和哲学理念的创新和飞跃，这个概念引入我国20多年来，越来越受到企业界和学术界的广泛关注和重视，特别是近年来形成了新一轮的“企业文化热”。尽管目前国内外对企业文化的定义众说纷纭，莫衷一是，但对企业文化所包含的企业精神、价值观、经营理念、行为准则、形象标识、产品品牌等基本内涵和功能的认识大致相同，只不过认识高度、认同程度不一。那么，我们应该如何认识中央企业的企业文化建设工作呢？

第一，要从全面贯彻“三个代表”重要思想的高度充分认识加强企业文化建设的重要性。“三个代表”重要思想是新世纪新阶段全党全国人民继往开来、与时俱进，全面实现小康社会宏伟目标，建设中国特色社会主义现代化事业的根本指针，已经写进了宪法和党章，成为我们党和国家在新形势下必须坚持的根本指导思想。我们加强企业文化建设要解决的课题，就其本质要求和内涵来讲，是与全面贯彻“三个代表”重要思想的要求一致的。企业文化建设的目的，在很大程度上要着眼于提高企业核心竞争力，适应先进生产力的发展要求；着眼于提高劳动者素质、实现人的全面发展，体现先进文化的发展方向；着眼于满足人们日益增长的物质和精神文化需求，代表最广大人民群众的根本利益。中央企业大多是关系国家安全和国民经济命脉，在重要行业和关键领域占支配地位的重要骨干企业，是国有企业的排头兵，在全面建设小康社会，发展壮大国有经济，发挥国有经济的控制力、影响力和带动力方面具有举足轻重的作用。中央企业做强做大，既是发挥国有经济的主导作用，促进坚持以公有制为基础、多种经济成分共同发展的基本经济制度的需要，也是践行“三个代表”重要思想的具体体现。中央企业不仅要做中国先进生产力的重要代表，也要成为中国先进文化的重要代表。

第二，从提高企业核心竞争力、培育和发展具有国际竞争力的大公司大集团的内在要求认识加强企业文化建设的紧迫性。培育和发展一批具有国际竞争力的大公司大集团是党中央、国务院提出的一项战略任务。经过多年改革和发展，国有企业的市场竞争力明显增强，在激烈的市场竞争中涌现出一批具有相当规模和实力的大公司大集团。根据2003年美国《财富》杂志公布，进入世界500强的中国企业只有11家，占2%；而美国有192家，占38%；欧盟150家，占30%；日本89家，占18%。我们中央企业进入世界500强企业的仅有中国石油天然气集团公司、中国石油化工集团公司、中国移动通信集团公司、中国化工进出口总公司、中国电信集团公司、中国粮油食品进出口（集团）有限公司6家，这与我国在世界经济发展中应有的地位、作用很不相称，而且在经营规模、赢利能力、创新能力、体制机制等方面与国际跨国公司相比差距很大。随着经济全球化步伐的加快，特别是加入世界贸易组织以后，中央企业面临着国际跨国公司和国内其他企业的双重竞争压力，打造企业核心竞争力成为参与竞争的必然选择。美国兰德公司和麦肯锡公司对全球经济增长最快的30家公司进行跟踪考察后，得出了这样一个结论：“世界500强胜出其他公司的根本原因，就在于这些公司善于给他们的企业文化注入活力，凭借企业文化力，这些一流公司保持了百年不衰。”实践表明，优秀的企业文化对内可以增强凝聚力、向心力，对外可以树立形象，扩大市场影响，是企业核心竞争力的重要组成部分。中央企业只有加快企业文化建设，才能提升企业的核心竞争力，使更多的企业跻身于世界一流企业行列。

第三，从发挥党的政治优势、创新思想政治工作的有效途径认识加强企业文化建设的必要性。思想政治工作是党的优良传统和政治优势。做好新时期企业思想政治工作，必须从内容、形式、手段、途径、方式方法和运行机制等方面进行创新，而企业文化是创新思想政治工作的有效载体，它拓展了企业思想政治工作的领域和空间，把职工的理想信念、思想道德、组织纪律观念、爱国敬业精神等方面的教育与企业文化建设有机地融

为一体，相得益彰，提高了思想政治工作的针对性、实效性，增强了对广大员工的吸引力、渗透力和影响力。企业文化是一种特殊的“粘合剂”，可以把企业发展与人的发展高度统一起来，有效促进企业思想政治工作与经济工作的有机结合，防止“两张皮”的现象。企业文化建设强调以人为本，以文化管理为纽带，融思想教育、制度约束和激励机制于一体，是企业思想政治工作服务于生产经营中心工作的切入点和重要载体。把企业文化所具有的时代魅力与思想政治工作的传统优势结合起来，不仅是十分必要的，而且也必然会愈来愈显示出强大的生命力，也使得思想政治工作的局面为之一新。

第四，要从建设高素质职工队伍、促进人的全面发展的迫切需要认识加强企业文化建设的艰巨性。建设先进的企业文化，说到底是做人的工作，是帮助和引导职工树立正确的世界观、人生观、价值观。这需要一个长期的过程，要通过大量艰苦细致的培养教育才能达到预期效果。我们要充分认识这项工作的长期性和艰巨性，从点滴抓起，做长期的努力。要全面贯彻以人为本、以文化人的思想，注重员工素质的提升和人的全面发展，培育和造就一代又一代“有理想、有道德、有文化、有纪律”的职工队伍。用先进的文化引导人、教育人、塑造人，通过提炼、升华、灌输新的经营管理理念和价值观念，能够创造出一种团结和凝聚职工的文化力量，能够培育与现代企业制度相适应的思想观念，增强职工的自立意识、竞争意识、效率意识、民主法制意识、开拓创新意识。推进企业文化建设，实施人才强企战略，有利于营造尊重劳动、尊重知识、尊重人才、尊重创造，鼓励人们干事业、支持人们干成事业的文化氛围，建设一支包括出资人代表、高级经营管理者在内的各类专业人才、科技带头人和科技人才、复合型思想政治工作者、高技能人才的宏大的人才队伍，让一切劳动、知识、技术、管理和资本的活力竞相迸发，让人力资源优势得到充分发挥。

总而言之，企业文化是一个企业在长期生产经营中倡导、积累，经过筛选提炼形成的，是以企业管理哲学和企业精神为核心，以企业最高目标、共同价值观、优良作风、行为规范、标识、环境等为主要内容的，能够激发和凝聚企业员工归属感、积极性和创造性的人本管理理论，是企业的灵魂和潜在的生产力。企业文化建设是实践“三个代表”重要思想的生动体现，是打造企业核心竞争力的战略举措。谁拥有文化优势，谁就拥有竞争优势、效益优势和发展优势。一流的企业必须拥有优秀的企业文化。不重视企业文化的企业是没有核心竞争力的企业；不重视企业文化建设的企业经营者是缺乏远见的企业家。因此，各中央企业要充分认识新形势下加强企业文化建设的重要性和紧迫性，加快推进企业文化建设的步伐。

把握方向，明确任务，大力推进中央企业企业文化建设

国资委成立之初就提出把加强企业文化建设作为一项重点工作。荣融主任和毅中书记多次强调企业文化建设的重要性，明确提出要进一步探索企业精神文明建设的有效途径和方式，推进具有时代气息和各具特色的企业文化建设。

为了贯彻落实党的十六大和十六届三中全会精神，适应经济全球化的趋势，实现全面建设小康社会的宏伟目标，结合中央企业企业文化建设的现状和发展需要，当前及今后一个时期，推进中央企业文化建设的指导思想是：以邓小平理论和“三个代表”重要思想为指导，贯彻落实党的十六大、十六届三中全会精神，牢固树立以人为本和全面、协调、可持续的科学发展观，植根于中华民族优秀传统文化的土壤，积极吸收借鉴国内外现代管理的优秀成果，以爱国奉献为追求，以人本管理为核心，以学习创新为动力，着眼于内强素质、外塑形象，立足于文化强企、产业报国，努力建设符合中国特色社会主义先进文化前进方向、具有鲜明时代特征和各具特色的企业文化，打造企业核心竞争力，为发展壮大国有经济，为全面建设小康社会做出新贡献。在这个指导思想下，我们提出中央企业文化建设的总体目标是：力争用3年左右的时间，初步建立起适应改革开放和社会主义市场经济发展要求，符合企业发展战略，遵循文化发展规律，体现员工根本利益，具有各自企业特色的企业文化体系。通过企业文化建设，使企业文化管理水平进一步提高，员工素质进一步提升，企业形象进一步改善；增强企业凝聚力，激发员工创造力，使企业核心竞争力明显提高；实现企业文化与企业战略的和谐一致，企业发展与员工发展的和谐一致，企业文化优势与竞争优势的和谐一致，为中央企业的改革发展稳定提供保障。

中央企业在推进企业文化建设过程中，必须牢牢把握先进文化的前进方向，面向世界，面向未来，面向现代化，把企业文化建设提高到一个新的高度，纳入企业发展战略规划之中。必须准确把握企业文化建设的定位。要从我国的国情和本企业的实际出发，从企业的行业、领域和在国民经济中所处的地位考虑，以提高企业的核心竞争力，促进企业可持续发展为主题，积极培育符合时代要求、具有本企业特色的先进企业文化。必须把培育企业精神和价值观作为企业文化建设的核心。大力弘扬国有企业爱国主义、集体主义、社会主义的精神，积极总结、提炼和培育具有时代特征并被本企业全体员工认同的企业精神和价值观，努力构筑中央企业之魂。必须注重经营理念的倡导。要在实践的基础上概括和总结出本企业的指导思想、经营理念，吸收优秀的文化成果并不断注入新的理念，树立与社会主义市场经济相适应的经营宗旨、管理理念、营销理念以及人才观、质量观、市场观、竞争观等，努力建立完善企业的理念体系。必须注重员工素质的提高和企业形象的塑造。通过以人为本的文化管理，提高员工的素质，开发人力资源，发挥员工的智能，以诚信经营为基石，努力养成职业道德，积极实施品牌战略，优化企业环境，强化企业识别系统，努力提高企业的知名度、美誉度和可信度，巩固和扩大市场占有率。必须加强企业制度建设。要制定和完善符合企业文化理念、符合企业实际的各项管理制度、操作规程、工作职责，把企业文化的基本理念体现到各项规章制度，渗透到企业经营管理的各个环节，转化为广大员工工作的动力和自觉行为，使企业管理步入决策理性化、管理制度化、操作规范化的良性轨道。

中央企业在推进企业文化建设过程中，要坚持以人为本。牢固树立企业即人、企业为人、企业靠人的人本理念，发挥企业文化的凝聚、导向、激励和转化等功能，用愿景鼓舞人，用精神凝聚人，用机制激励人，用环境培育人。对内挖掘员工资质和潜能，提升员工的思想境界，提高员工忠诚度、归属感和自律能力，激发员工的积极性、创造性和团队精神，实现员工价值升华与企

业蓬勃发展的有机统一，实现国有资产保值增值和员工全面发展的有机统一。对外提供优质商品和优质服务，满足用户的需求，赢得社会的信任，实现奉献祖国、报效社会、回报股东和关爱员工的和谐一致，为发展壮大国有经济，全面建设小康社会做出贡献。要注重建设。要制定切实可行的企业文化建设方案，选择好突破口，借助必要的载体和抓手，把企业精神、价值观、经营理念变成具体的规章制度，建立规范的内部管控体系和相应的激励约束机制，用符合文化理念的管理机制引导、规范企业和员工行为。要突出特色。个性特色是企业文化建设的生命力。由于企业形成历史、所属产业、规模特点、构成素质、所处环境和地位作用不同，企业文化建设必须从本企业的实际出发，把共性和个性、一般和个别很好地结合起来，总结出自己的优良传统和经营风格，在企业精神提炼、经营理念概括和视觉形象设计上体现出鲜明的个性，形成富有行业特点和独具魅力的企业文化。要务求实效。企业文化建设要立足企业实际，符合企业定位，将企业文化建设与解决企业实际问题结合起来，与生产经营管理、思想政治工作和精神文明建设结合起来，弘扬求真务实精神，大兴求真务实之风，按客观规律办事，不搞花架子，不急功近利，使企业文化建设经得起实践和群众的检验。要提倡化繁为简、实用易记的企业文化设计，防止盲目模仿或照搬外国模式，避免将企业文化表面化、玄虚化、庸俗化的形式主义作风。要按照系统化、科学化、实用化的要求创建特色鲜明的企业文化建设体系，使企业文化建设真正内化于心、固化于制、外化于行、形神统一，不断增强企业的凝聚力和竞争力。

高度重视，精心组织，切实加强中央企业企业文化建设的领导

企业文化建设事关企业的兴衰成败和可持续发展，其理论性、实践性、探索性都很强，不可能一蹴而就，因而非下功夫抓好不可。目前，中央企业的企业文化建设工作从整体上讲尚属起步阶段，需要切实加强对企业文化建设的领导。

第一，切实加强组织领导，抓好企业文化建设的战略规划。坚持党对国有企业的政治领导是一个重大原则，而对企业思想政治工作、精神文明建设和企业文化建设的领导也是其中的重要内容。各中央企业党委（党组）要坚持正确的政治方向，切实加强对企业文化建设的领导，把企业文化建设工作纳入企业发展的战略规划和总目标之中。从目前中央企业的情况看，有一半企业的企业文化建设工作还没有制定规划、着手开展，因此，当务之急要提高认识，统一思想，把企业文化建设工作摆到企业管理的重要议事日程上来认真抓紧抓好。制定好企业文化建设规划是一项重要的基础性工作。各中央企业要在深入调查研究的基础上，从实际出发，统筹规划，结合贯彻实施拟下发的《国务院国资委党委关于加强中央企业企业文化建设的指导意见》，认真研究，制定或修订好本企业的企业文化建设规划。规划要体现前瞻性、系统性、开放性、可操作性。

第二，建立健全组织机构，形成企业文化建设工作的运行机制。这是推进企业文化建设顺利开展、持续发展的重要保证。实践表明，领导重视与否是决定事情成功的关键。组织领导机构很重要，没有相应的机构、人员是不行的。各中央企业要高度重视，建立健全企业文化建设工作的组织领导机构和工作机构，无论设在哪个部门，都应当明确专门人员来具体负责企业文化建设的相关工作。明确企业主要负责人是企业文化建设的第一责任人，各级党委（党组）对企业文化建设实施领导。明确企业党政领导要共同担负起建设企业文化的重任，切实加强对企业文化建设的领导、规划、定位、指导和协调，党政工团与其他管理部门密切配合，齐抓共管，逐步构建有利于加强企业文化建设的领导机构，有利于落实企业文化的责任制，有利于调动各职能部门和广大员工的积极性、主动性和创造性的组织体制，努力形成行之有效的企业文化建设工作长效运行机制，做到企业文化工作与企业其他管理工作同部署、同检查、同考核、同奖惩。这样可以有效解决企业领导者任期与企业文化建设连续性的矛盾，不因为企业领导人的更换而起落变化。企业文化建设决非是阶段性、临时性、突击性的工作，要避免一轰而上，雷声大雨点小，搞短期行为，坚持重在建设，常抓不懈。

第三，精心组织，狠抓落实，稳步推进企业文化建设。企业文化建设的成效如何不仅要靠领导力，更要靠执行力。执行力的关键在于透过企业文化影响企业员工的行为，而企业领导人的角色很重要的就是营造企业的执行文化。企业领导要率先垂范，努力学习有关企业管理和企业文化的新知识，努力成为企业文化的积极推动者和有效的管理者。要加快建立适应社会主义市场经济全球化要求的企业文化，通过大兴学习之风，建设学习型企业，请进来走出去，加强企业文化知识的培训，进一步提高企业文化建设工作者的素质。要加大企业文化的宣传力度，组织引导广大员工积极参与企业文化建设工作，把企业文化建设工作落到实处，确保企业文化建设的生机和活力。要切实加强对基层企业文化建设的指导，以点带面，注重实效。要加强对企业文化建设的理论研究、实践探索和经验交流，及时总结经验，树立典型，表彰先进。

最后，我还要强调一下对企业文化建设的投入问题。我们要树立这样一种观念，就是对企业文化建设的投入是对企业生产力发展的投入，也是对企业未来的投资。在企业文化建设的投入上，要总体规划，作出预算，统筹安排，分步实施，落实到位。不仅要加大员工的培训力度，而且要加大硬件建设的力度，为推进企业文化建设提供必要的资金支持和物质保障。美国通用电气每年用于员工培训的费用达10亿美元，而我们企业的培训经费非常之少。有条件的企业可以建立企业文化建设的专项基金，但对企业文化建设的投入，要注重加大科技含量，防止低水平重复建设。

新世纪新机遇，谁拥有文化优势，谁就拥有竞争优势。企业文化建设为我们提供了广阔的舞台，中央企业的企业文化建设工作必将大有作为。

民营企业文化建设的三项任务

程　路

全国工商联民营企业文化建设委员会的成立表明全国范围的民营企业文化建设，由自发阶段进入了自为阶段，由分散走向

了集中。我们在推动民营企业文化建设方面有了自己的全国性的专门组织,有了一个更加广阔的舞台。它的成立,标志着民营企业文化建设跨入了一个新的阶段,必将对民营企业文化建设向更高更深层次发展,进一步实现民营企业文化建设规范化、制度化、科学化,发挥越来越重要的组织协调和指导作用。

我想,这个委员会承担着三项重要任务,应当围绕三项任务开展工作。

认真研究民营企业文化的发展方向

为什么首先要研究这个问题?因为方向问题就是道路问题,就是用什么思想来指导、建设一个什么样的企业文化。

文化是一个多义词,其含义大致可以分为三种:一是大文化,就是人类在改造客观世界和主观世界过程中所形成的全部能力和全部财富的总和;二是中文化,它是指人类的精神生活,相当于历史唯物主义的社会意识范畴;三是小文化,这是专指文学艺术之类的文化,不包括自然科学、社会科学以及哲学、宗教等人文学科。这样看来,民营企业文化应当属于中文化的范畴。民营企业文化和国有企业文化、外资企业文化一样,都是企业文化的一个分支,都是中国特色社会主义文化的组成部分。

经过20多年的快速发展,我国已经进入了全面建设小康社会、加快推进社会主义现代化的新的发展阶段。十六大的成功召开,标志着社会主义市场经济体制初步建立,公有制为主体、多种所有制经济共同发展的基本经济制度已经确立,全方位、宽领域、多层次的对外开放格局基本形成。也就是说,关于如何建设中国特色社会主义,我们已经形成了清晰、完整的思路。

作为社会主义文化一个组成部分的民营企业文化,今后的发展方向是什么呢?或者说,民营企业的发展需要什么样的企业文化与之相匹配呢?我考虑:

首先,这种文化一定是主流的。从党的"十五大"到"十六大",非公有制经济和非公有制经济人士,已经从"体制外"走到了"体制内",理论的枷锁基本上全部被打碎,市场准入的藩篱基本上被拆除,非公有制企业和企业家越来越受到全社会的认可和尊重,企业之间的差别越来越少、越来越模糊。因此,在中国特色社会主义这面光辉旗帜的照耀下,在邓小平理论和"三个代表"重要思想指引下,民营企业文化一定是拥护党的领导、拥护社会主义的,一定是为改革开放的现代化建设服务的,一定是为富民强国、振兴中华服务的。

其次,这种文化一定是与时俱进的。它不会一成不变,它必须根据企业自身所处的发展阶段,根据外部环境的变化以及实践的效果,不断调整、充实、提高,引导企业不断迈上新的台阶。

第三,这种文化一定是健康向上的。它必定要鼓励全体员工的竞争意识、效率意识、自强自立意识,必定要倡导诚实守信、集体主义、科学文明、不断进取的道德风尚。鼓吹拜金主义、享乐主义、极端个人主义,放任惟利是图、权钱交易、损人利己、欺诈勒索的企业不会长久。

第四,这种文化一定是"以人为本"的。现代企业的竞争归根到底是人才的竞争,是员工素质的竞争。只有真正关心员工的物质生活的精神追求,建立起学习型组织,广揽贤才,善待员工,形成在共同价值观基础上的利益共同体和事业共同体,企业才有凝聚力,才有发展后劲。

第五,这种文化一定是崇尚创新的。民营企业能有今天的规模,就是因为它永不满足现状。在经济全球化的背景下,我们更要不断地进行体制创新、科技创新、机制创新、管理创新,激发全体员工的聪明才智,提升企业的核心竞争力,并引领中国民营企业"走出去"。

第六,这种文化一定是追求与社会协调发展的。任何企业都生存在一定的社会环境中,它不可能孤立存在。因此,企业不仅要承担它的经济责任,而且必须履行好它的社会责任,回报国家、回报社会、回报人民,与其他社会成员、与自然界和谐相处,合作共赢。

这种文化的属性,还应当是有个性的,有民族特色的,应当是开放的,顺应社会发展潮流,适应先进生产力发展要求,能够体现全体员工根本利益,促进企业健康发展的文化。

民营经济发展到今天,从总体上看已经完成了原始积累,正面临着产业结构如何调整、管理如何上台阶、队伍素质如何提升等重大挑战。同时,社会主义市场经济体制的完善、全方位的对外开放、激烈的市场竞争,也都对民营企业提出了同样的课题:建设先进的企业文化,为企业向更高层次发展提供思想保证、精神动力和智力支持!

先进的企业文化,不仅是一种精神、一种理念,更是一种强大的创造力,可以爆发出巨大的生产力!

及时总结民营企业文化建设的经验

两年来,各地在深入开展民营企业文化建设方面取得了很多成果,这是企业文化委员会开展工作的基础,要认真总结、归纳和推广。我感到,这两年的工作有4个特点值得重视。

首先,民营企业文化建设的深度和广度在扩大。重视和倡导企业文化的民营企业越来越多;"以人为本"的观念越来越深入人心,并且开始在工资福利、培训、晋升、劳动保障、社会保险等方面体现出来;企业的文化氛围越来越浓厚,从墙报、板报到图书室、合唱队,力帆足球、实德足球、新奥女足、广汇篮球、盼盼篮球等更是把我们企业的品牌推广得家喻户晓;建立健全党、工、团组织的企业越来越多,复兴实业等公司还建立起了职代会,让员工当家做主;安徽国祯集团设立了企业文化中心,主持全公司的文化建设工作。

同时,越来越多的企业家从实践中体会到,企业文化建设是企业发展的内在需要,有利于提高员工素质、铸造企业品牌,有利于提升核心竞争力。一些大型企业,在主要负责人的带动下,进一步认识到民营企业在转型期应当承担的社会责任,在中华民族伟大复兴中应承担的历史责任,他们以"财富的集聚就是责任的集聚"为口号,积极投身光彩事业,倡议并参加诚信活动,主动把企业自身的发展与社会的协调发展和共同进步结合在一起。

其次,工商联思想政治工作的新途径逐步形成。两年的实践进一步表明,企业文化建设是民营企业的一项基础工作和基本建设,同时也是工商联在会员企业中开展思想政治工作的"抓手",履行服务职能的重要载体,是近年一项成功的探索。通过推动企业文化建设,我们把党对非公经济人士的要求,转化成了企业和企业家的自觉行动;把做好服务、引导工作,同会员企业发展的内在需求有机地结合起来了。

第三，企业报刊成为推动企业文化建设的平台。现在，企业兴办报刊已形成一股潮流，并且越来越兴盛。无论传统企业还是高新科技企业，无论是国有企业、民营企业还是"三资"企业，大凡做得好的企业，都有一份较好的企业文化刊物，有的甚至办得非常前卫，不亚于大众传媒，是文化领域一道非常亮丽的风景线。比如《联想》、《金花》、《复兴人》、《儒商报》、《新奥人》、《希望集团报》等等，都办得很有水准。

据不完全统计，目前国内共有企业创办的报刊1.3万多种，且还在以每年25%左右的速度递增，其中能正常出版的有6000多种，总印刷量在1000万份左右，多的每期印刷量能达到2.5万份。

这种状况说明，由于目前同类型企业间的竞争已经成为文化的比拼，谁善于经营企业文化，谁占据了企业文化的制高点、拥有了企业文化的比较优势，谁就能吸引并留住优秀人才，获得竞争的优势。所以，企业家们现在都把企业报刊当做提升企业知名度、美誉度，创造企业品牌的最有效手段之一。

第四，突如其来的"非典"是对民营企业文化建设成效的一次检验。在这场巨大的灾难面前，各地民营企业没有退缩，勇敢地直面考验。他们在政府领导下，严防死守，有的用专车接送员工上下班，有的还高价购买胸腺肽给员工注射。他们按照中央精神，坚持生产经营。大连韩伟集团承诺坚决维护全国蛋品价格稳定，决不随意浮动；连云港10家民营企业联名发出倡议，不囤积居奇，不哄抬物价，不制假售假，把员工的身体健康和生命安全放在首位；北京物美集团所有下属超市，按照北京市政府的统一调度，坚持全天营业，平价销售紧俏商品。大家有一个共同的感觉：一旦发生大事，真正靠得住的，还是我们的民族企业！各个民营企业还守望相助，出钱出力，向奋战在一线的白衣战士奉献爱心。据截至7月初的统计，全国各地民营企业捐款捐物总计超过7.2亿元，这是继1998年抗洪救灾捐助活动后，全国民营企业的又一次爱心大行动。

今天，我们可以说，在这场前所未见的灾难面前，民营企业经受住了考验，交出了一份令人满意的答卷。

在肯定成绩的同时，我们也必须看到存在的问题。根据一些省市工商联的调查，当前民营企业文化建设中的主要问题是：

1. 认识不高。对于民营企业文化在宣传教育、审美娱乐、启迪心智、凝聚人心、提升企业整体素质和核心竞争力等方面的功能认识不足，缺乏建立先进的企业文化的主动性、自觉性，没有处理好务虚与务实、借鉴与独创、构建与推行、外在形式与内在本质等关系。

2. 形式主义。企业虽然在文化建设方面有规划、有目标，但大都是装门面、摆样子，说起来重要，做起来次要，忙起来不要。

3. 群众基础不强。提出的理念、目标空洞无物，脱离实际，针对性不强，不能得到员工的认同。

4. 缺乏创新。从形式上看非常重视思想道德教育和精神文明建设，但因沿袭传统的思想政治工作套路和做法，缺乏时代气息，体现不出文化建设的内涵。

5. 缺少指导与支持。社会各方面还没有认识到文化对经济、政治的巨大推动力，因此民营企业开展企业文化建设的社会认同度不高，更缺少有效的支持，民营企业之间也缺乏交流和借鉴。

研究如何有效推动民营企业建设先进的企业文化

我们这个委员会，聚集着一批全国一流的企业家和部分省市工商联的负责同志，大家对于民营企业如何开展企业文化建设有着丰富的经验。这个委员会，实际上就是各级工商联和广大会员企业的"参谋团"、"智囊团"。今天，"如何推动民营企业建设先进的企业文化"就是一个摆在我们面前的全新课题。它需要我们集思广益、群策群力，拿出行之有效的方案，进而通过工商联和广大会员企业去探索、去实践。

牢牢把握方向。民营企业文化是中国传统文化的继承、发展和创新，是社会主义初级阶段文化现象的一部分。民营企业家沿着先进生产力的要求和先进文化的前进方向，自觉地开展企业文化建设，具有重要意义，是对新时期思想政治工作和精神文明建设的创造性贡献，肯定会为中国特色社会主义文化增光添彩。

民营企业文化既然是中国特色社会主义文化的一个部分，它就必然具有社会主义的特征，它的理论基础和指导思想必须是科学的理论，也就是马列主义、毛泽东思想、邓小平理论和"三个代表"重要思想，它必须坚持辩证唯物主义和历史唯物主义，必须贯彻党关于非公有制经济的路线、方针、政策。

准确把握内涵。开展企业文化建设是一个系统工程，是一次大的变革，需要大家通过探索、实践和理论创新，不断总结提高。那些成功的、有共性的经验，要积极加以倡导和推广。比如，关于企业文化的概念，不能理解为唱歌、跳舞、卡拉OK，它是一种微观经营管理文化，是企业在发展过程中形成的共同的价值观和行为准则；企业家是企业文化建设主导者，企业文化建设的主体是员工；要着眼于国家建设发展的大局，确定好企业的发展战略；充分发挥党、团、工会、妇联组织的作用，形成企业文化建设的中坚力量；通过文化创新，带动企业的制度创新、科技创新，提升企业核心竞争力；倡导"以人为本"，善待民工，尊重知识，尊重人才；遵行市场法则和职业道德，诚信守法，以德治企，树立良好的社会形象，打造企业品牌，热心社会公益事业，积极回报社会，增强社会责任感，等等。

依靠组织推动。工商联是工作机构，具有网络优势；企业文化委员会是参议机构，具有思想和经验优势。两者的组合正好优势互补，使我们可以从全局的高度审视、把握并组织实施。工商联的宣教部门则作为办事机构。至于各省市是否要建立企业文化委员会，可以视情况而定。

利用舆论助动。我们可以充分发挥系统内报纸、杂志、出版社、网站的作用，特别要注意发挥企业报刊的作用，同时注意发挥系统外媒体的作用，组织专家学者、企业家以及官员，采取丰富多彩的形式，深入研讨"什么是先进的企业文化"、"如何建设先进的企业文化"，把问题说通说透，通过专栏、专刊、图书等广泛宣传，形成良好的舆论氛围。我们还可以聘请一些重视企业文化、研究企业文化的知名学者，担任我们的顾问，经常为我们、为企业提供指导。

运用品牌拉动。虽然论坛、峰会满天飞，但它还算是一种适合我们需要的交流形式。所以，我们要把"中国民营企业文化论坛"作为我们的年会形式，每年召开一两次会议，每次就一个主题进行充分交流，让参会者在“头脑风暴”中得到收获，并让它成为一个呼吁和展示先进企业文化的窗口。

依靠典型带动。在各省市评先的基础上，能否开展一项“全国百家民营企业文化建设示范单位”创建活动，引导企业的行为，同时向全社会展示一下民营企业文化建设的实效。

分类指导互动。根据企业所处的发展阶段以及对建设企业文化的不同需求，运用组织参观学习、帮助建章立制、发放宣传材料以及企业家、员工现身说法等手段，推动先进企业文化广为传播、广为实践。

根据这些原则，今后一年我们设想，继续在各地推动“民营企业与社会协调发展”的主题活动，并在今天全国工商联成立五十周年之际，以此为题举办民营企业文化论坛；开展关爱员工的双赢活动；开展民营企业发展与城市特色建设研讨活动；开展办好民营企业内部报刊经验交流的活动；开展百名企业家进高校演讲活动；出版民营企业文化系列丛书。配合搞好全国工商联“双百”主题活动。

20 世纪 80 年代，美国一些经济学家通过对日本企业管理实践的研究，发现以往的管理理论，只注重企业中的人员、资金、技术设备和组织结构等要素，却没有注意到企业文化要素的存在，于是提出了企业文化理论。该理论认为企业中存在文化，文化中存在力量。这个理论的创立，在企业管理中引发了一场根本性的革命。今天，我们就是要把这场管理革命引入到数以百万计的民营企业中去。

开展中国民营企业文化建设这项工作没有先例，没有现成经验，需要我们艰苦地付出去探索、去尝试。但也正因为如此，引导这场中国民营企业的管理革命才可以称得上是一项事业。

我相信，只要我们坚持“求实、求新、求活”的原则，通过共同交流、共谋发展、共同繁荣，全心全意为非公有制经济健康发展和非公有制经济人士队伍健康成长服务，我们的付出就一定会获得丰厚的回报。

（作者系中华全国工商联合会副主席。此文选自《企业文明》杂志 2003 年 10 期）

照耀企业的智慧之光

高占祥

企业文化是照耀企业的智慧之光。以提高人的群体意识为主旨，以培育新的价值观念为核心，以优化企业产品质量为目标的企业文化，是企业赖以生存、得以发展的精神支柱，在商品经济发展的今天，企业文化将决定一个企业的兴衰和在市场竞争中的胜败。企业文化的社会价值越来越被世人所重视。进入 20 世纪 70 年代以来，人们由过去只重视物质上的富裕变为日益重视精神和文化的追求。在产品不足的年代，产品只要性能好就能出售，如今则要求具有文化价值。那些没有文化价值的产品在市场上失去了光彩，失去了竞争力，失去了顾客。难怪日本企业界的朋友们惊呼：“没有文化便没有企业！”

加强企业硬文化建设和软文化建设，是为了充分发挥硬文化的实用功能和软文化的思辨功能，以利于提高人的文化素质、业务素质和道德素质。这是企业文化的精髓。人们从企业的成功与失败中深深感到，无论客观经济因素多么有利，人的力量、智慧和精神作用，乃是国之根、民之本、企业之魂。在企业文化建设过程中，要始终重视思想政治工作的作用，重视精神鼓励的作用。目前有些企业有偏重于物质刺激、忽视精神鼓励的偏向，这是值得注意和纠正的。在企业文化的建设中，尤其要重视艰苦奋斗的教育，提倡和发扬艰苦奋斗的创业精神。这是我们的传家宝，万万不能丢。人是企业的主体。因此，在企业文化建设中，必须牢牢抓住尊重人、理解人、关心人、爱护人、激励人、培育人和教育人这一主线，尊重人的价值，尊重人的独立人格，发挥人在企业中的主体作用和“文化力”作用，用文化手段去提高企业的凝聚力，增强产品的竞争力，发展企业的生产力，扩大企业的影响力。

（作者系中国企业文化研究会顾问、原文化部常务副部长。此文摘自《求是》杂志 1989 年 14 期）

认真学习小平同志南巡谈话 在深化改革中开展企业文化建设

张同舟

小平同志说：“革命是解放生产力，改革也是解放生产力。”明确指出了改革的目的是解放生产力，为改革提出了一个明确的指导思想，也为以人为主体的企业文化提供了一个科学的理论基础。生产力是由劳动力、劳动手段和劳动对象三个要素组成。在这三个要素中，劳动力是最主要的、最根本的、最有活力的。所谓解放生产力，归根结底是要解放劳动力，也就是要解放人的活力，就是要充分发挥人在生产经营过程中的自觉性、自主性、积极性和创造性。只有作为生产力三要素的劳动力，也就是参加劳动的人的潜能得到了充分的发挥，其他两个要素才能发挥出最佳的效益。

企业文化是以人为主体（为本或为中心），以发展和解放生产力为目标的企业管理模式。它的最大功能就是运用一切可能的条件，包括有形的和无形的，精神的和物质的，宏观的和微观的，创造最优化的环境，排除一切束缚生产力发展的旧观念、旧制度，使生产力得到最充分的发展。所以小平同志的“革命是解放生产力，改革也是解放生产力”这一重要论点，也为建设企业文化提供了一个重要的理论基础。我们以这个理论为指导建设企业文化，社会主义企业文化就一定会很健康地发展起来。

关于如何正确对待吸收和借鉴外国企业管理的先进经验，小平同志也作了明确的理论阐述。他说，“社会主义要赢得与资本主义相比较的优势，就必须大胆吸收和借鉴人类创造的一切文明成果。吸收和借鉴当今世界各国包括资本主义发达国家的一切反映现代社会生产规律的先进经营方式、管理方法”。小平同志的这一论述，给了企业文化建设以强大的思想武器，也给了我们以极大鼓舞，使我们的思想获得了一个大的提高和解放。

随着改革的深化，企业由单一的生产管理型向生产经营型转换,投入市场竞争的海洋。市场国际化的趋势日益明显,国际国内两个市场竞争异常激烈;科学技术发展神速,科技成果以前所未有的频率注人生产;产品结构与产品质量日新月异;生产经营与市场竞争强烈要求高素质的企业与高素质的员工;职工文化素质已普遍提高,参与意识已普遍增强。这一切都突出地显示出人在生产经营过程中的决定作用。而这种作用要能充分发挥出来,就要有与之相适应的管理方式,而一切旧有管理模式已无能为力,只有以把人置于主体地拉,尊重人,爱护人为核心内容的企业文化才能适应这个要求。企业文化是一种比较能够反映现代社会生产规律,促进生产力发展与解放的管理理论与管理方式。资本主义可以用它,社会主义企业当然也可以用它,只是目的不同罢了。资本家用它是为了榨取更多的剩余价值,社会主义企业用它是为了发展经济,最大限度丰富人民生活。因此我们应该大胆地、有分析地吸收它,借鉴它,进而创造出优异的社会主义企业文化。

对在我国建设社会主义企业文化也曾有过各种不同的看法。如我们在起草本会章程时,在总纲中写着“在马克思主义毛泽东思想和邓小平同志建设有中国特色的社会主义理论指导下”,有个别同志提出这样写有的人可能不敢来参加,经过讨论,大家一致认为必须这样写,因为这是一个指导思想,是个原则问题。再如曾有的人实际上把企业文化同西方资产阶级自由化相混同。我们始终认为企业文化是一种管理企业的理论与方式,它和西方资产阶级自由化毫无共同之处。也曾有的人忘记了我国社会主义企业曾经盛开的朵朵企业文化的艳丽花朵(不过当时不叫企业文化罢了),把企业文化视为“舶来品”。我国企业文化发展的历史虽不算长,但走过的道路却不是平坦笔直的。其实企业文化以人为主体的这一核心内容应溯源于我国社会主义企业,在我国社会主义企业中早已有之。如我们一贯强调的工人阶级是企业的主人,要全心全意依靠工人阶级办好企业的指导思想;从群众中来,到群众中去的工作方法;我们历来实行的企业民主管理制度,职工代表会制度;我们曾一度推行的“两参一改三结合”;曾广泛开展的群众合理化建议;许多企业提倡的企业精神(如大庆人“三老四严”精神,孟泰精神等);我们一直普遍推行而且卓有成效的先进人物、劳模及优秀工作者(英雄群体)制度,等等。这些都体现了以人为企业主体的思想。我们现在的企业文化建设就是在继承和发扬祖国优秀传统文化和我国社会主义先进企业文化优势的基础上,大胆地有分析地吸收和借鉴其他国家反映现代社会生产规律的先进企业文化的理论和经验。

虽然我国在建设和发展企业文化道路上遇到过一些困难,但是仍有一大批有远见卓识的企业家和专家学者,根据不同企业历史和现状的特点,已经或正在探索建设具有中国特色的企业文化。小平同志在谈话中讲到改革开放建设中国式的社会主义时说:“现在建设中国式的社会主义,经验一天比一天丰富。经验很多,从各省的报刊材料看到,都有自己的特色,这样好吗,就是要有创造性。”小平同志这段讲话,对我们搞好企业文化建设也有很强的现实指导意义。企业与企业之间有共性,也有差异性。反映在企业文化上,也有共性和不同的个性。但企业文化的优势和它的生命力,更多的在于它的个性。它是在每个具体企业的历史、土壤、气候环境下生长、发展起来的,又为具体的企业的生存、发展服务的,只有这样,企业文化之于企业,才有永不衰竭的活力。如这次会议的东道主——攀枝花钢铁公司。由于其历史的、地理的、人员的、生产的等各种特点,经过全体职工长期共同努力,创造并形成了一个具有边远地区的社会主义大型联合企业特点的企业文化——“攀钢文化”,他们塑造了一个以“艰苦奋斗,勇攀高峰”为内涵的企业精神——“攀钢精神”和“为祖国争光”的价值观。攀钢企业文化具有鲜明的本企业的特点,因而有鲜明的个性。攀枝花地区蕴藏着占全国百分之二十的铁矿,占全国百分之八十七、占世界百分之四十三的钒矿,占全国百分之九十三、占世界百分之四十五的钛矿,他们突出这些优势,建立起攀钢人光荣的共识。由于历史、地理、交通、气候、水土给生产和生活带来很多问题与困难,他们有强烈的艰苦奋斗的创业意识。因为同样的原因,过去曾发生人才外流的“孔雀东南飞”现象。因此他们有强烈的人才意识,并做了大量工作,现在出现了人才回流的“风还巢”现象。因为要依靠自己的力量,解决生产技术上特有的问题和困难,他们形成强烈的勇于攀登的科技意识与开拓意识。因为地理上的相对闭塞,而形势的发展又要求企业走向国内和国际两个大市场,他们激发了强烈的开放意识,创造了大型企业大量利用外资并如期全部偿还的先例。因为联合企业大生产的特点,他们有强烈的协作意识。因为生产与生活空间狭窄、坎坷,他们对环境有强烈的美化意识,和对土地的高效利用意识,在世界上创造了在2.5平方公里、3个大台阶、22个小块坡地上,建设起年产100万吨钢、50万吨冷轧薄板、45万吨重轨、50万吨型钢、30万吨线材,年销售收入100亿元的花园式的大型联合企业。攀钢企业文化是全体员工在长期实践中共同创造的,全体员工的共识性很强,因此产生了强大的凝聚力,激励职工克服各种困难,渡过一道道难关,不断地把企业推向前进。群众的实践是企业文化生命力的源泉,我们要不断总结群众的实践经验,逐步形成有中国特色的社会主义企业文化。

(作者系中国企业文化研究会常务副理事长,中国企业文化研究会创始人之一。本文系作者1995年5月10日在攀枝花钢铁公司召开的全国企业文化研讨会上的开幕词)

社会主义文化建设必须把握好几个关系

戴　舟

(一)“当代文化”与“传统文化”的关系

中国先进文化建设绝不能以虚无主义的态度来进行,它必须继承中华民族的优良文化遗产,这也是建设“民族的”文化的内在要求。

中华民族在其历史发展的长河中,形成了优秀的历史文化传统。我们的先辈创造了辉煌的文明史,给我们留下了宝贵的而丰厚的历史文化遗产。对于这笔遗产,我们应当遵循“取其精华,去其糟粕”的原则,遵循继承优良传统文化与时代精神相结合的原则，用与现代化相适应的时代精神来审视，进行认真的科学分析，严格审慎地过滤与选择。江泽民同志在美国哈佛大学的演讲中，曾精辟阐述了中国的优秀历史文化传统，即“团结统一”的传统，“独立自主”的传统，“爱好和平”的传统，“自强不息”的传统。除这些主要的优良传统外，我们还可以举出其他一些积极因素，例如：厚德载物、海纳百川的兼容胸怀；以德治国、修身为乐的重德精神；重人轻神、人贵物贱的人文精神；穷则思变、变法图强的创新精神；经世致用、实事求是的务实精神；“富贵不能淫，贫贱不能移，威武不能屈”的大丈夫精神；“先天下之忧而忧，后天下之乐而乐”的奉献精神；“天下兴亡，匹夫有责”的爱国主义精神；勤劳俭朴、诚实守信的处世美德，等等。所有这些经过改造，就可以熔铸到时代精神中去，成为有中国特色社会主义文化的重要内容。同时，我们也必须看到，在中国传统文化中，也存在大量的与时代精神不合拍的因素。比如，重感性、直觉、直观，轻知性、理性，缺乏科学精神；因循守旧、知足长乐、安于现状的中庸观念和“柔弱胜刚强”的“妇婴主义”，缺乏进取精神和竞争意识；“克己复礼”的道德中心主义或泛道德主义，缺乏法制观念；重视生命的实用主义，缺乏创新闯验精神；任人唯亲的家族主义、宗法意识，缺乏真正的集体精神和民主意识，等等。对于这些阻碍先进文化建设的观念和意识，我们必须坚决批判，彻底清除。当然，文化的精华与糟粕并不是截然两分的，它们往往相互缠绕，互相依附。这就要求在继承传统时要采取特别慎重的态度，保持清醒的意识，做到“六经注我”，而非“我注六经”，防止成为传统的奴隶。而一旦成为传统的奴隶，也就从根本上背离了优秀的传统。

（二）“本土文化”与“外来文化”的关系

要建设“面向现代化，面向世界，面向未来”的文化，就必须吸收世界上一切文化的优秀成果。如果说一种文化在其发展之初主要由其得以产生的地理环境和生存方式所决定，那么，随着社会的发展，文化交流逐渐成为文化发展的重要渠道。东汉末年，印度佛教文化的传入，提升了中国传统文化的哲学层次，导致了宋、明理学的出现。而近代以来西方文化特别是马克思主义的传入，则直接摧毁了腐朽的封建文化，推动了中国文化的新生。在当今世界，信息技术和经济全球化浪潮把各个国家和民族日益紧密地联系在一起，文化的交流和激荡也达到了前所未有的广度和深度。在这样一种国际文化环境中，中国的先进文化要求得发展，更不能离开世界文明发展的大道。我们必须在马克思主义的指导下，积极开展多种形式的对外文化交流和合作，引进、吸收世界上一切对我有用的外来文化，包括西方发达资本主义国家先进的文化成果，博采各国文化之长，以化成真正面向世界的、包容所有文化之精华的中国先进文化。

吸收和引进他种文化必须同中国的实际相结合，依据社会主义的价值标准，坚持中华民族自尊自立的伟大品格，坚持“以我为主，为我所用”的原则。既要反对盲目的排外主义，又要抵制全盘西化。“以我为主”是指在外来文化的引进中，必须以我们的民族文化为接受主体，以民族文化能否认同为前提，保持民族文化的主体意识和独立性。“为我所用”是指引进外来文化必须择善而从，批判地吸收对我们有用的东西，并结合本国国情和民族文化特点进行改造、整合和创新。食洋不化，照搬照抄是不对的。我们不能因为向西方学习而丧失民族自尊、自信。我们不仅要捍卫政治上、经济上的民族独立，而且要捍卫思想文化上的民族独立。在这方面，鲁迅先生为我们树立了榜样。他一方面鞭挞损害和背弃祖国利益的洋奴买办，另一方面又坚决反对国粹主义和一切固步自封的观念；他既和全盘西化的倾向进行了毫不妥协的斗争，又大力主张广泛吸收世界各国的一切长处，赞赏“汉唐气魄”，提倡“拿来主义”。在21世纪，我国更需要这样一大批有世界眼光的、学贯中西的学者，主动、积极地参与国际文化交流，以海纳百川的胸怀和高瞻远瞩的目光，去了解和吸收各国先进文化，实现我们的“文化自觉”。

在向其他民族文化学习，与世界进行文化交流的过程中，对西方敌对势力“西化”、“分化”我国的战略图谋要保持高度警惕。对于那些反共产党、反马克思主义、反社会主义的谬论，对于拜金主义、享乐主义和极端个人主义的价值观，对于消极颓废的生活方式和行为方式，对于渲染色情暴力、诱人堕落的文化产品，要善于识别和坚决抵制，决不能让它们污染我们的文化环境，干扰先进文化的建设。

（三）科学精神与人文精神的关系

科学精神是指理性精神、实事求是的精神。人文精神是指尊重人，肯定人的价值、尊严和伟大，把人自身作为最高价值和终极目的的精神。科学精神尊重事实，探索事物发展的客观规律，人文精神则注重价值，为人类的发展提供正确的方向。科学精神以“对象”为中心，而人文精神则以“人自身”为中心。科学精神与人文精神是互补的，科学精神使人获取关于对象的客观知识，人文精神则帮助人从大千世界中选取对象，并确保知识服务于为人类造福的目的。人文精神是科学精神得以施展和发挥的前提。科学精神则是使人文精神落到实处的基础和保证。离开科学精神，人文精神就会漂浮于半空；离开人文精神，科学精神就会失去目标和指向。二者缺一不可，它们共同构成完整、完善的人类活动。因此，科学精神与人文精神的统一是文化健康或科学的重要标志。

虽然文化发展要求科学精神与人文精神的统一，但在现实世界中它们并非是完全统一的。特别是在资本主义社会，科学精神与人文精神的冲突达到了空前对抗的程度，科学精神完全偏离了为人类造福、实现个性全面自由发展的正确价值目标，成为资本家聚敛财富、扩张资本、维护自己反动统治的工具。因此，体现科学精神的科学技术在用于提高人们的物质生活水平的同时，也被用来制造杀人武器；在给人以舒适、便利和富足的同时，也在制造贫困（特别是精神的贫困）、压迫和奴役。西方近现代文化发展的经验和教训从反面告诉我们，要建设有中国特色社会主义的文化，必须在马克思主义的指导下，坚持科学精神与人文精神的统一，把尊重实际、追求真理与服务人民，造福人民结合起来，把改造客观世界与改造主观世界结合起来，使之融会贯通、贯穿于先进文化建设的方方面面。其中重要的一点就是，要使文化的思想道德方面和科学文化方面、自然科学和人文社会科学共同进步、共同繁荣。

（作者系中国企业文化研究会副理事长，原《求是》杂志社总编辑。此文选自《中外企业文化》杂志2003年10月号）

二、专家学者谈企业文化

企业改革与企业文化建设

厉以宁

一

很难设想一个对自己的资产、盈亏和命运不关心的企业会重视企业文化建设，正如很难设想在一个不重视人的素质、人的培养的企业中会存在企业文化一样。决不是任何企业都能形成优秀的企业文化，也决不是企业文化在任何环境中都可以产生。优秀企业文化的形成有经济上、文化上的特定条件。现在，让我们首先对这些条件进行论述。

从经济上看，由于企业文化是企业的一种文化观念和价值准则，是企业全体职工的一种信念和凝聚力的体现，因此只有在自主经营、自负盈亏的企业中，在企业全体职工的利益同企业本身的利益相适应的条件下，才能形成这种企业文化。对社会主义社会中的企业而言，如果没有经历彻底的企业改革，那么优秀的企业文化是不可能形成的。这就是说，企业体制的改革是企业文化形成的首要的经济条件。当然，这仍是指企业的内部经济条件。企业文化的形成还有赖于企业的外部经济条件，即企业应当处于竞争性的商品市场环境中。假定社会主义商品经济没有发展，企业同外界的经济关系不是通过竞争来实现的，企业的交易活动全都由指令性的计划所规定，企业只不过是一个加工车间，那么企业也就无法使职工树立以效益、竞争、风险等观念为中心的价值准则，职工与企业之间也就缺乏一种患难与共、利益均沾的适应关系存在的基础，这样，优秀企业文化的建设也必定是一句空话。

因此，对于企业文化的形成，从经济上说最为重要的，一是企业自身的体制改革，即企业从传统的政企不分的公有制企业转变为具有独立商品生产者地位的新型公有制企业，从内部解决企业与职工的适应问题；二是企业环境的改革，即企业所处的经济环境应当是竞争性的、交易活动公开化和契约化的环境，市场既给企业以机会，又给企业以压力，从而企业得以在这样的环境中重新调整自己与全体职工之间的利益关系，建立彼此适应的关系。这两个条件都表明，社会主义的企业文化是社会主义经济体制改革的产物，是社会主义商品经济发展以及建立了社会主义商品经济条件下的新型公有制的结果。

再从文化上看，由于企业文化是新文化的重要组成部分，企业文化不可能脱离新文化而孤立地存在，因此要理解社会主义企业文化的产生条件，必须把新文化作为企业文化的整个文化背景来考察。社会主义新文化以科学与民主为特色。对人的重视、对人的关心和培养是新文化区别于旧文化的重要特征。就现代企业的经营与管理来说，如果忽视了人在企业中的地位，忽视了人的主动精神、积极进取精神、创造精神，那么企业文化也就无从谈起。然而，企业只是社会的一个微观经济单位，企业与职工的关系、企业中的人际关系是社会中的人与人之间的关系的一个缩影。企业中的人与人的交往是不可能脱离社会这个大的环境而实现的。假定整个社会被旧文化所支配，假定作为旧文化的核心的非科学、非民主的思想统治着整个社会，人依然是得不到尊重和得不到关心的，那么一个企业自身也就难以形成正常的人际关系，企业与职工之间的适应也就缺乏基础，这也就谈不上优秀企业文化的建立与发展。由此可见，建设以科学民主为特色的社会主义新文化又可以被看成是企业文化形成的文化条件。

二

那么，作为企业文化的文化背景的社会主义新文化，又是怎样形成的呢？企业文化同新文化之间究竟存在着什么样的关系呢？在谈到新文化的形成时，我们又不得不联系到“五四”运动以来在我国所经历的新文化与封建的、半殖民地的旧文化的长期冲突。这一长期冲突表明新文化的建设是艰难的。新文化面临着强大的旧文化的力量，从而不得不在十分复杂的环境中生长着，并通过一代又一代新文化的宣传者来扩大自己的影响。1949 年新中国的成立，给旧文化以摧毁性的打击，但是旧文化并未因此而彻底销声匿迹，况且新生的社会主义新文化尚需随着社会的发展而不断更新和完善，所以可以说，新旧文化的冲突至今仍在延续。直到目前为止，我们还很难认为客观上已经形成足以导致社会主义企业文化成长的新文化环境。企业文化之所以至今仍被人们所误解，企业讲究效益，敢于竞争，敢于冒风险，以及用利益适应的原则来处理企业内部关系等等做法之所以至今仍受到一些人的非议，不能说同社会缺乏新文化环境的状况没有联系。这正是优秀企业文化迟迟未能形成的又一个原因。

与经济体制改革的情况有所不同的是，在文化领域内要进行变革并且使新文化占据支配地位，相比之下要困难得多。当然，这并不是说经济体制改革不会遇到阻力，不会发生波折。就以新型公有制的建立来说，由于存在着各种不同的阻力和困难，这方面的进展远不是那么容易的。何况新型公有制的建立，包括企业与政府之间关系的改变，企业与职工之间关系的改变，特别是职工不再以名义的所有者身份出现，而是以实际的、具体的所有者身份出现，也需要涉及传统价值观念被抛弃和现代价值观念的树立等问题。但不管怎么样，在经济体制改革过程中，只要朝着社会主义商品经济的发展和新型公有制的建立等方向前进，经济效益的提高和人民收入的增长，以及随之而来的人民生活水平的上升就具有最大的说服力，以证明经济体制改革是有成效的。这时，无论什么人对社会主义商品经济和新型公有制进行非难，都会在得到经济改革实惠的广大群众面前被冷落。包括企业文化在内的新文化的建设却不可能有这样的反响。这涉及到包括企业文化在内的新文化的建设意味着人们一套旧的价值观念的转变。旧文化在这些方面的统治是牢固的，阻力不仅来自社会，而且来自人们自己。企业文化的成果固然可以直接反映于企业经济效益的提高上，但人们往往不把这种效益的提高归结为文化建设的成就，而仅仅把它们看成是经济体制改革的产物。相反地，新的就业观念、新的劳动报酬原则、新的福利标准、新的人际关系、新的消费态度和投资心理等等，很可能引起在不同程度上受到旧文化深刻影响的人们的不安，因为这一切都与传统的看法不一致了。企业内部存在着这种不协调情况，企业外部也存在这种不协调情况，这一切清楚地说明了在文化方面所遇到的阻力要比在经济方面所遇到的阻力更大，清除这些阻力的文化建设工作也就必定更加艰巨。

但不管怎样，企业文化的建设与整个新文化的建设仍然是彼此促进的，不可能等到整个文化环境好转了，社会上对于社会主义商品经济与新型公有制的看法都转变了，再来建设企业文化。同样的道理，企业文化的建设与经济体制改革的进展也相互推动，不可能等到社会主义商品经济已经充分发展再来建设企业文化。对于每一个有志于在中国这块土地上建设社会主义企业文化的人来说，只有在经济体制改革不断深化的过程中，在整个新文化的建设不断取得进展的过程中，从一个个具体的企业中做起，尽可能使企业文化在若干个企业中得到较好的发展，这样不仅能推动经济体制改革的进行，而且也能促进整个新文化的建设。为什么个别企业中所进行的企业文化建设能对整个新文化建设和整个经济体制改革事业有这样一些作用？这可以从三个方面来加以说明。

第一，企业文化的建设在某个具体的企业中取得了成绩，必然会对其他企业起着示范作用。其他企业会考虑这样一些问题：为什么在那个企业中出现了新的人际关系，职工与企业之间的关系会变得如此适应，经济效益会有如此显著的提高？在那个企业中能够实现的，为什么在自己这里还不可能实现？企业文化建设方面的差距是否反映了企业本身在体制改革方面的差距？于是这些企业将由此寻找差距存在的原因，并在社会经济等方面探索加速改革的途径。这种示范效应不仅会在企业领导人中间产生，而且也会在企业职工中间产生。而一旦其他企业的领导人和职工们都感到加速体制改革的必要性和建设企业文化的必要性，企业体制改革的进程和企业文化建设的进程都会加快。

第二，企业文化的建设在某个具体的企业中取得成绩所给予政府部门的影响，同样是不可低估的。政府无非是从企业收入的增加和政府从企业所得到的收入的增加，从企业产品受到社会的欢迎和社会供求矛盾的趋于缓和，以及企业职工情绪的稳定、职工积极性的增长等方面来考察企业文化建设的效果。因此，政府部门将会对这些企业在企业文化建设方面所作出的成绩感兴趣，愿意总结经验，进行推广。只要政府部门认识到有这些需要，它就会进一步考虑这些企业取得成绩的原因，并把这些企业同另一些企业进行比较：为什么这些企业在企业文化建设中能够取得成绩，而另一些企业做不到这些？是不是这些企业在体制改革中有某些重大的进展，才使它们具备发展企业文化的条件？政府部门将不再仅限于总结这些企业取得成绩的经验，而必然会以此作为例证来推动其他企业的体制改革。个别企业取得成绩，对政府部门说来固然是重要的，但对政府更重要的是推广这种经验，让更多的企业通过体制的改革而取得同样的成绩。这样，个别企业的企业文化建设成就必定会推进整个企业体制改革的进程。政府部门的这种作用是个别企业所无法替代的。

第三，企业文化的建设在某个具体的企业中取得了成绩，从文化的角度来看，其影响决不会仅限于企业本身或仅限于本企业职工及其家属这一较小的范围。这就是说，以某个有成就、有影响的企业的“企业精神”体现出来的企业文化，会对社会文化中的旧传统进行冲击。

例如，当社会上还流行着平均主义的分配思想的时候，如果某一个企业大担地进行了分配制度的改革，破除了平均主义的分配方式，实际按有效劳动分配或按效益差分配，那就很可能在社会上引起震动，使社会上那些有平均主义分配思想的人先是惊讶，然后通过企业效益增长和职工收入普遍上升的事实的教育而逐渐明白了道理。

又如，假定与旧文化紧密联系的等级观念至今仍有相当大的影响，那么一旦某个企业进行了改革，并在企业文化建设过程中建立了新的人际关系，破除了传统的等级制度和等级观念，那么这也将引起社会的震动，这种震动最终必将冲击社会上存在的等级观念，从而推动着新文化的传播。

还可以举一个更加尖锐的例子。根据传统的价值观念，特别是根据关于社会主义公有制企业之间关系的传统价值观念，企业的兼并被认为是不道德的、不容许的。但在目前，我们需要实际企业产权有条件的有偿转让，使闲置或利用率不高的资产得到充分利用。这一措施不仅会成为深化改革的新的选择，而且对于产业结构和地区经济结构的调整，以及对于中长期的经济发展具有十分重要的意义。现在国家拥有大量固定资产，企业经营不好，就造成国家财富的严重浪费。如果容许并促成企业产权转让，让优势企业兼并劣势企业，无疑可以大大提高经济效益，引导资金的合理流向，加快企业自身改造和成长的步伐。“企业兼并”，不是必然同资本主义联系在一起的。按照传统价值观念，“大鱼吃小鱼”是资本主义竞争中的现象，在社会主义社会中应当是“大鱼帮小鱼”。其实，在商品经济中“大鱼”帮“小鱼”也不应当是无偿的，何况，“帮”了多少年了，效果又有多大？要知道，在社会主义社会中，仅仅靠“帮”，还是提高不了落后企业的效益。必须做得彻底些，这就是让优势企业去兼并劣势企业。兼并之后，劣势企业的生产资料得到了较好的利用,那里的职工的收入也会增多,更重要的是,这对整个国民经济有好处,这不是最有效的"帮"么?还应当注意到,优胜劣汰是商品经济的规律,哪个企业不想被别的企业兼并掉,惟一的出路就是千方百计地提高自己的效益,使自己摆脱劣势,转入优势企业的行列中去。容许企业产权转让,将迫使许多效益不好的企业走上在竞争中求生存的道路,这是符合社会主义经济的利益的。如果用新的价值标准来看,那么这不仅不违背合理性,而且恰恰符合合理性。因此,只要客观上出现了一个企业对另一个企业的兼并,而且两个企业的职工都认为这是适当的话,那么这种影响就会扩散到整个企业界。传统的价值观念就会因此而受到冲击,新的价值观念也将逐渐被企业家、企业职工以及他们的家庭所接受。

虽然总的说来,新价值观念对传统价值观念的冲击往往是无形的,体现了新价值观念的企业文化对体现了传统价值观念的旧文化的冲击多半是悄悄进行的,但这些冲击的力量不可低估。我们不能忽视一个个具体的企业中的企业文化建设的成就对社会价值观念转变的影响,对社会范围内新的价值观念形成的推动作用。

三

如果我们了解了上述这三方面的关系,那么我们就可以懂得当前深化企业改革和建设企业文化的意义。深化企业改革,虽然包括承包制的完善,但决不仅以完善承包制为限。试行股份制和在股份制基础上发展企业集团也是必要的,因为只有这样才能使新型公有制得以建立,企业文化建设才具有坚实的基础。关于这一点,下面在谈到企业家成长条件时还会再提到。现在,让我们接着考察:包括社会主义企业文化在内的社会主义新文化究竟在什么时候才能真正在中国的大地上生根?究竟在什么时候才能取得对旧文化的决定性胜利?通过以上的论述,实际上我们已经对这个问题作出了回答。这就是在社会主义商品经济得到充分发展,新型公有制不仅已经建立和发展,而且已经日益发挥其巨大的优越性,从而新文化有了自己的强大的经济基础的时候,也就是在新文化能够凭借自己的经济基础而在社会各个不同的方面来清除旧文化的影响的时候,上述问题才能解决。在这里,一个非常重要的问题是:究竟谁是新文化的主体?

从"五四"运动以来,新文化思想的宣传主要依靠知识分子。今天,知识分子仍然起着这种作用。但必须指出,假定社会上只有知识分子关心新文化活动,参加新文化活动,宣传新文化,那么新文化的影响仍然有限。甚至可以认为,旧文化仍然在支配着除知识分子(或一部分知识分子)以外的其余的人。从"五四"运动以来,企业界并不是新文化活动的积极参与者,企业职工也很少关心新文化的建设,至于广大农业生产者,他们同新文化之间的关系更少了。从经济方面来看,这是完全可以理解的。

但正如前面一再提到的,新文化的蓬勃发展将在社会主义商品经济条件下的新型公有制建立,从而使新文化具有自己的强大经济基础之后,而企业家、企业职工和农村中的新型公有制的所有者,作为亲自参加社会主义商品生产和交换活动的承担者,他们必然会越来越关注新文化,积极参加新文化的建设。他们在生产和生活中将认识到科学与民主的价值。他们根据亲身的感受,将了解"人的现代化"的意义。新文化以人为中心,这与强调平等竞争精神,强调效益,强调创新,强调人际之间适应关系的企业文化是一致的。企业家、企业职工都主张平等竞争,都重视效益,都致力于创新,并且都把建设适应关系作为开展交易活动和发展生产的重要条件,因此他们本质上是新文化的支持者、实行者。他们身上仍保留的程度不等的旧文化影响,将在商品经济发展过程中被他们自己所清除。这样,他们就会以新文化的主体身份出现于中国的舞台上。不但中国经济的面貌,而且中国文化的面貌,也将因此发生巨大的变化。从"五四"运动以来,我们一直为这样一个问题困惑,这就是:假定除知识分子以外的广大工人农民对新文化不关心,不重视,对旧文化却难舍难分,甚至还留恋不已,那么新文化始终只能在狭小的圈子里传播,新文化何年何月才能取代旧文化而居于主流呢?现在,这个令人困惑的问题终于找到了解答。知识分子今后当然仍旧是新文化的支持者、倡导者,但同知识分子站在一起为新文化而奋斗的,还有企业家和企业职工,还有那些注重发展社会主义商品经济、从事专业化生产的农场经营者。

在这里,特别应当重视企业家在我国的成长。我始终认为,一个社会主义企业如果不是由具有丰富实践经验、懂得生产经营规律的企业家来领导,那是无法建设成为一个有高度效率的企业的,也是不可能建设优秀企业文化的。在中国,我们今天所需要的,不是少数几个企业家,而是企业家群体。但要使我国企业家群体迅速地产生与成长,我们需要通过深化改革创造这样一些条件:

1. 企业通过承包制而逐渐向股份制转化,建立多元投资主体的股份公司。

2. 建立自主经营、自负盈亏、产权关系明确、政企分开的企业,交叉参股,产权转让,形成企业集团。

3. 在资金市场日益完善的基础上,企业与金融机构结合;在金融机构的参与和支持下,企业集团的业务多样化,进行跨行业、跨地区经营。

4. 企业逐渐取得直接从事外贸的自主权,扩大外汇留成比例,做到"谁创汇,谁多留汇,多用汇"。

5. 国有作为所有者的职能与作为经济管理者的职能明确区分开;国家作为所有者,将通过在企业的股份比例而发挥作用。

6. 现阶段着手降低物价上涨率,以稳定人心,并有利于股份制的发展;待时机成熟时,放开价格,由市场定价,政府起间接调控的作用。

7. 职工通过入股而分享企业的一部分赢利,通过被选为董事、监事或选举董事、监事而参与企业的决策、管理。

8. 由承包制条件下的工资总额包干逐渐过渡到股份制条件下的工资放开与市场调节;企业工资制度向效益工资制度转化,即完全与企业效益挂钩。

9. 统筹失业保险金,统筹退休与社会保险金。

10. 土地有偿转让使用,农村发展集约化的规模经营的农场制,并容许以土地使用权入股方式发展合作农场和农业——工业——运销联合体。

以上这些措施综合到一起,将构成有利于社会主义企业家成长的经济模式。我们并不认为这样的模式没有不足之处,但应当看到,它是可行的。只要通过经济本制改革方面的努力,可以使之实现。至于它所存在的某些不足,则可以在今后的经济发展和改革过程中逐渐克服。但无论如何,在这种经济模式之下企业家的出现就不再是个别例子,而会成为普遍的情况。

很明显,企业家群体的成长过程也就是企业职工与企业相互适应的过程。可以这么说,有什么样的企业家,就会有什么样的企业,也就会有什么样的企业文化;同样的道理,有什么样的企业家,就会有什么样的企业与企业职工之间的关系,也就会有什么样的企业精神或企业文化。所有这些,实际上都是联系在一起的。

总之,企业家、企业职工、农场经营者同知识分子一起成为社会主义新文化活动的积极参加者这一点,已经不再是一种愿望了。今天,当我们把全部精力用于深化经济体制改革,用于发展商品经济的时候,我们可以看到在960万平方公里的土地上正在或即将涌现出一大批企业家,数以千百万计的农场经营者,以及数以亿计的关注新文化、支持新文化的企业职工。他们作为新文化的主体,将与知识分子共同建设新文化,清除旧文化。这正是中国的希望。

(作者系著名经济学家,中国企业文化研究会学术委员会委员,北京大学教授。此文选自1990年4月出版的《企业文化理论与实践》一书)

作为运行力的企业文化

张国有

一、企业生产力与企业生产力精神

企业文化是企业所有者、企业管理者、企业普通工作者等所有员工结成一体,通过自己的实践活动,共同创造出来的物质财富与精神财富的总和。就上述意义来讲,企业文化的构成,大体上区分为企业物质文化与企业的精神文化两部分,这两部分的综合,称为企业大文化。如果特指其中某一部分,则称为企业小文化。这里所研究的是企业大文化。

企业的物质文化是企业的生产方式及其成果。它是以物化形态、积累形态表现出来的。主要包括:第一,生产要素。例如,机器设备、厂房设施;能源及道路交通;管理信息系统及控制用器具;与生产系统适应的原材料等一切生产要素。第二,生产要素的组合状态。例如,生产过程的配置、加工工艺、生产过程的控制方式等。第三,企业的物质性成果。例如,物质产品、劳务、技术成果、利润以及市场占有率、声誉、竞争力等。每个企业都有自己的物质文化,每个企业都在力求不断地创造自己的物质文化。但是,两个企业的物质技术基础相同,成果却相差甚远。这个差异的基础原因,显然不是物质技术基础,而是渗透于物质技术基础之中的、经常活动着的、起支配作用的企业精神文化。

企业的精神文化是企业的理想、价值观、决策方式、管理制度、人际关系、风俗习惯、风范、风格等方面所形成的企业精神,它是以观念、制度、习惯等方式,从企业中人的行为上显示出来。企业为了寻求更大的发展,总是在不断地关注环境变化,从中寻求新的启示,接纳新的观念。这些新观念逐渐形成一系列新的价值观。这些新的价值观就形成企业的管理精神。在新的管理精神的影响下,决策方式、管理制度、人际关系发生变革。当这种变革持久下去,深入人心,制度化,并能在行为上自觉地体现出来,便形成了企业的“风俗习惯”。一旦精神化为习惯,就形成了新的风范、新的风格。两个技术基础相同的企业,有的生机盎然,有的却暮气沉沉。基本原因就是这两个企业具有不同的观念、不同的习惯,因而有不同的风气。生产型企业与生产经营企业,“大锅饭”与奖勤罚懒,人心涣散与“爱厂如家”等,都是两种不同的精神文化。精神文化不同,可以使相同的物质技术基础产生出不等的物质成果。

企业文化不是一种观念上的描述,理论上的抽象,或者是某种单纯的文化教育形式,而是企业运行力。物质文化是企业生产力,它表达的是企业的生产活动。精神文化是企业生产力精神,它表达的是渗透于生产活动中的理想、价值观、管理方式、行为风范等。除非为研究的需要把它们分割开来,实际运行中,它们总是紧密地融合在一起,共同地发挥作用,决定着企业的生存和发展。

二、推动力与遏制力

企业文化作为力,对企业的生产经营活动产生四个方面的作用。

第一,维系作用,具有向心力。企业文化提供奋斗目标及奋斗环境,它吸引着一切它所需要的生产要素。它使各种要素聚集于企业而不散,各类人员形成协调有序的有机整体,训练成为企业生存、发展的基础力量,依靠这种力量,企业经受困境和危机的磨难。

第二,激励作用,具有鼓舞力。企业文化鼓舞着所有的成员为企业的目标,为个人的需求,奋发进取。在这样的企业文化中,各类人员自觉地按照规章制度从事活动,积极地贡献自己的力量。在这种环境中工作,认为是值得的、满意的、自豪的,一进入这种环境,就感到有一种催人进取、努力奋斗的竞争气氛。

第三,滞缓作用,具有阻抑力。不良的企业文化,会产生拖滞作用。这种文化环境,使人积极性降低,内耗增多,从而减缓发展速度,降低经济效益。

第四,腐蚀作用,具有瓦解力。病态企业文化,会葬送企业。这种文化环境会使生产经营活动反方向变化。勤人变懒,实人变滑,好事得不到支持和奖励,坏事得不到批评和惩罚。人心思走。好端端的一个企业,可能搞得一塌糊涂,难以收拾。

上述4种作用,可以归为两类力量:前两种属于推动力,即推动企业向健康方向发展的力量。后两种属于遏制力,即对推动力发生遏制作用,是使企业向病态方向发展的力量。遏制力不可能为零。所以两种力量都是客观存在的。

当推动力处于主导地位时,企业是朝有利的方向发展;当遏制力处于主导地位时,企业朝不利的方向发展。推动力和遏制力是在动态平衡中互相作用,决定企业趋向。

企业如果希望向健康方向发展，那么，有3条途径可以选择：一条是加强推动力；另一条是减小遏制力；再一条是加强推动力的同时，减少遏制力。较好的途径是后两条。因为第一条途径，虽然加强了推动力，改变了与遏制力的相对量，但遏制力的绝对量并没有减少。一旦推动力不能保持加强的势头，遏制力就会立即反弹起来，恢复它原来的地位。

推动力和遏制力的相互作用，是企业的生存方式，它主要解决4个问题：第一是动力源泉问题，即企业为什么能生存和发展。有的企业能立得住，并且兴旺发达；有的企业，甚至是同样的企业，为什么就立不住，倒闭垮台？这里，首先是动力源泉问题。第二是活动方式，即企业采用的是什么样的机器设备，集合着怎样的一群人，它们是如何活动的。第三是效率问题，即能否在更短的时间里，获得更大的成效。第四是成果问题。企业文化并不是为文化而文化的。企业文化必须有它的物质成果和精神成果。只有创造了更多更好的物质成果和精神成果，才能体现出推动力与遏制力相互作用的成效。

三、创造与被改造

当企业在规划、设计，并考虑采用什么样的体制和方式去经营它的时候，企业文化就已经开始设计和培育；当企业投入运行之后，企业文化就开始发生作用，并克服各种阻力，在企业中奠定自己的基础；在企业以后的发展中，全体员工都将参与企业文化的实施与变革，并形成自己的文化特征。企业员工是企业文化的创造主体。

在创造企业文化时，所设计、规划的企业文化并不都是本企业所特有的，而是外来文化和内在文化相互交融在一起。购买已有的设备，借用其他企业现成的规章制度，招聘从学校毕业或在其他企业工作过的人员，带着他们原有的文化影响来从事本企业的活动等。同时，国家法律、法规和地域的风土人情、民族习惯等，也在规范和限制着新建企业的文化结构。总而言之，人们在创造企业文化时，除了他们接受原有的传统和新的设想之外，总要受到历史累积和外来文化的影响及约束。

外来文化是企业文化力的重要组成部分。一个新建企业，可以较多地用外来文化建设起来，创造出一个与内生文化大不相同的新型企业。

外来文化必须和内生文化相结合，才能使外来文化发生效用。外来文化被移植到一个企业中，企业职工的内心信念（源于另一种文化基础的信念）与所移值的文化环境发生冲突。其结果，内生文化抵制外来文化，使它无法生根；或者外来文化同化了内生文化，取得一致或者外来文化与内生文化相互交流、取长补短。因而，创造企业文化时，就要善于选择两种文化的结合点，同时发挥二者的有利作用。在创造企业文化过程中，企业的所有者、经营管理者，发挥着主要的作用。没有管理者的决心与毅力，任何企业文化的创造，都是不可能成功的。

已经建立起来的企业文化，在其不断完善及巩固的过程中，逐渐形成企业的生存方式，形成一种客观环境。这种环境能够改造人。在“大锅饭”文化中曾是懒惰的人，在竞争的环境中却变得异常勤快，而原来自由散漫的人也变得遵章守纪。只要一种企业文化被建立起来，向心力、鼓舞力、阻碍力、瓦解力都会发生作用，人就会受到它的影响，从而被企业文化所改造。人们创造企业文化，又受到企业文化的改造；人们在被企业文化改造的同时，又创造新的企业文化。企业文化之所以能够不断地适应竞争趋势的要求，就在于创造与被改造的相互作用，相互转化，产生一种不断更新的文化力，推动企业发展。

四、企业文化中人的因素

企业生产力中最活跃的能动因素是劳动者。企业生产力精神，主要指的也是企业中人的精神。因而，企业物质文化和精神文化中，起主导作用的，不是技术结构，而是活跃于其中的人及人的精神。在技术结构相同的情况下，起决定性作用的就是企业中的人。人就是文化。不同类型的人会产生不同类型的文化。所以，企业中维合着怎样的一群人，这群人是如何组织起来的，这群人有怎样的行为等，就显示出企业文化力的特征。

企业文化的外部环境是社会文化。每个国家都有自己的历史传统，从而形成自己的文化环境。企业文化只有与社会文化处于适应状态时，它才可以充分发挥自己的作用。要达到适应状态，可能会出现下列几种情况：第一，企业文化与社会文化相矛盾，而被社会文化逐渐同化掉，取得适应；第二，企业文化与社会文化相矛盾，社会文化受到企业文化的影响与改造，迫使社会文化发生变革，取得适应。究竟谁同化谁，取决于两个因素：一是谁代表生产力的发展方向。二是同化力的大小。这里不主要是生产力相互比较与同化问题，而是生产力精神相互比较与同化问题。美国的职工群体出现在中国企业中，或者中国的职工群体出现在美国的企业中，都会产生企业的群体文化和社会群体文化间的矛盾、交流及同化问题。所以，创造、完善、变革企业文化的主导因素，不在物，而在人。

五、企业文化的变革

企业文化的变革是企业文化力的转化过程，从遏制力向推动力转化，从弱力向强力转化的过程。这个过程是有目标、有组织的过程，为实现企业文化的变革，就要对变革过程加以引导和控制。

第一，确立未来企业文化的目标模式。未来的企业文化是未来社会发展所要求的，因而要把握社会文化的发展趋势及要求，根据这种趋势和要求，确立未来企业文化的目标模式。

第二，分析目前企业文化状态，测量目前企业文化状态与未来企业文化目标模式间的距离，并寻求可行的途径。

第三，确定实施方式及步骤，其中最重要的是管理者的决心与全体员工的理解与支持。

第四，管理者率先实行变革并身体力行，推动整个变革，坚持到底。采取各种措施，使新的企业文化巩固起来，扎下根基。

企业文化不是主观制造出来的，它是个创造、确立的自然发展过程。强加的企业文化，硬搬的企业文化，都不可能持久。企图将一个企业的文化，硬裁到另一个企业的土壤上，或者将一个国家的企业文化，全部硬移植到另一个国家的企业土壤上，都是不能成功的。一个企业的文化力，有其独特的发挥作用的条件。如果要进行移植，就必须寻找相互可以适应的条件。否则移植过来的企业文化力将极力寻求它所必须的条件，并按自己的本性发挥作用。可这种条件却不具备,而按其本性所发挥的作用,却是和移植的目的恰恰相反。盲目移植,不但起不到推动作用,反而成了遏制力。所以,在企业文化变革中,一定要对变革过程加以引导和控制,尤其对外来文化的移植,更要认真分析,谨慎从事。

(作者系北京大学光华管理学院教授,博导,北大研究生院常务副院长。此文系 1988 年 11 月中国企业文化研究会第一次年会上提交的论文)

“根”与企业文化

杨先举

本文题目中的“根”,是指根系的根。根与企业文化联系在一起,是说企业文化有一个根的问题,构建企业文化要寻根育根,创建一个有自身企业特色的企业文化。

企业文化有“根”的问题

有人说,我们国家没有真正的企业文化,理由是:企业文化仅归属于真正的商品生产者、经营者,我国国营企业是我国企业的主体,不是真正的商品生产者、经营者,因此没有真正的企业文化。这个说法值得商榷。它把企业文化概念超然化了,绝对化了。超越企业基础这个“根”说企业文化,那是虚谬的;绝对地只承认私有这个“根”谈企业文化,那是片面的。

企业为商品生产者、经营者,是把企业拟人化的一种说法。人,只要他是有思维能力的活人,总会存在一个价值观问题。企业这个商品生产者、经营者只要存活一天,总有一个价值追求在支配着它的行动。不管这个企业是资本主义的商品生产者、经营者,还是社会主义的商品生产者、经营者,或是其他类型的商品生产者、经营者,不管你是否意识到有个企业文化,但它却是客观存在。企业文化包括企业价值观是否正确、是否科学、是否合理、能否反企业基础的本质属性。

历史事实证明企业文化的确存在。是的,企业文化是 20 世纪 70 年代末、80 年代初由美国人在总结日本企业成功经验时发现的,但企业文化早在美国人发现之前就存在了。有存在才有被发现。日本企业有企业文化,美国企业何尝没有?美国人在比较日本、美国企业管理异同时,在探索自己企业管理经验时,在他们写的《追求卓越》等书中,就提出了企业要寻根的问题。拿我国情况说,解放前,在一些民族工商业中就提出过类似当今所谓企业文化的概念,比如天津东亚公司的宋棐卿就提出“东亚铭”,作为凝聚公司职工的价值取向。解放后出现的“鞍钢宪法”、“大庆精神”,都反映着具有企业特色的一种企业价值意识。

把“企业文化”这个客观事物看作私有制企业所特有是不对的。假如有人以这种不成为理由的理由来构建所谓真正的企业文化,想把我国国营企业拉回到私有制就更不对了。

构建企业文化要正确对待外国文化

企业文化依附于企业基础而存在,这不等于说,我们在构建自己的企业文化时,不能借鉴外国文化,经过咀嚼吸收其中的有益营养。

对待外国文化,包括管理经验,绝不能搞全盘吸收,也不能搞全盘否定。闭关锁国、夜郎自大、故步自封不对,自暴自弃、亦步亦趋、邯郸学步也不对。

有意思的是,有人诅咒中国传统文化早应该断子绝孙、后继无人,主张“全盘西化”,而西方却有人崇尚着我国优秀传统文化。美国哈佛大学远东系的接待室里悬挂着这样一副对联:“文明新旧能相益”、“心里中西本自同”。这对联的形式及其内容值得深思。实际上,西方不少国家、不少人在研究中国文化并从中受益。拿企业管理说,日本人运用《孙子兵法》于管理,就做得很出色;美国的贝尔实验所用老子的“无为而治”思想作为治所的价值观,就很成功。

要使自己的事业获得成功,不能机械地踩着别人的脚印走路。日本人经济成功的奥秘,据美国人分析,就是在于日本人结合自己国情,吸收他国的两种文化于其中,其中一种是被修正和充实了的中国的儒家劳动道德文化,一种是某些美国管理学的文化。美国人也同样,美国人写的《追求卓越》一书,总结出来的企业管理经验就不是机械模仿日本的经验,而是自己的 43 家成功企业的经验。美国有人用这样尖刻的语言告诫自己的同胞:不能把日本的经营管理体制作为万灵良药看待,亦步亦趋地学习日本经验,这将使自己变成微不足道的软体动物。

还应当有这样的认识:即使外国成功经验是科学的,是可以借鉴的,但移植到我国管理中来,也应当根据我国的地理、历史、土壤湿度等予以改造再吸收,否则,这些好东西也会因水土不服而夭折的。

构建企业文化要批判地继承祖国优秀文化

企业管理是文化现象,在构建中国企业管理学、中国的企业文化观时,应该有中国自己的特色,要继承祖国优秀文化。

中国文明有文字记载的历史已有 5000 年,辉煌灿烂。要把我国文明生生不息的优秀的遗传因子找出来,继承下来,发扬光大,用作构建中国企业文化观的模块。

中国人是有爱国意识、民族气节的,这本身也是一种文化观。创建中国特色的企业文化观,是管理获胜的需要,也是长我民族志气的问题。管理要走向世界,必须弘扬民族精神。建设祖国、振兴中华、繁荣经济,匹夫有责。继承祖国优秀文化就要继承这样的文化观。上面提到的以“东亚铭”为企业文化的那个东亚公司,当年他们生产的毛线起名“羝羊牌”,“羝羊”(抵洋的谐音)意思是抵制洋货,发展民族经济。东亚公司生产经营获得成功,不能不说是该公司确立了一个正确的“东亚铭”价值观和“羝羊”的价值观有关。

中国人有重视软管理、内隐文化的传统,强调意识、观念的重要性。老子就有“道可道,非常道”,“无为而治”,“道法自然”,“柔弱胜刚强”的思想,主张通过这些乍看“恍兮惚兮”的虚体观念使“无为”变为“有为”,以达到“道生一,一生二,二生三”的效果。在构建企业文化时,把老子的上述思想批判继承过来大有好处。孔子的《论语》中有一些探讨人群间伦理关系的议论。其中有不少有益成分是可以批判地借鉴的。比如“仁者爱人”思想。此外,孙武主张判别“道天地将法”的“五事”决胜的思想,“知彼知已,百战不殆”观点,管理价值则更高。这些在构建企业文化中都很值得汲取。

中国的优秀传统文化可资企业管理嫁接的很多,上述列举的只是择其要者。当然,传统文化中也掺有糟粕,必须本着去芜存菁的原则处理之。

总之,塑造企业文化,要据国情、厂情这个“根”塑造。正确对待祖国文化,筑好根;正确对待外来文化,嫁接好根。不泥古,不迷洋,要求实。

(作者系中国人民大学教授,此文选自1990年第4期《中国人民大学学报》)

哲学与企业文化

王锐生

一、哲学怎样与企业文化相联系

企业文化既可以看作是一种文化现象,文化的一个分支,又可以看作是经济现象——因为它是20世纪80年代出现的一种企业管理思潮。但不管我们把它看作是文化现象还是经济现象,它都同哲学有密切关系。可以说,如果你要从本质上理解企业文化,你就必须研究哲学与企业文化的关系,从世界观的高度来把握企业文化这种现象。

要懂得哲学与企业文化的关系,就先要懂得哲学与一般文化的关系。这是因为,哲学可以帮助我们理解文化的本质和功能。

所谓文化的本质,是“人化”;所谓文化的功能,是“化人”。“人化”为什么是文化的本质?因为文化本质从哲学角度看,就是人的本质力量的对象化。所谓“化人”是文化的功能,从哲学角度看,文化的功能就是变化人、陶冶人。例如企业文化的功能就有导向功能、激励功能、凝聚功能、陶冶或塑造功能。这都是改变职工的素质、陶冶职工的人格的功能。

下面,让我们先来讨论文化本质是“人化”的问题,也就是说,从哲学角度来看,文化现象的本质究竟是什么?

文化的本质究竟是什么?如果从哲学的角度来回答,我们可以说,它是人的实践的产物。动物生活与人的生活的根本区别在于:社会生活中的一切都是人的实践所创造的。在人类的文化生活上,特别能显示出人和动物的区别。两者如何区别呢?什么叫有实践性质的活动?我们知道,动物的活动是纯粹受本能支配的。动物的生产活动只是个体动物肉体存在的生产和再生产。这样的活动谈不上有什么实践的性质。人的活动之所以具有实践性质,因为人能把自己的活动(劳动)对象化,这种对象化了的活动就成为人的意识的对象(客体)。这就是主体向客体的转化。比如说,人制造工具,就是把自己的本质力量(生活活动)对象化于自然物(石块),使之发生形态变化,成为石制工具。工具就是人这个主体把自身转化为客体。这样,人在活动中通过主体和客体的分化而使自己二重化(人既作为主体,又作为客体)。人一旦二重化,就使自己的活动表现为对象化和非对象化的辩证运动。对象化即人的本质力量(即以人的自然存在为基础的人的社会力量)向客体存在的形式转化。非对象化就是客体的主体化,即客观对象(包括前人的活动成果)向主体活动形式转化,使主体获得某些新的素质、特征和能力。例如工具的制造是人的活动的对象化,人的本质力量向客体存在形式转化;人在使用工具过程中以获得的经验、技能和由此获得的对工具加以改进的设想都属于非对象化即客体的主体化,客观对象向主体活动形式转化。这样的活动就是具有实践性质的,是动物活动所不可能有的。

在讲清楚人的实践活动的性质后,文化概念的哲学理解就容易解决了。哲学所理解的文化在本质上就是主体通过对象化所造成的物质和精神的活动成果。这些活动成果凝结着人类社会成员的集体智慧力量,并且许多成果不因直接消费活动而消失,它们通过世代的社会遗传积累,就成为人类的物质文化和精神文化。

文化一旦形成,它作为客体又会反过来在非对象化(客体主体化)的过程中使主体获得变化(获得新的素质、特征和能力)。文化的功能就是变化人。这一点在企业文化问题上表现得很明显。

企业文化是将文化概念应用于企业,以解决现代企业管理中的问题。企业文化属于企业管理学的范围。但企业文化解决企业管理的问题,主要通过文化所具有的“变化人”的功能来实现。而企业文化要实现变化人的功能,就不能不同哲学发生密切关系。

所谓企业文化,即企业借助于某种文化观念、历史传统、共同价值标准、道德规范和生活观念等意识形态因素,在一种企业精神的统率下,增强企业员工的凝聚力、向心力、持久力、创业心等素质,将企业各种力量统一于既发展企业,又发展个人的共同方向上。在这里,企业精神是企业文化的中心内容。它是时代精神在企业中的体现,是企业生产经营活动中为谋求生存和发展而在长期企业实践中形成的、为职工所认同的一种群体意识。

企业文化与哲学有密切关系,不仅表现在企业文化要发挥自己的“变化人”的功能,必须借助于各种意识形态力量(如价值标准、道德规范、文化观念等等),都要从哲学(社会历史观)的高度来把握,更重要的是企业精神的确定本身就要有哲学的指导。前面说过,企业精神是时代精神在企业的反映。之所以如此,是因为我们所说的企业是现代企业,是以世界市场和世界贸易的存在为前提,与发达的商品经济和产业革命一起出现的。现代企业不像中世纪的行会作坊,只是一种地域性的存在,而是一种世界历史性的存在或事实生产的国际性、世界性的交往是我们这个时代的企业的特征。因此,这样的企业必须以符合时代精神的原则作为指导企业的经营管理的原则。企业精神必须与时代精神相一致。什么是时代精神?它就是一定时代内容本质的深化，并且体现在时代的主要问题上面。例如当前时代的两大主要问题——和平与发展就是时代精神的体现。而哲学则是从总体上体现时代精神，是“时代精神的精华”。因此，企业精神如果不能准确地体现时代精神，那就离开了作为“时代精神的精华”的哲学的指导。

二、体现在现代企业管理潮流中的哲学原则

当我们从哲学的角度研究企业文化时，着眼点应当放在体现企业文化的中心内容即企业精神所包含的哲学原则上。因为正是通过吸取某种哲学原则，企业精神才使自己成为时代精神的体现者，从而使企业成为现代的企业。

为了阐明当代企业文化中的企业精神应当体现什么样的哲学原则，就需要对现代西方企业的管理思潮作一番简短的考察，看看贯穿其中的哲学原则经历过哪些演变，而这些演变为什么在今天会导致“企业文化”的出现。

目前对企业文化的概念有不同的理解。有人认为，企业文化是企业在自己经营活动过程中形成的确定其行为方式的价值观念和行为准则，是管理的软件。据此，就把企业文化理解为体现在各种企业管理思潮中的哲学原则(价值观念和行为准则)。这种观点的出发点是把管理的本质看作一种文化现象，所以各种企业管理思潮也都是一种企业的文化现象。在这一意义上，把“企业文化”这个概念泛指为现代各种管理理论的概括，也并无不可。

但是，“企业文化”这个概念确实是1982年出版的《公司文化》一书中才明确提出来的。所以我还是宁可把企业文化理解为一种最新的企业管理思潮。这样做，也并不妨碍我们探讨西方企业管理思潮的演变过程时，把各种管理思想都看作一种企业的文化现象。

产生企业文化这种最新管理理论的深层的原因是：

1. 随着企业规模不断扩大(跨国公司)，企业内部的向心力和凝聚力问题就显得更为重要。而企业文化可以成为一种粘合剂，在形成群体向心力和内聚力方面起重要作用。

一般说来，重视东方文化传统的国家在管理理论方面比较强调企业内部的向心力和凝聚力问题。例如日本的管理风格是强调集体。1981年，威廉·大内写了一本《Z理论——美国企业如何对待日本的挑战》，在美国大受欢迎——该书出版时恰逢底特律崩溃，美国人民对日本在汽车、录像机和其他产品压倒美国感到迷惑不解。该书介绍日本企业管理的风格是，终身雇佣制、年功序列工资制和多种多样的福利待遇。由此在企业形成一种命运共同体，赢得雇员们对企业的忠诚。但是任何事情都有两面性。强调企业向心力、凝聚力，就要把企业集体放到个人之上，要求个体为企业整体作出牺牲。这对于重视个性、个人权利的美国文化传统是有冲突的。《硅谷热》一书说，美国硅谷一些人员认为，Z理论虽然有些道理，但由于美、日文化的差异，在运用时不能整个照搬。例如对许多美国人来说，“终身雇佣制似乎是终身奴隶制”。美国人的个人主义价值观念使他们无法接受终身雇用。在硅谷最为令人瞩目的特点之一，就是工作的流动性之高到了令人惊异的程度。有人估计每年调换工作的人数占雇员总数的50%。在工程技术人员和经理阶层，流动率稍许低些，每年调换工作的约达30%。有一个人居然在24个月之内先后在15家公司里干过活。日本式的管理有助于形成企业内的更大向心力。但美国人有自己的想法：个人主义价值观虽然削弱企业凝聚力，但从整个社会来看，大大有利于创业活动。这一点，在高技术产业上表现得特别明显。硅谷的因特尔公司领导人评论美日两个民族文化传统对企业管理的影响时说：“日本的儿童从4岁就进入了一种僵化的求学模式，并且再也走不出来。因此在创业活动方面，硅谷能胜他们一筹。这正是美国微电子产业的支柱。”《硅谷热》一书作者说：“在一种同事的合作受到赞赏而个人主义思想受到惩罚的文明中，人们别指望硅谷式的创业热会有大发展……东京大学电子工程系毕业的雄心勃勃的年轻人，追求的是在通产省或像日本电气、东芝、富士通这样的电子公司谋个职位。他最后想到的事情才是创办自己的一家小公司。”

这里反映出东西方文明的差异。到底哪一种管理哲学更能在国际市场上取胜，归根到底要看实践。

2. 科学技术的发展、全球性问题的出现、社会文化和价值观念的更新，促使人们从更高的视野重新认识企业的使命和目标。企业不应只是生产产品和利润，而应当为社会服务，培养人。意大利某些企业家甚至以消除环境污染为企业目标之一，以此来争取社会同情，扩大企业影响。

3. 人的尊严和人的价值的思想日益深入人心，也渗透到企业管理理论中去。管理学家认为，必须改变过去那种过分依靠规章制度、管理结构、工作程序的死板管理方式，应当努力把企业的基本信念、基本价值观等灌输给职工，形成上下一致的认识，使企业全体职工为了自己的信仰而工作。这样做了，就会产生强烈的使命感，激发出最大的想象力和创造力。

4. 职工的文化和科学水平普遍提高，就会产生参与决策和管理的需要，要求平等与民主，发挥个人智力，反对一切由上级指挥，下级机械照办的传统管理方法。这就迫使企业高层领导研究一种新的管理方式来适应新的形势。目前，有的企业提倡增加企业目标的透明度，把企业的近期和长期规划告诉职工，发动群众讨论……企业文化就是以造就职工的共同理想和价值观念为主要内容的管理方式。

5. 职工物质生活水平提高，导致友善、尊重、自我实现等心理需求的增强。企业只有造成一种亲密、友善、信任的企业气氛，提倡上下团结一致、尽可能满足职工的社会性心理需要，才能管理企业。

这就是导致当前的企业管理的最新思潮——企业文化出现的客观原因。对这种“企业文化”的基本内容的解释很不一致，但它的最高价值仍是明确的：个性、创造、自由。

我们可以把自19世纪末20世纪初以来的三种管理理论的发展，从哲学上作一个概括，那就是管理中的人的因素越来越受到重视：从“经济人”到“社会人”到强调人的个性和创造性；从把人当作客体到强调管理中人的主体性；从片面地运用科学来解剖工人的每个动作，为追求效率而把人只当作客体，到把文化概念应用于企业，把具有丰富创造性的人作为管理理论的中心。

管理思潮的发展可以得出一个结论：没有一定的哲学思想，是很难把握好“企业文化”这种最新管理理论的精髓的。

三、对建设中国企业文化的几点看法

第一,要懂得企业文化在西方出现的背景。企业文化在西方的出现,有其普遍性的一面,也有其特殊性的一面。就前者来说,是把文化概念应用于企业,研究企业的价值观和社会传统文化对企业的影响。就后者来说,企业文化是在西方,特别是美国过分迷信科学的理性模式的背景下出现的。人们在西方之所以倡导企业文化,在一定意义上是用它来医治美国企业管理中理性主义的泛滥成灾。所以企业文化是西方人过分沉湎于专门化、标准化、定量化,忽视企业精神的作用,现在要从这种过分理性主义中摆脱出来,要研究如何借重职工的价值取向的精神力量来为实现企业目标服务。在这个意义上说,目前兴起的企业文化是一股企业管理理论中的非理性主义思潮。正如《寻找优势》所说,"理性主义是重要的……但是,如果美国要在世界上夺回它的竞争地位的话,或者甚至要保住它现有的竞争地位的话,那么我们在理性方面就不能做过了头'。对于建设有中国特点的企业文化来说,企业文化在美国出现的这种特殊背景是值得我们特别注意的。因为在十年改革开放期间,我们"引进"过不少西方的思想理论,除了意识形态上的不同外,人们还往往忽视它们在西方社会产生的特殊背景。由于社会背景的差异,这些思想理论一旦照搬照抄到中国社会,就很容易带来一场灾难。

第二,在建设中国企业文化中如何对待中国古代传统文化的问题。有人认为中国传统文化与作为现代管理思潮的企业文化是完全相一致的。对此,我不敢苟同。我的看法是:对文化传统要区别对待。就是说,有些成分是积极的,有些则是消极的。

能起积极作用的传统道德,是指传统道德中强调整体、强调个人服从集体这方面的内容。广泛一点说,这也是东方民族的文化传统。这种文化心理结构可以追溯到中国古代氏族社会建立在血缘关系上的宗法制度。这种传统力量在很大程度上影响和决定中国社会及其意识形态所具有的特征。西方社会在氏族阶段,人与人的关系也是建立在血缘关系基础上的。但后来有些民族以游牧为主,有些民族主要从事航海、经商活动(古希腊),血缘亲属纽带被大大削弱了。资本主义商品经济一旦发展起来,任何血缘亲属纽带都被冲得一干二净了。中国从新石器时代开始就以农业为基础,所以氏族社会组织结构十分牢固,血缘亲属纽带极为稳定和强大。这一点可以解释为什么中国封建社会里,在意识形态方面儒家、儒学占据了那么突出的地位。由于这两方面原因(血缘亲属纽带极为稳定牢固和儒学占支配地位),中国传统道德和文化心理结构上,一直是扬整体,贬个人。个体要为家族的利益牺牲自己。这一点如果加以改造得好,可以转化为一种发挥凝聚力机能的因素。日本的企业管理中就充分利用"家族主义"的思想传统,把企业与职工关系变成家庭成员与大家庭的关系。过去农村办合作社的时候,不也提出过"爱社如家"的口号吗?当然,如果个人的物质利益完全得不到重视,企业领导人又不能以身作则,光喊"爱厂如家"口号是不会起作用的。

我们还必须看到,起积极作用的因素本身也包含着消极因素的一面。优点与缺点不是绝然分开的。中国古代传统伦理道德在强调整体的同时贬抑个人、个性。东方文化心理结构轻视个性发展是很不利于现代化和商品经济发展的。中国封建社会的道德和文化传统中极少突出个体(只有庄子和魏晋时的玄学是重视个体价值、自我肯定的)。儒学强调的是"君为臣纲,父为子纲,夫为妻纲","君君、臣臣、父父、子子",臣在君之前,子在父之前,妻在夫之前,什么独立人格、个性都无从谈起。这种文化心理结构对于建造现代企业文化是不利的。在这方面,西方文明,特别是美国文明有其独特的优点:重视个性。一个人的创造性是与个性密切联系着的。一个文学家如无鲜明个性,决不会有创造性的作品。现代企业要有活力,条件之一是企业职工普遍有活力,即在工作中有创造性。因此企业管理中要创造这样的企业精神——鼓励职工大胆发挥其创造性。为此,就要培养职工的个性或给职工创造发扬其个性的工作环境。

第三,企业文化与科学管理的关系。提出这个问题,是因为有人对前面提到的美国兴起企业文化的背景不了解,只看到中国的传统文化十分强调精神、道德的作用,与西方新兴的企业文化十分合拍,却根本忽视了中国的国情——在企业管理方面不是理性主义(即企业的严格科学管理如专门化、定量化、标准化等)过了头,而是极为不足。下面这段话典型地反映了某些同志对企业的片面观点:"中国传统文化中的相信心力、道德、精神远远超过科学、技术和物质的济世作用,这对企业文化有积极作用。"(赵建中:《日、美、中传统文化与企业》,上海文化报 1989 年 3 月 3 日)对此,我不敢苟同。我认为,对于现代化,对于商品经济,特别是对于现代企业管理来说,中国传统文化的最大弱点正在于这篇文章作者所说的"相信心力、道德、精神远远超过科学、技术和物质的济世作用"。之所以是弱点,是因为中国企业的科学管理还十分落后,不是理性主义过了头,而是不足。在这种情况下,中国的企业文化必须以企业科学管理为基础,决不可以漠视中国企业科学管理落后这一点,把企业管理完全归结于树立一种企业精神,以为企业职工的一切问题都可以借助企业精神去解决。这样做是无视中国的国情而照抄西方的"药方"。其实这种药方所要治的"病"(企业管理中强调理性主义过了头),在中国企业并不存在。

我认为在企业管理中,科学管理和现代科学管理方法是管理中的"硬件",企业文化可以看作管理中的"软件"。硬件与软件结合起来,理性主义和非理性主义结合起来,才是"上策"。如果说,科学管理是以"物"为中心的理性管理,那么企业文化就是以"人"为中心的"灵性管理"。就是说,企业文化是企业经营管理的灵魂。它渗透在企业活动的各个方面。这样来理解就可以防止在强调企业文化、企业精神的同时,忽视企业科学管理、忽视企业制度建设的偏向。

最后,建设有中国特点的企业文化应当立足于经济工作与政治工作相结合的基础上,把企业文化建设与思想政治工作、社会主义精神文明建设融为一体。这样做之所以必要,首先是因为我们的企业的性质主要是社会主义公有制的。职工不仅是企业的一员,而且是国家的主人。企业精神所体现的价值标准、道德规范和行为准则应当反映出这一特点。这一点如果真正做到了,也就是在经济工作中渗透了政治工作。比如说,企业文化所要培育的职工的归属感不只是对本企业的,也应是对国家的。企业与国家虽然有时会发生矛盾,但在根本上是一致的。吉林造纸厂提出的"干群同心、从严苦干、争创一流"的企业精神不是只体现职工个人与企业的关系,也体现个人与国家的关系。"争创一流"不只是给本企业争光,在国际市场上也是为国争光。如果中国有几十万企业都能够建立起产生实效的企业文化,这本身就是发展社会主义新文化的一个最好的基础和生长点。

(作者系中国企业文化研究会学术委员会委员、首都师范大学教授。此文选自1998年5月出版的《企业改革与企业文化》一书)

中国企业文化研究的方向和任务*

王 珏

一、中国企业文化的研究方向

十四大报告已经明确提出建立社会主义市场经济体制。建立社会主义市场经济体制,不仅仅是改革管理体制的问题,也是如何实现社会主义现代化建设的一条道路问题,还是怎样实现我们党的基本路线的问题。要建立社会主义市场经济的新体制,就是要通过商品化、市场化这条路子,来实现现代化,否则社会主义现代化是实现不了的。我认为这是社会主义经济建设的历史经验的根本性总结。尽管我们在产品经济条件下,企业管理方面、企业文化方面也有一些经验,但这些经验已经不能完全适应建立社会主义市场经济的任务。因此,在十四大之后,企业文化研究的重点应该放在如何对发展社会主义市场经济发挥更大作用上。这应该是企业文化研究的基本方向。

二、关于企业文化研究的一项重要任务

企业文化的一个带根本性的问题是如何提高广大劳动者的积极性和创造性。企业在市场竞争中求生存、求发展,非常有利于激发劳动者的积极性和创造性,因为市场经济的一个重要功能,就是能够创造现代企业文化,并能促进企业文化的现代化,使企业文化向更高层次发展。现代企业文化的建立离开市场经济的发展是不可想象的。当前要使现代企业文化发展起来,一个重要前提是企业能够成为市场的主体,这也是改革的根本目标。企业只有成为市场主体,才能根据市场规律和市场竞争机制,使自己生存并发展起来。企业在自主经营、自负盈亏、自我发展、自我约束的经营过程中,最需要现代企业文化。

企业文化的一个重要任务,是增强劳动者的责任感,提高劳动者的积极性和创造性。社会主义劳动者对企业、对社会、对整个人类的责任感越强,积极性、创造性发挥得就越充分。有些劳动者只想在社会上、企业里得到很多实惠和个人利益,但往往想不到应先对社会尽责任,对社会有所贡献。这些人不懂得只有在有贡献的条件下,才能得到社会所给予的利益,不懂得责、权、利是统一的。企业文化就要解决这个问题,使每一个劳动者都懂得自己在社会上的地位,在这个地位上对企业、对社会、对整个人类发展应尽的责任。这个问题如果能够明确了,那么他就应该为尽这个责任而发挥积极性和创造性,就有了事业心。因此我们讲,建设社会主义企业文化必须考虑劳动者的经济利益,建设社会主义企业文化能够提高人们的觉悟,使人们有更长远的眼光,有更大的胸怀和志向。从上述分析中可以看出,市场经济能促进企业文化的发展。

企业文化发展的基础,是利益分配问题。这个问题解决得好,劳动者的积极性和创造性才发挥得好。在生产力发展的现实水平下,还达不到马克思所说的按需分配,劳动者还是要靠自己劳动谋生,靠为企业和社会尽责的手段来谋生。如果把劳动者个人利益抹煞掉,那积极性和创造性是不会持久的。为更好地解决这个问题,有一个观念是否应有个变化?即社会主义劳动者应不应该有个人财产,是只靠劳动谋生,还是又可以靠财产取得收入?要建设有充分活力的社会主义,必须使千百万劳动者的积极性都发挥出来。那么就应该认识到,社会主义条件下劳动者不仅是劳动者,而且是所有者,是劳动者和所有者的统一。这个所有者不是书本上讲的抽象的所有者,即国家财产有你一份,劳动者看不见、摸不着,没有感受。怎么使所有者的财产能看得见、摸得着,这是发挥劳动者积极性和创造性,建设有充分活力的社会主义的一个重要而关键的问题。因此,社会主义条件下,劳动者应是有产者,不应是无产者。这个有产不仅指国家所有制中有他的一份,还应有属于他自己的、由消费基金节余积累而形成的个人财产。有个人财产不是坏事。我们传统的观念是:劳动者只要有公有财产就行了,不要有个人财产。这个观念应该改变。有了个人财产的积累,就要有财产的收益,如果财产不能给个人带来收益,他就不会积累这个财产,他会认为积累没有意义,因而把消费基金全部花掉,甚至全部浪费掉。因此,劳动者必须有个人财产积累所带来的收益,才能鼓励大家积累财产,才能扩大社会的生产力。这样劳动者不仅有劳动收入,还有资产收益,积极性和创造性就容易发挥出来。因此,按劳分配和按资分配相结合应成为社会主义基本分配原则。按资分配方式在发展过程中,劳动者个人股份所有制可能成为社会主义所有制当中的一种主要成分。劳动者个人股份所有制,指的是:劳动者只有单纯所有权,而财产的占有权、支配权、使用权是公共的、社会的。这样就能适应社会化大生产发展的需要,也有利于劳动者积极性的提高。

(作者系著名经济学家,中国企业文化研究会学术委员会委员,中央党校教授。此文选自1993年5月出版的《市场经济与企业文化》一书)

---

* 本文是根据作者在中国企业文化研究会第二次会员代表大会发言整理的摘要,题目为编者所加。

加强市场经济中“文化力”的研究

贾春峰

近些年来，在国际范围的市场经济理论研究中，出现了一个值得注意的“文化力”概念。它反映了文化在整个社会经济发展中的地位和作用，越来越引起人们的关注和重视。

一

在我国以经济建设为中心的社会主义现代化的历史进程中，在确立市场经济新体制的重要时期，我们必须加强对“文化力”的研究，推动文化事业在市场经济条件下实现新的发展和新的繁荣。这件事至关紧要。可以说，它关系到社会主义市场经济新体制的命运，关系到在激烈的国际竞争中我们中华民族的前途。对其重要性的认识，可以从以下6个方面来加以说明。

一是从综合国力的竞争来说。当前国际竞争的实质是综合国力的较量。综合国力当然以经济和科技实力为基础，包括军事实力，还包括精神文明，包括“文化力”在内。精神文明、“文化力”在综合国力中具有巨大的凝聚力量、动员力量、鼓舞力量和推动力量。因此，增强综合国力，不仅要大力发展经济和科技实力，发展国防事业，也必须发挥精神文明这个优势，发展“文化力”。

二是从现代市场经济的发展趋势来说。国际经济学界不少论著认为，现代市场经济走向的一个重要趋势，就是经济与文化的“一体化”发展。这就是说，现代商品中的文化含量、文化附加值越来越高。文化因素在经济发展中的作用也日趋显著。在现代商品生产中，降低资源、能源、财力的有形投入即“硬投入”，提高文化、科技的无形投入即“软投入”，已经成为现代企业富有竞争力发展和整个社会经济增长所追求的目标。从这个发展走势所引出的结论是，必须高度重视智力因素、人才培养和教育发展，高度重视科技实力和“文化力”的增长。

现代市场经济发展的另一引人注目的趋势，就是在经济赛局中，人为相对优势将取代传统的经济发展优势。绿色革命与材料科学革命的兴起，已经降低了经济发展过程中自然资源的重要性。拥有自然资源未必能致富，自然资源贫乏未必是致富的障碍。日本既无铁又无煤，却拥有世界上最发达的钢铁工业。而电脑和电信手段使拥有资本积累不再是优势，今后只有掌握技术和拥有人才才是真正的优势。微电子、生物科技、新材料工业、民用航空、电信、机器人加机床以及电脑软件，是未来几十年的7项关键产业，它们都可以说是脑力产业，谁能有效地组织调动人的智力从事上述产业的发展，这些产业就在谁那儿落脚。既然科技创造了人为相对优势，那么，争取人为相对优势就必须要求企业从上到下，每一个层次的职工都具备技能。职工的技能将是21世纪关键性的竞争武器。21世纪，自然资源、资金与新产品技术将会在全世界迅速流动。人也流动，但相比之下要慢得多。因此，有技能的人才是惟一持久的竞争优势。这个观点，在不久前出版的美国著名经济学家莱斯特·瑟罗的《21世纪的角逐》一书中作了集中阐发，是值得重视和研究的。从对这个发展走向的分析中引出的结论，同样是必须高度重视智力因素、人才培养和教育发展，高度重视科技实力和“文化力”的增长。

三是从国际范围内几种市场经济模式的比较来说。关于资本主义市场经济几种主要模式——英美式市场经济、德国社会市场经济和日本式市场经济的比较研究，已成为国际经济理论界的热门话题。在比较研究中，人们大都提出了不同文化背景和价值观念问题。如有些学者认为，英美的“个人资本主义”与日本德国的“社团资本主义”之间的竞争正在开始，其基本区别是，在争取经济成就过程中，前者强调个人价值，后者强调社团价值。美国和英国鼓吹个人价值：杰出企业家，诺贝尔奖得主，巨额工资差别，掌握技能的个人责任，轻易解雇和辞职，利润极大化，敌对的兼并和吞并。相反，德国和日本鼓吹社团价值：商业集团，掌握技能的社会责任，协力配合，企业忠诚，产业战略，产业政策。英美企业是极限利润的追求者，日本企业是“战略征服”的追求者。美国人信奉“消费者经济学”，日本人信奉“生产者经济学”。这些分析，是把不同市场经济模式中企业的不同的具体运作方式与不同文化背景和不同价值观联系起来了。

前不久我看到山西《发展导报》记者采访美籍华人科学家杨振宁先生的文章，题目是《科技、文化与社会发展问题》，其中讲到文化传统、价值观念对社会经济发展的巨大作用。杨振宁谈到，“美国太多的社会问题严重地阻碍着它的发展，而这些问题出现的一个基本原因就是和推到了极端的‘个人至上’观念有关”。他还说，“中国强调‘集体’的精神，这是儒家文化长期孕育出来的社会整体发展的一个基本思想，这个是中国的弱点，也是中国的强点。我对中国的发展前途持非常乐观的态度。当然，问题也多得不得了，可是中国有巨大的潜力……这些潜力对帮助中国排除种种困扰，提高每个人的社会责任是非常重要的，从小就讲先天下之忧而忧，而西方这类观念非常少，甚至是不存在的，我想对于西方的孩子，加重一点社会责任心，强调一点集体主义精神是有好处的”。杨振宁说他已到古稀之年，这是前三分之一人生的亲身体验。从他这番话也可以看到，比较市场经济模式的优劣，离不开文化传统，经济的运作离不开“文化力”的渗透和作用。可以说，市场经济在整个运作过程中，都是和“文化力”交织在一起的。人们分析股份制经济在西方广泛发展起来的原因时，联系在西方文化传统中的竞争意识、冒险投资精神和强烈的牟利欲望，是有道理的。而现在国外营销所遇到的文化障碍也正在引起人们的注意。

四是从社会主义市场经济新体制的建立来说。从计划经济体制向市场经济体制转变，是一个极其复杂的、宏大的系统工程，它需要多方面工作的有效配合，相辅相成。这既要运用经济的手段，也要运用行政的手段和法律的手段，还要有思想道德文化力量的协调配合。因此，思想道德文化建识，对于社会主义市场经济新体制、新秩序的建立来说，是其健康正常地向前发展所绝不可缺少的。

五是从市场经济运作极需倡导良好的经营境界来说。近几年来，市场上假冒伪劣商品问题相当严重。对此，广大消费者极为不满。解决这个问题,要靠法制,要靠思想教育,也要注重提高企业家、经营者的文化素质。在一些地区可以看到,那里市场很活跃,经营手段很灵活,但正在崛起的一些企业家、经营者们的文化素质不高。文化素质低,对于市场发育来说,会带来不少问题。因此,在市场经济运行中,在市场竞争中,提出经营境界的概念是很有意义的。而良好的经营境界是同一定的文化境界、职业道德境界紧密相联的。

六是从21世纪的发展前景来说。近年来,关于21世纪国际范围内竞争和较量的著述纷纷出版。有21世纪是太平洋世纪、亚太世纪的说法,也有21世纪是欧洲世纪等等说法。而不少论著认为,21世纪的国际竞争,背后是几种"文化力"的竞争。因而东西方文化与21世纪的题目,成为国际上众多学者研究的课题。今年8月份海外出版的杂志有一篇题目为《东西方文化交流与21世纪》的文章,其中引用了中国学者季羡林的一段话:"到21世纪,30年河西的西方文化就将逐步让位于30年河东的东方文化,人类的发展将进入一个新时期。"今年8月份在莫斯科召开的第19届世界哲学大会讨论的问题,就是"世纪转变中的文化、价值和人类",其中一个方面就是"未来文化的转型、选择和重建问题"。有人认为,在世纪之交,随着文化力在一个国家整个社会经济发展中地位的加重,关于现代市场经济与文化新思维的讨论,关于传统文化与外来文化、传统文化与现代化的讨论,将会热烈起来。

二

面对实践、竞争、发展趋势和21世纪发展前景对文化的新需求,我们需要在建立社会主义市场体制的过程中,以新的视野,下大功夫,花大力气,加强对"文化力"的研究。

要研究文化发展战略。这是市场经济发展的呼唤。文化发展是整个社会主义精神文明建设的重要组成部分。在精神文明建设中,文化建设和思想建设、智慧和道德是相互渗透的。在发展市场经济的条件下,思想建设包括理想、道德、纪律教育,不仅不能削弱,而且需要开创新的局面,使我们中华民族的精神状态、道德状态和道德风貌随着市场经济的开拓而获得新的提高。同样,文化建设也必须倾听实践的呼声,立足于发展社会主义市场经济这个基本事实,开拓新路子,实现新的繁荣。这就需要认真研究文化发展战略。今天进行文化发展战略研究,是基于这样的现实:一是市场经济的发展;二是激烈的国际竞争,包括现实开拓市场的竞争,也包括世纪之交和即将来到的21世纪的"文化力"的较量。国外有一本关于世界文明史的著作,在谈到文艺复兴发生在意大利时,说了四个方面的原因,认为其中最重的原因就是:"意大利的城市是东方贸易复兴的主要受益者。商业所带来的经济繁荣是思想和艺术进步的主要基础。"我认为这个论述是有道理的。书中还谈到,"文艺复兴和宗教改革必然是和根本的经济变革同时发生的"。正是商业革命标志着"从半停滞的、地方化的、非赢利性的中世纪后期的经济"向以后的资本主义经济的过渡。我们今天是在社会主义条件下发展市场经济,这是发生在我国大地上极为广阔的、生机勃勃的创造性实践。我们的文化研究必须承认这个实践,在这个实践基础上,以马克思主义的历史唯物主义观点为指导,研究文化发展战略。

要研究不同领域、不同层次的文化建设的具体形式。这里主要是指企业文化、社区文化、村镇文化、校园文化等等。分门别类地对这些不同领域的文化进行研究,才能使整个文化建设扎实有力,而且应当支持这些方面文化建设工作创造具体经验。这些不同领域的文化建设容易和不同岗位、不同职业的人员的心灵相沟通。可惜这方面的研究,同人们各种层次的文化需求相比,显得非常薄弱。这同市场经济条件下文化市场异彩纷呈的局面是很不相称的。文化市场必须有正确引导。而正确引导,就必须高度重视对企业文化现象、村镇文化现象、社区文化现象、校园文化现象的研究。

要研究在现代市场经济中发挥中华民族传统文化、传统美德的优势。我注意到海外最近关于东西方文化交流与21世纪的讨论中有这样一种意见:"任何一个民族文化的发展,一靠自身的创生更新能力,靠自己的由少到多、由浅入深、由低级到高级的不断积累与进步;二靠外来的不断补充、丰富、启发、刺激,在与外来文化的摩擦、撞击、竞争、交流、融合中发展壮大自己。"当然,文化自身的创生更新能力,要靠社会经济变革这一巨大推动力。在改革开放和大力发展市场经济的新形势下,在国际间经济文化交流日益频繁的今天,毫无疑问,我们吸收外来文化的气魄应更大一些。凡属人类文明发展的新成果,我们都要积极了解、介绍、学习、借鉴,并通过选择和改造,做到"洋为中用",熔铸到我们所建设的充满生机和活力的社会主义新文化中来。但在这个过程中,不能丢掉维系我们中华民族文化的优秀传统和美德,不能丢掉维系我们中华民族长期生存发展的文化根基。在日本资本主义市场经济发展中,就出现过"株式会社"企业组织方式创始人涩泽荣一的"论语加算盘"理论,也叫"道德经济合一"说。他重新阐释儒家文化的经典《论语》,反对违背商业道德的投机、垄断、欺诈、贿赂等行为,使职业道德和职业责任在市场经济活动中得到价值定位。

中华民族文化源远流长,博大精深,影响深远。在市场经济条件下和国际竞争中,我们必须进一步发挥和利用祖先留下的这份丰厚的文化宝藏,发挥这个优势,并和时代精神相结合,和市场经济相嫁接,在继承的基础上有所创新,有所前进。这项把优秀传统文化与现代市场经济相嫁接的研究具有开拓性,而且它还是在市场经济条件下,在国际竞争中取胜的一个法宝。

(作者系著名理论家,中国企业文化研究会副理事长、学术委员会委员,原中宣部理论局副局长,正局级调研员、研究员。此文转自1993.10.26《经济时报》)

从科学管理到文化管理

——企业管理的软化趋势

张 德

自1769年世界上第一家现代企业诞生以来,企业经历了223年的发展,企业管理的理论和实践也发生了日新月异的变化。纵观企业管理的全部历史,大致经历了经验管理、科学管理、文化管理三个阶段，总的趋势是管理的软化。能否清醒地认识到这一点，对于能否自觉地提高我国社会主义企业的管理现代化程度是至关重要的。

一、从经验管理到科学管理是企业管理的第一次飞跃

1911年泰罗的《科学管理原理》问世，标志着企业管理由漫长的经验管理阶段，迈进了划时代的科学管理新阶段。

企业家不再靠个人经验和直觉来指挥下属，而是开始用调查研究的科学方法代替个人经验；企业家与工人可以不再为生产定额而争吵，因为"时间和动作研究"提供了精确地计算定额的方法；企业家不再为生产工具和操作工艺的随意性而大伤脑筋，生产工具、操作工艺、作业环境、原材料的标准化，为生产效率的提高开辟了广阔的前景；企业家不再为工人水平的参差不齐而忧虑，"工作挑选工人"的原则和系统的培训，为各个生产岗位提供了第一流的工人；企业家不再因工人作业的随意性而叹息，也不再因事必躬亲的指挥而疲于奔命，"计划(即管理)与执行相分离"的原则，大大加强了企业的管理职能，使依法治厂成为可能。总之，泰罗的科学管理理论使企业管理由经验上升为科学，很快在欧美推广。以福特汽车厂的流水线生产为标志，科学管理极大地推动了生产效率的提高。列宁曾对泰罗制给予高度评价，派人去考察并主张在苏联借鉴科学管理的精华，他说："社会主义实现得如何，取决于我们苏维埃政权和苏维埃管理机构同资本主义最新的、进步的东西结合的好坏。"

改革开放以来，我国企业界以极大的热情学习和借鉴了科学管理的理论和方法，对于尚处于经验管理阶段的我国大多数企业，是一个强有力的推动。企业普遍加强了定额和定员管理、标准化管理、计量管理、人员培训、现场管理，逐步走上依法治厂的轨道，收到了显著成效。例如，享誉国内外的茅台酒厂，在短短10年中，由无法可依、无章可循的落后的作坊式企业，一跃而成为一个规章制度完善、工艺规程科学、生产设备先进、职工素质较高的现代化大企业，固定资产猛增11倍，销售收入猛增12.6倍，实现利税猛增20多倍！事实证明，管理出效益，改革开放可以解放生产力。从经验管理阶段登上科学管理的台阶，已经和将继续为我国企业注入新的活力。

二、从科学管理到文化管理是企业管理的第二次飞跃

我们在借鉴科学管理的理论和方法时，千万不要忘记，它有时代的和阶级的局限，主要表现在具有两重性——"一方面是资产阶级剥削的最巧妙的残酷手段，另一方面是一系列最丰富的科学成就"。

我们在学习泰罗讲究效率的优化思想、调查研究的科学方法的同时，应该清醒地认识到：泰罗重物轻人，仅仅把职工看作经济动物，单纯地强调重奖重罚。这种胡萝卜加大棒的所谓"理性管理"思想是不可取的。不仅在当时即遭到欧美工会的激烈反对，而且随着生产力水平的提高，越来越暴露出其劣根性，越来越无法调动工人的劳动积极性。

发端于20世纪30年代，流传在六七十年代的行为科学，力图纠正和补充科学管理的不足。80年代兴起的企业文化，是这种努力的最新成果，它完整地提出了与科学管理不同的管理思想和管理框架，成为世界管理的大趋势。

由科学管理过渡到文化管理不是哪些学派主观随意的创造，而是生产力与生产关系矛盾发展的必然结果，是科学管理越来越不适应飞跃发展的现代化社会大生产的集中表现。我们可以从5个方面作一简单剖析。

1. 温饱问题的解决与"经济人假设"的困境

科学管理的基本假设——职工都是追求经济利益最大化的"经济人"，他们除了赚钱糊口外，没有其他的动机。因此他们都是懒惰的、怕负责任的、没有创造性的。对他们只能用严厉的外部监督和重奖重罚的方法进行管理，金钱杠杆是惟一可用的激励手段。

在泰罗所处的时代，即19世纪末至20世纪初，生产力低下，工人远远没有解决温饱问题，也许"经济人假设"在当时不无道理。但即使在当时，有觉悟的工人也决不是纯粹的"经济人"，轰轰烈烈的工会运动就是明证。随着生产力的迅速提高，发达国家的工人逐步解决了温饱问题，"经济人假设"陷入了困境，工人的劳动士气低落重新困扰着企业主。30年代，在霍桑试验的基础上美国管理学家梅奥提出了"人群关系论"，正式提出——工人不是经济人，而是社会人。他们除了经济需要之外，还有社会需要、精神需要。影响职工士气的主要不是物质条件，而是社会条件，特别是职工上下左右的人际关系。在此基础上发展起来的行为科学，进一步把人的需要划分为五个层次——生存、安全、社交、自尊、自我实现。对于解决了温饱问题的职工，满足其生存需要和安全需要的物质激励杠杆，已越来越乏力，而设法满足职工的社交、自尊、自我实现等高层次的精神需要，成为激励职工、赢得优势的关键手段。企业文化强调尊重人、培养人、满足人的精神需要，以人为中心进行管理，完全适应职工队伍需要层次的提高。

2. 脑力劳动比重的增加与"外部控制"方式的局限

生产力水平的迅速提高，市场竞争的日趋激烈，刺激了科学技术的飞速发展。近20年科技革命的兴起，一方面诞生了以信息产业为代表的高新技术产业，另一方面强有力地推动了高等教育的普及。职工队伍的文化层次迅速提高，白领职工比例越来越高，蓝领职工比例越来越小。即使是蓝领工人也逐渐摆脱了笨重的体力劳动。现代化钢铁企业的钢铁工人，已不再是挥汗如雨、高温作业的昔日形象，而是坐在计算机前穿白大褂操作按键的崭新岗位。脑力劳动在劳动构成中的含量越来越高，已经是不可逆转的历史潮流。

脑力劳动的特点是看不见，摸不着，其劳动强度和质量在更大程度上取决于人的自觉性和责任感。在无形的脑力劳动面前，泰罗的时间和动作研究已无用武之地。创造性的脑力活动，其定额如何确定，其进度如何控制，都成为管理者遇到的新课题。如果说，泰罗的从严治厂、加强监督的外部控制方法，对有形的体力劳动曾经卓有成效的话，那么对待复杂的、无形的脑力劳动，则必须转移到进行"自我控制"的轨道上来。这就是要注重满足职工自我实现需要的内在激励，注意更充分地尊重职工，鼓励职工的敬业精神和创新精神，并且在价值观上取得共识。而培育共同价值观正是企业文化建设的核心内容。可以说，文化管理是对脑力劳动为主的信息时代的惟一适用的管

理模式。

3. 服务致胜时代的到来与“理性管理”传统的没落

作为生产力迅猛发展的另一个结果，是产业结构调整的加速和第三产业的兴起。目前，欧美发达国家的职工中，50%以上在第三产业工作。第三产业的特点是一般没有物质产品，其主要产品是服务。服务质量的竞争，是第三产业竞争的主要形式。

即使在第二产业，工业产品的市场竞争，焦点也越来越转移到服务上来。随着人们消费水平的提高和消费观念的变化，服务质量已成为产品质量的重要组成部分。在产品的规格、品种、性能、价格不相上下的情况下，对用户提供的售前服务、售中服务和售后服务的质量，就往往成为成败的关键因素。

因此，许多企业家和管理学家认为：服务致胜的时代已经到来。

那么，如何提高服务质量？依照泰罗的时间动作研究和外部控制，只能治标不治本。比如微笑服务，硬挤出的笑并不会使顾客感到愉快，皮笑肉不笑反而使顾客感到难受，只有发自内心的真诚的微笑能给顾客带来快乐和温暖。这种发自内心的真诚的微笑，只能来自职工的敬业精神、对企业的忠诚心、对社会的责任感和高尚的服务道德。运用形体动作的培训和严格的外部监督无法做到，只能通过在长期的生产经营活动中形成一种共同价值观，一种心理环境，一种良好的传统和风气，相互感染熏陶，亦即形成一种良好的企业文化。

追求“以最佳服务独步全球”的美国电脑王国 IBM 公司的总裁小沃森，在《事业与信念》一书中指出：“我坚定地相信，为了生存下去和取得成功，任何一个组织都必须具备一整套健全的信念。并把这些信念作为采取一切政策和措施的前提。其次，我还认为，公司取得成功的唯一最重要的因素，便是忠实地严守这些信念。”IBM 公司的信念有三：第一，尊重职工；第二，最佳服务；第三，追求卓越。全公司几十万人遵循这些信念，是 IBM 服务致胜并成长为全球最大的电脑公司的关键。

科学管理也被称为理性管理，这种管理认为只有数字资料才是过硬的和可信的，只有正式组织和严格的规章制度才是符合效率原则的。因此，他们过多地在教学模型上进行定量分析，把管理当成纯粹的科学，而忽视了一个最重要的因素：人——有思想、有感情并为思想感情所支配的人；忽视了管理的非理性因素——观念和感情；忽视了管理不仅是科学更是艺术这样一个本质性的规律。因此，在服务致胜时代到来后，它必将让位于以人为中心的、高度重视观念和感情因素的非理性管理模式，即文化管理。这种管理模式并不排除理性因素，而是使之与非理性因素相结合，并以非理性因素为主。

4. 战略管理的崛起与企业哲学的导航作用

当今世界一个重要特点是生产高度社会化及国际化，企业外界环境复杂多变，市场竞争及企业兼并日趋激烈。置身于这样一个变幻多端的世界中的企业，遇到了空前的挑战和压力，也获得了发展的机遇和条件。企业要想立于不败之地，就应该想方设法利用自身优势，抓住转瞬即逝的机会，避开可能的风险，拓宽生存的空间。欲达此目的，就必须进行战略研究和战略管理。

战略管理以全局为对象，综合考虑供应、生产、技术、销售、服务、财务、人事等各方面因素，根据总体发展的需要制定企业经营活动的行动纲领。而以生产管理为主的科学管理模式，不能适应以市场销售为主的全局性的战略管理的需要。

战略管理是一种面向未来，向前看的管理，预测未来碰到许多模糊性的、不确定的因素。而以精确的定量分析为特点的科学管理模式，很难适应对模糊性的、不确定的因素的研究和分析。

战略管理是在复杂多变的竞争中求生存求发展的战略选择，必须以高明的战略观念为指导，必须确立高明的企业哲学，而这只能在文化管理模式下去实现。许多成功的企业，之所以能在市场竞争的海洋里乘风破浪，正是因为他们具有高明的企业哲学、优良的企业文化。

日本松下公司靠大量生产的“自来水哲学”和仿制为主的“后发制人策略”，长期保持了优质低价的竞争优势，成为家用电器行业的“超级大国”。

日本太阳企业集团信奉“大则死，小则活”的哲学，用“见缝即扎根”的“蒲公英精神”和化整为零的灵活经营方式，在激烈的市场竞争中发展壮大。

中国第二汽车制造厂确立了“视今天为落后”的不断进取的哲学，全厂钻研本职工作成风，关心竞争态势成风，关心企业命运成风，依靠自我积累，不断自我发展。

沈阳金杯汽车股份有限公司信守“不求最大，但争最优”的企业哲学，不在生产规模上与一汽、二汽等大型企业竞争，而是把精力放在质量和服务上，以最优的质量和服务在强手如林的汽车行业中站稳脚根。这个哲学符合该企业的内外环境，在它指导下的竞争战略也是高明的。

“春江水暖鸭先知”，这些优秀企业的成功范例，说明企业哲学及与之相联系的企业文化，在残酷的企业竞争中越来越占据举足轻重的地位。

5. 分权管理的发展与企业精神的凝聚作用

随着市场竞争的白热化，通信手段的现代化，世界变小了，决策加快了，决策的复杂程度空前地提高了。对决策快速性、准确性的要求，导致决策权力的下放，各种形式的分权管理应运而生。特别是近 20 年来，跨国公司大量涌现，这种分权化的趋势更为明显。过去，泰罗时代以效率高著称的直线职能制组织形式，即金字塔型组织，由于缺乏灵活性而逐渐失去了活力。代之而起的是联邦分权制（即事业部制）、矩阵式组织，以及重心移至基层的镇尺型组织。这些分权式组织的特点是有分工但不呆板，重效率而不讲形式，决策权下放给最了解情况、最熟悉问题的相应层次，总的来讲，等级层次大幅度减少，组织弹性大幅度增强。随着金字塔的倒塌、柔性组织和分权管理的发展，企业的控制方式也发生了巨大的变化。

泰罗的科学管理是依靠金字塔型的等级森严的组织和行政命令的方式，实施集中统一指挥和控制，权力和责任大多集中在上层。现在，权力下放给各事业部或者跨国公司的地方分公司了，地理位置又往往相隔十万八千里，直接监督已不可能，行政命令已不适宜，那么，靠什么维持庞大的企业（或跨国公司）的统一呢？靠什么形成数万职工的整体感？靠什么把分散在世界各地的，不同民族、不同语言、不同文化背景的职工队伍凝聚起来呢？只能依靠共同的价值观、共同的企业目标、共同的企业传统、共同的仪式、共同的建筑式样等等，亦即共同的文化。

法国的阿科尔集团，从1976年开设单一旅馆的小企业，在短短10年间成为取得全球领导地位的巨型跨国公司。这个集团腾飞的诀窍是什么？它怎样使分散在72个国家，用32种商业牌号从事各种业务活动的5万名职工保持凝聚力呢？董事长坎普说："我们有7个词的共同道德：发展、利润、质量、教育、分权、参与、沟通。对这些词每个人都必须有相同的理解。"

世界最大的快餐企业——美国麦克唐纳快餐公司，其连锁店遍布世界五大洲40多个国家。公司制定了共同的经营原则——"保证质量、讲究卫生、服务周到、公平交易"，并长期培育起共同的价值观——"质量、服务、清洁、实惠"。为了增强一体化的感觉，无论在哪个国家的连锁店，其建筑外型、内部装饰及服务人员制服均采用统一规格。每年春季，各连锁店派出选手参加技术比武，评选"全美汉堡包大王"。为了使共同价值观、共同经营原则深入人心，化作行动，总公司统一编写了"经营手册"用来培训各地员工。总而言之，麦克唐纳快餐公司的11000家连锁店，不是靠行政命令和直接监督统一起来的，而是靠独具特色的企业文化形成了不可分割的整体。

从以上5个方面的论述，我们可以得出结论：从科学管理到文化管理是企业管理的第二次飞跃。

也许不久前发生在美国土地上的企业起死回生的事例，可以更形象生动地说明这第二次飞跃的实质和深刻含义。

几年前，美国通用汽车公司设在加利福尼亚州弗里蒙特的汽车装配厂，由于连年亏损而关闭。但当它与日本丰田合营组成新联合汽车制造有限公司以后，仅仅18个月，企业情况大变样：原来这个拥有5000名职工的企业，雇员中存在的5000件左右的不满事件，如今只剩下2件；原来高达20%的旷工率也大大下降了；劳动生产效率大约提高了一倍。用美国人的话来评论：这个厂"仿佛像一只青蛙一下子变成了王子"。这样巨大的变化是怎样发生的？丰口总公司派来的日方管理人员施行了什么魔法？其实就是管理模式的转换。原来通用汽车公司弗里蒙特装配厂的负责人，采用标准的科学管理模式——行政命令、严格监督、惩罚和解雇，加上管理者高高在上的领导作风，使劳资矛盾十分尖锐，"劳方与资方就像两个有着世仇的家族，长期进行争斗"。日本管理者反其道而行之，尊重工会，尊重工人，让工人们分组管理，各负其责，并且处处建立管理者与工人平等的气氛：经理人员与工人合用停车场、餐厅，穿同样的工作服，取消经理专用办公室，大家互相称作"同事"。这种尊重职工、平等共事、分权管理的价值观，激发出美国工人的敬业精神、对管理者的信赖和对企业的忠诚。日本管理人员在培养美国人的忠诚感时并不花费多少钱，然而日本人的方法看来比原来美国人所采取的对抗性方法更为有效。正像联合有限公司人事总经理威廉·蔡尔所说："日本人的哲学是把人作为一个重要的因素，而典型的美国哲学则相反，它把工人仅仅看成是机器的延伸。"这句话一针见血地指出了以人为中心的文化管理与忽视人的因素的科学管理之间的本质区别，以及实现从科学管理向文化管理飞跃的精髓所在。

三、中国企业管理现代化的必由之路——迈上文化管理的台阶

改革开放打开了中国企业的思路，开阔了中国企业家的眼界。我们突然发现：中国企业在技术上落后，在管理上更落后。当发达国家的跨国公司纷纷跃上文化管理的台阶时，我们的大多数企业却仍然停留在经验管理阶段。经过十几年的企业经营机制改革，推广现代管理18法，开展企业升级活动等等，使我国企业管理水平迅速提高，多数企业已迈上了科学管理的台阶，一些先进企业又跨上了文化管理的台阶。

那么，怎样判定一个企业是否登上了文化管理的台阶呢？根据中外一些优秀企业的管理实践，笔者认为可以列出以下5个判别标准。

1. 是否实行以人为中心的管理

文化管理认为，在人、财、物诸因素中，人是首要的因素，人应该成为企业管理的出发点和归缩。对内，关心职工，尊重职工，千方百计调动职工的积极性。因为技术虽然重要，需要人去驾驭；效益虽然重要，需要人去创造，人应该成为企业家关注的中心，工作的重点。用二汽的话来讲，叫做在企业里"升起人的太阳"。对外，关心用户，树立"用户为王"的价值观。

2. 是否下苦功夫培育企业的共同价值观

人的最大特点是有思想、有感情，人的行为无不受观念和感情的驱使。行为科学研究了人们行为的规律，呼吁企业家关心职工的感情需要、社会需要，但他们的研究较多地局限在个体行为上。企业文化理论将重点移至群体行为上，因为只有职工协调一致的努力，才会为企业赢得成功。但是，协调一致的群体行为的出现，依赖于共同信守的群体价值观的培育。因此，把最大的精力放在培育企业的共同价值观上，是登上文化管理台阶的基本标志。在经济效益上高居全国榜首的玉溪卷烟厂，将企业精神确立为"天下有玉烟，天外还有天"，努力培育戒骄、进取的群体价值观，使该厂不躺在已有的成绩上打盹，而是不断开拓企业发展的新局面。

3. 企业制度与群体价值观是否一致

企业的内部管理制度，是外加的行为规范，它与内在的行为和道德规范——群体价值观是否一致，可以说明企业家是否真正确立了文化管理观念。存在决定意识，不同的制度强化不同的价值观。平均主义的分配制度强化"平庸"和"懒汉"的价值观，按劳取酬的分配制度强化"进取"和"劳动"的价值观，真是泾渭分明。辽宁省朝阳重型机器厂确立了"惟旗是夺"的企业精神，同时规定了"立功基础制"的内部考核制度，将每个职工的表现通通以功和过的形式记录在"功劳薄"上，并依此决定奖、罚。显然，"立功基础制"强化了"惟旗是夺"这个追求卓越和集体荣誉至上的价值观，成为该厂优良企业文化的重要组成部分。应该说，该厂的负责人是有文化管理眼光的。

4. 是否实行"育才型"的领导

美国学者戴维·布雷德福和艾伦·科恩合著了一本书——《追求卓越的管理》，从领导方式上来研究从科学管理到文化管理的飞跃。他们把领导方式分为三类，即师傅型、指挥型和育才型。前两种类型又统称为英雄型。英雄型领导的特点是：权力和责任高度集中，任何重要决策只由一人做出；不尊重下级的创造性和智慧；只关心工作任务的完成，不关心下级的疾苦、冷暖和成长。而育才型的领导则实行分权管理，上级与下级共担责任、共同控制；尊重下级的创造性和智慧；既关心工作任务的完成，又关心下级积极性的发挥和思想能力的培养；干一切工作都依靠配合默契的团队；培养团队精神成为领导者注意的

焦点。

显然,文化管理需要育才型的领导。

1992年5月4日美国《幸福》杂志上刊登一篇题目为《服务型领导人》的文章,指出90年代的企业领导人都应该是服务型。服务型领导的几个特征是:

①重视人的价值;

②其首要作用是造就一种群体意志,然后设法使之发扬光大,为此应认真听取员工意见;

③办事开诚布公,愿意并主动分担失误和痛苦;

④谦虚谨慎,尽量避免抛头露面;

⑤把自己看作是组织内充满活力的服务员,能够集中群众智慧,能够从长远观点看问题。

无论叫育才型还是叫服务型,文化管理要求企业领导人具有民主作风,尊重人,关心人,爱护人,培养人,特别是重视培育共同的群体价值观,在此基础上发挥团队的作用。这种领导不被眼前的利益所诱惑,而是从企业文化入手,以提高队伍素质为重点,以增强企业的持久竞争力和凝聚力为目的。

我国一些先进企业之所以先进,正得益于育才型的领导。

上海第二纺织机械厂的领导,在长期的生产经营活动中,精心培育出"二机价值观"——"时间就是金钱,质量就是生命,效率决定兴衰,素质决定成败",职工队伍素质的提高,使二机厂的长盛不衰得到了保障。

5.是否将硬管理与软管理有机地结合

所谓硬管理,是指执行规章制度,进行直接的外部监督,以及行政命令等刚性管理,也包括采用计算机管理信息系统等现代化的物质手段。所谓软管理,是指开展思想工作,培育共同价值观,建立良好的企业风气,形成和谐的人际关系等柔性管理。科学管理主要靠硬管理推行,而文化管理则要求刚柔并济,软硬结合。用中国企业习惯的语言来说,就是要把管理工作与思想工作有机地结合起来,变两张皮为一张皮。企业文化建设是两者结合的最好形式。

群体价值观、规章制度都是企业文化的组成部分。制度和纪律是强制性的、硬的,但它们靠企业精神,靠共同价值观得到自觉的执行和遵守。企业精神、企业道德、企业风气是非强制性的、软的,但其形成的群体压力和心理环境对职工的推动力又是不可抗拒的、硬的。特别是,这种软环境的建立和维持,一点也离不开通过执行制度、进行奖惩来强化。软环境保证硬管理,硬环境强化软管理。这就是文化管理的辩证法。

湖北沙市第三棉纺厂走出了重奖重罚的硬管理阶段,在从严治厂的同时,加强了感情管理,实施以人为中心的"第一要素工作法",响亮地提出和坚决地贯彻"让工人坐前排"、"让三棉充满爱",激发出广大职工的主人翁责任感,取得了扭亏为盈、快速发展的良好效果。他们初步尝到了软硬结合的文化管理的甜头。

中国的企业管理要想从科学管理迈上文化管理的台阶,必须从上述5个方面扎扎实实地练好内功,实现5个方面的转变,但最根本的是企业家管理观念的改变。

妨碍企业家迈上文化管理台阶的主要思想障碍来自3个方面:

①对职工的看法不正确。

在改革开放前,特别是在"文化大革命"年代里,对工人阶级的评价极高:最有组织纪律性、最团结、最大公无私……工人阶级不仅是企业的主人,而且在国家政治生活中处于领导一切的地位。但曾几何时,随着改革开放,清除"左"的影响,对职工队伍的估计来了一个大滑坡。在许多企业负责人眼里,职工懒散,不主动、没干劲、私心重、只认钱……工人阶级似乎从"无私人"一下子变成了"经济人"。对工人阶级如何正确地分析,这是一个带有全局性的根本估计问题,它极大地影响了职工队伍积极性的发挥。

1986年全国总工会对我国职工队伍进行了一次空前规模的调查,问卷调查涉及近70万人。笔者分析了调查结果,认为在职工中经济人大约占50%,另外50%的职工追求良好的人际关系、民主的领导作用、个人理想抱负的实现和个人聪明才智的发挥,他们的积极性往往被不良的领导方式所压抑。

当然,对于不同的行业、不同的企业,职工队伍的状况也各不相同。一般来讲,笨重的体力劳动者,文化水平较低,经济人多一些;而脑力劳动含量高的企业,如高新技术企业,职工文化素质较高,经济人的比例很低。

对于同样一个企业,随着经济效益、生活水平、管理方式、经营机制的变化,以及社会环境的变化,职工队伍的需要层次、观念层次也会变化。

因此,企业家不能先入为主,更不能固执己见,要从调查研究入手,正确地了解和认识职工。现在的主要倾向是对职工估计过低,看不到职工中(即使是经济人层次的职工)蕴藏着巨大的劳动热情和创造精神。这也是许多企业家迈不上文化管理台阶的重要心理障碍。

②对厂长负责制的理解不正确。

实行厂长负责制改变了对企业生产经营效果无人负责的状况,意义重大。厂长负责制包含三方面的内容:第一,厂长行政负责,处于企业生产经营的中心地位;第二,党委保证监督,形成企业的政治核心;第三,职工民主管理,职代会是职工行使主人权利的组织机构。这三者缺一不可。现在的问题是,相当一部分厂长只记住了第一条,把第二条、第三条忘记了,或者将二者对立起来。他们把厂长负责制片面地理解为厂长一个人说了算,把党委看作可有可无甚至是惹事生非的机构,不尊重职工的民主权力,把职代会变成"兵马俑"。这种片面的认识导致了英雄型的领导行为——权力高度集中,一切个人拍板;对党委负责的思想工作不重视,不配合;经常埋怨职工缺乏主人翁精神,实际上自己从来未把职工摆到主人的位置上;一般而言,喜欢用行政命令、重奖重罚的方式推动工作,甚至有些厂长以铁面孔、铁心肠、铁手腕对付职工。他们忘记了中国社会主义企业管理的一条基本经验——坚决地依靠党、依靠职工群众。

产生这种片面认识的一个原因,是企业家缺乏管理理论的武装,还不掌握管理的规律,或者由于缺乏社会学、心理学、文化学的知识,文化修养不高。因此,他们的见识还赶不上普通的日本企业家。报载:福州市的一家合资企业的日方老板,要求市委为该企业任命一位党支部书记,因为他需要党员发挥模范作用,需要党支部带领职工同心同德地搞好企业。

中国的企业迈上文化管理的台阶,需要的正是这样的见识和心胸。

③对企业思想工作的态度不正确。

事实证明，一切成功的企业尽管千差万别，但有一点是共同的——党、政、工协调一致，思想工作与管理工作密切结合，职工的民主权利和主人翁地位得到保证。而搞不好的企业，十有八九是独断专行，缺乏民主作风，思想工作薄弱，职工队伍涣散。

文化管理的精髓是高度重视人的因素、思想感情的作用。因此，高度重视软管理，在中国就是高度重视思想工作。企业文化建设为思想工作提供了广阔的舞台，思想工作为企业文化建设提供了有力的保证。

中国企业具有思想工作的优良传统，在培育企业精神方面曾经创造出了许多成功的经验，像20世纪50年代的孟泰精神，60年代的铁人精神、大庆精神，都曾极大地推动了中国的企业建设和职工素质的提高。在清除了“以阶级斗争为纲”的“左”的影响之后，这些宝贵的经验应该很好地继承和发扬。遗憾的是，许多企业家并未认识到这一点的深远意义，甚至凭直觉把思想工作与“假，大，空”等同起来，轻视它，排斥它，否定它。特别当思想工作不能立竿见影时，便觉得它“远水解不了近渴”，没用。这既是企业管理的短期行为，也是短视行为。这个思想障碍不除，是无法迈上文化管理的台阶的。

具有讽刺意味的是，对我国企业思想工作的高度评价却往往来自日本企业家。日本一些企业家直言不讳地说，他们在企业管理中借鉴了中国的马恒昌小组、借鉴了“鞍钢宪法”。日本一家机械厂的老板对中国来访者说：“我办企业的诀窍是从你们那里学来的，就是把人的因素放在第一位。”80年代初，松下公司创始人松下幸之助来华洽商与我国合资办企业；在谈到双方的投入时，他出人意料地提出：“你们可以投入共产党的思想工作诀窍，那与我们投入的生产技术诀窍同样重要！”

中国的企业家们没理由不珍视我们的思想工作诀窍。当然，思想工作本身也亟待改善和提高，方向就是纳入企业文化建设的轨道。

随着改革和开放的深化，我国经济已经从稳定回升进入了高速发展阶段，企业面临更大的竞争压力，也面临更多的发展机遇，关键在于从根本上提高企业的素质和活力。我们高兴地看到，加强企业文化建设已经出现在十四大的政治报告之中。“欲穷千里目，更上一层楼”，当我国企业竞相登上文化管理的楼层时，将会看到中国社会主义现代化建设的无限风光。

（作者系清华大学经济管理学院人力资源与组织文化系主任、教授、博导。此文转自1993年5月《清华大学学报》）

商品的文化价值

庞　朴

①考古界爱用“××文化”来标志一个远古时代或一种生活类型，其依据是出土器物的不同风貌，出土器物往往凝聚着某个时代某个地区的诸文化因素于自身，所以也被称为“文物”。

市场上的商品，也总是带着它的出生风貌呈现，细心的顾主常一望而知它的时代和产地。工艺品固不用说，工业品也难例外。国际市场上的商品尤其如此。

②这是因为，任何人造的非自然的物件，都有其时代的和地区的烙印，由当时当地的生产方式、科技水平、生活习俗、思维模式、宗教情绪、审美趣味等文化因素刻成的烙印，表示着自己的年龄和籍贯（博物学家会向我们证明，自然物亦复如此；当然其变化要缓慢得多，而且与文化无关）。

③这就是说，一切产品和商品，都与文化有关，都携带着文化以俱来。只不过有显隐大小之分，以及生产者自觉赋予与不自觉赋予之别而已。

④经济学家爱说商品有两种价值：使用价值和交换价值。对于政治经济学来说，指出这两种价值特性也许足够了。对于社会经济学（如果有这种学科的话）来说，则不能不注意到商品还有一种价值：文化价值。

⑤所谓文化价值，还不是说某种商品可以满足某种精神需要，譬如一幅油画可以满足审美的或炫耀的需要之类，这种满足仍然是商品的一种“用途”，即仍然属于广义的使用价值范围。所谓的文化价值，是指商品的文化风貌或文化属性所带来的价值，它内在于商品的物质构成之中，却又超乎物质构成之外，使商品具有使用价值以外的价值，认识的价值。

⑥文化价值或者是由生产者用具体劳动有意识地创造出来的，像使用价值一样，成为商品的交换价值的物质承担者。所以，一套别具匠心的茶具，其交换价值常高出普通茶具多多，尽管泡出的茶味全无两样。

⑦或者并非来自生产者的本意，而是随着创造使用价值的劳动悄悄溜进去的，因为生产者是一个“文化的”人，创造使用价值的劳动是一种“文化的”劳动。生产者的本意原来只是在使产品符合和具有某种用途，事后，由于时间的推移，空间的播迁，其文化价值始慢慢显现出来。于是，一块粗糙的旧石器，现代人会视同拱璧，一件非洲人的蓑衣，能陈列在亚洲人的华丽客厅里，异时异地的我们，发现了当时当地人所视而不见的、潜藏着的文化价值。

⑧商品的文化价值，并不存在于使用价值之中，而是存在于使用价值之外，两者往往形成某种反比的关系：文化价值愈大，使用价值便愈小或变为潜在；使用价值愈大，文化价值便愈小或尚处于潜在状态。而某些产品或商品，直至可以失去本来意义上的使用价值，是不可使用的或已成无用的，其连城般的价值全在文化价值之中，如新旧石器、商彝周鼎。

⑨文化价值也是劳动创造的。但是，这并不意味着，生产者花在有意创造文化价值上的劳动量愈大，绞掉的脑汁愈多，其产品的文化价值便因之愈高。正如“就使用价值说，有意义的只是商品中包含的劳动的质”（马克思），就文化价值说，尤其这样，文化价值是由劳动的质来形成的，一位蹩脚的生产者所有心加进产品中去的文化价值，也许比他所无意带进去的少得多多。这就叫“有心栽花花不发，无意插柳柳成荫”！意识要素在文化史上只起从属作用。

⑩在文化价值由时间与地点显现而成的场合，其来源有点蹊跷，似乎时间和地点在此追加进去了什么，其实仍然要用原来劳动的质来解释。所以，并非年代愈久的遗存物，地域愈远的舶来品，其文化价值便必须愈加可观。时间和地点，在这里只起凸显作用，将时代的蛛网和长途的风尘拭拂掉了而已。

⑪当然也有"货卖识家"一说。"买椟还珠"者并不一定真是笨伯。商品的文化价值需要鉴定与鉴别,需要说明与宣传,需要足够的鉴赏能力。因此,有点像商品的交换价值是由社会必要劳动时间决定的一样,商品的文化价值,固常视其所蕴含或体现的文化因素,但亦需由社会的文化标准与水平乃至时尚来决定。至于文化价值之影响交换价值的大小,自是不言而喻的事理。

⑫因此,文化价值与使用价值、交换价值鼎足而三,构成了整个商品的价值;不研究文化价值,势将无从完整认识商品的全貌。这一事实,应能引起企业家同商品学家一样,产生浓烈的理论兴趣。

(作者系中国企业文化研究会学术委员会委员,中国社科院研究员。此文转自1994年11月《商业文化》创刊号)

爱国主义是企业文化之魂

罗国杰

在进行企业文化建设和企业思想政治工作中,加强热爱社会主义祖国的教育,弘扬爱国主义精神,并使其成为整个企业文化建设中的主旋律,对于引导企业及其员工正确处理企业同国家的关系,把企业的繁荣同国家的富强紧密地联系起来,从而保证我国的企业文化能够沿着有中国特色的社会主义道路,更加健康地向前发展,有着重要的现实意义和长远的导向意义。热爱社会主义的中华人民共和国,应当是贯穿在我国企业文化建设的各个方面和各个环节中的一根红线,是我们任何时候都应当特别强调的。

爱国主义是我国当前意识形态领域中的重要价值导向和主旋律。爱国主义是人们对自己祖国的大好河山和历史文化的一种深厚感情,是对自己的民族富强、人民幸福和国家兴旺的一种责任意识。它集中地表现为民族自信心和民族自豪感,表现为为民族和国家利益而奋斗的一种无私的献身精神。

爱国主义作为民族伦理文化的一个重要组成部分,往往又被看作是一种道德规范,是调整个人与集体、个人与民族、个人与国家关系的一个重要原则。对于企业文化建设来说,加强爱国主义教育,能够更好地调整企业内部和企业之间的人际关系,有利于增强企业的凝聚力和吸引力。

企业文化建设,包括有关思想、文化、道德等各方面的内容,但就其最主要的核心而言,可以说是一种价值观。东西方文化和伦理传统存在着明显差异。东方的企业文化,就其价值观来说,归根到底是对共同体利益的追求,强调只有共同体的利益得到发展,才可使每个成员的利益相应地得到提高。因此,每个成员都应以共同体的利益为追求目标,在实现共同体的利益中来获得个人的利益。企业精神中的这种共同体主义的思想,在形成企业凝聚力方面,确实发挥着积极的作用。但是,如果不以爱国主义为导向,则往往容易成为只顾本企业利益的一种小团体主义;如果不能予以克服,必然会发展到为了自己企业小团体的利益,而损害其他企业和国家的利益。因此,在企业文化建设,特别是企业精神的培育中,弘扬爱国主义精神,强调每个企业不但要为本企业的发展尽最大的努力,更必须以国家的利益为最高利益,使企业利益服从国家的利益。要使企业的每个成员都认识到,只有国家的社会经济发展了,企业才有可能有所发展,如果国家贫困落后处于丧权辱国的境地,企业也就根本不可能兴旺发达。改革开放以来,我国的许多企业,特别是一些乡镇集体企业、合资企业发展迅速,取得了很好的经济效益,很多企业已经打入国际市场,所有这一切,都是同我们国家的发展和富强有密切关系。一个独立、自主、繁荣、富强的社会主义中国的不断前进和壮大 是我国企业发达的重要前提和基本保证。正因为如此,我们在企业文化建设中,应当根据不同企业发展的实际情况,在培育企业精神中,要更着力培养广大企业职工的爱国主义精神,使之成为企业发展的强大动力。

中国,当前正处在建立和发展社会主义市场经济的新时期,面临着许多值得注意的新情况和新问题。随着改革开放和市场经济的发展,已经形成了以公有制为主体的多种经济成分并存的经济体制。从企业来说,既有国有企业和集体企业,又有私营企业、合资企业和外资企业等。这样多种性质企业并存的复杂情况,为我们国家的企业文化建设,带来了许多新的、不同于其他国家的特点,必须正确地认识和分析这种情况,找到正确地解决这些问题的道路。只有在中国员工中弘扬爱国主义精神,形成共同的价值观,才能对不同性质的各种企业的发展,发挥其应有的导向作用。

应当指出的是,我国的市场经济是社会主义的市场经济,企业文化建设必须适应这样一个特点。资本主义国家中的企业共同体主义,主要是促进企业自身的发展,同时又力求促进资本主义国家的发展。这种所谓的共同体主义,由于只强调发展经济和按劳分配,不强调消除两极分化和共同富裕,其最终结果,则只能是为少数企业主和投资者服务的一种工具。我们所说的爱国主义,就是要爱社会主义的中国,也就是说,在企业文化建设,特别是企业精神的培育中,要从社会主义的本质出发,即从"社会主义的本质,是解放生产力、发展生产力,消灭剥削、消除两极分化,最终达到共同富裕"出发,并以这一思想为指针,使我们的企业文化能够同建设有中国特色的社会主义的伟大事业,更好地联系起来。在企业文化建设中,不强调爱国主义的主旋律,不能理直气壮地弘扬热爱社会主义中国的爱国主义精神,不强调我们的市场经济是社会主义的市场经济,只能说是一种幼稚而且糊涂的思想,达不到应有目的。

在企业文化建设中进行爱国主义教育,可以使企业职工更好地认识祖国的地大物博,山河美好,珍视祖国的民族团结,社会安定,形成以祖国的荣辱为荣辱的观念,培育为祖国的富强而献身的崇高精神。使职工把所在企业的发展 看做是振兴中华的一个组成部分,明确企业发展了,企业形象改善了,企业的经济效益和社会效益增强了,也就是为国家富强、为振兴中华贡献了自己的力量。在中华民族的优良的爱国主义传统中,有着一种对民族、对社会和对国家的强烈的责任意识,不仅在平时有拳拳服膺、"夙夜为公"的"报效国家"的精神,而且在国家遇到困难或受到侵略时,更有一种"杀身成仁"、"舍生取义"的牺牲精神。在中华民族长期发展的历史中,特别注意培育人民对国家的深厚感情,努力陶冶高尚情操,从而熔铸个人对国家的崇高的责任意识。正是由于形成了中华民族特有的这种个人荣辱与国家荣辱融为一体的责任意识,才使中华民族的爱国主义传统在巩固、发展我们多民族的国家中,起到重大的作用。这种对国家的崇高的责任意识,在企业文化的建设中,是一种强大的精神力量,它将转化为加强企业成员对企业的强烈的责任意识和对企业发展的精神动力。

(作者系中国企业文化研究会学术委员会委员,原中国人民大学副校长,教授。本文转自《中外企业文化》1995 年 5 期)

企业文化的本质特征与儒家人本思想

沈恒泽

企业文化作为一种新的企业管理理论和企业管理方式,在改革开放的大潮中由国外传入我国,至今已 10 年了。10 年来,特别是 1992 年中国共产党第十四次全国代表大会确立了建立社会主义市场经济体制的目标,提出搞好企业文化建设的要求以来,研究和建设有中国特色的社会主义企业文化已越来越为我国社会各界所共识,并在工商企业中广泛开展起来,取得了不少研究成果和实践经验。随着改革的不断深化和企业管理的加强,为开拓市场、提高竞争能力,建设企业文化已成为我国企业的普遍要求。一个企业文化建设的新高潮正在全国范围内兴起。

本文就《企业文化的本质特征与儒家人本思想》为题谈一点浅薄的意见。

先从文化谈起。何谓文化?自古至今,不论东方西方,众说纷纭,至今未有统一的界定。但是有一点却是共同的,认为文化不是先天的行为,也不是一切生物具有的行为,而是人类所独有的行为,是人在后天所学到和创造的物质和精神的东西。这就是说,人所创造的一切构成了广义的文化概念,自然的东西不属于文化的概念。所以,文化是人类区别于动物的本质特征,也是人工产品区别于自然物品的根本标志。总之,文化是人的创造物,人是文化的创造者,没有人就不可能有任何文化。这是一个方面,同时还有另一方面:文化又是人赖以生存、发展的重要条件和环境,是影响和制约人的发展的重要方面,离开了文化便没有人和人的全面发展,所以人又是文化的产物。这种人类创造文化,文化又塑造人的现象,说明人与文化二者之间相辅相成,有着极为密切的联系。从中,我们领会到一条重要的原则:研究文化,建设文化,必须着眼于人,着眼于人的发展。企业文化是现代社会文化的一种具体形式和组成部分,研究和建设企业文化当然也必须立足于、着眼于人和人的发展。

基于以上认识,我们可以进一步通过对企业管理发展的分析,更好地理解和把握企业文化的本质特征。

企业是社会的经济细胞,是从事生产和经营的独立经济实体,它所追求的,主要是效益和效益背后的效率。效率是企业的生命。问题是怎样提高企业的效率,怎样才能使企业拥有持久增长效率的源泉?这个问题,涉及企业的外部条件和企业内部因素两个方面以及这两个方面的有机结合。其中的关键在于企业内部。当企业内部在人、财、物、技术等各种因素大体相同的情况下,管理则是一个决定的因素。而在企业管理的全部活动中,其根本问题又在于如何处理好人与物的关系,也就是如何充分调动人的劳动积极性,如何充分发挥人的聪明才智的问题。本世纪以来,人们对此进行了不懈的探索和努力。

我们知道,企业管理是一个由众多要素组成的复合系统。这些要素通常分为硬要素和软要素两部分。长期以来,由于人们对各个要素在管理整体系统中的地位及其相互关系持有不同的主张,从而建立起不同的管理体系、管理结构和管理模式,于是就形成了不同的企业管理理论。西方的传统管理理论侧重于管理的硬要素,主张企业管理要"以物为主要对象"、"以物为中心",追求管理的规范化、制度化、定量化,强调严密的组织机构、明确的职权关系、严格的规章制度、精确的管理技术,相对来说,忽视了人的因素,忽视了精神和文化的力量,忽视了企业管理软要素的作用。建立这种以硬管理为主的管理结构和管理模式,是社会化大生产的产物,在当时历史条件下,对促进企业生产力的发展起了重要作用。但是,随着社会、经济、科技、文化的发展,以硬管理为主的结构模式渐渐失去了活力,需要进行相应的变革。通过实践经验的总结,一种新兴的,侧重于软管理要素的企业文化管理理论就这样应运而生了。

这种新的企业管理理论,在充分肯定硬管理重要性的同时,十分重视人的因素,把人放在企业管理的中心地位,认为人是管理的主要对象,更是管理的主体。因此,格外强调思想观念、价值取向、精神激励、伦理道德等软要素的作用;主张企业管理要转向"以人为本"(或"以人为中心")的轨道,建立以"以人为本"的软管理为主的管理结构和管理模式。

以上两种关于企业管理的不同主张,正是人们在处理企业管理活动中人与物的关系这个根本问题上所持两种不同思想、不同做法的反映。说到底,也就是对人在企业管理中的地位的不同认识的表现。因此,相对"以物为本"的传统管理来说,"以人为本"便成为现代企业文化的一个本质特征。由此可见,我们所说的建设企业文化,就是要在企业里建立起一种新型的以人为本的管理结构和模式,具体说就是:以企业价值观、企业精神为核心,人与物并重,以人为主;软管理与硬管理兼备,以软管理为主。实践证明,这种管理模式,有利于理顺企业内部人与物的关系,优化各管理要素的组合,形成合理的结构,实现企业管理功能的整体优化,从而有利于充分调动企业员工的积极性,全面提高企业素质,增强企业竞争能力,使企业富有生机和活力。

在西方发达国家行之有效的企业文化,引进我国之后,如何使之同样有效呢?必须解决一个重要问题,即西方企业文化中国化的问题。我们现在正在实践中研究探索有中国特色的社会主义企业文化,就是为了解决好这个重要问题。

早在 1964 年的"国际科学管理学会"年会上,就对如何运用别国成功管理经验的问题进行过讨论。会议纪要认为:"要承认民族、传统、宗教、道德观等文化要素对管理的影响",因此"应用管理原则必须反映文化差异",否则"往往欲速则不达";"借鉴管理必须注意同中存异,异中存同"。这就是说,吸取世界先进的管理思想理论和管理经验一定要与本国实际,特别是与本国的民族文化相结合，与总结本国的管理经验相结合，不能照搬照抄。显然，这是一个具有重要指导意义的结论。事实上，类似的原则在我国向来是特别强调的；日本在创建本国企业管理模式方面也早已这样做了，而且取得了举世瞩目的成就。

因此，当我们在借鉴和吸取西方企业文化的本质特征——“以人为本”的管理思想、管理理论时，必须重视继承发扬对我国人民给以深刻影响的民族文化传统，包括古老的优秀文化传统和近几十年来在实践中形成的优良革命传统。这样做，不仅是管理本身的客观需要，同时也是为了更好地发挥我国这方面的优势，赋予“以人为本”的思想以更加丰富的内涵，使之植根于我国深厚的文化土壤之中，充分体现出现代企业文化的中国特色。

几千年来，中华民族创造了光辉灿烂的文化，源远流长，博大精深，形成了悠久的民族文化传统。它以无形的巨大力量，潜移默化的影响，深深地积淀在我们民族心理和民族性格之中。这种深刻的影响也必然渗入到我国现代企业和企业员工中，并在我国的企业管理和企业文化中反映出来。

中华民族传统文化的核心是中国的传统思想。儒家思想在我国流传最广最久，影响也最深，成为我国传统思想的主干。儒家创始人孔丘在中国思想史上最大的贡献是，他最早开始把当时人们的视野从“天”转向了“人”。围绕“人”，在儒家思想中有非常丰富的内容。其中心思想乃是“仁”。从汉字结构看，“仁”是“二人”的复合字，孔子就是用“仁”来论述人与人的相互关系的。对“仁”，在《论语》里，孔子有很多说法：或曰“爱人”（《论语·颜渊》），或曰“己欲立而立人，己欲达而达人”（《论语·雍也》），或曰“己所不欲，勿施于人”（《论语·颜渊》，《论语·灵公》），等等。说明“仁”的实质是爱人，是己与人、人与人的关系，是一种将心比心，推己及人的精神。孔子说自己的学说中有个贯彻始终的基本观念，据他的学生曾参解释，就是“夫子之道，忠恕而已矣”（《论语·里仁》）。“忠”意思是待人助人真心诚意，做到“己欲立而立人，己欲达而达人”；“恕”意思是对人宽容谅解，做到“己所不欲，勿施于人”。可见，“忠恕”之道是“仁”的两个重要方面，是贯穿于孔子学说、应当“终身行之”的道德规范和行动准则。

孔子“仁”的思想，还反映在他的“治世之道”方面，强调“仁政”、“为政以德”。鲁哀公向孔子问政，孔子回答说“为政在人，取人以身，修身以德，修道以仁。仁者人也，亲亲为大”（《礼记·中庸》，又见《孔子家语·哀公问政》）。他在“为政以德”的思想指导下，还提出了“得民”、“足民”、“重教化”、“举贤才”、“修己正身”等一系列主张。

从孔子学说的核心思想“仁”和“为政以德”的主张中可以明显地看出，“人”与“人际关系”是孔子学说的立足点和出发点。他注重“人”与“人际关系”，抬高人的地位，强调人的作用，这种思想起源于二千多年之前，确是十分可贵的。孔子的人本思想，也反映在孟子、荀子等儒家其他代表人物的言论之中。如，孟子说：“民为贵，社稷次之，君为轻。”（《孟子·尽心下》）荀子说：“水火有气而无生，草木有生而无知，禽兽有知而无义；人有气、有生、有知亦且有义，故最为天下贵也。”（《荀子·王制》）孔子的人本思想，经历代儒家的发展，形成了包括人性论、修养论、境界论以及处世治国之道在内的关于人的完整的理论体系。所以有人认为，从一定意义上说，以孔子为代表的儒学就是“人学”，是一种关于“人”的学说，是关于人与人相互关系的学说，是一种以人为本的学说。

当然，儒家的人本思想，与西方15、16世纪文艺复兴时期的“人文主义”和德国古典哲学家费尔巴哈为代表的19世纪的“人本主我”，由于同属“人”的学说，所以有其共同之处；但是，两者在对“人”的理解上，存在重大差别。西方“人本主义”看“人”，多从生物和生理的角度着眼，视人为独立的个体；而儒家所说的“人”，则强调其社会性、群体性，视人为群体的一分子。实际上，人之为人，既是生物的，又是社会的；既是独立的个体，又是群体的成员。研究、弄清儒家人本思想与西方人本主义的区别，对我们正确把握儒家文化的影响，建设有中国特色的企业文化是十分必要的。

综上所述，继承儒家人本思想，从中吸取智慧和营养，对我们更好地理解、贯彻并进一步丰富发展现代企业文化的本质特征，无疑是有重要现实意义的。它不仅可以为我们企业在改善领导、团结职工、开发人才、服务顾客、协调内外关系等方面提供有益的启迪；而且还可以为我们在实践中探索中国社会主义企业文化，开拓视野，活跃思路，赋予民族特色，给予启示。当然，发掘、运用儒家人本思想也要采取科学态度，区分良莠，取菁去芜，不能简单化。在充分肯定和吸收它的积极成分时，一定要看到它形成于漫长的封建社会，历来为封建统治者服务，含有浓重的宗法思想、等级观念、官本位意识等消极成分。对这些束缚人们头脑，抑制人们创造精神和个性发展的东西，必须坚决加以合弃。这样做，有利于更好地继续发展儒家优秀思想，正确坚持古为今用的原则。

对建设有中国特色的企业文化，除了要吸收我们祖先留下的优秀文化传统外，我们还要从近70多年来中国革命和建设中形成的优良革命传统中吸取新的养分。

在革命和战争年代里，中国共产党在毛泽东的倡导下，一贯坚持以人民群众的利益和要求作为最高的价值标准和评价标准，人民是最高的价值主体和评价主体，从而形成了一种“人民主体论”的价值观念。以这种价值观念为指导，中国共产党及其领导下的政权，其惟一的最高宗旨就是我们通常所说的“为人民服务”。它要求我们的一切言行必须以合乎最广大人民群众的最大利益，为最广大人民群众所拥护为最高标准。几十年来，“为人民服务”深入人心，已成为我国新的优良传统。

建国以后，我国的宪法充分体现了“人民主体论”的价值观念，明确规定，“中华人民共和国是工人阶级领导的，以工农联盟为基础的人民民主专政的社会主义国家”，“社会主义制度是中华人民共和国的根本制度”，“中华人民共和国的一切权力属于人民”，“中国人民掌握了国家的权力，成为国家的主人”，等等。从而从国家和社会制度的性质上确定了人民是我们国家的主人。

人民主人翁地位的确立，相应地大大提高了人在企业中的地位和作用：职工不仅是管理企业的主体，而且还是企业的主人。这就为我国企业文化建设更好地体现“以人为本”的思想，提供了广阔而深厚的文化环境和强大动力；同时也为“以人为本”这个企业文化的本质特征，注入了新的活力和深刻的社会主义涵义。

由此可见,借鉴西方企业文化理论,继承我国古老儒家文化的精华,发扬我国优良的革命传统思想,并把这三者在实践的基础上有机地结合起来,必将有助于构成我国社会主义企业文化在其本质特征上的鲜明特色。

(作者系国家发展改革委员会经济体制管理研究所研究员。此文发表于《中外企业文化》杂志1996年第2期)

注意避免企业文化建设的误区

韩岫岚

企业文化是20世纪80年代从企业管理科学体系中分化出来的一种理论,是从泰罗的科学管理到行为科学以及现代管理的一场新的管理革命,是当代管理科学发展的一种新趋势,被人们广泛地称为是企业经营成功之道,目前已经受到越来越多的企业重视。

在即将到来的21世纪,企业将面临更加激烈的国内外市场竞争,企业要在激烈的市场竞争中稳操胜券,取得经营的成功,除了靠产品质量优良,品种多样,价格适中外,更加重要的是靠人才的竞争,靠形象的竞争。而人才和形象的竞争,主要体现在企业文化的竞争上。如果说在工业发展的初期,企业的取胜主要靠人力、资本和土地,到了当代,要靠技术、质量、价格和信息;那么在未来的发展中,则主要靠人的智慧与潜能和以人为本的企业文化。因此人们都说,21世纪是人才取胜的时代,是企业文化取胜的时代。

现阶段,在我国建立现代企业制度和转变企业经营机制的改革中,塑造企业精神,建设企业文化,树立企业形象,已成为许多企业强化经营管理的重要内容。同时还有很多企业在这方面创造了许多富有成效的经验,是值得我们庆幸的。可是我们必须充分地注意到,无论在企业文化的认识上,还是在企业文化的建设中,都存在有许多误区,如果这些误区不及时地指出并得以纠正,就可能使我们的企业文化建设步入歧途,成为形式,走了过场,这对于企业的发展并无任何好处。据我在一些企业的调查和不完全的了解,企业文化认识和建设上的误区,有以下几个方面值得重视和应当避免。

一、"企业文化就是企业精神,没有什么新意可说"

我国企业素有培养企业精神的优良传统,一些管理好的企业在这方面更有深切的体会。可是也有一些企业受精神无用论的影响和对企业文化缺少深切的理解,认为企业文化和企业精神没有什么区别,从而在企业文化建设上不积极。有时为了应付有关方面的评比检查和装扮门面,也抓一下,实际上没有什么作用。

从企业的实践和管理理论的发展考察,企业文化与企业精神是有联系,但又有区别。企业文化无论在广度上,还是在深度上,都优于企业精神。尽管现今人们对企业文化的认识还不一致,例如:有人认为,企业文化是企业哲学、企业价值观、道德规范、行为准则等的综合;也有人认为,企业文化是企业物质文化、制度文化、精神文化三者组成的一个层次结构;还有人认为,企业文化是一个内涵和外延都十分丰富、广阔的文化复合体,它表现为一切经验、知识、感知、科学、技术、价值观、生活方式、生产方式、管理方式、行为方式、伦理方式、道德规范、企业形象等等。另外,有人把企业文化的不同理解概括出18种之多。

如果把上面各种不同的认识概括来说,我认为,对企业文化主要有广义和狭义两种理解。广义的企业文化是指企业所创造的具有自身特点的物质文化和精神文化;狭义的企业文化是企业所形成的具有自身个性的经营宗旨、价值观念和道德行为准则的综合。因此,我们常说的企业精神只是狭义的企业文化。今天企业文化的建设,必须塑造企业精神,但是,它不是惟一的内容。可以这样说,企业精神是企业文化的核心,而企业文化还包括很多其他方面的内容。至于那些认为企业精神建设无用的观点,更是不懂得物质和精神的辩证关系,看不到企业精神文化源于物质文化,又能促进物质文化发展的强大功能。

二、误认为企业文化形同企业管理,什么管理都可以往里面装

我们说有广义的企业文化,但不是说企业文化就等同于企业管理,现在有些企业看到文化热,不管管理中的一些具体内容与文化建设有无关系,都向企业文化建设靠,以为这样做可以显出他们对企业文化建设的重视或者成绩显赫,其实适得其反。

企业文化建设是从文化的深层面来探索企业管理和企业经营成功之道的。因为企业文化是与企业共存的一种客观存在,有什么性质的企业,就有什么样的企业文化。我们常说,企业中存在文化,文化中存在力量。建设企业文化就是加强对文化与经济、文化与技术、文化与管理相互依存、相互促进关系的研究,以充分发挥文化对企业物质文明和精神文明建设的推动力。

为什么有的企业视文化建设与企业管理是一回事呢?这主要是受传统管理不良行为的影响,没有认识到企业文化与企业管理上既有联系,又有区别的关系。

企业管理是一个复杂的综合系数,它内涵人流、资金流、物流、信息流等多个方面,具有各种管理职能,这样才能够促进企业全面发展。有时需要针对某一薄弱环节重点突破。企业文化不是某个具体的专业管理,而是指导企业各种管理活动的理念与行为规范,要渗透到管理的方方面面。

三、误认为企业文化主要是开展文体娱乐活动,忽视价值观的树立

如果说上述误区是把企业文化泛化,那么把企业文化主要看作是开展文化体育娱乐活动,则是对企业文化的一种狭隘的理解。我认为,企业开展各种文化体育娱乐活动,是企业文化

建设的一个重要内容,但不是它的全部内容,更不是它的惟一内容,它只是企业文化建设的外在表现。当然这些有益于企业文化建设。

企业文化的核心是企业群体的价值观。它是职工对企业生存发展和自己从事生产经营活动有效性的认识。它包含着职工为人处事的哲理。

因此,企业文化是以企业群体价值观为核心的,包含与价值观体系相适应的文化体育娱乐活动。价值观是企业文化的内在本质,而文化体育娱乐活动只是企业文化的外在表现。

四、把企业文化视为洋货,没有必要和不好学习

我们在企业调查,经常有人提出,我国企业素有培养企业精神的优良传统,我们和其他国家社会制度不同,生产科学技术可以学习,而企业文化不可以吸纳借鉴。由于他们持这种认识,因而在文化建设中,往往困扰在原来传统的认识和做法上,思路不开阔,效果不显著,对企业文化建设缺乏信心和勇气。

我们认为,随着科学技术的发展和世界经济一体化的强化,各国的企业都面临国际化的经营时代,无论企业的物质生产,还是精神生产,都具有世界性,并日益国际化。马克思和恩格斯早在 140 多年前就指出,“资产阶级,由于开拓了世界市场,使一切国家的生产和消费都成为世界性的了”。“过去那种地方的和民族的自给自足和闭关自守状态,被各民族的各方面的互相往来和各方面的互相依赖所代替了。物质的生产是如此,精神的生产也是如此。各民族的精神产品成了公共的财产”。这就是说,尽管各国社会制度、经济体制、历史文化等等不同,相互之间不只需要进行物质生产的交流,也需要进行精神生产的交流,以求得在世界大文化环境下共同发展。正如许多企业说的,建设企业文化,不只是企业自主经营、自负盈亏和建设社会主义新文化的需要,而且是企业进入国际市场和利用国际资源的通行证。这也是为什么许多合资企业特别注重文化建设的原由之一。因为通过文化的交流和认同,无形中缩短了各国职工之间的距离,使各国企业在一些问题上比较容易取得共识。

从上可知,我国企业要跻身于世界经济,在向新技术、新设备、新材料等领域开拓的过程中,积极吸收世界国际文化的精华和国外企业建设文化的经验,而借用企业文化的概念,以发展自己的精神文化,促进物质文化和精神文化的共同发展,不仅无可非议,而且应当积极提倡。

五、对企业文化和思想政治工作的关系,众说纷纭,莫衷一是

从企业文化提出的初始,如何处理好它与思想政治工作的关系,一直是人们关注的热点和难点问题。曾经有人认为,这两者工作的对象都是企业的职工,内容上有重合之处,彼此可以相互替代。后来有人提出,二者在对象、内容、目的上都是一样的,完全可以等同,或者融合。甚至还有人认为,企业文化来自外国,企业精神是中国的,两者不是一回事,是对立的。由于认识上的差别,在运作中的效果相差甚远。

从总体上论析,企业文化特别是企业精神,与思想政治工作都属于以人为中心的管理,其工作的对象都是人。其内容都是提高人的认识和激励他们的积极性与创造性。但是,从科学理论上看,企业文化的概念和内涵比思想政治工作要广泛丰富得多,二者还是有区别的。

一是内容范围不同。广义的企业文化内涵物质文化和精神文化两个方面,思想政治工作是结合物质文化建设,以精神文化建设为主,主要作用于职工的精神生活领域。

二是工作方法不同。企业文化建设需要贯穿企业整个生产经营过程,把企业的经营理念、管理哲学、道德规范、行为准则和企业形象理论化为具有本企业特性的语言文字和制度规范,以提高职工的认识和引导他们的行为,思想政治工作当然也有这方面的功能,而它主要是解决职工的思想认识问题,以促进企业文化的发展和创新。

三是责任承担者不同。企业文化建设应当由企业党组织领导、规划,但它不只是企业政工部门的事,需要各级经营领导者和全体职工共同塑造。从企业文化的提出、设计、升华和贯彻,都要以企业的生产经营实践为依托,以全体职工为主力。但思想政治工作的领导责任,主要是在企业党组织。尤其是职工的思想认识问题,是不能单靠制度规范来治服的,必须通过正确的疏通引导和说服教育来解决。

狭义的企业文化当然属于精神文化,它与思想政治工作的关系更为密切。企业大量的实践表明,建设良好的企业文化,可以使思想政治工作的内容更丰富,目标进一步具体化。

六、使不同企业的企业文化在内容提炼上的雷同化,缺乏自身的个性

不同社会制度、不同性质的企业文化,既有其共同性,也应当具有自己的个体特征。如果千百万个企业的文化都是一个面目或一个模式,那么五彩缤纷的企业文化,就会显得苍白无力。

我们在调查时发现,一些企业在文化热的引导下,不是在总结继承自己优良文化和管理经验的基础上,再结合时代的需要和环境的变化,进行文化创新,突出自己文化的个性,而是盲目效法照搬其他企业文化的内容。一些企业的文化多为团结、求实、求是、严实、严细、务实、进取、开拓、创新、奋发、奉献等不同内容的组合。至于以自力更生、艰苦奋斗、振兴中华、互助合作等为内容的企业文化,更是比比皆是。

企业文化建设要做到在共性中突出个性。一是应考虑行业特点。作为高技术产业、知识密集型和资本密集型产业,与劳动密集型产业的企业文化,就有很大的不同。高技术产业常以技术求精、质量求高为特色,而交通运输服务产业则以安全第一、文明服务为上策。二是产品的性质。作为生产资料和作为生活消费品的企业文化,也应当有所区别。一些生产机器设备的企业在自己文化的建设中,提出 24 小时服务到厂;一些生产药品的企业,注意到好药治病、坏药致命的特点,把产品质量精益求精、百分之百正确,作为建设自己文化的出发点。这些都是突出文化个性的表现。三是管理的传统风格与习惯。考虑到这些,就有利于职工对企业文化从服从、认知到内化为自觉的意识与行动。

实践还证明，就是同行业、同性质产品的企业，其文化的内容也是能够有所区别的。因此，在企业文化建设中，注重突出自己的个性，使人们一看一听就能知道本企业与其他企业的不同，这样的企业文化，才会有强大的生命力。

七、企业文化运作上的形式主义，只注重外包装的一哄而起

企业文化是一个内隐含义和外显形式相统一的综合体。企业文化的内隐，是指对职工和企业行为发生作用的经营宗旨、价值观体系、道德行为规范，为广大职工所认同和接受，并深深扎根在职工的心灵深处，这是企业文化的本质所在。企业文化的外显，是体现企业文化本质的外在活动或映像。

现在我们有些企业在建设自己的文化时，往往只注重广告、厂区文明等外表形象，而不注重内在本质的建设。也有的企业看到领导提倡建设企业文化，人们看重企业文化，一些检查评比少不了企业文化，也就一哄而起大搞文化建设。他们的这些做法，早就有职工说，它是秀才写在纸上，领导说在嘴上，干部贴在墙上，风一吹掉在地上，其作用多大，实在很难说。

我们认为，企业文化建设如果只是注重在形式上提几句口号、几条标语，而没有实实在在的内容，并加以精心的培育和做艰苦细致的工作，它就会失去真正存在的价值。

现今，人们分别从文化学、社会学、经济学、哲学、美学和管理学等不同角度进行企业文化研究，还有人从思想政治工作学和宣传教育科学的意义上来论析企业文化。不可否认，企业文化与这些科学都有密切的联系，它们之间有相互交叉之处。而从企业文化理论的提出和发展来考察，它的实质是从文化的深层面来研究企业经营成功之道的，是管理科学不断深化和发展的结果。只有这样理解企业文化，才会使文化建设更贴近职工，更贴切企业的发展。

（作者系中国社科院工业经济研究所研究员。此文原载《中国工业经济》1996年7期）

企业文化的“五层次说”

于光远

1989年11月我给第一届全国企业文化研讨会送去了我的一个书面发言。在这个发言中，我把在一些会议上多次讲过的企业文化的“五层次说”第一次写成文字。在那个书面发言中我写道：在我国的企业界和学术界，对“企业文化”有多种理解。这多种理解，就我所知道的，没有“是非’的问题——即没有哪一种说法是正确的哪一种说法是错误的问题，而只有哪种说法更好一些，即只有“选择”的问题。我提出的五层次说只是可供选择的“一家言”。

自从我写过那篇书面发言到现在，几个年头过去了。我对企业文化的五层次的看法没有变。可是自从1992年2月邓小平视察南方谈话中提出要在我国搞市场经济和随后在1992年10月召开的中国共产党的第十四次代表大会作出要在我国建设社会主义市场经济体制的决定之后，在对企业文化的理解上当然也应该增加重要的新的内容。因此我今天就在我那个五层次说的框架下面，把新的意思补充进去。

我的五层次说的基本思想是想把企业文化的涵义说得宽一些。我对20世纪七八十年代日本和美国总结出来的那一套被称之为“企业文化”的企业管理方法，基本上持肯定态度。这套企业管理方法的要领简单概括起来就是：在企业的领导人和一般职工中树立一种适合于本企业利益的价值观（或称“企业精神”、“企业哲学”），并采取一系列方法——例如提出一个口号、一句或几句箴言，经常注意表扬模范人物等等——来激发企业全体人员的积极性，使他们爱本企业，为本企业的繁荣与成功去进行奋斗，从而达到提高企业管理水平，取得良好的效益的目的。在这方面，我的看法同大多数对企业文化有研究的人的看法可以说是相同或基本相同的。只是我把这一点视作企业文化的一个内容，不赞成把企业文化的涵义和内容说成只包括这个方面。我把这方面的内容说成是企业文化五层次中的第一个层次，在这之外还有其他的内容。

我认为在企业文化中还应该有我说的第二个层次的内容，那就是企业家的管理文化和经营文化。我一直不同意把“管理”的概念说得太宽，即把经营包括在管理之内。我主张企业在管理的概念中只包括解决企业内部人与人之间的关系的问题。企业是为人们取得效益创造条件的，而经营则是直接取得效益的社会实践，因此就不应把做好市场调查、市场预测和开拓市场、提高生产中的科学技术，做好公共关系工作等列入管理的范围。但是管理工作的范围很广，第一个层次中的企业文化未必能够把管理文化的全部内容都包罗进去，即在第一个层次的企业文化中也还有一些属于管理文化的东西。至于经营文化，应该也是企业文化中内容最丰富、作用最大的方面。从制定对企业最为有利的战略（企业战略就是对企业来说是带有全局性的谋策），一直到在企业的每一项经营活动中都要很好地讲求艺术，都是企业经营的范围。在这里有一系列问题都需要很好地掌握，都有一套学问，也就都有一个属于文化性质方面的问题。不论在管理文化或者经营文化方面，学问都是很深的，掌握好很不容易。本人既要有切身体会到的丰富的经验，又要掌握前人创造的经验。而能够传播开来又传承下去的前人优秀的创造就是我们需要掌握、需要发展的文化。在工商经营管理的高等学校中，学生们就有许许多多这方面的课程要学习。而且这样的学问不能只在学校里学，企业家在他们每天的实践中都要悉心钻研这方面的文化。因此我认为，讲企业文化时不应该把这个层次忽略掉。

我所讲的企业文化的第三个层次是，提高企业一般职工的文化水平、文化素质，充分丰富企业职工的文化生活，提高他们的文化修养。在第二个层次中我说的是企业家的事情。这里说的企业家并不只是指企业的一个或几个领导（虽然这一个或几个领导人的经营管理文化水平是最为主要的），企业中每一个对企业经营和管理负有直接责任的人都包括在我说的“企业家”的范围之内。我认为第三个层次中说的一般职工的文化水平、文化素质也会在很大程度上影响整个企业的经营管理水平。职工文化生活的丰富和充实，也会有利于企业的管理和经营，使企业有一个良好的精神面貌。但是一般职工与企业家在

概念上还是可以分得很清楚的。提高职工的文化水平与文化素质的内容也不限于经营管理方面,比如有的职工喜欢钻研科学技术,有的职工喜欢书法绘画,有的职工喜欢文艺音乐,有的职工喜欢体育,有的职工对服装剪裁、烹饪有兴趣。在企业文化的这个层次中都要设法满足他(她)们的要求。这第三个层次的意义和重要性可以说也是不言而喻的。我在工厂的参观中也看到许多企业很重视这个方面。

我说的企业文化的第四个层次是,企业也要关心社会上的文化事业。这里说的"社会上",不包括企业内部,企业内部的文化工作已经包括在前面三个层次中了,这里说的是企业外的。这里说的文化事业包括的范围也很宽,它包括教育、科学(自然科学和社会科学)、艺术、体育等等。我主张在企业文化中要有这方面的内容,是从社会和企业两个方面来考虑的。虽然我们的政府非常重视社会文化事业,而且企业已经通过向国家纳税为发展社会文化事业作出了贡献,但是社会文化事业仍然需要得到企业直接的支持,主要是财力的支持。在我们中国有这种需要,在世界各国也都这样。这是因为社会文化事业范围很广,发展它需要的钱很多,不能完全靠政府财政拨款来解决。同时有一些文化活动,它的性质也不应该靠国家财政拨款。因此世界各国企业除了通过纳税为发展社会文化事业作出贡献外,还做了许多支持社会文化事业的事情。可以说为了发展社会文化事业,没有企业直接支持一条是很不利的。另一个方面是从企业方面来看,热心社会文化事业,对企业本身也有好处。企业拿出的钱不一定很多,但是收到的效果会很好。一是密切了企业与文化界的联系,从而取得文化界更多的支持;二是有利于企业本身文化层次的提高;三是有利于企业形象的提高。当然企业支持社会文化事业是完全自愿的,而且企业要考虑自己的力量,即必须是力所能及的。在这里要与摊派区别开来。依赖行政力量,强企业所难,要企业"资助",那是摊派,如果企业是自愿的,那就不能说是摊派。

这第四个层次是许多企业文化研究者都讲过的。企业文化的第五个层次也许只是我提出的,这个层次是,企业领导人要很好研究经济体制改革中的问题,研究国家有关企业的各种政策问题,研究宏观经济的问题,提高参与这些方面决策的意识。我在这里讲的是文化问题,不是要求给企业家更多参与决策机会的问题。我认为如果不发展这一层次的企业文化,即使企业领导人、企业家有参与宏观决策的机会,他们也不会发表出有根据、有分析、有价值的意见,发挥不了他在参与决策中的积极作用。而要做好企业文化这一层次的工作,就要求企业家学习社会主义经济的理论和观察问题、分析问题的方法。发展这一层次的企业文化也许不能是对企业家的普遍要求,而只能是对经济实力上比较强、本身素质也比较高的企业家的要求。

近年来我还有一个观点,那就是在发展我国经济中,我们一定要掌握现代市场经济文化,而我们要求发展的企业文化就是这种现代市场经济文化的内容之一。在上述企业文化的第二个层次中更是如此。企业家有一个接受现代市场经济教育,加强市场经济意识,加强现代意识的问题。

(作者系著名经济学家,中国社科院研究员。此文原载《中外企业文化》1999年1期)

企业文化基本概念

马仲良

目前,我国理论界和企业界对企业文化基本概念的理解存在许多分歧,这是正常的现象,可以通过学术研讨和实践检验逐步取得共识,不必急于求得统一。但是,我们认为对于企业文化基本概念的研究,也不能采取完全回避的态度,不能认为这是可有可无的、无关紧要的事情。对企业文化基本概念的混乱的使用,将给企业文化理论的宣传和企业文化建设的实践带来混乱。特别是企业文化基本概念一词多义现象,常常造成思想交流上的困难。例如,有的文章和著作有时说"有企业就有企业文化",有时又说"企业文化是20世纪80年代产生的,在此之前不存在企业文化",时间相差几百年;有时说"企业文化是企业的经营理念、企业精神、企业作风等企业管理的软要素",有时又说"企业文化是一种现代企业管理方式,它既包括企业管理的软要素,也包括企业管理的硬要素,是企业管理全部要素的总和",等等。我认为,这些自相矛盾的说法,主要是由于"企业文化"的一个多义,对"企业文化"、"企业文化管理"、"企业文化建设"和"企业文化理论"这四个基本概念不加区分造成的。在不同的场合,"企业文化"有不同的含义,又没有做出说明,表现为逻辑上的混乱。我认为,为了克服这种混乱,有必要对"企业文化"的基本概念做出比较清晰的界定。

1."企业文化"指企业管理的软要素

20世纪80年代初,美国出版了几本关于企业文化的畅销著作,掀起了"企业文化热"。这几本书都把"企业文化"作为企业管理的软要素。美国著名管理学家理查·巴斯卡和安东尼·艾索斯在所著《日本企业管理艺术》(也译为《超越西方》)中把企业管理的要素概括为7个:技巧、人员、最高目标、作风、结构、策略和系统。他把这7个要素分为两个部分:策略、结构和系统属于硬要素;人员、技巧、作风和最高目标属于软要素,这些软要素即企业文化(参见[美]理查·巴斯卡和安东尼·艾索斯:《超越西方》,花城出版社,1989年6月出版,第56页、201页)。著名美国管理学家托马斯·彼得斯和小罗伯特·沃特曼在所著《成功之路》中,高度评价这个观点,说"这套框架在促使人们能明确地考虑到组织的战略与结构等硬件方面,又考虑到作风、体制、人员、技巧和价值观等软件方面,是能起到不可估量的作用的。"([美]托马斯·彼得斯和小罗伯特·沃特曼:《成功之路》,中国对外翻译出版公司,1985年版,第24页)重视企业管理软要素是现代企业管理的特征,但是,古典企业管理并不是没有管理的软要素,只不过那时并没有把企业管理软要素放到重要的位置上。所以,不能说企业文化只是现代企业管理的要素,不能说企业文化只是现代企业管理的产物。实际上,有企业就必然有企业管理,有企业管理就必然有人员、技巧、作风和最高目标等软要素,也就是说,有企业就有企业文化。美国管理学家约翰·科特和詹姆斯·赫斯克特在《企业文化与经营业绩》一书中说:"企业文化产生所需要的条件具有共通性。因此,企业都有着自己的文化。""所有的企业都有着自己的企业文化。”([美]约翰·科特和詹姆斯·赫斯克特:《企业文化与经营业绩》,华夏出版社出版《哈佛商学经典译丛·名著系列》之一,1997年3月出版,第6页、第9页)不能把企业文化理解为企业管理全部要素的总和,也不能把企业文化理解为本世纪80年代初才产生的现象。

2. 企业文化建设指培育优良企业文化的管理活动

企业文化有优劣之分,凡是能够促进企业发展的企业文化属优良的企业文化,凡是阻碍、破坏企业发展的企业文化,属不良的企业文化。美国管理学家约翰·科特和詹姆斯·赫斯克特在《企业文化与经营业绩》一书中对不同企业文化的不同作用进行了比较研究。他们说:重视消费者要素、股东要素、员工要素的企业文化能够对企业长期经营业绩产生重大促进作用。但是,“经营业绩不使企业的企业文化对企业财经管理存在着负面作用。最为重要的原因在于这些企业文化会对企业采取必要的新型经营策略或经营战术的行为产生抵触。”“对企业丰厚的长期业绩存在负面作用的企业文化并不罕见,这些企业文化容易孳延,即使在那些汇集了许多通情达理、知识程度高的人才的公司中也是如此。那些鼓励不良经营行为、阻碍企业进行合理经营策略转变的企业文化容易在相当长的岁月里缓慢地、不知不觉地产生,常常是当企业正处于获得较好经营业绩的时候,这种企业文化一旦存在,就极难改变,因为这些文化不易为人所察,同时还因为它们表现在对现存企业内权力结构的维护。”([美]约翰·科特和詹姆斯·赫斯克特:《企业文化与经营业绩》,华夏出版社出版《哈佛商学经典译丛·名著系列》之一,1997年3月出版,第12~13页)不能认为所有企业文化都是好的,不能认为企业文化专指促使企业发展的文化。

企业文化作为企业管理的要素,可能有两种形成过程:一种是自发的形成过程,一种是自觉的形成过程。自发形成的企业文化,因缺少企业领导人对其有计划的引导和培育,往往处于混乱状态。自觉形成的企业文化是由企业领导人自觉培育的。由企业领导人自觉地培育优良企业文化、克服不良企业文化的企业管理活动叫企业文化建设。美国著名管理学家阿伦·肯尼迪和特伦斯·迪尔在《公司文化》一书中提出了企业的“文化建设”的概念。他举坦顿公司的案例说明企业文化建设的意义。他说:“坦顿是一家独一无二的公司。看来它的成功在很大程度上有赖于它的文化,不亚于依赖它的产品和它的市场地位。这个公司有被它的职工们共享的明确的价值观和信念。有英雄人物,有讲故事者也有故事。有仪式和在重要场合下有礼仪。看来坦顿公司有着一种强烈的文化,它在公司与职工之间产生了结合力,并且激发了与众不同的高水平生产力。设定的英雄人物、价值观以及仪式对于一种文化的持续昌盛极为关键,而坦顿公司则掌握了这些要素。诀窍在于支持文化建设然后回过来推动公司前进。”([美]阿伦·肯尼迪和特伦斯·迪尔:《公司文化》,生活·读书·新知三联书店1989年10月出版,第32页)

很明显,企业文化是指企业管理的软要素,有企业就必然有企业文化,但是,它可能是一种优良的企业文化,也可能是一种不良的企业文化,它可能是自发形成的,也可能是自觉形成的。而企业文化建设,则指由企业领导人自觉地倡导的,培育优良的企业文化、克服不良企业文化的企业管理活动。因此,不能说有企业就有企业文化建设。那些忽视企业管理软要素的企业,存在着大量的不良企业文化,但是缺少企业文化建设。

3. 企业文化管理是一种现代企业管理方式

企业管理的各个要素需要以某种结合方式组成一定的管理系统,这就形成一定的企业管理方式。企业管理方式不是各个企业管理要素的简单相加,而是企业管理各个要素以某种结合方式组合而成的管理体系。企业管理各要素的组合结构不同,就形成了不同的企业管理方式。

西方古典科学管理方式(即泰罗制)是把企业管理中的硬要素放在第一位的管理方式,这种管理方式形成于19世纪末、20世纪初。

第二次世界大战以后,随着现代科学技术的蓬勃发展,把企业管理软要素放在第一位的管理方式逐渐形成并发展起来。由于这种企业管理方式把企业文化建设放在企业管理的中心位置,因而被称为“企业文化管理方式”。

美国著名管理学拿威廉·大内在《Z理论》一书中把日本人在第二次世界大战以后创造的企业管理方式称为“Z型管理方式”。大内说,“使工人关心企业是提高生产率的关键”,这是“日本的管理方式”,或称“Z理论管理方式”的基础([美]威廉·大内:《Z理论》,中国社会科学出版社,1984年3月出版,第8页)。他说,美国传统的企业管理方式是“以个人技能为中心”的管理方式,日本企业管理方式是“以公司为中心”的管理方式(同上书,第32页)。他说:“日本的集体主义在经济上是高效率的——它使人们和睦地在一起工作并相互鼓励做得更好。工业生活要求彼此相互依赖。”(同上书,第42页)他说:“我们的技术进展似乎不再能够适应我们的社会结构,在某种意义上,日本人却能较好地应付现代工业主义;我们仍忙于保护我们相当极端的个人主义形式,而日本人却抑制他们的个人主义并强调合作。”(同上书,第56页)

美国著名管理学家阿伦·肯尼迪和特伦斯·迪尔在《公司文化》一书中提出了“文化管理”的概念,以区别于一般的管理方式,他们说:“在本书中我们的目的是为企业领导人员提供文化管理的初步基础。”([美]阿伦·肯尼迪和特伦斯·迪尔:《公司文化》,第38页)他们也把企业文化管理者称为“象征的管理者”。他们说:“在具有强烈文化的公司中,管理者通过支持和塑造文化进行领导。我们曾把这些人称之为‘象征性的管理者’,因为他们花费大量时间思考文化的价值观、英雄人物和仪式。而且,他们把处理由变化无常的日常事物中出现的价值观冲突视为他们的首要工作。”他们认为,“把这些象征性管理者与其他对文化的重要性认识不足的管理者区分开来的是如下一些因素”:(1)“象征性的管理者对文化及其对长期成功的重要性十分敏感.象征性管理者们总是讲述他们公司的文化,在年度报告中提到文化,并赞许文化的力量致使他们赢得市场。”(2)“象征性的管理者对那些志同道合的职工给予高度信任,依靠这些文化同路人来确保成功。”(3)“象征性的管理者在公司事务的戏剧场面中把自己视作为表演界中的人——剧本作者、导演、演员。他们意识到他们周围的文化事件所具有的象征性影响的重要性。”(同上书第174~175页)

美国著名学者埃德加·沙因在《企业文化与领导》中也说:“领导者最重要的才能就是影响文化的能力。如果有必要把领导理论与文化区别开来,我们必须认识在领导理论中文化管理职能居中心地位。”([美]埃德加·沙因:《企业文化与领导》,中国友谊出版公司,1998年9月出版,第4页)他认为文化管理就是创造和影响文化的管理,它在领导工作中处于中心地位。

企业文化是每个企业都有的企业管理的软要素,而企业文化管理则不是每个企业都有的。只有那些自觉地把企业文化建设放到企业管理的中心位置的企业,才能形成企业文化管理。那些实行古典科学管理的企业,有企业文化,但是没有企业文化管理。企业文化管理是一种现代企业管理方式,是在第二次世界大战以后逐渐形成和发展起来的。企业文化管理作为一个管理系统,它不仅包括企业管理的软要素,而且包括企业管理的硬要素,是由管理的软要素主导管理的硬要素的管理体系;而企业文化则仅指企业管理的软要素。

企业文化管理与企业文化建设也有区别。企业文化管理是指一种企业管理方式,是把企业管理软要素放到中心位置的企业管理系统,是由企业管理的软要素主导企业管理的硬要素的企业管理体系;而企业文化建设则指一种管理活动,指自觉地培育优良的企业文化、克服不良的企业文化的管理活动。企业文化建设仅仅是企业管理活动中的一个内容,而不是全部内容。企业文化管理则不仅包括企业文化建设,而且包括由企业文化建设主导的全部企业管理活动。

4. 企业文化理论是研究企业文化管理方式的管理学理论

20世纪80年代初美国企业管理学界出版的几本有关企业文化管理的著作,都把企业文化管理作为一种新型的企业管理方式,认为这种企业管理方式是适应信息科学时代和世界市场经济新形势要求的现代企业管理方式,它代表了企业管理发展的大趋势。他们对这种管理方式的特点进行了分析、概括,对它同以往的企业管理方式,特别是同在西方影响很大的传统管理方式——纯理性主义管理方式进行了比较研究,认为无论日本还是美国的优秀企业,都实行了企业文化管理方式,这是一条成功之路。埃德加·沙因在《企业文化与领导》一书中把这个以研究企业文化管理为主要对象的新的管理学理论称为"企业文化理论"([美]埃德加·沙因:《企业文化与领导》,第3页)。

企业文化管理是在第二次世界大战以后逐步产生和发展起来的,这种实践一开始并没有形成一种理论。到了本世纪80年代初,美国管理学家把企业文化管理的实践经验总结、概括、上升为管理学理论,才形成企业文化理论。所以,企业文化管理先于企业文化理论的产生。

企业文化理论作为一种管理学理论,是在本世纪80年代初产生的,而企业文化则早就产生了,它是伴随企业的产生而产生的。

5. 改变"企业文化"一词多义现象是必要的

企业文化、企业文化建设、企业文化管理和企业文化理论这四个概念虽然有着密切的联系,但是又有着明显的区别。如果对这四个概念不加以区分,很容易造成表达和理解上的混乱。比如,说"企业文化是一种现代企业管理方式,是第二次世界大战以后产生的",其实是想说"企业文化管理是一种现代企业管理方式,是第二次世界大战以后产生的"。但是,前者很容易对"有企业就有企业文化"这个命题造成逻辑上的混乱。再比如,说"企业文化是本世纪80年代初产生的",其实是想说"企业文化理论是本世纪80年代初产生的",但是前者很容易被误解为"企业文化管理方式是本世纪80年代初产生的",显然这不符合历史事实。

我们可以把"企业文化"、"企业文化管理"、"企业文化建设"和"企业文化理论"这四个概念做一个区分:

企业文化是围绕企业生产经营管理形成的观念形态的总和,它是一种微观管理文化,也是一种微观组织文化,这是企业管理的软要素。它包括指导企业生产经营管理的经营宗旨、经营理念、发展战略,包括体现企业奋斗目标、凝聚企业全体成员思想和规范企业全体成员行为的职业道德,在企业生产经营中形成的企业作风和礼仪,以及企业在社会公众中的形象。有企业就有企业文化。企业文化有优劣之分,凡是能够促进企业健康、持续发展的企业文化,属优良的企业文化,凡是阻碍、破坏企业健康、持续发展的企业文化,属不良的企业文化。企业文化是随企业的发展变化而不断发展的。

企业文化建设是在企业领导人自觉领导下、广大员工积极参与下,培育优良的企业文化、克服不良的企业文化的管理活动。企业文化建设的主要内容是:讲求经营之道、培育企业精神、塑造企业形象等。

企业文化管理是第二次世界大战以后逐渐在美国、日本等国形成的一种现代企业管理方式,它的主要特点是把企业管理软要素作为企业管理的中心环节,把培育广大员工用户至上、信誉第一、义利并举、热爱企业、团结一致的企业精神作为企业管理的主导措施。企业文化管理是对古典科学管理方式的扬弃,是企业管理方式发展的新阶段。企业文化管理并不排斥古典科学管理方式的科学因素,而是把它综合进来,形成一种新型系统管理。随着现代科学技术的发展,实行企业文化管理逐渐成为西方国家企业管理的潮流。改革开放以来,中国的许多先进企业一方面发扬我国企业管理的传统优势,另一方面,学习国外先进管理经验,也开始探索有中国特色社会主义的企业文化管理方式。

企业文化理论是20世纪80年代初由美国企业管理学家提出的一种新型企业管理理论,它总结、概括了日本和美国等国企业文化管理的经验,论证了走向企业文化管理是企业管理方式变革的大趋势。

一个理论学科的成熟与否,首先看它的基本概念是否清晰。随着我国企业文化建设实践的深入开展,随着企业文化理论的广泛宣传和深入研究,企业文化基本概念清晰化的意义也就越来越重要了。本文对企业文化基本概念的界定不一定准确,仅以不成熟的观点抛砖引玉,促进这方面的讨论。

(作者系中国企业文化研究会学术委员会委员,北京市社科联党组副书记。此文原载《企业文化》杂志1998年2期)

大道伦理道德与现代企业精神

司马云杰

马克斯·韦伯在谈到新教伦理与资本主义精神时曾提出过这样的问题:"为什么资本主义利益没有在印度在中国也做出同样的事情呢?为什么科学的、政治的或经济的发展没有在印度在中国也走上西方现今所特有的这条理性化道路呢?”马克斯·韦伯对这个问题的回答是:“在以上所有情况所涉及到的(按:指新教伦理与资本主义精神)实际上是一个关于西方文化特有的理性主义的问题。”(着重号为引者所加,下同)

马克斯·韦伯不是武断的学者。他意识到了新教伦理与资本主义精神是西方文化特有的理性主义问题,因此,他不想把这种理性主义强加给世界其他民族;恰恰相反,他认为理性化的经济生活、理性化的技术、理性化的科学研究、理性化的军事训练、理性化的法律和行政机关,“所有这些领域均可按照完全不同的终极价值和目的来加以理性化,因而,从某一观点来看是理性的东西,换一种观点来看完全有可能是非理性的。因此,各式各样的理性化早已存在于生活的各个部门和文化的各个领域了;要想从文化历史的观点来说明其差异的特征,就必须明了哪些部门被理性化了,以及朝着哪个方向理性化”。这就是韦伯所做出的结论。他一点也不想把西方的理性化强加给世界其他民族,不想使西方的理性化成为普遍的社会历史过程。这不仅是韦伯意识到了社会历史的复杂性,也是和他所受新康德主义哲学的影响分不开的。不管怎么说,在这一点上,恰恰表现了韦伯对文化科学的严肃性。

我不止一次地遇到青年学者向我提出这样的问题:“您从文化的观点看,如果不是满清入关及其200年的统治,中国会发展到资本主义社会吗?因为中国唐宋以来商品经济已经很发达”。我只是一个关于文化问题的学者,不专门研究经济及社会形态的发展,也不想涉及与此有关的政治制度问题。但我想青年学者所提出的问题涉及到如何界定“资本主义”的概念问题。如果说资本主义是指发达的商品经济及经济制度的建设,那么,中国唐宋以后自然会发展到资本主义。但是,如果说资本主义是指资本或金钱在整个社会领域占支配、统治地位,包括政治、文化、艺术及伦理道德领域,全部受资本或金钱的统治和支配,那么,我想中国唐宋以后,即使满清不入关,不统治中国200年,也不会发展到资本主义社会。原因不是别的,就是绵延了几千年的整个中国伦理道德的价值判断及全部文化精神的理性思维不允许,不能接受这种资本主义,不能接受它的不符合普遍价值合理性的目的工具合理性。从历史上看,中国古代战国时期的临淄,商品经济就已经很发达。汉魏之际的邺城,商品经济也很发达,左思《魏都赋》对邺城的商业繁华曾有过非常具体的描写。东晋至唐宋时期的建康(南京)、临安(杭州)以及苏州、扬州等地商品经济也很发达。东晋时期的建康已发展成为“贡使商旅,方舟万计”的商业中心。临安是东南胜地,三吴都会,自古商业繁华,至唐已“参差十万人家”,到南宋已是有39万户、124万人口的商业城市。扬州唐时已是春风十里,至宋则是“万商落日船交尾,一市春风酒并炉”。凡此能说商品经济不发达吗?但为什么中国没有发展成为西方近代的资本主义社会呢?关键是文化问题,是文化的价值判断及其取向问题。从政治上讲,用整个中国文化伦理道德培养起来的上层社会及其政治集团不能允许唯利是图商人当政,更不能允许他们和国家争夺天下民心。宋代王安石一方面进行社会经济改革,一方面反对大商人、大地主与“人主争黔首”,就是最典型的例子。从普通老百姓的社会文化心理上讲,他们也看不起为富不仁的商人。目前群众对于一些“大款”、“大亨”、“企业家”唯利是图的行为感到厌恶,也说明这个问题。你可以腰缠万贯、挥金如土,可以八千块钱买瓶酒、一万块钱买条狗,可以一桌筵席花掉几十万元,你可以骂老百姓得了“红眼病”,可以骂知识分子有“妒忌心”,就像一些电视剧所描写的那样,但是,不管你怎样摆阔,怎样自以为了不起,老百姓楞是瞧不起你,楞是不把你放在眼里,甚至楞是嗤之以鼻。这不是哪一个人的问题,而是整个国民的文化心理、价值判断与价值取向问题。他们不能接受只要能赚到钱可以不择手段的说法,也不能接受这种赚到钱就合理的事实,因为它是不符合普遍价值合理性的。一个国家、一个民族的社会历史向哪旦发展,它的企业应该有什么样的文化精神,这不是个别的、少数人的意志问题,也不是某些经济事实硬塞给他们能接受的,它最终要取决于这个国家、民族社会内部普遍的价值需要及其取向,一个国家、一个民族的社会历史发展,包括企业经济及一些文化现象,可能会发生某些偏颇,甚至可能会发生非理性的狂热、倾斜及危险的吊诡现象,但是,它的整个的文化价值体系及由此构成的内在的社会机制将最终把社会历史及其经济、文化的发展拉到正常的道路上来,表现为常态的演进与发展。这不是哪一个人的力量,而是整个社会文化价值体系的力量。

如此说来,一个国家、一个民族的社会历史的发展,企业文化精神的发展,岂不就是排除了外来文化的合理性了吗?岂不也就取消了对世界文化,特别是当代科学技术及世界市场经济合理性的认同了吗?也不是。排除外来文化的合理性,是狭隘的;取消当代科学技术及世界市场经济的合理性,是愚蠢的。我们无疑应该吸收其他民族文化的合理性,无疑应该采取当代科学技术及面对世界市场经济发展企业。但是,有些合理性,如科学技术与世界市场,只是目的工具合理性,它并不能代替一个国家、一个民族现代企业精神的发展。即使它包含着其他国家、民族的文化合理性精神,也是不能采取简单的“拿来主义”来解决中国现代企业理性精神发展的。否则就会江桔淮枳。企业精神的发展,理性化的道路,虽然可以吸收、借鉴一些别国的经验,但就它自身发展来说,只能按照不同民族文化价值体系及价值精神的规定性来实现。这是一个企业文化意识问题,是一个企业群体哲学问题,而不简单地是一个技术管理问题。事实上,不论是西方还是东方,每个国家、民族都是按照自己的文化意识与哲学精神来发展企业精神的。西方是按照新教伦理发展资本主义企业精神的,日本也是按照大和魂的思想培植企业精神的。中国现代企业精神的发展也只能按照几千年发展起来的大道文化哲学价值体系及其所规定的与西方、与日本不同的最高价值与伦理精神来理性化、现代化。也就是说,中国现代企业精神合乎理性的发展,只有与中国大道文化哲学价值体系及其所规定的普遍价值合理性与目的工具合理性相联系,并完成这种合理性的现代转化,才能取得成功。这种成功不是一时的取得了利润或赚到了钱,也不是扩大了经营或占领了几个市场,更不是由这种经营体制转换成了另外的经营体制,而是它整个地生生不息、创造发展及其所应有的理性精神或合乎理性的文化形态。

自然,我在这里并不想给中国现代企业文化精神下一个定义,也不想准确地描绘这种精神未来的发展,更不想给它加一个政治化的概念。如果仅就企业与文化的关系来讲,根据中国文化价值体系几千年的内在发展及其价值取向,与现在企业生存、发展中幽微显现出来的问题及种种现象,二者必将结合、重构出一种新的现代企业文化精神。这种精神大体上还必然体现中国大道文化哲学的这样几条伦理道德的价值取向：

第一，生生不息、刚健文明的创造精神。中国是一个生生不息、刚健文明的民族。它从来不甘心落后，不甘心失败，即使天塌下来，它也要顶起来，即使头断了，也要重新生出耳目口舌进行战斗。它从不乞求别人的施舍，从不乞求别人的怜悯，而是按照天行健的法则，自强不息。中国近代虽然落后了，但是决不会永远落后下去，中国的民族，中国的企业家，必将以中国大道哲学的宇宙生命精神，生生不息，重新创造。别人有的，我们要有；别人没有的，我们也要有。这是谁都阻挡不住的。中国人有这个志气，有这种精神，有这种文化传统，也有这种智慧。不信，你就等着看！这样一个倔强不息的民族，你要想压倒它，要想制服它，根本是不可能的。中国民族，中国企业家，一旦觉醒，必将以倔强不息的精神和巨大的智慧创造令世界瞠目的成就与业绩。

第二，至诚不息的天地精神。西方人从新教伦理吸收诚实的美德，只是为了赚钱，只是因为诚实能够带来信誉，只要在外表上给人以诚实的印象也就够了，并不真正想这样做。因此，它只是一种伪装，就像富兰克林所做的那样。中国文化和哲学从根本上说不是这样的。人必须像天地之道一样至诚不息，一点也不能做假，一点也不能骗人。惟至诚不息，才能尽人之性，尽物之性，才能化成天下。用今天的话讲，只有至诚不息，只有不做假，不骗人，以诚心善待天下，善待你的下属和人民，才能最大限度地调动他们的积极性，人的积极性调动起来了，才能最大限度地创造物质财富，也就是人尽其才，物尽其用。如果你做假、骗人，如果你不以心换心，只是外表实诚，内怀狡诈，那么，人民、职工、下属，也就不会跟你同心同德了。一旦二三其德，你说得天花乱坠，也就没人听你的了，也就不能取信于天下、取信于职工了，自然也就谈不上国家、民族及企业的发展了。这就是中国文化的要求，就是中国伦理道德的要求，是一点也不能含糊的。现在虽然有些企业弄虚做假，虽然有极不道德的行为和做法，这一方面是社会经营机制的不合理造成的，另一方面也有一个认识问题。中国有良知的企业家，有战略眼光的企业家，历来是讲究信誉第一的，历来是看不起唯利是图、只顾短期效应的。中国当代企业家一旦认识到这个问题，必将克服自己的非理性走向理性，必将以至诚不息的天地精神创造自己的形象，必将尽人之性、尽物之性创造良好的信誉，取信于国人，取信于天下。

第三，兼覆兼载的天地精神，即乾坤之德。中国大道文化哲学历来认为，人应该在天地间做人，人应该具天地精神、乾坤之德，即人应该像天一样覆帱一切、统领一切、光照一切、雨露一切，应该像大地一样负载一切、接纳一切、承受一切、蓄养一切。只有具备这种精神，才能保持广大悉备的和谐，才能正性命之理，才能德合天地，也才能具生化之大道、刚健文明。这种精神不仅应该体现在整个国家和民族身上，也应该体现在现代企业及企业家身上。现在一些企业实践证明，真正能够团结、率领职工奋斗、开拓、进取的企业领导者，不是那些尖酸刻薄的人，不是那些自以为是、尽出风头的人，也不是只顾个人利益、千方百计投机钻营的人，而是厚重、质朴、处处体贴职工、兼顾职工利益的人，是以心换心，己所不欲、勿施于人，坚持忠恕之道的人，是与职工同甘苦、共患难、不惜牺牲自己一切的人，一句话，是一个仁者，而不是一个投机家。我们的现代企业及企业家只有具备了这种仁者的天地精神，具备广大悉备的乾坤之德，才能真正使全体职工取得价值认同，才能建构出一代一代人的现代企业精神。不断地雇工、"跳槽"，给一天的工钱干一天的活，不是我们民族文化应有的企业精神，也不应该提倡这种企业精神，因为它与中国文化的伦理道德精神是相违背的。把西方的契约精神搬到中国现代企业管理中来，不仅不能造就具有深厚博大精神的民族与企业家，也会把我们整个国家和民族变成雇佣关系，变成给钱干活、刺激－反应的存在者。那样，这个民族也就非常可悲了，更不要说以天地精神自立于世界民族之林了。

第四，价值合理性与目的工具合理性相统一的精神。中国现代企业的发展，不应图一时之利，而应图万世之利，不应以一时的赚到钱为合理性，而应以长久的生生不息、创造不已为合理性。企业家也不应该只是为了个人的生存、幸福才去经营企业，而应该把企业看成是自己的事业才去经营，然后才能发展自己、壮大自己，成为不断取得成功的企业家。这就是《大学》所讲的"仁者以财发身，不仁者以身发财"的道理。不管这种精神以现在"大亨"、"大款"的观点看来多么悖谬，多么不合时宜，但我相信中国理性的企业家决不会只站在个人幸福的立场上到市场上投机、赌博、钻营，而必将以现代儒家的风范、诗人的气质以及整个民族的想象力和新一代商人特有的精明强干，驰骋于企业现代化的大潮中去，并获得财富、声誉和权力。这一切都是和胆大妄为、投机取巧无关的，也是和没有受过教养的人的蛮干与拼命往上爬无关的。因为这是一种最大价值合理性的追求，而不只是个人发财致富的目的工具合理性。对于现代理性的企业家来说，企业就是他的事业，就是他的生命和生活的组成部分，因此，他也必将以自己的全部心血和生命追求企业的至善至美，就像艺术家以自己的生命追求美、哲学家以执着的精神追求真理一样。中国文化的特有气质与精神必将造就一大批这样的理性企业家，他们既风流儒雅，又精明强干，就像中国文化产生过诸葛亮式的军事家和王安石式的政治家一样。他们应是中国式的富兰克林，不只是在商业活动中赚钱，而且通过企业、事业活动在道德上有所建树。那时，谁又能够怀疑中国大道的宗教伦理道德精神在新一代理性企业家身上复活了呢？

自然，我这样说也许有点浪漫，有点过分富于想象。我深知完成这种现代企业精神建树的困难，这不仅有理性认识的不足，也有现实生活中整个社会机制与实践的不合理性或非理性。因此，要完成中国大道宗教伦理道德精神的现代转化，是非常困难的。我们可能还要走很远很远的路程，还可能出现各种各样的非理性，还可能产生一大批胆大妄为的投机家、冒险者、不法商人和拜金主义者，甚至还可能产生一大批靠着手中的权力发了大财的人，但是我相信中国文化特有的理性精神必将战胜非理性，从而使我们的国家、民族和企业家更倾向采取一种普遍价值合理性的态度，来建构、发展国家民族精神与企业精神。

最后我要说的是，西方近代宗教改革不论是路德还是加尔文，都不是为了世俗的目的，而是出于宗教本身的思考。因此，他们的改革并没有对资本主义表示任何支持，也没想把这种改革变成近代资本主义精神。中国人民是一个意识到自己历史使命和社会责任的民族，是一个清醒地理性地思考自己文化价值精神的民族，因此，也必将会自觉地将这种文化精神转化为现代民族精神与企业精神。还有一点，不论是西方当代工业社会的发展，还是中国现代社会的发展，都各自超出了原有的文化价值精神。因此，现代企业精神的建树只靠转化原有的文化精神是不够的，还必须从整个时代的发展中吸取新的精神。但这种吸收，如前所说，必须符合中华民族的最高价值合理性，而不是违背这种合理性。中国的大道哲学是一个理性哲学，它不是一时一地的是非之论，也不排除任何合理性，所以它才能够成为一个容纳一切、接受一切的广大悉备的哲学体系。

（作者系中国企业文化研究会学术委员会委员，中国社科院研究员。此文选自1998年5月出版的《企业改革与企业文化》一书）

企业体制改革与企业家文化

孟凡驰

我国经济体制正在经历着由计划经济向市场经济的变革，目标是建立完善的社会主义市场经济体制。处在这种变革中的企业担负着深化企业改革、建立现代企业制度的重任。企业家面临着社会转轨、企业转型所带来的复杂而严峻的形势，既要为解决原材料价格上涨、资金短缺、三角债困扰、社会包袱沉重等问题而四处奔波，又要为产品调整、技术更新、防伪打假、开拓国内外市场而殚精竭虑。尽管任务艰巨，工作繁杂，但万不可陷于日常事务之中而舍本逐末，必须适应时代特点和要求，抓住带有战略意义的也是首要的任务——企业文化整合。因为，企业文化整合与企业文化再塑的水平关乎中国企业改革的成败，也影响着市场经济体制建立的速度和完善的程度。

将企业文化整合作为企业家领导企业改革的首要任务，是时代的要求，也是企业在现代市场竞争中求得生存发展的需要。

任何一种经济体制的变革都会带来社会文化观念的转型，转型后的文化观念又对新的经济体制发挥作用，这是不依人们的意志为转移的客观规律。原始积累时期的资本主义体制，产生的是经济人文化，工业化过程时期的资本主义，产生了理性主义文化，我国计划经济体制下形成了行政管理型企业文化。因此，要使社会主义市场经济体制得以顺利建立，必须使新体制与新文化同步共建，要“挖掘文化本质，把职工无意识的东西转变成有意识的行为”（美国企业文化专家H·法因语）。只有文化顺利转换，才能保证计划经济向市场经济的惊险跳跃中，实现平稳过渡。

打破传统体制下形成的文化束缚，是使企业改革发生质变的关键性环节。没有优秀的文化氛围做条件，就不会产生企业家和企业员工先进的思维方式和行为方式，就不会有先进的管理制度和措施。目前我国社会改革和企业改革所遇到的诸多困难中，最关键的也是文化障碍。就企业内部而言，没有高水平的文化素质，就不会产生高水平的企业发展战略。北京城建集团清醒地认识到文化对改革的重要作用，他们在企业体制变革过程中，通过各种形式的讨论、教育，形成全员文化共识，使企业大力度的改革也能实现无痛分娩。无数现实充分说明，企业文化整合如果滞后于企业体制改革，或是只着力于方式和手段的改进而置文化于不顾，只会使企业改革加重困难或归于失败。

企业走向市场经济过程中，不管实行什么样的经营体制，其目的都是使企业成为独立的法人，市场的主体，走向自主经营、自负盈亏、自我约束、自我发展的道路。在计划经济体制下，国家对企业实行全面的纵向直接控制，产供销和人财物，国家全面负责，企业家无危机之忧，企业更无倒闭之患，因而也就没有风险意识。而现代企业是航行于市场海洋中的一只船，只有全体员工都发挥创造性，同企业戮力同心，才能保证这只船到达彼岸。企业要指挥员工统一行动，就必须有组织地提倡企业共同的经营哲学和企业精神，即企业组织的主导文化，这是组织目标得以实现的基础。

现代经济的发展和广大群众的消费方式都呈现出了文化特征。从国内来看，广大人民在物质生活水平提高后，消费观念也在转变，在消费物质产品的同时，也要得到文化消费、文化享受，不但追求产品的质感，也要求产品的美学价值。这迫使企业在设计和生产产品时，不能只把消费者定位在产品的价值实现者和物质消费者，而且还要充分尊重消费者的文化主体意识和文化享受需要，在构思产品的款式、颜色和包装时，不仅考虑一般意义上的内在质量和外在美感，更应体现深层次的审美文化蕴含。从国际来看，工商企业都不再把竞争的主要目标放在价格上，而是着重于质量、服务和独特性等非价格因素。独特性即指产品的文化个性和服务形式的匠心独运。国内外有创造性的产品能够立足于国际市场的奥秘就在于文化个性的魅力。文化制胜是现代企业竞争的潮流。随着我国改革开放的不断深入，世界各国间交往过程中的技术差异逐渐缩小，由文化差异引起的文化冲突上升为主要障碍。企业如果没有强大的文化力，即使入了关，科技手段上接了轨，也很难在各种文化交流融汇的世界市场上应付自如。没有别具一格的产品和服务的文化个性，企业就不要奢望走出国门。

优秀的企业文化对企业发展的作用体现在两个方面。一方面，企业通过塑造企业形象创造名牌产品，畅销市场，取得直接的经济效益和社会效益。江苏红豆制衣厂抓住红豆这一被赋于丰富民族文化内涵的象征物作为厂名和产品名称，充分运用古代诗人笔下红豆象征相思之意的文化韵味，使红豆衬衫畅销海内外。另一方面，企业通过文化建设，树立正确的经营哲学和企业精神，可以使企业形成长远发展的强大原动力。中国同仁堂药店良好信誉传四海，历经三百年而不衰，美国“IBM”产品遍及全球，便是明证。

目前，中国企业文化需要整合的内容很多，主要应做好三方面工作。

1. 以强化企业家的文化意识和能力为前提条件

企业文化在一定意义上说就是企业家的文化，企业发展的成败利钝在很大程度上取决于企业家的文化成熟度。因此,必须加速强化我国企业家队伍的文化意识,使他们充分认识文化力在现代企业管理中的地位。

美国学者谢恩说:“公司文化最初的创造起源于领导的行为,同样,公司文化是由于领导的作用而增强并变得根深蒂固的。”企业家的文化观念、思维方式、经营思想等无时无刻不对企业员工的文化观念和行为起着潜移默化的影响作用,对企业的创建和发展起着指导作用,不管企业领导者是否认识到这一点。

企业家是企业文化的倡导者,是企业文化的人格化体现,是企业文化变革的组织者。企业家在企业文化建设中的地位要求其必须具备三种意识和能力。一是敏锐的文化洞察意识和能力。企业文化普遍存在于企业各项工作之中,企业家要善于通过企业大量的经营管理活动和员工行为等表面现象,洞察其背后的文化本质,才能理解企业行为及其产生的原因,从而表本兼治地管理企业。二是深刻的文化感受意识和能力。企业家洞察到了本企业的文化,还要深刻地去理解它,感受它,分析它的特征,准确地引导它的发展。有些企业在实践中创造了进步文化,可长期不重视研究文化意义,没有自觉地把握它的发展,适时地升华它,致使优秀企业文化不能积淀成为企业文明,不能发挥其促进企业发展的作用。有的企业长期处于困境之中,企业家苦心孤诣地是从资金、市场、政策等方面寻找出路,而不能从分析、改变企业劣质文化做起,因而也必然不能从根本上改变企业面貌。三是须臾不离的文化整合意识和能力。企业文化整合的目的在于使全体员工对企业主导文化高度认同。现代企业家当前所要干的头等重要的事情是创造和管理自己的文化;领导者最重要的才能是影响文化的能力。当然,文化整合决不意味着泯灭个性特色,而是在鲜明正确的主导文化指导下,充分培养具有企业特点,发挥每个员工独特创造智慧的企业文化。

2. 以将计划经济企业文化整合为市场经济企业文化为基本思路和指导思想

我国几十年社会主义建设,形成了一系列优良的文化作风,如艰苦奋斗、无私奉献等。但长期的计划经济也形成了不少影响社会进步的文化障碍。企业是市场的主体和微观基础,没有反映和适应市场经济的文化,就不会有成功的市场经济体制。计划经济下的企业文化是个庞大复杂的封闭体系,要完成整个体系的变革和整合,须从下列几个方面人手:克服计划经济体制下形成的依附意识,转变“一大二公”的扭曲的社会主义观念,确立独立经营的指导思想和风险意识;破除平均主义观念下养成的怠惰习性;振奋精神,确立崇高的敬业精神和效率意识;改变因循守旧的精神状态,树立积极进取的企业精神;克服官本位影响下以行政级别评价企业规模的定势,确立效益规模为坐标的市场评价标准;克服抑制个人创造意志的整体本位思想和专断决策的权力本位思想,确立科学的民主决策思想与集体主义价值观。

3. 以整合企业价值观作为核心内容

企业价值观是企业文化的核心内容,是企业文化管理思想和管理活动的灵魂,是塑造企业精神、树立企业形象的理论基础。它指导并规范着企业职工的生产经营观和行为规范,是企业各项活动的总纲。任何一个成功的企业都有经过精心培养,为职工共同信奉的价值观体系。企业价值观如果处于模糊不定的病态之中,企业也就很难形成合力,更不会成为出色的企业。

改革开放以来,我国社会价值观体系发生了很大变化,主流是健康的进步的,如竞争价值观、效益价值观及时间价值观等。但人们在价值取向上也出现了一些混乱。我国社会正处在转型时期,企业员工价值取向多元化的出现是一种必然现象。但是企业要在市场竞争中取胜,必须使影响企业命运的主导价值观形成一元导向。企业价值观是个多层次多侧面的体系,其中代表企业发展方向的经营哲学和战略思想属于主导价值观。西方杰出企业都有一个共同特征,即“紧中有松,松中有紧”。“紧中有松”,意味着给企业基层组织的充分的自主权,以发挥他们的创造个性;“松中有紧”,是指企业主导价值观绝对集中于决策者手中,不允许任何人动摇它,破坏它。

企业家如何协调企业价值导向和员工个人的价值取向?首先,要充分尊重企业员工价值取向的合理成分,处理好权威与真理的关系,切忌简单武断地否定员工的多元价值取向。其次,优秀的主导价值观不是自发形成的,企业要通过多种方式向员工不断地宣传教育。通过教育,引导员工逐渐认同企业主导价值观,“放弃与企业核心信念相矛盾的错误的价值信念”,形成企业与员工文化认知与追求的精神共同体。再次,企业家要做遵守和实践价值观的模范。彼得斯相沃特曼在企业文化理论名著《成功之路》中告诫企业家:“要想确定组织价值观和目标,得更多地靠经理们的身教而不是直教。目标的确定要靠行动的积累,而不是言辞的堆砌。”价值观是由最高层的经理们以分分秒秒、年复一年的行动表现出来的。企业价值观的协调、引导、培育、控制和自觉变革都是非常困难的,但企业价值观是企业发展的圭臬,企业家必须精心去整合它。

综上所述,在市场经济体制不断建立的过程中,澄清对文化作用的模糊认识,匡正错误扭曲的文化导向,充分估价企业文化在企业管理中的地位和作用,不断整合企业文化,对建立现代企业制度,保障企业蓬勃发展,提高企业家的管理水平,意义至关重要,确实是中国当代企业家的首要任务。

(本文作者系北京市委党校副教授、中国企业文化研究会学术部主任、中国企业文化研究会常务副理事长兼秘书长,教授。此文转自1998年10月出版的《企业文化在中国》一书)

CI战略:中国企业文化建设的新起点

高立胜

社会主义市场经济呼唤新型的企业文化模式

在社会主义市场经济条件下,企业文化建设已成为势在必行的重要任务。它作为我国企业改革和建立现代企业制度的系统工程中不可或缺的配套工程，绝非可有可无的事宜，也绝非无足轻重的权宜之计。其理论根据在于，它是现代市场经济条件下，经济与文化一体化发展大趋势的客观要求。

在社会主义市场经济条件下，企业应当构建什么样的企业文化呢？一定的社会文化总是一定的社会政治、经济制度的反映，并为其服务的。微观文化亦同此理。在市场经济条件下，企业运营的重心已由生产转向经营，因此，与其相适应的企业文化，必然是以经营文化为中心的新型模式。企业文化管理与传统管理方式相比较，在文化层面上具有以下几个基本特征。

首先，传统管理方式是“以物为中心”的，即企业管理的着眼点或重心在于机械设备、技术和资金等；而企业文化管理则主张“以人为中心”，并且是以员工群体为中心，即企业员工既是管理的客体，也是管理的主体，企业管理的生命力在于调动员工主体能动性的发挥。

其次，传统管理方式的约束机制在于理性的制度管理，激励机制在于物质刺激；而企业文化管理则主张建立一种理性与感性交融的柔性管理，即以企业价值观为导向，营造一种积极和谐的文化氛围，来规范和统一员工的思想行为，这既有助于消除员工在制度管理下所形成的被动服从的消极心态，又有利于促使员工自觉地产生一种强大的自我约束和自我激励的力量。

第三，传统的企业管理方式实际上是将企业作为封闭系统，侧重于调节企业内部运作机制；而企业文化管理则将企业视为开放系统，强化企业与社会的政治、经济和文化的联系与调适。

最后，企业文化管理不仅是“以人为中心”的管理，而且是“以人为目的”的管理。它与那种以片面追求利润为目标的传统管理方式大相径庭，主张在企业内部不仅生产产品，而且要培养和造就具有现代化素质的员工；在外部，企业经营管理的目的在于为社会和消费者服务，而利润只是企业为社会服务所应得的报酬而已。

从以上分析可以看出，从传统的以生产文化为中心的企业文化模式，转变为以经营文化为中心的企业文化模式，蕴含着企业管理方式的变革，意味着企业文化在内容和形式上全方位多层面的变革，因此，在社会主义市场经济条件下，我们应赋予企业文化建设以全新的理解。

CI：一种与现代市场经济相适应的文化制胜战略

CI全称CIS(Corporate Identity System)，直译可称为企业识别系统，由于在当代它已成为通过塑造和传播企业形象以推动企业在市场竞争中取胜的一种经营战略，因此又可意译为企业形象战略。CI正式发轫于20世纪50年代中期的美国。当时由美国IBM公司率先问津CI，即通过企业标识设计来塑造企业形象，从而成为美国公众信任的“蓝巨人”公司，并在美国计算机行业取得了独占鳌头的霸主地位。随着IBM导入CI的成功，美国的许多企业纷纷仿效。1970年可口可乐公司导入CI，革新了世界各地的可口可乐标志，此后在世界各地便掀起了CI的热潮。

60～70年代，日本引进了CI理论，最初受到美国的影响，主要致力于视觉传达设计的标准化，力求达到设计要素与传播媒介的统一性，使企业标识充分运用到整个企业中。到80年代，日本将CI与企业文化理论融为一体，从而使CI不仅成为对外宣传的战略，而且成为一种企业经营管理的谋略。正如日本著名设计专家中西元男式所说，CI是处在情报时代、文化时代的企业，为了谋求重新建立与时代相适应以代替企业原有风格和行动的一种经营哲学并有意识地组织实施的企业计划。这表明，日本的CI具有不同于欧美的特点，它是企业文化型的。

80年代以来，随着企业文化理论的兴起，欧美型的CI也出现了向日本型的CI转化的趋势。近年来，我国对于CI理论的介绍也是以日本的企业文化型CI为蓝本的。一般来说，日本型的CI，是指包括企业理念识别(MI)、行为识别(BI)和视觉识别(VI)三位一体的企业识别系统。其中，企业理念识别，包含企业价值观念、企业宗旨、企业精神、企业信条和经营方针等等。企业行为识别，包括企业组织行为和员工行为的规范。企业的组织行为是指企业公关、广告等营销行为及生产管理、员工教育与管理等制度规定。企业员工行为是指在企业理念与规章制度规范下的员工工作方式和生活方式。企业视觉识别，指表示企业形象的一整套识别标志及其载体特征。其中企业标志、企业标准字和标准色等构成了视觉识别基本系统，而其载体则构成了视觉识别应用系统。按照标识的载体，又可具体分为：产品识别，即以产品实体及包装为载体所形成的视觉识别，如品牌、商标等；员工识别，即以员工着装、证件、名片等为载体形成的视觉识别；建筑物识别，即以企业生产、办公及营业场所的建筑物为载体形成的建筑风格、装璜特色等视觉识别；办公用品识别，即以信封、信笺、文件夹、公文包、办公桌等为载体所形成的视觉识别；公关交际礼品识别，即以公关交际所用的请柬、贺信、礼品、手提袋等为载体形成的视觉识别等。

在整个企业识别系统中，理念识别是企业的灵魂，也是CI设计的根本依据和核心，它为整个识别系统的运作提供了原动力。行为识别实际上是在企业理念指导下的企业运作模式。而视觉识别则是从视觉层面上表征传达企业的经营理念和精神文化，以形成独特的企业形象。有人把企业理念识别比作CIS的“心”，行为识别为CIS的“手”，视觉识别为CIS的“脸”，这种形象说法准确地说明了三者之间的相互关系。

CIS在文化形式上具有两个基本特征：一是独特的识别性。它强调并突出企业的文化个性，以便把企业及其产品同其他企业及产品从理念及形象上区别开来。二是同一的系统性。它强调企业理念、行为及视觉识别的整体性，把理念及其识别标志贯穿并展示于产品系列、时空环境和信息流程的全过程。如麦当劳公司的黄金色双拱门“m”、巨无霸汉堡、麦当劳叔叔等标志走遍世界都是一个模样。正是这两种文化特征的有机融合，才使CI战略的导入，能更有效地建塑企业形象，促进企业繁荣。

CIS是一种具有很强的针对性和操作性的理论，因此被称之为问题解决学，即它是用来解决企业经营面临的实际问题的。这是由于它具有两个最基本的功能。其一是通过员工认同，增强企业的凝聚力。促使员工形成对企业价值观的认同，并对企业产生一种强烈的归属感、责任感和主人翁意识，自觉自愿地将个人利益和企业兴衰存亡联系在一起，统一目标，统一行为，齐心协力地为企业的生存发展贡献自己的聪明和才干。其二是通过公众的识别，增强企业的竞争力。即通过创造有秩序性、独特性和统一性的企业识别系统，使公众在千姿百态、色彩纷呈的商品市场中迅速准确地辨识出企业及其产品，并且还能够从企业的标识和员工的行为中感受到企业积极奉献、奋发向上的精神理念，产生好感和信赖，由此可增强企业的竞争力。从 CIS 的基本功能中，还可以衍生出一系列的应用功能。例如，在企业原有价值系统产生认同危机时，CIS 可起着整合的作用。在激烈的市场竞争中，有助于企业制定经营战略，提升企业形象，赢得社会公众的支持，还有利于扩大与竞争对手的差异，推动企业走向国际化，加强在国内外市场上的竞争力，等等。

因此，当今管理学界有人大声疾呼，世界已经进入靠形象赢得市场的时代。诚如"首届中国企业形象战略研讨会"发表的《形象宣言》所说的那样："今天，企业间的竞争已不再是某些单一层次上的局部竞争，而是理念与价值取向，传统与未来发展，决策与经济哲学，规模与设备投入，人才与技术储备，产品与市场拓展，服务与质量保证，公益与社会责任等各个层次上展开的全方位的整体实力竞争，也是企业形象力的竞争。谁能够将优良鲜明的企业形象呈现在公众面前，谁就能在激烈的竞争中脱颖而山，稳操胜券。"这里所说的"企业形象力"，亦即企业文化力的外显。这种文化力正是使 CI 战略成为市场竞争的赢家战略的动力源。

新起点：企业文化建设与 CI 战略实施一体化

CI 作为以文化识别见长的企业经营战略，它在实施过程中对于企业文化建设具有重大的影响。当前在我国企业转机建制过程中，企业适时地导入 CI 战略，并将其纳入企业文化建设的整体规划中，必将会为企业文化建设的深入发展开辟一条新的道路。

首先，从理论上来看，CIS 即企业识别系统与企业文化在内容结构上具有同质的吻合性。企业识别系统中的理念识别内容，均属于企业精神文化的范畴，行为识别内容则为制度文化层面所包容，而视觉识别内容又与物质文化层面相通。企业识别系统中三个组成部分之间的关系，与企业文化三个层面之间的互动机理也是类同的。诚然，二者在各自的目的、手段和功能等方面不尽相同。例如，企业文化建设着眼于以人为本的现代企业管理和企业文化整体素质的提高，CI 战略则着眼于建塑企业形象，促进企业经营发展；企业文化建设的重点在于企业价值观的确立和社会责任的实现，CI 战略的重点在于企业形象的传播和认同。然而，由于二者在内容结构上的相通性，又使得它们在具体运作上会产生相辅相成、相得益彰的功效。CI 战略既然是一种文化致胜战略，那么它必然求诸于企业文化建设的开展，才能够获得原动力；另一方面，它既然是一种企业经营战略，又必然会从经营文化的侧面推动企业文化建设的整体发展。正是立足于经济——文化的基础，CI 战略与企业文化建设找到了同质性的契合点。由此也为我们在实践中将二者一体化运作，提供了理论根据。

其次，从实践上来看，20 世纪 80 年代的日本型 CI，即企业文化型 CI，它的产生就是把企业文化与 CI 战略二者一体化运作的结果。不过由于日本自 60、70 年代就已经导入 CI，而企业文化理论则成熟于 80 年代，所以日本是把企业文化纳入到 CIS(企业识别系统)这一范畴之中的。换言之，日本是从企业识别系统的角度去研究、分析乃至创造企业文化的。再者，在运作的指导思想上，日本人认为实施 CI 战略最重要的基点是建立和完善企业内部的企业文化和经营发展战略。也就是说，日本的企业是在把企业管理和经营、企业的内在价值和外在价值统一起来的基础上，来实施 CI 战略和企业文化建设一体化的。正是由于二者的一体化发展，日本的企业文化已不再局限于企业内部的风格、特色的建设上了，而上升到通过改善企业经营这个主渠道，去追求与外部环境的适应性，这种更富战略性的认识和目标。在这里，经营文化已上升为企业文化的中心，这便构建了与现代市场经济相适应的现代企业文化模式。

近年来，在我国的改革开放过程中，也不乏把 CI 战略与企业文化建设统一起来并取得成功的企业范例。不过由于我国的国情特点和企业实际状况的差异，我们在 CI 战略与企业文化建设一体化运作的形式上也具有自身的特点。从总体来说，我国现阶段尚处于由计划经济向市场经济体制的转轨时期，企业对于市场经济规律和企业经营的认识还不成熟；再者，我国对于企业文化理论的引进又先于 CI 理论。因此，我国的许多先行企业大都是从企业文化的角度来认识和把握 CI 战略的，并且是把 CI 战略纳入到企业文化建设的整体规划中的。党的十四大提出了建立社会主义市场经济体制的目标，也为企业文化建设提出了新的课题，即企业文化建设如何适应经济体制的变革，推动企业走向市场，调整经营战略，以求得生存和发展。在这种形势下，CI 理论的引进，无疑为企业文化建设提供了新的途径。

实践表明，在当前的形势下，企业将企业文化建设与 CI 战略统一起来实施操作，既是可行的，也是有效的。总结这些企业的经验，我们可以看到：首先，在思想上，这些企业的经营者对于企业文化建设的意义具有明确的认识，对于 CI 战略等新事物接受得比较快，能够审时度势，勇于探索；其次，在实践上，能够把企业文化建设与 CI 战略统一起来，制定出整体发展规划，做到高屋建瓴，目标明确；最后，在动作中，能够发动广大员工积极参与，同心协力，追求实效。这样做的结果，既克服了企业文化建设脱离市场和经营活动，抓不到重心的现象；又避免了把 CI 当作花架子，只重形式包装而不重实际内容的倾向。CI 为现阶段企业文化建设的深入发展开辟了新起点。

(作者系辽宁省营销文化研究会会长，教授。此文转自 1998 年 5 月出版的《企业改革与企业文化》)

企业文化基因及其再造

王成荣

企业是一个生命体

什么是企业？传统的经济学一直把它定义为"经济组织"，

认为企业只是一个向社会提供产品和服务的经济实体，是以收抵支生产利润的机器。我以为，企业是一个生命体，目的是生产快乐，创造幸福。因为企业是由人组成的集合体，人是有思想、有感情、有远景的，因此，企业也是生命，也是有思想、有感情、有远景的。当我们把企业视作生命体时，只重视物质财富的积累就不够了，一个企业要想谋求长期稳定的发展，要想有较长的生命周期，它必须注重精神文化财富的积累，而这种财富的积累，如果滞后于物质财富积累的话，这个企业肯定出毛病，肯定会走下坡路。两种财富的创造相互适应、相互推动，企业的生命力才更旺盛。

文化基因决定企业的生命周期

正像其他生命体有其自身的基因一样，企业作为一个生命体也有自身的基因，这个基因就是企业文化。不同的企业具有不同的基因。而基因的不同，从一定意义上决定着企业不同的规模、不同的效率；决定着企业生存状态，企业的生存状态是繁荣还是萎靡不振，是由基因决定的；最终决定企业不同的生命周期。成功的企业尽管它有不同的经验，但在文化基因上一定能找到共同点。反之，失败的企业基因虽各有不同，但把千千万万个企业案例放在一起研究的话，也能找到基因缺陷的规律。比如美国 LAND 公司曾经做一个调查：世界上每倒闭 1000 家企业，可能有 800 家企业是决策失误造成的。而在这 800 家企业中又有 650 家是多元化所致，这说明经营理念出了问题，实际上这就是规律性。阿里·德赫斯有一本非常重要的书《长寿公司》，说跨国公司的平均寿命只 40 年到 50 年，而 40%的新公司寿命只有 10 年。他对日本和欧洲的大小企业作过研究，平均寿命只有 12.5 年。世界 500 强的公司确实是非常强的，但是不是长寿企业？不一定。因为 10 年前的 500 强，到今天已经有三分之一销声匿迹了。为什么呢？它只是大，但不一定是长寿的，它的基因不一定是非常好的。比如美国连续出现大公司舞弊事件，证明基因是有问题的。美国《金融》杂志和英国国际商标组织每年分别评选出的世界 50 个驰名商标，往往比较稳定，为什么？因为这些驰名商标有很多的基因，它的无形资产价值一般超过有形资产价值，是非常重视文化的积累的结果。同仁堂有 330 多年的历史，全聚德有 140 多年的历史，这些成功企业的背后是有共同基因的。

《长寿公司》这本书总结出四条原则：第一是对环境非常敏感，就是与时俱进，企业关注变化，适应市场，适应外界的需求；第二是员工对企业有较强的认同感，即文化的同一性；第三是公司的宽容性很强；第四是财政比较保守，有审慎的财政政策，敢冒风险，但比较谨慎。这可能就是长寿公司的一部分共同基因。

企业文化基因与遗传学意义上的基因有所不同，不同点就在于，这种基因不是不可变的，这种基因改造起来比遗传学意义上的基因改造相对容易一些。因为决定这些基因的企业自身的因素，包括企业内外环境因素多数是可控可变的，因此，企业文化基因也是可变的，可以改造的。不过，既然是基因，就不太容易改变，不像换个机器部件，革新一个生产流程，修改一项制度那样容易，这也证明了企业文化建设具有艰巨性、长期性和复杂性。

企业文化基因组的不同特征

若按所有权归属不同，可划分为国有企业文化基因组、民营企业文化基因组和股份制企业文化基因组等。不同的基因组是有很大差异的，因为它们诞生的时代、所处的环境、管理体制、人员素质等方面都不同，因此它们的基因组是不同的。比如，国有企业的基因组有很多优势，包括长期形成的全局意识、民族意识、法制意识、社会责任感、爱国精神、艰苦奋斗精神、创业精神、奉献精神、永争一流的精神等；但也有基因缺陷，比如说等级思想、依赖思想、求稳意识、平均主义、保守思想、信用缺失等。民营企业和股份制企业有它们的基因优势，比如强烈的市场意识、盈利意识、竞争精神和创新精神等，但也不能忽视他们的文化短视症，如过分追求利润最大化等，尤其是民营企业还有小富即安的意识、家族主义或泛家族主义的小家文化等。若按产业，可划分为传统产业文化基因组和新型产业基因组等，如以 IT 行业为主的中关村文化所具有的文化基因与传统的煤矿、钢铁、石油企业可能具有很大的差异。若按地域，可划分为海派文化、京派文化、晋商文化、徽商文化等等，不同的地域文化基因就有很大不同。除此以外，还可以按历史、规模等划分出不同的企业文化基因组。理论工作者的任务，就是要找出不同基因组的优势和劣势（或基因缺陷），然后想办法进行新的基因组合和基因再造，这个任务是很艰巨的。

企业文化基因再造的方向

企业文化基因再造是很复杂的，从宏观上讲有两个维度必须坚持：一是市场经济维度，二是人本维度。这两个维度缺一不可，并且要处理好两者之间的关系，力争找到契合点。适应市场经济要求，特别是面对经济全球化和知识经济的挑战，企业必须重视培育创新与变革、竞争与合作、学习与超越、守信与增誉等文化基因；适应人的主体意识不断觉醒，顺应人本化管理的世界潮流，企业必须坚持以人为本的价值观，尊重人的生命价值，尊重人的独立人格与尊严，尊重每个人的自我价值，满足人的全面发展的需要；在此基础上，大力倡导人本文化，培育协作精神和团队意识等。

（作者系中国企业文化研究会副理事长，北京市财贸管理干部学院教授。此文系作者入选 1997 年 12 月在香港举行的“华夏文化与现代管理”国际学术研讨会论文）

先进的企业文化是企业的灵魂

吴敬琏

先进的企业文化是企业的灵魂
竞争力的源头
国际交往的基础和桥梁

愿中外企业文化2003年青岛峰会成为提升我国企业文化的新的里程碑!

(作者系著名经济学家、中国社科院研究员。此文系作者为“中外企业文化2003青岛峰会”题词)

论企业文化的基本属性和本质特征

张大中 孟凡驰

过去的20年里,我国企业文化建设创造和积累了宝贵的财富。我们在学习和创新的基础上形成了一系列重要的理论观点,在丰富鲜活的实践中积累和形成了不少有益的经验。科学地整理和总结这些观点和经验,对于我国企业文化建设事业的未来具有至为重要的意义和指导价值。

管理学属性和亚文化属性是企业文化理论的两大基本属性

企业文化理论的基本属性之一是管理学属性。管理学属性的基本内涵是将企业文化定位于运用文化所固有的特点和规律进行企业管理的一种现代管理理论、管理思想、管理方式。我们认为,企业文化理论是东西方从不同角度出发研究得出的共同的管理理论,是东西方企业共同的实践成果,是人类社会优秀的管理理论结晶。企业文化理论同市场经济体制具有天然的内生性,是市场经济体制下企业生存发展的内在需要。随着市场经济体制的日益健全和完善,缺乏坚强的企业文化支撑的企业在激烈的市场竞争中终将被淘汰出局。确立这一观点的重要意义在于:其一,只有定位于管理学,才能把握企业文化理论的本来面目;其二,只有定位于管理学,才能引导企业全体管理者和员工准确理解企业文化作用的全面性;其三,只有定位于管理学,才能在组织上保证企业各组织系统齐抓共管、各个部门齐头并进。企业是市场经济体制下的微观主体,企业管理学自然包括发展战略、生产、营销等。

企业文化理论的基本属性之二是亚文化属性。企业文化作为一种文化形态,是相对于社会主文化而言的支流文化,是企业微观经济文化、微观管理文化。它的一个重要职能是提高企业全体干部职工的综合文化素养,即事业信仰、战略意识、经营哲学、企业精神、价值观念、思维方式、伦理意识、美学水平等。这些综合文化素养决定着人员的智能、知识和专业技术水平的提高、发挥。企业文化形态不是用知识、学历等任何单一角度所能概括的。从企业文化形态这一属性出发建设企业文化,能将企业精神文明、思想政治工作等意识形态内容整合起来,通过管理、生产、经营实践活动,形成优秀的文化体系,进而成为社会主文化的生长点。

“以人为本”和“以文化人”是企业文化理论中最为根本的两个基点

企业文化理论的本质特征体现为六个方面:一是以人为本;二是以文化人;三是群体和谐;四是文化自觉;五是文化主导;六是价值核心。其中“以人为本”和“以文化人”是企业文化理论中最为根本的两个基点,是企业文化理论的核心和精髓。建设有中国特色社会主义企业文化必须牢牢把握“以人为本”和“以文化人”这两个最根本的基点,高扬起“以人为本”和“以文化人”这两面旗帜,深刻洞察和把握我国的传统文化的精髓,深刻洞察和把握我国基本国情和时代特征,借鉴国外优秀文化成果,紧密围绕国家政治、经济、文化建设的大局,全面开创建设有中国特色社会主义企业文化事业的新局面。

坚持以人为本,意味着不再把职工看作生物意义和物理意义上的人,而是更重视其文化主体意义,发挥其创造性

企业文化理论的本质特征之一是以人为本。企业文化理论关注人在经济过程中的地位与发展,首先将人看作文化主体,特别强调人的文化自觉,坚持主张以人为本,不断地丰富和发展人本观,这一思想打开了一条将文化研究中的人本问题引入社会基层实践的绿色通道。企业文化理论帮助企业经营者和管理者改变了认识方式和行动方式,使他们不再把职工看作生物意义和物理意义上的人,而是更重视人的文化主体意义,注重启发人的能动性和自觉性,在管理方式上使企业管理者由物本观转为人本观。企业文化理论认为,以工人为机器和工具的时代已发生巨大逆转,人不再是雇佣方产量增值链上的简单物体,他们所体现的也不应是简单的数量化功能,而应被定义为完全意义上的人。因此,在现代企业管理工作中,应着重从为了员工、尊重员工、参与管理、价值分享、分权管理、善待顾客等方面深入实践,体现人本管理的原则。

结合我国实际,加强企业文化建设要求在企业经营管理中完全确立“以人为本”的管理理念,真正地、切实地将广大职工作为企业经营管理的主体,将职工个人价值实现同企业集体价值实现有机地联系与统一起来,最大限度地调动和发挥广大职工在企业经营管理中的积极性、主动性和创造性。当前需要重点强调和突出以下六个方面:一是尊重人的主体地位,在企业经营管理中切实贯彻为了人、尊重人、理解人、爱护人、培育人的原则。二是加强人力资源战略管理,努力为职工提供广阔的事业舞台,最大限度地激发职工参与企业经营管理的活力。三是将职工利益同企业利益有机协调和统一起来,让职工在企业发展中切实得到实惠,尽可能地实现职工利益同企业利益的双赢。四是持续改善企业组织机构,推进组织结构的扁平化管理,加强组织各层次之间的规范授权,不断健全和完善职工参与企业经营管理的机制和渠道。五是加强内部沟通特别是企业领导者同基层职工的沟通,及时了解职工心声,及时为职工排忧解难,最大限度地增强企业的凝聚力和向心力。六是坚持

不懈地加强对职工的教育和培训，努力建设学习型组织，不断提升职工的思想道德素质和综合文化素质。贯彻“以人为本”的管理理念是和为人民服务一脉相承的，相对而言又是非常具体的，要求结合职工的实际工作情况，不断满足职工的物质需求和精神需求，真正使职工感到自己是工作的主人，与企业共命运。

党的十六届三中全会提出“五个统筹”、“五个坚持”，明确提出以人为本，这不但是发扬中国传统文化的精华，也是适应经济全球化大趋势的。中央强调以人为本，城市建设要以人为本，宏观管理要以人为本，企业管理更要以人为本。“以人为本”为本质特征的企业文化的理论是最新的、最高层次的现代企业管理理论，如何掌握和实现这一理论是我们面临的重大课题，需要认真地思考和坚持不懈地努力实践。发挥这一理论的优势，克服种种思想阻力，深化改革，建立和完善与这一理论相适应的运行机制和规章制度，才能取得成功。特别是在我国公有制经济形式多样化，个体、私营等非公有制经济并存，各个企业实际状况千差万别的情况下，更需如此。

以文化人是企业文化理论的重要本质特征。以文化人的关键在于以什么文化化人，如何形成有中国特色的社会主义企业文化

企业文化理论的本质特征之二是以文化人。以文化人的基本内涵是指企业文化主张通过提高人的文化品质提高管理层次，提高企业的人文价值，运用文化特征和规律于管理和经营之中，使企业管理和经营更具有文化特征，更适应人文进步的现代社会。以文化人特征的实现方式：一是运用先进文化培养人的先进文化意识，提高人的综合素质；二是通过塑造文化环境、培育文化网络，形成文化传播效果。文化是一种力量，它贯穿于企业发展战略和人才战略、企业管理和产品营销等各个环节之中，能够极大地开发人的潜力，最有效地发挥人的积极性、主动性和创造性。

我们认为，以文化人的关键在于以什么文化化人，如何形成有中国特色的社会主义企业文化。我们所要建设的企业文化是既同现代企业管理意识、管理观念、管理理论相适应，又有效传承和体现了我国传统文化的内涵和特征的现代企业文化，是既有别于以德国为代表的社会市场经济体制下所形成的企业文化模式，又有别于以美国为代表的自由市场经济体制相适应的企业文化。

时代发展要求我们摒弃那种泯灭个人创造活力、窒息人性发展的绝对整体本位思想，形成一种集体和谐的文化观

企业文化理论的本质特征之三是群体和谐。随着时代的发展，泯灭个人创造活力、窒息人性发展的绝对整体本位思想已不适应发展的需要，忽视集体协调、多方互动的绝对个人主义观点也难以面对复杂的竞争，企业管理需要一种既能鼓励个人聪明才智的充分展现，又能实现群体创造能力的科学的集体主义文化观。研究证明，群体和谐的文化强调平等哲学、团队精神、民主管理，使企业管理的目的和任务超越纯粹功利目的和工具价值理性的层次，使企业效益和人性得以平衡和谐地发展。

文化自觉是企业家对企业存在价值和经营管理的终极目的的思考，企业文化的建设和保持依赖于企业家的文化自觉

企业文化理论的本质特征之四是文化自觉。文化自觉，是指企业家对企业存在价值和经营管理的终极目的的思考，是对企业经济工作中文化内涵、文化意义的理解，是运用文化规律和特点于管理之中的文化理性。企业文化的主体内容来源于企业家的文化思想，企业文化的建设和保持依赖于企业家的文化自觉，企业文化在职工中的内化程度，决定于企业家文化人格化的水平。同时，企业家文化思想形成的重要原因之一在于能够观察、认识、提炼企业员工的智慧，从而形成有本企业特色的文化。企业家的智慧采自群众，来自实践，如果离开群众，离开实践，则企业家很难产生符合实际的、有力融合员工的文化思考。

要以培育优秀文化的主导因素，把企业文化体系作为企业一切行为和发展的“法典”

企业文化理论的本质特征之五是文化主导。文化主导的基本内涵是指：作为一门新的管理理论和管理思想，企业文化理论主张在“以人为主体”前提下，以培育优秀文化为主导因素，将企业文化体系作为企业一切行为和发展的“法典”，进而将文化作为管理的主导因素，同传统管理理论和管理思想形成鲜明区别。

企业价值观是企业成功的哲学精髓

企业文化理论的本质特征之六是价值核心。企业价值观是企业文化内容的核心，是企业文化建设的基石，是企业成功的哲学精髓。企业价值观的主要作用是为人力资源确定价值信仰和价值取向，为企业文化体系确立价值理论。在多元化发展的社会中，个人价值取向和组织价值观往往存在着矛盾，这种矛盾的化解，在于培养融组织发展与个人进步为一体的价值观。企业文化整合的水平在于价值观的认同基础，企业员工成长发展的速度取决于同企业价值观的契合程度。

（本文作者均系中国企业文化研究会常务副会长。本文原载2004年5月10日《北京日报》）

关于企业文化的几个问题

艾 丰

听了一些企业代表的发言，看了一些企业总结的材料，很受启发。对企业文化我从理论建设的角度谈几点看法，供大家参考。

一、文化的定义是什么？

企业文化是作为市场主体和社会经济细胞的某个特定的企业的文化，它是企业行为、理念、素质和性格的文化表现和凝聚。这里面的要点是：

①明确企业文化的主体。企业文化是谁的文化？是企业的文化。区别于一般的社会文化、民族的文化和更广泛的各种文化，所以企业文化的主体必须是企业。企业的性质首先是市场主体，所以谈企业文化离开市场，很可能不到位或者变成了一种形式，所以必须把企业作为市场主体来研究企业文化。同时从宏观上看，企业又是一个社会的经济细胞。

②企业文化的内容应该是比较广泛的，它包括企业的(外在)行为、(内在)理念、(自身)素质的以文化形式的体现。

③“文化体现”的内涵是：与具体行为相比的概括性和规范性，与经济利益相比的凝固性和恒定性，与具体思想相比之下的系统性和精深性，在相当长的时间是稳定的。文化的特点就是经过提炼以后有它的相对的独立性和稳定性。例如：中国的传统文化可以传几千年，但经济天天变化，没有文化的稳定性，所以经济只有上升、凝炼到这样一种相对稳定的东西，才能成为文化的产物，不是任何经济的活动都是文化的产物。所以文化的内涵一定要有特殊的理解。

④企业文化与其他文化相比，它有其他文化所具有的特点，同时还有区别于其他文化的一个很重要的特点：就是具有实践性和操作性。如果企业文化都是一种没有操作性的理念，企业文化是不完整的。所以企业文化很重要的就是它要在实践中具有很强的操作性。

⑤企业文化是有个性的，或者说是微观性和宏观性的统一。宏观性寓于微观性之中。不同的企业应该有不同的企业文化特点，照抄别人恐怕不能叫作自己的企业文化，别人的只可以借鉴。就像每个人都有自己的个性，别人的优点你可以学习，但你仍然是你自己，你不会变成别人。所以，我认为一个企业的文化有没有个性，在一定意义上说是这个企业成熟或不成熟的一个重要标志。如果你的文化就是把别人的拼起来，那么你的文化至少是不成熟的。就像一个作家，他要有自己的风格，所以称他为作家，如果他写的东西形成不了一个风格，他还算不上一个成熟作家。画家、音乐家、歌唱家也都是如此。所以文化层面的性格、个性的表现实际上是他成熟的表现。所以我认为这个特点反过来也是对我们搞企业文化的一个自我检验，我这个企业文化能不能有个性表现，能不能用简练的语言表述准确，实际上也是检验企业文化是否成熟的一种方法。

二、企业文化的内涵和外延是什么？

不能把企业的内涵理解得太窄，不能把企业文化的外延搞得太小。有一种认识认为企业文化就是企业内部的思想政治工作，这种理解不能说错，但我认为不全。只把企业文化作为我们过去传统意义的思想政治工作在市场经济下的延伸，恐怕是不全面的。还有一种把我们企业的理念当成企业文化，现在做企业文化就是搞几个口号贴在墙上，首先造就一个理念。我认为这应该是要做的工作，但并不是企业文化的全部内容，仅把企业理念作为企业文化的一部分远远不够。还有把企业形象(CI)当成企业文化。所有这些都是把企业文化局部当成了企业文化的全部。

有些文章的观点很好，概括得比较准確，提出了很多很好的观点。

例如清华同方的那篇《从校园文化到企业文化》中，提到了企业文化的三个层面：“行为文化、制度文化、精神文化”。我认为这样概括是很有见地的。但作者认为行为文化是“表层”，制度文化是“幔层”，精神文化是“深层”，从某种意义上讲我感觉可以商榷。这篇文章还提出了企业文化的10个特征，也值得参考。

例如金狮啤酒集团应炳富的文章《企业发展与文化建设》中提到了企业文化的架构，也是分三个层面：“物质层、制度层、精神层”。看法与同方的那一篇类似，我很同意这一类观点。我们研究企业一定要把企业作为一个立体的、综合体的、有生命的东西来研究。

我在本人的哲学著作《中介论》中曾经提出世界三态存在的理论。世界总的源头是物质，但具体的存在是分为三态：实体形态、关系形态、意识形态。我这里之所以没有使用“物质”这个概念，是因为它是本原层次的，而不是三者并行的。任何一个完整意义的主体都是三种形态的综合体。那么企业也不例外，企业作为市场主体，一个有生命的市场主体，是这三种存在的综合体。没有实体(厂房、设备等等实在的东西)不能称之为企业；没有关系，不与社会发生联系，它只是建筑、设备，它不是有生命的企业，它要有销售网络、各种渠道等等，才能运行，然后才有意义，所以企业自身也是这三种形态的综合。制度就是凝固和提炼化的关系，也是关系的规范化、文字化的表现。三种形态都纳入企业文化研究的范畴，它既是提炼，又反过来作用于三个面，即不仅仅作为思想，也不仅仅作为制度，也不仅仅作为实体。用这个理论看企业文化，我认为它应该包括三个层面或三种形态的文化：

——实体形态的文化

——关系形态的文化

——理念形态的文化

企业首先是实体存在和实体运行，总要有有形资产，总要有物质产品，总要有见之于行为的服务。实体形态的文化，既是这方面的总结，又是作用于这方面的文化，如果没有实体操作，就成了文化机关。这个层面是企业和社会的直接连接面，这个层面要解决的核心问题是企业为社会提供什么样的产品和服务。实体层面是企业文化的基础。如果没有这个层面或者忽略了这个层面或是把这个层面看得比较轻，我想企业自身是不会接受的,会把企业文化看成一种花架子,看成一种说空话。

企业存在和运行又是有序的,必须处理好各种关系,主要是产权关系基础上的"所有者、经营者、劳动者"这三者的关系,关系的凝固化就是制度。在这里,我认为核心的东西、起最重要作用的就是制度文化层面,因为实体运作要靠制度去规范他的行为、方向,决定它的效率,没有一个好的体制、制度,同样的东西达不到目的。所以制度这个层面同时往上反映什么,在很大程度上决定了思想。其实对人的教育一方面我们用一些理论,在很大层面上是你的制度。你的制度不合理,你号召大家做好人,可你的制度总让好人吃亏,你的制度本身和你的说教悖离了,那你的说教是没有用的。所以真正影响人们思想的,制度层面起很重要的作用,甚至是基础性的。我们中国文化的误区,总希望通过思想教育把人造成完人,这样一种期望值是永远不可能实现的。实际上,我们改革开放最重要的就是改变制度,用制度来规范那些不是完人的人的行动。这个层面是企业内部的组织层面。这个层面要解决的核心问题是所有者、经营者、劳动者三者利益关系的调整,以及在此基础上的社会、企业、个人三者利益的调整。制度文化层面起双向作用,既作用于实体,也作用于精神。大家都记得毛泽东同志的一句话——"物质变精神,精神变物质"。我想用我的理论来说,这里所说的前面的物质是实体,精神东西变成实在物质,实在物质变成精神东西,我们企业也是天天在变。怎么变?有关系存在作为桥梁才能变,实体不能直接变成思想。要通过好的制度、好的关系才行。在资本主义社会有工厂、有设备,为什么产生了工人思想、资本家思想?并不是机器直接产生两种思想,而是由于关系。比如"屁股指挥脑袋",因为地位变了,关系变了,就是关系指挥思维。所以我认为,在企业文化里面,虽然是这三个层面,但在文化建设方面,在建设过程中的着眼点是在制度、关系这个层面要多花一点脑筋,把这些关系总结好,确实把它形成一种文化的概括、文化的表述及文化的凝聚。

企业总是要有追求的,这就是理念的层面。这是实见之于虚,又反过来作用于实的东西。如果说前两个层面主要解决的是外在的行为问题,那么,这个层面要解决的核心问题是人的意识——主要是价值观的问题。

企业文化的内涵要着眼于这三个方面,特别要注意中间这个层次。我们中国从历来发展到现在,有一种观点是认为思想工作万能,当然现在已经削弱了。好像有事就是思想工作薄弱了,然后就开会,就讨论,就每个人学习,这个办法不能说无效,但会打折扣,会搞成形式主义,会把企业文化变得面目可憎,所以要好好研究关系这个层面,让大家能自觉地接受。

企业形象则是这些内涵的恰当的表达和反映形式。

三、企业文化中要处理的主要矛盾是什么?

我认为,文化实际上从哲学上讲是矛盾的概括,是人从特定角度对它的一种处理。孔老夫子的文化忠孝、仁爱、信义、和平,就是总结出了社会的几大矛盾,然后给出一个处理原则。我们研究企业文化,也要研究在企业当中遇到的矛盾。

①第一个矛盾是微观与宏观的矛盾,也就是要处理好企业和社会的关系,任何企业都是微观和宏观的统一。企业本身是一个微观的主体,但它的活动是社会的,最简单的,东西要出售就成了社会问题,你的资金来源要受到社会、政策、经济形势的影响,孤立地用微观的角度是不能研究的。国有企业现在的困难比 20 世纪 80 年代要多,是不是现在的国有企业比 80 年代都退步了呢?如果是这样一个结论就错了。为什么有进步还困难呢?就是宏观造成的,是市场的变化、竞争环境的变化造成的。所以企业文化,不能关上门研究,要把宏观、微观联系起来,企业通过市场和社会发生联系。所以这个矛盾实际表现是三个环节:企业——市场——社会。许多企业文化的理念层面都是首先抓住这个问题,长虹的"以产业报国为己任",海尔的(对消费者、对社会)"真诚到永远",TCL 的"为消费者创造价值",康佳的"佳品纷呈,康乐人生"都着眼于此。企业要为消费者、为社会服好务,在这过程中自己才能得到长远的发展,在正确处理社会、企业、个人三者关系中得到发展。汇源果汁集团的文章(创一流环境,奔双赢目标)中提出要"把个人、企业、社会三者利益结合起来,形成独特的经营理念",我认为就是很好的见解。而在这三者统一里面,重点还是企业的发展,因为在现代社会,企业是财富的源泉,这个源泉没有水了,企业困难,国家就会困难了。所以正确处理三者关系,三者利益一致,也不是只讲无私奉献,也不会导致不重视企业的利益,而基础仍是企业的发展,国家的发展依托于企业的发展。所以在建设自己的企业文化内容时,我认为这个关系不要走入一种唯心主义道德领域。

②第二个矛盾是个人和团队的矛盾,也就是要处理好员工和企业的关系,这是大多数企业文化首先的着眼点。但企业的员工是不一样的,有三种人:所有者、经营者、劳动者。真正完整的企业必须三者具备。既然有这三种人,所以还要分别研究这三种人和企业的关系,再研究三种人之间的关系。若三者都从自己的角度来理解和对待团队和团队精神,不正确地处理这三者关系,企业就不可能形成一个整体,团队精神也就会成为一句空话,或者只是成为经营者调动劳动者积极性的口号,但不见得有效。它的集团的成果表现就是企业的法人治理结构,而其中的要点应该是非曲直,各就各位,各行其道,彼此协调,各得其所。这是企业的体制问题,也是企业文化中的基础部分。为解决这个矛盾,不同企业也有一些特殊的办法,例如日本曾经强调过的企业是"家"的要领,他们不是打破职工的终身制,而是利用终身制培养大家的团队精神,爱厂如家的精神。改革开放以来,许多企业强调的"企业是大家的饭碗"也是这种文化的体现。国有企业改革要解决的也是这个问题,即各就各位的问题。

③第三个矛盾是企业和企业的矛盾,也就是处理好市场竞争中竞争主体之间关系的问题,企业文化的误区更多一些。比如说市场竞争就是你死我活,商场就是战场,这些话对了 40%,错了 60%。因为商场与战场不同,战场是消灭对手。市场竞争不是打击他人的过程,而是领先他人的过程。市场竞争的核心是争夺消费者。谁得到消费者就可立于不败之地。技术领先、产品领先、效率领先、效益领先,必须提倡开拓创新。所以许多企业都把开拓创新作为自己的企业文化内容。关于强者和弱者的问题,很多强者灭亡快,就像老虎和老鼠,老鼠作为"四害"消灭却还存在,可老虎不喂养已经要灭亡了。

④第四个矛盾是管理者和被管理者之间的矛盾,也就是要处理好经营者和劳动者之间的关系问题,是企业在运行当中最直接的矛盾。汇源果汁集团的文章中说以制度、导向、自我约束三结合的方式解决管理的问题是一个很好的观点。

⑤第五个矛盾是利益和奉献的矛盾,也就是处理好物质利益和精神动力的关系问题。我认为在企业文化建设当中讲奉献又要做到不让好人吃亏,是一个很难的问题。

⑥第六个矛盾是人和事的问题,也就是处理好人才问题。汇源文章说把"用人、育人、留人联系起来"是一个好观点。人的问题关键是价值观。

⑦第七个矛盾是传统文化和现代文化的矛盾,也就是处理好继承和创新的关系问题。

⑧第八个矛盾是本土文化和外国文化的矛盾,也就是处理好借鉴国外先进的有用的文化的问题。

⑨第九个矛盾是普遍性和特殊性的矛盾,也就是处理好企业文化的特色问题。要在特色的基础上建立起自己的企业文化体系。

⑩第十个矛盾是实业和文化的矛盾(含虚实矛盾、有形和无形的矛盾),也就是要解决好做和说、实践和总结、经济和文化的关系问题。有一篇文章(《由实到虚,由虚到实》)概括出企业文化要注意虚实矛盾、有形和无形的矛盾。要把两者转化结合起来。

四、企业文化和企业家是什么关系?

①出色的企业家把权术管理和文化管理有机结合起来,以文化管理为基础。权术管理就是有权就可以办得到。文化管理就是攻心为上,我的东西使人信服。基础的东西是文化管理。权术管理成本高,往往形成一些表象东西,一遇到风险就会众叛亲离,或者是没有遇到风浪,到一定时期就会散,如果还有文化的关系在里面,就能长期稳定发展。善于把权术管理上升到文化管理层面,是企业家成功的秘诀。

②重视企业文化并在企业文化上有所建树的企业经营者才能称为企业家。没有文化的军队是愚蠢的军队,没有文化的企业家是不能称为企业家的。一个好的企业家能把好的理念、哲学思维具体化为三个层面的企业文化,即理念、制度、行为方面的文化。企业家文化是企业家理念的外化,外化就包括这三个层次。要建立企业文化,需要一把手亲自扶持、操作。

③企业文化从一定意义上说是企业家理念的外化,企业家是企业文化的倡导者、缔造者、推行者、实施者。企业家不仅个人的思维和观念要领先其他人,更重要的是要善于把自己的领先的理念和思维,外化为企业的理念、企业的体制、企业的规则(这里所说的企业首先是指企业的全体员工)。

④在文化建设当中,企业家要善于学习和利用外脑。现代的知识和企业文化有许多可以借鉴的东西,并不是企业家个人就能全部掌握。目前真正很好利用外脑的人不是太多,这里面的误区非常多。但是建设自己的文化不是这样的话是不行的,即使能建设也是非常慢的。

⑤企业文化建设必须是"一把手工程",如若领导者只重视强调原则,而不亲自动手和以身作则,甚至认为企业文化建设是企业某一个职能部门的事情,是搞不好企业文化工作的,也不能真正建立起自己的企业文化。

(作者系中国企业家协会副会长、中国企业联合会副会长。本文原载《企业文化》杂志2002年1期)

面对新世纪的企业文化

潘承烈

一、回顾

这里说的管理包括了管理和管理科学。随着时间的推移,在20世纪50年代,国际上管理的指导思想是要尽可能把给你的任务做好,做对头,做正确。对企业经营来讲,就是在产量上、质量上、交货期上都要做到恰到好处,这就需要依靠科学的方法和科学技巧。1983年,国家经委曾下达一个通知,介绍18种科学方法,因为这些科学方法在一些企业做过试点,确实能够提高生产效益,所以在全国范围推广。但到70年代,国际形势发生变化,如石油危机,新技术革命,日本作为经济大国崛起并参加了国际竞争。所以50、60年代的管理指导思想,其基本思想和原则发生了变化。那个时候,指导思想是首先要考虑到我们应做正确的、对头的事情,因为如果方向错了,即使你在做本应该做的事,工作得再好,科学管理方法运用得再普遍,效率提得再高,也只能造成浪费。所以首先要考虑到这件事应不应该做,对头不对头,正确不正确。70年代在国际上企业的战略放到了突出的位置,因为战略是涉及到全局性的问题,如果是战略错的话,你内部管得再好也没用,也是种浪费。所以对单位、企业来说,最大的浪费莫过于在一件不该做的事情上花了九牛二虎之力、不计工本地把它做好,这完全就是浪费。所以70年代在企业界和学术界,战略成为一个热门话题。80年代,认为要千方百计地把应该做的、正确的事情,把它做正确、做对头,这样就全面了。

80年代初经济复苏以后,对企业来讲客观环境好转起来,一个企业到底能不能在国际国内竞争中真正形成竞争力,在更大程度上取决于你能不能更好地把自己企业内部职工动员起来,团结起来,让大家都发挥聪明才智。所以企业文化在80年代成为国际上管理学界的热点话题。尤其是1982年,美国出版了《公司文化》一书,成为当时的畅销书。该书分析、总结了很多成功企业的企业文化实践经验。凡是能够持久成功发展的企业,它一定有根据自己以往的实践提炼出的一套能够长远流传的企业文化。所以企业文化是哪来的?它不是学者在书中想出来的,而是大量的成功企业从其实践中提炼、总结出来的一套东西。

二、企业文化是什么?

我们企业是在改革开放以后开始接受企业文化这个词汇的,我们并不是照搬西方的东西,做思想政治工作向来是我们的优势，但是以前做思想政治工作的方式主要是灌输式的，是单向的，其形式为企业的领导人是教育者，职工是受教育者。但随着时代的变化，企业文化在原来做思想政治工作的优势上进一步加以发展，使其更能反映时代要求，能够更好地起到效果。所以企业文化比单纯的思想政治工作范围更广大，而且方式更容易让人接受。企业文化是一个企业在长期生产经营实践中积累并经过筛选提炼而形成并倡导的一套优良作风、行为方式、价值观念。我国的百年老厂、百年老店，能经久不衰，就是因为有其优良的厂风、店风并代代相传。即使领导人、老板换了，但优良的厂风、好的行为方式使老厂依然屹立，久盛不衰。美国对 39 个大型成功企业进行了分析，发现这些企业可以归为两类：一类企业的成功是靠领导人个人威信魅力，一呼百应；另一类企业的成功是靠加强企业内部基础管理和巩固发展其企业文化。依靠个人威信、魅力的，如果领导人更换，新人没有威信和声望，企业很容易走下坡路；但依靠企业文化的力量，即便更换领导人，也不影响企业向前发展，因为它具有坚强的基础管理的企业文化。所以我们倡导企业文化不仅仅是为企业的今天，也是为企业的明天。企业文化具有很重要的意义。特别是我们党的十四大把企业文化列为精神文明建设的内容之一，企业文化是既要抓物质文明又要抓精神文明的重要内容，要提高对企业文化建设重要性的认识高度。我们对企业文化的认识不仅仅是能不能锦上添花的问题，而是体现具有中国特色精神文明建设的高度问题。企业文化是在以往的工作实践中提炼出来的，它使职工在潜移默化中自觉接受共同的行为准则。它绝不是空洞的口号，更不是照搬他人的一套，而是从本企业实践中提炼的。在《公司文化》一书中有这样一个故事：中世纪，有一个旅游者在路上碰到一个石匠，这个石匠拿着一个凿子和锤子在凿石头，旅者问他在干什么，他说在凿石头。后来旅者继续向前走，又碰到第二个石匠，他也在凿石头，旅人问他在干什么，他说是在做一个路标，让每位路过的人不要迷路。再往前走，又遇到第三个石匠，也是拿着锤子凿石头，旅者问在干什么，他说在建一个大的教堂，使它可以流传给后人。三个石匠干的是一样的活，都是一天到晚拿着凿子和锤子在凿石头，但三个人的境界不一样。第一个石匠也是勤勤恳恳在干，但他没有什么目标；第三个石匠的境界最高。流传这个故事的公司说我们希望我们的职工能够成为第三个石匠。虽然平常你每天干的事都是平平凡凡的，每天都是简单地重复，但你不要只是看到眼前琐碎的事情，如果你把日常繁琐的工作跟一个远大的理想联系起来，那么你现在所做的工作就不是无意义的，而是为着一个远大的理想在努力。所以企业文化是贯彻在一个企业经营管理的整个过程之中，同时也是寓教于乐，使人在不知不觉中受到教育。这就是企业文化。采取大家所能接受的用一种喜闻乐见的形式，把企业文化思想贯穿当中，成为大家自觉的行动。这就是"润物细无声"的教育方法。另一方面，企业文化实际上是企业领导人自身的"投影"。过去有一句话：领导迈什么步，群众走什么路。这句话用在企业文化上很有道理，领导者的行动就是无声的命令，影响着全体职工。如果领导班子不思进取、懒懒散散，你要求这个企业能够奋发有为、不断开拓创新，便是不可能的事。所以你自己只有以身作则，身教重于言教，才能带出一个你所要求的职工队伍。我们要真正深刻理解企业文化，而不是片面地抓住形式上的企业文化，只是提提口号。我认为这里面确实文章很多。把泛泛的口号提到企业文化上，这是假的。有个企业年轻人很多，下班没事干就打牌、聊天。如果把学习上进作为企业文化的话，就要采取相应措施，规定每年 9 月份全体职工考试，如果是三级工通过考试合格后成为七级工，那么明天就发他七级工的工资，派他七级工的活，这样这些青年人就会把提高自己的技术水平作为自己奋斗的目标，这样就有了动力。现在说职工是企业的主人翁，到底怎么体现主人翁的位置？某个企业在每个车间把所有工人登记入册，记录他们的工作情况及所提出的合理化建议次数，以此增强工人的责任感和主人翁意识。这些都是大家在讨论企业文化的时候，可以参考借鉴的。现在我们面对新的世纪，企业文化更加有现实意义，我们不仅仅是面对国内的竞争，特别是我们加入世贸组织后跟世界经济接轨，所以我们还面对国际竞争。有人说入世是狼来了，那么对"狼来了"你到底怎么看？你如果把自己看作是羊的话，那就等着狼来把你吃掉；只有你把自己也当作狼，你才能够"与狼共舞"。从这个意义来讲，发挥企业所有职工的聪明才智，这一点对今后更大的压力和挑战会有重要的现实意义。所以现在不但要了解掌握国际上先进科学技术发展新动态，还要关注文化层次的新发展。

国内一些企业能够保持长远的优势，决不是就事论事地只看到今天，而是建立在一个深厚的文化基础上，比较典型的是海尔企业、海尔文化。新世纪进入知识经济，对知识工作者的管理不同以往。过去领导是发号施令，被领导者只需要服从。现在基层岗位上的人了解的情况、掌握的专业知识比领导更多，所以要更重视沟通、协商、引导，以实现其自我价值。创新的作用更为突出。要使职工在日常工作中不断改进，精益求精，使创新成为一种企业文化。现在的人才竞争越来越激烈，入世以后更加严重，如何留住人，是很大的挑战。仅仅靠工资报酬，那我们与合资企业、外企无法相比，他们可以比我们高 10 倍。但对一个专业人才来讲，工资报酬是很重要的，但不是惟一的，更重要的是在企业里体现其自我价值。所以面临新的时代，你的企业如何真正地尊重人、了解人、爱护人，使他们能充分发挥自我价值，是当前我们在新的世纪面临的新的考验。另外，企业文化要充分发挥我们传统文化的优势，将传统文化融合在企业文化中间。中共十五大说，有中国特色的社会主义文化，渊源于中华民族五千年文明史，又植根于有中国特色社会主义的实践，具有鲜明的时代特色。从我国丰富的历史文化遗产中汲取养料，以便充分发挥文化优势并转变为竞争优势。这次江泽民主席"七一"讲话里也谈到：我们几千年丰富的历史文化遗产，我们要取其精华、去其糟粕，要结合时代精神，做到古为今用。这些重要的指示对我们企业文化的发展是非常重要的理论支柱。我们中国的企业家具有得天独厚的优势，就是我们几千年的文化传统，如果我们真正把古代流传下来的哲理、理论，能够结合我们当前的实际融会贯通、理解、运用的话，就会开扩我们的视野。这是其他国家所没有的。

现在竞争要面向全世界，我们看到压力、看到挑战，但是不是只有压力和挑战，也有机遇。古人说："以天之目视者则无不见，以天之耳听者则无不闻，以天之心虑者则无不知。"这是一个哲理。如果你用"天下之目"、"天下之耳"、"天下之心"来考虑问题，这样你会不仅看到压力和挑战，你也会看到全球化经济给企业带来的是无限的商机，整个世界市场都摆在你面前，问题是你到底能不能抓住，能不能去运用。这并不是抽象的概念。今年上半年，在北京一个电子商务的高科技会议上，一个代表衣着不整，人家问他是干嘛的，他说是农民，来参加会的。还说他是做布鞋的。没有想到他的布鞋在互联网上推销后，来自美国的定单不断，因为美国人的家里都铺着地毯，美国人发现穿着中国的布鞋在家里特别舒服，结果都向他定货，10美元一双。

企业文化需要在我们新世纪的不断实践中加以总结、提炼、发展，从而更有力地推动我国经济发展和在国际市场上的竞争力。

（作者系中国企业联合会副理事长。此文原载《企业文化》杂志2002年1期）

企业文化建设的几个问题

周叔莲

改革开放以来，中国企业文化建设在理论上和实践上都取得了很大的成绩，对建设有中国特色社会主义的文化和促进国民经济发展起到了积极的作用。但是，也存在一些问题，还有很多工作要做。我谈谈企业文化建设要注意的几个问题，就教于读者。

一、正确认识企业文化的作用，重视企业文化建设

现在对企业文化建设比过去重视多了，但和企业发展以及社会文化建设的要求相比，还重视不够。原因之一是对企业文化的作用还缺乏足够的认识，很多人没有认识到如果没有好的企业文化，企业就不能长期地持续地兴旺发达。因此，要在认真调查研究的基础上，用通俗易懂的语言，让更多的人尤其是企业领导人认识企业文化的作用，加强企业文化建设，促进企业的改革和经营管理。当然，也不能把企业文化的作用说得神乎其神，把一切都归之于企业文化。严格意义上的企业文化属于上层建筑领域，是经济基础的反映，又反作用于经济基础。我们要充分而又科学地认识企业文化的作用。

二、不要把企业文化建设看得过于简单，过于容易

有一种把企业文化建设看得过于简单，过于容易的现象。例如，认为提几句口号，开几次会，搞点文娱活动，就能建设好企业文化。这就把事情看得过于简单了。企业文化包括企业宗旨、企业精神、企业价值观念、企业行为规范、企业形象等内容。企业员工各有自己的价值观、道德观，要统一员工的思想认识，形成企业全体员工认同和遵守的价值观念和行为规范，是很不容易的事情。因此，一个好的企业文化，是长期积累的结果。企业文化在企业中是无所不在的、深层次的东西，有稳定性。只有长期积累，才会形成自己的企业文化。有人说所有企业都有企业文化，我怀疑这种说法。至少一个好的企业文化不是所有企业都能有的，它是在建设企业文化上长期努力的结果。

三、防止企业文化宣传中的泡沫现象

有的媒体把企业文化炒作得很厉害。宣传企业文化当然很必要，但也要防止炒作现象。我们要扎扎实实地工作，使企业文化真能促进企业改革、企业管理、企业发展。

对企业文化建设已经取得的成绩也不能高估了。否则，难以解释现在企业的假冒伪劣行为那么严重，企业亏损那么严重，企业困难那么多。

企业文化建设要抓住一些基本的东西。例如，要树立顾客第一的观念，要提倡以人为本的精神、创新务实的精神、自强不息的精神、公平竞争的精神、团结的精神、学习的精神。学习是后进赶先进的法定，是企业适应时代的需要。

四、把继承、发扬我国优秀的传统文化和学习、吸收国外的先进文化结合起来

黑格尔说过，文化“不是一尊不动的石头，而是生命洋溢的，有如一道洪流，离开它的源头愈远，它就膨胀得愈大”。中华文化作为世界上最古老的文化之一，源远流长，根系深厚，博大精深。在面向21世纪建设企业文化时，要注意继承和发扬我国优秀的传统文化，从中吸取有益的营养成分。应该认识到中国传统文化的精华部分不仅可以和社会主义市场经济相容，而且能够成为现代企业文化的深厚基础。世界各地的华人企业家的成功充分说明了这一点。当然，也要注意把传统文化中的精华和糟粕区分开来。还要认真学习和吸收国外先进的企业文化。中国文化的发展，不能离开人类文明的共同成果。在学习吸收国外先进的企业文化时，要认真研究双方的文化差异，研究各自的文化对管理的影响，同时要注意创新，建立适应中国企业发展需要的企业文化新模式。

五、不要离开企业发展搞企业文化建设

我们不能说，企业发展快，企业文化就好。有的企业一时发展快，可能是别的原因或偶然因素造成的。但是，好的企业文化确实是企业持续健康快速发展的基础。也不能离开企业发展搞企业文化建设，媒体作为企业文化榜样宣传的国内外企业，大都是发展较快的企业。企业发展停滞了，也就不会有人宣传它的企业文化了。因此，要把建设企业文化和加快企业发展有机结合起来，也要把建设企业文化和深化企业改革、加强企业管理有机结合起来。

六、充分发挥企业家在企业文化建设中的作用

为什么有的企业文化建设工作搞得好,有的搞得不好?我们通常说这同企业领导是否重视企业文化有密切关系。这样说是有一定道理的。但是还要看得深一点,要看到企业家在企业文化建设中的作用。企业发展史表明,著名的起显著作用的企业文化,都是同某个著名的企业家的作用分不开的。国外如此,国内也如此。企业家的特点是善于创新,建设一个好的企业文化是必须有创新精神和创新能力的。只有企业家重视企业文化,下功夫搞创新性的建设,日积月累,才会形成一种好的企业文化。当前面临的一项重要任务是:努力创造条件,充分发挥企业家的作用,促进企业文化建设。

七、把企业文化建设和整个社会的文化建设结合起来

为了促进企业文化建设,使企业普遍有好的企业文化,必须使企业文化建设和整个社会的文化建设结合起来。企业文化是社会文化的一个组成部分,受其他组成部分的影响,也影响其他组成部分。例如,企业所在社区的文化,政府机关的文化,以及学校文化等等,都对企业文化产生影响。要像重视企业文化建设一样,重视全社会的文化建设,才能建立起适应21世纪要求的企业文化。

(作者系中国企业文化研究会学术委员会委员,中国社科院研究员。此文转载自2002年出版的《中国经济改革和发展面临的问题》)

我与企业文化

李燕杰

1977年1月,“文化大革命”结束了,百废待兴,许多单位约我演讲,约我讲课或作报告,这是我作为一个大学教师走出大学的高楼深院走向社会,走向企业之始,也许这就是接触企业文化之始。

讲什么呢?无非是讲“文革”结束了,如何搞好企业,搞好建设,如何做人,如何做事等等,这些无疑都应视为一种企业文化,尽管是浅层的,萌芽式的,未上升为理论的,也许还不能登科学研究的大雅之堂的,但效果是很好的。我告诉他们:“文化者,人化也;人化者,美化也;美化者,强化也。”所谓文化,就是由非人到人,从动物人到社会人的过程。后来,大约是在中国企业文化研究会建会之初,孟凡驰等同志代表研究会约我担任研究会专家组成员,北京企业文化研究会也约我担任顾问,自此以后,就从自在到自为,开始有意识地研究企业文化,一方面读韩天石、张大中、贾春峰、孟凡驰等同志的文章,从理论上进行思考,曾研究过企业文化与政治工作的关系等问题。在此期间,我还专门向全国著名大企业发了信函,调查各企业有哪些企业精神,有哪些口号。信发出后,各企业纷纷回信。以企业精神为例,我收到五百多封,经归纳,集中到这样一些理念上:献身、奉献、团结、勤奋、奋进、拼搏、开拓、求实、诚信、创造、创新、韧长等。我以这些理念为指针,在全国范围之内演讲,从北京走向全国,从中国走向外国,迄今已到过海内外600多个城市,演讲3000余场。其中有相当一部分是为企业演讲,起初演讲对象多为国营大中型企业,如首钢、北汽,后来又到乡镇企业演讲,进而又给民营企业演讲。近些年,又在为外国企业演讲,如美国友邦公司、韩国三星、日本长富宫等,还在国外专门为企业家们讲中国企业文化及民族精神。所到之处均受到热烈欢迎。

这些年尽讲些什么呢?可以说一直是与时俱进,并强调把中央精神与所到企业的特点相结合,又与社会上热点、难点、疑点相结合,所以能取得很好的实效性,一些企业赞誉我为企业的灵魂。

近来,主要讲以下六个字:

一魂:我强调党有党魂,国有国魂,民有民魂,企业应有企业之魂,在这里主要讲企业精神。

二道:这里主要强调企业发展,要研究客观规律,要在天地人之间找到坐标位,并要研究天时、地利、人和。总之,一个企业的战略要符合客观规律,不能违反客观法则。

三智:在一些企业专门学习外国成功学时,我们着力研究中国人的成功与智慧,研究增进智慧取得成功的法则,同时,告诉大家道德诚信是第一智慧。颇受职工欢迎。

四谋:我告诉企业职工,要认真研究中华传统谋略,对姜太公、鬼谷子、陶朱公、孙武子、诸葛亮、刘伯温、曾国藩、胡雪岩都可研究,并可从中找到经营管理之道。

五艺:我还强调人创造了伟大的艺术,伟大的艺术又创造了全新意义上的人,人创造了企业文化与艺术,企业文化与艺术必将增进人的智慧,塑造人美好的灵魂。

六健:我还强调要搞好企业,使企业能蒸蒸日上,必须从上到下保持健康的精神,健美的体魄,在演讲中渗透健康第一的思想。

总之,这些年,我一直在研究着、实践着,而且得到了各级领导的鼓励,受到了广大职工的欢迎。目前我正在研究在新的形势下,如何从根本上提高职工思想水平,如何从根本上提高企业文化。我又提出六大关系:左脑与右脑的关系;智商与情商的关系;抽象思维与形象思维的关系;静态与动态的关系;已知与未知的关系;现实主义与浪漫主义的关系。我认为这六大关系属于人类的大本大元文化,从中可找到大智大慧乃至大谋大略,从而使企业文化不停留在高楼深院,不停留在书本杂志上,而是走向群众,在群众中、实践中求得最佳实效。我认为,“善助人者要固其本,善理疾者要绝其源”。今天我们必须站在时代的高架立交桥上,纵观全球风云变化,在激烈的竞争中,一定要为咱们中国的企业在管理创新及铸魂育才等方面做出新贡献。我也希望与各方专家、学者和企业家们通力合作,使企业文化更上一层楼。

(作者系中国企业文化研究会学术委员会委员,首都师范大学教授。此文系作者为本书所作)

三、企业家谈企业文化

企业文化应解决三个关系

张瑞敏

对于企业文化建设，我认为企业应该解决三个方面的关系：一、企业文化与企业战略；二、企业文化与员工创新精神；三、企业文化和不同文化的关系。

企业文化与企业战略

企业文化与企业战略之间的关系是先有战略后有文化。前年有40多万人参观海尔，想要海尔企业文化和企业战略方面的全套资料，其实没有必要。我认为每个企业都有自己的战略目标，战略的不同，其需要的企业文化也不一样。所谓企业战略，我认为是两点，第一是定位，第二是差异化。定位是什么，对于一个国际化的企业，比如说，做一个小螺丝钉也做到最专业化。每个企业都应该有自己的定位，如果企业的定位不清晰，就犹如一个人似的，方向没有定下来，位置没有定好，就不知道怎么做。同样的道理，如果有了战略，非常明确，就会明白下一步该怎么去做。但是如果只有战略而没有企业文化，那么这个战略也不可能落实。有战略没有企业文化的企业，就好比是无源之水、无本之木。所以企业战略与企业文化两者之间相辅相成，非常重要。

海尔的定位是不同的阶段有不同的定位。1998年定位是国际化企业，成为一个世界名牌。在某种意义上说是内圣外王。所谓内圣，就是企业内部一定要有非常优秀的企业文化；所谓外王，就是外面市场一定要成为世界名牌。就是说，为了这个世界名牌而建立一个满足世界名牌要求的企业文化和一支队伍。其实要国际化，首先是人的国际化，没有人的国际化，人的素质就不会有提高，也是没有品牌的国际化。优秀的企业文化支持企业战略的实施，优秀的企业战略也必须有优秀的企业文化来支持，没有优秀的企业文化，企业的这个战略也不可能落实。

我们所认识的企业文化，意味每一个人每天都在不断地战胜自己，每天都在挑战自我。这个企业文化是正常的。因为不管你怎么做，企业文化不是做给别人看的，也不是做出来多么好看的一个形式的东西，而是对准一个目标。在明确这个目标之后，每个人怎样努力达到这个目标？企业大的目标，分解到每个人身上，分解到每一天，这就是你要达到的，这非常重要。但是你要把目标分解到位是非常困难的，要求你怎么去战胜它、达到它，没有创新就没法解决。

如果一个企业，它什么都做得很好，什么都不用做了，那么它就没有目标了，就像一个人一样，没有目标就没有灵魂，企业文化就是企业的灵魂。如果企业没有企业文化就会像没有方向的汽车一样，在马路上乱跑乱闯，或者说有了目标没有企业文化的支持也不可能持久。创业初期，企业首先是得有一个很明确的目标，不管是多少人，首先需要清楚我的目标是什么？我的定位是什么？所有人都要达成共识，向着目标去做，共同向一个方向努力，形成一个合力，企业文化是把每个人的力量拧成一股绳。如果把企业文化当成一个装饰性的东西、形式主义的东西，形不成真正的企业文化，与真正的企业文化离得很远。

企业文化随着企业的发展需要不断地变化、调整、更新。为什么呢？他与你企业的发展目标是紧密联系在一起的，或者说一个大的战略目标，分解成你能完成的目标，应该天天提高。海尔的工作方式是：日事日毕、日清日高。就是说今天完成的事情应该超过昨天，明天的目标就比今天高，目标不断在提高，所以你的企业文化也必须一起提高。

海尔创业开始就非常注重企业文化。当时我订的目标就要求每个人都要向着这个目标努力，每个人都为他奋斗。通俗一点讲就是你的目标大家都理解了，都认同了，大家都拧成一股绳。一个企业，现在的战略完成需要靠企业文化，今后的持续发展还靠企业文化。企业文化应该成为员工创新的一个基因，只要有了这个基因，不管外界发生什么变化，都会主动去应对，而不是被动应付。如果从效果来看，那么百年老店的企业文化是优秀的企业文化。企业文化是无形的东西，但有形的东西都是由无形的东西决定的，就像老子的“一生二，二生三，三生万物”一样，如果没有无形的就不会有有形的东西存在。有些企业有形的东西很多，很热闹，但是没有无形的东西支撑，很快就会垮掉的。

企业文化与员工创新精神

能够把创新的基因置入到员工当中去的企业文化；才是真正能够让企业长盛不衰的企业文化。所有百年企业之所以存在的原因就在于其创新的精神是长盛不衰的，非常重要的一条是企业文化像基因一样置入到企业当中去。海尔做得还像点样的就是我们的白色家电。根据欧洲统计记录的排名,我们白色家电在国际上排名第五位,我们的目标是进入第三位。前面都是非常大的跨国大公司,我们统计了一下排在我们前面的四名,平均年龄 114 岁。我们和它们之间有着非常大的差距,这不仅仅是差在一百年,而是一百年后它们仍然在成长,仍然有竞争力。我们和它们在管理、人才、资金上都有很大的差距,也不是短期内可以解决的差距。前四名中最大的是西门子 155 岁,最小的也有 91 岁。对我们来说,如果从第五位再上升,我们的目标是提到前三强,按它们同样的方法去做,大概再过一百年也赶不上,所以要靠创新来追,只有每个员工都来创新才能赶上去。

我们在十几年前做过一些尝试:对我们提出的一些理念,让全体员工根据自己的理解画成一些漫画,把非常复杂的概念,变成一个非常具体、非常简单的东西,来激励大家,非常有效。这个已经被日本的神户大学作为他们的 MBA 教材的一个案例。让企业文化一下子全部渗入员工之中。无论什么员工,只要对企业有贡献(如一些小的改革、发明)我们就进行奖励,使每个员工都想办法实现自身价值。

我认为在企业里,被管理者需要管理者给予的东西很简单——公平。再简单一些就是我干得好,你应该能看得到,别人干得不好,你应该提出来。如果干得好、干得不好都没有人提出来,那么就会向着干得不好的方向发展。所以,我们最主要的一点就是创新精神。在企业里最可怕的是每个人对企业的发展都漠不关心。最重要的是每个人自觉创新,每个人都贡献出自己的力量。如果员工有对工作干坏了也无所谓的思想,那么这个企业是没有希望的。因此创新是最重要的,每个人的创新是最重要的。

把企业文化像基因一样注入企业之中,最具体的是让每个员工感受到市场压力,由市场来评判,所有都是听市场的,市场的效果好,市场直接就给你评判了。现在企业麻烦最大的是企业的领导感到市场的压力非常大,而员工并没有感受到压力。企业文化不应该是孤立的,如果把市场压力渗透到每个员工身上去,每个员工一定会想办法来解决这个压力,这就需要创新,而这个创新就是企业文化最需要的。如果每个人都来动脑子,每个人都来创新,这对企业来说是一笔非常大的财富。企业要从组织结构上使每个人与市场都联系起来,每次创新都要想到用户的需求是什么,与用户的需求结合起来。如果能够满足用户的需求,那么你的创新就是有价值的,人人与市场结合起来,这个创新就不是空洞的,是非常具体的。他们会想,今天的创新是什么?是不是用户的需求?所以得动脑子想一想,而不是被动地你让我干什么我就干什么了。

为此,从 1998 年起我们又推进了一步,就是对市场链的流程再造,即整个企业的管理组织完全打破。追溯到亚当斯密的《国富论》的第一篇就是论分工,从劳动分工开始到现在整个的企业组织都是金字塔型的,一层一层的。我们从 1998 年开始实行完全扁平化管理模式,每个人都在市场。这种方式已作为瑞士洛桑管理学院的管理案例编入 MBA 教案,现在作为欧盟的管理案例。原因不在于我们成功了,而在于是对原来的管理体制的挑战。原来企业里的关系,同事间都是上下级的关系,员工的要求是我的直接领导、上司对我好就可以了,满足他们的要求就可以了。而扁平化的管理,企业员工每个人之间不仅是同事的关系,更是市场的关系。其实每个人都想体现自身价值,我们做的是在为用户市场提供价值的同时让员工实现自身价值。比如在海尔,原来的开发人员现在叫型号经理。原来是上级要求你开发这种产品,定下来之后设计生产,有没有销量与你无关。而现在是你来寻求市场,你可以提出你的提案,确定后生产,生产了并不表明你完成了任务,而是根据市场的销量来确定利润,你根据利润来提成。也就是说你不但是与一个新产品挂在一起,而且是与市场挂在一起。其实从本质来讲,用户需要的绝不仅仅是产品本身,他需要一个问题的解决方案。如果解决方案可以提供他非常注意的东西,他会给你带来客源,你就获得了市场,获得了利润。有的产品,叫好不叫座,就没有市场,也就没有利润,没有收入,公司则只有借生活费给他,但只能借 6 个月,如果 6 个月后还没有利润就只能研究别的市场,或者再找一个别的适合的工作。

如果每个人与市场不结合在一起,在今天这个信息化时代,经济全球一体化时代,这个企业就没法生存。因为原来金字塔型的管理方式不适合了,原来的信息是不对称的,而在信息化的时代,互联网的开通,你所知道的信息,别人也都能知道,所有的信息都是对称的,只有速度致胜才能占领市场。谁能最快满足用户需求谁就抓住了市场。所以把创新的基因渗入到每个员工当中去,不是口头上的形式,而是通过市场的力量来达到的。每人每时每刻都与市场结合在一起,离开市场就没有生存的余地。国外的企业文化概念,前提是企业中每个人是利益最大化的经济主体,可能在中国许多人很难接受,其实就是把自身利益与市场利益结合在一起。

《国富论》归根结底的观点是市场经济就是找到市场这只无形的手,也就是说每个人都从利己的目的出发,达到利他的效果。只有调动了每个人的积极性,每个人都在创新,企业才能在激烈的竞争之中处变不惊。

美国管理之父德鲁克有一句话:组织的目的只有一个,就是使平凡的人能够做出不平凡的事。如果让每个人直接面对市场,也就是每一个人都像老板一样,都像经营者,自己来经营他自己,来发挥他最大的创造力。我们称这个为 SBU,即经营自己、经营市场。

企业文化与不同文化的关系

如果我的企业文化只是在我的企业里非常有用,离开了这个企业或者离开了这个国家就没有用,这个企业文化就不是真正意义上的优秀的企业文化。

比如海尔的文化。从国际来说,在美国哈佛大学 MBA 案例中收了我们海尔兼并青岛一个洗衣机厂、合肥的一个电视机厂的事例。因为当时去哈佛讲课时他们对我讲,你是第一个走上哈佛讲台的中国企业家,哈佛案例库有 8000 多个案例,海尔是第一个进入哈佛案例库的中国企业。当时我很奇怪,为什么哈佛大学对企业文化那么感兴趣?他们说 10 年前哈佛大学的科特尔教授,当时研究出成果:一个非常好的管理模式在不同的国家会有不同的结果,或是在同一国家的不同企业里也会有不同的结果,原因在于各种企业的企业文化不同。像海尔在兼并青岛的洗衣机厂时,并没有注入资金等,只是派了三个人去,用海尔的企业文化、管理模式救活了这个企业。合肥的电视机厂,是一个40多年的国有老企业,去了之后短时间使其从亏损状态转为赢利状态。但期间发生了很大的冲突,当时200多人上街闹事,排斥海尔的企业文化和管理模式,认为海尔的管理太严,他们受不了。但现在的工资是原来的好几倍,为什么干不了呢?他们说,原来的工资少我可以不干活,现在工资虽然是过去的几倍,但这么严格的工作受不了。我们当时就说,这个严格要看从哪方面去看,与过去比是严格,但按照用户要求来看是非常不严格的。用户不会因为你的现在紧张、因为你受不了我们要求你严格而原谅你的问题。这个问题的本质就是企业文化的碰撞,在某种意义上说也是好事,它早晚会产生碰撞。我们要求大家来讨论,如果通过讨论能够统一到一个思想上来,那么我们继续干,如果统一不起来,那么我们会和平撤离。最后结果大家明白了,还是需要这样做,因此这个厂现在还是不错的。

从国际上来讲也一样,海尔在全世界有13个工厂。在美国的工厂所聘用的员工、管理人员、技术人员都实现了当地的本土化。海尔在海外的工厂,一般都是招聘当地人,与中国一般的公司不太一样。一般中国在国外的企业,都派自己人去,其实自己的人出去时间长了也会变成外国人的。很多公司都是这样,自己人时间长了,干着干着就在外面派生一个小公司,赚钱都放在自己的小公司里,赔钱由大公司担着。这样的人比比皆是。我们采取了本土化的方法,并收到了很大的效果。美国的哥伦比亚大学有一成果:1951年日本的第一台收音机进入美国市场,经过20年后,销售量达到了1.5亿美元;1991年海尔的第一台电冰箱进入美国市场,比日本晚了40年,但海尔用10年的时间销售量也达到了1.5亿美元,达到同样的销量,海尔少用了一半的时间。这是本土化起着重要的作用。做到本土化在于理念的沟通,必须能够沟通。海尔在美国的总部在纽约,有机会去美国,可以在纽约的曼哈顿区的百老汇看到美国标志性建筑的是海尔。这是美国的古建筑,很受保护,当时买下它时,《纽约时报》把这事作为重要事件在主版发表,这意义不在于买楼,而是在美国的发展。

海尔在美国的贸易公司的经理就是招聘了一位美国人。当时要求海尔的产品通过他进入美国的四大连锁店。他当时认为这不可能,举例说:美国的知名品牌如GE、惠尔普等用了很长时间才进入。海尔要求当年进入。我们就说,我们的思想就是要创新,如果我们用GE相同的方法,我们将永远也进不去。我们提出要换一种思路,企业文化的核心就是要沟通好,具体的做法由他来想。他想了很多办法,如在沃尔玛的总部旁边树了一个广告牌,他们的老总进出能够看到,以引起他的重视。

这个广告在当时还引起了纠纷:美国的一家大型建筑公司告海尔侵犯了美国法律,说为什么广告版上有“世界顶级”的字样?我们在树广告牌之前已经向当地的律师咨询,我们说的是“世界顶级之一”,没有说我们是“世界顶级”,没有错,你也可以写。这是我们前期做了许多调查后,本土化运作的一个方面。又如,在美国的工厂,按照海尔的管理,员工干得好、干得坏都要公布。而在美国这是行不通的,只能公布干得好的,干得不好不能公布,无法接受海尔的管理模式。但海尔要求必须是正激励与负激励并存,具体怎样表现由经理来定。这个经理也是美国人,但怎样让美国人来接受这种方式呢?最后,他用一个很简单的方法就解决了:用玩具熊与玩具小猪来表现,干得好的发一个玩具熊,干得不好的发给他一个玩具猪,问题解决了,并达到了预期的目的。这说明了两种文化的不同,以强制的方式要求对方接受是不太可能的,但可以采取一种方法,做到双方都能够接受。

以上是海尔发展中的一点体会,但我认为每个企业的领导人要不断冲刺。为什么呢?因为国外企业界有一种说法:最难的是成功了再成功一次。为什么?因为第二次做的时候往往会用第一次成功的思维方式去处理,容易被第一次成功的思维方式所束缚。如果你以不变应万变,那么不可能成功,只能是一变再变。

海尔发展到现在,也面临着很多的问题,特别是全球化竞争,面对国际市场,竞争很激烈。用海尔的话说:永远战战兢兢,永远如履薄冰。每一天都认真对待,每一天都是新的。用中国古代哲人一句话来说,只要找到了路,就不会嫌路长。

(作者系海尔集团首席执行官)

先进的企业文化是基业长青的重要保证

王 选

国外一些名牌企业能够几十年甚至上百年长盛不衰,其重要原因是:完善的科学管理体系,不断创新并在一个领域取得领先地位,以及先进的企业文化。企业文化代表企业员工做事的理念、行为和习惯,并清楚地告诉员工:什么是企业鼓励和倡导的,什么是企业反对和禁止的。

中国企业不能照搬外国的企业文化,因为我们有自己的国情、民族精神和文化积累。美籍华人王安曾把西方先进的管理理念和专业文化与中国的儒家文化相结合,加上关键时刻的几次正确决策,使王安公司走向辉煌,王安也成为美国最出色的华裔企业家。但受儒家文化中落后的封建意识的影响和几项决策错误,最终导致王安公司于20世纪90年代破产。中国企业要学习外国先进的企业文化,也要学习和贯彻新中国建立以来一些好的做法、好的思想和好的精神,建立有中国特色的企业文化。

企业文化的核心内容往往是比较稳定的,但也要随着形势的改变而有所创新。“惠普之道”使惠普公司成为常青树,并被奉为经典。但近年来的竞争加剧,“惠普之道”也经历了不少更新,这证明再好的企业文化也不能一成不变。

随着经济体制改革的深入,中国的企业文化也将迅速发展,从而为中国企业走向国际奠定坚实的基础。

2003.11.6

(作者系全国政协副主席)

联想集团的企业文化建设

杨元庆

提起企业文化,人们都能说出个一二三来。比如,一提联想的企业文化,人们就会想到“把5%的希望变成100%的现实”、“在赛马中识别好马”、“惟创新、不生存”等精练有力的“准格言”。但却很少有人对这种短句中所凝结的文化底蕴详加探究。事实上,企业文化并不等于企业格言,也不等于企业形象。它的本质是一种企业精神。这种精神在企业成长过程中有意或无意积淀下来,又反过来对企业的机制、风格等产生深刻影响。

在市场逐渐成熟,竞争日趋激烈,产品不断同质化的今天,企业的文化素质已经成为企业长久发展的决定性因素。人们在探寻一家企业成功奥秘时,已经不限于机制或产品,而是不约而同地把目光投向了它们背后的更为本质的文化品格。正如联想的“屋顶结构”所揭示的,只有企业的文化体系与其管理、运营紧密联系,形成一个有机整体,才能保证企业临危不乱,健康成长。在联想人看来,如果说一个企业以为客户提供最好的产品服务为目标——这个目标好比是一间房子的屋顶,那么,这个目标是建立在物流、资金流、信息流——房屋的主体基础上的;而物流、资金流、信息流要得以顺利地实现,又必须有机制、体制、管理理念和文化的保障。有人认为,正是基于对这种相互作用的辩证关系的深刻理解,并始终把文化建设作为企业发展的重要因素来抓,固本培源,励志图远,联想人才取得了今天的成就。

一、志存高远,固本培源

从联想的经验来看,我们认为,决定一个企业、一个品牌成败的更重要的因素还在于企业自身是否能够适应环境的变化,是否能在政治、经济、科技发展的大潮中定准自己的目标,平衡好各种关系。其中,最主要的还是一个“志”字。换句话,立意要高。在联想,我们常说,“小企业做事,大企业做人”。什么是“大企业做人”?就是把诚信、坚毅的品格灌输到企业文化中,志存高远,坚行诚信。

我们认为,管理企业与做人的道理是一样的。古人说,“志,气之帅也”,如果没有一个长远的发展方向贯穿在企业的组织与行为中,整个企业就会像一盘散沙,既不能从长远上把握环境的变化,也不能从根本上建立起牢固的经营基础。这样的企业,当然很难存活。可以说,联想从诞生的那一天起,创建者就对这一点有明确的认识。从大的方面来讲,联想要扛起民族工业的大旗;从小的方面来说,联想要成为百年老店。明确的目标使我们明白应该做什么,应该怎样做。我们也卖过旱冰鞋,也为别人做过代理,但我们从来没有放弃过我们自己的目标,从来没有因为一时的利害得失而迷失方向。我们的一切行为都围绕着这个目标展开,搭班子,定战略,带队伍,迂回海外,辗转中原,吸纳有志之士,树信息化先锋……所有的努力都指向一个方向。当积累达到一定程度,这些成果就会凝聚在一起,形成一个合力,又促进企业在以上方面的良性发展。

到1993年,我国计算机产品市场国外厂商大概已占到70%以上的份额,此情此景使不少媒体发出了这样的悲叹:中国计算机产业还能够撑多久?联想1993年也在公司十年历史上第一次没有完成自己年初定下的目标,区区两三万台的年销量,如何与百万规模的洋枪、洋炮相抗衡。

1994年,不仅对联想,对整个中国计算机工业也是一个考验。由于国外品牌厂商在此前后大量涌入,以他们雄厚的财力、良好的管理、丰富的营销经验,将没有市场经验的多年来在保护下生存的中国PC厂商打得稀里哗啦,放弃的放弃,改向的改向,合资的合资,市场份额逐年下降。

然而联想人就是有这么一股气,一股骨气,当时以柳传志总裁为首的联想总裁室,在认真分析了当时公司内外的状况之后认为:首先我们不能放弃,计算机这个产业在未来是涉及到国计民生的重要战略产业,是在人类由工业化社会进入到信息化社会进程中决定我们是不是还将落伍的支柱型产业,是涉及到全民素质的一个产业。这样一个重要的产业,无论是我们的政府,还是我们的人民都不能接受我们办公室里、家里用的都是洋货,他们将会为那些勇敢的挑战者呐喊。当然这些都是次要的,只有最后将自己的产品、市场、服务做得和国外品牌一样好的厂商,才会得到他们的青睐,才会让他们花钱购买自己的产品。

联想也认真分析了自己的组织结构中存在的问题。当时所采取的组织结构叫大船模式,这是一种资源非常集中,权力非常集中的管理模式。经过总结我们认识到,这种带有较强的计划体制味道的组织结构已经难以适应当时的市场竞争需求了。分析到这些,公司坚信我们PC能做下去,民族工业的大旗还得坚定地扛下去,因此我们电脑公司的前身——微机事业部得以诞生,把联想电脑的研发、采购、生产、销售、服务全部环节都统一管理起来,制定了以市场为导向、为龙头的战略,从此联想的管理思想也由大船转变为舰队。由此带来了联想电脑后面四年销量和利润持续保持100%以上增幅高速发展阶段。到1996年,彻底改变了国外品牌在国内的垄断地位。

当然,在这个大潮中,联想只是众多民族企业中的一家。我们认为,联想的选择符合国内品牌、民族企业发展的方向,也为国内产业在国际竞争中探索自己的发展之路做出了自己的贡献。

二、螺旋发展向上升进

从联想文化的成长过程来看,正如基企业管理的成熟过程经历了人治、法治、文化治,联想文化的成熟也经历了创业文化、严格文化、亲情文化与二次创业文化等不同阶段。不论形势多严峻,联想总能萌生出适应当时情况的文化内容,并派生出相应的机制变化,从而变不利为有利,化淤滞为神奇。

联想人刚开始打天下的时候,我们的11位联想创始人都是中科院计算机研究所的技术人员,既不懂市场,也不懂管理,只有20万元贷款和一间传达室。这个时期联想面对的是关系到能否生存的竞争压力,但我们联想充满了创业的决心,也充满了克服一切困难的拼搏精神。老一辈联想人敢于尝试和开拓,拿出了"研究员站柜台"的勇气和魄力,敢于用"热脸贴冷屁股"的精神对待客户,联想人嘴边常说的话是"用户就是我们的皇后"。这时候,我们开始从"研究院文化"转向"服务文化"和"初创文化",老一辈的创业者们为联想种下"创业"和"服务"的联想文化基因。

当时的服务文化和初创文化,还表现出来一种非常坚定的目标导向,那就是"目标一旦制定,轮番冲杀,不达目标誓不罢休"。我们经常用"把联想汉字系统由二等奖变为一等奖"的故事来鼓舞员工要敢于拼搏,树立一种"把5%的希望变成100%的现实"的进取精神。当时我们非常注重质量观和效益观,我们强调"质量就是企业的生命","只认功劳,不认苦劳"。而且联想人把"诚信"看得最重,"宁可丧失金钱,决不丧失信誉"。

路走顺了,就要想想怎么为长跑做好一切准备。联想开始讲"管理三要素",并讲如何"建班子"、"定战略"和"带队伍",我们还讲"做事三原则",讲"沟通四步骤",讲"处理客户投诉四准则"等等。一切"围着目标转"就逐渐转变成了"围着规则转",从目标导向变成了规则导向。我们向规则要"精准"和"效率",希望人人都能够"严格、认真、主动、高效",于是把很多事情放到一个流程制度里去规范它,于是我们提出了"严格文化"。比如用"入模子"来统一新员工的价值观,比如把总经理室的沟通变成固定的"早餐会"。

当公司发展越来越大,部门也越来越多的时候,联想人开始更多地讲团队意识,告诉员工"小公司做事,大公司做人"的道理。要求大家多讲相互支持,提倡"互为客户"的理念,要求员工"对内协作,对外谦和";推行矩阵式管理模式,要求各部门之间互相配合,资源共享。"亲情文化"也是在这个阶段提出来的,开始实行"称谓无总",倡导"平等、信任、欣赏、亲情"。这时的企业文化也开始从规则导向向支持导向过渡。

现在的联想进入了一个新的阶段,面临新的挑战,创业精神又一次回归,成为今天联想要重点倡导的企业文化。联想成立之初,我们面临的是能否突出重围、能否生存下去的问题。今天的联想已经在国内市场取得了一定的优势,业务也已经发展壮大,因此我们今天提倡的创业精神也有了更新的含义,那就是我们正在倡导的"居安思危,从头再来"的危机意识,"坚持学习与开拓,在可承受的风险内大胆尝试新事物和新方法,持续改进工作"的创新意识,要求我们的员工"做岗位的老板,像发动机一样工作"。我们开始一项名为"创业工程"的文化运动,克服大企业病带来的管理弊端,激发广大联想员工的创业激情。

目前,联想正在进行公司转型,向技术和服务转型。为此,联想正在进行一场管理变革和文化革命,公司自上而下都在找公司和个人存在的问题,寻找阻碍公司服务转型的障碍,通过构建"大服务"体系和推广"服务客户"的文化,通过自身的不断变革,"服务客户"的文化正在焕发出强大的生命力,给联想带来了前所未有的企业竞争力。

三、把握本质,精深致远

经过17年的发展和摸索,联想已经形成了一个"以人为本"的联想文化体系,联想的使命、远景和核心价值观构成了联想文化的核心内容:服务客户、精准求实、诚信共享、创业创新。从中我们可以看出一种较为深刻全面的文化内蕴。

联想认为,"服务客户"既是企业生存的基础,必然也是企业文化建设之所由。联想深谙此理,把服务客户立为首要价值观,把为客户创造价值看作自己最重要的使命,提出"为了客户的一切,一切为了客户"。2001年,联想发起了从上到下的站店行动,从总裁到普通员工,都积极地深入销售一线,聆听来自客户的声音;把技术、产品和方案作为服务客户的手段,在全员中树立了"客户至上"的意识。人们多把联想的成功视为产品的成功,市场的成功,而究其根本,我们想,这应该归于"服务客户"观念的成功。

科学与理性是现代科学建筑的基石,更是数字时代企业生存的金科玉律。它体现在企业产品、技术、管理、决策等方方面面,任何一个环节的疏漏都可能成为企业发展的"短板"而妨碍其发展。因此,联想将"精准求实"踏踏实实地贯彻到企业的各个环节,"精准求实"被标为文化的精髓。强调以科学的态度对待每一项工作,不仅注重"目标的可衡量性和计划的可操作性",更强调以求实的精神对待每一件事,"尊重规范和标准,纪律严明",养成"认真、严格、主动、高效"的做事风格。

诚信是一个人乃至一家企业生存的根本。诚信的意义不仅在于一笔交易的成败赚赔,而在于它标志着一个企业的品质。诚信共享是联想文化的根本。"诚实做人,注重信誉;坦诚相待,开诚布公"是联想人最基本的道德准则,诚信成为制度规范、流程透明的最佳土壤,滋养了联想宽宏刚健的文化品格。同时,作为一家"以人为本"的公司,联想集团把为员工"创造发展空间,提升员工价值,提高工作生活质量"作为企业的使命,员工也"把个人追求融入到企业的长远发展之中"。今天,联想正在进一步有效地降低企业管理中的尊重成本和信任成本,激发了联想人的工作激情,提高了工作效率。

如今的市场发展速度,已经快到一不留神就被甩在后面的程度。不管企业愿意不愿意,"创新"能力已经成为企业基本生存素质。我们提倡"每一年,每一天,我们都在进步!"正是基于对创新在企业文化中的主导性地位的认识,老一代联想创业者创造了"把5%的希望变成100%的现实"的拼搏精神,也把进取信念融入了新一代联想人的血液之中。始终意识到"创业永无止境",联想人才能保持着危机意识,坦然放下以前的成就,永不满足,勇于拼搏,不断超越自我。

有一种说法是"风格即人",这种说法其实可以套用到企业身上,那就是"文化即企业"——有什么样的文化品格,就只能做什么样的企业——文化刚健积极,企业就会保持健康发展;而文化消沉委靡,企业自然没有生机。今天,中国已经"入世",中国市场门户洞开,诸多国际巨擘虎视眈眈。能否适应国际化竞争的需要,在新的一轮的争夺中立稳脚跟,这对许多国内厂商来说都是一个巨大的挑战。这种挑战,与其说是来自于国外品牌的挤压与威胁,不如说来自于企业自身对环境的适应能力,而这种能力,最终还是要诉诸企业管理建设的观念与机制——企业文化。在这方面,联想积累了一点经验,我们知道,这还远远不够,在这里拿出来与大家交流,希望我们互相学习,共同提高。

(作者系联想集团总裁)

激情塑造航空魂

刘高倬

优秀的集团文化，是花钱买不来的无形资产。技术可以学，设备可以买，但文化有钱买不来、学不来，有了文化别人也偷不去。作为一个国有大集团公司，必须要有自己的文化，要有自己的理念，要建立自己的核心价值观，并将这种核心价值观植根于全集团干部员工之中，成为共同的习惯，我们的集团才能不可战胜。

“文化就是习惯”。集团文化最简单的解释就是习惯，开展集团文化建设就是要在我们集团建立良好的习惯，这是一个长期、艰苦、复杂的过程。当一个企业好的习惯越来越多，这个企业就逐渐成为一个优秀的企业。当通过我们集团上下共同努力，把我们集团的理念、精神、价值观等一系列方针、准则等等都变成了航空人的自觉行动和习惯时，我们这个集团就会是不可战胜的。

文化建设是一个不断的积累过程，好的习惯今天积累一个，明天积累一个，不断积累，我们才不可战胜。因此，我们各级领导干部，尤其是行政“一把手”，一定要充分认识集团文化建设的重要意义，提高建设集团文化的自觉程度，要努力成为集团文化的积极倡导者、组织者、推动者、实践者。

建设大集团，最关键的是要确立集团核心价值观，这是集团之魂。我们经过几上几下，总结、提炼，最后确定了“航空报国，追求第一”的集团核心理念和“激情进取，志在超越”的航空人精神，并且围绕这一核心价值观，展开集团文化建设。

“航空报国”是核心理念的精髓，振兴中华民族的航空工业，建设国防蓝天长城，铺造国民空中通途，展现的是我们航空人的历史使命和奋斗精神。“航空报国”集中体现了中华民族文化的精髓——爱国主义，这是一种凝结着中华民族几千年传统文化的情节，是最伟大的情感，也是一种最强大的动力，在当前多元价值观、思想观激荡之中，惟有它是最能凝聚人心的光彩旗帜，它可以最大限度团结人，调动更多人的积极性。“追求第一”是集团的目标定位。虽然我们现在不是第一，但我们要争取成为世界航空工业的第一；我们深知，第一是相对的，不进则退，我们将永不服输、永不停止、永不放弃地进行创新追求，不达目的决不罢休。

面对新形势、新任务、新要求，集团公司为实施大集团战略，实现集团公司的跨越式发展，尽早实现跻身于世界航空工业强者之林的集团愿景，我们又提出了“激情进取，志在超越”的“航空人精神”。

“激情进取，志在超越”的核心一个是“激情”，一个是“超越”。众所周知，不管对于一个人还是一个团队，干任何事情有激情和没激情是不一样的。一个没有激情的人是没有生命力的，一个没有激情的企业早晚也会跨掉。拥有激情的人，是对事业、工作和生活充满希望和追求的人，是不会被困难和挫折所吓倒的人，是永远充满革命乐观主义的人，因此，他是坚强的、快乐的、充实的，也是成功的。一个集体、一个团队像人一样，是有“性格”的；激情进取是“性格”的重要表现。工作生活在充满激情的团队，一个人就会时时被激情所感染、所熏陶，就会为团队理想、目标的实现去拼搏和奉献，那么这个团队就会有凝聚力，就会有战斗力。这样的团队是最有希望的，是不可战胜的，也是我们任何事业实现不断发展的重要脊梁。

“超越”至少要包含三个层面的内容，首先要超越自我。我们不能满足于物质上的小改善，而要注重核心竞争力的大提高；不能满足于初战告捷的成就感，而要注意企业基业常青的发展观；不能满足低水平的创新高而要注重和世界一流比高低；不能满足于过去取得的成果，而要注意创造未来的辉煌；不能满足低层次的比高低，而要注重迎接新挑战。要克服小富即安，不能停留在刀手马牛的层面上；要克服吃饭机制，打造发展机制；要克服小家子气，要敢于发大财当大款。其次，要超越对手。残酷的市场竞争既不照顾“老弱病残”，也不垂青昔日的“英雄”，弱肉强食比比皆是，只有成为强者，成为本行业、本专业领域的“第一”，才能得以生存和发展。要有超越的目标，不断瞄准、战胜新的竞争对手；要有超越的胆略，想都不敢想，还能干吗？要敢于和“高手”过招，和强者打擂；要有超越的气概，“两强相遇，勇者胜”，在气势上要有战胜对手的信心；要有超越的计划，要卧薪尝胆、脚踏实地望前冲；要有永不言败的顽强作风，要勇于在逆境中奋起、逆境中超越。第三，要超越无限。从辩证来说，无限是个名词，无限在数学上是所有有限的集合，所有的有限加起来就是无限；而有限是在一个特定的时间空间内有固定目标的一件事。我们做的所有的事都是有限的，但是，我们要做前人没做过的事，敢为人先，那就必须要有第三个超越，这是最高境界。我们提出“志在超越”，不是一个普普通通的口号，它有非常深刻的内涵和非常现实的时代背景。只有超越自我，超越竞争对手，超越无限，我们才可能跻身于世界航空工业强者之林。

（作者系中航一集团党组书记、总经理）

大力推进国家电网公司企业文化建设

赵希正

企业文化是现代管理理论、管理思想、管理方式研究与实践的最新成果。它适应时代发展的需要，将文化引入企业管理领域，以尊重人在企业的主体地位为中心原则，以激发员工的内在活力、开发员工的动力源泉、提高员工的全面素质、最大限度地调动员工的激情与智慧、实现员工的全面发展为基本任务。企业文化管理的实质在于明确地表达了一种企业管理的“人文”力量，把一种深厚的人文精神融会到现代企业经营管理之中，从而创造了企业的活力与合力。企业有了自己优秀的企业文化，等于给企业的技术、设备、信息、规章、人员搭建了一个高大宽广的平台，输入了一泓永不枯竭的源流，使企业的各种生产要素得到最佳组合，从而创造最佳效益，推动企业持续、健康、稳定地发展。许多企业尤其是世界知名企业的成长实践都给了我们有益的启示。

国家电网公司是关系国民经济命脉、关系国家能源安全、关系社会稳定、在国民经济发展中发挥重要作用的特大型国有企业,是电力行业中落实国家能源政策、联系发电企业与用户、发挥桥梁作用的电网经营企业,是建设和运营国家电力市场、实现全国范围资源优化配置的骨干企业,同时还是为社会经济发展和人民生活提供普遍服务的公益性企业。国家电网公司新近成立,百事待兴,工作头绪很多,在诸多工作中,企业文化建设占有独有的地位,发挥着不可替代的重要作用。没有企业文化建设的全面提升,公司要想跃上一个大的台阶是不可能的,跃上去要保持长期的健康、稳定、持续发展也是不可能的。国家电网公司要以邓小平理论和“三个代表”重要思想为指导,认真贯彻党的十六大精神,坚持社会主义文化的前进方向,学习借鉴国内外优秀的企业文化建设成果,围绕公司定位、性质、发展战略,全面建设企业文化,赢得员工的广泛文化认同,创造浓厚的文化氛围,提供强劲的文化动力,为建设控股型、经营型、集团化、现代化的国家电网公司,促进电力工业发展,全面建设小康社会,促进国民经济发展和人民生活水平提高,做出国家电网公司应有的贡献。

国家电网公司需要有崭新的企业理念的引导。理念是行动的先导,正确的理念是正确的行动的先导。电力企业多年来形成了一些正确的经营管理理念,诸如发展、安全、服务、经营理念等等,也初步确立了适应市场经济需要的一些新的观念,如市场观念、竞争观念、效益观念等等。这些理念与观念均产生了积极的影响,有力地促进了电力事业的快速成长,有力地推动了电力改革稳步发展。但毋庸讳言,由于电力生产管理的特性,电力企业相对封闭,适应市场经济需要的新的理念还未完全确立起来。电力企业要想大发展,必须要有符合时代特征的企业理念的催化和滋润。这个理念不应当是单一的,而应当有一个理念群。这个理念群(思想库)既包括市场、营销、管理、经营、决策、规划、服务、人才、国际合作理念,又包括公共关系、人际关系、创新、发展等理念。先进的理念确立之日,就是国家电网公司大发展之时。

国家电网公司需要正确的企业价值的支撑。建设“控股型、经营型、集团化、现代化的国家电网公司”战略目标的提出,是国家电网公司根据国际国内形势发展审时度势做出的正确选择,从根本上来说,也是国家电网公司企业价值观的直接与具体体现。国家电网公司是特大型国有独资公司,在国家政治生活与国民经济中处于重要位置,要时刻维护党和国家的根本利益,要为国有资产保值增值。国家电网公司在电力系统中处于关键环节,与各行各业紧密相联,与人民生活文明幸福、国家经济繁荣、社会和谐稳定息息相关。国家电网公司的这种身份与定位,决定了它要为实现小康担负重任,为各行各业当好先行,为广大客户送去光明,为员工发展创造空间。只有在经营实践中真正体现这些正确的企业价值观,国家电网公司才能踏上坦途,一往无前,不断地发展壮大;广大员工才能更自觉、更奋发、更有创造性地为国家电网事业矢志不渝,不懈追求,不懈奋斗。

国家电网公司需要有强大的企业精神的凝聚。电力系统在长期的生产经营活动中,在改革开放的大潮中,形成了许多带有行业特点的有强大感召力的企业精神。如爱国精神、创业精神、奉献精神、服务精神、科学精神、协作精神、一流精神、创新精神等等。这些电力企业宝贵的精神财富激励着一代又一代的电业人克服一个又一个困难,创造一个又一个辉煌,在共和国历史上书写国家电业人包括国家电网人光彩夺目的篇章。在国家电网公司的前进道路上,我们会遇到新的环境,面对新的困难,破解新的难题。我们只有发扬电力企业光荣传统,并弘扬时代精神,同心同德,团结协作,与时俱进,不断创新,才能迎接各式各样的挑战,勇往直前,不断地续写国家电网人的辉煌篇章。

国家电网公司需要有良好的企业形象的展示。企业形象是企业的无形资产,在现代企业竞争中占有越来越重要的分量,受到越来越多的企业的重视。不断塑造和提升企业形象成为许多企业尤其是知名企业经营发展的重要内容与重要目标。相对而言,电力企业在塑造企业形象方面,意识还比较滞后,步子还显得不快,途径还显得相对狭窄。我们要确立新的经营理念,从相对封闭的意识与环境中解脱出来,迎头赶上,创新思维。国家电网公司要创造国家电网精良品牌,以统一的标识、合理的流程、优良的秩序、优美的环境、文明的礼仪、优质的服务,向全社会提供安全、充足、洁净的能源,全方位地塑造国家电网公司良好的企业形象,让客户满意,让政府放心,让社会公认,让国家注目,为公司发展壮大创造更宽阔、更适宜、更和谐的环境和氛围。

(作者系国家电网公司党组书记、总经理)

优秀的企业文化是推动企业持续健康发展的不竭动力

朱继民

企业文化是企业发展的底蕴,是企业的灵魂,优秀的企业文化是推动企业持续健康发展的不竭动力。它是一种无形的力量,始终支配着企业广大干部职工的行为,左右着企业的前进方向和步伐。在经济全球化,管理现代化的形势下,企业之间的竞争说到底是企业文化之间的竞争。企业文化的落后,是最可怕的落后。只有先进的企业文化,才能创造良好的发展环境和管理氛围,推动企业的发展。

一个企业有没有企业文化,企业文化的深浅高低,反映出一个企业的水平;抓没抓企业文化,企业的状况也不一样。企业文化在企业的整个经营和发展当中起到一种潜移默化的作用,其价值是不可估量的。先进企业文化的力量,不仅深深熔铸在企业发展的生命力、创造力和凝聚力之中,而且成为企业竞争力的重要组成部分。企业文化只有坚持围绕中心,服务大局,把促进企业生产力的发展作为第一要务,用先进的文化促进生产力,才能保持企业蓬勃向上的生命力。

企业文化不仅仅是一种管理方法,也是一种象征企业灵魂的价值导向。一个名牌企业不仅要制造产品,还应该创造文化。一个企业,有多大的胸怀,就能干多大的事业;有多高的境界,就能思考多深的问题;有多宽的眼界,就能运筹多大的谋略；有多高的追求，就能取得多大的收获。

企业的发展同一个国家、一个民族的发展具有相同的规律，每一次思想解放、文化创新，都必然促进生产力的发展。首钢是一个具有85年历史的、具有深厚文化底蕴的企业，在首钢发展的新时期，在继承首钢优秀企业文化传统的同时，还要顺应时代要求和突出时代特点，大胆破除陈旧的、落后的、阻碍企业发展的思想观念，建设与时俱进的企业文化。首钢到2010年的总体战略构想是：做强做大核心产业钢铁业；大力发展具有高新技术含量和竞争能力的电子机电业、建筑业、服务业、矿产资源业等优势产业，提升拓展海外事业。每个产业中要培育自己的核心业务、核心能力，有若干个具有优势产品的骨干企业，形成海内外紧密结合，互为促进的发展格局。职工物质文化生活水平大幅度提高。把首钢建设成为在钢铁业和综合经济实力方面处于国内一流水平的大型企业集团。为了实现这一目标，首钢要大力培育和弘扬"自强开放、务实创新、诚信敬业"的企业精神，进一步树立与时俱进、敢于创新、开放合作、求真务实、人才为本的思想文化。

企业文化建设是一项系统工程，必须把它目标化、系统化、具体化，从培养企业精神、树立先进理念、规范职业道德、塑造企业形象等方面扎实推进。企业文化建设既是一把手工程，又是全员的实践活动。企业文化建设既是企业体制机制、经营管理、人才建设的基础，又需要依赖它们进行推进。首钢正在推进企业文化创新、制度创新、经济技术创新、人才建设创新，就是要形成良性互动，使它们相互促进、相得益彰，推动首钢不断创新发展，建设21世纪的新首钢。

（作者系首钢集团公司董事长）

在融合中创造绚丽多彩的东风文化

苗　圩

经过30多年的建设发展，东风公司已经形成了自己的企业文化，并在公司的建设、改革和发展中发挥了重要作用。面对国际国内竞争的新形势，面对全方位国际合作的新格局，东风文化必须在继承中创新，在创新中融合，在融合中提升，努力形成新的具有东风特色的先进企业文化。

不断为东风文化注入新的内涵。先进的企业文化是代表先进生产力的文化，是与时俱进的文化。随着东风公司"融入发展，合作竞争"战略的展开，国际合作伙伴不断增多，与跨国公司合作的层次不断提升，必须赋予东风企业文化建设新内涵，应该包括：以全球化为背景的国际化企业文化；具有彰显现代企业竞争力的新文化；以创新为根本的引导型文化；以激励机制为核心的人本主义文化；"讲求诚信，崇尚业绩"的企业文化。

加速中外企业文化融合。东风与跨国公司的合作不仅是资金、产品、技术等方面的整合与重新配置，也是双方企业文化相互学习和借鉴、相互沟通与融合的过程。面对整合多元文化的新任务，我们必须加强对合资伙伴企业文化的研究，必须着眼于先进文化发展的方向和前沿，有意识地融入现代管理理念和管理方式，引导广大员工以发展的眼光、开放的姿态和海纳百川的胸怀，努力学习合作伙伴先进的管理经验和技术。发扬东风文化的精粹，在引进、消化和吸收国外企业文化优秀成果的基础上，大胆创新，有所突破，有所发展，不断增强具有东风特色企业文化的吸引力和感召力。

要建设更具凝聚力、感召力的母公司文化与各具特色的子公司文化交相辉映的企业文化。按照现代企业制度和国际惯例，东风已构建起规范的母子公司体制框架，因此，要以东风文化为核心文化，通过宣传、探讨、与子公司共同研究等方式，引导子公司的文化建设，构筑东风既有统一性、又具有个性的企业文化群。要用母公司企业文化包容和对接不同合资背景的子公司企业文化。

实施品牌战略，构筑品牌文化。要不断增强东风品牌的文化内涵，塑造自己的品牌特点和与顾客的情感价值。要在同跨国公司合作中，把国际知名品牌与东风品牌本土优势结合起来，共同发展，形成双赢的局面。要通过合作，利用全球知名汽车品牌，进一步提升东风品牌形象。要通过加强自主研发和自主品牌建设，增强东风品牌的文化含量和文化附加值。要推行品牌服务，通过完美的售前、售中和售后服务，增强东风品牌的社会美誉度和用户忠诚度。

（作者系东风汽车公司总经理）

要创建企业文化优势

朱长富

21世纪是知识经济时代，企业之间的竞争不仅是知识的竞争、人才的竞争，更是文化的竞争。在未来的市场竞争中，资源、技术都可以引进、可以共享，惟有先进的企业文化买不到、借不来；在全球日趋一体化的今天，创造并保持自己优秀的企业文化，是每一个有远见的企业领导者所必然关注的重要课题，是每个现代企业都必须做好的大文章。

一个企业成败与否，不仅仅取决于市场占有率、利润水平等有形的东西，还取决于被企业员工认可并为之奋斗的企业文化。企业文化是企业管理中深层次的东西，它植根于企业独特的土壤，渗透在企业生产经营的方方面面，有自己独特的个性特征，它为企业提供生生不息的源动力。有文化的企业未必都成功，但没有文化的企业注定不会成功。

面对新情况、新形势、新任务，一个企业要想在激烈的市场竞争中立于不败之地，做大做强，就必须以"三个代表"重要思想为指导，坚持先进的文化方向，与时俱进，在继承中创新，在创新中发展，不断培育既有鲜明企业特色又具有时代特征和企业良好发展前景的、更加卓越的企业文化，将文化优势转化为企业的竞争优势，用文化力提升企业的核心竞争力。

（作者系山东电力集团公司董事长兼党委书记）

学习力—文化力—竞争力

王玉英

文化力是企业核心竞争力的灵魂要素，而学习力则是打造和提升企业文化力的最主要途径。学习力是学习环境、学习氛围、学习机制、学习组织、学习能力、学习内在需求等多种要素的集合，是文化力的核心内容。

在知识经济和信息呈几何级数增长的21世纪，知识与信息更新的速度将超过以往任何时候。因此，如何紧扣时代脉搏，使企业及员工通过持续不断地学习，始终保持与时俱进的高素质和不竭的创新能力，是企业面对的最重要课题。为此，燕化公司从新世纪开始，便把创建学习型企业和学习型组织、培育学习型员工，建设以提升学习力为核心的企业文化，作为企业的战略任务，并把创建“学习型”企业，作为加强人才队伍建设的根本战略列入公司重要工作日程。

“创建学习型组织，争做知识型职工”，必须首先从领导干部抓起。进入新世纪，燕化公司将创建两级“学习型”领导班子作为“创建学习型组织，争做知识型职工”活动的重要切入点，以此来提升企业的整体学习力。创建“学习型”领导班子，除了要求干部们较系统学习科技、法律、管理、市场、营销等与市场经济相适应的现代知识，还要求大家深入学习马克思主义、毛泽东思想、邓小平理论和“三个代表”重要思想，学习党的十六大提出的科学发展观，了解世界政治、经济、科技、军事等最新发展动态和成果，使大家科学把握大局、树立世界眼光、形成战略思维，与时俱进、开拓创新，勇敢地带领企业参与激烈的国际竞争。为此，燕化先后聘请了原外经贸部副部长、博鳌亚洲论坛秘书长龙永图，国防大学国际问题专家孟祥青，国务院发展研究中心副局长陈淮博士，中国科技部秘书长石定寰等资深专家，到燕化作国内政治、经济、科技及中国加入WTO等专题讲座，有力地推动了燕化创建“学习型”领导班子的活动。为创建“学习型”领导班子，燕化公司党委制定了切合企业实际的一整套规划、方案和检查、考核办法，并把检查考核与企业发展、领导政绩紧密联系，形成了创造“学习型”领导班子的科学运行机制。

与创建学习型企业，培育学习型员工相适应，燕化公司将新世纪企业文化建设的主要任务确定为：坚持以人的全面发展为目标，努力创建学习型企业，争做知识型职工，经过几年努力，建设一支能够适应国际经营和市场经济发展要求的经营管理者队伍，建设一支具有较高知识水平和创新能力的专业技术队伍，建设一支拥有丰富实际经验和一技之长的技工队伍，为把燕化做优、做精、做强和持续做大提供人才保障。公司要求各单位严格按企业的“创建规划”和“五年人才建设规划”等文件，从企业发展需要出发，以提高职工思想道德、科学文化、专业技能、现代心理等综合素质为主要内容，分层次、有重点地对员工进行系统培训和考核。

创建“学习型”领导班子，培育学习型员工，既要结合企业和员工的实际，又要紧贴企业需要和员工全面发展的需要；既要有宏观长远规划，又要有短期的具体可行的目标；既要有丰富适时的学习内容，又要有可量化、检查、奖惩的运行考核机制。只有这样，创建学习型企业的活动才能充满生命力，并达到提升学习力、增强文化力，最终实现提高企业核心竞争力的目标。

（作者系中国石化集团北京燕山石化有限公司党委书记、副董事长）

TCL企业文化新说

李东生

TCL集团经过十多年的发展，已经跻身中国最大的十家电子企业行列，创造了一个民族企业高速成长的神话。但TCL也很清楚地认识到：目前企业正处在一个发展的关键时期，企业面对的是一个日益开放和竞争日趋激烈的市场，在全球经济一体化的大趋势下面对国外企业的直接竞争，TCL的企业现状和外部经济环境已发生了巨大变化，以往促使TCL成功的各种因素，并不足以保证TCL今后能继续获得成功。TCL只有锐意变革、创新进取，提高经营管理水平，改革经营体制，整合TCL企业文化，才能建立和保持企业的竞争优势，进而把TCL建设成真正有能力参与国际竞争的大型企业。

我们认为，企业文化是企业领导和员工共同遵循的价值观。企业文化应该是全体员工思想观念的提升概括，而不完全是一种从上到下的灌输。经营变革、管理创新的过程，就是企业经营理念的实践和传播过程。经营变革、管理创新，一方面要对企业过去成功的经营思想、观念、方法、体制等进行回顾和总结，使之更广泛地为企业员工理解和接受；另一方面则应根据企业的发展目标和发展战略，积极主动地改善不足之处，提高经营管理水平，更新经营观念，建立更有效率的组织结构，以获得更大的成功。同时，全体员工在向企业发展目标共同努力的过程中，逐步达成对共同的价值观和共同的行为准则的共识，从而形成能保障企业实现“创中国名牌、建一流企业”目标的企业文化体系。

多年来，TCL一直倡导用企业精神激励员工为实现发展目标而共同努力。

TCL创业初期提出“廉洁奉公、思想统一、雷厉风行、富有成效”的企业口号；1993年初，TCL提出“团结开拓、艰苦拼搏”的企业精神，并为企业精神作了明确定义。TCL之所以能够实现高速增长，其中的重要原因，就是全体TCL人特别是管理干部，能将企业精神贯彻到工作实践中去。这些企业精神，是TCL宝贵的精神财富，也是保证TCL事业继续发展的思想基础。企业的明天，是昨天和今天的继续。TCL十分看重企业文化建设，就是要把最能推动TCL发展的思想、观念、精神、作风进行总结、提升，使之规范化、系统化，并广泛地为全体TCL人理解、接受，成为其自觉行为。

为了企业下一步求得更大的发展，TCL重新确定了企业的核心价值观，并系统表述如下：

企业经营目标：创中国名牌，建一流企业。

经营宗旨:为顾客创造价值,为员工创造机会,为社会创造效益。

企业精神:敬业,团队,创新。

“创中国名牌”,就是要创立一个驰名全球市场的中国名牌,因为只有首先成为中国名牌,才能争取创世界名牌。“建一流企业”,就是要建设一个具有国际竞争力的综合企业。而一流企业的标准具有两方面的含义:一个是综合企业,另一个是具有国际竞争力。TCL目前已走向国际竞争,而且在国内已经直接参与与跨国企业的竞争,所以企业的生存发展与竞争的度量标准,已不单单是指在国内竞争中能否生存与发展,更重要的是有无能力与那些跨国企业竞争。能否具备这种竞争能力,直接取决于企业管理水平的高低,因此说,建立国际竞争力是衡量一流企业的标准。而另一方面,一流企业应该是一个综合企业,能够把握机会综合发展,从而增强企业的整体实力。目前,我们的营销网络功能正不断扩展,并朝着多元综合化经营方向发展。在金融方面,去年我们建立了结算中心,最终将使之发展成为财务公司,以加强企业的资本运营能力。

TCL的企业宗旨是“为顾客创造价值,为员工创造机会,为社会创造效益”。其中“为顾客创造价值”,是TCL经营理念的重大进步,它改变了企业以利润为中心的管理观念,明确企业最重要的工作目标就是用高质量的产品、全方位的服务满足社会广大顾客的需求,通过卓有成效的工作,让更多的顾客认同TCL产品和服务的价值。这就要求TCL人在生产经营的每一个环节,都必须把顾客的需求、市场的需求放在第一位,扎扎实实地做好每一项工作,只要真正做到这一点,TCL的品牌,TCL的产品才会更有竞争力,企业也才能获得更快的发展,才会有更好的效益。

“为员工创造机会”——企业的竞争就是人才的竞争,企业的生存和发展,依靠员工为实现企业目标共同努力。同时,企业也是员工生存和实现自我价值的载体,企业有责任满足员工在精神上和物质上的要求,有责任为员工的发展、实现自我价值创造条件。为此,TCL要建立一个科学、公平的员工考核和价值评价体系,建立员工教育和培训制度,建立合理的薪酬和福利制度,使员工在企业能获得更好的成长和发展机会,实现自己的事业追求,同时也获得合理的回报和生活福利保障。

“为社会创造效益”——企业生存和发展的过程,客观上也是为社会创造效益的过程。TCL是国有控股企业,企业所创造的效益,在更大程度上是为社会创造效益,是为国家经济的振兴、为民族工业的发展尽力尽责,这是所有TCL人的使命。

TCL倡导的企业精神是“敬业、团队、创新”,这是“团结开拓、艰苦拼搏”企业精神的延续和升华。

“敬业”是鼓励为事业而献身的精神,这种敬业实质上是TCL过去“艰苦拼搏”精神的延续:追求更高的工作目标,勇于承担工作责任,掌握更好的工作技能,培养踏踏实实和精益求精的工作作风。这种精神是以往TCL成功的一个非常重要的因素,也是保障今后继续成功的基础。

“团队”是要求企业内部要有协作和配合的精神,营造企业和谐健康的工作环境,员工不但要对自己的工作负责,同时也对集体的工作负责,对整个企业负责,提倡员工间互相鼓励、互相关心和帮助。“团队”精神包含了团结的内涵,但比团结的表述更为系统,更有积极的意义。

“创新”精神一直是TCL高速发展的重要动力。创新包涵了“开拓”的内涵。TCL从小到大,比别人走得更快,工作更有成效,靠的就是创新进取、勇于开拓的精神。这是支撑TCL高速成长的重要经营观念,TCL只有在借鉴别人成功经验基础上不断创新,才有可能超越对手。

TCL提出的企业经营目标、宗旨、精神,构成了一个相互支撑的企业文化体系,这也是我们企业和员工的使命宣言及核心价值观的体现。TCL就是要通过企业经营变革、管理创新推进企业文化建设,把企业经营理念变为TCL人的自觉行动,弘扬“敬业、团队、创新”的企业精神。

实践表明,国际竞争力实质上是在国内培养出来的,企业的竞争力实质上也是在企业内部培养出来的。TCL致力于经营变革、管理创新,最终目的是使我们企业的内部管理力度、考核力度、绩效改进力度和优胜劣汰力度达到国际市场竞争的要求,以确保在激烈的市场竞争中实现可持续发展,实现“创中国名牌,建一流企业”的目标。

(作者系TCL集团总裁)

企业最高层次的管理——企业文化管理

王文京

企业文化是最近几年来企业界谈得最多的问题。

一般来讲,企业文化是指企业的理念,或者说是价值观和行为准则,以及在此基础上所表现出来的风格。通俗地说,是对企业的看法及企业做事的方式。

如果把一个企业的管理分为几个层次,我们会看到最基础的层次分别是操作的管理、职能的管理、企业战略的管理,但最高层次是企业文化的管理,它是一个企业精神层、思想层、意识层的东西。任何行为都是基于一定的思想和认识,文化也就显得尤为重要,在一个软件企业里更加突出。

用友的核心理念是:通过为顾客带来价值,为股东带来价值增值,实现公司价值的最大化。用友的文化体系,即我们所要倡导的东西,分为两个层次:一个是核心文化;第二个是各个分类的文化,即发展、员工、管理和其他文化。

核心文化是其他文化的基石。包括两方面内容:发展企业、贡献社会、造福员工,这是第一部分。因为企业大家走到一起,通过大家的努力推动企业的发展,来达到对社会做出贡献。同时通过企业的发展来造福员工。第二部分以用户为本,员工为本。在一个企业里面,最重要的两因素是员工和用户。用户是我们存在的基础和前提,是我们的衣食父母。只有把用户工作做好,才能生存和发展。软件企业是以人才为主的企业,对内倡导的是以人为本、以人为核心,以此来开展经营管理。

发展文化里面的基本原则,就是立足长远,共同发展,持续创新,均衡发展。公司十年发展是稳步增长的体现,以后也一样。只有不断稳步增长,才能适应要求,得到持久长远的发展。

发展文化的另一重要内容就是我们的使命:发展信息科

技，促进社会进步。再一重要内容即与合作伙伴共同发展，只有这样才能取得更大发展。

在用户文化方面大家都知道我们的一项基本准则：与用户真诚合作，做用户可靠朋友。

在产品方面我们的承诺是实用、先进、可靠的产品。服务方面是专业、及时、真诚的服务，使服务具有专业水准，只有好的态度是不行的。2005年发展远景是具有国际竞争力，在中国市场最大的企业应用软件及服务供应商。

在员工文化里面，我们首先确定员工宗旨：尊重、公平、发展、实现。尊重是尊重人才、人格，公平即对每一个员工平等对待和给予同等机会。发展是在公司发展的同时，员工同步发展。实现是在公司目标实现的前提下实现个人的目标，即双重实现。

我们在工作风范中倡导鼓励创新、注重基本、团队协作、务实勤俭。创新是高科技企业生存与发展的要素。保持现状就是落后。创新的同时注重基本。不管我们的使命、宗旨是什么，我们知道，要实现目标，靠的是每一项具体的基本的工作。只有做好这些工作才能实现目标。团队协作，在我们一个团队里面，个人英雄时代已经过去了，要实现目标，只有通过大家协作努力，这点体现在各个层次上。

整体行为规范里面，还有创业意识、专业技能和敬业精神。

在人际文化里面，我们提倡平等交往、开放沟通。局部利益服从整体利益，个人利益服从集体利益。热爱公司，诚实守约。热爱公司实际上是热爱自己的事业，诚实守约就是要遵循公司的规定和商业道德。

在管理文化里面，加强简洁、规范、闭环(计划、执行、考核、监督)、动态。特别强调管理的闭环节，包括从计划到执行到考核到监督，这样就使每一方案都得到彻底执行。另外我们的管理实行动态管理。

我们还应该是个学习型组织。

还要树立管理就是服务的理念，具体为二线服务一线，一线服务前线，上级服务下级，全员服务顾客。

干部文化，提出干部四要素：德(道德)、能(能力)、智(智力)、体(身体健康)，提倡全面发展。同时特别要求干部以身作则。

用友文化的建设强调注意：用友文化不等于口号，用友文化不等于个别人行为，用友文化是用友这个企业的群体行为。遵循建立、优化、倡导、制度、执行的过程。

(作者系用友软件董事长)

企业文化是企业的核心竞争力

洪及鄙

攀钢虽然是我国的特大型钢铁企业集团，但如果放在全球环境去比较，我们的产量大概是世界最大钢铁企业阿塞洛公司的九分之一。如何以小搏大？关键看企业是否拥有核心竞争力。企业核心竞争力主要包括在制度、科技和企业文化。

攀钢这种国有企业在制度、体制和机制上与国际大公司相比有较大差距，但差距也是一种潜力，我们必须下决心去抓去改。在科技创新上这几十年我们下了很大功夫，我们是有优势的。例如，我们把含铁量仅28%～30%的极贫矿、世界上认为很难利用的钒钛磁铁矿不但炼出了铁，而且成本较低，荣获国家发明一等奖，处于世界领先水平。再如，过去我们守着丰富的钒资源，每年却要花大量的美元进口这种物资，自从我们取得一系列技术突破后，我们生产的钒制品不但能供全国80%的市场，而且还占领了世界15%的市场，许多品种如氮化钒、三氧化二钒还是国际国内独有的专利品种。所以我感到科技创新在企业核心竞争力中十分重要。

在核心竞争力方面，还有一个很大的优势，就是注重建设优秀的企业文化，培育和弘扬优秀的企业精神。企业文化的根本作用就是在统一的企业价值观下能干成别人认为干不成的事情。企业文化最核心的是两条：一个是企业价值观，企业价值观集中体现在企业精神当中。我们把攀钢精神概括为四句话："艰苦奋斗，求实创新，诚信团结，永攀高峰"。攀钢精神一直在潜移默化地影响着攀钢人，激励和鼓舞攀钢人敢于攻克过去久攻不破的难关，敢于扫除发展中的障碍，敢于瞄准世界先进水平，不断争上游、争一流。例如钢轨热处理技术，当年我们到某国去，外国人说可以让你看，但是必须签订五个条件，要保密，你们以后的成果都得算我的。我们没有签字，也没看。以后我们研发的技术成功了。在我们攀钢，有一支弘扬攀钢精神的科研队伍，一批又一批科研人员在不断开拓、不断进取。

企业文化的第二个核心是职工的行为规范，而行为规范最集中的体现一是严格管理，二是以人为本。严格管理就是"严格管理，铁面无私，一丝不苟"。以人为本就是相信职工，依靠职工。1999年攀钢遇到特大困难，当时预计要出现十多亿元的巨额减利因素。公司为保企业不亏，决定采取十项超常规措施，包括全公司所有职工普降工资10%，公司领导降20%，职工下岗分流1万人，提交职代会表决时，表决结果对降工资方案只有2票不赞成，下岗分流1万人方案只有3票不赞成。2000年我们实现了扭亏增盈，分析其中的原因，20%靠政策，80%靠内因。这个内因就是以攀钢精神为核心的企业文化的力量，没有优秀的企业文化就没有企业的核心竞争力。

(作者系攀钢(集团)公司董事长、攀钢集团董事局主席)

企业文化的活力所在

董孝利

许多成功企业的实践都证明：一个企业如果要想在激烈的市场竞争中取得持久的成功，就必须建设自己优良的企业文化。企业文化既不是指企业搞文化活动，也不只是搞企业形象设计，重要的是指人的价值理念与企业经营活动及企业发展战略的认同，是人的内在自我约束。用哲学观点看，符合客观规律发展的企业文化，是具有生命力和活力的。我认为，企业文

化的活力主要表现在以下几个方面:

企业文化的活力在于内化于心。内化于心即是将企业文化的理念体系尤其是核心价值观入脑入心,使企业员工对此具有明确无误的心理认同,强烈喜爱的心理情感和坚持不懈的精神意志。这样的文化理念内化于心,就能化腐朽为神奇,化平凡为伟大,产生“无中生有”、“心生万物”的不可穷尽的力量,创造出人间奇迹。一个企业的文化理念如不能被广大员工所知晓、明白、认同,就称不上是企业精神,而只不过是这种精神的徒有虚名的文字外壳。因此,要使企业文化产生活力,就不能是少数人的空忙,或者领导者的一厢情愿,重要的是要被广大员工所掌握,使之凝聚成一股坚不可摧的巨大精神力量,进而转化为一种推动企业攻坚克险的持久的物质力量。

企业文化的活力在于物化于制。制度是“思想的物质附属物”,是企业的基础,科学完善的制度能够像水一样渗透到企业的方方面面。要使企业文化的活力持久而稳定,防止“心有余而力不足”的现象发生,很重要也非常必要的一点就是将企业文化理念具体化、物质化、规范化为制度体系,使企业文化因有制度这个强健“骨骼”和发达“肌肉”系统的支撑而血活瘀化,循环畅通。要想企业文化有活力,就要使企业文化观念的制度体系有活力,而要使制度体系有活力,就必须使制度在准确而完整地体现其核心理念的基础上,得到切实有力和坚定持久的执行。

企业文化的活力在于外化于行。企业文化建设之行具有两个特点:一是自上而下的层级传递性。企业文化的理念与制度能否行得通、行得久,关键在于企业家阶层首先要身体力行,坚持不懈。二是上下结合的群体性。企业文化既是企业家的个体文化,也是企业团队的群体文化。只有企业文化的理念与制度掌握了职工群众并被职工群众所掌握、认同和自觉实行,形成上下互动的时候,它才能转化成巨大无比的物质力量,形成强大而持久的企业综合竞争力。把握这两个特点,就能克服许多企业文化建设中存在的虎头蛇尾现象,推动企业文化建设健康发展。

(作者系中国石油大庆炼化公司总经理)

靠文化力提升竞争力

张晓霈

企业文化的核心是员工的价值观和行业准则。与时俱进的企业文化是企业的灵魂,推动企业创新发展的动力,它具有提升企业核心竞争力的作用,是决定企业兴衰成败的重要因素之一。

吉化文化是伴随吉化扭亏脱困的实践而发展的。它充分印证了:一个国有老企业,要在激烈的市场竞争中振兴发展,首先要坚持以人为本,进行文化育人,实现文化自觉,开展全员性的创新、创造、创业活动,以文化力提升竞争力。

进入21世纪,经过两次优良资产剥离后的吉化集团公司,国有老企业共性矛盾突出,困难重重;资产质量特差,创效能力极低,多数企业处于关停和亏损状态。“企业向何处去,职工怎么能吃上饭”?

企业要扭亏脱困、振兴发展,首先要从凝聚精神入手,从激励斗志起步,从文化建设着眼。扭亏先扭心,扭心土变金。我们把家底亮给员工,把困难讲给员工,把任务交给员工,坚持不懈地进行形势、目标、责任教育,三年开展三次大讨论,年年认识有提高。

靠文化力使员工从悲观到坚定。2002年,吉化开展大讨论,倡导“知不足而奋起”,“宁可苦干、决不苦熬”,把扭亏脱困愿望变成全员的“三点共识”:扭亏脱困是落实“三个代表”重要思想的集中体现,是吉化各级领导干部义不容辞的责任,是与全体职工和家属未来命运休戚相关的中心工作。全体员工因“共识”而拼搏,形成“树立信心、立下恒心、上下同心,破釜沉舟,背水一战,奋斗三年,扭亏脱困”的行为准则。当年取得了扭亏为盈、同比减亏4亿多元的经营业绩。

靠文化力使员工从盲目乐观到高度清醒。2003年,在扭亏为盈成绩面前,开展大讨论,克服盲目乐观情绪,倡导“坚决不走回头路、坚决不吃亏损饭”,形成了新的“三点共识”:扭亏不等于脱困,阻碍吉化生存发展的关键问题远未从根本上得到解决;扭亏的初步成果,是三年来自身努力和上级支持帮助的结果;吉化最终走出困境的根本措施,是实现高速度、高质量、跨越式发展。全体员工仍因“共识”而拼搏,当年实现利润1.1亿元。

靠文化力使员工的目光从眼前到长远。2004年,面对“一年扭亏、两年盈利”的喜人成果,我们又一次开展大讨论,把“一个统揽、两个保持、三个培树、四个坚持、五个力戒”作为员工的行为准则:以“三个代表”重要思想统揽全局;保持清醒头脑,保持旺盛斗志;培树“创业兴企、敬业报国”的企业精神,“坚持诚信、追求卓越、注重业绩、渴望创新”的经营理念,“忠诚于企业、诚信于用户、奉献于岗位、坦诚于同志”的员工价值观;坚持正确方向不动摇,坚持科学态度不盲目,坚持求实作风不浮躁,坚持克难求进不气馁;居安思危、力戒骄满,真抓实干、力戒空谈,修身立德、力戒浮躁,艰苦奋斗、力戒奢靡,和衷共济、力戒涣散。这五点共识,使员工把目光定格在打造具有一定知名度、美誉度,国际化的学习型企业上。

文化力提升企业的竞争力。吉化发扬“严、细、实、快”的作风,坚持文化先行,企业从濒临倒闭到起死回生,再到扭亏为盈,走出了一条东北老国企的振兴发展之路。

(作者系吉化集团公司经理)

先进的企业文化是企业持续发展的源动力

彭建勋

在科学技术迅猛发展、全球经济竞争日趋激烈的今天,保持企业持续发展、推动企业做大做强是每一个企业家都必须面对的重要课题。而任何一个企业要长盛不衰,光靠先进的技术设备、雄厚的资金实力、企业家个人能力以及其他的硬件要素显然是不够的,还要精心培育和建设先进的企业文化。这是保证企业特别是大型企业集团长盛不衰的、持续发展的内在源动力。

一、先进的企业文化能激发企业的创新能力

创新是一个民族进步的灵魂,也是企业发展的灵魂。先进的企业文化能够造就企业兼容并包、海纳百川的胸怀,能激发企业勇于探索、敢于创造的精神,激励企业不断地打破一种平衡和自我满足,自觉地进行体制的、组织的、制度的、管理的、科技的以及产业结构等多方面的变革和调整,寻求新的突破。一个有着悠久历史,积淀厚重的企业,要保持旺盛的活力和崭新的面貌,必须靠先进的企业文化来帮助其完成吐故纳新的“扬弃”过程。在世界知名的长寿企业中,绝大多数都有自己独特而优秀的企业文化。

二、先进的企业文化能营造良好的人才成长环境

经济的竞争终归是人才的竞争。人才是企业的第一资源。要吸引人才、留住人才、充分发挥人才的作用,仅靠硬性的制度和物质激励是不够的,还必须营造一种关心人、理解人、信任人、尊重人,能够最大限度地发挥人的潜能的人文环境,而这只有靠企业文化来形成。一方面,先进的企业文化能够为人才的培养提供土壤,为人才的成长创造环境,为人才的使用搭建舞台,为人才的交流提供市场。另一方面,先进的企业文化能够有效地整合人才资源,培育团结协作、昂扬向上的团队精神,使每一位员工的积极性、创造性得到充分发挥,进而提高企业的核心竞争力。

三、先进的企业文化能培育企业坚韧不拔、迎难而上的意志品质

企业的发展不可能是一帆风顺的。战胜困难,铸造辉煌,不仅需要物质的支持,更需要制度的、精神的支持——文化支撑。先进的企业文化用振奋人心的企业愿景、科学规范的制度、广为认同的价值理念来影响全体员工,培育具有强烈凝聚力和向心力、荣辱与共、同舟共济的企业精神,打造坚韧不拔、迎难而上、愈挫愈奋、永不言败的员工队伍。同时,先进的企业文化能够长期营造良好的学习氛围,不断提高企业科学判断形势的能力、认识自身发展规律的能力和驾驭市场的能力,从而增强战胜各种困难的信心和决心。

四、先进的企业文化能引导企业树立服务社会、造福人民的奉献精神

建设长寿企业,实现企业的持续发展,不仅需要企业几代员工的共同努力,而且需要得到社会长期而广泛的认同。先进企业文化中的价值观念和行为准则能引导企业树立服务社会、造福人民的奉献精神,指导企业树立科学的发展观,帮助企业业正确处理长远利益与眼前利益、国家利益与自身利益、社区利益与厂区利益、客户利益与企业利益的关系,正确处理企业生产与环境保护的关系,正确处理企业发展与社会统筹的关系。从而为企业的发展创造更有利的条件和更广阔的空间。

(作者系大同煤业集团公司董事长)

企业文化建设重在与时俱进

刘龙华

企业要发展,必须有与之相配套的“文化力”做支撑。文化之于企业,就像是一部汽车的引擎,通过引擎,可以把企业中每个职工的能量转化为动力,并将动力汇聚在一起,形成强大的动能,推动企业向前发展。

我们今天正处于一个变革的时代。随着中国申奥成功和中国顺利加入 WTO 及全球一体化、经济全球化进程的加快,竞争环境也发生了根本的变化。所谓“物竞天择,适者生存”,企业要想在激烈的市场竞争中站稳脚跟,就必须顺应市场经济的发展方向,进行改革重组,进一步调整合理的产业布局,打造企业的核心竞争力。

在这个企业战略转型的机遇期,必须要有文化的变革与之相配套,企业文化应在以下三个方面创新:一是打造学习型组织,创建活力文化。不间断、有目的地进行学习,对于保持企业活力和可持续发展是必不可少的。只有加强组织的学习能力,才能适应种种变化。通过学习,可以促使我们打破旧的思维模式的桎梏,形成新的思想、新的观念,激发我们的活力、创造力和工作热情。特别是在市场经济的大潮中,我们更应该努力学习市场经济的理论知识,把握市场规律,提高驾御市场的能力。二是营造良好氛围,培育人文精神和人本文化。人本文化是一种把人放在首位、极力维护个人尊严的思想。以人为本,表现在企业内部,就是对员工保持充分尊重,重视发挥他们的个性,就是要还他们以思考的权力和能力,给他们发言的机会,给每个人以发挥才能的舞台;表现在企业外部,就是要在工作中体现“为他人着想、用户至上”的思想。三是坚持求真务实,构筑“执行力”文化。企业文化贵在“落地生根”,任何精神、理念,没有落实到制度体系以及具体的经营管理过程之中,没有在管理者自己的行为中得以体现,就不是文化,而是空话,大话。企业的各项决策,都是出自董事会,是管理层集体智慧的结晶。一项动议,在产生决策前,可以经过充分的讨论,但一旦形成决策,就必须去执行。打造执行力文化,就是要实现“管理重心下移”,要在求真务实的基础上,把“强化执行力度”作为工作重点,认真做好每项工作。

(作者系北京城建集团董事长、党委书记)

企业文化是没有极限的动力源泉

陈济生

改革是为了发展生产力,而企业文化是维持生产力增长的最终动力,是没有极限的动力源泉。发挥企业文化的作用,运用先进的文化理念,激活员工的主观能动性和创造潜能,这是我们成功的重要法宝。

企业文化不是凭空而来的,它是有自身的历史积累和沿革的。随着历史的发展、企业的变革,企业文化也要随之发展,与时俱进。

当一个企业进行合并重组时,不能只重视资产的重组,而忽视文化的重组。我们的做法是用资产的重组推动文化的重组,文化的重组推动企业的创新发展。在文化重组的过程中,我们首先把原来的企业优秀文化继承下来,然后加以科学的梳理、整合和提升,在企业新价值观的基础上,形成全体员工一致为之努力的共同愿景,推动企业的整合和创新发展。

我们把文化作为企业的资本,不是光把企业的钱和物作为企业的资本。企业文化是企业的灵魂,企业文化的体现就是职工素质的体现,企业文化的发展过程是一个资本增值的过程。

资产好合并,一天之内就可以做到了。文化的整合会有时代背景的一定差异,因此不能用新文化否定原有文化的积存,而是要用创新的精神去融合、去发展,使人们的思想有一个很大的提高,这个过程容易接受。如我们提出了一个新理念,叫“先一步胜百步,快速创新路”,这一点原有的两个国企员工都能接受。从2000年末我们公司合并重组到现在,销售额增长了一倍,创利水平增长了50%。为什么人还是原来的人,物还是原来的物,如今却发生了翻天覆地的变化?关键就是企业文化在发生作用。

企业文化的力量表现在员工的创造力、积极性上,表现在员工在企业发展关键时刻的爆发力上。大凡事物都有极限,都有一个从量变到质变的过程。职工的底蕴积存到一定程度后,依靠企业文化调动内心的动力,爆发出来的就是积极性,这就是企业最大的源泉。这种源泉一旦需要的时候会产生巨大的爆发力,这个爆发力持续的时间和爆发的力量是对我们企业文化的一次检验。如2003年北京抗击SARS的斗争中,我们的职工整整奋战两个月没休息一天,每天频繁出入隔离区送货,天天冒着被感染的危险。1200名职工在那种情况下没时间开动员会,没时间做思想工作,就凭着企业文化在员工中的底蕴,在关键时刻爆发出巨大的能量,胜利完成了北京市政府交给我们的物资保障任务。事实证明,我们走文化创新这条路,用文化力推动企业发展是对的。

(作者系北京医药股份有限公司董事长、总经理、党委书记)

建设服务型文化,打造服务型企业

赵继东

企业文化建设是企业生存发展的内在动力,是企业走向国际市场的通用语言。独具特色的企业文化,是企业核心竞争力之所在。

对于通信行业,服务重若企业的生命。在激烈的市场竞争中,只有从计划经济体制下的“任务型企业”,向市场经济体制下的“服务型企业”全面转变,才能使企业做大、做强。服务战略是通信企业的生存战略。

打造现代服务型企业,首先要建设现代服务型文化。要从更新观念入手,做好六个方面的转变;

要从“眼睛向内看领导”练“服从型”内功,向“眼睛向外看市场”练“服务型”内功转变;

要从窗口、厅台的单项服务,向“一点受理、全面服务”的“服务链”管理转变;

要从“我有什么你用什么”的“企业为本”观念,向“你要什么我提供什么”的“顾客为本”理念转变;

要从单一提供电信产品向全方位打造服务品牌的方向转变;

要从“单纯竞争赢得市场”向“竞合双赢谋求发展”的轨道转变;

要从追求客户“满意级”向追求客户“忠诚级”转变。

建设电信服务文化,要坚持以人为本,最大限度地激发广大员工的积极性、主动性和创造性。要实施人才战略,形成选才、育才、用才的有效机制,培育学习型员工,建立学习型企业。要用事业留人,感情留人,待遇留人,用一流的人才,把北京通信公司建设成为实力雄厚的、真正具有国际竞争力的世界一流通信运营企业,使首都北京的通信能力达到国际大都市的同期水平。

(作者为北京通信公司总经理)

企业文化是建设国际一流港口的战略性资源

李令红

宁波港集团从“二次创业”战略高度出发,为实现国际一流深水枢纽港和集装箱远洋干线港的战略目标,一直把企业文化作为港口竞争力的基础,注重用文化力提高管理力,激发员工创新潜能,从而实现了港口全面、健康、持续发展。截至2004年上半年,完成货物吞吐量1.2亿吨,居全国大陆沿海港第二位。集装箱运输增幅以45%的速度位列世界集装箱港口首位。

企业文化是构建港口整体发展战略的重要组成部分，应坚持谋略在前，目标先行的原则。

企业文化必须与企业战略紧密结合，否则将失去建设的目标和方向。企业文化战略是企业整体战略框架中重要的支撑，企业战略目标的实现又是企业文化建设最终的落脚点和检验标准。

企业文化是价值认同和群体和谐基础上的经济力提升，因此要坚持文化制胜与人力资源开发，重在培植土壤的原则。

企业文化是一个企业领导者倡导，员工认同，长期培植的企业灵魂和基因密码，同时也是港口长远发展的基础性战略资源。如同土壤、气候和大树的关系，没有好的土壤、气候就不会有大树的根深叶茂，郁郁葱葱。企业文化就是要通过价值理念认同，逐步涵养人文环境，营造良好的发展氛围，把贫瘠的土壤改良成肥沃的适合企业科学持续发展的土壤。

文化力转化成生产力，有一定的养成过程，不会立竿见影。宁波港建设企业文化，不期望播下种子，植上幼苗就三年摘果子见大丰收，育人兴业是百年大计，关键是打好基础。

企业文化建设以打造服务品牌为战略重点，要巧抓时机选准切入点。

现代港口物流业的竞争，从根本上说是服务品牌的竞争，是经营文化的竞争。我们把港口企业文化建设定位在：建立现代企业制度与塑造国际一流大港品牌相并重。变革观念，领导示范。用价值观统一为前提，全员共抓品牌塑造，提升集团整体形象力和竞争力。

战略目标的科学制定固然十分重要，但战略时机的捕捉，策略措施的巧妙，同样影响战略实施的效果。宁波港过去一直是政企合一的行业主管单位，第一责任是管好港口。改制为现代企业，完全以市场为导向，以货主、船东、对方港口的满意为标准，企业实行市场化经营。以此为契机，适时导入企业文化塑造工程，重点实施 CS 客户满意策略，全新塑造集团公司整体服务品牌。

要塑造世界一流深水良港品牌，必须从塑造一流服务的“名牌”员工入手。强化员工服务理念，牢固树立客户第一的思想，通过改变心智模式和自我超越，可以使不可能变为可能，从优秀走向卓越。

企业文化建设要深入挖掘地域文化资源，吸取其精华；同时，优秀的企业文化又促进了社区文化，涵养了地域文化。

开明的宁波文化是今天宁波港企业文化的重要滋养，浙东文化之独特承传与西方文明之兼容并蓄，形成一派别开生面的开明景象。

浙江文化上承河姆渡文化，延至明代，余姚人王阳明提出“致良知”和“知行合一”思想，强调人人心中都有良知，自觉按良知去做；浙东学派代表人物黄宗羲又将“致良知”中的反传统思想发展为对整个封建制度的全面批判，提出“工商皆本”思想。宁波人领略“西方文明”最早，看到世界之大，西方文化之奇，新事物、新知识迭出，反顾自身种种弊端，从而激发起自强的决心。于是结伴到世界各地开船务、办实业，形成了遍布全球的“宁波帮”，现在他们又以各自的先进文化来帮宁波见大港、通五洲。

受较为发达的区域文化滋润，宁波人在商业经营上具有较强的应变能力，特别是面对巨大的社会动荡，能因时应变，不断发展。在现代、当代史上，宁波经济、科技、人文并重，仅一个镇海区就诞生了 20 余位两院院士。培育了雅戈尔、大红鹰、双鹿、波导等知名品牌。宁波区域品牌群的发展，优秀企业文化的形成，又反过来促进了社区文化和地域文化，从而实现了二者的良性互动。

（作者系宁波港集团有限公司总裁）

用今天的文化构筑企业明日之辉煌

尹家绪

管理的最高境界是文化管理，企业的最强竞争是文化力的竞争。没有思想文化建树的企业算不上一个优秀的企业，没有文化竞争力的企业也绝对迈不上企业经营的顶峰。因此，长安汽车集团正致力于在企业的愿景、核心竞争能力、价值观的指导下建立起一个强大的企业文化，以支撑长安事业的持续发展。

概括长安文化，我认为，那就是“居危思进、艰苦奋斗”的积极危机文化。

长安积极危机文化的产生、成长、发展、创新有其深远的历史渊源和现实基础。优秀的企业就是善于发现潜在危机并迅速采取措施解决危机的企业，长寿的企业就是处在危机之中能保持积极进取精神的企业。企业“居危”并不可怕，关键是要永远保持“思进”的精神状态，这才是企业发展的根本。

一个企业发展得越快的时候，往往也是越危险的时候。快速发展的长安，尤其需要保持清醒的头脑，善于寻找和发现自己的弱点。“居危思进、艰苦奋斗”是我们继续开拓前进的精神动力，也是解决好前进道路上突出问题和矛盾的客观要求。因此，我们要永远保持战战兢兢、如履薄冰、如临深渊的危机意识，继续保持谦虚、谨慎、不骄、不躁的作风，继续保持艰苦奋斗的作风。

企业核心价值观是企业文化的内核，是企业发展的灵魂。近年来，长安在加快企业发展步伐的同时，十分注重培育企业核心价值观：“为客户制造物有所值的选择，让员工获取更多精神与物质的享受，给股东创造丰厚的回报”。客户是上帝，更是亲人，为上帝和亲人服务是我们的天职。或许我们制造的产品不一定是世界上最好的，但它一定是物有所值的产品，我们期待客户选择，我们正在努力做得更好；员工是企业的财富，人本管理是企业正在追求的境界，让员工获取更多精神与物质的享受是企业存在的目的之一，同时也是企业得以持续发展的必须；长安是国资企业，国家是企业最大的股东，此外我们还有无数的大小股东，有了他们才有长安的新生，因此，我们应该感恩，尽我们的义务，应该尽我们所能给股东创造丰厚的回报。

企业精神是企业核心价值观的精神所在。我们的企业精神是“学习、创新、敬业、树人”。我们的目标是让学习成为一种促使员工进步的手段，让创新成为企业发展生生不息的灵魂，长安企业文化建设正是以培养具有高尚品德的人为目的，“坚持以德治厂,人品决定产品”,从而创造了在市场竞争中立于不败之地的佳绩。

企业文化建设特别是建立起企业哲学,是一个复杂的系统工程,需要我们继续去探索,去寻找最佳的创建模式。今天的长安,正通过加强企业文化建设,确立企业精神,凝聚员工士气,塑造企业全新形象,拓展企业市场魅力,培育企业新的经济增长点。在实践中我们深深地体会到,文化是企业的本色,学习是企业融入时代潮流、参与国际市场竞争的最佳渠道。

昨天的文化造就了长安今天的经济,今天的文化必将铸就长安明日的辉煌。

(作者系长安汽车集团总裁)

企业文化在海航发展中发挥着重要作用

陈　峰

在海航发展十年创造的点点滴滴成果当中,都反映出海航人的智慧,海航人都有一些特定的行为准则,做事认真、严谨、用心、用功。为什么这种管理理念能渗透到管理末梢?为什么能抓住中国以及世界发展的大势?这是值得大家深思的。实际上,在各项事业中制度不能解决全部问题,还需要管理。如何管理?中国古人早已讲到“为将之道,当先治心”,管理就是管人,管人就是管心,这是东西方管理的最高境界。海航形成了有智慧的制度,这些都是海航文化在发挥作用,正是由中国文化精粹中人道做人的学问和启发大智慧的方法构成了中西合璧的海航企业文化的基础,培养造就了一大批海航的管理干部。

海航文化的特色就是“内修中国优秀传统文化之精粹,外兼西方科学管理技术之精华”,有很多国外的先进管理方法在海航都得到了应用:ISO9000、六个西格玛、麦肯西的销售系统、应用微软和 Internet 中最先进技术的海航 E 网等等。我们又把中国传统文化数千年的精髓提炼、集中、升华,创造了中学为体、西学为用的海航特色的企业文化,因而也创造了海航十年辉煌的历史。一个企业的勃勃生机在于它的文化底蕴,海航正是以文化理念奠定了管理制度的基础。文化决不是文字或者一两本书,而是一个企业在长期发展中全体员工形成的共同的理念、共同的追求,一种人与人之间的关系和良好的氛围。认识海航,要从认识海航的文化开始,企业文化是海航事业发展的灵魂和神韵。

海航文化的一项重要内容是积极引导大家如何做一个合格的海航管理干部。海航不同层次的管理者,是我们集体中最重要的核心力量。不同层次的管理者有了共识,能按照对海航管理干部的要求去做,就能带领广大职工创造蓬勃发展的新局面。所以,每一个海航干部要按照如何做一个合格管理者的要求来重新塑造自身,充分认识用海航文化塑造自身的紧迫性,用《海航管理干部守则》的要求来深入思考和认真实践。

我们十年如一日地培育海航的企业文化,海航十年锲而不舍地学习和实践,塑造人的灵魂和心智,锤炼、造就了具有海航特色的管理干部队伍,正是这些有智慧、有能力的管理者创造了海航十年辉煌。而要成为一个合格的海航管理干部就要用海航企业文化塑造自身。这是每一个海航管理干部都要学习的,只有干部学好了,才能带动员工,才能更好地开展我们的工作。大家要学好“同仁共勉十条”,里面的每一条都是经典,要认真地学习,并用来指导工作。“健康以慎食为良药”,其实病都是吃出来的。时间就等于生命,我们要珍惜生命。我们应怎样认识自己的每一分钟?度过怎样的人生?“精进以持恒为准则”告诉我们做任何事都要持之以恒、始终如一。大家要精进,每天坚持学习,不要浪费光阴,这样就会不断进步。所以“同仁共勉十条”中任何一条都值得大家好好学习,海航文化告诉大家很多大秘密,告诉大家很多人道做人的学问。

(作者系海航集团董事长)

浅谈企业文化的功用

马小平

在 21 世纪的今天,作为日用消费品领域投资热点的针织行业间的竞争正在加剧,企业间在比拚技术、质量和实力的同时,还必须面对 2005 年取消出口配额以后同机遇并存的严峻挑战。国内的针织企业拿什么跟国内同行和国外如日、美的同行角力?在设备、技术、管理等方面高度同质化的情况下,企业如果想避开价格战的恶性竞争,实现脱颖而出,在行业的整合中立于不败之地,企业文化的作用不可忽视。

必须承认,在企业的发展过程中,在历经设备、技术等硬件发挥举足轻重的作用阶段之后,企业文化的功用日益凸显。以人为本,重视人这个企业文化的核心主体的作用已成大势所趋。据被国际公认的资料显示,日本经济在战后的奇迹般崛起甚至一度超过美国,成功的诀窍很大程度上得益于其所奉行的新的管理理论,即企业文化理论。无论是内隐的还是外显的企业文化,正以其不可替代的作用成为企业参与国内国际市场竞争的强势力量。

山东真情集团从 1988 年开始出口产品到日本,经过十几年的实践与学习,充分感受到了企业文化建设的必要性和重要性,认识到它对于凝聚员工人心和力量、提升产品形象和企业形象、增强企业综合实力和竞争实力的重要作用。今天,从“团结、勤奋、求实、创新”的企业精神,到“优美的厂区环境、和谐的人际关系、科学的内部管理、稳定的经济效益”的企业形象,再到以“沧海桑田、真情不变”为核心的历史传统,等等,建立了比较完整的企业文化体系,并且深深地植根于员工的心间,形成了热爱“真情”、奉献真情的良好氛围,为企业战胜各种困难和挑战,不断迎来生产经营上的良好业绩提供了强势支撑。

针织企业的发展,必须眼光朝外,努力走外向型道路。经过十几年的积累,真情集团成为针织出口企业中的一支有生力量。但是,面对显而易见的日趋惨烈的市场竞争,必须内强素质、外树形象,提升企业的核心竞争力,实现既能跻身于国际竞争舞台，又能长久地占有一席之地。我们的想法是，以企业改制后的有利时机为契机，以技术创新为核心，以信息化为动力，以争创品牌为手段，以企业文化为后盾，实现全面、协调、可持续发展。其中的“以企业文化为后盾”，将充分发挥企业文化的导向功能、凝聚功能、激励功能和规范功能，直接或间接地为企业核心竞争力的提高贡献力量。

在强调以人为本的今天，企业文化的建设更应彰显人的主要作用，增强其归属感和成就感，营造抢抓机遇的良好氛围，构筑战胜困难的坚实力量。有一位外国专家预言，“企业文化在下一个10年中将成为企业兴衰的关键因素”。企业经营者都能体会到，你能用钱买到一个人的时间，你能用钱买到人的劳动，但你不能用钱买到热情，不能用钱买到主动，你更不能用钱买到一个人对事业的追求。而这一切，都可以通过企业文化而争取到。专家的告诫振聋发聩，现成的事实不容置疑，让我们增强对企业文化的认识和重视程度，加大建设投入，共同打造各自富有鲜明特色、对企业和社会的发展产生巨大动力的企业文化，最终实现中国针织企业走向更广阔的国际市场，在国际竞争中立于不败之地的宏伟目标。

（山东真情集团有限公司董事长、总经理）

努力创建战略支持型企业文化

袁今昔

在新世纪新阶段，面对经济全球化的新形势，面对国内全方位对外开放形成的千帆竞发、百舸争流的竞争格局，加强企业战略研究和战略管理，已愈益成为现代企业求生存谋发展的必然选择和国际趋势。

“文律运周，日新其业”。企业文化建设只有与时俱进，不断变革创新，才有永不衰竭的生命力。面对21世纪头20年的重要战略机遇期，广钢集团审时度势，在2002年初确立了新一轮跨越式发展的“24字战略”：优化股份，做强珠钢，推进有色，拓展支柱，进军南沙，再铸辉煌。“24字战略”的确立，标志着广钢集团有了一个方向性、长远性、全面性的“基本法”，其实质是一场企业的新文化运动。一方面，企业文化的核心引导着企业战略的定位；另一方面，企业文化的氛围推动着企业战略的实施，保证战略目标的实现。正是从这两个意义上，我们说不同的企业战略定位，必然要求与其相适应的企业文化与之配合和互动。

努力创建战略支持型企业文化，是广钢集团加大企业文化建设力度、推动和支撑“24字战略”有效实施的必然，也是新世纪新阶段深化改革、加快发展，应对全球性经济战略较量的呼唤。

所谓战略支持型企业文化，是在广钢集团企业文化建设“三阶段”发展（“命运共同体工程”、“安人管理工程”、“文化整合工程”）的基础上，密切结合广钢集团的经济发展战略，积极适应21世纪经济知识化、网络化、全球化的大趋势，站在大时空的跨度上，侧重于“高”和“远”，着眼于后劲和未来，以经营管理文化为定位根据，以实现经济发展与企业文化的有机统一，战略管理与战术管理的有机统一，物化于制与外化于行的有机统一，企业群体与企业个体的有机统一为基本路径选择，为把广钢集团建设成为具有国际竞争力的现代化大型企业提供强大的文化动力源。

未来的企业文化将是综合的文化，是吸收了最开放、最前卫、最高质的现代文化而形成的。谁拥有这种文化优势，谁就拥有竞争优势、效益优势和发展优势。用创新文化铸就广钢集团的常青基业，争取在中国式企业文化建设的实践中有广钢的特色的成功案例，这就是我们的努力方向和期待。

（作者系广州钢铁企业集团有限公司董事长、党委书记）

企业文化创造持续发展

马 坚

1993年，我院从企业形象建设入手开展企业文化建设，企业文化建设由不自觉走向自觉，由表象走向内化，由单纯的形象建设到以“培育精英、打造精品”为核心价值观的企业文化体系建设。这种文化建设的不断创新、演进，推动着企业管理一步一步向高层次提升，使企业科技创新能力和产业规模有了长足的发展，行业覆盖面不断扩大，从一个单纯的科研事业单位，转变成一个集高新技术产业、研究开发机构、产品认证、环境技术、生产力促进中心等中介服务机构为一体的高科技集团型企业。2001～2003年，我院经营收入创下平均每年增长一亿元的记录，年平均增长速度为32%。

企业是否可持续发展，是与企业战略目标的设定、企业运营和企业核心价值观的确立和实践是否符合客观事物发展规律，是否被市场经济、社会以及企业的员工所接受相联系的。

企业文化建设说易做难，在实践中需要把握三个要点：一是经营者要不断推动企业理念的建立；二是建立与企业价值观相一致的制度体系，实现精神与行为的统一；三是以人为本。

第一，企业领导的理念关系到一个企业的文化，是一个企业发展的旗帜，但是领导文化决不等同于企业文化，企业文化是员工文化，它需要企业领导人有意识地去推进、去把握、去建设，把提倡的理念形成员工共享的精神准则。这些年我们提出的“培育精英、打造精品”的企业核心价值观，“品德第一、使命至上”的企业道德观，“创新为本、顾客至上”的经营理念等，就是通过不断的创新形成企业员工的共识，吸引志同道合的人来实现共同的目标。

第二，建立与企业价值观一致的制度体系，实现精神与行为的统一，这是文化成功的组织保证，换句话，就是营造一个培养健康理念的环境。一个伟人说过：不好的制度可以把好人变坏，好的制度可以把坏人变好，让好人发展。企业制度是一个整体，但可以分为两个方面：一方面是制度体系本身，无论是管理制度还是激励制度都要体现企业的文化价值指向，你倡导什么，你就围绕这个目标来制定规则和机制。另一方面就是执行力的问题，在企业战略、人员、运营流程三个要素的每一个环节都以执行的精神来指导落实。从企业领导人到每一个员工，都要根据企业各项目标来不断调整、创新自己的思维和工作方式，去达到既定的目标。

第三，以人为本，这是建设企业文化的基本点。以人为本要落到实处，就必须首先把握好人性的基本规律，懂得人在各方面的需求。

作为企业，首先必须为员工提供实现价值的平台，让他有一个发展空间。比如，近几年我们在员工职业生涯方面创建了行政管理、营销专家和技术专家三个系列的晋升平台，三个系列在待遇、福利等方面保持平衡，这样不仅减少了官本位带来的弊端，也为人才成长创造了环境。同时，有一个好的、全面的培训体系，不仅是企业经营、发展的需要，也是满足员工成长发展，实现人生价值的需求。

其次，要建立一个企业和员工的和谐关系。这里面涵盖了团队文化、生活文化、福利文化、救助文化、公平竞争文化等。

以人为本的基本点就是在企业建立一个民主参与、公开透明的管理机制，来塑造和维护企业基本的价值观。企业领导和企业制度就是这些价值观的化身和实现这些价值观的途径。通过民主参与管理造就一个相对公平的环境、公平的机制，有利于德才兼备的人脱颖而出，也有利于调动员工积极性，增强凝聚力。

(作者系广州电器科学研究院院长、党委书记、高级政工师)

以文铸钢脊 实力赢未来

郝蜀东

企业文化作为文化与经济相结合的产物，现已成为一种“知识资本”，在经济全球化、市场国际化的今天，显示了强大的文化力、生产力。纵观当今中外优秀企业，都把构造具有企业个性、企业内涵的企业文化作为赢取竞争和保持基业常青的根本，因为拥有文化的优势，就拥有了竞争的优势和发展的优势。正是基于这一认识，我们在中国企业文化研究会的鼎力支持和帮助下，启动了昆钢企业文化塑造工程，这标志着昆钢企业文化建设从自发走向了自觉，走向了理性，进入全面实施阶段，这是昆钢实现新的跨越式发展目标的必然要求，是昆钢打造核心竞争力的重要组成部分。我们把昆钢企业文化塑造工程命名为“文化力”工程，目标就是以文铸钢脊，实力赢未来，以文化力增强企业综合实力，使文化力转化为现实的生产力、发展力，让我们的企业能够永葆生机和旺盛的生命力。

昆钢是一个有65年历史的国老企业。65年风雨兼程，65年不懈追求，而今昆钢乘改革开放的春风，以崭新的姿态屹立于祖国的西南边陲，装备现代化、环境优美化、员工队伍团结向上，企业具有较强的抵御市场风险和连续盈利的能力，被喻为红土高原上的钢铁脊梁。在创造物质财富的同时，昆钢也创造和积累了丰富的精神文化财富，这是支持昆钢不断进步的动力。现在我们致力于构建的企业文化，是继承和创新的结合，是对昆钢文化资源的开发、提炼和整合，是对当今先进企业文化经验的学习、借鉴和汲取。这一体系的建立，为我们描述了企业文化的丰富内容和科学内涵。它能够支持我们的企业无论在什么情况下，都能正确地分析和判断形势，科学决策，确定正确的发展思路。体系所形成的符合昆钢实际而又具有前瞻性的理念、精神，是我们坚持以人为本，引导教育全体员工解放思想，树立与企业发展相适应的思想观念，确立和践行企业的价值观的理论支撑，这一体系对我们创新管理，树立优秀的企业形象，实现企业的可持续全面发展具有重要的能动的作用。

(作者系昆明钢铁集团有限责任公司党委书记、董事长)

关于企业文化的几点思考

赵迎春

一、企业文化不是锦上添花，而是雪中送炭

很多企业这样认为：企业效益好了，应该投资搞企业文化，使企业锦上添花。其实这是一个误区。我认为，企业文化是雪中送炭，它是企业发展到一定阶段的内在需要。当一个企业从低谷走向振兴的时候，它最需要的是整合企业文化；当一个企业停滞不前的时候，它最需要提升的是企业文化；当一个企业正在发生新的飞跃时，它最需要变革的是企业文化。企业文化是企业向前发展的强大驱动力，文化力能够启动经济力。

二、企业文化不仅是效益好的企业要搞，越困难的企业越要搞

效益好的企业需要根据企业发展的新形势不断完善企业文化体系，进行企业文化的“版本升级”。困难的企业需要对企业文化进行整合，统一员工的价值观，凝聚力量，达成团队共同目标。我讲一个例子：一对下岗夫妇，他俩就是省吃俭用也要供孩子上大学，为什么？因为有了知识才能脱离贫困。同样的道理，企业只有文化起来才能精神起来，才能进入更高层次的市场竞争，才能从低谷走向振兴。实际上，越困难的企业越要加强企业文化建设，这个道理再明白不过。

三、企业文化不是品牌的包装盒，而是品牌的催化剂

企业文化可使一个企业的产品、服务升值，但它绝不是品牌的包装盒，企业文化是企业价值观念和行为规范的统一体。价值理念是“思”，行为规范是“行”，思与行的统一使企业健康协调发展。品牌是企业综合实力、质量、管理、形象、商誉等等综合要素相互作用下的最佳表现形式。而企业文化恰恰是整合这些综合要素，使之发挥最佳效能的催化剂。

四、企业文化不是新的控制手段，而是打开心门的金钥匙

企业文化建设是一场触动传统思维方式和习惯势力的革命，它使管理趋向文明。企业文化通过潜移默化的渗透，转变人的自私、对立和抗衡的价值观，走向帮助、和谐与发展。企业文化不是新的控制手段，它是打开心门的金钥匙。没有人会被别人真心地控制，但会有人真心地被感动。优秀的企业文化可以让人打开心门，心门既已打开，想进去就很容易。当一个人被感动，当一个人的梦想被唤醒，他就会自愿自觉地遵守企业的规章制度，为企业的发展献计献策，因为他认同企业的发展远景并愿为之奋斗。通过企业文化达到自我管理、自我激励，这就是管理的最高境界。

（作者系青岛交运集团总经理、党委书记）

有特色才能有生命力

王文琦

青岛发电厂已有近70年的历史。解放以来，逐步形成了“团结向上，开拓创新，求严务实，争创一流”的优良传统和作风，为青岛市的国民经济发展作出了不可磨灭的贡献，也为自己创造了丰厚的文化积淀。

体系化是企业文化建设的必然趋势。一个企业如果真正想实施文化管理，就必须全面整合自己的企业文化，努力从整体上去谋划，使之涵盖企业的方方面面，渗透于企业的各项工作之中，逐步形成具有自己个性特点的文化体系。近几年，青岛发电厂提炼形成的“路径开新”文化战略，包括战略路径系统、思维路径系统、行动路径系统三大系统十五项内容，构成了企业文化的理念识别系统（MI）、制度文化（BI）、视觉识别系统（VI），共同构建起了系统化、规范化的企业文化体系，有效地促进了企业的文化管理。

文化管理是三个文明建设的最佳结合点，企业文化建设的最根本原则是以人为本，以提高人的素质、关心人的成长、推动企业的健康发展为根本目的。利用企业文化的导向、凝聚和规范功能，以企业价值观为导向，激励企业员工围绕企业的目标任务爱岗敬业、拼搏奋斗。近年来，青岛发电厂积极推行文化管理，取得了很好的效果，企业效益和员工精神面貌都呈现出了蒸蒸日上的新局面，企业先后荣获青岛市“九五”工业发展突出贡献企业称号，山东省“富民兴鲁”劳动奖状，中国华电集团公司优秀发电企业、文明单位称号，全国“五一”劳动奖状等。

只有充分体现个性的文化，才能有持久的生命力。企业文化建设必须从本企业的实际出发，切忌照搬照抄别人的做法，或者凭空臆想，否则就会脱离实际，甚至劳而无功。青岛发电厂的“路径开新”文化战略，其核心就是“创新”。在实际工作中，我们以文化创新为契机，以战略创新为重点，以管理创新为基础，以机制创新为动力，以科技创新为支撑，以政工创新为保证，有效地推动了企业的创新发展。

（作者系青岛发电厂厂长）

成功的企业必定有成功的企业文化

陶惠启

什么是企业文化？不同的书有不同的解释。我们认为：企业文化其实就是一个企业成功的方式。

一个企业成功的途径有千万条，不同的文化能够创造不同的成功方式，能够带来不同的成功结果。

优秀的文化能够促进企业不断探索、不断超越、不断发展。

正大天晴企业文化的中心思想是“以人为本”。

很多人认为“以人为本”即是“以员工为本”，这是片面的。我们正大天晴的“以人为本”的“人”应该理解为两部分人，一部分是企业内部的员工，另一部分则是企业外部的顾客和消费者。对内——我们要树立“安居才能兴业”这个理念，把正大天晴建设成一个大家庭，让所有员工感受到这个大家庭的温暖，充分调动他们的积极性，把这个“天晴之家”建设得越来越好；同时我们还要把正大天晴建设成一所学校，树立“员工的成功就是正大天晴的成功”的思想，让所有人才在正大天晴这所学校里都能得到锻炼，都有一个平等的成长机会。对外——我们要强化“消费者是我们的衣食父母”的思想，我们要尊重他们，了解他们，不断开发更好的产品，化解他们的病痛，为他们提供更好的服务。

只有正确理解了“人”的含义，才能做到“以人为本”，才能真正建设好我们的企业文化。

（作者系正大天晴药业总裁）

新征程，新挑战

张继升

起始于20世纪70年代中后期的全球市场化运动，将企业推上了时代的前沿。“国力的较量在于企业”，一本中国杂志推出的这一口号赢得了越来越多的认同。作为企业主体意识觉醒的标志，20世纪80年代企业文化理论于美国发轫，并迅速向全世界传播，包括正在挣脱传统与体制束缚的中国企业界。

今天，立足于企业文化20年来理论与实践的丰厚成果，面对着信息时代和世界经济一体化的浩荡潮流，我们可以对企业文化有着更深的理解，对企业文化建设提出更高的要求。在我看来，企业文化建设具有如下三个层面的意义：

企业文化是实现企业持续发展的必要条件。企业文化是企业的灵魂,是企业制度的精神,是企业发展的不竭动力,是企业大型化、集团化、跨国化的关键纽带。具有卓越的企业文化虽不一定导致企业成功,但没有卓越的文化一定无法缔造一个伟大的经济组织。

企业文化是社会先进文化建设的重要环节。企业已成为当代社会最重要的组织之一,企业文化已成为社会文化的一个重要组成部分,并同社会文化的其他子系统发生着紧密的互动。比如,蛇口经济开发区提出的"时间就是金钱,效率就是生命"的口号,就深深地激荡了改革开放之初的社会意识,而近年来"学习型企业"理念也催生出"学习型政府"、"学习型社区"、"学习型社会"的建设浪潮。

企业文化是世界大同和文化融合的重要桥梁。帝国的武力征伐,哲人的种种"乌托邦"设计,都带有大同世界的鲜明旨趣,但是真正将世界联结为一个有机体的却是经济的力量,是企业的行为,特别是跨国公司的全球化运作。适应跨国、跨文化运作的要求,跨国公司的企业文化一方面要维持其文化体系的一致性;另一方面也要主动汲取当地文化的因子,实现"本地化",由此与当地文化发生传播与汲取的双向互动,客观上推动了文化的融合与新生。

正是认识到企业文化不仅是一种经营之道,也是一种社会的、历史的力量,我们时时警醒自己:三联不仅是一个企业,而且是一种事业;我们对三联文化的建设充满着使命感和责任感。

一个外国公司前总裁葛洛夫曾说过,华人有巨贾而无大企业家,因其机敏而缺乏制度和文化的建构力。20余年的改革开放,中国的企业、中国的企业家已经向世界展示了其活力与创造力,而中国经济的持续发展必然会将其推向一个更加瞩目的位置。在这个过程中,我们能否创造出真正伟大的经济组织,能否向世界贡献出蕴含中国智慧的商业思想,"葛洛夫命题"已成为对中国的企业家、企业文化建设者的现实挑战。

(作者系山东省三联集团公司董事长)

建立学习型企业文化,推进企业变革发展

林竹盛

建设先进的企业文化,形成完善的企业文化体系,是一个企业成熟的标志,是企业适应市场、快速发展的根基。今天的文化就是明天的经济,企业文化所蕴涵的文化力,最终转变为经济力,它给企业带来有形的和无形的、经济的和社会的双重效益。

任何一种先进的企业文化,都是在吸收整合传统地域文化积极因素的基础上,立足企业的变革发展实际形成的,传统地域文化丰富了企业文化建设的内涵。齐鲁物流分公司地处春秋五霸之首的齐国故都临淄,齐鲁物流企业文化充分借鉴和吸收齐文化开放、重商、时变的优秀成分,与物流行业发展规律和企业变革发展实际紧密结合,形成齐鲁物流特色的企业文化体系。通过加强企业文化建设,实施文化致胜战略,解决企业变革发展中的根本问题,推进企业变革发展提速。

齐鲁物流企业文化的实质就是学习型企业文化,领导联盟引领企业文化建设,培育企业精神和核心价值观,通过企业变革实践,丰富企业文化内涵。通过系统思考和持续创新,提高组织变革的速度,解决企业管理的根本问题。学习型组织创建的成果积淀形成学习型企业文化内核,反过来指导和提升创建学习型企业工作,推进企业变革发展。领导联盟是在企业变革发展和创建学习型组织过程中形成的利益共同体,领导联盟成员认同企业价值观和企业使命,并模范实践企业文化理念,形成变革发展持续推进的原动力,使企业变革中许多不可能的事成为现实。

通过培育同一个声音、打造坚实执行力来营造企业文化的浓厚氛围,形成坚实的文化力。齐鲁物流在企业文化建设过程中,把企业文化上升到文化致胜的战略高度来认识。针对管理中发生的问题,齐鲁物流以管理论坛的形式,进行案例分析,系统思考,寻找问题发生的深层次原因,寻求根本解决办法。培育同一种声音和打造坚实的执行力,塑造了企业文化对企业变革发展的持续推动力。

建立与企业文化有机结合的管理体系,为企业文化建设提供坚实保障。齐鲁物流在企业制度建设中,充分体现企业文化的内涵,以制度建设支撑企业文化建设。齐鲁物流建立以质量、环境和HSE体系进行规范基础工作,以企业文化建设支撑基层建设,以学习型组织理论规范基本功训练的"新三基"工作体系,统领全部管理工作,形成了齐鲁物流企业文化建设的新模式。齐鲁物流企业文化将与时俱进,创新发展,以"创新、诚信、惠仁、多赢"的核心价值观指导企业变革发展实践,以其丰富的内涵和强大的生命力不断推进企业变革走向成功。

(作者系中国石化齐鲁股份公司物流分公司经理)

"尽孝报恩"——企业文化建设之根基

田仲玉

企业文化"以人为本"。制定制度的是人,执行制度的也是人。教育人、引导人以实现企业目标,是企业文化的终极价值。"尽孝报恩"思想作为中国优秀传统文化当中儒家思想的精髓,在中华民族乃至世界文明史传承和发展中发挥了重要作用,而且对世界各国的政治、经济、社会发展产生了巨大影响,日本、韩国、新加坡等国家和台湾地区的经济社会飞速发展,无不得益于此。因此,把弘扬"尽孝报恩"作为当今企业文化建设的基础,对于团结人、凝聚人、激励人从而实现企业目标,是具有现实而深远意义的。

"尽孝"是增强企业员工自强精神、个体责任感和团结凝聚力的源泉。"百善孝为先",儒家把孝作为人伦的基本原则。把

孝分为“敬养”(小孝)、“不辱”(中孝)、“立嗣后和顺应大道”(大孝)三个层次,指出孝不仅要养父母之身,养父母之心,而且要养父母之志。因此得出“只有在家当孝子,才能在朝当忠臣”的结论。儒家的孝把天作父,地作母,要求人类对待天地万物要像对待父母一样来敬养。儒家的孝还提倡“四海之内皆兄弟”、世界大同、团结友爱思想。这种孝的精神把对父母的爱变为对天下苍生的爱,把对家庭的爱升华为对自然对社会对国家的爱。这种博爱的精神不正是今天我们企业文化当中的人文精神吗?

“报恩”是促使企业及其员工明礼识义、知足厚德和促进企业发展的动力。做企业同样是在做人。“受人滴水之恩,他日当涌泉相报”是儒家思想的基本理念。“君子施恩不图报,知恩不报是小人”,报恩同样是人类的基本品德。市场经济的今天,我们报的是父母恩、师长恩、国家恩和大众恩。父母生身之恩当报,师长培育之恩当报,特别是我们最容易忽略的国家之恩和人民之恩更当报答。没有国家庇佑,我们怎么能够安定生活?没有劳动人民提供衣食住行,我们何以幸福生活?感恩才能知足,明礼才能识义,厚德才能载物,所有这些均是我们发展进取的动力。

“林深则鸟栖,水阔则鱼跃,仁义积则物自归之”。这是万物运行亘古不变的真理。同样企业文化亦不神秘,它的形成源于企业每个员工对于真善美的不懈追求,所有的成就都在于点点滴滴的积累之中。做人也罢,做企业也罢,概莫能外。

(作者系中国房地产开发集团太原公司总经理)

正确处理构筑企业先进文化的几个关系

王德仁

一、正确处理主旋律与多样化的关系

一个企业有自己的主流文化,民族主流文化是时代的主旋律,是先进文化的集中反映,体现国家意志,表现出民族精神,当前应坚持马克思主义、邓小平理论和三个代表重要思想指导不动摇,绝不能搞多样化。在先进文化建设的方式方法上可以多样化,丰富多彩,提倡个性化、自由化,多出精品,把主旋律和提倡多样化结合起来。

二、正确处理借鉴与吸收关系

企业坚持古为今用,洋为中用,应当特别注意借鉴和吸收有利于企业可持续发展的外来文化,还要克服企业的各种文化障碍,主要是开放机制、改革机制、创新机制遇到的障碍,实施文化沟通,主要是现代先进文化与优秀历史传统文化、国内先进文化与国外先进文化、企业先进文化与社会先进文化的沟通。开放是融合汇集,防范是分清是非,借鉴是取而有舍,吸收是丰富自身。

三、正确处理理论与实践关系

要加强企业先进文化理论的研究与总结,重视其形成的思想体系、社会基础、先进作用的深入探索,正确认识企业先进文化的特点、规律、本质,形成自己的理论体系,重视先进文化在企业的实践,根据企业时代特色、行业特点,塑造出真正具有生命力的企业先进文化。

四、正确处理“硬”与“软”的关系

企业党组织要加强对先进文化的领导,党政工团齐抓共管,建立一支优秀的企业文化建设队伍,抓物质文化要硬,抓精神文明也要硬,要自觉克服上下不一致,说做不一致,理论实践不一致,党政重视不一致的偏差。同时,对先进文化设施硬件要舍得投入,对先进文化软件要善于开发和创新。

(作者系福建沙溪口水电厂党委书记、高级经济师、中国职工思想政治工作研究会特约研究员)

企业文化建设应注意均衡

刘晓明

从实践的角度来看,搞好企业文化建设关键在认同。那么,如何提高企业文化的被认同度?我个人认为,在文化内涵的提炼、传播等环节中,必须始终坚持文化平衡和协调原则。

首先要力求基本假设、文化导向的平衡和协调。比如,在一个企业,共同的认知系统、基本假设是“公司是员工取得长远个人利益、展现报国情怀,进而实现个人价值的最主要的舞台与载体”,这实际上就意味着无论你个人的价值追求是个人,是集体,还是国家,以及其价值排序如何,都可以通过“公司”来实现,那么强调“个人效忠公司”的价值观才会是在情理之中的、有效的。

其次要力求文化内涵平衡和协调。在引导员工为企业做贡献的同时,企业文化必须明确企业为员工提供什么“保障”,让员工的利益在文化理念中得到明确确认,在规章制度中得到切实落实。惟有如此,企业文化才会得到“自然”认同,而非强迫。

再次要力求做人做事的平衡和协调。企业文化最主要的目的,就是围绕“如何做事、如何做成事”,以方向性内涵(如远景、使命)引领员工;以交互性内涵(如团队理念)引导员工消除团队摩擦,提高协作力;以能动性内涵(如进取意识)激励员工积极上进,激发主动性;以效能性内涵(如学习理念)鼓舞员工强化技能,提高“工作力”,从而求得生产经营绩效。企业不仅要使用人,也要培养人,特别是在思想道德方面培育人,因此,企业文化也必须教导员工如何做人、做正人。从这层意义上讲，企业文化又是思想政治工作的中观层面（宏观层面为意识形态教育，微观层面为一人一事的思想疏导）。只有做人、做事在文化中都能体现，企业人才会是一个完善的人。

第四要力求文化主体平衡和协调。一般来说，企业文化是由企业家主导的，但没有员工的参与，其认同性肯定会大打折扣。而员工参与文化建设，既可以在内容中吸纳员工表达自己的诉求，也可通过“形式”上的民主，使员工获得“参与管理”的满足，进而提高员工对文化的认同度。

最后要力求“内生”与“外导”的平衡和协调。一般来说，企业文化是企业长期发展中所创造的被全体员工认同的群体意识、行为规范和价值理念，“内生性”是主要的，这也是企业特色所在。但诸如东胜公司，创立一开始就由企业家导入了企业文化。一个企业，其初始文化无论是“内生”还是“外导”，经过长期发展后，一定会变成“内生”文化，并逐渐固化下来。但这不是终点，还必须结合时代背景和企业变化，继续提炼自身新特色，并有意识地导入外部新的理念，达到“内生与外导”的完美结合、“动态与静态”的协调统一，以使企业文化既有特色又有品位，更精准，也更有效。

（作者系胜利油田东时精攻石油开发集团股份有限公司总经理、党委书记）

风正浪涌一帆轻

李敬森

“两岸猿声啼不住，轻舟已过万重山”，用此话来阐释改革中的企业文化建设，不能说是十分贴切，却也道出了十几年来企业文化建设在企业中日渐风行，小具规模的现实。

企业生存立世，以业为基。创业、发展都靠的是人，企业存在的终极目的是为社会人提供生存发展所需，这其中也包括企业中的员工，因为他们也是社会的一员。社会同自然界发展都是相互依存、相互关联的，有其自然的属性及规律，在生存竞争中既要自律，也要他律，相互制约、相辅相成。因此，作为社会一部分的企业也必然受到这些规律的制约，在“游戏规则”允许范围内活动、生产、生存、发展。

求生存是企业第一需求，求效益最大化是企业追求的目标之一。如何实现效益最大化是企业在一定时期必须共同面对的，而求得效益的最根本的是通过人来实现。在当今社会，科学技术日新月异，知识更新日变年增，这些都离不开人这一根本因素。因而有一支什么样的人才队伍，关系企业的兴衰成败，培养一支什么样的企业员工团队，决定了企业的发展走向。对此，企业文化建设的成功与否，对企业员工队伍的素质与企业的发展后劲有决定性的意义。有好的企业文化，就能营造适应员工生存发展进步的氛围，就能够造就出有活力、有进取心、有知识、有技术的好队伍，企业的发展就会顺畅。

以人为本是企业文化的核心，这一点写在纸上容易，真正实施起来并非易事。人乃万物之灵，七情六欲，秉性各异，在一个企业的团队中必然反映出各自的特性。但是这种反映不能是自由主义的随心所欲，而应当是在企业大规范前提之下的保留。这就是企业文化要以己之功，达人所欲，扬人之长，避害趋利，形成以情感人，以文化人，以企业文化的规范功能达到企业团队的凝聚、团结、能战斗、肯进取、求发展，共享企业发展之利。有利国家，有利于社会，造福企业员工自身。

好的企业文化有如鼓帆之顺风，助推企业扬帆远航。

（作者系牡丹江水力发电总厂厂长）

理　论　篇

一、中国企业文化建设综述

以人为本　以文化人

——回顾中国企业文化建设二十年和中国企业文化研究会成立十五周年

张大中

企业文化理论传入我国已近20年，今年又是中国企业文化研究会成立15周年。我们隆重举办“企业文化与21世纪中国企业发展——中外企业文化2003青岛峰会”，旨在全面回顾我国企业文化建设20年基本历程，深入总结和探讨我国企业文化建设的基本经验和特点，紧紧抓住我国加入世界贸易组织和学习贯彻“三个代表”重要思想的历史契机，全面开创新世纪我国企业文化建设的崭新局面。

曲折前进的20年

企业文化作为一种现代企业管理理论、管理思想和管理方式，从20世纪80年代初传入我国，至今走过了20年历程。这20年是企业文化从初期传入到引起关注、到广受重视、到日益普及的20年，是企业文化从不被认识甚至遭受质疑和冷落到逐步被广泛接受、认同和实践并在理论研究、实践活动、教育培训等方面取得丰硕成果的20年，是我国企业文化建设历经曲折然后蓬勃发展、不断开拓前进的20年。

纵观我国企业文化建设20年历程，可以基本划分为四个阶段：

（一）认知阶段（20世纪80年代初～1988年）

企业文化理论诞生于20世纪80年代初的美国，于1984年前后在改革开放大潮中传入我国，并很快受到我国学术界和企业界的关注。从此开始至1988年中国企业文化研究会成立是我国企业文化建设的第一个阶段。

这一时期的历史背景是：1978年召开的中国共产党十一届三中全会全面拨乱反正，确立了以经济建设为工作中心。在改革开放的基本政策指引下，中国大地活力迸发，生产力水平得到极大提高。以“放权让利”为核心的企业改革得到大力推进，长期困于体制束缚的国有企业的经营自主性得到增强，对现代管理理论、管理思想、管理方式方法的渴求日益强烈。

在这种背景下，企业文化理论从传入之初即受到部分学术界人士和部分企业的敏锐关注。围绕“企业文化理论在中国是否适用”、“中国企业有无必要进行企业文化建设”等关键问题，学术界展开了广泛、深入的讨论，积极推动企业文化理论在我国的传播，并取得了一批理论研究和实践成果。部分大型国有企业如一汽、二汽等比较早地接受了企业文化理论并率先进行了积极实践。在学术界深入研讨和企业界自发实践的双向推动下，我国企业文化建设在起步之初即呈现出良好的开端。

中国企业文化研究会的正式成立成为这一时期的标志性事件。在薄一波、韩天石、张大中、张同舟等一批老同志的积极倡导和亲自推动下，作为我国第一家全国性企业文化社团的中国企业文化研究会于1988年成立，并且提出“运用企业文化理论推进企业改革和提高企业管理水平”的重要观点．为推动企业文化的理论传播、理论研究、实践运用提供了重要的组织、理论支持。

（二）徘徊阶段（1989～1991年）

1989～1991年是我国企业文化建设的第二个阶段。由于众所周知的原因，企业文化理论一度被认为是“外来理论”和“西化产物”，被认为在中国不适用。我国企业文化建设步入低谷。

面对企业文化建设出现的低潮局面，中国企业文化研究会坚定地认为企业文化是我国企业改革和企业管理的重要理论力量和实践途径，坚定地认为企业文化建设方向正确，大有可为。针对有人提出的“在中国不宜提企业文化”的说法和“在中国要不要搞企业文化”的疑问，中国企业文化研究会提出在中国“不是要不要企业文化，而是要什么样的企业文化，如何来建设中国的企业文化”的重要观点。

特别重要的是，在广泛进行实践调研和深入进行理论探索的基础上，中国企业文化研究会在1991年鞍山大型研讨会上首次提出“建设有中国特色社会主义企业文化”的重要理论观点，从理论的高度深刻阐释了中国企业文化建设的基本定位、理论内涵、历史传承、现实意义、指导原则、实践途径等一系列重大问题。这一理论观点的提出使我们第一次高扬起建设有中国特色社会主义企业文化这面旗帜，在我国企业文化建设史上产生了广泛而深远的历史影响。

（三）普及阶段（1992～1999年）

1992～1999年是企业文化在我国重新受到重视并且日益深入普及的时期，历史的发展使中国企业文化建设迎来了自己的春天。这是我国企业文化建设的第三个阶段。

企业文化的蓬勃发展根源于这一时期的三个重要历史背

景:第一,1992年邓小平同志南方谈话的发表和随后召开的中共十四大上社会主义市场经济体制改革目标的确立,使诞生于市场经济社会、适应于市场经济体制的企业文化理论的理论地位得以根本确立;第二,在中共十四大、十四届三中全会、十四届五中全会的政治文件中正式提出了企业文化建设的问题,使企业文化建设受到高度重视;第三,20世纪90年代后期中央提出建设有中国特色社会主义文化,实现有中国特色社会主义经济、政治、文化全面发展的目标,为加强企业文化建设提供了宏观指导。这三个方面的背景将我国企业文化建设历史性地推进到一个全新的阶段。

中国企业文化研究会深刻把握宏观背景的重大变化,积极开展了一系列重要工作,大力推动我国企业文化建设向纵深发展。一是广泛开展教育培训活动,先后举办了几十期各类研讨班,产生了较为广泛的影响。二是编辑出版了一系列企业文化论著。三是加强理论研究,特别是完成了“企业名牌论”和“企业文化与人力资源开发”两项国家社会科学规划课题。四是加强组织建设,逐步建立了同全国各地企业文化组织的广泛联系。五是在实践活动中,涌现出了攀钢、广钢、吉化、长安、农业银行等一批企业文化建设优秀示范企业。

(四)深入阶段(2000年至今)

2000年至今是我国企业文化建设的第四个阶段。这一时期的典型特征是外在环境的变化对我国企业文化建设提出了更新的课题和更高的要求,企业文化建设的深入,层次和水平的提升成为这一时期面临的日益迫切的任务。

深入开展企业文化建设的基本背景在于:其一,实践“三个代表”重要思想的要求。江泽民同志于2000年在广东提出“三个代表”重要思想,对我国企业文化建设提出了更高的标准和要求,企业文化作为先进文化重要的生长点和落实途径之一,加强建设和提升层次就显得异常必要。其二,应对经济全球化挑战的要求。全球经济一体化将促进我国经济和管理日益深入地参与到全球经济的统一循环之中,促进我国企业日益直接地参与到同国外企业的竞争与合作之中。加强企业文化建设,培育核心竞争能力就显得异常重要。其三,市场经济的深入发展,使企业自主经营的力度空前加大,企业家要有全面的文化自觉,才能肩负起独立经营企业的重任。

中国企业文化研究会积极适应形势发展的变化和要求,按照理论研究、实践指导、教育培训三位一体的工作思路全力推进我国企业文化建设层次和水平的提升。特别是着力加强了对“如何使中国企业文化建设对推进中国现代化发展发挥重要作用”、“如何使中国企业文化同国际企业文化交流融合,促进中国企业文化建设进程”等课题的研究,取得了一批新的重要的理论研究成果。在教育培训方面,我们与中央电视台和中央人民广播电台通力合作,开展了多种形式的培训工作。以面对面形式接受培训的有30多个行业和地区的几万家企业。

综上所述,企业文化理论从20世纪80年代初传入我国至今的20年时间里,我国企业文化建设在开拓中前进,取得了令人鼓舞的重要成就。这些成就的取得凝聚着一切关心、支持、参与我国企业文化建设的各界人士的心血和汗水。这些成就的取得使我们对未来我国企业文化建设的前景更加充满信心。

重要成就与客观差距

站在今天的时点来分析和评价我国企业文化建设,我们认为:应当充分肯定我国企业文化建设取得的重要成就;同时,必须承认我国企业文化建设同国外先进经验相比仍然存在着不小的差距,企业文化建设的广度与深度还不能有效适应建设现代企业的客观需求。

我国企业文化建设在20年的发展历程中积累了较为丰富的经验,取得了一系列重要的理论和实践成果。主要体现为以下六个方面:

企业文化理论研究不断深入

我国先后出版了几百部企业文化理论专著,关于企业文化的各类理论研究文章更是屡见报刊。今天,企业文化理论研究正呈现出从直接引进国外理论向在学习国外理论的基础上结合我国实际进行创新性研究的方向发展,向企业文化理论研究同我国企业文化建设实践更加紧密结合的方向发展,理论研究从单学科研究向多学科、跨学科研究方向发展的趋向。

企业文化实践活动方兴未艾

一些优秀企业几乎是在企业文化理论传入我国的第一时间即敏锐地加以关注,并迅速创造性地学习和运用到企业经营管理的具体实践中,在企业界发挥了重要的带头示范作用。今天被视为我国企业界骄傲的旗帜企业如海尔集团、联想集团无不是企业文化理论的实践典范,“海尔文化激活休克鱼”的实践甚至被收入哈佛商学院的案例库。今天,我国越来越多的企业正在优秀企业的示范和带动下日益广泛、深入、全面、主动地参与到企业文化实践活动中来,企业文化实践正在不断普及和深化,并带动了许多事业单位的文化实践。

企业文化组织广泛建立

我国各地相继建立了专业性的企业文化组织,各个行业和部分企业也建立了企业文化组织。各地区、各行业和部分企业的专业性企业文化组织的建立,极大地推动和促进了我国企业文化建设事业的发展。

企业文化建设的先进企业竞相涌现

在20年的企业文化实践中,我国涌现出了一大批优秀的企业。其中既包括以同仁堂、青啤、张裕为代表的传统企业,又包括以海尔、联想、TCL、海信为代表的新兴企业;既包括以山东电力公司、大庆、宝钢、广钢、首钢、一汽、二汽、武钢、沈飞、攀钢为代表的国有骨干企业,又包括以远大、万通、方太为代表的优秀民营企业;既包括钢铁、石化、电力、制药等传统行业的企业,又包括家电、通信、软件、证券等新兴行业的企业,等等。它们具有非常广泛的代表性。这些企业的竞相涌现,一方面充分展示了我国企业文化建设的优秀实践成果,同时更为推动和促进我国企业的企业文化实践活动树立了榜样。

企业文化教育培训广泛开展

经过不懈努力,今天清华、北大、人大等为数不少的各类高校已经开设了企业文化课程;以中国企业文化研究会及各地方企业文化组织为主体所开展的企业文化专业培训日益形成体系;以海尔、联想为代表的一批优秀企业内部的企业文化教育培训活动开展得有声有色;社会各个层次、各种类别的企业文化教育培训正在开展,等等。

涌现出了一支企业文化建设的生力军

我国企业文化建设成绩的取得,离不开一批积极分子的不懈努力。在理论界、在企业界、在全国各级各类的企业文化社团组织,都有一批百折不挠、意志坚定的企业文化推动者,他们为我国企业文化传播、实践作出了重要贡献。

尽管我国企业文化建设取得了重要成就,但不容否认的是,我国企业文化建设从整体分析仍然处于较低水平,无论从理论研究上还是从实践探索上,同国外先进经验相比仍然存在不小的差距。主要体现为以下四个方面:

企业文化受重视程度总体仍然偏低

学术界在自觉运用企业文化理论指导企业实践方面仍然存在诸多不足。为数不少的企业还远未将企业文化建设提到推进企业管理理论、管理思想、管理方式创新,实现企业管理现代化,提高企业素质,增强企业活力和竞争力的高度来认识。其他社会各界对企业文化的重视程度则更显不足,一些不正确的或者似是而非、不求甚解的思想和观点还占有一定市场。

企业文化理论研究相对滞后

基础理论研究相对薄弱,特别是原创性研究成果缺乏。对于企业文化本质性、规律性、趋势性的理论探索相当有限。应用理论研究尚未成形,在立足我国国情进行有中国特色的企业文化理论研究方面、在继承吸收中华民族优秀传统文化为现代企业文化建设服务方面、在发掘提炼我国优秀企业的鲜活实践方面、在根据形势的发展变化进行企业文化的理论创新等方面都还面临相当艰巨的任务。

企业文化实践中存在一定误区

目前我国部分企业在企业文化实践活动中还存在一定的误区和薄弱环节,典型地表现为两个方面:①企业文化作为最新的管理理论和实践成果,它的精髓在于从根本上确立了“人本”管理思想,“人本”管理思想的确立是管理理论和实践发展的重大突破,是企业文化理论最为核心的本质特征。然而在实践中部分企业内存在的“重物不重人”的现象仍然较为突出,其根源在于没有从根本上建立起“人本”的管理思想,“物本”思想仍然占据主导地位。由于思想认识不到位,在实践中出现了员工在企业中的主体地位不能完全确立,员工参与企业经营管理的积极性、主动性、创造性不能充分发挥,员工的权益维护不能得到彻底保障等现象。积极开展企业文化建设,就是要把以物质为中心的“物本”管理思想转移到以人为中心的“人本”管理思想的轨道上来。②企业文化是在科学管理基础之上发展起来的更新、更高层次的理论。企业文化理论不是对传统管理理论的否定,而是在传统管理理论基础之上的科学扬弃和发展。企业文化建设同企业的科学、严格、规范管理不是对立的和矛盾的,而是有机的和辩证的协调与统一。企业文化建设基于企业科学、严格、规范的管理基础之上,是企业管理理念、管理思想、管理方式在科学管理基础之上的更高层次的提升和发展。然而在实践中部分企业片面地将企业文化建设同企业的科学、严格、规范管理对立起来,错误地认为进行企业文化建设就不需要或者可以弱化科学管理,以致于出现了忽视科学管理、企业管理水平下降的现象,最终导致企业文化建设难以取得实际效果。

企业文化专业人才相对不足

从目前我国企业文化建设事业的发展状况来看,无论是从事企业文化理论研究还是从事企业文化实践活动的专业人才,特别是高层次、高水平的专业人才都显得不足,尚不能完全适应企业文化建设事业蓬勃发展的需要。

企业文化理论的本质属性和本质特征

企业文化理论的本质属性之一是管理学属性。管理学属性的基本内涵是将企业文化定位于运用文化所固有的特点和规律进行企业管理的一种现代管理理论、管理思想、管理方式。我们认为,企业文化理论是东西方从不同角度出发研究得出的共同的管理理论,是东西方企业共同的实践成果,是人类社会优秀的管理理论结晶。企业文化理论同市场经济体制具有天然的内生性,是市场经济体制下企业生存发展的内在需要。随着市场经济体制的日益健全和完善,缺乏坚强的企业文化支撑的企业在激烈的市场竞争中终将被淘汰出局。确立这一观点的重要意义在于:其一,只有定位于管理学,才能把握企业文化理论的本来面目;其二,只有定位于管理学,才能引导企业全体管理者和员工准确理解企业文化作用的全面性;其三,只有定位于管理学,才能在组织上保证企业各组织系统齐抓共管、各个部门齐头并进。

企业文化理论的本质特征体现为 6 个方面:①以人为本;②以文化人;③群体和谐;④文化自觉;⑤文化主导;⑥价值主导。其中“以人为本”和“以文化人”是企业文化理论中最为根本的两个基点,是企业文化理论的核心和精髓。建设有中国特色社会主义企业文化必须牢牢把握“以人为本”和”以文化人”的核心基点。我们召开这次国际研讨会,就是要通过高层次、高质量、高水平的研讨,更好地高扬起”以人为本”和“以文化人”这两面旗帜,深刻洞察和把握我国传统文化的精髓,深刻洞察和把握我国的基本国情和时代特征,借鉴国外优秀文化成果,紧密围绕国家政治、经济、文化建设的大局,全面开创建设有中国特色社会主义企业文化事业的新境界。

企业文化理论的本质特征之一是以人为本。企业文化理论关注人在经济过程中的地位与发展,将人看作有文化的主体,特别强调人的文化自觉问题,坚持主张以人为本,不断地丰富和发展人本观,这一思想打开了一条将文化研究中的人本问题引入社会基层实践的绿色通道。企业文化理论帮助企业经营者和管理者改变了认识方式和行动方式,使他们不再把职工只看作生物意义和物理意义上的人,而是重视人的文化主体意义,注重启发人的能动性和自觉性,在管理方式上使企业管理者由物本观转为人本观。企业文化理论认为,以工人为机器和工具的时代已发生巨大逆转,人不再是资方产量增值链上的简单物体,他们所体现的也不应是简单的数量化功能,而应被定义为完全意义上的人。因此,在现代企业管理工作中,应着重从为了员工、尊重员工、参与管理、价值分享、分权管理、善待顾客等方面深入实践,体现人本管理的原则。

结合我国实际,加强企业文化建设要求在企业经营管理中完全确立“以人为本”的管理理念,真正地、切实地将广大职工作为企业经营管理的主体,将职工个人价值实现同企业集体价值实现有机地联系与统一起来,最大限度地调动和发挥广大职工在企业经营管理中的积极性、主动性和创造性。当前需要重点强调和突出以下六个方面：一是尊重人的主体地位，在企业经营管理中切实贯彻为了人、尊重人、理解人、爱护人、培育人的原则。二是加强人力资源战略管理，努力为职工提供广阔的事业舞台，最大限度地激发职工参与企业经营管理的活力。三是将职工利益同企业利益有机协调和统一起来，让职工在企业发展中切实得到实惠，尽可能地实现职工利益同企业利益的双赢。四是持续改善企业组织结构，推进组织结构的扁平化管理，加强组织各层次之间的规范授权，不断健全和完善职工参与企业经营管理的机制和渠道。五是加强内部沟通特别是企业领导者同基层职工的沟通，及时了解职工心声，及时为职工排忧解难，最大限度地增强企业的凝聚力和向心力。六是坚持不懈地加强对职工的教育和培训，努力建设学习型组织，不断提升职工的思想道德素质和综合文化素质。贯彻"以人为本"的管理理念是和为人民服务一脉相承的，相对而言又是非常具体的，要求结合职工的实际工作情况，不断满足职工的物质需求和精神需求，真正使职工感到自己是工作的主人。

企业文化理论的本质特征之二是以文化人。以文化人的基本内涵是指：企业文化主张通过提高人的文化品位来提高管理层次，提高企业的人文价值，运用文化特征和规律于管理和经营之中，使企业管理和经营适应人文进步的现代社会。以文化人特征的实现方式：一是运用先进文化培养人的先进文化意识，提高人的综合素质；二是通过塑造文化环境、培育文化网络，形成文化传播效果。文化是一种力量，它贯穿于企业发展战略、人才战略、企业管理和产品营销等各个环节之中，能够极大地开发人的潜力，最有效地发挥人的积极性、主动性、创造性。

我们认为，以文化人的关键在于以什么文化化人，如何形成具有我国特色的企业文化。我们所要建设的企业文化是既同现代企业管理意识、管理观念、管理理论相适应，又有效传承和体现了我国传统文化的内涵和特征的现代企业文化，是既有别于以德国为代表的社会市场经济体制下所形成的企业文化模式，又有别于以美国为代表的自由市场经济体制下所形成的企业文化模式，充分体现我国特色的同社会主义市场经济体制相适应的企业文化。

企业文化理论的本质特征之三是群体和谐。随着时代的发展，泯灭个人创造活力、窒息人性开展的绝对整体本位思想已不适应发展的需要，忽视集体协调、多方互动的绝对个人主义观点也难以面对复杂的竞争，企业管理需要一种既能鼓励个人聪明才智的充分展现、又能实现群体创造能力的科学的集体主义文化观。研究证明，群体和谐的文化强调平等哲学、团队精神、民主管理，使企业管理的目的和任务超越纯粹功利目的和工具价值理性的层次，使企业效益和人性开展得以平衡和谐地发展。

企业文化理论的本质特征之四是文化自觉。文化自觉，是指企业家对企业存在价值和经营管理的终极目的的思考，是对企业经济工作中文化内涵、文化意义的理解，是运用文化规律和特点于管理之中的文化理性。企业文化的主体内容来源于企业家的文化思想，企业文化的建设和保持依赖于企业家的文化自觉，企业文化在职工中的内化程度，决定于企业家文化人格化的水平。同时，企业家文化思想形成的重要原因之一在于能够观察、认识、提炼企业员工的智慧，从而形成有本企业特色的文化。企业家的智慧来自群众，来自实践，如果离开群众，离开实践，则企业家很难产生符合实际的、有力融合员工的文化思考。

企业文化理论的本质特征之五是文化主导。文化主导的基本内涵是指：作为一门新的管理理论和管理思想，企业文化理论主张在"主体人"假设前提下，以培育优秀文化为主导因素，将企业文化体系作为企业一切行为和发展的"法典"，进而将文化作为管理的主导因素，同传统管理理论和管理思想形成鲜明区别。

企业文化理论的本质特征之六是价值主导。企业价值观是企业文化内容的核心，是企业文化建设的基石，是企业成功的哲学精髓。企业价值观的主要作用是为人力资源确定价值信仰和价值取向，为企业文化体系确立价值理论。在多元化发展的社会中，个人价值取向和组织价值观往往存在着矛盾，这种矛盾的化解，在于培养融组织发展与个人进步为一体的价值观。企业文化整合的水平在于价值观的认同基础，企业员工成长发展的速度取决于同企业价值观的契合程度。

我国企业文化建设的基本规律

必须立足国情，建设有中国特色社会主义企业文化。企业文化理论诞生于美国。毫无疑义，我们应当积极学习借鉴国外优秀的理论和实践成果。但同时，任何外来理论都只有同我国具体实际相结合才能真正发挥作用。我国企业文化建设最重要的就是要研究社会主义中国的实际，从我国企业改革和发展的需要出发，建设有中国特色的社会主义企业文化。这是我国企业文化建设最为核心、最为基本的经验。

我们必须正确把握理论同实践的结合关系、学习同继承的结合关系。总结我们自己的经验，发扬我们自己的优良传统，同时学习、借鉴、吸收西方符合现代化大生产、适应市场竞争的有益经验，创造具有中国特色的社会主义企业文化，为我国社会主义现代化建设事业服务。

我们的企业文化应当而且必然要体现我国的传统文化特色，特别是要充分体现我国传统文化的四个典型特征：一是要充分体现革命的文化传统，体现以天下兴亡为己任的远大抱负，体现以国家富强、民族复兴为追求的爱国情怀，体现国家利益重于集体利益、集体利益重于个人利益的高尚情操，体现良好的社会责任意识和企业公民形象。二是要充分体现以勤劳、勇敢、智慧为特征的优秀文化传统，将中华民族优秀的传统文化精髓同现代企业的经营管理实践有机结合与协调起来，为企业的生存发展提供强大的精神动力和智力支持。三是要充分体现自强不息、艰苦创业、严守纪律、甘于奉献的优良传统作风。四是要充分体现崇尚诚信，注重社会责任的道德规范。在新的形势、新的背景下，以优良的传统文化指引我国企业克服前进道路上面临的艰难险阻，不断从胜利走向新的胜利，谱写我国企业发展新的辉煌篇章。

必须植根实践，将实践作为企业文化建设的根本落脚点。理论的生命力在于实践。作为一门实践性极强的理论，企业文化理论的根本要义在于对企业经营管理实践的有效指导和运用。衡量企业文化建设成效的标准不仅是指理论研究成果的水平，更重要的是指实践活动成果的水平。我国企业管理水平是很不平衡的，各企业必须从本企业的实际出发，有步骤地进行企业文化建设。

必须与时俱进，不断推进企业文化的理论创新与实践创新。今天，我国企业文化建设面临着许多崭新的时代课题。“三个代表”重要思想的提出带来的我国社会政治、经济、文化背景的重大变化，经济全球化和我国加入世贸组织带来的企业外部市场环境和竞争环境的重大变化，知识经济形态下人力资本战略价值日趋突出带来的企业运行规则和价值理念的变化等等，都将对我国企业文化建设产生根本性的重大影响。形势的发展要求我们必须解放思想，与时俱进，在学习和借鉴的基础上不断推进企业文化的理论创新与实践创新。

必须客观辩证、科学把握企业文化同企业各项要素的正确关系。在企业文化同企业发展的关系的认识上，必须克服两种错误倾向。一是虚无的观点，即认为企业文化同企业的生存、发展、改革不相关联，企业可以完全不搞企业文化。二是万能的观点，即认为企业文化包打天下，将企业文化人为地同企业其他经营管理要素对立起来。这是两种极端的观点，反映了目前国内部分企业在企业文化建设上较具代表性的两种错误认识。

必须不断提高我国企业文化培育的自觉性和自主性。只有自觉运用文化特点和规律于管理之中，以文化培育为主导的管理才称得上是企业文化管理。提高我国企业文化培育的自觉性和自主性的关键，首先在于提高企业家的文化自觉和创新素质；其次在于建立和强化企业领导者齐抓共管的企业文化建设领导机制，实现文化管理无盲区；第三在于充分发挥企业广大员工的作用，提高员工参与企业文化培育的自觉性和自主性；第四在于自觉运用文化特点和规律于管理之中，逐步形成各个企业个性化、实效性的企业文化管理模式。

20年只是历史长河之一瞬。我国企业文化建设事业已经迈出了非常坚实的一步。站在世纪之初新的历史起点上展望未来，我们更加信心满怀。不久前闭幕的中国共产党十六届三中全会通过了《中共中央关于完善社会主义市场经济体制若干问题的决定》，其中特别提出了推进产权制度改革的战略方针和具体举措，特别提出了坚持“以人为本”的战略思想和战略理念。我们相信，产权制度改革的深化将极大地增强我国企业的生机与活力，将极大地促进我国生产力水平的提高，也必将极大地有利于我国企业文化建设事业的发展。“以人为本”战略思想和战略理念的提出更为我们全面推进企业文化建设事业指明了方向，增加了动力，提供了鼓舞。我国的企业文化建设事业方向正确，大有可为，必将迎来一个更加灿烂的春天！

（本文系作者在“中外企业文化2003青岛峰会”上的报告）

二、20世纪80年代文章选编

企业文化与企业的发展

韩天石

一、企业文化的提出和意义

企业文化是20世纪80年代在经济高度发达的资本主义国家美国，在总结自己的企业管理经验并吸取日本的企业管理经验基础上首先提出的。他们根据企业经营管理的需要创立了这门关于管理科学的新学科，现在在一些国家无论在理论上或实践中都取得很好的成果。

在我们经济并不十分发达的社会主义国家里，在我们的企业内有无开展和建设企业文化的必要？可否引进这种理论和方法？有何意义？又如何根据我国的情况提出和建立适合中国社会主义现代化建设的企业文化的理论，如何进行实践？企业文化对经济、社会全面发展的意义、作用和影响又是怎样的？这些正是我们应该重视和探讨的主要问题。

一般说来，企业是从事生产、流通或服务性活动的独立核算的经济单位，是现代社会经济活动的基层组织。但是在我国，它却具有政治、经济、文化的职能，特别是担负着培养人才，提高人民文化素质的职能，是最有活力的、最为强有力的社会细胞。随着生产的社会化和商品经济的发展，企业将向更广阔的领域和更深远的方向发展，对社会各方面将发挥更深更广的影响。

历史上，中国文化曾对人类做出了巨大贡献，到了近代由于种种原因有些落后了。从清末到“五四”运动期间，吸收了外来文化，特别是马克思主义，掀起了革命和文化的高潮。而每次革命和建设实践的高涨，必然伴随着文化的高涨——“文化热”，而文化的高涨又促进了革命和建设实践的发展。现在，全国人民正在全力以赴地进行社会主义现代化建设，发展社会主义商品经济，对外开放，对内进行政治和经济体制改革以及各项改革，必然随之兴起一个社会主义的新的文化运动。目前的“文化热”将是这一新文化高潮的前奏。可以预见，经济建设的飞速发展，必将促进文化建设的发展，其成果将直接转化为社会生产力，从而推进经济和社会的发展。经济与文化的结合及其相互促进，这可以说是在我国文化发展史上从未有过的新特点。企业文化便是经济建设和文化建设结合得最紧密的“最佳结合部”，很可能成为社会主义新文化的重要支柱。

企业文化是作为一种新的管理方法和管理科学提出来的，其实质大体是从过去管理上过分重视物，转而重视人，重视职工的意识和观念。我认为企业文化的主要方面是重视人的价值观，把它看作是企业成功的原动力，大大高于企业的其他要素。美国商用机械公司(IBM)董事华生认为，他的公司哲学的最重要的概念是对每个人的尊重，“这是个简单的概念，然而在IBM，这个观念却占去了大部分管理时间，也是我们尤其应该贯彻的观念”。管理学家沃特曼和彼得斯合著的《成功之路》认为：“过分依赖规章制度、管理结构和工作程序的管理是无效的，甚至是失败的，与此相反，企业将其基本信念、基本价值观等灌输给它的职工，形成上下一致的企业文化，促进广大职工为自己的信仰在工作，就会产生强烈的使命感，激发最大的想象力和创造力。”

西方传统文化的人道观是尊重个性，重理智，强调自由、独立的个体人格等等；而中国文化传统的人道观，贵整体，尚道德，强调社会整体的和谐和个体人格的牺牲、服从及义务。所以，西方传来的企业文化的主旨同中国文化传统有所不同，西方资本主义的价值观与社会主义的价值观也有本质的不同，但并不都是相互冲突、水火不容的，有些方面还是比较一致和接近的。我们可以以我为主，同时借鉴西方优秀的东西，吸收他们于我们有益的一些观点，如尊重个性、独立的人格等等。

从生产力的观点来看，生产力决定经济和社会的发展，其发展水平则标志着人类改造自然的程度。发展生产力应作为“我们全部工作的中心，作为考虑一切问题的出发点和检验一切工作的标准”，而人是生产力中最活跃和最具决定性的因素。在社会主义社会里，人不仅仅作为生产力的因素，作为劳动者而存在，而且是作为社会的主人、企业的主人参加活动的。因此他们需要也应该受到保护、尊重和信任。我们党认为：“要把尊重人、理解人、关心人作为思想政治工作必须遵循的一个基本的指导原则。思想政治工作是做人的工作。只有以诚待人、以理服人、以情感人，才能收到良好的效果。要积极开发人的潜力，调动人的积极性；要真心实意地爱护职工，关心群众生活，尽力为他们排忧解难，增加他们对企业的向心力，心情舒畅地为企业、为国家做贡献。”“人是企业文化的根本”，“人的潜力是企业成功的王牌”应成为办好企业必须遵循的原则。

目前我们正在进行经济环境和经济秩序的治理和整顿。除农业外，企业几乎占据了所有的生产、流通领域。有些混乱现象就是某些企业，特别是流通领域某些企业造成的，如果我们能在企业中培育、建设起良好的企业文化，情况必将会明显改善，再加上政府所采取的行政和法律措施，就能造成良好的环境和秩序，进而推进改革的顺利发展和深化。

企业文化建设可使物质和精神文明建设统一起来，很可能会较好地克服经济工作和思想政治工作“两张皮”现象，解决困扰我们多年的问题，成为两者最佳的结合形式。

根据我国的实际情况——社会性质、中国文化传统、改革开放的形势、企业的状况和面临的问题，我们所要建设的社会主义企业文化，它不仅仅作为新的管理方法，而且还应作为企业的动力，企业的指导原则。目前，全国人民在党的领导下正集中全力为实现我国的现代化而奋斗，目的在于不断满足人民的物质和文化的需要，使人得到全面发展和进步，进而达到社会的全面发展和进步。为了达到这个目的，我们就要在尊重个体价值和人格独立的基础上建立起个体与整体相协调的关系，形成一种以人的个体人格与人的社会人格相统一的企业精神。这种精神能把职工紧紧地凝聚成为一个整体，使企业成为一个以国家利益为主，充满和谐、团结、友爱和富有活力的“大家庭”，为国家做出贡献，这就是我国社会主义企业文化的主旨。

企业文化是一种群体文化，是在一定的环境里，全体职工在劳动和生活的长期过程中创造出来的物质成果和精神成果的总和及表现。企业文化具有丰富的内容，如企业精神、企业目标、企业形象、企业规章制度、企业环境等等。企业文化建设可使物质文明和精神文明建设统一起来，很可能会较好地克服经济工作和思想政治工作“两张皮”现象，解决困扰我们多年的问题，成为两者最佳的结合形式。

二、企业文化的培育和建设

1. 目前，企业文化尚未广为人知，有些企业领导和职工对此还不甚了解

建设企业文化首先要宣传，要进行启蒙工作，要吸引和组织一些有志于这门新兴学科的人进行深入的研究，成立相应的研究机构，并将企业文化建设同当前中国社会主义初级阶段多种所有制企业的实际状况联系起来，使企业文化逐步在各类企业中广泛普及、深化和提高。

2. 建设企业文化必须把重点放在“人”这个基点上

要用教育、诱导、启迪、吸引、熏陶、激励等办法来培养并逐步形成职工的正确的价值观、道德规范、行为准则，提高他们的业务素质和文化素质，从而形成强大的凝聚力和企业精神，以推动企业的发展。

这就是说，企业文化的培育和建设，不是通过法律的惩罚手段，或者强制的行政手段，也不是通过自上而下的说教，而是结合企业生产、经营活动，通过文化的、教育的手段来进行，以引导、熏陶、潜移默化的办法来启发职工的自觉，使之自己认识自己，认识自己的价值，不断提高自己的素养和完善自己，使自己真正成为企业的主人和社会的主人，对自己、企业和社会具有强烈的责任感，使自己的追求得到实现，为企业和社会作出贡献。

3. 建设企业文化要通过企业改革，即改革旧的管理制度和机制来进行

建立新的激励和制约机制；确立职工的主人翁地位，赋予他们必要的合理的权利、责任、利益，并在感情上给予关怀。认真贯彻《企业法》，给职工以参与决策、管理和监督等权利，委以工作责任。领导和职工之间与职工和职工之间应相互尊重、爱护。领导对职工不仅要在物质上，而且在精神上、感情上、个人发展上给以关怀。企业领导应该懂得“全体人员参加管理企业才能生存”（日德纺织顾问樱旧武）这一论断的重要性。

同时，职工应尊重、理解、关心和爱护企业领导，坚决支持他们的决定，服从他们的指示，要上下紧密团结为一个整体。

4. 建设企业文化，企业家必须为职工作出表率

企业家同职工是平等的，但要在道德风貌、行为准则上高于一般职工，既是职工的“严师”，又是职工的益友，同他们真正成为“同志加兄弟，亲密的伙伴”。企业家要成为企业精神的代表。表率的作用是无声的命令，只有企业家以身作则才能在职工中建立权威，才能树立起领导者的形象，才能真正发挥领导作用。个人独断专行，狂妄自大，远离群众，不关心他人，只顾利己谋私，百分之百是要失败的。

5. 建设企业文化、提高职工的素质，重要手段是培训

通过多种渠道，运用多种多样的形式，组织对企业的各类人员进行技术、业务、政治理论以及文化的培训，支持和帮助他们到正规学校和社会上各类教育组织中学习，以至出国学习。组织职工参加感兴趣的文化、体育、娱乐活动。要组织对职工培训和学习的考核，他们的成绩应作为提职晋级的依据之一。任何培训和学习都应与贯彻本企业的企业精神，树立和形成本企业共同的价值观、道德规范、行为准则结合起来，同国家当前的形势和任务教育结合起来。

6. 建设企业文化要重视和发挥企业内各种群众团体的作用

企业文化的建设要依靠党政的领导，但不能只靠行政和党的组织去进行，还应依靠职工自己组织起来的团体去组织各种活动、培训和学习。这些团体是企业领导者联系群众，沟通上下关系的重要渠道，它们为领导传播和反馈信息，反映职工的呼声，是宣传者和组织者，是企业的耳目和助手，又起着保证和监督作用，是企业文化建设的重要环节，发挥它们的作用对企业、对企业文化建设是非常重要的。

企业的兴衰，当然是由企业生产、管理、经营等多种要素的综合效应来决定的，而企业文化在其中起着重要作用。建设企业文化不仅是为了加强企业本身的竞争地位，“而且还因为我们国家未来的财富由公司（企业）的文化来决定”。所以，我们应当重视企业文化的建设培育、研究和推广工作，使之发挥应有的作用。

（此文系作者 1988 年 11 月在中国企业文化研究会成立大会上的发言）

开创性的事业

张大中

进入 80 年代以来，西方管理学界对企业文化进行了较多的探讨，提出了一些新的理论观点，力图对企业经营管理作出更深刻的分析和合理的解释。美国学者首先提出了企业文化问题。企业文化作为一种管理理论，是在对当代管理理论——管理科学、行为科学、社会学、心理学的综合探索中逐步酝酿提出来的。

企业文化是在一定的社会历史环境中，企业及企业职工在企业生产经营和管理活动中逐步形成的观念形态、文化形式和价值体系的总和，包括价值观、行为规范、精神风貌、心理状态、思想意识、风俗习惯、制度规则、职工文化素质和文化生活等等。企业文化是一种基于对企业小社会综合分析的理论，其中居于核心地位的是价值观。

在我国，随着经济体制改革的深入和发展，产品经济形态逐步向商品经济形态的转化，全民所有制企业经营权和所有权的分离，企业自主经营、自负盈亏、自我约束机制的建立，企业日益成为独立的商品生产者和经营者，以全民所有制为主体，集体企业、私营企业、个体经济并存和共同发展，使企业的自主性突出了。各个企业小社会由于各自发展的历史条件、人员素质、业务范围以及所有制形式的差别等等，在发展过程中必然有各自不同的特点。认真研究这些条件，发挥各自的优势，形成各自的精神力量，是对改善和提高企业管理提出的新要求。深入探讨管理理论是时代的需要，是开创性的事业。

建设企业文化，把精神力量引入企业管理，就是说不只是靠物质的奖罚、制度的约束进行管理，而是着重在管理活动中逐步创造新的价值观，形成新的精神力量，创造出高效率的工作、高质量的产品。从这个意义上讲，文化也可以转化为生产力。发展和建设适合社会主义现代化建设、有计划的商品经济新秩序的企业文化，促使企业小社会内部的各种力量、企业职工实现自身价值的愿望，汇聚到一个共同的方向，形成一整套价值观念、道德伦理观念和行为准则，这就将企业管理推进到一个崭新的阶段。企业是社会的最根本的基层组织，是社会的细胞，新的企业小社会文化的逐步形成，必将影响整个社会文化，使整个社会文化出现新的面貌。

近几年来，我国一些有见识的企业家开始重视企业文化建设，进行了有益的工作，并取得了相应的效益，企业家对企业文化建设起着决定性的作用。实践需要研究、总结、提高。企业的这种实践，引起了理论界的关注，开始了对企业文化理论的研究。在这种形势下，把有实践经验的企业家和从事企业文化研究的专家学者，采取适当方式联合起来，共同进行探讨、研究，就成为完全必要的了。

（此文系作者1988年11月在“企业文化理论与实践研讨会”上的讲话摘编）

企业文化的本质和内涵

陆嘉玉

企业文化是在一定的社会历史环境中，企业和企业职工在生产经营和管理活动中逐步生成和发育起来的观念形态、文化形式和价值体系的总和，包括价值观、企业精神、道德规范、心理状态、厂风厂貌、规章制度等。其中企业精神与价值观居于核心地位。而企业精神、价值观则又是企业全体职工共同信念的一种体现。俗话说胜败乃兵家之常，企业经营如同用兵，也不可能常胜不败。当企业处于顺境时，需要企业精神；企业处于逆境时，更需要用企业精神去鼓舞职工，战胜困难，转败为胜。然而，优秀的企业文化、企业精神不会自发地形成，只有在深化改革，不断加强思想政治工作，不断完善企业管理体制的基础上，在正确处理国家利益、集体利益、个人利益三者关系的条件下，企业精神才能发扬，优秀的企业文化才能生成和发展；反之，就不会形成奋发向上的企业精神，也不会有独特的企业文化。

人是企业的主体，是生产力中最积极最活跃的因素。因此企业文化建设必须抓住尊重人、关心人、激励人、爱护人、培养教育人这一主线，在强调“硬”管理的同时，应特别注意用启发、诱导的方式，在良好的文化氛围中，塑造整个企业和广大职工的价值观、道德规范、行为准则，提高其业务素质和文化素养，从而形成强大的凝聚力，推动企业的发展和人的成长。

企业家对一个企业内部优秀企业文化的形成具有至关重要的作用。许多在企业文化建设方面较为成功的范例表明，企业家素质的高低、企业家观念与行为的优劣，对企业文化的生成与发展有着重大的意义和作用。

企业文化是作为一门新兴的管理学科提出来的，但实际上它是一门综合交叉学科，涉及到诸如哲学、经济科学、心理学、行为科学、社会学、伦理学等社会科学的诸多方面，引起了各方面学者的浓厚兴趣。尤其值得注意的是，文化问题，特别是企业文化问题已经不再是专家学者独占的世袭领地，许多企业家、生产第一线的实践者积极地投入了文化问题的探讨，使这一问题的讨论，从思辩的、纯学术的空谈中挣脱出来，使学术讨论的空气为之一新。企业文化的建设在知识界、学术界与企业界之间架起了一道桥梁，为专家、学者与企业家的交流与沟通开辟了渠道。

企业文化是一门新兴的学科，企业文化所涉及的许多问题还需要认真地加以探讨和界定。

（此文系作者1988年11月在“企业文化理论与实践研讨会”上的发言摘编）

三、20 世纪 90 年代文章选编

企业文化建设的十大原则

苏振芳

如何建设企业文化？由于各国企业所处的环境各不相同，企业文化形成的过程也不一样，因此，各国企业文化建设的模式必然存在着差异。但是，必须看到，各国企业文化建设也有着共同性，即无论是哪一类企业，要建立一种符合世界潮流的企业文化，都必须遵循如下十大原则。

1. 融合原则

这里的融合是指"以我为主、博采众长、融合提炼、自成一家"。企业文化是世界性和区域性的统一，每个国家的企业文化，都必须从自己国家的国情出发，按照经济发展的客观要求和本民族的文化特点，学习和借鉴外国先进经验，批判地继承历史传统，融国内外企业文化于一体。

2. 特色原则

企业文化建设的是为了促进企业的经营管理。但是，由于各个企业在组织形式、管理方法、产品结构、经营方针等方面存在着差异，各企业所面临的内外环境各不相同，企业文化的模式也各不相同。因此，各企业应根据本企业的客观条件，形成各具特色的企业文化。例如，产品质量特色，销售服务特色，国际声誉特色，厂风、厂貌特色等。

3. 环境原则

现代企业不是一个孤立和封闭的体系，而是开放和整体的系统，它受外部环境的影响，同时也影响着环境。现代企业文化要求建立一个适宜于企业经营发展的环境，这个环境必须让管理者与职工共同参与各种活动，使每个人都感到我就是企业的"主人"，形成一个宽容、和谐的整体环境。

4. 感召原则

现代企业与传统企业的重要区别在于，它不能仅仅依靠简单的行政手段去指挥职工，而是要在更高层次上形成一种感召力，使职工在思想上确立某种精神支柱，这种精神支柱对职工的行为规范会产生一种不可抗拒的凝聚力，使职工能为企业的兴衰而自觉地竭尽全力地奋斗。尊重职工、重视职工的个体发展，重视职工形成的价值体系，最大限度地激发职工的积极性和创造性，在为企业的经营活动中实现自我价值。

5. 目标原则

企业目标是企业所要达到的境地或标准，每个企业都有一个明确而崇高的目标，企业文化建设的重要任务是要使职工明确他们的工作是与这一崇高的目标紧密联系在一起的，激发职工为实现企业的这一目标而努力工作，使职工了解到，他们在为实现企业目标而努力的过程中，同时也在为"自我"的实现而努力，企业目标的实践与"自我"实现是内在统一的。

6. 价值原则

不同的企业有不同的价值观念，如有的企业的价值观是"顾客永远是对的"，有的企业的价值观是"为顾客提供优质的服务"，有的企业的价值观是"为顾客提供一流的产品"等。尽管不同的企业有不同的价值观，但就某一企业来说，必须有本企业共同的价值观念。企业文化建设就是要在企业经营活动中形成一种全体成员共同信仰、共同遵循的价值标准，使每个职工都把自己的行为准则与这一价值标准紧密联系起来，认识到自己的每一项工作都是有价值的，从而使企业能更有效地进行活动，提高企业的经营效益。

7. 参与原则

在企业管理方式上，传统的管理只要求职工简单地接受上级的指示，不需要经过自己的理性思考，因而是被动的。而现代的企业管理不是把职工仅仅当作接受指令的被动个体，而是要求职工成为一个具有参与意识的企业主体成员，即要求职工参与管理、参与决策、参与解决实际问题。企业文化建设就是要求充分调动职工的这种参与意识，使企业的各种决策方案能在最大程度上集中各方的经验与智慧，双向沟通管理者与职工的思想，充分调动广大职工的参与意识，使职工认识到他们正是在为自己所参与决策的工作而努力奋斗。

8. 诚实原则

现代企业管理是与人格的力量紧密联系在一起的。管理者要实现管理目标，取得下属的信任，首先要依靠他们自己人格的力量，去鼓舞、引导和强化下属的行为规范，与下属形成共同努力的目标。而作为管理者人格力量中最重要的是诚实。诚实是一种力量，能鼓舞职工的情绪，激发他们的才能。企业文化建设正是要培养管理者的这种精神，变强制性管理为人格性管理，使企业上下在充满诚实、友好的气氛中进行有机协调的运行。

9. 效率原则

这是指企业文化建设既要保证人们基本生活的相对稳定，参与竞争的机会均等，又要把追求人力、物力资源的有效配制，作为经营工作的一项优先任务来抓。企业经营的实质是效率的优先发展，它不仅是经营活动的规律，也是促进企业经营活动持续、稳定、高速发展的动力。效益原则就是把职工的利益与工作效益联系起来，职工的收入不是按资历的深浅、权力的大小来确定，而是以工作效率的高低，所获得成绩的大小来支付，企业管理人员要善于利用诸如晋升、加薪、红利、记功等奖励形式，制定各种工作规范，并据此去调动职工的积极性，提高工作效率。

10. 创造原则，创造力是企业活力的突出表现

一个企业如果满足于已经取得的成就，不再思变求进，就会被激烈的竞争所淘汰。企业文化建设的重要任务之一，就是要在企业经营活动中注入创造力这一大文化特性，为各级管理者和全体职工提供良好的创造环境，充分发挥他们的创造力，时时刻刻追求最高目标。在国内外，那些成功的企业都是以“求新求变”作为企业的一种文化规范，他们遵循的信念是：今天所作的事情到明天就有可能变得不合适，就需要根据变化作出相应的调整以适应新的形势。

(此文选自《福建企业文化通讯》1990年第3期)

建设企业文化
实现管理的整体优化

黄钦若

当前，在我国深化改革的过程中，有的同志提出企业文化建设与加强企业管理的关系问题。我们认为，开展企业文化建设，决不是离开企业管理另搞一套，而是为了推进企业管理现代化，谋求企业管理的整体优化，进一步提高我国企业管理水平和企业素质。

企业文化是20世纪80年代在西方兴起的新的管理学说，是在新的历史条件下，对传统管理理论和实践的扬弃与更新。目前，我国管理界对企业文化的科学涵义尚未形成统一的界定，我们认为，企业文化是一种以人为主体，以企业精神为核心，以群体行为为基础，以企业管理整体优化为目标的管理学说。它在注重对物质管理的同时，特别强调人在管理中的作用，在人的因素中，又突出了企业的群体意识。它不仅重视运用现代化的管理技术和手段，而且更加重视精神和文化的力量。

开展企业文化建设，之所以能够加强企业管理，实现企业管理的整体优化，是由其性质和基本特征决定的。企业文化与传统管理理论相比，具有以下三个基本特征，即以人为本、以“软”带“硬”和鲜明的个性。

一、以人为本

以人为本是企业文化最基本的特征，它是对第二次世界大战以后以美国为代表的管理主流派热衷于“硬管理”的“返朴归真”，就是说回归到“人”这个管理的永恒主题上来。

企业文化所强调的“人”，既是管理的客体，又是管理的主体；既是管理的出发点，又是管理的落脚点；既是“经济人”又是“社会人”与“文化人”；既是职工的个体，又是社会生产力中最活跃的因素。企业管理活动涉及生产力、生产关系和上层建筑三大领域，而贯穿于这三个方面的中心，则是人。因此，在企业管理中，只有紧紧地抓住人的因素，充分调动职工的积极性和主动性，企业才能保持旺盛的生命力。所以从这个意义上说，管理的本质就是激发人的积极性和创造性；企业管理的根本任务，就是要最大限度地开发企业的人力资源，增强企业的生机和活力。

社会主义制度在本质上就是以人为本的，它要求企业必须全心全意地依靠工人阶级，同时又为职工的当家作主提供了根本保证。但是，制度的保证并不等于现实。长期以来，我们有些同志有一种错觉，以为在社会主义企业中，工人阶级当家作主是不言而喻的，把制度所提供的保证和现实混为一谈。我们认为，社会主义制度确实为企业全心全意地依靠工人阶级提供了一种真正的可能，这是社会主义企业和资本主义企业的根本区别。但是，要促使这种可能性向现实性转化，必须具备以下三个条件：

1. 企业领导者观念的更新

为了在领导的观念上牢固地树立起以人为本的思想，一要全面正确地评价和平等地对待企业职工；二要明确企业职工不仅是管理的客体，同时更是管理的主体；三要明确职工不仅是“经济人”，而且更是“社会人”和“文化人”。目前，我们有的企业领导者往往过多地看到职工消极的一面，而对他们积极的一面估计不足。在观念上，他们视职工为被动的管理对象和只有金钱物质需求的“经济人”。从这种观念出发，他们习惯于通过硬性的管理方法对职工进行指挥和控制，侧重于依靠金钱物质的手段去激励职工的劳动积极性。其结果，导致了企业思想政治工作的削弱，助长了职工的雇佣观念，淡化了他们的主人翁意识。

2. 组织制度的保证

企业文化强调职工对企业生产经营活动的民主参与，实行“全员式”的管理，这也是社会主义企业管理的本质要求。在我国，企业职工参与管理最基本的形式是职工代表大会制度。职工代表大会是职工群众参与决策与管理的权力机构，是他们主人翁地位和权力的重要体现。目前，这一制度虽然已经正式列入了国家的根本大法，但如何使其真正成为职工当家作主的根本保证而不流于形式，在改革中如何使之进一步健全和完善，仍是摆在企业领导部门和企业领导面前的重大课题。

3. 职工强烈的主体意识

职工主体地位的确立，不仅取决于领导者观念的更新和相应的制度保证，更重要的还在于企业职工自身是否具有强烈的主人翁意识。企业职工的主人翁意识是由一系列观念组成的复合体，因此，必须通过艰苦细致的思想教育工作，强化他们自尊、自强、自爱、自律的意识，培植起高度的社会责任感与奉献精神。只有这样，职工才能真正成为企业的主体和企业活力的源泉。

以上是相互联系的三个方面，只有具备了上述三个条件，以人为本的原则才能在实践中得到充分的体现。所以，加强企业文化建设，是实现企业管理以人为本的重要途径。

二、以“软”带“硬”

以“软”带“硬”是企业文化的另一个基本特征，它是以人为本在企业管理系统结构方面的反映。

“硬管理”和“软管理”是企业管理不可分割的两个方面。所谓“硬管理”是侧重于物的管理,这类管理是有形的,其内容大多是可以计量的。所谓“软管理”是侧重于人的管理,由于这类管理涉及人的思想、观念、情感、价值观、作风以及人与人的关系,大都是无形的,很难给以定量化,因而称之为“软管理”。企业管理的目标是实现企业管理的整体优化,提高企业的整体效能。为此,必须理顺以上两类管理的内在关系,使其在运转过程中,建立起合理的管理系统结构。

传统的管理一般强调管理的合理化、科学化和制度化,注重于严密的组织机构、明确的责权关系和严格的规章制度,而忽视了人的因素,特别是人的精神和文化的力量。这种以“硬”为主的管理模式是社会化大生产的必然产物,但是,随着现代科学技术的发展,人的素质的提高,人们对企业管理文化属性认识的深化,特别是社会日趋知识化、信息化,这种以“硬”为主的结构模式越来越失去了活力,已不能适应企业实现管理整体优化的客观需要。于是,在这种新的历史条件下,诞生了企业文化这一新的管理学说。它在总结传统管理利弊的基础上,强调了“软管理”的作用,并提出了“软硬结合,以软带硬”的管理模式。这种崭新的管理模式是对传统管理系统结构的更新与重构。

党的十一届三中全会以来,随着改革开放的深入和企业技术基础的进步,管理作为发展生产力的重要资源日益为人们所重视,企业管理发生了显著的变化,管理水平普遍有所提高。但是,也有相当一部分企业的管理工作,并没有取得明显的效果,其中一个重要的原因就在于只重视有形的“物”的管理,而忽视了无形的精神和文化的作用,企业职工的积极性没有充分地调动起来。实践证明,企业的技术装备越先进,规章制度越完善,管理手段越现代化,越需要依靠职工的智慧、主动性和创新精神,也更加需要发挥“软管理”的作用。如果在企业管理中,只要“硬管理”而不要“软管理”,只见物不见人,即使“硬管理”搞得再好,由于缺乏内在的动力,管理系统也很难顺畅地运转起来。可见,建设企业文化的重要任务之一,就是要在管理的结构模式上,把“硬管理”和“软管理”科学合理地组合起来,将两者的关系理顺,形成强大的合力。只有如此,才能使企业的经营管理机制经常处于最佳状态。

三、鲜明的个性

企业的个性是一个企业有别于其他企业的生产经营特色,它一般体现在企业的产品、服务、经营方式和企业形象等方面。

任何一个成功的企业家都深深地懂得个性对企业兴衰存亡的意义,因而在生产经营活动中始终不遗余力地去创造企业的名牌产品、优质服务、灵活的经营方式和美好的形象,以博得社会的认同,树立企业自身的优势。

企业个性是企业竞争和生存的需要。但是在现实生活中,为什么有的企业能够独树一帜,有的企业却流于平庸?产生如此强烈反差的深刻根源,在于管理层文化的差距,而这种差距又首先体现在企业目标和价值准则上面。因此,企业在培植自身的个性中,必须在突出企业目标和价值观的特色上狠下功夫。

目前,我国的经济是以公有制为主体的多种所有制结构。十年的改革开放,增强了企业的经营意识和自主经营的机制,大多数企业正在逐步面向市场开展自己的经营活动,并在市场的竞争中形成了各自的生产经营特色。我国近年来涌现的一批成功企业,都是以自己的鲜明个性成为同行业中的佼佼者。我国一些全民所有制的大中型骨干企业,在很大程度上是按照国家指令性计划进行生产的。这种类型的企业,在开展企业文化的建设中要不要突出自身的个性?我们的回答是肯定的。因为,首先,十年来的改革开放和商品经济的发展,已经给这些企业带来了前所未有的冲击,它们或多或少地引进了市场机制,而且都必须按照价值规律办事。这些企业的产品与服务,在不同程度上也要面对市场的选择。其次,即使在国家指令性计划的同等条件下,在同行业的企业之间,也存在着竞争。这种竞争主要是围绕着如何增强企业的应变能力,更好地发挥自身的优势,为国家和社会多做贡献而展开的。为了适应这种竞争的需要,也必须突出企业的个性。这类全民所有制的大中型骨干企业,在培育企业文化的过程中,要注意避免雷同化的倾向,它们应该从本企业的历史传统、行业特点、产品特色、服务对象、职工素质以及企业的地理环境和资源环境出发,精心地选择和提炼富有特色的企业目标和价值准则,培育出别具一格的企业个性。否则,这类企业也是难以保持长盛不衰的。

综上所述,企业文化强调以人为本,使我们进一步明确了企业管理的主体和企业活力的源泉;企业文化提出以“软”带“硬”的模式,为我们提供了一个合理的企业管理系统结构和有效的经营管理机制;企业文化要求有鲜明的个性,为我们指出了企业管理应当如何适应环境的变化,不断创造卓越,赢得优势。总之,这三个方面向我们表明了企业文化建设与加强企业管理的关系,它归结为一点,就是运用一种新的管理思想和方法指导企业管理,以谋求企业管理的整体优化,提高企业的整体效能。这正是我国今后几年在治理整顿和深化改革中,所要解决的一个关系国民经济发展全局的重要问题。

(此文选自《企业文化》杂志1991年第2期)

乡镇企业“异军”再飞跃的根本动力在于提高人的素质

张同舟

乡镇企业的崛起与发展是中国社会主义经济建设的一大特色,是在邓小平有中国特色社会主义理论指导下产生的一大特色。

但是乡镇企业在质量方面确实还存在着一些不容忽视的问题,如企业规模结构问题(集团化、壮大企业的实力),投资结构问题(加大技改投入,减少铺摊子),产业结构问题(改变单纯强调工业,忽视农业、运输、仓储、批发零售贸易等企业的发展),企业机制问题(政企不分、亲化组合、产权模糊),人员素质比较低等。最根本的问题,就是提高人员素质问题。

提高人员素质的重要性与必要性,在口头上都已被大家所接受,不少企业已采取了切实的措施解决这一问题。但也有不少企业,甚至可以说是多数企业,还是停留在口头上,可以肯定的说,没有现代素质的人就不可能有现代化的企业,人的问题是一切工作中最根本的问题。

企业文化最本质的内涵是讲人的问题，就是以人为本，所谓的以人为本，我的理解就是：第一是为了人，这也就是我们常说的“为人民服务”，企业管理以人为本，就是把我党和国家这个政治宗旨具体化。第二是依靠人，只有人可以创造物质，创造金钱，而物质、金钱创造不了人。我们的企业不管是哪种所有制，要想生存，要想发展，要想在市场竞争中战胜自己的一切对手，只有紧紧的依靠自己的职工和自己的顾客，要想赢得了广泛的顾客，又得依靠企业的职工。只有当我们的所有职工都认同了我们企业的最高目的是让所有顾客满意，并把这一共识贯彻到从采购原材料，到生产、到销售、到售后服务的每一个环节的实际行动中，我们才能在市场竞争中取胜。第三是发挥人，我们所谓的依靠人，就是依靠人的智慧，人的智慧也就是人的潜能，人的潜能是无穷无尽的，人的潜能只有在自主的情况下才能发挥出来，在被动，甚至是被压制的状态下是发挥不出来的。因此我们要创造一切可能的条件，如和谐的人际环境，愉快的精神环境，公平的求知环境，必要的物质条件等等。领导者的一个最重要的任务就是为每一位员工创造公平、平等的条件，以发挥每个人的无穷尽的潜能和智慧，这才是我们企业生存、发展取之不尽、用之不竭的力量源泉，人的工作是软件中的软件，是最细致、最个性化的工作，必须以高度负责的精神，客观公正的态度，耐心细致的作风进行人的工作，这样的投入，应该成为每一位领导者必不可少的最大的投入。

现在常说，要提高企业的整体素质，我的理解所谓提高企业整体素质，就是产、供、销、融资等企业各方面的工作以及体制、制度的运作，思想作风及一切精神的活动，总之企业的一切工作的素质都要提高，但是这一切工作素质的提高都必须由人去作，只有高素质的人，才会有高素质的企业。

企业领导（包括企业内各级各部门领导）要始终把人的工作放到一切工作的中心位置去抓。这是把一个或几个少数人的力量变成千千万万人的力的工作，是企业一切工作的根本所在，也是企业文化最核心的内涵与建设企业文化的目的所在。希望重视人力资源的管理与开发。

（此文系作者1992年在无锡乡镇企业研讨会上的发言摘要）

创建具有中国特色的企业管理方式

张大中

一、探索建立具有中国特色的社会主义企业文化管理是管理方式的一种最佳选择

根据邓小平同志视察南方重要谈话的精神，我国正在以经济建设为中心，加快改革开放和建设步伐。在这种形势下，搞好企业特别是国有大中型企业，转换和完善企业经营机制，使企业逐步成为自主经营、自负盈亏、自我发展、自我约束，直接面向市场的商品生产者和经营者已经成为一个突出的问题。企业究竟需要采取什么样的管理方式进行管理，才能适应企业经营机制的转换和企业外部环境的变化，才能使企业充满生机和活力，在国内外激烈的市场竞争中成为优胜者，这是各个企业面临的重大课题，需要做出自己的选择。

企业管理方式不同于具体的管理方法。具体的管理方法有许多种，如生产任务定额管理、TQC管理等等。而企业管理方式则是从企业管理发展的规律总结出来的管理思想，并以这种管理思想为指导，使各种具体管理方法系统化。企业管理方式是在一种管理思想指导下逐步建立起来的一种系统工程。

西方企业文化管理方式是在经验主义管理方式、科学管理方式、行为科学管理方式的基础上演变产生的一种最新的管理方式。它重视人的管理，并由以个体为中心的管理转向以企业群体为中心的管理。其明显的特征是：重视人的因素，把提高人的素质作为发展生产的首要条件；重视培养人的企业精神、价值观和道德意识；重视企业整体物质环境和精神环境的管理，创造良好的文化氛围，培养职工的群体意识，尊重、爱护、理解、关心、激励职工，培育为企业做奉献的团队精神；重视职工参与管理的作用，鼓励职工为企业献计献策，激励员工以企业为家的归属感、责任感，同企业共命运。邓小平同志说：“社会主义要赢得与资本主义相比较的优势，就必须大胆吸收和借鉴人类社会创造的一切文明成果，吸收和借鉴当前世界各国包括资本主义发达国家的一切反映现代社会化生产规律的先进的经营方式、管理方式。”西方企业文化管理是在科学技术迅速发展，生产过程现代化、社会化程度不断提高，市场竞争日趋激烈，同时存在着劳资矛盾、冲突，需要进行调整、缓和的条件下发展起来的，是现代社会化大生产的产物，是我们可以吸收和借鉴的。

我国过分集中的经济体制下形成的国有大中型企业的行政管理方式，虽然曾发挥过积极的作用，但已不能完全适应市场多变的情况，在一定范围内也束缚了生产力的发展，需要进行改革。管理方式的转变也是一种改革，探索和创建有中国特色的社会主义的企业文化管理方式是我们的一种最佳选择。中央一位领导同志说过：“中国人民有勤劳、节俭、集体主义等美德，我们党有注重思想政治工作的传统，曾创造过‘两参一改三结合’等现在看来仍然是好的做法，改革以来又出现了创建社会主义‘企业文化’的新经验，我们应该而且可能创造出有别于西方文化而且效率更高的社会主义企业管理模式。”在改革中，我们不能照抄别人的经验，需要密切结合我国改革开放的实践，发扬我国优良的传统文化和思想政治工作的传统优势，借鉴西方企业文化管理的先进经验，创建有中国特色的企业文化管理方式。

二、有中国特色的社会主义企业文化管理方式的基本内涵

有中国特色的社会主义企业文化管理方式的基本内涵是什么？这需要从理论与实践的结合上进行研究，并逐步加以解决。

我国企业文化实践的经验和理论研究表明，有中国特色的社会主义企业文化管理方式，应当是以人的管理为中心，把职工的积极性充分地调动起来，科学地组织起来，以提高企业的经济效益和社会效益为目的的整体管理方式。其基本内涵是：以职工为主体，增强工人阶级的责任感，发挥工人阶级的积极性，使工人阶级认识自己的利益，并为实现自己的利益而奋斗，正确对待国家、企业和个人的利益，“想主人之事，尽主人之责，干主人之活，享主人之权”；以企业价值观和企业精神为核心，以职工的群体共识和群体行为为基础，依据企业的目标和发展战略，转变观念，培养企业价值观和企业精神，形成职工的共识，借以激励职工奋力拼搏、开拓进取，形成推动企业前进的内在动力；以文化为引导，开发文化资源，创造企业的良好的文化氛围，着重提高职工的思想、文化素质和技术、业务水平；以物质利益机制、民主管理机制为保证，建立相应的工资福利制度和民主管理制度，保证一切关心企业、符合企业价值观和企业精神，并使企业取得实际效益的职工行为得到尊重并获得实际的物质利益。以上基本内涵也是社会主义精神文明建设在企业管理方式上的具体体现。但是，如何把这个问题概括得更准确、更科学，还需要继续进行研究。改革开放以来，我们不少企业在企业管理方面已经创造了比较成功的经验，不断总结企业管理的实践经验，将为理论研究开阔道路。

三、以文化为引导，开发文化资源，着重提高职工的文化素质，是培养、塑造企业价值观和企业精神，实现社会主义企业文化管理的主要途径

企业作为一种社会组织，是由人组成的。企业的生产劳动、科学技术、经营管理都是由人掌握的，企业职工的文化素质决定着企业的未来。从这种意义上讲，“人是企业之本”，“文化是明天的经济”。

文化是一种潜在的资源。开发文化资源，将会极大地促进生产力的发展。毛泽东同志说过，人是要有一点精神的，精神就是一种文化，就是一种无形的力量。

在企业文化建设中要大力提倡和发扬集体主义、艰苦创业的优良传统。同时，伴随着企业体制改革的深化和市场经济的发展，企业应树立新的观念，如发展和解放生产力的观念、科学技术是第一生产力的观念、效益观念、市场观念、平等竞争观念、创新观念、开放观念等等。发扬优良传统，树立适应社会发展的新观念，用于企业管理之中，都是对文化资源的开发。

开发文化资源，培养、塑造企业价值观和企业精神，是企业文化管理的核心。符合企业目标和发展战略的企业价值观和企业精神一旦为广大职工所掌握，就会成为广大职工的群体共识和群体行为，自觉地做好本职工作，不只是把企业看成是谋生的场所，而且是实现自己的抱负、履行社会责任的场所，不只是你要我干，而且是我自己要干，并且知道怎样干，这样，就会产生巨大的合力。社会主义建设是人民的事业，把职工动员起来，并且科学地组织起来，这个力量是无穷的。

培训职工，提高职工的文化、思想素质，是建设社会主义企业文化的基础工作，各级企业都要下功夫对职工进行基本国情和党的基本路线、方针、政策的教育，组织职工学政治、学技术、学文化。毛泽东同志说过，没有文化的军队，是愚蠢的军队。没有职工文化素质、思想素质的提高，企业文化管理难以提高，只能是低水平的重复。

我们党有注重思想政治工作的传统，这是和西方不同的，是我们的优势。企业文化管理方式为思想政治工作提供了新的载体，加强思想政治工作也会促进企业文化建设，两者相辅相成，相互促进。我们一定会创建出具有中国特色的社会主义企业文化管理方式。

（此文选自《阵地》1992年第5期）

建设企业文化以提高企业整体素质　增强企业市场竞争能力

袁宝华

江泽民同志在中共十四大报告中提出要建立社会主义市场经济体制，国务院颁布的《全民所有制工业企业转换经营机制条例》也明确提出，政企要分开，政府职能要转变，转换企业经营机制，使我们企业成为自主经营、自负盈亏、自我发展、自我约束的社会主义商品生产者和经营者。要实现这个目标，从企业改革的整体上讲，政府要着眼于改善企业的外部环境，落实企业自主权。企业自身要积极进行内部机制改革，提高企业竞争能力。政府把企业推向市场，首先要做好两方面的工作：一个是放开企业被束缚的手脚；一个是创造市场竞争的条件，为企业搭好舞台。企业有了舞台、有了用武之地以后，要到市场大舞台上去亮相，就要看企业的武艺如何。企业的武艺也就是企业的活力。

李鹏同志在1991年9月中央工作会议上把企业活力概括为六条。这六个活力都是为了增强企业的竞争能力。企业有竞争能力，才能进入市场，才能在市场大江大海里经受考验，锻炼成长。怎样增强企业竞争能力？最重要的一条是提高企业整体素质。整体素质提高了，企业就有了竞争力。因此企业要不遗余力地从各个方面提高自己的整体素质，才能在自主经营、自负盈亏、自我发展、自我约束的经营方式下实现企业自强。

我在经委工作时，我们首先抓的一条就是整顿企业。整顿过程中遇到的一个问题是，“文革”中进入企业的一批职工文化素质低、技术素质低、政治素质低。一开始我们先抓了文化补课、技术补课，叫作“双补”。后来我们向中宣部汇报时，他们提出“三补”，还要加强政治补课。为什么？为提高企业整体素质，特别是职工素质。今天，我们正面临一个新的形势，企业逐渐进入市场。要在市场无情竞争中站住脚，更需要提高企业整体素质。不管是企业的技术素质还是管理素质，落脚点都在职工素质。

深圳的企业重视企业文化建设，甚至还把企业的文化建设作为企业精神支柱之一，树立企业形象，建设企业精神，来增强企业凝聚力。企业里要以人为中心，就是首钢讲的以人为本。

他们就是通过企业文化建设，提高了企业素质，增强了企业凝聚力。首钢讲承包为本，人民为本。南朝鲜的企业到首钢访问，受到启发，回去也提出要以人民为本。北京铁路局重视企业文化建设，在交通运输十分紧张繁忙的情况下，工作井然有序，职工精神状态非常好。在企业，以人的工作为中心，以人为本，进行企业文化建设，增强企业凝聚力和竞争力。这些方面，深圳、首钢和北京铁路局积累了丰富的经验。

在提高企业整体素质、加强企业思想政治工作、提高企业管理水平等方面，企业文化都是大有可为的。因此，我们要深入研究企业文化理论，推进企业文化的实践工作，为实现企业现代化服务。

（此文系作者1992年11月在中国企业文化研究会第二次会员代表大会上的发言摘要）

企业文化的基本理论问题

——访中国社会科学院庞朴研究员

孟凡驰　姜耀卿

一、企业文化研究的意义和企业文化的基本内涵

访问者（以下简称访）：企业文化学说是20世纪80年代兴起于美国的一种新理论。传入我国后，引起我国理论界和企业界普遍关注。现在企业文化的理论研究和实践已呈方兴未艾之势。我们很想就企业文化的一些基本问题，听听您的意见。

庞先生（以下简称庞）：我过去没太注意企业文化。前些年研究的文化，比企业文化概念要大，内容要宽。当时所说的文化是关系到中国能否实现现代化，如何走入现代化的问题。对企业文化，我只能从一般的文化学角度来谈。

访：有位领导同志谈到，社会主义企业文化水平的提高，关系到中华民族的振兴和中华民族精神的振奋。您对目前在中国掀起的企业文化研究和实践热潮的意义怎样评价？

庞：企业文化叫亚文化、子文化都可以，它是比大文化更具体的东西。企业文化的发展，对中华民族的发展具有重大意义，我同意那位领导的提法。

访：有一种认识，叫文化是个筐，什么都能往里装。这样就使对企业文化特定内涵的理解造成了混乱，很难把握其确定性。您对企业文化内涵怎样理解？

庞：一个工厂、一个公司，作为一个具体的企业，它的文化面貌，我想无非从这三个方面来看。第一方面是物质文化，包括设备的新旧，技术的先进和落后，厂房和环境状况等；第二方面是管理机制，这包括所有制和管理、分配等制度问题；第三方面是精神文化。

这三个方面，一个具体的企业，可能在某一个时候着重抓一个方面。假如设备陈旧，技术落后，这几年里搞设备引进和更新，那么他可能在一段时间内把精力投放在企业的物质文化建设上。在另外一个时候，他可能更要着重抓体制改革，或把主要精力放在精神文化建设上。

我看了一些东西，有两点我认为是对企业文化片面的理解，或说是把握得不准。一是工厂里面做了一些与文化有关的事，比如办个夜校，组织个学英语的班，搞一个俱乐部，建一个健身房，出出墙报，开展些文化活动，办个舞会等等，就叫企业文化。二是企业支援外边的文化事业，给希望工程捐了几十万款子，或帮助敬老院做了什么好事，就叫企业文化。应该说这都是有益的事情。但是，这两种事情办得再好，也不等于你企业的文化素质就高了。这只是些一般的文化事业。企业文化最根本的还是从上述那三个方面来理解。

二、在文化和企业文化研究与实践中如何重视民族传统文化的作用，如何吸收外国文化中于我们有用的成分

访：近些年，新儒学热潮又起。新儒家认为将来东方文化在世界文化当中占有统治地位。些种观点的佐证是，亚洲四小龙企业的发展，经济的兴旺，都是在继承了中国传统文化的优秀东西、核心精髓的基础上，才得以实现的。从西方讲，以美国为代表的西方企业走的是西方的文化道路，才促使其迅速发展。那么，东方也要遵循东方传统文化的一种内在东西，来促进企业和经济的发展。这个问题，不知您如何看？

庞：“二战”后，特别是20世纪60年代以来，亚洲四小龙利用传统的中国式的管理思想兴盛起来。他们在政治上是一种专制的体制。具体到一个工厂，是家族式的。厂规、厂法可能就是忠、孝、仁、爱的一些东西。我们在北京看不到这些。在两广和福建看台湾人办的工厂，一进门，传达室旁边就有一个财神庙，供的是关公，一转身，影壁墙上是忠、孝、仁、爱等等。这就给人一个观念，我完全是按中国式的办法来经营这个厂，而且发了财。于是乎，理论家们就想到了儒家思想与现代化。可是，一上升到理论，问题就不像一个厂那么简单了。

我对这个问题的看法是，西方说的现代化，是在其文化传统的基础上形成的西方现代化。把西方两字拿掉就成了现代化，实际上还是一种西方的现代化。只不过它是走在了世界的前面，又有大炮推广到全世界，也就成了全世界的现代化。

我们是东方人，应该有自己的东西。举一个什么例子呢？比如一个研究科技的英国人叫里约瑟的说：一个齿轮，西方人的设计是站着的，中国人的设计是躺着的。我们不去管技术的错对，从这里可以看到各国的习惯，这是由各种原因造成的。一个简单的纯技术的轮子尚且如此，那么包括整个社会生活方式在内的深层次东西就更加有着自己的特点和自己的文化。可这一点在1919年以前，我们是不明确的。当时，我们认为西方那一套就是人类的未来，西方的道路就是全人类的道路。因此学西方，就要全盘搬来。

新儒家就是针对这种观点来的，是与全盘西化相对抗的。他们想向世界宣告，我们中国有自己的东西，如果过去儒家那一套死掉了的话，我们现在有新儒家。然后找根据，证明东方的传统是可以和现代化相容的，而且会搞得更好一些。根据就是日本，就是亚洲四小龙。

说到这儿就归结出文化的民族性问题了。文化有民族性，

又具有时代性，就是必须现代化。但是，各个民族又有各个民族的现代化方式，这里关键就是民族性和时代性两者搭配的问题。怎么搭配，是否搭配得好？这是个大问题，是非常麻烦的事。

对此，我想从有人类以来，在很早的时候，文化的民族性就形成了。因为在远古，人们战胜自然的力量很小，地理、环境等自然因素对人的影响作用很大。你生活在不同的环境里，是靠海，还是在内陆？生活方式都不一样。也就逐渐形成了不同的民族文化。

美国哈佛大学人类学家张光之得出一个结论说，我们现在所谓的东方历来是用政治解决经济问题。而所谓的西方恰恰相反，他们是先有了经济的发展之后，再有一个相应的政治问题。自古以来就如此。如果这个观点对的话，那倒可以用来说明今天的现状。

新加坡的李光耀告诉美国人：你们不要对中国搞这搞那。其意思是说，我们东方人要先求一个政治上的稳定，这是很重要的，本身就是一个力量，它作用于经济，有利于发展经济。

我去过新加坡，那是一个非常小的国度，她的机场、市政建设、城市卫生，都是我到过的十几个国家里面最好的，确实是世界第一。我去时，他们正在进行议会选举，有 81 个席位，李光耀的党占了 80 个，别的党只占 1 个席位。他根本就没有要民主政治来装饰，而是把党搞得十分稳定，促进经济发展。这是不是可以归结为一种东方道路呢？是否就是张光之认为的那个靠政治推动着经济，而不是西方的那个经济起来再促进政治呢？我不知道可否这样说。假若不是这样说的话，就一般而言，任何一个民族，特别是大的民族，有悠久民族传统的民族，一定有自己发展经济的道路。这也就是文化和经济的关系。

西方的东西，不是一般的、全人类的东西，是西方自己基础上的东西。所以不能照搬挪用。

所以说，新儒学的问题，关系到当代文化和经济的问题。联系到一个企业，企业文化也应该做到民族性和时代性搭配适当。

访：企业文化之所以在 20 世纪 80 年代初兴起于美国，起因是在 70 年代中后期，日本经济发展以咄咄逼人的气势超过美国，经济增长率是美国的百分之四百，有人戏称这种状况为“桃太郎”生吞“山姆大叔”，美国的经济霸主地位受到了日本的威胁。原因在哪里呢？于是美国派了几十个专家去日本考察，他们将日本所有先进的企业，同美国一些先进企业做比较研究。研究后，他们得出的结论是：美国经济增长低于日本的原因不是科技，也不是财力、物力，而在于管理不如日本的先进。并且还发现日本企业管理好的重大因素，或者说是管理的核心是一种巨大的精神因素在起作用，是企业的价值观、企业的精神，是企业文化在起作用。

庞：凡是行之有效的管理方法，无论是西方的泰罗制，还是东方的丰田精神，都可能有三个特点。一个是科学性，它本身符合客观发展规律；第二是对人的管理，适合于人类的一般性的东西；第三是本民族或本企业的一些特殊性的东西。

第一点、第二点具有普遍性。第三点才是关键。特殊性的部分是任何管理法都有的。关键就是能不能找到特殊性，并且区分开来。

美国派人去日本考察学习，可以学到许许多多可见到的东西。但是，有些东西就是学不到，因为那些东西只在日本，只对日本民族起作用。

一个好的管理法，写成书，变成理论，来向全世界推广。我们拿来，用到本国、本企业。由于它具有前两个特点，当然会起作用。而且有些必须那样做，因为它是科学的，适合于全人类的。关键是第三点。一个管理法，一定有它自己的不可推广的特殊性的东西。你要推广，就要变成你的，变成适合于你这个民族、你这个企业、你这个地区、你这个气候的东西。囫囵吞枣的办法，拿来就用的办法绝对不行。为什么有的企业失败？它绝对不会失败在前两点上，恰恰是失败在第三点上，即对它不适用的东西上。

对世界上任何行之有效的东西，我们都应该学，哪怕是非洲的，这是第一条。第二条，你要有创造性地学，要搞清楚它里面有哪些特点的东西，加以改造变成自己的东西。只有这样，才能真正为我所用。

三、企业文化与市场经济

访：现在我国要大力发展市场经济。按照国务院颁布的条例，企业将走向自主经营、自负盈亏、自我发展、自我约束的道路。这“四自”，简单说就是加强企业的独立性和自主性。企业文化这种管理方式，最适合市场经济，对市场经济下的企业发展有不可忽视的作用。您可否就企业文化和市场经济的关系谈一下您的看法？

庞：有一种观点说，由于我们过去没有市场经济，也就没有企业文化；现在有了市场经济，我们要大力发展企业文化。一般讲，这是对的，但我觉得换一个说法或许更深刻一点。

任何企业都早就有了你的企业文化，关键是一种什么样的文化。首先说是不自觉的，第二是很不现代化的，第三也许是一种很失败的企业文化。

过去我们的厂长，坐在办公室里，上边来指标，要你生产某种东西多少吨，于是你大条子一批送生产科；生产科到车间，然后产出，从车间送仓库也就完事了。至于效益，那是别人的、国家的事。这也就是一种文化，一种管理方式，一种被动的、不管理的管理方式。我们也可以说是野蛮文化的管理方式。我想这样提或许能敲一下那些安于现状的人。

任何一个企业不是现在刚提企业精神才有企业精神，而是早就有了一种精神，只是没写在墙上，写在了每个人的心里。你过去那种精神状态是不成功的，我们现在要搞一种和市场经济相适应的企业文化。这里又提到了文化的时代性。以前的经济时代结束了，我们现在又划了一个新的经济时代。所以，要有一个与之相适应的文化——企业文化。这是一种带有自觉性的文化，自觉到必须有一种文化管理方法。不单纯是生产管理和单纯的经济核算，也不是简单的政治管理，而是处于政治管理、经济管理以外的一种文化管理，是一种非常有益的、强烈的自觉选择。

四、企业文化管理与企业文化的区别

访：企业文化的发展有三类。一类是把企业中一些好的精神自觉地积淀下来，成为人为的文化。不断地积淀，不断地形成,从而发展和完善其独特的、进步的企业文化,促进企业的发展。第二类是呈自然状态发展,使企业生产经营平平。第三类是进步文化得不到发扬,野蛮的文化得不到抑制,形成一种落后的企业文化,最后导致企业的精神状态和经济状况的下降。比如:装卸工考虑到用户利益、本企业的声誉和形象,工作时,能轻拿轻放,这是一种文明的表现,它体现了进步的企业文化。反之,野蛮装卸是一种不文明的表现,体现了野蛮的企业文化。

现在,要自觉地发展企业文化,就要用一种文化管理的方法。其主旨是把人的价值观管理好,使大家能自觉地发挥主动性、创造性,形成一种自觉自愿的和谐奋进状态。

访:有人说,有企业就有企业文化,但不一定有企业文化管理。您是否就这个提法谈一下?

庞:为什么会提出文化管理的问题呢?往深处说,文化管理反映出了一种自觉性。过去,企业也有文化,那是不自觉的,现在自觉到要在政治管理、经济管理以外有一种文化管理。文化管理所注意的物质成分较少,更主要的是体制和集团精神。这两点,是过去政治、经济管理管不到的一段。

现在大家比较注意这两点了,认为它是文化管理的核心所在,这样认为,确实是对的。过去那种政治管理,注意的是人的出身、海外关系什么的,没有注意抓企业精神,更谈不上体制。现在搞文化管理,要振奋一种精神,或形成一种精神。这种精神能够带动这个集体,成为大家的一个信念,一个道德标准,从而形成企业的凝聚力。这样的文化管理,使集体如同一个人一样,当然是非常好的。关键是用什么方法来达到这个目的。有人用一种强制的办法,甚至用自然科学的办法来达到这个目的。泰罗制就是这样。另外有一种靠本身的文化素质,用民族的文化传统,来达到目的。美国人为什么学不了日本?就是因为日本民族传统中的那个"忠"字。丰田精神也好,松下精神也好,都有日本民族的传统的东西。

过去,我们不注意这些,那时作为企业,也不需要注意。现在企业要"四自"了,你不注意就不行了。因为"四自"使企业有紧迫感和生存危机感,加强了企业的生存意识。这样也就使企业觉得:仅仅靠经济和生产上的管理已经不够,必须要抓能深入到人的心里去的文化管理。因为铁饭碗打碎了,不搞文化管理不行了。

搞企业文化最根本的是如何形成一种价值观念。实际上也就如同父母教子女怎样做人,怎样做有价值的人一样。具体到某企业,就是怎样做某企业人。比如:日本的丰田人、松下人,还有中国的首钢人等。要有企业的标准,企业的价值观念,企业的生存观,并且要深入个人的心里,使企业成员自觉执行。这就是文化管理。

要搞一个适合市场经济的文化管理,第一是加强自觉性,第二加强计划性,内容上不能再保守,要广泛吸收一切先进的成果。

企业要树立什么样的企业精神、集团精神,这是企业文化管理的一个重要内容。要使企业产生凝聚力,不能单纯用工资、奖金刺激,更不能用政治高压,经济、政治的办法都不能奏效,而要创造一种集团精神。是文化的东西,要用文化管理。以前,有些东西本该用文化管理的,可只用了金钱奖罚的办法,用政治口号和运动的办法。因为以前没有文化管理的办法。今天,政治、经济都正规化了,该是还文化以应有地位的时候了。大家要加强培育这个东西。

五、企业文化与思想政治工作

访:按照您刚才的观点,管理企业,纯粹用政治手段和经济手段肯定不行,该用文化管理的就采用文化管理。由于历史和现实的原因,现在是否有必要对文化、政治、思想政治工作等内容重新作一界定?

企业文化管理,实际上就是把建设企业文化视为一种主导因素,当作一种主要方式,用来培育、塑造人们的价值观,使企业员工凝聚在一起。

庞:对!现在人们越来越清楚,如果只用一种政治的办法去管理企业是无效的。

访:有一种观点说,企业文化为思想政治工作找到一个有效的载体。还有一种观点认为,20世纪90年代的职工具有强烈的自觉意识、参与意识、创造意识,不能用政治说教的方式来管理,政治不能包罗万象。如果把人纯粹当作经济人来管理也不行。我们认为应该用文化管理。也有人说可以用思想政治工作来管理。您能否谈一下企业文化管理和思想政治工作的关系?

庞:应该说,思想政治是一个很神圣的概念,是升到高层的东西。我们过去把它泛化了,过分普及了,到处是政治,满眼是政治,致使思想政治工作声誉下降。比如说,诸如随地吐痰、夫妻吵架的事也要和思想政治工作联系在一起。这就变成了一种讽刺。我觉得,应把思想政治工作的绝大部分内容交给文化。随地吐痰,当然是不文明的问题,但这不需要你进行半天的思想政治教育。解决夫妻吵架,同样也不应叫思想政治工作。

1981年,我们一行四人到英国。在剑桥,有一人要吐痰,可那地方太干净了,不知道要往哪儿吐,也就没好意思吐出来。因为他觉得那痰没有地方可吐。这就归结到了文化问题。同样道理,整个社会,人与人之间有一股很有礼貌的气氛,用不着你上升到思想政治的高度来教人说对不起和谢谢。做一个比喻,一个原本该用文化解决的事情,用思想政治工作的办法来解决,就如同用铁棍缝被子。谁都懂得针和铁棍是两种什么东西。

说到这里,又产生了新的问题。

我们的政工人员,习惯了几十年的做法,只知道有过去那种思想政治工作,遇到了事,就来谈心,谈心就希望你无所不谈。咱们国家虽然没有隐私权的问题,可年轻人都不吃这一套。于是,就觉得思想政治工作难度大,没有办法做。怎么办?那就只好让你转业。你不转业,就要改变知识结构。但是要有一个过程。如何把以前那一套变成文化管理,这中间有许许多多事要干。关键呢,是在理论上区别一下,必须把思想政治工作的许多内容,交给企业文化管理来负责。

访:有人问,从整体性、系统性的管理角度看,思想政治工作是否可以看成文化管理中的一项,是专管理人的思想的?

庞:大文化,当然包括思想和政治。思想、政治只是意识形态的一种形式,意识形态还包括艺术、宗教等。我们把握这一切,让我分,这只是文化里面的一个层面。我认为这在理论上不成问题。从事实讲,过去的政治管理做出了许多成绩,但也管了许多闲事,不承认这点是不对的。大概这也是大家觉得这一套工作方式不适合市场经济,也不被青年人接受的原因之一吧。

刚才你们介绍的企业文化给思想政治工作找到了载体这一观点,我理解就是希望结束过去那种我打你通,我讲你听,弄不好还要上纲上线,变成敌我关系的那套东西。取而代之的是一种自由度强,参与性大,管理者和被管理者水乳交融的企业文化管理。

比如企业提倡一种精神,它是靠大家共同来树立的,不是居高临下的、群众被动接受的东西。大家都清楚,自己是其中一分子。在这方面,文化管理就越多越好。当然,过去思想政治工作好的经验,还要保留着。因为,文化管理不会完全照搬从美国引进的一套。我们有民族的东西,有多年的思想政治工作经验。但不要让思想政治工作同企业文化顶着来,而是要积极、主动、尽早地转变到企业文化管理上来。这要学很多的东西,不学不行。过去搞政工的,要求出身好,成分好,组织性强,纪律性强,而搞企业文化的就要头脑灵活,要能看到企业深层的文化,还要有相当的文化素养。

六、关于企业价值观

访:有人认为,价值观是玄而又玄的东西,看不见摸不着。也有人认为,在企业员工中树立一种高尚的,并为全体员工认可的价值观,是企业文化建设的核心内容。我们同意后者。

价值观也分层次,或叫多角度。比如:一个企业,有社会价值观,也有本企业价值观;一个人有审美价值观、经济价值观等。

我们这里所说的价值观层次是这样的:人们对善、恶、美、丑的分析和判断,这是浅层次;我们做事情,如何处理与家庭、与别人、与企业、与社会的关系等,这是中层次;我们干的一切都是为什么?是为了共产主义,为了人类的共同事业,这是价值观的最高层次。从这里看,价值观是一层层、顺理成章地培养起来的。不这样恐怕是不行的。

现在有人指出教育上的一种怪现象说:小学生讲"共产主义",中学生讲"初级阶段",大学生讲"五讲四美"。

这就是思想教育的失误。根据对价值观的理解,共产主义是人的意识中的最高境界。教育要从第一层次,一步步走上来。许多基本东西都还不懂,一下子就是最高层次,是不易被人接受的。

在企业也是同样道理,高层次的教育固然重要,但首先应从企业价值观的最低层次开始培养,逐步提高。

企业价值观,企业价值取向,对企业加强凝聚力有很大作用。

庞:一般而言,价值观念是一切文化因素的核心东西。假如把文化的各个因素看成分子、原子的话,那原子核就是价值观。它带动着、影响着、决定着别的一切因素。凡是这样的东西,似乎是有些玄,看不见,摸不着。但作为研究者,你还必须要抓住它。有人抓不住,就宣布弄不懂,就不重视它了。其实你不重视的本身,也是一种价值观。

访:认为它没有价值。

庞:对,认为无价值的本身也是一种价值观。

人的生存,除物质生活外,在精神领域有许多的要求,如要科学,要文学,要审美。为什么?都是为了追求一种价值。所以,不同的人也就有不同的文化情趣。这反映了不同的价值观。

一个企业,也有企业价值观,这是企业文化中核心的东西。通常它不违背一般的、民族的、时代的价值观,有着同别人一样善、恶、美、丑的标准。以这个为基础,它就会找到符合本企业特点的、中华民族的、20世纪的价值观。那么,企业的决策人再宣传得法,被所有员工接受的话,比专门做思想政治工作要省事得多。一通百通,价值观的问题解决了,一系列的问题就解决了。你也就不用像婆婆那样指手画脚了。

访:一个美国企业家说:企业领导者最主要的责任,是抓住企业寥寥的几条价值观。此后,你就不必天天发指示,发文件。每个人知道他的工作的价值及对公司的贡献,知道应该怎样做,就能自觉地在各岗位发挥作用。

庞:这个说法更具体了。其实,每个人都有一个价值观。比如一个家庭,各人有各人的想法,但有一个共同的东西,那就是和睦。所有人都知道它的重要性,所以做事都不违背这个,而自觉地处处维护。

七、关于我国企业文化建设的总体方向和思路

访:从您的文化观点和文化视野来说,企业文化在我国的发展、建设、研讨及实践的总体方向和思路应该是什么?

庞:我们要建设有中国特色的社会主义,同样,要建设有中国特色的社会主义企业文化,这绝不是套话。1989年以前,我和一些年轻人讨论问题,就是这种观点,现在仍然是这个观点。要建设企业文化,最首要的问题是要有中国特色。如不把这点放在首要位置,就糟糕。当然,你首先要做的是翻译、引进外国的东西,这是必要的,可以少走冤枉路。我们还可以去参观、学习、访问,这也是必要的,但都不能代替自己。

访:庞先生,我们今天通过向您请教,在对文化和企业文化的理解以及如何建设中国社会主义企业文化等方面都受益匪浅,谢谢您。

庞:我对企业文化没专门研究,只是从一般的文化理论角度来谈,共同探讨,不必客气。

(此文选自《市场经济与企业文化》,1993年5月出版)

社会主义企业文化探讨

杨广慧

一、社会主义企业文化的基本框架和基本内容

建设有中国特色的社会主义,必须敢于应用人类创造的一切文明成果。西方发达国家兴起的企业文化,作为企业管理的

科学，它就是人类创造的文明成果之一，我们可以而且也应该大胆引进。但是，近代世界和中国历史都表明，文明的引进，无一不是与引进国的经济、政治的实际相结合并受其所决定的前提下，才能产生积极的效应，得以生长。一定的文化是一定社会的政治和经济的反映。属于"舶来品"的企业文化，也只有与中国社会主义政治、经济的实际相结合，与中国的企业实际相结合，形成中国特色的社会主义企业文化，才能在中国大地生根、发芽、开花、结果。这个结合的过程，就是企业文化在中国实现历史性发展的过程，是形成我国的社会主义企业文化的过程。

社会主义企业文化，是个多层次、多内容、多方位、多角度的综合文化体，或者说，它包括物质、行为、观念诸种文化形态有机结合的整体系统。它的内容不仅是丰富的，而且是随着企业实践的发展而发展的。结合深圳经济特区企业文化的实践，我们可以从表层企业文化、中介层企业文化、深层企业文化三个层次，来分析、认识和把握社会主义企业文化的基本框架和基本内容。

1. 表层企业文化。它包括诸多项目：

(1)明确的企业目标。企业的产值、利润、全员生产率的提高，名优产品的开发，市场网络的开辟，人才素质的提高……这些都应有个明确的奋斗目标。这些目标，并不是纸上谈兵，它是经过努力可以达到的目标，是真正成为职工共识和切实奋斗的目标。它不仅是企业一定时限内所预计达到的数量和质量的指标，而应是经济的最佳效益和优质服务的文明成果。这表明企业文化的层次是高的。

(2)要有完善的规章制度。生产有生产制度，经营有经营制度，管理有管理制度，思想工作有思想工作的制度，制度面前，人人平等。实行科学的、民主的、公平的、规范的管理。

(3)要有系统教育的设施。夜校、业余党校、培训中心等要建立起来。可以一套班子，几块牌子，一个阵地，多种功能。

(4)要有先进的技术设备。当今企业的竞争，主要是产品的竞争；产品的竞争，主要是技术的竞争。要力所能及地增加技术的投入，及时更新设备，赶上时代竞争的需要。

(5)要有合理的劳保福利设施。当今资本主义国家的企业，还注意劳动保护和职工的福利，以缓解劳资之间的矛盾，刺激生产力的发展。社会主义企业，实行文明生产，职工是企业的主人，更应切实实施对职工的劳动保护，关心职工的生活福利，增加职工的实惠。这不仅是发展生产力的需要，也是为了满足人们日益增长的物质和文化生活需要。

(6)要有一定量的文体设施。如俱乐部、乒乓球室、篮球场等一些群众性的文体设施，要根据职工的人数，力所能及地达到一定数量。如果企业经济实力有暂时困难，建不起文体设施，也要利用社会公用的文体设施，把职工的文体活动开展得多姿多彩、生动活泼，培养职工健康的生活情趣，使职工得到文化的熏陶。

(7)要有美丽、整洁的厂貌。有条件，要把企业的环境建成花园一样；没有条件，也要整洁、清爽，使人心旷神怡，有个良好的工作环境。

表层的企业文化，还可以充实。充实得再多，总有其共同点：看得见，摸得着，直观在表层，是通过物质表现出来的文化。因此，表层的企业文化，亦可称为特质文化层。

2. 中介层企业文化。它也包括诸多项目：

(1)明确的行为规范。广大职工该做什么，不该做什么，应该怎么做，不应该怎么做，各个岗位上的行为规范都很明确，而且习惯成自然。这说明企业文化的层次是高的。

(2)领导班子要团结。领导班子不团结，那个企业的职工思想就很混乱，经济效益也就上不去，因为经常搞内耗。领导班子的团结，是企业文化的一项重要内容。

(3)领导与职工群众的关系亲密祥和。干群关系、党群关系融洽。领导关心职工，职工尊重、爱护领导，党员能紧密团结群众。有个良好的人际关系，政通人和，这才表明企业文化的层次是高的。

(4)党、团员和先进人物的模范带头作用发挥得充分。党、政、工、团等各种组织能充分、协调地发挥作用，对企业文化要齐抓共建，建立一支党团员和先进分子的骨干队伍。层层有先进，行行有标兵。

(5)"四职"修养要好。广大职工有正确的职业理想，高尚的职业道德，娴熟的职业技能，严格的职业纪律。把"四有"新人的要求引进到企业，形成职业的特点，把它落到实处。

(6)形成优良的、传统的厂风。经过长期经营，形成了好的企业作风，这是企业的优质文化氛围的重要内涵。好的作风，一代代传下去，是办好企业的无价之宝。

中介层企业文化的内容，也还可以充实，充实得再多，它也有其共同点：它是通过人们的行为表现出来的文化。因此，中介层的企业文化，又可称为行为文化层。

3. 深层的企业文化。

企业文化的建设，进入到深的层次，集中到一点，就是培育、树立起自己的企业精神。企业精神，是在正确价值观念体系的滋养之下，优化出来的企业职工的群体意识。培育企业精神的这个价值观念体系，是在马克思主义指导下，由诸多观念组成的，如爱祖国、爱社会主义，爱人民、爱劳动、爱科学，以及开拓、创新、团结、奉献、民主、平等、竞争、开放、效益、知识、人才、信誉、法制等观念。作为深层企业文化的企业精神，是良好的精神状态和高尚精神境界表现出来的价值观念，是观念形态的文化。因此，深层的企业文化又可称为观念文化层。

社会主义企业文化的这三个层次，相互联系又相互促进，有共时性和共在性，在时间上和空间上是共同存在和共同发展的。在企业文化建设的具体实践中，三个层次又是互相渗透、揉合在一起，你中有我，我中有你。而不能错误地把三个层次的划分凝固化，或理解为时间上的先后顺序。

当然，在社会主义企业文化的构架中，各个层次的地位和作用是有所不同的。物质文化层是基础和依托，行为文化层是中介，观念文化层是核心。在一定的物质基础上，良好的群体行为不断重复，就能逐步凝聚、升华成为广大职工所共有的企业精神。企业精神一旦锤炼出来，就成为企业的精神支柱。有得精神在，不怕困难多，企业在多种风浪中就摧不垮，打不烂。

"幽灵转世中华相"。企业文化与我国的企业实际相结合形成的社会主义企业文化有着自身的特点：

首先，是目标的二重性。也就是说，社会主义的企业文化，不仅是以人为中心的管理，更是以人为目的的教育；不仅是提高企业的管理水平和管理效益，更是为了造就一代"四有"新人。与资本主义国家的企业不同，社会主义企业既是经济组织，又是以经济活动为中心的、职工群众集聚和劳动的社会基层单位。社会主义企业文化的基本构架和基本内容,应该也能够体现社会主义企业的性质。

其次,社会主义企业文化具有鲜明的思想性。任何企业文化,都有它的思想性。所不同的是,社会主义企业文化的核心,即企业精神所赖以滋养的价值观念体系,是以马克思主义为指导的;社会主义企业文化的中介层和表层,即行为文化层和物质文化层,也充分体现着党的路线、方针、政策的要求;同时,社会主义企业文化目标的二重性——提高企业的管理水平和管理效益、培养"四有"新人,也要求企业文化的每个层次,都有鲜明的思想性和对职工的培养教育的功能。

第三,社会主义企业文化有广泛的群众性。社会主义企业的广大职工,无论居于领导地位的经理、厂长,还是生产第一线的工人,都是企业的主人。

企业是客观存在的,企业文化也必然随之存在。不管认识它与不认识它,企业文化总是客观存在着。问题在于,需要人们去理解它、认识它、建设它、研究它、开发它,使自发存在状态的企业文化,变成自觉存在状态的企业文化。前面所述社会主义企业文化的构架、内容和特点,都是把企业文化作为自觉存在状态的一种探索。一旦企业文化作为自觉存在的状态,它就成为企业的科学管理和育人的手段,成为办好企业的"软件"。办好现代化的企业,"软件"的建设与开发,比"硬件"的建设与开发更为重要。因为,以马克思主义观念体系为核心的社会主义企业文化的构架和诸项内容,不言自明,对办好企业更能充分发挥导向作用、凝聚作用、约束作用、激励作用和辐射作用。它使企业整体表质进行着不断的提高。因此,作为"软件"的企业文化,实际上是办好企业最根本、最牢靠、最持久的基础。这个根本的基础建设牢了,本立而道生,企业的生机就勃然兴旺起来。

二、企业文化应当成为企业思想政治工作的载体

企业文化作为以人为中心的科学管理,应当成为以经济建设为中心的宣传思想工作的重要内容之一;作为以人为目的的教育,它又包含着多种教育内容和手段,是企业思想政治工作的载体。也就是说,企业文化既然是以提高人的全面素质为中心来提高企业的科学管理水平和经济效益,自然是企业的思想政治工作力促实现的;作为以人为目的的教育,它又是多层面、多方位、多内容、多手段的思想政治工作的综合载体。对社会主义企业来说,思想政治工作,就是企业管理中的一项软件管理手段;更何况,企业文化的三个层次——物质文化层、行为文化层、观念文化层,又都蕴含着不同程度的思想教育意义。

更可贵的是,企业的思想政治工作以企业文化为载体,就把思想政治工作与经济工作水乳交融了,把"两张皮"变成了"一张皮",同时,又产生了两种效益——思想效益和经济效益。

让我们不厌其烦地对社会主义企业文化的内容,逐项作些简要的分析:

企业树立明确的奋斗目标——可以焕发职工的积极性、创造性;使企业如期迈上新台阶。

完善的规章制度——实现科学的、民主的、公平的、规范的管理,可以使职工心情舒畅;同时保证企业的良性运转。

系统教育的设施——有业余党校、夜校、培训中心,可以提高职工的思想素质和技术素质;同时也把企业的经济活动建立在劳动者素质提高的基础上。

先进的技术设备——注重更新设备有赖于经营者的科技意识,又会培养、增强职工的科技意识,科技意识是现代意识的重要标志之一;设备先进,生产效率倍增。

合理的劳保福利设施——使职工安居、爱厂;健康、乐业。

一定量的文体设施——陶冶情操,锻炼身体;身心健康,工作之本。

美丽、整洁的厂貌——环境美,精神爽;有助于保持良好的工作竞技状态。

明确的行为规范——规范行为,养成良好习惯;可以防止工作事故,提高工作质量。

领导班子团结——团结是思想政治工作的重要内容;"人心齐,泰山移",可以使企业扭亏为盈,提高经济效益,是上新台阶的核心保证。

领导与群众的关系亲密祥和——人心舒畅,政通人和;促进工作、生产积极性的发挥。

党团员、先进分子的模范带头作用发挥得充分——带动社会主义精神文明建设;带动物质文明建设。

"四职"修养要好——既有正确的职业理想、高尚的职业道德,又有娴熟的职业技能和严格的职业纪律。

形成优良的、传统的厂风——好的作风既可培育一代新人,又可保证工作质量,促进生产的发展。

培育、树立企业精神——优化出群体意识,树立起共同的先进正确的价值观念,是企业思想政治工作的根本要求;又是企业披荆斩棘,攻克难关,登上新台阶的精神支柱。

对企业文化内容逐项的简要分析,不难看到,各项内容都包含着思想效益和经济效益,而且是两个效益水乳交融在一起。抓好企业文化建设,能同时产生思想工作和经济工作两种效益,"两张皮"不就成为"一张皮"了吗?!

三、如何加强社会主义企业文化建设

江泽民总书记在党的第十四次代表大会的报告中,明确发出"搞好企业文化、社区文化、村镇文化、校园文化的建设"的号召,作为商品经济发达、企业成千上万的深圳,必须把社会主义企业文化的建设,更加自觉地推展开来。

首先,要组织广大企业家、思想理论工作者和文化工作者,认真了解、掌握企业文化的基本知识,结合我国社会主义的经济、政治、文化的实际,开展社会主义企业文化的理论和实践的探索,在探索中加快建设。为此,先要普及有关的基本知识。认识了企业文化的重要意义,掌握了建设企业文化的本领,有助于经理和书记按照他们岗位责任的要求找到"两只手都要硬"的有效途径,解决他们各自的困惑,把经济工作与思想政治工作水乳交融在一起,促进两个文明的建设。所以,经理、书记可以成为也应当成为建设社会主义企业文化的核心。他们主体意识的强化和主体精神的发挥,是企业文化建设的真正希望所在。

其次,要充分发挥企业内部党、政、工、团等各个组织的作用,齐抓共建。企业文化建设的基点是"人",企业文化说到底是人的文化,是企业中的人的正确的价值观念、道德规范、行为准则和科学文化素养。有素养的经理和书记都得通晓企业文化,

但他们真正的素养更表现在善于带出有素养的职工和企业的整体素养。这就必须充分发挥各种组织机构的作用,齐抓共建。个人弹“单弦”调门再高,只能供职工欣赏,只有当好企业文化大合唱的指挥,才能使每个职工都引发出企业文化的悦耳旋律。

第三,培养典型,推动全面。典型示范引路,是开展群众性工作行之有效的办法。有计划地培养一批社会主义企业文化的典型,是至关重要的。但是,充分发挥典型的引路作用,带动广大企业都能按照典型的示范,逐步把企业文化建设起来,还必须重视推广工作。培育典型如果还相对比较容易的话,那么推广的工作就要相对难得多了。要想开拓、创新,成就一番事业,要遇到诸多困难。成就事业的人们都会懂得,没有克服困难的艰辛,绝不会有胜利的喜悦和补偿。切不要把企业文化的典型作为供人欣赏的“盆景”,而要使之成为“星星之火”,求得“燎原”之效。

最后,党的宣传部门要成为社会主义企业文化建设的中坚力量。要深入总结企业文化建设中的经验,积极做好推广普及的工作,把企业的宣传思想工作融入到企业文化的建设之中。特别要注意发挥职工思想政治工作研究会的作用,推动和支持他们加强社会主义企业文化的研究和推广工作。党的宣传部门热心社会主义企业文化建设,组织方方面面齐抓共建,一以贯之,必有成效。

(此文摘自《市场经济与企业文化》,1993 年 5 月出版)

企业文化管理的主导性因素和基本原则

张大中　马仲良　孟凡驰

社会主义市场经济体制是区别于计划经济体制的一种全新的商品经济运作体制。任何一种新经济体制的建立必然带来经济管理方式的改革,必然要求一种新的管理方式与之相适应,也只有恰当的管理方式才能保证新经济体制的建立。企业文化管理方式最适应市场经济体制,走企业文化管理之路是实现企业现代化的有效途径。

一

走社会主义企业文化管理之路,就是要发扬社会主义制度的优越性,坚持社会主义公有制,坚持党在企业中的领导地位,坚持工人阶级当家作主,加强党的思想政治工作,自觉培育以无产阶级世界观为基础的、以社会主义集体主义价值观为核心的社会主义企业文化,把这种企业文化建设作为推动企业管理的主导性因素,推进企业管理方式的全面现代化。

有人说,文化既然是第二性的东西,为什么会成为管理的主导性因素?

马克思主义把作为观念形态的文化当成第二性的东西,决不是轻视文化的意义,相反,马克思主义非常强调发挥文化在人的实践中的能动性作用。马克思在《资本论》中指出,人的行为的一个重要特点是先有观念性的东西,然后才有在这种观念性的东西指导下的行动,这是人同动物的一个重要区别。他说:“蜘蛛的活动与职工的活动相似,蜜蜂建筑蜂房的本领使人间的许多建筑师感到惭愧。但是,最蹩脚的建筑师从一开始就比最灵巧的蜜蜂高明的地方,是他在用蜂蜡建筑蜂房以前,已经在自己的头脑中把它造成了。劳动过程结束时得到的结果,在这个过程开始时就已经在劳动者的表象中存在着,即已经观念地存在着。他不仅使自然物发生形式变化,同时他还在自然物中实现自己的目的。这个目的是他所知道的,是作为规律决定着他的活动的方式和方法的,他必须使他的意志服从这个目的。”(《资本论》,第 1 卷,第 202 页)动物的活动是本能的,而人的活动是有目的有意识的。人的认识的产生过程,是意识反映物质的过程,人的实践过程,是一定观念意识指导行动的过程。

列宁强调革命的运动必须有革命理论指导。他认为,工人不能自发地产生科学社会主义的意识。这种意识必须靠无产阶级知识分子对工人群众的灌输才能产生。列宁在这里讲的“革命理论”也是一种观念形态的文化。

毛泽东同志在《论持久战》中说:“一切事情是要人做的,持久战和最后胜利没有人做就不会出现。做就必须先有人根据客观事实,引出思想、道理、意见,提出计划、方针、政策、战略、战术,方能做得好。思想等等是主观的东西,做或行动是主观见之于客观的东西,都是人类特殊的能动性。这种能动性,我们名之曰‘自觉的能动性’,是人之所以区别于物的特点。”(《毛泽东选集》,第 2 卷,第 445 页)也就是说,人的行动,是先有思想,后有行动,做或行动是主观见之于客观的东西。毛泽东同志后来把从物质到精神的飞跃称为第一次飞跃,把从精神到物质的飞跃称为第二次飞跃。他认为第二次飞跃比第一次飞跃意义更加伟大。

重视人的精神的、思想的因素和文化因素的能动作用,是马克思主义哲学的一条基本原理。这一原理科学地指导无产阶级政党的工作,使无产阶级政党历来非常重视人的思想工作。毛泽东同志在论述党在抗日战争时期的方针政策时,把政治思想上的动员工作放在首位。他说:“要胜利又忽视政治动员,叫做‘南其辕而北其辙’,结果必然取消了胜利。”“什么是政治动员呢?首先是把战争的政治目的告诉军队和人民。必须使每个士兵每个人民都明白为什么要打仗,打仗和他们有什么关系。”“这是一件绝大的事,战争首先要靠它取得胜利。”(《毛泽东选集》,第 2 卷,第 448 ~ 449 页。)

毛泽东同志在《新民主主义论》中,用很大篇幅论述了建设新民主主义文化的重要性。他说:“革命文化,对于人民大众,是革命的有力武器。革命文化,在革命前,是革命的思想准备;在革命中,是革命总战线中的一条必要和重要的战线。而革命的文化工作者,就是这个文化战线上的各级指挥员。‘没有革命的理论,就不会有革命的运动’,可见革命的文化运动对于革命的实践运动具有何等的重要性。”(《毛泽东选集》,第 2 卷,第 708 页)

无产阶级革命和社会主义建设之所以比资本主义更重视文化的作用,在于无产阶级革命和社会主义建设从一开始就建立在无产阶级作为一个整体的自觉行动的基础上。资本主义经济在其开始阶段重视个体的自觉性,对整体自觉性是他们所不予重视的。他们强调让价值规律的自发调节这只看不见的手充分发挥作用,反对政府对市场的干预。只是随着社会化大生产的进一步发展和世界市场竞争的加剧,垄断资产阶级才逐渐重视政府对市场的自觉调节和文化对经济发展的作用,而这种重视仍然受到资本主义私有制极大的限制。社会主义经济的公有制性质决定了它一开始就重视整个国民经济有计划按比例地发展,重视政府对宏观经济的计划指导,重视文化因素对于发挥人们的自觉性的重要作用。

二

走社会主义企业文化管理之路,还要在企业管理系统中确立起社会主义企业文化管理的基本原则。这些基本原则主要是:

1. 思想文化为主导与物质利益为基础相统一的原则

企业文化管理强调文化在管理系统中的主导作用,并不否定物质利益是管理的基础。泰罗的古典科学管理把人定义为"经济人",认为人是追求物质利益、经济利益的动物,这种观点是片面的。但是我们决不能走到另一个极端,决不能否定物质利益是企业管理的基础。马克思主义从来不否定物质利益在社会关系中的基础作用。马克思、恩格斯在《德意志意识形态》中讲:"人们为了能够'创造历史',必须能够生活。但是为了生活,首先就需要衣、食、住以及其他东西。因此第一个历史活动就是生产满足这些需要的资料,即生产物质生活本身。"(《马克思恩格斯选集》,第1卷,第32页)在社会主义企业管理中,必须坚持按劳分配原则,坚持国家利益、企业利益和个人利益兼顾的原则。以为社会主义企业文化管理不重视物质利益在企业管理中的作用,是对企业文化管理的一种误解。西方企业文化管理是非常重视文化要素在管理中的主导作用的,但是它从来不否定物质利益在管理中的意义。企业文化管理同泰罗制的古典科学管理的区别不在于是否重视物质利益在管理中的作用,而在于是否把培育以集体主义价值观为核心的企业文化作为企业管理的主导因素。泰罗制管理不能做到思想文化为主导同物质利益为基础相统一。

2. 主人翁自觉管理与严格的制度管理相统一的原则

企业文化管理强调职工发扬主人翁精神,实行职工自觉管理,反对把工人视为被动的机器。但是,企业文化管理也非常重视严格的制度管理,非常重视劳动纪律,也肯定必要的惩罚措施。泰罗制管理非常强调严格的制度和纪律,缺点是把工人视为被动的机器,否定发挥工人在管理中的自觉性和主动性。在实行企业文化管理的过程中,需要吸收泰罗制管理方式中重视严格的制度和纪律的因素,同时要克服其否定工人在管理中的自觉性和主动性的因素,使工人遵守劳动制度和劳动纪律成为自己的自觉行动。走社会主义企业文化管理之路,就是要通过社会主义企业文化建设,调动起工人阶级主人翁自觉性,实现主人翁自觉管理同严格的制度管理的统一。

3. 高度的原则性与深厚的同志情谊相统一的原则

社会主义企业文化强调马克思列宁主义、毛泽东思想的指导地位,强调把国家利益、社会效益放在第一位的爱国主义和把集体利益放在高于个人利益之上的集体主义价值观的主导作用,这使得社会主义企业文化具有高度的原则性。在这一方面,社会主义企业文化管理同行为科学管理是有原则区别的。行为科学管理强调的重点是每一个人的特殊的需求和特殊的心理—行为特征,强调非正式组织在管理中的作用,强调感情逻辑的作用。在建设有中国特色的社会主义过程中,行为科学管理方式显然是不适合的,因为行为科学的价值观同社会主义价值观标准是相悖的。而社会主义企业文化管理则弥补了行为科学管理方式的不足。但是,决不能以为社会主义企业文化管理只讲高度的原则性而不讲人与人之间的情谊。社会主义企业文化管理同行为科学管理方式在重视人与人的感情和友谊方面具有一致性。社会主义企业文化管理认为,基于共同价值观之上的人与人之间的关系是同志关系,共同的利益基础、共同的理想追求成了把人们的感情紧密联系在一起的纽带。在共同创业、共同拼搏的工作中,形成了企业管理人员同全体职工深厚的同志情谊,使他们之间有了共同的喜怒哀乐和悲欢荣辱,使他们风雨同舟、福祸共享。搞社会主义企业文化管理虽然有高度原则性,但决不是一副副"铁面孔"、冷冰冰、阴森森,而是人人心里一团火,对同志像春天般温暖。行为科学管理对管理中的"感情逻辑"进行了多方面的研究,总结了很多具体的管理方法,是值得社会主义企业文化管理吸收和学习的。只有实现了高度的原则性同深厚的同志情谊相统一,才能称为社会主义企业文化管理。

4. 集体行为的一致性与个人需求的多样性相统一的原则

社会主义企业文化管理强调共同的价值观和共同的道德规范在管理中的主导作用,强调集体行为要有一致性,但是,这并不意味着把每一个职工塑造成没有个性的"工蜂";相反,它也非常重视每一个职工个人需求的多样性。企业文化管理同行为科学管理的区别在于是否把集体主义价值观放在管理系统的主导地位,在于是否重视每一个职工的特殊需求。在后一个问题上,两种管理方式具有一致性。社会主义企业文化管理承认每一个职工由于其所处的特殊的家庭环境、居住环境、学习环境和特殊的成长道路及身体素质,必然有其特殊的需求结构。为了调动每一个人的劳动积极性,必须在用社会主义企业文化培育全体职工的同时,尽可能深入了解和研究每一个职工的特殊需求,尽可能通过各种适合每一个人特点的方法来对待不同的职工,尽可能地做到因材施教、人尽其才,尽可能做到"一把钥匙开一把锁"。在这方面,行为科学管理也给我们总结了许多经验,值得社会主义企业文化管理吸收和借鉴。社会主义企业文化管理强调集体行为的一致性与个人需求的多样性的统一。

5. 思想政治工作与生产经营工作相统一、精神文明建设与物质文明建设相统一的原则

重视思想政治工作是我党的优良传统。在发展社会主义市场经济的新时期,企业的思想政治工作把对党员、干部和职工进行的马克思主义理论教育和党的路线、方针、政策教育同企业价值观、企业精神的塑造相结合,同职业道德教育、厂风培育相结合,同职工培训相结合。这样,企业思想政治工作同社会主义企业文化建设就结为一体。社会主义企业文化在企业管理系统中发挥主导作用,形成社会主义企业文化管理,于是,企业思想政治工作同企业生产经营工作也结为一体。所以,把企业思想政治工作同社会主义企业文化建设结为一体,是改进企业思想政治工作的新思路。实行社会主义企业文化管理,必须发扬我党思想政治工作的优良传统，使思想政治工作同生产经营工作相统一。社会主义企业文化管理并不排斥和否定思想政治工作，它要求思想政治工作同生产经营工作相统一。

把社会主义企业文化管理同企业“双文明建设”联系起来，我们会看到，社会主义企业文化管理要求把社会主义企业的精神文明建设放在管理的主导地位，由此推动企业的物质文明建设。这样，社会主义企业文化管理就必须坚持物质文明建设与精神文明建设相统一的原则。只抓物质文明建设而忽视精神文明建设，不是社会主义企业文化管理；精神文明建设与物质文明建设相脱节，也不是社会主义企业文化管理。

6. 党的政治核心地位、厂长的中心地位和工人主人翁地位相统一的原则

社会主义企业文化管理把社会主义企业文化建设放在企业管理的主导地位，这是同坚持企业党组织的政治核心地位相一致的。社会主义企业文化的基本内容是无产阶级世界观、爱国主义精神、社会主义市场竞争观念和集体主义价值观。培育这些企业文化，离不开党的思想政治工作，离不开企业党组织的领导。社会主义企业文化管理强调工人阶级的主人翁地位，这是集体主义价值观的基础。工人阶级没有其政党的领导，会走向工联主义，就不能实现阶级的利益。没有共产党的政治领导，就不能实现社会主义企业文化管理。

社会主义企业文化管理是一种新型的现代化科学管理，它把社会主义企业文化建设放在企业管理的主导地位，用企业文化建设推动企业生产经营活动。这样，企业的思想政治工作和精神文明建设活动也都纳入企业生产经营管理的系统之中。厂长不抓企业文化建设和思想政治工作，就无法实现社会主义企业文化管理。所以，实行社会主义企业文化管理，要求厂长把企业精神文明建设与物质文明建设一起抓、思想政治工作和生产经营工作一起抓，厂长要对“双文明建设”负责。这就保证了厂长在企业管理中的中心地位。这正是《企业法》对厂长的要求。

社会主义企业文化管理是一种强调职工民主管理的新型管理方式，它反对泰罗制管理方式排斥和否定工人参与管理的思想。社会主义企业文化管理要求通过管理制度保证工人阶级的主人翁地位，要求通过社会主义企业文化建设不断地提高工人的阶级自觉性，不断地提高职工当家作主的主动性和积极性。工人阶级的自发运动不能争取到和保持自己的统治地位，只有工人阶级的自觉的实践，才能实现和发展自己的主体地位。从自发到自觉，有一个学习的过程，而社会主义企业文化建设正是使工人阶级不断地克服自发性和提高自觉性的途径。只有实行社会主义企业文化管理才能保证职工的主人翁地位。

由此看来，实行社会主义企业文化管理必须坚持党组织的政治核心地位、厂长的中心地位和工人阶级主人翁地位的统一。

三

在当前条件下实现社会主义企业文化管理，首先需要开展一场学习科学管理理论的活动。这就要克服各种形式的经验主义。

所谓经验主义，就是把某一条件下的具体经验当作任何条件下都适用的东西，轻视对于带普遍性、必然性、规律性和科学性的东西的学习和研究，轻视科学理论对实践的指导。

当前我国正处在加快经济建设，加快改革开放，建设有中国特色社会主义的新的历史时期，有许多新问题需要探讨，有许多新的理论需要学习。在企业管理领域，更需要我们解放思想，大胆学习西方先进的管理经验，探索有中国特色的社会主义企业管理方式。社会主义企业文化管理方式是一种集中了西方各种科学管理方式中的科学性因素的新型管理方式，这对于我国广大企业工作者来说，还是一个比较生疏的领域。这是因为，我国解放后长期实行行政性计划经济，企业成为行政机关的附属物，把市场经济视为资本主义，管理方式带有以“阶级斗争为纲”的烙印。不能全盘否定建国以来我国企业管理的经验，但是局限于这些经验，把这些经验当作不可变更的教条，把学习西方管理经验视为“全盘西化”和放弃社会主义，就会束缚我们的头脑和手脚，贻误我国现代化事业。

自党的十一届三中全会以来，全党全国人民贯彻“一个中心、两个基本点”的基本路线，各方面都取得了很丰富的经验。在企业管理方面也是这样。但是，改革开放是一个过程，在改革开放过程中所取得的各种经验，具有局限性的一面。必须随着改革开放的深化，不断地深化我们的认识，不断地学习新知识、创造新经验。

克服经验主义，并不是轻视已有经验的价值，而是不满足于已有经验，把在实践中取得的感性认识，经过去粗取精、去伪存真、由此及彼、由表及里的改造加工，上升为带有普遍性、必然性和规律性的理性认识，再用这种理性认识去指导实践，使实践提高到一个新的水平。在这里需要再次学习毛泽东同志在《实践论》中所讲述的一个道理。他指出：“如果以为认识可以停顿在低级的感性阶段，以为只有感性认识可靠，而理性认识是靠不住的，这便是重复了历史上的‘经验论’的错误。这种理论的错误，在于不知道感觉材料固然是客观外界某些真实性的反映（我这里不来说经验只是所谓内省体验的那种唯心的经验论），但它们仅是片面的和表面的东西，这种反映是不完全的，是没有反映事物本质的。要完全地反映整个的事物，反映事物的本质，反映事物的内部规律性，就必须经过思考作用，将丰富的感觉材料加以去粗取精、去伪存真、由此及彼、由表及里的改造制作工夫，造成概念和理论的系统，就必须从感性认识跃进到理性认识。这种改造过的认识，不是更空虚了更不可靠了的认识，相反，只要是在认识过程中根据于实践基础而科学地改造过的东西，正如列宁所说乃是更深刻、更正确、更完全地反映客观事物的东西。庸俗的事务主义家不是这样，他们尊重经验而看轻理论，因而不能通观客观过程的全体，缺乏明确的方针，没有远大的前途，沾沾自喜于一得之功和一孔之见。这种人如果指导革命，就会引导革命走上碰壁的地步。”（《毛泽东选集》，第1卷，第291页）我们认为毛泽东同志的这一认识论的辩证法思想没有过时，应该成为我们研究和实践社会主义企业文化管理的指导思想。

根据以上认识，我们建议加强社会主义企业文化管理理论的研究、探讨和宣传普及工作，在总结我国和外国管理经验的基础上，逐步形成有中国特色的社会主义企业文化管理的理论体系。

（此文选自《市场经济与企业文化》，1993年5月出版）

乡镇企业呼唤企业文化

韩天石

一、异军突起

1987年6月，邓小平同志对一位外国客人说："我们农村改革总的来说发展是比较快的，农民的积极性调动起来了。我们完全没有预料到的最大收获，就是乡镇企业发展起来了，异军突起。"10多年中，乡镇企业得到迅猛的发展。1992年，乡镇企业总产值超过了1.65万亿元，比上年增长39%，占全国农村社会总产值的65%，差不多和1985年全国社会总产值相等，其中工业总产值1.2万亿元，占全国工业总产值的35%，和1986年全国工业总值相差无几；实现利税1500多亿元，国家新增税收的30%以上来自乡镇企业；出口创汇200多亿美元，占全国出口产品总额的25%左右；从业人员超过一个亿。乡镇企业已经成为我国国民经济十分重要的支柱之一，对建设有中国特色的社会主义做出了重大的、多方面的贡献。无锡市就是在发展乡镇企业中做出贡献的地区之一。14年来，乡镇企业为农村教育、福利、卫生事业、小城镇建设及行政开支等提供资金1020亿元；提供补农建农资金550亿元，其中1991年就有87亿元，超过了国家对农业的投入；为农村安置剩余劳动力7100万人，每年支付职工工资1000多亿元。它为城市居民和二、三产业提供了多方面的支持和服务，为社会提供了有效供给；增加了国家、集体和个人的积累；吸引了大量外国投资，扩大劳务出口；参与世界市场及经济、文化交流，提高了我国在国际上的经济地位，扩大了政治影响。

从深层次看，乡镇企业带动农民参加了工业化、城市化和市场竞争的伟大实践，强烈地冲击着农村中几千年来沉积下来的封建的、小生产的和多年来计划经济体制下形成的封闭、保守、因循、等待、依靠等陈旧观念，逐渐孕育出拼搏、进取、创业、敢担风险、敢于竞争等时代精神；改变了农村社会结构和人际关系网络，改变了与外界的关系、生活和行为方式及道德准则；并培育出一大批有知识、懂业务、有胆识、勇于创业的企业家、创业者和各类专家，推动了农村和城市的改革开放，改变了城乡关系和工农关系，逐步在缩小它们之间的差距，推进了小城镇建设、城乡和工农业的现代化进程。乡镇企业是中国人民的伟大创造，功垂千古。

二、机遇与挑战

没有农村的现代化就没有国家的现代化，没有农村的小康，全国就不能实现小康。而农村的现代化和小康，如果没有乡镇企业的大发展，是不能实现的。这已成人们的共识。近来中央和国务院发布了一系列关于发展乡镇企业的指示，给了优惠政策。世界经济中心正在转向亚太地区。我国在关贸总协定中的地位也将恢复。在此国内外大好形势下，乡镇企业的发展引起社会各界的普遍关注，成为人们议论的热门话题，兴起了一股"乡镇企业热"。这些正是发展乡镇企业的大好机遇。乡镇企业自身也具有许多优势。它降生之日即是在市场(虽不完善)中锻炼成长的，成为发展社会主义市场经济的先驱，形成了相对独立的和较灵活的管理体制和经营方式，较少"铁饭碗"和"大锅饭"，承担社会职能和社会保障的"包袱"也较轻。通过十几年的积累，现在已有了相当雄厚的经济基础，也出现了一批具有实力的大公司和企业集团。我国乡镇企业正步入一个新的发展阶段。

另一方面，乡镇企业也面临着严峻的挑战。首先遇到的是同国有企业的竞争，乡镇企业和国有企业同处于市场主体地位，进行平等的、公开的、合法的竞争。多年来乡镇企业在不完善的和无序化的市场竞争中，几乎处于单一的主体地位，形成一种独特的，具有非公平的、非规范的、非市场特点的经营方式。它必将为发育完整的、有序的现代市场法规所排斥，这就可能使乡镇企业失去了过去在市场中的优势，也将失去原有的资源(如土地、资金、劳动力等)配置的优势，同国有企业和"三资"企业处于平等竞争的地位。

其次，大多数乡镇企业和职工的整体素质不如国有企业和"三资"企业；在资金、技术、人才、信息等方面的开发利用上，差距也很大。经营管理思想和方法还多半因袭着某些传统农业和计划经济的思维方式和运行机制，缺乏现代科学经营管理思想，缺乏长远的发展战略目标和健全的决策体系以及科学的管理制度。管理体制和运行机制还不适应市场经济的要求，需要深化改革，进一步理顺。

第三，除少数外向型乡镇企业外，多数乡镇企业是以国内市场、地区市场为依托的，受到地区保护主义的保护和制约，商品辐射面很狭窄而且缺乏竞争力。大多数企业规模甚小，地区间的发展也很不平衡，1991年乡镇企业总产值中，东部地区占65.7%，中部地区占30.1%，西部地区仅占4.2%。总的来说，乡镇企业经济实力还相当薄弱，还不足以在市场中发挥其强大威力。

三、加强企业文化建设，迎接挑战

抓住机遇，迎接挑战，就企业内部来说，主要取决于企业的经营管理，取决于企业和职工特别是企业领导者的整体素质和综合素质。

企业文化是一门新兴的以人为中心的现代经营管理科学、经营管理思想和方式，是企业的内在动力。它诞生和成长在市场经济发达的国家，总结了一些国家成功企业的经验。这门科学适用于各种所有制的企业，但它更注重企业个体特征，融会于各自国家、民族的文化和企业具体情况之中，因而企业文化具有企业自己的特性，它包括物质文化、制度文化和精神文化三个层次，是行政管理和思想政治工作相结合的最好形式。它具有多种功能和作用，是一种针对性极强的管理方式。我国乡镇企业都有自己的文化，但有意识、有系统运用企业文化理论来管理经营企业的，恐怕为数不多。如能有领导地、有系统地在乡镇企业中开展企业文化建设，将会改善和优化企业状况，增强企业凝聚力和竞争力，使企业在市场中取得更大利益、取得事业成功。同时也将推进企业和社会精神文明建设，成为中国新文化的新的生长点和重要支柱。党的十四大对企业文化给予充分肯定并大力加以指导。

目前乡镇企业的企业文化建设，我认为有以下几个方面：

1. 我们所要建设的是有中国特色的社会主义企业文化。企业的主体是人，是职工，企业管理应“以人为本”，靠职工生产产品和做好服务，以满足人们的需要。“依靠人，为了人”应是现代企业管理的宗旨之一，为此，企业必须把职工视作主体、主人，给以充分权利（决策、管理和监督）和利益（公平、合理），并重视职工的心理和感情因素，使之受到尊重、关心和爱护，给以发挥其个人才能的机会，使其在和谐与友谊的氛围中工作和生活。职工也必须真正尽到主人的责任。要改变那种传统农业的管理方式——“家长式管理”、“干部经济”的弊端和不规范的非理性管理现象。

对于企业的管理，企业领导者、企业家居于特殊重要的地位，这就要求领导者要以身作则，与职工建立良好关系，善于组织、协调各方面的关系，发挥每一个职工的才能和作用；要成为群众爱戴的领袖，而不仅仅是指挥者。只有这样，才能最大限度发挥全体职工的积极性、创造性和内在潜力，形成强大的凝聚力、共同价值观和职工所共识的企业精神，这对企业的发展将起到不可估量的作用。

2. 更新观念，解放思想，深化改革。首要的是深入学习邓小平同志多次讲话的精神，改变小生产者和不适应市场经济的一些陈旧观念，要放开眼界看全国、看世界、看市场。要想成为现代企业家，首先要有现代观念，要敢于冲破一切阻碍现代化进程的旧框框，树立适应现代化要求的新的观念。还要勇于和善于向国内外先进企业学习。深化体制改革和运行机制改革，深化劳动、人事和分配制度改革，明确、理顺和完善产权关系、党政企关系，建立会计核算制度等，使企业真正成为自主经营、自负盈亏、自我发展、自我约束的企业。各企业依据不同情况，可以继续完善承包制，搞股份合作制，搞联营等，逐渐按行业集中，搞集团化。

3. 各企业都应有正确的经营发展战略，这是经营管理中第一大课题，是现代化管理的标志，也是企业文化建设的重要内容。它以国内外市场需要、资源优势和国家的产业政策为导向，以经济效益为中心，根据企业的情况，确定经营的范围和项目，经营规模和发展方向、速度和目标，以及应采取的重大措施。其目的不是追求暂时的极限高额利润，而是长期稳定快速的发展，壮大自己的实力。以此作为企业和职工共同的价值取向。

4. 产品质量是决定企业成败的重要因素。市场的竞争是经济力量的竞争，也是文化力量的竞争。谁能提供顾客喜欢的有足够数量的物美价廉的产品和良好服务，谁就可以占有市场。物美，一是指产品外形美，如花色、品种、式样、包装以及名牌、名厂、产销地点等。它可以产生巨大的“文化附加值”。二是指产品内在质量，产品要符合国家和国际技术、卫生等各种标准，具有较高的使用价值。企业一定要按标准化生产，努力提高技术和文化的含量，提高“文化附加值”，扩大“文化效应”，做到物美价廉，满足供应，这样就可以获取较高的社会效益和经济效益。

我们要搞的社会主义市场经济是有序的法制经济。企业必须遵守法律，按标准化、规范化生产和经营；遵循市场所要求的道德规范和行为准则，如讲诚实、讲信义，“童叟无欺”，“买卖不成仁义在”，“结识天下客”，搞好公共关系，做好售前、售中、售后服务等等。否则在逐渐发育成熟的市场中一定被淘汰。

企业有了良好的形象，社会对该企业会产生信任感，企业的知名度就会提高，便于企业同各方面打交道，会使谈判顺利，易于成交。产品的质量和服务是最能代表企业形象的。企业除努力提高产品质量，降低成本，搞好服务外，还应重视信义、讲公道，以及支持社会公益和文化事业等。努力创名牌，创明星企业，塑造良好的企业形象，是办好现代化企业所必需的。

5. 不断进行技术更新和改造，优化工作环境。要生产高、新产品，就要用先进的技术、设备、工艺对旧厂房、车间、技术设备和工艺进行更新和改造，使之不断优化。有条件的企业可以组织专门技术人员设法提高企业技术的先进性。

根据卫生和环保要求，对厂区和车间等进行改造和建设。优美的厂区，不仅有利于生产，而且可以振奋职工精神，美化企业形象。

搞好劳动保护，不断提高职工的物质文化生活。在这方面，小型厂矿、冶金、建材企业问题较多。安全事故和侵犯职工权益的现象时有发生。必须重视安全生产。随着企业的发展，应不断改善职工的待遇、工作环境和生活状况，建设必要的文化设施，开展文化娱乐活动，这会大大激发职工积极性和创造热情。许多乡镇企业能吸引外地高级技术人员来本企业工作，而且干得很有成绩，便是物质利益的驱动和能够发挥其个人才能的和谐环境的心理驱动的结果。

6. 全面提高企业和职工的整体素质。市场的竞争是人才的竞争，科技的竞争。提高职工和领导者的素质，一靠引进人才，二靠教育和锻炼。引进人才很重要，但提高整体素质主要还是靠后者。人的素质指的是三个方面：一是健壮的身体；二是智力、技术业务知识和能力；三是思想、道德品质。企业应不间断地有计划地对职工进行多种形式的教育和培训，并把它纳入管理制度、人事制度和分配制度之中。给职工以充分锻炼成长的机会。运用法律、经济、行政特别是文化的手段，在实践中对职工进行教育、激励和约束。特别要通过文化的引导和熏陶，以提高其思想政治、道德和纪律的水平和素养，进行文化、技术和业务的培训和锻炼，以增长知识和才干，形成共同道德规范、行为准则和价值取向。逐渐培育出职工所共识的价值观和具有本企业特点的企业精神。

以上提出的关于建设企业文化6个方面的问题是就乡镇企业的一般情况来说的，而企业个体之间的差别是很大的。企业领导者、企业家要根据本企业的情况和外部环境及条件，精心设计和实施各自的企业文化建设计划。建设企业文化要针对本企业关键性问题进行大胆试验，实事求是地解决问题，逐步使企业文化建设配起套来，形成新的具有本企业特点的文化管理方式，把各种所有制企业的好经验总结出来，便会形成具有中国特色的社会主义企业文化体系。希望乡镇企业创造新的经验，建设有本企业特色的企业文化，使之成为中国企业文化的重要组成部分。

（此文系作者1993年5月在无锡“乡镇企业文化研讨会”上的报告）

市场经济与文化发展散论

贾春峰

随着 21 世纪的一步步来临，文化问题越来越引起人们的关注，成为国内外学术理论界讨论的一个热门话题。最近在海口市举行的"现代中国文化走向"国际研讨会，吸引了众多国内外学者，就表明了人们对当今文化发展趋势研究的浓厚兴趣。

之所以出现这种状况，看来并非是无缘无故的。

从国际范围来说，处于世纪之交，不同的社会力量和个人都在回顾本世纪已经走过的路程，展望新世纪的前景。而这就离不开文化的思考。特别是随着现代市场经济的拓展和深化，出现了许多新的发展势头。而在几种市场经济模式的比较研究中，大都提出了不可回避、日益显示其重要性的文化背景和价值观念问题。有人进而认为，现代国际市场上的经济赛局，几种市场经济模式在下个世纪的角逐，很重要的一个方面将归结为文化的较量。

从国内来说，改革开放和社会主义市场经济的发展，为文化事业实现新的繁荣提供了契机，注入了巨大活力。同时，也不难看到，真正实现市场经济条件下中国社会主义文化的新繁荣，必须付出巨大心血，必须精心规划，进行一系列扎扎实实、创造性的工作。就目前来看，已有的文化格局、文化管理体制和传统文化观念受到的震荡是前所未有的。在社会文化领域，一时间，五光十色，纷繁杂乱。呈现在人们面前的，是新情况、新问题、新矛盾层出不穷、纷至沓来的局面。这也就加重了进行文化研究的紧迫性，要求我们必须在有中国特色社会主义理论指导下，从正在发生变化的客观实际出发，以新的视角来观察和思考市场经济条件下的文化发展这一重大课题。

从国际市场竞争和综合国力说起

在国际上有关经济与文化的研究著作中，分析"文化市场机制"、"经济价值与文化价值"时，提出了一个值得注意的"文化力"概念。"文化力"，包括科技和教育在内，作为经济和社会发展中的智力因素，在经济发展和现代化进程中的地位和作用日趋增强，这自然要引起人们的高度重视。

1988 年 9 月，邓小平同志谈到："世界在变化，我们的思想和行动也要随之而变。""拿中国来说，五十年代在技术方面与日本差距也不是那么大。但是我们封闭了二十年，没有把国际市场竞争摆在议事日程上，而日本却在这个期间变成了经济大国。""从长远看，要注意教育和科学技术。否则，我们已经耽误了二十年，影响了发展，还要再耽误二十年，后果不堪设想。"(《邓小平文选》第三卷，第 274、275 页)

"文化力"的概念，就是日本在变成经济大国的这个 20 年内一位学者提出来的，当然并没有作具体讲述。小平同志从国际市场竞争的大背景来论述发展教育和科学技术问题，是高瞻远瞩、富有深远战略指导意义的。当前国际竞争的实质是综合国力的较量。综合国力以经济和科技实力为基础，也包括精神文明，包括"文化力"在内。精神文明、"文化力"在综合国力中具有巨大的凝聚力量、动员力量、鼓舞力量和推动力量。因此，增强综合国力，不仅要大力发展经济和科技实力，也必须发挥精神文明这个优势，发展"文化力"。对此，小平同志作了深刻论述。他说："我们国家，国力的强弱，经济发展后劲的大小，越来越取决于劳动者的素质，取决于知识分子的数量和质量。一个十亿人口的大国，教育搞上去了，人才资源的巨大优势是任何国家比不了的。有了人才优势，再加上先进的社会主义制度，我们的目标就有把握达到。"小平同志还说："现在小学一年级的娃娃，经过十几年的学校教育，将成为开创二十一世纪大业的主力军。中央提出要以极大的努力抓教育，并且从中小学抓起，这是有战略眼光的一着。如果现在不向全党提出这样的任务，就会误大事，就要负历史的责任。"(《邓小平文选》第三卷，第 120、121 页)这些论述，表现出了对当代世界经济竞争和中国实现发展的深邃的历史洞察力，我们必须从增强综合国力，实现发展目标，开创 21 世纪大业，迎接国际市场竞争的高度，来认识发展"文化力"的极端重要性。

"文化力"：现代市场经济发展的内在要求

发展"文化力"，强调教育和科学技术的重要地位和作用，这是现代市场经济发展的根本趋势和内在要求。

现代市场经济发展的根本趋势之一，就是经济与文化的"一体化"发展。自 20 世纪 70 年代以来，现代商品中的文化含量、文化附加值越来越高，科技、文化因素在经济发展中的作用也日趋增长。在现代商品生产中，降低资源、能源、财力的有形投入即"硬投入"，提高科技、文化的无形投入即"软投入"，已成为现代企业富有竞争力发展和整个社会经济增长所追求的目标。从这个发展趋势所引出的结论，是必须高度重视智力因素、人才培养和教育发展，高度重视科技实力和"文化力"的增长。

现代市场经济发展的根本趋势之二，就是人为相对优势将取代传统的经济发展优势。这正如美国当代经济学家莱斯特·瑟罗所分析的，绿色革命与材料科学革命的兴起已经降低了经济发展过程中自然资源的重要性。拥有自然资源未必能致富，自然资源贫乏未必是致富的障碍。一场电信—电脑—运输—后勤保障体系的革命使全球资源网得以形成，而且还可以发展出一个世界性的资本市场。这就是说，电脑和电信手段使拥有资本积累不再是优势，今后只有掌握技术和拥有人才才是真正优势。微电子、生物科技、新材料工业、民用航空、电信、机器人加机床以及电脑加软件是未来几十年的 7 项关键产业，它们都可以说是脑力产业。这些产业可以设在地球的任何一处。谁能有效地组织调动人的智力从事上述产业的发展，这些产业就在谁那儿落脚。既然科技创造了人为相对优势，那么，争取人为相对优势就必须要求企业从上到下，每一个层次的职工都具备技能。职工的技能将是 21 世纪关键性的竞争武器。从对这个市场经济发展趋势的分析中引出的结论，同样是必须高度重视智力因素、人才培养和教育发展，高度重视科技实力和"文化力"的增长。

现代市场经济发展的根本趋势之三，就是生产的工艺流程对劳动者的素质的要求越来越高。在国际上，在市场经济理论研究中，一些经济学家十分注重这样的事实：已经进入大众消费市场的三种主要新产品——磁带摄影机和录像机、图文传真机和激光唱片机，是由美国人和欧洲人(荷兰人)发明的，但是，若看销售额、就业人数和利润三个方面，上述三种重要产品都变成了日本的产品。这个引人瞩目的事实证明，谁能降低产品的成本，谁就能从发明者手中夺走产品，占领市场。在今天的市场竞争中，新产品的发明者若不能同时又是成本最低的产品制造者，发明的收益就微乎其微。而要成为成本最低的制造者，职工的整体素质就很重要。而提高素质，就要有教育发展和在职培训的配合。从这个发展趋势中引出的结论，仍然是必须高度重视教育发展，高度重视科技实力和"文化力"的增长。

文化总体发展战略与各个领域的文化建设具体形式相对接

提出文化发展战略问题，是社会主义市场经济发展的呼唤。文化发展是整个社会主义精神文明建设的重要组成部分。在精神文明建设中，文化建设和思想建设、智慧和道德是相互渗透的。在发展市场经济的条件下，思想建设包括理想、道德、纪律教育，不仅不能削弱，而且需要开创造新的局面，使我们中华民族的精神状态和道德风貌随着市场经济的开拓而获得新的提高。同样，文化建设，也必须倾听实践的呼声，立足于发展社会主义市场经济这个基本事实，开拓新路子，实现新的繁荣。这就需要认真研究文化发展战略。前些年，有的地方搞过文化发展战略研讨，提供了有益的启示。今天进行文化发展战略研究，是基于这样的现实：一是市场经济的发展；二是激烈的国际竞争，包括现实开拓市场的竞争，也包括世纪之交和即将来到的21世纪的"文化力"的较量。国外有一本关于世界文明史的著作，在谈到文艺复兴为什么会发生在意大利时，说了四个方面的原因，认为其中最重要的一个原因，就是"意大利的城市是东方贸易复兴的主要受益者。很多年来，威尼斯、那不勒斯、热那亚和比萨实际上控制着地中海的贸易。佛罗伦萨、波伦亚、皮亚琴察和伦巴德平原地区其他城市的商人是南欧和北欧间商业的主要中间人。商业所带来的经济繁荣是思想和艺术进步的主要基础"。我认为这个论述是有道理的。书中还谈到："文艺复兴和宗教改革必然是和根本以经济变革同时发生的。如果中世纪经济方式不发生急剧的变化，思想和宗教也不可能发生巨大变化。"正是商业革命标志着"从半停滞的、地方化的、非赢利性的中世纪后期的经济"向以后的资本主义经济的过渡。书中也写到在这个过程中利己主义道德的泛滥和迷信、巫术的流行。我们今天是在社会主义条件下发展市场经济，这是发生在我国大地上极为广阔的、生机勃勃的创造性实践。我们的文化研究必须承认这个实践，在这个实践基础上，以马克思主义的历史唯物主义观点为指导，研究文化发展战略。

文化总体发展战略要与各个领域文化建设的具体形式、具体实践相对接、相结合。这里所说的各个领域文化建设的具体形式、具体实践，主要是指企业文化、社区文化、村镇文化、校园文化等等。这些不同领域的文化建设，容易和不同岗位、不同职业人员的心灵相沟通。分门别类地对这些不同领域的文化进行研究，并且大力进行实践，才能使文化总体发展战略得到落实，使整个文化建设扎实有力。应当看到，随着市场经济的发展，当前，这些不同领域的文化建设，愈益显示其重要性，并且出现新的发展势头。拿企业文化来说，有越来越多的企业家认识到文化因素在企业发展中、市场开拓中正在发挥越来越大的作用，开始以新的视野从事企业文化建设。在我国，前几年已经出版了一些关于企业文化的著作。但总的看，那是在计划经济体制下写的，有其当时的局限性。企业文化在一些企业也在实践中，但往往强调一些文娱、体育之类的活动，再就是许多企业提出的大体一样的求实、创新、团结、拼搏之类的原则词语。对于企业文化建设过程中出现的这些需要改进的地方，现在已引起不少企业家的重视。可以说，经过实践、总结和思考，随着社会主义市场经济发展目标的确定，我国企业文化建设和企业文化研究也正在步入新发展的起点上。

当前文化发展中的一个重要趋势

当前中国文化发展中，正在呈现出一个传统文化同现代市场经济相结合、相嫁接的趋势。这是值得研究的一个新征兆。我们可以以山东淄博在发展市场经济中对齐文化的研究来说明这个问题。山东省淄博市近几年来经济发展很快，市场相当活跃，特别是那里股份合作制的兴起，是闻名全国的。正是那里城乡市场经济的迅猛发展，推动着淄博人重新认识和研究齐文化的价值。他们刚刚拍摄了一部五集电视专题片《历史拥抱今天》，专门探讨齐文化与现代化的关系。专题片第五集"朴素的真理"中引了管子的话："凡治国之道，必先富民，民富则易治也，民贫则难治也"。"仓禀实则知礼节，衣食足则知荣辱"。专题片特别强调齐文化的重商传统，讲到"通商积财"是齐国人人乐道的事情，"无市民乏"是齐国上上下下的共识。而最有趣的是，那时的齐人不仅重视生产，而且还重视管理。一次齐王问大臣们："为什么官府的手工作坊制造的弓弩质量不高、射得不远？"大臣答道："因为官府养的工匠干好干坏无所谓，照样坐吃奉禄，因此不思进取，质量自然不高；民间匠人多是猎人出身，要靠强弓硬弩来吃饭，自己也要射杀飞禽走兽，当然不会骗自己，技术质量也就好。"电视片解说词接着说：开个玩笑，这是不是在批评官办企业"大锅饭"的弊端呢？那时候，到齐国做买卖、搞贸易的人"归之若流水"，是什么在吸引着各地的商人呢？专题片说："是大胆的开放，是周到的服务，是有利可图。请看，齐国的优惠政策和那些更加优越的商业服务吧。""打开关禁，不搞地区封锁，降低关税，'五十而取一'。就是说，税率仅为2%，而且交了关税，就不再重复交其他的税。对小商小贩的小买卖，干脆予以免税。齐国规定，带4马一车来的商人，免费吃饭；带12匹马3辆车的商人，既免费吃饭又免费供给饲料；带20匹马5辆车的，除了上述条件，还专门配备5个服务员，以供使唤。为了发展商业，齐国又规定，每隔30里就设一驿站，供外来商人大贾歇脚憩息。齐国把完善市场、管理市场当成繁荣商业的重要手段；把诚信原则、公平交易看成是发育市场的根本途径。如果有谁敢于在这里骗人钱财，缺斤少两，那么导致的罚款将高达100倍。"解说词接着发出这样的感慨："多么可贵的重商传统，多么聪明的齐国文化，怎么竟会沉埋千年无人知晓？怎么竟有人会把明明是我们祖先的重商精神看作是外国的舶来品？""传统不是古玩，更不是华贵的陈设，它是一种等待挖掘的智慧。"专题片对齐文化智慧的挖掘是认真的。它引管仲的话说："一年之计，莫如树谷；十年之计，莫如树木，终身之计，莫如树人。"又引晏婴的话说，一个国家有三个不祥之兆："有贤而不知，一不祥；知而不用，二不祥；用而不任，三不祥。”“管仲讲的是培养人才而成霸业的经验，晏婴说的是失去贤才而衰之的教训，其实两个人都是一个思想，无论是创业还是守成，是再造河山还是思变图强，得人才，最为天下贵；人，就是事业的成功之本。”

淄博人为什么现在拍这样一个专题片呢？为什么这样重视挖掘齐文化重商业、重人才的思想呢？显然是现时发展市场经济的需要所驱动的。他们以新的视角来研究、认识齐文化，所从事的是一项把齐文化的优秀传统与发展现代市场经济相嫁接、相结合的工作。这个事实说明，现代市场经济的开拓需要“文化力”的配合，而文化自身也需要在市场经济中找到发展的巨大内在动因。在现代化进程中，经济与文化的发展本来就不是互不相干的两个平行线，而是相互渗透、相互作用、相互影响的。它们之间可以说是“合则齐美，离则两伤”。

因此，研究现代中国的文化走向，就要盯住这个传统文化同市场经济相嫁接、相结合的实际进程，关心、支持和研究这个进程。

这个传统文化与市场经济的“结合”，在新加坡已经看到了。新加坡国立大学卢绍昌教授说：“在新加坡，除了华人之外还有马来人、印度人等各色人种。其中，华人约占全部人口的3/4，文化传统也主要是华夏文化。但这种华夏文化又是远离华夏大陆的华夏文化。也许正因为我们是在一个移民社会，一个各种文化并存的社会里生活，才更容易发现自己的文化与别人文化的不同，才更珍惜和看重、更容易保存这种文化传统的不流失。我这里所说的这种文化传统，当然是指谦让、礼貌、善良、助人、修身养性、爱国爱家等等中华民族的美德，这是世人所谓的新加坡精神文明的灵魂。”

这个传统文化与市场经济的“结合”，在日本近代资本主义发展中也看到了。例如被称为“企业之王”、“金融之王”、“株式会社”企业组织方式的创始人涩泽荣一就提出过“论语加算盘”的理论，也叫“经济道德合一”说。当然，涩泽荣一在日本企业发展中所宣讲的《论语》，是经过他所重新解释过了的。

我很赞成关于中国传统哲学走向的这样一种观点：一切的产生都源于一种真切的需要。产生之后的存续和发展也是这样。中国传统哲学作为一个学科也不例外。这种需要是基于最广泛、最具代表意义的人们所萌生的。

当前中国现实生活中出现的传统文化与市场经济相嫁接、相结合的趋势，是一种双向的真切的需要：市场经济需要传统文化；传统文化需要在市场经济中找到实现其存续和发展的新契机。而且在今天，这种需要不仅为企业家、也为文化人所萌生、所意识、所追求。这就势所必然地向人们展示了文化开拓的新领域、新境界。

（此文选自1994年2月9日《人民日报》）

论企业家的修养

袁宝华

党的十四届三中全会提出要“造就企业家队伍”。我认为，这是当前我国社会主义经济建设中一个非常急迫的问题。发展市场经济，企业是主体，而企业能不能在激烈的市场竞争中生存、发展、壮大，人的因素，特别是带头人，即企业家的因素是极为关键的。企业家作为一厂之长，其思想意识、经验才能、行为作风等等方面素质，都会直接或间接影响到企业素质，以至企业的盛衰兴亡。因此，如何加强企业家的修养，是“造就企业家队伍”不可忽视的问题。我想就这个问题讲点意见，一方面希望引起企业家们的重视，另一方面也想借此与企业界、经济界的同志们一起来探讨。

关于修养问题，大家都熟知刘少奇同志的名著《论共产党员的修养》。这是一篇至今仍有其现实意义的文章，中共中央文献编辑委员会已将其收入《刘少奇选集》中。少奇同志在这篇著作中告诉我们，“人们在社会发展的任何阶段进行生产的时候，都要建立一定的生产关系。人类在和自然界的不断斗争中，不断地改造自然界，同时也不断地改造着人类自己，改造着人们彼此间的关系。人们的本身，人们的社会关系、社会组织形式以及人们的思想意识等，都是在社会的人们和自然界的长年斗争中不断地改造和进步的”。少奇同志又说，“不要把自己看作是不变的、完美的、神圣的，不需要改造的、不可能改造的。我们提出在社会斗争中改造自己的任务，这不是侮辱自己，而是社会发展的客观规律的要求。如果不这样做，我们就不能进步，就不能实现改造社会的任务”。少奇同志在这里强调改造与进步的一致性，强调人类在改造自然界的同时也改造着人类自己，指出这是社会发展的客观规律。这些观点，我想也是今天我们谈论企业家修养所必须遵循的指导思想。那么，当前我们讲企业家修养应该包括一些什么内容呢？我看作为社会主义企业家，在个人修养上起码应该具备以下一些基本内容。

天下兴亡，匹夫有责

“把中国由不发达的社会主义国家变成富强民主文明的社会主义现代化国家，使社会主义优越性在中国充分体现出来”。我想这应该是全体企业家的责任。企业的发展前途关系到整个国民经济的发展前途，作为企业领导人更应该深刻意识到自己对振兴中华、建立富强文明的社会主义现代化国家所肩负的历史责任。从鸦片战争到新中国成立，一百年间中华民族受尽帝国主义欺凌，就是因为我们贫穷落后，这个教训是深刻的。现在以发展经济实力为主要手段的国际竞争更提醒我们，不发展就无立足之地，发展慢了也要被人欺侮。

以发展国家经济实力为己任，这是社会主义企业家应该具备的最基本的理想和信念。也就是说，作为一个社会主义企业家，最重要的是要有强烈的事业心，把企业家作为一种职业选择，把办好企业作为自己毕生的追求。

作为一个社会主义企业家。要树立为国争光，不甘落后的雄心壮志，并为此去认真学习，刻苦钻研，提高本领，以自己的全部精力为增强国家的经济实力而奋斗。

作为一个社会主义企业家，要把全心全意为人民服务的思想，作为立身处世与考虑问题的出发点。要正确执行党的基本路线与各项方针、政策，牢牢掌握企业的社会主义方向。

作为一个社会主义企业家，除了要有较高的政治素质外，还必须具备较高的业务素质和丰富的专业知识，才能肩负重任，办好企业，在错综复杂的市场竞争中立于不败之地。

胸怀全局，脚踏实地

我国是一个拥有13亿人口的大国，要立于世界民族之林，要为人类的发展做出自己的贡献，发展经济是具有根本性的任务。企业是国民经济的细胞，是国家经济实力的创造者，而企业家身处第一线，是这一创造群体的带头人，对国家对民族肩负着重大的责任。所以，谈企业家的素质，最重要的是政治素质，即要有高度的政治修养，要胸怀全局。所谓胸怀全局，就是要顾大局，识大体，把国家利益放在第一位。在局部利益有碍于全局利益时，义无返顾地为大我而牺牲小我。顾大局，要讲原则，做到“大事不糊涂”，要看清时代的潮流，善于识别企业的发展趋向。这方面我们已有很多企业家作出了感人的榜样。在深化改革，扩大开放的总形势下，企业家究竟怎样抓住当前的难得机遇，充分利用两种资源，开拓两个市场，学会两套本领，来发展壮大自己，这些都要从是否有利于国家总体利益出发，高瞻远瞩。如果缺乏远见卓识，没有全局，就谈不上以增强国家经济实力为己任；从长远看，没有全局，又哪有企业的发展？

中国古代著名思想家老子说：“天下大事，必作于细。”大事要从小事做起。现代企业家要从宏观着眼，微观入手，胸怀全局，脚踏实地。在具体操作时，必须从国情、民情和企业的实际出发。

艰苦创业，无私奉献

艰苦朴素是党的优良传统，是中华民族的美德，也是企业家应具有的素质。创业，是一个十分艰苦的过程，只想舒适安乐就创不了业。尤其是目前正处在由计划经济体制向社会主义市场经济体制过渡的特定历史阶段，不少企业遇到的新问题多是前所未有的，转换机制、分流多余人员、资金紧张和面临着国内外市场严峻的挑战等等。对待困难，不同的思想素质，有不同的态度。有的人一味怨天尤人，有的人在观望等待，而有一些人则迎着困难上，抓住机遇干，靠“艰苦创业，无私奉献”八个字，硬是干出了惊人的成绩。一个真正的企业家就要有这么一种精神，有不怕困难的精神，有不达目的誓不罢休的精神，有强烈的使命感和责任感。

企业在市场经济中所面临的竞争是剧烈而严酷的。一个成功的企业家要有迎接新挑战的紧迫感和危机感。昨日所取得的成就已成过去，今天要从零开始。也就是说，面对激烈的市场竞争，要求企业家要有高度的精神素养，既要居安思危，有多种“备战”方案，也要处乱不惊，有百折不挠的意志，在市场竞争的惊涛骇浪中磨炼自己。

在社会主义市场经济体制下创业，艰苦奋斗、无私奉献的优良传统不仅不能丢，还必须大大发扬。现在有的企业领导人稍有成绩就忘记了艰苦奋斗、勤俭节约的传统，讲排场，求享受，甚至极少数经营者因挥霍无度，触犯刑律而堕落成国家的罪人，败坏了党的传统和中华民族的美德，作为社会主义企业家对这种行径必须坚决加以抵制。社会主义的企业家对自己应该高标准，严要求，要自律。共产党员更应该时刻以党员标准自律，自觉接受来自群众、党组织以及上级行政部门的监督。

解放思想，开动脑筋

这是邓小平同志的两句话。改革开放十多年来，这两句话一直在教育和激励着我们。过去毛主席说过，“为了争取新的胜利，要在党的干部中间提倡放下包袱和开动机器”。所谓放下包袱，是说“精神上的许多负担应该加以解除”；所谓开动机器，是说“要善于使用思想器官”。在新的历史条件下，邓小平同志又提出：解放思想，开动脑筋。现在，全国人民在邓小平同志建设有中国特色社会主义理论指导下，已经取得了举世瞩目的成就，社会生活的各个方面都发生了深刻变化。这正是由于广大人民群众放下包袱，解放思想，冲破过去计划经济体制的思维模式，巨大能量得以释放，才创造出了大量物质财富。精神变物质的作用，再一次被十多年来的现实生活证实。

改革在不断深化，企业领导人的思想必须跟上。“解放思想，开动脑筋”，对我们来说不是一时一事，而是长期任务。应该说，我们的企业经营者中已涌现出相当一批解放了思想，开动了脑筋的同志，被评为全国的、省市的优秀企业家就是证明。到目前为止，已评出的142家国家级优秀企业和180位国家级优秀企业家，就是这样一些同志的代表。当然，我们也不能不看到，还有一些思想“懒汉”，像邓小平同志批评的那样，“讲空话的多”，这些同志还没有改变原有的思维模式，自己不去创造条件开拓市场，总想躺在国家身上“等、靠、要”。凡是受这种思维方式支配的企业经营者，他经营的企业就越来越陷于被动。所以，解放思想，开动脑筋，今天尤为重要。发展社会主义市场经济，挑战与机遇并存，企业领导人如果不开动脑筋去观察、思考，不抓住机遇，不把市场上出现的各种潜在需求变为开发适销对路产品，企业必坐失良机，而被那些开动脑筋比你快的竞争对手先人一步占领了原属你的市场份额，那又能埋怨谁呢？这种情形近几年已屡见不鲜。解放思想，开动脑筋，现在已是企业家素质或者说市场学识修养的重要内容之一。

随着人民生活水平的不断提高，市场购买力在不断扩大，现在城乡人民储蓄存款余额已高达两万多亿元，而我们却又有大量产品积压，使不少企业的生产难以为继。这一矛盾现象，从深层次上说，同企业领导人的思想观念有关。一些人沿袭以往的经营思路，不关心市场，不重视信息，产品多少年“一贯制”；或者不调查研究，产品盲目上马，造成大量积压。市场经济要求企业必须从顾客的需要出发，开发能满足顾客现在的和潜在的需求，从而把潜在市场转变为现实的市场。

清正廉明，依靠群众

企业是为国家创造物质财富的。职工群众是企业的主体，群众路线是党的根本工作路线，企业领导人只有依靠广大职工群众，才能把企业办好。摆正工人阶级的主人翁地位，充分调动职工的积极性、创造性，才能使企业产生凝聚力。企业领导人要带领职工群众去从事创造性的劳动，犹如千军万马在司令员的指挥下去冲锋陷阵，领导人必须在职工群众中拥有威信。公生明，廉生威，领导人的威信，来自清正廉明，在于身体力行。

否则，作为个人，本领再大，在当前这样复杂的市场竞争面前，也是无能为力，成不了气候的。所以，表率作用、示范作用，极为重要。一些优秀的企业家都恪守身教重于言教的原则，要求群众做到的，首先要自己做到。坚持原则，廉洁自律，在反腐倡廉上作出榜样。厂长的言行为全厂职工所瞩目，是引导职工提倡什么，反对什么的活生生教导员。弄虚作假是一种腐败现象，也是走向堕落的阶梯，企业领导人应引以为戒。

疾恶如仇，从善如流

疾恶与从善是社会主义企业家立身处世的道德标准，也是企业家的基本修养。做人处事，首先要坚持原则，是非分明，有批评与自我批评的勇气，敢于坚持真理，修正错误，不能明知对的不敢支持，明知错的不敢反对，充当"好人"，甚至用原则做交易，这都是错误的。当然要讲究工作方法，要注意心理的修养，不能一时冲动，激化矛盾，事与愿违。其次要有民主作风，要尊重人，理解人，关心人，要举贤任能。建设有中国特色的社会主义是亿万人民的伟大事业，经营好一个企业也要靠全体职工的共同努力，而人才是做好一切事情的关键。企业家要有正确的用人之道，要破除诸如论资排辈、求全责备、迁就照顾以及凭个人好感选人等等一类的思想障碍，要善于发现人才，做到识才用才，任人唯贤。要看到别人的长处，才能用其所长。对于知识分子一些非原则性的缺点或错误，要热情地、耐心地加以帮助引导，同时，更要大胆地用其所长。金无足赤，人无完人。重要的是使其在实践中锻炼提高。特别要注意培养跨世纪的年轻干部，使企业发展后继有人，这是我们事业兴旺发达的关键。我国自古就有"思贤若渴，进贤不懈"的传统美德，一定要重视这件事。

谦虚谨慎，戒骄戒躁

企业家在任何时候都要保持头脑清醒，尤其在企业发展取得成功或得到某种荣誉或受到表彰的时候。改革开放十多年来，我们不时看到有些企业领导同志在市场形势对己有利，企业发展顺利时头脑发热，当市场突然发生变化时陷于被动，缺乏对市场变化的应变能力。这是企业家之大忌。我前面讲了在市场经济条件下一定要居安思危。取得成绩要谦虚谨慎，要戒骄；遇到了困难，则要处变不惊，要戒躁。戒骄戒躁，在市场经济条件下具有新的更现实的涵义，也是作为优秀企业家必须具备的性格素质。骄傲使人落后，这方面的实例十多年来已见过许多。一些本已取得成绩的企业领导人，在成绩面前自鸣得意，头脑膨胀，认为已功成名就，骄傲自满，不思进取，有的甚至"老虎屁股摸不得"，其结果有的成了改革中"昙花一现"的人物。真正的企业家必须有自知之明，成功了，更要能听得进逆耳之言，不仅要闻过则喜，还要对批评者加以奖励。欢迎人家批评，鼓励批评，不会否定你的成绩，只会有利于你在成绩面前知不足，找差距，向更高的目标前进。市场经济如逆水行舟，不进则退。只有时刻怀着"如临深渊，如履薄冰"的危机感，兢兢业业，克勤克俭，才能在已有成绩的基础上继续前进。要把成功看作过眼烟云，切忌孤芳自赏，更要防止图虚名，搞些华而不实、自欺欺人的花架子。

学而不厌，诲人不倦

这句话今天更具现实意义。改革开放，新事物层出不穷，我们过去学的或做的，许多已被新的或更新的东西代替。例如市场这门学问我们许多同志不懂，要驾驭它，就必须学。所以，企业经营者都面临着一个比过去任何时候都更为紧迫的学习任务。市场经济的复杂性，使一些只有单一专业知识的企业领导人无法应付。企业家不同于从事单一专业的科技专家，企业家是复合型多学科实践家，只是一个专才还不够，必须是具有同企业经营有关的广泛知识和操作能力的通才、全才。当然达到此目标，重要的途径是学习，学习，再学习。像邓小平同志说的，"善于学习，善于重新学习"。不仅是书本知识要学，更重要的是在实践中学，学新的知识，学新的管理，学财会，学法律，学市场学，学国际经贸知识等等，缺什么学什么。不学，你上不了这个岗位，也挑不起这副担子。为了企业的发展，为了提高全厂职工的整体素质，领导不仅自己要学，还要组织全体职工一起学，以提高全体职工的整体素质。现在我们许多企业设备条件并不差，但产品质量总不如人，究其原因，许多企业是由一些不能掌握新技术的人在那里操作，这自然不能生产出高质量的产品。

就一个企业家来说，学什么？首先，应该学习马列主义、毛泽东思想，特别要学习邓小平同志关于建设有中国特色社会主义的理论。其次，要学习党和国家各项方针政策以及有关法律法规。现在有些人对政策没有吃透，一知半解，却埋怨政策多变，其实党的改革开放总方针、总政策是始终一贯的，具体实施过程中可能有这样那样的变化，对此必须认真学习，深刻领会其精神实质，在实践中才能正确贯彻执行。第三，要学习科技知识和现代管理知识。在新技术革命的时代，重大科技突破往往对某一产业引起一系列结构性变化。第四，要学习与市场经济有关的知识。例如资产评估、融资集资、税务税则、国际贸易、外汇等等，都是随市场发育带来的新课题。第五，作为一个企业家，也要掌握一点有关历史、地理、文学、艺术等方面的知识，这有助于你开阔眼界，扩大视野，使得处理事物时能站得高，看得远，同时也有益于陶冶情操，有助于文化素质的提高。当然学习方法还是要理论联系实际，通过实践去思考、去提炼、去总结那些带有规律性的东西，进而上升到理论，再以理论来指导自己的实践。

丢掉幻想，搏击市场

从计划经济体制下走过来的人，总习惯于一切依赖国家和上级机关的指令来运作。这种思维方式已愈来愈不适应客观形势的变化。现在，还有一些企业领导人一遇困难，总幻想着国家减税让利、优惠贷款，或给予特殊政策照顾等等，这都是一些不切实际的老思想。市场经济就是要促使各类企业在同一起跑线上竞争，优者生存，劣者淘汰。现在摆在企业经营者面前的惟一出路是"自己救自己"。我提出丢掉幻想、搏击市场，也是从这个意义上说的。

企业家应该有敢于"争名于市，争利于市"的气魄。所谓"名"，就是创名牌产品，创优秀企业，提高企业的知名度；所谓

“利”,就是以最好的产品赢得市场,就是说,通过竞争使自己的产品得到社会承认,受到顾客欢迎,从而提高企业的利润水平,这样的“利”是产品“争”来的,应受到保护。市场经济瞬息万变,强手如林,这正是造就一代企业家的最好课堂和战场。竞争,说到底是智谋的较量,是实力的体现,任何畏缩犹豫、患得患失、观望彷徨,都会在无情的市场面前败下阵来。正如有的企业家说的,要经营好一个企业,就得不计个人代价,拿出最大的勇气,准备作出最大的牺牲,而自己更需以最大的忍耐和克制去征服重重艰难险阻。

锲而不舍,刻意创新

改革开放的时代是变革的时代。而变革是20世纪90年代国际经济发展的一大趋势和时代主旋律,不但世界到处都处在变革之中,而且变革的步伐正在加快。所以要跟上时代潮流,企业家必须克服固步自封、抱残守缺的思想,要刻意创新,在不断创新中去稳操胜券。翻开人类的历史,都是在不断创新中解放生产力,推动历史的发展与人类物质文化的进步。创新,这是历史赋予我们这一代企业家的任务。发展社会主义市场经济为创新提供了广阔天地,激烈的市场竞争为创新带来了新的动力,人民生活水平的提高也对创新提出了更高要求。但不能不看到,我们有些经营者往往面对着现实,不善于观察研究新情况、新动向,或虽然捕捉到了一点信息而又不能锲而不舍地追求、探索、创新和坚持。这是目前一些企业家的不足之处。创新,包括技术的创新和管理的创新。建立现代企业制度本身就是深化企业改革的一项试验与创新。近几年工业化国家开始推行的企业重建(或称企业再生工程)也是从管理上为提高企业经济效率和效益的一项试验与创新,目的都在于推出新的产品,增强企业的活力,提高企业经济效益,从而增强企业的竞争能力。当然,创新会有风险,一个企业家要有敢冒风险的胆识和魄力,以科学的态度去认真实践。我很欣赏山东一位企业家的话,他说在改革与创新问题上,要“认真对待,认真去做”。我想世界上只要有认真的态度,有刻意创新的钻劲和锲而不舍的韧劲,有不达目的不罢休的劲头,就没有办不成的事。这也正是企业家的基本素质和应有的修养要求。

(本文系作者为1995年2月企业家活动日所作)

企业文化建设与现代企业制度

张大中

一、建立现代企业制度,为企业文化建设提供了良好契机和有利条件

江泽民同志在党的十四大报告中提出,“转换国有企业特别是大中型企业的经营机制,把企业推向市场,增强它们的活力,提高它们的素质”;“通过理顺产权关系,实行政企分开,落实企业自主权,使企业真正成为自主经营、自负盈亏、自我发展、自我约束的法人实体和市场竞争的主体,并承担国有资产保值增值的责任”。1993年十四届三中全会更明确提出:“必须坚持以公有制为主体,多种经济成分共同发展的方针,进一步转换国有企业经营机制,建立适应市场经济要求,产权清晰、权责明确、政企分开、管理科学的现代企业制度。”

实现中央的这一号召,企业文化将起着积极作用。如果说在计划经济体制下,来自西方的企业文化理论还受到某种怀疑、受到一定阻力的话,那么今天实行市场经济建立现代企业制度的过程中,它将会强劲地反映出其实际效应,这是因为企业文化有着以下作用:

一是有助于企业目标和发展战略的制订。实行企业的自主经营权赋予了企业领导者光荣而艰巨的任务,这是计划经济模式转变的重大突破。过去,企业领导人是围绕着国家制定的计划而“公转”,现在则是在国家宏观指导下,围绕着如何发展壮大企业而“自转”,从产品开发、生产、管理、营销、服务等各个环节,都要注入企业家的心血,其中自然包括文化意识、企业家的素质。企业目标和发展战略的制订和实现,反映观念的变化,也是文化制胜的全过程。

二是有助于职工与企业形成命运共同体。过去,说职工是企业的主人,是讲政治上翻了身,“政治含量”的比重较大,“职工以厂为家”或“职工与企业是一体”,缺少具体的内容,企业效益与工资奖励脱节。现代企业制度的建立,可能对企业的资源配置、组织结构、经济效益、职工分配等等带来一系列重大变化。因此,职工对企业的生存与发展的观念与态度,除了政治因素之外,经济利益将会更有力地维系企业与职工形成命运共同体的关系,这是市场经济条件下,人与人、个人与群体、职工与企业不可忽视的经济因素。然而,职工与企业的经济利益关系,毕竟是一种最基本的追求,在这个基础上,企业文化应该诱导职工有更高层次的追求,形成企业的价值观。那就是以优秀的产品和服务来引导和改善人民的生活,为社会服务。这更能表明企业存在的社会价值,从而实现个人的价值,为社会做贡献,工作更有意义。而舍企业文化则难以实现。

三是有助于企业练好“内功”,改善和强化企业管理。企业实现自主经营、自我发展、自负盈亏、自我约束这一目标,特别是真正做到自负盈亏和自我约束,其关键在于企业内部的科学管理和优化的管理运行机制,没有“过硬”的内功,不可能实现这一设想。从另一个角度来说,市场经济的基本特征之一就是竞争,如果企业及其产品想在国内、国际市场占有一席之地,没有科学的管理和素质较高的职工人伍,那是难以想象的。

四是有助于企业家队伍的形成和发展。十四届三中全会特别强调要“造就企业家队伍”,我国国有企业的领导者绝大多数是精明强干的,原有的经济体制的制约和其他原因,使他们不像近几年“突冒”出来的乡镇企业家和高科技民办企业家那样运筹自如。客观地说,过去国有企业缺少那种内外环境、条件和机遇,现在建立现代企业制度,中国的经济要与世界经济相接轨,这就给广大国有企业领导者提供了施展才华的条件和机遇,他们不仅能在国内市场上驰骋,而且能在国外市场上一显风采。在这种新形势下,我相信具有文化意识的真正企业家会大批涌现。

在我们看到建立现代企业制度给企业文化建设带来有利条件的时候,又不能不注意到十四届三中全会决定所提醒我们的:“建立现代企业制度是一项艰巨复杂的任务,必须积累经验,创造条件,逐步推进。”从这个意义上说,我们搞企业文化建设就不能不冷静、客观地面对我国企业的实际和职工的实际情况,并尽可能考虑到可能出现或值得思考的问题,以便使企业文化建设少走弯路,取得较好的效果。比如说:

(1)怎样以文化为纽带协调不同观念的问题。

建立现代企业制度,从财产关系上将发生根本变化,企业组织结构的各种形式将陆续出现。股份制、集团化、国际化等新的企业组织形式,不仅有经济的纽带来协调利益关系,而且要用文化的纽带来协调职工的观念。现代企业制度的建立,原有企业在企业理念和哲学、企业目标和发展战略、企业价值观和行为取向等诸方面,都可能与新形势、新要求存在着差异。而转变观念,协调差异只能用文化的力量去解决,认识不到这一点或解决得不恰当,就会影响企业效益,甚至发生利益冲突或难以予料的后果。

(2)企业改革中怎样体现职工主体地位的问题。

“职工是企业的主人”,这是我们党几十年所给予工人阶级的荣誉,也是宪法和有关法规所明确规定的。现在随着改革的深化,就出现了一些新的问题。比如股份制企业中的董事会、监事会和股东会,同原有的工会、职代会之间是什么关系？它们各自的地位、功能、作用是什么？怎样来处理和协调它们之间的关系？从职工本身来看,过去他们是全民所有制企业的一员,作为工人阶级不仅是企业的主人,而且是国家的主人。如今他们是股份制企业的成员,并持有一定的股份(尽管数量很少),既是股东又是劳动者,那么到底怎样体现职工的主体地位、主人翁意识？这些都是企业文化建设要研究解决的问题。

(3)怎样实现企业经济效益和社会效益相统一的问题。

建立现代企业制度必须考虑企业经济效益和社会效益的统一,这是经济发展的必经之途:首先,企业必须对所有者和职工负责,因为企业涉及到职工就业、劳保福利等问题,这些问题企业是必须解决的;其次,企业要对客户和供应商负责,也就是说,我这个企业产品销售给谁,要对客户负责,我要赚钱,还要使他也能赚钱,大家要相互负责;再次,企业要对社会负责,为社会服务,满足社会的需要,要防止污染,保护环境,不能为企业利益而不顾社会的整体利益和国家的利益。

总之,在建立现代企业制度的过程中,企业文化建设可能会遇到各式各样难以预料的问题或者值得思考的问题。我上面仅是举了三个例子来说明这一点。我们不要只看到光明的一面,也要想到问题的一面,这样考虑问题才比较全面。我们是务实为本,不搞花架子,所以要思考问题、研究问题、解决问题,使企业文化建设在企业转机换制,建立现代企业制度的过程中,真正起到它的积极作用。

二、关于企业文化理论和实践中的几个问题

1. 关于“以人为本”的问题

企业文化作为一种管理思想,主张“以人为本”,或者“以人为中心和目标”,这在理论界和企业界逐步取得了共识。这同西方人本主义、人道主义没有什么必然的联系。

我们所说的“以人为本”,是指重视人在企业中的重要作用,把企业职工置于管理的中心地位和主体地位,人不仅是管理的客体,更是管理的主体。要充分发挥企业职工的主动意识、创造意识和参与意识。不能简单地把人看成刺激——反应的生物体。企业管理要重视物的管理,更要重视人的管理。把人的素质的提高,人的自觉的积极性,作为效率增长的持久的源泉。

社会主义企业提倡“以人为本”,有利于继承我国革命和建设中创立的一切为了人民,相信人民,依靠人民的优良传统作风;有利于纠正企业管理中过分重视物,而忽视人的主体意识发挥的偏向;有利于在走向市场经济过程中,确立文化为主导的管理思想,防止重蹈西方理性主义为主导的管理思想的弊端;有利于企业民主管理意识的确立,使企业管理者自觉地认识和处理管理者与职工群众间的本质关系。“以人为本”的管理方式的出现是一种历史进步,是同世界范围内现代化发展相适应的一种必然趋势,是对西方理性主义管理的扬弃。社会主义企业文化管理只有把以人为本的思想贯穿于每一个环节,才能有效地管理现代企业。

2. 关于企业价值观问题

企业文化建设以价值观为核心,是全部管理思想和管理活动的灵魂。培育适合企业目标的价值观,形成职工的群体共识和群体行为,将产生巨大的精神力量,增强企业内部的凝聚力,提高企业的竞争力,从而提高企业的经济、社会效益。有人认为破除计划经济体制下的平均主义,就要实行“个人主义价值”为本位的价值观。有人认为中国企业必须提倡儒家的“社会本位”价值观,才能适应中国国情。实际上,个人主义价值观同资本主义社会财产私有的经济关系相适应;儒家所提倡的“社会本位”思想,是以维护封建统治的最高利益为原则,抑制个人的创造意志和主体性的发挥,限制个人的正当物质利益。以上两种价值观都不能作为社会主义企业所遵循的价值观。

我们提倡的是社会主义企业集体的价值观。在实现企业效益、企业价值观中实现个人利益和个人价值,是现代企业发展的必然要求。以企业价值观为核心,形成企业精神、企业道德企业作风,有利于企业生产优质产品,实行优质服务,树立优秀的企业形象,提高企业的经济、社会效益,为国家做出更大的贡献。

3. 关于文化力的问题

关于文化力的研究,是一个热门话题。政治力、经济力、文化力,都是管好企业的重要因素。

文化是一种力量,有企业就有文化,只是文化的层次、性质不同。自觉地利用文化的力量于企业管理之中,是企业文化管理的特色,是从自在到自为的发展趋势。西方成功的公司都有丰富的文化。重视文化力,转变观念,对于建立市场经济体制、现代企业制度具有导向性的重要作用。

文化也是一种资源。开发文化资源,提高企业职工的文化素质,是提高企业整体素质的重要途径。邓小平同志说:“我们国家,国力的强弱,经济后劲的大小,越来越取决于知识分子的数量和质量。”从这个意义上讲,“文化是明天的经济”。

4. 企业文化建设的组织领导问题

企业主要领导人的倡导、示范和组织实施是企业文化建设

成败的关键。

企业文化是一种管理思想，目的在于优化企业的整体管理，提高企业的整体素质。组织实施企业文化管理，不是那一个部门能够独立进行的，必须有企业主要领导的倡导，并组织协调各方面的力量共同实施。

企业的党政工团是不同性质的组织，各有自己章程规定的任务。其任务是不能相互代替的，也不是相互排斥的，完全可以在企业文化中找好工作的结合点。

在党政主要领导人的倡导下，各方面找好工作的结合点，形成党政工团齐抓共管的局面，是成功的经验。因为企业党政工团的目的是一致的，即管好企业，提高企业的社会经济效益。工作对象是相同的，即发挥全体职工的自觉性、积极性和创造性。有些工作方法也是相通的，如树立典型人物等。

因此，发挥党政工团的组织优势，齐抓共管，我国比西方更有优势。在企业文化建设的实践中，把认识问题和实际问题解决好，会更好地发挥这种优势。

（此文选自《企业文化》杂志 1995 年第 2 期）

传统文化与企业文化

杨先举

企业文化与传统文化有血缘关系。企业文化要从传统文化中汲取养分。

以中国传统文化为骨干的东方文明强调人际和谐品德，在这种思想指导下，讲集体主义，讲大同思想，讲仁爱，讲亲和，讲协作，讲宽容，强调个人修身；而西方人、西方文化重个人独立品格，在这种思想指导下，讲人个利益，讲个人奋斗，强调不依赖他人甚至包括父母子女而自立，强调利益机制，强调民主自由，信奉法制等等。

讨论中国传统文化的特点时较多地谈到了儒家文化问题，因为儒家文化在中国传统文化中地位重要，对我国、世界影响重大。

学孔是世界范围的事。早在 17 世纪前后，孔子思想就被引入欧洲，欧洲不少学者，如伏尔泰、狄德罗、歌德、卢梭、魁奈都受过孔子思想的影响。席勒写有名为“孔子的箴言”的诗，伏尔泰、魁奈的家中还挂有孔子的画像。孔子思想对推进欧洲文艺复兴起了积极作用。

19 世纪末、20 世纪初俄罗斯伟大作家托尔斯泰也非常崇尚孔子，写过论孔子、论《大学》方面的文章，说孔子、孟子对他的影响很大。

应把孔子视为人，他不是神也不是鬼。把孔子神化为神，迷信地认为他至高至尊是大圣人，一切的一切都要以孔子的是非为是非，这不对。把孔子神化，是开历史倒车的复辟狂；把近一二百年我国的落后的责任统统诿诿给他，也不对。孔子是布衣汉，幼年在贫贱中成长，好学上进，三十而立，仕鲁，此后从教、从政，做出了成绩，是一位举世有名的思想家、政治家、教育家。

《论语》是儒学的经典，是一本主要讲伦理关系的书。它应一分为三地看待该书。它有精华部分，有糟粕部分，有明暗互掺部分。所谓精华的，就是指《论语》中与人民性相联系的那部分内容，它反映的是事物的真理，具有积极的意义，比如“知之为知之，不知为不知”的思想，这应予继承与发扬；所谓糟粕的，就是指为封建统治阶级利益服务的那部分内容，这是消极因素，如君君、臣臣的封建宗法思想必须坚决摒弃之；所谓明暗互掺的，就是指某个观点正误隐晦，从某种角度讲是正确的，从另一个角度讲又是错误的，取用这部分内容时必须持审慎的态度，取其合理成分，并赋于人民性的解释。

现在让我们联系经济问题、企业管理、企业文化建设再说些中国文化的价值问题。

澳大利亚汉学家利特尔与里德合著的《儒学的复兴》一书中说，“21 世纪管理学的主流将来自东方”，“许多世纪以来，中国神话与圣哲独特地感召着东北亚各国，虽然在 19 世纪至 20 世纪之间，它的有效性面对西方的巨大挑战。但是，现在它正在复兴……并且将带领进入 21 世纪”。利特尔、里德两位强调了中国传统文化对发展经济这个问题的威力。

美国人弗兰克·吉布尔写的《日本经济奇迹的奥秘》一书也讲述了上述观点，称日本经济发展的奇迹是因为受两种不同文化影响的结果，“一种是修改和完善了的儒家劳动的道德（按，即东方的文明，中国的传统文明），一种较深刻的影响即我们的（按，即西方的文明，美国的文化）影响”。吉布尔还形象地称日本所实行的经济是儒家资本主义经济。

日本学者村山孚一次在讲学中讲到日本经济成长何以迅速这个问题时说，日本企业得以发展是依靠管理的两根柱子：在生产经营景气的情况下依靠美国的那套管理方式这根柱子管，在不景气的情况下依靠中国传统文化所揭示的那套管理思想这根柱子来管。村山孚先生的话肯定了中国传统文化有独特的管理魅力，讲得很好。但是，中国传统文化不仅在生产经营不景气时能用，在生产经营景气时也是能显威力的，比如此刻难道不需要中国传统文化中那仁爱管理、智谋管理的一套做法吗？

1987 年 2 月 3 日日本《日经产业新闻》刊出一篇文章，题目是“从中国的典故中学习经营之道”，予人启示。文章说，日本企业家从中国的三子、三书、三种观念学派那儿学到了经营管理的学问。这三子、三书、三种观念学派是：孔子、《论语》、儒家思想；老子、《老子》、道家思想；孙子、《孙子兵法》、兵法学派。耐人寻味的是，日本企业家能从我国传统文化中汲取管理养分，我们作为这三子的后世，受三大古籍直接受影响的后裔更应努力发掘这些矿藏才是，力争做出更大的成绩来，不仅要从这三子那儿学到，还要从其他的子，其他的人、比如管子、荀子、墨子、韩非子以及近代、现代人那儿学到东西。

中国传统文化可供企业文化传承借鉴的甚多，这里主要择孔子思想、老子思想、孙子思想对讲点文化传承问题。

（一）从孔子思想中汲取企业管理、企业文化建设的营养

孔子，这位被美国 1985 年出版的《人民年鉴手册》列为十大思想家首位的人物，在由美国孔茨、奥唐奈两位写作的著名的《管理学》一书中也占有主要的一页，书中讲到了孔子的管理格言、管理思想问题。

孔子思想为企业管理所用。被日本人称之为“日本工业之父”的涩泽荣一对此做出了突出的成绩。涩泽荣一(1840～1931),他一生参与创办、经营几百家企业,有的企业如王子造纸、东洋纺织、石川岛播磨等自创办至今已逾百载,仍长盛不衰。他如何把企业办得如此出色?涩泽自己作解说,是“《论语》加算盘”帮他获得成功的。他的所谓《论语》,即儒家道德;所谓“算盘”,即经济利益;所谓“《论语》加算盘”,就是在生产经营中儒家道德与利益追求互用。这就是道德经济合一说,或叫义利两全说、义利统一说,讲伦理道德时考虑利益因素,讲利益追求时考虑伦理道德。涩泽对儒家的诠释一反传统的解释,掺合进了货殖的思想,使儒家思想获得了新的力量。涩泽晚年在二松学堂讲授《论语》,据笔录整理成讲义出版的长达千页,社会反响强烈。

我们中国也有运用儒家思想搞经营获得卓著成绩的,那就是20世纪30年代天津东亚毛纺公司宋集卿,他运用孔子的一个观点“己所不欲,勿施于人”作为公司信条来经营企业,把公司办得很出色。

《论语》、儒学、孔子思想,可供企业管理、企业文化建设借用的甚多,主要是有关人际伦理关系方面的若干思想,比如“仁”、“德”、“信”、“义”等思想。

1.“仁”,仁爱。“仁”是孔子思想的核心,是儒家的精义所在。在《论语》中,仁字出现了109次,有多种释义,最通常也最为重要的一种解释是“爱人”。孔子本人在一次回答弟子樊迟提问时就作这样的回答(见《论语·颜渊》)。许慎《说文解字》也作如此解释:“仁,亲也”。毛泽东也作类似上述解释:“仁象现在说的‘亲爱团结’。”(《毛泽东书信选集》第147页)。在孔子提倡的“仁”的思想中有一句名言,即前面已提及了的“己所不欲,勿施于人”(《论语·颜渊》),它曾被法国启蒙主义思想家伏尔泰所信奉,视它为为人处事的座右铭,后被欧美一些政治家所重视,曾经写进《法兰西共和国宣言》、《世界人权宣言》中。这话还被西方商人视为经营管理的“黄金法则”,认为在经营中谁遵循了这个黄金法则,谁就可以获得他人的合作与帮助,就可以掌握自己的命运,就可以逐步登上成功的顶峰;反之,谁违背谁就失败。西方商人还称这个法则为“人类行为伟大的法则”,“无法抗拒的力量”,是“金字塔的最高点”等。是的,在企业经营管理中对职工施以仁爱,对顾客施以爱心,为顾客提供价廉物美的商品,做到“己所不欲,勿施于人”,不搞假冒伪劣产品,不坑蒙拐骗,那企业一定会办得红红火火。

2.“德”,道德。是“仁”的思想的延伸,或说是“仁”的一个内容。孔子说:“为政以德,比如北辰,居其所而众星共之。”(《论语·为政》)“为政以德”,这个德应该是仁爱的德,有道义的德,上下同心同德的德。企业领导人若持有了这样的“德”,企业员工就会如众星侍北辰那样共之,企业各项工作就也会如众星围绕北极星一般运动自如。

3.“礼”,礼仪、礼节、礼治。把礼看成是区分上下贵贱、等级名分那一套东西,那要不得,要鞭挞它。但是人与人之间要讲待之以礼,待之以诚,互敬互爱还是必要的。“礼”实际也是一种“仁”。“礼之用,和为贵”(《论语·学而》),人们崇尚礼仪了,比如崇尚“老吾老以及人之老,幼吾幼以及人之幼”了,社会就会亲和。就企业管理言,提倡一下赋予现代意义的礼仪观、礼治观,领导尊重员工,员工敬重领导,员工与员工之间亲和致礼,这对发展企业也是一件十分重要的事。

4.“信”,言行相一,信用。《论语》中多处讲信。《论语·为政》说“人而无信,不知其可也”,《论语·颜渊》说“民无信不立”,信是一个中性的概念,不含阶级性,任何人待人处事都是讲信,无信不立,无信不知其可。《周易·系》说得好:“人之所助者,信也。”要使事业成功必须讲信。这样的思想,企业管理也必须坚持。

5.“义”,道义,主义。孔子说:“朝闻道,夕死可矣。”(《论语·里仁》)孔子所追求的“道”具封建性,不可取。但是,人总是要有一个正确的追求的。比如追求社会主义之道。而且追求这样的道时要达到这样的境界:“道也者,不可须臾离也,可离非道也。”企业管理就要树立这种正确的“道”作为自己的行动信条,并为之奋斗。在义与利发生矛盾时(孔子并不反对利,他讲过“富而可求也,虽执鞭之士,吾亦为之”这样的话),如孔子所说的那样,要“见利思义”(《论语·宪问》)。

孔子思想中还有不少可资企业管理、企业文化建设参用的内容,如“天行健,君子以自强不息”的思想,“君子以厚德载物”的思想,《论语》中那些箴言,如“其身正,不令而行”、“君子求诸己”、“知之为知之,不知为不知”、“学而时习之,不亦说乎”、“学而不思则罔,思而不学则殆”、“敏而好学,不耻下问”、“人无远虑,必有近忧”等等,我们从事企业管理、企业文化建设的也必须善借汲取。此外,儒家中还有一些人,比如孟子,他们的一些合乎科学的思想,如“民为本,社稷次之,君为轻”的思想,我们也要有分析地取用之。

(二)从老子思想中汲取企业管理、企业文化建设养分

老子,李耳,亦称老聃,春秋末期人。著《老子》,又称《道德经》。他创立了独特的道家思想。汉书称《老子》是“君人南面之术”。“君人南面之术”,就是统治术,领导术,管理术。我们企业管理、企业文化建设可从中汲取合理营养。

老子思想是我国极为重要的思想学派,是古代惟一可与儒家思想相抗衡的思想学派,对我国乃至世界文化发展影响极大,德国的黑格尔、英国的罗素、俄国的托尔斯泰、法国的尼采都受到过老子思想的影响。尼采这样夸耀《老子》,《老子》“像一个永不枯竭的井泉,满载宝藏,放下汲桶,垂手可得”。

《老子》如同《论语》,有精华部分,也有糟粕部分。在为企业管理、企业文化建设取用时必须善加去粗存精,去芜存菁。可供取用的合理部分主要有:

1.“道法自然”的天人合一思想。

2.“道可道,非常道”的真理追求意识。

3.“无为而治”的管理观。

4.“有生于无”的创造观。

(三)从《孙子兵法》中汲取企业管理、企业文化建设的养分

《孙子兵法》,亦称《孙子》、《孙武兵法》,是我国也是世界上最古老的军事理论著作,对我国乃至世界军事思想的发展有重大的影响,被誉为“东方兵学鼻祖”、“世界古代第一兵书”、“兵学圣典”等。《孙子兵法》的作者孙子(孙武),是春秋末期齐国人,以孙子为代表的兵家思想构成了春秋战国时期诸子百家的一家。

《孙子兵法》是本兵书,兵的价值自不待言,但是也有人借它的某些思想用于管理,用于经营,用于企业文化建设,并获得成功。这是为什么?这是因为《孙子兵法》中内含管理因素,是抗争之学,是谋略之学,是统御之学,是势治之学,是哲理之学,这些与企业管理是相通的。因此可资参用。

借《孙子兵法》思想，为企业管理、企业文化建设添花加锦，取主要的有如下几个方面内容：

1．“五事七计”以道为首的思想。《孙子·计篇》认为，战争致胜的因素是道、天、地、将、法五个，即所谓“五事”；要考虑战争双方七个条件：“主孰有道？将孰有能？天地孰得？法令孰行？兵众孰强？士卒孰练？赏罚孰明？”即所谓“七计”。需要特别指出的是，这致胜的“五事七计”因素中“道”被视为第一位因素。什么是“道”？孙子说“令民与上同意”，即作战的指导思想、作战观念要上下同意。按孙子的观点，这个“道”对头了，令民与上同意了，民就可以与之死、与之生而不畏危。这“五事七计”中“令民与上同意”的道的思想值得我们借鉴。企业为了使自己事业成功，竞争取胜，岂不应按此思想去做？

2．“令之以文，齐之以武”的治众思想。孙子认为领兵打仗要做好部队工作，用“文”去团结队伍的心。什么是“文”？曹操作注说：“文者，仁也。”孙子在讲了‘令之以文’的话后又说：“齐之以武。”(《孙子·行军篇》)什么是武？曹操说：“法也。”这就是说，孙子主张统率队伍要靠“仁治”，在仁治基础上也要注意“法治”，做到文武之道一张一弛。孙子这个“令之以文，齐之以武”思想，对于企业管理、企业文化建设也是重要的，也应如此行事。

3．“不战而屈人之兵”的谋略意识。《孙子·谋政篇》说：“百战百胜，非善之善者也；不战而屈人之兵，善之善者也。”在孙子看来，用武力取胜要损人伤财，用智谋取胜可以减少损失，“兵不顿而利可全”，因此主张“庙算”、“上兵伐谋”、“荣战先计”。这个思想好。当然，孙子的观点是全面的，并不是一昧不要实力。他在强调谋胜的同时，也强调造势、力胜、十侧围之之胜。我们做企业管理工作、企业文化建设工作也必须如此，力争上兵伐谋之胜，同时注意势胜。

其实，《孙子兵法》中可供企业管理、企业文化建设参用的思想还有不少，如“知彼知己，百战不殆”思想，“因变制胜”思想等，愿有心于用《孙子兵法》思想来经营的人学之、用之。

(此文选自于《企业文化》杂志1995年第2期)

文化研究的新拓展

贾春峰

社会主义市场经济的发展，现代企业制度的探索，有力地影响着、推动着文化课题的研究。自20世纪80年代中期以来，随着市场取向的经济改革的向前迈进，我国学术理论界出现的关于企业文化、商业文化、技术文化、商品美学、金融文化、生态经济文化等被称之为现代经济文化的研究，呈现出方兴未艾的发展势头。这个势头表明：经济与文化的“一体化”发展，乃是现代化进程中的一个历史性潮流。经济领域、经济活动中“文化力”的地位和作用，正在日益强烈地表现出来，越来越受到人们的重视。经济与文化协调演进，交相辉映，从根本上关系到市场经济的发展和全社会的精神文明建设，也关系到21世纪实现振兴和发展的前景。因此，关注、认识和促进这个文化研究的新势头，有着重要的现实意义和深远的历史意义。那么，这个文化研究新拓展的势头表现在哪些方面呢？

在企业文化建设的重要性、涵义及根本要求上取得共识

党的十四大确定经济体制改革的目标是建立社会主义市场经济，同时提出了建设企业文化的任务。这就极大地推动了我国企业文化理论和实践的发展。在建设有中国特色社会主义理论指导下，经过许多学者和企业界人士的共同努力，对于企业文化，至少在以下三个问题上认识深化、前进了，也可以说，取得或正在接近取得共识。

一是如何认识企业文化建设的必要性、重要性问题。这个问题是同国际范围内现代市场经济开拓和激烈竞争紧密地联系在一起的。企业文化自20世纪80年代初提出后，越来越引起企业界和理论界的重视，就是因为它本身就是市场竞争的产物，是从那些久负盛名的企业的发展战略、经营实践中凝结出来的，是开拓市场的内在要求。越来越多的实践不断说明：企业文化，能够增强企业的内部凝聚力和外部竞争力，使文化力转化为经济力。这就为认识现代市场经济中企业文化的地位和功能提供了客观根据。

二是怎样理解企业文化的内涵问题。对此，国内外学者的认识正在从纷纭中走向一致。这就是，强调企业的价值观念、企业精神、经营之道、经营境界和广大职工认同的道德规范和行为准则。企业日常生活中的榜样行动就建立在这些精神力量的基础上。它是一个企业传递下来的特有的精神财富。它是无形的，又是能动的，时时刻刻都在企业活动、经济行为中发生影响和作用。明确这样的认识，很有意义。这至少有以下两点：第一，建设企业文化，要大力培育企业的价值观、企业精神。这是软件，但要下硬功夫，下真功夫，下大功夫。企业形象、企业环境，这都是企业文化重要的不可缺少的内容。第二，有利于纠正对企业文化的片面的、表面的理解。常常听到，人们谈起企业文化时，大多说一些文娱、体育之类的活动，如办了个俱乐部，搞了舞会，放了电影，建起了健身房，还有组织歌咏比赛、诗歌朗诵，出墙报、黑板报或铅印小报，等等。这些当然不能说不是企业文化的内容之一，但不是企业文化搞得好不好的主要标志。另一个值得改变的不妥当的理解，就是谈到企业精神时，大多是一样的话，如“求实、创新、开拓、进取”这样八个字，或者再加上拚搏，就构成十个字。这八个字或十个字，当然很好，很重要，但对于形成企业精神来说，显得雷同化，企业精神还是要从创业、发展、开拓市场的特有实践历程中生发、凝结、概括出来。

三是企业文化建设的根本要求在哪里的问题。我们建设企业文化的根本要求，是在大力提高职工整体素质上下功夫。十多年来，我们党一直强调在社会主义精神文明建设中，要以培育“四有”新人为目标。在企业中就是要建设“四有”职工队伍。贯彻这个方针，要做多方面的工作，其中一个重要方面就是要大力强化职业理想、职业道德、职业纪律、职业技能和职业责任的培训和教育工作。为什么必须这样做呢？从实际生活中人们可以看到，职业素质(包括思想道德素质和专业技术素

质)对于生产出好的产品是何等重要,对于纠正行业不正之风,杜绝假冒伪劣产品在市场上泛滥又是何等重要。市场经济是竞争经济,是法制经济,而且也是道德经济。它的健康发展,不仅要有市场机制这只“看不见的手”,还需要道德力量这另一只“看不见的手”。

揭示商业文化的内容和实践意义

商业文化研究的兴起,是我国近些年来现代经济文化研究的一个重要组成部分。以胡平为代表的我国商业文化学者,把商业文化看作是在商业不断发展进程中的商品流通领域里,各行各业、各个环节、各类商品所发生、创立、反映、传播、发展的具有商业特色的文化现象。它是人类在商品流通领域中所创造的商业物质财富和精神财富的总和。经过六七年时间的讨论,从事这一研究工作的多数学者比较一致地把商业文化的基本内容归结为商品文化、营销文化、商业伦理文化和商业环境文化这样几个方面。

商品文化在商业文化体系中起着主要的载体作用。它是指以商品作为文化载体,通过市场交换让渡给消费者的、反映消费者物质及精神追求的各种文化要素的总和。这里包括商品的构思、设计、造型、装璜、包装、商标、款式、广告、消费习惯等。它展示着一定的文明水平、文化特色、文化素养和审美情趣。任何一件有价值的商品都凝聚着极其丰富的文化内涵。学者们还强调,商品文化又不仅仅是经济文化,它还是一种社会文化。一种商品问世,对于提倡什么,否定什么,有一种潜移默化的感召力,有时能开社会风气之先。

营销文化在商业文化体系中处于关键地位,是商业文化的集中表现形态。它主要是指以文化观念为前提,以贴近人的心理需要、精神气质、审美趣味为目标的营销哲理和营销艺术。其中包括具有文化品格的营销手段,如橱窗、牌匾、幌子等广告艺术及其他各种文化的促销手段,也包括以消费者为中心的营销原则。

商业伦理文化被不少学者看作为商业文化的核心。它是指在商业活动过程中,调节商业从业人员之间、商业从业人员与社会各个消费层次之间各种利益关系的道德原则和规范。其中包括商业活动中的伦理价值取向、商业活动中的道德规范、商业从业人员的社会责任感等等。

商业环境文化是塑造商业文化的重要条件。这是指与商业活动密切相关,并直接或间接地赋予商业经济行为以感染力、驱动力和约束力的各种背景的总和。这些背景包括商业活动的文化背景、历史背景、社会环境、经济环境、建筑环境等。商业活动既离不开一定的物质环境,也离不开一定的社会习俗环境。

从商品的文化含量、商业营销的文化品格,到商业人员的价值道德取向,再到商业活动的文化环境,构成了环环相扣、缺一不可的商业文化的网络和体系。发展社会主义市场经济,要以市场为导向来调整生产力布局及产业结构、产品结构。商业作为联结产品与市场的纽带,必须充分地发挥其促进生产、引导消费、塑造城市形象的潜在文化功能。特别是面对正在出现的实用功能型消费向文化审美型消费的转变,如果商业主体不考虑消费者深层文化心理和审美欲求,不去运用具有文化品位的营销观念和手段,那就会在充满竞争和机遇的商品市场中萎缩。这就是说,商业改革需要商业文化,市场经济需要商业文化。

正是基于这样的认识,我国学者提出,商业文化的研究和建设是一项大有作为的事业,现正处在一个大发展的新起点上。当前,面对新挑战,需要把商业文化研究和建设同发展大流通、大商业、大市场有机结合起来,同参与国内、国际竞争有机结合起来,同商业企业转换经营机制、建立现代企业制度有机结合起来。

提出区域经济发展与文化特色的研究

近几年来,伴随着国内区域经济的发展,区域文化也正在显示出自己的特色。挖掘区域经济的文化内涵,研究其文化特色,成为一些学者所追逐的新课题。对于早已名扬海内外的“珠江三角洲模式”、“苏南模式”和“温州模式”等,学者们不仅从所有制结构、产业结构、市场开拓等经济学角度进行研究,而且开始着眼于文化个性、价值观念的探索。岭南文化与珠江三角洲经济发展的研究,当今已成为一个颇具诱惑力的课题。而对于“温州模式”的研究,开始挖掘那里世世代代相传的商业文化传统和商业智慧、商业技巧。这种文化根基的挖掘同南宋时期以叶适为代表的“永嘉学派”联系起来,是有道理的。叶适提出过“功利与仁义并存”的思想,这同只讲义而鄙视利的观念是不一样的。历史上的浙东学派还有一位陈亮,他提倡“农商并重”,认为“商藉农而立,农赖商而行”。这种重商传统与义利并举的观念,作为历史积淀,对于后人的商业开拓发生着潜移默化的影响。还有,山东省淄博人重新研究管仲重商业、重人才的思想,也是同区域经济的发展联系在一起的。至于关东文化、北京和上海在文化精神上的比较研究,也正在展示新的视野。应当强调指出,今天这里所讲的区域经济文化特色的研究,与以往对于中原文化、楚文化、巴蜀文化、齐文化、鲁文化等区域文化的历史考据所不同的,是立足于当今市场经济开拓中区域经济发展模式这个现实,从文化内涵和文化特色上加以探讨。

文化研究是个涵盖面极为广大的领域。仅就正在兴起的现代经济文化研究来说,也包含着多方面的内容。除上述所举出的几个方面外,还有诸如适应市场交易而兴起的节日文化,“名城文化带”的开发,精美产品意识的强化和倡导,文化产业与文化市场,特别是现代企业制度的文化内涵问题,等等,都作为正在被实践的新的研究课题摆到学者们面前。从这里,我们可以发现一种趋势,就是文化研究更加贴近实践,贴近市场经济。本来文化与经济发展,就不是互不相干的两条平行线,而是相互渗透、相互作用、相互影响的。从这个趋势中,我们可以看到一种双向的真切需要:现代市场经济需要“文化力”的激励、推动和支持;文化需要在市场经济潮流的旋动中获得蓬勃发展的生机。这是社会主义文化在市场经济基础上实现新发展、新繁荣的征兆。毫无疑问,为了实现中华民族的振兴大业,为了迎接人类 21 世纪的到来,我们应当重视和推动这个经济与文化“一体化”发展的好势头。

(此文选自 1995 年 3 月 15 日《人民日报》)

企业文化的本质是以人为本

韩天石

自从人类脱离他们的祖先起，便开始进行物质和精神财富的创造；首先是创造工具和使用工具，创造语言进行思维。他们一直不断地创造、承继、扬弃、改革和再创造，积累了极其宝贵、丰富多采、博大精深的物质财富和精神财富，也积淀下来一些算不上财富的东西，这些总和就是我们所说的文化(广义的)。也可以说，有了人类便有了文化，人和文化是并存的。人类创造了自己，也创造文化。在历史发展的长河中，由于时间、地点、环境、民族等的不同，人们创造和形成了具有各自特色的文化，同时他们有意识或无意识地吸收外来文化，主动或被迫接受外来文化的影响和制约，使之同各自文化相融合，形成了既是自己的又含有外来文化因素的新的文化。

文化是一个极其复杂的系统，无论是传统的或现实的、本土的或外域的文化，都存在着良莠、精粗之分，都存在着对现实生活有益或有害的、无益也无害的、有利也有害的东西。有时又因时因地而异，要分辨清楚是很不容易的，但我们还是应该以科学的态度加以判断和选择，去粗取精，去伪存真地加以继承、吸收、发扬、光大。

关于文化的地位、作用及其与政治、经济的关系，毛主席指出："一定的文化(当作观念形态的文化)是一定社会的政治和经济的反映，又给予伟大的影响作用于一定社会政治和经济。""新的政治力量、新的经济力量、新的文化力量，都是中国的革命力量"，这三者相结合"就是我们要造成的新中国"。这三种力量是相互依存、相互作用、相互促进和制约的。如果这三种力量在社会发展进程中不能取得协调、均衡和同步发展，必将影响国家、社会的健康和顺利发展，甚至造成停滞。关于经济与文化的关系，邓小平同志强调指出，"科学技术是第一生产力"。"产品质量好坏在一个重要方面反映了一个民族的素质"。当今国内外市场上，人们对物质和精神的需要迅速提高，要求新的、有高文化(高技术、高艺术)含量的产品和服务，不仅要有良好的使用价值，而且要求满足其审美情趣和心理享受的需要。人们称今后相当长的一个时期为"文化时代"、"高技术信息的时代"、"智价时代"，经济与文化的结合必将更为紧密，文化在社会、政治、经济生活中将具有特殊重要的地位和作用。我们要重视开发文化这一根本的可以再生的资源，提高人民的文化素质，以创造、提高和扩大产品文化附加值。

企业也是由政治、经济和文化三种因素相结合所构成的。在社会主义社会，企业是经济实体，在党政的领导下执行党政的方针、政策和指示，依法经营。要把企业看成一个整体，党组织是企业的政治领导核心，同群众组织一起对企业进行保证和监督。企业的一切工作都是由人来参与和完成的。而人的行为活动是受他们的思想意识、价值观支配的，工作和成果质量的好坏则取决于人的认识、知识(技术、业务)和能力，也就是企业全体职工的整体素质，也就是企业文化。同时，企业对社会产生着重大影响，并负有重大责任。它们是国家经济的主要支柱，社会和政治上的稳定力量，又是培养、造就人才和提高职工素质的校园，它们的思想作风、道德行为、习惯风气等也会对社会产生很大影响。企业的兴衰直接影响着国家的兴衰。

企业文化是与企业并存的，各个企业存在各不相同的文化，对企业产生着不同的影响。从企业大量出现后，各国企业管理工作者、管理学家根据当时当地的社会政治经济发展的需要，为了调动职工的积极性以获取高额利润，对人的本性提出各种假设，创造了许许多多的管理理论和方法，其中有一些理论和方法，对社会、经济、企业的发展和进步做出了很大贡献，迄今仍有很大价值和重要意义。20世纪80年代初，一些美国管理学家经过大量调查和深入研究，认为过去企业管理中忽视了一些极为重要的东西。在当今的国际竞争中，美日企业产品所表现的优劣差异，主要是由于两国文化传统的差异，使日本在竞争中赢得优势。他们认为在管理思想上应来一次"革命"，便兴起了一股企业文化热。企业文化逐渐形成了一门现代新的管理科学。它在管理上以人为中心，重视经济领域中的非经济因素、理性判断中的非理性因素，重视文化和精神因素，运用新的思维方式和行为选择标准，但它并不忽视经济、技术因素的重要性。

中国企业界、理论界、管理学家及各方面有志者从80年代中期即开始研究、吸取外国新兴的企业文化理论和经验，以邓小平同志建设有中国特色社会主义理论为指针，结合中国的国情、中国文化传统和企业管理理论与经验，提出了建设有中国特色社会主义企业文化，并认为：企业文化是一门新的现代企业管理科学，又是动力和资源；它作用于企业全部经营管理和生活的一切方面，渗透于企业的物质生产、组织制度和精神文明建设全过程之中；它的本质是以人为本，根本的、决定的因素是全体职工的整体素质；价值观是它的核心。企业文化是运用文化的力量和手段对企业实行全面管理。它不能代替各部门的具体管理方法，而是在重视各种经济、技术管理的同时，要求重视人的因素、人的精神因素，提高职工的认识，规范其行为，调动、激励而不是抑制职工的积极性和创造精神，做到严格的、科学的、合情合理的管理，取得高效率、高质量的效果。

我们的革命和建设事业是建立在相信人民、依靠人民、一切为了人民的基础之上的，我们的国家是属于人民的。在企业里，人是生产要素中最活跃的决定性的因素，处于主体和主人翁地位，企业的兴衰在于人，其关键决定于企业领导和职工的整体素质。一切为了人、依靠人、属于人、塑造人应成为企业文化的出发点和落脚点。以人为本就是企业文化的本质。以人为本的企业文化是适合我国国情、适应国内外市场需要和世界现代科学管理的新趋向的。

一、为了人。企业存在和发展的目的和价值观是什么？日本学者村田昭治的《保证21世纪实现飞跃的企业经营的"成功五原则"》一文认为："日本现正处于一个重要转折时期，过去的价值观正在发生重大变化……'顾客至上'、'职工幸福'和'为社会服务'这三种价值观将成为企业经营的标志。""过去那种市场占有率至上和销售额第一的观点将站不住脚，对人和社会做多大贡献将成为一个评价企业的标准。"马克思认为："人类社会就是在不断满足人类日益增长的物质需求和精神需求中向前发展的。这是人类社会发展的根本动力和最终目的。"(《德意志意识形态》)我们企业存在和发展的意义和最终目的，即企业价值，则只能是不断以自己更新、更好、更多的产品和服务来满足社会和人们(消费者)的日益增长的物质和精神需要。企业价值观的选择应以此为基准。另一方面，社会和消费者对企业的物质和精神需要也会给予一定的满足，以实现企业的效益(盈利和声誉等)和社会效益(提高生产力、人民生活、综合国力等)。在市场经济条件下，企业的目的是为了盈利，盈利是企业的需要，但盈利与满足社会和消费者的需要是因果关系，企业客体与社会和消费者主体的关系是互换的，企业越能满足社会和消费者的物质和精神上的需要，企业就能取得越高的盈利和荣誉、社会地位、知名度，以及增加无形资产。在市场上，这种需要和满足的交换关系，基本上是平等的、公平的，市场中"看不见的手"起着调节作用。

企业职工既是生产者、经营者，又是消费者，也是市场的主体，是企业盈利的创造者。企业、企业领导者理应十分重视职工的物质、精神需要，不断提高职工的生活水平，职工就会以更加积极的、创造性的劳动来实现更多的盈利和长远目标。

其实，盈利、赚钱并非企业的最终目的。钱并没有使用价值，而只有交换价值。企业赚的钱一部分上缴国家，一部分分配给投资者、经营者和劳动者，他们用钱来换取各自的需要，另一部分留给企业用于扩大再生产，也就造成新一轮需要与满足的良性循环。可见企业存在的意义和最终目的是不断满足人们不断增长的需要，总之是为了人。如果一个企业不择手段地去多赚钱，不去满足社会消费者的需要，甚至不惜损害社会和人们的利益，严重破坏环境、自然资源和生态平衡，损害人的权益乃至人的健康和生命，这样的企业是没有存在价值的。

二、依靠人。既然企业的一切工作都要职工来完成，企业的经济效益和社会效益是职工创造的，企业理所当然地就应"全心全意依靠工人阶级"。依靠他们，就要信任、关心、爱护和尊重他们；重视他们物质、精利和心理上需要的满足；发挥他们的聪明才智，使之有充分参与管理和决策的权力；给他们以改革和创新的机会。而且"企业应该争取成为富有人情味的企业，……非常重视培养乐观气氛的企业"(同上，村田昭治话)。这样才能把职工真正凝聚起来，发挥他们最大的积极性、创造精神和潜力，增强其责任心和使命感，使他们竭尽全力地工作，成为真正可以依靠的力量。企业的经济效益和社会效益是职工创造的，也可以说来自消费者，是消费者创造的。企业不仅要依靠职工，更要依靠消费者。这就要对消费者有广泛而深入的了解，了解他们物质和精神需要的新趋向，发现他们尚未察觉的需要，开发新产品、新的服务项目，创造名牌产品，使"上帝"的需要得到充分的满足，感到高兴。同时，企业还要多方面依靠社会、依靠政治经济和文化力量，得到社会广泛的支持。这样才能使企业富有活力，取得飞跃的发展。

三、属于人。社会主义中国属于中国人民。中国公民是国家和社会的主人。无论什么所有制企业，职工都是企业的主体。在国有、集体所有、合作企业的职工是享有主人翁地位的，在"三资"企业和私有企业的职工也应享有主人翁地位，因为"三资"企业和私有企业的资产虽非国家所有，但它们的资产和创造的财富都是属于社会总财富的一部分。国家全民生产总值是包括它们所创造的生产总值的。它们的资产也是不能任意破坏的。它们依法经营取得盈利对社会、经济发展是有好处的。开明的、有远见卓识的中外企业主、企业经营者也是把职工看成是本企业的主人的，依靠他们办好企业。这里所说的"主人翁"并不是指企业资产所有者，全民所有制企业的资产也并不属于该企业职工所有。"主人翁"指的是所有企业产生的效益都是职工创造的，企业理应把职工视作企业的主人，使其在政治上、经济上、文化上享有一定的主人翁地位。主要表现在权、责、利、情的统一上，职工要享有一定的权力，得到一定的利益，感情要得到温暖、受到尊重，职工尽到应尽的责任。从而使职工自觉地认识到自己的主人翁责任感、使命感和归属感，与企业有着共同的命运，尽其所能地劳动，协调工作，形成坚强的凝聚力和整体优势。这样，企业的成功便有了可靠的保证。

四、塑造人。也就是提高企业全体职工，特别是企业领导者的整体素质，教育、造就优秀企业家和职工队伍。这是影响企业成败的根本性和决定性的因素，是企业文化建设的基础工作。这不仅是企业自身的迫切需要，也是国家和社会的根本需要。我国企业与发达国家的企业的差距主要是人才、职工整体素质的差距，这与国内外市场的要求、与实现企业现代化的要求相距甚远。我们天天想人才盼人才，聚天下英才而用之固然是理想的，但更现实的是从自己企业内部着手来培育、造就自己的人才，提高企业家、职工的整体素质。我们的企业、企业家应下最大决心，花大力气，要多投入，精心组织，采用多种方式，有效地进行这一工作。这是企业的希望所在，对国家和社会也将做出重大贡献。马克思认为：随着生产的发展，生产者也改变着，炼出新的品质，通过生产而发展和改造着自身，造成新的力量和新的观念，造成新的交往方式、新的需要和新的语言。我们在企业文化建设中要随着生产的发展，精心引导生产者(职工)自觉地改变自己，出新的品质，造成新的力量和新的观念，把自己塑造成为一个新时代的人，一个有正确价值观，有智慧、知识和能力，有道德人格，能自觉自律，富有时代精神，脱离低级趣味，大有益于人民的人，使自己的形象光采高大起来，不要丑化和矮化自己，让人鄙视。价值观是企业文化的核心，它对企业的发展起着导向、激励、调节、规范、增强凝聚力等重大作用。企业价值观是企业领导者和职工对企业的存在和发展的价值的共同认识、评价、选择和行为取向，以及反映在经营管理和生活中的精神和行为活动的是非标准。个人的价值观是个人对自己的人生、理想和事业追求、行为活动的价值的认识、评价、选择和行为取向。由于人们对价值的认识、评价、选择和行为取向不同，价值观也就有了正确与错误之分。关于价值的概念有很不同的说法。多数论者的共同观点认为是"需要的满足"，就是说"客体对主体需要的满足"。对个人来说，"一个人的行为活动，如果能满足社会(国家、民族、群体)的需要，就是一个有价值的人；如果一个人的行为活动完全不能满足社会(国家、民族、群体)的需要，便是一个无价值的人。这是从古以来多数人的共同见解。"(《张岱年学术论著自选集》)人们通常以此——对社会贡献的大小或有无作为对一个群体和一个人价值评价的标准。由于种种原因，人们的价值观是很不相同的。如中国文化传统和大多数人认为：国家、社会的需要是由群体、个人的需要汇聚而成的，国家、社会的需要与群体、个人的需要是一致的；国家、社会的需要大于、高于群体和个人的需要，群体(企业)的需要大于、高于个人的需要。由此形成了中国人普遍认同的"公私兼顾，公大于私"的集体主义、爱国主义的价值观。如果一个人(职工)所追求的理想和事业是符合社会一群体(企业)的需要即是有价值的,社会、群体(企业)即应给与支持和帮助,促其实现。但也有人认为个人利益、个人金钱、个人享乐的需要高于、大于一切需要,因而不顾一切、不择手段地去满足他的个人需要,就产生了利己主义、拜金主义、享乐主义的价值观。这对国家、社会是不利的、有害的,应加限制和约束,其个人也是无价值的、有负价值的。

企业家、企业领导者应十分重视企业价值观的力量和意义,精心选择和确立正确的企业共同价值观,取得全体职工的认同,它将引导、激励、规范企业和全体职工的行为活动,实现企业的长远目标。对职工要引导、鼓励他们树立和坚持正确价值观,改变其错误价值观。这是企业文化建设的基础性工作,难度很大,但很重要,对社会也会产生重大影响。

企业文化是软管理,它重视企业实行强制性的、科学的、合情合理的严格管理制度,但不赞成使用威胁利诱手段,造成恐惧感,污辱损害人的尊严的不文明做法。企业文化管理不强制要求职工必须怎样想、怎样干,而是让他们理解和认识到自己应该怎样想,应该怎样干。当企业和职工逐渐形成了共同认识和遵守的正确价值观、企业精神、道德规范和行为准则,便可以产生巨大的精神力量和行为力量,特别是企业家、企业领导者的高品位素质和表率力量。把这些力量凝聚成为一个坚强的整体,就可以在市场竞争中永盛不衰,创造山辉煌的业绩。

(此文摘自作者 1995 年 5 月为《企业文化论》一书所做之序,题目为编者所加)

以人为本 迎接知识经济新时代

韩天石

一、新时代下的企业定位

企业并不是单纯的经济组织,其目的不是只为了赚钱。在社会主义国家里,在新的信息时代、知识经济时代,无论什么所有制企业都被赋予了新的价值观和新的定位。企业是由经济、政治和文化力量相互结合所构成;是国民经济的基础;是社会生产力的创造者,生产资料和生活资料的供应者和消费者;是市场竞争的主体;是综合国力的重要组成部分;是社会的稳定力量;是培养、造就优秀人才和高素质职工队伍的学校;是改革的主力军;是社会主义精神文明建设的主力,新文化的生长点。著名管理学家赫曼·梅纳德认为,“未来属于企业,社会的中心将是企业,因为企业将是社会的中坚力量,经济基础,左右世界的主要力量”。“一个社会的发展是以企业为核心的”,“其意义已越过单纯赢利而不对社会负责的‘围城’企业,具有政治、经济、文化的多种功能作用”。他又说,“我们已进入价值全新的定位时代,如从单纯的竞争走向合作,从物质第一的拜金主义走向心灵满足完善的‘信任观’;从消费主义转为对社会、对公正、对无形资产的关切;企业从谋生赢利致富的手段,转变为创造价值工作,从而使企业成为造福于人,改变世界文明的工具”。我们的企业家、管理者和职工对于如此新的价值观和企业新的定位,肩负着伟大历史责任。由此提示我们对企业以人为本的命题需要进行更深层次的思考。

二、关于对人的认识问题

企业、企业家、企业管理者要天天同企业内外的人打交道,人是企业活动中的决定因素,因此首要的就是认识人和理解人。人是世界一切事务的主体,是第一位的,有着无穷的智慧和力量,是“最可宝贵的”。但人是极其复杂和充满矛盾的,有积极的一面,也有消极的一面。①人来自于自然,是由自然界分化出来的一部分,既是自然性和非物性的存在,又是自然性和物性的存在。人来于自然又超越自然;依赖自然又改造自然,破坏自然;有向外部求知的本性,又有自我认识的本性。②“有了人,就有了历史”。人通过实践活动创造和发展历史,接受历史的推动,又受到历史的限制;具有创造、无畏和进取精神,又存在惰性和保守性。③人存在于极端复杂的社会关系中,创造了社会,又受这种关系的推动和制约。人的理性和非理性活动,可以改变这种相互关系。人既是开放的又是封闭的,既具有建设性,又具有破坏性。可以说,“人是社会关系的综合”(马克思语)。④人的存在和活动是为了自身的利益,但人不是孤立的,是同激烈变化的外部世界联系在一起的。人不仅要认识自我,而且需要认识变化着的外部世界环境。人在学习、创造实践中取得知识,应用于人的世界,是“为他”的,又应用于自身,是“为我”的。⑤人的一切活动都是为了满足人(包括自己)的不断增长和提高的物质和精神的需要,以实现越来越美好的未来。另一方面,有的人为了个人非正当需要的满足,不惜破坏美好的世界。⑥人创造了知识、科学技术,铸造了科学精神,推动了人和社会的进步和发展,特别是进入信息化的知识经济时代,人对社会的进步和发展将更起着决定作用。另一方面,某些人的思维和行为活动又有悖于科学精神,某些科技成果对人、对环境并不都是有益的,甚至是有害的、灾难性的。⑦人为了过一种公正、平等、自由、安定、和谐的生活,为建设讲文明、讲道德的社会而努力拼搏。另一方面,有的人却反其道而行之,“己所不欲而施于人,己所欲不施于人”,干些损人利己、损人又不利己的勾当。⑧人与人之间充满竞争,在市场经济条件下,竞争尤烈,但人又必须合作。各自孤立,像“桃花园中”人那样,人是不能生存和发展的。⑨人是理性和非理性的存在,人的思想观念、价值取向、行为准则、道德规范等等主要是由人的理性决定的,但也含有非理性(感情)因素,有时非理性因素还起着决定性作用。⑩人由于时代、环境、经历不同,形成了各自不同的生活方式、作风、习惯等等。因此,不能把人看作是一模一样的。但他们也有共同点。马克思认为,“个人怎样表现自己的生活,他们也就怎样。因此,他们是什么样的,这同他们的生产是一致的”。也就是说,人在一定生产方式的基础上来实现自我。

总之,人生活在不断变化的复杂的社会关系和矛盾中,人的特性也在各种活动中反映和表现出来,要了解他、认识他是很不容易的。但作为企业家、企业管理者又必须认真研究和准确把握人,以便发挥其积极性,抑制和改变其消极性。

三、企业以人为本的现实思考

在世界经济走向一体化、技术全球化和信息化的知识经济时代，我们的企业、企业家和职工应该意识到我们已经进入了一个崭新的时代，要总结过去，更新观念，面向未来，以新的理念和生活方式，迎接新世纪的来临。企业的成败关系着国家的兴衰，企业应以何为本来办好企业呢？应以人为本。以下几个方面可供思考：

1. 企业依靠谁 任何人都可以回答说：企业要依靠工人阶级，而且要紧紧依靠工人阶级。从总体来说，这个回答是完全正确的，无可怀疑的。但从一个企业来说，只能说依靠工人阶级的一部分——企业职工，依靠具有一定技术、一定管理知识和管理能力，能够创造价值的职工。当前企业正在进行重组，进行组织结构改革，正好借此进行机构精简和人员调整，优化、强化组织结构，提高职工的素质，激励他们的积极进取精神。但减人并不是目的，优化、强化组织结构才是目的。

企业依靠职工生产和提供优良的产品和服务，但其产品和服务无人光顾，也是不会产生价值和效益的。因此可以说，没有消费就没有生产，顾客可以说是企业的“衣食父母”，命运是由“上帝”来掌握的。企业既要依靠职工，又要依靠顾客——消费者、市场。

企业还要依靠党和政府的政策，需要党政的指导、帮助，以协调各方面的关系。还要依靠社会各方面的合作和支持。“企业只找市场不找市长”，我看不行，许多大生意还是由政府甚至国家首脑通过开展外交、政治经济活动来帮助做成的。

2. 企业作什么文章 从人出发办好企业，以我之拙见，需要做好三篇文章：一是做好企业人的文章；二是做好顾客的文章；三是做好市场的文章。也就是搞好供与求、企业与市场之间的关系。

第一，企业人是企业的主体。企业办好办坏，离不开客观环境的因素，但最主要的是由企业人决定的，企业的基本任务就是为顾客为人服务，以换取企业的效益和长远的发展。这里存在着三个问题：一是人与物的关系。人要有知识、技术和能力才能掌握物，转化物，生产出顾客需要和喜欢的产品，产品的知识技术含量越高越受欢迎。二是人与人的关系。企业人是在竞争和合作中从事各项活动的，相互激励，相互推进，相互协作，相互约束，发挥各自的智慧才干、积极性和创造性，在团结合作中，使企业这部大机器顺利地高效地运转，发挥整体优势，求得健康快速的发展。三是企业与人的关系不能完全看作是雇佣关系。因为人不是商品，不是工具，企业与职工是相互负有责任的，对社会也负有责任。因此，企业很有必要建立和完善激励和制约机制，以利益驱动、理性驱动和感情驱动来调动人的积极力量，抑制其消极因素。但只做好这些还是不够的，因为人的思想在变化，欲望是无限和无常的。若要人与企业共命运，尽其所长，忠心耿耿为企业鞠躬尽瘁，为企业献身，还要有“事业驱动”(或者叫“价值驱动”)，他们才能努力学习，充实自己、武装自己，以自己的知识和能力贡献于企业，同时又发展自我，实现自我价值和社会价值。当然，要使企业里的人完全做到这一点是困难的，但只要有相当一批这样的骨干，企业就存储了巨大财富，具有强大生命力。我认为企业应十分重视存储和扩展骨干队伍，选择优者强者为正式职工和终身职工，使他们对企业怀有深厚的亲切感、安全感、归宿感和荣誉感，他们就会更加尽力并带动其他人卖力地工作。

第二，顾客(用户)是企业的命根子，没有顾客就没有企业。然而顾客是十分复杂的，有中国的，有外国的，有民族、宗教、性格、性别等等差异，他们的需求和爱好很不相同。企业要根据市场情况和顾客的需要以及他们不断增长的渴求来制定经营战略、计划和目标。产品和服务要力求独具特色，要真、善、美、新。有的企业的产品和服务质量并不低于竞争对手，甚至高于对手，但在市场竞争中却并不一定能胜过对手。认为“价廉物美一定取胜”，“好酒不怕巷子深”，我看也不一定。价廉物美固然是第一位的，企业还必须十分重视营销管理。企业家和专家为了赢得市场、赢得顾客，采取了很多行之有效的措施，如形象设计、名牌战略、顾客满意等营销战略。同时还要通过各种传媒大肆宣传，吸引顾客，使更多的顾客认识自己，认识自己的产品、服务的特色和优越性，扩大在市场上的占有率。但宣传应真实，应不折不扣地实现自己的承诺，“上帝”是糊弄不得的，否则是要降祸的。

第三，市场是企业与顾客之间的桥梁、纽带。在有序的、成熟的市场条件下，交易是两厢情愿的，是自由、公平、互利的，能否成交主要是由顾客决定的，特别是在买方市场条件下，卖方有时还要迁就顾客才能成交。因此，企业必须瞄准市场，开拓、拉动和引导市场，善于在商海中游泳。市场变化多端，难以琢磨，被人们称之为“无形的手”，神秘莫测。我看也不完全是这样，高明的企业家、经济学家对经济环境和本行业的市场是可以预测的，虽不十分清晰，但可以看到那只“无形的手”在如何摆动，如何招手或摆手，指向何方。如欧佩克对世界石油市场就大体可以控制。有的企业不重视市场，不去了解市场，意识不到那只“无形的手”会掐死人，已经看到那只“手”在“摆手”，仍然“敢闯”。如有的企业仍然大搞重复建设；又如电视机等一些家用电器的剧场(市场)“客已暴满”，仍然买票往里挤，这样只有被拒之于门外了。这能怪市场与你为难吗？市场并不是不可驾驭的野兽。聪明能干的企业家、企业管理者不仅能赢得市场，而且能引导、开拓市场。

企业与职工、企业与顾客和市场是紧密联系在一起的，是共存共荣的，在经营管理上摆好三者的关系，不断使三者协调起来，才能取得企业最大的成功。

3. 企业活力从何而来 世界经济一体化、技术全球化正在成为现实。处于信息时代、知识经济时代的中国企业、企业家、企业管理者可能已经意识到需要以新的观念、管理方式来增强、优化企业活力、实力和竞争力，开辟新的天地。

第一，“企业管理上，主管是关键，经营理念决定一切”，“思路即出路”。首先，经营理念应从全球化考虑，产品、服务、技术、资金、知识、信息、劳动力等不分国界在全世界流动，我们的开放就是面向全世界的。国内外市场不断变化，相互影响。有的中小企业以为“我不做外贸生意”，可以不理睬外国市场，可是外国以物美价廉的同样商品投入中国，搞倾销，你将如何呢？许多中国企业被外国的倾销搞垮了。“企业生存的空间在整个世界”。我国经济一定要与国际接轨，不接也得接。其次，要有全局观、纵横观、整体观、系统观和综合思维，既要看世界大局，更要看国内形势和环境，要从全局出发，全面、整体和系统地去考虑,选择最佳方案,协调地、均衡地运行。“等、靠、要”是不行了,要自谋生路,不能只走一条路。大有大的好处,小有小的长处,不能都向大的靠拢,热衷于搞集团,应实事求是,“小大由之”。有的企业,如广西铝公司,产品好、市场好、管理好、效益好,但因没有资本金而陷入困境。不考虑生产诸要素的均衡,是危险的。再次,要重视搜集、学习、研究各方面的有关信息,听取企业内外的意见,总结自己的经验,作系统的、综合的研究,得出有预见性的思路。俗话说,“吃不穷,穿不穷,算计不到才受穷”,算计是个复杂的系统工程,然而企业家、企业管理者必须精打细算。最后,要有新的发展观。创造、自我实现、自我超越可以说是人的本性,是历史发展规律。企业应研究并遵循这种特性和规律,不断创新,自我实现,自我否定,自我超越。没有危机感,不去否定自我、超越自我是没有多大出息的。海尔提出“标新立异”、“末日战略”,即明天否定今天、越过今天,这是很有见地的。不仅是越过自己,而且更要越过对手。

企业还必须走可持续发展的道路,科学地、有节制地开发、利用和保护自然资源,为人类为后代造福。

第二,企业力量和活力来源于机遇、顺境,更来源于人的矛盾性中的积极因素。企业既要抓住机遇,更要调动、发挥人的积极因素,转化、克服和抑制消极因素。同时企业力量和活力也来源于困境、压力、危机和挑战。逆境可以激发、振作、调动人们的积极性、奋斗拼搏精神,刺激竞争意识,所谓“置之死地而后生”。当前企业正遇到很多困难,正需要振奋精神,从理性上、感性上和心理上激发职工的积极性和信心,更要建立和完善有效的激励、约束机制,加强十分严格的科学的管理。没有压力,没有危机感,没有严格要求,就不会有竞争力、活力和凝聚力。

第三,竭力竞争,精诚合作。人的历史和社会的进步,是在竞争与合作中实现的,市场经济是通过竞争和合作,达到资源合理配置,推动经济发展。企业要在市场上取胜,也必须使自己的产品和服务具有强大的竞争力,并精诚与顾客合作。要使产品和服务有竞争力,就需要有知识、技术的支持,企业就需要学习并拥有知识、技术。还要同拥有知识、技术的人和单位合作,以至同竞争对手合作,向对手学习,相互交流知识、技术和经验。有人说,“竞争就是要置竞争对手于死地”,我看这是不可取的,也不大可能。失掉了对手,也就失去了赶超的推动力。在企业内要鼓励竞争,但更需要协调、合作,这样才能提高效率。

在竞争中必然涉及到企业伦理道德问题,理与情的问题。如果企业不讲道德,不讲信誉,只顾利不讲义,即便是买卖成交了,也只能是一时的。消费者不会永远甘愿吃亏上当,失去了消费者,企业也不会摘取名牌桂冠。信誉可以说是企业的生命。

4. 企业走向何方 继农业社会和工业社会之后,现在已进入了知识经济时代,发达国家已经走过了一段里程。如西方管理大师彼得·杜拉克所说,“知识生产力已成为竞争和经济发展的关键,知识已成为首要的产业,这是不可逆转的趋势”。“人力资本理论”认为,“人们获得财富的基础将资本转向知识,拥有资本的人,其资产增值越来越小,而拥有知识的人,其增值的能力越来越大”。“获得竞争优势的一个重要因素是知识,智力资本是未来创造收益的实际推动力”。当前我国企业正处在这个新的、特殊的时代,不仅要完成传统工业化,同时要迎接知识经济时代的挑战,我们的企业应深化改革,抖擞精神,迎接挑战,在思想观念、思维方式、管理方式、行为取向等方面都需要有一个新转变:

——一切以知识(包括做人的知识)为基础,所有财富的核心是知识,企业行为都依赖于知识,在生产要素中知识是基本要素,其他要素都要靠知识来掌握和更新。也就是企业里一切事情都要靠有知识的人来运筹和运行。“没有高素质的员工就没有高素质的产品”,“知识就是力量”。

——知识经济是开放性、国际性的。各国、各地之间不断地输出和输入知识、科技、信息、文化、新的发明成果。通过面对面的或由电子通道、网络进行交流,非常快捷方便。顾客、合作者、咨询者甚至经营对手有关各方都被纳入网络,成为网络成员。

——知识来源于学习和创造。企业要想在这个新的时代求生存、求发展,最根本最关键的问题是开发知识资源,使人拥有知识。应舍得投入,要像抓地震、火灾工作那样抓教育,抓培训,不断地、切实有效地组织全体职工学习和创造,不仅在企业内部要彼此相互学习,也要同其他企业、高等院校、科研单位和专家合作,建立产学研一体化联系,而且要通过电子通道、网络去学习,使知识在企业体内和体外循环。企业应成为一个学校、研究所、信息中心、知识交易所和知识转化为物的工厂的综合体,培养和造就高素质人才和职工队伍。

——国际的竞争将主要成为知识、技术的竞争,谁掌握先进的高新技术产品,谁就赢得了竞争优势。知识可以降低对资源、劳动、时间、场地、资本的需要。在企业生产和经营中充分采用信息技术,提高软件化率(在产品总附加值中的非物性投入的比重),要有条件地发展信息产品、信息产业,参与信息市场。

——尊重知识、尊重人才。企业不仅在礼仪上尊重人才,更重要的是在工作中给予充分的机会和条件,全面发挥他们的力量和作用,使他们有充分的用武之地。应把知识和人才看成企业的资产,他们是投资者,投资增值,他们应取得相应的经济回报。

“所谓知识经济是指以知识为基础的经济,它是相对于以物质投入为基础的经济。”对企业来说,就是企业文化的科学管理,就是由过去重视物的管理转为现在重视人的管理,其本质就是以人为本。知识来源于人,其基础是不断提高的、拥有知识的优秀人才和高素质的职工队伍。他们以自己的知识为企业创造出光辉业绩,以迎接新的知识经济时代。

(此文选自《企业文化论》,1995年5月出版)

市场经济条件下企业文化建设的几个问题

沈恒泽

随着社会主义市场经济体制建设的发展,当前我国企业特别是国有企业正处在极其深刻的两种体制的转轨过程之中。新形势、新环境要求企业必须在思想观念、管理体制、管理方法、经营管理工作、人员素质等进行一系列相应的变革。为实现这些变革,企业文化作为一种管理思想和管理方式,无疑可以发挥其独特的功能和重要作用。它有助于促使企业成员思想观念的更新,有助于推动企业经营机制的转换、现代企业制度的建立和经营管理的优化,也有助于企业整体素质的提高。

建设企业文化主要是通过精神力量和文化因素的作用,从管理的深层规范、约束、调节企业的行为;特别是通过塑造良好的企业精神,培育正确的企业价值观以优化企业成员的群体意识,发挥企业文化的导向、约束、凝聚、激励等作用。因此优秀的企业文化一旦形成,必然会对企业内部人和物、体制和机制、改革和管理、物质文明建设和精神文明建设产生积极影响和推动作用,在提高企业整体素质基础上,使企业上下形成一个为实现企业目标而奋斗的强有力整体。所以,为了有效地推动企业实现当前面临的巨大变革,在市场中赢得优势,必须同时采取两手:一手,运用政策、制度、法规等经济、法律、行政等手段,对企业形成一种强制性的外部约束力量;另一手,通过企业文化建设,运用思想、精神、道德、感情等文化手段,在企业员工中形成一种非强制的内在约束力量进行自我调节,自我管理。并且把这两种约束力量和两种管理手段有机地结合起来,形成合力,以求更加有效地规范企业的行为。由此可见,建设与社会主义市场经济体制相适应的企业文化是当前我国企业在改革和发展中产生的内在需要。也就是说,两种经济体制的转轨,要求企业文化在原有基础上进行重塑,以适应新体制的需要。因此,当前企业文化建设应着重致力于以下方面。

一、企业文化建设的首要问题是必须解放思想,变换脑筋,更新观念,培育新的企业价值观

改革的深化,势必引起人们利益关系的调整,从而带来不同思想观念的冲突和价值观的变化。改革开放以来,不少企业领导人在改革实践中越来越感到阻碍企业前进的,除了经济技术因素外,更重要的是人们思想观念和文化心理因素;过时的思想观念和文化心理常常像一只无形的手,拖住了企业前进的步伐。因此,转变思想观念就成了企业改革和发展的先导。企业文化建设首先就要为转变思想观念服务:一方面为深入改革在思想上扫清道路,在企业内部创造良好的改革氛围,增强员工对改革的承受能力,推动配套改革,建立新的企业机制。另一方面,要培育新的企业价值观和企业精神,为企业提供精神支柱和智力支持,更好地规范员工和企业的行为,使企业经营思想和管理方式尽快转到市场经济的轨道上来。

一定要重视培育企业价值观的问题。企业价值观是企业全体员工评判事物和指导行动的共同信念和基本尺度。它制约着企业员工在生产经营活动中的理想追求和行为取向。在企业文化众多要素中,价值观处于核心地位,它对其他要素起着带动、影响和指导作用。企业正确的共同价值观是一种无形的力量,激励着员工的行动,约束员工的行为,可以促使员工懂得什么是好的什么是坏的,什么行为是正确的什么行为是错误的,懂得为什么工作,应当怎样去工作,从而激发他们的工作热情和献身精神。企业如果没有共同的价值观,就会像一盘散沙,如果没有正确的价值观,企业就不可能在竞争中沿着正确的轨道前进。事实上,在市场经济浪潮中,每个企业都在自己价值观的驱使下争生存求发展,或者在竞争中取胜,或者被竞争浪潮所淹没,或者随波逐流。所以价值观的作用往往高于技术、经济、组织等因素的作用。正确的价值观一旦深入人心,为全体员工所共识,渗透到企业行为之中,就会转化为巨大的力量。可见,培育正确的价值观是企业文化建设所要解决的首要问题,也是企业管理所要解决的一个根本问题。正如美国管理学家德鲁克指出的,管理问题实质上是一个文化价值观的贯彻问题。

二、企业文化建设要重视开发文化含量高的产品和服务

社会主义市场经济是一种“文化经济”。随着经济的发展和人们生活水平、文化素质的提高,我们进入了消费选择的时代。人们对商品和服务由物质上的满足转向心理上精神上的满足,不仅需求高质量,而且需求多样化、个性化;不仅要求满足对商品或服务基本功能的需求,而且更要求满足对附加功能的需求。这就要求商品和服务中包括新科技在内的文化含量和文化附加值越来越高。这是现代市场经济发展的趋势。

提高商品和服务中的文化含量(有人称之为审美质量)是企业审美文化不断提高的表现,是企业文化的有机组成部分,属于企业高层次文化的表现形式。因为商品或服务的文化含量从表层看,表现在它本身的形象(包括其装潢)是否有美感,能不能唤起人们的审美需求,但实际上是包括企业精神、企业价值观、企业审美意识、企业科技水平、企业人员素质等在内的企业文化各种要素综合而成的精神力量和文化因素的具体表现。所以加强企业文化建设是提高商品(服务)文化含量和文化附加值的根本措施。企业领导人首先要对当前市场上越来越呈现出来的那种新的消费趋势引起重视;同时,还要提高文化意识、审美意识,把增加产品(服务)的文化含量作为开发新产品(新服务项目)、提高产品(服务)质量的一个重要环节。不仅要向顾客提供优质的物质上的使用价值,而且还要向顾客提供高品位的精神上美的享受。对企业的市场营销工作来说,不仅要“适应需要”,而且要善于“创造需要”,挖掘消费者深层的潜在需要。

提高商品和服务的文化含量和审美质量直接关系到商品和服务的销路,它能不断刺激顾客的需求,提高企业竞争能力,在社会上树立良好的企业形象,增加企业效益。这说明,在市场经济发展中,企业间的竞争,表面上是产品和服务的竞争,但在其背后,实际上是物化在产品和服务当中文化含量、审美质量的竞争,也即企业文化的竞争,它反映了经济与文化的内在统一。现在我国已有不少企业家在竞争风浪的推动下,开始重视经营中的文化增值问题,把提高商品或服务的文化含量和审美质量作为企业的一项重要经营战略,并纳入企业文化建设系统工程之中。这种做法符合市场经济发展的需要,是企业领导人文化意识、审美意识增强的表现。

三、企业建设应当致力于优化企业管理结构，推进企业管理现代化，以提高企业管理水平，增强企业活力

随着企业改革的深化，企业经营机制的转换，现代企业制度的建立，企业管理工作必须进一步加强。改革与管理，互相促进，相辅相成，但不能互相代替。要在深化改革中相应地强化管理，做到改革与管理双管齐下，而不是顾此失彼。

企业管理全部活动中的一个根本问题是人与物的关系问题。为了提高企业管理水平，增强企业活力，任何企业领导人都要首先抓住这个根本问题，把企业中人与物的关系处理好。企业管理是由众多要素组成的一项系统工程。这些要素基本上可以分为两部分：一部分是包括组织机构、职权关系、规章制度、管理技术、管理方法等在内的硬要素；另一部分是包括思想观念、价值取向、精神激励、伦理道德、心理要求等在内的软要素。西方的传统管理理论侧重于硬要素，主张"以物为中心"；新兴的企业文化理论，在肯定硬要素在管理中的重要作用的同时，十分重视人的因素，因此特别强调软要素，主张"以人为中心"。这就是在处理企业中人与物的关系这个根本问题上的两种不同的管理思想、管理方式和管理结构。所以企业文化建设实际上就形成了一种新型的管理模式：以企业价值观、企业精神为核心，人与物并重，以人为主，软管理与硬管理兼备，以软管理为主的企业管理模式。这种管理模式，有利于理顺企业内部人与物的关系，优化管理要素的组合，实现管理功能的整体优化，从而有利于充分调动企业员工的积极性，增强企业的活力，提高企业素质。

有人认为我国企业管理现代化水平低，起步晚，现在主要是完善硬管理，还谈不上企业文化所要求的管理模式。就是说，企业文化管理模式还不适用于目前我国的企业管理。对此应作具体分析：第一，应当看到各个企业的管理水平有高有低。各个企业的管理侧重点可以根据各自的情况和不同的基础在不同阶段有所不同，但不论侧重硬管理还是侧重软管理，都应以企业管理功能的整体优化为目标，以便有步骤地提高企业的管理水平，促进企业管理现代化。第二，实行企业文化管理是当代企业管理软化发展趋势的表现，是企业适应市场经济和实现现代管理的内在要求，认识这种要求和发展趋势，自觉地建设企业文化，可以加速企业管理现代化的进程，促进企业改革的深化和市场经济的发展。战后日本企业现代化管理的迅速发展并获得成功，就是一个很好的例证。

四、企业文化建设要在塑造良好企业形象上下功夫，并把它作为企业竞争制胜的一项重要经营战略

企业形象是广大顾客、用户以及企业内部员工通过自己的感受和认识，对某个企业所形成的整体印象和综合评价。它体现了企业的声誉和知名度，反映了社会对企业的承认程度。它是企业表层形象（包括厂容厂貌、设备、产品、商标、员工行为、经营方式等直观部分）和企业深层形象（包括企业精神风貌、价值观念、道德风尚、员工素质等非直观部分）这二者的有机结合。良好的企业形象是企业无形的财富和潜在的资源，是使企业的有形资产得以充分创造价值的必要条件。良好的企业形象一旦形成，必将显示出极大的魅力，有利于凝聚员工，吸引资金和人才，招揽顾客和用户，使企业赢得优势，长盛不衰。

对此，随着我国企业向市场化、国际化发展的加快，已引起很多厂长、经理的重视。他们开始认识到：企业间的竞争已从产品、价格、技术、人才、信息等局部性的竞争发展到了企业整体性的竞争——企业形象竞争；因此，树立企业在广大消费者心目中的形象和地位，使他们对企业产生好感和依赖，从认产品进而到认牌子、认厂家，以促进营销，拓展市场，确实是关系企业兴衰的重要战略问题。

企业良好形象的塑造，要靠大量扎实艰苦的工作，特别要靠苦练企业内功，搞好企业文化建设。从企业形象的外层与深层结构来看，涉及企业的精神文化、制度和行为文化以及物质文化三个与企业文化相对应的层次。所以塑造企业形象，与企业文化建设具有密切的不可分割的联系，是企业文化建设的重要内容。也就是说，企业形象是企业文化综合的外在表现，企业文化则是企业形象的基础。

在市场经济条件下，企业文化十分强调突出企业的个性。如果各个企业没有自己的特色，缺乏鲜明的个性，都是一个模样，那就没有什么竞争可言，所以塑造良好的企业形象必须显示自己的特色和个性。从企业现状出发，分析其优势和劣势，扬长避短，注重企业的差别性、独特性，在产品、服务、经营方式、经营作风等方面，做到与众不同，别具一格。这种以个性求差别，以差别求（人们的）识别，以识别求认同，以此来塑造企业形象的做法，有人称之为差别化战略。这正是形象战略的核心内容。

现在，西方发达国家在设计和塑造企业形象方面已建立了一套系统的理论和技法——企业识别系统（CIS）。就是运用视觉设计将企业理念、企业价值观以及循此运作的企业经营管理活动加以视觉化、规格化、系统化，使之成为看得见的东西传递给社会公众，通过人们的识别，以塑造具体的企业形象。近几年CIS引入我国以后，受到了企业界的欢迎，并已初见成效。实践表明，CIS的开发实施不仅为我们提供了一种锐利的竞争武器，而且还为企业文化建设架起了一座由思想理论通向实际操作的桥梁，为我们建设企业文化开辟了一条有效途径。在当前国内外市场竞争日益激烈，世界各国洋货精品正在滚滚而来向我们冲击的时候，我们要充分运用形象战略这个武器以赢得市场，并为CIS的中国化而努力。

五、企业文化建设要致力于提高企业职工的整体素质，造就一代有作为的企业家

一个企业能不能办好，归根到底在于人，在于企业职工的整体素质，特别是企业领导班子和主要领导人的素质。这个问题，随着经济和科技的迅速发展，越来越突出了。现在，争夺人才已成为市场竞争的焦点。美国的专家学者认为，"在现代经济中，知识正在成为真正的资本和首要的财富源泉"，21世纪将是"知识产业"所操纵的世界。可见邓小平同志一再强调的

"尊重知识,尊重人才",不仅是我国的一项重大战略方针,而且也是当代最重要的竞争谋略。

重视人的价值,强调人是企业的主体,在企业管理中坚持以人为本,这是企业文化的本质要求。建设企业文化的一项根本任务,就是要把培育、造就人才放在企业全局工作的突出地位,作为企业应尽的重要社会责任。在我国,职工不仅是企业的主体,还是企业的主人。建设社会主义企业文化应当牢记"人是最宝贵的"这一古训,坚持全心全意依靠工人阶级,不断增强职工主人翁责任感,把企业办成既是生产经营的场所又是造就"四有"职工队伍的学校,使他们在政治觉悟、思想品德、道德风貌、科技文化和业务水平、身体素质等得到全面提高,使人们的聪明才智和潜在能力得到充分发挥。

企业领导人是指挥企业这条航船在竞争风浪中前进的船长和舵手,也是企业文化建设的设计师和带头人,他们的素质在一定程度上决定着企业的命运。社会主义市场经济的发展要求我们的厂长、经理具有企业家的素质,成为具有企业家精神、企业家胆略、企业家品德、企业家能力的企业领导人。但是,目前我国相当多的企业领导人和管理人员缺乏市场经营的能力和市场竞争的经验,现代化管理知识不足,法制观念淡薄,整体素质远不适应市场经济发展的需要。从总体上看,我国职业化的企业家队伍还未形成。

然而,改革开放和现代化建设的新形势、新环境、新体制,既向企业领导人的素质提出了严峻的挑战,同时也为新一代企业家的成长创造了有利的机遇和条件。我们的厂长、经理要抓住这个机遇,积极投身于当前的伟大实践,刻苦学习,勤奋工作,勇于创新,使自己在深刻的社会变革中得到全面锻炼和提高。建设"四有"职工队伍,造就一代德才全面发展的企业家,是新时期党和国家的需要,是时代的使命。建设我国社会主义企业文化,要为实现这一历史使命作出贡献。

记得毛泽东在抗战年代里曾经说过,"没有文化的军队是愚蠢的军队,而愚蠢的军队是不能战胜敌人的"。他明确地提出了文化直接关系军队战斗力的观点。今天在市场如战场,商战如兵战的环境里,我们可不可以说,没有文化的企业是愚蠢落后、没有竞争力的企业呢?而没有竞争力的企业,是迟早会被淘汰的。企业文化建设,就显得非常必要和重要了。

(此文选自深圳市《特区企业文化》杂志,1995 年第 5 期)

向市场经济转轨与企业观念的更新

张　德

当前,中国正处在由计划经济体制向社会主义市场经济体制转轨的过渡时期。对于所有企业,特别是国有企业来说,进一步深化改革的障碍之一是旧有观念的惰性,这种惰性使建立现代企业制度如逆水行舟。尽快更新企业观念,树立与现代企业制度相适应的现代经营管理观念,已成为当务之急。

根据大多数国有企业的现状,笔者认为,当前企业观念的更新,最迫切的是在企业干部职工中,实现下述 9 个方面的观念转变。

1. 产品经济意识向商品经济意识的转变

在长期计划经济体制下形成的产品经济意识,是产量、产值导向的管理观念,"增产"成为企业追求的主要目标。而用户对该产品是否满意以及销售额和利润多少则被放在次要位置,这是与市场经济的要求背道而驰的。商品经济意识,则是用户、市场导向的管理观念,从用户需要出发设计、研制、生产和销售产品,"满足用户需要"是企业追求的主要目标。对于大部分企业而言,虽然市场机制已初步形成,但重生产、轻销售,重产值、轻效益的思想仍然顽固地存在着。在一些历史较久的全民所有制企业中,这一点更为突出:一种老大自居的"官商"作风,使他们丢掉了一块又一块市场;而新产品开发意识不强,更使他们丧失了原有的某些优势。在这些企业的衰落中,我们看到的教训正是:从产品经济意识向商品经济意识转变的快慢往往决定了企业的命运。

2. 依赖意识向自强意识的转变

在计划经济体制下,国有企业对国家存在很强的依赖意识:"反正企业是国家的,国家不会见死不救。"于是,连年亏损也不怕倒闭,拖欠贷款却仍要伸手借贷,真可谓"虱多不痒"。在企业内部,职工对企业有很强的依赖意识:"一进工厂门,就是国家人。"有了这种思想,企业在市场竞争中往往将竞争的压力传递给上级主管部门,将后果转嫁给国家;而职工个人也往往感受不到市场的压力,缺乏危机感,企业内部的竞争机制也难以建立。这些观念与市场经济格格不入,但目前却在国有企业中顽固地存在着。韩国企业家郑周永说:"竞争是企业的生命。"在企业内部应该尽快建立起适度竞争机制,端走铁饭碗,激发起职工的自强意识;在政府职能转换的基础上,将国有企业抛向市场竞争的海洋,让企业管理者无法转移竞争的压力,从而真正树立起强烈的竞争意识和进取精神。这也是企业观念更新的当务之急。

3. 身份平等观向效益平等观的转变

长期的计划经济体制在国有企业中培育出平均主义的文化,无论干部职工都是企业的主人,大家在身份上平等,取酬按八级工资制,工龄相仿则报酬相仿,干好干坏一个样,似乎这样才平等。而市场经济则要求在效益面前讲平等,强调劳动的效果,贡献大者报酬多,职工之间收入差距适当拉大,起到奖勤惩懒的作用。现在的问题是:许多国有企业的干部和职工,对这种"效益面前论英雄"的原则还难以接受。于是重奖科技人员引起不少非议,厂长拿了几万元承包奖也会引发一场风波,对什么叫"按劳取酬",存在着新旧两种观念的不同理解和相互冲突。这里除了两种平等观的冲突,还有在如何理解"尊重知识,尊重人才"上的分歧。两种观念,两种效果。谁观念转变得快,谁就可以在人才争夺战中胜人一筹,在内部激励机制上率先突破,从而提高企业的活力和竞争力。

4. 官本位向企业本位的转变

在计划经济体制下,国有企业是政府部门的附属物,没有独立的经营自主权,厂长遇事或碰到困难,首先想到的是"找上级",企业按规模与"官"挂钩,形成所谓局级厂、处级厂、科级厂的分类，企业管理干部据此分别享受局级、处级、科级的待遇。久而久之，企业干部职工“官本位”观念牢牢地树立起来。追求人多枪多，企业升格，成为国有企业内在的冲动，却往往造成人浮于事、机构臃肿、效益低下的恶果。而社会主义市场经济，要求政府转换职能，企业自主经营，真正变成“无上级”单位，也因此与“官”脱钩，企业管理干部的待遇只与企业的经营效果有关，企业变成“无级别”单位，即从行政部门附属物变成独立自主的经济实体。在这种体制下，企业的内在冲动是减少多余人员，精简机构，提高效率，降低管理成本。上海宝山钢铁集团在产值和效益逐年递增的情况下，职工人数却以每年2000人的速度递减，实现减人增效，他们树立了一种崭新的观念——“人少是个宝”。随着机制的转换，企业经营者遇到难题时，从“找市长”转移到“找市场”，这是一个带有本质性的深刻转变。我们应积极推动这一转变的彻底完成。

5.“不求有功，但求无过”的权力观向“无功便是过”的权力观的转变

在市场竞争的惊涛骇浪面前，敢不敢冒风险，敢不敢闯出一条新路，往往决定了企业和企业家的命运。新加坡企业家黄业仁说得好：“企业家一次的成功，平均需经历9次的失败，做错事是做对事情所不可缺少的一部分。”因此，西方一些企业允许各级干部犯一些“合理错误”，对于在一定期限内从未犯过“合理错误”的干部，不仅不表场，而且当作平庸者撤换之。这体现了市场经济所要求的价值观——“无功便是过”。这句话已经成为朝阳重型机器厂等企业的主导价值观。但应该说，在多数国有企业中，远远未树立起这种观念，那里流行的仍是计划体制“官本位”下造成的“不求有功，但求无过”的价值观。怕字当头，怕与上级精神不一致，怕犯错误，怕负责任，几乎成为国有企业领导人的思维定势。这种观念不转变，市场经济呼唤的企业家队伍就无法形成。“淘汰平庸者”，“无功便是过”，应该成为国有企业的座右铭。

6. 封闭经营观念向开放经营观念的转变

封闭经济体制下，企业是单纯的生产单位，原材料和资金由政府调拨，产品由政府统购统销。这种“两头在上”的自然经济模式，造成了企业自成体系，追求大而全、小而全，万事不求人，不讲究专业化分工协作的封闭经营观念和小生产者意识。这种观念限制了企业领导者的眼界，看不到生产要素在整个社会的分布及相互关系，满足于一得之功及一孔之见。当务之急是使所有国有企业牢固地树立开放经营的观念、社会化大生产的观念，眼光从大而全、小而全的自身移开，投射到金融市场、人才市场、生产资料市场、技术市场、商品市场和经济协作市场之上，运用借鸡生蛋、借船出海、借人唱戏、借钱发财等开放经营手段，取得市场竞争的主动权，这是搞活企业、振兴企业的重要一环。

7. 利润至上观念向事业至上观念的转变

企业追求什么？企业家追求什么？这是在由计划经济向市场经济转轨过程中普遍碰到的问题。由于思想方法的片面性，许多企业家得出了一种似是而非的结论——“企业的最高目的是追求利润”。从无视效益到利润至上，完成了两极摆动，于是助长了“一切向钱看”的拜金主义思潮。什么假酒、假药、假商标，以假谋利；什么给回扣、送股票，以贿取利；什么重奖销售，以奖诱购……这些现象助长了不正之风，冲击了精神文明建设，也破坏了企业形象。我们必须使所有企业和企业家认识到，市场经济应是以完善的法制和一定的道德准则为前提的，“利润至上”不是企业常盛不衰的法宝。韩国著名企业家李秉哲说得好：“从一开始就只把赚钱作为目标是不能成就事业的。于世有益的必要事业，必然会繁荣兴旺，事业繁荣兴旺起来，钱自然就会赚到手。”他讲出了市场经济条件下的企业竞争规律——善于追求事业者胜，盲目追求利润者败。我们社会主义国有企业的企业家，应该有更高的追求——我们最根本的事业是建设具有中国特色的社会主义，包括物质文明和精神文明两个方面，企业正是在为这个伟大事业的奋斗中对社会多做贡献，取得利润，发展自己。一个好的企业、好的企业家要追求利润，但决不是利润至上，而是事业至上。

8. 个人决策观念向集体决策观念的转变

现代企业的市场竞争，节奏越来越快，而且越来越激烈。企业家决策的复杂程度越来越大，而决策速度要求越来越快，决策的难度是空前的，任何一个个人都难以独立承担这样复杂、艰巨的决策重任。因此，集体决策成为现代企业制度的一大特征。美国管理学界提出选择企业领导者的六项标准，其中一项就是“集体领导，正确使用权利”。但在中国，由于对厂长（经理）负责制的片面理解，许多厂长（经理）迷恋于“一个人说了算”式的个人决策，搞独断专行和一言堂。这不仅造成众多的决策失误，而且不利于发挥其他经营管理干部的积极性，不利于激发全体职工的参与意识、首创精神和主人翁责任感。当前应该使这些企业家从“一个人说了算”的认识误区中走出来，树立集体决策的观念。首先，应该充分发挥领导班子的集体智慧，在已经成立董事会的单位，要切实发挥其决策职能，不能使其形同虚设；其次，应该适当分权，将一些次要的适于下级决策的权利下放给下级干部，形成多层决策的格局；第三，应该充分尊重职代会的民主权利，集思广益，群策群力，用民主决策保证科学决策。

9.“重硬轻软”的管理观念向“软硬并举”的管理观念的转变

事实证明，一切成功的企业尽管千差万别，但有一点是共同的——党政工协调一致，思想工作与管理工作密切结合，职工的民主权利和主人翁地位得到保证。而搞不好的企业，十有八九是领导独断专行、缺乏民主作风，思想工作薄弱，职工队伍涣散。

现代化管理的精髓是高度重视人的因素、思想感情的作用。在发达国家，把这种以人为中心的管理叫做软管理，理念先导式管理，或者叫文化管理。高度重视软管理，在中国就是高度重视思想工作和企业文化建设。企业文化建设为思想工作提供了广阔的舞台，思想工作为企业文化建设提供了有力的保证。

中国企业具有思想工作的优良传统，在培育企业精神方面曾经创造了许多成功的经验。

我们无意否定依法治厂、从严治厂的硬管理，只是主张将硬管理与软管理密切结合，软硬并举，在市场经济条件下改进和加强企业思想政治工作，改进的方向就是纳入企业文化建设的轨道。

被称为“变革大师”的美国管理学家罗伯特·戈连比耶夫斯基指出：“为了革新常须调整组织结构，但组织形式的改变只是表现,真正重要的是观念与价值观的重塑。"可以说,企业在上述九个方面的观念更新是当前中国企业深化改革的关键一环。

(此文系作者 1995 年 8 月 25 日在"企业改革与文化观念变革研讨会"上的发言)

我国企业文化建设的新发展

陆 云

我国的企业文化有悠久的历史渊源,而比较自觉地有组织有计划地进行企业文化建设,集中地出现在党的十一届三中全会以后。从 20 世纪 80 年代初开始,我国一些部门和企业为了适应社会主义现代化建设的需要,更好地解决在改革开放和发展社会主义市场经济新形势下面临的新问题,为了加强企业管理和改进思想政治工作,逐步开展起企业文化实践和研究活动。

什么是企业文化?我国目前对此尚未形成完全一致的意见。我们分析吸收了各方面的意见,赞成对企业文化作如下解释:

企业文化包括企业在长期生产经营中形成的管理思想、管理方式、群体意识和行为规范。具体地说,可以包含以下四个意思:

第一,这里的所谓管理,包括"人"的管理和"物"的管理,而以"人"的管理为主,"软"管理和"硬"管理兼备而以"软"管理为主。群体意识包括企业价值观、企业精神、心理态势等。行为规范是指企业规章制度、道德规范、行为准则、习惯、风俗等。

第二,企业文化的出发点和归宿,是尊重和坚持职工的主人翁地位,提高职工的思想道德素质和科学文化素质,从各个环节调动并合理配置企业的各种积极因素,形成合力,在企业实现以经济建设为中心的全面发展,实现社会主义物质文明和精神文明的共同进步。

第三,企业文化是现代企业制度的有机组成部分。

第四,企业文化贯穿在企业发展战略、生产经营管理、产品销售和服务活动,以及职工思想政治工作、技术培训和文化艺术体育娱乐活动中。

从重视企业文化建设的行业和企业来看,大都取得了良好的效果。主要表现是:增强了企业凝聚力;塑造了良好的企业形象;提高了企业领导人和职工的素质,企业思想政治工作得到改进、加强和创新,增强了职工的使命感和社会主义积极性、创造性;加强了企业管理,提高了企业的整体素质,增强了企业在社会主义市场经济条件下的生存竞争能力和自我发展能力;提高了劳动生产率和经济效益、社会效益,促进了企业经济文化的协调发展。

1992 年 10 月,党的十四大决定建立社会主义市场经济体制,江泽民总书记在报告中提出搞好企业文化建设的要求,极大地推动了我国企业文化的发展,企业文化建设出现了一些新情况。这些情况可以归纳为以下四个方面。

一、企业文化建设紧紧围绕企业改革,在企业的经济活动中,在生产经营管理过程中发挥着越来越显著的作用

企业改革推动企业面向市场,参与竞争。企业竞争的深层次问题是文化的竞争。文化的因素、人的素质对企业发展的作用越来越突出,因而开展企业文化建设便逐渐成为企业的内在要求,并且使企业文化同企业改革密切地联系在一起。1993 年 11 月,中共十四届三中全会通过的《中共中央关于建立社会主义市场经济体制若干问题的决定》,要求加强企业文化建设,培育优良的职业道德,树立敬业爱厂、遵法守信、开拓创新的精神。中央的号召在全国各地得到日益广泛的响应。在社会主义市场经济条件下,企业的发展战略、经营管理、企业形象、职业道德、新产品的开发和产品及服务的质量、品牌和其他方面的文化附加值,在企业竞争中的分量逐渐加重,许多企业重视和探索采用文化的手段和文化的力量求得发展,这种趋势发展下去,将会成为我国企业文化建设健康发展和走向成熟的一个关键。

上海市从 1994 年年初开始的塑造企业形象活动,得到大多数厂长、经理们的重视,开展这项活动的工业企业已有 71%。上海市工业工委确定的企业形象评价标准,包括产品形象、经营形象、管理形象、外观形象、发展形象、员工形象、精神面貌七个方面。一些迹象表明,这项活动实际上带动了整个企业文化建设。北京市 1993 年总结的同仁堂建设有中国特色社会主义企业文化的经验,1994 年总结的蓝岛大厦"以文兴商、情意服务"的经营战略和营销文化,以及有关的理论研究,引起了比较普通的关注,推动了北京市企业文化建设向深度和广度发展。

随着市场经济的发展,各地、各行业更加重视职业道德建设。今年早些时候,济南市一位老人为更换两角残币所引发的连锁反应,以及全国窗口行业开展的不说服务忌语、推广文明用语活动,对于提高服务质量和职业道德水平无疑会产生积极影响。企业文化建设取得了显著成效的深圳市明确提出了职业道德规范,并把它纳入了不久前制定的《深圳市民行为道德规范》。近些年颇为活跃的商业文化实践和研究活动,因为注重面向顾客和适应发展社会主义市场经济的需要,使人们真切地感受到在日趋激烈的商业竞争中"文化"的功能和力量,于是商业文化正在向一个个企业、一条条街道、一个个城市推进。

二、企业思想政治工作队伍继续在企业文化建设中作出重要的贡献

前几年关于企业文化和思想政治工作二者谁大谁小、谁高谁低的争论,以及对于企业文化建设是否会冲击、代替思想政治工作的忧虑,现在已经很少听到了。10 多年的实践和探索使大家的认识逐渐靠近,越来越多的人认为,企业文化和思想政治工作既有联系,又有区别,从某种角度看,二者你中有我,我中有你,但你不能代替我,我不能代替你。在实际工作中,二者往往是互相依存,互相渗透,相辅相成,互相促进的。二者的互相结合,既有利于思想政治工作的改进、加强和创新,又有利

于企业文化建设的健康发展；企业文化和思想政治工作都要紧紧围绕企业经济活动发挥作用，促进企业领导人和职工提高素质，促进企业发展。这种共同的认识，不但使企业的党组织和思想政治工作队伍已经和继续为企业文化建设作出自己的贡献，而且使企业文化和思想政治工作相结合成为我国社会主义企业文化的一个鲜明特色。

三、在研究和体现我国社会主义企业文化的共性、规律性的同时，进一步重视研究和体现本行业、本企业的个性特点

据了解，有些行业，如冶金、煤炭、机械、汽车、建筑、石油、化学、石化、航空、纺织、医药、烟草工业、林业、铁路、邮电业、商业、旅游业，以及许多企业，结合行业、企业的实际情况建设企业文化，并且认真总结经验，研究探索，取得了可喜的成果。有的部门近几年每年都举行企业文化研讨会，有的部门举办了企业文化培训班，还有的部门成立了企业文化机构，负责组织领导本行业的企业文化工作。中国商业文化研究会主办的《商业文化》双月刊已公开发行。

一些困难行业、亏损企业建设企业文化的成功经验特别引人注目。比如原上海纺织工业局在企业经济效益连年滑坡的情况下，积极建设适应时代要求的创业文化，成为塑造上海纺织企业新形象，重振雄风、再创辉煌的思想保证。他们努力转变观念，振奋精神，特别是以市场为导向，发展多元化经营，大胆激励关键人才，筛选出20个纺织品名牌重点扶植，取得了显著成绩。在1995年5月改组为控股集团公司之前，已减少亏损企业100家，精减在职职工15万人，1994年和1995年前几个月，销售收入、出口创汇都比上年增加30%。三枪牌针织内衣是20个名牌之一，包括被兼并的6家亏损企业在内的三枪集团公司经过改革内部机制，实施名牌战略，发挥了规模效应。亏损企业因并入“三枪”而得救，“三枪”则壮大了自己的优势，提高了产品的科技含量，形成了大批量和系列化，使“三枪”发展成为可以和国际品牌匹敌的国产名牌。

对企业精神的提炼和表述，以往人们比较重视社会主义和改革开放的时代精神，以及企业培育“四有”新人这些共性的东西，而对于反映本企业的优良传统，产品与服务特色，以及在市场经济活动中的价值取向和发展战略等个性的东西往往表现得不够突出。在深化企业改革、转换经营机制、建立现代企业制度的新形势下，为了更好地培育企业精神，使它在社会主义市场经济条件下更加切实有效地发挥作用，有些企业根据生产经营形势和其他重要条件所发生的重大变化，发动职工深入讨论，对企业精神的内容和表述加以调整，在体现共性要求的同时，更充分地体现自己的个性。

四、人们对于我国企业文化建设的原则性问题以及一些重大关系的认识逐渐明确

比如，不能把企业文化看成是非马克思主义、非意识形态的东西，也不能把西方企业文化理论照抄照搬过来用于中国的企业，而要以邓小平同志建设有中国特色社会主义理论和党的基本路线为指导，全心全意依靠工人阶级，把中华民族优秀文化传统和社会化大生产的规律结合起来，把社会主义基本制度和企业的现代化管理结合起来，从中国实际出发，借鉴世界各国企业文化建设的有益经验，建设有中国特色的社会主义企业文化。

又如，我们要建立什么样的企业价值观呢？恐怕不能认为既然搞市场经济，就可以按照西方价值观来塑造一种所谓世界共有的企业价值观，而是要树立体现社会主义主旋律、体现当代中国工人阶级思想意识的企业价值观。这就是说，我们必须下大力气解放思想，更新观念，树立与社会主义市场经济相适应的新观念，诸如市场观念、竞争观念、效率观念、效益观念、质量观念、法制观念、人才观念、科技观念、改革开放观念、开拓创新观念等等，同时又要坚持和发扬民族的社会主义的优良传统并且赋予它新的生命力，培育与社会主义基本制度相适应的企业价值观。

再如，我们的企业文化建设是同企业改革有密切联系的，实践经验表明，我们必须充分认识和体现企业文化建设有一个潜移默化长期积累的过程，做到重在建设，持之以恒，同时又要积极探索企业文化如何为解决企业改革、提高效益、加快发展中面临的问题，包括某些突出问题、紧迫问题而发挥积极作用，就像前面提到的上海纺织行业建设创业文化，为摆脱困境而发挥作用那样。还有诸如在企业文化建设中如何正确认识和把握国家、企业、职工个人三者关系，经济效益与社会效益的关系，以及既要意识到企业领导人在企业文化建设中的作用至关重要，同时也要注意充分发挥职工群众的重要作用，等等。越来越丰富的实践经验和研究成果，对这些问题作出了比较明确的回答。

（此文选自《企业文明》杂志1995年第10期）

信誉高于一切

——论商德建设

贾春峰

10年以前，邓小平同志曾经指出：“对一些严重危害社会风气的腐败现象，要坚决制止和取缔。一切企业事业单位，一切经济活动和行政司法工作，都必须实行信誉高于一切，严格禁止坑害勒索群众。”“信誉高于一切”，应当是市场经济发展中必须遵循的一个重要原则。

市场经济是竞争经济，也是协作经济。竞争和协作都离不开讲信誉。失去信誉，就没有协作关系，企业也就无竞争力可言。市场经济是法制经济，也是道德经济。守德和守信，是一切经济活动和企业行为的两个基本规范。而解决市场交易中的信誉问题，必须大力强化商业道德建设。

实践的呼唤

在市场经济发展所要求的职业道德建设中，商业道德建设

是一个涵盖面非常广大,涉及到千家万户和每个消费者的大课题。可以说,现在这个课题已经尖锐地摆在了全社会面前。为什么说当前我们必须大力倡导商德建设呢?从根本上来说,这是实践的强大呼唤。现在,在商业流通领域有一个说法,叫做:“买的怕卖的,卖的怕买的。”买的进了货怕是假冒伪劣商品,卖的怕买者不付款。这当然不是普遍的现象,但也反映了现实生活中存在的一个相当严重的问题。人们都很清楚,如果假冒伪劣商品泛滥,坑蒙拐骗、欺诈勒索风行,那社会上许多人都要品尝它所结出的苦果。市场经济是契约经济。但是,不遵守合同、契约,“三角债”、“多角债”在现实生活中却普遍存在,而更为严重的是这种不正常状况在一些人心目中竟然变得习以为常。失信,不讲商德,同市场经济、流通秩序中的混乱交织在一起,成为这种混乱的一个内在原因。因此,人们呼吁“理财文化和商业伦理还需要有人多讲讲,才不致使市场经济走入歪道”。“商有商德,无德不成商。”这些话是很有道理的。也正因为如此,有的商场大力弘扬“一团火”精神,即全心全意为人民服务的根本宗旨;有的商场用“情义服务”的企业精神教育全体员工;有的商场把“以德为本”、“以义兴业”定为企业理念和企业价值观;有的商场强调把树立社会责任、依法纳税、环境保护、质量保证、维护消费者权益等意识作为追求利润的前提。所有这些,都受到了社会的重视和广大消费者的好评。这说明,重视商德是人心所向。

对于流通领域出现的一些混乱状况,有一种意见认为,是因为法制不健全;也有一种意见认为,是因为市场机制发育不充分。应当说,这既有法制不健全的问题,也有市场机制发育不充分的问题。但所有这些,都不能成为不重视商德建设的理由。道德和法制各有各的功能和用处,二者相辅相成,缺一不可。法制具有强制性,而道德要靠人的内心力量自觉地起作用。更要看到,商业道德不会因市场经济的发展自然而然地完善起来,也不会因法律条文的制订而自然而然地提高起来。特别是在市场经济大发展的时期,商业道德必须花大力气、采取切实措施、更加自觉地进行建设。笔者很赞成这样的意见:不能不要道德的“内在约束”。在“约束”失效的背景下,毫无顾忌的利己主义具有极大的市场。倘若没有“内在约束”的需求,则“外在约束”的建立也就失去了根基。

最近,推行“服务忌语”活动,受到了社会各界的好评,说明人们都在期盼商业文明。但也要看到,不说“忌语”,只是商业文明中的一个层面,而其内在的还是商德问题。所以“服务忌语”活动也必须深化一步,同商业道德建设密切结合起来。

另一只看不见的手

商业道德是市场经济发展中不可缺少的另一只“看不见的手”。自从亚当·斯密提出市场机制的这只“看不见的手”的命题以后,实践不断提出这样的质问:市场经济是否只靠市场机制、市场力量这只“看不见的手”就可以正常运行?20世纪70年代,一位名叫小艾尔弗雷德·D·钱德勒的教授,写了一本书,名叫《看得见的手》。这本书被称之为“对经济学和公司历史研究的一个大贡献”。书中把企业管理作为“看得见的手”,强调管理协调这只“看得见的手”比亚当·斯密所谓市场协调的“看不见的手”更具作用,而这个作用在企业行为、经济活动中是无所不在的,是无形的,又是能动的,它渗透到企业行为、经济活动的各个方面的。

实践表明,市场经济的发展,只有亚当·斯密所讲的市场力量这一只“看不见的手”是不行的;有了亚当·斯密所讲的这一只“看不见的手”,只是加上企业管理这一只“看得见的手”,也是不够的。因为市场经济的发展,需要“看得见的手”与“看不见的手”的相互协调配合。而且,这个“看得见的手”不只是一只,它包括企业管理,也包括国家宏观调控等。“看不见的手”也不只是一只,除市场机制、市场力量外,还包括道德力量、价值观、企业精神等等。这反映了人们认识的深化,反映了人们对市场经济发展中各种矛盾的把握及协调能力大大提高了。

精神文明建设的重要组成部分

社会主义精神文明建设,包括思想道德建设和科学文化建设两个方面,它体现了道德和智慧的统一。在社会主义市场经济条件下,要使社会主义精神文明建设富有成效,必须寻找、创造、探索各种具体途径和有效形式,使精神文明体现在生产、流通、消费、分配等经济生活的各个环节。进行商德建设,要把道德意识、道德观念渗透在商品的设计、造型、装潢、商标、款式、包装、服务、广告和推销手段等全过程的各个环节,这就把精神文明具体体现在经济行为之中了。还要看到,商业文化,不仅仅是一种经济文化,而且也是一种社会文化。有时候,一种商品问世,对提倡什么,反对什么,会有一种潜移默化的感染力,有时甚至能开社会风气之先。商业广告打出来,展示在公众面前,也会对社会风气发生影响。所以,建设商业文化、广告文化,遵守商业道德,对发展全社会的精神文明起重要的不可缺少的作用。

商德建设,作为精神文明建设的一个组成部分,是一个重大的历史性课题。恩格斯针对资本主义商品经济早期阶段出现的假尺子假秤等琐细欺诈现象,曾提出过商业道德发展问题。200多年以前,富兰克林在《给一个年轻商人的忠告》的信中,首次提出了“时间就是金钱”的命题,同时也提出了“信誉也是金钱”的命题。对于前一个命题,我们经常引用,而对于后一个命题,我们却不大提起。今天,我们是在社会主义条件下发展市场经济,如果流通领域没有强有力的商业道德建设及其他各行各业的职业道德建设,社会主义市场经济新体制、新秩序就不会健康地发展、完善起来。

现在,许多企业都在搞企业文化建设,搞形象设计更是个热门,这就是常讲的“CIS”,即企业识别系统,包括视觉识别系统、理念识别系统和行为识别系统。但是,企业形象和企业信誉是紧密联系在一起的。如果不遵守合同、契约,互相拖欠习以为常,如果热衷于搞欺诈蒙骗,那还有什么信誉可言。企业形象、企业信誉,最根本的是取决于员工的整体素质。这个整体素质既包括科学技术素质,也包括思想道德素质。所以,在社会主义市场经济条件下,进行职业理想、职业道德、职业纪律、职业责任和职业技能的教育,是其本身发展的内在要求,是一门必修课。今天,人们看得越来越清楚了,如果不强化商业道德建设,如果不突出“信誉高于一切”的教育,而失信成风,自毁形象,企业就谈不上什么“形象营销”、“形象制胜”,企业的内部凝聚力和外部竞争力也就难以形成。因此，应当把商德建设纳入社会主义精神文明建设的整体规划，而且需要商业领域各部门、各企业制订细则和具体措施，并把这些规定列入对员工进行专门培训的内容。

继承和弘扬优秀传统商德

在当前的商业道德建设中，继承和弘扬中华民族的优秀传统商德，是一个值得重视和认真研究的问题。中华民族的优秀传统商德，是在源远流长、博大精深的传统文化沃土上，在长期的商业活动、经营实践中逐步形成的。它有着极为丰富的内容，有人概括为“信”、“义”、“情”三个字，把讲信用放在第一位。这其中包括：公平交易，货真价实，忠诚立质，笃守信用，童叟无欺，和气生财，乐善好施，“买卖不成仁义在”，“君子爱财，取之有道”等等。“诚信赚得字号文，谦和赢来顾客常”，“诚交天下客，誉从信中来”，这些广为流传的话，反映了重诚信、讲谦和的经商作风。与商德相配合的是“商戒”。“商戒”包括“坑东灭伙”、“欺行霸市”、“私抬高价”、“缺斤短两”、“冒充字号”等等。

对于义和利的关系，中国优秀传统商德首先主张“义以生利”、“以义取利”、“见利思义”、“逐利思义”、“取之有义”、“信载义而行之为利”，而不能“见利忘义”。所谓“经商之道首重信，即以信誉赢得顾客；其次讲义，不以权术欺人，该取一分取一分，昧心黑钱坚决不挣；第三才是利，不能把利摆在首位”。以上这些，都是论述信、义、利的关系的。商业经营是利与义相统一的行为，或称之为利与义并举。而当利与义发生冲突时，不能弃义而取利，应当持义、守信而舍利。

中国的老字号店铺，人们常称它们有一块金字招牌。它们之所以能够久负盛名，其中有个重要原因，就是注重信誉，注重商德。北京同仁堂创建于1669年，至今已有326年的历史，从创业之初就提出了“济世”、“养生”的经营宗旨，“在赚钱与济世养生这二者之间，始终把济世养生放在第一位，为济世养生而制药卖药”。“在义与利的关系上，重义在先，通过义而获利”。因此，在制药中，坚持“修合无人见，存心有天知”；“炮制虽繁必不敢省人工，品味虽贵必不敢减物力”。杭州的胡庆余堂，企业精神是“戒欺”，认为“凡百贸易均看不得欺字，药业关系性命，尤为万不可欺”。“采办务真，修制务精”，“誓不以劣品戈取厚利”。在中国老字号店铺的金字招牌之中，不仅有“术”，而且有“德”，其中蕴含着宝贵的精神财富，值得整理、研究和总结，使其在现代市场经济中发扬光大。

市场经济的发展，商业的繁荣，需要有商业人才，而商才也必须具备商德。国外研究《论语》，并提出“《论语》加算盘”理论（又称道德经济合一说）的人讲过，“有人以为道德之书和商才并无关系，其实，所谓商才，原应以道德为本，舍道德之无德、欺瞒、诈骗、浮华、轻佻之商才，实为卖弄小聪明、小把戏者，根本称不上真正的商才。商才不能背离道德而存在”。

总而言之，市场经济，信誉第一，商德为本。这是我们必须牢牢树立的观念。

（此文选自1995年10月25日《人民日报》）

企业文化问题的进一步思索

于光远

一、关于广义的企业文化

广义的企业文化包括：(1)以企业为客体的企业文化；(2)以企业为主体的企业文化。

（一）以企业为客体的企业文化包括：

(1)对企业这个客体的调查和研究，(2)对企业这个客体的描绘和表现，这两者有的互相交叉。

对企业这个客体的调查和研究又包括：(1)什么是企业；(2)企业在国民经济中的地位和作用；(3)企业的分类，包括按所有制分类与按行业分类，按大小分类，按地区分类，按其他标准分类；(4)企业经营管理的现状和规律性；(5)改革和开放在企业中；(6)文化在企业经营管理中的意义；(7)企业形象；(8)企业的历史（全社会的和个别的）；(9)企业学；(10)企业文化的现状与历史；(11)有关企业这个客体的侧面（或角度）等等。

中国人对企业具体的研究应着重中国的情况和问题，着重当前的情况和问题，但也不能不作对外国和以往的研究，即应该采取“中外古今法”，采取“比较法”。

对企业作为客体的描绘和表现，包括文学（其中又包括小说、剧本、诗歌等）、美术、雕塑、音乐、舞台或影视表演。

对调查取得的结果进行科学的描写不属于这里所说的描绘与表现。

（二）以企业作为主体的企业文化是企业中要运用的各种文化。不同的企业，为了不同的目的，把各种文化作为手段去运用，以取得预期目的。

在1988年我提出的企业文化五层次说，所说的那五个层次属于以企业为主体的企业文化，它们是：(1)20世纪80年代在美国和日本首先推行开来的一种企业管理方面的文化。对此我是接受的。(2)企业要运用的各种经营文化和管理文化。(3)提高企业职工文化水平、文化素质和满足企业职工文化需求的文化。(4)由企业去进行的满足企业外的社会广泛需要的文化。(5)旨在提高企业家参与国家有关经济政策制定和实行的意识和提高企业家这方面能力的文化。

（三）广义企业文化中的企业作为主体运用的企业文化是建立在一个以企业为客体的企业文化的基础上的。但有些不属企业文化范围内的文化也会间接成为企业作为主体的企业文化的基础。

二、当代企业文化发展的一个值得重视的趋势

（一）现代企业是在资本主义制度下形成和发展的。企业文化历来以西方文化为主。中国的企业文化从来是从向西方学习来的。

（二）中国古代不是没有市场经济，也有一些“字号”、“工场”。它同西方资本主义没有关系，其中也有许多对现代企业很有价值的东西。

（三）十月革命和中国革命的胜利建立了一种新型的社会主义企业。这就丰富了企业作为客体的企业文化，如苏联首先推行（在中国也推行）的劳动英雄和英雄榜，也发展出其他企业为主体的企业文化，如毛泽东曾经概括过的“二参一改三结合”等。

（四）二次大战前，资本主义社会和社会主义社会中的企业文化缺少交流。许多西方企业文化中优秀的东西，社会主义企业拒绝接受。资本主义企业也对社会主义企业中发展起来的某些企业文化漠视。二次大战后开始转变，西方国家出现了在自己的企业管理中吸取社会主义国家企业的某些方法。“文革”后我曾请人翻译了日本人写的《管理工学》，毛泽东的许多观点写在这本书中。20世纪80年代美国、日本开始倡导的企业文化，也吸收了社会主义企业的某些经验，只是企业文化这个概念是当时社会主义国家没有的。在系统化和理论概括方面，社会主义国家落后了一步。同时，当时社会主义国家拒绝市场经济体制，许多企业文化中有用的东西也就不能很好发挥作用。

（五）80年代起提出企业文化时讲到中国的儒学中“仁”即重视“人”的思想，其实近代社会学说中许多学者也都强调这一点，它不完全是中国儒学的。但儒学的确强调了这一点，而且是最老的学说，对它的重视是有意义的，但是我认为不能把它与西方社会中的企业文化思想对立起来。总的说来，企业文化的发展趋势是摄取东西文化之所长，融会贯通。

（此文系作者1996年在东亚企业文化研究会上的讲话）

企业文化建设需要深化和创新

韩天石

读了《关于雪莲文化的调研报告》，听了李元征经理的讲话，感到很有深度，有创新，有特色，我认为，雪莲集团做了很好的工作，对企业文化建设做出了贡献。他们的经验对各企业的企业文化建设有着普遍意义。在他们的启示下，我谈几个问题。

一、企业文化建设需要深化

这方面的问题很多，只谈以下几个问题。

1. 企业文化建设要融入于企业管理、劳动和生活之中

企业文化是职工群体在管理、劳动和生活中学习、继承和创造的，蕴含于职工群体的整体素质之中。也可以说它是职工群体的整体素质的内涵和外在表现。企业和企业文化是并存的，好像人的躯体和灵魂一样。各企业有各自不同的文化，有高有低，有优有劣，对各自企业产生不同的影响和作用。但直到80年代，在我国作为一门管理科学的企业文化仍未能形成一个科学体系，上升为一门科学。

20世纪80年代初，中国的企业界、学术界在总结我国企业管理经验的基础上，继承中国的优秀文化传统，学习外国的企业文化——现代科学的理论和经验，在马克思主义、毛泽东思想和邓小平理论的指引下，创建了我们自己的有中国特色的社会主义企业文化。它是现代新的管理科学，是动力，又是资源。以人为本是它的本质特征，价值观是它的核心。它的基础是职工群体的整体素质。它包涵着物质文化、制度文化、精神文化三个层次。它在重视人的管理的同时也重视事和物的管理，即所谓软硬管理结合，以软为主。雪莲的报告写得好：“企业文化与企业是相伴而生的，贯穿企业发展的始终，自觉地用先进的价值观指导企业文化建设是我们追求的较高境界。”“它是与企业整体工作有机结合，融为一体的”。也就是说，并不是离开整体工作以外另搞什么企业文化建设。它也没有另外的目的，如果说有的话，就是在企业发展中造就高素质的职工，实现高度文明，促进精神文明建设的发展，这是与企业的目标一致的。

以人为主体的管理，承认人既是管理的主体又是管理的客体，既是管理者又是被管理者。换言之，即要事事有人管，人人有事做。要建立有效的激励和约束机制。企业文化管理主要是依靠鼓励、教育、引导、示范作用，同时还必须建立严格、严密的规章制度，规范管理者和职工的行为和活动。但也要合情合理，有情有义。这是建立现代文明企业所必须的。

企业文化建设在企业的活动中既参与又干预，组成企业里的动力系统、导航系统和控制系统；充分挖掘、发挥一切积极因素，抑制、限制一切消极因素，才能产生真正的凝聚力和竞争力。

2. 企业是由经济、政治和文化力量诸要素相结合所构成的，文化力是三者联系的纽带

这三种力量的紧密结合和协调发展决定着企业的发展。企业是存在于社会之中的，它应执行党和政府的方针、政策、法令。在企业内党组织是政治领导核心，保证、监督企业朝着正确方向发展，党的思想政治工作和党员的模范作用对企业的发展产生巨大的推动作用。企业管理者和职工在企业文化建设中应该讲政治，发挥中国企业所特有的政治优势。同时企业也负有政治责任，是社会的稳定力量、国家的经济支柱，也是两个文明建设的支柱；企业既创造经济和文化效益，同时也创造社会效益。企业的产品和服务，体现着企业人员的整体素质，也影响人民群众对政府的评价；在国际上代表着中国的形象和品格，影响着国家的信誉。雪莲在企业文化建设中提出四个“心里有”，即心里有市场，心里有职工，心里有人才，心里有党的事业。以“心里有”的文化纽带把经济力量、政治力量和文化力量紧密地结合起来、协调起来，推动企业的改革和发展，其意义是深刻的，是很有见地的。

3. 对以人为本的理解

企业管理应以人为本，或者说企业文化的本质特征是以人为本。不能把“以人为本”只当成一种盈利的手段和工具，它包涵“为了人，依靠人，属于人，塑造人”四方面的内容。以人为本的“人”不仅是指职工，而且还包括消费者、全体人民。企业存在和发展的意义及其价值就在于以自己的产品和服务满足人们的物质和精神需求，而且重视可持续发展，以免危及当代，遗祸子孙。在企业经营管理方面不仅要全心全意依靠职工,更要依靠消费者,他们是“上帝”,是企业效益的创造者和源泉。雪莲提出:“首先考虑消费者的利益”,“对消费者要忠诚”,“务实守信,以义取利,互惠互利”。邓小平同志告诫我们:“信誉高于一切。”雪莲为了对消费者忠诚,抓了质量,为满足不同需求抓了品种,为解除消费者的后顾之忧抓了服务。

要职工成为真正的依靠力量,使其具有强烈的主人翁意识和责任感,就要给职工以真正的主人地位,就要尊重、信任和爱护他们,使之享有充分的属于主人翁应有的权、责、利、情(义)。雪莲“请主人共商企业振兴大计”、“领导心里有职工”,这样职工就会以主人翁姿态尽心竭力地工作,就会心里有企业,想一些和做一些并不属于其岗位内的而又有益于企业的事,真正以企业为家,有热切的归宿感。

4. 把全体职工培养成为高素质的人才群体

这是企业家和职工共同的愿望,是国家和企业的迫切需要,是企业兴衰之所系。企业、企业领导者要舍得人财物的大投入,办好教育、培训,鼓励职工舍得投入时间和精力认真学习,并重视在劳动中培养、学习和锻炼,积累经验,增长才干。企业和个人的投入必将产生巨大效益,实现企业的价值和个人的人生价值。企业很有必要制定全员、“全天侯”、全方位而又“术业有专攻”的教学计划,规定职工每人每年达到的等级目标,严格认真地检查和考核,把学习成绩作为职工升迁的标准之一;对优秀者、杰出者给以特殊培养和锻炼的机会。同时企业领导者和专家也都应有自己的学习要求。雪莲实行的“五才战略——识才、用才、爱才、聚才、育才”,是很有远见的。企业是产品和服务的供应单位,又是育才的学校。

人的素质包涵两个方面,即德和才,也就是人生观、价值观、理想、道德、纪律和知识、能力。一个人既要提高知识水平、能力,又要提高道德修养和自律进取精神;既要懂得做事之道、经营之道,又要懂得做人之道。不懂做人之道的人是很难有所作为的,更谈不上建功立业或成为“管理之星”了。

雪莲认为“企业文化建设最终落脚点应放在提高职工素质之上”,是完全正确的,他们在这方面有很好的经验。

二、企业文化建设需要创新

企业文化建设必须及时地转变观念,确立新的思维方式,采用新的战略,发现新的生长点和新的工作内容,采取新的策略和措施及工作方法。否则就不会有活力、生命力,企业也就很难有新发展,更不会有超越的发展。

1. 要根据不断变化的国内国外政治经济形势、国家的政策、市场信息、消费者的需求和本企业的状况,还要预测未来的变化趋势,制定和采取新的发展战略和灵活的战术,寻找新的机遇、新的突破点和新的生长点。在这方面雪莲公司提供了新的经验。如雪莲抓住了赞助亚运会的机会,解决了资金问题;通过预测市场的变化,采取了灵活的销售策略,获得了高效益;坚持打名牌战略并同实施塑造企业形象战略、顾客满意战略结合起来,在创新中获得了企业的超常发展。

2. 在深化改革,贯彻执行中央的方针政策,转轨建制,实现“两个转变”中,创造出既符合市场需求又适合本企业实际情况的新方法和程序。雪莲是通过坚持“四个心里有”的原则精神来进行增长方式由粗放型向集约型转变的。在学习别家的经验时应与本企业实际相结合,创造出自己新的思维方式、新的工作方式和方法。不创新就会永远落人之后。

3. 要无止境地创造,创造新产品,创造新服务项目,增加新的文化和技术含量,满足顾客新的需求,以新的形象、新内涵、新的风格,以高品位面向社会,面向市场,面向顾客,扩大无形资产,赢得企业的美誉和超常发展。在创新中要实事求是,要借助于新思维、高科技和高品位文化;切忌玩弄小技巧、崇洋媚俗、迎合低级趣味,那样做只能败坏企业形象,损害企业声誉。

企业文化建设有着广阔的活动空间,丰富的取之不尽的文化资源和文化动力,我们应不断挖掘新资源,开拓新领域,创造新思维方式、新的工作方法。这可能是企业文化建设的永恒课题。

三、企业文化建设需要特色

各个企业的企业文化虽然有共同的东西,但也都有各自的特色,不过,有的特色鲜明,有的并不鲜明。特色不鲜明,就很难反映出本企业特有的经营理念、企业精神、企业风格和发展战略,也难以激发职工的积极性、创造性和进取精神。同时更难令社会公众和顾客识别其特色。企业无特色就不能引起公众的注意,使他们留下深刻的印象,企业自然在市场竞争中也就会失去竞争力,失去活力,失去后劲和发展空间。这样的企业只能是平平常常的,庸庸碌碌的,难以有较大的发展。

企业文化的特色首先在于企业的管理者和职工应有鲜明的经营理念、思维方式、价值观、企业精神、企业目标,有独特的风格和气质;其次,在于应有自己的管理结构、组织制度和机制,有特定的行为准则、同顾客及各方面交往的方式和作风;再次,在于应有自己独特的质和价的产品和服务及其特有的外观。

企业文化建设有着广阔的天地,各个企业都可以建设有自己特色的、丰富多采的、各领风骚的企业文化。如宝钢追求的目标是“至真至善至美”,其经营哲学是“宝钢,为您创造价值……我们只有为用户创造价值,才能为自己实现价值”,“信誉是生命”。美菱集团创造了“三维动态目标管理”。邯钢创造了“模拟市场目标责任管理”。雪莲创造了“雪莲人”特级形象,即要像雪莲那样高洁、永立峰颠、迎风傲雪:“意高志远,具有远大理想和豪迈的气概”;“洁身自好,具有诚恳待人,务实守信的职业道德”;“不怕困难,具有坚强意志和艰苦奋斗的精神”。雪莲和其他一些企业都培养了“企业之星”,以有杰出业绩和高尚品德的模范人物代表企业特有的形象和风格。

企业文化建设的“深、新、特”,关键在于企业家、企业职工具有博大的胸怀,有前瞻性思路、开阔的视野、坚强的意志,有极强的事业心和敢于超越的气概。企业的改革和发展都离不开思想的保证、智力的支持和精神的动力,因此需要企业文化的深化、创新和特色。

雪莲在报告中说得好:开展企业文化建设,需要企业文化“觉悟”,尤其是领导人的“觉悟”,“觉悟”得早,早受益,“觉悟”得越彻底,受益就越大。

(此文系作者1996年5月在北京雪莲文化研讨会上的讲话)

树立有利于社会主义现代化建设的价值观念

张大中

所谓价值观,就是指人们对于作为主体的人同作为客体的外界物的关系所作出的价值判断和取向。这种判断和取向包括:什么是有利的或有用的,应当去做和积极争取的;什么是有害的或无用的,不应当去做和予以拒绝的。这里包括两方面的涵义:①价值观是一个体系,是人们对于世界、人生以及各种外界物的观点和看法,价值观相对于世界观、人生观来说又是具体的、微观的;②价值观是世界观的组成部分,它从属于世界观,具有不同世界观的人,对于具体外界物也会有不同的判断。

一、树立有利于社会主义现代化建设的价值观,具有重要的现实意义

江泽民同志在党的十四届五中全会闭幕时的讲话中指出,“要积极探索在社会主义市场经济条件下,搞好精神文明建设的新思路、新办法,逐步形成有利于现代化建设的舆论力量、价值观念、道德规范和文化条件”。五中全会通过的“建议”中也指出,“坚持不懈地加强道德建设和爱国主义、集体主义、社会主义思想教育,树立正确的世界观、人生观、价值观”。这里都提出了树立正确价值观的问题。

树立正确的价值观有什么现实意义呢?

从改革开放和现代化建设的进程来说,我们不仅需要总的奋斗目标和基本路线,还需要与这配套的各项政策和改革措施,如建立现代企业制度和财政、税收、金融等项改革,以及民主与法制建设。与此相适应,在意识形态方面,我们不仅需要坚持正确的世界观、人生观,也需要树立有利于各项政策和改革措施实行的具体的价值观,给各项政策和改革实施以精神的保证和支持。

从价值观的性质来说,它属于意识形态范畴,不是一般的感觉和印象,而是居于精神文明和各种文化的深层次的核心地位。价值观对于外界物有强烈的判断和取向要求,对人们的道德规范、行为准则、工作作风起强有力的定向作用。正确的价值观为群众所掌握,形成群众的共识,就可以成为强大的动力源泉。

从加强党的思想政治工作来说,树立正确的价值观,可为加强思想政治工作提供新的思路和方法。人们的思想是分层次的。共产党员必须有坚定的共产主义的世界观、人生观,这是对共产党员的基本要求。没有这一要求,也就不能成为工人阶级先锋队的一员。我们要积极宣传共产主义世界观、人生观,但是,我们不应当也不可能要求所有的人都树立共产主义的世界观、人生观。面对不同部门、不同职业的人,则可以根据工作需要和职业的特点要求他们树立相应的价值观,以规范自己的行为,如质量观念、科技观念、服务观念、效率观念、遵纪守法观念等等。没有这些观念就不可能做好本岗位的工作。培育和树立正确的价值观,使思想政治工作渗入各个业务领域,具有更具体的可操作性。共产党员不仅要有坚定的世界观、人生观,也要在树立正确的价值观方面起模范带头作用。

事实上,每个人都有自己的价值观。只是由于历史文化背景不同,个人的思想修养不同,价值观也就不同而已。在改革开放和现代化建设过程中,破除过时的、阻碍现代化的价值观,树立富有时代精神的、有利于现代化的价值观,具有重要的现实意义。

二、培育、树立正确的价值观是一个复杂的系统工程

价值观是一个单位、一个人在长期的工作、生产、生活中形成的,对人们的行为具有潜在的强大的导向作用、激励作用、约束作用,同时,它具有相对的稳定性。破除旧的、过时的价值观,培育、树立有利于现代化建设的价值观,是一个复杂的系统工程,需要做好各方面的工作。

1. 领导者的倡导和率先垂范

各单位的领导人员应当是本单位树立正确价值观的倡导者。要求群众做到的,领导人员首先要做到。不仅在目标的追求上如此,在日常工作中也要如此。领导率先垂范,身教胜于言教。领导人员的人格力量和文化素质,很大程度上决定着本单位价值观的性质和水平。

2. 先进人物的示范

价值观是抽象的,体现本单位价值观的先进人物,可以使价值观成为看得见、摸得着的感性实体。对于这样的先进人物,要给予表扬和宣传;同时,要在评定工资、奖励、职称等方面优先安排,以强化本单位正确的价值观。榜样的力量是无穷的。

3. 全体人员的共识

一个单位的价值观为全体人员所认同,把个人的价值观与单位的价值观统一起来,把单位的目标和个人的追求统一起来,使每一个人员在实现单位的价值中实现个人的价值,这会使他们感到工作更有意义,更能充分发挥全体人员的积极性和创造性。

4. 规章制度的保证

要以本单位的价值观目标为指导,建立规章制度。如一个企业以优质产品和服务为目标,就要在人事制度、人事安排、工作标准、技术设备等方面都以此为依据,以利于集体价值观的形成。为逐步培养和树立正确的价值观,还必须有严格的规章制度予以保证。对违背本单位价值观的行为,要进行批评和必要的处理。这也是从另一方面强化本单位的价值观。

5. 良好的文化环境

培养和创造有利于树立正确价值观的文化环境,利用多种形式、多种场合宣传本单位的价值观。尊重全体人员的参与意识,创造民主和谐的环境,鼓励和支持全体人员对各项工作提出批评建议。经过长期不懈的工作,形成良好机制和文化环境,以利于现代化建设的价值观的养成,并使之不因领导人的变动而变动,这才是一个单位(企业、学校、医院、机关)长盛不衰的保证。

(此文选自《中外企业文化》1996 年第 5 期)

中国企业文化建设的操作

马仲良

企业文化建设是在企业领导人自觉领导下,广大员工积极参与下,培育优良的企业文化、克服不良的企业文化的实践活动。从企业管理的角度说,企业文化建设是实行企业文化管理的途径。从我国社会主义现代化建设的角度说,企业文化建设是有中国特色社会主义文化建设的一种微观形式,是企业实现物质文明和精神文明的重要途径。从党的建设的角度说,企业文化建设是新时期企业思想政治工作的重要形式和载体。

企业文化建设的基本内容有以下 4 项。

1. 讲求经营之道,实现观念转变

讲求经营之道是指确立符合市场经济规律的企业经营管理指导思想和发展战略,纠正不符合市场经济规律的经营观念、管理思想和发展战略。

第一,实现由适合计划经济体制的管理观念向适合社会主义市场经济体制的经营管理观念的转变。

实现这一转变包括以下两个重点:

(1)解放思想。冲破旧的行政计划经济观念的束缚,树立市场经济观念,研究市场经济规律,按照市场经济规律制定企业经营管理方针、目标、体制和策略。

(2)根据社会主义市场经济的体制要求,追求社会利益、企业利益和个人利益的统一发展,当社会利益同企业利益发生矛盾时,自觉服从大局,把社会利益放在第一位,克服惟利是图、见利忘义的不良经营思想和作风,做到义利交举、以义为先。

第二,实现由粗放式经营发展战略向集约式经营发展战略的转变。

制定和实施科技兴企战略,使企业发展战略走上依靠科技进步和向管理要效益的内涵式发展道路。

知识经济大潮涌来,这对每个企业来说既是一次严峻的挑战,又是一次发展的机遇。

2. 培育企业精神,内强群体凝聚力

这项内容主要是指企业的党组织和行政领导用社会主义、爱国主义和集体主义价值观教育全体员工,树立工人阶级主人翁精神,并且用凝炼的语言概括出作为全体员工奋斗目标和精神支柱的企业精神,用这种企业精神统帅全体员工的思想和行为,使市场竞争对企业的外部压力与约束变成全体员工的内在要求和自觉行动,从而增强企业的凝聚力,上下一心地为实现企业的经营管理目标和发展战略拼搏奋斗。

做到这一点,需要做好以下几项工作:

(1)用邓小平理论武装全体员工的思想,树立社会主义、爱国主义、集体主义价值观,克服极端个人主义、拜金主义和享乐主义思想影响,提高工人阶级主人翁觉悟。

(2)发动广大员工参加企业精神的制定和提炼活动,集思广益,最后确定一个能够体现本企业奋斗目标、价值标准和个性特征的企业精神,利用各种方式广泛深入地宣传,使之成为凝聚人心、鼓舞斗志和统一行为的精神支柱。

(3)根据企业精神的要求,制定各部门、各岗位的行为规范和职业道德,把严格的奖惩制度建立在员工高度主人翁自觉性的基础上,实现"刚柔相济"的管理。

(4)根据企业精神的要求制定企业的礼仪规范,形成既严格有序又生动活泼的企业作风,使企业既是一个紧张的生产劳动组织,又是一个温馨和睦的大家庭,全体员工亲如手足、互相帮助、互相支持、荣辱与共,形成坚如磐石的凝聚力,这正是使企业在激烈的市场竞争中立于不败之地的根本保证。

企业精神是由企业领导人自觉倡导,经过长期培育、被广大员工所认同,能够凝聚人心,成为企业广大员工精神支柱,反映企业鲜明个性特征的企业群体意识。

同仁堂企业精神:同修仁德、济世养生

同仁堂古训:炮制虽繁必不敢省人工
品味虽贵必不敢减物力

百货大楼企业精神:一团火精神

3. 塑造企业形象,外增市场竞争力

这一项内容主要是指企业要把塑造良好的社会信誉作为企业开拓市场和管理策略的根本措施,实现企业持续、长久和稳定发展。

做到这一点需要抓好以下方面的工作:

(1)树立现代市场营销观念,提高塑造企业形象的自觉性,克服见利主义、短期行为和坑、蒙、拐、骗等错误经营思想的影响。

(2)制定本企业的 CI 战略。

CI 战略是有意识有计划地把企业经营之道和企业精神向社会公众展示出来并扩大影响,从而提高企业持久竞争力的市场战略。

制定 CI 战略,首先要用凝炼的语言把本企业的经营之道和企业精神规范化、系统化,使之成为一个立体的能够产生广泛社会影响的识别系统,即把本企业与别的企业区别开来的系统形象。

这个识别系统包括:

①理念识别系统,即反映本企业经营管理根本指导思想并带有本企业鲜明个性特征的企业经营方针、经营宗旨、经营理念、经营哲学、经营目标、价值标准、发展战略和企业精神等。

②行为识别系统,即反映在全体员工行为方面的规范、作风、礼仪、传统和活动。

③视觉识别系统,即反映在企业物质环境、产品包装和职工服饰等硬件上的企业标志等。

制定 CI 战略要特别注意以下几点:

①突出本企业个性特征。有个性特征才有鲜明的形象。

②体现系统性。没有系统性就不能形成立体的完整的企业形象。

③体现艺术性,实现真、善、美的统一,使企业内在美变成外在的美,以得到广大群众的厚爱。

(3)实施 CI 战略。

CI 战略的实施是一个系统工程,它主要包括以下三方面工作:

①力所能及地多做适合本企业营销战略的广告。

②开展全方位社会共管活动。这包括积极参加各种评优创优活动和各种社会公益活动。通过各种社会组织扩大本企

业知名度和美誉度。

③教育每一位员工,用自己在企业内外的一言一行、一举一动塑造良好的企业形象,使每一位员工都成为一个活广告。

4. 提高人的素质,创建学习型组织

要把提高企业员工素质作为提高企业经营管理水平的主导环节和根本措施,注重职工科学技术知识和技能的培训以及职工思想道德素质的全面提高,做到“要出高质量的产品和服务,首先培育高素质的员工”。

(此文选自《中外企业文化》1996年第7期)

企业应以真善美为三大开发战略

韩天石

近年来,特别是近一个时期,关于企业形象塑造战略、名牌战略和顾客满意战略(简称“三大战略”)的讨论和实施真可谓热火朝天。这说明企业正在积极地努力向着进入世界统一市场的广度、深度进军,向着实现经济文化一体化的方向进军。经济文化一体化是社会主义市场经济发展的客观要求,也是企业发展和实现现代化的内在要求,它必将推进企业改革的深化,加速实现“两个转变”和建立现代企业制度的进程,促进企业物质文明和精神文明建设的协调发展。

企业深化改革,实现“两个转变”和上述“三大战略”,虽然各有不同的内容、要求和操作方法,但总目标是一致的,即企业要实现现代化,求得长期稳定的发展,实现最大的经济效益和社会效益,树立和提高在国内外的声誉和地位,在世界统一市场竞争中取得胜利。把这些工作加以统一规划、组织实施,则将会事半功倍。

由于社会和经济的不断发展,人们的需求越来越高,市场竞争日趋激烈,而且市场并不怜悯弱者,它承认质量、效率和优势,企业过着太太平平日子的计划经济时期已经一去不复返了。我们的企业领导者和职工应有长远设想,整合各种要素,努力拼搏,追求一流,追求真善美,在市场竞争中夺取胜利。企业应根据各自的具体实际,大者可以在国内、国际称雄,次者可以在一个地区、一个行业、一个产品、一个服务项目上领先。总之,应有长远设想、新的追求和攀高精神,才能在市场大潮中有立足之地。宝钢就是以“至真至善至美”为其追求目标的。

塑形、名牌、满意的“三大战略”,是企业长远发展战略新的飞跃,是市场竞争中永恒的课题。它也是企业文化建设的深化、扩展和突破。在实施中应以真善美作为追求的目标和价值评价的标准。

企业形象塑造战略系统可以分为三个子系统:一是理念系统;二是行为系统;三是外观系统。我们称之为铸魂、规行和塑形,它是实施名牌战略和顾客满意战略的基础和必备条件。

一、以真善美铸企业之魂(理念、精神)

任何一个企业或个人都面临着一个必须回答的问题:企业存在和发展的意义和价值是什么?个人的人生意义和价值是什么?谁都知道,企业和人(职工)都是存在和生活于现实社会之中的,依靠社会而存在、发展,同时又必须对社会负有一定的不可推卸的责任,这是每个健康人必备的素质(联合国世界卫生组织规定健康人的标准,除身体和心理健康以外,还必须具备社会责任感)。尽管企业和职工有多种多样的价值观、人生观,都要通过对社会的实践来实现,要为有利于社会发展和进步做出努力,来实现企业的价值和个人的自我价值。否则“皮之不存毛将焉附”。宝钢的经营哲学是“宝钢——为您创造价值……只有为用户创造价值,才能为自己创造价值,只有为用户创造效益,才能为自己创造效益”。否则就是疏远用户,拒绝市场。

其次,要认真地不断地学习和创新,认真学习邓小平同志的理论和党中央的方针政策,以及国内外办企业的经验,创造性地深化改革,实现“两个转变”;认真地由计划经济观念转到社会主义市场经济观念上来,强化竞争和创新意识。人类就是靠学习、创新,不断完善自己,追求真善美,实现人的全面发展和社会的全面进步。

再次,企业要以人为本,尊重人、为了人、依靠人、塑造人。在当前,从根本上说是提高职工的整体素质。职工的素质提高了,才能成为更可依靠的力量,更好地为人服务。人有两种智商——理性智商和感情智商,或者说有两种因素——智力因素和非智力因素(感情、精神)。因此,应以科技知识和实践经验提高职工的智慧和能力;以人文精神培育职工的思想道德,树立正确的价值观、社会责任感、道德修养、人格情操、坚强意志、竞争意识,以及敬业爱厂(企业)、团结协作、永攀高峰的精神。企业领导更要自重、自省、自警、自励,做出表率,共同创造和谐而又富有活力的氛围,铸造企业和人的真善美的智慧能力和灵魂,构建高尚的企业道德、公共道德和家庭伦理道德,建设高度的企业精神文明。有的专家认为:“成功与否的关键不取决于天资如何,而取决于性格和感情因素。”恩格斯说:“只有维护公共秩序、公共安全、公共利益,才能有自己的利益。”也可以说:只有维护企业道德,才能有有序的市场经济,才能有企业的长远发展。

还有一个自古至今尽人皆知的经济活动中利与义的问题,这也是一个企业道德问题,也可以说是社会主义市场经济中的调节机制。在市场上进行正常的交往和交换时,利与义是共存的,当一方损害对方的利益的时候,利与义就发生了矛盾,甚至尖锐的冲突。但在一定情况下,它们却有着互补性和相生相长的作用。如企业主动收回已售出的不合格产品,并表示道歉;又如真诚地愉快地为顾客更换或收回有缺陷的或不可心的商品,并给予经济补偿。这种失小利取大义的行为,在顾客中和社会上都会产生良好的信誉,提高企业的知名度。这种无形资产比失去的利不知要高出多少倍。应该说义也是一种文化资源。许多企业因此获得美名而兴旺发达起来。

总之,企业应以真诚、真实、真心,善良、善谋、善断和美意、美志、美德铸造企业之魂。

二、以真善美规范企业的行为

真善美的企业之魂是要通过企业行为活动来实现并作出判断和评价的。首先表现在企业的经营管理上,企业应具备科学的、完善的、高标准的、严密和严格的组织结构、制度和机制，特别是激励和约束机制。像大型乐队那样既发挥每个人的专长，又能在指挥者的统一指挥下，演奏出和谐、优美、动听的乐曲。对滥竽充数、发出不谐调的音律是不允许的。

质量和效率是企业实施“三大战略”取得成功的关键。企业应尽一切努力，不断提高产品和服务质量，提高产品的科技和文化含量，不断推出新产品和服务项目，做到高标准、严要求，做到零缺陷，要不断提高效率，降低成本，节约各种资源。

真诚守信应成为企业活动铁的准则。“信誉高于一切”(邓小平同志语)，“人无信不立”，这是中国人的美德，也是有序的国内外市场必须遵循的准则。失掉信誉就会堵塞通往市场、顾客、社会及职工的道路，堵塞成功之路。企业每个职工的行为、活动都是反映企业之魂、企业精神的镜子；企业领导者的行为、活动是企业的旗帜。

三、企业要给公众以真善美的感觉和印象

外在的形是内在质的反映，内在的美和外形美的统一，才是完美的。外形的美，如企业的总体布局、内外环境和设施，企业名称、品牌、商标，厂(公司)徽、厂旗和厂歌，商品包装，以及企业员工的服装、仪表、言谈等等，都应精心设计、构建和规范，使之具有丰富的科学文化内涵，贴近生活，清新高雅，体现出中国气派，以满足人们的视觉、听觉、嗅觉、味觉、触觉的审美和心理需要，为人们所喜爱，给顾客留下美好的印象。这对提高企业的知名度，对企业员工和顾客都是至关重要的。

重视培养、支持、表彰英雄模范人物和各类专家，宣扬他们的突出业绩和成功之路，以激励人们的自强、自励精神，实现人生价值。企业要尽可能地支持教育、文化和公益事业，参与社区文化建设。还应十分重视宣传广告，以真善美的形象展示给公众。

企业形象是企业总体素质和职工素质的综合反映。企业应重视整体素质的提高，应教育、引导每一位职工树立形象意识，以真善美的标准塑造自身的形象。这对于企业和员工个人的发展都十分重要，不仅有利于企业名牌的创造，也有利于个人价值的实现，有利于促进精神文明建设。

四、以真善美创名牌

名牌战略是“振兴民族经济之路”，是“民族工业发展的重要因素之一”，是在市场经济竞争中制胜的“法宝”。它体现了经济与文化的统一，物质与精神的统一，有形资产和无形资产的统一，其增值是有限的也是无限的。创名牌是多种工作成果的综合，是复杂的系统工程。创名牌必须考虑战略目标与标准，产品与服务，商标与品牌，质量与成本，科技与文化，管理与营销，人才与职工素质等等多种因素。在企业外部，要有政府支持，社会保障，如法律、产业政策、体制改革、宏观控制、资产重组、市场管理、社会文化环境等保障。总之，制定实施名牌战略是要根据内外条件和环境逐步进行的，是一个长期的、不断变化和发展的艰苦奋斗过程。要时时瞄准市场和预测其可能的变化，抓住机遇，决定轻重缓急。名牌需要创造、发展、保护、评价、监督和不断创新，才能永盛不衰。名牌不是某一权威钦定的，也不是金牌、银牌、奖牌所能代替的，是企业的产品和服务在市场竞争中赢得社会公众和消费者认同的结果。要有长虹那样“做中国人、创世界牌”，“产业报国、振兴民族工业”的宏伟气魄和爱国主义精神。小型企业也应立下雄心壮志，把企业办成“小型巨人”，逐步发展为“巨型巨人”。

邓小平同志曾为宝钢题词：“掌握新技术，要善于学习，更要善于创新”。宝钢认为：“没有创新就不会有活力，不会发展。创新不仅包括科技、管理、制度等，也包括企业文化，文化创新是提高企业竞争力的动力。”

名牌之美名还要借助于真实、美意、适度、广泛、深入、持久的宣传，使社会广大公众了解、认识、喜爱本企业，喜爱本企业的产品和商标，并留下深刻、持久的印象，津津乐道，才能产生“名牌效应”。

五、以真善美的行为和爱心对待顾客，建立信誉，实施顾客满意战略

企业的一切活动，实施各种战略，其最终目的是实现企业的发展和扩张，获取长远的最大效益。这当然要依靠企业职工高质高效的劳动，但要使目的变为现实，还要靠顾客，也可以说企业的效益是顾客、消费者创造的。有消费才有生产和服务。名牌产品是否卖得贵、卖得快、卖得多，要看顾客是否认可，看是否能够满足他们的物质和精神需要，有无真善的使用价值和审美价值，同时也要看顾客的购买能力。而顾客的需求和购买能力是很不相同的，顾客有国家、民族、地区之别，文化宗教之分，风俗习惯之异，男女老幼不同，贫富之差，以及性格爱好不同等等。企业要重视研究、掌握变化莫测的市场，细心研究顾客不同的爱好和购买力等情况，找准企业和产品的位置，运用灵活的战术，抓住机遇，不断创新，进行突破。

在市场竞争中，使顾客满意具有决定性的一条是真善美的服务。宝钢的经验是：“企业间所有的竞争，集中到一点，都是怎样为用户更好地服务的竞争，企业的最终目的是效益，但这个效益应是通过为用户更好地服务的竞争获得的。”对顾客一定要真诚守信，谦虚礼貌，怀着一片爱心，使顾客感到高兴和温馨。仅有脸上的微笑、不说忌语是不够的，要认真履行承诺，尽量满足顾客多方面的需要。应该知道：众多“上帝”不满意是会降祸的。企业的成功是要靠顾客的垂青和关照的。企业“以人为本”的观点是把顾客包括在内的。

总之，企业应永远把真善美作为追求的目标，不断超越自我，攀登高峰。否则是难有希望的。提出这些要求是否不切实际呢？不，国内有的企业已经达到或接近这一要求。“取法乎上，仅得乎中”。真善美不是绝对的，是有层次的，是要逐步实现的，永无止境。古人云：“大山之高，非一石也，累卑然后高。”

(此文选自1996年10月16日
《中国企业政工信息报》)

中国企业形象设计和塑造

董锡健

中国企业为什么要搞企业形象设计和塑造呢？一个企业进行企业形象塑造，必须在国际背景和国内背景的坐标中找准自己的定位点。中国企业的企业形象塑造的国内外背景有很多，但概括起来，主要有来自五个方面的冲击，它迫使我们作出企业形象塑造的举措或动作。

第一方面的冲击是企业文化类型冲击。我们只要通过对企业的人、财、物、产、供、销、内外貌等几大要素的内涵性分析，就可以得到结论：它们总的反映了文化形态。自美国未来学家托夫勒提出第三次浪潮——信息革命的观点后，已过去了整整10年时间，现在我们又面对着比信息革命的冲击力更广泛、更强烈的浪潮，这就是文化。

第二方面的冲击是观念形态的冲击。观念是影响企业发展的一个很重要的因素。目前在上海，企业间的落差很大，有的企业发展得很快、很惊人，而有的企业发展得很慢、很穷，日子很不好过。我们把这两类企业进行比较，最主要的差距在哪里呢？就在观念上。现在上海已有很多企业家意识到有以下三种旧观念影响最甚：一是薄利多销观念。长期以来，许多企业把薄利多销当做一面旗帜高高举起。事实上坚持搞薄利多销的企业日子并不好过，为什么？因为这些企业只满足于低水平竞争。上海既不是原材料产地，也不是劳动力基地，企业搞薄利多销，实际上是浪费上海有限的资源。所以，我们没有条件，没有权利，也没有义务去搞薄利多销，要对薄利多销进行重新认识。上海企业如果不搞高附加值、高含金量、高品位的高档产品，就没有自己的市场地位。所以，现在很多企业提出了新的口号，叫“高毛利获得高效益”，就是通过高毛利这“一高”带来“三高”（高附加值、高含金量、高品位）。二是万事不求人的观念，它使许多企业吃了亏。现代社会是处在信息爆炸时代，分工愈来愈细，谁也离不开谁，小市场与大市场连在一起，任何事情都连结着你我。在这种状况下搞万事不求人，显然是把自己孤立起来。现在，有些企业针对这个旧观念提出了一些新的思路、新的口号，叫“借助外援”。

第三方面的冲击是管理形态的冲击。我们绝大多数企业是在计划经济年代里成长起来的，因此，很多企业的管理形态基本上是静态管理，是按照政府的要求和企业的实际进行管理定位和操作的。去年，有一位美国大学教授对我说，中国的大部企业经营者可以称为“辛苦的射击者”，他们每天都在用自己的眼睛瞄着准星——上级指定的目标，打静止靶。现代企业的经营者应该是一个很灵活的、随机应变的“射击者”，他们做的事不是打静止靶，而是要打飞碟——移动靶。要引入一个新的概念——高速管理，其核心是需要“提前量”。企业要进入市场，要搞营销，就一定要进行超前研究和预测。

第四方面的冲击是技术形态的冲击。这里所说的技术形态是指一种结构。最近一个时期，在国外掀起了一场新的革命，叫企业重建或叫企业重组。他们提出，要对传统企业进行重建，对老化的企业进行重组，对被人们遗忘的企业进行重塑。这个“三部曲”的主要内容有三方面：一是企业理念重建。企业理念，最简单地说就是为什么要办企业和办企业的宗旨是什么。办企业的宗旨在企业发展的各个时期并不完全一样，它要随着企业的发展发生变化或进行重建。现在世界上许多有名的公司和企业都在重建或整合自己的理念。前几年，国际上举办了一次航空博览会，不少国家的航空公司都参加了。主办者允许每个参展公司在本馆门口设置一块理念展示牌。在中国馆门口的展示牌上面画着两个一手捧鲜花，一手指向前方的“空姐”，下面写着一句话是“胸怀全球，放眼世界”，结果人家看了，既没有什么反响，也没有留下印象。而在相邻的马来西亚馆的展示牌上，画的是一个“空姐”跪在机舱走道上为一个睡着了的乘客拴松脱了的皮鞋带，下方写着这样一句话：“这里就像你家里一样温暖。”参观者看了都感动了，他们留下了乘坐马航班机是安全温馨的深刻印象。所以说，企业理念对企业很重要，它对企业起着定位导向作用，并直接反映一个企业的含金量和回报社会的定位。这就是需要对旧的企业理念进行重建的原因。二是企业氛围重建。这里说的企业氛围，不是讲企业的内外部环境，指的是企业的生存氛围或生存条件。实行改革开放后，整个政治力量对比发生了变化，在这样的情况下，我们企业的功能应当重新定位，氛围应当重新确立，要把原来的竞争对手转化成为合作伙伴，对原来的发展定位进行重新整合，对原来的合作关系进行重新调整，就是说我们的企业要全方位、多角度、多层次、立体地重新确定战略定位和氛围定位。三是企业结构重建。它应当包括产业、产品、企业、分配、人员、组织等方面的结构。对上海来说，更为重要的是产业结构重构。现在上海确定的产业发展思路是“三二一”方针，把发展第三产业放在第一位。

第五方面的冲击是竞争形态冲击。不断把握竞争形态发生的演变及其主要特点，对于企业来说是非常重要的。最近30年来，竞争焦点在不断转移，竞争目标在不断更换。70年代，市场竞争的焦点是质量，竞争目的主要为了解决温饱问题。按照经济学的角度来说，是解决平均利润。到了80年代，许多有眼光有远见的企业家，不再满足于以质量求温饱，他们要在温饱之上拿到更大的一块，所以导致了以“服务”为焦点的新一轮竞争，其目的主要是解决三个字：附加值。到了90年代，竞争更加激烈，出现了两个新情况：一是竞争对手之间的产品质量差距愈来愈小，按照经济学家的说法是质量趋向于同一化。所以要指望在质量上赚到比其他企业更多的钱已不大可能了。二是产品成本降到了极限，要想再降低产品成本也很难了。在这种情况下，拿什么去竞争？就要靠企业形象来竞争。所以，形象竞争是当代市场竞争的主要形态，其目的是要解决超额利润。这是难度很高的却又很诱人的东西，它并不是每个企业都能得到的。通过对30年来市场竞争形态演变的回顾，我们看到了它是“质量——服务——企业形象”这样一个发展过程。企业形象竞争是现代企业竞争的最高形态，它是市场经济发展的产物。

中国企业导入形象塑造的动力机制，主要有四个方面：

第一,企业加快市场化竞争的需要。市场经济下的企业目标,就是要不断提升自己的形象,让人家知道自己,把企业形象作为消费者的购买消费行为的导向,这是企业形象设计和塑造的本质。

现在国际上球类比赛用的足球、篮球,很多是我们中国人做的,但不是中国牌子,用的牌子不是德国的阿迪达斯,就是美国的鲁尔,因为中国的“火车头”牌人家不知道。我们的企业很想把自己的牌子打出去,成为世界杯赛的指定用球,人家说可以,但要给点小费,多少呢?75万美金。企业一听傻了眼。一个年产值600万美元的企业,一下子要拿出75万,根本不可能,报上级批也批不下来。但市场竞争是你不干我干,你不上我上。结果这世界杯赛指定用球权被日本尼桑公司抢去了,这家公司虽然用了75万美元,却赢得了7500万美元的生意。由此可见,我们一些企业根本没有市场竞争的概念,也根本不注意企业形象的塑造,以为只要在国内称大王就可以了,而市场经济最根本的是一条是要树立自己的形象、塑造自己的品牌,提高自己的含金量。

第二,企业加快国际化竞争的需要。我们现在都在喊与国际接轨,但到底怎样与国际接轨,并不很清楚,好像在玻璃门里看外面的世界很精彩,就是走不出去。与国际接轨,首先要解决两个重要条件:一是要解决一张通行证,二是要解决一张入场券。什么是通行证?国际惯例就是通行证。什么是入场券?国际标准就是入场券。国际标准有硬件的和软件的。现在的硬件标准采用的是少数西方工业国家的通用标准,如GMP、FGA等等,达到国际标准的产品其卖价要比一般产品高10%~30%。CIS是国际上的一种软件标准,如果一个企业按CIS标准设计和塑造形象,那么它在形象设计上就同国际接轨了。我曾碰到这样一件事:在1993年,我们上海市经委咨询公司成立不久,通过新闻媒介宣传,引起了国外的重视,也引起了新加坡一家企业集团董事会的董事长的浓厚兴趣。他对我们公司的操作程序不感兴趣,却对我们公司的经营理念“以超值的服务,赢得无愧的回报”很感兴趣,他认为这个理念完全没有政治色彩,很具有人情味和温馨感。他立即通过我国的有关人士,很快同我们公司建立了联系,并且很快组团自费来上海同我们公司进行交流。在沪期间,我们邀请了上海的一些企业家与他们开了一个座谈会。会上,他说:“企业哲学、价值取向、形象口号和经营理念,都是企业形象的概括,这四个方面是企业经营成熟的表现,是企业具有现代竞争意识的表现,一句话,是一个成功的企业追求卓越的时代标志。”会后,他还告诉我:“希望贵国的企业不要指望靠低价的劳动力、便宜的土地和优惠政策来吸引世界第一流大公司来投资。”送走他以后,我随即给市里写了一个报告,题目是《请注意外商来货投资的行为正在改变》。对吗?我们老是靠便宜的土地和劳动力去吸引外资,是不解决问题的。

第三,同行竞争的需要。对上海来说,面对的压力大的是同广东的竞争、同广货的竞争。现在上海最风光的和支撑市面的产品都是广东货。如果问上海人,上海产的电饭锅的牌子叫什么?就有65%的人回答不知道。上海产的电饭锅的牌子是“牡丹牌”,年产10万个,人家根本不知道。但你要问上海市场上最著名的电饭锅牌子是什么?他就马上回答你是广东的“爱德牌”和“三角牌”电饭锅,有90%的人讲得出。现在广东电饭锅在上海的拥有量是286万个,是上海年产量的28倍多。广东电饭锅在上海如此畅销靠的是什么呢?靠的是形象取胜。他们每年都要到上海来做软件,一件事是来上海进行社会调查,他们了解到上海有18种人需要电饭锅,但上海电饭锅厂从来不去了解这些事。第二件是每年到上海举行新闻发布会,推销新产品,宣传企业形象。他们就是靠这占领上海市场。

第四,企业自身发展的需要。我们公司在前些时候遇到一件事情:浙江一家私营经贸公司专门来上海找我们公司去帮助搞企业形象设计。我们去了这家私营公司,大吃一惊,这家公司不但有自己的船队、码头、加工厂和冷冻厂,而且上年度销售额达到1.3亿元。找到了这家公司的门口,就有一个肩披褂子的老头迎上来忙着给我拿行李,我不知道老头是干什么的,但一路上只听他叽叽咕咕地说个不停,说什么这两年企业形象设计发展得很快呀,再不搞我们要落后了……陪同我的人给我介绍后,我才知道这位“老农”就是他们公司的总裁,著名的农民企业家郭嘉明。我一听连声说“很不好意思”。后来他对我说,他最近几年去了日本8次,发现日本这几年发展很快,一个很重要的原因是很多日本企业都搞了企业形象设计。他一下给我报出了14家日本公司的名字。如果不见其貌只听其声,我还以为他可能是某大学的一位教授哩。当天晚上,他给我介绍了他们公司在最近做了四件事,并问我,他的公司有没有条件搞企业形象设计。是哪四件事呢?他说,第一件事,我们最近几年富起来了,但面对的是大海,背后是高山,交通很不方便,为此公司拿出85万元把山沟山路全部打通。他问我:“我们企业的定位应定在哪里?”你看,一个老乡能讲出这“定位”两字,我在惊奇中反问他:“你说你把它定位在哪里?”他说:“我们的定位是四个字:回报社会。”这句话精彩到了极点,拿出85万元是为了回报社会。他做的第二件事是拿出45万元改造了原来的手摇式电话,拉通了40千米的电话线。我问他:“这件事你的定位在哪里?”他说,办这事是为了“把我的牌子打出去,把外面的信息拿进来”。他做的第三件事是破除了过年要到正月十五后才上班的惯例,年初二就带了几个助手到西南联系业务,搞了两个半月,现在他们已同14个国家和地区建立了海产品贸易关系。第四件事他准备拿50万元请一家著名咨询公司帮他搞企业形象设计,要把他的公司办成中国农村的第一家CIS式公司。最后他还告诉我,准备投资1500万开通到上海的汽艇航线。听了这些话,大家可不要忘记,站在我面前的是一位只读过三年书的普普通通的农民。但他有那么大的魄力,有那么确切的形象设计的概念,确实使我们感到了压力,真正感到了“前有标兵,后有追兵”。

从以上四个方面,我们可以看到企业形象设计和塑造,是企业市场化、国际化、同行竞争和企业自身发展的需要,这就是我国企业导入企业形象塑造的动力机制。总的来讲,企业形象塑造要我们做两件事情:一是要在国际化竞争中抢时间、争空间;二是要以我们的作为去换得企业的定位。

(此文选自《企业文明》杂志1996年第11期)

企业审美文化与审美文化产业

黄河涛

消费心理与企业竞争,从根本上决定了企业发展的方向。企业要增强自身的市场适应力,就必须自觉地投入竞争;要赢得竞争的主动权,就必须把握住消费心理的变化脉搏。随着竞争的深化,低成本和低价格的销售策略,逐渐使得各竞争企业间的产品趋于"同质化",产品价格之间的差别越来越小;消费者追求的"价廉物美"中的"价廉",越来越失去竞争的实际意义,"物美(包括服务)"即产品造型也包括企业形象则成了竞争中举足轻重的"砝码"。没有竞争,市场就将丧失勃勃的生机,成为窒息创造力的一潭死水。世界上几乎所有推行市场经济的国家,同时也制定防止市场垄断的法律。如日本政府制定的防止市场垄断法规定,一个厂家的一种产品市场占有率不得超过 50%,这样,就逼得企业必须把注意力紧紧盯在消费心理需求的变化上。而消费的审美化趋势,则把企业竞争的注意力引导到顾客的审美需求上来。如果说竞争是企业审美文化生成的推动力,消费心理则是审美文化生成的牵引力。

消费心理不仅吸引着企业不断开发新产品、新服务项目的积极性和创造性,而且促使企业根据消费心理的变化趋势,审时度势地制定自己的经营战略。而企业对"消费注意力"的长期关注,势必形成企业运行的"心理定势",造成一种能持之以恒地激励、约束企业行为和员工行为的环境氛围。这样,便逐渐形成了具有本企业特色的观念、经营哲学和行为规范,从而凝结成一种文化,这便是企业文化。企业文化的进一步凝聚、积淀,则形成企业的审美文化。如果我们把现代意义上的企业文化看做企业自觉的产物,那么企业审美文化,则是它的升华。它是社会消费心理审美趋势和企业间的竞争对企业经营管理长期作用的反映。它对企业领导者的决策方式与经营战略、管理组织的运作及生产者的心理、行为,产生无形却又是强有力的影响。

我们可以把企业文化和企业审美文化看成是一个过程的两个阶段,即企业文化是企业审美文化发展的初级阶段,而企业审美文化则是企业文化必然发展的高级阶段。这就是说,企业审美文化与企业文化属于"同质同构"的同一体系中的不同层次,它们有相似的结构和功能,所不同的只在于前者比后者的结构更高级,功能更完善。如从结构上说,企业文化可以分为表层的物质文化、中层的行为文化与深层的精神文化。企业审美文化的结构则是这三方面的审美发展,如物化的审美产品和设施,审美行为方式,审美观念体系等。在功能上,企业文化一般都概括为导向功能、约束功能、凝聚功能、激励功能和辐射功能,企业审美文化也具有这五方面的功能,所不同的是它都指向审美的方向。

在这里,尤其值得注意的是审美观念体系。审美观念体系是企业审美文化的精神方面,它包含了诸如审美文化价值观、审美文化理想、审美文化趣味等方面因素。杨振宁博士把"日本产品质量高,日本经济获得成功的秘密"归结为企业审美文化价值观,其原因应该在于它对审美物质产品和行为方式的规定性:审美产品和设施只是观念的物质外化,审美的行为方式则是观念的直接表现。对于正在培育和形成市场经济中的我国企业说来,这点尤为重要。

美是一种价值,它能满足人的某种需求和愿望,能激发人的肯定性的态度和情感,带给人身心的愉悦和精神的享受。企业审美文化所以也能给企业、消费者带来巨大效益和满足,原因是企业审美文化也具有价值。

企业审美文化价值的产生,首先是由于作为主体的企业、社会公众有这种需要和要求。企业要想在激烈竞争的环境下生存下去,就必须创造一种适应于社会消费心理需要和能经受市场竞争冲击的文化环境,这种审美的文化环境,将从积极与消极的种种方面限制和指导着企业生产、经营的方向,以满足社会公众的消费需求。

其次,作为与企业、社会公众主体相对应的审美文化客体本身,具有种种属性。这些属性是通过企业审美文化产品、审美观念和审美行为方式体现出来的,并可以归结为两方面特征:一方面要能满足主体的生理性物质需要;另一方面还要能满足主体的精神性审美需要。

而企业、社会公众与审美文化所构成的价值关系,则是审美文化价值生成三要素中最主要的,只有在这种关系中,企业审美文化才具有价值。或者说,审美文化价值是主体(生产者和消费者)在生产与消费活动中,作为客体的审美文化的属性在满足主体生理需要的同时,还能满足精神需要这一事实。

企业审美文化是企业在长期生产经营和管理过程中,由于生产者和消费者超越物质层面的追求而产生的。因而,审美文化价值也只能在企业生产、经营管理和实践活动中生成,存在于企业生产者与社会消费者以实用与审美的态度对待物质产品、观念和行为方式的关系中。在这种价值运动中,生产者与消费者无疑是主体、是动力;产品、观念、行为方式是客体,是条件;客体是否需要具有使用效用或审美效用,只能由主体来确定,而不能由客体自己确定。但是,随着这种价值关系的循环往复运动,随着作为价值关系的客体日趋成熟,则反过来会对主体和客体关系产生极大的影响与反作用。如具有竞争力的名牌、优质服务、保持良好的企业生态环境等等,一方面增强企业的凝聚力和向心力,并赢得社会公众的认同,树立良好的企业形象;另一方面又能加速企业审美文化的形成和稳固地树立审美文化价值观。

根据生产者与消费者的不同需求目的和不同场合需要,按产品实用与审美的不同价值含量,把审美文化价值分为三个构成层次:一层是在满足主体生理性需求的同时,还能提供与感官层次的审美需要相对应的产品(服务)形式所表现的审美文化价值;二层是能在一定程度上满足主体生理性需求,还能提供与心理情感层次的审美需要相对应的产品(服务)认知内容所表现的审美文化价值;三层是在多大程度上能满足生理性需求似乎已不重要,但能更大程度地提供与理性精神层次的审美需要相对应的产品(服务)更深蕴含所表现的审美文化价值。

在满足主体生理性需要的基础上,物质产品(包括"服务",以下皆同)的外观感性形式直接产生的审美文化价值,构成了产品美的第一个层次。它是由与主体的感性生命直接联系的感官层次的生理及心理的需要产生的,是对产品外观感性形式的实用与审美的直接追求。审美文化产品与纯艺术产品的最大不同，就是其审美在主体生理满足基础上的延伸，是人的双重本质需要的满足。物质产品的这一层次的审美效果是以生理的满足与心理的悦耳悦目为标准，即在生理某一需要得到满足的同时，也使耳、目感官得到快适的感觉。

这样，对于企业来说，由于社会公众对这类产品需求面广泛，因而存在着极大的潜在市场。在以产品竞争为特征的企业竞争时期，企业应把竞争的重点放在产品质量与外观形式的改进上。在确保产品质量的基础上，只要再在产品外观形式方面作些适时的改进，常常就能赢得竞争，获得更大的市场占有率。人们常说“货卖一张皮”，同样的产品，在产品的包装、装潢、造型等方面做了些改进，产品的身价就大不一样。如同样的苏州檀香扇，在香港市场上的售价是每把6.5元，改用成本5元的锦盒包装后，价格提到16.5元，销量还见涨；成都的全兴大曲酒，仅改进了包装外瓶，价格就提高了好几倍。包装的落后曾经是造成我国出口商品“一等质量，三等价格”的直接原因。而另一类日常生活必需品，虽然在产品外观形式上没有太大的变化，但由于其口感的改进，通过“悦口”也赋予了原有形式以新的涵义，也有极大的竞争力，如北京的金狮酱油、广州致美斋的生抽王、镇江的恒顺香醋、山西的老陈醋等等。最典型的还是中国的烹饪艺术，它是通过“饱眼福、饱口福”，在最大限度地满足主体生理感官的快适需要的同时，达到心理的悦耳悦目的。

同时，营销环境的美化也具有这一层次的审美文化价值。风行全球的快餐业，正是以其就餐环境的高雅及操作过程的标准化而赢得不同文化背景下的各类消费者的。大型商厦经营设施的现代化，各种销售网点的门面改装，连锁店的纷纷出现，色彩缤纷的陈列橱窗，夜幕中绚丽争艳的霓虹灯，都是企业通过满足消费者“双重”需要的心理而展开的商业大战，其关键在于是自觉认识还是被动适应，这与市场竞争的主动权直接相关。

审美文化价值的第二层次，是由产品的物质实体与外观形式及其蕴含所体现出来的，是对人的一定生理性需要与审美心理情感需要的满足。这是在第一层次审美文化基础上的更深层次的“三重”满足。在这里，主体仍然能从客体中得到一定物质形态的生理性满足，客体形式的本身亦可以使主体获得一定的感官的审美愉悦，不仅如此，主体还能从形式的背后获得一种较之外观形式的悦耳悦目有更深蕴含的审美心理情感体验。谁能想到数年前一部电影《芙蓉镇》，会使僻远山乡的一种叫“米豆腐”的小吃备受游客喜爱呢？剧中由于刘晓庆扮演的主人公深得观众同情、喜爱，人们便“爱屋及乌”，使名不见经传的湘西山乡王村变成了有名的旅游胜地，刘晓庆剧中卖过的“米豆腐”也因此身价倍增。一时间“刘晓庆米豆腐”、“真正刘晓庆米豆腐”、“正宗刘晓庆米豆腐”在王村竞相挂牌开张，米豆腐还是原来的米豆腐，但却从每碗0.2元涨到1.5元。

从传统的观点看，商品的性质并没有变，但从现代经营眼光出发，现在的米豆腐已经不是原来意义上的米豆腐了。它附加了新的审美文化涵义，使凡品尝的人，在相同的感性形式外，还能体验到过去米豆腐所不曾具有的新的情感内涵，这种审美的情感内涵，是由电影及剧中主人公赋予的。它使每个品尝米豆腐的顾客，都会自然而然地回忆起或感受到剧中主人公悲欢离合的情感经历。即使对于没有看过电影的顾客，在品尝米豆腐时，只要听人讲述过，也会根据自己的经历去努力想象、体验这种情感。

在米豆腐美的形式中，包含着激动人心的内容，在悦目外，还能收到悦心的效果。这样，对于米豆腐的“涨价”便不难理解了。

审美文化产品的美与艺术不同(虽然有相同之处)，它的审美形式和审美内容都包含在物质实体之中。如果说艺术是具有双重内在性，则审美文化产品可以说是具有三重内在性：感性内在于实体，形式内在于感性，意义又内在于形式。因而，作为物质产品，要使它内涵更深层次的审美文化价值，除了在实体的形式上下功夫外，还要赋予形式更深的“认知内涵”。既然是认知内涵，就不像形式美那样可以由直观感受获得，而是要经由主体的品味与咀嚼。“红豆”衬衣之所以在国内占有很大的消费市场，除了它的质量外，它的品牌名称就很耐人品味与咀嚼：“红豆生南国，春来发几枝。劝君多采撷，此物最相思。”无论是买来寄与远方的朋友或是送给身边的亲人，抑或是自己穿，它都伴绕着一种柔情，一种思念，一种爱心，一种祝福。可以说，产品“认知内涵”越丰富，越有“文化味”，其所蕴含的审美情感就越耐品味、越耐咀嚼，其审美文化价值也就越高，越具有市场竞争力。

那么，产品“认知内涵”的审美文化价值是通过什么途径得以认知的呢？或者说，如何才能体现审美文化第二层次的价值呢？显然只能通过产品可感的物质形式，如造型、品牌、包装、颜色等等，通过这些途径的提示，使消费者的消费活动不仅停留在物质的消费和形式的审美上，还能自然而然地开启想象的闸门，激起深层情感的浪花。具体地说，就是要增加物质产品的“文化含量”，使其通过对一定的名称、形状、颜色或图案的品味、咀嚼，来达到从物质到实体、形式美到审美心理情感的升华。

因而，品牌的起名和图案标志的设计，体现产品审美文化价值就显得至关重要。但是，现在不少企业对于品牌的起名和企业标志图案设计，还未达到自觉认识的高度。不要说中国，就是在市场经济最发达的美国，问题也还不小。美国一家著名调查机构通过调查发现，在全美国众多的品牌中，只有12%的品牌名称有助于销售，36%的品牌名称有碍于销售，而高达52%的品牌名称则无助于销售。因为很多的品牌名称不能让公众一眼就明白其真正的含义，更谈不上给顾客留下审美联想的广阔天地。

应该引起我们注意的是，企业的“服务”性劳动同样具有第二次的审美文化价值。从消费的角度看，服务性劳动与物质资料生产性劳动的最大不同，在于它面对的不是物，而是人。“服务”超越了产品的物质形式层次，直接进入审美文化的心理情感层次。当然这种情感有“肯定性”与“否定性”之分。“微笑服务”、“情义服务”属于肯定性的情感，因而具有审美文化的价值；而服务忌语、拉长的面孔，则只会产生否定性的情感，是服务的大忌。正因为如此，越来越多的企业家们认识到，比起产品质量、造型，比起营销环境的美化来，服务更为重要。

审美文化价值的第三层次，是物质产品蕴含的更深意义所体现的，是对人理性精神层次的审美文化需要的满足。这是由对物质产品形式蕴含的追求，进而扩展、深化到对人生意义、社会真谛的追求。处于这一层次物质产品的审美文化价值才能被视为最高层的审美文化价值。

一般的物质是难以引发这种理性精神的审美文化活动的，它必须蕴含有深厚的历史文化积淀或能激起人们对宇宙、人生与社会整体的思考。只有这样的物质产品,才能形成第三层次的审美文化价值。前者如“故宫”、“长城”、埃及“金字塔”等这些饱含人类历史沧桑的伟大建筑;后者如宇宙飞船、航天飞机、集成电脑等,这些象征人类聪明智慧的科学成就。在这些产品面前,主体的生理性需求已经被伟大的智慧与深远的历史感所震慑,只能肃然而生敬畏之情,留下征服的感悟与深层的思考。

最能体现这一价值的是当今最热的旅游业。旅游业已成为全球最大的服务行业,成为世界各国的“绿色产业”。现代化的交通工具和现代化的各种设施,使人们能在很短的的间内,游历多国,跨越广阔的空间;在很短的时间内,阅尽不同民族的人文景观,饱览名胜古迹,感受人类数千年创造的历史与伟大成就。这是最高层次的审美文化享受。

从审美文化的角度看,文物、工艺品、艺术品以及各种收藏品,理应也都属于具有这一审美文化价值的物质产品。它们凝聚着人类情感的精华,浓缩着历史和文化,给后人以不已的惊叹和启发。

审美文化正在成为一种产业。审美文化产业是第三产业的再划分。如果从服务的对象即消费者出发,那么我们还可以把第三产业划分为满足人类生理需求、智力需求和情感需求三大类。如医疗卫生、保险、交通运输等行业属于第一类;教育、信息业属于第二类;旅游、广播电视、娱乐业则属于第三类。有的行业,既可以属第一类,也可以属第二类或第三类,如饮食业、商业等,讲究烹饪技艺的美食业、快餐业和购物环境高雅的百货零售业,都可以从满足人的生理需求提升到心理、情感需求的层次。也有的日本学者从劳动者出发,按照劳动的特征,将第三产业中的脑力劳动与体力劳动进行划分,将其中的脑力劳动部分称为第四产业,即“知识信息产业”,进而又将满足消费者的心理、感觉的服务业称为第五产业。也就是说,第三产业为体力劳动产业,第四产业为脑力劳动产业,第五产业为心理型服务产业。无论按哪种分法,对于能满足消费心理、情感需求的服务产业,都是我们所说的“审美文化产业”。具体地说,它主要包括旅游产业、美食产业、美容产业、电影电视产业、广告产业、出版发行产业、时装产业、休闲娱乐产业、大型零售商业、工艺美术品产业等等。这些产业,都以生产审美文化和审美文化符号作为自己的主要产品。

(此文摘自《企业文化与企业改革研究》杂志 1997 年第 1 期)

从美日企业文化异同看中国企业文化建设

苏振芳

企业文化理论的兴起,源于日美比较管理学的研究热潮。这一研究热潮的形成,是由 20 世纪 70 年代以来日美经济发展不平衡而引起的。20 世纪 70 年代以后,日本商品旋风似地大举进入世界市场,许多欧美产品的市场被日本产品抢占。尤其是在美国,由于日本产品蜂拥而至,给美国市场造成巨大压力。面对着日本产品的强大攻势,美国人深深地品尝到竞争失败的痛苦。痛定思痛,许多美国人开始反省自己。一方面组织大批专家对本国优秀公司的企业管理理论与实践进行科学的总结,另一方面,组织美国企业界和管理界的大量专家对日本成功的奥秘进行认真的探索,试图寻找出一套适合美国企业的管理艺术。通过对日本企业文化的分析、研究,美国人经历了盲目乐观到认识觉醒的过程。经过比较分析,美国管理学者发现:尽管日本在 50 年代才开始从美国引进现代管理方法,却形成和发展了与美国有很大差异的管理模式。这就是潜伏在不同管理模式后面的两国文化的差异:美国着重建设的是社会文化,而日本却大力建设企业文化。在考察日本企业文化建设的基础上,美国人通过比较研究,找出自己存在的问题。大批专家学者进行理论与实践上的比较研究,表达了这样一个共同的思想:企业的兴衰存亡,居第一位的并不是严格的规章制度、利润指标,更不是电子计算机或其他管理工具和手段,即所谓的硬技术,而在很大程度上取决于企业文化。一切管理方法和手段,只有在优秀企业文化的配合下,才能发挥出最佳效益,才能立于不败之地。斯坦福大学教授帕斯卡尔和哈佛大学教授阿索斯于 1981 年合著的《日本企业管理艺术》一书中,把美国的企业与日本的企业进行对比研究,觉得两者存在着如下几方面的差别。

首先,两国的管理方式不同。美国企业过分强调管理中的技术和理性,认为只有技术、纪律、政策、规章制度等硬件才便于进行有条不紊的分析和研究,而思想、文化、精神等软性的东西不适合企业管理。日本企业则不仅重视技术、纪律、政策、规章制度等硬性的东西,而且非常重视思想、文化、精神等软性的东西,即“软硬兼施”。他们在引进美国等西方管理理论和方法的同时,注意提炼民族文化中有益的东西,使东西文化在企业管理中巧妙地结合起来。

其二,两国的组织方式不同。美国人比较重视组织的目标和结果,日本人则既重视组织的目标和结果,又重视组织的方法和过程;美国人强调自我、独立、个性,日本人则强调互助、合作、共性;美国的管理人员比较强调职务、权力、个人名誉,日本的管理人员比较重视团体和谐和团队精神。

其三,两国的领导方式不同。美国人重视法制,日本人既重视法制,又重视人治;美国人强调计划、目标、任务、指令、规章、纪律等硬件对人的约束,动辄就解雇工人,职工的精神压力大,日本的管理者则强调要充当“无情的情人”,既注重无情的“硬件”,又注重有情的“软件”,企业对职工终身雇用,使职工没有精神压力;美国企业实行由上而下的管理,日本企业则实行自下而上的管理;美国人强调个人的领导作用,而日本人则强调合作的领导作用。

通过比较研究,美国企业界和管理界的专家们一致指出:美国的经济要超过日本,必须在企业内部进行改革,培养以企业精神为主的企业文化。在各界人士的倡导下,十几年来,企业文化建设在美国各企业轰轰烈烈地展开。

在中国,企业文化是在改革开放的大潮中被引进来的。尽管我国与资本主义国家的社会制度不同、经济结构不同、文化传统不同,但企业文化作为一种新型的管理理论与方法,却值得我们借鉴。我国的企业文化建设尽管刚刚起步,从总体上来说尚处于初创阶段,但作为一种实践活动,在我国已有着一定的历史了。50年代鞍钢的“孟泰精神”、60年代大庆油田的“铁人精神”，都是这些企业的企业文化的核心，只不过当时还没有上升到企业文化的理论高度来认识罢了。

在当前，如何借鉴国外企业文化的优秀成果，建设有中国特色的企业文化是我国企业文化建设面临的重大课题。笔者认为，从我国的国情出发，建设有中国特色的企业文化，重点要抓好如下几方面的工作。

第一，要在企业职工中确立献身中华，振兴企业的主人翁地位。我们中华民族历来倡导和崇尚“天下兴亡，匹夫有责”的传统价值观。这种价值观在社会主义这一历史条件下，具体体现为企业职工爱厂如家，当家作主，争为企业和国家多做贡献的行动上。我国企业职工的主人翁地位具体体现在如下两个方面：一是建立和健全职工代表大会，从根本上保证职工的主人翁地位；二是发展企业民主管理的其他形式，保证职工广泛参加企业的各项管理活动，使广大职工切身感受到自己的企业主人翁地位，增强了职工的主人翁责任感，从而焕发出极大的积极性。

第二，要在企业职工中培养勤劳俭朴、艰苦奋斗的创业精神。勤劳俭朴是中国人民的传统美德，艰苦奋斗是中华民族自尊、自信、自强精神的反映。这种民族的优点、人民的品德，在中国共产党及其领导的企事业中，得到了充分的体现。40年代延安革命根据地的大生产运动；50年代以孟泰为代表的鞍钢人、60年代以王进喜为代表的大庆人，在极其艰苦的环境中，一举甩掉中国钢铁工业、石油工业落后的帽子；70年代二汽职工在穷乡僻壤建设起现代化的汽车城……这些驰名中外、闪耀历史光辉的业绩，靠的是中国人民的志气和艰苦奋斗的创业精神。在当前的改革开放过程中，继承和发扬艰苦奋斗的创业精神，对于深化改革，促进企业自身的发展，具有极为重要的意义。

第三，要在企业职工中倡导尊重科学、严肃认真的求实作风。我国企业在长期的生产经营活动中，结合本行业的特点与企业实际，在培养求实作风方面创造积累了丰富的经验。例如，大庆油田的“三老四严”和“四个一样”；首都钢铁厂的“四个百分之百”；上海电机厂的“扁担电机精神”；福建闽东(集团)电机公司的“勤奋、科学、快速、实效”的“闽东精神”；福州二化的“艰苦创业、开拓进取、团结协作、求实争先”的“二化精神”。这些企业的求实精神，从不同侧面反映了我们党所倡导的实事求是的好传统、好作风，正在成为企业和职工共同遵守的行为准则，它对企业的经营发展，将产生越来越大的影响。

第四，要在企业职工中树立勇于竞争、开拓进取的创新意识。竞争和创新是改革开放以来我国企业求生存、求发展的必然结果。实践已经证明，只有勇于竞争、敢于创新，企业的发展才能获得前所未有的成功。安于现状、不图进取，企业必然走向自我窒息的死胡同。社会主义企业的创新意识表现在两个方面：一是企业整体的创新意识。包括适应科学技术进步与社会经济发展及经营环境的变化，企业经营观念的更新；经营战略、经营方针、市场目标、竞争策略、组织结构、管理方式的适时调整；新产品、新品种、新技术、新装备、新工艺、新材料、新能源的不断研制、开发和更新等。二是发挥广大职工的积极性和创造性，树立开拓创新的意识，为企业的兴旺发达出谋献策，贡献出每一个人的聪明才智，做到有一分热发一分光。企业职工的个体创新意识是企业整体创新意识的基础和源泉，只有把全体职工的创新意识充分解放出来，才能使企业获得巨大的成功。

第五，要继承民族的优良传统，创建有中国特色的管理艺术。我们中华民族具有悠久的历史和灿烂的文化，从我国古代管理思想中吸收营养，对于制定企业经营战略，改变经营管理，增强竞争能力，提高企业领导者的素质，都将得到有益的启迪。近几年来，企业在引进外国先进管理经验的同时，也立足于吸收中国传统文化的精神，摒弃其糟粕，不断完善和发展具有中华民族风格的管理艺术。从经营战略上看，有洞察环境，料敌如神的客观分析；有未战先算，高瞻远瞩的决战预测；有以变应变，出奇制胜的经营谋略。从人际关系方面来看，有“民为邦本”、“制民之产”的人文思想；有“天时不如地利、地利不如人和”的“人和”思想；有“重信义、重气节”的伦理风范；有“己所不欲，勿施于人”的恕道精神。从用人之道来看，有“试其事和考其功”的选才观；有“亲贤臣远小人”的“识才观”；有“不拘一格降人才”的领导观；有“用人不疑、疑人不用”的用人观。

(此文选自《福建学刊》1997年第1期)

“德盛者其群必盛，德衰者其群必衰”

——加强社会主义企业道德建设

韩天石

“德盛者其群必盛，德衰者其群必衰”是梁启超说过的话，我认为是很有道理的，也可说是无数历史事实所证明的真理。

人们在生活中需要有一个安宁、公正、和谐发展的环境，这就必须有能调解人们之间、个人与社会之间的关系的行为规范和准则，即谓道德。道德对个人、群体和社会起着导向、约束和激励作用。在不同的国家、民族、阶级、宗教、社会制度、文明程度等情况下，有着很不相同的道德评价标准。各行各业除它们应遵守的公共道德之外，还有其各自特点的职业道德规范，如官德、师德、商德、医德、艺德等等。

当前，世界经济正在走向一体化，我国经济正处于改革开放、经济体制转换和实现经济增长方式“两个转变”时期，我们虽然已经取得了巨大进步，但社会主义市场经济尚不够完善，经济活动不够有序，有的甚至道德失范。最近，党的十四届六中全会对加强社会主义精神文明建设作出了重大战略决策，特别强调了关于思想建设问题，为企业道德建设提供了指导方针和理论依据，指明了应走的道路。根据中央十四届六中全会决议精神，我们所要建设的有中国特色社会主义企业道德大致可以归纳为以下特征：①社会主义企业道德是建设社会主义精神文明和社会主义市场经济的组成部分，是以爱国主义、集体主义和社会主义为基础，以依靠人民为动力，以为人民服务为核心的，对两个文明建设和社会主义市场经济的建立、完善起着推进作用；②以邓小平有中国特色社会主义理论为指导，继承和发扬中国优秀企业道德传统，学习、借鉴发达国家和国际上通行的、公正的、文明的企业道德机制和规范，根据国家法律、政策和法规作出自己的选择,制定和形成法律的、半法律的和道义的准则来规范企业的行为,既讲竞争又讲协作;③企业要盈利,但不能是惟利是图、见利忘义、损人(包括公众和国家)利己,或者只求“德”与“义”的虚名而不计功利之实,应是德、义与利的统一,做到“三个有利于”。

高尚的社会主义企业道德是建立在具有高尚思想道德素质员工的基础之上的,全面提高企业员工的素质应成为企业上级和企业里党政领导的首要任务和当务之急,要以大的投入(人财物的)来提高全体员工,特别是领导者的思想道德和科技业务素质。这不仅是建设企业道德的需要,也是企业实现现代化所必需的。我们生存在现实社会中,依靠社会而生存和发展,社会则依靠人们的劳动和工作而存在和发展、进步。人们劳动和工作得越好,社会就越能提供更好的生活和发展的条件和环境。因此,人们对社会、国家和群体应怀有强烈的责任感、使命感,树立爱国主义、集体主义和社会主义精神,付出最大智慧和能力,为社会、为人民做出尽可能多的贡献,推进社会的进步。同时社会也会给个人以回报,以实现个人的人生价值,实现自我。这种服务与被服务的关系是双向的关系,即“人人为我,我为人人”,实质上是“人民为自我服务”。社会主义国家是坚持“按劳分配”原则的。但在企业里,从个人来说,他所得的报酬可能是公平合理的,也可能是不够公平、合理的。这种不公平、不合理,可以通过法律、制度以及道德原则来解决。但职工应加倍努力,学习知识和经验,磨炼意志,增长才干,创造出更大的业绩;发扬自尊、自信、自强、自励、自律精神;做到敬业、爱业、乐业、勤业、精业,团结协作,铸就巨大的道德力量,形成强大的凝聚力,积极地、创造性地实现企业的战略目标。

企业道德是一个复杂的、多层次的系统,有高低之分,深浅之别;其内涵是非常丰富的,既是制约机制,又是动力和无形资产。建设和完善企业道德是一个艰巨的长期过程,它随着政治、经济和文化的发展而发展。它大体可以分为以下三个层次。

一、义利统一的社会主义义利观

义利的统一是企业道德的起码要求、铁的原则。义利之辩早已有之,以今为盛。除道家的“义利双弃”外,基本上是两种观点:一是对立观,认为义与利是不相容的,有你无我。孔子认为,“君子喻于义,小人喻于利”(《论语·里仁》);董仲舒认为,“正其谊不计其利,明其道不计其功”;宋朝程颐认为,“大凡出义则入利,出利则入义”。现在也有些人认为“守规矩就不会发财,更不会发大财”,“人无外财不富”。甚至有人著书立说,提倡“厚黑学”,认为要发展经济、要发财,就要厚着脸皮、黑心肠,资本主义初期就是如此。此说颇有些同情者。二是统一观,认为“利者义之和也”(《易·宛言》),“义,利也”(《墨经上》),“以义生利”(《国语·晋语一》)。南宋叶适认为:“既无功利,则道义者乃无用之虚语耳。”章炳麟认为:“实、德、业三者,各不相离。”邓小平同志说:“革命精神是非常宝贵的……但是,革命是在物质利益的基础上产生的,如果只讲牺牲精神,不讲物质利益,那就是唯心主义。”义与利的统一也就是精神与物质的统一,是相生相长的。但也有矛盾,当一方损害对方的利益,甚至危胁到对方的生存时,义与利就会发生尖锐矛盾和对抗。因此,在企业活动中就应讲:遵法守信,公平交易,互惠互利,货真价实,童叟无欺,和气生财,礼貌待客,“买卖不成仁义在”……企业在正常的经济活动中,义与利是统一的。“义利两有”,也是企业应尽的义务,应有的责任。从长远看,企业惟利是图,见利忘义,丧失信誉,坑害顾客,必然为顾客和公众所唾弃,失掉市场,也会受到法律制裁的。即使侥幸偶有所得,也绝不会长期存在和发展,所谓“多行不义必自毙”。事实上,国内外老牌著名的成功企业无一不是严格恪守企业道德,精益求精,追求真善美新的结果。同时它们也得到了社会高价回报,提高了美誉度和社会地位,获得了高额经济效益和无形资产。老字号“同仁堂”,就是很好的例证。

二、“信誉高于一切”是企业的生命,是建立社会主义市场的必备条件

所谓“人无信不立,事无信不成”。失信是企业经营之大忌,失信在市场上必然失去竞争力,无信也就无誉。为此,企业应真诚地、严格地履行契约,实现承诺,实现文字的、口头的以及广告宣传中所作的一切承诺,切忌耍花招、搞小动作,搞欺诈行为。在经济交往中要十分重视维护对方和有关方面的利益。如发现在契约中有不利于对方的内容,或已售出的商品中有缺陷的、不合格的商品,则主动提出修改契约,收回或退换商品并予补偿。这样虽然使企业受到了损失,却赢得对方及有关各方的信任及公众、社会的赞誉,提高了美誉度,开阔了市场,提高了竞争力。许多企业因此而获得了名厂名牌、“信得过企业”的桂冠。据说商业有一个“1:125 原则”,得罪了一位顾客就等于失去了 125 位潜在的顾客。如果得罪的人多了,就可能会“千夫所指,无疾而终”。总之,企业一定要实施顾客满意战略,精心塑造崇高的企业信誉形象,才能夺取名牌桂冠,赢得市场。

三、以企业真善美新的产品和服务,满足人们不断提高的物质和精神需要

真善美是人生所追求的最高境界,也应成为企业追求的目标。中共中央十四届六中全会“决议”中就提倡“一切有利于追求真善美、抑制假恶丑、弘扬正气的思想道德”。在对人、对事、对物上做到真善美新,抵制假恶丑旧(陈旧),做到真实(货真价实)、真诚、真心,善意、善行、善其事、善其用、善与人交,美言、美形、美名,创新、革新。没有创新就没有发展。宝钢设定的目标就是“至真、至善、至美”。“小天鹅”在发展战略中提出了“末日管理”,实质上是不断完善和不断创新的管理,否则就没有明天,以此来激发全体员工的危机感,振奋精神,创造出更真更善更美更新的产品和服务。他们“把满足群众的需要作为自己经营的最终目标”,“为群众和依靠群众”。负有盛名的老字号同仁堂一直坚持“炮制虽繁必不敢省人工,品味虽贵必不敢减物力”,以“同修仁德,济世养生”为自己的传统道德。企业、企业领导者和员工应不知疲倦地学习新知识、新技术,积累新经验,掌握市场的走向和消费者新的需求及承受能力。以新的思想观念,完善或改变企业发展战略,改进或确立新的管理模式。在产品上做到“零”缺陷和不断更新,在服务上做到无可挑剔,使顾客享有意外的美好感受。企业更应以同样的态度对待员

工,使员工感受到工作和生活是幸福的,因为他们都是企业效益的创造者。

另一方面,企业也要警惕、防止和抵制企业内外的假恶丑旧的现象和思想行为,自己不欺骗别人,也不要受别人的欺骗。弘扬正气,加强社会主义精神文明建设。

普遍的高尚的企业道德必将推进两个文明建设,使人民生活得更美好,实现人的全面发展和社会的全面进步。

(此文选自1997年2月5日《中国企业讯息报》)

企业经营中的伦理准则

苏 勇

企业伦理,是企业经营中的一种道德标准和行为准则。对于企业伦理这一概念,现在世界各国的研究者还存在一些分歧,但是综合大多数研究者的意见来看,企业伦理,主要是指这样三层含义:一是指企业内部管理方面的道德标准,处理人际关系方面的行为准则;二是指企业对外经营和公共关系中的伦理规范;三是指企业家本人的道德修养和伦理准则。在这三个方面中,企业对外经营和公共关系中的伦理规范,无疑是最为重要的部分。在当前中国建立市场经济的过程中,这个问题显得尤为重要。本文拟结合当前中国企业经营中的一些实际案例,分三个部分对此加以论述。

一、一般销售手段中的伦理问题

中国在走出计划经济,开始进入市场经济之后,大部分企业开始重视销售问题,使出各种手段大力进行销售。对于企业来说,这是重视经营的一种好现象。但是,由此也产生出一系列的伦理问题。

例如,目前许多企业普遍采用给回扣的方式来提高销售量,这种回扣一般都是直接以现金的方式给买方的经办人员。对卖方单位来说,为了达到提高销售量的目的,这种付给现金回扣的方式在财务上都有办法处理,但是对于买方单位的经办人员来说,就涉及到一个伦理道德问题。第一是这种回扣能不能收?第二是收了以后如何处理?第三是会不会因为收了回扣而购进质次价高的商品?这一系列的伦理问题直接关系到企业的经济效益,也关系到企业的风气。

回扣问题可以说是一个世界性问题,不仅仅发生在中国。例如在日本,也发生过美国洛克希德飞机公司给日本政府有关人员巨款回扣的事件。但是,在资本主义国家,企业员工为了保住自己的职位,除非是铤而走险,一般不会为了一笔回扣而冒丢掉职位的风险。因为他们知道,个人收受回扣,终究会直接或间接地损害企业利益,而且是明显地违反企业的伦理准则的。而在中国,由于绝大多数企业属于国家所有,企业领导人在知道有类似情况发生时,一般是出于责任心才去追查,有时即使查出以后,也很难作出严肃的处理,一般不可能将该职工辞退。因此收受回扣的情况便屡屡发生。

企业在销售中支付一定数量的回扣或佣金,是各国企业都使用的一个通常的做法,但在具体执行中屡屡出现"犯规"的问题。这其中就涉及到一个伦理准则的问题。回扣究竟是否可以支付?应该怎样支付?

我们认为,在当前中国建立社会主义市场经济的过程中,要全面禁止回扣的支付,既不现实也是不可能的。但是任其泛滥,甚至像有些企业那样,在展销会上明码标价,你购买我多少东西,我给你多少回扣,这必将导致社会风气的败坏,损害国家和集体的利益,同时也造成市场的无序竞争。根据对日本一些企业做法的了解,比较现实的方法是:卖方企业不直接向具体采购人员支付回扣,而采取在价格上给予优惠,向买方单位让利。但这样可能不利于调动采购人员的积极性。因此,另外一个办法就是,每一个企业对此问题作出相应的规定,明确采购人员在收受回扣之后必须上交,否则视为贪污处理。而企业在收到员工上交的回扣之后,可考虑提取适当部分作为奖励。

二、现场促销行为中涉及的伦理问题

1996年初,位于上海市东部地区的一家大型百货商厦开张了。正当顾客们熙熙攘攘地在商厦中选购物品时,人群中忽然出现了一个千百万中国人民非常熟悉的毛泽东的形象,他操着人们同样熟悉的毛泽东的湖南口音,对顾客们说道:"同志们好。××商厦今天开张了,它的商品非常丰富,价格也很便宜,希望大家尽情选购。"一时间,商厦秩序大乱,顾客们蜂拥而上,希望能一睹久违了的毛泽东的形象。

原来,这是该商厦为开张而精心策划的一次促销活动。他们为了加深顾客对该商厦商的印象,并试图引起某种轰动,挑选了一个在外型上酷似毛泽东的人,扮成人们所熟悉的毛泽东的形象,来为商厦作宣传。

企业想方设法进行促销,这是一个好现象,说明中国企业的市场经济意识在增强。但是,运用毛泽东这样的伟人形象来进行促销活动,这其中同样涉及到一个伦理道德问题,同时也涉及到一个法律问题。

从伦理道德的层次来看:在中国人民的心目中,毛泽东是一个伟大的政治人物,他领导中国人民创立了新中国。尽管他在晚年犯过严重的错误,但他依然是一个政治上的伟人。中国人仍然非常尊敬他。而该商厦把毛泽东的伟大形象和纯粹的商业行为联系起来,运用毛泽东的形象来为自己促销,这是许多中国人无论如何也不能接受的。而且他们认为这种促销手段是不道德的,违背了中国社会当前人们所奉行的伦理准则。从世界各国的做法来看,这种促销行为也是不符合国际惯例的。我们没有看见过日本某家企业用田中角荣或大平正芳等政治家的形象来为自己促销,也没有见到美国某家企业直接用肯尼迪或尼克松等人的形象来为自己的商业目的服务。如果这些国家的企业这样做的话,同样也不能为该国的人民所接受。

从法律的层次来看,这一行为同样违反了中国现行的法律。中国的《广告法》规定,不能把国家领导人的形象和名字运用于企业的宣传、广告、销售等商业行为之中。这一商厦的这种行为,明显是违反了这一法律规定。

企业重视销售,运用多种手段来进行促销,这是竞争意识增强的一个重要表征，也是中国在推行市场经济之后的一个新现象。但是这种经营行为应该受到一定的约束，除了受到法律的约束之外，还应该受到伦理道德的约束，不能发展到不择手段的地步。正如日本学者森本三男教授所指出的那样，企业的行动必须同时考虑到合法性和伦理性。企业不能为了达到自己的商业目的，而不考虑该项行为是否会违背社会的伦理准则和人们心目中的道德标准。用毛泽东的形象来进行促销，显然是不符合中国的经营伦理的。类似这样的行为，不仅不会促进企业的销售，而且很可能引起消费者的反感，结果是起到相反的作用。

三、企业实施公共关系行为中的伦理问题

中国进入市场经济之后，企业越来越重视公共关系的建立和企业形象的塑造，注意通过公共关系行为的实施，来提高企业的知名度，扩大企业的影响。

但是，一些企业在实施公关行为的过程中，忽视了伦理道德的标准，出现了一些不良的现象。

1994年的下半年，有一家文艺单位筹备拍摄一部电视剧，导演、演员、剧本都已齐备。但万事俱备，只欠东风，拍摄所需的20万元钱还没有着落。这时有一家企业的经理主动表示，愿意承担这20万元的拍摄费用。但他同时提出一个条件：要更换原定的女主角，由J女士来出演该电视剧的女主角。

J女士何许人也？9年前她曾帮一名杀人抢劫银行的罪犯隐藏枪支和协助他逃跑，被判处3年徒刑。新闻媒介广为报道了这起案件，因此J女士也就有了所谓的知名度。而今那家企业的经理就是看中了J女士的那点所谓的知名度，企图借此来为企业作宣传。当有记者为此事去采访那位经理时，他明确表示，他与这位J女士无亲无故，而之所以要求由她来出演女主角，主要就是看中她的所谓知名度，希望在电视剧上演之后，借她的"知名度"来扩大企业的影响。而如果花20万元做广告的话，收不到这样的效果。他宣称这纯粹是一种商业行为。

在进入市场经济之后，企业当然有权根据自己的需要，采取必要的商业行为和公关行为。这家企业所采取的这种行为，从单纯的商业角度来看，可能不失为是一个好点子，因为如果出20万元做广告的话，可能确实效果不大，而该电视剧如果上映的话，可能收视率不低。但这种行为将导致不良的社会影响。在上海人民广播电台主办的专题讨论中，许多听众打来电话，90%以上的人对该企业的这一行为持批评态度。有一位听众反映，他的孩子在看了有关报道之后说，流芳千古和遗臭万年其实并没有什么两样，关键是要出名。这就是该企业的这一行为所产生的社会影响！这种社会影响违背了社会道德，导致人们伦理观念的混乱，使得人们好坏不分，善恶不辨。采用这种方法来提高企业的知名度，只会造成公众对自己企业的反感，绝不会有利于企业形象的建立。企业不仅是一个经济单位，而且同时也是一个社会单位，企业的每一项行为，不能仅从自己的商业利益出发，而要考虑到自己的社会责任，考虑到每一项行为所产生的社会效果。日本是一个市场经济高度发达的社会，竞争异常激烈。但是日本企业不会采用类似的手段，利用某人或某项不光彩的事件来试图提高企业的知名度，因为他们觉得这只会给企业带来耻辱。这正是出于一种伦理道德方面的考虑，说明日本企业在决定自己的行为时是有一定的道德观念和伦理准则的。

中国的市场经济还处于初级阶段，各种秩序和规则还在建立之中，不少企业对于市场经济下的运作方式，还处于摸索之中。因此，在当前强调市场经济下的企业伦理，就显得格外重要。一个企业，只有自觉地把自己置于法律和道德的双重约束之中，使自己的各项经营行为不仅符合现行法律，而且符合当前社会的伦理道德规范，才能不断地提高经营管理水平，塑造良好的企业形象，在激烈的市场竞争中不断取得胜利。

（此文选自《企业文化》杂志1997年第2期）

儒家伦理的现代经济价值

孟凡驰

儒家伦理是中国文化的一个组成部分，历史悠久，内容博大精深。在我国现代市场经济建设和企业经营管理中，应科学辩证地分析这份遗产，发挥其作用。

一、儒家元本伦理及其评价

自孔孟创立儒家伦理之后，在长期发展过程中，经过不断嬗变充实，内容越来越丰富了，可是被后人不断改铸的儒家伦理，已经远非孔孟初创时的儒家伦理。因此在评价认识儒家伦理时，必须分清儒家伦理的元本（狭义之源）内容和流变内容，不能笼而统之，否则，容易犯以偏概全的错误。

儒家元本伦理，是指孔子、孟子原创的儒家伦理观。儒家流变伦理，是指孔孟之后经过历代统治者和名人学士们见仁见智的解说后所衍生变异的儒家伦理观。孔孟原创之元本伦理，有些内容有很强的阶级性和历史局限性；有些内容则跨越时空界限而具有普遍适用性和永恒的魅力，在改革开放的今天仍熠熠生辉。

孔子总结春秋战国以来的伦理思想，从理论上构筑了一个完整的以"仁"为核心的道德体系，对中国社会的生活秩序，给予伦理化、道德化的提升，经孟子详尽阐发和补遗，这一体系更加完备。孔孟所创立的儒家伦理是充满着辩证精神的，到了汉代"独尊儒术"，董仲舒把儒家伦理定型为"三纲五常"，则把它绝对化、片面化了。其实汉代所尊乃是"汉儒"，离孔孟之元本伦理所述要旨相去甚远，王充曾假托孔子预言："董仲舒，乱我书。"（《论衡·实知》）此时儒学已成封建政治的婢女。至宋代程朱理学，孔孟之元本伦理所体现的辩证思想便荡然无存，他们提出"存天理，灭人欲"，把儒家伦理推向绝对化、片面化的极致，使本来充满生机和辩证理性精神的儒家伦理走向没落和僵化。

在人类文明发展史上，没有哪一个国家不讲究道德建设。但像孔孟儒家那样把道德的地位置于一切社会发展因素之上，在世界上是绝无仅有的。中国传统社会中，无论是为人，还是

治世,都是道德取向高于一切,"君子务本,本立而道生"(《论语·学而》),认为施"仁政",行"德治",明"礼教",倡"王道",才是理想的为政境界。在道德与经济的关系上,认为"德本财末";在人际关系上,主张"以义相交";在文学艺术上,倡导文以载道。孔孟这些伦理思想具有二重性。其一,主张一切社会生活的"道德本位"或曰"道德至上",不但割裂了社会发展诸因素之间的联系,而且也否定了生产力发展对社会进步的决定作用,从而迟滞延缓了中国社会的科技进步、经济发展,导致了整个社会发展缓慢。其二,孔孟儒家伦理强调道德在社会各个领域中的主导作用,对于中国文化体系的建立,对于中华民族精神文明的进步,对于社会的稳定,起到了积极作用。

二、儒家元本伦理在现代经济发展、企业经营中的实践价值及其辩证作用

改革开放以来,人们的观念获得了一次历史性的大解放、大进步,在社会生活的各个领域树立了新的思想,综合国力空前提高。尤其在经济领域,市场经济的确立,更使我国的经济发展呈现出了勃勃生机。但是,毋庸讳言,在新的经济取得大发展的同时,由于放松了经济伦理道德的研究和实践,在经济活动中出现了很多非道德现象,道德思想的混乱,道德秩序的破坏,在有些地区非常严重。这些都严重地影响着经济的健康发展。倡导经济发展中高尚的伦理思想,重塑现代企业经营道德,已成为我们的当务之急。科学地分析孔孟元本伦理思想,辩证地继承这份遗产,使它服务于我们的现代化建设,是我们建设社会主义市场经济条件下新型经济伦理道德的题中之义。

我们认为,孔孟元本儒家伦理以下诸方面为我们建设现代经济伦理提供了非常有益而丰富的内容。

1. 把人作为经济活动的最终目的,置于经营管理的核心地位

英国学者李约瑟认为,中国文化"向来主张,研究人类的惟一适当对象就是人本身"。孔孟元本伦理主张天地之间人为贵,"天为人而立,地为人而成",孟子讲"天时不如地利,地利不如人和"。在孔子看来,"仁"为一切道德的关系根源和发端,仁是儒学的核心。什么是仁?孔子解释为"仁者爱人"。人便成了一切文化的核心。中国文化的伦理型特征,决定人们的着眼点不是人与神、人与自然的关系,而是人与人的关系。孔孟从"仁"的总原则出发,主张人与人间相处应遵循"推己及人,己立立人,己达达人,己所不欲,勿施于人"的伦理规范。诚然,中国历代统治者从来没有真正把广大劳动人民当作服务的对象和生产的目的,以人为本的伦理准则从未真正实行过,这并不是孔孟伦理思想本身的问题。

现实社会的中国,其生产目的是满足广大人民日益增长的物质需要和文化需要,这是同资本主义制度的一大区别。马克思曾经指出,资产阶级政治经济学最不人道处,就是把商品创造者当作商品。据此,我们认为,我们的经济活动必须确立以人为本的经营目的。把为广大人民提供质优价廉的产品作为经营宗旨,坚决反对违背这一宗旨的不道德的经济行为。

在现代企业经营管理方面,一大批日本企业家悟出了孔孟儒家元本伦理之真谛,他们从儒家"仁'的伦理中引导出"企业即人"、"和为贵"等企业伦理关系,从而使企业形成独特的经营理念.取得了良好的经济效益和社会效益,创造了日本经济奇迹。涩泽荣一通过"《论语》加算盘"的经营实践,创造了"道德经济合一"论。盛田昭夫认为:"没有一个理论计划或政府的政策会使一个企业成功,但是,人本身却可以做到这一点。"以人为本的"人力资源思想",和谐高于一切的人际关系,成了日本经济发展的重要因素。日本企业对孔孟元本伦理思想的成功运用,不但发展了经济,同时提高了国民的民族觉悟和国家凝聚力,成功地避免了马克思批判过的那种"随着实物世界的涨价,人的世界也正比例地落价"的局面。

2. 正确处理义与利的关系

孔孟关于义利关系的基本观点是"贵义贱利","义以为上"。孔子认为"义"是立身之根本,君子"谋道不谋食,忧道不忧贫"。孟子认为,"为政以德"则国兴,"上下交征利而国危矣"。孔孟并未把义与利完全对立起来,只是二者相权取其上,先义后利,见利思义。孔子"罕言利",不是不言利,他还认为,"富与贵,是人之所欲也,不以其道得之,不处也。贫与贱,是人之所恶也,不以其道得之,不去也"(《里仁》)。孔子视不义而富且贵如浮云。可见儒家元本伦理中的义利观点是具有辩证关系的。到了董仲舒,提出"正其义而不谋其利,明其道而不计其功",则将儒家元本义利观形而上学化了。至宋明时代,二程和朱熹用唯心主义的"理"解释儒家义利观,提出"存天理,灭人欲",把义与利对立起来。

儒家元本伦理中的功利观,在一定意义上说,漠视功利原则的合理性,轻视功利机制对社会的推动作用,不利于市场经济观念的形成。但是,在义利不可兼得的情况下,它体现出的价值抉择是高尚的,它能抑制见利忘义的滋生,有利于抨击物欲横流、迷失人伦精神的社会行为。

现代市场经济不同于自由竞争的原始积累时期的市场经济,它具有高法律、高文化特征,这种现代经济离不开高尚伦理道德的引导。讲求高尚道德,才能树立企业良好形象,在国际竞争中站住脚。不讲道德的野蛮经济,低文化品位经济,会逐渐被淘汰出市场。作为个人,见利忘义,惟利是图,也不可能成为现代人。

美国战略家布热津斯基指出,当代美国社会遇到20个困境,其中"道德上的腐败大规模蔓延"最为突出。他认为美国有必要"在哲学上反省和文化上自我批判",务须去除物质第一主义。从世界现代企业经营的实践看,凡成功的企业莫不非常注重经济中的伦理和经营中的道德。日本著名企业家松下幸之助认为:"如果公司没有把促进社会繁荣作目标,而只是为了利润而经营,那就没有意义了。"另一位日本企业家,东京电力公司董事长平岸外四特别重视《论语》中"放于利而行,多怨"的观点。他从实践中体会到,"如果企业只是追求利润,总有一天会遭到报复"。中国同仁堂药店将"养生济世"作为经营宗旨,在加工中药过程中,能够在"修合无人见"的情况下,做到"炮制虽繁,必不敢省人工,品位虽贵,必不敢减物力"。

我们发展社会主义市场经济,就是要在经济活动中坚持为人民服务之大义,以此为指导,谋广大人民长远之利,不谋个人眼前的一时之利。坚持义利并举,以义取利,应成为我们经营的道德原则。

3. 发挥集体和个人两个积极性,使个体与群体协调发展

儒家元本伦理中,在阐述个人与集体的关系时,强调个人

服从整体的社会本位原则。这与西方社会所形成的个人本位的道德价值现形成了鲜明的对照。儒家强调“五伦”精神和“礼”的精神，就是强调整体秩序的精神，孟子为士者设计的“修、齐、治、平”的人生价值实现的道路，也体现了“治平’是最大价值和最重要的原则的思想。孔孟儒家伦理中的人本思想，首先是指人类群体而言。强调个体对整体要承担责任和义务，所谓“克己复礼”，就是约束一己之欲，使自己的言行符合群体之“礼”。这种社会群体本位的思想，在客观上，对个人创造性的发挥，对人性的开展，都有一定的抑制作用。它对巩固封建集权统治也起到强化作用。同时，它对民族凝聚力的形成，促进社会的和谐发展，在处理个人与社会的关系时培养高尚的情操，也有不可否认的积极作用。

现代工业发展的社会化水平空前提高，竞争规模日益趋向集团化、地区化、国际化。现代生产的这两个特征，都向西方社会个人本位的道德价值观提出了无情的挑战。美国理论家分析其本国70年代经济落后于日本的原因时认为，日本企业所遵循的以儒家伦理为核心的东方型集体主义原则，使企业和谐团结，利于发挥每个员工的积极性，因此“能较好地应付现代工业主义”；而美国的问题在于需要和谐、协作、整体力量的当代社会中，还“仍然忙于保护我们相当极端的个人主义”。正如美国管理学家威廉·大内所指出的那样，“最让美国难以理解的也许是日本的集体主义价值观”。美国人深刻地感觉到：美国需要改变文化。于是他们把眼光转向东方。

诚然，以儒家伦理为主旨的群体本位价值观，能否医治美国的现代病，还有待于实践检验。但是在中国这块土地上建设现代化，则必须以批判地继承儒家整体本位价值观基础上形成的社会主义集体主义道德价值为准则，这不但是由我国历史条件、现实条件和人们长期形成的价值规定势所决定，而且也是实现现代化的历史性要求。我国在计划经济体制下，过分强调社会本位，抑制个人创造力的发挥和正当的物质利益追求，造成经济落后。在近几年的改革中，我们又有一部分企业走向了另一极端，过分强调个人主义价值现，而置集体利益和人民利益于不顾，败坏了党风和社会风气，同时也影响了广大职工的积极性，成为企业难以走出困境的重要因素之一。有些企业家总是习惯于从资金、政策、体制、技术、设备等方面寻觅企业不能腾飞的原因，而很少从道德文化这一深层因素上穷根问底。

我国企业在打破计划经济体制的束缚后，呈现出利益主体多元化的趋势，也必然引出人们道德价值取向的多元化局面。主导价值观一元化的实现，要靠文化整合。中国现代化的未来经济，要求人们在个人与群体这一伦理关系上，既不能完全袭用儒家陈旧的群体本位至上的道德价值，也不能完全搬用近现代西方个人本位至上的道德价值，而是两种价值协调作用的新道德。

4. 德与智相协调，德与法相表里

在社会发展机制上，道德与经济、道德与政治、道德与学术诸种关系中，孔孟儒家主张道德至上。在哲学上认为“德行万物长”，在诗、书、礼、乐、艺等各种学业中，要突出“教以人伦”的地位，所谓“德成而上，艺成而下”。这些思想为我国后来形成的轻视科技的发展，轻视个人才能的作用，轻视一切与道德人伦相关联的推动社会发展因素的单一社会发展路向，奠定了理论基础。这种伦理道德系统的长期束缚，导致中国历史虽然悠久，但国力并不强大。

在道德与法律的关系上，孔孟并未把它像德智关系那样绝对化，而是主张“道之以政，齐之以刑”，“道之以德，齐之以礼”，德法并用，才能维护社会之安定与发展。

我国在计划经济条件下，重视德治，过分看重意识形态的反作用，而忽视了智的作用和法制建设。在中共十一届三中全会以后，我们重视了人的智力因素在社会发展中的作用，也在逐步完善法制建设。但是，近年来又出现了重智轻德、重法轻德的现象，滑向了另一个极端。其表现是：第一，在企业管理中强调“能人”的治厂，而“能人”的主要标准是智而不是德才兼备，忽视了管理者的道德水平，疏远了广人职工群众的民主权利和智慧。第二，一批企业在经营活动中，忽视经营理念的培育，缺乏进步的价值导向，丧失了起码的商业道德，假冒伪劣商品盛行。有一些企业奉行卖出去就是胜利的经营宗旨，没有为顾客提供优质商品和优质服务的伦理精神。第三，以经济才能和社会物质财富占有量作为衡量一个人社会价值的惟一尺度，使相当一部分人失去了对善与美的追求，只贪图物质领域的金钱，造成社会上远大理想阙失，物欲急剧扩散，相当一部分人在物质上富有了，精神却无家可归。第四，一味重智轻德，使一部分社会成员在如何运用自己能与智的问题上被引入误区，他们认为“智”、“才”、“能”就是一切。失去了道德约束后，有的为政者恃权营私，有的社会成员恃强凌弱，以众暴寡，动辄致死人命，原始野蛮行径屡见不鲜，出现了同现代文化社会极不和谐的音符。在他们心中，世纪之交的中国社会似乎又回到了蛮荒强权的时代。第五，把改革成功的希望完全系于体制变革之上，似乎体制变了，改革大业即告全部成功，从不去考虑为何体制如此难以变革的文化因素，不考虑法制与道德的平衡发展。

不注重智力因素的经济活动，不会产生理想的效果，只能助长社会的清谈之风，甚至会使人们堕入虚幻的理想世界，延误社会发展。放弃了道德情怀，只注重智力的作用，会把经济活动和社会发展引入危险的道路。在现代经济发展中，道德是航行灯，智慧是动力，法律是保护神。

综上所述，儒家元本伦理思想充满着辩证精神，具有二重特性，科学地分析它的丰富内容，辩证地应用于现实改革活动中，才能推动我国现代化的发展。

（此文选自《企业文化》杂志1997年第3期）

品牌价值比较研究的理论探讨

艾 丰

北京名牌评估事务所提交的《'95中国最有价值品牌研究报告》已在1996年6月号的《中国质量万里行》杂志上发表，这是国内首次对中国品牌价值进行比较研究的成果。

品牌价值比较研究在国外已经进行了一些年，并取得了良好的效果。现在人们一讲到名牌，就要举例说“可口可乐”商标价值几百亿美元等等。其实这数字源于品牌价值的宏观比较研究。

我国进行的此项研究，借鉴了国外的经验，又结合了中国的实际，虽刚刚起步，已显示了它的生命力。

品牌价值研究的性质和依据——名牌是一个独立的实践和理论范畴

品牌价值的比较研究是一项实用性经验学研究。它不是一般性的评比活动，不授予企业或产品以什么称号，也不是为了排名次，而是为了全面评价中国品牌的价值，探索名牌成长的规律，从而为宏观经济决策和微观经济决策提供重要的参考。

那么，这项研究的依据是什么呢？

最重要的依据就是实践。市场经济中的大量事实告诉人们，品牌在市场上具有特殊的作用。名牌依靠它的市场开拓力、文化内蓄力、资产扩张力，在市场上表现出超常的创利能力。这就驱使人们去研究名牌的超常创利能力的表现、构成、来源和性质。

名牌实质是一种知识产权。但名牌这种知识产权具有与其他知识产权不同的特点——囊括性。一般知识产权如专利权、著作权，多是专项的，而名牌这种产权，指的是那个名牌企业的“全部”和“整体”。

可见，名牌既有自己独立的实践领域，又有自己独立的理论范畴，把它作为独立的领域来进行研究，其依据是充分的。

品牌价值比较研究是名牌研究的重要组成部分，它把若干名牌综合起来加以研究，并根据特定的公式“计算”出每个品牌的价值，而且这个量化的价值又随着每年企业经营状况的变化而不断变化。由于进行价值“量化”的特点，人们很可能把它与一般的商标评估相混同；其实正是由于它从宏观和微观的结合上来解决“量化”问题，就使得理论研究和实际运用得到了很好的结合，既有理论性，又有实用性。

品牌价值量化的两种形式——“内在价值”和“交易价值”

品牌价值的量化，从历史发展看，是从个别到一般的过程。在经济活动中，最先出现的是个别交易中品牌量化的要求。例如，一个企业要使用名牌企业的品牌，报偿就要量化；再如，两个企业合资，商标作为一种资产入股，也要价值量化；还有的时候，商标要进行买卖，也需要定个价钱。于是，便有了个别商标价值评估的需求。这种商标价值的评估，一般是由资产评估机构进行的，作出评估结论之后，交易双方再在这个基础上谈判成交。

品牌价值的宏观比较研究出现得比较晚，据了解，在国外也是近些年来才兴起的事情。它的出现，是适应了如下的需要：

——名牌企业宣传的需要。

——宣传无形资产重要性的需要。

——宏观经济和微观经济运行的参照需要。品牌价值实际是市场竞争的一个极其重要的表象。

——规范个别品牌价值量化的需要。在品牌个别价值量化的过程中，由于种种原因，不同的评估机构对同一品牌的价值评估存在很大差异，为了减少在个别评估中的主观随意性，为了有一个比较通行的参照系数，宏观比较研究就成为必要。

于是，品牌价值的评估，就出现了个别评估和宏观比较评价这样的两种方式。

那么两者的关系又是怎样的呢？为了解决这个问题，我们提出了品牌的“交易价值”和“内有价值”两个概念。所谓“交易价值”，是为了进行产权交易的目的，通过个别评估量化的品牌价值。所谓“内在价值”，是在产权并无变动的情况下，通过宏观比较研究，量化的品牌价值。它是对名牌所代表的整体资产的量化，是对品牌在经济活动中具有的超常创利能力的货币形态的量化。

这里要说明两点：第一，超常创利能力，不是设定的，而是在“现实的经济活动中”表现出来的。所以，量化只能是一年一次的，每年都有所变动。第二，它量化的不是某年内超常创利的数额，而是这种超常创利能力赖以存在的那个“全部资本”的总值。

名牌的“内在价值”，是市场经济运行中的客观存在，不管是否发生交易，而比较评价只是把它量化出来而已。

如果承认“交易价值”，就必然要承认“内在价值”。人们拿来交易的，不能是本来就不存在的东西。只有内在价值形成之后，才可能对它进行交易。“交易价值”的基础是“内在价值”。如果是一个臭了街的品牌，谁会用钱来购买它呢？

根据马克思关于商品价值和价格的理论，我们认为，品牌的“内在价值”和“交易价值”的关系，很类似商品的价值和价格的关系。如把名牌也当成一种商品的话，那么，名牌“内在价值”相当于商品的价值，名牌的“交易价值”则相当于商品的价格。

商品的价格，取决于生产这个商品的社会必要劳动，它的实质是社会承认的有效的劳动。名牌的“内在价值”难道不正是这样的吗？它是靠足够数量的卓有成效的智力和体力劳动，并在市场竞争（比较）中凝聚而成的。而品牌“交易价值”则是建立在“内在价值”的基础之上，同时加进了供求关系和买卖双方具体状态的因素。合理的“交易价值”应该是围绕着“内在价值”上下波动的，背离后者太远应视为不合理的价格。

正像商人研究价格，而经济理论家必须既研究价格又研究价值一样，我们必须同时研究品牌的“交易价值”和品牌的“内在价值”，并把重点放在后者。

“内在价值”的研究方法——宏观比较研究的必然

对品牌“内在价值”的研究主要应该从宏观比较中进行。

名牌作为资产来考察，它是无形资产和有形资产相结合的“第三态资产”，在哲学上可以看成是“第三态存在”——关系存在。

在我的哲学著作《中介论》一书中，曾论述过三态存在，一种是实体存在，一种是意识存在，一种是关系存在。这并不是我的发明。马克思的历史唯物主义，早就用“三态”来研究我们的社会了。他把社会分成三个层次：第一个层次是生产力，其主体是实体存在；第二个层次是生产关系，当然就是关系存在；第三个层次是上层建筑，包括国家机器和意识形态。

名牌为什么实质上属于关系存在呢？

首先，名牌不能简单地归属为实体存在。我们讲名牌的时候是离不开实体的,完全离开产品和企业的名牌根本不存在。但名牌又不是那些产品和企业自身。产品会过时,名牌不会过时;名牌所依附的企业可能倒闭,但真正的名牌是永生的。最初创立“全聚德”牌子的企业已经不存在了,但这个牌子仍然响亮地存在着。可见,名牌不能等同于当初创立它的那个实体。

名牌确实是借助于某种实体产生的,但一旦产生,就有了相对独立的生命,即可以依附于原来那个实体,也可以依附于新的实体存在。开始它是某个实体的属性,但一旦形成真正的名牌,它就变成了一种独立存在的社会关系,产生着独立的功效。

同时,也不能简单地把名牌归结为一种意识存在。我们通常说名牌是无形资产,但这种“无形”不是意识形态的“无形”,而是关系相对于实体的“无形”,名牌存在一时也离不开实体存在。名牌是在物质的运行中形成的,名牌里面有着信誉,但这种信誉,更多的是靠产品质量,靠生产规模,靠优质服务,靠宣传投入,总之是靠有形的东西形成的。这一点和其他的知识产权不同。例如专利权、著作权,都是无形资产,它们主要是在头脑中造就而成的,采取一种纯文化形态。而名牌则已经是一种综合实践的结果。所以,名牌是这样的一种资产:它既不能完全纳入“有形”资产,也不能完全纳入“无形”资产,而是有形和无形相结合,以关系存在为特征的“第三态资产”。

名牌这种“关系存在”,包含着下列三大关系:第一个关系是名牌企业和广大的消费者之间的关系——既熟知而又信任的关系。第二个关系是名牌企业和其他企业之间的关系——名牌企业是企业中的佼佼者。第三个关系是名牌企业内部有形资产和无形资产之间的关系——两者紧密结合、良性循环的关系。第一种关系是总的结果,第二种关系是竞争状况,第三种关系是运作的依托,而名牌就是这三种关系的有机结合而成的总的关系。

弄清了名牌实质是一种关系存在,研究它的方法也就找到了。

宏观比较的名牌评价体系,不论国外和国内,实际上都是按照上述三个关系构成的框架,并以比较为主要方法建立起来的。

在名牌评价体系中,最重要的指标是企业的年销售额和市场占有率,其实这些就是表明企业和消费者的关系的最重要的经济指标,它要表明的就是我们说的第一个关系。

在名牌评价体系中,名牌企业的销售利润率和超出同行业平均利润率的超额利润率,是一个关键性的指标。因为这个指标最能表明名牌和一般牌子之间的差别,也就是我们说的第二个关系——企业和企业之间的关系。

在名牌评价体系中,要分别考察企业有形资产和无形资产的状况。例如,企业围绕着商标所做的工作,自然影响着名牌的价值。企业的有形资产运作,如质量管理,营销管理,投资联营,股份制操作等等,也在很大程度上影响着名牌的价值。

企业的有形和无形资产之间的循环状况,成为这种评价体系的关注焦点。有的名牌企业,品牌的知名度、信誉度很高,但在比较评价中其价值却没有相应的体现,原因是这样的企业没有很好地运用自己的无形资产去运作自己的有形资产;也有相反的情况,有的企业急于用自己的无形资产去扩大自己的有形资产,扩散着自己的品牌,但却在扩展中因管理跟不上倒了牌子。有的企业片面理解名牌的知名度,拼命在广告上花钱,但产品质量没有跟上,信誉度和知名度脱离,很快就被消费者抛弃。也有的企业宣传某种产品的力度很大,但却没有相应的生产规模,当消费者都来购买这种产品的时候,因供应量不足而刺激了假冒现象的滋生。这些都是无形资产和有形资产的运作和衔接上发生的问题。通过品牌价值的比较研究,不仅能够以量化的形式表现出这种不平衡的情况,还可以找出具体问题之所在。

品牌价值比较研究的意义——深化名牌战略的重要措施

品牌价值比较研究,除了对企业产生重要作用之外,对宏观经济也具有多方面的意义:

——通过这种研究,以确凿的数字表明了品牌的价值,可以达到其他方法所不能实现的宣传功效,使得人们对无形资产、对品牌的重要作用有深刻的认识。

——通过品牌价值研究,特别是在和国外品牌的对比中,可以看出我国企业、我国经济和发达国家相比存在差距。

——通过品牌价值研究,可以看出我国产业结构、企业结构方面的状况和问题。

——通过坚持多年的研究,可以看出我国经济发展的趋势,特别是可以看出品牌竞争的态势。

还有一点必须强调:在当前,这项研究对名牌战略的实施和保证我国名牌事业健康发展具有重要意义。

我国在开展名牌活动中,有一个尚未解决好的问题,那就是名牌的认定和评价问题。这项工作应该按照政府和民间两个渠道进行。就政府来说,主要是按照巴黎工业知识产权公约,对驰名商标进行单个的认定。这方面国际上已经有比较明确的规范。另一个方面,是民间渠道对名牌的评价。

鉴于我国前一段乱评比严重,特别是许多营利性的评比,干扰了名牌活动。为了扭转这种局面,许多省的政府专门成立本地名牌认定机构,评出了本省的名牌产品。这是一种进步,但也存在着需要进一步完善的地方。一是名牌评价的主体如何由政府直接出面,发展到政府支持下的有权威性的“民间”专门机构出面(商标注册、驰名商标认定,当然要由国家主管机关执行)。二是名牌评价的对象如何由产品逐渐向着品牌过渡。“名品”不等于“名牌”。要评品牌,必须导入新的评价体系。现在研究和建立的宏观比较评价体系,正是这样的一种探索。

名牌宏观比较研究,也是为企业发展服务的,企业要正确看待和利用这项研究及其成果。

北京名牌资产评估事务所的研究提出世界名牌有五大特征:①较大的甚至是超常的市场占有份额;②较高的超常创利能力;③较强的出口能力;④商标具有广泛的法律效力和不断投资的支持;⑤商标具有较强的超越地理和文化边界的能力。正是这五条,构成了一个品牌的价值要素。

在市场经济条件下,企业的一切行为,都是为了改善它在市场上的地位和状态,而对企业的评价也只能以其市场的表现为标准。品牌评价研究的重要意义,就是它以市场的现实运作为依据,采取品牌价值量化的形式,给名牌企业评价自己和认识自己以客观的标准。

(此文选自《企业文化》杂志1997年第4期)

如何巩固企业文化建设成果

张同舟

任何事业的成果都不会在停止中巩固,它只能在不断的升华、发展中巩固。

企业文化也是一样。企业文化作为一种管理科学,它属于企业上层建筑。它要不断地发展、适应生产力的发展。尤其银行这样的金融企业,它的企业文化,即金融企业文化,随着社会生产力的发展,科技的发展,金融市场以及社会文明的发展,不断地充实、拓宽、丰富和发展自己,尤其在深化改革的大潮中,这种发展更为迅速,在新的发展后取得新的巩固。巩固不是固步自封,僵化不变,是在发展中求巩固。

全国有许多企业多年坚持抓企业文化建设,不断地从总体上提高企业的素质和在市场的竞争力,使企业永盛不衰。但也有些企业中途而废。其原因大概有以下几种。

一种:短期行为,急于求成。认为企业文化是远水不解近渴,难达目的而废。

二种:纯文化观念。与经营管理脱节,不见实效而终。

三种:对企业文化缺乏深刻理解。没有抓住以人为本这一核心,视为一般文化活动,热闹一时,未获实效。

四种:因领导变动。识企业文化者调离,新上任者对企业文化陌生,人走茶凉。

总的来看,根本问题还是对企业文化的时代特性及其作用的认识问题。

对如何巩固企业文化的成果,提出以下想法供参考:

一是在发展中求巩固。随着金融业改革的深化,金融产业的国际化,金融企业员工及整体素质的不断提高和营销业务的发展,不断深化、发展、升华、丰富企业文化的内容,强化企业文化在改善企业管理中的作用,并创建具有中国特色金融企业文化。总之一句话,要在发展中求巩固。

二是充分发挥领导者在企业文化建设中的重要作用。发挥人格的导向作用,为企业文化发展创造条件。

三是对于行之有效的企业精神、决策程序、经营宗旨、经营哲学、经营方针、工作制度、工作作风、行训、文化载体、设施环境、监督、考核,应该规范化、制度化、内部法规化(譬如由职工代表会或其他的权力机构正式作出决定)。在工作中,每个人(包括领导)都必须认真执行;调离工作,向接任者交待工作时,除了交待其他情况,有关企业文化的上述规定内容作为软件也要移交。

对于执行企业文化情况,制定相应的激励制度和约束制度,引导领导和员工认真执行,保证企业文化建设在正确的轨道上运行,使其代代相传,持之以恒。

四是始终要保持群众和领导的共识和群众的积极性。以人为本,第一是为了人,第二是依靠人。因此要善待每个员工,并不断全面提高全体员工的素质,为他们创造良好的精神氛围与物质条件,激发每个人潜能的发挥,并经常保持自觉的和积极的状态。人的潜能在被动状态下是不可能发挥出来的,只有在自觉的状态下才能得到充分的发挥,善待员工,保持其自觉性与积极性,是巩固企业文化的根本保障。其次就是要有计划,有系统,切合实际。要进行富有实际效果的培训,提高职工的文化技能和思想政治水平,全面提高职工的素质。

五是始终坚持顾客第一,服务第一,以服务求效益。为顾客服务是金融企业的最高目的,只有做到了这一点,才能换得最佳的社会效益与企业的经济效益,这也就是我们建设企业文化的最终目标。但是要做到这点,必须每个员工都时时事事一刻不间断的地、一个顾客不漏地这样做。要做到这一点,就靠每位员工发自灵魂深处的自觉行动,甚至可以说为每个顾客做好最满意的服务,已变成每位员工的本能,建筑在每位员工自觉至诚的基础上。这是所有几百年不衰的中国老字号之所以长盛不衰的最主要的经营秘诀。企业昌盛,效益丰厚,反过来又会推动企业文化的发展与巩固。

六是为把农行系统建成国际性金融集团这一目标而努力奋斗。这会为我们建设企业文化不断提出新的目标,促使我们不断攀登企业文化达到新的高峰,也就会使企业文化在新的基础上得到巩固。

最后一点是,不断研究本地区的经济发展新趋势,开发新的增长点,抓住本地区资源优势,不断扩大经营范围,增强社会效益和经济效益。

(此文系作者1997年8月10日在招远农行企业文化论证会上的讲话)

知识经济时代的文化力与文化冲击

周浩然

最近,知识经济这一概念逐渐引起人们的注意。知识经济是和农业经济、工业经济相对应的一种全新的经济形态。最初的提法是“Knowledge based Economy”(知识基础经济)。这种经济建立在知识和信息的生产、分配之上,是指当今世界上一种新型的富有生命力的经济。1997年2月,美国总统克林顿在报告中明确地使用了“Knowledgebased Economy”(知识经济)一词,此后为学术界所沿用。在未来的知识经济时代里,经济增长比过去任何时代都更依赖于知识的产生、传播和利用。科技软件在经济中的比例大大增加,在新制造业中,科技含量愈来愈高。信息科技成为最活跃,与人们的生活联系最密切相关的科学技术领域。知识生产力是竞争力和经济成就的关键因素,以智能为代表的人力资本和以高技术为代表的技术知识成为经济发展的核心,知识将成为生产要素中的最重要组成部分。企业资产中无形资产的比例大大增长,企业人力资源的开发与管理越来越重要,企业的经营管理与企业文化建设将进入新的发展阶段。中国企业文化研究会理事长胡平同志最近谈到:知识经济时代将是高技术、高智慧、高文化的时代,这包括科学技术的创新与发展,人的智力潜能的开发与文化价值观念的转换和思想文化素质的提高。这一见解,对研究知识经济时代的特征具有一定的参考价值。

知识经济的兴起是一场无声的革命,必然对社会生产、流通、组织结构以及人们生活方式与思维方式产生深刻的影响。知识经济的出现并不是突然降临的,我们可以从它的产生与发展过程中,看到其某些特征与发展趋势。20世纪60年代以来,在世界的发展变化和经济增长中,知识经济时代的脚步声已由远而近。1970年,美国学者阿尔温·托夫勒在《未来的冲击》一书中预告,由于新技术革命的影响,人类正面临着未来超工业化的文化的震荡。80年代初期,随着《第三次浪潮》等未来学著作的问世,愈来愈多的人开始意识到,世界正发生着巨大的变化。这种变化与以电子技术为中心的新技术革命有直接关系。随着电子计算机、光纤和卫星的广泛应用,信息的开发、存贮、传输有了突飞猛进的发展。信息作为一项重要的战略资源其作用已经超过资本,形成了在社会上占主导地位的信息产业。美国微软公司总裁比尔·盖茨的出现是知识经济形成的标志之一。此外,生命科学的迅速发展,新能源的不断开发,人类向空间、海洋的不断拓展,均在不断地叩击着知识经济时代的大门,预示着社会新文明的诞生。同时,随着经济增长与科技进步,思想文化领域也发生着深刻的变化。社会文化价值观念的重构与社会道德进步受到世界各国的高度重视。文化、教育在综合国力发展中的地位与作用日渐显著,人力资源的开发在发达国家的成功经验,产生了全球性的影响。可持续发展已成为众多国家追求的发展模式,人、自然、社会的协调发展将是人类21世纪的重大历史性课题。与此同时,文化研究走出了闭塞的书斋,广泛地拓展到社会经济的各个领域。商品生产中文化附加值越来越高,以文化为主要内涵,以信息为主要手段的高附加值的服务型经济正在全球兴起。经济活动中文化力的作用日益强烈地表现出来,经济与文化呈现出一体化发展的趋势。总之,工业经济的发展孕育了新的社会文明,人类社会的科技进步和文化建设铺设了通向知识经济时代的道路。

从目前已发表的学术著作来看,文化力主要包括以下构成部分:①以科技教育和人才培训为基础的智力因素;②以社会文化价值观念(包括思想、道德)为主体的精神力量;③以信息技术的智能化、国际化、现代化为载体的文化网络;④以直接或间接的形式融人市场经济与现代化进程中的传统文化与传统美德。文化力的核心是人的素质和人们在经济、文化、科技与社会生活的各个领域所表现出来的创造性力量。

在社会主义市场经济条件下,明确地提出和深入研究文化力,具有重要的意义。市场经济与文化发展存在着密切的联系。一方面经济发展和科技进步拓展了文化研究的领域,给文化发展提供了新的内涵;另一方面,经济的发展又产生了对文化的强烈需求并把社会文化发展中处于核心地位的文化价值观念推到更加突出的地位,成为判定现代人行为特征和方向的基本要素。任何重大的变革首先依赖于文化价值观念的更新。我国学术界在关于“文化力”的研究中,立足国民素质的提高和人力资源的开发,强调科技创新和文化建设在市场经济发展中的作用,揭示了由工业经济向更高的经济形态发展的某些趋势,为我们迎接即将来临的知识经济时代提供了思想方面的准备。

在未来的知识经济时代里,文化力的研究与开发将会被提到更加重要的地位。科技教育投人的增长,科技体制、教育体制的改革,全社会对人力资源开发的重视,必然赋予文化力发展中的智力因素以新的内容。知识成为资本将从根本上刷新社会价值观念,给思想文化建设提出各种新的问题。随着信息成为知识经济时代主要的动力、重要资源和竞争要素,分析在信息社会里人们的智能与文化心理的形成与发展,是今后文化力研究的重要组成部分。民族文化精神无论是在我国深化改革、迈向新世纪的伟大而艰巨的历史进程中,还是在未来的知识经济时代里,都将具有不可忽视的作用。一个妄自尊大的民族,或者一个丧失了精神支柱的民族,均难以承受人类文明发展的巨大冲击。在民族文化精神的建设方面,文化力具有不可取代的作用。在21世纪市场经济竞争中,文化力的角逐将更加激烈,文化研究涉及的范围将更加广泛,文化力的核心问题即人的素质的提高和人才的培育显得至关重要。知识经济时代的人才不仅要有广泛的知识,更要求具有运用知识、扩大知识、处理信息、追求卓越以及处理人际关系的能力和高度的社会责任感。因此,在一定程度上可以说,知识经济时代,是科学技术高速发展与经济文化协调发展的时代,是人的全面发展和文化力充分发挥作用的时代。正因为如此,有的学者认为,知识经济亦可称作智力经济,因为后者更偏重于对知识的运用与创新、人的潜能的开发、人的精神的复兴和人的素质的提高,从而达到一种文化的自觉,实现人、自然、社会的和谐发展。

知识经济时代文化冲击主要是指社会关系的调整和制度文化、思维方式、价值观念的转换。知识成为资本,并相应地使知识成为决定分配的要素,这将大大地改变知识的地位,使知识分子的作用更加显著,这对于发挥知识分子的积极性和创造性,推动科技进步,促进科技成果向生产力的转化,都将产生根本性的变化。知识分子在经济与社会中的地位与作用,已不再仅仅依托知识分子政策的制定和实施,而是在社会经济发展中形成制度化的保障。尊重知识、尊重人才,也不再只是社会良知的呼唤,而成为全社会公认的准则。在其社会地位改变的同时,知识分子的思想观念也将发生变化,最为突出的是合作意识、集体意识的加强。在知识经济时代里,科学技术社会化的趋势将更加突出,当代科学技术的发展,需要国家力量的推动和组织,是国家实现现代化的重要依托,也是全球和平与发展目标的组成部分,需要各国进步力量的联合与共同推进,需要广泛的合作。同时,知识经济要求生产者、劳动者知识化程度广泛提高,知识分子的独立思考、创新思维与集体协作的能力普遍提高。随着知识的普及化与生产过程中知识含量的提高,知识经济与社会全体成员的联系将更加广泛、更加稳固。

知识经济时代将对企业家的科技文化水平提出更高的要求。1996年信息基础结构国际化会议在北京通过的《信息时代宣言》指出:人类正由工业文明向信息文明迈进;现代智能工具的广泛运用,使人类智慧成为一种新的资本形态,社会经济的增长再也不是一个以资本为中心的资本的积累与集中过程,而是以一个聪明的大脑为中心的组合各类资源的过程。它导致通过计算机互联网络将遍布世界的各自独立的资源、能源、信息行业、技术市场联系起来的能力成为人类的第一需求。在这种情况下，企业与科技的结合，企业家对知识资本的融集和使用的能力，将成为企业生存与发展的决定因素。与此同时，企业文化建设中的科技文化的职业教育的比重也将大大增加，企业家作为一个社会群体在经济、文化、科技建设中的作用将更加重要。

上面提到了自然科学方面的知识分子和企业家知识化的发展趋向。作为人文科学的知识分子，更面临着严峻的挑战。20世纪90年代以来，面对着市场经济文化的巨大冲击，一部分人文知识分子感受到自身的深刻危机，传统的忧患意识与精英意识使他们从沉重的使命感出发，发出深深感叹与呼吁，但历史的发展在科技进步和市场经济的推动下，却依然呼啸而过。在这种情况下，一部分人文知识分子“被宿命般地排斥在市场经济之外”，“其自我期待已降到了百年来的最低点”（孟繁华《文化冲突问题》）。实际上，社会生活的发展一方面在毁掉旧的文明，但也在创造新的文明。市场经济要求人们所具有的独立意识、创新意识以及平等与竞争意识，无疑是一个巨大的进步。从自发的社会意识到自觉的精神文明的发展，需要人文科学发挥积极的作用，需要从市场经济的现实生活中发掘新的社会文明的现实基础，探寻走向新的文明的途径。科技教育为文化注入了新的内容，知识经济的发展为文化建设开辟了广阔的前景，社会科学、自然科学的跨学科研究以及各种领域广泛合作，给人文科学注入了朝气蓬勃的力量。而且，科学技术的发展需要服务于人类可持续发展这一伟大的目标，人文科学将在人类实现这一目标的伟大变革中发挥卓越的作用。人文知识分子观念的更新和人文科学的振兴将不会十分遥远。

随着科学向社会的加紧渗透，在自然科学中富有跨学科性的成果也在自然科学与社会科学之间向更深层次发展，引起人们思想文化观念的深刻变化，推动着人类认识世界的思维水平达到一个新高度。人们已不再停留于仅用原有的知识和狭窄的视角来认识世界，不再以某些学科的结论、某种单方面发展的传统思维来分析世界，更加重视以综合的、整体发展的方法来认识世界。人们越来越认识到，经济文化的融合化和国际化、科学的综合化、人与环境的协调化，逐步实现经济—文化、社会—科技、人类—环境的相互促进、协调发展已成为不可逆转的大势。鉴于这种发展的协同性，对于社会发展的战略问题和发展趋势的研究与解决，需要跨越不同的学科领域，需要集体协作、共同参与才能得到较好的解决。这就要求我们对世界的发展作整体分析。知识经济时代的信息技术和社会的信息化，为现代的整体性、综合性的思维提供了新的基础。这种新的综合性思维的特征在于把自然科学、技术科学和人文科学的知识、人的智慧及才能与各种信息、资料有机地结合起来，跨越层次和打破空间界限去认识和解决问题。这种整体的综合性的思维方式，将加速世界经济文化的交流。每一个国家、地区和民族都同整个世界的物质生产和精神生产发生实际联系，从而加快一个国家、地区的社会发展与改革的进程。朱葆伟、金吾伦在《社会的信息化与观念变革》一文中谈到：“信息的社会化提供了多样化选择的机会和能力，从而激发创造和推动变革。求变、求新、多样化和节奏加快是信息社会的重要特征。”同时，这种思维方式又是非线性的，多维互补的。非线性的变化可能导致我们接触和从事意识不到的活动，要求我们以新的思维方式去适应它。知识经济时代创造着新的思维方式，而这种新的思维方式又将成为推动新的时代发展的精神力量。可以预见，知识经济将使人类面临着一场伟大的思想解放。

（此文选自黑龙江《企业文化》1998年第3期）

企业效益是企业文化的最高体现

范恒山

企业文化的最高体现是企业效益。

对于一个企业来说，最根本的问题是发展生产力，而发展生产力的最直接的体现就是企业效益。创造、构筑和发展企业文化的最终目的就是发展生产力，这是提高经济效益和社会效益的最好方式。如果一个企业效益不好，正说明没有运用好这个管理方式。对企业来说，企业文化的最高体现必然是企业的效益。在这个基础上，企业文化会成为实文化，而不是虚文化，或者是纯粹的政治文化、技巧文化。

企业文化与企业效益的关系，有一个共同的载体，这就是具有竞争力的产品和优质的服务，它是企业文化与企业效益的统一载体。我们可以从具有竞争力的产品和服务中，发现企业文化的结晶。产品的包装、质量、式样和使用价值都可以看成是企业文化的一种体现。产品具有竞争力，知名度越高，越受群众欢迎，就证明企业文化所蕴含的成分越高、含量越高。具有长久竞争力的产品，大多是名牌产品，它也是企业文化与企业效益的载体。所以，要使企业文化体现效益，企业的产品在市场上就必须具有竞争力。名牌产品的实现是很难的过程，不是想成为名牌产品，就能成为名牌产品的，这中间蕴含着很多的艰辛和努力，主要是企业文化建设。因此，企业产品不能仅仅看成是简单的物质产品，它是企业文化的体现和结晶。比如，雪莲羊绒衫如果只有质量，没有包装，没有体现高素养和高水平的文化，就不一定能销售出去。产品的质量、包装、花色、式样、使用价值、高科技含量本身等都可以看作是企业文化的体现。

企业文化是一种高超的管理方式。

企业之所以能够产生效益，能够生产名牌产品，这里有很多原因。对于企业领导者来说，是高超的管理方式和运作技巧在起作用。高超的管理方式和运作技巧，是高知识的体现，是高文化素养的体现，是企业文化在领导者身上的集中反映。高超的运作技巧是企业领导者在环境、目标、手段之间作出合理的选择与组合。企业能不能搞好，关键问题在于对环境、目标、手段能不能作出合理的选择与组合。同样的环境，不同素质的人对环境的把握就不一样。无论形势怎么变，机遇总是有的，我们缺少的不是机遇，而是发现机遇的眼力和抓住机遇的能力，这不仅体现企业家的眼光，还体现企业家的智慧、企业家的文化素养。比如，如何处理好产品经营和资本经营的关系，是不是搞集团资本经营就一定搞得好，我们从什么角度进行资本经营，资本经营和产品经营是什么关系？如果把握不住，不但杀鸡不成，反会蚀一把米。现在资本经营很热，但并不是所有的资本经营都是成功的，而且有人搞资本经营时，否定产品经营，好像全社会都可以玩空手道了。这里就有一个选择和组合问题。目前，很多人认为现在的宏观环境很糟糕，所以企业运转和发展有困难。很多企业把自己搞得不好，看成是宏观调控的结果，认为环境不宽松，财政、货币政策从紧，所以运作效率不高，企业才亏损，把一切责任归于宏观环境。有一些人能够辩证地把握环境，抓住机会。目前的环境确实不宽松、较紧张，但是紧张中有宽松。比如，目前资源很多，但漏洞也很多，为什么个体户几天之内能成为大款，这里就有漏洞，真正的漏洞是体制的漏洞。因此，资源虽多，漏洞也多。同样，上级部门对企业干预多，但干预的同时也有关心，而且关心很多。不是所有人都能辩证地把握机会和环境，只要把握住了，就不同了。

现在问题多，机会也多。能这样看问题，就体现出一种意识、一种素养，这种意识和素养就是企业文化。

如何看规章约束和感情管理，也是组合问题。有人强调搞市场经济，要准确地界定老板和员工的关系，界定物主和雇员的关系，要改变过去领导和群众没有界限的关系，该是老板就是老板，该是员工就是员工。也有人认为，我们传统的美德和现代文明恰恰是在市场经济条件下，赢得人心的一种方式、一种力量。在我们抛弃传统的好东西的时候，西方一些国家，特别是日本却非常重视传统文化，重视凝聚力，重视通过各种手段把大家团结在一起。这就是如何处理好规章约束和感情管理的关系问题，这里体现一种管理方式和技巧，也体现一种文化。

归根结底，企业文化对一个管理者，是一种高超的管理方式和运作技巧，它意味着超常的思维、超前的运作和合理的组合；对员工，体现为一种精神风貌，员工时刻为企业着想，想的是企业的事业、企业的效益，他们有奉献精神，有创造精神，有责任意识，这是企业文化的体现，正是有了这种精神，他们才能不断地进行创造，为企业的发展作出努力。

企业文化与企业效益的共同源泉或基础，是良好的企业体制和运行机制。

企业文化靠什么形成？企业效益靠什么形成？首先要形成体制力，没有体制力，就没有文化力。基础是体制和机制。我以为企业的管理是企业的良好制度的派生行为，外在压力不会使企业的管理走向良性循环。但现在我们国家恰恰存在很畸型的现象，那就是该抓管理的不抓管理，不该抓管理的使劲抓管理，所以总抓不好管理。企业应该抓管理，管理是典型的企业行为。而在我们国家管理成了政府行为，搞不好管理，企业不着急，政府着急。政府官员召开企业家座谈会，研究怎么抓企业管理，这在西方国家是绝不会有的事情，而在中国这种事情可以说是政府的主要工作。试想，一个企业自己不抓管理，以外部的压力去抓管理，这能管理好吗？这种角色错位、职能混乱的情况是体制造成的。

要努力理顺体制和机制，良好的企业文化和高水平的效益的基础就是富于活力和效益的企业机制。企业文化不是天上掉下来的，企业文化体现为企业效益，企业文化和企业效益需要一个源泉，那就是按照市场经济的要求，从中国的实际出发，建立富于活力的企业制度。

（此文选自《企业改革与企业文化》，1998年5月出版）

适应市场经济要求
发挥企业文化作用

潘承烈

研究企业文化，特别是中国特色的企业文化，需要理论指导。这些理论都是从实践中来，而且在丰富实践经验基础上，提炼、总结，从而上升到有规律性的理论，这样能真正反映中国特色的企业文化，也才能指导中国的企业文化建设。

企业文化与企业效益到底是什么关系，它们之间的相关性由什么决定，在这一点上人们的认识并不一致。我认为，与企业领导人对企业经营的战略目标有关，如果企业的领导对企业经济效益的关心是短期行为，那么就不可能是优秀的企业文化。从长远的观点看，企业领导人要使企业永远持续地发展下去，企业文化所起的作用非常大。很多企业领导人不愿意研究五千年中国灿烂传统文化，认为搞经营都忙不过来，哪有时间研究文化。他们看不到企业文化与企业效益之间的内在联系。为什么有些百年老厂、百年老店经历了不同历史时期，经历很多困难挫折之后，在新的形势下，还能继续发展？这里确实是有一种代代相传的企业文化在起作用。

不久前，美国一家调查公司对美国39家效益好、兴旺发达的大企业进行调查分析，发现了这样一个问题，这些企业的领导层有两大类：一类是领导人个人的威望和权威很高，全公司员工团结一致，齐心协力，把企业搞得很好；另一类是企业领导人的主要精力放在搞好企业基础管理和构筑企业文化方面。虽然这两类企业都能够兴旺发达，但如果换了企业领导人，前一类企业就很难继续搞好，或者会走下坡路；而后一类因为功夫下在建立企业传统文化上，因此，即使形势发生变化，客观环境变化了，产品更改了，也能够持续发展下去。所以，要使一个企业不仅现在兴旺发达，而且将来也一直健康地发展下去，企业文化的作用就越来越明显，越来越可贵。

任何企业都关注效益，企业存在的价值是为社会创造财富。改革开放20年人民生活水平大幅度提高，主要靠的是企业为社会创造财富。所以，企业一定要讲经济效益，这是理所当然的事情。问题是目前形势下，为什么国有企业亏损面这么大，困难越来越多？在这种形势下，企业文化起什么作用？要弄清这个问题，首先要对当前形势有清醒的认识。

第一，对市场经济需要再认识。现在都讲市场经济，怎样做才能把市场经济理论运用到生产经营实践当中去？不一定每个企业都能把市场经济理论和生产经营实践很好地联系起来。特别是1994~1996年宏观调控力度加大之后，客观环境与以往有很大不同，如果思想认识跟不上这些变化，那么困难会越来越多。市场经济不仅是理论和政策上的语言，而且随着改革措施逐步出台，计划经济逐步退出舞台，市场经济的实践因素会越来越加强。三年宏观调控力度加大后，市场经济逐步取代计划经济，财政政策、利税政策等很多情况和过去不一样了。

第二，卖方市场正逐步被买方市场所取代，由供应短缺变成供需平衡或供大于求。据内贸部对660种商品进行调查统计,有5.5%的商品供不应求,94.5%供大于求或供需平衡。以往国有企业主要靠计划体制和卖方市场,企业主要精力放在扩大生产能力上,只管生产,不管销售,只要生产出来,不愁卖不出去。而现在制约企业发展的不是生产力,而是市场。如果没有市场,生产产品越多,积压产品越多,流动资金越周转不过来。

第三,对外开放格局全面展开。过去关税平均水平为35.9%,而1997年11月降到23%,1998年11月又降到17%,据说到2000年将降到15%。以往高关税保护,实际上把国内市场留给国有企业,而现在情况不同了,要想和国际接轨,必须有进有出。1998年9月份我国外汇储备资金已达1350亿美元,有这么大的出口量,不许进口是不可能的。改革开放刚开始时,进口外商基本上都是港台的小企业,他们主要考虑的是投资回收,上的项目也都是小项目。而现在不同了,进口外商大多是跨国企业或大企业。据了解,500家世界大企业中,有230家对中国有投资,或者是控股,或者是参股。它们大都资金雄厚、技术先进,管理水平也高。比如,美国和路雪公司去年在北京市投资了1400万美元,结果它一分钱也没有赚,其的主要目的是占领市场,因此短期内不在乎盈利与否。

我们面临的是上述严峻的局面。国有企业如何摆脱困境,最根本的是思想观念的转变、文化的转变。目前,改革在深化,竞争在加剧,企业如何积极主动地参与竞争,这里因素很多。最近几年,特别是家电行业,能够在市场上站得住脚的,基本上是实力雄厚的企业,如果没有一定的实力早在几年前就被淘汰了。目前,在企业产品的质量和价格相差无几的情况下,企业的竞争主要体现在服务上。那么,怎样提高产品附加值,怎样提高产品的技术含量和知识含量,是很重要的问题。所以,企业文化在起着越来越重要的作用。

企业的发展归根到底取决于什么,这个问题所有企业都在考虑。如果深入地进行研究,那么企业要生存,要发展,在市场上站得住脚,关键是把产品服务推到市场上去,看产品服务能不能为社会所承认、所接受。人们逐渐认识到能不能使顾客满意,是企业发展的最大的根本问题。

据统计,目前城乡居民储蓄存款额达4万多亿元,这是个天文数字,而产品库存积压有几千亿元,这说明一方面有居民购买力,另一方面有很多东西销售不出去。中央一再强调,国有企业管理不善,没有跟上市场经济发展的形势,其主要原因是企业没有真正研究市场、分析市场,没有把顾客真正需要的东西送到顾客手里去。所以,企业要摆脱困境,应采取有力措施,深入地研究市场、分析市场,分析怎样才能使顾客满意,要把顾客的期望作为开发企业产品的最大课题,把顾客不满意、不愉快作为改进工作的出发点。在这方面很多企业已做到了。例如海尔公司,青岛一位顾客买了海尔空调机打出租车回家,到了楼下,自己搬不动,上楼去叫人,下楼后发现出租车司机把空调机拉走了。海尔公司知道后,给这位顾客赔了一台,他们认为不能让顾客受损失,一般企业很难做到这一点。海尔公司通过这个实例,给自己提出问题:为什么发生这种情况?如何避免以后不发生这种情况?从此采取一系列的保护措施,使顾客满意。

现在,企业产品竞争的焦点从产品的质量、产品的价格逐渐地转移到产品服务质量上,各企业想尽办法使顾客满意,就是适应了这个形势。这里所讲的顾客,包括内部顾客和外部顾客。内部顾客是指企业职工,企业怎么对待自己的职工,职工就怎么对待外部顾客。从这个意义上讲,要使外部顾客满意,首先使企业内部职工满意。因此,增强企业职工的凝聚力和向心力,是企业文化发挥作用之处。

(此文选自《企业改革与企业文化》,1998年5月出版)

市场经济中企业文化的主体内容

王 伟

在建设社会主义市场经济体制的过程中进行企业文化建设,需要做多方面的工作。其中,加强企业经营文化、竞争文化和质量文化建设有着重要的现实意义和深远的社会价值。

一、企业经营文化

企业经营文化,是指经营主体——生产企业(工业企业)、销售企业(商业企业)在经营活动中的文化问题。它包括经营管理、经营决策、商业购销、商品宣传、广告、商品贮存等领域的文化问题,也包括生产和流通领域中其他专业经营人员的文化,例如职业道德规范问题。

经营这个词,在我国春秋战国时期就开始使用,当时指“经度营造”,即筹划营谋的意思。现代经济管理中的“经营”一词,是在市场经济大发展的条件下使用的。它的内涵已随着市场的发展而扩大。现代企业是一个与企业内部条件、外部环境紧密联系的“人造开放体系”。要想保障企业的生存和发展,企业不仅要把产品生产出来,满足用户的需要,而且还必须努力完成企业的经营目标,保证生产的持续发展,经济效益的不断提高。完成企业对社会的责任目标,即经营业务要对社会法律和公共道德负责,这本身就具有重大的企业文化价值;而经营文化又可以保障符合社会利益和市场经济规律的经营行为健康持续地进行。

市场经济中的经营文化本质上是由经营所具有的特性及其价值导向决定的。

第一,经营具有全局性。企业的经营战略是以企业的全局为对象,根据企业总体发展的需要而制定的。它所规定的是企业的总体行为,它所追求的是企业的总体效果。虽然它必然包括企业的局部活动,但是,这些局部活动是作为总体行为的有机组成部分在战略中出现的,从而使经营具有综合性和系统性。所以,经营文化就要求,企业的领导者、管理人员、经营决策人员直至全体职工的企业行为,都必须从全局出发,顾全大局。

第二,经营具有长远性。企业的经营和决策,既是企业近期利益的反映,又是企业对未来较长时期内如何生存与发展的统盘筹划。虽然经营战略的制定要以企业外部环境和内部条件的现实情况为出发点，并且对企业当前的经营活动有着指导和限制作用，但是，这一切也是为了企业的长远经营。所以，经营文化强调，凡是为适应市场经济环境所确定的经营目标及其经营方案，都应从长远的观点考虑，调整好目前利益与长远利益的关系、企业利益与社会利益的关系。

第三，经营具有抗争性。企业经营的好坏，直接关系企业在市场经济的大潮中的生死存亡问题。针对来自各方面的冲击、压力、威胁和困难，企业必须努力改善自身状况，提高经营管理水平，增强企业经济效益。经营文化承认，企业经营必然面临激烈的竞争、严峻的挑战，但是，迎接挑战与开展竞争必须在合法、正当的条件下进行；为此，企业在经营过程中，必须保障社会主义市场经济的健康发展，制止一切不正当的竞争行为，以保护经营者与消费者的合法权益。

第四，经营具有纲领性。企业经营的总体规划、长远目标、发展方向，以及所采取的经营方针、基本举措等都是具有纲领性质的。它需要通过展开、分解和落实过程，才能得以实现。所以，经营文化要求，企业全体职工应该同心同德，为实现企业经营纲领而尽心尽责，忠于职守，发扬团结奋斗的敬业精神。

经营文化是社会主义市场经济体制中企业文化建设的基础组成部分，必须给予高度重视。

二、企业竞争文化

企业竞争文化是社会主义市场经济发展的必然要求。它对于规范市场主体行为，维护市场公平竞争，保障市场经济健康发展，维护经营者和消费者的合法权益，制止官商结合、以权经商及地方保护主义等都具有重要意义。

“竞争”一词，在我国最早出现于《庄子》一书。西晋的郭象解释说：“并逐曰竞，对辩曰争。”我们现在讲的市场经济中的竞争，则是指一种经济行为，即拥有生产资料经营权或所有权的经营主体，为在市场获得更多的经济利益，而展开的相互之间的斗争过程。企业间的竞争体现着企业利益的对立统一关系。支配竞争的，并在最终意义上决定竞争胜负的是市场经济的内在规律。

社会主义市场经济中的竞争，从本质上讲，是企业获得自身利益与满足社会需求的统一。其中，获得经济利益是竞争的直接目的，满足社会的需求是竞争的根本目的。如果脱离这一社会主义的辩证统一的目标，竞争就失去了积极意义和企业文化价值。

社会主义的企业竞争文化，要求参加竞争的所有企业和个人的经济行为，必须合乎国家的法律、社会的道德与人民的利益。《中华人民共和国反不正当竞争法法》明确规定：“经营者在市场交易中，应当遵循自愿、平等、公平、诚实信用的原则，遵守公认的商业道德。”这就清楚地说明，社会主义的竞争文化与社会主义的有关竞争的法律在本质上是一致的。在这个意义上，《反不正当竞争法》所规定的内容，也正是竞争文化所要求的。换句话说，合法的竞争需要竞争文化作为精神支柱，以便深入人心；竞争文化需要相应的法律作为强制手段，维护其权威性。

有人担心，如果企业遵循竞争文化，可能会影响企业的竞争力。到底应该如何看待竞争文化与企业竞争力的关系呢？美国哲学家罗斯曾就这个问题征求了1000多名公司主管、高级职员、商学院院长和国会议员的看法。结果，63%的人认为，企业坚持道德高标准能增强其竞争地位；23%的人认为，高标准与企业成功不一定有必须联系；只有13%的人认为，坚持道德高标准的公司可能是较差的竞争者。

我国企业文化学的研究表明，一个真正有竞争意识的企业，不仅为今天的所作所为负责任，而且把责任延伸到未来。这可以视为竞争文化的关键内容。如果从文化与法律的区别角度分析，竞争文化意味着始终领先于竞争立法与竞争诉讼过程，并且要比法律的要求更高，即要求在法庭之外执行。假如仅仅顺从今天的规则，就不可能利用机会创造竞争的利益。换言之，就不可能利用高层次的竞争道德去创造更多的利益。事实上，竞争文化所指示的方向正是企业根本利益与社会最大利益之所在。情况每天都在变化，企业应该对明天负责。一个真心希望出类拔萃的企业，必须着眼于以舆论形式出现的社会演变趋势和发展伦理学。没有超前的意识和远大的企业道德目标，企业必将在竞争中失利。

三、企业质量文化

企业质量文化是适应市场经济的发展的产物。概括地说，质量文化是市场经济条件下，生产部门、服务部门在具体经济行为或行政行为过程中，所实际形成的与产品质量、服务质量和工作质量等相关的文化要求。

一般说来，全部人工的创造物或人的活动，都可以用特定的质量标准去衡量。在这个意义上可以说，质量是一切产品或服务所不可缺少的特性之一。形象地说，质量是产品或服务进入市场的通行证。工业企业或商业企业只有占有质量优势，才能使自己的产品转化为商品，使自己的服务成为有效的投入，从而在市场中赢得竞争力。许多优秀企业都已把提高质量作为发展经济的战略目标，并提出了“质量在挑战”的口号。我们国家也制定了《产品质量法》，组织了质量万里行等活动。如今，人们对质量的需求越来越高的大趋势，正在有力地推动我国市场经济体制的建立与走向完善。随着质量意识、质量行为规范等社会文化要求逐步深入人心，具有市场经济内涵的质量文化逐渐形成。

产品质量与服务质量是质量文化的载体。就是说，与人民生活密切相关的质量，主要是产品质量与服务质量。因此，质量文化的主要使命即是提高从业人员素质，以实现优秀的产品质量与服务质量。

从严格意义上说，产品质量是指一个产品与其设计思想相符合的程度，它有四个方面的规定性：其一，狭义的质量特性，如外观、强度、纯度、尺寸、寿命、不合格率、包装方式等；其二，成本，包括回收率、单位成本、损耗、生产费用等；其三，生产量；其四，产品的服务特性，包括销售服务、零件的互换性、可靠性、修理、缺陷的处理和市场调查等。服务质量则指完成服务活动过程中，对顾客需要的满足程度。产品质量和服务质量是相辅相成的。服务质量是产品质量的延伸。只有良好的服务质量才能保证产品质量的最终实现，否则就会破坏产品质量，如运输部门的野蛮装卸就严重损害了原有的产品质量；同样，如果没有高质量的产品，那么再热情的服务也不能真正满足顾客与社会的需要。

应该清醒地看到,我国目前的产品质量现状相当令人担忧,我国的服务质量也存在相当严重的问题。严重的产品质量与服务质量问题,阻碍着社会主义市场经济的健康发展,同时也在很大程度上败坏着社会风气。为此,必须下大力气提高质量文化水平。企业质量文化的主体是各行各业的劳动者,他们直接创造着产品质量和服务质量。应该从改善从业人员的综合素质人手,培养合乎质量文化要求的行为习惯,提高他们对工作、产品、服务的认真求实的敬业态度。其次,质量问题不仅仅是生产者、经营者的事情,它更是全体消费者的事情。必须在全社会进行广泛的持久的质量文化意识教育,只有建立在全民基础上的质量文化,才是真正的质量文化。

综上所述,企业经营文化、竞争文化、质量文化构成了社会主义市场经济中企业文化的主体内容。良好的企业文化,是社会主义市场经济体制逐步完善的必要条件;同时,只有在发展社会主义的生产力,建立和发展社会主义市场经济体制的进程中,才能使企业文化的建设真正取得成效。

(此文选自《企业改革与企业文化》,1998年5月出版)

论企业再造与企业家的观念更新

苏 勇

一、"企业再造"与"企业家观念更新"

"企业再造"理论要告诉人们的一个根本意见就是:为了能够适应当今世界极其激烈的市场竞争态势,企业应该大胆摒弃近一个世纪以来所形成的一系列生产、经营、管理的原则,改变那些习以为常的惯例,革新那些驾轻就熟但明显不适应企业发展的做法,重新设计企业全新的运营模式。

"企业再造"策略的实施,其中虽然有不少技术性的问题,但实施这一策略最根本的关键在于观念的转变。是否认识到竞争形势的紧迫性,是否认识到企业再造的必要性,是否愿意放弃以往熟悉的东西去进行改革,以至于进行利益的重新调整和企业文化的重塑?这是"企业再造"实施过程中首先必须解决的问题,而且也是最关键的问题。

要解决这一关键性的问题,取结于以下几个方面。

1. 企业家们是否有愿意变革的观念

在市场竞争中,凡是那些能够站稳脚跟并占有一席之地的企业,大都有自己成功的一套经验和传统做法。尤其对于企业领导人来说,对现有的一套管理模式得心应手,游刃有余之后,是否愿意审时度势,从企业进一步应变和发展的大局出发,来改换一种思维方式,实行"企业再造"?这个观念变化的问题可以说是实施"企业再造"首当其冲的问题。居安思危、超前谋划说起来都认为有道理,但一旦真要落实到行动上往往会显得瞻前顾后、犹豫不决。尤其在一些亚洲国家,由于其管理文化与欧美有所不同,更为看重经验和主张稳中求稳,因此有许多大公司领导不容易接受这种脱胎换骨的创新。一些公司领导对企业再造患得患失,决心不大。有的人认为:我做了几十年生意,做得挺好,为什么要改变?

对于中国企业来说,要实现"企业再造"同样也面临一个重要的观念转变问题。近年来,国有企业遇到不少困难。如何搞好国有企业,使那些情况不佳的企业走出困境,不仅成为从中央到地方各级领导重视的问题,也成为全社会关注的重点。但是,如果真要按照"企业再造"理论,对那些国有企业来一番伤筋动骨的改造,则我们不少企业领导人首先从观念上就接受不了。尤其是那些目前企业状况尚可的企业,求稳怕变,多一事不如少一事的思维定势在我们的企业家中有着极大的影响。而且,任何改革都是需要付出代价的,"企业再造"也同样如此。经过再造后的企业,可能需要一段时间方能显示出效益,这也使得一些企业家会产生犹豫,担心会丧失部分眼前利益。

作为一个现代企业家,必须具有较好的前瞻性和广阔的视野。中国古人云:凡事预则立,不预则废。如果不是居安思危,不断创新,则企业便会在激烈的竞争环境中不进则退,最终走向衰落。被誉为"经营之神"的松下幸之助曾经说过:"世界是在不断运动着的,所以思想必须每天都有进步。"综观国内外一些成功的企业,无一不是在经营情况尚较好的时候,便大力调整生产布局和产品结构,进行大规模技术改造,并对企业内部工作流程进行重新设计,使得企业能够适应市场变化,保持长盛不衰。上海三枪集团董事长苏寿南,早在数年以前就觉察到了当今消费者的需求已发生很大变化,以前那种一个产品生产几年甚至几十年的情况已明显不适应市场需求,而当时的企业内部结构又使开发新产品的流程十分缓慢。于是他亲自挂帅,组织有关人员成立一支新产品开发的"快速反应部队",重新设计企业开发新品的工作流程,极大地缩短了新产品开发周期,适应了现代消费者喜新厌旧的心理和少批量多品种的发展需要,保持了企业的长盛不衰。

"企业再造"对于中国的企业家而言,难点不是技术问题,而是观念问题。如果不改变安于现状、得过且过的观念,树立超前谋划的思想,不断地使企业能给消费者一些新的感觉和新的服务,最终企业将会被消费者所抛弃。尤其是国有企业,由于长期以来一直在计划经济体制下运行,企业内部流程及组织结构等复杂而臃肿,更有必要及时进行"企业再造",实行一场管理的变革。

2. 利益调整的承受程度

"企业再造"是一场企业内部的管理变革,无论是工作流程的重新设计、流程的多样化,还是组织的重新设置等,都涉及企业内部各部门,甚至具体人员间的利益调整。员工对此的承受能力如何,将直接影响到"企业再造"策略的实施和成功与否。重新整合工作流程,虽然可能使个案工作者拥有的权力比以前增大,但另外一部分人则权力相应缩小,尤其是那些主要是处理内部业务的部门,一般可不和外面发生联系,在"企业再造"策略实施之后,他们就会失去以前可能拥有的一部分权力。推行"个案工作者"或"个案小组"自主进行工作,虽赋予这些人或小组较大的决策权,但可能使部门领导减少一部分权力,因为员工不必事事都请示上级,而可以独立作出决定。同步工程的运用,使得原来在流程上分为前后的两个部门变成平行的关系,这也会使两个部门之间的关系发生微妙的变化。而工作流程的多样化,使得一些较为简单的事情可以越过某些环节进行处理,这也会使得那些被跨越环节的员工心理不平衡,觉得自己的工作似乎是可有可无。至于重新进行组织,则更具体牵涉到有关人员的职务变动或升迁。

员工之间的利益调整虽然可能越出观念的范围,而涉及到每个人的切身利益。但如何处理好这一问题,是否愿意来处理好这一问题,则同样涉及到一个企业家的基本素质和其观念变化问题。企业内的人事调整确实是一个复杂而敏感的问题。中国尤其是一个重视人际关系的国家,这一问题便更为棘手,一旦处理不好,则会带来很多负效应。但是,如果从思想上认识到"企业再造"是必须进行的,不这样做,企业则没有生路。那么,在当今中国的体制和外部条件下,为了"企业再造"而处理内部的人事调整问题是完全可行的,我们的《企业法》已明确在企业中实行厂长经理负责制,并从其他方面保证企业家的政令畅通。这方面也有成功的例子。上海新组建的太平洋机电集团总裁黄关从,上任后便在集团内部实行了"企业再造"工程,将集团所属几十家企业进行重新设计和组合,合理配置现有资源,增强了企业应变能力和灵活性。

3."企业再造"是一种企业文化的再造

作为一种管理思潮,企业文化理论被引入我国为时还不长。但作为一种文化现象,企业文化与所在企业共生共长,每一个企业从它诞生的那一天起,就产生着自己独特的文化现象。这种文化现象并不是孤立地存在着的,而是贯穿于企业和生产经营、管理之中,渗透于企业的各种经济活动中,以此形成企业特有的价值观念和行为准则、道德规范和文化氛围。一些企业由于历史悠久,传统比较深厚,再加上领导人有意倡导等多方面原因,已经形成了一整套强有力的文化样式,成为"强文化企业"。这些企业中的员工,几乎已经不需要规章制度的约束,大家都知道在企业中如何工作,按什么方法办事,如何与人打交道等等。不少员工在本企业工作多年,对企业内部的枝枝节节,可谓烂熟于心,做起事情来得心应手。企业内部的信息流向也已基本成型,人与人之间的关系也比较明确。在这些企业中要进行"企业再造",则实质上是进行一种企业文化的再创造。随着"企业再造"所包含的一系列工作的展开,原有的文化便迅速不适应,人们将面对全新的工作流程和组织结构,要去熟悉和掌握原来不了解、不熟悉的工作方法,重新掌握新类型的工作能力,接受新的挑战。例如原来在银行会计部门的工作人员可能要去学习许多公关技能,以便更好地和客户打交道。那些被称为"老法师"的高年资职工,可能会在某一天一下子发现他们和其他员工一样面对一个全新的工作环境,需要重新掌握新的技能,并适应新的工作方法。而原来贯穿于企业生产经营活动中的文化也面临一种再造,人们面对新的环境,可能要改变自己的某些观念,改换新的行为方式,重建新的人际关系,企业内的文化网络也将全面更新,这一切都将使企业文化产生一种巨变。而因为企业内的经济活动和企业文化需要一个"磨合"的过程,因此可能会在一段时间内造成企业员工的文化不适应,并产生种种矛盾和抱怨。当然也会因为员工自主权的扩大和工作内容的丰富,而产生积极的文化影响。是否有勇气来承受这种文化变革所产生的"阵痛",同样是"企业再造"策略实施中必须重视的问题。这是因为,"公司文化有力地影响到整个组织,它实际上影响到每一件事……由于这种影响,文化对企业的成功具有重要作用"(《公司文化》艾伦·肯尼迪,特伦斯·迪尔著)。

二、"企业再造"会成为一种潮流

面对全球市场日益激烈的市场竞争和日益增加的竞争者,许多企业纷纷四处寻觅良方,推出高质量、低成本、设计新颖的产品或完善的服务,来适应顾客的需要。而"企业再造"策略的采用,已经使一些企业发生相当大的变化,取得了很大成绩。例如国际商业机器公司(IBM)的一家信贷公司,业务处理时间缩短了 90%,以处理件数为基准的生产率,提高了 100 倍!在柯达公司,新产品开发周期从原来的 70 周缩短到 38 周。中国工商银行,在许多地方改变了几十年沿用下来的柜面接待和业务处理分开的程序,改为由一个银行员工一揽子负责到底的服务方式,有效地缩短了顾客的等候时间。这虽然只是一个小小的改革,但完全可被视为"企业再造"的一项工作。

随着中国经济进一步与世界接轨,中国企业管理水平的进一步提高,为了改善业务和提高竞争力,"企业再造"策略必将会被越来越多的中国企业所重视和接受,成为一种持续相当长时期的管理趋势。

(此文摘自《企业改革与企业文化》,
1998 年 5 月出版)

转变文化观念
建设适应市场经济的企业文化

王　珏

企业处在不同时期和不同阶段,就会有不同的企业文化。我们现在所谓的企业文化,是现代企业文化。

我们讲的企业文化,是具有中国特色社会主义转型期的企业文化。计划经济条件下的国有企业,不是真正意义上的国有企业,只是工厂,它是只管按行政指令去生产,不管销售和经营,而且是政府机构下属的单位。这种体制下的企业文化与市场经济条件下的现代企业文化肯定是不同的。

企业应在制度和机制上过渡到公司制来,过渡到现代企业制度上。这一转变涉及的根本问题是广大的劳动群众,离开企业的劳动者和经营者,企业不能运行。"以人为本"是企业的宗旨,是普遍规律。人是有精神的,有什么样的精神,就有什么样的活动,就有什么样的行为和什么样的结果。精神问题就是文化问题。企业文化就是使劳动者和经营者发挥最大的积极性和创造性,为社会创造最大的财富。真正发挥劳动者和经营者的创造性,企业才有效益。劳动者和经营者既是生产力的主体,又是生产关系的主体。在实践中,生产力和生产关系不能分开,两者都体现在劳动者和经营者身上。从生产力角度看,劳动力是活的生产要素,是最根本的、最积极的、最有创造性的,离开劳动者的发明创造,离开他们的聪明才智,生产力不可能发展。劳动者之间有利益关系,劳动者和经营者之间有利益关系,经营者也是劳动者,这种劳动者之间利益关系问题,是生产关系问题。

企业文化与企业效益是统一的、分不开的。如果企业的文化落后，企业效益就好不了；如果劳动者文化素质高，精明强干，企业效益肯定好。从计划经济向市场经济转变，从粗放型经济增长方式向集约型经济增长方式转变时期，劳动者和经营者如何从计划经济观念转到市场经济观念上来，如何把劳动者和经营者的积极性和创造性调动起来，这是转轨过程中的企业文化首要解决的问题和核心问题。服务观念、竞争观念、发展观念、品牌、形象等都是和市场联系着的，在市场上要竞争，就得品牌好、形象好、服务好、价格合理，所有这些都离不开市场经济大前提、大环境。解放思想，无非是把市场经济推向前进。如果不转变观念，还是坚持计划经济文化那种观念，不改革所有制，市场经济就没办法向前推进和发展。搞市场经济的企业，必须创名牌、服务好、树立形象。因此，从根本上要解决计划经济观念向市场经济观念的转变，这样企业文化才能转到市场经济文化上来。

我们的改革由谁来进行，这是不能不深思的问题。改革从80年代开始已搞了20年，还未有突破。中央提出要求，经济体制改革要突破，政治体制改革要深入，精神文明建设继续加强。为何未有突破，原因很多，其中一个原因是缺乏改革动力，缺乏改革主体。靠政府改，靠党改都不行，因为党是指明道路、明确方向的，政府是提供制度和具体操作方面的政策措施的。那么到底由谁来改呢？农村成功地包产到户，实行联产承包责任制，是由广大农民自己改的。城市的工厂为何改不下去，关键是缺乏改革主体，缺乏依靠力量。原则上是依靠工人阶级，但怎么依靠，就没有具体政策和操作办法。工人和农民不同。其一，工人是社会和企业的主人翁，主人翁身份是一顶红帽子；其二，工人有铁饭碗，只要在企业里，工资、奖金都能保证。改革之后，有没有这两条，工人们很关心，如果改革把这两条都改掉了，工人们对改革就没有积极性。如果改革后，能确实保证这两条或比这两条更好，那么，工人们愿意改革。就像农村改革，农民多给地、给好地，农民得到实惠后，就愿意改，就有积极性。

经营者也是这种情况，经营者负盈不负亏，亏损是国家的，盈利算是企业的。因此，除了觉悟特别高的经营者之外，一般没有责任心，也不担风险，不受约束。而且在企业里，虽然工资收入少，但其他方面，如出国、外出旅游、考察、请客吃饭等实惠都能得到，况且自己说了算。如果改成了股份制企业，就大不一样了，企业用股东投资的资金进行经营，要对股东负责，且有资产保值增值的责任，很多事情还要按程序、按制度办，不能一人说了算，经营决策和财产分配都由董事会研究决定等。因此，改革后责任大、风险大，但收入比起改革前不一定高，待遇不一定好。所以，经营者多数没有很大的积极性，觉得改也可以，不改也行。现在有些上市公司的经营者，公司上市之后有些后悔，也是这个原因。

在这种情况下，企业怎么从工厂制转到公司制，从计划经济转到市场经济，国有企业如何解决这个问题，这就是文化问题。企业是劳动人民的企业，劳动人民应该是企业的主体，而且应当是真正的主人。职代会召开会议，代表们不愿意参加，即使参加了也不愿意发言，因为代表们不了解情况，讲不出什么，职代会起不了什么作用。因此，企业要变，首先是观念问题、文化问题，就是在思想上、观念上必须变，然后才能改革。企业改革没有观念上的变化，是改不下去的。企业文化的重要性就表现在这里。

我们搞了48年社会主义，劳动者到现在还是无产者，一旦不发工资，无法生存、无法生活，这说明劳动者没有财产，只能靠工资生活。这和资本主义制度下的工人有什么区别？工人不发工资就就失业了，成了贫困者。我们的工人失业了、下岗了，如果不搞救济，也无法生活。这样的社会主义有多大实际意义呢？社会主义再搞半个世纪，工人照样不发工资就不能生活的话，那叫什么社会主义？邓小平同志讲道，社会主义让大家富起来。可是靠工资富不起来，因为工资是消费基金，必须消费了，才能再生产劳动力，而劳动者需要提高素质，提高工资才能提高劳动者素质。劳动者除了工资外，还应不应该有其他收入呢？

党的十五大指出，按劳分配和按生产要素分配要结合起来。首先，劳动力是生产要素，而且是重要的生产要素，和其他资本、土地、技术一样。生产要素中缺乏劳动力，其他要素不会起作用。同样，劳动力没有其他要素也起不了作用。所以，生产要素必须组合起来，而且优化组合起来，才能创造财富，才能创造价值。第二，劳动力生产要素和其他生产要素不同，它必须劳动，劳动了才能成为生产要素，不劳动就不是真正的生产要素。作为劳动者的劳动力，作为生产要素必须参加利益分配，劳动力生产要素的特殊性，就是它是一个活的劳动。因此，必须按劳分配，并应把按劳分配和按生产要素分配，在劳动者身上统一起来，结合起来。也就是说，一个劳动者应该有按劳分配和按生产要素分配两种渠道，这样劳动者才能富起来。劳动者除了消费的工资以外，还有共享利润，有利润可以积累，有积累可以投资，那么，劳动者的财富也越来越多。财产是社会化的、股份化的、公有化的，因此，劳动者只能以分红的方式得到。对财产共同占有、共同支配、共同使用、共同经营，而且利润共享、风险共担，这是公有制的实现形式。

劳动者通过改革，应该从无产者变为有产者，从单纯的打工者变为既是打工者，又是投资者的双重身份。如果不明确这一点，又没有具体政策，改革不能取得突破性进展，改革永远不能到位。改革过程中，劳动者得不到好处，得不到实惠，就不会发挥积极性和创造性。

社会主义劳动者永远是无产者，永远是贫困者，这是一种落后观念，一种落后理论；另一种理论和观念是，社会主义劳动者既是劳动者，又是有产者，是合二为一的，不能像资本主义把劳动者和有产者分开，财产是一些人拥有，劳动是另一些人干。

中国特色的社会主义企业是社会主义初级阶段转轨过程中的企业。要变为真正的社会主义企业，这是企业文化的基础，有了这个基础，才能有如何制定发展战略、如何竞争、如何服务、如何提供技术、如何走向国际市场等一系列问题。如果文化观念转不到市场经济上，所有这些都是暂时的、不能长久的。所以，劳动者必须从无产者变为有产者，劳动者既是劳动者，又是投资者。

劳动者真正成为有产者，成为投资者，成为利益主体，才能成为改革主体，成为改革的依靠力量。也只有这样，改革才能到位。而且生产力真正得到解放和发展，也能充分调动劳动者的积极性和创造性，调动经营者的聪明才智。在这个基础上，企业文化管理方式才有用武之地，如果这个不变，我认为用上企业文化管理方式的是少数，用不上的是多数。不改革体制，企业一时兴旺，那是暂时的，因为它不是一种制度，不是企业制度，而是人治。股份公司是现代企业制度的一种重要形式，它不是人治，有了这个制度后，企业才能长期、健康地发展。

综上所述，当前应强调围绕市场经济文化，建设企业文化。过去的计划经济观念应转变过来，建立一种新的观念即市场经济的观念。同时，培养四有新人，即有理想、有道德、有文化、有纪律的新人。企业文化离不开这四方面，培育企业精神和企业形象，企业首先要有理想、有目标。企业文化是为企业服务，为企业效益服务的，所以，企业职工要有为社会服务、为社会做贡献的服务精神和职业道德。

研究企业文化，应把当前市场经济文化作为主要的或者基本的内容研究，离开市场经济文化，企业文化都不是我们所要建立和发展的企业文化。

（此文摘自《企业改革与企业文化》，1998年5月出版）

启动企业创新的文化动力

胡　平

我们误读社会主义和误读资本主义的事情很多，要重新认识社会主义，重新认识资本主义。这是我们改革的亮点所在。从生产力的要素来看，讲资本、科技、劳动力，是很对的。我认为文化力也是一种生产要素。这一点认识的人还比较少。文化力是综合国力的一部分，而且是一个重要的标志。大家说的误读也好，重新认识也好，归根结底是人们的价值观念、文化观念，这就是文化问题了。我们现在要搞企业改革、企业创新，我认为要启动三个动力：经济力、科技力、文化力。所以我今天发言的主题叫：启动企业创新的文化动力。

改革到了攻坚阶段，企业改革是重中之重。企业改革涉及的面很广，但是根本的问题是人们的认识问题，价值观念问题。我们改革要进入市场经济，进入市场经济有很深的学问，这从我们长期坚持的观点来看，是一个新的东西。过去我们搞的是计划经济，现在要从计划经济当中退出来，这也是一种学问，退出计划经济的学问。我们这个社会是有希望的，但是困难很大，困惑的事情很多。江泽民同志上半年讲过一次，科索沃战争的时候又讲过一次，“要富国强兵，增加民众的凝聚力”。他讲了富国、强兵、凝聚力这三条，我认为民众的凝聚力根本的问题是文化问题。从企业文化的方面来看，比较江泽民同志说的三点，富国，企业是要讲效益吧，讲了效益才能富国；强兵，我们要拿出好的产品来，有竞争能力的；凝聚力，企业要有凝聚力。企业有了凝聚力，企业才能办好，企业凝聚力是中华民族的凝聚力的重要组成部分，是细胞。

要重视用文化来推动改革创新，我下面再讲三个观点。第一个观点：经济文化一体化，中华民族才能有希望。过去中国的文化跟经济没有一体化，经济文化不是一体化的。我们虽然有很多的哲理，但是我们的文化主要不是和经济结合，而是和政治结合，跟社会结合。文化和政治相结合而远离经济，这是我们中华民族的一大悲哀。一直到邓小平理论提出以生产力为中心，不是以阶级斗争为中心，用“三个有利于”来发展经济，才引导文化与经济的密切结合。经济文化一体化是资本主义社会实践的成果。邓小平说，人类一切文明成果都要为我所用，要补上经济文化一体化的课。要让企业文化真正定位，首先要解决这个经济文化一体化的问题。不是少数人来抓企业文化，而是大家都来抓企业文化，那么我们的企业文化就有希望了，这个文化将起到四两拨千斤的作用。我们的企业文化要为改革，为创新服务，就是要把文化融合到整个经济当中去。这才能够为我们的改革开放做更大的贡献，才有生命力。第二个观点，说一下时代需要新的公私观。国有企业遇到很大困难是历史形成的，那么退出计划经济，是比较艰苦的。路子不是没有，十五大提出的主张要落实下去，还要整体进一步推进。我们要重新认识公和私的关系。公和私里面，有相互渗透融合的一面。当然我们要搞中国特色的社会主义，共产主义理想是不能丢的。我看改革走到难点之后，这个问题要破，要树立新的公私观。我不是说讲私就不要公了，天下为公就不要了，那根本上就误导了。讲天下为公，就不承认有私，过去我们也误导过。时代需要新的公私观，这是比较通俗的说法。理论上讲起来还有很多学问，我是凭自己的一种体验。

第三个观点，中国需要中国特色的企业文化。企业文化是从西方文化引入的，我们要找到中国的企业文化的根，就是说中国的企业文化应该有中国的文化血统。把中国的血统和西方的结合在一起，我们的企业文化一定会有很大的影响力，要继承，要融合，要创新，要超越，这就是要把我们中华民族传统的、优秀的文化理念加以新的解释，然后同西方文化对接，创造一种不同于传统的文化，不同于西方的文化。这就超越了，超越自身，超越历史，也可能超越世界。这是我比较乐观的一种主张。

（此文选自《企业文化》杂志1998年第9期）

思想政治工作与企业文化

张大中

一、社会主义企业的思想政治工作是为了办好社会主义企业，提高企业的社会效益和经济效益，提高全体职工的素质

思想政治工作与企业文化是两个不同的学科，它们既有联系又有区别。只有分别给以科学的说明和赋予准确、稳定的概念，才能深入、持久地加强其建设，不断地丰富完善其内容，以适应客观形势的需要，充分发挥其应有的作用。

二、思想政治工作是根据经济、政治形势的变化,人们的思想、行为发生变化的规律和党对群众进行思想政治教育工作的规律,教育、帮助和引导人们进步的学科

思想是客观事物在人们头脑中的反映,客观事物变化了,人们的思想和行为也会随之变化,是有规律可循的。政治是经济的集中表现,经济基础变了,政治也会随着经济基础的变化而变化,也是有规律可循的。但是,思想、政治不完全是被动的,它又能动地反作用于经济基础,为经济基础服务。思想政治工作就要研究在社会主义条件下,如何发挥好这个反作用,以促进社会主义经济基础的巩固和发展。

思想政治工作的内容十分丰富。主要内容有两方面:一是马克思主义的基本理论教育,引导人们树立科学的世界观、人生观,借以正确地观察和对待客观事物,认识和改造客观世界;一是形势和任务教育,宣传和贯彻党的路线、方针和政策,调动人们的积极性、创造性,保证各项任务的顺利进行。毛泽东同志说过:"掌握思想教育,是团结全党进行伟大政治斗争的中心环节。如果这个任务不解决,党的一切政治任务是不能完成的。"这是党在长期革命实践中的经验总结,说明思想政治工作在任何时候都是不能忽视的。

现在,我们党已制定了社会主义初级阶段的基本路线:"领导和团结全国各族人民,以经济建设为中心,坚持四项基本原则,坚持改革开放,自力更生,艰苦创业,为把我国建设成为富强、民主、文明的社会主义现代化国家而奋斗。"这是马克思主义的普遍真理与我国的具体实践和时代特征相结合的科学的路线,是指引我国人民走自己的路,建设有中国特色的社会主义的路线。宣传和贯彻执行党的基本路线,是全国人民的历史任务,也是思想政治工作的中心任务。各企业单位都要找好自己的位置,发挥自己应有的作用,为实现这一历史任务而奋斗。其间要充分发挥我们的政治优势,努力加强和改进思想政治工作。

三、企业文化是一种企业的经营管理理论、经营管理方式,是研究企业经营管理发展规律的

企业是由职工组成的,企业的经营管理活动离不开人,因而企业文化主要内容和对象也是人。

西方的企业文化是在企业经验主义管理、科学管理、行为科学管理的基础上,演变产生的一种最新的现代管理学说。它是在科学技术迅速发展,生产过程现代化、社会化程度不断提高,市场竞争日趋激烈,同时,劳资矛盾、冲突加剧,需要进行调整、缓和的条件下发展起来的。首先必须明确西方企业文化是服务于资产阶级剥削劳动人民的目的的,它的理论基础、人生观、价值观都是以个人主义为中心的。但是,在西方企业文化中那些符合社会化大生产和商品经济发展要求的东西,是我们可以借鉴,加以吸收、改造和利用的。

目前,对于企业文化的科学内涵,有各种不同的看法,我想提出一种看法,供同志们研究。社会主义企业文化的内涵,应是以提高企业的社会经济效益为目的,以职工的群体意识、群体行为为主体,以利益激励机制、精神激励机制和提高职工素质为主要内容的,具有企业个性特色的管理思想和管理方式。它包括企业目标、企业发展战略、企业精神、价值观念、行为准则、职业道德及企业家的风范等等。

我们是社会主义国家,职工是国家和企业的主人,由于这种根本利益和目标的一致性,由于政治地位的平等性,我们的社会主义企业文化的发展,会比西方资本主义的企业文化有着无比的优越性。我们需要总结自己的经验,发扬我们的优良传统,认真研究现代化大生产和市场竞争方面对企业管理和精神文明建设提出的要求,同时,吸取西方企业文化的有益经验,逐步创造出有中国特色的社会主义企业文化。

四、思想政治工作与企业文化的关系是都要以马克思主义为指导,以党的基本路线为指针,共同的目的都是提高企业的社会经济效益和职工素质

思想政治工作与企业文化的区别在于思想政治工作比企业文化有着更广泛的更深层次的内涵:它是经济工作和一切工作的生命线,它包含着保证企业的政治方向和向职工灌输正确的政治观念等。与思想政治工作相比,企业文化是属于企业特有的微观文化。它适应企业的特点,深入于企业生产经营的各个环节,既包括了生产经营中的软科学内容,又包括提高职工的思想、文化和技术素质。企业的思想政治工作保证企业文化的方向。企业文化有利于解决思想政治工作与经济工作"两张皮"的问题,在这个意义上,企业文化是企业思想政治工作的载体。

总之,企业的思想政治工作和企业文化是两个不同的学科,两者既不互相排斥,也不能彼此代替,它们并存、互补,相得益彰。

(此文摘自《企业文化在中国》,1998年10月出版)

重视文化力　运用文化力

张大中

毛泽东同志在《新民主主义论》这篇文章里边讲到,"新的政治力量,新的经济力量,新的文化力量,都是中国的革命力量"。"新民主主义的政治、新民主主义的经济和新民主主义的文化相结合,这就是新民主主义共和国"。那么什么是新文化呢?就是以无产阶级的文化思想,即共产主义思想为指导的,人民大众的,反帝反封建的文化,是民族的、科学的、大众的文化。由此可见,在革命战争时期,毛泽东同志就非常重视文化的力量和文化战线的斗争。

邓小平同志也是非常重视文化力的,他提出"科学技术是第一生产力"。他讲到:我们国家国力的强弱,经济发展后劲的大小,

越来越取决于劳动者的素质,取决于知识分子的数量和质量。邓小平同志还多次提到,要培养有理想、有道德、有文化、有纪律的四有新人。所谓精神文明建设,不但是指教育、科学、文化(这是完全必要的),而且是指思想、理想、信念、道德、纪律、革命的立场和原则,人与人的同志式关系等等。可见,在建设有中国特色的社会主义时期,邓小平同志同样非常重视文化的力量。

文化是一种力量。在建立新的社会关系中,它是一种力量;在发展生产力、向自然界挑战中,它也是一种力量。建设国家需要政治力、经济力,也需要文化力。社会主义的政治,社会主义的经济,社会主义的文化,结合在一起,就组成社会主义的中国。江泽民同志在建党 70 周年的讲话中就专门讲了社会主义的政治、社会主义的经济、社会主义的文化。

搞好一个企业,搞好一个单位,也需要政治力、经济力、文化力三者的结合。政治力量就是以邓小平同志建设有中国特色社会主义理论武装头脑,进行社会主义、集体主义、爱国主义教育,特别是对广大共产党员来说,这是根本任务。经济力量,就是企业的社会经济效益和职工生活水平的提高。文化力量就是企业的价值观、企业的精神、企业的道德,以至企业家和职工的文化思想素质。我们把文化的力量运用于企业管理之中,可以提高企业的决策水平,可以提高企业的管理水平,形成企业文化的管理方式。如牡丹电子集团公司、红狮涂料公司、四通公司,企业文化搞得很有成效。把文化的力量运用于营销之中,可以提高企业的营销水平。比如蓝岛大厦,他们提出的"以文兴商"的文化发展战略和"情意服务",塑造了良好的企业形象,取得了非常好的经济、社会效益。把文化的力量运用于生产之中,就可以提高劳动生产率,这种事例就更多了。比如首钢、人民机器厂等,举不胜举。总之,我们加强思想政治工作,同时着眼于文化,进行企业文化建设,可以扩大我们的视野和工作领域,丰富我们的工作内容,可以使我们的思想政治工作与经济工作更加紧密地融合在一起。也就是说,把政治的力量、经济的力量、文化的力量形成一个合力,来直接推动我们的经济发展,为经济建设这个中心服务。

同时,文化也是一种潜在的力量,它是可以开发的,这种资源开发出来,可以形成一种巨大的力量。而文化资源的开发,从世界发展的趋势来看,更有重要意义,成为必然的趋势。比如日本,国土狭小,物质资源缺乏,它之所以成为经济大国,并不是由于物质资源特别雄厚,而是由于它通过文化资源的开发,提高了智力水平,提高了文化素质。所以我提出一个问题:重视文化力的开发,重视文化力的运用。这是一个新的课题。

(此文选自《企业文化在中国》,
1998 年 10 月出版)

建设有中国特色的社会主义企业文化

张大中

近几年来,我国的理论研究部门在介绍国外企业文化理论的同时,开始探讨具有中国特色的社会主义企业文化理论。几年来,企业文化在理论研究和建设实践两个方面都有相当的发展。在理论研究方面出版了一批专著、文集,还出版了一批介绍企业文化的报刊、杂志,从理论到实践进行了广泛的介绍和讨论。几乎各省市都有一批企业进行企业文化建设,并取得了显著的成效。

来自西方的企业文化理论,为什么会在我国引起如此广泛的关注呢?从根本上说,是企业发展的实践需要企业文化,或者说企业文化的兴起正是企业发展客观需要的反映。我国实行经济体制改革以来,按照所有权、经营权分离的原则,改变过分集中的经济体制,把全民所有制企业的经营权真正交给企业,使企业成为自主经营、自负盈亏的经济实体。职工的工资福利与企业的经济效益挂钩,把责、权、利紧密结合在一起,使企业职工形成一个命运共同体。企业的组织结构、经营方式、管理手段也开始有了变化,出现了企业的个性特征,同时外部环境也日益面临着竞争的局面。所有这一切,都要求企业在生产优质产品的同时,能够产生优于其他企业的价值观念、经营准则、经营作风、企业精神、道德规范以及企业的发展目标等等,一句话,能够产生优于其他企业的企业文化,使企业内部产生巨大的凝聚力,推动企业的发展。这就是企业文化理论一经介绍在到中国,便受到企业界和广大职工热烈欢迎和普遍关注的根本原因。

毋庸讳言,西方企业文化具有二重性。一方面,反映了符合科学技术进步、现代化大生产的科学管理经验和观念,这是可以学习和借鉴的;另一方面,也反映着资产阶级的经营目的和个人主义的价值观,这又是必须抛弃的。我们在学习、借鉴西方现代化管理经验时,需要保持清醒的头脑,采取分析的态度。这里,最重要的就是要研究社会主义中国的实际,从我国经济体制改革的需要出发,建设有中国特色的社会主义企业文化。我们是社会主义国家,工人阶级是国家和企业的主人,全心全意依靠工人阶级,为人民服务是共产党的根本宗旨。这一切决定了我国的企业文化比资本主义的企业文化具有无比的优越性。总结我们自己的经验,发扬我们自己的优良传统,同时借鉴、吸收西方符合现代化大生产、适应市场竞争的有益经验,创造具有中国特色的社会主义企业文化,为我国的社会主义现代化建设服务,应当是我们建设企业文化的指导思想。

要建设具有中国特色的社会主义企业文化,就应当研究社会主义制度在建设企业文化方面所具备的优势。这些优势是:

第一,当前我国有着多种所有制,但社会主义公有制依然是我国社会经济的主体。社会主义企业公有制的性质决定了工人阶级是企业的主人。工人是生产者,是劳动力,同时是所有者,是主人。全体职工(包括经营者和生产者)的根本利益是一致的,这是社会主义企业内部人与人之间形成相互依靠、密切合作的客观基础。只要我们企业的各级领导牢固树立人民群众是历史创造者的观点,向人民群众学习的观点,干部权力是人民赋予的观点,全心全意依靠工人阶级,在企业内部创造民主气氛,培养职工群众的参与意识,充分发挥职工代表大会的作用,支持职工参与管理,实行民主决策,就能够形成全体职工的共识,充分发挥积极性和创造性,共同办好企业。西方资本主义所有制企业也提倡"爱厂如家"、"做企业的主人",但最终无法掩盖资本家与工人雇佣与被雇佣的关系,而且一旦出现经济危机,劳资之间的矛盾便会激化。当然,西方企业根据企业文化管理理论处理人际关系的一些成功经验,是值得研究和借鉴的。

第二,以共产主义精神为核心的精神文明,是社会主义社会的重要特征。社会主义社会的精神文明对物质文明的建设,不但起巨大的推动作用,而且可以保证它的正确方向。社会主义思想的主要内容包括同社会主义公有制相适应的主人翁思想和集体主义思想,为人民利益奉献的精神和共产主义劳动态度等。职工群众一旦掌握这些先进思想,就会把建设社会主义的劳动热情同具体的工作岗位结合起来,把实现现代化的远大目标同实现企业的奋斗目标结合起来,就会在企业中形成良好的道德规范、行为准则,以及团结互助、和谐融洽的人际关系。西方企业文化管理的理论和实际,剔除其个人主义的价值观,它所采取的一整套做法,如企业经营目标的激励,企业精神的培养,企业道德的规范等等,都是可以借鉴的。这些做法和生产紧密结合,有利于提高职工的思想、道德、情操,建立亲密无间的人际关系,形成团结奋进、开拓进取的企业群体精神。

第三,企业中共产党组织的政治核心作用和党员的先锋模范作用,以及党组织坚强有力的思想政治工作,不仅是贯彻执行党的路线、方针、政策的保证和中坚力量,而且在职工中是工作的模范,道德的榜样。企业文化管理,以人的管理为中心,因此,做人的工作是企业文化管理的应有之义,这样做人的思想工作与经营管理工作就可以紧密结合。建设企业文化,开拓了思想工作的新领域,丰富了思想工作的内容。因此二者紧密结合,必然互相促进、互相补充,相得益彰,这是西方企业所无法比拟的。

企业文化是具有鲜明企业个性特点的微观文化,以人为中心的管理理论渗透于管理的各个环节,包括企业的物质条件、规章制度、观念形态,内容非常丰富。根据我国企业文化建设的情况,它的内容应该包括企业近期的发展目标及长期发展战略、企业精神、企业的规章制度和道德规范、企业的内部环境、企业的外部形象,等等。企业文化的建设是一个缜密的系统工程,不是一朝一夕的事情,更不是"一抓就灵",需要坚持不懈的努力,才能日臻完善。我认为最基本的方法是从自己企业的实际出发,对于企业职工的思想、文化技术素质,企业的物质条件,企业的历史,以及企业所处的外部环境都有深入的了解,要研究企业固有的特点和优势,总结企业的优良传统和管理经验。在这个基础上,依据企业的具体情况,制定建设企业文化的规划,选择自己的侧重点,逐步地开展起来。下列几个方面几乎是不可缺少的:

①确定正确的经营管理思想和健全经营管理制度。要树立先进的管理思想,如全心全意依靠工人阶级,以优良产品和优质服务为社会做贡献,开拓进取、面向市场、走向世界的管理思想等,同时要建立严格的责任制。这样不仅便于集中高效地指挥,而且可以更好地调动职工的积极性。

②培养职工的主人翁意识;提高职工的使命感、责任感,培养职工文明、高尚的道德情操,创造团结、和谐、融洽、友爱、亲密的人际关系,增强企业的凝聚力。

③按企业发展的需要,建立技术教育网络,对职工进行技术业务培训,提高职工的技术业务水平,促进科学技术的发展。

④组织多种形式的文化、体育、学习活动,丰富职工的文化生活,陶冶情操。

⑤关心职工生活,视企业收益情况,改善生产、生活环境和福利待遇,解决职工的后顾之忧,培养职工"爱厂如家"的感情。

建设企业文化需要从多方面人手,但是,企业领导人员的素质具有决定性的影响作用。我国现时非常需要具有坚定的社会主义信念、富于理想、精通业务、具有组织才干的企业家。

总之,以马克思主义、毛泽东思想,特别是邓小平理论为指导,深入研究企业文化理论,探讨中国的社会主义企业文化思想体系,是企业界和理论界的共同任务。我们要善于总结自己的经验,使之系统化,建立中国的社会主义企业文化管理学。

(此文选自《企业文化在中国》,1998 年 10 月出版)

制度文化是企业发展的深层动力

——兼谈上市公司企业文化的塑造

孟凡驰

公司上市为企业新一轮发展奠定了较好的基础,也给企业发展带来信心和诸多机遇,但并不必然带来企业的长久健康和最终成功。决定上市公司成败的根本性因素之一,是企业文化的科学重塑与及时跟进。如果将公司上市的成功维系于新的制度条例和有形结构这一方面,给企业带来的将会是"塞翁失马"式的不可预期的结果。这是因为:第一,经济上的"不完全合约"理论仍是适应现实的,任何企业制度都不能将企业管理工作的一切内容全部包容,"不完全"是一种客观存在,要对行为有预期,那么希冀某一种制度和体制包打天下,就永远是管理上的空想,文化与条例相结合,才能建立一个严密的管理体系。第二,制度文化是制度转轨的前提和保证,人是制度制定和执行的主体,决定制度性质的先进与被动,决定制度执行的质量与效果,关键在人的文化素养。包括上市公司在内的任何脱离制度文化的制度条例的有形变革,都是与失败联系在一起的冒险行为。这既是众多企业管理学家的理论共识,也是为无数事实证明的真理。根据我国上市公司主客观条件的变化,相对非上市公司而言,上市公司企业文化塑造要突出以下特征。

1. 培育共同的价值观

上市公司肩负着全体员工和股东的经济发展责任,作为企业文化核心内容的发展战略、信仰、使命、价值观和经营哲学,要科学地描绘出企业发展的远景目标和战略步骤,给社会、股东和员工以充分的信心。企业的发展要有更崇高的事业情怀和终极价值追求,把社会、股东与企业自身利益结合起来。片面强调任何一方的利益,都会造成企业发展战略上的文化缺位和文化短视,最终会有损于各方的根本利益。

2. 强调创新

我国企业在计划经济时期和市场经济的初期阶段,主要依靠机会性的自然资源维系企业生命周期。这些自然资源主要包括:商品短缺时期的"供求机会",法制不健全时期的"投机机会",双轨制并行时期的"权力机会",信息不完全时期的"物流机会"等。随着市场经济的不断规范,这些机会资源会迅速淡出,企业生存的周期和生存质量将日益依赖于自创资源的多少和水平的高低。自创资源主要指的是管理方式和产品更新换代的创新能力、新市场的开拓手段、与时俱进的辩证思维方式、具有独特经营思路的首席执行官等主观性文化条件。因此,没有创新文化,自创性生存资源就无法形成。

3. 突出个性化特征

信息资源转向全球化后,必然带来国际经济新秩序的建立。在这一过程中,技术创新与管理创新的紧密结合与互动,必然使管理变革的速度加快。不同企业吸纳新知识的能力不同,也会造成“信息不对称”现象的发生,因而我国企业在国际化进程中也不会齐步走。信息资源的全球性广泛共享与接受资源、理解资源的单个主体条件的巨大差异,使统一化管理模式不再适应,甚至连某一管理模式内的具体方法、手段都要因企业而异。企业的生命在于经营管理的个性化,个性经营管理来自于适应个性发展的文化环境。

4. 重视现代规范性

总体来看,在我国的经济转轨尚未全面完成的同时,国际竞争已经走入我们的经济领域,国内无序竞争与国际有序规则会给我国企业造成双重压力。但主流的发展趋势是有序竞争,因此企业必须建立规范性文化,以使自己广泛适应世界性竞争的博奕规则。如果无视国际浪潮的必然性,以经济“保护期”所形成的因循性传统模式,甚至是原始鲁莽的竞争模式去应对科学秩序的世界竞争,结局将是惨烈的。世界竞争规则是全方位的,是相互联系的体系,有选择地吸收,是一种侥幸心理,只有以全面开放的心态,接纳国际规则,才能使企业尽快现代化。非规则性的企业文化,使同一个企业的产品在不同生产时间和地点不能保持品质的一致性,使管理的手段方式非理性化,从而使企业失去团队效应。

5. 增强迅速权变性

企业传统的生存方式是规模大的战胜规模小的,而在以知识和网络为特征的新经济社会,企业生存方式是“快鱼吃慢鱼,活鱼吃死鱼”。如果不能建立一个以迅速学习带动生产经营的组织和迅速应变的经营机制,再大的组织规模也会顷刻间坍塌。

6. 经营文化的多维性

传统企业大多是通过输出某类物化产品服务于社会,换取社会的利润回报,从而赢得企业的发展与扩张。随着社会的进步,生产同一类产品的企业日益增多,而且技术差异日渐减少,使产品竞争加剧。同时,社会对产品的文化需求也越来越丰富。因此企业要想在现时条件下保持扩张与发展的态势,就要在生产产品的同时,生产服务产品、管理产品、文化产品、信息产品,变企业发展的单一支撑点为多个支撑点。这些文化产品的传播,会增强物化产品的人性化含量,使企业与社会之间的沟通更亲近更融洽,减少对物化产品的认知时间,收到相得益彰的效果。

7. 强调进取和责任性

在传统企业组织中,高层担负全部经营责任,中层担任管理任务,基层完成生产定额,这种封闭型系统无法适应迅速变化的市场,也培养了大量中下层干部的依附意识和惰性文化。为适应市场经济要求,企业三级职能应全面转换,决策层要负责组织建设和战略制定,管理层负责能力培养和作业单元之间的协调互动,执行层要负责全面的经营责任。这种重组后的开放型组织格局,便于各级领导发挥创造性,变被动执行为积极进取。与这种组织形态相适应,需要培养各级人员的进取文化和责任文化。

8. 以客户为中心

传统企业服务于客户的着力点在产品(product)、价格(price)、渠道(place)、促销(promotion)四个方面(简称4P)。随着买方市场的形成,企业服务于客户的着力重心已倾向于消费者的欲求和需要(consumer)、消费者获得满足的成本(cost)、消费者购买的方便性(convenience)、消费者与企业之间的相互沟通(communication)四个方面(简称4C)。这就需要企业的经营服务变以企业为中心为以客户为中心,站在客户角度,充分考虑产品的文化含量与人性化水平,不断提升服务的文化品位,强化服务过程中的文化形式,实施“顾客满意战略”,塑造客户导向的服务文化。

(原载《光明日报》2001年6月21日)

首都文化发展中的一个新生长点

——北京市企业文化建设的发展与思考

郝 真

随着改革开放的深化和社会主义市场经济的发展,蓬勃发展的企业文化建设已经成为首都文化发展中的一个新生长点。

企业文化是社会经济细胞组织的微观文化。它是一个企业或一个行业在生产经营实践中,逐步形成的共同价值观念和行为准则。它反映着企业整体的素质、精神、品格、作风以及公众形象等文化现象。它是社会文化的重要组织部分,并对社会文化发生着重要的影响。

近十年来,北京市一些先进企业自觉学习国外和兄弟省市企业文化建设的理论和经验,作了有益的探索和实践。在市领导和有关部门的关心支持下,1992年市思想政治工作研究会联合34家大企业发起成立了北京市企业文化建设协会,从加强改进企业思想政治工作导入,使思想文化与经济工作更紧密地结合,采用自愿参与和滚雪球的方法,推进着企业文化的建设。几年来,通过深入的调查研讨、总结交流,推出了一批典型经验:“传统文化与现代文明相融合”的同仁堂文化;“以文兴商”、“情意服务”的蓝岛文化;“发扬党的传统优势,建桥筑路育人”的城建文化;“走出困境、迅速发展”的雪莲文化;“唱响主旋律、共铸企业魂”的燕山文化;“重视人才”,“与巨人同行”的四通文化;“运用孙子兵法,创优质工程”的韩村河文化;“中日文化融合”的北京—松下彩管公司文化。此外,还有铁路、商业、化工、电信、林业、园林等行业文化的经验。目前,全市已有66个总公司、局、区、县及所属上千个企业,几十万职工积极参与,使各个经济细胞呈现了生机与活力。这一各具特色、丰富多彩的企业文化建设新景观,犹如寸寸芳草,碧连京城。

为什么说企业文化建设的实践,已经成为首都文化发展中的一个新的生长点?

一、企业文化建设促进企业潜心追求最佳的经济理念,讲求社会主义经营之道,树立了市场经济的新观念

讲求社会主义经营之道,最主要的是把全心全意为人民服

务的思想融进企业的经营理念。北京同仁堂坚持“养生”、“济世”、治病救人,为民造福的宗旨,生产“配方独特、选料上乘、工艺精湛、疗效显著”的药品。当假冒伪劣药品涌入市场时,他们不惜代价依法反击,坚持货真价实。他们向顾客提供的不仅仅是药品,而是一颗真诚善良、高度负责的心。这是中华民族优秀传统文化与现代文明相融合的新观念。

讲求经营之道,还促进企业崇尚高科技,不断提高现代水平。北京燕山石化公司牢固树立起作为大型国有骨干企业“要进入大市场、要有大作为、要作大贡献”的企业经营目标。研究了国内外石油化工供需情况,决策向高科技要市场。他们用最短的时间,花费最少的资金,把30万吨乙烯装置改扩建后产能达到45万吨。同时,根据市场变化,将进一步采用新技术,进行产品结构调整,开发市场需要的高技术含量油品,实现高效率和高效益。

追求最佳的经营理念,坚持不断创新和继承中华民族优秀文化相结合,向社会提供现代化的优质产品和优质服务,依靠高科技去开拓占领市场,做到义利并举等等,是企业在讲求经营之道的实践中,生成的新思想、新文化观念,它对推动社会主义文化建设,产生了不可估量的影响。

二、企业文化建设培育了优良的、具有特色的企业精神,升华了职工的价值观念

培育企业精神,核心是要树立把振兴国家民族的理想与企业和个人发展紧密联系起来的新价值观念。

北京雪莲羊绒有限公司原是一个名牌企业,后来连续几年出现亏损,亏损额高达4000万元。1990年,新上任的领导班子树立开拓市场,建立企业文化的新观念,把职工请回来,共商振兴企业大计。他们历尽艰辛,发扬对党的事业高度负责精神,依靠人才,采用新技术,创出中国名牌,创出了高效益。五年累计创利税1.193亿元。在走出低谷的过程中,职工价值观得到了新的升华,以雪莲花的品格塑造“雪莲人”:像生长在高山之巅的雪莲花那样,意高志远,具有远大的理想和豪迈的气概,发展民族工业,创出中国名牌;像冰清玉洁的雪莲花那样,洁身自好,具有诚恳待人、务实守信的职业道德,对消费者忠诚,视产品质量为企业生命;像抗严寒、傲霜雪的雪莲花那样,在困难面前具有不屈不挠的坚强意志,以自己的汗水换来雪莲的发展。

培育企业精神,把职工们的追求与企业追求统一起来,有助于集体主义思想的树立和发展。中建一局五公司根据建筑行业的特点,提倡“做鲁班传人,创鲁班工程”的企业精神。全体职工自愿集资,塑造起一座鲁班铜像,以鲁班先师为榜样,自觉学技术、练手艺、搞创新。通过培育企业精神,职工素质也不断提高,队伍朝气蓬勃,讲科学、学本领、敢打硬仗、不怕困难的观念牢牢扎根。

企业精神反映了不同职业、不同企业的特点,同时又具有时代的特征,在全市遍地开花。例如:煤矿工人发扬“燃烧自己,温暖他人”的精神;邮政系统“以邮为业,爱邮如家,邮件似生命,时限抵万金”的邮政精神;首都机场“我与机场共生存,机场与我共发展”的命运共同体精神;市公交总公司“一心为乘客,服务最光荣”的公交精神;西单购物中心“把一颗热心、耐心、诚心、爱心奉献给您”的“四心”精神;地安门副食商场多年来坚持“诚信治业久、真情获益长”,“不与豪华争贵,只愿便民为先”的信得过精神;燕华理发馆“致真、致诚、致爱、致美”的真善美精神;回龙观镇工业企业总公司“上下同欲者胜”的精神,等等。

实践证明,通过培育企业精神,把社会主义、集体主义思想和中华民族的美德与企业、行业的个性特征完美地统一了起来,凝聚于职工心中,变成企业永不枯竭的精神力量的源泉,成为社会主义新文化的重要组成部分。

三、企业文化建设不断创造企业的信誉和美誉,塑造良好的企业形象,展现了企业新的文化风采

企业在创造物质财富的同时,也在创造精神财富,两种财富最终通过企业形象展现出来。企业形象反映了企业和职工的素质,包括优良的产品信誉和服务质量、文明优美的工作环境、和谐的人际关系和既有情意又实惠的职工物质文化生活,以及热心于社会公德和公益事业等社会形象。

蓝岛大厦坚持走“以文兴商”之路,创“情义服务”之举。他们以“商品皆有值,蓝岛情无价”的理念,与顾客建立了一种亲情,改变了商厦与顾客的单纯买卖关系。大厦的布局和广告用语也充满了浓郁的文化艺术色彩。顾客在蓝岛不仅买到称心如意的商品,而且还可以感受到强烈的文化氛围和家庭般的温暖。这种商业形象的塑造被许多商业企业和服务单位所效仿,为创造和谐亲善的社会环境发挥了显著作用。

利康搬家公司用高尚的职业道德规范职工的行为,他们最先提出工作中不准抽客户家的烟,不喝客户家的水。后来,他们又认真总结实践经验,修订完善了搬家服务规范《五十个怎么办?》。如遇到大风怎么办?新居有地毯怕脏怎么办?路遇大雨怎么办?电梯停电或坏了怎么办?家有老弱病残孕怎么办?等等,想得比客户还周到还科学。5年来,为19万户居民搬家,固定资产从5辆旧车,增添到157辆,年收入达1894万元,同时把高尚职业道德和良好形象带到了四面八方。

市政和城建集团坚持建桥育人、建楼育人,要求职工们做到:“建设一项工程,树立一面旗帜,赢得一方信誉,开拓一片市场”。在修建西北三环路工程时,很多工地都矗立着“用您的理解和我们的双手共建美丽的西北三环”,“架桥先架连心桥,修路先修同心路”的巨幅标语,开展了许多便民利民的服务活动,与周围居民共建社会主义精神文明,展示出城建职工的素质和水平。

总之,开展企业文化建设实质上是根据市场经济的新特点,进行社会主义人生观、价值观的再造过程,把反映先进生产力要求的新思想、新文化传播到社会上去;开展企业文化建设是加强和改进思想政治工作和企业管理的新方法;调动和科学地组织广大职工的积极性、智慧和创造力,不断提高职工素质,也是搞好社会主义精神文明建设的重要途径。它将面向21世纪,对于建立首都良好的文化氛围,对于健康的社会公众舆论的形成,对于社区文化、乡镇文化、校园文化等亚文化的发展和整个首都文化建设的发展,都有不可低估的作用。它无疑是首

都文化发展中一个新的生长点。研究首都的文化发展战略,就要重视研究首都的企业文化建设。

(此文选自《企业文化建设的运作》,1998年12月出版)

企业的呼唤

北京市企业文化建设协会

由北京市思想政治工作研究会倡议,34家企业联合发起,成立北京市企业文化建设协会。

这个协会旨在以马列主义和党的基本路线为指导,为加快改革开放、加速经济建设服务,依靠企业领导和全体职工并以职工为主体的共同创造和自觉行动,从实际出发,突出本企业特色,团结企业界及一切有志于企业文化建设的人士,共同促进全市不同所有制企业文化建设的开展。

建设企业文化,充分发挥人的作用,是当今世界企业发展的一种趋势,是经营企业的新思想、新观念。

建设企业文化,调动广大职工的积极性、智慧和创造力,是现代化管理的最佳选择。

建设企业文化,增强企业的凝聚力和竞争力,是企业生存和发展的根本战略。

建设企业文化,增强企业活力,是加快改革开放、促进经济建设上新台阶的迫切需要。

建设企业文化,是历史的必然,是企业的呼唤。

通过建设企业文化,培育各企业特有的企业精神,增强企业的内聚力,形成企业内部民主和谐的氛围,优良的文化环境和日益改善的生活福利,使企业生机勃勃,万众一心,努力实现经营目标和发展战略。

通过企业文化建设,全面提高职工队伍的素质,发掘永不枯竭的力量源泉。

通过企业文化建设,全面提高企业的管理水平,形成最佳的管理机制和管理效能。

通过企业文化建设,全面提高工作质量,增强市场竞争力,创名牌优质产品,创企业最高经济效益。

协会坚持的宗旨是:继承、借鉴、创新、实践。

这就是继承我国及企业的优秀文化传统和党的思想政治工作的优良传统,借鉴世界上人类的文明成果和反映现代化生产规律的西方企业文化的经验,创出具有本企业特色的新经验,立足于推动企业文化建设的实践。

协会活动的方针是:建设、服务、交流。

这就是热忱为企业服务,积极总结交流企业文化建设的经验;开展企业文化建设的理论研究;宣传介绍企业文化建设的成就;收集提供企业文化建设的信息;广泛开展国内外和企业内外的交流、考察、参观、联谊活动,促进企业文化建设活动的展开。

热烈欢迎更多的企业及有志者加入到北京市企业文化建设协会的行列中来,共同为建设有中国特色的社会主义企业文化,为企业的腾飞、经济的腾飞、祖国的腾飞做出贡献。

(此文选自《企业文化建设的运作》,1998年12月出版)

从新制度经济学论企业文化的主要功能

黎　群

摘要:企业文化在全世界范围内方兴未艾。本文尝试从新制度学的角度分析企业文化的主要功能,并指出面向知识经济时代企业实施文化战略的必要性。

20世纪80年代以来,在世界范围内掀起了一股企业文化的热潮。许多企业积极进行企业文化管理的实践,并取得了良好的业绩。十几年来,企业文化理论的研究在探索中也获得了较大的进展。但综观企业文化的理论研究方法,规范分析多于实证分析,企业文化作为一种经济文化缺乏经济学方面的理论根据。90年代以来,一些人从企业伦理学、经济伦理学,特别是从新制度经济学的角度分析企业文化功能的经济学依据,并指出迈向知识经济时代实施企业文化战略的必要性。本文讨论的企业文化由企业的精神文化、制度文化和物质文化构成,指企业的正式组织文化。

一、企业文化的激励功能

1. 新制度经济学关于人的行为的第一个假定

科思指出,当代制度经济学应该从人的实际出发来研究人,新制度经济学对人的假定要更接近现实。自亚当·斯密以来,经济学家们就把人类行为界定为追求财富最大化,即人们通常所说的经济人。在一定情况下,这种假定有利于经济学家们对经济问题作深入的分析,即简化假定或前提,有利于绕过复杂的情况对经济问题分析的干扰。但在通常情况下,人类行为远比传统经济理论中的财富最大化的行为假定更为复杂,非财富最大化的动机也常常约束着人们的行为。

1998年度诺贝尔经济学奖得主、英国剑桥大学教授阿马蒂亚·森(Amartya Sen)的伦理经济学思想主要建立在对传统的"理性行为假说"的批判基础上。对将理性行为视为自身利益最大化的论点,森提出了自己的不同看法。按照理性行为假说,人们所作出的选择只有与其自身利益最大化相一致才合乎理性,除自身最大利益之外的任何行为必然为非理性行为。但森认为,对自身利益的追逐只是人类许许多多动机中最为重要的动机,其他如人性、公正、慈善和公共精神等品质也相当重要。因此,如果把追求私利以外的人类动机都排除在外,事实上我们将无法理解人的理性。

诺思把诸如利他主义、意识形态和自愿负担约束等其他非财富最大化行为引入个人预期效用函数,从而建立了更加复杂的、更接近于现实的人类行为模型。非财富最大化动机往往具有集体行为偏好，人们往往要在财富与非财富价值之间进行权衡。通过拓展效用概念的内涵，使意识形态的影响内含于人们的效用之中，此时“广义的效用”可定义为各种有形的收益与意识形态带来的效用两者之和。在此基础上，个人出于“成本、广义效用”最大化去从事集体行动。

新制度经济学表明，人类行为动机是双重的：一方面人们追求财富最大化；另一方面，人们又追求非财富最大化。制度在塑造人类这双重动机方面起着至关重要的作用。

2. 企业物质文化的激励功能

企业文化作为社会文化的一个子系统，其显著的特点是以物质为载体。企业物质文化不仅体现在产品服务以及技术进步这些物质载体上，还通过工作环境的改造，合理的劳动报酬，生活设施、文化设施的建设等诸多方面来体现。企业通过物质文化建设，特别是建立绩效考核系统和合理的劳动报酬系统，来满足员工追求自身利益最大化的需要，从而可以达到激发员工工作动机的激励功能。

3. 企业精神文化的激励功能

企业精神文化是用以指导企业开展生产经营活动的各种行为规范、群体意识和价值观念，是以企业精神为核心的价值体系。企业精神是企业广大员工在长期的生产经营活动中逐步形成的，并经过企业家有意识的概括、总结、提炼而得到确立的思想成果和精神力量，它由企业的传统、经历、文化和企业领导人的管理哲学共同孕育，集中体现在一个企业独特的、鲜明的经营思想和个性风格，反映着企业的信念和追求，是企业群体意识的集中体现。企业精神文化代表着企业广大员工工作财富最大化方面的共同追求，因而同样可以达到激发员工工作动机的激励功能。

二、企业文化的导向功能

1. 新制度经济学关于人的行为的第二个假定

新制度经济学关于人的行为的第二个假定涉及到人与环境的关系，即有限理性。人的有限性是由 K·阿罗引入的一个原理，指人的行为是有意识地理性的，但这种理性又是有限的。在诺思看来，人的有限理性包括两个方面的含义：一是环境是复杂的；二是人对环境的计算能力和认识能力是有限的。由于环境的不确定性、信息不完全性，以及人的认识能力的有限性，使得每个人对环境反应所建立的主观模型也就大不一样，从而导致人们选择上的差别。而制度通过设定一系列规则能减少环境的不确定性，提高人们认识环境的能力。

2. 企业文化的导向功能

企业文化的导向功能是指它对企业行为方向所起的显示、诱导和坚定作用。①企业文化能显示企业方向。企业文化的概括、精粹、富有哲理性的语言明示着企业发展的目标和方向，这些语言经过长期的教育、潜移默化，已经铭刻在广大员工心中，成为其精神世界的一部分。②企业文化能诱导企业行为方向。企业文化建立的价值目标是企业员工的共同目标，它对员工有巨大的吸引力，是员工共同行为的巨大诱因，使员工自觉地把行为统一到企业所期望的方向上去。正如彼得斯和沃特曼所说，在优秀公司里，因为有鲜明的指导性价值观念，基层的人们在大多数情况下都知道自己该做些什么。因此优秀的企业文化能有效地弥补人的有限理性的不足，将广大员工的行为引导到共同的企业发展目标和方向上来。

三、企业文化的约束功能

1. 新制度经济学关于人的行为的第三个假定

新制度经济学关于人的行为的第三个规定是人的机会主义行为倾向，即人具有随机应变、投机取巧、为自己谋取更大利益的行为倾向，人在追求自身利益的过程中会采用非常微妙隐蔽的手段。机会主义会对他人造成一定的危害，如机会主义者有时把自己的成本或费用转嫁给他人，从而对他人造成侵害。制度可以在一定程度上约束人的机会主义行为倾向。

2. 企业制度文化形成企业中的正式约束

正式约束是指人们有意识创造的一系列政策法则。正式约束包括政治规则、经济规则契约，以及由这一系列的规则构成的一种等级结构，从宪法到成文法和不成文法，到特殊的细则，最后到个别契约，它们共同约束着人们的行为。

企业的制度文化是由企业的法律形态、组织形态和管理形态构成的外显文化。①企业法规。企业法规是调整国家与企业，以及企业在生产经营或服务性活动中所发生的经济关系的法律规范的总称。企业法规作为制度文化的法律形态，为企业确定了明确的行为规范。②企业的经营制度。企业的经营制度是指通过划分生产权和经营权，在不改变所有权的情况下，强化企业的经营责任，促进企业竞争，提高企业经济效益的一种经营责任制度。③企业的管理制度。没有规矩，无以成方圆。合理的制度必然会促进正确的企业经营观念和员工价值观念的形成，并使职工形成良好的行为习惯。因此企业的制度文化形成企业的正式约束，可以在一定程度上有效约束人的机会主义行为倾向。

3. 企业精神文化形成企业中的非正式约束

非正式约束是人们在长期交往中无意识形成的，具有持久的生命力，并构成代代相传的文化的一部分。非正式约束主要包括价值信念、伦理规范、道德观念、风俗习性、意识形态等因素。在非正式约束中，意识形态处于核心地位。意识形态可以被定义为关于世界的一套信念，它倾向于从道德上判定劳动分工、收入分配和社会现行制度结构。企业精神财富文化代表企业组织中广大员工共同的主流意识形态。

意识形态是减少提供其他制度安排服务费用的最主要的制度安排。世界是复杂的，而人的理性是有界的。当个人面对错综复杂的世界而无法迅速、准确和费用很低地作出理性判断，以及现实生活的复杂程度超出理性边界时，他们便会借助于价值观念、伦理规范、道德准则、风格习性等相关的意识形态来走“捷径”或抄近路，从而简化决策过程。企业精神文化所代表的意识形态作为一套价值观念或认知学识，是企业中每个人都具有的，它的存在可以使人们限制自己的行为，在一定程度上减少搭便车现象的发生，从而使人们超出对个人直接利益的斤斤计较，并诱发集体行动。意识形态通过增强个人对于某项制度安排的法理性认同和依赖，能够淡化机会主义行为。

综上所述，企业精神文化构成企业的主要非正式约束。其约束功能主要是从价值观念、道德规范上对员工进行软的约束。它通过将企业共同价值观、道德观向员工个人价值观、道德观的内化,使员工在观念上确立一种内在的自我约束的行为标准。一旦员工的某项行为违背了企业的信念,其本人心理上会感到内疚,并受到共同意识的压力和公共舆论的谴责,促使其自动纠正错误行为。因此优秀的企业精神文化可以降低企业运行的费用,达到最佳的约束功能。

四、迈向知识经济时代,企业文化战略势在必行

1. 知识经济的发展依赖于智力资源潜能的发挥

知识经济将成为 21 世纪的主导型经济形态。知识经济是以知识为基础的经济,这种经济直接依据于知识和信息的生产、分配和使用。知识经济在资源配置上以智力资源——人才和知识的占有比工业经济中对稀缺自然资源——土地和石油的占有更为重要,知识经济的发展依赖于智力资源潜能的发挥。

2. 优秀的企业文化能够充分挖掘智力资源的潜能

知识经济所依赖的知识和智慧不同于传统经济所依赖的土地、劳工与资本等资源,它们是深藏在人们头脑中的资源。智慧和知识的分享都是无法捉摸的活动,上级无法监督,也无法强迫,只有让员工自愿合作,他们才会贡献智慧和知识。正如诺贝尔经济学奖获得者海耶克所说:“每个人都拥有一些特殊的信息,每个人只有在愿意主动合作时,才会应用这些信息。”

企业文化是以企业管理哲学和企业精神为核心,凝聚企业员工归属感、积极性和创造性的人本管理理论。企业文化使员工获得充分发挥自己聪明才智,不断实现自我的优越条件。鼓励创新,支持变革,是一切优秀企业文化的鲜明特点。员工自我发挥、自我实现和自我完善的需要,只有在强大的企业文化环境中才能获得满足。企业文化的重要特点是重视人的价值,正确认识员工在企业中的地位和作用,激发员工的整体意识,从根本上调动员工的积极性和创造性。企业文化所营造的积极向上的思想观念及行为准则,可以形成强烈的使命感和持久的驱动力。心理学研究表明,人们越能认识行为的意义,行为的社会意义越明显,越能产生行为的推动力。倡导企业精神的过程,正是帮助员工认识工作意义,建立工作动机,从而调动积极性的过程。因此,优秀的企业文化能够充分挖掘智力资源的潜能。迈向知识经济时代,企业实施文化战略势在必行。

(此文选自《中外企业文化》杂志
1999 年第 6 期)

四、21 世纪初文章选编

企业审美文化建设与企业的发展

王旭晓

企业的审美文化建设较之企业文化建设是一个更高的层次。企业文化建设的深入和发展,必然是全面建设企业的审美文化,从而树立企业的美好形象,并极大地促进企业的发展。

企业文化建设有一个从自在到自为的过程,而审美文化建设更需要企业家的自觉,这是由审美的特殊性所决定的。

本文试对企业文化与企业审美文化作一初浅的界定,并以“十维”电信的企业审美文化建设为例探讨企业审美文化建设与企业发展的关系。

一、文化与企业文化

企业文化这个概念的出现,体现着对文化的理解与引申。

在中国典籍中,文化是“文”与“化”的复合。“文化”总起来的意思是“以文教化”,即以诗书礼乐、道德伦序教化世人。可以看出,文化在中国古代基本上是属于精神领域的范畴。

西文“文化”一词“culture”的拉丁文原意为动词“耕种”,有人类在自然界中劳作,从中取得收获的意思,因而也有摆脱自然状态而存在即文明开化的意思。广义的文化包括了物质文化与精神文化。

文化包括了人所创造的一切——物质文化、制度文化与精神文化。物质文化,是指物质生产生活领域的行为方式、价值观念与物质产品。制度文化,是指社会关系领域的行为方式、价值观念与相应的产品——制度、规则、礼仪、风俗及机构设施。精神文化,是指精神领域的行为方式、价值观念与相应的产品——知识体系、语言、艺术品以及设施等。

企业,作为现代社会从事生产、运输、贸易等经济活动的部门,也是人类生存的一种样式,即社会生活的样式,因而也是一种文化样式。任何企业的存在,可以说都是一种文化的存在。从这个意义上看,企业就体现着企业文化,或就是企业文化。企业文化同样包括企业物质文化和企业精神文化。企业物质文化主要表明人在物质生产领域中创造力量的表现和发展程度,包括物质生产活动、生产者、生产工具、生产关系及其所创造的物质财富。企业精神文化是企业物质生产活动所创造的物质文化的直接产物,以及企业成员的精神活动、在生产中形成的社会关系和精神财富。

其实,我们所讨论的企业文化还有着特定的含义,那是作为一种现代企业的管理模式所提出的企业文化。

现代社会正在从工业社会跨入信息社会,“知识经济”已经受到了关注。人们正在逐步把知识或智力看作知识经济时代最重要的资源,文化的功能性日益突出。人类社会的进一步发展需要有更聪明的、具有灵活性的战略去对抗仍然存在的来自自然与社会的异己力量,这种战略应该是也只能是文化战略。也可以说,文化战略就是人类的生存战略。

因此,从这个角度看,企业文化建设就是一种文化战略。企业文化建设使企业的文化不再是一种自动出现的东西,而是由人自己来创造、指导和驾驭的文化。

二、审美文化与企业审美文化

从文化是一种人类生存的样式,是人类按一定的意图对自然或自然物进行转化的人类全部活动的总和来看,审美文化的特征要通过考察人类的审美活动才能了解。

从现象上看,它有超功利性、主体性和感性特征。从本质上看,审美活动出自于人的内在需要,与欲望、兴趣等感性生命的要求相联系,是为达到自己需要的满足而进行的活动,因而它是人类的一种价值活动,体现着主体与客体之间的价值关系。把审美活动的现象与本质联系起来看,审美活动虽然是一种价值活动,但它追求的不是物质价值,它的出发点也不是人的实用需要,因此可以超越物质功利性的束缚,获得一种心灵的自由;审美活动中主体的自主性、自动性、能动性的发挥,使主体超越外部力量的各种局限,获得一种精神的自由;审美活动体现着又满足着感性生命的要求,使主体不仅有高度发展的理性,也有着感性的丰富性和生活的热情,从而使人成为完善的人。所谓“审美文化”,也就是以人类审美活动为基础而形成的一种人类生活方式及其产品的总和。从审美文化的特征上看,凡是在文化中具有非功利性质的、体现着人的生命与精神自由感的、感性的活动及其产品,都属于审美文化的范围。从审美文化与文化的关系这个角度看,审美文化是文化中的审美层面,物质审美文化、制度审美文化与精神审美文化构成了整体的审美文化。

那么,企业文化作为一种具体的文化形态,企业审美文化也是企业文化的审美层面。

在论及企业审美文化时有一个前提性的问题需要首先解

决，那就是企业文化的构成，弄清企业文化由哪些方面构成，才能进一步分析企业文化的审美层面。

总之，在企业文化中具有超功利性质的、体现着人的生命与精神自由感的、感性的活动与产品，都属于审美文化范围。企业的精神、制度与物质文化的诸方面中的审美层面，构成了企业的审美文化。

三、企业审美文化建设与企业的发展

企业审美文化并不是企业或企业文化的外加部分，也不表现为企业的一个独立部分，它是渗透并融合在企业整体中的东西，所以它应该并且就是企业的构成因素。正因为企业审美文化有这种特点，它的建设也许不需要单独设立一个部门，却需要企业的各级管理者的自觉。也正因为企业审美文化有这种特点，企业审美文化的建设与企业的发展就有了必然的联系。

北京十维电信设备有限责任公司的审美文化建设很说明问题。

十维公司的前身是于1993年9月贷款100万元开始创业的年轻的高科技企业。现已迅速发展为一个以各种型号的光端机、光接口板等为拳头产品，年销售额超3000万并拥有美国加利福尼亚州硅谷、我国烟台、重庆分公司和长沙、兰州等办事处的高科技公司，呈现出充满生机活力、蓬勃向上的景象。回顾该公司的成长过程，除了具有一个企业成长必备的条件之外，从一开始就有的企业文化包括企业审美文化建设的自觉意识与行动有着不可抹杀的作用。

1997年，企业全面启动公司机制，公司首先做的一件事就是设计公司的名称与标识。经全体员工参与设计，公司正式定名为“十维”，取中国把八方加天、地称十维的意思，引申为“全方位”，即要为用户提供全方位的服务，在公司的名称上就体现着公司的宗旨。公司的标识为三个英文字母“WIO”，其发音为[viou]，与英文“well”(好的)的发音相似。W即网络(Web)，指十维电信服务的对象；I即信息(Information)，指十维电信所处的时代；O即光通信(Optical)，指十维电信的主攻方向。该标识字母为蓝灰色的艺术字体，以象征着计算机时代，公司也以此为商标，在国家工商管理局注册。这个标识，配以在白色底子上的蓝灰色与红色直线线条，非常醒目。公司在对外的名片、手袋、信笺、礼品等上均印有这种标识，在公司内部更是处处都可以看到这个标识。每逢合作单位、供货商、客户来访及本企业的新员工培训时，有关人员都要向他们解释公司名称及标识的含义，使人从这里就获得对企业的印象。标识的设计者也因此得到公司的嘉奖。

不久，公司又对企业环境进行大规模的改造。该公司位于一座破旧的两层轻体楼上，但进入公司的大门，人们一般都会感到眼前一亮。该公司从开发到生产、销售部门已全部集中到二楼，进入大门就看到宽敞的楼梯，楼梯上面向大门设有一彩色大灯箱，上面有公司的3S战略——Swift(迅捷，指办事速度)、Strong(适应性强)和Small(精干)。楼梯底边的磨砂玻璃隔墙用灰色方型木框分割，每块玻璃上都有“WIO”标识。走完楼梯即进入公司大厅，大厅是打通了原来的6个房间形成的，明亮宽敞。墙面主色调为白色，朝外的工作室与柜台表面的公司名称与标识非常醒目。门窗的颜色为统一的灰色，白色的墙，墙上除了统一制作的带有十维标识的“员工守则”，没有别的东西；办公桌的桌面除了电脑、电话和正在处理的文件，也没有别的东西。整个公司的地面，无论是走廊还是楼梯，都铺有灰色的地毯。整体感觉是干净、安静、典雅又充满现代感，能使人感受到公司的年轻、活力与个性。

这种环境的创造并不是简单的“装修”所得到的，它融入了企业管理者对于企业文化包括企业审美文化的理解与要求，装修的目标定在了企业审美文化创造与企业精神体现的高度。尽管化钱并不多，也并不豪华，却对企业有着极大的意义。对外，环境是企业形象的展示与宣传；对内，环境是增加企业凝聚力和参与“管理”的最有效的工具。

自公司完成环境改造后，凡来到公司参观的人对这个公司都留下了高品位、高效率、管理严格的印象。一次供货商会议，共邀请了六七十人，向他们介绍并请他们参观公司之后，供货商对十维公司既产生了亲近感又产生了极大的信任感，纷纷表示愿意提供最好的产品，甚至允许公司在资金周转有困难时赊款提供。不时还有人要求给公司投资或购买公司的股票。各种有求职意向的人才来公司参观后一般都会更加坚决地要求在公司工作。

公司的职工在这样的环境中工作增加了对公司发展的信心，对企业精神——敬业精神、创新精神、团队精神的理解，心中还会产生一种在这样的公司中工作的自豪感。员工们不仅在正常的工作日中积极工作，还经常自觉地加班，上班来得早，下班走得晚，工作效率也更高了。用员工们自己的话来说，就是“在这样的环境中想干活”。

公司审美文化建设的更重要的作用是没有人参与的管理，这是“文化”的管理功能的最好体现。环境的美化不仅使人赏心悦目，而且增强了职工的行为自律。当初，企业管理人员内部对地面铺地毯有过争议，主要是对于卫生能否保持及保持多久有不同的看法。但真的铺上以后，大家发现再也没有乱扔东西及随地吐痰的现象了，碰到下雨天，职工进门都会自觉地套上鞋套。办公室内的环境要求整齐干净，各种文件资料的放置要求规范，下班时桌面上不得留下任何文件，结果养成了员工们干净利索的工作风格与当天工作决不留到明天的好习惯，提高了工作效率。市场部的职工多，办公空间小，但其工作性质特殊，销售人员经常出差，不会全部到齐，因此市场部的办公桌是排成一条一条的小桌子，每个桌上都有电话等办公设施，却没有个人的固定位置。回京的市场人员上班时可以在任何一个空位子上办公，既充分利用了空间，又有很高的工作效率。此外，每个办公室都挂着的“十维电信员工守则”，因其醒目且美观，也在时时宣传并加强着企业的制度文化建设与巩固。

在环境建设的基础上，最近十维公司又规定了员工的着装要求：星期一至四穿西服打领带，星期五可以穿便装。这种着装要求与企业的环境十分相配，员工们一点都没觉得不自在与不方便，反而更增加了自信与自豪。一位新来公司工作的大学生说，这种要求使他立刻感到了规范与责任，进入了工作状态，尽管公司里的员工几乎都是没有脱尽学生气的年轻人。

审美文化有其感性具体的存在方式，但最重要的是它所体现的人的精神自由与生命自由。当精神的自由与生命的自由成为具体的人的行为时，这种行为也就变成了一种审美活动。十维对经营理念与企业价值观的制定与实施内在地体现着对人的精神自由和生命自由的倡导,因而从一定的角度看也体现着企业决策者对审美文化建设的自觉。

十维的经营理念为"创造无限,机会无限",改变了原来"机会无限,创造无限"的次序。企业决策者说,这种改变不是轻易做出的,是以对我们当前所处时代的理解为基础而做出的,可以更有效地激励员工积极向前。目前社会已开始进入信息化的时代,这是一个快速、变化的时代,人们的智力与科技能力都已得到了高度的发展。社会给企业提供的机会稍纵即逝,很难把握。等待机会,寻找机会已不是一种积极的企业经营态度了,只有先创造才能有机会,这里的创造包括各方面的创造,创造实际上也是创造机会。公司不仅大力宣传这种经营理念,还以各种激励方式使这种经营理念化为企业员工的自觉行动。比如,企业设立了"十维奖",专门奖励工作上有创造性又为企业带来了机会的员工,最高奖为"十维金奖"。这就使在各部门工作的员工极大地调动了工作的积极性与主动性,视创造活动为获得精神自由的活动,使艰苦的工作有了某种审美的意义。企业的价值观除了"顾客满意,企业成功,回报社会"之外,还有"实现个人价值"这一条,这与经营理念中的对人的创造精神的提倡是一致的。这是对人的精神的激励,也是企业成功的基础,因为人是企业存在与成功的保证。

所以,企业审美文化的建设与企业的发展有着内在的、深刻的、紧密的联系,只有把企业审美文化的建设上升为一种企业家的自觉行动,企业文化作为一种管理方式才能更好地实施,企业也才能得到一种持久的、稳固的发展。

(此文摘自《长春市委党校学报》2000 年第 2 期)

建立现代企业制度对企业文化的需求

韩庆祥

建立现代企业制度的目的在于推进企业在市场经济中发展,提高企业的竞争力,但绝不是建立现代企业制度之后,企业自然就有了竞争力。竞争力表现在企业外部,但形成的动因还在于企业的内部,要看企业是否确立了先进的经营理念,是否存在着活力,是否具有凝聚力。

企业文化的提出是市场竞争深化的产物,是企业管理向高层次发展的成果。如果一个企业没有建设企业文化的迫切要求,那么可以说这个企业还没有真正建立起现代企业制度,或者说只是在形式上搞了如股份制之类的改造,并没有从实质上进行改革。

企业建立现代企业制度之后,最迫切的任务是充分发挥人的主动性和创造力,并将其凝聚成企业的竞争力,仅靠金钱的作用并不能使职工产生对企业的归属感。有一家企业,原来管理十分严格,产品在市场上很有竞争力。企业进行股份制改造之后,股票上了市,企业职工都购了股票。开始,股票涨得很快,好多职工热衷于炒股,原来的严格管理被破坏,产品质量下降,结果,使企业陷入困境。可见,意识不到企业文化的作用,反映了管理者缺乏现代管理思想,现代企业制度也很难发挥作用。

在建设企业文化的问题上,一些优秀企业领导人是十分清醒的,他们善于将企业文化作为重要的管理手段,让职工意识到自身在企业中的价值。洛阳玻璃总厂在实行股份制改造之后,企业发展了,职工富了,但厂领导仍然重视精神文明建设。当 35 对青年结婚时,厂领导反对大操大办,为他们举行集体婚礼。结婚那天,书记、经理带领各车间代表前往祝贺。仪式之后,工会带领 35 位青年外出旅游,从洛阳到武汉、广州、深圳、上海、青岛、大连、沈阳、北京再回到洛阳。全部费用职工自己出一半企业出一半,但要求 35 对新人身披红绶带,上书"洛阳茶色浮法玻璃",每到一处都宣传企业的产品,这一过程使职工的心与企业连得更紧了,他们把省下的钱都买了企业的股票。这说明,价值观的形成不是强制的结果,要通过各种管理活动潜移默化,让职工意识到自己的价值是企业发展中体现出来的,并从中享受到物质和精神成果。当企业文化建设使企业实现了这一目标时,就会产生巨大的承受风险和勇于进取的能力,这种能力在企业经营中就会转化为竞争力。

建立现代企业制度是市场经济的要求,必须清除传统计划经济体制的影响,所以,改变旧的风俗和传统,培养新的风尚,就成为企业的一项重要任务,否则,现代企业制度就无法显示出其应有的价值。而一旦形成新的良好风尚,就会产生神奇效应,这种效应会同时表现为渗透力量和威慑力量。作为渗透力量,企业职工对企业崇尚的价值观坚信不移;作为威慑力量,通过舆论造成的心理压力,使人们不敢超越某种规范。两种力量相辅相成,多数人坚信不移、不敢超越,就必然为企业激浊扬清创造良好的发展氛围。

(此文选自《中外企业文化》杂志 2000 年第 2 期)

文化与经济的关系

胡 平

中国的传统文化博大精深,5000 年的历史,文化的内涵非常丰富。但我们中国文化的交流是跟政治、社会结合,而不是与经济相结合。中国传统文化确实有它的优点。唐朝科举制度比世界科举制度早了 500 多年,有的说 800 多年,从隋朝就开始了。到鲁迅时代,写了孔乙己,他是末代秀才,本来可以当举人的,后来慈善太后取消科举制度,他只能当秀才了。穷秀才研究"回"有四种写法,只能给人家抄书抄经混日子。中国的传统文化,在孔乙己时代坠落到这种程度。到了辛亥革命,当时倡导的文化是要解决政治体制的问题,没有时间研究经济和文化的关系。五四运动提倡科学、民主,很了不起,但是它也没有把文化和经济结合在一起,主要强调科学、民主、政治方面。十月革命一声炮响,马克思主义进入中国,当时传来的马克思主义也没有讲文化和经济的关系。李大钊主张中国特色社会主义,这是他最早提出来的。他非常先进,还主张商业经济。我们共产党在遵义会议上确定了毛泽东思想,解决了谁来领导的问题。到了延安整风解决了主观主义、教条主义问题,提出了新民主主义论。共产党夺取政权后,要搞经济建设,要以经济建设为中心,文化要为工农兵服务,延安整风就是这样提出来的,但始终没有解决文化和经济的关系问题。到了文化大革命大爆发、大后退。改革开放以后,提出了文化搭台、经济唱戏,这已经进步了,但始终是两张皮,根本没有解决好,好像拉近了文化与经济的关系,但还是没有解决文化和经济的关系问题。

我到过一座历史名城,有2200多年历史,它的满街标语是这样写的:前一句"历史为未来壮行",这句语是对的,因为它有悠久的历史。后一句是"文化为经济喝彩",这句话好像是不错,但研究起来却是误导,我对该市的市委书记、文化局长讲,你这两句话很有文采,但后一句是误导,经济在前进,文化是在旁边做啦啦队、鼓掌,没有把经济与文化融合在一起,还是两张皮。这种思维方法非常陈旧。

一直到邓小平理论出来,他提出物质文明和精神文明两手抓,两手都要硬。我们怎样解释两手抓,用两种方法。一种解释通常是这样的:一手抓物质文明,一手抓精神文明。普通的思维方式都是这样的。这样好像到位了,两手都在抓了。但是行为分家了,一手抓经济,一手抓文化。你看梁山好汉该出手时就出手,能两个拳头同时打拳吗?一定是一个在前,一个在后。还是把经济和文明分开了,把物质文明和精神文明分开了。这个问题我不好去请示邓小平了。第二种解释方法是我自己的解释方法,物质文明和精神文明或者是经济、文化要一手抓,就像一只手的手心手背。可是几千年来,我们把它分割了。

这个问题再深究下去,文化和经济的关系,就像古人说的"一阴一阳谓之道","孤阴不生,独阳不长",这是道家的思想,阴阳是共生的。我的理解,经济和文化、物质文明和精神文明就是阴阳的关系,不能分离开来。恰恰就是我们几千年来,没有解决这个问题。跟我们对文化含义的理解有关系,我们认为文化就是文化部门的那个文化,或者新闻媒体是文化,不是大文化的概念。我们知道,中国没有经过资本主义。理论界在探讨时提出,中国是超稳定结构,传统文化包括儒家文化形成的超稳定结构,因此没有进入资本主义。这种理论也不是不可以讲。但是我认为,文化、经济不是一体化可能是重要原因。西方早就解决了这个问题,通过文艺复兴,解决了文化和经济的一体化问题。西方人卖他的商品,就是卖文化。中国改革开放以后,中国人的思想不断更新,但还没有达到西方国家的水平。

现在大家说中国制造业是世界工厂,国外到处都可以看到MADE IN CHINA的字样,据说有80~100个产品世界产量第一位,可有几个品牌是我们自己的?几乎没有,都是人家的,我们赚点加工费。去年我在韩国讲,中国要成为世界制造大国,可能不止20年。我们的工艺与世界差不多,但一个是产品设计(包括造型、包装、品牌要有文化含量,现在处于模仿状态),另一个是营销,两者大大落后。

我经常拿孙悟空与米老鼠做例子,孙悟空大概有800岁,米老鼠大概有80岁,哪个本领大?当然是孙悟空,他大闹天宫。米老鼠是绅士型的,没有本事,但世界上知道米老鼠的人远远超过知道孙悟空的人。西方的文化融合到经济活动中去了,我们有古老的文化,但很少有人知道。21世纪,不说孙悟空打败米老鼠,是不是能让孙悟空和米老鼠平起平坐,还要花很大功夫,因为米老鼠非常人性化,孙悟空本领很大,但年轻人都不喜欢他,没有人性化,倒是猪八戒很招人喜欢。优秀的传统文化与我们经济的结合不太紧密。要全社会共同来探讨,怎样把优秀的传统文化与经济联系起来。

改革开放,中国的经济和西方经济怎么融合。中国优秀文化博大精深,怎样走向世界呢?我认为是八个字:继承、融合、创新、超越。

继承,就是要继承我们优秀的传统文化。传统文化不是什么都能继承的,都继承是不行的。鲁迅在1918年讲过的一句话现在还可用。大意是:外不后于世界之潮流,内不失固有之学问。我们不能有文化保守主义,但是也不能有文化虚无主义。我们要继承传统文化中优秀的部分。

融合,就是要融合西方的文化。但不符合中国国情的文化要抵制,把西方资本主义的生活方式什么都拿过来,这是不对的,不能什么都搞拿来主义。

创新,就是有新的思维、新的价值观念的构建。新的物质文化创建面临的难点主要是城乡之间的文化差异太大。新的制度文化涉及家庭、企业、政治、经济各个领域。新的精神文化就是在中国优秀传统文化自强不息的基础上提炼、升华。

超越,就是超越历史上曾经出现的文化高峰。我们历史上有过好几次文化高峰,春秋是一次,汉唐又是一次。超越历史,超越自身,这种超越当然不是几十年就能实现的,需要相当长的时间。我们建设有中国特色的社会主义,要建设有中国特色的社会主义经济、有中国特色的社会主义政治、有中国特色的社会主义文化。从全局角度看经济、文化一体化,我们主张世界经济的一体化,不主张世界文化的一体化,文化是多元的。但要改革开放,必然要吸收西方的文化,我说的是大文化。西方文化在进入中国后,很快地融入到本土文化中。我们中国的文化要进入世界,让世界认识,有了一定进步,但功夫还没到家,我们的产品一定要打出自己的品牌。不能老给人家做加工。我举个例子,意大利一把用绳子捆的椅子,卖价8万元人民币,我们都听傻了吧?我们的农民捆一把,连80元都没有人要,还是个品牌问题,人家的品牌文化底蕴比较深。我们还处于模仿状态。我们的文化和经济结合的地方很多,要让世界都知道,喜欢我们的产品,包括喜欢我们的文化。这就不仅仅是狭义的文化,应该是广义的文化。

(此文选自《迈向21世纪的中国商业文化》2000年5月刊)

企业外向扩张中跨文化的重塑

韩岫岚

一、企业单一文化向跨文化的发展是企业扩张的必然

企业的跨文化管理就是把在不同社会制度、经济技术文化环境或同一社会制度的企业文化经过重组整合成一体性文化

的过程。它比单一性企业文化的重塑要困难得多。

我们在通常情况下看到,一些企业为了取得规模经济与范围经济的效益,可以有两种战略发展的方式:一是靠自身内部积累,进行扩建和新建,提高生产能力;二是靠外部力量,与其他国内外企业联合或兼并,求得很快的成长。而企业在外部扩张中,不只需要技术、设备、营销等有形资产的重组,还需要无形资产,包括企业文化的整合。据国外有的学者研究证明,企业在并购发展中,有30%~40%的不成功者,其原因之一是由于各方职工心理与企业文化上的不相容和摩擦。

在我国,很多企业生长于计划经济体制和全民所有制这种单一的、同质的文化氛围之中,企业和职工基本上是受同一文化孕育的;就是国内不同地区、不同部门、不同所有制企业之间的职工也很少流动,即异地、异所有制的文化基本上没有沟通与交流,更谈不上与异国、异质文化的交流与融合。现在情况大大不同了,企业要自主经营、自我发展,追求规模经济和提高自己的竞争力,形成了各种经济联合体和企业集团,来自不同地区、不同部门、不同所有制文化背景下的企业职工共同经营一个企业的现象会越来越多,多种文化意识的碰撞和摩擦必然发生,必须进行企业文化的整合与重塑。更值得注意的是,在世界经济趋于全球化、国内经营日益国际化、国际经营日益国内化的形势下,跨国公司和各种国际间的技术经济联盟、兼并、资本重组日益增多。企业在异地、异国开展经营活动,必须了解所在地的文化,如何在本国化、区域化与全球化之间,在母国文化与所在国文化之间,寻求统一和正确的平衡,就成为一些公司取胜的关键。

二、企业跨文化整合重塑的主要内容

1. 经营宗旨的整合

它显示新企业发展的方向和轨迹,反映企业长期的经营追求,代表企业经营发展的未来;它具体地体现在企业的经营战略中。深圳康佳电子集团提出的“我为你,你为他,人人为康佳,康佳为国家”的经营宗旨和价值观,就集中体现为如下战略观念:“处处是创造之地,天天是创造之时,人人是创造之人,让我们沿着创造之路迈进吧!”

2. 价值观念的整合

价值观念是文化整合的核心,又是文化整合中难度最大的问题。要把原来各方企业职工不同的价值取向、为人处事的哲理统一在一个价值观体系中,并给职工以心理上的约束和行为上的规范,比确定企业经营宗旨复杂得多。正如有人说的,任何组织的成功和企业的扩张发展,其实就是价值观对职工的维系,以及职工对价值观的认定。中日合资的北京松下彩色显像管有限公司,吸收了松下公司的企业哲学“在创造产品之前必须制造人才”,把人才视为管理的主体。同时在企业精神上,它一方面吸收了松下社训中的五条,即工业报国、光明正大、团结一致、奋发向上、礼貌谦让;另一方面又新增了具有我国文化特点的实事求是、改革发展、友好合作、自觉守纪、服务奉献五条,形成自己的十条企业精神,集中了双方文化的精髓,融合成为“合金”文化,显示了企业发展的独特优势。

3. 道德行为准则的整合

它实际上是企业扩张中一种“意识立法”和“行为立法”。各方企业联合成一个企业后,需要对原来的经营管理制度和规范进行调整或重新修定,形成新的职工行为准则。许多企业在发生兼并、联合或集团化经营过程中,都通过公司章程、员工手册等规定相关的规章制度;有时还需要对原有的厂风、厂纪、厂旗、厂歌、厂容等跨文化的外在表现形式加以新的界定,使企业在职工与消费者中树立起良好的形象。

4. 组织机构的整合

组织机构是进行跨文化整合的保证。在以上经营宗旨、价值观念、道德和行为准则确定以后,跨文化的实施与执行,还有赖于组织机构的质量和效率。由日本三洋电机株式会社、我国大连冷冻机股份有限公司和日本日商岩井株式会社合资兴建的大连三洋制冷有限公司,在塑造了它们“自我改善”的精神和“创造无止境改善”的管理思想的同时,及时创建了具有柔性的组织机构,如设立特殊的事业推进课组织,保证了公司文化的实施,满足了公司事业的拓展。所以,可以这样说,组织机构既是跨文化整合的制定者,也是跨文化的实施者。

三、企业跨文化的重塑是一个循序渐进的过程

企业在外向扩张中,企望把自己的优秀文化融化在其他企业中,需要有一个疏通劝导、潜移默化、磨合认知的过程。根据许多企业成败的经验教训,消极的企业文化是不会轻易退出的;有时退出或被取代,还可能复归。因此,跨文化的重塑,做好以下方面的工作显得特别重要。

1. 在尊重文化差异中求磨合

为了在文化差异中寻求发展的共同点,必须先承认这种差异。例如,西方企业重法规,东方企业重人情,美国企业重制度,日德企业重职工参与,但尊重员工的人格和需要,实行公平激励性的工资分配制度,追求好的经济效益,是所有企业文化都内含的目标。因此,企业在兼并扩张过程中,在战略发展大目标一致的情景下,要通过对原有文化的调查、理解、分析,发现原文化的长处与不足,对于各自的文化差异在相互尊重中逐渐磨合,达到趋于一致。那种急于把自己的优秀文化一下子就嫁接到他地区、他国企业的文化上的做法,是不现实的。

2. 在文化磨合中解决冲突

尽管异质文化可以在差异中求得磨合,但发生一些冲突是不可避免的。这主要包括扩张开始时投资动机中的文化冲突,组建期间的管理、技术方面的冲突,以及建成投产运营过程中日常决策和管理方面的冲突等。解决冲突的办法:一是不要使冲突公开化和激烈化,在发现冲突的开始就采取措施磨合解决。二是采取必要的文化隔离战略,使两个企业在有限的文化交流和共同的目标下保持一定的文化独立性,随着生产发展和效益的提高,当弱势企业的职工切实领悟到了优势企业文化的强大生命力后,再迅速进行文化整合,就可能会取得好的效果。

3. 在解决冲突中求得融合重塑

经过及时磨合和冲突的相继解决,就可以选择适当的时机进行新文化的重塑:一要制定文化重塑战略,即依据企业未来发展的战略方向,提出相适应的文化战略;二要加强新文化的灌输沟通;三要选择正确的文化传播渠道;四要及时进行必要的文化调整。因为新塑造的文化,不可能一开始就是十分完善

的，需要在灌输、传播过程中，依据内外经营环境的变化、企业经营管理水平和职工素质的提高，不断充实完善，使其更加符合企业发展的需要。

（此文选自2000年7月11日《中国社会科学院院报》）

企业文化：人力资源开发的重要理论依据

孟凡驰

随着以智力和知识为特征的信息化社会的来临，影响社会和经济发展的战略资源优势已由金融资本转变为掌握新信息、新知识和具有创造性的人力资源。人力资源已成为当今社会最有价值的资源。谁拥有最雄厚、最广泛的人力资源，谁就会在21世纪世界经济赛局中稳操胜券。为此，人力资源开发与利用被亚太经合组织列为各成员国的重要合作领域。

我国正在经历着历史性转折，我们的企业能否适应急剧变化的新形势，顺利地完成体制转换，取得改革的成功，在21世纪世界竞争中屹立于世界先进国家之林，关键在于是否有一大批具有现代素质的各级各类人才。胡锦涛同志在中宣部、人事部举行的一次座谈会上给新时期人才作用的定位是："培养数以千万计的专门人才，发挥我国巨大人力资源的优势，是关系21世纪社会主义事业发展全局的大事。"

企业文化理论本质特征是倡导以人为中心的人本管理哲学，反对"见物不见人"的理性主义管理思想。它主张将培育进步的企业文化和发挥人的主体作用作为企业管理的主导环节。

企业文化理论所构建的人本管理思想体系，重要的价值不仅在于阐明了一套人力资源开发与管理的独特的文化方式，丰富了人力资源开发与管理的文化内容，更重要的是为企业人力资源开发提供了理论依据。

高扬人本管理的旗帜，充分开发人力资源，是世界现代化进程新特点对企业提出的新要求，是时代发展趋势

时代变了，决定企业发展的战略资源也随之发生了重大变化。美国未来学家约翰·奈斯比特指出："我们正处在人类历史上罕见的时期，对社会改革具有决定性的两个因素，即新的价值观和新的经济需要已经出现。"他所讲的新的价值观，即指人本主义价值观。他认为，在关键的战略资源转变为信息、知识的信息社会的今天，"公司可以开发的有价值的新资源是人力资源"。在20世纪90年代的企业再造过程中，企业战略资源从工业社会的金融资本转向信息社会的人力资本。公司再造的根本任务在于重新认识企业发展的动力源，重新建立推动企业发展的动力机制，这个动力源是人不是物，这个动力机制就是以人为本，全力开发人力资源，最大限度地发挥人的创造性和自觉性。全球经济文化一体化趋势，充分说明现代经济发展与文化发展的不可分性，这种趋势要求现代经济必须注意文化在经济发展中的作用。

在企业生产经营管理中，必须充分认识人的文化主体性，尊重人的主体地位，才能在开发人力资源的实践中，把握理论自觉性

高科技的发展，那种在工业条件下忽视人的文化特征，蔑视人的文化主体地位的管理思想管理方式，已成为阻碍企业人力资源开发和充分发挥作用的不利因素。

企业文化理论所倡导的尊重人的文化主体性，主要体现在以下几个方面。

第一，认为现代西方理性主义强调理性因素、定量化和科学化、吸收数学和计算机科学等自然科学领域的内容，使管理的技术和手段进一步科学化，成本核算、利润计算和各类资产评估更加规范化，但它忽视了人在管理中的主体地位。

美国企业文化专家分析这种理论时认为，看不清主流和本质，成天忙于技巧、方法和方案之类的管理者，忘掉了人，将职工看作纯粹理性人，把他们等同于其他生产力要素，无视他们的主体地位。采用纯理性主义管理方式，是导致美国企业职工积极性降低、企业效益下降的根本原因。

美国和日本企业对管理中的主客体关系认识不同，管理的行为和效果也就大相径庭。日本企业管理者将职工视为合作者，美国企业管理者把职工视为"对手"，这必然会产生不同的管理文化和制度文化。

第二，重新认识管理和控制企业的根本方式，重新理解联系公司和员工的根本纽带。西方企业传统的观念认为，管理、控制企业的方式，联系管理者与被管理者双方关系的纽带是资本。而企业文化理论认为，"企业是人的结合体，因此它是通过人的纽带而不一定是以资本的力量有效地控制公司"，管理成功的企业"其关键在于一套大力强调人的作用的哲学"。惠普管理者认为，工作可以依靠命令，而靠命令使每个职工在工作中都能表现出色，是不可能的。因为"出色意味着创新，只有真诚地以干好工作为己任，才会有出色的表现。这就是软(信任、关心人)即是硬(得到利润)的道理"。

瑞典的马克斯·斯潘塞公司总裁马库斯·西夫在一次总经理会议上公开宣称："今天让我讲讲工业关系，我做不到。我只懂得人际关系，我从来没有遇到过一位工业。"在他看来工业关系的实质是人际关系，对人际关系处理的水平，意味着人力资源开发的水平，人力资源开发的水平，决定着企业发达进步的幅度。中国一些经营成功的企业家对人本管理哲学的运用，也取得了一些成功经验。北京雪莲羊绒有限公司在1990年前亏损4000万元。40%职工下岗待业。李元征任总经理后，认为企业亏损、涣散的根本在于人心涣散。他认为职工的心是企业的根。于是，他请回了下岗待业的职工共商企业振兴大计。全体职工群情振奋，献计献策，励精图治，五年后，他们不但扭转了亏损局面，赢利额直线上升，而且使雪莲羊绒衫打出名牌，畅销国内外。

第三，建立平等的上下级关系，创造公平的竞争环境。融洽、科学的上下级关系，应是平等民主的。被称为经营之神的索尼公司总经理盛田昭夫认为，促使一个企业正常运转的劳资关系应该建立在相互信任的基础上，资方不能只将工人作为提

高收益的工具来使用,经营者要关注工人的利益。他批评美国企业的高级主管人员在工人及下级管理人员面前所显示的强烈的等级观念。这种不合时宜的等级观念促使美国"企业老板不信任职工,职工不信任老板,政府不信任企业,企业不信任政府"。在家庭中,夫妻间也互不信任,到头来,美国能信赖的只有律师了。惠普公司的总经理比尔认为:"我们公司每一个人都是重要的。"他"希望使公司建立在一支稳定而有献身精神的劳动力的基础上"。未来学家奈斯比特极力赞扬圣地亚哥一个公司经理的主张,即"本公司的未来是要通过人人成为资本家的办法消灭工人、经理和企业之间的差别",目的是建立牢固的共同体。

第四,选择效益原则和人性原则相结合的组织方式,准确把握提高企业经济效益和尊重人性的辩证关系。欧美企业在二战后的几十年理性主义管理中,陷入了效率与人性的两难羁绊之中。日本创造了二者较好统一的企业组织,形成了强烈的组织归属和团队意识,这也是社会统一、国势繁荣的巨大源泉。

日美企业不同组织形式的形成,其根本在于文化认识的区别。松本厚治的观点代表了日本企业管理文化的主要思想:"现代是组织的时代,也是大众的时代,在这个时代,一个国家的经济、社会组织所面临的基本课题是,既要保证组织的效率性,又要使在组织中工作的许多普通人能够找到生活的意义。"从时代的高度关照企业组织应该负起的人道责任和社会责任,从产生效率深虑到人类发展方面的终极关怀,这不能不说日本经济学家和企业家的经营文化、管理哲学和企业战略比欧美国家高明得多。欧美企业组织的模式,导源于欧美人的理性主义文化观念,他们为了提高经营效率,广泛推行劳动细分化和金字塔式阶层的组织化,这种体制造成了极大的劳动过程的非人性化,工人像机器一样受到使用和管理,人性和人的自由受到压抑,必然导致活力削弱、竞争力丧失。

第五,树立人才价值高于一切的财富观念。企业文化理论认为,企业一切财富中,人是第一位的,认识到这一点,才会增强人力资源开发的自觉性。十多年前,人们曾经简单地认为造成国家贫富的原因,全在于资金的丰富与否。随着实践的发展,人们逐渐认识到人力资源对于企业发展和国势强盛的重要性。优秀公司管理哲学的共同特征是把普通职工看作提高质量和生产效率的根本源泉,而不是把资本支出和自动化作为提高生产效率的最主要的源泉。知识经济时代的来临,需要加强对技术价值的认识,但是在重视科学技术的同时,如果忽略了人力资源和人才群体对科技知识的主导作用,就无异于南辕北辙。

第六,建立一种能尊重人性、积极发挥职工创造性和积极性的体制和制度。体制和制度是积极还是消极,在于它是人们积极性的助推器,还是做茧自缚的消级绳索。别让原则窒息活力,应是制定和执行制度的理念依据。

要想制定出优秀的企业制度,首先要有正确的人性假设和科学的制度文化观念。制定制度是为促进人们在制度的约束下迅速成才,这个制度要能鼓励多数人的积极性。劳伦斯·米勒指出:"美国管理方式的许多做法都建立在假设工人总是犯错误这一基础之上。这一假设使我们付出了昂贵代价,它妨碍我们充分地利用工人的智慧、能力和挖掘他们的潜力。"

即使是积极的体制和制度,也不是维系企业组织的惟一手段。最根本的任务还在于培养共有的文化,同时建立实践这一文化的上下级关系。不论一位老板多么聪明能干,如果不能同职工同心协力一起干,而是手持权力与制度的魔杖,与工人对着干,那么等待他的只能是失败。

(此文选自《企业文化》杂志2000年第10期)

网络经济与企业文化

保荣本

网络经济,狭义的概念就是与计算机网络特别是 INTERNET 网络有关的经济。21世纪迎来的网络经济具有一系列不同于工业经济的特点:网络将使市场变得越来越透明,生产者与消费者之间信息流动的距离大大缩短,市场竞争由区域扩展至全球,个性化的、互动式的消费需求增加,制造业总能力过剩,产业大范围分解重组。只有创新能力强并且对需求变化作出敏捷响应的企业才会得到发展……与网络经济发展相适应的企业变革和企业创新不断涌现,诸如公司之间的竞争转变为联盟之间的竞争,硬竞争转变为软竞争,"全过程营销"理念得到更加彻底的贯彻,中间商由实体经营、实物经营转变为虚假经营和信息经营,共同价值观、团队精神和服务理念在企业文化中的重要性进一步提高,对高素质人才的争夺加剧,雇员工作方式灵活多样。新型组织、敏捷制造、精良生产、管理集成、企业再造、企业资源计划系统(ERP)等现代化管理模式与技术手段不断涌现。

国有企业在计划经济体制下形成的封闭独立、自成体系、庞大僵硬的产业结构,"橄榄型"的组织机构,"空塔型"的管理结构,重"硬"轻"软"的经营管理思想等等特点,与网络经济条件下的发展是完全不能相容的,必须坚持不懈地彻底予以革除;就是改革开放以后曾经获得过成功的企业发展思路,也需要考虑网络经济带来的新情况,注入新思维,才能再操胜券。

网络经济为我国追赶经济发达国家提供了极其宝贵的历史机遇。2003年中国将成为全球最大的信息网络市场,中国经济必将融入全球网络经济的大潮。新华社与浪潮集团共同发起的"互联12亿"工程,准备用15年时间实现全民网络信息化的普及应用。

抓住网络经济的机遇,强大的企业可以保持优势——通用电气(CE)总裁韦尔奇说,对企业来说,网络像呼吸一样重要,不懂得网络的企业要窒息死亡。在他的推动之下,公司管理层都开始研究网络——而弱小的企业则可以乘机发展壮大,后来居上。兵器装备集团公司也要积极主动地不失时机地抓住网络经济的机遇发展壮大自己。

企业利用网络经济机遇崛起的途径是找准产业定位,强化核心能力,提高反应速度,发展电子商务。在制造业总体上处于长线的形势下,"一招先,吃遍天"的发展战略也许更具生命力。这就需要立足自身条件在产品增值链条中寻求自己的最佳位置,以提高对市场需求变化的快速反应能力为取向,集中资源建设自己专有的、具有优势和在分工中不可缺少的生产(服务)能力,而电子商务则是使这种能力能够动态地获得并发挥作用的必要条件。

为了实践这种途径,企业需要改造业务、改造管理、改造组织和改造企业文化。当前首先要改造企业文化,即树立与网络经济发展相适应的经济理念、价值观念和行为准则,并据此开展相应的组织建设、制度建设、人力资源开发和物质载体建设。如果说20世纪80年代讲质量竞争,90年代讲设计竞争,那么21世纪之初就要讲速度的竞争了。哪个企业的信息化完成得快,敏捷制造能力形成早,电子商务开展得好,哪个企业就可以先强盛起来。遗憾的是,有的企业家可能觉得网络经济不太远,企业文化又太虚,而解困却是燃眉之急,看来,还需要一种把网络经济、企业文化与解困三者联系起来的新思维。

洋人送给慈禧一辆轿车,起初她玩得挺开心。后来才发现开车的奴才竟敢端坐在圣驾之前,就下令司机只准跪着驾驶,无奈,只好编瞎话哄骗慈禧再也不坐汽车。但愿我们的观念不会把网络经济变成跪着开车的司机。

某塑料制品企业从INTERNET获悉全球原材料过剩,便大幅度压低了某项工程投标的报价,合同到手,不久原材料价格果然猛跌,企业仍然大把获利。在此,情报由科技力获得,决策是文化力现象,科技力与文化力并举促进了经济力发展。

(此文选自《南方集团文化》杂志2001年第1期)

见利思义　取之有道

潘承烈

假冒伪劣商品的存在与蔓延,不仅严重损害着消费者权益,而且成为滋生腐败、毒化社会风气的温床。现在,在全国范围集中力量打假,确实是势在必行,也是深得民心的事。

假冒伪劣屡禁不止,原因十分复杂,既有建立社会主义市场经济的过渡阶段中法制尚不健全的原因,也涉及地方保护主义的阻力等等。市场经济是法制经济,需要加强和完善符合市场经济要求的法制建设,尤其要强化执法的力度。因此,在纷繁复杂的社会现象与社会活动中,规范企业行为与个人行为,提倡自觉学法、知法和守法,显然极为重要。但法律毕竟不能解决社会上的一切问题,还要依靠文化的力量。法律与文化,两者相辅相成,培养遵纪守法观念,树立正确的行为导向和判断是非的标准,则更有赖于文化的作用。

对企业来说,这就是企业文化。企业文化也是一股强大的精神力量,是抵御制假售假的有力屏障。

从根本上说,企业是为了给社会创造财富,因此它必须追求利润。这是不言而喻的,否则企业也就失去了它存在的价值。

但在我国传统文化中,似乎讲"利"就不是那么高雅的事。士农工商,商位居最末。"君子喻于义,小人喻于利",似乎讲了利就算不得君子。其实要说君子只讲义而不讲利是一种误解。司马迁在《史记·货殖列传》中说:"天下熙熙,皆为利来;天下攘攘,皆为利往。"这是对社会活动的高度概括。人们熙熙攘攘,都是出于利的驱动。求利是推动经济发展与社会进步的强大动力。

其实像孔子这样的君子也不是不讲利和富的。在《论语·述而》中他就说过:"富而可求也,虽执鞭之士,吾亦为之。"问题的关键在于,这个"利"或富贵,该怎样去获取。孔子在《述而》一章明确说道:"不义而富且贵,于我如浮云。"又在《里仁》一章提到:"富与贵,是人之所欲也,不以其道得之,不处也。"由此可见,求利、求富与贵,是无可非议的。重要的是要取之以"义",取之以"道",也就是要"见利思义",决不能见利忘义;要取之有道,而决不能取之无道。古人的这些遗训,仍有其现实指导意义。

现在假冒伪劣商品的泛滥,正反映了社会上那些制假销假的不法之徒是见利忘义,取之无道。

面对新世纪的挑战和机遇,我国改革开放正处于一个新的历史阶段。在与世界经济接轨过程中,我国企业要与国际上实力雄厚的竞争对手进行较量,首先必须提高自身的实力。只有通过企业文化建设树立正确的经营理念和指导思想,明确企业只有造福社会、造福用户,才是惟一的久盛不衰之道;只有不断固本强身,才能增强竞争力,迎接国内外市场日益严峻的挑战。而那些制假售假者,却正是以损人始,以害己终,逃脱不了受法律的惩处、为社会所唾弃的命运。

企业,要见利思义,不能见利忘义;要取之有道,而不能取之无道。

(此文选自《中外企业文化》杂志2001年第2期)

关于创建美好企业的战略思考

耿兆林

一、美好企业的内涵和特征

近十年来,我不断地思考和倡导创建一种新型的企业发展目标模式,这就是美好企业。

1. 美好企业的内涵

什么是美好企业?在我看来,所谓美好企业,就是全面、和谐、持续发展,并在顾客中享有较高满意度的企业。这个定义,由两项内容构成:第一,它是全面、和谐、持续发展的企业;第二,它在顾客(包括企业内部员工)中享有较高满意度。这两项内容是因果关系,即前者是因,后者是果;前者决定后者,后者反映前者;前者是企业的实质内容,后者是社会公众、消费者和企业员工对企业的赞誉和评价,即企业形象。

2. 美好企业的基本特征

美好企业有四个基本特征:

其一,是不断向前发展的企业。发展是硬道理,发展是主题。不断向前发展是美好企业的首要特征和标志。

其二，是全面、和谐发展的企业。全面、和谐发展是美好企业的本质特征和显著标志。江泽民同志指出："社会主义社会是全面发展、全面进步的社会。社会主义现代化事业是物质文明和精神文明相辅相成、协调发展的事业。"

全面、和谐的内容主要是："两个文明建设"，"三个美好"〔美好产品——科技含量和文化附加值高、货真价实、美观实用的产品(含服务)，美好环境——人际关系和谐，舒适、优美的工作、生活环境，美好主体——德智体美能全面发展的、适合新世纪企业不断发展需要的各类人才，协调发展〕，三个效益(经济效益、社会效益、环境效益)同步增长。全面、和谐发展充分体现了当今世界新发展观的客观要求。

其三，是持续发展的企业。持续发展是企业具有强大生命力的象征，是美好企业的时间规定性，它是企业全面、和谐发展的必然结果和延续，是企业长寿、常青的标志与展现。

其四，是在顾客中享有较高满意度的企业。满意度是知名度、信誉度和美誉度的综合体现，企业在顾客(消费者、企业内部员工)中的满意度高低，是衡量企业好坏、美丑的根本尺度和最终标准。因而，企业在顾客中享有较高满意度也是美好企业的特征和标志之一。

在上述美好企业四个基本特征中，前三个即全面、和谐、持续发展是美好企业的内在规定性；"在顾客中享有较高满意度"，其中"顾客"是美好企业的最高和最终裁判者，而"较高满意度"则是美好企业的客观外在形象。

二、选择创建美好企业的理由

选择什么样的目标模式，是企业的权利。但是，目标模式多种多样，相比较而言，有优劣及其优劣程度之差别。不同的目标模式，反映了企业决策者的素质及其经营管理价值观的差异，其效益也是大不一样的。我倡导创建美好企业的理由有六条：

1. 西方企业目标转移的借鉴

在西方企业发展过程中，企业目标及价值观大体经过了三个阶段：第一阶段(18世纪至20世纪20年代)，企业全部决策和经营管理都以追求利润为宗旨，"利润最大化"是企业的最高价值观，最大利润是评价企业经营管理好坏的惟一标准。审美价值观无足轻重，关键是经济利益、利润、物质利益。第二阶段(20世纪30年代至60年代)，企业要协调经营者、供应者、政府、所有者、股东、消费者、内部员工等的利益关系，把"委托经营、利益协调"作为企业的价值观念，将企业行为延伸到社会关系协调上去，企业的发展对社会的稳定与进步具有极大的作用，社会学家、经济学家提出了一个口号"国家的事业在企业"，在这个阶段，金钱是重要的，但人也同样重要。消费者不应被欺诈，审美价值观虽好但不实用。第三阶段(20世纪70年代以来)，企业兴起了新的"生活—质量价值观"，在确定利润时，不仅要考虑企业所有者(股东)的利益，还要考虑企业内部各种人员的利益，把企业利益与社会利益统一起来，成为企业的最高价值观。企业努力为改善人类的生存环境，消除环境污染，为人类提供更多更好的产品而努力，把企业利益与社会利益统一起来，已成为西方大多数企业的共识与追求的时尚。

2. 日本企业成败案例的启示

被誉为管理之神的日本企业家松下幸之助，经常由他的部下讲他的经营哲学，并以此作为他公司的宗旨。他说，"我们生产的目的是以丰富大众日常生活的必需品，改善及扩充其生活内容为主要目的"，"如果认为追求利润是最大目的，从而忘记了企业本来的使命，为达此目的而不择手段，这是不能容许的。通过企业为社会做贡献这一使命和取得合理利润，二者决不矛盾，相反，可以认为，利润是完成使命，为社会做贡献而社会以合理利润的形式给予的应得的回报"。松下幸之助的经营哲学，揭示了松下公司常胜不败的真谛。

与松下幸之助相反，曾被誉为高新技术之星的日本计算机服务公司的破产，就是追求利润最大化的必然结局，该公司成立于1982年，仅仅10年时间，就宣告破产了，原因何在？公司经理津留星一告诉我们："我的公司倒闭了！我10年心血付之东流，一年前3万多人的高新技术企业，销售额44亿日元，而一年后的今天却负债50亿日元。我把员工当作赚钱的机器，企业失去了凝聚力。"他还说"我常对员工讲，办公司就是为赚钱，大家好好干，早日当大财主吧。在我的影响下，公司里笼罩着'一切向钱看'的气氛。员工们缺乏一种敬业精神，献身精神；一有风吹草动，他们就要'炒老板'。""忽视人的企业早晚要垮台。而我恰恰忽视了最根本的东西。这是最惨痛的教训。"这两个企业的事实充分说明，把"利润最大化"作为企业的目标来追求，是不明智、不科学的，是企业不成熟的表现。

3. 比较我国几种企业目标后的选择

中国的国有企业，在一个相当长的时期内是不注重经济效益和利润的。改革开放以来，随着经济体制的转变，许多企业由追求国家"一级企业"、"二级企业"或"省级优秀企业"，转向追求"利润最大化"，把实现"利润最大化"作为企业的根本目标。在我看来，不注重利润和追求"利润的最大化"，都是片面的，是不可取的。除此之外，目前还有如下几种目标模式：

①"长寿企业"、"百年企业"或"生命型企业"；

②进入世界500强；

③学习型企业。

这些企业目标都比"利润最大化"优越得多，但这些目标的全面性、综合性不明显、不突出。例如，进入"世界企业500强"，美国人阿里·德赫斯在《长寿公司》一书中提到，世界各国企业发展中有两个衰亡率很高的时间门槛；十年左右和四十年左右。十年左右衰亡的多为中小企业，如婴儿早夭；四十年左右衰亡的则为大中企业，如壮年陨落。据统计，1970年的全球500强公司，到1982年时有1/3已经销声匿迹了，其中不少没有跨过"壮年死亡"这个门槛。进入世界500强，也是一个相对短期的目标。所以，研究长寿型企业，把"长寿"作为企业追求的目标，是有一定道理的。正如人都希望长寿一样，企业家及员工也希望他们的企业长寿。但从表述看，它突出的是时间规定性；而"学习型企业"，也只是强调了实现企业长寿的一个重大战略措施，作为战略目标也不全面。相比而言，"美好企业"，既有全面、和谐发展这个本质规定性，又有持续发展(如同"长寿企业")这个时间规定性。所以还是把创建"美好企业"作为企业发展目标更好些。

4. 实现双"六字"战略目标的需要

创建美好企业是实现双"六字"战略目标的必然要求。所谓双"六字"战略目标就是：第一，"富强、民主、文明"是我国现代化建设的战略目标；第二，"大而强，富而美"是山东现代化建设的战略目标。实现这两个战略目标，都要求我国的企业成为具有现代化综合目标体系的企业，即美好企业。江泽民同志在“七一”讲话中说：“我们要在发展社会主义物质文明和精神文明的基础上，不断推进人的全面发展。”“要促进人和自然的协调与和谐，使人们在优美的生态环境中工作和生活。”“努力开创生产发展、生活富裕和生态良好的文明发展道路。”由此可见，那种只有单一发展目标的企业是不适应我国和山东现代化建设目标要求的。

5. 我省优秀企业的经验证明了创造美好企业的必要性

1. 海尔集团是我省优秀企业的典型代表，也是一个美企新秀。它仅用16年（1984～2000年），就从一个濒临倒闭的集体小厂，迅速发展（80%年均增长速度）成为一个在国内外均有相当知名度、信誉度和荣誉度，竞争力很强的、国际化的大公司。它2000年实现利税30亿元人民币，销售额达到406亿元人民币。海尔的企业精神是“敬业报国，追求卓越”几个大字。海尔首席执行官张瑞敏告诉我们：“我们一直向员工灌输‘用户才是衣食父母’的观念。”“只要能够不断给用户提供最满意的产品和服务，用户也会给企业回报最好的效益，员工的收益也会水涨船高。所以在以用户为中心开展的经营活动中，我们在设计上坚持（以用户为师的）人格化设计；在制造过程中，坚持“精细化、零缺陷”；在售后服务上，坚持（用户永远是对的）这一宗旨。”海尔生产经营的实践说明，只有全心全意为顾客的企业，才会获得最大的效益和利润，而那些念念不忘“利润最大化”的企业，反而得不到“最大化”的利润。这是市场经济条件下生产经营的辩证法。

2. 海信集团是我省优秀企业的又一个典型。2001年9月28日，我国首个世界级国家技师管理大奖正式揭晓，海信凭借独具特色的精品战略（以技术为核心，以顾客为中心，以质量为重心，主要内容是产品精美、过程精细、管理精益求精）在全国上万家优秀企业中脱颖而出，一举荣获此项殊荣，成为入选国家质量管理奖的五强企业之一。

海信集团的经营理念和价值观念是“创造完美，服务社会”八个字，海信人以振兴民族工业为己任，具有高度的社会责任感和使命感，它以服务社会来回报社会，立足于社会。“创造完美”包括创造完美的产品、完善的服务、完美的生活、完美的人生几层意义。海信人在生产劳动的过程中把对美的追求、对生活的热爱，融注于每一个产品之中，并通过优质的服务把它奉献给人民，让更多的人在使用海信产品、享受海信服务的过程中，真切地感到一种美的存在，获得一种美的享受，从而引导广大消费者及社会大众热爱美、追求美、创造美。这就是海信“创造完美”的含义，也是海信人服务社会的基础。

海信集团总裁于淑珉告诉笔者，“此次全国质量管理奖的评审，实质上是对核心竞争力可持续性的审视和评定”，“获奖是动力也是压力，海信将从新的平台起步，以从零开始的心态，进一步增强自身实力，满足顾客需求，做长寿、常青的企业”。

3. 张裕集团是我省长寿企业的典型代表。它现已度过了109个春秋。长寿的秘诀何在？用张裕人的话说就是：“加强企业文化建设，发掘弘扬张裕葡萄酒文化。用‘爱国、敬业、优质、争雄’八个字的张裕精神教育、激励广大员工，使百年张裕永葆青春。”2000年1～10月份，张裕集团实现销售收入和利税，分别比去年增长22.57%和42.77%，其中利润增长77.84%。企业规模和效益，在全国同行业中名列前茅。纵观百(余)年张裕发展史，事实清楚地告诉世人：生产精美产品，提供优质服务，注重人才培养，是张裕的长寿关键所在。

海尔、海信、张裕三个不同典型，各具特色，各有千秋，但有一点却是共同的，那就是不把“利润最大化”作为企业的目标来追求。

6. 创建美好企业，是经济全球化、竞争国际化新形势下企业生存和发展的内在需要，是企业员工生存、发展和不断完善的需要

江泽民同志在“七一”重要讲话中告诉我们：“我们建设有中国特色社会主义的各项事业，我们进行的一切工作，既要着眼于人民现实的物质文化生活需要，同时又要着眼于促进人民素质的提高，也就是努力促进人的全面发展。这是马克思主义关于建设社会主义新社会的本质要求。”“促进人的全面发展，同推进经济、文化的发展和改善人民的物质文化生活，是互为前提和基础的。人越全面发展，社会的物质文化财富就会创造得越多，人民的生活就越能得到改善，而物质文化条件越充分，又越能推进人的全面发展。”他还指出：“社会生产力和经济文化的发展水平是逐步提高、永无止境的历史过程，这两个历史过程应相互结合、相互促进地向前发展。”美好企业也是一个不断提高、不断完善、永无止境的历史过程。

三、创建美好企业的指导思想、基本原则和战略措施

1. 指导思想

创建美好企业必须坚持以马克思列宁主义、毛泽东思想、邓小平理论和江泽民“三个代表”重要思想为指导，立足于中国国情和企情，一切从实际出发，实事求是。

2. 基本原则

①坚持“以人为本”和“全面、和谐、持续发展”的原则。

②坚持继承与创新相结合，以我为主与博采众长相结合的原则。

③坚持义利并举、以义取利、信用至上的原则。

④坚持弘扬真、善、美，反对假、恶、丑的原则。

3. 战略措施

除《论‘大而强，富而美’》一书中提到的6项措施外，还应正确处理好以下八个方面的关系：

①生产经营同企业文化建设（物质文明建设与精神文明建设）的关系。

②满足顾客需要同盈利的关系。

③生产经营同人口、资源、环境的关系。

④近期发展同持续（长远）发展的关系。

⑤国家利益、企业利益、员工利益的关系。

⑥员工的经济利益、政治利益、文化利益的关系。

⑦员工目前利益同员工全面发展、不断完善自我的关系。

⑧德治与法治的关系。

（此文选自《企业文化》2001年第4期）

以人为本 以文化人

——21世纪企业经营理念探讨

贺德龙

当科学技术成为第一生产力时,“人”在现代管理中的地位和作用便日益突出,人自身的价值和潜力也就越来越被重视。管理的中心由对物的管理转移到对人的开发和管理上。“以人为本”成为管理理念,人们开始真正认识到:人是最宝贵的资源。

上述一段乐观的表述使我们看到了新的希望,但面对下面两种现象,又令人陷入沉思!

第一种现象。据专家分析,现在最聪明者的才智开发程度也不过10%左右,更何况一般人。对这种现象,美国高尔顿心理学院一位教授感慨地说:“我们编写20世纪历史时发现,人类最大的悲剧不是恐怖的地震、连年的战争,而是千千万万的人们生活着,然后死去,却从未意识到存在于他们身上的巨大潜能。如此众多的人,不知自己究竟是什么人,或是可以成为什么人;如此众多的人,尚未经历自己的心理成熟,尚未开发自己,却已经衰老、死去……”人的潜能是巨大的,然而我们没有意识到,也没有去开发它;经营者忙于对员工的考核和评价,而没有对员工潜能进行开发和利用。

第二种现象。很多企业中,个人的智商一般都比团队的智商高许多,也就是说 1+1<2。当一个团队在寻求发展变化时,最大的难点在于团队中拥有与团队目标实现相对抗的各种心智,无向、无序溅开的水流是它生动的描述,而理想的团队应像一束强劲的激光。

这两种现象告诉我们,个人的潜能浪费很大,企业的潜能浪费更大,它们与知识经济社会是格格不入的。本文正是针对这种情况来探讨21世纪企业经营的一些新的理念。

本文拟探讨的理念有三。一是“以人为本”必须与“以文化人”密切结合,才能构成一个完整的经营理念;二是“以人为本”的涵盖范围必须扩大为三个层次,才能真正适应当今社会的需要;三是“以文化人”的五大要素,是开发个人潜能、提升集体智慧的有力武器。

“以人为本”与“以文化人”必须相辅相成

“以人为本”是在管理中相对于“以物为本”而提出来的,它要回答的问题是人在各种资源中的地位和作用;“以文化人”则要回答如何挖掘个人和集体的潜能,调动个人和集体的主动性和创造性。也就是说,“以人为本”提出了目标和任务,“以文化人”则要解决过河的船和桥的问题,二者缺一不可,相辅相成。

“以人为本”的“本”,具有“源头”、“中心”、“根本”和“本钱”等涵义。因此,“以人为本”具有以下三个方面的基本涵义。一是人是各种资源中的第一资源,是最根本、最宝贵的资源;二是管理中的中心任务是充分挖掘、调动人的潜能和智慧,不断提高内部凝聚力和市场竞争力,并以最大限度地满足人类不断提高的需求为宗旨;三是对人力资源的开发、对人的培训与提高,要舍得花本钱,才能收到投入小、产出大的理想效果。

“以文化人”这种提法借用了《周礼》的一句话:“观乎人文而化成天下。”这是我国古籍中最早出现的“文化”概念。“以文化人”的基本涵义是,必须重视人的综合素质与不断发展、探索人才的发现、培养、挖掘、使用、激励等育人、用人规律,充分挖掘、调动人的潜能和智慧,不断提高企业的内部凝聚力和市场竞争力。“以文化人”,强调“开化”,反对“愚昧”;强调“化合”,反对“分散”;强调实践,注重效果。它是“以人为本”的“孪生姐妹”。

“以人为本,以文化人”,是管理观念的根本变革,也是检验企业是否形成了现代管理的一个重要标志。

“以人为本”的三个层次

从20世纪80年代中期开始,我国开展的企业文化建设在实施中已涌现出一批成功企业。这些企业对“以人为本”的理解逐步深化,不断发展,从最初着眼于企业内部管理的“以员工为本”,发展到着眼于企业经营的“以顾客为本”,进而发展到着眼于可持续发展的“以未来人为本”(治理生态环境,研制绿色产品,造福子孙后代)。

“以员工为本”、“以顾客为本”和“以未来人为本”这三个层次,构成了“以人为本”的完整概念,形成了内部管理、经营方针和可持续发展的理念体系,指导和决定着企业经营管理的发展方向。这是实现“顾客、伙伴、社会、员工、股东”五方满意经营目标的根本保证,是中华民族“和合文化”、和谐相处、合作共事、共同发展、实现双赢的具体体现。

“以文化人”的五大要素

“文”是指事物错综所成的形象,这里专指“人文科学”。“化”是指性质或形态的改革,这里专指变化、开化、教化和感化。“以文化人”的主要任务有二:一是对个人的开化,即修炼人的品行,培养人的知识,开启人的智慧,挖掘人的潜能,使之成为德才兼备的人才;二是对集体的开化,即对企业人才资源的开发和利用,培育团队意识,提高团队智慧,不断增强团队凝聚力和市场竞争力,实现企业的共同愿景。为此,企业必须开展以下五种活动:一是组织团队学习,二是倡导系统思考,三是鼓励自我超越,四是改善心智模式,五是设计共同愿景。上述五种活动就构成了“以文化人”的五大要素。

所谓“团队学习”,是指企业有计划、有目的地组织开展互助式、互动式的学习活动。这种企业不仅是一个经营实体,而且是一个学习型组织,现代社会是信息社会、交流社会,人们之间的互相探讨、互相对话、互相交流、互相沟通,对于个人智能的突破和集体智慧的形成至关重要。这种学习型组织信奉的理念是:“思想火花碰撞,集体智慧结晶”;“迸出众多火花,达到一片光明”;“今日的企业,必须依靠个人的自我完善和集体学习,才能找到一条出路”;“企业的持久优势、持续发展,靠的是比竞争对手学习得更快更好”。

所谓“系统思考”,是指拉开时间长度,扩大观察领域,把事物的内在结构、运行规律和发展趋势思考清楚。系统思考包括两个内容:一是系统观点,二是善于思考。许多失败往往源于同一症结，即仅仅是片面地、分段地考虑事物，而不是系统思考。古代哲人主张“三思而后行”就是这个道理。一个人有了思考的习惯，才能创造知识，发展规律，形成智商和情商。智商是知识结构，可以使人入门；情商则是悟性，是组织能力、联想能力和决策能力。优秀企业家区别于一般经营者的优势就是思考和决策的优势。因此，IBM的厂训只有两个字：“多思”。只要每个职工都动脑筋，任何困难都能转化为顺利。

所谓“自我越超”，是指开发个人潜力，超越现实自我。人只要有了动力和压力，就会干出超出人们期望值的很多事来，甚至惊天动地。爱因斯坦说：“我们自我解放，是扩大了自我，拥抱一切。”这是他成功后的感受。这种感受就是一种自我超越。一个企业的广大员工，如果有了自我超越的集体使命感，就会形成一种巨大的力量。自我超越，首先要有一个远景目标，一个人只有设计了登楼的目标，才会千方百计地去找梯子；其次要有持久的韧劲，切忌浅尝辄止；再次要能不断否定自己，视今天为落后，视成绩为过去。自我超越，不仅要有员工的自我超越，还要有企业的自我超越。目前在很多企业中，个人的智商往往高于集体的智商，说明企业的自我超越更为紧迫、更为重要。

所谓“心智模式”，是指根植于人们心中自己认识的“真理”，它根深蒂固，长期控制人们的行为。只要我们冷静地观察一下，就会发现，真正控制人们行为的不是他声称拥护的真理，而是存在于他心智模式中的“真理”。例如，人们说“事在人为”，但内心真信的是“成事在天”；说的是“集体利益高于个人利益”，但内心真信的是“自己不考虑自己的利益，谁去替你考虑”；说的是“努力学习，努力工作”，但内心真信的是“难得偷闲，人生快事”……这就是我们常说的“口是心非”。这是我们生活中相当普遍的行为方式。这就是某些新战略、新策略、新举措在企业难以推行的一个重要原因。当一个企业在寻求变化时，最大的难点在于企业中拥有与企业目标相对抗的各种“心智”。这种现象就好比许多无向、无序溅开的水流那样，形不成一束强劲的水柱。因此，改善员工的心智模式非常重要。靠什么来改善呢？要靠积极向上的企业文化，靠共同理念、共同价值取向的建立和完善。企业文化的重要性在这里表现得非常突出。

所谓“共同愿景”，是指广大员工内心深处的共同渴望，共同期盼。“愿”字上面是个“原”，下面是个“心”，因此，“愿景”意味着“原来这是我的心”。“愿景”在本质上是揭示目的、激发热诚、指引方向、汇集力量的。著名心理学家马斯洛后来研究杰出团队，他发现杰出团队的显著特征，便是具有共同的愿景。设计“共同愿景”必须把握好以下三个环节：一是愿景必须符合市场前景，企业必须搞好自己的市场定位；二是愿景必须具有群众性，让员工真心诚意地把它当作奋斗目标，自觉奉献，而不是勉强遵从；三是愿景建设必须是一个持久的动态过程，边建设边细化，边建设边修正，真正达到共同创造愿景的目的。

“以文化人”的五大要素，互相关联，相辅相成。团队学习和改善心智模式是条件，系统思考是中枢，自我超越和建立共同愿景是目的。

（此文选自2001年5月3日《中国机电日报》）

中国企业文化建设展望

孟凡驰

企业文化有两个基本属性：其一是管理学属性，它主张运用文化特点和规律于管理之中，提升管理的文化品位，加大管理的文化内涵，并且通过管理培育先进的文化意识，这是将文化与生产经营管理工作融为一体的有效方式，也是文化实现的最佳方式。其二是亚文化形态属性，企业文化也是相对于社会主义文化而言的亚文化形态，是企业内部的微观经济文化和管理文化形态，是企业精神文明与物质文明的综合反映，企业文化建设成功，也就形成了社会主义文化的生长点。

一、科学地把握企业文化本质特征，使企业文化建设的重点和中心工作更突出

从前几年的实践看，有些企业对企业文化的本质把握不准，在实践中抓不住重点，中心工作也无法确立，甚至导致对企业文化整体认识出现偏差。企业文化本质特征体现为以文化人、以人为本、文化主导3个方面。

以文化人，是企业文化的基本功能，它通过用先进的文化塑造人的方式，发挥人的主体作用，挖掘人的文化潜力，调动人的主动性和自觉性，进而促进管理的进步和经营水平的提高。

以人为本，是相对于以极端理性主义为特征的物本管理而言的管理方式，它将人作为管理的核心要素，重视群体内部人员之间感情互动对生产经营的作用效果，注重制度和体制，更注重尊崇人的价值和人性关怀。在一段时间内，有些人将企业文化中的以人为本等同于西方人本主义社会思潮，曲解了它自身的规定性内涵，因而影响了实践中对这个理论的运用。人本管理是基于现代社会人的主体意识不断增强的必然选择。

文化主导，是指企业文化作为一种管理思想，它的主导因素发生了深刻变化，它既不是以物质利益作为主导因素，也不是以单纯满足个性需求作为激励手段，更不是将制度和体制的惟一化作为制胜法宝，而是将培育先进文化作为主导因素，从现实经济效益、长远动力效益和人力资源开发效益等方面，整体推进企业发展。企业文化理论的重点在管理和文化的结合，中心工作应是抓住企业文化在管理中的指导作用和实践方式。

二、充分个性化的企业文化的形成，将会适应管理形势的新发展，成为个性管理的前提保障，成为管理的最高指导原则

从管理方式的变化来看，20世纪80年代的企业普遍推崇

模式化管理,90年代后期则广泛实行个性化管理,用统一的模式套用所有企业管理的方式,已经完全不适应变化形势的需要。从维系企业生命周期的资源来看,也发生了巨大变化。在计划经济条件下,甚至在社会转轨变型时期,我国企业主要依赖自然资源(如商品短缺时代的机会资源,法制不健全条件下的权力资源)生存。在我国市场经济不断深入、国际经济新秩序不断完善的进程中,信息社会不断地给现代社会造成巨大压力,企业所依赖的自然资源在迅速弱化,自创资源的作用日益强化,创建独有的企业生存发展资源,才能使企业显示强大的个性化特征,又适应瞬息万变的环境,保持强劲的生命力。自创丰富的独有资源,主要依赖于企业的文化创新能力。

三、优秀企业文化的形成与积淀,将成为现代企业家的首要任务和最终成功的目标境界

企业家担负着企业文化的倡导责任、示范责任、整合责任和变革责任,是企业文化建设的核心推动力量,因此,在一定意义上,企业文化就是企业家文化。企业文化的建设和推展程序,是由上而下,而不是由下而上,企业家的文化角度、文化水平就更显得举足轻重了。可以说,没有克洛克,就没有麦当劳的今日;没有沃森,就不会有IBM文化;没有张瑞敏,也不会有今天的海尔文化。企业家为民族和企业创造物质财富,创造就业岗位,都是现世功劳,值得称赞。可是作为一个企业家的更重要的贡献,应是为企业培育一种使企业生生不息、健行不已的企业文化。这应该是有远大理想和战略眼光的企业家的事业情怀。我国有一部分企业家在这方面显得文化自觉性较差,设定企业战略方向的文化定力不足,当代企业家精神贫乏,这些都阻碍着企业文化的发展,也制约着企业家自身的现代适应能力。因此,大力加强企业家的文化培养,是现代企业家素质提高的关键性环节。

四、企业文化将成为企业人力资源开发的重要理论依据、重要内容和重要方式

传统意义上的人力资源开发,主要着眼于人的生物特性和物理特性的分析。以此发出的人性假设往往是将人视为无生命的机器,漠视人的文化主体意识,不能从根本上尊重人的文化价值。在人力资源的开发内容上也就只能是着力于人的智能开发和体能开发,无视人作为文化产物的根本特征,很少对人力资源的文化开发去深入研究和实践。企业文化理论的本质特征之一是以人为本,企业文化理论内容的全部展开是将人本作为核心的,人力资源开发如果不是以人为本,不是把人作为目的,只是把人当作工具来使用,当作特殊的“物”来开发,那就会永远停留在低层次的人力资源开发理念上。有一部分企业之所以不能真正地将职工当作主人翁,其原因就是没有把握人本理论。概言之,企业文化理论的建立,为人力资源开发提供了理论保证,同时也拓展了人力资源开发的内容和方式。

五、企业学习企业文化理论的自觉性将会空前增强,理性自觉将会取代情绪化建设方式,使企业文化建设更加健康地发展

不少企业从实践中体会到,没有理论指导的企业文化建设是盲目的实践,没有发展的企业文化理论是僵化的理论。在一段时间内,有些企业抓住企业文化的某些现象,大张旗鼓地建设起来,长此以往,却总在浅层上徘徊,内容上不能拓宽,深度上不能加大,甚至不能与企业生产经营管理相结合,形成了两张皮。没有理论上的科学全面的把握,企业文化建设就很难形成逻辑严密的体系,只能零打碎敲,形不成气候,对企业文化盲人摸象式的理解,不可能推进企业文化全面建设;蜻蜓点水式的学习企业文化理论,不可能把握企业文化的真谛,实践更不能深入持久,很可能是浅尝辄止。近年来,企业文化理论在发展,新著作也不断出版,人们对企业文化理论的重视程度在加大,21世纪初的中国企业文化建设将进入高度理性自觉的时代。

(此文选自2001年5月12日《人民日报》)

市场开拓和客户结识

董锡健

【编者按】 上海市咨询协会于4月10日在上海科学会堂邀请上海市政府决策咨询专家、本刊“咨询空间”专栏主持人——上海市工业发展咨询公司总经理董锡健为该会会员单位作了《市场开拓和客户结识》专题报告,引起了很大反响,报告的基本观点对我们各行业都有很大的参考价值。现将其报告内容刊载如下,供参考。

我们公司于1993年成立,在工作中,首要的问题是如何进行市场开拓和客户结识。起先我感到市场像“水门汀”,钉子要钉进去很难,但经过努力又感到市场机会就在脚下,就在身边,关键在于如何把握它。

咨询公司光靠“等”项目是不行的,大部分项目应该靠自己去设计、开拓。现在社会上有很多工作,你不干,有人干,“等退票的人有的是”,迫使你每日每时要去拓展。我们公司8年做了396个项目,现在每年平均做七八十个项目。从1996年开始,客户都是自己找上门的。由于每月有一部分项目做不完,于是设置了一个“门坎”,就是委托公司做项目一定要预约。下面我想给大家介绍几点如何拓展市场和结识客户的做法。

一、以职业信誉、职业道德拓展市场

做咨询要把职业信誉、职业道德这面旗帜举得高高的。我们公司刚刚成立时也是一直翻“白板”的,后来香港有一家公司来找我们,打算花1800万港币,在上海设立一个照相制版公

司。我们答应两天内答复,两天后回答他一个字"NO"! 因为我们调查出来上海已有28条同类生产线,有的设备还未打开。他们听后非常感动,要给我们2万港币酬劳,我们一分钱也没要,后来还给他们介绍了另外一个项目,效益非常好,他们为了表示感谢,在香港开了一家企业咨询公司,说为我们打工,他们接项目我们做,互惠互利。

二、以概念输出拓展市场

咨询公司的功能不仅仅是做项目,更要输出概念,构筑平台,设计品种,这是一项有竞争力、有自主知识产权的特殊作业。

我们公司有一个任务,每月要争取提出一个概念,主要是为政府部门决策提供创意,虽然此举无利可图,但会带来很重要的信息,带来市场,同时也能提升公司的地位。

我公司有一个简报,供市场领导参考。我们提出了"3N"概念:新观念、新思路、新概念,得到了市里高层领导的重视。最近我们又提出:"把上海建成太平洋西岸最具活力的都市工业示范区","在中国进入WTO前夕,海外成千上万个小企业等在我们国门口,要进来找合作伙伴,了解国情,选择市场,是上海咨询业很大的一块市场"。为营造一个城市的造血功能,营造一个立体的就业机制,我们提出一个想法:要在上海建立100个现代都市产业集群,要把上海建成现代家庭工业中心。为此我们建议一个社区搞一个家庭工业中心,一个社区一个产品、一个业态,一个社区建一个技术支持中心、一个货品配送中心、一个职业培训中心,定向实行面对面的职业教授。我们认为有16个行业可以下放给家庭工业去做,现在有关部门正准备投资2000万元,组建上海都市工业股份有限公司。我们帮助设计和策划方案,可折算成100万元,即参股5%,钱不是来了吗? 我们设计了品种、概念,换回了属于自己的智力资本,成为股份结构中的参股形式之一,我们不是拿到了回报吗?

三、以"创造卖点"拓展市场

在信息发达的时代,咨询公司老总不可能每天到外面去跑,每天辛辛苦苦找项目并不一定有效果,关键要去创造卖点。

例如我国现在消费不旺,政府很头痛。我们通过调查发现,国内最大的百货公司最多才有15万种商品,而国内大公司有30万~40万件商品。我们是否可以创造一个卖点,搞一个上海外生活用品出样(展示)报价中心,光出样报价,把一个个商机"接口"留下来,让企业和公众参观观摩,使他们触类旁通,这样找上门的人会多得不得了。

我们这几年一直在观察,上海什么东西最赚钱? 上海有一座金山:非职务发明成果,每年有1200多项,历年积累的已有2万多项。这中间就是少了一个环节:商业策划和市场运作。如现在有一个保健品,买断它花15亿也下不来,而8年前25万就可以买下了,因为当时是"毛坯",没有"开过光"。现在每年1000多项非职务发明,每项20万~100万就可买断,而且还不需要资金一次性到位。如果是100万的成果项目,只要先付10万现金部分买断就够了,另外90万元作为参股进入,与投资人共同组建一个公司,风险共担,以后获得再按比例分成,如一个公司能拿出一二个产品,不就发展起来了吗? 我们曾帮助开发了一个市场上的减肥产品——金多靶,操作费也就花了200万左右,结果当年上市,7个多月就做了几千万元销售额,现在才两年,利润就做到了几千万。

四、以品牌服务拓展市场

我们一直为企业搞品牌战略,其实我们自身更需要推导品牌战略。我们咨询公司做项目,也可以树立几个自己的品牌工程,作为自己拓展市场、吸引客户的路标。

我们做的第一个品牌工程是上海市饮料行业的"正广和"。1994年我们公司刚成立,当时正广和很困难,市里很重视,让我们帮助做项目,但它又没钱。我们利用它成立130周年纪念日的契机,搞了一个动作,并提出了'让正广和水和母亲河黄浦江一起奔腾"的口号,然后由我们出面买断行驶在南京路上20路电车一天的营业额,由正广和省下用于厂庆的费用回报社会,让当天中外乘客免费乘车,以示正广和的公益亲和形象,结果造成了轰动。海内外60多家媒体作了报道,一周后汽水厂门口车水马龙,造成交通阻塞,为它的产品发展赢得了契机,为后来正广和净水的销售做了铺垫。

五、以政策导向拓展市场

搞清楚国家政策,且给企业提供准确的政策导向服务,则是咨询业极为重要的基本功。现在中央给上海的政策和上海自己的政策,每年有上千项,市经委专门编了企业政策简编蓝皮书,很多人不知道,很多企业家只了解一些政策的"边角料"。因此,为企业提供"门对门"、"面对面"的政策咨询服务是我们公司主要的任务之一。

如上海某电器集团和上海某大学联合开发新型高效净水器,因缺资金,无法启动。我们受托经调研策划,为其度身设计了一个"品种",将通常的"新产品",换了一个"角色",即以"节能产品"立项,结果顺利地获得了国家的一笔贴息贷款。

六、以讲学、研讨拓展市场

我们公司一年要举行30~50次推介会,20多次研讨会,30多次讲座,还要到大学带研究生。我们乐意去做这些事,从中培育了潜在的客户。很多项目都是通过讲课、讲座联系来的。现在我公司涉及的项目覆盖了河南、浙江、江苏、四川、重庆、河北等省市。公司导入企业形象评比、展示等活动,参与培训,编辑的教材《CIS——中国企业形象战略》,成为1995年国内畅销书。

七、以引爆热点拓展市场

例如租赁业的问题,我们曾帮助一家民营公司一起操作,提出了新的创意:"我们追求的是曾经拥有,而不求天长地久。"得到了很多企业的响应,同时也成了发展租赁业的导向口号。

当然热点问题很多,如再就业工作,我们提出能不能搞一个"再就业周",每年到了这一周社会各方面都来关心再就业工作。

八、以示范工程拓展市场

前一时期外销房售价高，很难销，我们通过调查提出了一个理念，把外销房和中国进入 WTO 联系起来，组织了一个“迎接 WTO，中国的外销房准备好了吗”推介会，一下子轰动了，这事对外销房促销有很大的启发。

又如，每年春天在北京举行一次的国际服装博览会，上海服装行业是当然的主力，且是博览会的亮点。2000 年北京举行“迎接新千年国家服装博览会”，海内外服装界竞争相当激烈，负责赴京参展组团的上海服装行业协会向我们求援，我们就把上海组团参展 2000 年国际服装博览会作为示范工程。我们打破过去展览会的传统格局，将整个上海展区设计成一个大的平台，酷似一个展示岛，凸现了一个主题“新千年上海的一天”，设置了八组情景模型，效果极佳，在整个博览会上引起了轰动。由于有这一示范工程做样板，许多服装企业都要我们去帮助做策划设计了。

最后，我想简单汇报一下咨询工作的点滴体会。

1. 我认为人才和自主知识产权及公司的核心技能是咨询公司的财富

我们始终把咨询公司看成一个头脑调度室。主要是供“脑”、融“智”。搞咨询项目，你如不能影响对方，使他“激动起来”，他是不会付一分钱的。

2. 是满足“制造”，还是求索“创造”

人家做过的你模仿制造，始终不会有长进。我们公司有一个不等式，那就是：1 + X≠X + 1。1 + X 是创造，X + 1 则是制造，X 是现成的东西，后面加一样东西，这不是创造，至多是锦上添花。

3. 搞咨询这一行的不能做“闹钟”

闹钟早上把自己和别人闹醒了，然而又睡着了。新的概念、思路都是你提出来的，但你没有去做，人家去做了，你不是睡着了吗？所以我们要力争第一时间提出问题，解决问题，占领制高点，作为咨询公司总经理更要做“抢篮板”的人。

4. 搞清“鱼”和“渔竿”的关系

和客户打交道，我们有一个口号，“送人一条鱼，不如送人一根鱼竿”。这是结识客户和拓展客户关系的一个很重要的方法。

5. 搞“套菜”计划

平时我们做咨询、搞专业单向服务较多，搞综合多向服务较少。其实，一流的咨询服务，在做项目时既要为客户操作提供服务，又要为下一道工序的服务留好接口，告诉对方下面还要解决什么，包括人力开发、营销策划、企业形象塑造、产品拓展、机制转换等，要一并考虑。提供的菜单要琳琅满目，这实际上已在无意中把明天的项目给锁住了。

6. 做咨询如同做人

通过做市场，我们有两个发现：第一，中国市场上 95% 的消费者跟着感觉（媒体）走；第二，95% 的经营者跟红头文件（政策）走。做咨询就要和政府机构、和传媒建立非常紧密的联系。

最后，用我们公司的一句话与大家共勉：“第一是永远的，第二只能陪衬。”有人说，争第一太累了，我们还是屈居第二，满足第二，这是危险的信号，只有永远定标第一，才能自强不息。

（此文选自《中外企业文化》杂志 2001 年 7 月刊）

将中国的企业文化建设融入国际现代化潮流中去

张同舟

国际化浪潮是一个必然趋势。任何国家或是主动纳入国际轨道，或是被动地跟着潮流走，总之是必须走这条路。中国加入 WTO，意味着中国的企业已经跃身于这个浪潮之中，也就意味着我们参与了世界范围的激烈竞争。在这个竞争中要成为一个胜利者，就必须有先进的管理、先进的制度、先进的技术等各种因素的支持，而这其中最具有战略意义的，也就是影响全局和长远的，是必须有一个先进的企业文化的支持。有了先进的企业文化，企业在竞争中必胜，否则必败。海尔在国际竞争中成功的范例和 20 世纪 90 年代初中俄边境贸易有些不法商人把假劣商品卖给俄国人，造成在俄国人的眼中中国商品就是劣质商品的代名词的恶劣影响的教训，足以证明。

我们加入 WTO，就要遵循它的办事规则。它的规则可分为表层技术层面和深层文化层面。我们的企业在学习运用技术和制度方面虽然还存在很多问题，有很大差距，但更重要的障碍还在文化层面。因为文化不像技术和制度那样可以简单地拿来，要有自己的个性，必须自己全力培养。文化制约着技术和制度运用的水平，建设企业文化，转变文化观念就成为企业参与现代国际竞争的关键因素。

WTO 规则很多，举其要者如：

“公平贸易原则”。根据这一原则，我们的管理要由任意型粗放型文化向信誉型集约型文化转变。要树立诚信的文化观念，要坚决改变市场上现在存在的地方保护、行为垄断，狠狠打击欺行霸市、缺斤短两、假冒伪劣等有碍实行“公平贸易原则”的不良市场行为。

“关税减让原则”。根据这一原则，我们的企业必须从封闭型文化向彻底的开放型文化转变。

“透明度原则”。根据这一原则，我们的企业在国际企业竞争以及贸易往来中，必须按公开、公正的法制原则和契约办事，不能凭长官意志办事。我们的文化观念必须由长官意志向法制文化转变。

“针对国营贸易企业原则”。我们的企业基本上是按经验管理企业，运用市场体制经营和管理的基础比较薄弱，对国际通行的规范化体制运作比较生疏，这势必影响我们企业的现代化水平，因此我们必须由经验型文化向规范型文化转变。

“禁止数量原则”。根据这一原则，要求我国企业从行政型贸易文化向市场贸易型文化转变。我国过去贸易额和关税限制，主要是行政行为。今后的贸易数量和范围要按照国际统一规则走向市场，而不是依靠行政指令特别照顾。

“非歧视性贸易原则”。根据这一原则，进出口贸易和国内各种所有制企业间，实行国民待遇，我们过去实行的各种差别待遇都要逐步取消。我们要从垄断型文化向平等型文化转变。

WTO 规则给我们带来的挑战是多方面的，以上只是几点择要分析。这足以说明加入WTO对我们的挑战至关紧要的是文化观念的挑战。在加入WTO的新形势下,我们要在保持我国企业文化的特点和优势的同时,进行必要的整合,使之更有效地应对WTO各种规则的挑战,以支持我国企业在国际竞争中保持持久的、强劲的竞争力。

面对国际竞争的挑战,我国企业文化总体上还相当滞后。从20世纪80年代中期开始至今大约近20年,经过企业界和理论界的共同努力,党和政府的倡导,企业文化在我国大地上已经生根、发芽、开花、结果,已经走出了建设有中国特色的企业文化的路子。但是我国企业文化建设的发展水平在地区、行业和企业之间都很不平衡,尤其在企业之间差距很大。本来我国企业家担负着倡导、示范、整合以及变革企业文化的光荣使命,然而现在有不少企业家缺少与时代相适应的文化素质,缺乏管理文化的素养,对建设企业文化的重要性与必要性,对企业文化作为企业最基本的竞争力与企业生存、发展紧密的关系还缺乏足够的重视。

中国需要走向世界,世界也需要与中国加深交流,研究并且建设国际型企业文化,将我国现代企业文化建设纳入世界现代化潮流中去,既是落实“三个代表”思想的广阔途径,也是提高我国企业的形象,增强企业核心竞争能力的战略选择。

(此文系作者在“2002年鞍山企业文化研讨会”上的讲话摘要)

论企业文化与管理制度的辩证关系

王成荣

海尔模式:“止动力”与“牵引力”的有机结合

海尔有一个斜坡球体论(即海尔定律),大意是说企业如同一个爬坡的球,受到来自市场竞争和内部职工惰性而形成的压力,如果没有一个止动力它就会下滑,这个止动力就是基础管理。依据这一理论,海尔集团创造了“OEC管理模式”。我认为这个模式的本质就是发挥管理制度的作用,即属于科学管理中的“制度管理”。在此基础上,海尔倡导“敬业报国,追求卓越”的企业精神和“迅速反映,马上行动”的工作作风,坚持“用户永远是对的”服务理念,并把“创中国的世界名牌”作为海尔发展目标,矢志不渝,使海尔逐渐形成了个性鲜明的企业文化,因而使“爬坡的球”有了“牵引力”,这就是“企业文化管理”。如果只有“止动力”,没有“牵引力”,或者说只有制度管理,没有企业文化管理,海尔也就不会有今天的业绩。这说明海尔把制度管理与企业文化管理有机地结合起来了。

“文化”与“制度”在企业管理体系中地位不同

在企业文化研究中,人们对“文化与制度”的认识经常陷入一种误区:或把二者对立起来,或把二者混为一谈,分不清二者在企业管理中的地位与作用。

有人把企业文化概括成三个层次:物质文化、制度文化和精神文化。这种从广义角度界定的企业文化,无疑把制度包含在内,即制度也是一种文化。但如果我们从狭义角度研究企业文化,制度只是文化的载体;进一步说,把企业文化作为一种新的管理方式研究,文化与制度属于两个不同的管理层次和两种不同的管理方式。文化管理高于制度管理,制度更多地强调外在监督与控制,是企业倡导的“管理底限”,即要求员工必须做到的;文化更多地强调价值观、理想信念和道德的力量,强调内心的自觉与自律,是“管理高境界”。

西方学者做过一个比喻:管理就像一座漂浮在大海里的冰山,露出水面的部分,占1/3,大体相当于管理组织、规范、标准、技术、手段和方法等有形管理;隐在水中部分,占2/3,大体相当于组织成员的价值观念、人际关系、文化传统、风俗习惯等无形管理。这个比喻形象、深刻。其中,制度是有形管理部分,企业文化是无形管理部分。企业文化在整个管理系统中不仅占的比重大,而且处于“根基”地位,它决定着制度管理的特色和效率。制度管理多强调理性化,重视科学标准和规范作用;企业文化管理强调的是非理性化,重视内在精神价值的开发、集体感受和各种非正式规则、群体氛围的作用。制度管理可以造就一个结构框架合理、运转程序规范、制度严格的标准化企业;而企业文化管理可以赋予这个企业以生命活力,为之提供精神源泉和价值动力,引导其发展方向,并创造经营个性和管理特色。

“文化”与“制度”的互动关系

严格界定制度与文化的内涵具有明晰的界限,但却犹如孪生姊妹不可分离,二者共处一个统一体中,相互联系、相互渗透、相互推动。

制度与文化的演进方式不同。文化的演进是采取“渐进式”的,制度的演进是“跳跃式”的,但二者却同处于一个过程之中。从制度到文化,催生新制度,再倡导新文化,二者交互上升。企业管理正是在这种交互上升的过程中不断强化,臻于完美的。

制度与文化的表现形态不同。前者是具体有形的,往往以责任制、规章、条例、标准、纪律、计划指标等形式表现出来;后者是抽象无形的,存在于人的头脑中、集体的氛围里,是一种精神状态,但它往往通过有形的事物、活动反映和折射出来。二者是一体两面,有形的制度中渗透着文化精神,无形的文化通过有形的制度载体得以表现和发挥作用。

制度与文化对人的调节方式有差异。制度管理主要是外在的、硬性的调节,文化管理主要是内在的文化自律与软性的文化引导。文化管理强调心理“认同”,强调人的自主意识和主动性,也就是通过启发人的自觉意识达到自控和自律。对多数人来讲，由于认同了主流文化，因此，文化管理成为非强制性的管理。然而，长期坚持制度管理，人们形成对制度的崇拜，执行制度成为一种习惯，实际上制度也就变成了一种“准文化”；文化管理亦然，对于少数未认同企业主流文化的人来讲，一种主流文化一旦形成，也同样受这种主流文化氛围、风俗、习惯等非正式规则的约束，违背这种主流文化的言行是要受到舆论谴责或制度惩罚的，因此文化管理又具有一定如同制度一样的“强制性”色彩。脑力劳动者与体力劳动者对制度与文化的感受度不同。体力劳动者因为其作业方式要求标准化的程度高，对制度管理的强制性敏感度较低，也就是说，遵守制度是顺理成章的事，制度管理对他们更适合；脑力劳动者因为其作业方式要求创造性强，要求自由度较高，对较低层次的条条框框一般持反感态度，需要较多的文化管理。这是超 Y 理论的研究结果，值得我们注意。

制度与文化是互动的。当管理者认为某种文化需要倡导时，他可能通过培养典型的形式，也可能通过开展活动的形式来推展和传播。但要把倡导的新文化渗透到管理过程，变成人们的自觉行动，制度则是最好的载体之一。比如，企业为了倡导参与文化，可以建立一个“合理化建议制度”，要求员工一年提几条合理化建议，并承诺及时反馈建议采纳情况，对于好的建议要给予表彰和奖励。这样，人们在执行制度中，逐渐接受了参与管理的“文化”，时间久了，变成一种习惯和自觉行为，参与文化形成了，制度即变成一种空壳。人们普遍认同一种新文化可能需要经过较长时间，而把文化“装进”制度，则会加速这种认同过程。当企业中的先进文化或管理者倡导的新文化已经超越制度文化的水准，这种文化又在孕育着新的制度。

顺便提一下，制度与制度文化不是同一概念。当制度内涵未被员工心理认同时，制度只是管理者的“文化”，至多只反映管理规律和管理规范，对员工只是外在的约束；当制度内涵已被员工心理接受并自觉遵守时，制度就变成了一种共有的文化。

文化优劣或主流文化的认同度决定着制度的成本

当企业倡导的文化优秀且主流文化认同度较高时，企业制度成本就低；当企业倡导的文化适应性差且主流文化认同度较低时，企业的制度成本则高。第二次世界大战结束以后，日本企业管理之所以成功，重要原因之一是它更重视支撑管理的软性因素（即文化因素）的建设，更重视培植企业自身的“社风”、“经营理念”和“价值观”等。威廉·大内认为，请求“信任”、“微妙性”和人与人之间的“亲密性”是日本企业管理的精髓。R·帕斯卡尔等人则通过对“7S 模式”的比较分析，认为日本企业比美国企业更重视人员、技能、作风和最高目标等文化因素，因此战略、结构和制度等硬性要素的作用就能得以充分发挥，这是日本企业取得成功的关键。摩托罗拉公司取消“打卡”制度，是因为员工能够认识到工作的意义是什么。大庆人“三老四严四个一样”的工作作风是大庆人自觉的文化表现。所以威廉·大内说，文化可以部分地代替发布命令和对工人进行严密监督的专门方法，从而既能提高劳动生产率，又能发展工作中的支持关系。

一个卓越的制度管理，可以约束和命令工人每天干满 8 小时，但永远做不到让工人在 8 小时之内都尽心尽力、高效率为公司工作，只有文化管理能做到这一点。

制度与文化永远是并存的

制度管理与文化管理永远并存，永远不可相互替代。二者具有不同的功能，制度是在规范人，文化是在激励、教化、引导人。制度再周全也不可能凡事都规定到，但文化时时处处都能对人们的行为起约束作用。制度永远不可能代替文化的作用，也不能认为文化管理可以替代制度管理。由于人的价值取向有差异性、对组织目标的认同有差异性，要想使个体与群体之间达成协调一致，光靠文化管理是不行的；实际上，在大生产条件下，没有制度，即使人的价值取向和对组织的目标有高度的认同，也不可能达成行动的协调一致。海尔为“爬坡的球”创造了一个“止动力”，之后又为它创造了一个“牵引力”，使球既不至于下滑，又有动力往上滚，是制度管理与文化管理结合的典范。只不过，随着经济发展、科技进步、文化繁荣、企业内外环境的变化以及脑力劳动者在全体劳动者中的比例加大、员工的总体素质提高，制度管理的作用在弱化，文化管理的作用日益凸现出来，这是一个明显的趋势。

中国企业管理需要制度与文化的“双向突破”

就中国企业管理现状而言，存在着制度管理与文化管理的“双重缺陷”，因此改变中国企业管理的落后面貌，其根本对策应是“双向突破”。既要扎扎实实地补好“泰罗制”的课，强化制度，强化规范，推进科学管理，又要不失时机地加强企业文化建设，提升管理的层次和品位，做到实则泻之，虚则补之，保障血脉相通，在较短时间内全方位地提高我国企业管理的水平。那种待制度管理做足了再搞文化管理，或是搞好文化管理可以替代制度管理的认识都是有失偏颇的。

（此文摘自《管理学家》2002 年创刊号）

企业文化与企业信用

刘光明

良好的企业文化和企业信用是使市场经济有序运行的重要保证。规范和整顿经济秩序是建立市场经济体制的内在要求，经济学诺贝尔奖得主诺思说过：“自由市场经济制度本身并不能保证效率，一个有效率的自由市场制度，除了需要一个有效的产权和法制制度相配合之外，还需要在诚实、正直、公正、正义等方面有良好道德的人去操作这个市场。”

当前，在我国市场经济初步建立的过程中，忽视、践踏信用的现象随处可见，市场中的种种失信行为已导致严重的信用危机，其中企业信用危机的范围之广、程度之深更是令人担忧。

它对市场经济的健康发展造成了严重隐患。

信用(credit)一词一般包含三层含义:

其一,信用作为一种基本道德准则,是指人们在日常交往中应当诚实无欺,遵守诺言的行为准则。"无信不立"是我国传统道德的核心,一个人失去信用就意味着与之交往的相对人将面临不可预测的道德风险。

其二,信用作为经济活动的基本要求,是指一种建立在授信人对受信人偿付承诺的信任的基础上,使后者无须付现金即可获取商品、服务或货币的能力。由于现代市场经济中的大部分交易都是以信用为中介的交易,因此,信用是现代市场交易的一个必须具备的要素。

其三,信用作为一种法制制度,即依法可以实现的利益期待,当事人违反诚信义务的,应当承担相应的法律责任。在现实生活中,合同债权、担保、保险、票据等均以信用为基础,同时,诚信也是民事、商事活动的基本原则。从市场经济角度看,信用是市场经济的生命和灵魂,西方人将诚信看作"最好的竞争手段"。从这个意义上讲,市场经济就是信用经济,诚信为本是市场经济的基本原则。

信用关系由施信者和受信者共同构成,缺一不可,在相互信任的情况下维持这种关系;在单项的信任关系中,施信者和受信者的地位不同,其关系的维持程度受当事者的信用水平、社会信用环境的影响。

只有相互的信用才可能是长久的信用。不难想像,一个企业如果只接受合作伙伴的信用,而不信任对方,最终它将失去合作伙伴的信用。作为一个理性的市场主体,接受和给予信用都是理性判断的结果,盲目信用是每一个企业都极力避免的。站在特定企业的立场上,我们不得不考虑这样的问题:信用的来源或者说建立信用的前提是什么?只有对这一问题有了清晰的理解,我们才可能在实际活动中有意识、有目的地培育信用,让信用为促进合作关系的良好发展发挥积极作用。正如信用的涵义包括心理的、社会的和经济的多个维度一样,信用的来源也是多方面的。在判断一个合作伙伴是否有信用时,可以从以下几个方面进行考察。

一是历史交易经验。如同人们在判断一个人是否值得交朋友时会依据以往的交往经验一样,企业在判断一个合作伙伴是否值得信用时,首先会对与其发生的交易活动的历史进行回顾。对历史交易经验的考察要从数量和质量两方面进行。历史交易时间越长,企业对考察对象的了解就越多,对其行为的预期也就越准确,从而风险也较小;企业从历史交易关系中获得的回报越高,对对方的满意度也就越高。在这两种因素同时起作用的情况下,容易建立起较高程度的信用,反之,则信用难以建立或难以达到较高的水平。特别是当一个企业与另一个企业有很长时间的交易历史,且双方在长期交往过程中通过相互适应逐渐建立起了默契,在这种情况下双方的信用程度将达到相当高的水平。

二是企业声誉。企业声誉是该企业在经营活动过程中所获得的其他企业关于该企业能力、效率、经营理念和企业文化等多个方面的综合评价。这种评价的综合性体现在,一个规模和名气都很大的企业可能会因为不能公平对待交易伙伴而声誉较差;相反,一个规模和名气都很小的企业却可能因为真诚、热情的服务而赢得较高的声誉。对一个企业的声誉的判断也是基于历史交易经验的考察;但与第一点不同的是,企业声誉是多个企业共同考察和评价的结果,它更具有客观性。对企业来说,声誉是一项重要的无形资产,它的形成需要长期的积累,因而大家都会非常珍惜。企业声誉作为一种信号,具有可平移的特点,即一个企业在与另一个企业没有任何历史交易记录的情况下,也可以从该企业声誉中预期其在与本企业发生交易时的可能反应。因此,一般而言,声誉较高的企业往往是值得信任的企业,声誉较低的企业则难以赢得认可。

三是关系特定型投资的规模。关系特定型投资包括只能用于合作项目的固定资产、为合作项目进行的专项人力培训、合作伙伴间为信息传递的方便而建设的数据传输网络,以及为合作而设计的专用作业流程等。由于关系特定型投资具有转移收益很低的特征,因而它也可以作为一种潜在的信号,反映出企业对合作关系所持有的长期导向程度和可信用程度。合作关系的一方关系特定型投资规模越大,表明其被这种关系锁定的程度越高,其树立长期导向以收回投资成本的取向也越明显,自然也越值得信任。

四是可以相信的承诺(credible commitments)。前面的三种信用来源都是可以通过客观事实进行考察的,属于主要和直接的来源。除此之外,还有一些可以信用的承诺可以作为信用的替代性来源,例如合同、抵押、信息披露规则以及特定的争端解决机制等。这些制度安排由于具有法律效力而使得合作者在一定程度上相信合作伙伴会信守承诺,因而也增加了信用程度。

五是环境变化的压力。当企业经营的外部环境发生诸如有新的竞争者加入、宏观经济不景色、政府管制加强或原材料价格上涨等不利变化时,为了应对这种变化,合作者之间的相互依赖程度会自然加强,出于理性的考虑,绝大多数合作者会选择给予对方信用以换取相互信用,因此合作关系中的信用程度也会自发地提高。由于这是在特定条件下由于利益的驱使而产生的信用,不是建立在对对方客观考察的基础上的,它的持久性值得怀疑,因而也只是信用的一种替代性来源。

要建立企业信用的理念系统、管理制度和组织机构,就必须实施"五C"(即"企业品格"character、"能力"capacity、"资本"capital、"担保"collateral、"环境"condition)管理制度,在"五C"诸要素中,企业品格是最核心的要素,它是指企业和管理者在经营活动中形成的企业伦理、企业品德、企业行为和企业作风,它在很大程度上决定企业信用的好坏。

为了建立有效的企业信用理念系统、管理制度和组织机构,需要思想和组织上的层层落实,包括设立企业内部的信用部门、确定信用管理权限、编制信用管理的规章制度、信用管理实施手册、核查和评估企业信用实施情况。

第一,建立企业信用理论系统。韦尔奇把通用电气的核心价值定位于"诚信"的企业伦理,要求GE员工通过6个西格玛(达标率99.9999%)、保持极大的热情、坚持完美、无边界工作方式、发挥智力资本、以客户为中心、创建信任的环境、永远对客户有感染力这8个方面的努力来实施坚定的诚信。富兰克林提出"时间就是金钱、信用也是金钱"的理念。亚当·斯密把经济和伦理视为同一因果链的两个侧面,并指出社会经济的发展要求经济主体必须遵循经济伦理。亚当·斯密在写作《国富论》的同时,还写了一本《道德情操论》,在后一著作中,他指出:

"与其说仁慈是社会存在的基础,还不如说信用、诚信、正义是这种基础,不义的行为(偷盗、欺诈、杀人、限制他人自由)的盛行,必然会摧毁这个社会的基础。仁慈犹如美化建筑物的装饰品,而不是支撑建筑物的地基,而信用、诚信、正义则犹如支撑整个大厦的主要支柱,如果这根支柱松动的话,那么人类社会这个大厦就会顷刻之间土崩瓦解。"如果大多数企业都恪守企业信用,少数企业的无信用行为就会遭到惩罚,它们找不到交易伙伴,而且信用一旦丧失就很难重新建立起来。

在中国企业界,一个普遍存在的公理性认识是:企业的目标是创造利润,简言之,办企业就是为了挣钱。这种观点在一定程度上影响了很多企业的发展,使很多新创企业由刚成立时一时赚钱,到若干年之后就走向亏损和破产。造成这种情况的原因,在很大程度上是企业理念、企业信用出了问题。企业总是要赚钱的,没有不想赚钱的企业,问题是怎样赚钱——在一系列价值中如何进行价值选择和价值排序,这里涉及到企业价值观层面的问题,企业的目标应当是创造价值,利润不是企业惟一的、终极的目标,应当把利润看成是企业为客户创造价值后自然带来的回报。

美国哥伦比亚大学商学院《跨国公司竞争力》课题组在研究世界500强时发现:它们树立的企业核心理念几乎很少与商业利润有关。在惠普公司1999年的年度报告中,专门有一节讲到惠普的核心价值观。为了公司的发展,我们努力地创造和革新,但是有些东西是恒古不变的,这就是我们企业的价值观:我们对人充分信任和尊重,我们追求高标准的贡献,我们将始终如一的情操与我们的事业融为一体,我们通过团队、通过鼓励灵活和创新来实现共同的目标——我们致力于科技的发展是为了增进人类的福利。摩托罗拉公司把"诚信为本和公正"作为自己的核心理念,要求企业的每个经理人员和员工"保持高尚的操守,对人永远尊重"。福特公司的核心价值观中有一项是:让每一个人都用得起汽车。福特对这个理念进行了说明:"我将为一个伟大的目标建造每一辆汽车,它要很便宜,使得那些没有很高收入的人也能买得起,从而使他们能与家庭一起分享上帝赐予我们的快乐时光,那时每个人都能购买,每一个人都能够拥有,为此,我们要为大量的工人在更好的收入入下工作。"这些公司提出的理念表述似乎与自己的商业利润毫无关联,更强调的是一种诚信对待用户和员工的情节。在这些公司看来,这个世界外在的东西——无论是钱、权力,还是法律制度,都不可能为人提供持续不断的力量源泉。你可以将你的成功建立在员工暂时对金钱或权势的屈从上,但是你不可能从屈从中得到真正的创造力和对企业远景的忠诚。企业短期的繁荣可以通过许多方式获得,但是企业持续增长的力量却只能从人类几千年来的价值公理中获得。

第二,建立企业的信用评价系统。企业的信用评价系统,对于企业间的公平竞争乃至市场秩序的有效运行都是至关重要的,评估者需要通过分析大量的企业要素后,将影响信用各要素的各种属性数量化、具体化。

美国是世界上最早建立企业信用评价方法的国家,穆迪在1909年创建了世界第一家企业信用评估机构——MOODY' SINVESTORS SERVICE INC,并对当时美国250个大型企业做出信用评估报告。穆迪又对各种债务的资信评定级别,并逐步将这种方法推广到企业中去。

表1 美国企业信用评价标准表

序号	级别	特 征
1	信用卓越级	经营规模庞大,财务结构健全,资本雄厚,业绩极佳,对于市场有坚强适应力,偿还贷款完全没有问题
2	信用良好级	获利能力很高,并有连续获利能力和记录,市场变化对其虽有影响但影响不大
3	信用尚佳级	信用尚佳。企业经营多年,管理尚佳,其自有资本足以支付借款,在某一授信额度中,风险一般较小
4	风险较大级	经营与管理已呈现不稳定的征兆,获利能力反复无常,无法按期缴付利息和借款,无法全部偿金
5	无法接受级	财务状况甚为恶劣,资金周转严重困难,随时可能中止营业,变卖资产清偿债务,银行回收贷款机会甚微

(此文选自2002年1月7日《人民日报》)

企业高级管理人才的继任与开发

林泽炎

管理人才继任与开发正在变成企业战略规划的重要部分。在我国,企业管理人才的继任与开发,主要是上级主管部门的责任。中国企业家调查系统的调查表明:在企业经营管理者的任职方式方面,由主管部门任命的占75.1%,由董事会任命的占17.2%,由职代会选举的占4.3%,由企业内部招标竞争的占1.3%,由社会人才市场配置的占0.3%。不同所有制企业管理者的任职方式存在明显差异。由主管部门任命比例较高的前三位是国有企业(90.9%)、集体企业(73.3%)和联营企业(47.1%);由董事会任命比例较高的三位是港澳台投资企业(80.5%)、外商投资企业(62.7%)和股份制企业(60.8%)。另外,企业经营管理者任现职前的身份为企业基层管理人员的占41.9%,党政干部和企业技术人员分别为25.5%和16.8%。大多数企业经营管理者来源于企业基层管理人员、党政干部和企业技术人员。这说明我国企业需要加强高级经营管理人才的继任开发工作。

管理人才继任计划的制定及管理

管理人才继任计划(Succession Planning)是确定和培养潜在的继承人以便在将来接管要职的过程和行动。主要内容是发现并且追踪具有高潜质的人才,即那些企业相信他们具有胜任高层管理职位潜力的人,这些高层职位包括战略经营部门的管理者、职能领域的指导者(比如营销总监)或者是首席执行官(CEO)。继任计划具有战略性、事先性、长期性和发展导向。它保证了企业合格经理人的持续供给,从而继续领导和推动业务增长。

制定管理人才继任与开发计划,企业能够获得以下利益:早期确定管理高层、保留高素质员工、提高管理者对未来角色和挑战的准备,以及建立企业持续经营和稳定的人力资本。

公司内部与外部继任的CEO会给一个公司带来不同的问题,也同样带来不同的解决办法。业绩较差的公司常从外部聘任总经理,因为其较少受工作现状的束缚和影响,从而更有可能影响组织变革,有利于公司增长策略的成功执行,并最终提高公司业绩。另外,继任者的综合管理经验、受教育背景、年龄、个性特征、管理者类型及需求等因素对继任事件、企业业绩都会有影响。只有当继任者的特点与企业及其所处行业的特征相匹配时,才能带来成功的企业变革,从而提高企业的绩效。

继任对企业业绩可能有正的影响,即高级管理人才的继任常常带来企业业绩的提高。这说明合适的继任是提高企业业绩的一种可能的重要途径。但是,继任对企业的组织管理也有负的影响,因为每一次继任都有可能引起企业内部组织调整和人事的变动,在一定程度上对企业有破坏性。因此,频繁的继任对于公司业绩改善是不利的。

制定管理人才继任与开发计划的方法多种多样,为了使继任计划效用最大化,企业要注意以下程序:

1. 确定管理人才胜任特征

管理人才胜任特征应以商业战略、顾客要求和企业文化为基础。这些要求应该是未来十年的成功领导者必备的条件。为了易于评价、发展和评估这些胜任特征,需要以可见的行为和结果定义和细化出来。

2. 开发管理人才综合数据库

为目标人选建立和开发综合的数据库。一旦管理人才胜任特征确立下来,就要采用适当的评估方法衡量参加竞争的候选人。为保证客观,应定期从多种来源搜集资料信息,包括对候选人的深度面试、360度评价、绩效评估以及评价中心评分等。理想的情况是,评估应当由具有较高个人诚信度并能够采用多种评估方法进行准确评估的人力资源管理专员指导。为了促进信息的管理和传播,许多企业采用计算机数据库储存候选者信息。

3. 实施高层管理评价会议

实施高层管理评价会议的目的是讨论候选者的优势和不足,以决定他们的升迁,并为他们制定发展计划。在职总裁和相关的人力资源专员常常列席会议。这些会议成功的关键在于凭借个人的潜力,而不是个人关系决定结果。因此,营造公开的气氛十分重要。为了保证这个过程的公正性,内部检查和平衡机制也是十分必要的。例如,参加会议的高层管理人员之间的意见一致性,而不是在职总裁的推荐。决定提拔及制定候选人的职业计划,根据搜集到的信息,人力资源部门职员也可质询在职总裁对于某个特定候选人的偏好,从而保证过程的公正性。

4. 提供反馈和实施计划

企业逐渐意识到了对候选者提供反馈的重要性,因为这有利于企业的继任计划与候选者职业期望相适应。一旦候选者进入计划,他就会被提供系统的在职任务和外部培训机会。

5. 度量发展进度

候选人应由高级经理根据其职业进程和完成情况给予仔细评估。有关数据应定期更新,同时候选人的提拔和发展计划也应随之不断修正。

管理人才继任开发策略与政策建议

1. 策略建议

企业有必要根据战略目标,在三个层面实施管理人才的继任与开发策略:

第一个是企业制度与文化氛围层面。企业决策层及经营管理层应加强企业内部人才市场建设、实施多元化的职业发展规划与管理、规范管理继任人才培育流程建设等,在企业内部形成一种积极进取、努力成才的利益导向机制和规范渠道。

第二个是管理团队层面。组建特殊的学习团队,结合管理实际,开展定期研讨,形成传帮带、上带下的责任机制。

第三个是管理继任人才层面。分析提炼企业内成功管理人才的素质特点、标准,引导管理继任人才加强自我修炼,提高心理素质与工作技能,保持适当的心理预期,在企业内部形成一种标准导向式的自我开发机制。

2. 政策建议

政府应逐步改变过去为企业配置高级管理人才的做法,营造良好的政策环境,引导舆论,鼓励企业根据自身的情况,培养、造就优秀的管理人才。

①加强舆论引导,营造有助于管理人才成长的宏观环境。不仅要大力宣传"能者上、平者让、庸者下",而且要结合舆论的力量在企业努力实践"能力主义",将薪酬分配、职位升迁等与任职者的能力、知识、技能及突出的业绩挂钩。真正让所有企业,特别是国有企业的管理人才的继任与开发走上规范化的制度轨道,让每个人才的努力能得到相应的回报。

②根据需要,制定、修改相关政策。在相关的法规中应明确规定:第一,培养、开发管理继任人才是高一级职位任职者的责任和义务,并在其工作业绩中予以考评和奖惩;第二,用于培育开发管理继任人才的开支可以减免相应的税收;第三,管理继任候选人有权利参加公司的有关高层次决策会议。

③制定经营管理人才标准。国家人事部门应联合相关学术机构,研究制定不同行业、规模、性质、发展阶段企业管理继任人才的任职特征、业绩表现与标准,以及这方面与企业战略目标实现等方面的标准,并指导企业实践,便于企业选拔、培育、激励和约束符合任职资格标准的经营管理人才。

④改革教育体制。国家在条件成熟的情况下,可以成立诸如CEO等高级管理人才培训学院,或者鼓励国家内绩优企业联合成立高级管理人才培训中心等。在培训内容方面,除了先进管理知识、观念的教育外,还应加强心理素质、个性品质、团结合作、人才协调、领导技巧等方面的修炼。在教育形式上,应加强情景演练、案例研究、人际互动、野外训练等的实践。

⑤健全经营管理人才市场。目前,高级经营管理人才市场呈现出行业与行业之间、地区与地区之间相互封闭现状,不便于人才流动和职业经理人队伍形成,经常出现人才找不到合适的职位,企业得不到所需要的人才。因此,国家有必要借助网络技术,建立全国性共享的高级人才库,定期发布人才供应与需求信息,以及不同行业、职位、地区的薪酬情况。这样既有利于全国性职业经理人队伍的形成、流动,也便于不同企业管理

人才的继任与开发计划的实施。

(此文原载《中外企业文化》杂志 2002 年 2 月)

搭建企业文化新平台

厉以宁

公平来自于大家的认同

在企业文化建设方面,创建企业风格、企业名牌,最主要的是培育职工的认同感。只有职工认同,企业才会有凝聚力,竞争力才会增强。这首先要对公平的涵义有一个全面的理解。人们对公平的认识通常有三种说法。其一,平均分配是公平;其二,机会均等是公平;其三,收入分配合理差距是公平。第一种说法只能在特定的环境下才能成立。比如一个城市缺水时,向市民供水都是同一标准份额。第二种说法必须体现大家都站在同一起跑线上,但有它的局限。第三种说法难以确定合理差距。除以上三种说法之外,第四种应为:公平来自于认同。不论在什么情况下,大家看法一致、认同一致,就能体现公平。

自律是道德力量的调节

在市场经济的情况下,加强企业文化建设显得尤为重要。一讲市场经济,人们马上联想到的是市场调节和政府调节。市场调节是靠市场无形的手在起作用,政府调节是靠政府有形的手在起作用。然而,在市场、政府调节没有出现之前的那段漫长的岁月,人类是如何发展起来的?靠的是道德力量在起作用。道德力量调节是介于有形之手和无形之手之间的,道是有形却无形,道是无形却有形。因此,企业要用道德力量调节,提升职工的思想境界,净化职工的心灵。自律是道德力量的调节,企业里的每一个人都要自律,要自我约束和自我激励。有了道德力量的调节,市场调节将会更正常,政府调节将会更有力。

知识是有保鲜期的

企业文化建设的一个重要任务是要培养一批企业家。何谓企业家?按经济学说的解释是:有眼光,即能发现别人不能发现的机会;有胆量,即看准了项目,不是议而不决,而是果断拍板;有组织能力,即会把各种生产要素组合到一起,而产生高效率。这三个方面何以取得?要学习,要树立终身学习的观念。学习是要付出成本的,但学习所获取的收益一定比付出的成本要大得多。知识像牛奶、水果一样是有保鲜期的,保鲜期一过,知识就落后了。尤其在知识经济时代,新知识不断产生、不断变更。只有不断学习、更新知识,企业家才能名副其实,免遭淘汰。

有序的管理在于分工明确

企业文化的一个深刻内涵是分工明确、各司其职。管理是企业发展的基础,有序的管理在于分工明确。就现实中的情况来看,在一些企业里,职责不清、分工不明的现象时有发生。有些人该管哪些、不该管哪些,或怎么去管弄不清。也有一些人事无巨细,什么都管,结果什么都管不好。企业高层管理人员要注重把握大局,中层管理人员要注重把握鼓动和教授,基层要抓好目标的推进和落实。分工明确,责任到人,必须到位,不能错位、越位。应明确哪个环节出差错,哪个管理层次的人必须负责,一级落实一级,一级对一级负责。只有有序管理,分工明确,各司其职,企业才有合力,才能办好。

顺应客观规律

企业文化建设中一个重要的内容,是引导企业如何顺应客观规律,顺应客观规律是办好企业的基础。我国入世后,相当一部分人认为我国企业许多产品在国际市场上具有竞争力,理由是我国劳动力成本低,这种说法站不住脚。劳动力应涵盖两种类型,一种是一般劳动力,另一种是高素质劳动力。一般劳动力,产生一般效率;高素质劳动力,产生高效率。过去由于体制和机制上的原因,具有高素质劳动力的劳动者,没有得到应有的报酬,这就是没有顺应客观规律。如今,外资企业、合资企业为了挖掘国有企业人才,采取各种手段竞相高聘,这对高素质劳动力来说有了选择的空间。针对这种客观现象,国有企业也要想一想办法,企业高层管理应尊重和顺应客观规律,统筹考虑如何留住人才、吸引人才。

(此文摘自 2002 年 2 月 21 日《经济日报》)

儒家文化与华人管理范式

唐任伍

一、儒家文化并非一种宗教

1. 宗教作为一种文化影响着管理模式和经济发展

自然地理在经济发展中的重要作用,已经为经济发展的具体事实所证明。不过,地缘的作用固然重要,同样地缘国家的经济发展却有着完全不同的后果,其经济发展速度和序列也完全不同。因此在地缘规律以外,还应当有别的规律性的东西在起作用。其中文化就是一个重要的因素。这一点,已经为人类的经济历史所证明,并且正在为实现经济所证明。例如,同为欧洲国家,其经济发展的速度和序列并不相同。大体说来,西欧发展较快,东欧发展较慢。东西欧经济发展的这种不同,并不是按地球的经度划分的,也不是按种族渊源划分的,而是按作为文化的宗教流派来划分的。西欧经济发达地区中的国家,大体上属于基督教占主导地位的国家,如英、法、德、意、荷兰、瑞士、北欧五国等。而发展速度较慢的中、东欧国家,则大体上是信奉东正教的国家。

宗教的分布是和世俗的历史演变不能截然分开的,但是宗教信仰作为一种长期形成的文化传统,对人们观念的形成和经济的发展取向又具有很大的推动或制约作用。在世界经济发展的总体分布图上,相同宗教信仰区域的国家,其经济发展水准往往处于同一级次上,而具有不同宗教文化传统的国家之间,则出现一条明显的经济分割线,此一端经济发达,彼一端日子艰难。而从宗教信仰本身来说,均无贵贱之分,但它对人的观念的影响,却是渗透到信仰者的灵魂之中去的。宗教带来的观念的不同,深深地影响着社会人群对经济生活的看法,这样就使得不同宗教信仰的地区,其经济发展的模式和速度不尽相同。

2. 儒家文化并不是严格意义上的宗教

儒家文化被一些学者称为"儒教",似乎儒家文化是一种宗教。实际上,中国的儒家文化传统,虽然强调等级观念,但宗教意识薄弱,态度宽容。在处理宗教信仰方面,中国文化取得了成功。世界上主要的宗教信仰,中国无其不有,佛教、基督教、伊斯兰教以及中国土生土长的道教,佛学东来以后在中国土地上诞生的禅宗,加上其他种种教派,宗教信仰百花齐放,但中国文化都能宽容对待它。中国儒家文化的这个传统,使古代中国从来没有成为政教合一的国家,从而产生了巨大的凝聚力,为受这种文化熏陶地区的经济发展准备了一个良好的条件。长期以来,中国并没有因宗教信仰原因而出现冲突和混乱,华人也很少因为宗教信仰而产生民族矛盾与纠纷。儒家文化的亲和礼让、态度宽容的风格,对于华人经济的发展,有着重要的帮助。

儒学作为一种文化,本身并不具备宗教性,它是入世的、不排外的。我们不能想像政府当局以及大众媒体可以公然鼓吹一种宗教教义而不引起严重后果。正如学者许倬云先生所说:"儒家具宗教情操,但不具有宗教独占性,它本身是开放的哲学,没有排他性。"但是,它在中国文化传统中的地位,却与各大宗教教义精神有相通之处,产生了宗教的作用,带有了宗教性的含义。儒学为入世,宗教则为出世,两者之间没有什么矛盾。

3. 儒家文化在未来的发展中具有自己的位置

任何一种文化传统都可以在未来的经济发展中找到自己的位置。伟大的文化传统是不会灭亡的,它会随着社会的发展,形成不同的经济管理和发展模式。当今世界有很多种市场经济模式,如新教资本主义模式、日本资本主义模式、儒家资本主义模式、基督教资本主义模式,或者其他文化传统下的市场经济模式等。经过100多年的洗礼与再生过程,儒家文化终于在世界经济发展中找到了一个合理的位置。儒家文化作为一种传统,在它的传播范围内,具有规范社会风俗、联通经济发展、促进相互关系、加深彼此信任的作用,并形成一个以儒家文化为纽带的发展圈,即儒家文化圈。这个文化圈包括了有13亿人口的中国大陆、台湾、香港、澳门外,还包括有浓厚儒家文化传统的新加坡、日本、韩国、越南等国家,再加上散布于东南亚及世界各国的华人华侨经济,共同组成了一个庞大的儒家文化经济圈。世界上最大的经济文化区域就是"汉字文明覆盖区"的儒家文化经济圈,世界上最强大的经济、文化动力也源自汉字文明圈。在当今世界经济发展中,儒家文化圈占有了举足轻重的地位,成为世界文明发展的火车头和21世纪世界经济最有活力和潜力的区域化经济体。

二、儒家文化支撑华人经济发展

1. 儒家文化构筑"五缘"社会网络管理模式

每一种文化都有自己由适应环境而产生的基本特征,即美国人类学家斯图尔特所称的文化核心。中华文化实际上是以儒家学说为主流的文化。它由于产生的环境和历史条件的特殊而具有自己独特的特点。如果将中华文化与西方文化加以比较的话,就会发现,二者的本位和价值取向迥然相异:西欧文化以个体为本位,奉行的是个人主义,强调的是人权、人格、独立和自由,人际关系主要靠契约来维持,所以有人称西方社会是"契约社会";而中华文化以群体为本位,以家为中心,强调的是家、族、宗、国,人际关系重伦理,重亲情,所以有人说中国社会是"伦理社会"。

在中国历史上长期占主体地位的儒家文化,在结构上最大的特点便是伦理中心主义。这种以伦理为中心的文化构架,以家庭为中心,由小而大,由近而远,由亲而疏,延伸扩展,形成社会网络。有学者将这种网络概括为"五缘",即亲缘、地缘、神缘、业缘和物缘。所谓亲缘,就是宗教宗亲关系包括血亲和姻亲,有父族、母族和妻族,就是儒家经典《中庸》上说的"父子也,夫妇也,昆弟也"。由于中国社会长期以来形成了以父系为基础的结构,所以便形成了以姓氏为标志结合起来的同父共祖的人群,其组织就是家庭、宗祠、宗亲会等。所谓地缘,就是邻里乡党关系,古之乡遂遗规有所谓比、闾、族党、州、乡、邻、里、鄙、县、遂等。现代则是以籍贯认同的小同乡和大同乡,其常见的组织形式便是各种同乡会馆,"美不美,家乡水;亲不亲,故乡人",就是这种地缘观念的产物。所谓神缘,就是以共同的宗教信仰和共奉之神祇为标帜进行结合的人群,其组织形式就是神社、教会等。所谓业缘,就是以同业和同学而结合的人群,如各种商会、同业公会、行业协会、学会、研究会等等。所谓物缘,则是以物为媒介而发生关系并集合起来的人群,如以某种名优特产组成的行会、研究会之类的组织。"五缘"关系相互联系,相互依存。海外华人基于共同的利益关系,发扬物以类聚、人以群分的精神,联络感情,守望相助,互通音信,形成了以五缘网络为基础的华人社会的坚强基石。

2. 儒家文化和谐社会秩序

以伦理为中心,以"五缘"为形式的中华文化,其突出的功能就是能起和谐安定社会秩序的作用。中华文化发源于黄河流域,这一地区纬度较高,气候寒冷,河水经常泛滥,加之北方游牧民族经常骚扰和侵入,因而需要对付恶劣的自然环境和社会各种生活的挑战。这种背景使得中华文化具有重人文、重伦理的特点,因为在严酷的自然和社会环境面前,惟有依靠自身的团结与互助,才有力量战胜来自各方面的挑战。在自然和社会的各种挑战面前,弱者必败,强者必胜,这是自然界和人类社会的生存竞争规律。而最亲近的莫过于自己的家庭和亲属。在中国历史上,每当社会动乱之际,人们为了求生存,或聚族筑坞堡以自卫,或举家举族而迁徙。到了近代,中国人民,特别是沿海一带的人民,因不堪帝国主义、封建主义的压迫,纷纷向海外移民以寻求谋生之路。他们依宗族乡土关系的互助牵引,一人带一人去,一家带一家去。由于中国社会组织的本位是家庭,家庭又以父族为主,所以移民背景带有很强的家族性、地域性,“父兄向海外走,家庭亦随之而向海外走。父传子,子传孙。亦可以说:父引子,子引孙,形成一条亲族移民的走廊”。家庭向外走的结果,是家庭世界化。家庭世界化仍然受到中国传统文化的约束,生活资源外求于世界,生活精神内向于中国,因此在华人居住的国家中有“唐人街”。福建闽清人黄乃裳(1848～1924)早年同外国传教士交往甚密,深受西方文化影响,后参加戊戌变法被通缉,逃亡南洋沙捞越诗巫地方,租垦土地,招募闽人 1072 人,费时 5 年,垦辟成功,并将诗巫命名为“新福州”,获得当地政府承认,1925 年该地福州人估计达 8000 人,目前该地福州人达 10 万人以上,成为“华侨精神的典型”。

3. 儒家文化支撑华人社会发展

以伦理为中心、以家庭为基础的中华传统文化熏陶出来的华人,一家带一家移居海外,一家生一家又落地生根。家是经济载体又是文化载体,联点为线,集线成面,由亲缘扩展成不分姓氏的地缘,再扩大为不分姓氏、地域、信仰的华族认同与回归,于是形成了遍及五大洲的星星点点华人社会。由于过去华人在侨居国没有多少地位,上顶异国的天,下立异国的地,在西方殖民主义者的种族歧视下得不到祖国的援助,惟一可以依靠的是自己的双手和“天涯同命鸟”的团结互助,所以形成了以崇尚“义统”为核心的“隆帮”精神,以亲缘、地缘为基础,兼及神缘、业缘、物缘结成各种形式的团体,守望相助,所谓“闭门一家亲,开门天下亲”,由宗亲会到同乡会到中华会馆,一层一层地扩大,构成了海外华人的有机整体。

海外华人在 20 世纪 50 年代是最穷的,但是,依靠儒家文化特有的魅力的支撑,经过他们艰苦的努力,在时代进入 21 世纪的时候,华人的生活水平比包括他们所在国主要民族在内的其他任何民族都高。以英国的华人为例,华人男子平均每周收入 368 英镑,而白人男子平均每周收入只有 331 英镑;华人当中只有 9%的人失业,而白人则有 15%的人失业;华人接受高等教育率远远高于白人社会。在英国的华人可能不到 20 万,约占英国总人口的 0.3%,但是他们的境况不断好转,这是全世界华人境况的真实写照。在加州的硅谷,信息革命中最富有进取精神的核心——约 1/3 的工程师是亚裔美国人,华人是其中人数最多的群体。

三、儒家文化对现代管理的功能

1. 儒家文化砥砺现代管理理念

现代化的管理模式很多,有西方模式、欧美模式,也有东亚模式、南亚模式、南美模式等。各自的文化传统在其现代化管理中扮演着极其重要的角色。中国的现代化管理应该有中国自己的特色,而儒家思想完全可以成为中国企业管理的一种文化资源。

以信息技术为代表的现代科学技术的发展,成为 21 世纪竞争的根本力量。但是,科学家们惊奇地发现,现代科学却又表现出与中国古代科学的某种相似性。人们比较相对论、量子力学的结论与古代中国哲学,发现二者在时空观、本体论、宇宙起源、主客观关系等一系列问题上相似。① 中国传统科学对于现代科学的发展,对于人类新的科学革命,“从来没有像今天这样富有生命力”。②

民族文化传统是民族精神的灵魂,是延续民族生命的源头活水。中国的儒家文化传统是中华民族内在精神的积聚力。

虽然儒家伦理与以竞争为其核心的资本主义不相适应,但对于资本主义之后的丰裕社会的调节,对于 21 世纪现代化的建设事业,将发挥极其重要的作用。在 21 世纪的社会中发扬儒家文化精神,既不与政治意识形态领域中马克思列宁主义的指导作用相矛盾,又能与经济发展相并行。具体地说,儒家文化在 21 世纪中的作用,主要表现在下列几个方面:

①造就具有社会责任心的新一代知识分子。21 世纪是知识经济、信息经济时代,知识和信息成为最重要的资源。作为知识和信息资源主体的知识分子,其状态、境界和德性如何,直接关系到 21 世纪社会的稳定和发展。儒家文化的“着重点是生命与道性,它的出发点或进路是敬天爱民的道德实践,是践仁成圣的道德实践”。③

儒家思想在理论层面上表现为一种以伦理为支撑点的民族文化精神。这种精神在知识分子中影响最大,它表现为我国知识分子所具有的一种以天下为己任的强烈的社会责任感。所谓“先天下之忧而忧,后天下之乐而乐”及“为续天地立心,为生民立命,为前圣继绝学,为万世开太平”,都是这种精神的真实写照。21 世纪的中国,要在世界上成为一个有影响、有竞争力的国家,不但需要一代具有开拓意识的知识分子,而且需要他们具有强烈的社会责任感,既能参与经济运行,又不惟利是图,具有崇高的社会风范。儒家思想和伦理对于现代知识分子的现代意识的建立,具有某种补充作用。

②注入企业文化,培养群体意识。在 21 世纪的现代化建设中,企业作为一个独立的法人主体,不但承担着经济发展的主要责任,而且在社会生活中发挥着重大的作用。企业内部有自己的群体意识、工作伦理。儒家思想作为一种伦理规范进入企业,经过调整与现代经济运行机制相协调,可以在培养企业的群体意识上发挥重要作用,使得企业内部人人都能恪尽职守,人人具有主人翁思想和意识,从而造成企业内部的和谐风气和团队精神。

③提倡世俗伦理,调整社会风气。儒家伦理除了理论层面,更大量地表现为在群众生活中潜移默化地发挥作用的世俗伦理。这种世俗伦理首先表现为一种积极的生活态度,同时也表现为在各种社会伦理关系中的行为规范,如家庭生活中的父母子女关系、夫妻关系、婆媳关系,又如社会生活中的国家与集体、上级与下级,以及朋友、战友、同学、邻里等关系。尤其是在 21 世纪,竞争异常激烈,经济的发展、社会的进步与人的需要之间的矛盾相对来说显得很激烈,在这种情况下,通过提倡传统的伦理精神,和谐人际关系,造成良好的社会风尚,对于形成有理性的社会秩序具有很大作用。

④和谐人际关系,舒展紧张氛围。21 世纪国与国、公司与

---

① [美]F·卡普拉:《现代物理学与东方神秘主义》,四川人民出版社 1984 年版。

② [英]李约瑟:《李约瑟文集》第 217 页、314 页,辽宁科技出版社 1986 年版。

③ 牟宗三:《中国哲学的特质》,台湾学生书店 1980 年版。

公司、人与人之间的竞争将日趋激烈,生存空间更趋狭小,国与国、企业与企业、人与人之间的矛盾将更加尖锐。为了争夺生存空间,种种不可预测的事件都有可能出现。因此,在这样一个社会环境下,需要一种文化,来缓解一下"竞争"的压力,消磨掉一些"竞争"的锋芒,舒展紧张有余、轻松不足的社会氛围,使由竞争带来的紧张人际关系得到和谐。由此化解国与国、公司与公司、人与人之间的矛盾和冲突,化解种族冲突、部落矛盾、宗教积怨、领土纠纷、政治争论等各种引发灾难的问题,把战争的因素化解在萌芽状态,从而消除带给人类社会重大灾难的战争。从这个意义上来说,儒家文化对于新世纪的社会正常发展,是有巨大意义的。

2. 儒家文化化解现代管理危机

现代管理是有意识、有组织、有目标的规范和约束行为。但管理除了特定的目标,如企业增加收益、占领市场等外,还有一般性的目标,这就是建立社会秩序、发展文化的创造力和促进个人的自我价值实现等。如何将管理的特定目标和一般目标有机地结合起来,将管理哲学与管理科学及管理技术相互结合运用,是整个世界管理研究中的一个重大问题。

发达的西方管理对管理科学和管理技术的研究已经达到了一个很高的程度,但由于缺乏一个对深化管理目标和方法的管理哲学向度的确切认知,以致于管理中出现了许多的危机。这些危机主要包括:

①兼并化危机。为了垄断市场,垄断资源,扩充小单位、小团体的利益及财富,不顾公平和平衡发展的原则,仰仗财大气粗的实力和金钱;不管对方愿意不愿意,大吃小,强吃弱,快吃慢,肥吃瘦,进行恶性及强行兼并。

②机械化危机。所谓的科学管理导致人事和人力资源运用的机械化。工作成为对人自身的一种折磨,造成工作者心理闭塞和不稳定,精神上压抑和苦恼。对整个社会来说,也因此形成人才的退化和浪费。

③社会性危机。由于管理过多地向追求物质财富的方向倾斜,使得这个社会成为一种被物质财富主宰的世界,从而造成社会公平这个天平的失衡,产生出一系列的社会危机。譬如说人伦、亲情、爱意的淡化,人性、善良、真挚趋势的蜕变,贫富两极的分化,毒品、犯罪、疾病的蔓延。

④呆滞化危机。由于企业越来越大,公司越来越臃肿,变得庞大分散,无法灵活应对社会需求变迁,也无法充分吸收利用新科技,造成了一方面社会科技高度发展,另一方面则有大量的科技成果沉淀、闲置、浪费。现代西方的管理,应当说,在物质的层面上是成功的,但在人文精神层面上却并不怎么成功。主导西方管理的因素主要是:专业知识和技术,组织与推销能力,功利性的企业目标。这三个因素促进了西方经济的发展,但同时也限制了经济的更大发展和社会的进步。对这三个要素的片面重视,导致了对人性全面价值需求和人性一般潜力的忽视。

相对于西方理性的管理精神,中国儒家文化中蕴含的以开拓人文和实现人性为重要内容的个人管理、社会管理和国家管理的人文精神,自成一套卓然独立的人性主义的管理体系。这种体系,着眼于精神层面的内容,注重人性的舒展和精神的内涵,强调长期的社会公利而非短期私利,因此,它是一种人文理性而非工具理性。儒家管理哲学强调的主导因素是:顺应人性的自然关系和人际关系的建立和调和;强调恒常的学习、反省,注重自内而外的内化作用以实现目标的精神;重视身体力行和实践表率作用,注重互助、互信和忠诚的责任和德性的道德理念;追求心灵安和、愉悦、舒展和生生不息,锲而不舍的意志。

儒家文化蕴含的管理精神代表了一种对人性普遍潜能的自觉,并代表了对人性包含的层级性的普遍目标价值(个人、家庭、社会、国家、世界、宇宙)的认知,再由此自觉的认知发展出行为规范、制度规范、组织规范以作为追求及达到目标的方法。儒家文化的中心理念和价值观,投射到现代管理功能、管理目标和管理方法的架构上,就能够凸现出发挥人性、开拓人力的管理特色,就能够弥补西方管理的弱点和不足,通过人的自内而外的潜能和主观能动性的发挥,实现人生价值和社会价值,同时实现管理目标。儒家文化中的这种人本主义管理哲学,不是以促进和改良科学管理为终极目标的,而是以改善社会的运转机能,提高人的生存价值,以促进人性社会的实现为主要目的的。儒家文化的价值,应当说主要还在其崇高的人生和社会目标,而不是其经济价值。如果将儒家文化运用到管理的社会目标上去,其产生的价值和效益将更大。在社会生产力高度发达、物质财富极大丰裕的21世纪,儒家文化的真正意义将会充分凸现。

(此文摘自《改革》杂志2002年第6期)

谈世贸背景下的冶金企业文化建设

孙国芝

加入世贸组织,使我国的对外开放进入新阶段,企业的竞争开始走向国际化。如何通过企业文化建设提升企业核心竞争力,进而促进企业的持续发展,是冶金企业面临的紧迫问题。为此,冶金企业文化建设需要在总结以往经验的基础上,以世贸背景下的思维拓展视角,来迎接新的挑战。

从精神层面到软管理层面,是企业文化建设深入发展的表现。但只有当其作为企业发展战略的重要组成部分时,才意味着一种成熟

冶金行业的企业文化建设始于20世纪80年代末期。那时处于启蒙阶段,开展了一些学习性质的研讨,少数企业从精神文明角度切入,组织了一些文化活动,但总体来说影响力不大。

从"八五"中期起,原冶金部党组提出了"以塑造企业形象为重点,加强冶金企业文化建设"的工作部署,企业文化建设形成了一个高潮。但进入"九五"期间,由于冶金行业进行大规模结构调整,很多企业忙于扭亏脱困,冶金企业文化建设进入了一个相对沉寂的时期。

相对沉寂,同时意味着一种底蕴的积淀。大致讲,这一时期多数冶金企业的企业文化建设仍处于知识普及阶段。在企

业扭亏脱困过程中，企业领导人主要关注政府政策措施，没有认识到企业文化建设的意义。当然也有的企业文化建设水平有所提升，如从精神文明层面提升到软管理层面。但因企业作为市场运作的微观主体尚未到位，个性特点没有形成，导致企业精神的表述雷同化，企业文化建设实践活动也缺乏系统性。

这一时期，少数企业的企业文化建设实现了与现代企业制度同步发展，表现为企业文化建设由总结提炼为主进入了超前谋划和系统设计的新阶段，实现了内在价值观与外在形象力的一致性，并注意研究和吸收国内外先进的管理理念和管理文化。之所以能如此，是因其主要领导人善于从企业价值观和理念层面思考企业文化，并将之作为企业发展战略的重要组成部分。

从“改革推动开放”到“开放推动改革”，加入世贸组织将对企业文化建设产生深刻影响

加入世贸组织后，我国从“改革推动开放”转变到“开放推动改革”，经济体制的改革将在世贸规则的大背景下进行，国企的改革和经营机制的转换受到了与国际接轨的外力推动，这些都将对企业文化建设产生深刻影响：

——政府职能的转变，促使企业彻底丢掉依赖思想，转而关注企业文化建设。它意味着企业在市场竞争中不能再指望政府提供的政策性支持，而必须靠自己炼好内功，这样才有可能将企业文化建设纳入本企业发展战略，作出全面安排。

——市场竞争压力的增大，促使企业产生加强企业文化建设的紧迫感。各企业在加快企业制度改革和结构调整的同时，都强烈意识到，需要通过树立全员共有的企业价值观来凝聚人心、开发人力资源、增强企业的竞争力。

——经济体制改革中市场化进程的加快，促使企业开始形成“自己的”经营理念。目前一个最大的变化就是一些企业的主要领导人开始改变对于企业现状与目标的简单满足，转而对企业在经济全球化背景下的生存和发展问题作战略思考，企业发展开始出现个性化倾向，为企业精神的提炼奠定了物质基础。

——企业管理水平的提高，促使文化管理提上日程。而对外开放程度的提高，又使企业有更多的机会学习到国外的先进经营管理经验，企业文化建设也由此增添了新的活力。

注重解决观念层面的问题，注重提高企业主要经营者的文化自觉，才能形成有生命力的企业文化

当前，冶金企业文化建设中需要注意解决好以下问题：

其一，企业文化建设的过程，应该是发现自身问题、解决自身问题的过程。当前在经济体制转轨和企业经营机制转换过程中，员工观念滞后已成为改革深化的主要制约因素。“大锅饭”观念已形成思维定势，国企分配制度仍缺乏有效激励，不合理的薪酬制度正在造成人才的大量流失。而观念问题，同时使国企的减员增效成为最大的难题。如果没有广大员工价值理念上的认同，改革就难以推进，发展就无法实现。因此，如何通过企业文化建设来调整员工的理想观念，使员工接受“效率优先、兼顾公平”等价值观念，就显得格外重要。另外，针对国际社会关注的我国公信力问题，如何通过企业文化建设重塑信用环境，也是急需解决的问题。

其二，推进企业文化建设，当前的关键问题，在于提高企业主要领导人的文化自觉。其实，每个企业都蕴涵着自己的企业文化，但文化力的发挥在不同的企业却大相径庭，重要原因在于企业主要领导人的文化自觉有差异。至今还存在把企业文化当作“花瓶”、“添加剂”，认为是做给别人看的，没有政策措施和制度规范抓起来得力等认识误区。事实上，我国加入世贸组织后，企业面临的市场竞争形势正在发生变化。今后企业无论是凝聚人才、整合实力还是打品牌战略、推进客户关系管理，靠的都是企业文化的功能和魅力。因此，一个成熟的企业家，必须是企业文化的第一设计者、第一宣传者、第一身体力行者。

其三，现在还有一种比较普遍的现象，即企业文化的策划和企业精神的提炼。只靠少数人“闭门造车”或全部抛给专业公司，这是不行的。因为，广大员工是企业文化建设的主体，企业文化的策划，必须实行企业主要领导、员工和专家三结合。一个成功的企业文化建设案例，最珍贵的就是全体员工的价值共识。如果员工不认同，再好的方案也只能束之高阁。

（此文选自《改革》杂志 2002 年第 6 期）

中国企业文化发展趋势

李万来

进入 21 世纪新经济时代，每个企业在经济全球化、网络数字化的潮流面前，都面临新的更加严峻的挑战，特别是加入 WTO 以后，这种挑战，已不仅仅是经济上的挑战、技术上的挑战，还包括管理上的挑战、文化上的挑战。

认真分析、研究企业文化在这种环境下的发展趋势，使企业家有清晰的思路，使我们的企业健康发展，对尽快融入全球化进程之中具有重要意义。

中国企业文化理论的研究和实践，已经历了 20 多个年头，初步形成了一个中国特色社会主义企业文化体系，那么，在新形势下，中国企业文化发展的趋势包括那些内容呢？笔者的观点和看法是：

1. 由于高新技术产业的发展，白领阶层队伍的日渐扩大，以联想、方正、清华同方、复华海尔、海信、三联、TCL 以及金融、电信等为代表的高新技术企业和企业文化已呈现出蓬勃发展的态势，这些企业不仅有高新科技，还有先进的企业文化理念，靠差别制胜的具有个性魅力的优秀企业文化更显示出咄咄逼人的竞争优势。与此同时，一些民营企业如同异军突起，从企业长期发展需要出发，创造了自己独具一格的民营企业文化。

2. 企业文化是企业家文化，这已成为越来越多各界人士的共识，人们已基本走出把企业文化仅仅看作是文化、娱乐、思想政治工作或精神文明的误区。企业家是一种人格化的企业家，之所以说企业文化是企业家文化，是因为体现在文化上，企业家往往具有一种人格的力量。企业家开始成为真正意义上

的现代文明领导，在企业文化建设中的地位越来越突出，企业文化理论作为一门新兴的管理科学，将会更多地、更广泛地、更深入地得到运用和发挥。企业家不仅倡导先进的企业文化、提出先进的企业理念，而且身临其境，以自己的人格力量来实践企业文化、影响企业文化，他们提出塑造“百年企业”，使企业家自身价值追求和思想境界凸现出来，中国企业的短期行为现象将很快走到尽头。而且许多企业家从单纯追求利润到服务社会，以一系列先进的经营理念，在影响自己的员工。

3. 企业国际化、人才本地化，将进一步导致人才竞争的白炽化，人才向民营企业、外资企业流动的趋势将会形成，这就使更多企业家去营造一个“以人为本”、“留住人才、留住客户”的企业文化氛围。这种企业文化的显著特征是，它在真正意义上认识到“企业即人”，人才是企业最宝贵的资源的道理，企业家必须营造一种有凝聚力、有团队精神、视企业为家的文化氛围，这样的企业才更富有战斗力，才能做大、做强、做久，长盛不衰。

4. 受计划经济体制影响较深，且带有垄断性质的行业，开始预感竞争的危机，开始认识到必须挺起胸来走向市场，去迎接挑战，同时，更认识到要在竞争中取胜、生存、发展，就必须增强自身的战斗力，这时，它们必然把营造优秀企业文化作为一项重要工作内容和目标。这类行业，目前主要包括银行、保险、电信、邮政、供电、发电、研究所、医院、市政服务等等。

5. 塑造品牌，提高企业文化竞争力，已成为一个企业制胜的法宝。谈到企业的推动力，许多同志一直认为主要是政治力和经济力。今天，人们普遍认识到，经济全球化必然带来经济文化一体化，品牌已无国界，现代商品中文化含量、文化的附加值越来越大。人们生活中“认牌消费”的观念日益普及深入。只有优良品质而无响亮品牌的产品，在市场上有可能卖不畅、卖不掉。品牌的面值不仅体现在某一种产品上、服务上，还体现在某个组织，如某个银行、某个保险公司、某个旅游公司、某个医院、某个研究所等等这些经济组织实体上；同时，也可体现在某一个人物的身上。具有较高美誉度的品牌，才能称之为名牌，它总是代表一种文化，如果是一个企业、一种商品，它总是靠一种优秀的企业来支撑的。企业追求名牌，必然首先着力于培育一种优秀的企业文化氛围，而这种优秀的企业文化，又是靠先进的企业理念、共同信奉的价值观，经过长期灌输、磨合、认同而形成的。

人类经济已经经历自然经济→产品经济→商品经济→市场经济→品牌经济这样一个过程，必然要带来管理科学的革命，使管理科学由最初的传统管理(经验管理)演变到科学管理(行为科学)，继而发展到现代化管理，今天，又向文化管理(价值管理)方面演变。这是历史的必然，作为一名企业家，对这种大趋势应该有一个基本的认识。

6. 随着经济全球化、规模化步伐的加快，文化可能成为一种力量，同时，也可能成为一种障碍。现实社会已出现一种地区和企业跨文化管理交汇、碰撞现象，随着外资大量涌入，西方文化和东方文化将会不断交汇、碰撞、磨合。而国内企业重组、企业兼同、收购，又会引发两个以上不同质的企业文化交汇，重组、兼并的往往不仅仅是有形资产，还会引发一系列文化上的矛盾和对抗，需要企业家认真对待，妥善化解。优质企业文化最终要取代劣质的企业文化，这中间要求企业家作出决策，去做大量工作。文化重组能否成功与能否形成共同信奉的先进的价值观，这不仅要看企业领导的决心，还要看员工思想的转变。只有让每位员工认同，并且在他们身上有所体现，才算完成文化重组。近年来，中外合资企业和国内企业兼并、重组后因为忽视文化差异导致严重冲突而失败的案例也不在少数。随着改革开放的深入发展，中外文化交流越来越密切，使企业家越来越重视文化的整合和跨文化管理，这必将成为企业文化发展的一个大趋势。

7、中国企业文化实践不仅是由表层深入到核心层，在整体企业文化上进行构进，而且随着企业发展的需要，已经开始拓展到各种专业、各项具体工作中去，如从专业上分，已经初步形成金融企业文化、商业文化、医院文化、电信文化……从企业经营范围和内部具体工作内容来分，已初步形成经营文化、管理文化、服务文化、品牌文化、规范文化等。企业文化的操作将会多样化、多元化。一些学者开始寻找自己的课题，进行深入的理论研究，这些研究成果将会引导未来企业文化的创新构建，也将成为一种趋势。

8. 企业文化成为企业一种核心竞争力，将逐步形成一个大趋势。

企业文化，不仅可以对内增强企业合力，对外增强竞争力，而且可以使企业不断创新，常葆青春。优秀的企业文化始终体现在企业的活力上、创新上。当今世界，企业长期战略的关键在于培养和发展企业的核心竞争力。我们应该看到，并非企业所有资源和能力都构成企业持续的竞争优势，只有当这些资源成为企业独一无二的，没有被竞争对手所拥有，其他企业又不可模仿、难以替代时，才能形成核心竞争力。从国内外无数百年以上的优秀企业案例中，你会惊奇地发现，这些企业中最具竞争力而使企业常胜不衰的法宝，不是有形资源，不是技术，而是那种具有较强竞争力的企业文化。企业用心创造这种“自创性”资源，使企业文化越来越个性化，将会成为一种必然趋势。

9. 构建学习型企业文化的组织，将成为更多企业追求组织文化的建设目标。

由于新经济时代的最大特点是知识经济，企业和商品是最新知识、最新科技的载体，而一切竞争归根到底是人的竞争，而人的竞争又反映在智商上、知识上，加之中国加入WTO后，面临的竞争对手，大都是专业企业家，可谓是竞技场上的专业运动员，而我国企业家队伍较为混杂，尚有许多专业选手也可称之为业余运动员出身，这在起步线上就存在差距。何况，我们许多企业的员工队伍整体素质远不理想，企业整体功能不够优化，尚未形成一个成熟的优秀的组织文化机构，在这种环境和条件下越来越多的企业家有一种提高自己和提高全员素质的渴望，热衷于去建立一种能为自身和全员提供不断“充电”的机制，这就促使更多企业的企业文化建设向学习型组织去构建。

10. 中国特色社会主义企业文化理论日趋成熟，显示出强大的生命力。它的前进方向更加明确，其先进性更加突出。中国企业文化的理论研究和实践操作，已经走过20多个年头，已从初期的疑惑、误解、争论不休、举步不前，逐步明朗化、目标化。重要的转折因素在于两个方面：其一，是一些捷足先行的企业，由于塑造了优秀的、充满个性魅力的企业文化，已使企业在竞争中脱颖而出，成为姣姣者，用事实证明了企业文化的重要作用。其二，是由于得到党和国家领导人的支持，尤其是党的十四大、十五大报告中都强调要加强企业文化建设，大力培育企业文化、企业精神……江泽民同志提出的“三个代表”重要思想，强调“代表中国先进文化的前进方向”，现在又提出“以德治国”方略，在企业界和企业文化学者中引起强烈反响。大家通过学习后形成这种共识：在党的领导下，搞好先进的企业文化建设是企业贯彻和落实“三个代表”思想、“以德治国”方略的重要内容。由此必然引发企业文化建设新的热潮，这一热潮和过去几次热潮相比，它的波及范围之广，前进方向之明确，文化内涵之深是以往所无法相比的。可以预见，中国企业文化建设发展的大趋势将势不可挡，必将推动中国企业的更大发展。

21世纪是一个日新月异的知识经济时代，它如同飞驰的列车，又像是汹涌澎湃的潮水，既使人感受无穷的魅力和刺激，又使人感受到它的无情、冷酷与残忍。中国企业同时面临机遇和挑战、风险和希望，我们热切地希望中国的企业文化建设，成为中国企业拥抱新经济时代的助推器。

（本文选自《企业文化实践手册》，2002年7月出版）

21世纪企业战略新思维与企业发展趋势

贾春峰

面临加入WTO的新形式，面临21世纪企业竞争的日益复杂的新的局面，举办这个论坛是非常有远见的。我今天讲的题目是“21世纪企业战略新思维与企业发展趋势”。

一、21世纪全球企业发展的一个重要趋势：企业文化对企业兴衰、企业经营业绩所起的作用越来越显著、越来越大；企业竞争力将更为明显地表现在“文化力”的较量上

这是自20世纪80年代以来，也就是1980年秋美国的商业周刊在一篇报道中首先使用了公司文化这一概念以来，21年的时间中，企业发展的实践所告诉我们的。按照哈佛大学商学院专家的说法：企业文化在下一个十年内很可能成为决定企业兴衰的一个关键要素。这是他们的重要观点。应该说决定企业兴衰的因素是多方面的，而企业文化肯定是一个重要因素。1992年，我在北京的一个学术报告会上提出一个命题：“21世纪的经济格局将来很大程度上取决于文化力度的较量。”我一直用这样的观点来看待企业文化力开发的极端重要性。现在有些人在研究企业寿命问题，这确实是很值得研究的。在《经济日报》召开的一个研讨会上，我曾经说过企业文化是企业的长寿之道。我看到许多研究企业寿命的资料，国外的国内的。如《财富》提出的500强企业平均寿命40多岁吧！中国民营企业寿命平均两年多。把企业的寿命问题同企业文化联系起来，这对于企业研究是一个新的视角。事实说明，没有文化的企业肯定是短命的，而长寿企业必然有其卓越的企业文化。

二、在未来企业的发展中，企业战略将更加紧密地与企业文化融为一体

现在我们讲企业战略的常常不讲企业文化，讲企业文化的又不讲企业战略。企业文化是市场竞争的产物，也可以说是市场竞争制胜的文化管理，所以企业文化研究与建设必须关注企业外部竞争形态和内部动作方式，因为两者都在经历着重大的新变化，如协作竞争、结盟取胜，实施“双赢模式”。企业间协作竞争的势头发展很快，特别是最近一年以来，更是如此，这些合作结盟的目的大概有这样几种：有的是为了优势互补，资源共享；有的是为了弥补缺陷，分担风险；有的是为了减少交易成本；有的是为了联手角逐市场。协作竞争，实施双赢，具体内容和表现形式也多种多样。制造企业可以和供应商、经销商结盟，也可以和竞争对手结盟，实现双赢。应当说，协作结盟越来越具有战略意义。要适应这种外部竞争形态的新变化，企业就要改变那种单枪匹马式的传统的竞争心态，要培育协作竞争和双赢模式的新思维、新智慧。这是需要研究的重大课题。值得注意的是文化在企业重组结盟中的沟通作用越来越大。有资料说明，大约30%的经济合作是由于在技术、财务或战略方面出现的问题而搁浅。与之相对，大约70%的失败则是由于文化障碍方面而引起的。从企业内部运作方式来看，也正在经历着重大的新变化。比如跨国公司的外包、外购越来越明显，保留自己最关键的功能，而另外一些则包给其他公司，这样，外包部分作为合作伙伴也就变成了主体动作中的一个环节，叫做“与巨人同行”。

我称这是大资源观和大市场观。国际管理学界认为，在过去资源优势外取被认为是企业的一种劣势，但是现在资源外取却可能是智慧型企业的关键。对此我们的研究很不够。这也是一个很大的商机，特别是加入WTO后，更为重要。所以美国通用电气公司最近讲，中国企业不善于把自己的产品宽度搞大，事事都由自己做，我们重视合作和分工，积极寻找与我们产品能够配套的企业合作，那么什么样的人能合作呢？具有国际观念的人。这种势态就必然要求我们的企业文化更加富有个性、富有特色。

三、作为企业文化第一设计者、第一实践者、第一宣传者——企业家的决策力，企业家素质越来越突出，越来越重要

企业家是一个素质概念，这是一个常识问题。问题在于企业家应当具备什么样的素质。国际上专门对企业家的研究很多，我们现在宏观经济研究得也很多，可企业家的问题却研究得很少。对于企业家素质，美国、日本、欧洲还有我们国内都有研究，在我的一本书、1999年人民出版社出版的《企业力》中也专门讲了这个问题。厂长、经理是一个职务，而企业家是一个素质概念。企业家应该具备什么样的素质？美国企管协会对4000名厂长、经理进行了5年的跟踪研究，归纳了19种企业家的素质和能力，这其中就包括善于捕捉机遇、准确进行决策。

机遇具有易逝性和不可储存性，发展的机遇到来时，机遇容易消失也不可留着以后用，但机遇具有可捕捉性。企业家抓住了机遇后要进行准确的决策。所以现在有个决策力概念。决策是一种力量。我们讲企业再造工程、企业重塑工程，企业再生工程，这其中决策力的提出是非常值得重视的。企业决策力的提出，不是从某种理念出发的，而是从企业发展的实际中总结出来的。第一个材料是1955年《财富》杂志评出的工业500强，到现在有300多家已经破产、倒闭或被别的企业兼并，只剩下1/3了。第二个材料是蓝德公司的统计，1000家世界最大企业的破产、倒闭，850家是因为企业家的决策失误所造成的。重庆嘉陵集团，讲“由大变强”，这提得很好。因为大和强不是一个概念，你大了还要强，盲目地追求大可能搞好也可能搞不好。大可以是虚胖，经济效益不行，小也可以搞得小而精，决策正确可以搞得很好。在21世纪企业战略论坛上，宁海一个双林集团，生产电视机上的零件，搞得很好。我评价他们九个字“小零件、高科技、大市场”。从小零件到大市场，这就是一种发展思路。所以专业化的竞争，特色战略显然越来越重要。你搞得大要强。所以企业家的决策很重要，决策力这个概念引进我们的战略新思维很重要。前年《中国改革报》记者对我的专访《成功也可以成为失败之母》，借用了过去谢老的一句话，失败是成功之母只讲了一半，成功也可以成为失败之母。企业战略里面印证了这样一个问题。

四、企业文化的发展同企业经营活动和管理创新将紧密地结合起来

企业文化是什么？过去人们常认为是文体活动。现在还有这样认为的。我在1994年《人民日报》的文章《文化研究的新拓展》中讲到这是对企业文化的一种片面、不准确的理解。企业文体活动是企业文化的一个内容，但不是最主要内容，更不是核心内容，这个问题现在已经形成了共识。企业文化的主要内涵是什么？一直有着各种各样的看法。对于企业文化的内容我们国内外的学术界，包括企业界都没有定论，最终的解决还要靠企业实践来解决。企业文化专家要听企业实践的呼声。1999年5月8日《人民日报》发表了一篇《企业文化建设的几个热点问题》，是我同一位企业家的对话，我提到企业文化是一种微观的经济管理文化，是一个企业在长期经营实践中所凝结、所积淀出的一种文化氛围、价值观念、精神力量、经营境界和广大员工所认同的道德规范和行为方式。我认为，企业文化很强的实践特征就表现在它的发展是和企业的经营管理紧密结合在一起的，要与经营管理活动、创新活动、服务等等融为一体。1994年在岳阳召开的市场经济与企业文化研讨会，我做了一个3小时的关于《什么是企业文化》的发言，我重点介绍了18种说法，就是后来人们称之为企业文化“十八说”的。实际上对企业文化的说法比这十八说更多。对企业文化的说法这么多，这并不影响我们对企业文化的建设，关键在于企业的实践和创造。在经过这么多年学术界和企业界的共同努力后，对于企业文化的核心内容大家的认识正在趋于一致。这就是强调企业的价值观念、企业精神、经营之道、经营境界和广大员工认同的道德规范和行为方式。这是最重要的。应该说企业的日常榜样行为是建立在这种精神力量、共有价值观的基础之上的，这是一个企业传递下来的独有的精神财富，是无形的又是能动的，时时刻刻对企业经营管理活动的各个方面产生影响和发挥作用。它作用于企业的各个方面，无所不在。在企业文化中价值观和行为规范是两个最重要的内容，而这两个方面又是联系在一起的。

五、企业精神不是企业界精神，企业精神的概括、提炼不能雷同化，要更加富有个性、特色和独具的文化底蕴

如何概括企业精神是一个没有解决好的问题。常常是求实创新、开拓进取加拼搏，许多企业都是这样表达。如果作为一个企业的精神这样概括的话，就失去了企业文化的个性、特色和独具的魅力，就陷入了一种雷同化的状态，没有体现企业的差别化战略，企业精神就变成了所有企业都共有的企业界精神。企业精神的概括要体现企业个性和共性的统一，突出个性，“不求其全，但求其特”，要有自己的行业特点，要有自己的特色。宁波“雅戈尔”的企业精神是“装点人生”，提得好，有自己的特色。大连燃料总公司的企业精神是“燃烧自己，温暖他人”，也很好。中国的老字号像同仁堂的企业精神是“济世养生”，“品味虽贵，必不敢减物力；炮制虽繁，必不敢省人工”。北有同仁堂，南有胡庆余堂。胡庆余堂的两个字“戒欺”，这是红顶商人胡雪岩自己订下来的，这就是胡庆余堂的精神，借用孟子的一句话“医之，仁义之术”，容不得半个欺字。中国老字号的企业精神都有深刻的文化内涵。

六、作为企业核心竞争力的重要因素，企业文化体现企业的差别化战略，具有不可模仿性

文化是不可复制的。我多次举过香格里拉的例子，某酒店请了一位香格里拉的管理人员到酒店来经营，结果效果不好，这是因为他带来的只是香格里拉的文化的规章制度，但是香格里拉形成的那种文化氛围却没有。美国《财富》杂志的两位编辑曾向美国西南航空公司的首席执行官问了这样一个问题：“什么使你们睡不着觉？”西南航空公司的首席执行官这样回答：“使我睡不着觉的是无形的东西。”竞争者最难模仿的是无形的东西，你可以得到飞机，可以得到售票处，但西南航空的精神是最难模仿的，这就是文化及精神的重要性。机器可以仿造出来，但企业文化就像空气，永远没法仿造出来。所以有人说硅谷就是科技创新加制度保证，包括法制环境，我说还要加上创新的文化氛围，这种文化土壤也是非常重要的。卓越的企业文化对于企业创新就是一股强劲的雄风。学硅谷难就难在以硅谷的精神为启迪来创造自己特有的激励创新的文化环境，这是很不容易的。这里面没有什么模式可以照抄，发展形成模式，而不是套用模式可以得到发展。

七、全面发挥企业文化的五大功能：导向、激励、约束、纽带、辐射

特别是纽带功能，产权、物质利益的纽带，精神文化、道德

的纽带,两个纽带协同发展才行。

八、在企业文化建设中,将更加注重企业精神、企业价值观的人格化和“人企合一”的境界

企业文化的五大要素是环境、价值观、企业英雄人物、特定的典礼和仪式、文化的网络。讲企业文化五大要素,不能不讲“企业英雄”是企业价值观、企业精神的人格化。比如说王府井百货大楼的一团火文化,张秉贵就是一团火文化的人格化。一个活生生的人,这样的人越多,企业就搞得越好。这就有一个问题:“什么叫企业的共生英雄?”80年代初美国报刊写的是:“他的心在企业,企业在他心中。”

九、企业将更加注重现代商品的文化含量,更加注重现代商品消费的审美需求和“美的文化标准”

商品有实用功能和审美功能。审美功能越来越重要。“美的文化标准”,就要求企业在产品的构思、造型、款式、风格、包装等等方面越来越能体现美学价值。20世纪的主导学科是物理学,由于物理学的发展带动了机械工业和整个工业经济的发展。21世纪的主导学科是生命科学,人们对生命科学的追求和人们对健康和美的追求,将极大地牵动着企业产品、服务项目的新开发。

十、形象力在现代市场竞争中的地位和作用越来越突出

形象力在现代市场竞争中的地位和作用越来越突出,是由日本的CI专家提出的。企业力=商品力+销售力+形象力,这个公式的重大贡献在于它把企业形象纳入了企业力之中。但是公式不完备。我在书中讲过,为什么日本人要在90年代提出“形象力”的概念?因为生产同一种商品的厂家越来越多,销售同一种商品的商场越来越多,由于两个越来越多,形成消费者的选择余地越来越大,企业形象就越来越重要。

十一、企业文化与企业形象设计将更好地结合在一起

CI需要中国化、中国气派与民族风格。我们需要创建中国特色的CI理论。这需要解决很多问题,从视觉传达部分到理念识别系统、行为识别系统都要研究。有一个课题组作过调查,好多形象识别、企业标识,许多企业员工不知道是什么意思。国航的航标“凤凰”,是韩美林设计的,是很好的企业标识,体现了深厚的东方文化底蕴,是外国人设计不出来的。我们的理念识别系统更需要有我们中国企业的特点,体现中国特色社会主义的指导方针。在1995年我曾提出了“CI设计中国化、中国气派与民族风格”问题。但这个问题是一个没有解决好的问题。解决CI设计中国化问题要反对五种倾向:繁琐化、脱离实际、罗列堆积、照搬照套、故弄玄虚。解决CI设计中国化问题要坚持五个原则:坚持好识、好记、好用的原则,坚持国情化的原则,坚持民族化的原则,坚持个性化的原则,坚持多样化的原则。进行企业文化建设和CI设计,我们要实现几个结合:与建立现代企业制度紧密结合、与管理创新紧密结合、与市场开拓紧密结合、与实现优质服务紧密结合。我们要努力创造出中国特色的CI设计。

(此文选自《中国企业文化高层论坛文集》,2003年1月出版)

论企业美

——对企业文化的哲学思考

王锐生

一、企业美:从文化视角把握和评价企业行为

怎样评价一个企业的行为?将本求利是企业生存的前提,因而赚钱与否是一个必要的评价尺度,但决不是全部的尺度,何况还有一个“怎样赚”的问题。在企业能够生存的前提下,企业文化对企业行为的评价应当有更高的要求。我把这个要求总括为“企业美”。

如何把握企业美?企业美中的“美”要从文化的视角来把握。

一般说来,文化有三个层面,即器物、组织或制度、观念,下面试从这三个层面来分析:

器物层面。企业美并非只是有优美的环境、整洁的厂房、产品的美学设计,乃至职工的娱乐场所等等。这些器物层面的东西固然可以包括在企业美之内,但并不是它的根本。

组织(制度)层面。通过企业文化的各种管理制度不但实现了企业上下、左右的团结、和谐,而且带来了巨大经济效益和社会效益。这种组织(制度)层面的东西当然也与企业美有密切关系。

但是最根本的还是价值观念层面。作为企业美的本质的东西是什么呢?是企业活动中的真与善的统一。企业活动中有“真”,有“善”,也有作为二者高度和谐、统一的“美”。什么是企业活动中的“真”,什么是企业活动中“善”,什么是企业活动中的“美”,它们之间的关系是怎样的?这是“企业美”这个理念所要阐明的问题。

二、企业美:包含真与善而又超越它们

它之所以能够超越,是因为在企业美之中,真与善已经同企业经营者、企业生产者的个性才能的自由发展直接统一起来了。

企业行为中的真、善与美的关系建立在实践的基础上。三者统一的深刻基础便是企业家的企业经营实践——当然是指文明的企业经营实践。

企业行为中,“真”的问题的产生,是由于企业持久存在着

不能违背客观的市场经济的机制和反映市场经济规律的市场游戏规则。违背“真”的市场行为虽能得逞于一时,但市场经济的运行规律最终会使行为者受到应有的制裁。因为市场经济毕竟是法制经济。

企业行为中,“善”的问题的产生,是由于企业存在不能脱离它的内部关系的处理以及它与其他企业经营者和企业生产者乃至消费者之间的社会关系的处理。企业家遵循伦理规范处理好这些关系,就使企业行为合乎“善”。市场经济的“善”不要求企业为“善”而放弃应得到的利益(并非义与利不可相容)。但要求它以符合公平竞争的态度、力求双赢的善意去争取可以属于它的利益。

在企业行为的“真”与“善”的基础上,就有“美”的问题产生出来。一个文明的企业家怎样才能在自身经营活动中不脱离“真”与“善”的前提,克服人性的弱点,抑制对非法利润的无限冲动(此冲动可以使他无视人间的任何道德底线,置人间的礼义廉耻于不顾)呢?如果他能够做到这一点,他就等于使自身超出那种纯粹受肉体生存需要支配的、类似动物的状态,达到一个文明企业家的个性的自由。这就是企业“美”所能达到的境界。

中国古代的传统观念把经商、买卖视为对“利”的追逐,远离美的境界。这是一种偏见。企业家在经营活动中也可以显示出自己的人性“美”。条件是:他能够在自己的企业活动中实现“真”和“善”,而且超越了它们。既然“真”和“善”(市场的客观机制和市场的公平与公正)已同企业家个性发展直接统一在一起,那么就能使他达到一种更高的境界:显示出美的人性的境界。这就是“超越”。

一个企业可以在经营上做到十分“真”,比如前些时候湖南某餐厅出台的所谓“人乳宴”,无论商家的四大系列人乳食品如何色香味俱全,山区农妇提供的奶源如何无污染,也仍有一个致命的问题:将母乳作为商品出售,在一定程度上剥夺了孩子获得母乳喂养的权利,已经违背了基本的社会伦理。何况,让人(作为食客而非婴儿)直接啖食人体母乳,会在人的心理上产生什么感觉?由此,湖南省有关部门宣布:人体母乳不是商品意义上的食品,经营人乳宴是违法行为。我认为,从企业文化的视角看,此种经营虽不是违背所谓“真”,却是违背了“善”,因而也肯定违背了企业美。

三、当务之急:把企业美当作企业的追求

企业美不能直接从感官上,而是要从经营行为达到的思想境界上把握,有点“形而上”的味道,但是百姓还是能够懂得的。他们不是也常用心灵“美”、行为“美”来评论某个道德情操高尚的人吗?企业作为市场这个大世界中的行为主体,难道没有此类“美”和“不美”的问题吗?

在当前,企业美比较突出的问题是严重地背离它的前提:“真”与“善”。

1. 在企业与顾客、企业与企业之间的关系上,背离“真”与“善”现象普遍存在

弄虚作假、以劣充好,价格欺诈、牟取暴利、市场垄断、损害顾客都是背离“真”。

官商勾结、权钱交易,欺行霸市、交易不等价都是背离“善”。

2. 在企业对政府、企业对社会的关系上,背离“真”与“善”的现象也普遍存在

企业作为纳税人偷、漏应向国家缴纳的税款;企业无视国家法律公然走私;企业无视环境保持,给地方的生态环境造成严重破坏……

3. 在企业对人类生存发展关系上,背离“真”与“善”的现象

在全球化的进程中,世界经济越来越成为一个整体。而主导着经济全球化的跨国企业的经营活动也因此与人类的生存发展有着极密切的关系。这些跨国企业如果能够在自己的企业活动中体现出企业美,人类将因此得到巨大福利。但诸多事实证明,跨国企业能够这样做的不多。

一件事实是:由于全球化带来的人员交往普遍化,艾滋病日益成为威胁全人类的绝症。但是制药业的跨国公司一度拒绝在艾兹病流行的那些不发达国家里放弃它们已有的治疗艾滋病药物的知识产权。正是这种产权一面使跨国企业获得惊人的利润(在英国,一瓶60粒装的“康母维尔”售价为342.58英镑,而葛兰素—史克公司的成本价仅为32.7英镑,二者之差极为悬殊),另一方面又使贫穷国家的艾滋病人买不起他们急需的高价药物。据路透社2001年11月5日电讯(引自《参考消息》2001年11月8日的4版)报道:在世贸会议中,制药业面临社会人士强烈抨击。由于以巴西和印度为首的60个发展中国家要求放松世贸组织《贸易方面知识产权协议》的限制,这个年利润3000亿美元的行业面临利润减少的威胁。贫穷国家认为该协议保证了药品的20年专利有效,所以面临HIV艾滋病和其他流行病威胁的政府很难获取这些药品。如果跨国企业能够接受放松《知识产权协议》的限制,那就是以行动表现了这些企业具有企业美。值得庆幸的是,据近期报道,世界卫生组织在2001年已同包括葛兰素—史克、辉瑞等在内的5家主要制药企业达成一项协议,要它们以低廉的价值向贫困国家提供几种治疗艾滋病的药品。根据协议,葛兰素—史克公司在非洲以成本价32.7英镑出售。此外,在英国首相布莱尔的推动下,2002年11月英国特别制定了一个双层价格体系,将向发达国家和发展中国家出口的艾滋病药品确定在两个截然不同的价位(资料:《中国商报》2003年1月28日《欧洲黑心商人高价倒卖非洲救命药》,作者许安结)。

应当说,尽管跨国公司在专利权的保障下获得了巨额利润,但它们在国际舆论压力下做出的这种让步,也仍然是表现出其企业行为具有企业美的一面。

另一件事实是:许多跨国企业在生态伦理问题上同样没有能够表现出应有的企业美。大家知道,从20世纪80年代起,发展中国家就已经对出现在它们那里的所谓“生态帝国主义”现象进行谴责。所谓生态帝国主义,就是某些国际人士用以指责工业发达国家把污染最严重因而无法在本国严厉的环保法律约束下继续开工的传统产业迁往发展中国家——因为那里在环保限制上要求较宽而使传统产业能够继续存在。另外,发达国家的有毒工业废料也往往通过合法或非法的渠道输往发展中国家,以极低廉的代价长期储存在那里。这些做法无论与“真”还是“善”,都是大大背离的。首先,从“真”的视角看,环保

的生态学规律是污染无国界。地球的生态是一个整体,局部的污染最终会席卷全球。企业应当尊重这个规律。其次,“以邻为壑”,把自己的生态清洁建筑在污染别人的基础上。这样做就是直接背离“善”。

四、企业美与以人为本:在市场经济下,它们的实现都是相对的

企业在自己行为中实现企业美,关键在于能不能真正做到以人为本。

当一个国家的市场经济处在刚刚起步的阶段时,企业的经营还不规范,经营者没有长远打算,这时候,容易出现的是企业经营者无视企业行为应有的“真”。弄虚作假、以劣充好、价格欺诈、牟取暴利等现象就是在这种情况下发生的。一切违背物质生产规律和市场经济规律以及反映后者的市场规则的做法,都是背离企业行为“真”的,而凡是背离“真”的,往往也就背离“善”,因为假的东西必然损害到此类行为的承受者——消费者。

如上所说,企业行为即使做到合乎“真”,也未必一定达到“善”。有时候,人们的“真”往往竟是达到不善(恶)的手段。今天的发达国家的跨国企业因为生意做大了,靠着“名牌”来赚钱。所以市场经济早期那种“小儿科”的做法已经被摒弃了。因为这样做是得不偿失,不符合企业的长远利益。但是他们的“真”常常不带来“善”。有一个更典型的“真”与“善”冲突的事例:美国一家生物技术公司孟山都公司发明了一种极其缺德的技术——转基因“终止子”技术。此项技术使作物产生不育种子,农民从公司购买了高产的优良种子,却无法像从前那样从收成中自由地采种,因而不得不每年向生物技术公司购买新的种子。只是由于全世界对“终止子”技术表示义愤,才迫使该公司于1999年宣布放弃这一技术。英国生物技术巨头阿斯特拉-捷利康公司也以书面形式向联合国表示:“我们无意继续研究这项技术,该项目已于1992年终止。”(见英国《观察家报》2000年4月2日文章《〈上瘾〉转基因威胁第三世界》,转引自《参考消息》2000年4月4日)

企业只有把企业文化的管理建立在真正的以人为本的基础上,才能使企业行为在合乎“真”与“善”的前提下达到企业美。

这里所说的是:作为现代企业管理中的企业文化的根本指导原则——以人为本。它的特点是:

第一,现代企业是在市场经济条件下运行的,因此其生存和发展的前提是产出超过投入,从所投入资本中获得尽可能多的利润。而以人为本作为企业文化管理的一个指导原则,是达到此目的的手段。

第二,作为企业管理的手段,以人为本并不是与市场经济俱来的。由于种种历史原因(早期市场经济发育不成熟;市场机制决定的利益驱动下,劳动者作为弱势群体难以摆脱资方把自己当作生产过程中单纯的生产要素来对待;更重要的是,机器大生产刚出现时,生产者往往成为生产线上的一个零部件,比过去更难显示出高于物的要素的主体性等等),上世纪早期的泰罗制的“科学管理”就不是以人为本,只有到了20世纪中叶,以人为本才逐渐成为当时发展起来的新企业管理理论——企业文化的根本原则。

这个原则的出现表明,在西方,市场经济已经发育成熟,加上二战后的人类文明的进步潮流和工人群体力量的壮大,企业管理理论的发展都达到这样一个阶段:道义上再也不允许把生产过程中人的要素同物的要素放在同一个地位了。尤其是90年代后,知识经济的出现更使人力资本在经济发展中处于决定性的地位。由于企业文化突出以人为本,企业行为中的背离“真”与“善”的弊端就大大受到抑制。因此我们说,企业美的实现要靠企业文化中始终贯彻以人为本。

第三,在资本主义市场经济条件下,以人为本毕竟只是作为实现企业赢利目的的一个手段提出来的。在许多场合下,二者是能够一致的。以前面提到的跨国企业生产治疗艾滋病的药物为例,此行为的“真”包括两个方面:一个方面(技术意义上)是指药物本身不是假药,是真有疗效的;另一方面(社会经济意义上)是指在市场经济条件下使这种生产得以持久实现的市场机制——知识产权。只有前者,没有后者,就不能长期保证这种高科技产品的研究和开发,从而地球上众多艾滋病患者就得不到救护。因此在这个意义上,知识产权本身也就包含有以人为本的内涵——在这里,目的与手段是一致的。然而知识产权的存在又可能意味着生产者由此获得高额利润,意味着穷人买不起药品而等死——目的与手段又是不一致。可见,从与以人为本原则的关系视角看,知识产权具有两重性。人们只能在这两重性之间保持一种张力:既不能废除产权,一旦废除了,还有谁肯去为实现以人为本的药物生产做巨量资金的投入?不对产权在特定场合的实现加以限制(如前面所述的艾滋病药品的两种价位),不发达国家中的穷人买不起,这种药物的以人为本的意义又如何能体现出来?

由此可见,在今天的世界上,企业美的实现只能是相对的。因为在市场经济条件下,以人为本的实现也只能是有条件的。

美和丑总是相互依赖而存在的,企业美也不例外。艾滋病药品的两种价位问题的解决,表现了某种企业美,但是,善竟带来恶,美竟带来丑。由于两种价格差距太大,已经引起一些非洲国家官员和欧洲不法商人相勾结,正把用以救治非洲贫困的艾滋病患者的廉价药品大批走私回欧洲,在黑市上牟取暴利。走私商即使在欧洲打折出售,每瓶仍可赚取100~200英镑。如果这种走私趋势得不到抑制,跨国公司很可能就要收回它们已经作出的对知识产权适用范围限制的让步——因为这等于把它们的利润白白送给了走私者。可见,在现实世界里,要实现一点点企业美有多么难!

(此文选自《美好企业》杂志2003年1、2期合刊)

论新世纪企业文化建设的着力点

徐正初

党的十六大报告指出:“当今世界,文化与经济和政治相互交融,在综合国力竞争中的地位和作用越来越突出。文化的力量,深深熔铸在民族的生命力、创造力和凝聚力之中。全党同

志要深刻认识文化建设的战略意义,推动社会主义文化的发展繁荣。"在全面建设小康社会、开创中国特色社会主义事业新局面的进程中,文化的力量将愈益显示出它的功能,在综合国力的竞争中是这样,在企业实力的竞争中同样也是这样。正是在这个意义上,跨入新世纪以来,随着中国"入世",上海企业文化建设的新一轮热潮悄然兴起,并呈现出方兴未艾的趋势。

起步于20世纪80年代的上海企业文化建设,在经过知识普及热、精神提炼热、形象塑造热等建设高潮后,90年代后期曾经一度陷于沉寂状态,在精神层面和形象层面的建设活动广泛开展后,深层次的企业文化建设之路该怎么走,成为新世纪上海企业文化建设的"瓶颈"。如何突破?上海新一轮企业文化建设所呈现的鲜明特色,以理论和实践的创新回答了这一问题:关键在于把握企业文化建设的新的着力点,在落实"三个力"上下功夫。

理念力

理念力指的是企业价值理念系统的确立和共识。企业文化建设的切入点应该是形成自己的理念系统,没有企业价值观的表述,没有一套高度概括、形象生动的文字符号,就谈不上是有意识的企业文化建设。理念力是一个完整的系统,包括企业价值观的内涵和概述,企业的经营理念和经营哲学、企业的发展战略和目标等。

一个企业理念力的优势在于:适应企业实际、凸现企业个性、具有企业特色,这是其生命力之所在。强调这一点是为了纠正一种认识,避免一种误区。曾经有这样一种现象:相当多的企业在提炼企业价值观时,看重的是文字的震撼力、表述的新奇感,力求出奇制胜、一鸣惊人。求新求异不是坏事,但新奇不等于个性,差异不等于特色。一些企业在花了大量人力、物力、财力,形成被人"称颂"的理念系统后,走上了衰败之路,究其原因十分简单,形成的理念力脱离企业现实,结果"文化系统"十分漂亮,却难以付诸行动,这种"空头"文化的结果,带来的只能是苦果。

新一轮的企业价值理念系统的提炼,必须以企业发展的现实阶段为背景,以企业深化改革发展的既定目标为参照,以企业战略需要与干部职工实际存在的不适应性为切入点,进而把握核心价值观的定位。上海相当多的企业在八九十年代都曾提炼过企业的价值观,现在面对新世纪、新实践又开始了新一轮价值观提炼的热潮,对照前后可以发现,看似相同的文化建设活动却有着完全不同的内涵。前者重于形——文字提炼的"靓丽",后者重于神——价值倡导的"真实",力图通过提炼具有现实性和超前性的企业价值理念,进一步统一员工思想,在中国入世和加快发展社会主义市场经济的新形势下,转变观念,勇于创新,在开放的市场上寻求立足之地。

管理力

企业文化与企业管理之间有着密不可分的关系。企业文化作为一种管理理论和实践,其本身并不仅仅是一种"纯"理念性的东西,而是贯穿在企业整个生产、经营、管理活动中的灵魂。没有管理力(或曰制度力)的支撑,企业的理念力只能是一堆"口号"。为此笔者认为,企业文化建设在本质上是管理文化或曰制度文化,新一轮的企业文化建设应当以管理力为重中之重。

管理不简单是"管住"和"理顺",管理是一种理念的灌输,是一种价值的倡导,是把企业提出的价值理念转化为全体员工的价值共识,转化为每个员工的岗位行为准则。当前,企业价值理念系统和企业管理制度的不一致性,是企业文化建设难以体现明显成效的一个"致命伤"。说归说,做归做,毫无文化涵养可言。新一轮的企业文化建设,一定要把提出的东西,通过制度化贯彻落实下去,做不到这一点,就是对企业文化"本源"的背离。

在形成理念力的基础上形成管理力,对新一轮企业文化建设提出了新要求。就具体建设步骤而言:第一,倾听企业经营管理群体的"心声"。他们对企业发展目标的把握、他们对企业战略的认识、他们对管理革命的感受,是企业管理力的认识源泉和实践动力,没有他们的倡导和参与,企业文化就难以渗透到管理层面。第二,借助企业深化改革的东风。在一般情况下,企业文化建设的最好时机是企业进行新一轮改革的时候。在整体战略指导下,企业和各个子系统都行动起来,推出相应的改革措施,如果文化建设能抓住机遇、乘势而上,就能获得事半功倍的效果。第三,配套实施具体管理制度的创新。理念系统的每一项具体倡导,都要辅于实实在在的管理支持和制度配套。比如,提出"不拘一格用人才"的用人理念,就要有"不拘一格用人才"的具体制度;强调"用户满意"的理念,就要有让用户满意的具体措施。这样,企业理念系统才是有源之水、有本之木。

行动力

运用理念,加强管理,落实制度,归根到底是要调动每一位员工的积极性和创造性,进而提高企业的核心竞争力。因此,企业文化建设的落脚点在于形成行动力,这是我们过去在文化建设中常常忽略的。

如果把企业作为一部机器,那么无论是管理人员、技术人员,还是操作人员都是机器的零部件,只有零部件运作正常,整台机器的运行才能正常。行动力所强调的就是企业每一层面员工都能接受企业的价值理念,以此作为自己的行为准则,在自己的岗位上自觉遵守,忠实履行,创造性地搞好工作。试想,这是一种何等的境界,一个企业能够达到这种员工自主的管理模式,将迸发出怎样的潜在能力和竞争优势。这就是企业文化建设的目的,也是建成企业文化的标志。只有每一个员工都行动起来,统一思想,统一步骤,团结一心,共同奋斗,企业才能以不竭的创新动力,在开放的国际市场和日趋激烈的竞争中获得一席之地。

行动力的提出,凸现了员工在企业文化建设中的主体作用,不仅是指理念系统形成中的积极建议、出谋划策,更是指员工队伍凭借丰富知识、高超技能在企业生产、经营、管理过程中所迸发出来的能力和优势。现在的一个通病是,在企业文化建设中,员工往往是"被动参与",需要时发动一下,大部分时间是少数人闭门造车,结果是员工对企业文化建设不感兴趣,敬而远之。这样的企业文化建设最后往往是官样文章,缺少的却是最最重要的行动力。无数事实说明,一个成功的企业文化案例,其最为珍贵的就是全体员工的价值共识和创造性工作。海尔的"创新文化",就在于创新已经渗透到海尔人的行动中,在于每天2项专利的发明创造。宝钢的"用户满意工程",就在于通过推行"用户满意管理",形成"我的下一道工序就是我的用户"的共同认识和运行机制。这就是行动力的魅力,这就是企业文化的追求。

(此文选自《中外企业文化》杂志2003年3月刊)

文化需求论

——消费者对物品与劳务的另一种购买动机

傅 华

在对物品与劳务的消费中,文化需求超越实用需求而成为现代需求的标志,第一轮新的实用需求革命到来之前,文化需求的发生、递增及其多样化、个性化演变是拉动需求增长、扩大有效供给的主要力量;发现、唤起文化需求,并在物品与劳务中提高商业文化含量,是企业生产经营活动的核心任务。因此,文化需求不仅改变了需求自身,而且改变着整个经济,发现并满足文化需求,是现代经济良性循环的逻辑起点。

一、文化需求成为消费者选择物品与劳务的内在依据

所谓"文化需求",一言以蔽之,就是指消费者在消费物品与劳务的过程中对精神满足的渴求。女士的衣柜里永远缺少一件时装。她们追求的不止是御寒、蔽体,而是那种变幻多姿、顾盼生辉的美妙意态。先生们忙着调理家居、购置名品,更多的理由或许是营造家的情调,体味生活的真谛。就连牙牙稚儿吵吵嚷嚷走进快餐店,寻找的也有那份因为环境和服务而带来的亲切与放松。

发现、辨别有效需求并用合适的方式满足之一,是一切经济活动的天机所在。十年前兴起的商业文化研究,是对消费日渐高涨的文化需求的深刻回应。商业文化,就其核心内涵而言,它是商品生产与交换过程中凝结在物品与劳务中的人文价值。商业文化首先表现为一种审美观念、情感哲学和道德精神,继而物化、人格化于物品与劳务之中,并随着商品的交换而让渡给消费者。因此,从表面上看,商业文化是商品形态的文化,但实际上,它却是文化形态上的商品。它是消费者文化需求的惟一满足物。

需求是指消费者在预算约束的条件下购买某物的欲望。实用需求如此,文化需求更不例外。当消费者的支付能力足以充分满足其实用需求或日基本需求时,文化需求便有可能在实用需求的基础上脱颖而出。文化需求植根于实用需求而又实现了对后者的超越,它使"需求"这个经济动力的原点更为饱满而富有张力。当一种需求的内在结构中注入了文化需求,这种需求便开始了它的蜕变。而一旦文化需求征服实用需求而成为主导力量时,需求的内核就被彻底置换,尽管它依然保留着实用需求的外壳。女士逛街,常常漫无目的,蓦然回首,却为一枚精致的发卡或一袭迷人的套裙怦然心动;男式置家,虽只两室一厅,也必倾心倾力,精细雕琢,使得小小蜗居在色彩、光线以及家具、饰物的调配中情趣弥漫。在实用需求一定的情况下,文化需求成为消费者选择物品与劳务的依据。文化需求调控着消费者的购买动机和行为,而文化需求的满足则成为让他们慷慨解囊的不二法门。因此,在这里,经济学家们所精心绘制的反映价格与需求量之间关系的需求曲线便呈现出它的变态。在一定幅度内,价格上升,需求量未必下降,而且有可能随之上升;价格下降,需求量未必上升,而且有可能随之下降。对物品与劳务中人文价值的执着,使消费者在某种程度上也丧失了对价格的敏感,需求弹性因之减弱。然而,这并不能说,文化需求使消费者陷入消费行为上的盲目、狂热,相反,它恰恰证明了需求升级后的消费者进入了新的文化自觉:认识且理解物品与劳务中的人文价值并愿意以相应的货币与之进行等价交换。这种自觉,对消费者来说,是消费观念、消费心理的健全;而对生产、经营者来说,则是崭新商机的凸显。

二、文化需求不断更新的流变状态

文化需求反映了消费者的审美趣味、情感追求和道德理想,它是文化传统、社会时尚以及消费者的知识积累、心理偏好等作用于需求的必然结果。因此,从总体上看,文化需求的内核具有相对的稳定性。然而,现代社会的开放性和信息传播的网络化,使得各种思潮、时尚、文化的交流、碰撞、合成比以往任何时候都来得简单、轻松;文明状态下的人群也一改以往的保守与自闭,变得更喜欢接触、对话,在相互间的学习、模仿甚至攀比中不断创造和传递着新的生活标准。所以,特定时期内,某个群体或个人的文化需求在表现形式上便处于不断否定、不断更新的流变状态。除非消费者有特殊偏好,一般说来,一种文化需求被满足后将随即被新的文化需求所替代。与文化需求相比,实用需求的嬗变与递进却缓慢得多。实用需求一旦得到满足,短期内很难发生新的变化。这是因为,实用需求的演进要更多地依赖于社会的科技创新能力和消费者个人的生理活动规律。一个人吃饱后,不可能产生下次吃得更饱的想法;同样,普通饭菜除了提供人以常规的养分、热量之外,一时也难以生发出许许多多诸如祛风退热之类的神奇功能。实用需求是如此地富于黏性,以至于人们许多年里恪守着某一种模式而别无所求。但是,实用需求的黏性丝毫也不影响文化需求的多变性,相反,文化需求的不断更新还能一定程度地消解这种黏性对于经济循环的局部锁定效应。一般说来,实用需求缺乏变化,将很难启动商品实用价值的创新。即使由于新技术的发明形成实用价值的超前供给,短期内消费者甚至会觉得陌生而拒绝认同,需求曲线无法右移。然而,当多变的文化需求活跃、迸发的时候,上述情形就会发生深刻的变化。文化需求的多变性对供给的反作用,使商品的人文价值不断变换着它的表现形式,因而也拉动商品整体的推陈出新,商品的生命周期因之越来越短。尽管实用价值未变,但消费者的购物冲动依然,他们照旧从商店里一件件抱回名牌、精品,忙不迭地对已有物品"更新换代",陶醉于新物品人文价值激发起来的心理效用,消费者在啧啧叹赏之余,似乎并不在意所购之物实用价值的添减。换

句话说，他们宁可重复购买商品的实用价值也不愿意放弃那种精神满足的愉快体验。因此，由文化需求的多变性所决定的物品与劳务中人文价值的创新，实际上也使商品实用价值在相对静止的条件下扩大了自己的市场份额。因为在任何时候，消费者都无法拆买物品与劳务中的人文价值，他们所拥有的，永远是人文价值与实用价值水乳交融的商品整体。

三、文化需求的个性化构成现代需求的基本特征

在现代需求结构中，实用需求和文化需求有着相同的属性，它们都是指消费者在具备支付能力的前提下获得某个具体满足物的欲望。但是，实用需求专注于这个满足物的技术、物理功能以及由此带来的诸如吃、穿、住、行、用等生理满足；文化需求则是专注于物品与劳务中所蕴含的审美、情感、道德等深层内涵以及由此产生的心理愉悦。因此，实用需求本质上是一种一般的、无差别的共性需求，而文化需求则由于精神活动的自主性而更多地表现为个性需求。“趣味无争辩”是一句流行的西谚。每个人都在吃、穿、住、用、行，但他们所追求的寓于吃、穿、住、用、行之中的品位、情调却迥然有异。在高扬人体和自我主题的现代社会里，风格和个性成为人们竞相标榜的骄傲词汇。活泼的心灵、多元的趣味，使他们在茫茫都市、滚滚人流中，期待着以“这一个”的独特魅力赢得关注与喝彩。“和而不同”这一古代审美理想再一次被现代消费者响亮地提起。在对劳务与物品的文化选择中，他们忌讳雷同，力避模仿，不从俗、反时尚的心态几成定势。因此，文化需求的个性化构成现代需求的基本特征，它使生产、经营者因此而把握住更多的获取超额利润的新机会。80年代中期，日本著名的广告公司博报堂就曾提出“分众时代”的名言。他们认为，日本的消费结构已由单一的、大批量的大众消费转变为多样化、个性化的分众消费。接受这一论断的启示，许多在超强竞争中处于劣势的著名企业如日产汽车等重新觅得起死回生的圣方。他们一改将公司经营视为“产品供给”的传统理念，而倾向于将自己所作的一切理解为对顾客个性化需求的满足过程。所以，他们不再向现有的竞争者发起正面攻击，转而掉头去寻找那些为竞争者所忽视的文化需求。文化需求的个性化，间接地改变了生产经营者同行之间的竞争模式。他们以物品与劳务中人文价值的个性化为主要手段，实现了互补性的差异竞争，从而获得“双赢”效应。当然，文化需求的个性化有其相对性，它一般不会走向极端，而通常表现为某个收入接近，偏好相似的族类或阶层的共同倾向，“流行色”、“新时尚”之类的消费文化现象得以发生，便依赖于这种社会心理基础。极端的个性化所以难以出现，一方面是由生存环境所决定的，同时也受个人心理结构中所固有的群体归属意识限制，人们追求个性以显示存在，但同时不能跨越所在群体对这种个性的接受、容忍的极限；另一方面也由于满足文化需求的成本约束。文化需求不同于文化欲望。文化欲望是消费者种种极富想像力的自由念头，而文化需求是以购买能力为基础的理性欲望。对于消费者来说，满足自己极端个性化文化需求的必须是独一无二的稀缺性物品或劳务。而这种物品和劳务的稀缺性决定了它的昂贵价格。作为正常的消费者，是不肯也无力对此作奢侈支付的；对于人文价值的供给者来说，极端个性化的需求也从来不被他们视为商机所在。他们在寻找需求，但更关注利润。如果一种物品或劳务的需求量不足以使供给形成合理的规模，精明的供给商一定会退回这张亏本的订单。因此，在市场细分者的视野里，市场只能是由那些具有特定需求、愿意并且能够通过交换来满足这种需求的“顾客群”组成(菲律浦·科特勒)。消费者因为文化需求的个性化而使自己成为与众不同的“这一个”，但供给商却从个性中发现了共性，又将它们编进一个个“顾客群”里。这不是供给商的推推搡搡，而是需求规律和供给原则共同导引下的消费者科学定位。

四、文化需求曲线递增

文化需求因为社会进步、经济发展及消费者文化素质的提升而递增。但是，这种递进的路径并非如人们所想像的是直线飙升，在大多数时候，它表现为上下波动的曲线运动。首先，文化需求对经济的周期性变化最为敏感。当经济衰退、支付能力下降时，消费者首先削减的必定是文化需求。尽管此时消费者脑子里还有许许多多关于“文化”的念想，但当务之急，他们是将有限的财力优先支付实用需求。其次，文化需求受到传统消费观念的制约。从苦日子里熬出来的老一辈以及接受了老一辈消费传统的年轻人，一般都固守克己节欲、勤俭持家的生活态度。即使收入不菲、生活富足，他们也坚持制定每月生活开支的上限，然后再精打细算地过完每一天。在这样的消费群体里，物品与劳务的人文价值不仅无需求，而且可能出现否定需求，即把人文价值当作不良内容而竭力排斥。第三，文化需求在过度满足的情况下有可能出现自我反弹。吃惯了美味珍馐，会惦念粗粮野菜；衣橱里挂满了时装洋服，反倒更喜欢透着土气的百姓衣衫；享受久了商场、酒店的星级服务，却觉得超市、公寓里“自助”最具生活意味，“绚烂之极归于平淡”，文化价值的充足供给反而使自己的边际效用递减，被充分满足过的文化需求有时竟逐步让位于实用需求。消费者返朴归真，追求豪华落尽后的真淳本色。这种消费上的回归心理模糊了实用需求与文化需求的界限。消费者甚至觉得“实用”本身就已体现了审美与人本精神，实用价值即文化价值，实用需求亦即文化需求。制约文化需求的因素还远不止上述几个方面，政府的限制性消费政策、消费者的特殊职业(如军人、公务员)、教育和对外交流的缺乏等等，都可能在其他条件不变的情况下，使消费者的文化需求停止或下滑。但是在经济、社会、文化迈向现代化的今天，无论是什么情况、哪种力量，都只能对文化需求构成暂时的或者局部的破坏性影响。它们只能使文化需求在特定的环境和时间里衰退、变形，却不能从根本上将文化需求彻底扼杀。事实上，文化需求总在不断地丰富和成熟。这是因为，其一，消费活动中的文化需求是文明社会中消费者的本能需求。马斯洛的要求层次理论认为，人的需求是从低级向高级依次递进的，它从生理需求开始，经由安全、归属、尊重(自尊和被尊重)等环节而达到自我实现这一最高层次。消费者从物品和劳务所带来的审美、情感、道德等方面的满足中获得自我人格和价值的确认，是“尊重”(自尊和被尊重)和“自我实现”这两种高级需要在消费活动中的反映，它使人作为消费者依然保持并光大了人性内核。其二，文化需求对物品和劳务反作用形成人文

价值即“商业文化”,而商业文化的供给反过来又刺激、“唤起”了新的文化需求。商业文化作为文化需求的惟一“满足物”,其经济学意义在于:①由于使物品与劳务消费者更加“有用”(即对使用价值的追加),而加快了商品的流通速度,大大节约了流通费用。②由于使物品和劳务增值(即对价值的追加),而使商品卖出更好的价钱,也就是说,商业文化通过对消费者文化心理偏好的极大满足而使商品效用激增、价格上扬,在消费者获得超额享受的同时企业赚取超额利润。③商业文化的供给,使物品和劳务极具个性色彩,成为满足特定需求的特定商品,因而自然形成市场进入障碍,企业可由此获得垄断效应。④商业文化的供给,使生产者、经营者、消费者在文化认同的基础上实现各自利益的最大化,有效地化解了恶性竞争和道德风险,减少摩擦,促进合作,因而节省流通时间,降低交易成本。由于商业文化这个特殊商品对于经济、社会的突出效用,使得生产、经营者不能不在“商业文化”上做过细的文章。他们力求商业文化满足消费者的需求,同时又企图通过商业文化的创新,来激发、扩充这种需求。因此,文化需求在与商业文化的互动中,自然地实现了正方向的量变与质变。

(此文系本书特约文章)

建设先进的企业文化

孟凡驰

建设先进的企业文化,是大力发展社会主义文化、建设社会主义精神文明的重要组成部分,也是学习贯彻十六大精神与“三个代表”重要思想的必然要求。先进的企业文化,能够激发员工的积极性、主动性,促进企业的发展进步和人的全面发展。

实施人本化管理,充分发挥员工的主观能动性

建设先进的企业文化,应以人为中心,在企业内部努力营造有利于员工充分发挥创造才能的文化环境。企业文化建设要关注人在生产经营过程中的地位与发展,注重启发人的能动性和自觉性。在现代企业管理和人力资源开发工作中,应着重从尊重员工、分权经营、善待顾客等方面,体现人本化管理的原则。当然,进行人本化管理,并不意味着否认企业对物质利益的追求,它强调的是企业在追求利润与产值的同时,充分尊重员工的意愿和利益,发掘员工从事生产经营的积极性与主动性。

培养团队精神,实现个人聪明才智与集体创造能力的和谐统一

在建设先进企业文化的过程中,应强调平等原则、团队精神、民主管理。在现代化大生产的条件下,企业内部的分工越来越精细。这就要求现代企业的管理者和员工必须具备较强的合作能力,而合作能力只有通过相应文化氛围的培育和相应价值观的陶冶才能养成。团队精神的养成是形成合作能力的基础。在知识经济的条件下,企业员工只有相互协调,才能整合各类知识资源,形成合力。没有团队精神的支持,团队不可能成功,个人也可能失败;没有个人的首创精神,团队就会失去发展的动力和主体。团结协作是完成工作最有效的形式之一,团结协作的工作环境可以使人们的心情更加愉悦,可以促使个人的进步,加快人的全面发展。

提供良好的个人发展条件,促进组织与个人和谐共进

积极为员工提供良好的发展机会与条件,会使企业与个人保持良好的协调关系,促使员工的潜在积极性得以充分释放,实现人力资源的自主开发,降低管理成本,提高管理效率。有些企业只考虑组织的利益,对个人的成长漠不关心,与员工的关系只建立在有形的经济契约之上,员工也就只满足于完成与自己利益相关的那部分工作。如果企业缺乏良好的个人发展环境,员工们就会在心理和感情上与企业格格不入,也就没有主动进取精神,甚至会与企业“毁约”,“跳槽”而去。反之,如果企业主动地为个人设计前程,个人积极地为企业献计献策,就会形成高效率的环境与和谐共进的局面。

启发企业家的文化自觉,优化企业内部文化环境

文化自觉,是指企业家对企业存在价值和经营管理的终极目的的思考,是对企业经济工作的文化内涵和文化意义的理解,是运用文化规律于管理之中的理性自觉。企业家的文化背景是企业文化形成的基础之一。有文化自觉的企业家,会把自己在人生旅途中形成的价值意识以及自己的文化背景引入企业之中,他的价值观和人生哲学会成为企业价值观和经营管理理念的重要组成部分。企业家的个性和作风、企业家的信念和行为方式,都会影响企业文化特色的组成。一个优秀的现代企业领导者,应该熟悉市场经济的运行规律和法则,诚实经营,依法纳税;应该具备良好的专业素养和人文素养,善于在企业内部营造和谐统一、团结向上的文化氛围,形成鲜明的企业文化特色。

建立科学的分权机制,在企业内部形成积极的合作关系

对大多数企业来讲,上下级之间的冲突与紧张关系并不是来自外部因素的影响,而是来自内部的权力分配。权责过于集中,使下一级人员往往将责任推到上级身上,而上级总是责备下级人员的能力和水平有限。企业家要善于实施分权化管理,这样能有效地避免冲突和紧张关系。实施扁平式管理体制,减少管理的层次,避免对下级管理的过多干预,有利于在上下级之间建立积极的合作关系,鼓励全体员工参与管理,做到人尽其才。

(此文选自2003年5月6日《人民日报》)

文化在现代经济增长中的作用

孟凡驰

党的十六大报告指出，当今世界，文化与经济和政治相互交融，在综合国力竞争中的地位和作用越来越突出。这个论断科学地揭示了文化在现代社会发展中的关键作用，高度概括了政治发展和经济增长方式的时代特征。经济基础决定上层建筑，决定文化性质，文化促进或阻碍经济的发展。这是就一般意义和最终意义而言的根本性规律，在某一时期某一特定历史条件下，或在历史发展的某一关切点上，文化却起着关键性的决定作用，这是不容忽视的历史事实和辩证的思维方式。

从本质上讲，财富与经济价值的创造是文化行为。经济是人类文化的创造物，如果认为经济学只研究人们的货币交易活动，只研究人们在经济活动中的生理本能原因和物理动机，只研究技术的机械性，只着重与货币相关的交易逻辑，而不去探索经济活动的文化理由和人文因素，就无法彻底解析现代社会经济发展的内在动力。任何企业产品的品质，最初都决定于创办人的价值观，后来决定于整个企业的工作价值观。文化是国家认同的基石，也是一个国家经济力量或弱点的根源。在经济运行过程中，所有交易活动都决定于经济行动者或决策者的文化价值观，这些文化价值观决定经济活动的优先顺序，主导着经济活动。

现代理性主义者常把经济体系描述成一种复杂机器，似乎只要扳动几个手柄，机器便有效运作。现代管理学者认为，经济体系的运作由人组成，所以更像有机体。经济问题的实质既不是机器问题，也不是工程问题，而是人的问题，是文化问题。正如凯恩斯所说："自认为免于任何理论思想所左右的实现主义者，通常是过时经济专家的奴隶。"许多公司的失败，国家或社会经济组织的失误，往往源于经济实践者将经济和信息建立在经济学术语上，寄托在经济手段上，拘泥于制度中，而忘记了经济中的文化支撑，忘记了人性化。

二战以后的日本，经过20多年的励精图治，国力迅速发展，经济触角伸向全球，其发展的核心动力在于它的文化和企业文化。日本许多具有创造性的产品，其畅销的原因在于其文化魅力或诱人的个性，即使是走向国际，重视战后日本企业形成的特点亦是非常重要。这些特点包括管理制度，高度发达的生产过程，劳资之间非敌对性关系，工人们高昂的士气、温暖、友谊、人情味这些典型的人文气息。无论东亚经济还是欧美经济在近几十年的发展，都不可能简单地用传统经济理论中物质资本和财务资本的投入量来解决。

任何大型企业，从经济交易成本方面看，只靠制度和结构调整，都不可能使交易成本有效降低，而优秀文化的形成，却可以达到这个目的。因为企业规格达到一定水平后，内部交易成本就直线上升，需要协调的活动的数量增加，需要协调的交易类型多，因难程度大。在此情况下，如果创造一个以共同价值观和共同行为模式为基础的企业文化，就能有效地降低交易成本，减少单纯靠体制和机制协调带来的对抗效应，从而有效地促进经济增长。正如丹尼尔·贝尔指出的那样："最终为经济提供方向的并不是价格体系而是经济生存于其中的文化价值体系。价格体系只不过是在产生的各种需求结构内相对地分配货物和劳务的一种机制。"企业的经济方向、经济水平和供给总量的提高，都取决于文化价值体系。

进入21世纪，知识经济将逐渐成为推动社会发展的主要方式。知识经济不再以传统工业为产业支柱，不再以稀缺自然资源为依托，而是以高技术产业为第一产业支柱，以智力资源为首要依托，因此知识经济也称"智力经济"。就知识经济性质而言，对人力资源的文化素质依赖性更强，对人力资源的质量要求更高。然而有些观点只看重知识经济中的技术力量、科学知识的作用，只看到知识和技术对人的驾驭，而看不到人力资源的文化主体作用对知识和技术的控制和引导。有些观点充分证明着数字化的效应，强调知识经济中个人知识的地位，张扬着技术理性，但没有为这些现代化形式铺陈一个保证其达到预期目的的文化根基。

能够有效地组织并充分运用人力资源，才能从事知识经济。在科学的价值指引下，有力的文化氛围，才能使人力资源在知识经济中发挥作用。信息技术的目标，不是也不能替代人或限制人的作用，而是要扩大人的潜能，它正在把机器工业的旧观念转变为以人的价值为中心的新观念。信息技术自身不会将无经验的人变为精明的、经验丰富的人。以计算机为基础的程序虽然附合着人的声音，但它往往使客户感到自己是一种交易而不是文化意义上的人。知识经济时代，经济竞争具有鲜明的人本第一性特征，企业家具备了全新人才文化观，团结各类具有不同文化背景的人，积蓄企业人本优势，企业才有资格参与知识经济竞争。

经济发展和企业管理的现实发展都充分说明，如果缺乏文化指引和文化价值尺度，没有深深的文化内涵和人力精神，那么无论技术动力增长和知识进步速度多快，都不会使社会的健康达到现代水准，反而会因文化人本精神与技术理性之间的分离，造成人在新经济中的扭曲和社会的畸形发展。经济与文化的融合发展，才能使社会在两个文明建设中顺利前进。

（此文选自2003年5月28日《人民日报》）

爱学才会赢

——新时代改革开放的励志歌

高立胜

学习：新时代企业管理的主题

一曲《爱拼才会赢》曾唱遍大江上下、长城内外，"三分天注定，七分靠打拚，爱拼才会赢"，这首闽南语的歌曲倾情地唱出了自20世纪80年代以来，我国改革开放后众多民营企业创业者为求生存而下海打拚的心路历程。它张扬了我国从计划经济转轨为市场经济的体制变革时期所需要的"敢闯"敢"冒"精神（邓小平语)，所以也赢得了改革开放中求进取的各界人士的共鸣。可以说它是我国改革开放初期，改革开放弄潮儿的励志歌。然而，经过20来年大浪淘沙，在众多成功的民营企业创业者拼赢了“第一桶金”之后，特别是我国加入WTO，市场竞争秩序越来越规范化以后，原来那种仅靠企业家个人的悟性和打拼精神来做企业的方式越来越不灵验了。“企业向何处去?”“未来经营管理的路怎样走?”面对这些困惑问题的考问，越来越多的企业经营者在反思和求索。时代总是能够为自己提出的问题求解。当我们的理论家和企业家反求于外时，发现外面的世界很精彩。20世纪80年代兴起的企业文化理论、90年代的学习型组织理论等等，都引起了有志者的关注。海尔、联想和宝钢等一批优秀企业率先引进和实践这些理论，并取得成功和长足的发展。

学习型组织理论，实际上是从工业时代转向信息时代、知识经济时代的产物。从20世纪60年代罗马俱乐部提出“不学习就灭亡”的警世通言，到90年代彼得·圣吉等推出《第五项修炼》系列著作，可以清晰地看到它的发展脉络。而建立学习型组织在我国的兴起，其主要原因亦是对时代发展变化的回应。

1. 从根本上来说，就是当今世界发展变化太快，并由此而引起了企业竞争方式的迅速改变

经济全球化、科技高新化、信息爆炸和传递即时化等使得工业时代推崇的规格和产量的竞争优势退而居次，而信息时代“快鱼吃慢鱼”的竞争方式则提出了新的挑战。在这种复杂迅变的新形势下，企业为求生存和发展则必须以变应变，而“应变的根本之道是学习”。彼得·圣吉指出，“21世纪企业间的竞争，其实质是企业学习能力的竞争，而竞争惟一的优势是来自比竞争对手学习更快的能力”，“这个趋势是由全球竞争所带动的”。在我国，有些企业提出“学习，企业的生命源泉；培训，企业的希望工程”的学习理论(江苏新远东公司等)，“抢先(快)半步”的竞争理论(三联集团、新希望集团等)，就是对当今时代挑战的即时把握与回应。

2. 建立学习型组织适应了我国企业管理变革与发展的需求

当前，我国的大多数国有企业已初步建立了现代企业制度，民营企业正在进行“第二次创业”。建立新的经营管理方式首先就必须学习，新希望集团总裁刘永好大声疾呼，“再不学习，诸多民营企业一起完蛋”。在新形势下建立新的经营管理方式绝不是对于原来的管理方式修修补补，而必须进行一场变革。如果把原来的企业管理方式比作开一辆汽车，那么即使把它维护管理得再好，也终归超不过一架飞机的速度。而把企业建设成学习型组织，就是把企业打造成一架现代化的飞机。

3. 它适应了提高企业经营者素质和培养现代化的“四有”职工队伍的需要

学习型组织所追求的决不仅是业绩最佳、竞争力最强，而是注重在组织中工作的人“活出生命的意义”。造就和培养全面发展的高素质的企业领导和员工队伍，既是“人的全面发展”的要求，也是社会主义企业神圣的社会使命；同时只有造就了全面发展的高素质的企业领导和员工队伍，才能够使企业具有强大的综合竞争力。

4. 它适应了我国社会主义企业文化建设发展的需要

20世纪80年代中期在我国兴起的企业文化热至今方兴未艾。企业文化理论的主旨是“以人为本”，“一切依靠人，一切为了人”。而学习型组织的理论，在一定意义上则提升和丰富了现代企业文化理论，并为之提出了具体化的实践方式。例如，从企业文化理论所主张的“最高目标”，到学习型组织理论的“构建共同愿景”(即共同的愿意、理想、远景或目标)；从企业理念识别系统强调构建理念的识别体系，到“改善心智模式”强调心理定势和思维方式的转变；从企业文化氛围的营造，到“团体学习”(Team Learning，亦可译为团队学习)的氛围营造方式等等，还有学习型组织理论所主张的“自主管理”方式，则正是企业文化理论所追求的人本管理的最高境界。在实践上，海尔集团是我国最早引进企业文化和学习型组织理论的企业之一，它在1998年提出了“建设互动的学习型团队”。张瑞敏认为，“一个企业非常重要的一条，就是要有自己的企业文化。这个企业文化重要的在于所有员工的认同”。而保证认同在发展中一致，就需要形成一种“学习型组织”。海尔集团的价值观是“创新”，而为了实现创新就必须学习，只有学习才能够创新。

5. 它是贯彻落实党的十六大精神的需要

党的十六大报告明确指出，要“形成全民学习、终身学习的学习型社会，促进人的全面发展”。因此，在企业中建立学习型组织不仅是企业自身发展的需要，同时也是把我国建设成学习型社会的需要。

总之，“学习是企业生命的源泉”，这是当代企业管理的主题。而创建学习型组织，则是一场新的管理革命，是新时代改革创新的成功之路。因此，“爱学才会赢”，应当是新时代的企业改革开放的励志歌。

学习型组织：改变了学习与工作的意义

彼得·圣吉的《第五项修炼》问世以后，旋即在全世界范围内引发了一场创建学习型组织的管理热潮。学习型组织理论与传统的管理理论的根本差异就在于，它高屋建瓴地改变了对于学习和工作意义的传统看法。学习型组织理论高扬“以人为本”的理念旗帜，以高度深切的人文关怀提出了要让在组织中工作的人“活出生命的意义”。因此，学习型组织具有诸多超越于传统组织的优长特点。

1. 学习型组织的建立，改变了学习和工作的意义和性质

在传统的学习理论看来，“学习是手段，工作是目的”；而学习型组织理论则提出了“工作学习化、学习工作化”的全新的企业管理模式。“工作学习化”就是把工作的过程看成学习的过程，强调学习与工作不可分离，它使成员在学习化的工作中活出生命的意义；“学习工作化”，就是把学习看成工作，并且是最重要的工作，它使组织通过工作化的学习增进创新能力，不断创新发展。对于学习的传统看法是，“吸收知识，或者是获得信息”；而学习型组织理论则认为，“真正的学习、涉及人之为人此一意义的核心。透过学习，我们重新创新自我”。在这里，学习成为企业的第一理念，而不是第二理念(联想集团)。因为只有组织的学习速度大于或等于外部环境的变化时，企业才能够求得生存和发展。

2. 学习型组织的建立，也改变了学习的途径和方法

传统学习理论注重个人的学习；而学习型组织理论则注重“组织的学习”，即全员学习、全程学习和团体学习。它强调在个人学习的基础上，组织成员团体为实现共同愿望而进行共同的学习；强调在掌握知识获取信息的基础上，通过信息反馈、自我反思、知识共享和改善心智模式等，提高团体的学习能力；它还强调在“自我超越”等四项修炼的基础上，加强“系统思考”的整合修炼，以实现学习型组织的真谛。

3. 学习型组织理论是以系统动力学为核心方法构建起来的，因此系统科学的方法论贯穿于学习型组织建立的全过程

系统科学的方法强调系统对于环境的适应与互动，强调系统结构对于系统功能的决定作用（如结构影响行为）等，因此“系统思考”的修炼始终在关注调整组织对于外部环境的适应并驾驭着其他四项修炼的过程。我认为，这也是建立学习型组织的重要方法论特点。

从学习型组织的特点分析中，我们可以看出建立学习型组织的真谛。它的目的、运作和归宿都在于人，即“以人为本”，“学习为了人，学习依靠人”。我认为，“促进人的全面发展”，就是建立学习型组织的真谛。因为在马克思主义者看来，人的全面发展是其目的性与手段性的辩证统一。从目的性来看，人的全面发展，是社会文明发展的最高目标 。马克思指出，共产主义就是“以每个人的全面自由发展为基本原则的社会形成”。从手段性来看，人的发展过程是人的本质的实现亦即使人成其为人的过程，而人的发展是在变革对象世界的过程中实现的。

观念革命：建立学习型组织的首要条件

从我国大多数企业的现状以及外部环境的状况来看，学习型组织的建立无疑是一个长期复杂的过程。然而，我国企业文化建设的成功经验为建立学习型组织奠定了良好的基础。海尔集团CEO张瑞敏曾说，海尔成功最重要的东西是什么？我想来想去，比来比去，就是四个字——观念革命。

1. 首先是企业领导的观念革命

在现阶段，许多企业开展企业文化建设的成功经验表明，它们都是把企业文化建设作为“一把手工程”来抓的。只有企业领导者明确了建立学习型组织的意义、解决了对于学习型组织的态度认识问题之后，才能够把建立学习型组织的问题提到企业的重要工作日程上来。然而学习型组织的建立可能要比推动企业文化建设更困难些。因为学习型组织要求企业领导者首先要把镜子转过来反观自己，即肯向别人学习，肯否定自己，此外还要注重“地方主义”（分权）以及将自己转变为设计师、教师和仆人的角色等。领导者率先进行观念革命是建立学习型组织开局的关键步骤，否则学习型组织的建立就无从谈起。

2. 对于企业广大员工来说，决不能把建立学习型组织看作是领导的事

从我国许多企业的企业文化建设经验来看，提出企业文化建设的目标和任务并不难，而让广大员工接受和认同这种企业文化却比较困难。在企业中建立学习型组织亦如此。学习型组织理论主张的是“组织的学习”，但它是以个人的学习为基础的。对于员工个人来说，理解个人学习的意义也是建立学习型组织的一个重要的前提。在当今知识经济时代，每5年知识总量就要翻一番。

在我国东北老工业基地，有很多职工因产业结构调整等原因而下岗失业，从个人来说，就在于缺乏新的产业技术所要求的专业知识和技能。而在上海宝钢，平均每个工人有3.8张岗位资格合格证，最多的拥有16张合格证。仅由此也可以看出，曾为老工业基地的东北其经济位次后移的人力资源方面的原因。

实际上，随着时代的发展，学习的问题比以前任何时候都更为重要。有关资料显示，当今世界大企业的平均寿命为40年，而在我国企业的寿命要远低于这个数字。据前两年统计资料说，我国国有企业和民营企业的平均寿命不超过10年。在这种形势下，几乎没有一个企业可以给员工提供一个终身的职位，但是那些优秀的企业却能够为员工提供不断发展才能的工作和机会，以保证员工受聘用能力的提升，那就是学习。因此，对于员工个人来说，如果你想保证在你的职业生涯中总是具有受聘用的能力，那么你必须学习；如果你想让企业的寿命更长，那么你必须投入到“组织的学习”。而学习的前提是自我观念革命。只有通过观念革命，才会使“要我学”转变为“我要学”，而这应是“学习的第一条规则”。还应该指出，学习型组织理论所主张的学习是组织学习，个人学习只是组织学习的基础。因为即使每个人的学习都很好，而没有“组织学习”，也可能出现个人智商为120而团体智商却为62的组织悲剧。

在学习型组织的思想观念问题解决之后，还有组织学习的方式方法等问题。万通集团董事局主席冯仑说“善学才会赢”，就是强调掌握正确的学习途径和方法才会赢得成功。圣吉在《第五项修炼》中提出了“自我超越”、“改善心智模式”、“建立共同愿景”、“团体学习”和“系统思考”这五项修炼的途径和方法。在国外有人把《第五项修炼》奉为21世纪的“管理圣经”。圣吉大不以为然，他说“圣经”是不能变的，而他这本书却要不断地发展（例如，已有专家提出，新的企业形态将是固定化扁平化结构让位于网络化结构）。管理无定式，文化有特色。学习要有创新，建立学习型组织亦如此。我们应该而且能够开创出建立中国特色的学习型组织的途径和方法来。

学习型组织理论是当代前沿的管理理论，而并非是一般的学习理论。它主张建立扁平化有弹性的组织，转变组织领导的角色，甚至关注工作与家庭的关系不平衡状态的改善。因此建立学习型组织是一项长期复杂的系统工程。任重而道远，我们必须准备为之付出长期而艰苦的努力，除此我们别无选择。

总之，在当今时代的全球竞争形势下，建立学习型组织的热潮正在世界范围内蓬勃兴起。圣吉认为，“全球企业正在形成一个共同学习的社会”。实际上这是一场全球性的学习竞赛。如果说以前在我国建立学习型组织的探索是一种预赛，那么党的十六大后在我国形成学习型社会的总动员令的发令枪已经正式打响。与其说这是一场学习竞赛的全运会，毋宁说它是一场学习竞赛的奥运会。让我们积极地投身到这场新的奥林匹克竞赛中来吧，它崇尚的是追求更快、更高、更强的奥林匹克精神！

（此文摘自《沈阳企业文化通讯》2003年6月刊）

以“三个代表”重要思想为指导 开创企业文化建设新局面

金思宇

发展代表先进文化方向的企业文化，是企业学习、贯彻和实践“三个代表”重要思想的重要内容。特别是在我国全面建设小康社会、加快推进社会主义现代化建设新的发展阶段，企业要根据中国先进文化的发展趋势和要求，以“三个代表”重要思想为指导，充分体现时代精神和创造精神，着眼于在国际市场上核心竞争力的提升，努力建设与先进生产力发展要求相适应、体现有中国特色社会主义的企业文化。

企业文化建设的着力点是建立与企业经营理念相一致的制度文化和行为文化。企业文化作为一种亚文化，什么时候都离不开主流文化的指导，但也不能简单而生硬地照般，应当从企业的实际出发导入先进的文化，也就是说要从解决中国企业创新与发展中存在的问题入手推进企业文化的建设和发展。实践表明，企业文化渗透于企业的组织结构、规章制度和员工行为之中，是企业独特的内涵、素质和风格，是现代企业的灵魂和持久动力。一个企业保持长久的兴旺发达，要靠良好的企业文化形成源源不断的创新动力。一个新产品很容易被竞争对手所模仿，但独特的企业文化很难被其他企业所克隆。产品优势是短暂的，建设良好企业文化才是企业的核心竞争力。如中国新时代控股(集团)公司从企业的实际出发，从塑造新时代人的行为观念入手，提出了一系列经营理念和行为理念，把“大事业的目标、大市场的胸怀、大家庭的感受和卓越的经济效益、卓越的社会效益、卓越的职工队伍”作为企业的共同追求；把“在新时代大舞台上实现人生价值和理想，在‘新时代’大家庭中享受世间友谊和真情”作为广大职工的追求。他们确定了“竞争创新、科学诚信、服务温馨”的总体经营理念，注意不断完善和打造企业形象，按照现代企业制度修订企业制度，形成规范的企业行为，努力形成具有新时代特色的企业文化。企业的规章制度、行为规范是引导、约束员工的重要措施，是将企业经营理念贯彻到每一个员工之中的根本保证，在企业文化体系中处于承上启下的中坚地位。有什么样的企业理念必然要求建立什么样的管理制度和行为规范。如果企业理念是鼓励员工去创新、去竞争，就应该建立严格的业绩考评制度、创新激励机制、末位淘汰制度等。美国戴尔公司为了建立一种“每个人都是老板”的企业理念，在公司中建立各层次员工之间畅通的信息沟通渠道，创造了“投资资本回报法”，确定员工配股奖金、赠送股票的数量，落实企业经营理念。

坚持体现企业先进文化的前进方向，必须坚持思想领先，以观念创新带动企业的创新和发展。上海宝钢集团公司党委提出，要在新世纪继续成为振兴中华的排头兵，就必须做到“三个自觉”，体现“三个代表”，即自觉地落实江泽民同志为宝钢的题词“办世界一流企业、创世界一流水平”要求，以建成钢铁精品基地，早日跻身世界500强的优异成绩来体现中国先进生产力发展的要求；自觉培育具有国际竞争力的宝钢企业文化，以企业精神文明建设的丰硕成果来体现中国先进文化的前进方向；自觉坚持企业为用户服务的宗旨，以全心全意依靠职工办企业、为人民创造财富的实际行动来体现中国最广大人民的根本利益。

建设先进的企业文化，培育一批具有国际竞争力的大型企业集团，是中国企业参与国际竞争、提高企业核心竞争力的内在要求，也是全面贯彻“三个代表”重要思想、全面建设小康社会的客观需要。抓好企业文化是企业党组织和企业领导人的职责所在。企业领导人的重视与否和自觉程度是制约企业文化建设的关键因素，企业党组织不仅仅有搞好生产经营的保证监督职能，而且有搞好企业精神文明建设、推进企业文化建设的义不容辞的职责。建设现代企业文化是企业党组织把思想政治工作和精神文明建设溶入生产经营之中的突破口和切入口。中国远洋运输(集团)总公司党组认为，对于中远集团这样一个资产构成多样化、生产经营全球化、员工队伍国际化的企业，要得到发展、取得最大的经济效益，惟一的有效途径就是培育先进的企业文化，用先进的企业文化统领全体员工，不断推动企业的改革发展。正是如此，短短数年，中远的企业文化建设卓有成效。第一，很好地继承了中远40多年来的优良传统，打造了一支特别能吃苦、特别能战斗，团结拼博、无私奉献的员工队伍。第二，以“求是创新、图强报国”的企业精神，“服务客户是优、回报股东最大”的价值观，“全球承运、诚信全球”的经营理念，“发展在航运及物流业中的领先地位，保持与客户、雇员和合作伙伴诚实互信的关系，最大程度地回报股东、环境和社会”的企业使命等等，构筑起中远集团企业文化体系，为实现中远战略目标提供了强大的精神动力和智力支持。第三，经过实践，基本上形成了以“控制论”(由拥有向控制转变)、“整体价值最大化论”、“三消亡论”(距离消亡、传统连接性消亡和传统结构消亡)、“四链合一论”(服务链、市场链、价值链和利润链有机结合)、“质量管理论”、“两个规律论”(2/8规律和结果滞后性规律)、“生命线论”(思想政治工作是一切工作的生命线)、“夹板效应论”、“学创论”(“三个学一创”活动)、“文化制胜论”这10个重要理论为代表的企业经营之道。实践证明，具有中远特色的企业文化具有显而易见的先进性，必将成为中远集团新世纪改革发展的强大动力。

积极向上的企业文化，是适应国际竞争的创新型的文化。创新是积极向上的企业文化的灵魂。中国移动通信集团公司广东移动通信有限责任公司从“三个代表”重要思想的高度和根本要求出发，积极创新实践，提出了内化落实企业文化建设的新思路，即内化与固化结合，文化与管理一体，隐性与显性相融，将企业文化内化到企业的经营理念和员工的思想意识中去，渗透到企业管理制度和员工行为规范中去，体现在企业整体形象和员工个体形象之上。一是从“代表先进生产力的发展要求”出发，明确提出企业发展战略和目标：广东移动在基本完成1999年提出的“内强素质，外树形象，迎接挑战，争创世界一流移动通信运营公司”三年目标的基础上，2002年根据新的竞争形势要求，又提出“提升核心竞争力，打造品牌新优势，争创世界一流移动信息运营公司”的新目标，对企业重新进行了定位，从“移动通信运营公司”到“移动信息运营公司”，使企业的经营视野更宽，范围更广，召唤力更强。以战略目标为牵引，制定了一系列战略要素指标和具体运营指标，进行了由技术导向向客户导向转变等十大战略性调整,争创"提高用户忠诚度,保持新增用户市场份额"等五个竞争优势,全面整合资源,不断提升资源价值,形成企业核心竞争力,打造出品牌的新优势,从而取得了新一轮的超常发展。二是从"代表先进文化的前进方向"出发,充实和完善企业文化的核心内容。企业文化源于企业,源于员工,源于实践,反过来又高于实践、指导实践。员工既是企业文化建设的客体,又是企业文化建设的主体。公司提出要"尊重员工自我价值的实现",要求企业为员工提供发展机会和舞台,同时也要求员工努力工作,在实现企业目标的同时实现发挥个人的才智和目标,从而达到员工与企业共同成长的目的。"以德治企"就是以企业文化来治理企业,培养德才兼备的人才。公司以德、才为标准,把员工分为四类:第一类是认同公司企业文化又有较强能力和良好业绩的人,这是公司必须留住的人才;第二类是认同企业文化但缺乏能力的人,给他提供第二或第三个机会,换个岗位或送去培训,安排适合他做的工作;第三类是不认同企业文化但有能力的人,加强对他的教育,使他认同企业文化,转变为第一类人,否则,就叫他离开企业;第四类是不认同企业文化又没有能力和业绩的人,通过有效的淘汰机制,尽快让其离开企业。三是从"代表最广大人民的根本利益"出发,全面开展企业"创新服务",企业是赢利组织,但同时担负着社会责任",广东移动提出了"服务第一,赢利第二"的服务观念,把服务放在第一位,致力于转变服务观念,从要我服务向我要服务转变,从规范服务向个性服务转变,从标准服务向超值服务转变,不断为客户创造价值和利益,秉承"沟通从心开始"的服务理念,真心真意待人,专心用心做事,以世界一流企业为目标,建立一个全员、全程、全方位的服务体系,提升企业核心竞争力;通过实现移动通信网络的无缝隙覆盖,为广大客户提供优质高效的网络服务;以零距离、个性化、全方位、100%满意的"沟通100"服务理念,提升客户的满意度和忠诚度;公司通过"移动梦网"合作模式,直接同110多个服务供应商签订了合作协议,为客户提供了400种新业务。这些新业务、新服务项目的推出,极大地方便了客户,符合广大客户对移动通信服务的需求,体现了公司"客户是企业生命所在"的价值观,客户的满意度和忠诚度逐步提高。

总而言之,建设和发展企业文化要牢牢把握"三个代表"重要思想这个灵魂,充分体现先进生产力的发展要求,使企业文化建设始终与经济建设相结合,为企业的发展提供持久的动力;符合中国先进文化的前进方向,把着力点放在坚持弘扬和培育民族精神,提高企业职工群众的思想道德和科学文化素质上;充分体现最广大人民群众的根本利益,真正坚持以人为本,尊重人、关心人、服务人,实现人的全面发展。

当前和今后一个时期企业文化建设的首要任务,就是以"三个代表"重要思想和党的十六大精神为指导,切实把企业文化建设放到当代中国社会发展的整体结构和国家、民族、企业存在发展的命运中加以考虑,进一步提高对企业文化建设的重要性和必要性的认识,与时俱进,开拓创新,积极探索企业文化建设的新思路、新载体、新经验,积极推动新世纪、新阶段企业文化建设向深度和广度发展,不断开创中国特色的社会主义企业文化建设的新局面。

(此文选自《企业文明》杂志2003年第6期)

中国优秀传统文化与企业文化建设

钟祥斌

中国的企业文化建设必须吸收中华优秀传统文化,从而建成具有中国特色的企业文化,这样,中国的企业文化建设立足才坚实,前途才高远。美国管理学家杜拉克说:"管理越是能够利用一个社会的传统、价值与信念,则其成就越大。"西方文艺复兴运动就是找出新的人文世界。而这个新的人文世界恰恰是当时那些对古希腊、古罗马的文化、哲学很有研究的学者,他们在古典文化中发现了另外一个世界,即自然的世界、人的世界。

我们要使传统文化转化为一个发展资源,我们应该从自己的历史出发向前发展,要从已经有的去发展更多更好的东西。应用——转化过去的传统文化为现实所用。我们的企业文化建设只有与优秀的传统文化有机的地结合起来,并能随着实践的深化和发展而不断丰富和完善,才能具有生命力。我们可以把中国传统文化博大精深的思想落实到企业文化的各个层面,然而最根本的是精神文化和制度文化中对人的塑造。综括传统文化儒释道最根本的是一种伦理道德文化,即讲做人的学问。企业文化是以人为本的管理,是在一个企业中大家认可做人做事的准则。所以企业的价值观、企业精神、企业行为规范都可以从中华优秀传统文化中吸取营养。

先说儒学,儒学的核心就是关于如何做人。它建立了一套道德礼仪规范的体系,来维系社会秩序。强调人必须提升自己的境界,要求人要对人生价值的问题理解,树立人生价值观。儒学思想把个人看成群体的一分子,注重个人对社会对历史的一种责任。最有代表性的观点是三不朽,叫立德、立功、立言。

强调做人的价值观,一个很重要的方面是如何看待义利关系。对待利,儒学认为应当取之有道,不收不义之财。孔子说,不义而富且贵,于我如浮云。认为人应当有独立人格,三军可夺帅,匹夫不可夺志。

儒学仁的基本精神是爱人,爱人的基础是推己及人。当年孔子的弟子问孔子,有没有一句话可以一辈子去做,孔子回答,己所不欲,勿施于人。公德的基础是推己及人,要考虑自己一言一行对周围的影响,现在提出全球普遍伦理,大家都能接受的就是己所不欲,勿施于人。类似的话《圣经》中有,不愿别人对你做的事,你也不要对别人做。推己及人用现代的时髦话来说,即是伦理道德的底线,是最后保障。今天我们在市场经济条件下建设企业文化,制定我们的企业道德、行为规范,是不是可以考虑这样一个原则:你做不到舍己为公,但你不能损公肥私;你不能无私奉献,但你应当爱岗敬业。其他还有不欺诈、不偷盗等,就是说你攀升不到道德的最高境界,但最低的下限必须遵守。现在一些企业行为也破坏了道德底线。像三角债,这也就是企业信用危机;其他像坑蒙拐骗、假冒伪劣、工业污染等不一而足。

人生价值观决定于人的修养。修养亦是儒学的基本精神。修养便是不断地提升自我,完善自我,现在叫自律,自律便是发自内心的情感。像成功的企业文化就是造成一种自律意识，把你要我这样做，变成我应当这样做。对待产品质量，对待工作，不是为了应付检查，而是有一种内在的驱动力，上升到一种人生境界，一种生活方式，有的企业理念提出来的“好产品不是检查出来的”，正缘于此。人生的价值不仅仅在于追求物质生活，而在于追求精神生活，树立积极向上的人生态度。说到人生态度，我要讲到易经，易经是儒学经典之首。自强不息和厚德载物是《易经·象传》对乾坤两卦的解释。易经是古人的一种直观，把宇宙万物的变化记录下来，阐述了变与不变的思想。爻卦都指出了变化。企业文化就是在于变，在于应变。基本文化的道理不变，道德、诚信不变。企业文化设计要吸收易经的思想，不是越复杂越好，要简化易操作。

一位美国学者写了一本叫做新世界的管理观念的书，其中提出“超稳定性”的概念。他说美国很多的企业是应运而生，背运而灭，时间一过就无法生存。1982 年出版的《追求卓越》一书，曾举出当时四十几个卓越企业，但到今天 1/3 以上已完全落伍了，其原因之一就是这些企业在企业文化建设上缺乏一个“超稳定性”。超稳定性也就是孙子兵法强调的“立于不败之地”，要达到目标，并能把自己的损失减少到最低限度，一定要先站在一个稳固的基础上，这也就是孙子说的“无死地”的原则。“超稳定性”就是基于深厚的思考所产生的一种长远计划，足以应变，也就是足以适应任何风暴和转变而不会受到根基上的影响。一个企业文化系统要具有相当大的伸缩性与变通性，这样才能以不变来承受变易。

再说佛学，佛学自东汉传入我国至今有 2000 多年的历史了。真正意义上的佛学并不是老百姓所理解的烧香磕头。

什么是佛学？佛学是一种哲学，一种人文修养。在中国传统文化中很多人忽视了佛学，其实佛学是主要方面。历史上许多大哲学家、思想家，如李白、杜甫、白居易、苏轼等都是居士。佛学是大智慧，现代世界上，人们的心理危机越来越严重，佛学能够调解人的心理。给企业家层面以心理高适，博大精深的佛学所给予的远非心理学所能企及。从佛经中可以总结许多理念，一个企业家在创业中什么最重要，是资金、人才、物质重要吗？更重要的是心理、文化精神准备，对于此，佛学理念是深厚的根基。

对于佛学要有个正确的态度，取舍是建立在研究和了解之上的。因此，我们要首先了解和认识它，邪教兴起的一个很重要的原因是老百姓不了解佛学常识。扬汤止沸不如去其薪。释伽牟尼在《金刚经》中说，“若以色见我，以音声求我，是人行邪道，不得见如来”，明确反对偶像崇拜。中国的佛学发展史，自六祖慧能实现了佛教的中国化，现实中远没有实现现代化。许多人只知道烧香磕头，不知从中获得哲学修养。佛学把握人生价值，主张“诸恶莫做，众善奉行”，“诸行无常，诸法无我”，真正把人放在无限的宇宙时空中来审视，使小我变为大我。提倡“此有故彼有，此生故彼生，此无故彼无，此灭故彼灭”的大智慧。世界是个链条，一切动物和植物息息相关，共同在这个世界上，因此“要爱六道众生”，人类之间要相爱，要爱动物和植物。这正是建立生态文明的精髓所在。

佛学文化价值观对企业文化，对企业理念、企业价值观都有不可估量的启示和借鉴作用。松下幸之助的军师加滕大观是一位高僧，以佛的大智慧助松下成功。松下有妙语：“公司即道场。”公司也是为社会培养圣贤的地方，经商办企业如修行，是一种严格的精神训练。他说：“长期修禅的高僧，不论社会上发生哪种变动，他都能够泰然自若，考虑着自己该做的事，并尽量减少错误。”另一方面中国加入世贸组织，在这场变革之中，企业中每个职工适应性不同，知识和技能的准备不同，在相当时期内社会的分化加剧。佛学提倡一种终级关怀精神，人们关心帮助每一个人，尤其是处于弱势的群体和个人，以缓解社会剧烈变革带来的矛盾和痛苦。企业中那些富裕起来的白领阶层应当怎样生活，追求什么？虽然佛学是在唯心论范畴内追求人的自由境界，但是也完全可以在唯物论之内吸入佛学的超越和批判精神，鼓舞人的精神升华，如果企业中多了这种精神，那么一定能在实现自我价值上获得飞跃。

最后说一说道德经，道德经是道家的主要典籍，其第十一章是老子思想的精髓：“三十辐，共一毂，当其无，有车之用。埏埴以为器，当其无，有器之用。凿户以为室，当其无，有室之用。故有之以为利，无之以为用。”其中的“无”的思想，正反映了企业精神文化、无形资产的作用。“有”和“无”相互转化，无中生有。一个企业不会永存，但其精神是永存的。正像一位西方企业家所说，如果一把火把我的企业烧掉，我会很快就建起一个新的企业，依靠的就是精神力量。无为并不是完全清静无为，是无为而无不为的无为，一无所为不能叫无为，企业文化的最高境界是没有管理的管理。大象无形，一个企业的成功，要能够掌握大与小，有形与无形。未兆先谋就是企业文化建设要先作企业文化设计和企业文化发展战略。

以上比较集中地说了中华传统文化的儒释道精神，那么如何把中华优秀传统文化通过企业文化设计注入企业文化之中呢？我在企业文化研究和实践中，始终把研究、发掘、推广、设计、实施中华优秀传统文化的道德文化放在重要位置。

在为大连渤海顺达房屋开发总公司设计的“顺达文化”模式中，我们强调：“良好的道德形象就是企业的金字招牌。”进而提出“全、信、活”的经营理念。这一理念充分体现了儒家的道德文化，使企业成为大连市乡镇“明星企业”、大连市和辽宁省工商局“重合同守信用单位”。

在大连市企业文化研究会，特别强调伦理道德的重要性，并撰写了《大连市企业文化研究会理念》和《大连市企业文化研究会会训》，主要内容如下：

研究会理念：善以待物，诚以待人，宽以待事。

研究会会训：(1)孝敬父母，为人之本；要进企业文化门，先做孝敬父母人。(2)必须改变毫不付出，只想索取的恶劣习惯。(3)修身立德，待人以诚。(4)培育爱心、善心、责任心。(5)树立为社会、为民族、为国家、为人类的奉献精神。

在道家的生态观中，有一段感人的故事：庄子和惠子游于濠梁之上，通过对鱼的观察体会到大自然的乐趣，体现了人与自然的和谐，从而激发了人们的环保意识。

在为大连市旅顺口区龙头镇龙头村进行村镇文化设计时，经过深入调查研究，我们根据村镇实际设计出《村镇文化建设——旅顺龙头村形象工程设计文本》，以村镇伦理道德文化建设为切入点，提出龙头村视觉感受系统、龙头村经济感受体系、龙头村消费感觉系统、龙头村行为感受系统、龙头村风情感受系统、龙头村精神感受系统六大操作系统。在此基础上，提炼出“贰水惠泽，力争上游”的龙头村精神。“贰水”是指村内的两条河流，生生不息，滋润着龙头村，给村民带来幸福，也说明了人与自然的和谐关系。惠泽源于传统文化，有施恩不图报的意识，《易经·象传》有厚德载物。此意指村领导造福一方之心。

在为大连体育用品商场进行企业文化设计时，提出“厚德载福，诚实兴商”的企业精神。“厚德载福”强调伦理道德与福祉事业之间的紧密关系，指出，只有“厚德”才给人们带来“福祉”；“诚实兴商”，这是对“厚德载福”的最好诠释，也是事物发展的必然结果。

总之，中国优秀传统文化是与建设有中国特色的企业文化密不可分的，在企业文化建设中，只有弘扬优秀传统文化才能使有中国特色的企业文化有所建树。

（此文选自《现代企业文化新理念——跨文化管理的探索》2003年8月出版）

直面客户经济　打造诚信机制

管益忻

关于信用问题、企业信用文化问题，一般的讨论已经相当多了。现在最大的、最紧迫的问题，已非泛泛地议论、宣传一通了，而是应积极、认真而深入地探究其更深层认识问题，以利于新型企业信用文化的有效而科学地培育和发展。

关于企业信用文化问题。本人以为，在这一个事关现代市场经济、现代客户经济继续、深入推进所面临的急迫需要回答和解决的战略性课题中，首要应予剖析的是多少年来主流经济学所谓的人类行为“自利最大化”的假说。以我之见，似乎已成定理，多年来流行于西方主流经济学派中的此一“论断”实在是一个“逻辑”陷阱；这是一个历史性的错误。这一错误的病根在于，它对“个人主义”作了非理性认定。就是说，这一“假说”，真正究其根底，乃原本就是一个对中性命题的曲解。这是对人们消费、生命乃至一切经济、文化成果最终享用“个性化”形式的完全消极假说和负向判断。其实，事物的本质是这样的：个人的、人类的一切价值的获取、享用，不管是吃的、穿的、用的、玩的、社交的，归根到底只能以“个别人”来实现。然而，多少年来，人们把这一个别人享用之消费的中性形态、中性本质，有意无意地扭曲到一边去，扭曲到纯粹消极的、负面的方向上去；也有人则片面地理解到纯粹的“+”号上去，这都不能说是对的。偏见比无知离真理更远。这真有点类似于中国传统文化中的“人性善、人性恶”之辨；在当前的问题中，人们完全倒向“性恶”说了。马克思在他的《政治经济批判导言、序言》中说：一条铁路修起来了，如果没有通火车，不算是生产的完成。一件衬衣制造出来了，如果没有人穿，不算是生产的完成。在马克思看来，任何一件产品、一项服务，都要经过生产、交换、分配、消费四个环节，只有到第四个环节时，产品（服务）被人们所消费，才是生产的最终完成。由此，引出的逻辑就是必然的：生产的最后完成所依赖的“消费”就一定是一个人、一个人进行的；一定是“个性化”的。很显然，这一个性化、这一为个别人所享用的事实表明，它是一种个体行为，其背后是“个人理念”；这是一种个人自主、自立性的活动。不能说一件衬衣今天我穿了一天，明天你抓过去穿，就变成你的了；也不能说一块面包我咬了一口，你一把抓过去就变成你的了，十分清楚，任何一种消费、一种享用都只能是由个别人个别进行的。既然是这样，我们无论如何不能说这是什么所谓的“自私自利”，更不能由此引出“自利最大化”的结论！这其中所体现的完全是一种中性意义的、中性概念的人类生活之本来面貌；它是一种人的本性的体现。毫无疑问，在许多情况下，的确会出现“自私自利”，甚至自私“自利最大化”的恶例。然而，直至此刻，我们所看到的也只能说是——的确——是一种“个人主义”。但我们说的这种“个人主义”绝不是被人们歪曲了的流行观点中的“个人主义”——“损人利己”，更不能夸大化为“自利最大化“。如果是通过歪门斜道获利的“个人主义”，那就另当别论了。现在让我们来稍认真、具体一点分析一下“个人主义”（的消费或者享受）吧。从人、己关系上说，它起码可能出现四种不同的情形，相应作出四种解释：第一种，利己不损人的“个人主义”。就是“自劳自得”，与他人无关。第二种，“利己也利人”的“个人主义”。这是双赢、多赢、互利。第三种，“既不利己也不利人”的“个人主义”。出于自私动机参与合作，双方（多方）合作经营亏损情况下，会出现这种悲剧。第四种，“利己不利人”的“个人主义”。这即通常所谓的“损人利己”，这就完全成为掠夺了。显然，在这四种可能中，只有第四种情形才符合流行观点的假定。然而，这第四种情况并非惟一的，更不能因而得出人的本性“自私最大化”的定论。

信用制度的建设，信用体系的建构，信用文化的培育，是一个时代性课题，需要经过长期的、艰难曲折的磨擦、矛盾甚至斗争才有可能建立起来。在这个问题上，那种认为中国是一个有5000年文明史的礼仪之邦，似乎信用制度可以自然而然迅速形成的想法是幼稚的。人们对于眼下社会、经济生活领域出现的种种失信问题和弊端，产生一些忧虑和不安是可以理解的；但若由此而根本失去信心，则是不应当的。且以为，时至今日，国人尤应意识到的一点是：中国的确是一个有着深厚礼仪文明文化积淀的国度。人们特别津津而道的是如关云长等辈建树中华最高信誉典范之高风亮节的种种美誉、佳话世代相传，这亦是不争的事实。也正因此，古往今来，人们总是念念不忘这样的楹联：“赤面凛赤心，乘赤兔追风，问关中无忘赤帝；青巾对青史，仗青龙偃月，隐微处无愧青天。”但是，这样的一些信用制度、信用风尚基本上是建立在自然经济、封建经济基础之上的。它们并不能直接、具体地同今天市场经济“无缝对接”；严格地说，它们并不能直接、具体地等同于现代市场经济所要求的信用理念、信用体系乃至信用制度。比如说，西方发达国贸中交易额的90%靠信用，而我国则为现汇交易额占80%。事实是最顽强的东西。这样的事实就表明，简单地将中国传统文明，传统信誉、理念和制度等同于今天的市场经济，特别是客户经济的信用理念、信用制度、信用机制，这是一个误会、一个错误。话说到这里，有必要引用林毅夫的一个重要观点：意识形态也是制度。必须看到，这种新型的市场经济所要求的信用制度，在中国刚刚建立。惟其如此，新旧两种信誉、两种信用理念和制度就必然需要一个长期的、艰难而曲折的磨合、摩擦、矛盾和斗争，才有可能建立起来。诚如许多学者所说的，信用制度是建立在道德和理念基础之上的。当然，更进一步的思考告诉人们，这种道德和理念基础，又是同整个市场经济生长、发育进程联系在一起的。因而，这又必然是一项长期的、浩大的建设工程。在欧美的历史上，无论是英国、法国还是美国，它们的证券交易、金融保险等等信用制度的建构、信用理念的确立，都是经过100年甚至200年的艰苦磨砺的过程，才得以形成和最终确立的。

理论和实践都表明，卓越的信用体系、信用制度以及企业信用文化培育过程，实质上是一个国家、一个民族人们社会品格的再造和升级过程。显然，要使这一信用工程进展顺利而真正日见其功，尤其需要在全民，特别是在企业中培育一种“生产型品格”。何为生产型品格？简单地说，这是一种不断为社会创造价值而同时个人也获得收益的品质和格调。美国社会心理学家弗罗姆的这一观点告诉我们，这种人的生产型品格体现着人们伦理的最高境界，它不同于极度“商业化”的那种“市场(交易)型品格”，不同于那种专门等待福利照顾的“接受型品格”，也不同于那种“土财主”有钱藏在地窖里面的“储藏型品格”，不同于思想深处动辄就想“打土豪分田地”的“掠夺型品格”，它是一种不同于这一切非生产型品格的当代最高尚之使社会财富不断增值的人类社会品格；它透视着最高境界的伦理价值观。实际上，CEO及其员工们的一切良好的表现，均可视为生产型品格的产物。例如，全勤出席、高效率，有组织有纪律地工作、高品质团队精神，以及讲信用、少事故、肯负责等等。再如守时、灵活、忍耐、专注、务实、尽责、机警、可靠等等这些均属于生产型品格。那么，这种“生产型品格”如何培育和塑造呢？扼要地说有以下几条具体做法。首要的是领导要树立生产型品格。作为领导，关键是不在于你说了什么，而是在于你做了什么。再者，要确立一定的规则、标准。而这规则、标准有用就必须刚性化。最好是通过一系列重要的事件来确立。当年，海尔就是在砸76台冰箱及其他重要事件中确立起高质量意识、高质量品格的。第三条，生产型品格的修炼，要一步一步地进行。生产型品格的形成是一个反复学习、一再修炼、不断提高的过程。要联系实际，一个问题一个问题地解决，逐步达到理想境界。第四条，要让员工在作业互动中塑造品格。要让他们在自己与家庭、与企业、与社区的相互联系中，在其看到、得到回馈、相互认同的信息交流中，即在人同人的互动关系中不断升华、再造自己的品格。第五条，领导要善于赞美和表扬。特别要善于把“特别的爱献给特别的你”。在处理此类问题时，人们最应注意的一点是，表扬、赞美也不能“吃大锅饭”、搞平均主义，受表扬“人人有份”、给奖励“份份一样”。第六条，表扬、赞美不要留“尾巴”。例如，甲某因工作成绩突出得到表扬，应予表扬的核心是他的刻苦钻研业务的精神，而不是成就如何如何伟大。成就、业绩给企业带来了丰厚收益当然是要讲清楚的，但第一位该讲的是这一员工社会品格的卓越，以使他(也使其他人)进一步强化其已获得的卓越的方向感，进一步优化其心灵深处的品格价值。而对相当一部分官味较浓的“表扬者”来说，还应当时刻告诫自己，你绝对不应该、不可以“文不对题”，再给人留“尾巴”，什么“你要谦虚谨慎”啦，“你要再接再励”啦等。给人一种居高临下、上峰恩赐的感觉。第七条，依据品格作出雇聘的决定。好的，要依此评价，作为升迁的依据。第八条，明了改正错误的品格发展方向。员工表现中的各种现实问题，都要找出深层品格上的原因。一般性的，改正；个别品格恶劣的，要坚决解聘。

(此文选自2003年9月6日《厂长经理报》)

寄语中国企业家

——访著名经济学家于光远

姚咏梅

记者：于老，您在1993年就提出了四句话：“社会进步的基础是企业，企业发展的关键是改革，改革深化的方向是自主，自主经营的依靠是文化。”当时您提出的这个文化的概念是以什么为主体的，对企业家的作用是什么？

于老：我提出这四句话，是因为当时我们的企业家对文化不重视，缺少文化的观念。今天我还是这种观点，企业家还应该提高素质、提高文化水平。在这四句话中提出的文化就是以企业和企业家为主体，为了经营自己的事业所依靠的文化，企业中一切人员都要提高自己的文化意识，企业的领导人更应如此。企业家要特别重视运用文化手段。

记者：那么企业家怎样才能提高文化素质？又如何运用好文化手段？

于老：企业家既要提高一般文化素质，又要对自己经营的事业有专门的文化知识，成为这些领域的专家；既要学习掌握现代化的经营思想、经营技术的知识，又要懂得我国的优秀文化传统，适合我国的国情。要善于从本企业的实践中学习，从国内外企业经营成功和失败的经验教训中学习；要努力学聪明，研究聪明学，提高自己的聪明度，开发自己的大脑；要有高度的创造性。企业家要有高度的眼光——既要有近期的考虑，有正确的短期行为，也要对正确的长期行为有所考虑，抓住机遇就是不失时机，为了不失时机就必须时刻处于有准备的状况下。因此，企业家要努力做到高瞻远瞩，既要有高明的眼光，又要有很强的实干能力；企业家要有坚韧不拔的精神，既要有远大的目标，又能一步一步踏踏实实地前进。

对于运用文化手段，我用四句话来说，思想开路，人才决定，组织保证，金钱后盾。正确地作出企业的战略决策是决定企业成败的一个关键。应该做好“前战略研究”、“战略研究”和“后战略研究”的整套研究工作。其中的前战略研究的基础是建立对企业可能有用的内容丰富的信息库、知识库、点子库，最好取得专门的信息机构的服务；战略研究就是作出最好的选择；后战略研究是对定下来的战略进行实践、取得效益，对战略检验和修正的研究。

记者：您的五层次说中要求企业家要参与社会文化事业，请您解释一下企业家为什么在发展企业文化的同时还要参与社会的文化事业，这对企业的发展能够起到什么作用？企业家应该怎样利用社会文化发展企业？

于老：企业是社会的一部分，企业家要参与社会文化事业。企业家除发展企业文化外，还有一个对整个社会文化发展的责任，有些企业家已经重视了这一点。企业家按照自己的认识，运用自己的力量来参与社会文化事业，这就是企业家承担了社会的责任。说企业是文化的生长点,道理也在这里。比如有些企业搞足球队,这对提高企业的知名度作用是很大的。企业是个从事经济经营的机构,搞好文化对企业肯定有促进作用,可以在企业中减少一些无效活动、空洞的宣传。另外再强调一下,发展文化就是发展生产力的重要途径。这方面要研究的问题是很多的,各行各业都有,关键是看你重视还是不重视,看企业家的文化意识高还是不高,看你会不会运用文化手段。

记者:当代企业家在企业内应该把企业文化放在一个什么样的位置上,怎样认识和运用企业文化?

于老:企业文化可分为两个部分。一个是企业内部的文化建设,一个是企业在社会文化事业发展中的作用。对企业文化地位、任务的认识包括三个方面。一是企业家应该把企业文化建设看作是对社会文化建设的责任,这就是企业家的经营文化和管理文化;二是建设企业文化,目的在于提高职工的文化素质、思想素质,如对价值观、企业精神的认识等;三是充实、丰富职工文化生活和增加文化信息等。

其中,企业家的经营文化和管理文化尤其重要。我给经营下个定义,经营是直接取得效益的社会实践。而管理是通过改革来改善管理,是为经营排除障碍,创造条件。只有经营取得效益,改革才能巩固,才能证明改革是有成效的。如果不去经营,改革就得不到效益,得不到巩固。所以,对企业来说,经营文化很重要,但也不能轻视管理,管理能解决许多问题。经营文化和管理文化,作为企业家首先要重视,自己一定要关心企业文化建设。光搞经济建设不行,还要讲社会发展。其次,企业文化建设不仅要口头上重视,更重要的是落实于行动。

记者:您把企业文化分为五大层次,其中第五层次提到企业领导人要很好地研究经济体制改革中的问题,研究国家有关企业的各种政策问题,研究宏观经济的问题,提高参与这些方面决策的意识。这个问题是企业文化的范畴吗?它是不是超出了企业家管理的范围?企业家如何才能把握好?

于老:这第五个层次的企业文化,讲的就是企业家的事情。开展这一个层次的企业文化,我认为同提高企业家的经营文化和管理文化水平不是没有关系的。不错,在这一个层次的企业文化中,企业家的活动超越了本企业的范围,企业的注意力超越了本企业微观的经营管理的范围,在研究领域方面,也超出了一般的微观的经营管理范围,但是,第一企业并不是离开整个社会而孤立存在的,它同整个社会有千丝万缕的联系,它受国家的宏观经营管理和国家宏观决策的影响是很大的。企业的活动就是在这个影响下进行的。企业家在考虑本企业的经营管理时,不能不接触到国家的经营管理问题。所以对宏观问题进行学习和研究,提高对国家宏观决策的认识,使企业自身的活动适应宏观决策,这对于企业界的做好,就是说经营管理工作关系极大。当企业家对宏观决策提出某些中肯的意见时,他们对宏观决策就发挥了积极的作用。第二,企业家研究宏观问题与一般学者不一样,他们有一个独特的立足点,那就是站在本企业这个基本点上看问题。因为他们是企业家,所以他们能够清楚地、深切地了解国家的宏观决策对本企业发生的影响,能够根据这些对宏观决策作出有确凿事实根据的判断。问题是要不受本企业眼界的限制,能从更宽的范围来看问题。但从本企业来看问题仍不失为很重要的一条。

重视宏观问题,我认为应该是对所有企业家的要求。社会主义企业的企业家应该努力学习国家对宏观问题作出的决策,了解它们的意义。但是对宏观问题作真正的科学研究却不是一件容易做到的事情。要求企业家有较高的研究能力,要求企业家达到一个较高的水平,要求企业家逐渐提高他们对研究宏观问题的意识。无论如何企业家的首要任务是获取本企业的繁荣,因而迫切需要提高直接的经营文化、管理文化水平。

记者:您一直强调企业家要提高经营文化和管理文化水平,应该是五层次中较重要的一个层次。但不知您为什么要提出这两种文化?对企业家有什么指导意义?

于老:为了回答这个问题,我不得不重复我一直强调的一个观点,这个观点同我国这些年流行的观点是不一样的,我不赞成把经营和管理看作是一个概念,我认为它们是两个不同的概念,是密切联系的两个不同的概念。流行的观点没有做这种严格的划分,把经营和管理混在一起,并让管理"吞并"了经营,经营从属于管理,让管理科学取代了"经营文化"和"管理文化"。

我主张"经营"与"管理"各有自己的概念,各有自己的定义。而且我认为只有这样做才有利于对"经营"和"管理"之间相互关系的探讨。我的这个观点在我国企业家中有一些人听说过,因为我曾经在一些会议上讲过,但我想绝大多数企业家并不知道我这个观点,因此借此机会再说一下。

记者:您认为企业家要提高自身的经营文化和管理文化的水平,在实际工作中应该从什么方面入手?

于老:企业家提高自身的经营文化和管理文化的水平应该是长期的、坚韧不拔的任务。为了让大家把握好经营文化和管理文化,我把两种文化的内容展示给读者和企业家:其一,企业的经营由于其中的社会基本制度与具体经济制度(经济体制)不同而有不同的要求与不同的文化。比如在现在的市场经济制度下,企业家必须力求提高的经营文化中最重要的一条内容就是使企业的活动有计划地与市场相适应,做好市场分析和预测。分析和预测的内容,包括企业产品的供求、价格的变化等等。这样的社会实践明显不属于"管理",而属于"经营"。进行市场分析与预测有一个水平问题。这种水平就属于企业家经营水平范围。表现在他是否具备进行这种分析和预测的必要的知识,对我国具体条件下市场的意义和作用、市场变化的客观规律性是否能够掌握,对市场变化是否高度敏感。这样的水平是可以通过学习和日常工作的锻炼得到提高的。当然这只是有关经营文化的一个方面,但它无疑是企业家经营文化中最重要的方面之一,企业家要努力学习提高自己的这方面水平。

其二,企业管理也由于其中的社会基本经济制度和具体经济制度(经济体制)的不同而有不同的要求与不同的文化。管理既然是企业家在经营中所要求建立或者调整而形成的那种人与人的关系,企业家提高自身的管理文化水平的要求,就应该是:①努力形成一种最适宜于把经营搞好的管理思想;②要努力去建立、运用或者调整这样一种管理制度,使它最适合把经营搞好。这种管理思想、管理制度是一种能够较好地提高劳动者从事本岗位工作积极性和创造性的重要保证。由于人是一个极其复杂的存在物,要达到提高企业管理水平的结果,首先就要提高企业家自己管理文化的水平。

记者:最后,再请您谈谈一个合格的中国企业家应该做到哪些？您对企业家的期望是什么？在肩负着为了社会的不断进步，为了中国的腾飞和与世界经济接轨的历史使命中，企业家应该注意什么？

于老：企业家必须具备知识，应有强的法制观念，做守法的企业家，企业家要有强的道德观念——企业家道德、商业道德；企业家要虚心学习，善于取得资讯；要自我反思，自我衡量，企业家要自己问自己——你想红一时还是红一世？企业家对自己要严格要求；企业家要思考、认识企业家有哪些通病；面对艰辛与困难要有克服困难的毅力，企业家要特别注意胜不骄、败不馁；企业家要注视自己前面有哪些陷阱；要认识自己的强点和弱点，经常思考自己的经营和教训，要研究近些年其他企业家成功的道路和失败的教训；企业家要有自我教育的强烈观念，努力取得学术界的帮助；企业家要善于向别的企业家学习，但必须适合本人的条件，企业家要交良师益友。

企业家提高自己的知名度对于企业的发展是有利的，但过分热衷这样的事会妨碍自知之明，收不到好的效果。企业家要有所作为，对企业家事业有更高的要求；企业家要深切了解社会进步对自己的要求，认识自己的历史使命和完成历史使命必须进行的努力。

（此文选自《中外企业文化》杂志 2003 年第 9 期）

世界著名企业的诚信文化建设与经营管理实践

贾春峰

一

研究企业信用与诚信文化建设，对于企业与整个经济社会的持续蓬勃发展，对于提升企业的竞争力与形象力，都具有重要现实意义和深远历史意义。这个问题，涉及的内容和方面很多，比如信用制度建设就是非常重要的。而我要演讲的题目是《世界著名企业的诚信文化建设与经营管理实践》。从题目可以看出，要从企业文化的角度讲这个问题，而且要着重讲企业案例。好，那就从世界上最著名的典型案例讲起吧。

第一个典型案例是美国通用电气（GE）公司的诚信文化。

一年多以前，在北京金都假日酒店召开的美国 GE 公司一本新书出版的新闻发布会上，他们邀我作了一个关于 GE 企业文化与经营智慧的演讲，其中我发表了 GE 企业文化就是诚信文化的观点。这在《中国改革报》上全文发表了。

研究 GE 的诚信文化具有典型意义。因为众所周知，GE 确实是有史以来全世界最成功的企业之一。全世界所有的企业和企业家，都无法回避这样一家公司的存在——它是目前全球市场价值最高的企业之一，在全球企业 500 强排名中一直位居前列，它的首席执行官被誉为“世界第一经理”。美国《财富》杂志评选它为“美国最大财富创造者”，英国《金融时报》评选它为“世界上最受尊敬的公司”。它是 1892 年由爱迪生通用电气公司和汤姆森—休斯顿电气公司合并而成的。1892 年，大家想一想，中国有没有“百年老企”、“百年名企”创立呢？有，山东就有，那就是山东烟台张裕葡萄酒厂的创立。GE 成立四年后，道·琼斯工业指数才于 1896 年设立。GE 是 1896 年道·琼斯工业指数设立至今仍在榜上的惟一一家公司，可算为真正长盛不衰的百年以上的长寿公司。GE 的全球化战略是很有名的，目前 GE 在全世界 100 多个国家开展业务，其中美国以外的收入已占总收入的 40% 以上，真正实现了韦尔奇的主张“全球本土化和本土全球化”。在《财富》全球 500 强的排行榜上，如果可以单独排名，GE 有九个业务集团都可以名列其中。它的多元化战略的成功，包括多元化中的专业化、专业化基础上实现多元化的经营智慧，也是令世人瞩目的。正因为 GE 的业绩如此辉煌，我们国家的领导人曾经要国内一些大企业的老总去 GE 学习研究它的经验。

GE 获得巨大成功的原因是多方面的，而卓越的企业文化则是其非常重要的方面。这正如《挑战极限——通用电气奇迹解密》一书所讲的：“这家公司就像一个八面球，有非常多的侧面，非常多的色彩，而且每一个侧面都可圈可点，比如群策群力、服务、六个西格玛、企业创新等等。而八面球中间的核心，就是企业文化。”

那么，GE 的企业文化是什么呢？用一句话概括就是诚信文化。我这样讲是有根据的。根据何在？

第一，2001 年 2 月 9 日，GE 在给股东的一封信中首先讲的就是企业诚信问题，信中说，“诚信是我们价值观中最重要的一点。诚信意味着永远遵守法律，不仅要遵守法律的条文，而且还要遵循法律的精神。但是，诚信也远远不只是个法律问题，它是我们一切关系中的核心。”信中又说：“在我们公司内部，诚信建立起来的信任对我们的人际关系极为重要。只有在这种人际关系下，我们的价值观才能发挥作用。有了这种信任，在我们说一个‘失误’不会毁掉前程时，员工才会相信我们，敢于去冒险。有了信任，在我们保证达不到目标不会受到惩罚时，员工才会相信我们，去制定远大的业绩目标。诚信和信任是我们所珍视的不拘形式这一价值的核心。人们的谈话不需要有人作证，也不需要把什么都‘写下来’。这些都不需要——我们所说的话就足以为信。”信中还说：“在我们对外的交往中，无论是与我们的工会，还是与政府，我们都会以建设性方式，旗帜鲜明地表明我们的立场，对各种问题表明我们是同意还是反对，因为我们深知，我们的诚信作风从来都不是个问题。”“过渡时期是一个变化的时期，我们的一些价值观会有所改变，以适应未来的情况变化。但是，有一个价值观不会改变，那就是我们坚持的诚信，这意味着除了要把事情做得正确，还要永远做正确的事情。”

第二，韦尔奇在离别赠言中，讲的第一点，也是他认为最重要的一点，就是诚信，他说：“我们这个公司和人员就是最关注‘诚信’。我常常被问到‘在 GE 你最担心什么？’‘什么事会使你彻夜不眠？’其实并不是 GE 的业务使我担心，而是某人在某个环节做出了从法律上看非常笨非常蠢的事，而这些蠢事给公司的声誉带来污点并且也把他们自己和他们的家庭毁于一旦。在诚信方面绝对不可有任何的松懈。绝对不要在公司内部有任何人对你在‘诚信’方面有丝毫疑问。‘诚信’讲得再多也不够。诚信不仅仅是法律术语而且是更广泛的原则，它是指导我们自己的一套价值观。它总是指导我们去做正确的事情，并不仅仅是合法的事情。所有我们的雇员在他们每个生活/工作环节，都在依赖每个领导者的诚信态度，千万千万不要让他们对你丧失信心。”

第三，韦尔奇的继任者、现任“GE”CEO伊梅尔特认为，诚信是通用电气公司员工100多年来创造的“一份无价的资产”。无论是完成业务指标，还是上级的命令，还是为客户服务，没有什么东西能比行为正当、坚持诚信更重要。伊梅尔特特别强调说：“我们可能会失去一两个客户、一两种产品，或是一两个城市，但我们从不违背我们的原则。在执行过程中，我们必须遵守规则。通用公司的每个领导者都明白，如果发生了任何诚信违规，他们都必须离开公司。”

第四，我在文章中曾引用过在GE公司进行三年时间研究的一位资深记者的话：“永远保持坚定的诚信——诚信是人际交往的基础，是企业信誉的保证，GE不仅把诚信看作企业的外在形象，更将诚信作为崇高的道德理念和无价的资产，看得高于一切，甚至视作企业的生命。”我认为，这个诚信高于一切的原则，把诚信视作企业生命的理念，永远是企业赢得客户、赢得市场、赢得竞争优势的创业之本、兴业之本。

在GE，是如何贯彻诚信原则、建设诚信文化的呢？

这有许多方面的重要举措，包括制度、规范、规定、政策、措施之类，这里主要举以下几点：

1. 在任用、评估经理人员时，贯彻诚信标准和原则，突出强调贯彻公司的诚信价值观

杰克·韦尔奇曾经在自己的著作中列举了四种类型的经理：一是既能实现企业预定目标，又认同企业价值观的；二是既没有实现企业预定目标，又不认同企业价值观的；三是虽然没能实现企业预定目标，但能够认同企业价值观的；四是能够实现企业预定目标，但不认同企业价值观的。如何对待这些不同情况呢？对前两类毫无疑议。而对后两类，韦尔奇的做法是对第三类经理会给他们第二次机会，或者是第三次机会。而他看到，这样做确实使那些人真的重整旗鼓、东山再起了。但他不能容忍第四种类型的经理人员。由此可以看出，GE公司在评价经理人员时，是把企业的诚信价值观放到了多么重要的位置。

同韦尔奇的上述理念一脉相承，伊梅尔特强调：“多年的经验告诉我们，如果你诚信作得好，你的业绩也会很好。我们在评估经理人时，当他们业绩好，诚信也好的时候，就非常容易评估，这些人会得到提升。如果有些人业绩不好，但诚信很好，我们还给他们第二次机会。如果有些人业绩不好，诚信不好，很容易让他卷铺盖走人。”对于那些诚信不好的人，伊梅尔特认为，如果他们是通过欺骗他人、违反规定的方式来取得业绩，公司还是要把这些人除掉。尽管他们短期的业绩不错，但是他们会腐蚀整个机制，会破坏整个合作的环境，公司会因他们受损，这样的业绩肯定是短期的。

2. GE公司一贯强调，诚信是公司做好任何事情的基础，是在所有国家开发业务的基础

诚信的标准和原则，在全球所有的GE公司领域都是绝对一致的。没有任何例外，也不允许有任何例外。

3. 在GE，高级经营人不仅要注重自己的诚信，而且还要管理好他手下的员工，让他们也能够做到是有诚信的

让所有员工都知道，从加入公司的第一天起就要贯彻GE的价值观，遵守诚信。

4. 对于全体员工来说，贯彻诚信的一个重要方法就是每位员工都有一本GE价值观手册

在这本手册里，诚信被列为首要之点。手册内容包含有：与客户的关系、与供应商的关系、与政府部门的交往、全球性竞争、通用电气社区、保护公司资产等方面。GE的员工遍布全球100多个国家，无论在哪个国家的GE公司，不管你是属于哪个国籍的员工，都必须携带这本手册，遵守手册内容，还要签署“员工个人的诚信承诺”。

5. 在GE的诚信文化建设中，对员工进行培训也是重要的一环

这包括面对面的培训，还包括互联网上的培训。互联网上的培训，使员工可以在家里或者工作岗位上获得学习机会，比较方便，也节省时间。培训是领导人必须抓的一件事情。伊梅尔特说：“我们做的最好的事情就是不把诚信作为一个法律范围内的事情，诚信并不只是法律规则，诚信政策必须符合法律，但是如果你把它交给律师去做，谁也不愿意听律师所说的话，所以你必须把它做成一个有业务领导主抓的事情。”

各位企业界的朋友，就培训的重要性，我还想多说几句，我在学习型组织的企业文化建设的报告中曾经多次讲过一个观点：培训从某种意义上说决定着企业的明天，决定着企业的发展前景。在美国有这样一个关于培训的故事，是两个经理人的对话：“两位经理在探讨花多少钱和时间为员工提供适当的培训，使他们能为客户提供更有效的服务。一位经理对总经理说：‘如果我们花了那么多钱、时间和精力培训了我们的员工，他们决定要跳槽怎么办？’这时，总经理承认这种情况是可能的，但继而反问道‘如果我们不花这些钱、时间和精力去培训我们的员工，他们决定留下来怎么办？’”各位企业界的朋友，听了这段对话有何感想呢？我们今天的论坛，也是一种培训，搞得好也可以变成企业家的流动的大学。

6. 对于GE价值观，对于诚信，GE公司不仅要求本公司的员工严格遵守，还要求所有代表公司的第三方，如经销商、代理、销售代表等承诺遵守通用的政策

7. 从1995年开始，GE公司年报中增加了一项新内容：价值观的声明

这也是贯彻和坚持企业诚信价值观的一项实际措施。

第二个典型案例是中国的知名企业“同仁堂”的诚信文化。

创建于1669年（清康熙八年）的北京同仁堂，虽然其规模、性质、类型、业态及其产生的历史经济文化背景，都不可能与美国通用电气相比拟，虽然它并不是市场经济制度的产物，但作为有代表性的、具有300多年历史的中国的老字号企业，其知名度和美誉度都是很高的，是享誉国内外的。同仁堂有着丰富的具有鲜明特色的诚信文化。

几年前，我曾应邀到同仁堂进行了两天时间的考察座谈，接着又看了有关同仁堂的许多文献资料。同仁堂的店名是创办人乐显扬自己拟定的。他说过：“‘同仁’二字可以命店名，吾喜其公而雅，需志之。”1706年，《乐氏世代祖传丸散膏丹下料配方》一书出版，序言中讲到，“遵肘后，辨地产，炮制虽繁必不敢省人工，品味虽贵必不敢减物力”。从此，“炮制虽繁必不敢省人工，品味虽贵必不敢减物力”这两句名言，便成了“同仁堂”选方、用药、配比及工艺的规范。同仁堂“所制产品，配方独特，选料上乘，工艺精湛，疗效显著，弛名中外”，在社会上享有很高信誉，也可以说是树起了一块金字招牌。之所以如此，是同它的“济世”、“养生”的企业精神，奉行“修合无人见，存心有天知”的信条分不开的。济世、养生，虽然只有四个字，但却很有特色，包含有很强的文化内涵、人道和伦理的价值。同仁堂在长期的经营实践中，奉行的正是一种诚信文化。你看，“炮制虽繁必不敢省人工，品味虽贵必不敢减物力”，炮制讲的是工艺，制一丸小小的中药，虽然工艺很繁杂，工序甚多，但一点也不能马虎。有的药材很贵重，却也不能减少分毫。这两句话是同仁堂的“堂训”。每一位新进同仁堂上岗的员工都要熟记这两句话，并化为自己的自觉行动。正是用这样的精神、道德力量教育感化员工，才使同仁堂一直弛名中外，赢得全社会的信赖，成为长盛不衰、久负盛名的中华老字号企业。

同仁堂的诚信文化是在300多年的经营实践中所凝铸而成的。我认为，它的诚信文化建设的最大特点就是：把诚信渗透在、凝结于企业的精神理念中，进而化为企业的行动方式和员工的自觉行动。

进入21世纪，特别是加入WTO以后，老字员遇到了新挑战、新问题，需要有新战略、新思维。就在前不久，同仁堂领导还邀几位专家进行了座谈。迎接高新技术的挑战，迎接更为激烈复杂的市场竞争，实施名厂、名店、名医、名药战略，大力提升同仁堂品牌的形象力，都必须进一步建设同仁堂的诚信文化，使其在新的竞争环境中发扬光大，使其有效地贯彻、体现在连锁营销、生产制药、选料加工等各个方面、各个领域。

在中国民间，流传着这样一句话：北有同仁堂，南有庆余堂（胡庆余堂）。这里我要顺便简单介绍一下杭州胡庆余堂的诚信文化。

胡庆余堂的企业精神是：求实、戒欺、团结、创新。在这八个字中，最有个性、特色和引人注目的是“戒欺”二字。而这个“戒欺”二字的来历，是胡庆余堂的创办者清代颇有名气的“红顶商人”胡雪岩所题的店匾。

胡庆余堂创办于1874年（清同治十三年）。1993年当我去胡庆余堂时，在营业厅可以看到许多匾额和招牌。这些匾额和招牌大都是朝外挂的，却惟独有一块横匾是朝里挂的，对着药店的坐堂经理的面挂着，这就是胡雪岩写的“戒欺”二字。扁曰：“凡百贸易均着不得欺字，药业关系性命，尤为万不可欺。余存心济世，不以劣品弋取厚利，唯愿诸君心余之心，采办务真，修制务精，不至欺予以欺世人，是则造福冥冥，谓诸君之善为余谋也可，谓诸君之善自为谋也亦可。”

这块匾说明，凡做任何生意，都不可以弄虚作假，不可以欺诈谋利。这就是我国中医药业奉为“药业座右铭”的“戒欺”匾，也是胡庆余堂以“江南药王”饮誉120多年的立业之本。

中国传统文化讲，“医者，是乃仁术也”。正是从“是乃仁术”的思想出发，生发出“戒欺”、“真不二价”、“采办务真、修制务精”、“顾客乃养命之源”的经营之道和精神理念。

近年来，在全国的企业文化、商业文化研讨会上，杭州胡庆余堂领导曾这样介绍过“继承传统精华，建设企业文化”的经验：为了承前启后，建立和完善一套适应技术进步、现代管理的行为规范、准则，自改革开放以来，他们根据“各行各业都要大力加强职业道德建设”的精神，召开老药工、青工、干部多层次的座谈会，总结发扬“戒欺”传统经验，进一步发展和弘扬了胡庆余堂的诚信文化。胡庆余堂的诚信文化，其显著特色也是把诚信同企业精神融为一体，化为员工的自觉行动。

第三个典型案例是安然公司的破产，从反面证明了诚信文化的极端重要性。

“安然”公司是美国最大的天然气和能源交易商，资产规模498亿美元，曾连续4年被《财富》杂志评为“美国最具创新精神的公司”。2000年《财富》世界500强排名第十六位，被哈佛商学院认为是旧经济向新经济成功转变的典型范例。可一夜之间它破产了，安然神话随之烟消云散。怎么看？世界舆论纷纷扬扬，评论甚多。而杰克·韦尔奇则是从企业文化角度看问题的。他说“安然失败的真正原因在于他们进入了一个自身并不太理解的文化之中，而其副业的实力又超过了其核心业务的实力。文化是重要的”。“安然事件再次证明了企业文化的重要性”。舆论界则称安然丑闻为“诚信危机”。有一篇关于美国公司管理失误的“10诫”的翻译过来的文字讲到，“10诫”中的第8诫是“企业文化危机”，说“安然、安达信等这些公司不是一命呜呼，就是还在苟延残喘。它们的失败与少数人的错误影响分不开。这些害群之马在公司特定的文化氛围内成长与发展；这种文化崇尚虚张声势与个人业绩，是不可能对每一个员工进行约束与监督的。因此，企业文化的不健全使他们有机可乘”。美国的一位资深记者前不久出版了一本《安然帝国梦》的书。书中讲到：“鱼从头烂起——安然垮了，是因为它的领导层在道德上、伦理上和经济上腐败了。”作者还披露了这样的事实：一位前CEO给公司造成20多亿美元的损失，但她本人却能带着一亿美元的巨额收入安然地离开“安然”。安然公司在破产前9个月，还花四千多万美元购买了一架崭新的飞机。书中剖析了安然公司内部惟利是图文化、“压力文化”、“成则为王，败则为寇”文化、腐败文化的滋生与蔓延。这是一种什么样的道德氛围和文化氛围，人们可想而知。不难看出，正是这种背离诚信理念的文化扭曲、文化畸形导致了“安然帝国梦”的迅速破灭。通过上述三个典型案例，其中包括正面经验和反面教训，可以看出企业诚信文化建设的极端重要性。还有许多企业的实践也都证明了这样的道理，其中包括山东许多企业的实践，像我曾经去过的青岛、济南、烟台、淄博、潍坊等地的企业。

二

从企业的典型案例中，可以引申出一些什么样的理论观念呢？我以为至少有以下六点：

1. 诚信理念在企业文化建设中居于核心地位

20世纪80年代以来，全球企业发展的一个重要趋势就是企业文化对企业经营业绩、对企业兴衰成败所起的作用越来越大、越来越突出、越来越显著。企业文化建设是提升企业整体素质的系统工程。企业文化力是企业持续健康发展的强大的内在驱动力，各行各业的不同企业的企业文化建设有不同特点和不同途径，但都不能忽视诚信这个基本原则，都必须把诚信理念、诚信精神放在核心的地位。我向来主张企业发展的双纽带论，即不仅要有产权、物质利益的纽带，还要有文化，精神、道德的纽带，两种纽带相辅相成，才能使企业健康持续发展。什么叫连锁店？连得起来，还要锁得住，只靠一种纽带不行。而在企业的文化精神道德纽带中，诚信是一个核心范畴。

2. 诚信文化是企业的长寿之道

这几年，我注意收集和研究了有关企业寿命的资料，其中包括进入全球500强的企业，包括中国的高新技术企业、中关村的企业，中国的民营企业，企业的寿命不长呀。把企业寿命同企业诚信文化紧密联系起来，这是企业研究的一大进步。企业的实践表明：不讲诚信的企业肯定是短命的，而长寿企业必然有着卓越的诚信文化。

3. 企业诚信文化建设的具体途径和方式方法，是多种多样的

这里没有固定的可以到处套用的模式，关键是要从企业的实际出发，使诚信能够渗透在企业的精神理念、价值理念系列中，并能够通过行为规范、行为方式有效地变成员工的自觉行动。

4. 诚信也是企业家人格魅力的重要要素，诚信文化建设是企业家人格魅力的“锻造炉”

企业家是个素质概念，这是众所周知的一个常识。问题是企业家应当具备那些素质，对此其说不一。我查过国外的许多有关企业家素质的说法、资料，这里不细说，各种说法也没有必要统一。我只是要说：诚信的魅力永远是一个成功企业家的“通行证”，是他身上最富影响力、吸引力和凝聚力的一个闪光点。

5. 诚信铸造形象，而形象力在现代市场竞争中的地位和作用越来越突出

诚信的力量提升企业的形象力和竞争力，从而也提升了一个城市、一个地区的知名度和美誉度。在一个城市、一个地区，企业形象同城市形象、地区形象是不可分割地、紧紧地联系在一起的。特别要说到的是，在国际上有个观点叫：“企业选择国家和地区的时代已经到来。”但企业在哪个国家和地区落户，是有条件的。在一个国际研讨会上与会者提出了十个条件，其中就有三条是讲文化，讲诚信的。

6. 市场经济是竞争经济，也是道德经济、诚信经济

在深圳特区创办之初，蛇口打出了一个口号叫：“时间就是金钱。”当时很引人瞩目，一些同志感到很新鲜。其实，这是200多年以前的老话。我专门查找过，200多年以前，富兰克林在《致一位年轻商人的信》中讲了“时间就是金钱”，接着还讲了一句话“信用也是金钱”。但当时我们的同志只是用了前一句话，后一句话就没有用。其实对市场经济的发展、对市场经济秩序的建设、对企业的持续发展来说，“信用也是金钱”这句话是非常重要的。因为市场经济的发展、企业持久不息的竞争力和生命力，都是离不开讲信用、讲诚信的。失去信用，不讲诚信，有序竞争无法进行，协作更无法维系。

最近，看到山东百家企业发出《诚信宣言》，反响很好。山东大地，礼仪之邦，齐鲁文化，源远流长，出现如群星璀璨般那样众多的企业家，决非偶然。不仅在山东本土，在外地我也常常能发现这样一个现象，一些有影响力的老字号企业，如北京的全聚德、盛锡福等等，原来都是山东人首创的，而且历来就注重诚信文化。全聚德的店名就说明了这一点。有一次周恩来总理在全聚德宴请外宾，一位外宾好奇地问：“全聚德”是什么意思？周总理顺口机智地说：“全而无缺、聚而不散、仁德至上。”周总理的这三句话，成了“全聚德”店名的最好解释，也是“全聚德”企业精神的经典表达。“仁德至上”就是“全聚德”所特有的诚信文化。

最后，在我结束这篇感想式的发言时，我想衷心祝愿参会的各家企业蒸蒸日上，不断提升诚信力，展示新形象、新魅力，不断创造新的辉煌。

（此文选自《管理学家》杂志2003年10月号）

对我国医院文化建设历程的回顾与思考

高金声

2003年9月，中国企业文化研究会医药卫生委员会和中华医院学会医院文化专业委员会，在青岛举办“中国医院文化论坛（2003）。”“论坛”有700多名代表参加，收到论文900余篇，盛况为多年少见。

历经多年医院文化实践的代表，在“论坛”上达成一致的共识：

在经济文化相互融合的21世纪，在市场竞争激烈而文化呈现多元趋势的环境里，文化力已经成为医疗市场竞争中的核心要素。

医院文化建设，以文化人，将先进的、具有个性特征的世界观、人生观、价值观传输给医院的管理者、专家、员工，构筑起与社会主义市场经济体制相适应的职业习惯、道德准则和行为规范。

医院文化是在医院的建设与发展、在医院的体制改革和机制改革中产生和发生作用的，在全面建设小康社会的任务中，建立满足人民群众卫生需求的医院功能，是医院文化建设的第一要务。

有一位参加论坛的领导同志指出：以首届中国医院文化论坛的召开为标志，我国医院文化建设已经进入了一个新的发展阶段。

医院文化建设是随着改革开放的潮流而兴起，也是在改革的深入、开放的扩大当中发展的。按照过程的递进和内容的深化，医院文化建设大致可以分为以下几个时期。

第一阶段——初步探索时期（1987～1993年前后）

这一时期，处在改革刚刚起步的医疗卫生行业，迫切需要调动广大干部职工潜在的积极性，搞活卫生事业，解决人民群众日益增长的医疗需求和卫生事业发展缓慢的矛盾。而当时市场经济的负面影响、拜金主义和个人主义，也在医院职工队伍里有所反映，工作的性质要求医院把精神文明建设同职工的行为规范的培养结合起来。一批历史悠久、文化积淀深厚、具有良好传统的医院，从挖掘医院精神入手，开始探索新形势下的医院文化建设。1986年10月，北京同仁医院整理医院历史，总结概括“严谨、严肃、严格”的“三严”精神。1991年9月，北京协和医院全院职工积极参与讨论，提炼出“严谨、求精、勤奋、奉献”8个字，作为协和精神的简明表述。

在这段时间，适应经济体制改革的形势，我国一些优秀企业关注着美国、日本等发达国家新的管理理论——企业文化理论，并在改革开放的实践中开始了企业文化建设的大胆尝试。这个给企业带来全新管理理念和经营哲学的企业文化理论，很快引入同样开始改革探索的医疗单位。跨越行业和跨越国界的文化交流，极大地开阔了人们的眼界，拓宽了人们的思路。全新的管理思想与传统的先进文化在医院体制改革中开始通融，产生第一批反映实践经验和理论探索的成果。南京中医药大学教授印石发表了题为《研究医院文化：时代的呼唤》的文章；全国卫生系统思想政治研究会与中国卫生政策杂志联合编辑出版《全国卫生系统思想政治工作文库》，在这套丛书里，第一次对卫生文化、医院文化的概念、结构、特点和功能进行了阐述；1993 年，郑雯等主编的《医院文化》一书，全面系统地阐述了医院文化的基本理论和框架。

第二阶段——普及发展时期（1993～2000 年前后）

在这一段时间，国家改革全局进一步整体推进。1993 年，中共中央颁布关于建立社会主义市场经济体制若干问题的决定；1997 年，中共中央、国务院又颁布了关于卫生改革与发展的决定；而党的十五大，在提出高举邓小平理论伟大旗帜，把建设有中国特色社会主义事业全面推向 21 世纪的宏纬纲领的时候，把建设有中国特色社会主义的文化，作为党在社会主义初级阶段基本纲领的主要内容提了出来。这样，在科学、正确的指导思想导引下，医院文化建设的探索，开启了新的思路，群众性的活动有了新的发展。

1993 年底，全国卫生系统思想政治工作研究会常务理事会听取了秘书处同志赴新加坡访问考察报告，决定借鉴国外企业和医院运用企业文化理论实施管理的经验，结合我们自己的实际，进一步倡导医院文化，普及文化理论，推动医院管理和医德医风建设。

1994 年 4 月，在辽宁省汤岗子理疗医院首次举办了全国卫生文化建设研讨会；同年 11 月，在山东泰安市又召开了全国医院文化建设理论与实践研讨会。这两次会议，对于推动全国卫生系统普及医院文化理论，开展医院文化建设，起到了宣传、倡导和示范的作用。1996 年 5 月，在上海召开的全国卫生系统思想政治工作研究会第六次年会上，成立了全国卫生文化建设协会。从此以后，医疗卫生行业的文化建设进入了有组织开展的阶段。

在这一阶段，医院文化知识在普及，医院文化建设活动在开展，不少省市卫生系统成立了卫生文化建设协会，许多大型医院在讨论医院精神，设计院徽院旗，谱写院歌，出版院报。它们举办专题研讨会，深入探讨医院文化建设的规律，形成了这一阶段的显著特色。1999 年 5 月，在医疗卫生系统的最基层安徽省涡阳县人民医院，召开了全国医院文化建设研讨会，展示了这个县级医疗卫生机构开展文化建设的成果。在这一时期，已经有更多的专家学者、基层管理干部和医护人员，撰文著书，总结经验，阐述心得，探讨理论，推动着医院文化建设的发展。

第三阶段——深化提升时期（2001～现在）

进入 21 世纪，党中央总结了 80 年的奋斗历程和基本经验，提出了“三个代表”的重要思想。党的十六大把“三个代表”重要思想确立为党必须长期坚持的指导思想，实现了我们党指导思想的又一次与时俱进。

“三个代表”重要思想的学习和贯彻，极大地推动了医院文化建设的进程；日益深化的卫生体制改革，为医院文化搭建了更多的平台，提供了更多的载体，建设医院文化从认识上、组织上和实际工作上得到进一步提升。

面临医疗机构体制改革向纵深发展和与国际接轨后日益加剧的竞争环境，医院的现代化管理要求，使医院管理者用更宽广的视野和思路，去接受、理解和消化企业文化的精髓，并与同样在不断深入发展的医院改革、建设实践密切结合。医院接受企业文化，过去如果说是在嫁接、在移植的话，现在则实现了很大程度的融合。著名企业文化专家孟凡驰教授曾经说过：我们的医院同世界接轨，许多领导和医务人员还只能从博弈规则的技术层面去实践，看不到博弈规则的深层——文化层面，因而使许多技术、制度、设备等先进的东西发挥不了应有的作用。为了理解博弈规则，医药卫生委员会出版了以介绍中外管理新理念、企业文化新思路和医院建设发展动态为主要内容的《医院管理资讯》。从“技术层面”到“博弈规则”，正是医院文化建设在认识上得到提升的标志。

2001 年，全国卫生文化建设协会在以往工作的基础上，申请加入了中国企业文化研究会，成立了医药卫生委员会。2002 年医药卫生委员会除了通过组织研讨、召开会议这些传统方法之外，还着手在全国卫生系统建立组织网络，加强同各省市文化协会的联系。2003 年 7 月，中华医院管理学会正式批准建立医院文化专业委员会，12 月召开了成立大会。医药卫生委员会和全国各地组织之间，已经不是一般的上传下达、会议通知等具体事项的传递，而是传递医院文化建设的工作信息，是开展理念识别系统、行为识别系统、视觉识别系统和服务品牌的设计，是提供培训干部、培训职工的环境和方法。现在，医药卫生委员会已经拥有 240 家团体会员，个人会员 150 多人。

医院文化建设，对医院实际工作的推动有了明显的效果，在抗击 SARS 的过程中，广大医务工作者表现了无私无畏、舍生忘死的思想品质，他们崇高的从医理念和高尚的医德医风，赢得了人民群众的拥戴。抗击 SARS 的斗争，是对广大医务工作者的严峻考验，也是对医院文化建设成效的一次检验。武汉市结核病医院在抗 SARS 之后，专门总结了医院文化的作用。他们说，正是医院文化所倡导和包容的凝聚功能、导向功能和务实作风，营造了一个良好氛围的环境，使医院交出了一份出色的答卷。

通过以上的回顾和总结，我们对开展医院文化建设有如下几点认识。

一、建设医院文化，要做到两个“认清”

一是要认清我们所处新经济时代“文化与经济和政治相互融合”的趋势，深刻认识文化力在经济发展、社会进步中所起到的越来越突出的作用。只有这样,我们才会产生建设医院文化的内在动力。二是要认清医院文化的基本属性特征。文化管理是一种最高层次的管理理论,从科学上讲,医院文化属于管理学范畴。而“以人为本”和“以文化人”则是它的最基本特征。只有这样,我们才不会使医院文化建设走入误区。

二、建设医院文化,要善于借鉴企业文化的理论和经验

不仅要看到中外企业文化拥有丰富的成果值得借鉴,而且必须看到占总数95%以上的医院管理者是医学专家,在经营管理方面我们还有所欠缺,很多医院在管理方面还停留在经验管理或科学管理的摸索阶段。另外,我们在体制和机制上还要进行改革,逐步建立起适应社会主义市场经济体制需要的现代医院管理制度。在这个过程中,诸多方面都要借鉴企业的经验,而企业文化就是其中重要的内容。

三、建设医院文化,必须紧密结合医院管理和医疗实践

医院文化不是金项链,不是用来装扮的,而是要深深地融入到职工的灵魂中。这就要求我们从医院的使命和发展战略出发,从医院历史客观环境出发,提炼医院精神理念和价值观,用来统领医教研防的实践;建立修订医院相应的规章制度和行为规范,这是物化了的医院价值观;同时,从物资条件和环境设置上体现出医院文化的内涵。目前许多医院的文化建设深入不下去,出现‘千院一面’的状况,原因就在于没有贴近医院的实际,没有突出医院个性。

四、建设医院文化,院长负有主要责任

一位著名的管理学家曾经说过:“企业文化就是企业家的文化。”医院管理者特别是医院院长,是医院文化的倡导者、设计者、推选者和身体力行者。医院要形成自己的优秀文化、形成自己良好的传统和风气,不能靠自然的积淀、自然的形成,而要靠积极的倡导和不懈的建设。在这个并非短期的过程中,院长要带领核心领导成员始终站在职工队伍的最前列,忠实践行医院的使命,竭诚恪守医院的信条,毫不动摇地捍卫医院的精神。如果我们真的这样做了,医院的核心价值观,就会像一面旗帜一样,飘扬在医院职工的心中,成为他们为实现医院使命和愿景而努力奋斗的不竭动力。

(此文系本书特约文章)

企业健康是企业竞争的前提

孟宪忠

像人有时健康有时患病一样,企业作为有机系统,也有健康与患病问题。据吉尔德《医学词典》说:健康是机体的一切机能都正常运转的状态,疾病则是身体的某些器官或机能受到干扰所致。疾病将影响机体正常能力的发挥和人的寿命。无庸赘言,人们都知道健康对于人至关重要,遗憾的是,许多企业却没有认识到健康的重要性。不少企业面对激烈的市场竞争,不注意练就内功,完全沉浸于谋略、策划、技巧、招法上面,总想以奇招、妙法战胜对手。结果在竞争中并不是对手战胜了自己,而是自身先出了问题败下阵来。秦池、爱多、蓝田、亿安、辽欧亚、银广厦、郑百文莫不是如此。

认识“企业健康是参与企业竞争的前提”这一道理并不难。我们都知道选拔运动员的第一项标准就是身体健康、体能过关,健康是参赛的前提,健康才能有竞争力。但在市场竞争中人们却忘记了这起码的道理,不少企业以“带病之身”参加竞赛,久病不愈还要快跑,怎能有竞争力,企业怎能长久经营?今天,到了切实重视、认真研究企业健康问题的时候了。

结合国内外企业健康问题的经验教训,我们认为企业健康应包括以下五个方面:精神健康、结构健康、能力健康、行为健康、作风健康。

企业精神是指企业的宗旨、理念、价值观等。企业的精神健康则指企业具有鲜明的社会责任感、高尚的经营动机、持续发展的价值观、诚信为本的原则、能合理处理企业利益与相关者的利益。如强生集团的企业价值观是顾客第一、社会第二、员工第三、股东第四。反观一些企业为自身和少数人的利益做假账、散布伪信息、污染环境、危害社会的行为,我们就能意识到促进企业精神健康的重要性,认识到企业精神是企业的灵魂。企业精神健康是企业健康的核心。

企业的结构健康是指企业的制度结构、组织结构的健康。制度结构健康,重点指产权是否明晰合理;组织结构健康,则是指组织是否健全、简洁、协调。健康的组织结构能促进企业生产、经营的正常运转,能促进企业竞争力的发挥,不健全、不合理、不协调的组织机构必然造成效率低下、竞争力弱化。组织结构对企业的作用就如同碳元素结构的作用一样,同样的元素,由于结构不同,可以构成坚硬的金刚石,也可以构成石墨。当前,一些企业叠床加屋、人浮于事、领导不和、拆台内斗,这都是结构不健康的表现。

企业能力是多方面的,其中最主要的是指企业的决策能力、执行能力、创新能力、赢利能力、开拓市场能力与适应能力。这里,我们有必要首先区别开什么是企业能力健康,什么是企业能力水平。企业能力水平是指企业能力的程度、等级,企业能力健康则是指企业能力的品质。企业决策水平有高低之分,如果决策水平低,有待积累经验不断提高,尚无可厚非;但决策动机不纯、决策不民主、大搞封建主义,则是能力不健康的表现。赢利能力也有大小之别,凭经验曲线可逐步提高,但弄虚作假、假公济私则反映了赢利能力不健康。

企业行为是企业在全部经营活动中表现出来的具体行为。企业行为是一个系统,采购、研发、生产、销售、服务、财务、人事、管理都是企业行为,企业的每一行为都符合法律与道德规范才是健康的。企业全部经营活动要面对顾客、员工、供应商、经销商、同行、社区、金融界、舆论界、政府、国际社会十大公众,就应该以善良、负责的态度行事。

企业作风是企业的一种氛围、风气,甚至是一种习惯。表面看起来,企业作风看不见,摸不着,但它却影响着企业的发展方向、经营行为。当前,企业作风不健康集中表现在奢侈享受、等级官僚、华而不实三个方面。一些企业办公宾馆化、车不厌豪华、办事讲求排场;一些企业官本位严重、行一言堂、媚上压下;一些企业搞形式主义、弄虚作假、沽名钓誉。所有企业都必须清醒地认识到我们的国家和企业还很穷,我们的任务还很重,路还很长。今天,在企业也必须提倡"两个务必"作风——务必使同志们继续保持谦虚、谨慎、不骄、不躁的作风,务必使同志们继续保持艰苦奋斗的作风。是否具有"两个务必"作风也是衡量企业作风健康与否的最重要标准。

认识到企业健康的重要性,我们就要深入研究怎样促进企业健康。在这里,我提出一个概念,即企业健康管理。企业管理者都知道企业有多种管理:针对岗位责任制、操作流程的基础管理;各职能部门的职能管理;公司全局性的战略管理。这些管理都是针对领域对象展开的,而健康管理则是针对企业经营的健康状态而言。企业作为一个完整的系统,任何领域都可能存在健康问题,都需要健康管理。企业健康管理包含许多内容,重要的有"企业健康等级研究",按照程度可以将企业状态分为非常健康、健康、亚健康、不健康、病态五个等级。除健康等级研究之外,健康管理还包括预防、保健、诊断、治疗等促进企业健康的制度建设和措施安排。就像没有人一生不患病一样,也没有无任何问题的企业,但有问题早发现早解决与晚发现迟解决后果大不一样。这正像雀巢现任首席执行官彼得·布拉贝克所说:"如果你注意预防性保健,抽出时间定期体检,你就不会在某天醒来后突然发现你必须锯掉一条腿。"所以,我们必须要把健康问题作为一个连续过程来考虑。

企业健康如此重要,为什么我们众多企业却忽视这一问题呢?就其主观原因说,改革开放初期,我国从需求匮乏、商品短缺经济一下过渡到需求膨胀、商品大量供应,市场充满种种机会,一些企业也养成了一种投机心理;从客观原因看,任何事物的发展都有一个从没有经验到积累经验的过程,有一个从不完善到完善的过程。毋庸讳言,我国市场经济建设初期确实存在着双轨制、制度不健全、法制不健全等弊端,这就给许多企业留下了违规经营的漏洞。

现在,随着市场经济体制的不断完善,"游戏"规则的不断规范,特别是我国已经加入WTO,我们就必须学会按国际规则办事和竞争,按规则才有出牌的权力,才有参加竞争的权力。这样,规范经营、健康经营就成了企业竞争的前提、企业发展的前提。企业必须规范经营、健康经营,切实改变投机心理、违规习性,时时检查、反省自己是处在健康状态,还是处在亚健康状态、疾病状态,进而开方医治、锻炼自己,以更强壮的体魄在竞争中取胜。

(此文选自《中外企业文化》杂志2003年第10期)

爱国 诚信 文化

徐惟诚

企业文化的观念传入中国不过20年左右,最近这几年特别受到企业的重视,也是因为我们大的企业集团的出现。我们企业的改组调整,集团经营,如果下面的企业只是一个一个的东西,在管理上统一不起来,这个集团成立等于没成立,而且可能反而变成有害的累赘。而统一的管理、统一的经营能够贯彻下去,就需要有一个统一的文化灵魂作基础。这种文化当然不只是一般的唱歌跳舞,而是像航空报国这样的理念,能够渗透到所有的人的灵魂当中去。企业文化和规章制度是互相配合的,文化以规章制度作为自己的载体,规章制度以文化作为灵魂,它们互相促进。企业文化的深入人心使规章制度得以更好地执行,没有规章制度企业文化会变成空话。企业文化还必须满足职工多方面、多角度的文化需求和精神需求,这个过程也使我们的思想工作能更有成效地渗透到各个方面,能够更好地凝聚人心,能够使得整个企业的战略目标更容易实现。企业文化有利于使思想工作不光成为一小部分专职人员的责任,而且也成为各级行政领导的职责,使得思想工作能够全员做,使得思想工作能够覆盖全员,渗透到企业各种活动的全过程。

(此文为2003年11月6日作者在中航集团领导班子建设暨思想政治工作会议上的讲话摘要)

"富而美"

——21世纪企业文化建设的战略目标

杨代利

紧密结合企业的实际,采取有效措施,加强先进企业文化建设,努力培育、不断促进发展"富而美"的现代企业,这是21世纪企业文化建设的战略目标和历史使命。

一、培养人才,提高素质,塑造企业职工美的心灵

职工是企业的主人,企业领导者、管理者和从事各种生产经营活动的员工构成企业的主体。主体的美是建设"富而美"企业的根本。企业主体美主要体现在心灵的美,也就是要有远大的理想、高尚的道德情操和健康向上的生活情趣,包括企业主体有渊博的知识、突出的才华、深刻的思想、卓越的管理和优美的语言,当然也包括健康的体魄、充沛的精力和言谈、举止、仪容、气质、风度、服装等表现心灵的形式美。主体美应是内在美与外在美的和谐统一。

通过加强企业文化建设,塑造美的心灵。首先必须坚持科

学的理论指导。马克思列宁主义、毛泽东思想、邓小平理论集中体现了先进文化的前进方向,是我们的立党之本,是国有企业凝聚和激励积极进取的精神力量,是深化改革、取得市场竞争主动权的根本保证。其次,必须着力提高职工的思想道德素质和科学文化水平。要以人为本,以培养“有理想、有道德、有文化、有纪律”的职工队伍为目标,深入研究企业改革发展中的新情况、新问题,探索新形势下做好思想政治工作、加强企业文化建设的规律和方法,增强吸引力和有效性。大力开展爱国主义、集体主义、社会主义教育,引导职工树立正确的世界观、人生观和价值观,树立爱岗敬业精神。坚决反对和抵制各种拜金主义、享乐主义、个人主义现象。注重造就学习型企业,用高素质、高文化层次的职工队伍推动企业科技进步和发展。第三,要注重企业文化的宣传教育,将企业价值观和经营理念融入管理之中,在发展过程中挖掘、整合、凝炼和重铸精神文化。把塑造企业共同理想、信念等美的心灵作为企业的动力源,把先进的文化观念灌注于企业主体心中,转化成企业参与市场竞争的强大竞争力。

二、将美的机制引入现代企业管理,完善美的制度

在建设“富而美”的现代企业过程中,将美的机制引入企业管理,主动地运用美的规律对企业管理进行优化和提高,必将理性地促进企业美的制度的建立。

在运用美的规律进行企业管理的探索中,要重视学习引进国内外先进管理模式和方法,结合本企业优秀传统,形成独特的美的管理制度。海尔 CEO 张瑞敏曾将管理模式归纳为:日本管理(团队意识和吃苦精神)+美国管理(个性舒展和创新竞争)+中国传统文化中的管理精髓=海尔管理的模式。汲取中外管理精华并创新,是建设美的制度的关键。要十分重视企业领导和管理层对企业理念的价值观的引导,加强审美能力和素养的提高。企业文化理论强调人在企业管理中的地位和作用,要从制度上牢固树立以人为本的思想,强化职工的自主意识,以相应的制度、措施为保证。要建立软管理和硬管理结合、以软管理为主的新型管理模式,依据企业管理的内在规律,理顺并优化各管理要素的关系,强化企业经营管理者的整体意识和协调意识,促使企业管理发挥出最佳的整体功能。

三、重视造就艺术化的现代企业,生产美的产品

在今天,无论你意识到或是没有意识到,我们都正从满足物质需求迅速过渡到创造满足心理需求的企业产品发展阶段,也就是现代市场从理性层面和感性层面都感受了美学的重大冲击。

审美活动是人类普遍的活动,人几乎可以对周围所有事物采取审美的态度,将事物变成艺术。“富而美”的现代企业离不开经营企业的艺术,如企业家的领导决策艺术、管理者的管理艺术、生产者的生产艺术、营销者的营销艺术等与企业主体有关的艺术,还有企业产品艺术和企业环境艺术等。由此可见,企业离不开艺术,而企业艺术的发展必将促进企业的艺术化。

要造就发展艺术化的现代企业,必须将重点放在生产满足社会需要的美的产品上。人是不断追求美的,对企业产品美的追求也不例外。功能适用、造型新颖、色调和谐、装璜美观的产品始终具有强大的市场竞争力,经济价值也高。企业生产美的产品不但满足了消费者的审美需要,也为企业获得了丰厚的经济效益,促进了企业的良性发展。所以,现代企业的“富而美”,同样离不开生产内在质量优与外在质量美相结合的产品,从而在货畅其流,人便于行的基础上推动生产,美化生活。海尔电器不仅质量、性能优秀,而且凝聚着现代顶尖的科学技术水平,充满着人性化的设计,适应了消费者心理满足的高级需求。海尔在向社会提供美的物质产品的同时,还提供了优秀的海尔企业文化这种精神产品。

四、促进人、自然、社会的和谐,建设美的企业环境

中国传统的美学观一直将和谐作为美。现代企业作为社会细胞,其内外与自然界、社会、人的和谐十分重要。

企业整体关系和谐主要包括企业与市场、企业与社会、企业与政府的和谐,也就是人与人的关系和谐、人与工作的关系和谐、企业内部各部分职能的和谐、企业内部与外部环境的和谐等。这些关系主要反映出人本管理的重要性,目的是使人的行为与组织目标协调一致,从而使效率与效果的和谐达到完美的统一。

广义的环境美包括政治法律环境、经济环境、文化环境、生态环境的美。从企业文化的审美塑造出发,应重点从四个方面建设美的企业环境:一是建立企业内部和谐的人际关系环境。这种和谐指企业内部通过公平合理的竞争与分配、比较广泛的民主管理等,形成人性化的氛围。二是建立舒适美观的生产环境。创造一种愉悦、明快的环境和氛围,使职工在劳动中得到美的感受。三是建造浓厚的文化环境。通过开展各种文化活动,建造一种积极向上、情感活跃、增长知识、有着良好信誉的群体文化,增强并提升企业凝聚力。四是重视可持续发展,注重环境和生态的保护,创造美好家园,着力建设生态企业。

(此文系本书特约文章)

企业文化与21世纪中国企业发展

——中外企业文化2003青岛峰会综述

李祖荣　罗志荣

2003年11月29日至12月1日,由中国企业文化研究会主办的“企业文化与21世纪中国企业发展——中外企业文化2003青岛峰会”在“三个代表”重要思想和党的十六届三中全会精神指导下成功举行。

来自国内及美国、加拿大、韩国的专家学者和企业家500多人,就“中国企业文化建设20年与企业发展”、“城市营销环境与优秀企业文化群体塑造”、“国有企业文化塑造”、“中外企

业文化的互补与融合”、“民营企业的二次创业与企业文化提速”、“成功营销的秘密武器——企业文化如何成为产品营销的王牌”以及“奥运商机与企业文化的作用”等专题进行研讨、交流和恳谈，并到海尔集团进行了观摩学习。会议回顾了中国企业文化建设20年的发展历程，表彰了在中国企业文化建设20年中作出贡献的单位及个人，探讨了企业文化建设的客观规律，总结交流了企业运用文化力增强核心竞争力的基本经验，展望了中外企业文化的发展走势，分析研究了在21世纪经济全球化和文化与经济日益融合的大背景下，企业迅速发展和走向国际的成功之路。

这是一次中外企业文化交流的盛会。其深刻、独到、前瞻的理论见识，其重要、实用、显效的实践价值，使与会者品尝了一道精美而丰富的精神文化大餐。

企业文化是企业的灵魂

这是与会和关注此会的经济学家、企业家、科学家和企业文化专家的共识。

著名经济学家吴敬琏在给峰会的贺词中说：“先进的企业文化是企业的灵魂、竞争力的源头、国际交往的基础和桥梁。”著名经济学家厉以宁在贺词中写道：“企业文化建设的主要任务是培育职工的凝聚力。有了这种凝聚力，就能在各种不同的情况下开拓市场，创造业绩。”

海尔首席执行官张瑞敏认为：“海尔文化是海尔发展的灵魂。”黑龙江华安工业(集团)公司董事长、党委书记、总经理许远明认为：“企业文化是企业发展的灵魂，是企业元气再造和核心竞争力的活力之本、动力之源，是使华安集团从亏损到盈利的良药。”中国航空工业第一集团文化公司党组书记、总经理刘高倬认为：“集团是大集团的灵魂和重要纽带。”宁波方太厨具有限公司董事长茅理翔认为：“文化看起来好像是看不见、摸不着的东西，但它无时无刻不在指导着我们一切的经营管理，它是企业的灵魂，它又处处渗透到我们经营活动的方方面面，所以它又是‘基因’。文化是灵魂和统帅。”上汽集团党委副书记李积荣认为：“办企业就是办文化。文化力是跨国公司的重要武器。制度管人累死人，文化管人抓住魂。”青啤的老总认为：“青啤能百年长寿，其内在的生存力量是青啤文化。”同仁堂集团有限公司党委书记、副董事长田大方认为：同仁堂历经300多年风雨而不倒，靠的是“同修仁德、济世养生”的精神和诚实守信的经营观、视质量为生命的质量观、继承创新的发展观等同仁堂文化。宝洁(中国)有限公司客户业务发展经理吕辛认为：“文化是企业的核心竞争力。文化是基础工作。文化可以被量化。文化能够造利润。”

中国工程院院士王选在写给峰会的贺信中说：“先进的企业文化是基业长青的重要保证。”

著名理论家，企业文化、企业形象、企业战略专家贾春峰认为：“企业文化建设是企业的长寿之道。”著名企业文化专家、中国企业文化研究会常务副理事长孟凡驰认为：“先进的企业文化是21世纪中国企业的‘通行证’、‘基因密码’和‘推进器’。”

综上可见，对企业文化的重要地位与作用，对企业文化建设的重要性与必要性的认识，各类专家不约而同地达到了高度一致的肯定。从中国的专家和企业家到外国的专家和企业家，从国有企业的企业家到私营家族企业的企业家，从百年老字号企业到新成立七八年的年轻企业，从跨国公司到本土企业，概莫例外。这表明企业文化在中国已得到非常广泛的认同。

这次峰会，与会者没有就企业文化的内涵与外延从逻辑上作定义与划分、争论与探讨，更多的是一种实践体会与研究心得的交流。有些发言的企业家表达了如下看法：“企业文化是一种信念，信念坚定了，方法是无穷的”，“企业文化是一种氛围和作风”等等。

国企文化的重塑与再造

国有企业是社会主义市场经济前线的主力部队。搞活国有企业，搞好国有企业，做大做强国有企业，都要求重塑和再造国有企业文化，脱胎换骨，炼魂铸魄，再创辉煌。从峰会交流的情况看，各企业在重塑与再造本企业文化时，不拘一格，但求有效，八仙过海，各显神通，各有高招妙诀。归纳起来，主要有以下内容和特点：

1. 爱国奉献

如中国航空第一集团的“航空报国，追求第一”；同仁堂的“济世养生、同修仁德”；青岛港的“信念、感情、珍惜、奉献”；海尔集团的“海尔——中国造”等等，都把员工命运、企业命运与党和国家及民族的命运联系在一起。

2. 以人为本

如青岛港的“员工是胜利之本”，“员工的事再小也是大事，再难也要办好”，“一心为民，造福员工”的厚德载物精神；“只要愿意干，好好干，决不撒手不管，决不推向社会”的宗旨，使历次改革中的近万名转岗员工全部得到妥善安置，没有把一名员工推向社会。澳柯玛的“善待员工，厚爱企业”，对员工作出“被吸引，被任用，受培养，获发展”承诺，以及“发展人就是发展企业核心竞争力”的理念；华安集团的“企业兴衰事，成败皆由人”，“成败在人，休言结果都是命，竭尽人力可回天，命运在人，不信现状都是命，安身立德皆养命”等等。

3. 继承创新

如大庆石油炼化公司十分注重继承和发扬“大庆精神”、“铁人精神”；山东电力集团、青岛发电厂等企业注重继承发扬“人民电力为人民”的优良传统；同仁堂集团十分注重继承和发扬“炮制虽繁必不敢省人力，品质虽贵必不敢减物力”等优秀店训店规等等。

国有企业在继承各自优良传统企业文化的同时，也与时俱进地进行了广泛的文化创新。其表现有三：一是破旧立新。如广州钢铁公司提出的四个突破，即“在理论研究上的新突破，在企业文化模式上的新突破，在推动理念与制度的有机结合上的新突破，在促进经济与文化的相互交融上实现新突破”；青岛发电厂从旧的“路径依赖”到战略、思维、行为上“路径开新”；华安集团的从“等靠要”到“抢闯干”等等。二是整合出新。如青啤的品牌低成本扩张，把文化整合作为资产整合的首要条件，用青啤文化的价值观整合被收购企业的文化，同时对被收购企业的文化进行吸优汰劣，用文化化解资产整合中产生的阻碍与隔阂，打造出更具生机与活力的新青啤文化；如航空第一集团公司组建以来，把建设集团文化作为战略任务，用集团文化作为统帅，作为凝聚下属单位和几十万员工灵魂和精神的纽带，形成“一拳五指”的战斗力。三是吐故纳新。即扬弃计划经济体制下形成的旧的企业文化观念与机制，吸纳市场经济发达条件下企业文化的新观念与新机制。如上汽集团的“融入世界，合作共赢”，“摩擦出智慧，碰撞出创造力”，“集成全球资源”，“世界眼光，全面合作”；青啤集团与世界最大啤酒酿造商 AB 公司结为战略合作关系开展“最佳实践交流活动”，与 AB 公司一一比较，找差距、学优长、补不足，丰富和发展青啤文化。

4. 诚实守信

如澳柯玛集团认为：“诚信包括对经销商、对顾客、对分销商、对合作伙伴都要诚信，尤其是在信息不对称时要讲诚信。做广告宣传要讲诚信。”“没有最好的，只有更好的。”“要有替他人着想的诚信，只考虑自己利益的发展是不良的，不良的发展是不能持久的。”小天鹅集团副总经理徐源认为：“制造商要把产品性能如实地告诉消费者，不能言过其实，误导消费者，更不能说大话欺骗人。如电器商品的使用寿命只有 7～10 年，你怎么能说是‘终身包修’呢？这是不诚信的。”同仁堂集团认为：“同仁堂风雨 300 年不倒，就在于始终不渝地坚持了诚实守信的经营观。”

5. 服务顾客

如青岛港把“诚信服务”作为“第一宗旨”，“客户的事情再小也是大事，千难万难决不能让船东、货主犯难”。一次，某一煤矿工人不慎将一把扳手混入出口煤中，为维护货主商誉，前港公司发动上百名员工用近一月时间，从 6 万吨煤中将这把扳手捡出，保证了出口煤的质量。青岛交运集团对顾客一片真情：“交的是朋友，运的是真情”，打造出了响当当的“情满旅途”品牌——情满家庭、情满企业、情满社会等等。

上述内容是国有企业文化重塑与再造的主要方面，还有“视质量为生命”的质量文化，班子团结、党政合心的领导文化等，也是国企文化的重要内容。这些都具有普遍性。正是企业文化的重塑与再造，才使众多的国有企业扭亏为盈、绝处逢生，或者持续增盈、不断发展，或者攻城掠地、不断扩展壮大。

民企的二次创业与文化培育

我国的民营企业，90%都是家族企业。经过第一代创业者的艰苦奋斗，现在有的达到了一定的经营规模，同时也相继进入了交接班时期。要进一步发展，家族制企业不能延续家族式管理，要突破局限，进行再次创业。

对此，宁波方太厨具有限公司董事长茅理翔认为：“家族企业不能否定，否定家族企业就是否定民营企业；家族企业需要进一步提高，才能迎接全球经济竞争。”家族企业如何提高？茅理翔从家族企业的文化战略上回答了这个问题。

1. 制度文化战略：使传统家族制向现代家族制转变

他认为传统家族制具有“委托代理成本低、团队合作力量强、决策机制灵活、风险控制严”四大优势，所以在创业初期一定要依靠家族制。但家族企业发展到 1～3 亿规模时又有“管理错位，家族矛盾与管理矛盾混淆在一起，清官难断家务事；排斥人才，在七大姑八大姨控制实权的家族企业里，人才引不进，引进了也留不住”两大劣势，所以必须淡化家族制。方太的做法是，在总经理下面的所有中高层干部全部是引进的本科生、硕士生，不准亲戚和家族成员任干部。这样既无家族矛盾又能大量引进人才。

2. 人才文化战略：从“小家文化”向“大家文化”转变

茅理翔认为，家族企业的人才观，与人才对家族企业的心态、对家族企业的再发展至关重要。方太的做法是：为人才敞开大门；充分信任的授权，使中高层人才从内心感到方太是一个开放的家族企业而非独断的家族企业；强化培训，使人才充分充电，每年花 300 万培训费进行全员 TQM 培训和中高层干部的 EMBA 培训；实行“阳光计划”，即每年招收 50 名大学生，进行 4～6 个月的生产与市场第一线实习，在各种文化与专业培训后双向选岗选人，并由人力资源部对每位大学生进行职业生涯设计、跟踪与考核；每年搞“回家看看”活动，即请全国各地的优秀促销员、服务员回方太看看、走走、培训，形成良好的感觉和气氛；别出心裁的政工文化，即有健全的党工青妇组织，七年发展党员 100 多名，占职工总数 10%以上，使党建政工与企业管理紧密结合。

3. 品牌文化战略：进行品牌定位与塑造

方太坚持产品的“专业化、中高档和精品化”，定位用七年时间成为行业中的佼佼者，今年被评为全国十大最具潜力商标之一。坚持“产品、厂品和人品的三品合一”，是方太一惯恪守的文化理念。

关于家族企业的交接班问题，茅理翔认为：“交接班不仅是家族的事，也是社会的事。为了民族经济的振兴必须处理好交接班问题。”“要学习外资企业和国有企业的长处，把家族企业与现代企业制度结合起来。”

正泰集团高级顾问叶逢林认为：“坚持物质文明、精神文明和政治文明一齐抓，是正泰集团腾飞的秘诀。正泰从创业之初的 5 名员工、5 万元资产、1 万元产值，发展到 13000 名员工、22.9 亿元资产和 81.5 亿元收入，靠的是这三个文明一齐抓。”他说：“正泰的实践表明，企业文化是企业家的思想作风、工作作风和生活作风的体现，是企业家的世界观、人生观、价值观和经营观的体现。”

叶逢林认为：“民企的发展靠员工。正泰把员工当作第一上帝，为员工过生日、开烛光晚会，去年又为员工买了双保险。在正泰，员工是主人，不是打工仔。正泰的‘主人谈心日’，员工一进门，党委书记、工会主席、文明委主任一起接待，做到‘一起立、二让座、三倒茶、四倾听、五送客’。上午接待，下午就去员工所在单位了解情况，换位思考，达到了解、理解、谅解、和解。”

正泰坚持“财聚人散和人聚财散”的聚散辩证法，不做守财奴，达到了留住人才、发挥人才作用的人才大聚与财富大聚的双重目的。同时坚持人性化管理，在企业文化建设中发扬人性中真善美的一面，抑制其假恶丑的一面，也推动了企业的大发展，使正泰名列中国民企第四位和世界低压电器第五位。

外国企业是如何以人为本的

在峰会上，来自加拿大的 IMLEARNING 公司总经理钟河山先生作了“跨国公司企业主流趋势——以人为本”的主题演讲。他一开头就引证了许多跨国公司的观点——惠普公司：一个公司人的能力增长赶不上它发展的增长情况下，不可能持续成功；摩托罗拉公司：打开人力潜在的创造力；福特汽车公司：人才是我们力量的源泉；通用电气公司：一切都是由人来实现的。

跨国公司如何实现以人为本呢？钟河山认为第一个任务是寻找合适的人才。第二个任务是使人才融合到公司中去，使人才的发展与公司的发展相一致。

所谓合适的人才，就是从工作地点、公司文化尤其是核心价值观，到工作职位等要求与人才的素质或特质相互匹配。这不是一件容易的事情，谁该上车（招进）、谁该下车（辞退）的选择需要花时间去思考和抉择。

跨国公司招人时主要是着眼未来3~5年的需要而非眼下需要。为此它要设立人才标准，能与公司文化吻合，通过内部猎头或内部推荐制度选用人才。如西门子公司，若被推荐者在日后被证明成功，推荐者会获得一笔奖金以为鼓励。在跨国公司工作不易，通常由5个人干10个人的活，让人感觉非常没有人情味；但如具备它所要求的品质和特质，它通常会5个人付8个人的报酬。这是双赢的。

一些企业在招人时常会犯一厢情愿的错误，即认为某人适合就以高薪挖过来，但由于那个人并不喜欢这份工作，因而缺乏工作热情和主动性，会非常不适合这份工作。这对个人和公司都是不好的。

怎样才能使招到的人才融入到公司中去？跨国公司的做法是："从第一天起，就以严格的绩效文化衡量他的表现，告诉他公司对他的期望。如公司的培训从早上7点开始，有些人7:01~7:03才到。公司对此的处理是迟到一分钟你要拿出100元钱赔偿，因为你没有达到公司对你的期望，损害了公司的利益。如通用电气公司高度关注业绩的表现，你一进大门就能看到公司股票当天价格的涨与跌，使你认识到股价的涨跌与员工的绩效相关。如五星级酒店都非常重视回头客，对所有员工的要求是，你的每个动作都影响到回头客的回头率，即使是洗碗工也是如此。如果以为洗碗工与回头客无关，他很快就会被请出公司。在跨国公司里，"没有什么是意外的"。员工一进公司，你的角色就是清楚的，甚至每一个动作、每一句台词都是设定好了的。每个员工都要"深入前线体验"，了解企业的全过程。

对不适合的人，公司的期望与他实际的差距既是他努力的方向，也是公司帮助他的 方向。公司通过培训→特殊项目→国外经验等分阶段进行辅导帮助以提高他的能力。每个阶段都有一整套的秩序、项目和培训（如GE有5年、10年、15年）计划，使人力资源开发目标与公司发展阶段目标相一致。

德国BLG国际物流有限公司国际项目部总经理尼格尔博士说："以人为本是我们企业文化的精髓。职工的团队精神和对职工的在职培训是BLG公司成功的秘诀。"这个具有127年历史的国际物流公司强调高效率的网络信息，公司每天都要告诉员工在接受到的众多信息中哪些是最重要的信息。公司内部办的报纸、杂志、运动会以及有些特殊员工在各子公司的岗位间流动都是信息交流的有效手段。

BLG公司对青年员工有严格的训练体系。青年员工经验少，刚从大学毕业，但公司会信任他们，交给他们一些重要的工作。每位员工每年都有目标责任，给员工一定的权利、一定的机会、适当的帮助和管理，使之达到每年合同中的目标。

BLG公司给员工好的工作和待遇，一份优厚工资和资金必不可少，使之不愿意放弃这份工作。公司有一套先进的人事管理制度。如有员工离开，要仔细了解是什么原因使他们离开。"员工满意是我们的追求"。尼格尔说："我们的员工都有一份自豪感，成为BLG的一员是一种自豪和骄傲。"尼格尔说："要让员工有责任心。工作时间过长人们会有厌恶情绪，可隔一段时间，我们会问他们需要什么样的工作，调换并满足他们。在BLG团队精神很重要，但团队精神不等于大家在一起干活。要使职工明白自己在公司的发展前景。"

BLG公司以人为本，"在内部以员工为本，在外部以客户为本，如保证物品到达用户手中时是完美无缺的，同时给客户提供包装箱的回收服务。我们还让员工知道环保是必不可少的"。

中外企业文化的差异与融合

联合国发展计划发言人、美国NEW LOMBARD公司首席企业文化顾问约翰·兰博先生在《文化差异对中国企业的影响》的演讲中，以小草与芦苇的故事开头。他说："企业文化受价值观和信念的影响，所以要先讲信念和价值观问题。历史上有许多很强大的文化，但像芦苇一样不会遇暴风雨弯曲，最终都消失了。中国文化历经5000年依然旺盛不衰，原因在于知道在何时、何地如何变化，故能充满活力。中国今天面临很大危机，但仍将活力永续。"

兰博说："我不相信一种文化比另一种文化优越，但是各有优点和缺点。讲文化的变革或变化，不是说西方文化比中国文化好，不是中国必须采取西方方式。如完全采取西方方式，对世界是一种巨大损失，因为中国文化对世界作了巨大贡献。今天，所有文化包括中国文化都面临变化或变革。照搬或坚守不变，我都不赞同。回顾历史发现，中国文化一直在随环境变化而变革，如政治因素、经济因素、技术因素等都会引起文化的变化。中国今天面临的挑战特别多，变化是必然的。如果像芦苇一样拒绝变化，其命运是消亡；如果完全采用西方文化，其结果也不妙；我赞同中西融合的文化，既有中国传统优势的因素，又有新因素，这种融合的文化因有中国特色仍是中国文化。"

中国加入WTO以后，中国人、中国企业与外国人、外国企业的交往越来越多，交往双方遇到一个共同问题，即文化碰撞问题。中国企业要吸引外资，要走向世界，就要研究这个问题，作好准备。对此，兰博认为，作为企业首先要认识民族文化与企业文化的联系。他说："民族文化、地域文化无疑会反映在企业文化中。我们不能想要哪种文化，哪种文化就自然来到我们中间。我发现有些企业在国外找到一种自认为好的文化，就要那种文化，但这种情况不可能发生。因为那种文化有它的民族文化背景。最重要的是描述、研究、理解、辨认自己的文化。"兰博从三方面分析了中外企业文化的差异与冲突。

1. 多元文化与和谐文化的冲突

多元文化的特点是企业中的各种文化、观点，即使是互相对立的观点也能得到鼓励，并且认为是有利的；和谐文化的特点是企业里的人注意观点、意见的一致，即使不一致也不愿（也不鼓励）讲出来。在多元文化中，有更多的观点、意见，决策时的选择项多些；在和谐文化中，因意见一致，决策迅速，但因选择项少，可能会漏掉更好的选择项。当这两种文化碰在一起时，中国人抱怨外国人咄咄逼人，制造麻烦；外国人抱怨中国人太保守、封闭等等。在检测自己的文化时要考虑清楚，哪种观念和价值是必须取得的。要走向国际,你就会由和谐文化走向多元文化,因为大部分外国人都持多元文化。中国企业要鼓励员工多发表自己的意见。

2. 以未来为中心的文化与以过去为中心的文化的分歧

从过去到未来像一条长河。以过去为中心的人面向过去,背向未来,他知道河的源头在哪里,过去发生的事情对他很重要,他也知道未来在哪儿,但他对未来考虑得不多。以未来为中心的人面向未来,背向过去,他认为过去的事他控制不了他就不管,未来他可以控制并作好准备,一有机会就迅速采取行动。这两种文化碰在一起,中国人抱怨外国人变化太多太快;外国人抱怨中国人变化太慢,失去很多机会。最好的方法是走中间,外国人到中国来感受,中国人也需要更开放的心态。

3. 以做事为中心的文化与以人际关系为中心的文化的碰撞

以做事为中心的文化,以能否完成任务为中心,特别看重人的能力,把事情做得怎样,而不考虑老板是否喜欢,人际关系如何。以人际关系为中心的文化,考虑的是人际关系,尤其是与领导、老板的关系,看重的是人的经历、地位、关系及名声,要不要做事也是以能否扬名及建立改善人际关系为标准。当这两种文化背景不同的人碰到一起时,中国人抱怨外国人太残酷,只重金钱不重感情;外国人抱怨中国人花了大量时间做不必要的、与生意无关的事情,耽误了生意。外国人吃饭就赶紧吃,吃了好做事;中国人吃饭就想这个人的来历、地位,能否处好关系,是否愿意与他做生意。处理的方法是碰撞双方都往中间走一点。

兰博认为,中国企业要参与国际竞争、吸引外资,就要理解这种文化冲突。首先要确立自己的企业文化发展方向,然后要考虑清楚沿着这个方向前进时会遇到什么。既要理解自己文化的特点,又要理解外国文化的特点,注意两种文化的区别,再根据现状设计、制定自己的企业文化战略和培训方案与方式。坚持什么,反对什么,要弄清楚。最重要的是要搞结合、融合,这是很复杂的任务。

澳珂玛集团介绍了该集团与 GE 公司在诚信基础上建立长期合作伙伴关系的体会:“在与 GE 谈判考察 2 年多的时间里,表面上看是谈判,实际是价值观和文化的交流。”上汽集团认为:“经济全球化必然导致文化的全球化。中国企业要融入世界,中外之间的文化摩擦与碰撞不可避免,但要让摩擦产生智慧而不是斗争的火星,让碰撞产生推动力而不是破坏力。”海尔集团以美国海尔的实践证明:“优秀的企业文化能融合不同文化。”

营销本身就是一种文化

什么是营销?营销与企业文化的关系是怎样的?徐源认为:“营销即创造并留住顾客。要提供好产品、好服务,还要进行管理,把消费者的要求告诉企业作改进。营销是全员的事而不只是销售人员的事。”吕辛认为:“营销本身就是一种文化。宝洁公司提倡诚实正直的价值观,当利益与价值观发生冲突时,一定要坚持诚实正直的价值观。企业长久不在产品。宝洁是卖蜡烛出身的,也许几十年后不卖洗涤用品,但只要它的价值观存在,它就会存在。宝洁 178 年生存发展的秘诀,其中最重的就是它的价值观,对诚实正直像宗教一样执着。宝洁做任何决策时都要回答一个问题:‘你的决策符合宝洁的价值观吗?’据吕辛介绍,毛主席的实事求是、群众路线、统一战线三大原则,在宝洁文化中都有体现,都能创造利润。

如何使营销成功?徐源认为:“一是为消费者着想,二是适者生存。”许远明认为:“卖者要把握买者的三种心态,即买得放心、用得舒心、修得省心。为此,就要广交天下朋友,追求‘好’字,克服‘苦’字,提倡‘勤’字,讲究‘诚’字,注意‘巧’字。同时还要把好企业资讯关、推销心理关、合同准确关、供给诚信关。”吕辛认为:“市场调研是营销成功的第一步。调研要回答三个问题:消费者有哪些需求?消费者的需求已被竞争对手满足了,但满足不好的方面是什么?消费者未来的需求是什么?要掌握营销的两个真理时刻:一是在家使用时的满足感,二是在商场购买时选品牌。店里购买是第一真理时刻,因为现在消费者的选购余地很大,没有第一时刻,第二时刻就不会发生。而要把握第一真理时刻,就要回答谁是目标消费群,他们有什么需求?他们怎么消费?这需要作大量的调查。如看她们怎么洗头,了解为什么把一种产品拿起又放下?为什么买走?各产品的优势、劣势和机会是什么?要围绕目标消费群作分析。不仅要把产品特性告诉消费群,而且产品摆什么货架,放什么地方、什么位置,是分开摆放还是相关产品集中摆放(如婴儿衣服、婴儿奶粉、纸尿裤等),都要为方便消费者着想,这方面工作量是很大的。

成功的营销需要成功的广告助阵。吕辛以海飞丝 15 年的广告变化为例:从肩上有头皮屑→头发上有头皮屑→头皮养护→调理内分泌,说明宝洁怎样以广告变化引导和适应消费者的需求。现在许多公司的广告词都在变化,如联想集团过去是“人类失去联想,世界将会怎样?”现在是:“只要你想。”徐源认为:“因为人们越来越关心自己,越来越喜新厌旧,所以广告、包装都要变化。如果广告词、画面长期不变,人们对此就会变得麻木。要用新的东西告诉、刺激和提醒消费者,在变与不变之间找到平衡。”

企业文化的变革与重构

中国企业文化研究会理事长胡平在峰会上讲:企业文化建设“要解决两个两张皮——科技与经济的两张皮和文化与经济的两张皮”。他举例说:“西方的米老鼠是 75 岁,而中国的孙悟空已是 1000 多岁,但两者的经济意义不同。前几年有个企业用了孙悟空的形象:怎么撬防盗门也撬不开。这不是应用孙悟空而是糟踏孙悟空。去年在上海召开动画片国际研讨会,外国专家认为,中国的动画片没有体现中国文化,没有中国文化的根基。”他说:“我国的加工工艺不落后,但是产品设计非常落后,尤其是把中国文化精华融入产品设计中很落后。再就是如何在营销方面把中国文化精华融入其中推向世界。这是我们的责任。”

不仅解决“两个两张皮的问题”,而且解决融入经济全球化潮流、适应经济体制的根本转变和落实“三个代表”重要思想、提升企业管理水平问题,都要求对企业文化进行变革与重构。那么如何进行企业文化的变革与重构?

海尔集团张瑞敏在演讲中认为要处理好两个关系:一是企业文化与企业发展战略的关系。优秀文化是企业发展战略的推进器,先有战略后有文化,没有战略就没有文化。要根据战略定位制定企业文化,定位不清,就不可能有企业文化。但没有企业文化,战略不可能落实。海尔在不同阶段有不同的定位:内圣外王。内圣即优秀文化,外王即世界名牌、国际化。文化支持战略实施。二是企业文化与员工创新之间的关系。企业文化应把创新基因植入员工身上,使创新基因在企业传承下去,代代不断。百年企业创新精神不衰。海尔现在居世界白色家电第五位,前4位都是百年企业,海尔才十岁,要追赶只能靠创新。海尔提倡每个人都有创新精神。最可怕的是漠不关心。我们的流程再造使每个人都面对市场。过去人们是经营上级,现在要求的不是上级、同事而是市场关系,在面向市场、提供市场需求的产品服务体系中体现个人的价值。用户需要的不只是一个产品,而是一个问题的解决方案。海尔市场链的流程再造被美国、瑞士、欧盟的商学院收入 MBA 教学的案例库。"

宝洁公司吕辛认为:"谈文化不能脱离生意与生活,企业文化的构建要响应外部的变化。文化构建不是从内部开始,而是从客户的需求开始。文化是基础工作,领导要投身一线去建设文化。文化构建需要领导力——亲历亲为、高瞻远瞩、煽动他人和执行力。"

中国人民大学副教授李桂荣博士认为:"变革企业文化从改变战略开始。要使企业的价值观真正起作用,远远比许多人认为的要复杂得多、困难得多。变革企业文化有三条黄金法则要遵守:一是要改变人们的行为方式、提高业绩,先要改变文化、进行文化调查;二是调查企业文化要从经营中的问题开始;三是要运用所有的现代信息工具作调查,不漏掉重要问题,并及时以公开讨论方式探测问题。"她认为,在网络时代企业文化的变革与建设面临许多挑战,其中特别要注意的有两点:一是速度文化;二是现代管理不是管理而是领导——给大家指明方向,让大家都成为领导人(经理)。

大庆石油炼化公司党委书记于宝祥介绍,该公司在资产重组中进行文化构建,以凝聚与管理为主题,在同化提炼理念系统时,成立了文化审计小组,80%的员工参与了文化审计工作,以"铁人精神"、"大庆精神"为核心,实事求是地构建个性化的企业文化。中国航空第一集团公司在构建集团文化时,重视从领导体制上落实,要求各单位的行政一把手必须作企业文化述职。

中国企业文化研究会常务副理事长兼秘书长孟凡驰教授认为:"中国企业文化的战略思维应密切关注国内外政治、经济、文化、科技等大背景的变化,做到大幅度地转变文化观念,与国际规则相一致,如不及时转变与国际规则不一致的观念,就会错失机会。只有在文化上融入国际大潮中,技术上才能接上轨。要主动应对新的国际条例,抢占先机。"他认为:"对企业文化的亚文化属性和管理学属性一定要有深刻的理解。企业家要重视哲学、伦理学的理论学习。企业在技术层面上是大同小异,但文化层面上的差别和阻碍会很大。企业文化的培植是逐步深化的过程,首先要做好清基的工作,进行文化审计和清理,发扬好优、抑制坏劣,你的企业就发展了。"孟凡驰认为:"企业文化建设要着力在与管理的结合上下功夫,做到系统推进,做好企业文化体系的意志化工程、物化工程和形象化工程,加强企业家的文化自觉培育。"

城市营商环境与名企群体塑造

青岛是中国最早拥有国际知名品牌的城市,也是我国名牌企业和名牌产品最集中的城市之一。目前已有海尔、青啤、双星、海信、澳柯玛、即发 6 件全国驰名商标,海尔、海信、港务局、青啤 4 个全国质量管理奖,23 种产品被评为"中国名牌",另有 59 种产品被评为"山东名牌",132 种产品被评为"青岛名牌"。在首届中国名牌战略推进委员会评选的 57 种"中国名牌"中,青岛有 8 种,占总数的 14%。作为中等规模城市,青岛能够同时拥有如此众多的名牌产品、名牌企业和知名企业家,形成一个庞大的名牌产品集群、名牌企业集群、名星企业家集群和优秀企业文化集群,这种现象经济学界称为"青岛现象"。

由"青岛现象"引出了"城市营商环境与优秀企业文化群体塑造"的时代课题。对此,青岛市企业文化协会副会长姜正轩作了解析。他认为"青岛现象"的产生有四个原因:一是政府引导,培育名牌,为优秀企业文化群体的形成提供了适宜的生存土壤。二是企业运作,学习借鉴,为优秀企业文化群体的形成奠定了深厚的群众基础。三是宣传造势,加强引导,为优秀企业文化群体的形成营造了良好的外部环境。在引导上做了三项工作,即加强理论引导,扫清企业文化建设过程中的思想障碍;加强咨询引导,探讨推进企业文化建设设的有效途径和方法;加强典型引导,发挥先进典型的示范作用。四是组织推动,分类指导,为优秀企业文化群体的形成不断注入新的血液。青岛市委要求"大企业要树立高远目标,努力实现从优秀到卓越的跨越,永葆基业长青"。"要以国际卓越公司为目标,再造企业文化"。并提出"青岛的精神文明首先应由企业更多地进行创造、发展和培育,企业文化和企业文明将会带动形成良好的城市文明和城市文化"。

应该说,城市营商环境的改善和优秀企业文化群体、企业文化与城市文化、企业文明与城市文化之间是相互依赖和相互促进的。在青岛市,名牌产品、名牌企业、名星企业家群星的灿烂星光,正把青岛向"企业家城市"、名牌城市推进。

在青岛,继一批制造业产品名牌之后,一批商业名牌、服务业名牌、交通运输业名牌,乃至政府机关名牌和社区名牌,已呈"千树万树梨花开"之势。如市委办公厅的"忠诚服务"、财委的"用心融通"、市委宣传部的"传播真情"等已深入人心。这不但有利于转变党和政府机关的职能,而且改善了政企、政民、党群的关系,大大提高了整个社会的文明水平。

韩国驻青岛总领事朴钟先博士的"韩国在青岛市的投资与合作"的演讲,也间接为城市营商环境改善对优秀企业文化群体崛起的重要作用提供了有力的佐证。

奥运商机与企业文化

在"奥运商机与企业文化的作用力"的主题发言中,北京奥组委市场开发部副主任许增武介绍了有关赞助商方面的情况。阐述了奥组委"遵守奥运宪章,坚持'绿色奥运、科技奥运和人文奥运'三个理念,使企业提升品牌、获得稳定收益"的宗旨。说明届时将有"220 个国家和地区、37 亿人次收看,22000 人的新闻媒体队伍”这一概念对赞助商的意义。

可口可乐(中国)饮料有限公司对外事务经理田文红在“75年可口可乐与奥运如影相随”的演讲中,介绍可口可乐自1928年开始赞助奥运会至今未中断的过程。说明“这是一种文化融通。奥运是世界人民沟通的桥梁。可口可乐不仅是产品,也是一种品牌;奥运不仅是体育运动,而且是一种精神”。她讲了两件事说明可口可乐文化是怎样融合体现奥运“更快更高更强”精神的。2001年7月13日晚,当萨马兰奇宣布2008年奥运会由北京承办时,全国人民欢欣鼓舞。为庆祝北京申奥成功,可口可乐公司策划了名为“金色喝彩”的活动:当晚加班生产了30万箱可口可乐金罐,并连夜铺到北京各大超市。第二天一早30万箱金罐被一抢而空。这种1.7元/罐的金罐,现在价格已升至3位数,个别地方已升至4位数。2003年当“京”字徽标一公布,可口可乐公司当晚即把北京长安街上的18块广告牌全部更换成“京”字。速度之快使市民连声赞叹。当晚将早已生产好的“京”字金罐铺进了20家大超市和麦当劳店。这次“京”字徽标,可口可乐公司因为是赞助商提前就知道,第二天一早便在北京、上海、青岛三个城市同时上市。在公布之前,由于保密性强,生产时签了保密协议。在生产时生产线的工人全部由签了保密协议的6名中层干部替换。这次活动同样非常成功,三市的金罐一周内全部售完。与会者认为,这既是对“更快更高更强”含义的生动注释,也是中国企业最急需的。

企业文化的本质特征与走势

中国企业文化研究会常务副理事长张大中在讲话中,指出企业文化理论的两大本质特征:

1. 以人为本

它关注人在经济过程中的地位与发展,将人看作有文化的主体,特别强调人的文化自觉问题。它帮助企业经营管理者改变认识和行动方式,使他们不再把职工只看作生物意义和物理意义上的人,而是重视人的文化主体意义,注重启发人的能动性和自觉性,从而在管理方式上使管理者由“物本”观转为“人本”观。

2. 以文化人

文化是一种巨大的力量,它能够极大地开发人的潜力,最有效地发挥人的积极性、主动性和创造性。企业文化理论主张通过提高人的文化品位来提高管理层次,提升人的人文价值,运用文化特征和规律于经营管理之中,使企业经营管理适应人文进步的现代社会。以文化人的关键在于以什么文化去化人。

贾春峰在“企业战略新理念与企业文化走势”的学术报告中,概括分析了九大新理念和走势,即“从生产导向到市场导向再到用户导向的新思维;从单枪匹马到协作竞争、结盟取胜、双赢模式的新理念;从跨国公司的外包外购到与跨国公司结盟同行的智慧型经营新思维;从名牌战略到名牌创新的名牌集群效应;服务战略日益突出;更加重视生命科学,环保理念日益深入人心;对企业家素质和人格魅力要求越来越高;学习型组织的企业文化的学习力、创新力、竞争力的统一;呼唤企业家、企业文化与企业战略紧密结合的时代已经到来。”

美国YAMAMOTO MOSS公司总裁莎莉·里根女士关于“体验经济”的演讲,对于我们全面认识企业的新战略与文化走势也是很有益处的。她通过对美国20世纪80年代、90年代和新世纪的客户需求深化过程的分析,指出客户需求已从80年代的炫耀性消费(具个性的产品与服务),到90年代的品牌体验(不是消费物品,而是在消费中体验和感受氛围),再到新世纪的意味深长的品牌体验(即在消费中寻求“意义”与“价值”)这一种发展趋势。她认为,由于人们已不满足只用经济资产来体现人生价值,还要有人文资产——宗教、国家、艺术、家庭、社区、教育等来体现,而且人文资产比经济资产更宝贵。因此在新世纪里,能够生产意味深长的品牌体验的组织才能成为下一轮经济的明星。在新世纪,品牌形象仍然重要,但品牌体验至关重要,只有最成功的公司才能产生最意味深长的品牌体验。这种趋势值得中国企业关注与重视。

企业文化作为一种管理理论、管理思想和方式,从20世纪80年代初传入我国,经历传入阶段、徘徊阶段、发展阶段和提升阶段,至今已经20年。20年来,中国企业文化建设“理论研究不断深入,实践活动方兴未艾,标杆企业竞相涌现,培训策划广泛开展,骨干队伍初步形成”。20年来,对企业文化建设的基本规律有了初步的认识,即“立足国情,建设有中国特色社会主义企业文化;植根企业,将实践作为企业文化建设的落脚点;与时俱进,不断推进企业文化的理论创新与实践创新;客观辩证,科学把握企业文化同企业各项要素的正确关系;注重协调,切实发挥社会各方参与企业文化建设的积极性、创造性”。中外企业文化2003青岛峰会的成功召开必将成为我国企业文化建设继往开来新的里程碑!

(此文为作者2003年11月为中外企业文化2003青岛峰会所作综述)

把中国企业文化建设推向新阶段

孟凡驰

企业文化要面对国际化

企业文化建设的战略思维应该建立在什么样的基点上?中国企业实现现代化和国际化必须把企业文化提高到企业发展战略的高度来认识。这个基本点应该放在什么地方呢?我认为应该是密切关注国际社会经济格局的变化,关注世界企业体制和经营管理形势的变化,在国际大背景下,建设中国的企业文化。为什么呢?因为经济全球化的趋势不可逆转,经济文化一体化的趋势不可逆转。这两个不可逆转已经变成了巨大的压力,对中国企业的改革、中国企业的现代化和国际化构成了严峻的挑战和冲击。在这两个趋势当中,中国的企业并不占优势。这一点我们必须要有清醒的认识。

在这种趋势下建设中国的企业文化必须注意以下两点:一是要大幅度地转变我们的文化观念,要以国际规则为准则,转变一切不适合国际规则要求的观念。这句话看起来好像有点绝对化,但是经济全球化的浪潮正冲击着中国经济,我们在这种趋势下是没有优势的，而弱势是没有权利制定规则的。两年前，安南提出了一个“全球伦理”观念，他总结了西方学界一些观点，希望把世界各国的伦理道德提炼出来，成为一个全球性的伦理。伦理、道德、文化问题，能否像经济、管理条例那些硬件一样形成一种国际化的东西，现在还在争论当中。在这种条件下，如果我们不能积极地以国际规则为准则，转变我们不适应的观念，那么在未来的竞争当中我们将继续不能占据优势。

过去讲“中体西用”，就是说在企业中技术层面上要大量引进西方的东西，而在文化内涵和文化本质上要保有中国自身的传统，现在这种观点正在经受着冲击和挑战。如果在运用国际化的管理规则和条例的同时却不能解开背后的文化密码，那么你就没有参与国际竞争的通行证。所以，你只要想在技术、制度、管理层面上与国际规则看齐，那么你在文化上就必须融入到国际化这个大浪潮之中，否则接轨的难度就会变大。文化观念的转变一定要以国际标准为准则。

二是主动应对新的国际条例。我国企业近年来在这方面的敏感性越来越强、速度越提越快，但是有些条例我们重视还不够。比如，在ISO 9000质量认证、ISO14000环保认证之后，有一个新的国际标准SA8000还没有引起企业的广泛重视，甚至还不知道它是什么。SA8000就是社会责任标准，等于给企业增加了一层贸易壁垒。目前国内只有一二十家企业进入了这个标准，在青岛就是海尔。SA8000主要是把企业文化、道德、伦理纳入个量化体系，涉及到雇佣童工问题、职工的健康安全问题、差别待遇问题、惩罚措施问题、职工的劳动时间问题，还有报酬标准问题，这个体系要求企业对员工负责，对员工的权益进行评估。企业产品在出口时就多了SA8000这样一个标准，在考察你的质量和环境之外，还要看你是在什么样的条件下生产的这种产品，你的产品质量是靠什么来保证的，是不是靠着非人性的、非人道化的方式取得的产品，如果是这样的话，对方就有权利拒绝你的产品进入他的国家。目前，对SA8000的敏感性要进一步加强，就是说要把企业文化、伦理、道德分解为可实施的、可操作的具体标准。我想时间不会很长，SA8000将会像ISO9000和ISO14000一样在中国普及开来，如果现在我们没有足够的心理准备和素质准备，到时就会感到措手不及。因此，在遵守国际规则方面，我们应该占得先机，提高敏感性。SA8000、ISO9000和ISO14000都是为了使企业的产品符合人性化的标准。虽然中国的“以人为本”和外国的人道化是有所不同的，但谁能处理好中国特色与遵守国际标准的统一关系，谁能处理好这对矛盾的辩证统一关系，谁就可以迅速和国际规则接轨。如果搞不好，走过场，可能就会生搬硬套国外的东西。假如你追不上国际标准，你就不可能纳入国际化的轨道之中去；如果纳入不到经济全球化的浪潮当中，受到的制裁就会太多，该得到的待遇就会太少。比如前几年美国闹炭疽病。为应对突发事件，美国拿出15亿美元到世界各地购买治疗药物，这种药物在美国叫“西普洛”（音译），在中国叫“环丙沙星”。当时就有专家预测，这15亿美元中国就是挣不到10亿，起码有50%是中国挣，因为在中国，这种药的生产工艺比较成熟，原料也非常充沛，而且成品储量也很足，所以是一个非常好的发财机会，结果咱们一片药也没卖出去。这种药在中国市场上7毛钱一片，到美国就1美元一片，而且一盒“西普洛”针剂到美国就是327美元，相当昂贵，而在中国制造起来又不是很难。这么好的机遇，为什么一片都没卖出去呢？原因就是咱们的药品生产企业不是国际药品生产行业组织成员，药品的生产过程没有经过国际药品生产行业组织的检验，即使遇到了这么大量的需求，人家一片药也不要你的。你不纳入到经济全球化这个行列中去，机会来了也会和你擦肩而过。在接受国际化标准的同时，一定要深刻理解隐藏在标准、条例、制度、技术、设备以及测量方法等背后的文化内涵是什么。如果解释不通或者理解不了，总是在浅层次徘徊，浅层次的东西即使都接上了轨，到了深层次的东西也看得见、摸得着，但就是接不上，这就是遇到文化障碍了。“以人为本”体现在产品上就是使用功能、产品色彩、款式和人性化含量这么四个方面，而人性化含量主要体现在使用功能的不断扩大和文化增值上。如果只片面强调单一的使用功能，那么产品就只有真的、善的含量，而没有美的含量。没有美的含量，就没有文化含量，没有文化附加值。

“以人为本”体现在服务上就是要讲究文化品位。在昨天结束的中央经济工作会议上，胡锦涛同志把“以人为本”提得非常高，而在公开场合提出这种观点，应该说在中国历史上是一个巨大的进步，前些年根本不让这么提。1991年，我和几个同志讨论这个问题，领导曾经批评过我，说这个“以人为本”就是人本主义，人本主义就是人道主义，人道主义就是资产阶段自由化。说得我不寒而栗。现在，北京的王府井大街、中关村大街建设都讲要“以人为本”，就连我们小区里的送奶工的小车上都写着“本送奶工以人为本”。其实他并不一定懂得“以人为本”的道理是什么内涵，但是他知道挂上这个口号以后就觉得档次高，就觉得有品位，他蹬起车来都觉得跟别人不一样。讲“以人为本”要把它理解得深刻一些，应用在实践当中能更加融洽一些，那不是一天半天能做成的。体现在服务和设计上也不是一天两天能完成的。比如火车站的设计，德国、日本、法国的火车站起码在使用的第一位上要体现真、善、美，让顾客以最短的距离和最快的速度能够登上火车，这叫人性化设计，从顾客角度考虑产品设计，考虑款式布局。再看北京的西客站，路途又长，像迷宫似的，导向牌又不清楚，这样的设计就没有很好体现“以人为本”，或者说人性化含量比较低。在“以人为本”这个问题上，既要有中国特色，又要能够和国际上的这些标准、条例结合起来。现在已经拿出来了SA8000，如果说你不认可它，它就不让你的产品进人，所以不接受，将来就可能很被动。我想在整个企业文化设计的战略方针上，我们的基点应立足在国际化这个大背景下，我们才能够发展得更快。

企业文化研究和学习的重点

理论研究和学习重点应该放在什么地方？有的人讲，“企业只管干就是了，理论上不必去多追究它”。美国、日本等国家的大企业家写了不少书，那些书的特点是什么呢？你看松下幸之助的著作，看IBM的著作，它对本行当的技术因素不和你进行深入的探讨，它探讨的都是经营哲学、经营理念和企业管理方面的伦理道德，以及企业家用什么样的思维方式去对待你的客户，去对待你的战略。作者认为，本行业在技术层面、技术流程上都是大同小异的，海尔的生产线和国际上的比，没有太大差距。现代化水平就技术层面对中国人来讲绝对不是什么难题。因为中华民族勤劳勇敢而且聪明,世界上最聪明的两个民族,一个是犹太人,一个是中国人,只要是有形的东西,制度、体制、技术等有形的东西,拿过来学得快着呢!你看电脑,十几年时间完成了国外几十年的发展历程,所以中国人的聪明程度是自不待言的。技术层面不会成为我们和国际接轨的最终障碍,我们的障碍主要在文化层面上,因此在这方面就要加强理论学习。企业家的理论学习我认为是很重要的。说实践之树常青,理论是灰色的,我也同意这个观点,但我想盲人骑瞎马,夜半临深池,这也是没有理论的一个结果。像有的企业搞了三年的企业文化了,到现在还总在浅层次徘徊,原因就在于理论不深,总是深入不下去。所以我想企业家对企业文化基础理论的学习还是要扎实一些,比如对哲学、伦理学的学习,另外还有对企业文化的基本属性的学习。

我认为企业文化有两个属性:一个是管理学属性,一个是亚文化属性。对管理学而言,它并不能代替企业中每个部门的具体管理手段和管理技术,但它指导所有的部门、人员用什么样的理念去指导自己的本职工作。另外,为什么说企业文化是有效的管理呢?因为它是一种综合性的管理,这种综合性体现在它融多个双重效益于一体:把精神文明和物质文明、经营工作和思想工作、长远效益和近期效益、经济效益和社会效益等天然地融为一体。所以你要按照它的自身规律把企业文化抓下去,抓到最后,你不说两手硬,它哪手也软不了。咱们看有些西方发达国家的优秀企业,它也不讲什么两个文明一起抓,它没这个口号,但它的两个文明都不弱,原因就是企业文化建设的结果,最后形成这样一种逻辑归宿。咱们已经看到这些基本事实了。这种基本属性还能把党政工团齐抓共管自然地融为一体。它是管理学,它不降低厂长经理的管理地位,而且它也能充分发挥书记这个方面的作用。作为管理学,厂长经理也得积极参与,这样就能把党政融为一体。第二个基本属性就是亚文化。企业文化相对于社会大文化而言,它是微观经济文化、管理文化、经营文化,企业文化建设好了,就是社会先进文化的生长点和实现途径,所以它是亚文化。这两个基本属性,我认为应该把它仔细地深入思考一下。

企业文化有它的客观性和主导性。所谓客观性,就是企业文化不管你承认不承认,它都是客观存在的,是不以人的意志为转移的,但是它的走势和发展的趋势、方向是可以主导的,要进行企业文化的建设和自觉培育就是这个道理。但我们有些企业家认为企业没有文化。这话不科学在哪呢?说我们单位的企业文化理论和建设方式比较薄弱一些,这都是有可能的,起步有先后,但是你不能笼统地说我们单位没有企业文化。因为就企业文化的形态现象而言,企业文化有先进落后之分,有自发自觉之分,有病态和健康之分,但绝对没有有无之分。明白了这一点有两个意义:一是企业文化建设你建不建它都会存在,如果不自觉地去建设它,让它自发地存在,最后会侵害企业的肌体,使企业离心离德,可能最后处于崩溃状态;如果你自觉去建设它,遏止那种落后野蛮文化的滋生,培植先进文化使之发展,那么这个企业就会保持长久的发展,保持生生不息。同仁堂发展334年,它的例子就证明了这一点。我说这个问题的目的就是针对有些厂长老说自己的单位没文化,甭弄它,他就不知道自己搞不好企业的原因本身也是一种文化。二是客观性和主导性告诉我们企业文化建设和培育是一个不断升华的过程。培植企业文化的第一步工作,首先要对以前的企业文化发展历程做一个文化审计,就跟大夫先号脉后开方一样,如果你要认为自己单位以前没文化,那你拿什么做审计呢?你也没有审计的意识。所以企业文化的主导性和客观性一定要和厂长讲清楚,跟我们的行政管理干部讲清楚。党委书记一般还能够认识到这一点,企业文化是三个文明的纽带,它是一个黏合剂。因此企业主要干部理论的学习,就企业干部的文化而言,一个是要加强基础理论如哲学和伦理学的学习,第二个就是对它基本属性的把握,第三个就是对客观性和主导性的认真分析实践。这三个问题就是最基本的东西,否则的话你将事倍而功半,弄了好几年你这企业仍不见效或者是走了弯路再回来,开始差之毫厘,后来谬以千里,往往会造成很大的损失。

企业文化建设的着力点

在实践上我们应该有以下几个着力点。第一个是企业文化的建设必须和企业经营管理方式相结合,而且在与管理相结合的方式上和力度上下功夫。衡量企业文化搞得好不好、水平高不高的标志,最重要的就是整体的管理素质是否提高了,整体的管理效果是否有明显进步。因此,企业文化建设的出发点,也是管理要上新水平。

检查的标准,是综合性管理水平提高了。假如没有,说我的企业文化搞得很优秀,那是空的,没有落到实处,也不足以服人。

第二个着力点就是体系化。现在企业文化的建设不同于20世纪80年代初期和中期,也不同于90年代。我们进入21世纪以后,对企业文化的理解比前几年进步了,因此你的企业文化建设不能再零打碎敲,它必须要成为一个体系。这个体系有它的本质体系还有它的载体体系,有它的灵魂内容,还有它实践的操作方式,它才成体系。有的企业的企业文化目前是想起一个补一个,这在企业文化发展的初期和比较粗糙的阶段还可以,但要继续发展和做大做强就难了。那需要体系化的建设。

如青岛发电厂,这个企业有68年历史,有着优秀的文化,同时也成为一个包袱,人们的思想观念不易改变,这叫路径依赖。改变路径依赖的方法,反其道而用之,便形成路径开新的文化。路径开新形成三个体系:一个是战略路径,一个是思维路径,一个是行动路径。每一个路径,包括五个内容,把企业文化的内容基本包括了,所以看起来体系上比较健全,实行起来之后就不至于捉襟见肘。因此,我们的企业文化建设要尽量争取体系化。

第三个着力点是做好三大工程:①企业文化建设意志化工程。企业文化提出以后一定要通过一定的宣传和其他方式,深入地让职工真正理解和掌握它,把这个企业的文化化为职工的自觉意志,这叫意志化工程。意志化工程有这样几个标准:一个就是认同企业文化的范围广,每一个员工多多少少都知道,而且知道得越广越好。再一个就是认同的水平高,能把企业文化说出个一二三。第三个就是创新的能力强,用你的企业文化指导你的行动,能够创新。第四个就是自觉演绎能力强。所谓自觉演绎能力是指在没有制度约束、在突发事件之前、在制度管不到的事件上,他能够用文化的东西来指导自己的行为,使自己的行为虽然没有制度、虽然没有领导在场,他都能够符合这个企业文化的追求,保持高度一致,因此,这就叫演绎能力强。所以一个企业的文化体系如果职工认同范围广、认同水平高,演绎和创新能力强,这样你的企业文化就能达到较高的境界。如果你的企业文化出来后,你问你的职工企业文化是什么意思,职工就说“那是我们头儿挂那儿的,我不知道是什么”。这就坏了,他不能够用在自己的岗位上和行动当中,它只是装饰品,是花瓶,是外在于经营生产管理的。这与我们建设企业文化的初衷就不会相一致。②物化工程。所谓物化工程就是企业文化的本质内涵物化在企业制度、管理手段当中,就能使你的文化可操作性强,看得见,摸得着。怎么叫物化了呢,就是你的制度执行、制度体制的制定,要同你的文化相一致。在你的文化体系指导之下,致力于制度,那才叫物化了。假如说你的企业文化中提倡绩效为上,工作标准讲究绩效,文化核心内容之一是这个,而你的体制当中,比如你的分配体制还是平均主义大锅饭,那跟你的绩效为上的企业文化就是割裂的,职工一看就觉得你的企业文化是标签。假如你说我们选用人才,德才兼备才是惟一标准,可是你在晋升机制上还是论资排辈,职工一看你的文化和体制是分裂的,他对你的文化就失去了信心,也不可能自觉接受。③形象化工程。通过各种有效的途径使你的企业文化公之于世,能够使大众通过你的文化,缩短对企业的认知过程,这样就能使你的产品成为文化的载体,使文化成为产品的信使,从而促进企业的营销活动提高产品的知名度和形象度,这样才能行。

第四个着力点就是加强企业家的文化培养。企业家的文化素质在企业文化中占据首屈一指的位置,企业文化在一定意义上就是企业家的文化。为什么呢?如果没有沃森就没有现代的IBM文化;没有克洛克,麦当劳的文化就不是这样;没有张瑞敏,海尔文化就很难说是一种什么模式;没有柳传志,联想的文化,也不大能够建立起来。因此,企业文化在一定意义上就是企业家的文化,就是这个道理。它不是完全这样,但它在很高程度上是这样。如果一个企业的厂长、经理在实行法人治理结构之后,他对企业文化这种事情不关心,他的文化素养不高,他的文化定力不足,他的文化角度不科学,那他对这个企业文化建设就产生巨大障碍。树根不动,树梢白摇。有人在讲企业中的精英文化与群众文化怎么结合起来,这是一个课题。我们的企业家担负着四种责任:第一担负着企业文化的倡导责任,第二担负着企业文化的示范责任,第三担负着企业文化的整合责任,第四担负着企业文化的变革责任。四大文化责任落在企业家身上,如果他的文化素质不高,就很难完成企业文化建设的任务。所以我们说文化自觉的培育,就是能够通过大量的现象,看到现象背后有什么理念在支配着员工的行为;能拨开事情表层的东西提炼出文化的内涵来,看到文化的根本。所以我们认为企业文化建设的着力点,第一是在管理方式和管理经营的结合力度上下功夫,第二是体系化,第三是三大工程,第四就是企业家文化自觉的培育。

在未来的世界化竞争中,有人认为企业文化的地位,一是通行证,二是基因密码,三是文化决定战略。这三大地位对未来中国企业纳入世界竞争,对中国企业迎接国内外市场的挑战,都是非常重要的。我们中国企业文化研究会自始至终致力于向大家负责,为大家提供更多的平台,决不走歪门邪道。我们跟大家共同努力建设好中国的企业文化,希望我们大家齐心协力把中国的企业文化推向一个新的阶段。

(此文系作者在中外企业文化2003青岛峰会闭幕时的总结讲话)

企业战略新理念与企业文化走势

——青岛的启示与我们的展望

贾春峰

从企业文化的视角来看,21世纪是一个企业文化与企业战略、企业制度创新、开拓企业可持续发展之路更为紧密地融为一体,企业文化在企业经营业绩、兴衰战略中所起的作用越来越大、越来越显著、越来越突出的时代;是中国的企业文化园地个性鲜明、异彩纷呈的时代;同时也是呼唤众多企业文化理论佳作、呼唤众多企业文化精品设计的时代;在一定程度或某种意义上,也可以说是呼唤企业文化理论大师和设计大师的时代。

一批又一批崭新课题将会不停顿地在实践中涌现。我们只能倾听实践和时代的呼唤,增强使命感、责任感,更加奋发努力。

为此,我认为,需要从青岛等地的先进经验中引出思考与启示;需要从企业外部竞争形态与内部运作方式正在经历的重大变化、变革中探索新战略、新思维、新理念;需要展望企业文化发展的前进趋势,研究那些具有重大理论意义与实践价值的一系列前瞻性课题。

一、从生产导向转向市场导向,还要从市场导向转向顾客导向,确立用户经济、用户导向的新理论新思维

IBM最近有个新理念、新的广告语,叫“随需应变的电子商务”。

惠普公司近来提出“适用性商用PC”概念。所谓“适用性”就是紧扣企业用户的需求。

这个紧扣用户需求的“用户经济”新概念,也是海尔、海信、双星等青岛企业所提倡的。

提出从生产导向到市场导向,还要从市场导向转向顾客导向、用户导向,这是企业战略新理念首要的一条,有统领意义的一条。

青岛企业的领先价值也在这个方面。如青岛交运就提出“比顾客的需求做得更好”、“与顾客内心欲望赛跑”。

IBM是世界上最早进行CI设计的公司,由此被称为“高科技蓝色巨人”。但这家世界500强的跨国公司1992年底发生亏损达50亿美元,此时郭士纳接管这个烂摊子。他进行改造的最主要一招,就是着力研究客户需求,进行市场驱动、客户需求为导向的企业文化创新,由此打开了扭亏为盈的新局面,1994年开始盈利20亿美元。1998年公司营业收入达817亿

美元,创公司历史最高纪录。郭士纳本人自豪地称:“谁说大象不能跳舞?”并以此作为他为IBM起死回生经验之谈的一本书的书名。这可看作用户导向文化创新的一个范例。为什么我说这是个典型范例呢?因为虽然单就软件而言,IBM仅次于微软而位居全球第二,但就硬件、软件、服务的整体而论,截至今天,IBM仍是全球最大最强的工厂企业,是最大的服务企业、最大的咨询公司(早在去年收购普华咨询之前,IBM就已经超过埃森哲成为全球最大咨询公司了),也是科技领先的公司、每年专利数量最多的公司。是拥有诺贝尔奖获得者最多的公司,已有5位。不知大家是否知道,很多技术都是由IBM提供的,譬如第一台PC机(个人电脑)、第一块铜导线技术CPU(计算机的心脏、中央处理单元),第一个提出ERR企业资源管理概念、电子商务的概念等等,IBM还是全球笔记本行业老大。可以说IBM发展到今天的业态,是同它以用户需求为导向、随需应变的理念分不开的。

二、从单枪匹马式竞争到协作竞争,确立结盟取胜、双赢模式的新思维新理念

这是市场竞争观念的创新与再造。

市场竞争形态从来处于流变、流动的状态。协作竞争、结盟取胜是从企业外部竞争形态发生的变化引出的新理念。

麦肯锡咨询公司提出的“协作型竞争”是21世纪企业新战略。我概括了12字战略:协作竞争、结盟取胜、“双赢模式”。企业结盟是个大趋势,具有战略意义。

这个企业结盟的趋势发展得越来越迅猛。过去我举过美国在线与时代华纳合并、英国第二大制药公司葛兰素与第三大制药公司史克必成合并成为全球最大制药公司、美国辉瑞公司购并沃纳—兰伯特公司组建世界第二大制药公司的例子,也举过欧洲最大的证券市场——伦敦证券交易所与法兰克福证券交易所合并的例子,还举过惠普公司与康柏合并(惠普是家庭企业)、伊莱克斯和爱立信携手的例子;并举过国内张裕集团与德国卡斯特结盟的例子,宝钢、武钢、首钢三方代表签订有关采购和供销具体合作的协议的例子。这个战略在青岛的一些企业也运作得很有声色、很有成效。

例如在货运业,青岛交运集团已与海尔、青啤、颐中、黄海橡胶、青钢等大企业实现了经济合作伙伴关系。2002年青岛交运与山东海丰航集团、巴拿马船运公司在经济开发区开工建设了全国目前最大的国际物流园,吸引了以色列以星轮船公司、丹麦马士基物流、新加坡胜狮货柜、韩国韩进集装箱、日本伊滕忠商事爱通国际物流等国际知名物流大企业加盟经营。这是青岛交运实施跨国结盟竞争的重要举措,也使青岛“情满旅途”的品牌走向了世界。

又如,2003年青啤与世界上最大的啤酒酿造商AB公司结成战略联盟。

再如,去年度海尔集团进军保险业,与纽约人寿在沪组建合资公司。

还有个最新的例子:2003年10月29日,中国乐凯胶片集团公司与美国柯达公司在北京人民大会堂签署了为期20年的合作合同,正式确立了双方战略合作伙伴关系。合作合同将采用股份及技术转让、设备更新及转让、培训等多种方式。

这个企业结盟、协作竞争为企业文化研究提出了一个新课题:如何改变以往那种单枪匹马式的竞争心态,确立协作结盟、双赢模式的新思维、新文化。这种研究还很不够啊!如结盟企业要解决不同文化背景、不同价值观、不同思维方式所带来的“文化障碍”,实现“文化“沟通”的问题;并购企业要解决“文化整合”的问题;还有麦肯锡咨询公司提出的区分“收购思维”与“联营思维”的问题。用“联营思维”代替“收购思维”或用“收购思维”代替“联营思维”都会导致失败。“联营思维”主要表现为互补性;“收购思维”主要表现为重叠性。

文化并不是独立的,而是同企业运作实践融为一体的。这样的问题,希望青岛和全国其他地方的同志在总结实践的基础上实现企业文化上的理论突破和重要创新。

三、从跨国公司的“外包”、“外购”现象引出的“与巨人同行”战略

这是从企业内部运作方式发生的新变化引出的一种经营智慧和经营理念。

最近,一位美籍华人技术管理专家在纽约举行的关于2003年项目外包全球年会的准备会上说,“中国有可能在未来5~7年内成为世界三大项目外包基地之一”。一些企业“可以在发展项目外包市场过程中,通过提供和承接外包项目的方式尽快发展壮大自己”。“目前正是培育和发展中国的项目外包市场的大好时机”。

四、从名牌战略到名牌持续创新、发挥名牌集群效应的战略

青岛是个出名牌的地方。对于青岛的名牌现象,我以为至少有以下5个特点:

第一个特点是名牌集群现象。青岛名牌是群星,而不是一两个星。对于企业集群、产业集群,我国经济学界研究得很不够。这却是个重大问题。在青岛可以看到名牌集群、名牌企业集群、名牌企业家集群、名星企业家集群的现象。这就要研究发挥集群效应。关于企业集群效应,按照我的分析至少有4个方面。①“企业集群”使经销商、制造商、供应商以及各种配套服务紧密相连,这种在一个地区内近距离的“整体互动”,使集群内企业不仅可以节约各种交易成本,较方便地获取原料、技术和信息,而且既有压力又有动力,有利于在协作竞争中不断实现升级,实现共同发展。②企业集群有利于在动态中不断促进产业内的专业化分工、完善服务体系和有效的商业中介的建立。③企业集群内的企业可以共享“集群优势”,其中包括共同创立的地区品牌优势、信誉优势,特别是对快速流动的各种行业发展信息的共享。有关客户需求的新变化、市场缺口的新出现、新材料新工艺的被起用,集群内的企业会比非集群企业更快地捕捉到。④企业集群有利于形成一种激励创新和发展的“产业氛围”,不断相互影响、相互感染,以聚集人气、提升敬业精神。

第二个特点是不仅有一大批制造业名牌,而且创造、培育了一批服务业名牌。这包括青岛交运集团、青岛铁路分局、青

岛通信公司的服务品牌,市直机关的一些服务品牌。青岛的名牌现象,比较完整地体现出名牌是个系统工程,是包括名企、名品、名企业家,名牌服务在内的系统工程。

第三个特点是不仅有产品名牌,而且有企业名牌。名品战略与名企战略是紧密配套而又不能等同的概念。如电力企业,就搞名企战略,并不是名品战略,不好说我的电是名牌电。

第四个特点是不仅创造了企业名牌,而且正在成功地缔造城市名牌。

第五个特点是参与的广泛性和实施的自觉性。政府发挥了很好的引导作用,从企业到政府各部门,从企业职工到广大市民,都有较浓厚的名牌观念和参与意识。最近青岛市领导讲到名牌问题、产业集群化问题、大企业的核心技术与原创能力问题、立百年基业问题、企业家队伍问题、再造企业文化问题,讲得非常好,既是从青岛实际出发的,又是很有远见的,可以用得上"远见卓识"这样四个字。

名牌问题、品牌问题、创建百年长寿企业与企业文化这几个问题是紧密地不可分割地联系在一起的。企业文化建设是企业长寿之道。把企业文化同企业寿命联系起来是很有意义的。安然公司的破产向世人昭示了企业文化的重要性(企业文化的危机)。这是号称世界第一经理的韦尔奇的观点。美国通用电气 CE 公司创建于 1892 年,是 1896 年美国道琼斯工业指数设立以来今天惟一榜上仍然有名的公司,可谓长寿企业。这个企业有卓越的诚信文化。进入全球 500 强的企业平均寿命为 45 年左右,每 10 年淘汰 1/3。再看看我们国内中关村的企业,平均寿命为五六年左右,民营企业前几年为 2.9 岁,现在据保育军同志讲已经 7.1 岁了。寿命还是很短啊!

现在提出创建百年长寿大企业问题,意义重大,在青岛不仅要有百年青啤,还应有百年海尔、百年海信、百年双星、百年澳柯玛、百年即发等等。而创建一大批百年长寿大企业,就要实施名牌持续创新战略,而且把名牌战略、品牌战略同发挥企业集群、产业集群、名牌集群的效应有机结合起来,同企业文化创新有机结合起来。

五、"服务增值"战略在市场竞争中的地位越来越突出,服务越来越明显地表现为一种特殊的情感式劳动

青岛有制造业名牌群,也有服务业名牌群。青岛交运"情满旅途"服务品牌的创立,具有引领未来的内在价值。这不仅属于青岛,而且属于全国;不仅代表今天,而且引领未来。青岛交运赵总讲:"交的是朋友,运的是真情。"作为青岛交运集团的注册服务商标,"情满旅途"被称为中国交通运输第一品牌,当之无愧。

六、更加注重生命科学、绿色文化、环保意识与审美功能,确立没有夕阳产业,只有夕阳技术的新理念

我曾查过,"夕阳产业"的说法是托夫勒在《第三次浪潮》一书中提出来的。这个概念不准、不科学。

最近看到青岛市委书记提出的青岛城市建设的"七项原则",即发展拉动、规划先导、生态标准、突出特色、经营城市、综合平衡和科学管理,就体现了人类对生命科学、绿色文化、环保意识与审美功能的越来越强烈的追求与发展大趋势。

七、企业家素质、决策力与人格魅力越来越重要

青岛是个出名牌的地方,也是出企业家的地方、出明星企业家的地方。

现在有个提法叫"企业家城市"。2003 年《福布斯》杂志首次颁发"全球最具潜力的企业家城市"称号。我看青岛称得上是"企业家城市",应成为"最具潜力的企业家城市",或者说,研究"企业家城市",应当把目光投向青岛。

厂长经理并不等于就是企业家,这是个常识。关键是这种把资源变成财富的人应有什么样的素质。

有人说企业家应是这样的专家,那样的专家,我说是"用专家的专家"。

美国企业管理协会对 4000 名厂长经理跟踪 5 年研究,归纳出了 19 种素质和能力,其中最重要的两点:善于捕捉机遇,准确进行决策。

国家审计署署长李金华在全国审计工作会议上指出:2002 年,因决策失误造成的国有资产损失高达 72.3 亿元。

与此相对应的是企业家的感受。不久前,中国企业家调查系统进行了"第 10 届企业家成长与发展调查"。当问及"企业经营者最容易出现的问题是什么"时,选择"决策失误"的排在第一位,比例为 57.7%,其他依次是:"用人不当"、"经济问题"、"独断专行"、"生活腐败"、"弄虚作假"和"政治问题"。

卓越的企业文化是企业家人格魅力和气质风范的"锻造炉"。

企业家是实现"人企合一"境界的表率。

八、学习型组织的企业文化建设越来越强调和突出企业学习力、创新力与综合竞争力的有机统一

对于学习型组织的企业文化,现在大家都在提倡,这个问题确实非常重要。但应当承认,目前就总体而论研究得还很不够。

建设卓越的学习型组织的企业文化,是个从中国企业实际出发进行创造、创新的过程,并不是照搬国外的一些提法,比如套用什么几项修炼就可以形成的。

什么样的文化才够得上是学习型组织的企业文化? 学习型组织企业文化的主要标准或核心问题是什么?

我认为是学习力、创新力与竞争力的有机统一。这也是青岛市领导和各企业所倡导、身体力行的。

九、呼唤企业家、呼唤管理大师、呼唤企业文化理论大师与设计大师的时代

我们的经济研究著作、文章宏观大论甚多,但对企业家的研究很不够。而对企业家的研究同企业战略学、企业管理学、

企业文化学的研究应当是交织在一起，不能割裂的。每个方面都孤立、割裂进行的方法不可取。比如，研究企业文化，不涉及企业家，不涉及企业战略，不涉及经营管理实践，就文化谈文化，甚至变成文化概念的演绎推理，行吗？对企业家的研究，涉及企业家素质问题，也涉及企业家的人格魅力与气质风范问题，涉及企业家文化问题。如何把个体企业家精神变成企业团队精神，属于这个研究之列；青岛同志讲的企业"领袖集团"、建设"高绩效团队"问题也是包含在这个研究之列的。

从企业文化设计来看，我个人接触的不乏精品。但许多并没有被企业接受，有的是企业领导人接受了，但企业员工并没有接受，没有变成企业广大员工的共识，没有被认同、确认和实践。我想这里确实反映出一种对待企业文化研究与设计的认识论、方法论、思维方式的问题。

我个人认为，中国的企业文化实践设计，不能搞模式化的东西，而只能从不同的企业实际出发进行创造；不能照搬照套，而是要强调原创性；不能搞繁琐式、书斋化，甚至是故弄玄虚、故作深奥的东西，而是搞企业"管用"的东西；不能搞复制式的、雷同化的东西，而是自有性的，个性鲜明、有独特文化底蕴和魅力的东西。这四个不能四个是，我认为是企业文化发展的一个重要走势。

我们所处的21世纪，是一个呼唤企业家的时代，不仅要有制造业企业家，还要有服务业企业家，要有高新技术企业家，要有文化产业企业家，借用一位外国人的话，叫做企业家称雄的时代，同时也是一个呼唤管理大师、企业文化大师的时代。这样的大师不是一两个人，而是一批人。青岛可以成为造就这些大师的摇篮之一。

（此文系作者2003年11月在中外企业文化2003青岛峰会上的报告）

强化服务　营造氛围
推动企业文化建设不断向纵深发展

姜正轩

青岛是中国最早拥有国际知名品牌的城市，也是我国名牌企业和名牌产品最集中的城市之一。到目前为止，我市已有海尔、青岛啤酒、双星、海信、澳柯玛、即发6个全国驰名商标，海尔、海信、港务局、青啤集团4个全国质量管理奖，23种产品被评为"中国名牌"，另有59种产品被山东省政府认定为"山东名牌"，青岛市政府也先后认定了132种"青岛名牌"产品（含7种名牌服务）。在首届中国名牌战略推进委员会评选的57种"中国名牌"产品中，青岛有8种，占总数的14%。

优秀的企业文化是企业品牌的强力支撑。青岛作为一个中等规模城市，能够同时拥有众多的名牌企业、名牌产品和知名企业家，能够存在一个庞大的优秀企业文化群体，这种现象被经济学界称为"青岛现象"。"青岛现象"的形成，是政府引导、企业参与、舆论宣传、组织推动等诸多因素共同作用的结果。

一、政府引导，培育名牌，为优秀企业文化群体的形成提供了适宜的生存土壤

青岛市委、市政府早在1984年就在全国率先提出了"名牌战略"的思想，出台了《1984～1990年重点产品发展规划》，确定了包括青岛啤酒、海尔冰箱、海信电视、双星运动鞋等在内的57种重点发展的产品，由此拉开了青岛市实施名牌战略的序幕。为全面落实好《规划》，市委、市政府先后开展了"创金花"、评选名优产品和"信得过"产品等活动，组织青岛名牌产品在国内外进行展销，提高了青岛名牌的知名度，催生了一批著名品牌，也提高了企业的品牌意识。正是由于我市在"七五"期间，率先提出并实施了名牌战略，为我市现有名牌群体和优秀企业文化群体的形成，打下了坚实的基础。为帮助名牌企业迅速扩大规模和增强实力，市委、市政府使产业结构调整和创名牌紧密结合，采取加大对名牌企业的投入改造、引导企业借助品牌和技术管理优势实施强强联合、加快名牌企业的上市步伐、对名牌企业试行单列管理等措施，减少了政府对企业的管理层次，使企业可以直接按市委、市政府的有关政策和部署开展工作，充分发挥地方政府对企业发展的扶持和保护作用，为企业发展提供宽松的外部环境。各企业在创名牌的过程中，根据企业发展和市场竞争的需要，从抓好质量管理入手，积极致力于打造全新的管理模式，在重新审视自身的企业文化定位的基础上，积极完善文化体系，提炼企业精神，更新文化理念，塑造各具特色且成效显著的企业文化体系，也为青岛市优秀企业文化群体的形成奠定了坚实的基础。

目前，青岛市广大企业正致力于企业文化建设的新一轮深化提升，纷纷把着力点由产品品牌向服务品牌延伸，由企业名牌向城市名牌拓展。继制造业的产品品牌之后，商业、服务业、交通运输业以及政府机关、社区等陆续开展了争创服务品牌活动，相继推出了自己的服务品牌，如青岛铁路分局的"海之情"客运列车、交运集团的"情满旅途"、青岛通信公司的"情传万家"、青岛供电公司的"亮出精彩"、热电集团的"暖到家"、公用事业部门的"98111"服务热线、市委办公厅的"忠诚服务"、财委的"用心融通"等。2002年，青岛市被评为全国拥有名牌最多的城市。青岛市从政府到企业，从职工到市民，已经形成了浓厚的文化意识和品牌意识，社会各界都致力于在市场经济中培植文化，打造名牌，为文化和品牌的孕育和发展提供适宜的气候和土壤。

二、企业运作，学习借鉴，为优秀企业文化群体的形成奠定深厚的群众基础

青岛是一个年轻的城市，在100多年的历史中，曾多次沦为外国的殖民地，改革开放后成为对外交流的窗口。人们在思想上并不排外，对外来事物接受比较快，学习模仿能力比较强。20世纪80年代，被确定为沿海开放城市以后，青岛便站在了中国参与国际竞争的最前沿，率先熟悉并接受了符合国际企业竞争规则、与国际管理思想和管理方式接轨的企业文化管理理论。企业文化理论传入青岛后，广大企业即致力于这种"舶来

理论”的本地化，随着改革开放的深入、社会主义市场经济体制的不断完善和现代企业制度的建立，我市的企业文化建设经历了自发借鉴、学习普及和深化提升三个阶段，随着时代的发展和形势的变化不断研究，不断探讨，不断地向纵深发展。

1984年，中共中央做出《关于经济体制改革的决定》后，企业的改革和经营自主权逐步扩大，为了增强企业的凝聚力，青岛前哨机械厂、青岛橡胶九厂（现双星集团）、青岛电冰箱总厂（现海尔集团），青岛电视机总厂（现海信集团）等一些企业于1984年底、1985年初，率先提出本厂的企业精神，拉开了我市企业文化建设的序幕。

1987～1989年，全国范围内兴起了企业文化热，许多企业纷纷提出本厂的企业精神。为了普及企业文化的基本知识，指导我市企业规范性地进行企业文化建设，我们于1988年10月举办了首期企业文化学习班，请中国社科院教授讲解了企业文化的内涵、作用及其与思想政治工作的关系，培训了一批企业文化建设骨干。1988年、1989年，又先后召开三次企业文化研讨会，重点研讨了企业文化与思想政治工作的关系，明确了企业文化不能代替思想政治工作而只能搞好结合，从而较好地统一了对企业文化地位、作用的认识。同时，我们还组织一些企业参加了全国企业文化研讨会，学习考察了外地企业文化建设的经验。有的企业还邀请企业文化专家来厂开展咨询。这些活动的开展，大大地提高了我市一些大企业对企业文化建设重要性的认识，特别是一些企业的领导者，把加强企业文化建设作为提升企业核心竞争力的重要措施来抓，用文化力启动经济力，使我市的企业文化建设逐步由自发走向自觉。

1992年10月，江泽民总书记在党的十四大报告中提出“搞好企业文化建设”的要求后，许多企业在认真总结以往企业文化建设经验的基础上，以改革的精神，大胆实践，大胆探索，致力于“两个推进和两个深化”，即从单项切入到系统推进、由表层到实质的推进和从领导者到广大职工认同的深化、从巩固到全面提升的深化，在全市范围内掀起了企业文化建设的新高潮，标志着我市的企业文化建设进入了一个新的发展阶段。

三、宣传造势，加强引导，为优秀企业文化群体的形成营造良好的外部环境

在推进我市企业文化建设的过程中，我们坚持解放思想与实事求是的统一，以“三个有利于”作为判断工作是非的标准，注重加强宣传造势与指导服务，采取“三个引导”的做法，主要做了三个方面的工作。

一是加强理论引导，扫清企业文化建设过程中的思想障碍。针对企业文化建设不同阶段存在的倾向性问题，我们先后组织编发了《精神动力之源》、《企业文化简明知识》、《企业文化探索》和《企业文化建设》等书籍，加强理论引导，帮助企业扫清了企业文化建设过程中的思想障碍。

二是加强咨询引导，探讨推进企业文化建设的有效途径和方法。我市于2000年成立了由有关领导、专家和实际工作者组成的市企业文化建设咨询指导组，加强咨询引导，积极帮助企业探索推进企业文化建设的有效途径和方法，先后深入到20多个企业进行了现场咨询服务，相继提炼推出了青岛啤酒集团“酿造美好人生”、青岛热电“暖到家”、青岛崂山商贸中心“利客来”航务二公司“浇注明天”、青岛电业局“亮出精彩”、海润自来水集团“润万家”等一批享誉社会的服务品牌。

三是加强典型引导，发挥先进典型的示范带动作用。我们重点抓了先进典型的培育和典型经验的宣传推广两个环节，充分发挥了先进典型的示范带动作用。尤其是在2002年4月，我们抓住全国企业文化建设现场经验交流会在我市召开的有利时机，协调市主要新闻媒体对海尔等7个企业文化建设的先进典型，进行了集中宣传报道，在全市乃至全国企业中引起了强烈反响，为我市营造了企业文化建设的浓厚舆论氛围。从去年开始，为引导我市企业进一步深化企业文化建设，我们又在全市企业中部署开展了“重发展、重道德、重科技、重管理、重形象，创建学习型企业”的“五重一创”活动，明确提出了企业文化建设新的发展思路和目标，进一步扩大了企业文化建设的覆盖面，初步形成了企业文化建设整体推进的总体思路和良好格局。在刚刚结束的山东省“八喜杯”企业文化建设文艺比赛中，我市共取得一个一等奖、两个二等奖和一个三等奖的优异成绩，充分展示了我市企业文化建设工作的可喜成绩。

四、组织推动，分类指导，为优秀企业文化群体的形成不断注入新鲜血液

我市于2000年成立的由有关领导、专家和实际工作者组成的市企业文化建设咨询指导组，作为全市企业文化建设工作的组织推进机构，积极深入企业加强咨询指导，在帮助企业探索推进企业文化建设的有效途径和方法、培育和打造服务品牌等方面做出了积极的努力，取得了可喜的成绩。为适应新形势发展 需要，以实际行动积极贯彻落实“三个代表”重要思想和党的十六大及省、市委工作会议精神，以先进文化引领全市企业文化建设工作，进一步加大推进全市企业文化建设走向深入的工作力度，我们拟在原市企业文化建设咨询指导组的基础上成立青岛市企业文化建设指导委员会，指导委员会下设专家咨询委员会，帮助企业进一步提高企业管理水平，促进品牌经济发展，提升企业形象，增强企业核心竞争力，促使青岛的企业文化建设取得跨越性的突破，走上更强、更快的发展轨道。

在指导服务工作开展过程中，我们采取“抓大扶小促中”的工作方针，区分不同层次和类型，积极扩大指导服务工作的覆盖面，不断为优秀企业文化群体的形成注入新鲜血液，努力实现全市各级各类企业文化建设协调发展的良好局面。大型企业集团是青岛城市经济发展的排头兵和骨干力量，并正在更广的范围内带动着区域经济、产业经济实现快速飞跃发展，在目前技术、资本、人力等生产要素趋于极限竞争的情况下，我们积极引导大企业通过企业文化建设培育再生资源和持续竞争力，向企业文化求发展，以发展求突破，更好地发挥大企业的引领、示范作用。中型企业是青岛企业群体的主体力量，其绝对数量和经济质量在全市经济格局中占有相当重要的地位。针对一些企业有着极强的创新能力和核心竞争力，很容易培育成为引领产业经济龙头企业的实际，我们积极引导它们将企业文化贯穿于企业的整体发展战略和措施中，将企业文化与企业的体制建构、经营管理、市场开发、技术创新、资本运作、售后服务等融汇整合为一体，用文化来驱动企业实现更大的突破发展，真正成为青岛现代化建设的中坚力量。小型企业，包括民营企业和

个私企业，在数量上占有绝对优势，针对这一群体单位经济总量较小，竞争力较弱，但群体集合力量仍然不可忽视，企业文化发展却最为滞后的现实情况，我们会同有关部门，在企业组织构建、资源配置、人才引进、员工培训等许多方面给予了大力扶持，引导帮助这些企业确立超前的精神文化和经营理念，在更高的起点上快速发展前进，真正实现青岛经济的整体飞跃和全面突破。

日前刚刚结束的青岛市大企业发展座谈会强调指出，“大企业要树立高远目标，努力实现从优秀到卓越的跨越，永葆基业长青”。“要以国际卓越公司为目标，再造企业文化”。“青岛的精神文明首先应该是由企业更多地进行创造、发展和培育，企业文化和企业文明将会带动形成良好的城市文明和城市文化”。由此可见，我市的企业文化建设工作面临着创世界品牌、立百年基业的艰巨任务；担负着塑造青岛城市精神、弘扬城市文化的历史使命；肩负着为青岛创建学习型城市做出突出贡献的重大职责。青岛市的企业文化建设工作一定不辱使命，青岛市的优秀企业文化群体也一定会不断发展壮大，在可预见的未来，一定会展现出一个云蒸霞蔚、异彩纷呈的崭新局面。

（此文系作者 2003 年 11 月在中外企业文化 2003 青岛峰会上的讲治）

西方企业文化研究历程

李桂荣

从 20 世纪 70 年代末到现在，企业文化一直是企业管理研究领域中的一个重要主题，仅以“Corporate Culture”、“Organizational Culture”和“Enterprise Culture”为关键词进行检索，就能在“世界各地图书馆”项下找到 920 个在题目中带有这些词语的专业作品，时间从 1960 年到 2003 年，作者遍布世界各地，内容涉及多种角度。根据近几年的研究，我们把西方关于企业文化的研究分为四个阶段：企业文化理论形成以前的研究阶段，企业文化理论的形成、发表和被广为接受的阶段，企业文化理论的丰富与发展阶段，企业文化的研究为企业指明道路的阶段。

企业文化理论形成以前的阶段从 20 世纪 20 年代初到 20 世纪 70 年代末。这一阶段的研究是从普遍的组织文化的角度进行的，主要研究的是企业的宗旨、价值观、员工的激励、企业的氛围、自我价值的实现、企业的运作效率等。这一时期的研究已经提出了企业文化的概念，所研究的东西也是企业文化的实质内容，但没有形成完整的企业文化理论，从企业文化这个角度来说，对理论界、实业界的影响不很大。

企业文化理论的形成、发表和被广为接受阶段从 20 世纪 80 年代初期到 20 世纪 80 年代中期。这个时期企业文化的研究处于热潮之中，以 1981 年出版的威廉·大内的《Z 理论：美国企业如何迎接日本企业的挑战》、1981 年出版的伯斯科尔和爱瑟斯的《日本管理的艺术》、1982 年出版的迪尔和肯尼迪的《企业文化：企业生活的规矩和礼仪》和 1982 年出版的彼得斯和沃特曼的《追求卓越：美国一流企业的经验》为开端，很快风靡整个企业管理领域，并且涌现出一大批关于企业文化的作品。这个时期最有影响的作品就是《企业文化：企业生活的规矩和礼仪》。在这个阶段中，企业文化的研究成果以其完整的理论形式出现在世人面前，并很快被理论界和实业界所接受，主要表现在大量的以企业文化为主题的文章和著作的发表。这个阶段论述和研究的主要是在企业文化的概念、企业文化的作用、企业文化和企业高层管理者的关系、企业文化的培育、企业文化与企业的成长、企业文化的管理和对本企业的企业文化的认识和描述等方面。

企业文化理论的丰富和发展阶段从 20 世纪 80 年代中期到 20 世纪 80 年代末。在这个阶段中，对企业文化的研究更加广泛，更加深入，进一步丰富和发展了企业文化理论，作品像泉水般不断涌现。这一时期的研究特点是更细化、更具体化。除了原有的主题如企业文化的功能、企业高层管理者和企业文化的关系、企业文化的体现、某些具体的企业的企业文化等仍在继续研究以外，还有两个突出的主题，就是企业文化的形成和企业文化的变革，而且研究得相当深入具体。这个时期最有影响的作品就是 1985 年出版的沙因的《企业文化与领导艺术》和威廉等人的《变革企业文化：企业改革的途径》。

企业文化的研究为企业指明道路的阶段从 20 世纪 90 年代初到现在。在这个阶段，企业文化的研究人员把握了企业文化的作用机制和新经济运行规律对企业的挑战和对企业文化的本质要求，有了非常明确的思路。主要有两个方面：第一，日本的企业文化基本上不适合美国的企业，美国应该在保持美国精神的基础上塑造自己的企业文化，而且非常明确地把握了美国精神的根基就是创新精神；第二，新的经济运行规律要求企业建立和保持应时而动的企业文化。就企业文化的研究而言，这一时期的作品比以往还多，其中非常有影响的作品就是 1992 年出版的约翰·科特和詹姆士·赫斯科特的《企业文化与企业经营业绩》、1993 年出版的诺尔·蒂奇和斯特拉福德·舍曼的《掌握命运——通用电气的改革历程》、1998 年出版的斯宾塞·约翰逊的《谁动了我的奶酪?》以及 2000 年出版的伯歌·纽豪热、佩·本德和科歌·斯特姆斯堡的《网络文化：网络经济时代的企业文化》。这一埋藏企业文化的永恒主题还继续存在，同时又增加了一些新的主题，如企业文化与企业核心竞争力、网络文化、速度文化、多元文化、创新文化、无界线沟通、集思广益决策、有权的无权、无权的有权等，而且由于经济运行的方式决定企业行为的方式，这方面的研究占着主流。

企业文化的研究在不同的时期反映出不同的特征，这种研究总体上是与客观现实和具体的企业实践相辅相成的。第一个阶段基本上是企业管理理论的正常的发展。第二阶段基本上是在日本管理方式的冲击下对企业文化的暴风雨般的研究。第三个阶段是第二个阶段的余温，但却是更理性、更广泛、更深入的对真正的美国价值观、美国企业生活方式的研究。第四阶段是对新的经济形势下企业文化的研究，并从主流上找到了在新经济时代能够使企业立于不败之地的那种企业文化，即“灵活适应型的文化”或称“创新型的文化”、“应时而动的文化”。

（此文系作者在 2003 年 11 月在中外企业文化 2003 青岛峰会上的讲话）

企业文化建设要义

王 珏

我们的企业要发展,不仅靠硬件、靠物质方面,而且靠精神,靠文化方面。物质的、精神的、硬件、软件,都是统一的,是互相促进的,要良性循环,才能使我们整个社会向前发展,整个经济向前发展。

用几句话概括一下,一个就是企业文化应该是以人为本的,因为企业的发展,归根结底就是靠人,特别是靠经营管理者这样的精英。当然光有这样的精英还不行,还必须有全体员工的共同努力。全体员工的凝聚力越高,创造性、积极性越高,这个企业越可以更好地发展。我们必须以人为本来建立企业文化,这是需要着重花大力气思考的问题。总结实践的经验,提升这方面的占有程度。另外就是要创造多种形式,使以人为本能够表现出来,能够成为具体的事实、具体的实践,这是非常重要的。

第二句话,可以概括为服务至上。企业主要应该为社会服务,为顾客服务,现在在经济全球化的情况下,可以说为国际服务,服务不仅仅是产品卖了以后要有售后服务,而是包括从始到终。一个企业内部也是互相服务的。所以必须建立这种服务意识、服务的文化。服务是一种非常丰富的文化,有各种各样的服务、各行各业的服务,旅游业就更突出,我们要精心策划服务的方法、服务的方式。举个例子,日本的产品为什么能够销售全世界,它的产品有一个特点,就是考虑到消费者的各个方面,来为消费者服务。它现在搞的汽车,在各个方面都使消费者舒服、方便、安全、快捷,想得非常周到,就是要为大家服务,所以服务文化是一个内容非常丰富的文化。而这种服务文化在企业文化里面,应该占有相当重要的地位。这是一个粗浅的想法,叫做服务至上。

第三句话,叫做诚信永存。企业不讲信用是不可能长久的,它是企业的生命。百年老店,500强企业,都是以诚信作基础的,如果没有诚信,别人都不相信它,对它的产品有怀疑,它还怎么发展。诚信是我们古老的企业文化,我们应该把它发扬光大。我们小的时候就知道"童叟无欺",讲诚信,"货真价实",这是我们的传统的企业文化。我们要把它发扬光大。现在十六届三中全会也特别提到这个问题了。企业必须讲诚信,诚信永存。这也是以道德为基础的,也是一种文化,是企业文化重要的组成部分。各行各业都要讲职业道德,要按职业道德去为客户服务,为社会服务。

第四句话,创新不止。企业必须不断地创新,才能不断地升级。要有知识上的创新、技术上的创新、管理上的创新、产品上的创新、各个方面的创新,创新不能停止。不断地创新是一个更高级的文化、更先进的文化,我们必须在企业里有这样一种理念,要使这种理念不断地发扬光大,我们必须建立这种创新的文化,使我们的创新不断地向前推进,使我们的企业不断地发展。

以人为本、服务至上、诚信永存、创新不止,是我们今后企业文化建设当中应该着重思考、着重研究、着重去建立的四个方面,以使我们的企业文化更加丰富。

(此文系作者2003年11月在中外企业文化2003青岛峰会上的讲话摘要,题目为编者所加)

加强企业文化建设
提高企业科学意识

詹远一

20世纪80年代初,企业文化理论开始传入我国,通过吸收、探索、实践、创新,到逐步普及,已被我国学术界与企业界所认识,他们开展了一系列理论研究与实践活动,并较好地与我国民族文化、传统文化、管理文化以及精神文明建设等方面结合起来,创建了具有中国特色的社会主义的企业文化。在有效调研与实践的基础上,1988年11月"中国企业文化研究会"正式成立,并提出"运用企业文化理论,推进企业改革和提高企业管理水平"的指导思想,为推动企业文化的理论传播、理论研究、实践运用等,提供了重要的组织理论支持。

1993年中共中央十四届三中全会《关于建立社会主义市场经济体制若干问题的决定》中,明确提出"加强企业文化建设,培育优良的职业道德,树立敬业爱厂、遵法守信、开拓创新的精神"这一科学的论述,它反映了我国市场经济体制对企业文化建设的客观要求,也是对我国企业文化建设实践的高度概括。

企业文化建设的一项很重要任务,就是用科学的思想理论与技术,来武装人、武装企业,增强企业群体意识,提高企业整体素质,以创造更多的社会财富。"科学技术是第一生产力",科学技术是人类文化的精华、智慧的结晶,可以说是人类文化的最高表现形式。数学、化学、物理学、天文学、地质学、经济学、市场学、心理学、生物科学、管理科学、哲学等,这些不同门类的科学,是人类长期社会实践所提炼、总结出来的知识体系,是不以人们意志为转移的客观规律,也是人类认识与改造主观世界与客观世界的武器。技术则是各类不同的科学理论在工具、设备、操作、工艺等方面的具体运用。因此,如前所述,企业文化建设的重要内容之一,就是坚持以人为本的理念,培育和树立企业管理者与劳动者的科学观念;加大科技投入,促进科技进步,开展高新科技的研究;加速企业管理体制的改革,提高管理科学化水平;坚持科学化、民主化决策,加强企业人、财、物等生产要素的合理整合与科学管理;不断引进高科技人才,大力开展企业全员的科技培训。总之,就是使企业的管理者与劳动者时刻想到"学科学、爱科学、用科学",真正做到一切按科学规律办事,切实将科学技术这个"第一生产力"抓紧、抓住、抓好。这是企业文化建设一项极其重要的任务。

在企业文化建设实践中,必须做好以下科学管理与科学技术工作。

一、企业各级管理者应逐步树立按照科学化、民主化进行生产经营决策的意识

凡是企业一些重大决策，如投资决策、项目决策、体制改革决策、结构调整决策、收益分配决策、人事任免决策等，都应在调查研究的基础上，按照一定的科学程序，进行可行性论证后，再作出决策。要杜绝重大决策的失误，据2002年国家审计署统计，由于企业经营决策失误，造成国有资产损失高达72·3亿元。为此要教育企业各级管理干部，万万不可粗心大意，防止主观、随意。并应制定规范化的决策程序，切实加强多方案选优的调研、咨询，使企业的生产经营和战略决策，逐步实现科学化。

二、树立企业群体的质量观念，认真推广全面质量管理，创出企业的名优产品

这是企业一项有重大意义的战略任务，也是企业文化建设的集中反映。应作为一项系统工程，组织与动员企业各级管理人员、科技人员、广大职工通力合作，努力抓好。这项高文化活动的关键，是要提高企业管理者的质量观念，以自己的表率行动与指挥才华，对职工进行持续引导；要对科技人员提出质量攻关，提高产品科技含量与使用功能的明确要求；要搞好包装、促销、广告、宣传，树立良好的企业形象；同时建立一支开拓创新的供销信息队伍。像海尔家用电器、万向节、娃哈哈、健力宝等产品一样，将企业名优产品打向全国、打向世界。

三、加强成本控制，提高经济效益，开展定期的盈亏分析

这是企业科学管理的关键问题。表面看成本控制是一项核算技术问题，实质上是一个勤俭节约的风尚和效益观念的问题，也是一个企业决定其成败兴衰的大问题。树立企业群体的艰苦创业、勤俭节约、精打细算的良好风尚，不断地降低成本，提高效益，推动企业滚动发展、持续发展，这是一个企业核算问题，也是一个企业文化建设问题。

四、积极开发高新技术产品

高新技术产品科技含量高，经济效益高。它代表着人类科学文化的进步，是人类智慧的结晶。高新技术产品是相对于一般性普通产品而言的，它含有新特点、新功能、新用途、新价值，产品有很强的竞争能力，如电子产品、光纤产品、高效医疗产品、生物工程产品、新型化工产品、新材料、新能源产品等。引进与开发高新技术产品，是依靠科技进步振兴企业经济最快速最有效的途径。许多企业认识早、动作快，及时捕捉信息，敢于引进投入，已取得明显成效。如全国明星青年乡镇企业家、山东文登通信电缆集团公司董事长兼总经理孙佑安，通过引进高新技术HYA新型通信电缆与光缆，使企业生产能力猛增几十倍，仅几年时间，就使一个小型电缆厂发展成年产值达十多亿元的集团公司。

五、招聘与选拔高级技术与管理人才

人才是宝贵的财富，是取之不尽、不断增值的宝贵资源，也是企业文化的重要载体。企业文化正是通过各类“人格化”的“人才”展示出来，从而为企业持续发展、经营成功作出贡献，并以其为表率，为广大职工所效法。因此加强企业文化建设一项很重要的任务，就是加强企业人才队伍的建设。

企业管理者必须具有“爱才之心、识才之眼、用才之能、容才之量、育才之职”，真正将“引进人才、开发人才、选用人才、培育人才”作为四位一体的战略任务来抓，建立企业合理的人才结构体系。要制定人才开发规划，落实选聘政策，广辟人才信息渠道，切实做到聘得准、留得住、用得好，这是企业兴旺发达的根本保证。

六、加强企业干部职工培训，坚持“科技兴企”教育，要将企业建成学习型企业，提高企业整体素质

百年大计教育为本。企业中即使经过大中专学习的干部职工，在新形势下，也有一个再教育的问题。干部职工，特别是企业主要领导者都面临着一系列新情况、新问题，有很多我们不熟悉的新领域、新法规，这就需要我们去学习研究、提高认识、掌握操作、积极充电，否则，很容易被淘汰。因此，有计划、有目的、有准备地开展企业“四多”（多层次、多渠道、多形式、多学科的培训）、“四制”（即企业全员培训制、学习考核制、奖学制、评定技术职称制）的全面培训活动，将是一项重大的战略任务。

七、迅速建立起企业的科技信息网络

信息是无形的财富、特种经济资源，是企业的生命和灵魂，在市场经济体制下，人们寸步离不开信息。我们应加强这方面的学习、研究、开发与使用。特别是中小企业，大多地处农村、郊县，交通、通讯条件较差，信息闭塞。企业管理者必须具有超前意识，从本企业实际出发，迅速在企业内建立一个高效率的信息机构；培养一支专业的公关信息队伍；依靠多种渠道、多种形式获取及时准确的信息；与各有关高等院校、科研机构等，建立密切的信息交换与协作关系，形成信息网络；不断采用先进设备，加工与贮存信息，建立企业实用的信息数据库；定期召开各类信息发布会、交流会，真正做到信息灵通、耳聪目明，科学决策，提高效益。

八、建立与企业产品发展相适应的各类学科与产品开发的研发机构或科技办公室，抓好科学技术这个第一生产力

如同经济开发、土地开发与产业开发一样，首先要从组织

上落实。不少较大规模的企业或企业集团,建立了这类专业研究机构,都取得较大的科技成果。企业的科技研究机构是企业管理者贯彻“科技兴企”的参谋部、实验厂与联络站,负责制定企业科技发展规划、开发与实验科技项目、开展项目可行性论证、制定与落实科技政策、对外的科技联营与协作,以及招聘、考核与合理安排科技人员等工作。

加强企业文化建设、树立科学意识,要抓好科学技术这个第一生产力,促进企业全面发展、持续发展。除了抓好上述八个方面外,还要有相应的配套改革,引进国外高新技术,转换企业经营机制,搞好企业精神文明建设,加强企业思想政治工作,以及提高企业各项生产要素管理科学化的工作,才能将企业科学技术水平提到一个新的高度,才能促使企业文化建设的综合性和整体性效应得到全面提高。

(此文系本书特约文章)

关于推进青岛工交系统企业文化建设的思考

高志喜 王修琴 谢志鸿

在推进青岛市工交系统企业文化建设工作中,有四个问题是我们高度关注的:第一,当前在工交系统推进企业文化建设的时机是否成熟,是否已有足够的、比较成熟的企业文化建设典型;第二,在什么样的企业,企业文化建设最被重视,或者在什么样的企业当前最需要加强企业文化建设,而且这种需要是自发的,不是外部强求的;第三,企业文化建设中究竟有哪些关键问题需要在认识上首先统一起来,这将是青岛工交系统企业文化建设的特色和使其保持一个正确发展方向的基础;第四,这项工作怎样来组织,才能更好地满足企业需求。

一、推进企业文化建设的时机是否成熟

从青岛工交系统的情况看,当前企业文化建设已被越来越多的企业,特别是企业行政主要领导所重视。企业文化在导向、约束、凝聚、融合、辐射等方面的作用非常突出,并在企业发展到一定程度时对企业发展的促进作用尤为明显,正如专家所言:“文化力启动经济力。”

青岛工交系统的企业文化建设,已经走过了自发阶段(产品阶段)、自觉阶段(品牌阶段),进入了提升阶段(整合阶段)。一些工交企业的企业文化核心理念已被社会、客户和职工所认同,比如:海尔的“真诚到永远”,海信的“敬人为先、创新是魂、质量是根、情感管理”,青啤的“酿造美好人生”,澳柯玛的“没有最好、只有更好”,交运“情满旅途”等等,已经形成了企业自觉重视企业文化建设的态势和推进企业文化的氛围。

二、什么样的企业对企业文化建设最重视

从调研的情况看,大致有两类。一类是正在扩张中的企业,这种扩张既包括全球范围内的扩张,也包括国内的扩张。正因为认识到了虽然资产重组可以一时提高企业的生产力,但若没有文化上的改变,就无法维持持续的高速增长,因此企业迫切需要按照统一的文化同化不同地域、不同背景、不同规模的被并购企业,统一管理理念和管理模式,塑造企业新的整体形象,提高企业的整体素质和向心力。另一类是服务类企业,由于企业文化建设对于提高企业服务水平和竞争力有着明显的促进作用,因此企业文化在这类企业中得到了普遍的重视,并以创“服务名牌”为切入点,迅速推进。

三、对企业文化建设中有关关键问题的认识

1. 企业文化的作用

良好的企业文化是企业生存和发展的源动力。从企业文化的外在表现看,它有分界线的作用,是区别于竞争对手的最根本标志;从企业内部来看,它有加强成员间认同感的作用,形成内部成员的共同价值观体系,并通过企业宗旨、理念的提炼和概括表现出来;在企业成员的行为方式上,确立了应该做什么、不应该做什么的约束,使各成员的价值取向、行为模式趋于一致,并以此控制管理实践。

2. 企业文化的构成

企业文化是由企业的精神文化、制度文化、行为文化和物质文化四个方面构成的。从组织开展企业文化建设的角度出发,当前建设精神文化和行为文化应是主要工作内容,要把经营理念和价值观、行为准则、职业道德规范作为主要工作方向。

3. 企业文化的类型

从青岛工交企业的情况看,大致有三种类型:产品主导型、服务主导型和综合型。产品主导型企业追求产品质量,服务主导型企业生存和发展取决于是否为客户提供了满意的服务,综合型企业追求的是一流的质量与一流服务相互融合的企业文化。

4. 企业文化更强调个性和特色

由于每一个企业的发展历程不同、经营范围不同、面对的竞争压力不同、对环境变化作出反应的策略和处理内部冲突的方式都会有自己的特色。因此企业文化没有统一的模式,适应自身发展要求的企业文化是最好的,企业文化建设要讲求与企业发展状况的适配性。

5. 尽管不同的企业拥有不同的文化,但成功企业的企业文化内涵中包含着共同的内容:诚实、信用、敬业、和谐、勤奋、创新、责任、服务、满意等

6. 企业文化建设要经历一个比较长的过程

企业文化的核心是价值观,价值观的形成是要有一个过程的,是在企业图生存、求发展的环境中形成的,而不是一朝一夕的事情。企业文化建设的过程是:企业文化的提出和实施→全体员工形成共同的价值观和行为规范→形成每个人的习惯。

7. 企业文化建设要以企业的文化底蕴为基础

企业文化是对企业精髓的继承。但目前的情况是,老企业旧的思维惯性太厚重了,企业文化建设首先要解决的是旧观念、旧习惯的束缚问题。加入WTO以后,企业文化建设应力求实现“三个转向”,即由封闭转向开放、由自我转向客户、由战胜竞争对手转向通过竞合实现共赢。

8. 促进企业发展是企业文化建设的目标

企业文化建设要有生命力,必须深深植根于企业和员工之中,以企业的发展为第一要务,否则就失去了存在和发展的土壤。

9. 企业文化建设中,行政一把手是关键

企业文化是经营者要办成什么样公司的宣言。管理者有什么样的品质和人格,企业就有什么样的文化,企业文化要靠管理者来创建,管理者是企业文化的领导者、传播者、驾驭者。

10. 推进企业文化建设要“一看二学三创新”

企业文化需要渐进的创新,在他人成果基础上进行创新,有参照物,有后发优势,经历一个逐步完善、定型和深化的过程,不断补充、修正,逐步趋向明确和完善。要层层推进,渗透到工作中的每一个环节,企业文化是坚持宣传、不断实践和规范管理的结果。

四、以组织选树企业文化建设样板企业为切入点,大力推进企业文化建设工作

青岛工交系统的企业文化建设从2002年全面启动,到现在已经走过了三年的历程。按照我们的构想,三年要完成“三步走”的阶段性任务,即打基础,建立框架;扩范围,选树样板;抓提升,建立体系。2004年是形成潮流、建立体系、产生优势的一年。目前,这一阶段性工作取得了明显效果。

一是明确了工交系统企业文化建设工作方向,即沿着代表中国先进文化的前进方向,让弱势的文化变强大,让零散的文化变系统,让优秀的文化变卓越,在工交系统产生出更多、更先进、更优秀的企业文化。

二是成立了工交系统企业文化建设工作指导委员会,加强了工作领导和工作组织;成立了工交系统企业文化建设咨询专家委员会,为工作开展提供智力支持。

三是形成了清晰的工交系统企业文化建设“十条基本理念”。

四是开展了选树工交系统企业文化建设样板企业工作,确定了样板企业“五个一”的基本条件,形成了由30户企业组成的工交系统企业文化建设样板企业群,其中既有市属和中央、省驻青企业,也有区(市)属、乡镇、民营工交企业。

五是重视企业文化建设的企业和企业经营者越来越多,自觉推进企业文化建设机制逐步形成。

六是工交系统企业文化建设与企业党建、思想政治工作、精神文明建设、经济工作相互融合、协调发展。

关于青岛工交系统今后的企业文化建设,要着力在四个方面下功夫。

1. 经济力

把企业文化体现到企业的发展当中,体现到经营战略当中,体现到经营管理当中,体现到企业品牌、产品、服务当中,使企业文化建设与企业经营管理保持同步,增强企业可持续发展能力和核心竞争力,促进企业更快更好发展。

2. 影响力

企业文化在职工中要产生深刻、积极的影响。通过提出和实施企业文化,在企业全体职工中形成共同的价值观和行为规范,进而变成企业每个职工的自觉行动。

3. 感染力

企业在输出产品的同时,也要输出企业文化,通过产品的输出,使诚实、信用、敬业、和谐、勤奋、创新、责任、服务、满意这些企业文化的优秀成分传播到其他企业,传播到用户,传播到千家万户,使中华民族精神和青岛城市精神得到弘扬,从而推动全社会的精神文明建设。

4. 执行力

增强企业和职工实施企业发展战略、贯彻企业经营理念、实现企业经营目标的能力,促进企业高效、顺畅、健康运转。

(此文系2003年12月特约文章)

中外企业文化测量工具简析

刘孝全

目前,随着企业文化理论和实践的深入发展,国内企业开始对“企业文化测评”越来越关注,现将目前国内外有关企业文化测评工具和控型,作一简要介绍。

一、Quinn和Cameron的研究

美国密西根大学商学院的Quinn教授和西保留地大学商学院的Cameron教授在竞争价值观框架(Competing Values Framework,简称CVF)的基础上构建了OCAL量表。CVF是由对有效组织的研究而发展起来的,此类研究主要想回答的问题是:什么是决定一个组织有效与否的三要判据?影响组织有效性的主要因素是什么?Campbell等(1974)构建了一套由39个指标构成的组织有效性度量量表。Quinn和Rohrbaugh(1983)考察了这些指标的聚类模式,发现了两个主要的成对维度(灵活性—稳定性和关注内部—关注外部),可将指标分成四个主要的类群,四个象限代表着不同特征的组织文化,分别被命名为团队型(clan)、创新型(adhocracy)、层级型(hierarchy)和市场型(market)。

Quinn和Cameron等通过大类的文献回顾和实证研究发现,组织中的主导文化、领导风格、管理角色、人力资源管理、质量管理以及对成功的判断准则都对组织的绩效表现有显著影响(Cameron & Quinn, 1998)。OCAL从中提炼出六个判据(criteria)来评价组织文化:主导特征(dominant characteristics)、领导风格(organizational leadership)、员工管理(management of employees)、组织凝聚(organizational glue)、战略重点(strategic emphases)和成功准则(criteria of success)。OCAL共有24个测

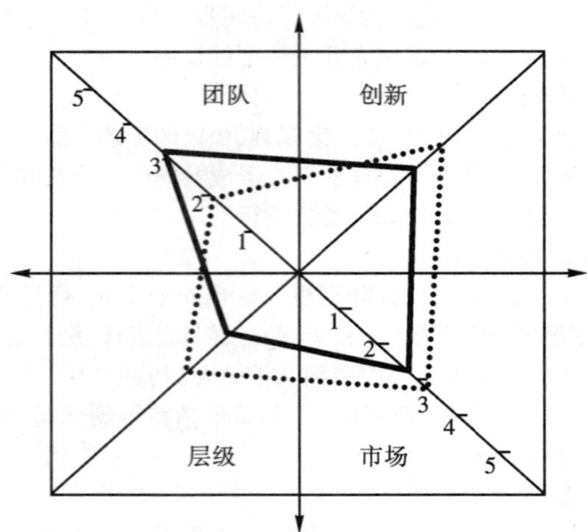

量条目,每个判据下有四个陈述句,分别对应着四种类型的组织文化。对于某一特定组织来说,它在某一时点上的组织文化是四种类型文化的混合体,通过 OCAL 测量后形成一个剖面图,可以直观地用一四边形表示。Cameron & Quinn(1998)指出:OCAL 在辨识组织文化的类型(type)、强度(strength)和一致性(congruence)方面都是非常有用的。

二、Denison 等的研究

美国密西根大学商学院的 Denison 教授构建了一个能够描述有效组织的文化特质(trait)模型。该模型认为有四种文化特质,即适应性(adaptability)、使命(mission)、一致性(consistency)、投入(involvement)和组织有效性显著相关,其中每个文化特质对应着三个子维度,一共组成了 12 个子维度,每个维度都有特定的解释。

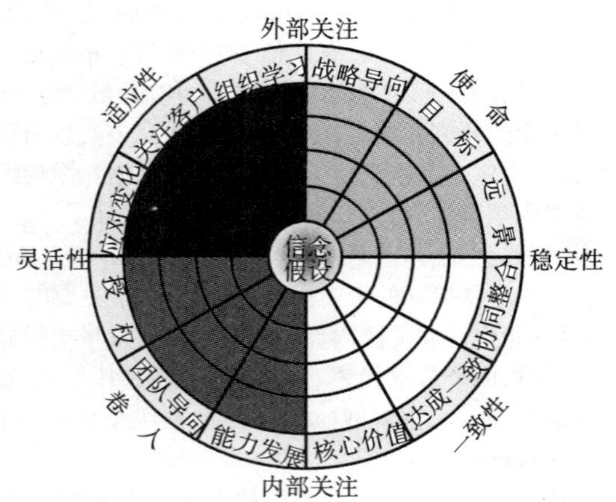

和 OCAL 量表相比,Denison 的 OCQ 量表由于包括的子维度更多,因此在揭示组织文化内容方面显得更为细致,并且在国外经过了 15 年的实践检验,得到了较广泛的认可,Denison 也开设了个人网站,专门从事企业文化的测评研究和服务。但是,相对而言,Denison 的 OCQ 量表显得尤为复杂,加上其西方文化的背景,与中国企业的实际距离较远,甚至在概念翻译的过程中都存在较大的障碍。

三、郑伯壎的研究

台湾大学心理学系郑伯壎教授认为以往个体层面上的组织文化测量研究缺乏相应的理论构架,他在 Schein(1985)对组织文化的研究基础上构建了 VOCS 量表,共分九个维度:科学求真、顾客取向、卓越创新、甘苦与共、团队精神、正直诚信、表现绩效、社会责任和敦亲睦邻。

郑伯壎(1993)发现九个维度经过因子分析可以得到两个高阶维度:外部适应价值(包括社会责任、敦亲睦邻、顾客取向和科学求真)与内部整合价值(包括正直诚信、表现绩效、卓越创新、甘苦与共和团队精神)。

作为完全本土化的量表,OCVS 在中国组织文化测量研究方面具有开创性。郑伯壎还应用 OCVS 量表,通过不同的契合度计算方式,考察了组织价值观和个体结果变量之间的关系,但是比较抽象,不易得到被访者的理解。

四、北京大学光华管理学院的企业文化测评

北京大学光华管理学院在企业文化量化研究上进行了有益的尝试。沿循国外企业文化量化研究的思路,根据案例实证分析的结果,其测评量表由七个维度 34 道测试题组成:①人际和谐,②公平奖惩,③规范整合,④社会责任,⑤顾客导向,⑥勇于创新,⑦关心员工成长。后面,又将七个维度削减为六个,并将此套测评量表逐步应用于企业文化咨询的实践。例如在承担中国航天集团企业文化咨询项目中,采用了此套量表对航天集团进行了有效的企业文化调查。

应该说,北大光华管理学院对企业文化量化研究,尤其是将其应用于企业文化咨询的实践,对我国企业文化量化研究的发展起到了积极的推动作用。

五、清华大学经管学院的企业文化测评

清华大学经管学院是国内最早涉及到企业文化量化研究的商学院,它专门成立了企业文化测评的项目小组,对中外企业文化的量化管理进行了较为系统的研究,并在此基础上,列出了由八个维度 40 多道测试题组成的测评量表。这八个维度分别为:客户导向、长期导向、结果导向、行动导向、控制导向、创新导向、和谐导向和员工导向。

相对而言,清华大学经管学院的量表显得更为详细,能较为准确地测量出企业文化的优势所在。其理论基础也是目前中国企业文化测评中心的企业文化核心价值观的维度测评量表的来源之一。

六、中国企业文化测评中心的企业文化测评量表

中国企业文化测评中心(CCMC)所建立的企业文化测评

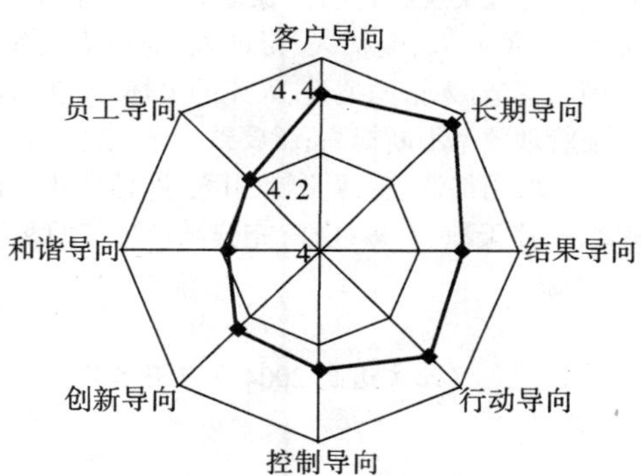

量表体系，在吸收了国外成熟的企业文化量化研究和国内著名商学院的研究成果的基础上，经过100多家中国企业的企业文化实践检验建立了测评体系。分别由：企业文化类型、企业文化核心价值观和企业文化环境测评三大部分组成，三个部分分别从组织和员工个人的角度测评出企业文化的运动的方向和规律，三者直接具有密切的关联度，组成了严密的企业文化测评量表系统，并可以此为核心，针对企业的具体实际开发具有针对性的企业文化测评量表，最终通过企业文化雷达图将企业文化运动的方向和规律直观形象地表达出来，为企业文化的诊断、提炼、贯彻、评估乃至变革提供科学客观的基础。

企业文化核心理念维度的标准差比较图

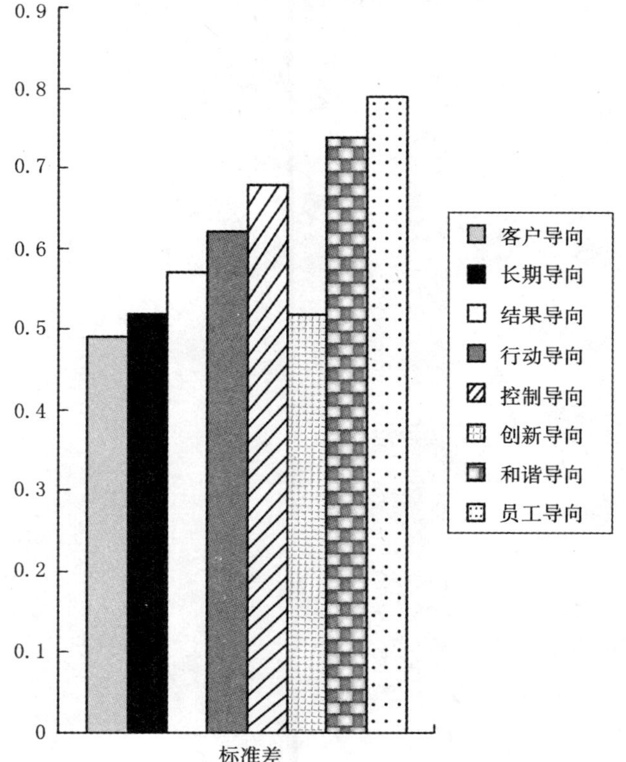

（此文系本书特约文章）

以文化力提升经济力

——“振兴东北地区老工业基地企业文化建设现场理论研讨会”综述

冀　民

振兴东北地区等老工业基地，是各方关注的热点话题。中国企业文化研究会在黑龙江省齐齐哈尔市召开了“振兴东北地区老工业基地企业文化建设理论研讨会”，与会者结合黑龙江华安工业集团的成功实践，围绕“以文化力提升经济力，用无形资产增值有形资产，振兴东北地区老工业基地”这一主题进行了研讨。

与会者认为，近些年来东北老工业基地一些企业的发展之所以相对落后，根本原因是体制机制老化、思想观念陈旧。改革体制机制，转变思想观念，都离不开做人的工作。而做人的工作，必须充分发挥精神的力量、观念的力量、管理的力量、作风的力量、形象的力量，用文化力培育竞争力，以文化力推动经济力。有学者指出，先进文化之于企业发展，至少有三方面作用：一是指引方向；二是增强动力；三是促进发展。实践证明：文化强，实力弱者兴；文化弱，实力强者衰；文化强，实力强者胜；文化弱，实力也弱者亡。

那么，如何以文化力提升经济力、用无形资产增值有形资产呢？与会者联系辽、吉、黑三省扭亏增盈企业的实践，认为必须做到以下几点：

摆正“道”的位置。“道”即企业经营之“道”，包括企业的经营理念、经营方针、经营哲学、经营宗旨等。与会者围绕黑龙江华安工业集团扭亏增盈的案例进行了热烈研讨。华安工业集团是一家建立于新中国诞生之初的特大型骨干军工企业。上世纪80年代末到90年代中期，陷入极其困难的境地，连续6年成为全国第一亏损大户。1997年，该集团提出并实施了新的治企理念：“成败在人，休言结果都在天，竭尽人力可回天；命运在人，不信现状都是命，安身立德皆养命。”并在贯彻这一理念的过程中狠破“等、靠、要、闹”的观念。经过几年的努力，企业呈现出“领导有正气，职工有士气，产品有名气，企业有生气”的良好局面。与会者指出，从华安工业集团的成功实践可以得出一条结论：企业经营之“道”，对于企业的生存与发展能起到举足轻重的作用。摆正“道”的位置，企业就能脱困、振兴；摆不正“道”的位置，抑或是缺乏科学之“道”，企业就会裹足不前，甚至走向衰败。对于东北地区老工业基地的企业来说，引导员工树立新思想、新观念更是时不我待。

发挥“魂”的作用。“魂”即企业精神。与会者认为，企业精神犹如人之魂，魂强体健，魂失体亡。只要精神不滑坡，办法总比困难多。对于企业来说，良好的企业精神，能够联上下、据各方、凝人心、聚力量，能够减少阻力、增加助力、形成合力、增添推力，从而打造优秀团队。

加强“形”的辐射。“形”即企业形象。与会者指出，塑造良好企业形象，对于困难企业尤为重要。形象辐射有多远，企业就能走多远。企业形象是文化力的组成部分。在振兴东北老工业基地过程中，企业加强形象建设，是对现实环境的改善，是对未来发展的投资。对此，企业必须高度重视。树立良好的企业形象，当务之急是加强诚信建设，做到言必信、行必果。

坚持“本”的聚合。“本”即企业职工。与会者认为，以文化力推动经济力、用无形资产增值有形资产，必须牢固树立以人为本的理念，重视人的素质的提高。人是企业振兴的关键，是企业发展的目的。把人置于企业生产、经营、管理的中心，是现代管理的内在要求，也是振兴东北老工业基地的必然要求。坚持以人为本，就要不断改进对人的管理，变“行为控制”模式为“自主管理”模式，变“训导、驯服”式管理为“柔性、和谐”式管理；就要不断强化人文关怀，实行“家庭式温暖、学校式教育”，尊重人、理解人、关心人、爱护人、帮助人，通过人文精神的倡导、人文氛围的营造、人情的关爱、人道的关怀、人性的理解、人格的健全，使管理效率不断提高；就要致力于人的全面发展，不断加强人才开发，用待遇、感情、事业引人才、留人才，努力给员工一个领域、一片天地、一根杠杆，充分调动员工的积极性、主动性和创造性。

(此文选自 2004 年 7 月 5 日《人民日报》)

实践篇

一、企业文化建设案例选编

"明天比今天做得更好"

——山东电力集团公司追求卓越的企业文化

山东电力集团公司是国家电网公司下属的省级电网经营企业,现有职工4.5万人,下属包括17个市供电公司在内的23家分公司及山东核电集团公司、鲁能控股公司和山东鑫源控股有限公司等子公司,并对全省138个县供电企业实行代管或直管。2003年,售电量完成1039.7亿千瓦时。截至2003年底,全省发电装机容量达到3055万千瓦,年发电量1412亿千瓦时,均居全国各省市第二位。

多年来,山东电力集团公司努力培育积极进取的群体意识,形成了"今天比昨天做得好,明天比今天做得更好"为代表的追求卓越的群体价值观体系。他们通过制定企业发展战略,对内加强员工素质建设,对外加强企业形象塑造,使企业文化建设由自发到自觉、由单一到综合、由表象到深层、由一般性工作提升到公司发展的战略高度。

一、制定高起点的企业发展战略

自1997年10月山东电力集团公司成立,该公司就将企业文化建设提到了战略高度。公司先后确立了自己的企业精神、企业标志、企业之歌,并颁发了《山东电力集团视觉形象规范手册》、《企业文化建设纲要》、《企业文化建设规划》、《关于建设学习型企业的意见》等一系列指导性文件。在此基础上,公司初步建立并形成了具有自身特色的企业文化体系。这个体系包括六方面的内容:一是强调发展的速度要符合健康标准,提出"慎重投入,注重产出,创新发展"的企业发展战略;二是以"今天比昨天做得好,明天比今天做得更好"为代表的追求卓越的群体价值观体系,以"敢为天下先"的精神,锁定创国际一流企业的奋斗目标;三是以人为本的管理理念和管理体系,建立良好的用人、育人机制;四是增强文化辐射力,营造健康和谐的企业发展环境;五是坚持"人民电业为人民"的服务宗旨,建立富有浓厚情感特色和个性文化特色的电力营销和社会服务体系;六是以加强内质外形建设为目的的企业塑形建设。实施文化战略,企业保持了良好的发展态势,电网建设、供电能力有了较大提高,保证了全省的电力供应,促进了山东省的工农业生产和人民生活水平的提高,山东电网成为全国少数没有拉路限电的省份之一。文化战略的实施也强化了企业的经营管理,公司的电力市场开拓能力、市场占有率进一步提高,公司的销售能力、利润水平在国家电网公司系统中名列前茅。科学发展观的树立和落实实现了企业的持续、快速、健康发展。

二、培育高素质的干部职工队伍

要想以追求卓越的精神发展企业,必须以拥有追求卓越的干部职工队伍为基础。山东电力集团公司通过形式多样的教育活动,使"今天比昨天做得好,明天比今天做得更好"的共同价值取向深入人心。他们通过把企业局域网延伸到职工家庭,实现企业价值观的传播和渗透;通过组织开展"善小"(莫以善小而不为)活动,加强员工的道德建设。公司以统一理念为前提,重点着眼于人的素质的提高和人的作用的发挥。他们大力开展"人才工程",完善和优化了管理人才、科技带头人、高级技术工人等"三条线"的人才开发、培养、选拔、使用、考核、激励相配套的人才管理机制,营造了良好的育人、用人环境,职工的学习积极性和主动性大大增强。

与此同时,山东电力集团公司特别重视加强高层管理团队的文化建设和文化认同。高层团队是指企业中层领导干部群体。因为这支队伍既是企业决策的执行层,又是企业与职工直接接触的重要领导层,起着承上启下的作用。多年来,山东电力集团始终注意用企业理念统一这支队伍的思想,每年组织干部开展读一本书活动,先后学习了《企业文化教程》、《公共关系教程》、《CIS教程》、《企业文化》等教材,同时举办了多期企业文化专题培训班。在加强后备人才培养和企业领导班子建设的过程中,集团公司始终倡导"用事业统一思想,用工作统一行动",强调领导干部"一要干事、二要干净",要"不怕吃苦、不怕吃亏、不怕吃气",从而建立了一支年轻有为、具有共同理想的高素质的领导干部队伍。这支队伍在企业发展过程中发挥了关键作用。

三、树立高品位的企业对外形象

山东电力集团公司以实施"彩虹工程"为载体,使"人民电业为人民"的服务意识不断增强,深化了电力服务的内涵,拓展了服务工作的外延。公司提出"彩虹连着你我他,电力服务进万家"的宗旨,坚持"优质、方便、规范、真诚"的供电方针和"让政府放心,让人民满意"的工作标准。集团专门设立1000万元奖励基金，花钱买批评、买意见，使干部职工树立了"始于客户需求，终于客户满意"的思想，使供电可靠率达99.98%，客户满意率达97.6%，得到各级政府的充分肯定和社会各界的广泛赞誉。"彩虹工程"作为该公司永不竣工的工程不断加强和深化，已成为山东省的知名服务品牌，特别是优质服务工作实现了制度化、规范化和程序化，该公司被评为全省第一个行风免评行业。他们以"鲁能"为品牌，通过积极导入CI形象识别系统，增加了无形资产，树立了集团公司的良好形象。此外，集团公司通过开展丰富多彩的群众性活动，营造了健康和谐的企业氛围。每两年一届的山东电力集团公司"职工文化节"活动，既丰富了职工的业余文化生活，又增强了企业文化的辐射力，强化了企业形象的宣传效果，增强了职工的自豪感和归属感，使优秀的企业传统得以发扬光大。该公司在做大做强主导产业的同时，涉足体育和文化产业，发展足球和乒乓球事业，不断扩大企业的影响力，特别是通过举办国际赛事，在国际上亮出了山东电力的品牌，树立了山东电力走向世界的新形象。

山东电力集团公司先后荣获"全国五一劳动奖状"、"全国精神文明建设先进单位"、"中国企业管理杰出贡献奖"等荣誉。其下属20个基层企业被山东省委宣传部授予"山东省企业文化建设示范单位"称号。

用开放创新的文化 创建开放合作的首钢

——首钢总公司的企业文化建设

首钢是一个有着80多年历史的跨地区、跨行业、跨国际、跨所有制的特大型企业集团，是以钢铁业为主，兼营采矿、机械、电子、建筑、房地产、服务业、海外贸易等多种行业的大型企业集团。2003年集团销售收入达到466亿元，同比增长20.9%；实现利润5.9亿元，同比增长31.1%，创出了近十年来的最高水平。

首钢的企业文化建设坚持在继承优秀传统文化的基础上，紧紧围绕不断深化企业改革，推进战略性结构调整的各项目标和任务进行，积极探索创新，取得了明显成效。以人为本、开放创新的首钢企业文化有力地推动了首钢的改革、创新和发展，极大地提高了企业的综合实力和市场竞争力。

一、紧紧围绕首钢总体发展战略目标的需要，打造新时期的首钢企业文化体系

到2010年，首钢总体发展战略的目标是：做强做大核心产业钢铁业；大力发展具有高新技术含量和竞争能力的电子机电业、建筑业、服务业、矿产资源业等优势产业，提升拓展海外事业；职工物质文化生活水平大幅度提高；把首钢建设成为在钢铁业和综合经济实力方面处于国内一流水平的大型企业集团。

为了紧紧地围绕首钢总体战略目标，有组织、有步骤、全面地推进首钢的企业文化建设，真正用文化力推动企业的发展，首钢党委于2003年提出了《关于推进首钢企业文化建设的指导意见》，形成了适应首钢总体发展需要的企业文化体系。主要内容是：(1)弘扬"自强开放、务实创新、诚信敬业"的首钢精神。(2)树立十大优秀理念："没有发展就没有首钢的一切"的发展理念；"把握时机就能获得发展"的机遇理念；"人人为企业，企业为人人"的共存理念；"我就是首钢形象"的责任理念；"有什么不如有人才"的人才理念；"人、技术、环境高度和谐一致"的环保理念；"以顾客满意为宗旨，以持续改进为手段"的质量理念；"安全、顺行、清洁、高效"的生产理念；"诚信、高效、共赢、发展"的营销理念；"一切为用户着想"的服务理念。(3)培养和锻炼求真务实、真抓实干、雷厉风行的三大作风。(4)规范简明易记的以诚信敬业为宗旨的岗位职业道德。(5)塑造首钢注重环保、实现清洁化工厂的绿色形象；积极推进科技进步，满足用户需要的产品形象；诚实守信、文明健康的职工形象；首钢与您共创美好生活的亲和形象。概括起来就是树立"绿色首钢、科技首钢、人文首钢"、"人、技术、环境高度和谐一致"的首钢新形象，进一步打造首钢与时俱进、敢于创新、开放合作、求真务实、人才为本的先进思想文化，把先进的思想文化融入到企业管理的各项工作中。

二、用创新思想培育开放合作的文化

近年来，首钢在打造新时期的先进思想文化中，坚持把继承优秀传统与变革创新、体现自身特色与吸收外部先进经验结合起来。其中一个重要做法就是用创新思维，克服封闭保守，积极学习借鉴外部先进单位的经验，广泛交流推广企业内部的先进经验，培育开放合作的文化。首钢采取"走出去、请进来"的方式，广泛学习国内外企业的先进文化和管理经验，先后组织领导干部赴山东烟台、潍坊等地学习他们解放思想、干事创业的经验；学习考察福田公司、联想集团的先进管理经验；组织考察组两次赴贵州，向在困难地区做出成绩的水钢学习他们企业文化建设和企业创新的经验和做法；组织考察组到全国钢铁行业中最先进的宝钢参观学习。通过这样的活动，使大家开阔了眼界，看到了差距，得到了启发，增强了加快、创新、发展企业的紧迫感。

在学习外部先进经验的基础上，首钢组织干部职工对照先进找差距，确立赶超目标。在全集团开展"八破、八立、八做到"的解放思想、转变观念活动，破除陈旧落后的思维方式、思想观念、行为习惯，树立与时俱进的思想文化。将大力推进企业创新工程，使思想文化创新、制度创新、经济技术创新、人才建设创新系统化、目标化、具体化。同时，通过企业的报纸、闭路电视、网络和经验交流会、现场会等形式，宣传和推广首钢内部的先进典型，营造了开拓创新、开放合作、人人争先、万马奔腾的浓厚氛围。

三、用创新思维创建开放合作式企业

通过大力推进创新工程，培育开放合作的首钢文化，扩大开放，全方位合作，首钢引入国内外资金、先进技术、设备、有竞

争力的产品及著名品牌，全面提升综合竞争实力，奋起追赶先进的企业，加快了对外开放合作的步伐，迅速搭建起借势造势的广阔平台。首钢与萨摩亚路瑞仕合资的北京首钢富路仕彩涂板生产线，成为首钢战略性结构调整的重点项目之一，在首钢开放合作领域撑起了一面旗帜。首钢与河北省迁安市重点项目投资公司合作兴建的迁安焦化厂项目，是首钢借助地方优势实现自身发展的有益尝试。首钢与香港嘉华集团合作的60万吨水渣超细磨系统项目，是首钢开放合作的又一成果。首钢与中国远洋运输总公司、山西焦煤集团等建立长期战略合作关系，更是首钢坚持长期开放合作的标志。

在首钢结构调整的舞台上，一个个合作项目正在给首钢注入新的生机和活力。首钢也从开放合作、强强联合中获得了精神的启迪和发展的动力。首钢房地产开发公司面对竞争激烈的房地产市场，大胆革除"小我"，勇敢地从封闭狭隘的思维模式中跳出来，采取多种方式合资合作，充分发挥首钢品牌优势，壮大自我。2003年底，北京万年投资公司和首钢房地产开发公司共同开发的北京万年花城项目一经亮相，立即成为媒体和消费者关注的焦点，消费者惊人的抢购速度掀起房地产销售旋风，该项目的市场价值也增长了2个百分点以上。

用创新思维创建开放合作式企业，舒展了首钢双臂，强健了首钢筋骨，透出了首钢开放合作文化是首钢获得发展的内在动力源泉的深刻内涵。

在2001年中国企业文化研究会组织的全国企业文化建设评比中，首钢获得企业文化创新奖。2003年被评为全国冶金行业企业文化建设先进单位。在中国企业联合会、中国企业家协会举办的"首届中国企业文化年会"上，首钢的优秀企业文化成果受到表彰。2003年，在中国企业文化研究会组织的中国企业文化建设评比中，首钢企业文化建设的经验获得企业文化"建设实践奖"，首钢党委《关于推进企业文化建设的指导意见》获得"设计案例奖"，首钢党委书记、董事长获得"个人贡献奖"。

紧随新时代　创建新文化

——广州钢铁企业集团有限公司的企业文化建设

广州钢铁企业集团有限公司凭借独特的岭南文化氛围，敢为人先，勇于实践，通过财政包干、中外合资、股份制改造、集团化改组和大集团发展与全面建立现代企业制度等一系列重大战略举措，使华南地区第一家老钢铁企业焕发出勃勃生机。该公司已发展为年销售额120多亿元，总资产达200亿元的大型国有企业集团，并创造了众多全国和同行业"第一"。广钢集团已成为中国拥有生产高档汽车外板和家电用板技术的极少数厂家之一。

广钢在改革发展过程中，努力建设优秀的企业文化，用文化培育和感召人，用文化锻造和凝聚队伍，用文化传播宣扬企业信誉，提升企业竞争力，成为广东省、广州市工业战线上的一面旗帜和企业文化建设的"明星企业"。

一、实现文化建设与企业改革发展的全方位结合

广钢集团历经16年的企业文化建设，其显著特点就是：把握企业发展这一永恒主题，将企业文化建设纳入"三个文明"一起抓的"一体化"企业管理目标，并把它贯穿于企业改革、发展、稳定的全过程，实现企业文化建设与企业发展的全方位结合。集团公司党委从企业根本发展战略出发，相继成立了企业文化建设委员会、企业文化部及企业文化研究会，以此为组织保证，思考和实施企业文化建设的整体战略和重点，不断推动企业发展。在广钢实施中外合资、股份制改造、集团化改组以及全面建立现代企业制度等几个具有战略意义的发展阶段，企业都与之相适应地开展了"命运共同体工程"、"安人管理工程"、"文化整合工程"等活动。面对21世纪前20年的重要战略机遇期，特别是广州市提出"南拓、东进、西联、北优"，开发大南沙、建设新的工业基地的战略决策后，广钢集团审时度势，在2002年初确定了新一轮跨越式发展的"24字战略"，即：优化股份，做强珠钢，推进有色，拓展支柱，进军南沙，再铸辉煌。与此相适应，该企业随即构思出战略支持型企业文化。

二、创建富有特色的文化系列品牌

在企业文化建设过程中，广钢集团采取政策导向、制度规范、上下结合、全员参与的操作方式，创建了诸多富有特色的企业文化品牌。

"育人工程"品牌——该公司着力实施了高层次人才培养战略、专业化人才培养战略和全面提升经营管理者素质的战略，并用不同规范去塑造职工形象、党员形象、科技人员形象、经营管理者形象等广钢形象群体。

《广钢企业文化理念手册》品牌——涵盖广钢价值理念、经营理念、企业目标、组织制度、群体形象五大内容，并将其分为提炼和阐释两部分，成为广东省、广州市企业文化建设的首创。

广钢爱国主义教育基地品牌——自1995年广钢被广州市委、市政府确定为广州市第一批爱国主义教育基地后，每年接待学生及社会团体达2万人以上，1997年底以来接待港澳同胞近6000人次，成功地扩大了广钢的知名度，提高了广钢的美誉度，成为广钢集团珍贵的无形资产。

企业文化节品牌——从1989年开始，广钢已连续举办了15届企业文化节，具有针对性、多样性、双向性、规模大等特点，并取得辐射社会文化的良好效果。

思想政治工作创新评优品牌——此项活动自1993年开始，一年一届，1996年改为两年一届。创新评优活动先后评出上百项优秀成果，有效推动了思想政治工作的改进和企业文化建设。

企业文化建设系列丛书品牌——广钢先后编辑出版了《建设企业命运共同体》、《广钢"安人"管理系统工程实践与理论探索》、《夯实现代企业的思想基础》等理论专著和《钢花璀璨》、《热土雄风》等文艺丛书，成为广钢集团企业文化繁荣旺盛的表征。

三、努力拓展文化"内源",在创新中不断突破自我

广钢集团紧随新时代,用新战略、新视野、新思维和新举措,加大企业文化建设的力度,以不断发展的创新文化推进企业新一轮跨越式发展。

一是在理论研究上实现新突破。他们着力从发展战略与企业文化相结合的高度,开展个案研究;着力从企业发展中面临的新的现实问题,开展专题研究;着力在企业文化基础理论方面提出创新的成果,进一步深化对文化力的认识,以推进文化力建设。

二是在构建企业文化模式上实现新突破。广钢集团提出的构建战略支持型企业文化,就是过去"命运共同体"、"安人管理"、"文化整合"三阶段文化发展模式的深化和发展。现正就其必要性与可行性、基本内涵、结构体系、内在特质与主要功能及构建原则、操作程序与推进方法进行较为详尽系统的设计,并力求在实践中不断明晰和完善,把广钢集团的企业文化建设推向更高层级。

三是在推动理念与制度的有机结合上实现新突破。广钢人认为,企业文化作为一种管理理论和管理实践,它本身不是纯理念的东西,而必须以制度力为支撑。为此,广钢一方面随着企业的发展,不断修正、补充和丰富原有的《理念手册》;另一方面,正抓紧建立健全与新《理念手册》相统一、相和谐的新制度文化。

四是在促进经济与文化的相互交融上实现新突破。广钢提出,在创建学习型企业过程中,不仅要使企业的发展创新达到新高度,而且要在创建品牌上达到新的高度,在促进文化资源优势转化为经济发展优势上达到新水平,以实现经济建设与文化建设的有机结合。紧随新时代,创建新文化,努力推进广钢集团经济建设和文化建设的双向跨越式发展,这是广钢集团的努力方向。

用文化力提升竞争力

——武汉钢铁(集团)公司的企业文化建设

武钢是新中国成立后兴建的第一个特大型钢铁联合企业,1958年9月投产。到2003年底,已成为我国重要的优质板材生产基地。拥有固定资产原值473.13亿元,净值239.10亿元,具有年产钢900万吨的生产能力,已累计生产铁1.50亿吨、钢1.41亿吨、钢材1.10亿吨;实现利税524亿元,其中上缴国家405.18亿元,是国家对武钢投资的6.3倍。

多年来,武钢在继承优秀文化传统、汲取外来企业文化建设经验的同时,特别重视发动广大员工自创自建企业文化,并重视对外展形、对内塑形,提升企业的核心竞争力。

一、以企业价值观凝聚人心

武钢认为,培育好企业价值观,是企业文化建设的核心内容。武钢在上个世纪80年代提出了"争先、争优、争一流"的武钢精神,对激励员工、推进武钢发展曾发挥过重要作用。

随着时代进步,武钢在弘扬原企业精神基础上,与时俱进,经领导与员工广泛征询研讨,形成了反映时代特点和企业特色的新武钢精神——"艰苦奋斗、从严求实、团结协作、改革创新"。其核心是武钢的企业价值观——"市场的需求就是武钢的追求",这是检验武钢人对市场、对用户态度的试金石。一位农村妇女要买两吨镀锡板,因数量太少而被多家钢铁企业拒绝。武钢为了满足她的需求,调整了生产工艺,并提供专门包装,为这位普通的农村妇女解决了燃眉之急。此事经报刊宣传,在全国引起强烈反响。与此同时,武钢将"质量效益型"的经营理念提升为"走科技创新质量效益道路,创建世界一流企业"。为使武钢的核心理念深入人心,成为激励武钢人的强大动力,武钢开展了"爱武钢,奔小康"和以"凝聚人心、凝聚智慧、凝聚力量"为内容的凝聚力工程等活动,为武钢改革和发展营造了有力的群众思想基础和舆论氛围,提供了强大的动力支持。

二、以人为本,培育新时代的武钢人

公司领导认为,企业文化的实质是人化,企业文化建设就是要竭力激发武钢人的潜能、主动性和创造性。为此,经干部职工反复讨论,确定了武钢人的形象要求是:敬业、创新、文明、刚毅。公司内深入开展了员工思想道德和文化素质教育,引导员工将眼前利益与长远利益相结合,人人争做新时代的武钢人。

公司领导坚定贯彻全心全意依靠职工办企业的方针,支持员工参政议政,实行厂务公开。所属96个厂矿中,已有73个实行了"值班厂长"制度,已有600多名员工代表担任过值班厂长。武钢投资60万元,建设了"职工代表议事厅",开展总经理与职工代表对话、工会代表与行政部门协商、工会主席接待日等活动。这种面对面、心与心的沟通交流形式,深受员工欢迎。

对企业中涌现的优秀单位和个人,公司坚持大力表彰和宣扬。在武钢科技馆大厅里,耸立着一座功臣碑,上面镌刻着武钢投产以来评选出的近千名劳模的名字。勇攻科技难关的"科研尖兵"陈晓,荣获世界尤里卡发明金奖的"十大中华技能大师"刘渝兴,连续五年夺取全国同工种质量指标第一名的"全国十大杰出工人"邬洪胜等先进典型,体现了武钢人的时代风貌。公司坚持以工人的名字命名先进操作法,给劳模、工人技师应有的待遇,以此营造学先进、赶先进、争当先进的良好氛围。

关心员工疾苦,不断改善员工物质文化生活条件,是武钢坚持以人为本的重要方面:投资16亿元,建造了具有标志意义的万套员工住宅工程——钢都花园;各种文化体育活动场所遍布员工生活区,武钢文工团,各种兴趣协会,年年开展的"武钢之春"、"武钢之夏"、"武钢之歌"等活动,把员工的业余生活搞得丰富多彩。武钢文工团还曾代表湖北省赴美国访问演出,引起轰动。

三、塑造企业形象,不断扩大武钢的知名度和美誉度

武钢有《武钢工人报》、武钢电视台等十多个宣传媒体,在

武钢内部已形成一个强有力的宣传体系。为了加强对外宣传，多方位、多角度、多形式、多手段地扩大武钢的知名度和美誉度，近几年，武钢在社会各级新闻媒体，发表宣传武钢改革发展的新闻以及各种文章达2000多篇，并在《人民日报》、《求是》杂志、《经济日报》、《工人日报》、香港《大公报》等有影响的中央和海外媒体上策划了大量形象广告宣传，在社会上产生了较大反响。

武钢人注重树立自己的国际形象。曾组团参加了在上海国际会议中心举行的第三届上海国际工业博览会；曾第一次走出国门，参加了在阿联酋举办的中东国际冶金工业展，并获得阿联酋政府颁发的展区优秀奖；并参加了在泰国曼谷举办的“东盟冶金产品技术设备展览会”，收到较好效果。

对钢铁企业的物质环境建设，武钢认为这是事关企业生存和持续发展，事关百姓和社会健康发展的大事，是展示企业形象的重要窗口。他们多年坚持下大力量改造治理，提出要净化、绿化、美化武钢，建设花园式工厂，创造环境效益。如今，十里钢城，绿意盎然，景色宜人。厂区和生活区绿化率达99%以上，绿化覆盖率达33%以上；“三废”(废渣、水、气)达到国家排放标准。已有20多个单位获国家和部、省、市级清洁工厂或无公害工厂称号。2002年，武钢总经理获“全国绿化奖章”；2003年，武钢获“全国重点钢铁企业环保先进奖”。

打造东风文化之魂

——东风汽车股份有限公司的企业文化建设

东风汽车公司始建于1969年，是在自力更生的基础上成长起来的国有特大型企业集团。公司先后经历了艰苦创业、辉煌发展、改革调整、国际合作四个阶段，目前已与法国PSA集团，日本日产、本田，韩国现代起亚，美国康明斯、伟世通等公司进行了合作，主营业务包括全系列商用车、乘用车、汽车零部件和汽车装备。

随着企业改革的深入，东风公司成立企业文化整合专案机构，历时一年半，对公司过去深层次企业理念、员工行为规范、形象标识系统进行整合，至2002年元月，初步形成了东风公司企业文化整合方案，并花大力气逐步推行整合后的企业文化。

一、“关怀每一个人，关爱每一部车”

进入新的世纪，东风公司首次提出了“关怀每一个人，关爱每一部车”这一企业经营理念，把它作为企业的经营指导思想，成为东风文化的核心内容。

“关怀每一个人，关爱每一部车”，这一经营理念，是对员工、社会、经销商、用户、环境及汽车产品的关系进行更合理的定位和准确把握：

员工作为企业的“个体”，与企业命运紧密相连，因此，东风公司尊重员工的独立生活和选择，视员工为公司的宝贵资源，视“人才”为公司的首要资本，不断营造人文关怀的和谐氛围，关心每一位员工的成长。

经销商(包括代理商)和用户，作为社会中的“个体”，与企业是互惠互利的关系，因此，东风公司在真诚服务和奉献社会与市场的同时，真诚关怀每一个用户和经销商，以提供优质产品和完美服务，使每一个经销商和用户在购买到公司产品之后能够得到真正实惠。

作为东风公司的每一个产品——汽车，在生产过程中的关爱，体现在严把产品质量关；作为商品被交换之后的关爱，体现在完美的售后服务上。

东风公司利用新闻发布会等手段迅速向社会传播企业经营理念，传递东风公司对用户、对经销商、对股东、对合作伙伴的责任，并通过规范的市场营销行为，逐步树立起良好的企业形象和员工形象，提高了公司的社会知名度、美誉度和信任度。

二、“学习、创新、超越”

东风公司对沿用多年的“不断超越自我，视今天为落后”的理念进行整合，形成了“学习、创新、超越”这一新的企业哲学。

“学习”，就是通过向国际先进企业学习，向国内同行学习，向竞争对手学习，把公司培育成学习型组织，以求不断创新；“创新”，就是通过技术创新、管理创新和制度创新，把公司建成一个充满生机和活力的企业，以不断实现超越；“超越”，就是通过不断超越自我，超越竞争对手，超越今天，以实现东风公司的永续发展。

东风公司广大干部员工通过体制创新、管理创新和技术创新，摆脱了长期计划经济体制下的阴影和拖累，实现了扭亏增盈目标，并走上良性发展的快车道。同时，在“科技是第一生产力”的总方针指导下，公司以“产业报国，振兴中国汽车工业”为己任，坚持引进技术的消化、吸收、移植和技术创新相结合的原则，积极采用新技术、新工艺、新材料，提高产品技术含量，增加产品的附加值，从而推动新产品结构的优化。

“学习、创新、超越”在东风公司已逐步形成了一个完整互动的思维体系。东风经营决策者们正高瞻远瞩，以最大的努力决心把企业建设成“学习型组织”，以培育更多的“创新型企业”、“学者型领导”、“专家型员工”。

三、“实现价值，挑战未来”

新的历史时期，东风公司整合提炼的新的企业精神是“实现价值，挑战未来”。

“实现价值”，包含三方面含义，即实现产品价值、企业价值和人生价值。东风公司通过不断为用户研究开发制造所需要的产品，从而实现产品价值；在为用户提供优质产品和完美售后服务的过程中，实现企业自身价值；员工在为社会创造财富和做出贡献的同时，实现自己的人生价值。“挑战未来”，表明东风公司和员工正视差距，不惧竞争，并通过自身发展和创造性地工作，实现美好未来。

为实践企业精神，东风公司在员工中广泛开展企业精神大讨论，并从企业理念出发，在企业内部逐步形成培育符合市场化要求的员工行为规范，把执行规范同职业道德建设结合起来，同执行不同岗位操作规范结合起来，更好地满足市场、用户和消费环境的需要。

四、创建学习型企业，获得比竞争对手更快的学习能力

为获得比竞争对手更快的学习能力，以增强企业创新的核心竞争力，2002年以来，东风公司以“8+2”和“40+4”活动为主要载体，开展建立学习型企业活动。

“8+2”是东风公司对高级员工提出的要求，即每天认真工作8小时，学习2小时；“40+4”是东风公司对普通员工提出的要求，即每周认真工作40小时，参加4小时的学习培训。为了组织好这两项活动，公司提出每年每名员工都要认真学好两本书，即一本政治理论书，一本最新管理知识或业务书。

东风公司各专业厂、子公司结合本单位实情，采取多种方式把建立学习型企业活动落到实处。比如，东风汽车贸易公司为实现团队建设与打造学习型组织的有机结合，实施“五给”、“四能”、“三不一讲”的激励机制，即：给平台、给条件、给权力、给目标、给报酬；干部能上能下、员工能进能出、机构能设能撤、分配能高能低；不讲学历、不讲资历、不讲岗位，只讲贡献。

五、贯彻精益思想，追求尽善尽美

东风公司对精益思想并不陌生，特别是一些管理人员更是耳熟能详。东风公司在上个世纪80年代末就开始借鉴和学习日本丰田企业先进的管理思想和生产组织方式。1998年，车身厂在多年推进“一个流”管理的基础上，学习和引进精益思想，在东风公司首次提出了“推行生产领域里的精益化管理”的新理念，从变革生产方式入手，通过对装备、工艺、操作和管理进行无止境的改革和完善，逐步消除浪费。精益思想比“一个流”在理论上更深化，在内涵上更宽泛，在管理上更先进。

2002年以来，东风公司根据发展、改革、重组的需要，把贯彻精益思想提高到发展战略的高度，提出在研发、采购、制造、营销、生产经营的全过程贯彻精益思想，取得了更为显著的成果。

总装配厂压缩其在制品资金占用，在零件品种由3000多种猛增到8500多种的情况下，推行看板要货，使总装配厂仓储面积下降1500平方米，减少资金占用500万元，零件周转周期由以往的三天缩短为半天或一天；车架厂在装配三线推行集配上线，使重型车架的生产能力得到大幅度提升，打破了制约重型车生产能力提升的瓶子口；锻造厂“国宝”万吨线是东风公司乃至全国稀有的大型锻压设备，已服役达25年，锻造厂运用PIC结合工业现场总线网络技术对其加热床进行了改造，提高了加热床控制系统的技术含量，被誉为贯彻精益思想的好案例。

文化兴企 图强创新

——吉化集团公司的企业文化建设

吉化集团公司前身是吉林化学工业公司，曾被誉为新中国化学工业的摇篮。1994年12月，经国家体改委批准，将原吉林化学工业公司的10户企业重组，成立了吉林化学工业股份有限公司，其余单位组建为吉化集团公司。吉化集团公司是吉林化学工业股份有限公司的母公司，控股71.3%。公司占地面积401.6万平方米，拥有固定资产原值228亿元，生产装置466套。可生产石油化工、化肥、医药、橡塑、建材、机械、仪表等产品1000余种。其中200多个品种获国家、吉林省和化工部优质产品称号，优质品产值率达78%以上。

一、认清形势，求变图强，实施文化兴企战略

吉化集团公司的前身吉林化学工业公司，有过辉煌的历史。然而进入21世纪后，经过两次优良资产重组后的吉化集团公司，却面临着国有老企业的重重困难，生存危机凸显。严峻的形势，迫使吉化集团公司痛下决心：破釜沉舟，背水一战，奋斗三年，扭亏脱困。此举成败的关键，在于是否有强力的先进文化支撑。基于这样的认识，公司确定了文化兴企战略，制定并实施了《吉化集团公司企业文化建设规划》，明确以“三个代表”重要思想为指导，以转变观念为先导，以理念创新为核心，以制度规范为基础，以管理升级为手段，以形象再造为突破口，以建立学习型企业为目的，构建现代企业文化体系。

在企业文化建设中，公司强调一要坚持继承与创新相结合的原则，二要坚持与企业发展战略相适应的原则，三要坚持以人为本的原则，致力构建吉化集团公司的理念体系、制度体系、形象体系，把吉化建设成为三个文明协调发展、在国内外具有一定知名度和美誉度的学习型企业。

二、弘扬传统，适应发展，创立高质量的理念文化体系

吉化集团公司重视发展理念创新的导向作用，用科学的、先进的、正确的理念武装干部员工。对吉化优秀的企业文化要大力弘扬，对需要丰富完善的内容的要发展创新，对不合时宜的部分要坚决摒弃。经集团公司上下反复研讨论证，以实事求是的科学态度将传统的“团结、进取、实干”吉化精神，丰富、创新为“创业兴企，敬业报国”，全面提炼推广了“坚持诚信、注重业绩、追求卓越、渴望创新”的经营理念；将“忠诚于企业、诚信于用户、奉献于岗位、坦诚于同志”的员工价值观，进一步充实为“创业中创新、创新中创业”的企业发展理念；“唯才是举、不拘一格”的人才理念，以及服务理念、市场营销理念、HSE理念、质量理念和领导干部行为准则、员工行为准则、文明礼貌用语、广告语等，激励员工不断创新，超越自我，使理念成为推动企业各项工作的强大动力。

三、权责清晰，要求明确，创立以人性化为特征的制度文化体系

吉化集团公司本着“简洁、明晰、可行、管用”的原则，围绕实施科学化、精细化管理，重新审视了企业的各项竞争制度，构建符合市场经济要求、符合企业精神和价值观的生产经营、改革发展等方面的制度、标准体系，全面实施了突出人性化特征的，包括《吉化集团公司企业文化管理考核办法》在内的11项

管理考核办法；修订了公司级管理（技术）标准385个、基层级2762个；公司级岗位工作标准206个、基层级2445个；确立了1个总流程、7个子流程，有效地缩短了管理链条，减少了管理层次，提高了工作效率。流程再造和机制、制度创新，完善了企业的生产运行机制、用工机制、分配机制、核算机制、约束机制，全面提升了企业管理水平。

四、规范统一，声誉为重，创立以“两创一塑”为主要内容的塑形文化体系

吉化集团大力开展以“企业创名气”、“产品创名牌”、“员工塑形象”为主要内容的“两创一塑”活动，再造企业形象。通过扩大企业规模，提高经济效益，推行品牌运作，提高整体素质，制作企业形象光盘、画册，宣传和树立产品信誉和社会声誉，增强企业的知名度和美誉度；通过选树、宣传和学习典型，规范员工行为，塑造高素质的员工形象，树立了李贺、刘维彬、何天伦等一批全国著名的企业模范人物群体，丰富了企业文化典型案例；通过统一企业标志，规范名片、便签等用品，推广树立了企业理念牌匾，规范企业视觉识别系统；开展以“轴见光、沟见底、设备见本色”为内容的整治，优化了文明生产环境；以“工完料净场地清”为内容的整治，优化了检修现场环境；以“整洁、明亮、优雅”为内容的整治，优化了文明办公环境。在形象建设上，该公司大力倡导文化自觉，引导员工在实践中完善、发展、创新形象，员工的精神状态发生了深刻变化，企业面貌焕然一新。化建公司结合建筑企业实际，全面实行项目文化管理，建立班前5分钟喊话、现场“看板管理”、日事日清等制度，做到现场施工“三文明”、员工形象“四达标”、现场形象“五统一”，实现了建筑施工企业的文化管理，塑造出“特别能吃苦、特别能战斗的中国化工建设第一军”的形象。

吉化集团在企业文化建设中，靠统一思想凝聚动力，靠结构调整激发活力，靠集约管理挖掘潜力，靠技术改造增添实力，有效地促进了人们的思想观念更新和企业的健康发展，使企业人文环境得到全面改善，企业改革发展顺利推进，员工队伍整体素质逐步提高，企业凝聚力进一步增强。企业文化建设为企业扭亏脱困和跨越式发展提供了强有力的保证。2003年完成主营业务收入43.8亿元，同比增长41.3%，比2000年增长162.3%；在三项费用补贴前实现利润1.1亿元，比2000年减亏增效4.6亿元；完成化工产品实物总量25万吨，同比增长56%，比2000年增长127%；完成建安行业施工产值17亿元，同比增长16%，比2000年增长75%；全员劳动生产率5.9万元/人年，同比增长41%，比2000年增长184%；职工人均收入也有较大幅度增长，取得了扭亏脱困攻坚战的新进展。

三维文化　立体共建

——山东黄台火力发电厂的“三维立体”文化

黄台发电厂位于济南市东郊，始建于1958年。经过六期改扩建，现在总装机容量为92.5万千瓦，年发电量近60亿千瓦时，是山东电网的主力发电厂之一，为国家大型一类企业。

“三维立体”是对黄台电厂企业文化内涵和建设方式的高度概括和抽象总结。“三维文化”是指厂区文化、社区文化和家庭文化。在黄电文化体系中，以厂区文化为主体，以社区文化、家庭文化为两翼，展现了“三维立体”和谐共建的模式。

一、厂区文化建设

黄台发电厂以企业文化体系为“纲”，以企业生产经营管理为“目”，使文化体系建设与企业的生产经营工作紧密结合，将构筑企业共同价值观与企业的管理工作融为一体。他们将贯彻2000版IS09001质量管理标准工作与企业制度、文化体系重建融为一体，贯标与文化结合，在企业管理中表现出如下三大优势：一是对贯标工作和文化建设实施集约化管理，进一步优化了管理手段，使方式方法更加明确、实用，易于为员工所接受和掌握，提高了工作效率和效益。二是由于制度观念的确立，进一步促进了干部职工观念的转变和认识的提高，使贯标操作脚踏实地。三是制度文化的植入突出了人的作用和地位，在质量流程控制过程中始终将人作为中心管理环节，进一步加强了人员责任心和工作的主动性。

企业与国际管理接轨，参与国际市场竞争，必须建立一套与之相适应的企业形象文化体系。该厂根据国际一流发电企业的标准，重新定位企业形象，导入CI战略，形成了企业视觉识别系统（VI）手册。

在重建形象文化体系过程中，该厂按照自然性、系统性和实用性原则，结合企业的具体情况，从企业管理要求出发，制定企业形象战略和规划，尽量做到形式简练，语言质朴，内容简洁，易于识别。

该厂还结合文化审计，完善建立了精神文化体系。文化审计，即文化的总结和回顾，是企业文化建设的一项重要工作。按照企业文化建设实施方案，该厂从2003年3月开始了全员性文化审计活动。其目的是对企业40多年历史进行全面回顾和提炼，利用活生生的事例动员职工进行自我教育，并据此形成“企业传说”和企业文化理念。

在审计活动中，他们突出了全员性、教育性、建设性三个环节。全员性，就是广泛宣传，培训骨干，向全厂干部职工讲清文化审计的重要意义，动员所有人员都参与其中，形成群众性的文化审计热潮。教育性，就是既重视审计结果，更注重审计过程。利用闭路电视、广播、厂报等媒体，配以老职工回忆录、青年职工演讲比赛、职工故事会等多种形式进行宣传教育，使重建后的企业文化理念真正实现了从群众中来，到群众中去，秉承了深厚的文化底蕴和群众基础，代表了最广大职工的愿望和要求。建设性，就是通过文化审计，总结、提炼出了“企业传说”，并在此基础上形成了企业文化理念，出台了《黄电文化手册》，提出了“员工誓词”等，进一步丰富了精神文化内涵。

该厂在企业文化重建工作中加大了体制、机制以及管理的创新力度，特别在用人和分配机制上，加大了“公开、公平、公正”实施力度，探索并形成了管理岗位“考核竞聘”、中层干部的“动态管理”以及工时计奖、年薪制改革等管理机制。在战略管理上，该厂积极探索体制转轨时期的创新发展之路，提出了发电、供热、多产协调发展的战略。在制度建设上，该厂运用现代

管理思路和方法，对民主管理、考核激励、监督约束等规范进行了有机整合，共同支撑起黄台电厂的企业文化管理体系，成为该厂科学化管理的基础。

二、社区文化建设

黄台发电厂社区文化建设的目标是：社区关系和谐、社区环境和谐、社区活动和谐。主要做法是：成立社区民事调解委员会，及时调解邻里纠纷；开展安全文明小区创建活动，制定社区居民文明公约，加大对社区环境的美化绿化力度；成立由职工及家属参加的10余个业余活动协会及职工业余艺术团体。企业多方筹集资金，先后建成老职工活动中心、职工俱乐部、文化广场等，增添了各类活动器械，为开展社区文化活动提供了优良的场所。

社区的和谐为职工提供了无忧的居住环境，融洽了邻里关系，愉悦了职工情绪，也为厂区文化建设稳定了“后院”。

三、家庭文化建设

黄台电厂的家庭文化建设已进入第二个五年规划与实施阶段。该厂注重以美学为核心的家庭文化建设，大力倡导“道德行为美、生活方式美、学习创新美”。1994年黄台发电厂出台了第一个家庭文化建设五年规划，提出“文明卫生进家庭，法制道德进家庭，科学文化进家庭”目标。“三进家”工作规划，把家庭文化建设同企业创新发展融为一体，成为企业精神文明建设的重要组成部分。

建设以美学为核心的家庭文化，是在“三进家”建设基础上对家庭文化建设内涵的进一步提升。通过完成“文明卫生进家庭”，推进家庭“生活方式美”；通过完成“法制道德进家庭”，推进家庭“道德行为美”；通过完成“科学文化进家庭”，推进家庭“学习创新美”。两个五年规划有机融合、有序推进、创新发展。在家庭文化建设过程中，该厂把提高人文素质作为“三美”建设的中心环节来抓，坚持“发现典型、培养典型、宣传典型、学习典型”的工作方针，加速了“三美”家庭的建设进程，一大批文明家庭标兵和特色家庭相继涌现，在全厂产生了很强的示范效应。

厂区文化以改变管理方式、提升管理素质为目的；社区文化以形成文化风格、文化形态为目的；家庭文化以强化家庭美德教育、提高文明素质为目的。最终使“三维文化”形成合力，发挥了整体文化推动企业改革发展的巨大效应。

文化强企　志向世界

——中国石油天然气集团公司的企业文化建设

中国石油天然气集团公司是1998年7月在原中国石油天然气总公司的基础上组建的特大型石油石化企业集团，该公司注册总资本1149亿元，现有总资产8083亿元，并在中东、北非、中亚、俄罗斯、南美等33个国家、地区投资经营、工程承包和技术服务。多年来，该公司以闻名全国的大庆精神和中国石油企业文化为基础，不断丰富和创新公司企业文化内涵，将企业文化建设列入公司“十五”期间重点实施的“十大工程”之一，为将企业建成具有国际竞争力的跨国企业集团提供了强大的精神动力。

中国石油企业文化是在几代石油人使我国从年产原油12万吨的“贫油国”，跃升到世界第五大产油国的伟大实践中，与中国石油工业同步孕育、产生、发展、丰富的。

五十年代，石油人建起了被誉为石油工业摇篮的玉门油田，培育了“自力更生、艰苦奋斗的‘一厘钱’精神”；六十年代开始的大庆石油会战，以中国石油“铁人”王进喜为代表的数万石油职工，以“宁可少活二十年，拼命也要拿下大油田”的气概，鏖战三年，一举将中国贫油的帽子甩到太平洋里去。在社会主义经济建设的各个时期建设中，在彪炳史册的大庆石油会战中，形成了体现中华民族优良传统和中国工人阶级优秀品质的大庆精神、铁人精神。兰州炼油提出了“奋发进取、为国争光的志气，艰苦奋斗、勤俭办厂的传统，严字当头、科学文明的作风，献身石化、爱厂如家的感情”的“兰炼精神”；“管道为业、野战为乐、艰苦为荣、四海为家”的“八三管道精神”；在塔里木石油会战中形成的“艰苦奋斗、真抓实干、五湖四海”的“塔里木精神”等。这些精神的提出，形成了以大庆精神为核心内容的中国石油企业文化。丰硕的石油企业文化成果，成为中国石油企业的宝贵精神财富、巨大无形资产。

一、形成了具有鲜明特色的企业文化

1981年，党中央第47号文件，把大庆精神高度概括为“爱国、创业、求实、奉献(献身)”。大庆精神像一面旗帜，激励了一代又一代石油人为了中国石油工业发展和国家繁荣富强奋斗不息；形成了以“铁人”王进喜、“新时期铁人”王启民、“当代青年的榜样”秦文贵、“中国石油管道人”张立福、“英雄女采油工”罗玉娥、“党的好干部、职工的贴心人”李贺等一大批在全国产生巨大影响的先进人物典型和以大庆油田等为代表的企业典型；形成了“宁可少活二十年，拼命也要拿下大油田”、“我为祖国献石油”石油人共同崇尚的价值观；形成了“岗位责任制”、“三老四严”、“四个一样”、“五个过硬”、“基层建设、基础工作、基本功”的三基工作等中国石油独有的企业管理理念；拥有了大庆“松基三井”这样最年轻的国家级文物，以及“铁人第一口井”、新疆油田“黑油山”、长庆油田“好汉坡”、塔里木油田“塔中四井”、炼化“五朵金花”、“八三”输油管线、西气东输工程、塔里木沙漠公路、苏丹石油项目等一批具有重大历史意义、见证石油工业发展的企业形象标志；确定了被社会认知的企旗、企徽等企业形象视觉识别系统；拥有了一批以石油人、石油事为题材的石油文化艺术精品。

二、与时俱进，赋予大庆精神新的时代内涵

中国石油在新的发展时期，实施企业文化战略，将厚实的文化力转化为现实生产力、核心竞争力和推动企业改革发展的强大动力。

集团公司党组高度重视企业文化建设，推进“文化强企”战

略。随着经济全球化进程加快，国内外石油企业竞争日趋激烈，集团公司提出了实施"由国内石油公司向跨国石油公司转变、由单纯的油气生产商向具有复合功能的油气供应商转变，建设具有国际竞争力的跨国企业集团"的战略目标。党组人员充分认识到，要在全球化竞争中不断拓展市场，增强企业实力，就必须建设既有国际化企业集团的通识特征，又具有鲜明特色的企业文化，以文化力的提升促进企业实力的提升。2001 年，集团公司党组将企业文化建设列为集团公司"十五"期间重点实施的"十大工程"之一；2003 年再次强调，"在新的形势下和新的发展阶段，企业文化建设要充分体现'三个代表'重要思想，坚持继承和创新相结合，按照'代表先进文化的前进方向'的要求，赋予'爱国、创业、求实、奉献'的大庆精神以新的时代内涵，着力培育符合现代企业发展方向、具有鲜明时代特征和石油特色的企业文化，形成统一的企业精神，内塑高素质的职工队伍，外树良好的社会形象，促进具有国际竞争力的跨国企业集团建设"，制定颁发了《企业文化建设纲要》，实施"文化强企"战略。

任何先进思想和先进文化都需要与时俱进，大庆精神也需要在新的实践中不断赋予新的时代内涵。集团公司根据党中央提出的全面建设小康社会、实现中华民族伟大复兴的要求，加快实施国际化经营战略，合理开发和利用国内外两种资源、两个市场，全力打造具有国际竞争力的跨国企业集团。

集团公司将赋予新的时代内涵的大庆精神作为集团公司统一的企业精神，加以继承和弘扬。赋予"爱国"以爱岗敬业，产业报国，持续发展，为增强综合国力做贡献的新内涵；赋予"创业"以艰苦奋斗，锐意进取，创业永恒，始终不渝地追求一流的新内涵；赋予"求实"以讲求科学，实事求是，"三老四严"，不断提高管理水平和科技水平的新内涵；赋予"奉献"以职工奉献企业，企业回报社会、回报客户、回报职工、回报投资者的新内涵。集团公司将集中体现了经营管理决策和全体职工行为价值取向的"诚信、创新、业绩、和谐、安全"这一互相联系、互为一体的理念，确定为集团公司统一的核心经营管理理念。诚信，就是要立诚守信，言真行实；创新，就是要与时俱进，开拓创新；业绩，就是把业绩作为企业一切生产经营结果的最终体现，作为评价发展最关键的指标衡量单位和职工贡献的重要尺度；和谐，就是要更好地树立和落实以人为本，全面、协调、可持续的科学发展观，坚持走可持续发展的道路；安全，就是要树立"安全第一"的思想，确保安全运行。

三、继承创新，建设跨国企业集团的特色文化

1. 建立企业文化建设组织机构。

集团按照"系统思考、立体推进、重点突破"的工作思路，引导所属企业从自身实际出发，探索具有本企业特色，形成集团公司—所属企业—基层单位完整的全方位立体化企业文化建设体系。

2. 制定颁布企业文化建设《纲要》。

进一步明确了集团公司文化建设的指导思想、基本原则、具体措施。

3. 制定实施意见。

各企事业单位在集团公司总体发展战略指导下，确定本单位发展目标和企业文化建设目标，并以此凝聚人心，使企业文化成为推动企业发展的动力。各企业将企业文化作为企业整体经营战略的重要组成部分，将企业文化建设纳入整体管理序列。各所属企业制定《企业文化手册》，全面加强企业文化建设。对企业发展目标、经营管理理念、企业行为、职工行为等方面的具体内容做出符合自身实际的规范，全面启动、深化本单位企业文化建设。大庆石化总厂通过《企业文化手册》，向职工讲解公司的历史、现在和未来；企业宗旨、企业价值、企业道德；企业经营、市场、人才、QHSE、服务等理念；员工和管理者的行为规范及企业之歌等内容。

四、企业文化建设推进了集团公司的全面发展

企业文化建设增强了企业的向心力、凝聚力，确保了 1998 年重组性的集团公司组建、1999 年内部重组、创建股份公司、2000 年股票成功境外上市、存续企业平稳过渡、加快发展等重大改革顺利实施。集团公司 2003 年与 1998 年相比，销售收入由 2562 亿元增加到 4753 亿元，税费由 314 亿元增加到 813 亿元，资产总额由 4861 亿元增加到 8083 亿元，资产负债率由 52%下降到 31%，利润总额由 48 亿元增加到 727 亿元，年均增速达到 72.2%。企业文化建设，有力地推动了中国石油深化改革和现代企业制度建设。

企业文化建设，极大地促进了中国石油"走出去"参与国际竞争。

中国石油天然气集团公司作为特大型国有企业，重组改制在境外成功上市，股份公司当年即被《亚洲货币》杂志评为"年度最佳股票交易"、"中国年度最佳交易"、"中国最佳新上市公司"三项最佳。2003 年，集团公司在世界前 50 家大石油公司的排名由 1998 年的第 16 位上升到第 9 位，世界 500 强排名从第 81 位上升到第 69 位，居中国企业 500 强首位。

铸魂炼魄　以文化人

——大庆炼化公司的企业文化建设

中国石油大庆炼化公司组建于 2000 年 10 月 18 日，由原大庆油田化工总厂和原大庆林源石化公司合并重组而成。现有员工 7200 多人，固定资产原值为 112 亿元，2003 年实现销售收入 125 亿元，利税 14.7 亿元，名列"中国化工 500 强"排行榜第 17 位。

大庆炼化公司成立以来，继承大庆油田的传统文化精髓，借鉴和吸收国内外先进的企业文化，构建出特色鲜明的炼化企业文化。近几年，该公司坚持用文化育人、用文化修炼团队，初步实现了由"文化自觉"到"文化管理"的重大转变。

一、坚持"同化于优"，整合企业理念

重组整合后，大庆炼化公司无论在规模实力上，还是在竞

争能力上都有了比较大的发展，但也逐渐暴露出了很多现实问题：原来两个企业的员工在文化意识以及思想观念等方面存在较大差异；在“铁饭碗”、“铁交椅”、“大锅饭’等观念影响下，企业相对缺乏创新的活力；不同程度地存在着“资源依赖意识”，相对缺乏危机感；企业资产成本高、运行成本高、二次加工配套能力低。针对这些问题，该公司决定以整合企业理念为突破口，铸魂炼魄，打造“心相通、情相融、力相合”的炼化团队。

首先，他们通过开展文化审计活动，明确企业文化建设的总体思路。为此，企业开展了全员无形资产总结活动。通过调查问卷、召开不同层次的座谈会、征集文化故事、开辟企业文化论坛等形式，对原两个企业的文化背景和文化形态进行了全方位的审视和思考。在此基础上，开展了多层次、系统性的企业文化知识、文化审计集中培训，使广大员工对继承发扬大庆精神和铁人精神一致认同，形成了“发扬大庆精神、搞好二次创业，建设一流企业，实现持续发展”企业指导方针。公司明确了文化建设“13441”总体思路，即：打造一流炼化团队，实现三个创新(体制、科技、管理创新)，从哲学层面处理好四个关系(正确对待宏观与微观的矛盾，处理好企业与社会的关系；正确对待个人与团队的矛盾，处理好员工与企业的关系；正确对待道德与利益的矛盾，处理好奉献与维权的关系；正确对待企业与企业的矛盾，处理好有序竞争与提升自我的关系)，遵循四项原则(以人为本、实事求是、继承创新、管理者首位原则)，争当行业排头兵。

其次，在创造性继承大庆传统文化的基础上，公司整合提炼出企业的理念体系。通过到海尔、青岛啤酒、海信、双星以及多家炼化企业进行学习考察后，大庆炼化成立了《企业文化手册》编写组，广泛开展了文化理念征集和研讨活动，最终形成了企业文化理念体系，提炼出了“创造能源与环境的和谐发展，实现企业与员工的价值追求”的核心价值观；“爱国、创业、求实、奉献”的大庆精神和“三老四严”、“四个一样”、“十要十不要”等传统作风。在发展观、经营理念、人才理念等方面更多地体现了时代特征和创新思维。

为使企业文化理念深植于广大员工心中，大庆炼化进行了系统宣传工作：把企业文化手册印发到基层；将主要理念制作成标语牌悬挂在装置区、竖立在厂区内，实现了版式化管理；在公司有线电视台和《员工学习手册》上开设企业理念学习专栏；开展企业文化知识竞赛等。通过入耳、入眼、入脑的宣传工作，企业理念逐渐成为员工的共同价值取向。

二、坚持“融化于情”，建设炼化团队

为建设大庆炼化团队，该企业通过感情凝聚、激励凝聚和目标凝聚等途径，实现企业无障碍沟通，达成上下心理契约。

其措施主要是开展“六个一”活动：一是开展“唱响一首歌曲”活动，大唱炼化之歌《我们聚合生命之火》，唱出队伍的凝聚力。二是开展“献出一片爱心”活动，广大党员和团员采取“一帮一”、“多帮一”等形式，结成帮扶对子1339对，使帮扶对象各方面都发生了可喜变化。三是开展“送上一份温暖”活动，党组织通过生日贺卡、家庭访问、手机短信、小型生日会等形式，为员工过生日，拉近党组织与员工的感情距离。四是开展“架起一座桥梁”活动，通过定期开展两级经理(厂长)接待日活动和开辟网上总经理热线，实现了领导层与普通员工的无障碍沟通。五是开展“搭建一个平台”活动，每年召开一次科技大会和生产技术运动会，评选和重奖全能操作员、星级操作员、技术尖子和高科技人才(其中，科研类项目最高奖励50万元，技改类项目最高奖励10万元)；通过征集合理化建议和“金银铜点子”评选等活动，为员工展示才华提供了舞台，促进了企业经济效益提高。六是开展“每月一次谈心”活动，增进了班子成员之间的凝聚力和战斗力。

企业先后出台了《大庆炼化公司职级管理办法》、《大庆炼化公司干部竞聘办法》、《大庆炼化公司员工奖惩条例》等人才管理政策，为公司发展提供人才资源和智力支持。公司为员工投入了五种保险，推行货币化疗养政策，实行免费午餐，增加人均收入，为已婚员工购买楼房，更新员工通勤车，提高员工劳保和体检水平。这些实实在在的做法体现出了企业对员工的爱护，有效地激发了员工的工作热情。

为实现目标凝聚，企业抓住“振兴东北老工业基地”的机遇，深入开展“形势、目标、责任”教育活动，组织形势任务报告会和学习讨论会，大力宣传公司建设世界级聚丙烯及油田化学品基地的目标，大力宣传公司“十五”及远景规划，宣传我国加入WTO后炼化企业面临的严峻形势，教育和引导员工树立忧患意识和竞争意识，明确肩负的责任，增强危机感和紧迫感。

凝聚工程的有效实施，使广大员工深感企业是自己理想的精神家园，施展才华的广阔平台，实现自身价值的重要阶梯，塑造自我的最好熔炉，从而在工作中更加以企为家，敬业尽责。

三、坚持“内化于心”，铸造企业之魂

内化于心，即通过各种形式的宣传贯彻，使公司文化理念体系，尤其是核心价值观入脑入心，使企业员工对企业理念形成明确无误的心理认同、强烈喜爱的心理情感和坚持不懈的精神意志。

公司坚持不懈地开展了大庆精神、铁人精神再教育。2002年，企业开展了“学习铁人精神，争做新时期大庆炼化人特训营”活动；对体现企业精神的模范人物进行大张旗鼓宣传和重奖，给每个人拍摄了专题片，聘请知名作家为他们编撰了《巍巍炼塔情》报告文学集；在“铁人”诞辰80周年之际，组织了万人签名、老会战职工作报告等活动，使大庆精神和铁人精神光辉永驻。

为培养员工服从和奉献于企业发展的自觉精神，各级党政组织教育广大员工在重点工程开工建设中发扬拼搏奉献精神，努力实现个人价值。大庆炼化腈纶装置曾三次开工三次失败。2003年，腈纶厂党政班子针对以往的教训，决定把文化理念宣传贯彻与开工实际结合起来，提出了思想认识“先开工”，精神风貌“先开工”，工作作风“先开工”，技术技能“先开工”，生产管理“先开工”的“五个先开工”。党政主要领导人员利用8天时间与全厂500多名员工逐个谈心；开工过程中，20多名管理干部近一个月没有回过家。这套装置终于开车成功，结出了“以文化人”的硕果。

此外，为增强员工对企业的认同感，他们开展了“敬业尽

责、以企为家,为'两个基地'建设做贡献"等主题教育活动。通过算单位挖潜增效账、生活质量变化账、业务素质提高账、工作环境改善账等,使广大员工加深了对企业重组改革的认识,增强了对企业的认同感和立足岗位做贡献的热情。

四、坚持"外化于形",提升企业美誉

为提高大庆炼化的知名度,3年来该企业在各种新闻媒体上发布新闻稿件7000多篇,在哈尔滨机场、哈大高速公路等醒目位置竖立了巨型高空广告牌。

在北京"两会"、省党代会、"哈洽会"和青岛全国环保会期间,大庆炼化精心策划了专版宣传;企业冠名T47/48次进京列车为"大庆炼化号"。2002年第十七届足球世界杯期间,该企业还组队参加了中央电视台举办的"球迷世界杯"活动,获得全胜奖、最佳组织奖、最佳配音奖;央视五套节目8小时播出,3亿观众收看,公司3位领导现场讲话,展现了大庆炼化人的风采。

公司出版《VIS视觉识别手册》后,办公楼、会议室都制作和安装了公司标识,并对各种标语牌进行了重新制作和更换,按照视觉识别手册的标准制作了手提袋、信封、贺年卡等,公司视觉形象进一步规范。

五、坚持"物化于制",强化企业管理

企业文化要有活力,就要使物化于企业文化理念的制度体系有活力,而要使制度体系有活力,就必须使制度在准确而完整地体现其核心理念的基础上,得到坚定持久的执行。

大庆炼化在石油系统率先通过了职业健康安全、环境和质量三个体系认证,整合编写了企业制度16篇,涵盖31个专业、总计175项制度。按照"扁平化"管理模式,企业取消了车间层,建立了科学高效的管理体制;按照市场经济管理模式,将各生产单位的电修、仪修、机修、计量、设计等单位剥离出来,实行"四自"机制,调动了这些企业和员工的潜在积极性;关停了部分无效益和规模小的装置,实现原油集中加工;实行财务集中管理,堵塞了漏洞;整合薪酬分配制度,坚持向高级管理者、高级科技工作者和高级技工倾斜;实行领导干部业绩动态管理,推行了能者上、庸者下的淘汰机制;制定了《员工行为规范》,推行了"员工行为规范示范岗"活动。这些措施为企业降本增效、减轻负担发挥了重要作用。

2001年6月12日,一袋混有杂物的聚合物产品在客户中造成不良影响,损害了公司的品牌形象和产品信誉。大庆炼化充分利用这一反面事件,集中开展大讨论,召开现场会,组织公司员工认真查摆思想作风滑坡和管理粗的问题,推进了企业管理制度的完善和落实。为创新管理思想和管理措施,大庆炼化把外部市场的竞争规则引入公司内部,强化了班组经济核算,建立健全了班组核算管理体系,把成本控制落到了实处。

公司组建3年多来,大庆炼化先后荣获了"首钢杯"中国企业文化建设实践创新奖、中国企业文化优秀成果奖、中国企业文化建设实践奖、中国企业文化建设示范基地等荣誉称号。

在继承中创新　在实践中发展

——大庆油田有限责任公司的企业文化建设

大庆油田有限责任公司是中国石油天然气股份有限公司的全资子公司,于2000月1月1日注册成立,以石油、天然气勘探开发为主营业务,现有员工9.04万人。公司开发管理的大庆油田是我国目前最大的油田,是世界上为数不多的特大型砂岩油田之一。2000年~2003年,累计实现销售收入3299亿元,利税总额2648亿元,2003年,在国家统计局发布的全国大型工业企业纳税排名中,大庆油田有限责任公司名列榜首。

大庆油田深入贯彻《中国石油天然气集团公司企业文化建设纲要》,在继承中创新,在实践中发展,不断赋予大庆精神新内涵,以观念更新推动理念创新,以文化发展推动管理升级,提炼了以发展理念、人才理念、管理理念为主要内容的理念体系,确立了以"持续有效发展,创建百年油田"为愿景的战略体系,打造了以功勋员工、功勋集体为代表的新时期英模群体,构建了具有鲜明时代特征和石油特色的企业文化,为全面推进公司持续有效发展,创建百年油田提供了强有力的文化支撑。

一、赋予大庆精神新内涵,构建持续发展战略

进入新的历史时期,大庆人着眼于"发展"这个第一要务,继承发扬大庆精神,在实践中赋予其时代内涵,努力以文化发展引领油田发展。

秉承文化主脉,体现时代特征。大庆精神以"爱国、创业、求实、奉献"为永恒主题。大庆油田对在新时期发扬大庆精神有更深刻的理解:发扬爱国精神,就是要进一步维护国家石油战略安全,促进国民经济全面、协调和可持续发展;发扬创业精神,坚持求真务实,进一步增强核心竞争能力;发扬奉献精神,服从和服务于国家改革发展稳定大局,多产油气、多创利润、多缴税费。

坚持与时俱进,树立先进理念。公司突出抓了企业理念的创新,以大庆精神、铁人精神为核心,确立了"高水平、高效益,可持续发展"的发展理念;"把无限的科技投入到有限的资源中"的科技理念;"发展的企业为人才的发展提供广阔的平台,发展的人才为企业的发展创造无限的空间"的人才理念;"大庆油田为祖国加油"的社会理念;"以石油的单元色创造七彩的生活"的健康安全环境理念等。这些新理念的确立及实践,给公司发展带来了一系列重大转变:一是指导思想由以产量为中心转变为以效益为中心;二是管理体制由传统模式转变为现代企业制度;三是运作方式由计划调节转变为市场导向;四是油田开发驱替方式由单一水驱转变为水驱、聚驱并存;五是人力资源开发由重配置转变为配置与开发并重。

明确肩负使命,制定发展愿景。大庆油田公司坚持以科学

发展观为指导，结合中油集团建设跨国企业集团的总体部署，积极构建可持续发展的战略体系，描绘了“持续有效发展，创建百年油田”的发展愿景，提出了“资源探明率最大，油田采收率最高，整体经济效益最优，员工队伍素质最好”的发展目标；提出所要创建的百年油田，是一个以本土开发为基础，以海外业务为补充，以优势技术、一流人才、先进文化为支撑，具有强劲竞争力、成长力、生命力的百年企业。

二、总结推广群众新创造，凝聚持续发展力量

大庆油田公司在建设企业文化的过程中，注重发挥广大员工群众的主体作用，把员工群众凝聚到可持续发展上来。

大力倡导，悉心培育。公司坚持把企业文化建设作为“一把手”工程，要求各级管理者带头学习、倡导企业文化，率先研究、践行企业文化。公司主要领导亲自主持完成了《企业家应该做什么》、《海尔集团的发展及其给予我们的启迪》、公司企业形象战略研究、公共关系战略研究、企业文化创新战略研究等多项课题，并向职工做深入宣传，有力推动了公司的企业文化建设。

深入挖掘，积极推广。大庆“三老四严”、“四个一样”等都是由群众首创，并经推广普及转化为员工群体意识和自觉实践的。公司注重发扬这一企业文化建设的光荣传统，不断发现、扶植新生事物，并由点及面，予以普及推广，推动了基层企业文化创新实践。“四个不一样”新理念，就是这方面的成功范例。2001年，采油一厂二矿提出了以“素质高低使用不一样，管理好坏待遇不一样，技能强弱岗位不一样，贡献大小薪酬不一样”为主要内容的“四个不一样”管理理念。公司高度重视这一新创造，组织人员深入一厂二矿开展专题调研，认为“四个不一样”新理念根植于基层创新实践，适应了市场经济的要求，具有重要的现实意义和推广价值，便及时把这一理念确定为公司管理理念，并召开现场会在全公司予以推广，使这一理念迅速生根开花。

三、探索融合新途径，推动持续发展实践

企业文化不是孤立存在的，它只有以积极的形态，与企业管理、思想政治工作等密切融合，才能发挥应用的作用。公司制定的《基层党支部工作细则》、《基层建设指导意见》等，都把企业文化建设列为重要内容，进而在企业文化建设上，形成了党政统一领导、专业部门组织实施、党政工团协同推进、广大员工普遍参与的工作格局，为企业文化与管理、思想政治工作的融合提供了组织保证。

坚持文化与管理相融合，促进管理升级

通过倡导竞争择优文化，推进岗位竞聘制。2001年，公司对厂（分公司）领导班子行政副职、总师普遍实行差额竞聘，党群副职岗位实行竞聘推荐，差额比例达84.9%，使一大批优秀的管理人才脱颖而出。

通过营造效率优先文化，推进管理扁平化。公司积极倡导沟通环节少、运行速度快、工作效率高的优秀组织文化，在采油系统推行了作业区管理模式，通过对机构设置、岗位职能进行统一规范，简化了组织程序，压缩了运行环节，减少了管理层次，实现了管理重心下移；改革生产运行模式，整合基层队伍，分离采油作业区后勤服务系统，实现了管理资源优化。

通过建设岗位制度文化，推进管理文本化。公司从完善岗位规范和管理流程入手，加强以文本为载体的制度化管理体系建设。目前，已完成97项重大流程和工作规范的制定工作，进一步明确了管理标准，解决了每个层次干什么的问题；明确了工作程序，解决了怎么干的问题；明确了考核办法，解决了干好和干不好怎么办的问题，为逐步实现企业管理的规范化、标准化、科学化奠定了坚实基础。

坚持企业文化建设与思想政治工作相融合，建设铁人式队伍

在实践中，他们着眼于打造铁人式队伍，努力实现企业文化建设与思想政治工作的有机融合。

在育人铸魂上融合。思想政治工作侧重于通过强有力的思想政治教育，使员工树立坚定的政治方向，坚持党的基本路线，自觉支持并参与企业改革与发展；企业文化建设侧重于培养企业核心价值观，营造良好的人文环境，以其特有的表现形式和辐射作用赋予思想政治工作以文化内涵。二者的有机融合，强化了教育效果。公司结合中油集团开展的“形势、目标、责任”教育，开展了“解放思想，谋划发展”主题教育活动，在队伍中形成了解放思想、开拓进取的良好风气；结合纪念“铁人”诞辰80周年，组织6万多人次参观铁人纪念馆，缅怀铁人事迹，使铁人精神在队伍中得到进一步弘扬；大力实施“新形象工程”，采取总结提炼队风、矿风、厂风、训辞、警语、行为规范等方式，引导广大员工自觉树立与企业发展相适应的精神风貌，确立了“持续发展的带头人，大庆精神的传承人，员工群众的贴心人”的干部形象标准和“爱岗敬业、团结协作、‘三老四严’、崇尚一流”的员工形象标准；坚持用典型引领队伍，通过提出“典型引领文化，文化塑造典型”的理念，营造了“学典型育才，用业绩立身”的文化氛围。

在提升素质上融合。公司通过开展思想政治工作，增强员工提升素质的使命感、责任感和紧迫感；通过开展企业文化建设，搭建学习平台，大力倡导学习文化。公司提出“学习=神圣职责+精神境界+终身追求”，“不主动学习就是放弃自己”的理念，强调“员工与企业共同进步发展”，有效地激发了广大员工读书自学的热情。目前，通过自学，全公司共有2234人荣获各级岗位技术能手称号，有4700多人获取了专科、本科或硕士、博士学历。

在凝聚人心上融合。公司通过企业文化与思想政治工作的融合，营造充满亲情的企业氛围，做到员工人格有人敬、成绩有人颂、困难有人帮、疾苦有人疼，以凝聚员工队伍；积极倡导“关注健康从健康时开始”、“付出一万的努力，防止万一的发生”等新理念，实施质量健康安全环境一体化管理，健全完善劳动安全卫生管理制度，建立健全劳动保护网络，每年都对员工进行一次健康体检；实施“送温暖”工程，每年投入近1000万元，为因重大疾病和灾祸面临经济困难的家庭及困难员工解决了生活困难；努力提高员工生活质量，实行员工带薪休假制度和疗养制度，对一线员工全部实行免费工作餐。通过上述措施，无论是远隔千里的荒原，还是人烟罕至的僻野，处处都建起了员工依恋的“家园”。

继承发扬大庆精神
推动企业持续发展

——大庆石油管理局的企业文化建设

大庆精神产生于20世纪60年代波澜壮阔的大庆石油会战，是大庆石油人坚持“两论”起家、艰苦奋斗、开拓进取，在为国家创造巨大物质财富的同时，创造的宝贵精神财富。

1999年11月，按照国务院关于国企改革的重大部署，根据中国石油天然气集团公司的统一安排，大庆石油管理局重组为大庆石油管理局和大庆油田有限责任公司两个企业。作为未上市企业的大庆石油管理局，开始了实质意义上的二次创业。企业重组后，优良资产划入上市公司，未上市企业生存面临着前所未有的巨大压力，一些职工对企业前途失去信心，感到失落和迷茫。搞好二次创业，再铸企业辉煌，是企业必须承担的神圣使命。管理局认真贯彻“三个代表”重要思想，落实《中国石油天然气集团公司企业文化建设纲要》精神，“强化三个认识”，即：强化大庆精神是民族精神重要组成部分的认识，始终站在弘扬民族精神的高度继承和发扬；强化大庆精神是企业文化核心和灵魂的认识，牢固确立其企业精神地位；强化大庆精神是企业发展不竭动力的认识，始终高举大庆精神的旗帜。通过“五个依靠”，推动企业实现持续健康发展。

一、依靠坚持不懈的教育来灌输

继承发扬大庆精神重在加强教育，贵在持之以恒。

持续深入地开展“学铁人、立新功”主题教育活动。多年来，无论形势怎样变化，管理局始终坚持开展以弘扬大庆精神、铁人精神为主线的“学铁人、立新功”主题教育活动。2003年，该局抓住铁人王进喜诞辰80周年这个契机，通过编辑出版《铁人王进喜》纪念画册，拍摄《铁人王进喜》电视纪实片，组织万人百米长卷签名，组织发扬大庆精神、铁人精神的巡回报告，开展铁人与企业青年主题演讲等活动。

建立长效教育机制。管理局坚持在文明单位命名、模范党委考核等创先评优活动中，把对职工进行大庆精神教育的情况作为考核的重要依据，坚持把大庆精神作为职工入厂、入团、入党教育的基本内容。

抓住倾向性问题强化教育。东湖住宅小区建设曾出现严重质量问题，物业管理水平下降。究其原因，主要是干部职工队伍中大庆精神、铁人精神淡化和滑坡造成的。管理局紧紧抓住这一倾向性问题，在全体职工中开展了为期三个月的“东湖现象”大讨论。全局上下举一反三，恢复大庆“三老四严”作风，要求各级班子和领导干部在改革上敢于攻坚，在发展上敢于较真，在稳定上敢于负责，在管理上敢于碰硬，从而使全局干部职工充分认识到，在市场经济条件下，大庆精神、铁人精神没有过时，仍然是我们最可宝贵的精神财富。

二、依靠领导干部的模范行动来引领

继承发扬大庆精神，领导干部是关键。公司各级领导干部在企业发展实践中真正信仰大庆精神，实践大庆精神。重组后的管理局要求各级领导干部提升“六种素质”，即：灵敏的反应、开创的激情、综合的意识、负责的勇气、推进的能力、表率的行为。各级领导干部自觉践行大庆精神，争做“铁人式”模范干部，全力推进企业发展。企业重组之初，针对一些职工摆不正位置、不习惯当乙方的实际，领导干部带头转变观念，转换角色，进入市场，当好乙方，主动为甲方着想，以服务创效益谋发展，明确提出了“立足油田一流服务，面向市场二次创业”的要求，提高了服务水平。

三、依靠总结宣传先进典型来示范

先进典型是企业文化的重要构成要素，是企业精神的人格化。近年来，一是发挥好以铁人王进喜为代表的大庆会战老典型的作用，大力宣传会战时期“王、马、段、薛、朱”五面红旗，使大庆精神、铁人精神植根于干部职工心中。二是总结树立了十大杰出贡献职工、推进企业发展十大人物、十大杰出青年等一大批二次创业先进个人典型，使先进典型群体薪火相传，成为推动企业发展的重要力量。三是紧密结合拓展市场的实际，总结推广典型。近两年来，管理局根据企业闯市场的需要，总结选树了建设集团管道公司等典型，使“开拓市场有理、开拓市场有功、开拓市场有利、开拓市场光荣”的理念进一步深入人心。

四、依靠解放思想、转变观念来创新

企业重组后，先后开展了四次大规模解放思想、转变观念教育，不断赋予大庆精神新内涵，使其具有了新的时代特点。

坚持以人为本的原则解放思想、转变观念，赋予大庆精神更鲜明的人本色彩。管理局提出了“发展的职工成就发展的企业，发展的企业实现职工全面发展”的理念。坚持关心人、理解人、发展人，做到激励在职职工，体贴下岗同志，照顾离退休同志，关心退养家属，帮扶特困家庭，实施了“再就业工程”，“民心工程”和“送温暖工程”。通过一件件得人心、暖人心的实事，使更具人本意识的大庆精神深入人心，为企业发展增添了新动力。

坚持以市场为导向解放思想、转变观念，赋予大庆精神更鲜活的市场意识。管理局确立了“为市场提供最好服务，为企业创造最佳效益”的核心经营理念。两年前，该局电泵公司严重亏损，濒临倒闭。他们及时转变观念，全力开拓国内外市场，产品打入苏丹、美国等国际市场，国外市场年收入突破1亿元，企业扭亏为盈。

坚持围绕发展这一要务，解放思想，转变观念，赋予大庆精神更科学的发展内涵。管理局贯彻落实科学发展观，确立了“依托油田、不依赖油田发展的观念；两种资源、两个市场求发展的观念；市场份额与效益并重求发展的观念；靠比较优势求发展的观念；以合作促发展的观念；全面发展的观念”为内容的二次创业发展观念。本世纪前20年，实现如下目标：“十五”期

末，经营总收入达到270亿元，企业利润总额达到12亿元；“十一五”期末，经营总收入达到350亿元，利润总额达到15亿元；到2020年，全局经营总收入力争达到500亿元以上，把大庆石油管理局发展成国内一流，具有较强国际竞争能力的跨国企业集团。

五、依靠融入企业发展实践来展现

企业精神只有融入企业发展实践，作用于企业发展实践，并在企业发展实践中形成自我生长能力，才能更好地发挥其威力。

作用于品牌塑造，使大庆精神成为靓化企业形象的重要资源。

几年来，管理局坚持用大庆精神塑造企业品牌，及时导入了企业形象识别系统，颁布实施了《大庆石油管理局视觉形象识别手册》，制作了企业形象宣传片和宣传册，切实提升企业的知名度和美誉度。

坚持“用大庆精神保证质量，以‘三老四严’取信用户”的质量方针，做到建一项工程铸造一座丰碑，提供一次服务留下永久信誉，从而使大庆的品牌更响更靓。

作用于市场拓展，使大庆精神成为闯市场的竞争优势。二次创业，瞄准的是市场，争取的是效益。管理局举大庆旗，打大庆牌，为闯市场走遍大江南北，国内国外。到目前已有132支队伍走出油田进行工程技术服务；在西气东输、沈大高速公路、委内瑞拉钻井施工等市场中创出一批精品工程，树立起大庆人闯市场的新形象。2003年全局外闯市场实现收入74.62亿元，占全局总收入的25%，进一步扩大了企业生存发展空间。

作用于经营管理，使大庆精神成为提升管理水平的文化力量。几年来，他们把继承发扬大庆精神的过程变成加强企业管理的过程，变成文化力提升竞争力的过程。按照建立现代企业制度的要求，该局全力推进以观念转变、体制转型、机制转换、结构调整为主要内容的“三转一调整”；按照集团化经营的方向，先后组建了电力总公司、创业集团等八大集团，加速推进公司制改制步伐。抓住企业管理和发展中的关键问题，该局先后开展了“企业管理年”、“成本效益年”、“推进发展年”、“市场拓展年”等一系列加强经营管理的实践活动；抓住管理中的薄弱环节，进行集中治理，共清理“挂靠”供应商481个、施工队伍972支，清理债权债务十几个亿，从而规范了管理行为。2000年至2003年分别实现经营收入215亿元、234.5亿元、253.48亿元、279亿元，平均每年利润增长都在10%以上，4年迈出四大步，提前完成“十五”计划目标。

在伟大事业中孕育伟大精神

——航天科技集团中国空间技术研究院的“神舟”文化

中国航天科技集团公司中国空间技术研究院是我国从事各类航天器及其应用技术研制开发的核心单位。1968年2月成立以来，研究院已成功研制并发射了包括“东方红一号”卫星在内的50多颗卫星和5艘神舟飞船，取得了举世瞩目的成就。特别是神舟五号飞船首次载人航天飞行的圆满成功，在国内外引起了强烈反响，极大地推动了我国空间技术的跨越式发展。

中国空间技术研究院在投身伟大的航天事业中，培育形成了“热爱祖国、无私奉献、自力更生、艰苦奋斗、大力协同、勇于登攀”的航天精神、“两弹一星”精神和“特别能吃苦、特别能战斗、特别能攻关、特别能奉献”的载人航天作风，并在此基础上形成了“祖国利益至上、勇攀科技高峰、质量第一、同舟共济”的“神舟”文化。

一、继承弘扬优良传统，坚定不移地推动企业文化建设

在中国航天特定的文化氛围影响下，研究院在发展空间技术的实践中，积累了深厚的文化底蕴。他们通过强有力的思想政治工作，激发员工报效祖国、志在一流、勇攀高峰的斗志，使我国成为举世公认的主要航天国家。进入新的历史时期以来，研究院以邓小平理论和“三个代表”的重要思想为指导，从战略发展的高度将企业文化体系建设列入院建设规划的重要内容。首先，在全院形成了结构健全的企业文化建设领导体系，实现了全方位、全过程的组织管理。其次是制定了《院企业文化建设“十五”规划》、《“十五”期间院企业文化建设实施计划》以及年度实施计划等相关文件，从而保证文化建设依据“建设、推广、完善、提高”的原则，科学而有序地进行。第三是充分发挥全院干部职工的主体作用，就企业文化建设进行了专题研讨，对建设具有自身特色的研究院文化的内涵、方法、途径等进行了比较深入的研究，统一了干部职工的思想，更新了观念，明确了工作思路，为推进和提升企业文化打下了坚实的基础。

二、汲取现代文明，培育和构建具有行业特色的企业文化体系

在继承发扬航天精神的基础上，中国空间技术研究院坚持企业文化重在建设的原则，紧密围绕型号任务、民品、“三产”开发等中心任务，全力打造新型企业文化，重点实施了四个体系文化建设：

其一，以研究院特色为核心的质量体系文化建设。研究院承担的科研生产任务是国家战略性高新科技产业的组成部分，事关国家形象、民族安危。研究院根据自身实际情况制定了质量文化实施纲要，倡导分秒不差、追求卓越的质量理念，从精神层面、行为层面和物质层面进行了一系列的推广建设活动，强化了员工的质量意识，为保证产品质量和长寿命打下了基础。

其二，以体制创新为核心的管理体系文化建设。研究院根据航天器系统工程技术密集、规模大、投资大、涉及面广等特点，应用系统工程的概念、理论和方法，努力探索星船科学管理的规律，总结提炼航天器系统工程科学管理方法与经验。特别

是在神舟五号飞船研制中，研究院逐步实行了全系统规划，全功能协调，全方位指挥，全程序组织，全目标控制的“五全”管理，体现了系统工程的项目管理思想。与此同时，研究院着眼多型号并举，大胆进行型号组织管理体系创新，改变了传统的型号研制组织管理方法，在全院实行了项目经理负责制，这些做法也成为不断丰富的中国空间技术文化的组成部分，有力地推进了型号任务和空间技术事业的健康快速发展。

其三，以人力资源改革为核心的队伍体系文化建设。为培养建设一支高素质、高层次的专业技术人才队伍，研究院通过人事、劳动、分配“三项制度”改革，稳定了人才队伍，同时加快了对年轻人的培养；通过压担子、上实岗的锻炼，为年轻人脱颖而出创造良好的环境；用事业留人、待遇留人、环境留人、感情留人，赢得员工忠诚度。

其四，以优化美化航天城为核心的内部行为规范体系文化建设。联系航天器型号产品的研制、生产、管理、经营、保障等过程的规范化，研究院启动了建设行为规范体系工程，对整个行为规范体系自上而下地按工作项目进行分解，实施模块化设计，形成模块化体系结构，并按系统成块配套建造。行为规范体系工程系统完整，全面包容，突出重点，强调实用，在转变全院职工思想、改变管理思路和管理作风上起到积极作用，规范管理意识逐渐增强，“以法治院”意识深入人心。

三、发挥学术带头人典型引路作用，凭借瞩目成就打造知名品牌

在长期管理实践中，研究院始终把“人”作为管理活动的核心和最重要的资源，做到关心人、培养人、造就人、帮助人。把院的发展目标与职工的个人目标结合起来，让员工自觉地把个人的事业、幸福融入到为伟大的事业奋斗的过程中，与院同呼吸、共荣辱，在出成果的同时培养和造就了一大批空间技术人才。研究院着力依托学术带头人打造优秀品牌，有计划、有步骤地在国内重点媒体及行业媒体宣传包括“两弹一星”元勋在内的一大批空间技术专家，包括袁家军在内的一些优秀现代企业管理者和“东方红”通信卫星、“资源”地球卫星、“神舟”载人航天飞船等知名产品，逐渐树立起一流宇航公司的鲜明形象。提高了院的知名度，提升了院形象，加大了对优秀人才的吸引，提升了院在国内国际航天界的地位。

研究院走过了35年的艰苦历程，所取得的成果举世瞩目，特别是“神舟”五号飞船，实现了中华民族千年的飞天梦想，树立了中国航天一座新的里程碑，壮国威，振民心。首次载人航天飞行试验的圆满成功标志着我国在航天技术领域走到了世界前列，标志着中国人民在攀登高峰的征程上又迈出了具有重大历史意义的一步，向全世界展示了新世纪、新阶段中华民族在高科技领域的创造能力和自强不息、勇攀高峰的崭新风貌。

充分发挥企业文化的导向功能、凝聚功能、规范功能、激励功能，用企业价值观规范人，用企业发展目标激励人，用航天精神熏陶人，用企业道德标准塑造人，培养跨世纪的“四有”职工队伍，促进“三个文明”的协调发展，对外树立良好的企业形象，对内凝聚职工队伍，为企业发展提供了强大的精神动力和文化资源。

以德为魂　育人兴企

——石家庄电业局的企业文化建设

石家庄电业局是国有大型企业、全国一流供电企业，担负着河北省省会石家庄及所辖17个县(市)1.58万平方公里、930万人口的供电任务，是河北电网的枢纽和骨干企业。2002年，售电量完成154.7亿千瓦时，居全国供电行业前列。石家庄电业局成立50多年来，始终践行“人民电业为人民”这一根本宗旨，积极探索“德法结合，育人兴企”的发展之路。

解放战争时期，石家庄电业局曾担负过为党中央驻地西柏坡供电的光荣使命。1950年9月11日，毛泽东主席曾亲笔致信，鼓励全体职工“团结一致，努力工作，为完成国家的任务和改善自己的生活而奋斗”。50多年来，一代又一代石电人传承思想道德建设的宝贵经验，始终坚持“以人为本、以德为魂”这个根本，依法治企、以德治企，努力构建“以德为魂”的供电企业文化系统，推动石家庄电业局这个老企业在新的历史时期持续健康地发展。

一、以德育人，培育供电企业道德文化

结合不同时期的社会环境和干部职工的思想状况，石家庄电业局不断探索创新道德建设的有效载体。90年代初，该局以“讲文明、树新风”活动为载体，率先在省会开展了“省级文明单位维护社会公德示范活动”，倡导服务行业带头告别不文明行为，自觉为弘扬社会新风和文明进步做贡献；1996年，率先在全国省会供电行业实行社会服务承诺，开展规范化服务，使为民服务迈上了标准化、规范化、制度化的轨道，电业服务环境和职工的道德品质、工作作风发生了质的改变。

随着道德建设活动的不断深入，局领导感到企业、社会、家庭在道德建设方面各有侧重、各有特点，相互促进、密不可分。于是，在1999年底，该局开展了“一日三德三做，传播文明新风”活动，即：倡导职工遵守社会公德，在社会做好公民；遵守职业道德，在单位做好职工；遵守家庭美德，在家庭做好成员。要求每位职工生活的每一天、工作的每一时，都按“三德”标准去做，把讲“德”与实“做”结合起来，坚持天天教育，日日实践，规范养成，自我完善。“一日三德三做”活动把道德建设实践融合渗透于企业、社会、家庭等方方面面，使职工的身份意识和责任意识明显增强，干部职工爱岗敬业的热情不断高涨，岗位奉献成为新时尚。2001年，这一活动被国电公司授予“精神文明建设创新奖”。近年来，全局相继涌现出“建功立业”标兵和省部级劳模等一批先进人物，彰显了电业职工光明使者、文明使者的良好道德风貌。

坚持尊重人、关心人、理解人、培育人，为职工营造广阔的发展空间，为职工搭建个人发展与成功的平台。局党政领导始终把开发人力资源作为企业发展的头等大事，树立“优秀人才是企业第一资源”的观念，在企业营造尊重劳动、尊重知识、尊重人才、尊重创造的浓厚氛围。实施人才开发战略，制定了《石

家庄电业局“十五”人才发展规划》、《“双百”人才计划》，制定了培育跨世纪学术和技术带头人计划，建立起具有一定数量的专家后备队伍；实行了科技进步奖鼓励政策和知识分子优惠政策，设立了百万元科技奖励基金，用于奖励每年在科技进步中贡献突出的单位和个人；建立健全人才培训选拔激励机制，实行干部岗位轮换交流，坚持公正选才、岗位育才、竞争促才、考核识才，促进各类人才的健康成长。

二、以德塑形，培育供电企业服务文化

优质服务是供电企业实践“人民电业为人民”服务宗旨的具体体现。多年来，石家庄电业局坚持“客户至上”的服务理念，在为社会提供优质服务的过程中，培育形成了独具特色的供电服务文化，实现了企业发展和经济效益、社会效益的提升。

抓教育，提高服务意识。开展“假如我是客户”大讨论，举办“诚信大家谈”专题座谈会及用电窗口人员形象礼仪培训，深入开展了“树立行业新风，优化发展环境”、“供电窗口创文明，诚信服务铸造品牌”活动和“优质服务是电网企业生命线”宣传教育活动。通过素质教育，干部职工进一步深化了对供电服务的认识，树立了“客户就是衣食父母”，“服务就是效益、服务就是形象”的观念。实现了由“以自我为中心”向“以客户为中心”、由被动服务向主动服务、由微笑型服务到亲情型服务的转变。

抓科技，提高服务水平。营业大厅设立了国内一流的服务设施，采用了先进的用电 MIS 系统，提高了服务的科技含量；采用 8 讯道电脑录音系统和微机监控系统，对“5 个电话”全过程适时录音，保证了优质服务的真实性和可靠性；积极推进银电联网，推广远程抄表和自动结算电费系统，最大限度地方便客户缴纳电费。

抓创新，推出服务新举措。坚持“客户至上”、“客户利益无小事”，贯彻“优质、方便、规范、真诚”的八字方针，从满足客户需求出发，提供亲情化、个性化服务；接待、服务客户主动做到“五个一”（一张笑脸相迎、一声礼貌问候、一把椅子让座、一杯清茶解渴、一腔热情办事）；实行用电业务代理制，开通用电服务“绿色通道”，对重要客户和重要工程“特事特办、急事急办”；按照“服务不扰民”原则，实施“零点工程”，在零点左右用电低谷时进行电力设备维修和城网改造施工，最大限度地保证居民正常生活用电。

抓机制，践行服务承诺。以“五项服务机制”（供电营业服务机制、电力故障抢修机制、业扩工程服务机制、农村供电服务机制、行风建设常态运行机制）建设为中心，规范服务言行和工作业务流程；建立了业扩工程流程卡制度，对每个工作环节都提出了时间和质量要求，责任落实到人；实施“惠农”、“乐农”工程，较早实行了农村用电“两统管”（统一管理农村供电所和农村电工）、“三公开”（公开电价、电量、电费）、“四到户”（供电、抄表、核算、考核）；建立起规范化、标准化的县、乡、村三级供电服务体系；主动接受社会监督，企业内部建立由职能部门、客户服务中心、纪检监察部门组成的三级监督网络，聘请社会各界人士担任供电行风监督员，不断改进工作，提高服务水平。

三、以德兴企，培育供电企业管理文化

坚持以德治企和依法治企相结合，实现道德建设与企业管理的有机融合。

根据企业发展的客观要求，局党委加大依法治企的力度，不断创新企业管理体制。根据不同层次和不同岗位的实际情况，相继制定和完善了 21 个方面的岗位道德规范，同时又从多方面、多角度补充制定了职工道德行为规范。2003 年，局机关开展了为期 3 个月的思想、作风、纪律“三项整顿”活动，结合该活动制定了《规章制度管理办法》，进一步强化了全局规章制度管理。

安全生产是供电企业永恒的主题。始终牢牢把握“安全第一”的原则，切实保证职工的生命安全和身体健康是企业最大的“德”。局领导认识到任何安全工作，最终都是要通过人落实。这就决定了安全生产必须以人为本，要改变以“三铁”（铁面孔、铁手腕、铁纪律）治“三违”（违章指挥、违章操作、违反劳动纪律）的传统方式，提倡“学会安全”。大力开展安全生产技能培训和职业道德教育，切实抓好国家电网公司《安全生产工作规定》等五个规定规程的学习培训，动员多方力量，多渠道、多形式开展了以“安全责任重于泰山”为主题的安全月活动、“安全生产知识竞赛”活动；组织编写了《供电安全思想教育》一书，征集安全生产箴言、警句、漫画，编印安全生产专刊，开展重大安全事故警示教育，做好经常性的安全思想工作；推行安全生产“亲情卡”、“全家福”、“安全慰问信”等做法；组织职工代表成立巡视组，对安全生产现场进行督察，取得了良好效果。电业局已连续 17 年未发生电力生产人身死亡事故，为电网安全可靠运行和企业长足发展奠定了坚实基础。

电业局引进学习型组织管理模式，重在引导员工形成终身学习和不断创新的理念，重在形成学习共享与互动的组织氛围，重在建设企业的共同愿景和组织文化，重在提升企业和员工的学习和应变能力。在工作中学习，在实践中创新，在创新中发展的学习型企业文化氛围日渐形成。职工在民主宽松的环境中，最大限度地发挥主观能动性，释放出创造潜能，更聪明、更有效、更快乐地工作，活出生命意义。

通过实施企业文化战略，培育打造“以德为魂”的供电企业文化，整合了企业的综合竞争优势，促进了企业两个文明建设的协调发展，实现了企业经济效益和社会效益双赢。石家庄电网售电量一直保持较高速度增长，1995 年～2000 年，石家庄电网售电量年均递增 9.26%。企业先后荣获国家级荣誉 10 余项，省部级 10 余项，市级荣誉 20 余项。

铸诚信彩虹品牌
建服务文化体系

——日照供电公司的品牌文化

山东日照供电公司于 1991 年组建，属国家大二型企业。

有35千伏及以上变电站59座,变电总容量206.7万千伏安,担负着全市三区两县供电管理服务工作。

近年来,日照供电公司坚持以市场化的思维、创意性的设计、高标准的追求,全力打造诚信彩虹品牌,建设企业服务文化体系,取得了良好成效。

一、诚信彩虹品牌建设原则

诚信为本原则。以服务文化建设为核心,以可信、守信为准则,把诚信作为立身之本、塑形之道、强企之策,作为一切工作的立足点、出发点、落脚点;树立诚信意识,建立诚信机制,培育诚信职工,营造人人讲诚信、事事讲诚信、处处讲诚信的企业氛围;树立真诚、热诚为客户服务的理念,恪守可信、守信、信任的工作准则,以诚信规范行动,提升管理,促进发展。

品牌为本原则。以诚信为准则,视品牌为生命,实施品牌带动战略,增强诚信彩虹品牌功能,铸诚信、亮彩虹、树品牌、展形象;树立"人人都是品牌、个个都是形象"的意识,全员、全方位、全过程打造诚信彩虹品牌,用品牌树形象,用形象促效益,以文化力提升竞争力,用无形资产增值有形资产。

以人为本原则。人以诚为先,信以诚为本,诚以德为源。贯彻人本思想和诚信理念,培育具有自我特色的企业价值观、企业理念、企业精神、企业作风和企业道德;完善职工终身教育培训体系和服务文化体系,引导干部职工充分认识"优质服务是供电企业的生命线",是企业生存之本、发展之本、效益之本、形象之本,视客户重于一切,待客户大于一切,为客户服务一切,为诚信彩虹奠定坚实的素质保证。

二、强化品牌推进机制,构筑服务文化支持系统

(一)坚持多管齐下,强化宣传机制。

一是开展内部宣传,增强认知感。层层召开动员会,举办中层干部及班组长培训班,制发《诚信彩虹手册》、《优质服务条规》,设立"诚信彩虹点将台",进行诚信彩虹知识考试,使诚信彩虹目的、意义和内涵入耳、入脑、入心,在公司内部营造了热爱诚信彩虹、实践奉献诚信彩虹、创新发展诚信彩虹的良好氛围。

二是加大外部宣传,增强认同感。通过召开新闻发布会、媒体宣传、流动宣传、节日宣传、网络宣传,多管齐下,大张旗鼓地宣传诚信彩虹;在日照电视台、广播电台开设诚信彩虹专栏,分层次向各级党委、政府进行工作汇报,对全市人大代表、政协委员开展"四个一"宣传活动(一封感谢信、一张诚信彩虹条、一盘诚信彩虹光碟、一套诚信彩虹资料);在乡镇推行诚信彩虹"一面墙、一条路、一条街"的宣传,积极参与日照市"行风在线"活动,开展诚信彩虹进企业、进农村、进园区、进社区、进校园等"诚信彩虹五进"活动,得到了社会各界广泛认同。

三是突出重点宣传,增强品牌感。开展了集中宣传日、宣传月活动,建立了诚信彩虹网页,在市新闻媒体开设诚信彩虹专栏,开展以"我看诚信彩虹"为主题的有奖知识竞答和征文等系列活动,在市区主要街道设立灯箱宣传栏、广告牌,集中展现标识鲜明、特色突出,富有强大形象力、感染力的服务品牌,进一步提高了全社会对诚信彩虹品牌的知晓率。

(二)坚持以人为本,强化教育机制。

一是开展诚信教育。坚持诚信为本的原则,全员签署"诚信承诺",广泛征集诚信服务格言,举办诚信专题讲座,开展"荣誉感、压力感、正气感"大讨论等活动,营造诚信氛围,培育诚信职工,以诚信规范行为,以活动引导职工爱岗敬业、艰苦创业、诚信立业、服务兴业。

二是开展道德教育。坚持人以诚为先、信以诚为本、诚以德为源,深入贯彻《公民道德建设实施纲要》和《国家电网公司员工道德规范》,强化"三种意识",即:需求为先意识、供需双赢意识、服务品牌意识;实现"四个转变",由重生产经营系统建设、轻客户需求转变为两者并重,由客户适应我们的要求转变为主动适应客户的需求,由我们确定服务方式转变为客户选择服务方式,服务营销由"职能导向型"转变为"流程导向型"。

三是开展技能教育。修订《职工教育培训管理办法》、《文明服务行为规范》;坚持校企协作、借智培训,大兴练兵比武、知识竞赛、规范化服务演示等活动,分层次加强服务技能培训,培育了一批"技术状元"、高层次管理人才和技术能手群体,队伍素质明显提升。

四是开展典型教育。开展"双推"(推广典型经验,推选典型案例)、彩虹明星服务队创建,评选彩虹明星、彩虹百件好事、"五个十佳"(十佳供电所、十佳电工组、十佳供电所长、十佳电工组长、十佳农电工)等,进一步弘扬正气、鼓舞士气、提升人气,促进服务工作整体上台阶、上水平。

(三)坚持规范创新,强化服务机制。

一是创新营销管理服务。研究开发了客户服务信息综合分析系统、智能化用电营业普查到位管理系统、电能量采集系统、电能计量器具智能转换定位管理系统、GPRS无线网络自动抄表系统、智能型手持抄表电脑系统等"六个系统",形成了营销管理服务新平台。

二是创新电子商务服务。充分运用计算机网络、通讯和数据库技术,开发了数字语音自动查询系统、网上客户服务系统、数字语音信息支持系统,建成了覆盖整个供电营业区、基于因特网的新型电子商务服务平台,实现了网上服务、网上举报、网上宣传、网上缴费,延伸了服务空间,受到客户广泛好评。

三是创新快速流动服务。在全国第一个开发了卫星定位快速流动服务系统,建立了快速流动服务车群,并不断完善,形成了集业扩报装、抢修服务、咨询查询、在线监控等功能于一体的新型流动综合服务平台。

四是创新社区服务。针对社区分散、发展迅速,一户一表工作量大、影响面广的新情况,成立诚信彩虹社区服务队,身着诚信彩虹标识服装,统一配置电动自行车,与快速流动服务车群相得益彰,形成社区服务新"亮点"。

五是创新电费"双代"服务。即城区代缴、农村代收电费。实行"客户储蓄、银行代缴",开办了"缴费通"业务,客户能够本地、异地随时缴费;增加电费单据信息量,将原来只显示当月用电信息的电费小单据,改成同时显示上月和去年同期用电信息的"明白纸";适应农电管理"四到户",加快银电联网向农村扩延,与农村信用社签订电费代收协议,信贷员直接收费到户,实现供电、信用社、农户"三赢"。

六是创新有偿服务。按照市场经济规律的要求,进一步理

顺产权关系，实施有偿服务。积极争取市物价部门出台了《日照市城乡用电有偿服务收费标准》，市政府召开规范电力有偿服务新闻发布会，制定了《客户资产有偿服务管理办法》和《有偿服务违规问题的处罚规定》，进一步扩大服务范围，满足了不同客户的需求。

(四)坚持加快发展，强化保障机制。

一是夯实基础，高起点加快电网建设。大力弘扬艰苦奋斗、知难而进的精神，以超常规的速度、创精品的标准、打硬仗的作风，集中全力，攻坚破难，全力以赴加快电网建设。近年来，公司先后完成投资10亿多元，建设了500千伏输变电工程，建成了以220千伏为主送电网架、110千伏为支撑的现代化一流电网。

二是精心组织，高质量完成城农网建设改造。在全省率先完成二期农网改造，加快推进县城电网建设改造，城网10千伏线路全部实现“手拉手”供电，部分区域实现配网自动化、网格化供电；新建改造35千伏及以上变电站13座，10千伏及以上线路1339千米，有力地促进了农村和县域经济发展。公司荣获“山东电力城农网建设改造先进单位”称号。

三是科技兴网，高标准强化供电可靠性管理。紧紧依靠科技进步，不断提高电网科技含量，大量采用国内外先进设备和技术，提高电网安全生产水平；推广应用信息技术，实现了电网管理的自动化、智能化、现代化，供电可靠率、电压合格率连续多年在全国保持领先水平。公司荣获“全国电力可靠性管理工作先进单位”称号。

(五)坚持从严管理，强化监督机制。

一是强化外部监督。把诚信彩虹的知情权、参与权、监督权、裁判权交给人民群众，把人民满意不满意作为第一信号，向社会公布供电服务承诺和举报电话，实行开放式、透明式服务，畅通监督渠道；制定《行风举报和合理化建议奖励实施细则》，设立投诉举报奖励基金，花钱买批评，设奖求举报，坚持客户关系委员会、彩虹联络员和“彩虹条”发放制度，对客户反映的问题，坚持“三不放过”。

二是严格管理约束。坚持外举内查、外奖内罚，采取不打招呼、不下通知、不指定路线、不事先确定受检单位的“四不”方法，深入开展“彩虹飞检”和明查暗访活动；制定了《行风建设处罚实施细则》，保持严管严治的高压态势，对违反诚信彩虹规定的人和事进行严肃处理、联责处罚，发生违规问题，就让其“丢位子”、“丢票子”、“丢面子”。

三是实行内部承诺。按照岗位职责要求制定四大类别岗位内部承诺，在全公司进行公布，形成基建向生产承诺、检修向运行承诺、后勤向一线承诺、机关向基层承诺、公司向社会承诺的服务格局；对内部承诺情况进行评议，以评议促管理，以内评保外评，对评议较差的单位实行评先“一票否决”，连续两年评为较差单位其党政主要负责人实行诫勉。

三、优化品牌运作质量，提升文化强企实效

铸诚信彩虹，树服务品牌，建文化体系，是对企业内外环境的改善，是对未来发展的投资。诚信彩虹品牌联上下、拢各方、凝人心、聚力量，有力地推动了企业快速、健康、协调发展。

一是队伍素质不断提升。广大职工充分认识到铸诚信彩虹品牌，建设服务文化体系不仅是供电企业生存发展之需，更是供需“双赢”之举，也是兴业强企之路。公司实现了由“管理客户”到“服务客户”、由“用户求我”到“客户至上”、由“坐等市场”到“开拓市场”的三大转变。学技术、强素质积极性空前高涨，在2003年山东电力集团公司十项技术比武中获团体第一、第三，个人第一、第二、第三名的突出成绩，6名职工进入前10名。

二是服务品质不断提升。城乡供电营业窗口全部达到规范化服务标准，19个供电所分别被国家电网公司和集团公司评为“示范窗口”；客户满意率达到99.91%。公司连续9年全市行风评比名列榜首，荣获“山东省部门和行业作风建设示范窗口”称号。2003年3月，公司职工顶风冒雪，连续奋战7昼夜，提前完成日照钢厂施工电源架设任务。客户深受感动，连续三次上门奖励诚信彩虹，均被婉言谢绝。

三是经济指标不断提升。依靠服务品牌的拉动，经济指标连创历史新记录。公司半年建成投产岚山输变电工程，创造了山东电力220千伏输变电工程当年设计、当年建设、当年投运的新记录，被市政府记集体二等功；实现安全生产1770天，连续3年提前完成售电任务。

四是企业形象不断提升。2001年6月，全国民主评议行风经验交流会在公司召开，该公司作为全国惟一地市级供电企业在会上做了经验介绍。7月，国电公司电力市场整顿和优质服务年活动经验交流现场会与会代表来公司观摩。该公司先后荣获“全国五一劳动奖状”、“全国职工职业道德建设十佳单位”、“全国精神文明建设先进单位”、“全国电力双文明单位”、“全国一流供电企业”、首届“全国诚信企业”、“全国诚信经营示范单位”、“中国企业文化20年——建设实践奖”、“全国电力市场整顿和优质服务年活动先进单位”、“山东电力彩虹工程先进单位”等荣誉称号近百项。

以文化人 以人兴企

——潍坊四棉纺织有限公司的企业文化建设

潍坊四棉纺织有限公司年产纯棉、化纤、混纺三大系列数十个品种的纱线26000吨，各类差别化纤维高档服装面料、装饰面料3000万米，年销售收入过5亿元，是全国棉纺织行业前50强排头兵企业，同时，该企业还被国家纺织产品开发中心认定为“差别化纤维仿丝绸产品开发基地”。

在全国棉纺织行业中，潍坊四棉纺织有限公司以生产高技术含量、高附加值的绿色环保产品在业界声名远播。潍坊四棉核心竞争力的形成，得益于其多年来扎扎实实的企业文化建设。

一、营造企业命运共同体，增强企业凝聚力和向心力

潍坊四棉领导班子认为，企业文化建设的魅力在于个性，

在于符合企业实际，在于能够让全体员工认同并身体力行。用文化凝聚人，就必须加强形势任务教育，使广大员工自觉地将个人利益和企业利益紧密相连。为此，潍坊四棉采取了四点措施：一是全面分析、评估企业各个阶段改革和发展的客观需要，将企业文化建设与企业思想政治工作紧密结合起来，充分利用党政工团齐抓共管的思想政治工作大格局，引导干部员工树立科学的世界观、人生观和价值观。二是妥善处理企业机构调整、资产重组、精简分流等重大变革过程中的各种问题，及时向公司员工通报行业发展趋势和公司经营情况，以加强员工忧患意识，增强紧迫感，增强企业凝聚力和向心力。三是充分发挥党政工团等组织的文化功能，利用党团组织的评先、树优、培训等活动，全方位地为员工创造获得教育、培训、进步的机遇。四是利用群众性文体活动，充分发挥文体活动的文化整合优势，营造企业命运共同体。

二、整合企业文化资源，加强文化传播网络建设，营造学习型企业氛围

没有传播就没有文化。人类的文化现实和文化遗产，是由于传播的存在才得以实现的。文化的创造和共享借助于传播才得以完成，离开传播，文化就不能形成，更谈不上文化的整合发展。企业文化传播网络是传播和交流企业文化建设成果的有效载体，它是企业内部用于信息沟通、消息传播、企业行为解释等的非组织性联系网络。好的企业文化传播网络，对于企业的有效经营、企业文化的发展等，都具有十分重要的意义。为了建立符合企业自身发展需求和具有本企业特色的企业文化传播网络，该公司建立了报纸、广播、电视、黑板报、宣传栏等方式的文化传播网络，形成了传递企业内部信息、活跃员工文化生活、宣传企业文化建设成就的精神园地，增强了企业凝聚力，塑造了良好的企业形象。与此同时，该公司根据企业文化传播媒介的特性，通过三个结合，实现了企业文化传播网络的扩张。一是把企业内部的组织联系同外部的非组织联系结合起来，利用一年一度的潍坊国际风筝会、鲁台经贸洽谈会、寿光国际蔬菜博览会、纺织品博览会等形式，发展企业对外的横向宣传交流网络；二是把有计划的业务关系同无计划的信息沟通结合起来，利用电子传媒、大众传媒、互联网络等，发展企业对外的形象宣传网络；三是把作为同事的工作联系与作为朋友的生活联系结合起来，发展亲情式的企业文化网络。

三、高度重视人的因素，以人为本，全面推进各项管理制度的改革和创新，构建人本主义的文化管理机制

该公司本着“尊重知识、尊重人才、尊重创造”的原则，着眼于企业内部组织结构流程再造、人力资源管理、绩效考核与薪酬分配等方面，重视发挥人的主观能动性和创造性，营造企业内部以人为本，重视人、关心人、激励人的文化氛围，把企业文化建设同生产经营和改革发展等各项工作结合起来，用文化手段建立起面向知识经济时代的用人、育人、留人机制和竞争激励机制，使企业核心价值观和企业文化理念在企业各项工作中充分体现出来。在日常工作中，该公司坚持做到以下三点：一是重视员工的培训，创立以员工为主体的企业文化。二是重视企业民主建设，营造一个和谐、民主、宽松、上进的企业文化氛围。在民主的氛围中，使员工感觉到自己被尊重、被理解、被关心、被爱护，激发员工参与创建和实践企业文化的主动性、创造性。三是重视对员工的激励，充分激发员工潜在的创造力，使全体员工的精神力量在企业文化的激励下转化为物质力量和现实生产力。

潍坊四棉以文化人、以人兴企，在激烈的市场竞争中赢得了主动。2001 年，在全国棉纺织企业排名中，潍坊四棉排列第 35 位；2002 年，在行业排名中列第 30 位。先后获得了全国“五一劳动奖状”、全国 500 家最大工业企业等近百项荣誉称号。

从创业走向创新 从胜利走向胜利

——中国石化集团胜利油田的胜利文化

中国石化胜利油田是胜利石油管理局和胜利油田有限公司的统称，1964 年 1 月 25 日创建，至今已走过 40 年的历程。截止到 2003 年底，该油田已累计生产原油 8 亿吨，天然气 358 亿立方米，实现工业总产值 3950 多亿元，上缴利税 1165 亿元。该油田是隶属于中国石化集团公司的特大型石油企业，是我国除大庆以外的第二大油田和中国石化集团公司所属企业中的第一利税大户。

胜利油田领导对企业文化建设十分重视，专门成立了胜利文化建设工作领导小组，党政主要领导任组长，分管领导任办公室主任。在继承优良传统的基础上，他们将企业文化提升、凝练，命名为“胜利文化”。为提升发展水平，实现“油气当量重上三千万吨”的目标，胜利油田以企业文化建设为动力，聘请知名专家讲课，对在职的千余名处级领导进行了企业文化培训，并以构建完整体系为目标，以学习培训为先导，以品牌建设为重点，以健全工作机制为保证，在观念形态文化、制度行为文化、物质形态文化三个层次上全面推进胜利文化建设，打造和提升胜利油田的核心竞争力。

一、领导高度重视，建立完善胜利文化的观念形态体系

为提炼和形成胜利文化的观念形态体系，油田党委宣传部牵头，从有关单位调集从事企业文化研究的同志组成油田企业文化研究小组，对新时期胜利精神和企业文化理念进行研究、归纳、创新和提炼。本着尊重历史传统，适应时代需要，体现企业特色的原则，研究小组通过集中学习、外出考察、内部调研、公开征集、确立框架、研究攻关和专家论证等，形成了《胜利文化标志性语言及其阐释》，并在职代会代表团组长联席会上一致通过。其标志性语言主要包括：“从创业走向创新，从胜利走向胜利”的

新时期胜利精神;“以人为本,科技领先,效益至上,竞争发展”的企业经营理念;“打造胜利品牌,实现持续发展”的企业经营战略;“经济效益最大化,社会效益最优化”的企业经营宗旨;“诚信规范,科学高效”的企业经营准则等。在推出《胜利文化标志性语言及其阐释》的同时,油田还成立了勘探文化、开发文化、科技文化、安全文化、质量文化、人力资源文化、经营管理文化、社区文化等八个子系统研究课题组,由有关处室牵头,部分基层单位参加,共同研究提炼出油田行业理念系统;成立了品牌文化研究小组,对胜利廉政文化、青年文化、群众文化等进行研究创新,逐步形成有行业特点和系统个性的胜利品牌文化。

为使观念文化体系内化于心,油田大张旗鼓实施了“意志化”工程,即把油田的价值理念内化于员工的自觉意志。他们充分利用报纸、电视及网络等各种宣传媒体,采取举办研讨会、开辟专题专栏、发表评论文章等形式,广泛宣传新时期的胜利精神、胜利理念及胜利文化的核心内涵,做到了家喻户晓,人人皆知。油田上下,通过办班宣讲、图片展览、标语展示、橱窗板报等多种渠道,营造了观念文化内化于心的浓厚氛围,并创办了《胜利文化》杂志。油田把胜利文化的宣传和思想政治教育紧密结合,使广大员工牢固树立了正确的世界观、人生观和价值观,树立了正确的经营理念,明确了企业发展目标,坚定了从胜利走向胜利的信心。各级党政领导既是胜利文化的积极倡导者,更是胜利文化的忠实实践者。他们以奋发有为、勤政廉洁的人格力量诠释着胜利文化的价值理念,感召和凝聚着职工队伍。油田大力培养选树各种类型和不同层次的先进典型,既有能体现新时期胜利精神和价值理念的重大典型,又有基层单位体现工作特色的岗位明星。典型引路,比学赶帮,油田学先进、赶先进的热潮,极大地促进了胜利观念文化的深入人心。

二、加强组织领导,建立完善胜利文化的制度文化体系

制度行为文化是企业文化建设的保障体系。为建全和完善胜利制度行为文化体制,胜利油田设立了油田企业文化建设职能部门——企业文化处,负责油田企业文化建设的组织、协调、综合和指导工作。各基层单位也建立了相应机构,配备专人负责企业文化建设工作,并建立了一级对一级负责的目标责任保证体系和工作网络。胜利油田企业文化建设领导小组还责成主管部门建立了企业文化考评制度,将企业文化建设与年度文明建设总结评比考核同步进行,形成了争先创优的激励机制。

油田把创建学习型企业作为加强胜利文化建设的重要载体和突破口,并使之制度化、规范化。每位员工要做到“学习工作化,工作学习化”;各单位要逐步实现由“用人干工作”到“用工作育人”的转变。他们把人才作为“第一资源”,大力实施人才建设工程。一方面,他们注重在油田内部培养和挖掘人才,不断优化队伍结构,逐步建立起了一支近千人的专家队伍;另一方面,他们与全国50多所大学和科研院所建立了广泛的科技协作关系,积极引进人才,培育人才。该油田设立完善了博士后工作站,有50位博士后先后进站工作,为油田科研开发做出了突出贡献。

为弘扬新时期胜利精神,将观念文化变为员工的实际行动,油田在干部职工中广泛开展了以“树立一种新理念、掌握一门新技能、提出一条新建议、攻关一项新课题、创造一份新效益”为内容的“五个一”群众性创新创效活动。广大员工以“创业、创新、竞争、发展”的胜利文化核心内涵为激励,积极投身油田改革发展的伟大实践,自觉地把胜利文化的价值理念转化为干好工作的实际行动,创造了良好的经济效益,促进了油田管理水平的提高和生产经营任务的顺利完成。

三、狠抓具体落实,建设丰富胜利文化的物质文化体系

建设观念文化、制度文化,关键是要落实到物质文化上。为此,胜利油田以科技创新为载体,大力实施“科技兴油”战略,并形成了“独有的技术优势、独有的攻坚能力、独有的质量信誉”。他们重点解决了影响企业生产发展和市场竞争力的关键难题,掌握了先进配套的核心技术,有效提高了油田采收率,使一些老区焕发了青春。他们开发的定向井和水平井钻井技术、滩海油田开发技术、油田地面工程技术、计算机综合运用技术等形成了油气独特的勘探开发成套技术,在全国同行业保持领先水平。油田迅速将这些科技成果转化为生产力,使科技进步对油田发展的贡献率达到了46%,每年科技直接增油都在300万吨以上。胜利人积极主动地实施“走出去”战略,积极参与两种资源、两个市场的竞争,以海外勘探开发业务为突破,带动设备出口、劳务输出、工程承包、技术服务等市场。如今胜利油田走向外部市场的队伍已发展到2000多支、17000多人(次),在13个国家和美国EDC公司等5个市场占有了一定份额。在国内外市场上,胜利铁军凭借独有的技术优势和独有的攻坚能力,敢啃别人不敢啃和啃不了的硬骨头,干一项工程,树一块丰碑,拓一方市场,以独有的质量信誉创出了“胜利物探”、“胜利钻井”、“胜利油建”等行业品牌。2002年,胜利油田外部市场创收已达到31.45亿元,2003年达到36亿元。

胜利文化中“经济效益最大化,社会效益最优化”的经营宗旨,体现了胜利文化建设与油田文明建设的高度统一。经济效益最大化是油田发展生产力的必然要求,社会效益最优化是油田发展先进文化的集中反映。经济效益最大化和社会效益最优化的辩证统一,促进了油田三大文明的协调发展。油田已涌现出两个全国精神文明建设先进单位,22个山东省文明单位,54个局级文明建设先进单位以及一大批文明职工。

胜利油田的企业文化建设经多年实践,取得了丰硕成果,油田作为山东省首批企业文化建设示范单位,荣获了2003年度中国企业文化建设大奖,并在中国企业文化建设二十年系列评奖活动中,分别获得“建设实践奖”和“设计案例奖”。

企业文化是联想的根基

——联想集团公司的企业文化建设模式

联想集团公司是一家以研究开发、生产和销售计算机设备

及相关产品为主，技工贸一体、多元化发展的大型信息产业集团。该公司成立于1984年，1994年在香港上市，是香港恒生指数成份股。2002年，联想电脑的市场份额达27.3%，连续7年位居国内市场销量第一，2002年第二季度，联想台式电脑销量首次进入全球前五名，其中消费电脑世界排名第三。在2002年9月《财富》杂志公布的中国上市企业百强中，联想集团位列第六。2003年底，作为“中国最有价值品牌”之一，“联想”品牌位列第四位。

联想集团一贯秉承“让用户用得更好”的理念，致力于为中国用户提供最新最好的科技产品，并将自身的使命概括为“为客户，为员工，为股东，为社会”，形成了独具特色的企业文化建设方法论——企业文化螺旋式发展模型。

一、螺旋式发展的联想文化理念

联想在文化建设的过程中，结合国际上先进的企业管理和企业文化理论，形成了独具特色的企业文化建设方法论，即“企业文化螺旋式发展模型”。企业文化螺旋式发展模型是国际上先进企业文化理论在联想的发展，是联想在企业文化整理的过程中，经广大员工积极讨论、贡献智慧后逐渐形成的。

一般而言，企业文化在企业的不同发展阶段，呈现出不同的导向，企业文化的发展都遵循着一种螺旋式上升的路径：创新（创业）导向—目标导向—规则导向—支持导向—高层次的创新（创业）导向，以此推动企业文化的不断演进，推动着企业管理一步一步迈向更高层次，并形成螺旋式上升态势。（见下图）

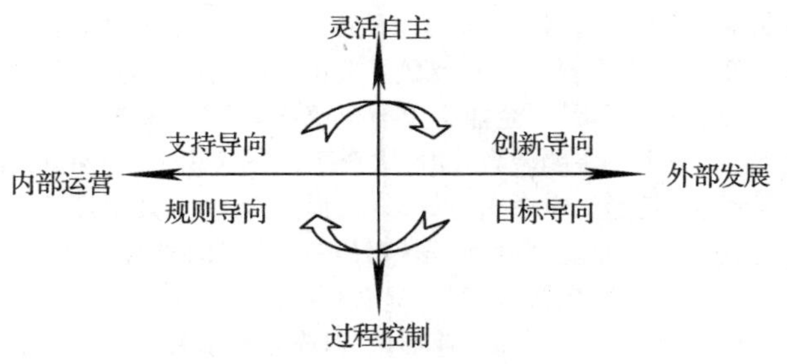

二、“以人为本”的联想文化体系

在新世纪到来之时，经过三年的战略规划和文化整理的工作，新联想、新战略、新文化都逐渐明朗。联想的使命、愿景和核心价值观构成了联想文化的核心内容。

联想的使命可以概括为：为客户、为股东、为社会、为员工。

为客户，即为客户提供现代信息技术、工具和服务，使人们的生活和工作更加简便、高效、丰富多彩。概括来说就是让科技走近大众，走近每一个人的生活和工作。

为社会，即服务社会，文明进步。联想将一如既往地严格遵守中国和其他已开展业务的国家和地区的法律，做当地的好公民，为社会贡献越来越多的税收，积极参与科技、教育、环保、赈灾、体育等各种公益事业，提供先进科技产品，为社会的进步做出自己的贡献。

为股东，即回报股东长远利益。联想要成为百年老店，就要为股东创造长远的价值，不为一时短期利益而损害长期发展。

为员工，即为员工创造发展空间，提升员工价值，提高工作生活质量。

联想的核心价值观：服务客户、精准求实、诚信共享、创业创新。

服务客户是联想的首要价值观，联想最重要的使命就是为客户创造价值。联想和联想人的价值在于拥有客户，为客户提供全方位的服务，让客户获得超出期望的满意。联想人把技术、产品和方案作为服务客户的手段，在全员中树立一种“客户至上”的意识。“我们的存在取决于我们能否找到自己的客户，我们的价值取决于我们能否满足客户的需求”。这就是联想人的警示语。

联想能够取得今天的成就，从管理和做事的方法来看，主要得益于联想人能够精准求实，“以事实为依据，用数据来说话”，“乐于发现问题，勇于面对现实”。为了与国际公司进行竞争，联想人精益求精，努力探求做事规律；简洁高效，不断总结做事方法，一步一步夯实自己的管理基础。

诚信共享，“诚实做人，注重信誉；坦诚相待，开诚布公”是联想人最基本的道德准则；“取信于用户，取信于员工，取信于合作伙伴”是联想人的待人之道。

作为“以人为本”的公司，联想集团在企业设计和目标设立时充分考虑到了所有员工的发展和员工的主人地位，努力做到“把员工的个人追求融入到企业的长远发展之中”。联想一步又一步塑造着“平等、信任、欣赏、亲情”的文化氛围，有效地降低企业管理中的尊重成本和信任成本，激发了联想人的工作激情和工作效率。

老一代联想创业者创造了“把5%的希望变成100%的现实”的拼搏精神，使“每一年我们都在进步！”的进取信念融入了新一代联想人的血液之中。新一代联想人发扬当年的创业精神，深刻意识到“创业永无止境”，不管什么时候，都要开源节流，创新奋斗，保持危机意识，充满激情和拼劲，不断超越自我，把联想永远当做“创业者的乐园”。

三、深入人心的联想文化运动

为在全体员工中建立起统一的企业价值观，联想集团开展了以全员核心价值观推广为目的的文化运动。所有中高层联想干部都要亲自给员工讲解联想的核心价值观和联想文化，所有联想人都要对照联想的核心价值观检查自己的行为，并制定出行动计划。通过这场文化运动，中高层干部不仅具备了在下属面前进行“布道”的能力，而且能够结合公司的核心价值观，带领下属一起讨论部门的现实管理问题，并运用价值观来解决问题。文化运动使联想文化深入人心，不仅帮助部门解决现实问题，而且熔炼了企业团队精神。这种特有的体验式集体学习方式，使联想文化融入到全体员工的血液中，并变成了联想人的DNA，为联想基业常青打下坚实的基础。

优秀的企业文化造就了优秀的企业。作为“中国最有价值品牌”之一，联想品牌价值达到198.32亿元人民币。

主题教育铸魂　全员参与塑形

——燕山石化公司的铸魂文化

中国石化集团北京燕山石化公司是具有30多年历史的特大型石化联合企业。30多年来，该公司累计生产石化产品1.8亿多吨，实现利税420多亿元，相当于国家投资的10倍。2002年，国家统计局按照新标准划分和公布了全国大型工业企业排名，燕化公司名列第11位。十几年来，该公司以系列主题教育为载体，持续开展了铸魂塑形企业文化建设工程，员工素质、企业素质和企业实力得到明显提升，为企业的改革、发展和稳定提供了有力的精神动力、思想保证和智力支持。

20世纪80年代中期，为了适应社会化大生产的要求和企业发展的需要，燕化总结十几年建设发展的经验，集中干部职工的意见和智慧，明确提出了"团结、求实、严细、创新"的企业精神。90年代中期，针对企业不适应市场的突出问题，燕化在全体员工中深入开展"我与市场"主题教育，提出了"只有客户的成功，才有燕化的发展"的经营理念。进入21世纪，面对燕化地处首都，远离原料及产品加工企业的实际，燕化明确提出了"不求最大，但求最好"的发展理念；并提出要"在创新中求发展、在竞争中求自强，以体制创新、机制创新、管理创新、技术创新、产品创新，将企业做精、做优、做强"的明确要求。为了使这一系列理念文化根植于全体员工心里，燕化从1991年以来先后用了12年时间，在全体干部职工中深入开展了以主题教育为载体的"铸魂"、"塑形"文化建设工程。

一、教育铸魂，提高素质迎挑战

30多年前，燕化人以"为社会主义祖国争光、为中国人民争气"的精神在荒山僻野上建起当时全国最大的石油化工基地。20世纪90年代初，面对改革开放和市场经济对人们观念的冲击，燕化以一年一个教育主题，开展了系统的文化铸魂工程。该公司通过"我与社会主义"、"我与市场"、"我与燕化"、"四爱四自"等系列主题教育活动，在员工中坚持不懈地开展爱国主义教育，命运共同体教育，形势任务教育，解放思想、转变观念的教育，增强了员工的使命感、责任感、危机感和归属感，广大员工的市场意识、竞争意识、效益意识、人才意识、法律意识和诚信意识等明显增强。面对中国加入WTO的挑战，燕化通过"中国加入WTO与职工素质"、"学习、创新与品牌效益"等系列主题教育，使职工看到了员工素质与企业竞争力的关系，与企业创新、创建世界级企业和世界级品牌的关系，进一步增强了员工提高自身素质的紧迫感。

在系列主题教育的基础上，燕化依据全面开发人才资源的战略，制订了多层次、全方位的员工培训计划和重点人才重点培养、优秀人才优先培养、紧缺人才抓紧培养、年轻人才全面培养的人才实施规划。为提高燕化各级领导驾驭企业、发展企业、拼搏市场的能力，燕化公司在组织各级领导干部学习党的基本理论、基本路线、基本纲领的同时，深入学习西方发达国家企业管理的先进理论、先进经验和企业文化建设成果，学习行为科学、领导科学、管理科学，以拓展视野，提高经营管理水平。通过高层次经营管理人员培训班，紧缺人才培训班，管理人员岗位资格考试，专业技术人员新理论、新知识、新技术培训讲座，工人资格等级培训和职业技能鉴定等举措，有效调动了不同层次员工学技术、学业务、自觉提高自身素质的积极性。与此相配套，燕化大刀阔斧改革用工和分配制度，建立了岗位靠竞争、收入凭贡献、特人特贴、收入拉开档次的一系列制度。用工和分配制度的改革，以观念转变为基础，反过来又促进了员工更深刻的思想观念转变，学技术、学业务蔚然成风，许多员工由原来的"要我学"，变成了现在的"我要学"，为将燕化建设成学习型企业打下了坚实基础。

燕化成立30多年来，创业、建设、发展各个时期都涌现出一大批凝聚时代特色和企业精神的典型人物。企业每年都要在内部报刊、电视台上，采用通信、报告文学、电视专题等形式宣传优秀员工的先进事迹。"科海撷英"、"能工巧匠"、"三德群芳谱"、"燕化之星"等报刊、电视的名牌栏目成为展示燕化英模事迹的舞台。打破美国垄断，研制出国产系列银催化剂的全国劳模金积铨；填补国内空白，研制出螺杆泵的专家张开峰；身患癌症育人不止，捐助24名失学儿童的全国"五一"劳动奖章获得者陈启鸿……这些英模人物成为培育燕化英雄群体的卓越榜样。

二、文化塑形，提升实力促发展

1996年~2000年，燕化分别有三个公司在国内和香港、纽约、伦敦上市。为在国内外树立良好的企业形象，燕化从1996年开始，在文化塑魂的基础上，开展了以塑造良好的企业形象和职工形象为主要内容的"双塑"文化建设工程。为此，公司开展了"岗位与职责"、"企业形象与企业竞争力"、"职工素质与品牌形象"等系列主题教育，使广大员工深刻认识到，爱岗、敬业、尽职尽责，就是为企业塑良好形象；提高素质，高效优质干好本职工作就是为企业塑品牌；塑造好每位员工的自身形象，才能塑造好企业的形象，才能真正提高企业市场竞争力。

塑造良好的员工和企业形象，首先是塑造好领导干部的形象。为此，燕化在"双塑"文化建设工程中，率先制定了领导干部行为规范，对各级干部进行了世界观、人生观、权力观、群众观等教育；同时制定了"企业形象标准"、"产品形象标准"、"现场管理形象标准"、"机关干部形象标准"、"运行员工形象标准"、"营销员工形象标准"等系列形象规范，使每位员工行为都有标准参照和约束。各级领导干部首先树立了自身的良好形象，以此带动了企业形象标准和员工形象标准的落实。在制定和实践企业系列形象标准的过程中，燕化进行了系统CI设计，发布了形象识别手册，使企业"双塑"文化建设更趋科学、统一和正规。

燕化公司注重宣传舆论阵地建设，有覆盖40平方公里、自办2套电视节目的燕化电视台；有每周两刊、发至班组的《燕山油化报》；有集思想政治工作、企业经营管理和企业文化建设于一体的双月刊《燕山企业文化》。为充分发挥舆论阵地的作用，燕化连续开展了"企业文化建设十项工程"活动，先后出版了报告文学集《群星闪烁》、职工文学作品集《塔林中的缪斯之光》；

拍摄了10集反映燕化先进人物事迹的电视专题片《燕山魂》；连续5年编印了燕化企业文化台历；举办了企业成就大型展览。这些文化工程，既展示了企业形象，又鼓舞和教育了广大员工，使企业竞争力和凝聚力不断增强。

此外，燕化还不失时机地抓住对外宣传的机会，在国家主流媒体展示推介自己，在重要交通口岸设立宣传广告，这些举措都为将燕化打造成国内外知名企业发挥了重要作用。

摒弃路径依赖　坚持路径开新

——青岛发电厂创新型企业文化建设

青岛发电厂是隶属中国华电集团公司的国家大型火力发电企业，装机总容量660MW，主要指标均达到国际一流发电厂标准。

青岛发电厂这个有着深厚文化底蕴的老厂，在企业文化理念的整合过程中，把“路径依赖”的概念，反其道而用之，提出了“路径开新“的全新观念，在继承优秀传统文化的同时，突出“创新”这一主题，形成了以“创新”为灵魂的企业文化战略体系。青岛发电厂的“路径开新”文化战略体系包括战略路径、思维路径、行动路径三大系统。他们以创新为动力，通过战略、管理、机制、科技、政工等五项创新，促进了“路径开新”文化战略体系的建设，加速了企业的发展。

一、实施战略创新，追求企业与社会双赢

青岛发电厂扩建后，随着国家关停小机组和青岛市建设国际化生态城市步伐的加快，企业面临的环保、人员安置和持续发展的压力越来越大。他们千方百计作自身的文章，适时提出了“热电联产，二元推进”的企业发展战略和“环保与效益并举”的企业经营战略。在将老机组超前关停的基础上，利用亚行贷款新上了两台背压式供热机组，实现了热电联产，培育了企业新的利润增长点，年增加产值近5000万元；拆除了供热区内低效小锅炉283台和排放灰尘不达标的工业小烟囱210座，使二氧化硫和飘尘的年平均浓度得到了大幅度下降。同时，他们还自筹资金3300万元，为供热机组安装了高效电除尘器，引进了具有世界先进水平的子灰分选设备，建成了年产10万立方米的加气混凝土砌块生产线，使全厂粉煤灰综合利用率达到了95.3%，并首次将粉煤灰打入韩国市场，实现了社会效益与企业效益的双赢。

二、实施管理创新，与国际一流企业接轨

为加速与国际管理接轨的步伐，青岛发电厂从2000年下半年开始，利用半年的时间一次性通过了IS09001质量管理体系、IS014001环境管理体系、0HSAS18001职业安全卫生管理体系的国际认证，进一步提高了参与国际化竞争的能力。

他们积极开展创建无违章企业活动，在山东电力系统第一批通过了无违章企业的验收。

他们结合三个管理体系的认证要求，提出了“凡事有人负责，凡事有章可循，凡事有据可查，凡事有人监督”的管理境界，坚持以精细化管理为导向，对已经形成的各项标准和制度，按照文化理念的操作方法重新进行修改整合，建立起了以管理标准、工作标准、技术标准、规章制度和认证文件五项内容为资源库的企业管理制度信息平台，实现了全厂管理制度信息的网络共享。

三、实施机制创新，培育优秀的职工队伍

为更好地调动全厂职工的积极性，他们在持续改进和完善分配机制的基础上，赋予二级部门更大的奖金决定权和分配权，在奖金中加大了贡献奖的份额，拉大档距，使职工奖金的分配始终处于动态之中，有效纠正了平均主义的弊端。同时，他们还设立了安全生产、小指标竞赛等多个单项奖，激发了职工的工作热情。为鼓励在创新工作中成绩突出的职工，他们单设了管理创新奖，已有67人次受到表彰奖励。

为倡导并实践“企业要成为学习创新型的企业，部门要成为学习创新型的部门，每一个人都要成为终身学习的人”的理念，他们在全厂范围内实施了“素质工程”教育，建立了绩效考核评价体系，完善了人员动态管理机制，对空余岗位实行竞争上岗或择优上岗。近年来，青岛发电厂投入教育培训资金近千万元，培训职工7000多人次。

四、实施科技创新，提高企业的经济效益

青岛发电厂突出“紧抓四条线，做好一结合”，推动了企业的科技进步，收到了明显的效果。一是信息化管理线。先后开发、引进了TMMS全面设备维护管理系统等39套生产管理软件，整合零散资源，形成了企业信息管理网络，使全厂所有生产设备实现了信息化管理。二是设备状态检修线。他们在主要辅机上加装了发电设备状态监测系统，超前诊断设备运行状况，实施动态检修，最大限度地提高了设备利用率，降低了检修费用，提高了设备的可靠性。三是新技术推广应用线。对50余台主要辅机电机实施了变频技术改造，降低了消耗，提高了设备健康水平，每年节电达400万千瓦时。四是合理化建议线。发动职工结合生产实际广泛开展合理化建议活动，并采纳实施，增加经济效益。此外，他们还坚持做到自我攻关与校企联姻相结合，先后完成了近百个重大课题的研究。

五、实施政工创新，为企业发展提供动力

青岛发电厂结合电力企业的生产经营特点，将思想政治工作与企业的生产经营工作同规划、同部署、同检查、同考核。每年，企业的党政领导都要与基层单位党政负责人签订“双文明”承包责任书，把思想政治工作与中心工作一起“集约化”管理，

既明确了目标，又明确了责任，便于运作和考核。

青岛发电厂党委还及时组织人员，按照企业“激励进步”的规范模式，重新修订了《党支部工作考核办法》和《党支部工作考核实施细则》，对党支部的各项工作量化、细化，将以扣罚为主，改为加分奖励为主；将“负激励”变为“正激励”；把评先进改为算先进，每季度组织一次全面考评，年度累计考评，由绩效差异决定先进与否。青岛发电厂还注意不断探索实现思想政治工作现代化的手段和方法，充分发挥局域网在信息传播中速度快、覆盖面广、操作方便、双向交流、资源共享等优势，建立了网站，及时转发有关信息，并根据形势需要，开辟专题栏目，引导职工自觉学习浏览，开阔视野，增长知识。

青岛发电厂以创新为动力，通过战略、管理、机制、科技、政工等五项创新，促进了“路径开新”文化战略体系的建设，加速了企业的发展。2003 年，该企业被中国企业文化研究会命名为“中国企业文化建设示范基地”。

创建学习型文化

——沈阳飞机设计研究所(601 所)的企业文化建设

沈阳飞机设计研究所成立于 1961 年 8 月，是新中国组建最早的飞机设计研究所，主要从事现代歼击机的总体设计与研究工作。沈阳飞机设计研究所专业配套齐全，综合性强，设有总体、气动、强度、结构等 20 多个专业部、室，具有雄厚的机、电、仪一体化的设计开发能力，具备了进行飞机全数字化二、三维设计的能力和手段，可以进行高真实度的系统地面模拟试验和各种分析研究。

沈阳飞机设计研究所从 20 世纪 90 年代开始引进企业文化理论。该所针对自身所承担的特殊使命，将提高员工队伍的政治素质和业务素质作为企业文化建设的核心要求，通过完善的引导机制、保障机制、激励机制、约束机制，引导员工提高综合素质，勇攀科技高峰，以适应尖端科研工作的需要。经过多年的创建实践，该所已经初步建立起物质文化、行为文化、制度文化、精神文化协调发展的研究所学习型文化体系，实施了用学习力、创新力、文化力构筑核心竞争力的企业文化战略。

一、工作学习化，学习工作化

该所学习型文化的引导机制为：在精神文化建设中，通过倡导“学习型组织”理念和领导示范，引导职工“工作学习化、学习工作化”。多年来，该所以“航空报国、追求第一”的理念为统领，以“诚信为业、智和兴所”的价值观为核心，构建起了研究所的精神文化体系。他们提出了“建设技术有创新力、产品有竞争力、内部有凝聚力、外部有影响力的综合实力雄厚的现代化研究所”的奋斗目标，提出了与之相配套的人才培养规划，鼓励职工在为研究所发展而奋斗的同时取得个人发展。领导干部带头学习，率先垂范，中层领导干部中，已有 70% 取得或正在攻读博士、硕士学位。

他们在创建学习型文化中，实施了“三、三、四、五”方略。“抓住三个板块”：即理念板块、要素板块和运作板块。包含十六个新的管理理念和反馈、反思、共享的组织学习三大要素，以及内涵、外源系统、共享学习系统、五项修炼活动系统的四大学习系统。“当好三个角色”：要求领导干部要当好设计师、教练和共同愿景的实践者。“推进四个阶段”：即学习阶段、设计阶段、演练阶段和推进阶段。学习阶段主要任务是掌握理念。分两个层次培训学习，第一层次是普及基本理念，第二层次是深入学习研究，掌握相关知识和方法技巧。设计阶段主要任务是完成内源、外源学习、共享学习和五项修炼活动等四项系统设计，以及学习型研究所的组织体系、文化体系、终身学习教育体系、考核评价与激励机制、创新体系、信息化平台和党内运行机制设计。演练阶段任务是学会操作。推动阶段任务是创建成型，使创建工作制度化、规范化，通过组织学习活动，提升学习力，不断创新，实现双创建阶段目标。“开展五个活动”：即自我超越、改善心智模式、团队学习、共同愿景和系统思考活动。多年来，他们把创建学习型文化的保障机制与物质文化建设紧密融合，加大了对学习资金的投入和学习条件的改善，为学习提供了有效的物质保障。建立了具有现代化、多功能教学手段的职工培训中心，完善了覆盖全所的闭路电视教学系统，设有科技阅览室、职工图书馆和电子文档资料库。他们不断加大继续教育资金的投入，通过举办各种学习班、在职攻读学位，聘请知名专家、院士授课，邀请国外学者讲学，出国培训等多种形式为职工提供学习机会。同时该所加强信息化建设，建立了信息化管理网络，建成了多元回馈和灵活开放的学习系统，实现了内部资源共享和办公自动化，为职工提供了学习交流和信息共享的现代平台。

二、建立完善学习型文化的运行机制

为建立和完善学习型文化的激励机制，该所通过开展各类活动和实施相应的激励政策，强化职工和团体的学习行为。在构筑共同愿景的基础上，构建基础工程，完善运行机制，包括一个平台，四大体系，五项运行机制。即：建立以网络信息技术构建学习管理信息化平台；以提高组织学习力为目标的终身教育体系，以扁平化、不断行动的有机结构适应于项目管理的学习团队为特征的组织体系，以所核心价值观和学习型组织文化理念为基础的理念体系和考核评价体系及学习机制、质疑机制、创新机制、激励机制和党的工作运行机制。他们深化人事、用工制度改革，实行竞聘上岗，激发了员工学习的积极性；实行干部任用公示制和职工评议领导干部制度，激励干部带头学习。尤其对学习型领导干部，该所实施物质激励，实行学位津贴，发放学习奖金，鼓励干部当好学习型组织的带头人。该所鼓励技术创新，积极开展技术成果评定和评选优秀论文等活动，激发了员工的创新热情。

该所制定并完善了鼓励学习的规章制度，明确职工和团体的学习要求，使职工保持适当的学习压力，保持学习型组织的外在推动力。该所制定了完善的岗位标准、职称评定条件，明确了竞聘上岗、评聘职称的基本知识要求和基本技能要求；实行了继续教育登记制度，规定了职工每年必须达到的学习时间和质量要求；建立了各种团队学习制度，规定了基层组织必须

开展的学习活动；健全了班组研讨、内部技术交流、领导干部授课等制度。新的学习理念已在该所深入人心，形成了“人人是学习之人，处处是学习之所”的浓厚学习氛围；所最高领导层建立了学习型领导就是领导学习，用“愿景、价值观与心智模式”取代传统的“管理、组织与控制”的理念；科研计划部以“学习交流会”方式开展学习共享活动；所工会在各支会开展“学习型小团队”活动，所团委在青年中开展“学习型师徒活动”。

该所学习型文化的理念得到了职工的认同，全所组织学习力进一步增加，学习风气更加浓厚，创新成果不断涌现。近两年来，该所一项成果获得国家科技进步一等奖，十五项成果获得部以上科技成果奖。近三年来，实现了五机首飞，一机定型，两机鉴定，得到了中央军委和集团公司的表扬和奖励。研究所骨干人才快速成长，3 人成为国家级有突出贡献的中青年专家，6 人担任了所级领导干部，9 人担当起了型号副总设计师或飞机总体设计所专业副总设计师的重任，研究所的创新能力显著增强。

三力合一　不断超越

——莱城发电厂“三力合一”的超越文化

山东国际电源开发股份有限公司莱城发电厂，是国家“九五”计划和山东省电力重点建设项目，投资 53 亿元，1998 年 3 月开工建设。目前，1 号、2 号机组已投产发电，3 号、4 号机组正在紧张建设之中。莱城发电厂工程是山东电力基建改革第一个实行“五制”管理的项目。2002 年，该厂被国家电力公司命名为“国家电力公司一流火力发电厂”。

莱城发电厂坚持高起点、高标准、高水平的建设准则，自建厂以来就将企业文化建设纳入到企业发展的战略轨道上来。经过五年的探索与实践，他们提炼出了“以学习力提升素质，以凝聚力打造团队，以创新力引领未来，三力合一，不断超越”的超越文化体系构架。

一、立足发展，确立超越文化理念

伴随着第四台机组于 2003 年 5 月 6 日进入试生产阶段，莱城发电厂迈入了百万大厂的行列。首台机组在移交试生产后，连续运行 123 天，创出了国内同类型机组试生产期连续运行的新记录，并创造了真空严密性的全国记录。第二台机组于 2000 年 9 月建成投产，又创出了从首次点火到试运结束仅用 11 天、移交试生产后连续运行 131 天的世界吉尼斯纪录。奖杯有了，成绩有了，但这些都不足以形成企业的核心竞争力。莱城发电厂审时度势，认识到，只有继续发扬 1 号、2 号机组建设期间形成的拼搏精神，激起全厂干部职工“自我超越”的意识，在 3 号、4 号机组建设中全力赶超 1 号、2 号机组，企业才能做大做强，才能得到良性发展。

在管好投产机组、建好接好在建机组的同时，莱城发电厂实施多元化战略，加快了多种产业发展步伐。如何进一步提升职工队伍素质，创新管理机制，实现企业更快、更大发展呢？如何实现文化的融会与整合，形成独具特色的“莱城发电厂文化”？这些成为莱城发电厂面对的重要课题。企业文化的建设根本是凝聚和升华企业员工的积极性和创造性，使员工的潜力得到最大程度的释放。也就是说，要唤起每一个企业成员的“自我超越”意识，在企业中营造一种“超越文化”氛围。他们根据企业的历史、现状和发展趋势，坚持标准化、个性化、体系化、融合性、创新性等原则，将企业文化模式定位为：以建设“学习型企业”为目标，形成了以“超越”为灵魂和核心的企业文化，力争在激烈的市场竞争中不断发展壮大。

二、科学构架，准确把握超越文化内涵

所谓“超越”，就是与时俱进，追求完美，重塑自我。这是一种境界和品位，也是恒久和绵长的动力源。“超越文化”的框架结构是：以学习力提升素质，以凝聚力打造团队，以创新力引领未来，三力合一，不断超越。其核心内涵是不断进取，超越自我；其目的是实现经济文化一体化，打造崭新而高效的管理平台。三力的相互关系是：以学习力为手段，以凝聚力为基础，以创新力为目标；凝聚力为学习力、创新力提供条件，学习力、凝聚力构成创新力的基础，创新力引领学习力的深度和凝聚力的广度；学习力为凝聚力和创新力提供强大的支持系统。三者相互促进，最终使“超越文化”形成合力，在企业发展中发挥整体文化效应。

莱城发电厂通过广泛的宣传贯彻，使超越文化体系深入人心，得到广大干部职工的一致认可。他们设计了包括企业文化标徽、“超越文化”宣传画、对内对外宣传用语等视觉识别系统，为企业树立了良好社会形象。

三、着眼未来，打造超越文化建设平台

为使得“超越文化”深入人心，莱城发电厂大力加强文化建设实践，重点从两个方面做了努力。

第一，全方位提炼超越文化。一开始，莱城发电厂就明确提出，超越文化建设要高起点，高标准，打造高水平平台。既要严格遵循企业文化建设的理论原则，又不能搞教条主义；既要请专家指导，更要依靠职工群众。归根结底，就是要依靠自身的力量，把企业文化建设这件大事抓好。莱城发电厂制定并实施了《莱城发电厂企业文化建设实施方案》。按照实施方案，成立了企业文化中心，负责企业文化建设的组织和协调工作。随后，他们与中国企业文化研究会合作，着手实施了企业文化导入工程，聘请专家帮助进行企业文化建设策划、设计。该厂先后邀请国内著名企业文化建设专家来厂举办了 5 场专题讲座，2000 余名干部职工倾听了讲座，有力提高了员工企业文化认知水平。专家课题组采用个体访谈、集体座谈、调查问卷、查阅历史资料等方式，先后对企业高层、中层和职工进行了 200 余人次的座谈采访。在此基础上，企业还深入开展了全员性文化审计活动。他们在职工中征集“企业传说”，对企业的历史和现状进行全面回顾、深入挖掘和精心提炼，从不同角度，鲜活而真实地诠释企业文化的内涵和表象。经过专家、领导和职工群众的共同努力，终于形成了独具特色的“超越文化”体系。

第二，突出超越文化核心。莱城发电厂始终将建设“学习

型企业”作为整个超越文化的核心内容,以建立企业内源、外源学习系统为切入点,积极开展了“学习型车间(部室)、学习型班组、学习型个人”的创建活动。他们积极加强教育培训工作,2002年分别与华北电力大学、山东大学、哈尔滨工业大学联合开设了厂内研究生班、本科班、专科班;全年举办各类培训班100余次;在青年职工中开展了“每月一本书、好书大家看”活动。他们还结合体制改革、用人分配机制改革,实施了观念创新工程,积极倡导思想解放,强化了职工的超越文化意识。

不断深入的文化建设实践,为莱城发电厂提供了持续发展的动力。2003年4月18日,莱城发电厂3号机组创造了移交试生产后连续运行197天全国纪录,4号机组圆满完成168小时满负荷试运行后,以零缺陷进入试生产阶段。2003年,在电力系统第三十二届全国大机组竞赛上,2号机组荣获2002年度国产300MW级机组惟一的特等奖。莱城电厂人在“超越文化”的引导激励下,书写了“超越自我”的时代篇章。

汲历史文化底蕴
创物流现代文化

——齐鲁股份物流分公司的企业文化建设

中国石化齐鲁股份公司物流分公司,担负着齐鲁乙烯、煤、盐、石脑油等原材料进厂和22种化工产品的收、储、洗、装、卸、运任务,同时对外承揽社会物流业务。齐鲁物流分公司拥有设备齐全、功能完备的现代物流设施,现有固定资产6.9亿元。

齐鲁物流分公司把为用户提供超值物流服务作为企业的宗旨,积极汲取历史的文化精华,建立起了适应现代物流发展的生产经营管理机制和企业文化。

一、适应企业改革,找准企业文化战略定位

过去,该企业是一个担负45万吨乙烯各生产装置原料、产品进出厂任务的储运厂,业务单一,生产被动。随着企业重组改革的深入,储运业务出现了明显萎缩趋势。现代物流是指对供应、保管、运输、发送等物流过程进行系统全面的计划安排的管理活动。随着全球一体化发展趋势的加快,现代物流业正在世界范围迅速兴起。2002年,中国物流业务发展保持了快速增长的势头,各地的物流新规划相继进入实施阶段;外国跨国公司纷纷抢占中国市场,政府推进物流产业发展的力度不断加大。齐鲁石化公司毗邻的淄博市鲁中物流中心的建设已进入实施阶段,外部物流业的竞争逼到了储运厂的家门口。进入新世纪,齐鲁石化出现了有史以来大面积亏损,供应链不畅、交易成本居高不下,服务质量长期达不到市场要求。整合物流资源、开辟第三利润源的生存要求,逼迫储运厂必须进行现代物流改革。发展现代物流既是企业内外环境的逼迫,同时也是储运厂参与市场竞争的惟一选择和最后机会。这就是储运厂生存发展的战略定位,也是塑造齐鲁物流文化体系的战略定位。现代物流这一新理念开始在储运人头脑中扎根。在物流新战略指导下,储运厂展开了历史上最深刻的现代物流改革。他们制订规划,落实措施,宣传造势,全力推进改革。2003年2月,物流分公司完成了工商注册,获得了物流改革的初步成功。

二、传承地域文化,创建物流文化体系平台

为实现文化再造,齐鲁物流分公司启动了企业文化重塑工程。物流分公司坐落在古齐国都城淄博市临淄区。春秋时代,五霸之首齐桓公,九合诸侯,一匡天下,管仲相齐,民本重商,奠定了八百年强盛的基业。这是一份宝贵的历史文化遗产,是物流分公司建设企业文化的武库和土壤。任何创新都需要底蕴,而任何底蕴要素中最重要的则是文化要素。齐鲁物流分公司身处齐地,自然受到齐文化的沐浴。首先,齐文化的核心是通过变革追求卓越,具有主变合时的革新精神。这与齐鲁物流追求卓越、回报真情的企业精神是一致的。其次,齐文化是务实的,具有开放性、务实性、多元化的特点。这与齐鲁物流“创新、诚信、惠仁、多赢”的企业价值观是相近的。第三,齐文化是兼收并蓄的。这与齐鲁物流推崇的学习型组织、创建学习型企业的战略息息相通。第四,齐文化的道德文化风尚源远流长,同样可以用来提升物流员工的整体素质。为了使齐鲁物流文化在齐文化的基础上发扬光大,该企业特邀中国企业文化研究会共同策划物流公司的企业文化创建方案。他们认真分析自身发展现代物流的优劣势,找出了“企业有变革创新的领路人和追求卓越的领导集体、企业基础设施相对完备、化工储运经验丰富、外部物流市场空间较大、企业改革已取得一定成果”等五个方面的优势;也明确了“员工素质尚待提高、企业机制不适应发展、物流服务实战能力较弱、信息平台未完全建立、现代企业文化尚未形成”等五大劣势。针对这些优劣势,企业确定了以化工物流为主导,逐步实施多元发展战略,不断使企业做强、做大,最终实现做国内物流典范、创国际物流品牌的战略目标。为此,他们系统策划设计并形成了包括经营目标、经营定位、经营理念、企业精神、企业作风、企业核心价值观以及服务理念、企业道德等凝炼了物流人集体智慧的《齐鲁物流文化纲领》,完成了物流分公司的企业文化核心内容设置,为创建具有物流公司特色的企业文化体系打下了基础。

三、根植企业理念,推进员工文化认同

齐鲁物流分公司在企业文化塑造工程中,始终把《齐鲁物流企业文化纲领》作为建设企业文化的指导,并使之渗透到公司生产、经营、改革、发展的各个方面,增强了公司的凝聚力和竞争能力,提高了员工对企业文化的认同度。各级组织在工作实践中,正确把握齐鲁物流文化的核心理念,承担起宣传先进理念、创新企业文化的重任。通过大力灌输,企业文化的核心价值理念深植于员工头脑之中。他们还多次聘请中国企业文化研究会、山东省企业文化协会的知名专家系统讲述企业文化理论,有效开阔了大家的视野。他们将价值理念具体化为企业经营管理制度,使文化力浸透在企业管理和经营之中,并用来统率规范员工的行动。他们坚持不断改进创新。2003年,针

对质量管理和环境管理两个体系运行中存在的文件繁杂，记录、设备重复，体系不切物流实际的问题，在建立 HSE 管理体系之际，实施三个体系整合，三大管理体系成为一个有机整体，企业制度文化建设再上了新台阶。同时，该企业注重外部形象的塑造，策划设计了以企业标志为核心的企业视觉识别系统，统一标志，统一绿化，创造了整洁干净、装饰优美、文化氛围浓厚的厂容厂貌和办公环境，创建了良好的工作条件和外部形象，增强了员工荣誉感和自豪感。

四、创建学习型组织，提升企业文化再造力

齐鲁物流分公司把创建学习型组织作为企业推动变革的思想利器和物流改革的重要支撑。为不断提高组织的学习力和企业文化创新力，齐鲁物流分公司结合文化创建活动，让职工列席企业厂部会议，直接参与企业决策，为企业科学决策打下了基础。他们还运用企业有关管理案例，组织员工进行反思学习；举行班组长和厂长对话会，针对管理中存在的问题，挖掘问题出现的深层次原因，以实现管理工作的持续改进。

齐鲁物流分公司经过物流改革和创建学习型组织的实践，逐渐摸索出了适于本企业发展的学习型企业创建模型——变革提速与第四系统，即领导联盟系统。它是学习型组织理论中反思、反馈、共享三个系统之后的新建系统。其重要作用在于广泛团结企业成员，让他们支持甚至引领变革。领导联盟系统就是要在改革过程中形成一个更大的领导群体，包括厂领导、中层干部、一般干部甚至是一线操作人员。这个联盟在企业愿景、目标、价值观等方面具有高度一致性、坚强的凝聚力和执行力。前三个系统在于获取信息和资源，是综合学习系统；而第四系统在于增强企业整体的学习能力和知识运用能力，是行为系统，与前三个系统相辅相成。

他们还建立了一套创建学习型组织的激励机制。如制定员工培训计划、外出参观考察、深度汇谈制度、组织管理制度、绩效评价制度等等，调动了员工的学习积极性和创造性，提高了员工的学习力和文化创新力。

如今，齐鲁物流分公司业务大幅度拓展，企业效益明显提高，企业品牌也越叫越响。物流分公司先后获得“山东省现场管理样板企业”、“国家完善计量检测体系合格企业”等荣誉称号。2002 年，该公司获得上海质量体系审核中心颁发的 ISO9001 和 ISO14001 认证证书，成为石化系统首家通过质量、环境双认证的物流企业。

八力攻心　人企共进

——东胜精攻石油开发有限公司的企业文化建设

东胜精攻石油开发有限公司创办于 1993 年，是中国陆上石油行业第一家以石油、天然气勘探、开发及销售为核心业务的股份制企业，员工 500 余人，资产总额 21 亿元，已累计生产原油近 400 万吨，跻身中国天然气原油开采行业前三十强企业。2002 年，公司顺利通过 ISO9001、ISO14001、OHSAS18001(质量、环境、安全与健康)三个体系认证，成为国内陆上石油行业第一家一次性取得整合认证的企业。东胜公司组建十多年来，资产规模扩张了 14 倍。

东胜精攻石油开发有限公司成功的关键在于“八力攻心，人企共进”的企业文化建设与实践。简单的表述就是：结合行业属性和地域特色，坚持“人企共进”的定位和方向，依靠价值理念的源动力、规章制度的策动力、文化监督的止动力、战略目标的牵动力、企业典故的感动力、经济利益的驱动力、传播网络的传动力、借助咨询机构的外动力，八力“攻心”，支配员工行动，以此来构筑东胜公司的企业文化。

一、建立、发展理念系统，激发源动力

东胜文化建设最显著的做法是从理念入手，通过构建一整套独特的理念系统，使全体员工逐步认同，直至成为员工的自觉意识。东胜公司以开采难动用储量为核心业务的客观实际，使其生存和发展首先取决于对复杂地下情况的精细研究和在此基础上的精细管理、精心决策。于是，“精益求精、攻坚必胜”的“精攻”精神应运而生。同时，东胜公司坚持既体现中国传统又符合时代特色的理念，倡导“先做人，后做事”的个人品德，并积极推行学习的理念，强调“第一是学习，第二是学习，第三还是学习”的终身学习观。东胜公司还要求员工，无论是搞科研还是搞管理，都要有自己的理念，先后凝练出“决策双重论证，三不一否决”、“管理四清”、“廉政四不”、“进人四不要”等大量富有哲理的具体理念。

二、完善、健全规章制度，激发策动力

东胜公司高度重视制度对文化建设的策动作用，在制度建设过程中及时体现文化导向。近年来，他们为倡导诚信观念，推行了信任机制；为强化“竞争上岗”理念，制定了竞争上岗职位晋升制度；为突出“等级差别”观念，出台了员工职级管理办法；为激发“创新”意识，先后颁布了创新奖、进步奖、合理化建议奖、论文奖等奖励规定。公司自 1993 年成立以来，已制定了大大小小的、体现着东胜文化理念的规章制度 100 多项，并严格执行。2001 年，东胜公司还专门设立政策条规部，专门负责制度研究和建设工作。

三、构筑、强化监督体系，激发止动力

从文化的发展过程看，文化的自然演变是缓慢的，甚至还会出现倒退现象。这就需要另一种力量来平衡，海尔人称其为止动力。在东胜公司，“止动力”便是文化监督。首先，公司领导在忠实践行东胜文化的基础上，担负起了“文化总监”的职责，对与东胜文化不相符的言行，都予以纠正。其次是来自企业文化主管部门和人力资源部门的考核，每年都对员工的知识掌握和实践情况进行考试考核，并把成绩作为岗位评价的重要因子。再次是同事之间的一种相互提醒。比如上班途中，发现有同事着装颜色不符合要求时，员工会予以提醒，并敦促其尽

快回去改换。

四、突出文化与战略目标的匹配度，激发牵动力

东胜文化的内涵与传播网络是随着东胜公司战略目标的调整而变化的。创业初期的东胜战略定位于胜利油田难动用储量的开发。东胜文化内涵中特别强调“精益求精、攻坚必胜”的精神。随着公司集团化战略的提出和推行，东胜日益组合成为一个集团化的公司，与此相适应，东胜文化中“团队”、“协作”的意识得到强化。随着公司实力的增强和国际运作经验的积累，近年来东胜又将战略重点向“国际化”转移，一种与此相适应的外向型、开放型文化内涵拓展尤为必要。他们与有关企业文化咨询机构合作，通过编制《东胜文化手册》赋予东胜文化更多的新内涵，员工更多的新观念，并以新目标激发牵动力。

五、灵活运用经济杠杆，激发驱动力

东胜公司在理念倡导、制度实施、规范执行、措施落实过程中注意灵活运用经济杠杆的驱动作用。为倡导东胜人追求卓越的表现和出众的绩效，东胜公司专门设立总经理奖励基金，对生产经营管理工作中表现突出的团队和个人进行重奖。下属公司经理发扬迎难而上、善打硬仗的“精攻”精神，采取开拓进取、创新发展的工作思路，精心协调，周密组织，取得了油田开发的重大突破，获得了一次性7万元的奖励。

六、发掘、提炼企业典故，激发感动力

东胜公司提出了“管理看个案、文化讲故事”的要求。每逢企业创立日前后，公司都要组织员工讲故事、谈见闻，以这种方式弘扬东胜文化，重温东胜历史。2003年，他们以“庆祝东胜创立十周年”活动为契机，广泛开展“我与东胜”群众性活动和“我身边的东胜人故事”征集活动，组织员工采取座谈会、交流畅谈会等多种形式，回顾东胜发展史，寻找闪光点，并汇总成生动而富有教育意义的《精攻春秋》一书。

七、建立、健全传播网络，激发传动力

传播网络，是使文化观念和规则得到传播的企业交流的渠道。1993年，东胜公司制定了《东胜员工守则》，1994年创办了《东胜简讯》，而后又推出了《员工必读》和网上“东胜论坛”，组建了东胜文化宣讲团，建立了东胜文化务虚例会，开设了东胜文化及企业文化外部专家课堂，使文化传播网络日趋健全。2003年7月，东胜公司以创立十周年为契机推出了“员工与总经理单独会餐、会谈”的新举措，进一步拓展了文化传播渠道，提升了传动力。

八、强化交流合作，借助外动力

东胜公司用高质、开放、前卫和现代文化理论指导东胜文化的内涵设计和传播网络建设，积极借助“外脑”与社会上的管理咨询机构，并与之建立了长期的合作交流关系。公司先后与20余名著名专家学者建立了良好的合作与交往关系。公司或邀请他们前来教授文化前沿理论，或请其对东胜文化建设进行诊断，或聘请他们作为企业文化、管理顾问及公司独立董事。专家们成为东胜企业文化建设的强大外动力。

以上“八力”整体作用，构成了东胜公司企业文化建设的总动力。东胜公司把人和企业的和谐共进作为企业文化建设的基本方向，不断追求“人企共进”的文化。该公司强调全体员工要以维护公司利益为最高行为规范，同时，对员工负责，强调员工的能力既是个人的资本，也是企业的资产，通过加大人力资源开发力度，在提升员工自身价值的基础上，确保企业人力资源的保值增值，实现企业和员工之间的“价值双赢”。他们全面开展“员工职业生涯规划设计”活动，将企业发展目标与员工职业发展紧密结合，实现企业远景与员工长远利益的良性联动，从而营造了一种“人企共进”的氛围，不断推动东胜向一流企业方向快速发展。

航空报国　追求第一

——中国航空工业第一集团公司的超越文化

中国航空工业第一集团公司成立于1999年7月1日，拥有大中型工业企业、科研院所以及从事航空外贸、IT、物资供销、科技与产品开发等专业公司与事业单位100余家，员工24万人，资产总额近千亿元。主要承担军、民用飞机和航空发动机、机载设备、机载武器及火控系统的研制、生产与销售，是涉及国家安全和战略发展的特大型国有国防工业企业。

以“航空报国，追求第一”为核心理念的中航文化是中航集团公司广大干部职工认同的共同语言和行为习惯的总和。在这一理念指导下，中航人培育了“激情进取、志在超越”的企业精神，建设了具有航空一集团特色的“超越文化”。

一、激情塑造超越之魂

中航一集团成立时，面临着很多困难：一是严重亏损，企业资金短缺，人才流失，职工情绪低落。二是公司从政府机关转型而来，许多企事业单位带有严重的计划经济痕迹，公司的体制、机制和产业结构不尽合理，制约着公司的经营和发展。三是中国的航空工业从建立开始就面临着国际强大对手的竞争，到集团成立时，其实力的差距世人皆知。面对机遇和挑战，惟有变革、超越，实现跨越式发展才能走出困境。变革、超越的关键是文化的变革与创新，目标是采取行动的向导。集团公司一成立就提出了向国外优秀公司看齐，打造国际化的大集团，跻身世界航空工业强者之林的奋斗目标。建设大集团，最关键和最根本的是要确立集团核心价值观，这是集团之魂。集团之魂，蕴藏在中华民族五千年优秀的传统文化之中；蕴藏在中国航空工业半个多世纪的优秀文化积淀之中。集团经过几上几下总结、提炼，最后确立了“航空报国，追求第一”的集团核心理念和“激情进取、志在超越”的航空人精神，围绕这一核心价值

观，展开集团文化建设。

“航空报国”是核心理念的精髓。振兴中华民族的航空工业，建设国防蓝天长城，铺造国民空中通途，展现的是航空人的历史使命和奋斗精神。“航空报国”集中体现了中华民族文化的精髓——爱国主义，这是一种凝结着中华民族几千年传统文化的情结，是最伟大的情感，也是一种最强大的动力。“航空报国”有着鲜明的时代特色，要祖国强大，航空工业必须强大。用最先进的飞机、最好的武器装备武装我们的空军，就是最直接的“航空报国”。要满足国家安全和国民经济建设的双重需要，就要发展中国自己的民机，中国民机发展的命脉就不能让别人掌握。“航空报国”表达了航空人立志报效祖国，无私奉献，发展壮大自己国家航空工业的远大志向。

“追求第一”是集团的目标定位。“追求第一”首先表示航空人承认与第一的差距，同时也表明：第一是相对的。航空人将永不服输、永不停止、永不放弃地进行追求，不达目的决不罢休，总有一天，能够成为第一。

“激情进取、志在超越”是集团理念在精神层面的集中展示，充分表达了航空人通过充满激情的忘我工作，实现把集团建设成为一个快速成长、追求卓越的现代化大公司，跻身于世界航空工业强者之林的美好愿景；体现了航空人不断创新、无限超越的奋斗精神。说到底，“追求第一”的实质是不断超越，就是要在研制重点型号任务中，加大科技创新力度，赶超当今世界一流水平；在质量上，要“一次做好、缺陷为零”，这也是一种超越；在环境建设上，追求当地最好水平，也体现了超越；实施大集团战略，抓住新的重要战略机遇期，下定决心，激情进取，为中国航空工业进入世界航空工业强者之林，做出历史性的贡献，也体现一种超越。中航一集团的魂就是“激情、报国、超越”！

二、激情构筑“一拳五指”

集团公司从集团文化建设的基本规律与集团公司工作的实际出发，按照“突出航空特色，员工普遍认同，围绕中心任务，尽快见到成效”的原则，提出了集团文化建设基本框架，即“一拳五指”。

“一拳”，即作为企业核心价值观的“集团理念”，它表示：握紧拳头是凝聚力，伸出拳头是竞争力，张开五指抓落实。“五指”，即企业文化建设的五个重点。

一是集团文化建设的中心点——型号攻坚。重点型号任务是“航空报国”的主战场。围绕它开展集团文化建设，才能落地生根，生成正果。集团公司提出了重点型号研制的指导思想、价值观、“四保”准则（保质量、保水平、保节点、保安全）等，已逐步得到了航空人的认同和实践。有重点型号任务的单位通过现场思想动员、提炼催人奋进的行动口号，进行政治激励；通过各种立功竞赛活动，进行竞赛激励；通过媒体宣传先进人物与英雄群体的生动事迹，进行表扬激励；通过奖励政策向重点型号研制人员倾斜，进行价值激励；通过激情演讲引起共鸣，进行情感激励。催人奋进、激情四射的文化建设，被广大干部职工誉为“领航员”、“发动机”、“破冰船”。强大的文化力极大地促进和拉动了重点型号研制的生产力，一批国家急需的重点型号任务按节点完成。

二是集团文化建设的切入点——质量文化。质量是航空人的生命。从此入手，就抓住了干部职工的兴奋点。各企事业单位对集团文化建设选择质量文化为切入点深表认同，从一开始就做到了“同频共振”。集团提出的质量方针、质量价值观、质量理念、质量行为准则等得到了各企事业单位的广泛宣传和贯彻实施，“重质量，第一德”、“质量是航空人的生命”等理念已深入人心，质量管理工作也逐步从单纯依靠“制度把关”的“法治”，上升到职工“主动地严格行为自律”的“德治”上；各单位普遍建立了领导干部质量意识考评制度，并与干部的任免及其经济责任制挂钩，强化了各级领导干部的质量责任意识；“提供精品，不瞒缺陷”的质量承诺逐步被干部职工所接受和认同，“质量第一”的文化氛围日益形成。质量文化建设开展以来，飞机军检交付故障条数大大下降，质量损失和质量成本呈现逐年下降的趋势。

三是集团文化建设的闪光点——“一流环境”建设。要求企事业单位在工作环境和生活环境建设方面落实“新6S”（即：清理、整顿、清洁、规范、素养、安全6个方面），使之达到当地、行业、全国甚至世界最好水平，并努力营造良好人文环境。几年来，通过“一流环境”建设，企事业单位的外在形象普遍得到了改观。“我建设环境、我享受环境”和“环境也是生产力”的理念被广大员工所认同。沈飞公司的民机转包项目曾被波音公司亮出了黄牌，经过开展质量文化、“一流环境”建设以后，当FAA专家又一次来沈飞公司时，认为环境管理反映了沈飞基础管理上了很大一个台阶，结果FAA审计以零问题、零建议顺利通过。同样的故事在西飞公司几乎一模一样地重复了。现在，全集团有24家企事业单位通过了集团“一流环境”合格验收，4个单位被授予奖牌。

四是集团文化建设的整合点——“六统一”。一个大集团必须有自己个性鲜明统一的形象识别系统。集团要求各单位首先做到“六统一”，即：理念统一、司徽统一、公司名称和标准字体统一、标准色统一、司旗统一、司歌统一。加大文化内涵方面的统一，实行新的“六统一”，即统一的愿景、统一的战略、统一的理念、统一的精神、统一的标识、统一的品牌，使集团真正由里到外凝聚起来，成为强大的集团。

五是集团文化建设的基本点——集团信誉建设。首先是诚信建设。2002年初，集团公司开始了“打造诚信航空”活动，提出了诚信宣言——“我以诚信写蓝天”，领导干部和质量、财务、总部人员也发出诚信承诺。通过这种承诺的实现，使“打造诚信航空”落到实处。目前，在集团信誉建设中，又开展了以“对市场的特殊理解、对用户的特别关注”为主要内容的市场意识教育，建树了中航一集团独特的市场观和用户观。与此同时，集团品牌建设也正在逐步推开。

激情奋斗必有回报，几年来的集团文化建设使集团理念深入人心，干部职工的精神面貌焕然一新，初步形成了具有航空特色的集团文化。

强大的文化力极大地促进和拉动重点型号任务的生产研制。五年来，在“航空报国，追求第一”理念的感召、鼓舞下，集团突破重重难关，取得了累累硕果，圆满完成了一大批先进航空武器装备的生产任务，实现了军机从第二代机向第三代机的大跨越，为加速军队装备现代化、提高部队战斗力做出了重大贡献。与此同时，集团走出了一条独立自主、自力更生、勇攀高峰的研发先进战斗机之路:枭龙飞机的研制,标志着中国已具备生产第三代战斗机的能力;昆仑发动机的研制成功,标志着中国航空发动机研制翻开了自主发展的新的一页。集团员工以自己“航空报国,追求第一”的实际行动,向党和人民交了一份满意的答卷。

集团文化建设支持和促进了大集团战略的实施,促进了集团结构调整等改革工作。“整合、凝聚、创新、卓越”的大集团战略,“精化分立,重组整合,发展壮大”的调整改革思路深入人心。在文化先期整合的作用下,集团顺利完成了一系列复杂的结构调整,实现了航空工业科研、生产新的整合,为集团公司产业化发展铺平了道路;特别是发动机事业部的成立,标志着集团专业化发展逐步理顺,初步构建了未来事业部与母子公司组织体制的雏形——一个崭新的以航空工业为主业的大集团正在强大的文化凝聚力作用下快速形成。

集团文化建设极大地促进了管理的创新与发展。流程再造在全集团推开;六西格马管理得到极大普及;精益制造也在许多集团下属企业得到推广;信息化的浪潮汹涌澎湃;吸引人才、凝聚人才、使用人才、激励人才,人才资源——集团公司第一资源的能量正在释放出来。

五年来,集团强大的文化力极大地促进和拉动了生产力,经济得到了连续快速增长,2003 年总收入跃上了 446 亿元新台阶,实现了历史性跨越,总体经济规模比 1999 年翻了一番。集团与世界强者的差距不断缩小,总体经济规模从相当于世界 500 强末位的 27%上升到 53%;航空主业的规模从相当于世界航空航天百强的第 54 位上升到第 31 位;利润水平从刚成立时的 - 3.8 亿元,到 2001 年实现扭亏,2002 年、2003 年出现利润稳步增长的喜人局面。

第一汽车 第一伙伴

——中国第一汽车集团公司的企业文化建设

中国第一汽车集团公司是一个有着近 50 年历史的汽车生产企业。经过三次艰苦创业,已形成中、轻、轿三大系列全面发展的产品格局。一汽的产销量、利税等经济指标年年创历史新高,被中国企业联合会、企业家协会评为中国最具影响力的企业。

中国一汽集团公司面对国内市场国际化的激烈竞争,适应企业转型的需要,对一汽文化进行了全面系统的整合,形成了以“第一汽车,第一伙伴”为核心理念的一汽文化构架,为集团的快速发展注入了强大的生命力。

一、具有鲜明时代特征的一汽理念体系

2003 年,在一汽 50 周年华诞的历史时刻,在盘点半个世纪企业优秀文化积淀的基础上,公司高度凝炼了一汽的理念体系。

企业价值观:第一汽车 第一伙伴

企业精神:学习、创新、抗争、自强

经营理念:用户第一

管理理念:耐住寂寞,从“0”和“1”做起

生存理念:狮子与羚羊赛跑

产业梦想:让中国每个家庭都拥有自己的汽车。

“第一汽车”——首先是源于历史的第一。以毛泽东主席命名的“第一汽车制造厂”而得名,经过自力更生、艰苦奋斗的创业,成为新中国汽车工业的发祥地。其次是追求未来的第一,开放合作,自主发展,“一汽”将以“永求第一”的精神推动中国汽车工业的健康发展,成为世界重要汽车制造商。

“第一伙伴”——首先是以人为本,通过互利共赢的伙伴关系,实现企业与用户、员工及合作者的共同成长。第二是回报社会,通过汽车创造富裕社会。

一汽的理念体系,具有鲜明的时代特征:

第一,着眼国内市场国际化的激烈竞争,提出狮子与羚羊赛跑的生存哲学,快则生,慢则死,视速度为竞争优势。

第二,抓住工厂制向公司制转型的第一要务——跃过“观念坎”,摒弃“生是一汽人,死是一汽鬼”的强烈身份意识,认清“早改革是生的痛苦,晚改革是死的痛苦”。通过弘扬企业精神,使职工感悟到:“学习是一汽发展的源泉”、“创新是一汽发展的精髓”、“抗争是一汽发展的骨气”、“自强是一汽发展的根本”。

第三,树立“用户是企业存在的惟一依据”的经营理念。倡导员工不断地问自己,“我的用户是谁?我的用户需要什么?我为用户做了什么?我还能为用户做什么?”一切以用户为中心,为用户创造价值,建立起能快速满足用户需求的服务体系。

“第一汽车,第一伙伴”的核心理念,确定了一汽人“永求第一”的企业目标和“让中国每个家庭都拥有自己的汽车”的产业梦想,为企业做大做强奠定了坚实的基础。

二、具有强势推进力度的文化建设工程

一汽人认为,文化只有回归实践,被员工认同才能转化为文化力。他们采用教材宣灌、骨干培训、媒体传播、氛围营造等方式,推进一汽文化建设。

第一,养成可维护的第一汽车思维方式

这种思维方式体现在:

在处理产品开发与市场需求的关系上,强调“比市场需求快一步”理念;在处理企业与合作伙伴的关系上,强调“全力支持一汽合作伙伴做大做强”的双赢理念;在处理自主发展与合作的关系上,强调“自主品牌,开放合作”的发展理念;在处理企业与用户的关系上,强调“以对用户忠诚、赢得忠诚用户”的诚信理念;在处理市场导向与企业计划的关系上,强调“市场经济企业最讲计划”的有序管理理念;在处理职能部门管与干的关系上,强调“管干分开;管理放大,决策集中;正常时服务,异常时监控”的管理理念。

这种思维方式的可维护性体现在“滚动养成、逐渐固化、不断赋予新内涵”的建设过程中,使职工掌握“查找、倾听、分析、改进、控制”的工作方法,形成自我循环的能力。

第二,设计可复制第一汽车动作模板

一汽人认为文化建设最重要的是执行,执行的关键是做好

每个细节，解决“落地”问题。公司各部门、各环节、各岗位都以企业核心理念为导向，重新审视、设计、修订自己工作的职责、流程、标准；明确从哪里开始，到哪里结束；具体路径和要求是什么，如何站位、如何配合等，并制成相应的模板，保证第一次就把事情做对，保证无数重复的动作做到位，不变形。在强化员工技能的同时，潜移默化地把企业文化理念渗透到员工的行为中。

第三，放大可传递的第一汽车形象符号

一汽人注重将企业文化理念用有血有肉的企业英雄来承载、来传播。

集团下属解放贸易总公司的服务代表常彦江为抢救用户的生命，在青藏高原上驱车三天四夜，行程2900多公里，赶到海拔5000多米的出事地点，冒着危险将自己的氧气管拔下来给用户插上，抢救了用户的生命。公司为他颁发了第一汽车最高荣誉奖——总裁服务奖，用企业的英雄教育职工，使企业的文化理念深入人心。

企业文化建设使一汽集团这个老企业焕发了青春，2003年，汽车销售90.2万辆，销售收入1140亿元。他们决心把一汽建设成为世界重要汽车制造商，成为带动中国自主工业体系健康发展的“第一汽车”，成为促进“人·车·社会”和谐发展的第一伙伴。

更高的竞争在文化

——上海宝钢集团公司的企业文化建设

上海宝钢集团公司（以下简称：宝钢）是以宝山钢铁（集团）公司为主体，联合重组上海冶金控股（集团）公司和上海梅山（集团）公司，于1998年11月17日成立的特大型钢铁联合企业。

宝钢注册资本458亿元。截止2003年底，拥有全资子公司22家（其中境外子公司9家），控股子公司14家（其中境外子公司2家），其中钢铁业子公司11家，金融业子公司2家，贸易业子公司8家，另有参股子公司24家。

宝钢是中国最具竞争力的钢铁企业，年产钢能力2000万吨，赢利水平居世界领先地位，产品畅销国内外市场。

宝钢实施钢铁精品战略、适度多元化战略、国际化经营战略，已形成了近20个境外和国内贸易公司组成的全球营销网络，与国际钢铁巨头合资合作，广泛建立战略合作联盟，实现优势互补，共同发展。

宝钢坚持以人为本，秉承严格苛求的精神，学习创新的道路，争创一流的目标。

2003年6月12日，宝钢提出了新一轮发展战略：跻身世界500强，成为拥有自主知识产权和强大综合竞争力，备受社会尊重，“一业特强，适度相关多元化”发展的世界一流跨国公司。宝钢的这一追求体现了宝钢企业文化的本质内涵，这就是“严格苛求的精神，学习与创新的道路，争创一流的目标”。“严格苛求”是企业发展的基础，严格苛求文化是一种实干和从严的文化，是一种基本的态度取向。“学习创新”是企业发展的关键，学习创新文化是一种对外开放、崇尚科学、自主发展的文化，是一种充满时代气息的开拓性文化。“争创一流”是企业发展的动力，争创一流文化是一种面向全球，为民族复兴而追求卓越的文化，是一种高层次的目标激励文化。

25年的宝钢企业文化建设经历了四个发展阶段。第一阶段，1978年到1985年，宝钢称之为创业期文化。宝钢提出了“高质量、高效率、高效益，建设世界一流钢铁企业”的文化理念，注重“光荣感、责任感、紧迫感”的教育，提出了“确保85.9投产万无一失”的口号，成为当时宝钢员工和各路建设大军强大的精神动力。第二阶段，1985年到1992年，宝钢称之为转轨期文化。这一时期，我国正从计划经济体制逐步向市场经济体制转轨，宝钢从缩小与国外先进钢铁企业现实差距出发，提出了“建设一流的队伍、培养一流的作风、掌握一流的技术、实行一流的管理、生产一流的产品”的争创一流文化理念。第三阶段，1993年到1998年，宝钢称之为发展期文化。宝钢率先在全国普及用户满意理念，实施了CS战略，提出了全方位满意管理的运作模式，逐步形成了具有宝钢特色的用户满意文化。第四阶段，1998年至今，宝钢称之为整合创新期文化。1998年底，宝钢成功实现与上钢、梅山钢铁的大联合。为实现从“成功联合”到“联合成功”的转变，宝钢走了一条文化逐步融合与创新的道路。2004年1月8日，宝钢在研究提炼的基础上，正式提出宝钢企业文化的主线，即“严格苛求的精神，学习创新的道路，争创一流的目标”。

无论是创业期文化、转轨期文化，还是发展期文化、整合创新期文化，都体现出宝钢文化的两个基本特征：其一，就是宝钢文化体现了先进文化与先进管理的高度融合。宝钢文化是管理之魂，宝钢管理是文化之载体。只有融合进企业管理实践的文化，才是有生命力的文化，才是有竞争力的文化。其二，宝钢文化的发展，既保持核心内涵的延续性，又体现具体内容的与时俱进。这正是宝钢无论外部环境怎么变化都能保持持续发展的秘诀，宝钢文化已经成为企业的一种核心竞争力。

宝钢的发展走了一条持续进行文化与管理创新，不断提升综合竞争力的道路。西方企业经历了从人治到法治再到文化治理的过程。宝钢在以法治企、完善制度建设的过程中，不断强化文化治理。宝钢文化与管理坚持以世界一流为目标，以严格苛求为基础，走了一条学习与创新的道路。宝钢文化建设的重点主要包括以下四个方面：

1. 持续进行文化创新，营造一种与企业发展相适应的文化氛围。

为推进文化创新，宝钢开设了“观念与创新”论坛，一般每季度举办一次，围绕一个主题进行研讨，已持续数年，如今“观念与创新”论坛已进行到第十六次。在该论坛上，集团公司领导与子公司领导及有关方面就影响公司发展的全局性、战略性问题进行广泛研讨，形成共识，统一思想。“观念与创新”论坛已成为宝钢进行持续文化创新的平台。一年一度在集团公司核心企业宝钢股份召开企业文化建设大会，是该公司进行文化创新的又一重要抓手。

2. 持续进行管理创新，健全一套与企业文化相匹配的管理制度与管理流程。

宝钢文化在实践中主要体现为宝钢的管理制度和管理模式。宝钢建厂初期就花8900万美元引进当时日本的先进管理软件,经过持之以恒的消化、吸收和发展,如今已经发展成具有宝钢特色的管理模式。伴随着文化创新,宝钢持续进行管理创新,并以管理创新引导技术创新,达到保持竞争优势的目的。世纪之交,为了提升宝钢的核心竞争力,宝钢实施ESI(系统创新)工程,率先在产销系统进行流程再造;从美国引入66管理工具,开展了精益运营的试点。与此同时,还推出了价值链管理以及企业诚信体系建设等一系列举措。2003年6月,宝钢适时提出了一体化运作的战略举措,并逐步推行大宗原材料集中采购和集团公司总部职能机构的扁平化管理。上述举措,赋予宝钢严格苛求、学习创新和争创一流的文化新的内涵。

3. 持续进行机制创新,造就一支与公司价值取向相一致、与公司战略目标相适应的员工队伍。

企业文化建设必须坚持以人为本。宝钢严格苛求、学习创新、争创一流的文化,只有同以人为本的理念紧紧结合起来,才能具有强大的、永恒的生命力。宝钢在长期积累的基础上,提出深入推进"凝聚力工程"建设:一是用事业发展凝聚人。二是用制度创新凝聚人。三是用真情服务凝聚人。四是用加强培养凝聚人。五是用公平竞争凝聚人。六是用灵活管理凝聚人。七是用合适待遇凝聚人。八是用优秀文化凝聚人。

4. 持续进行党建创新,在企业文化建设中发挥中国企业的独特政治优势。

企业文化建设工作与党建工作密切相关。作为执政党的基层组织,企业党组织具有思想宣传工作、组织工作和群众工作优势,这些优势是中国企业的独特政治优势。宝钢党建工作与企业文化建设的结合首先体现在宣传思想工作中。各级党组织运用各种形式大力宣传宝钢文化,树立了曾乐、孔利明等一批先进典型,编写了宝钢发展史和宝钢故事,开展了宝钢文化研讨,使宝钢文化日益深入人心。宝钢通过党建创新促进企业文化建设,集中体现在发挥党员在弘扬宝钢文化中的先锋模范作用。自1994年以来,宝钢开展了创建"三高一流"(觉悟、技能、业绩高于群众,争创一流)党员队伍活动,取得了明显成效。

宝钢企业文化建设,有力地促进了宝钢的改革发展。2003年,宝钢的经营业绩令人鼓舞。完成粗钢产量1987万吨,完成利润131亿元;营业收入达到1204亿元,有望进入世界500强。

坚持"三化"模式　践行攀钢精神

——攀枝花钢铁公司的企业文化建设

攀枝花钢铁(集团)公司是我国西部最大的钢铁生产基地,2003年,攀钢实现销售收入168.3亿元,利税22.8亿元,利润7亿元,出口创汇1.38亿美元,攀钢产品遍销国内30多个省、市、自治区,并出口日本、欧洲、北美、东南亚等20多个国家和地区。攀钢能在一个不毛之地的艰苦环境里,从无到有,发展壮大,一个根本原因,就是以党的基本理论为指针,努力建设强势的攀钢文化。

攀钢文化的核心是"艰苦奋斗,永攀高峰"的企业精神。攀钢坚持从自己企业的实际出发,探求了一条"内化于心、固化于制、外化于行"的建设模式。

一、内化于心,着力解决价值理念的信奉问题

内化于心,就是将以攀钢精神为核心的攀钢七大文化理念转化为职工的共同认识,培育职工对攀钢的认同感和归属感,形成攀钢共有的价值观和行为规范。内化也要达到"三化",即理念故事化、故事理念化和理念人格化。多年来,攀钢以培育和弘扬攀钢精神为主线,将文化理念的灌输融入到企业的各种学习培训活动、技术创新活动、文化体育活动中去,在理念的深入普及上狠下功夫。认真开展了"五观大讨论"、"弘扬攀钢精神,展示青春风采"、"攀钢在我心中"等主题演讲及征集攀钢人故事和攀钢人格言、"学英杰见行动"等活动,积极实施"职工素质工程"建设,编印出版了《攀钢人故事》、《攀钢文化台历》,举办了《英雄攀钢》厂歌大赛和"攀钢文化大家谈"活动,通过寓教于乐的活动,使攀钢精神和七大文化理念深入人心,将攀钢领导层的思想和理念原原本本不衰减地传输给基层管理者和普通职工,大大增强了职工对攀钢精神、攀钢文化理念的认同,增强了"上下同欲保目标,齐心协力铸辉煌"的信心和决心。

二、固化于制,着力解决价值理念的制度化问题

如果把企业比做一条大河,那么企业文化就是深深的河床,制度则是河流两边坚固的长堤,河床与长堤规范着企业之水奔腾不息。因此,企业文化理念必须固化于制。

固化于制,就是要用机制、体制、制度来反映各种文化理念,将已取得的文化建设成果用规章、制度固定下来,使员工既有价值观的导向,又有制度化的规范。当制度的内涵被职工心理广泛接受并自觉遵守时,制度就成了一种文化。攀钢成立了由党政一把手为组长、处室为成员单位的攀钢文化建设领导小组,制定了《攀钢文化建设三年规划》和每年的具体措施,坚持年初部署、年中检查和年底总结,并将以攀钢精神为核心的七大文化理念体现到攀钢的生产经营、企业管理和各项制度中,开展了质量文化、安全文化和营销文化三大子文化建设。攀钢营销文化建设以产品营销为载体,以打造攀钢品牌为中心,以用户满意工程为重点,通过建立攀钢营销文化建设运行机制,开展系列营销文化教育活动,努力实施"用户满意"、"攀钢形象"两大工程。攀钢深入开展安全文化建设,以"关爱生命,我要安全"为主题,教育职工树立"安全责任重于泰山"的安全文化意识,并建立了职业健康安全管理体系。攀钢积极推进质量文化建设,深入开展"质量信得过班组"创建活动、"质量文化月"系列标志性活动,并举办了攀钢质量文化论坛,编发了《攀钢典型质量案例汇编》,使"质量是企业的生命"等理念深入人心,切实增强了职工的服务意识和精品意识。

三、外化于行,着力解决价值理念的实践化问题

外化于行,就是要让攀钢文化建设的成果落实到全体攀钢人的行动之中,要让攀钢文化理念变成职工的自觉行为,通过

职工行为展示企业的良好形象。企业文化其本质不在于知，而在于行；其验证不在于逻辑，而在于实践。

攀钢积极开展“爱岗敬业、争创一流”的岗位实践活动，引导干部职工形成了良好的职业道德习惯；开展“诚信为本、忠诚攀钢”主题教育和有针对性的职业道德教育，塑造“遵纪守章，行为端庄，实干进取，忠诚攀钢”的良好攀钢人形象。

攀钢建立和规范攀钢标识，让理念外化于“形”。各分(子)公司、控股公司统一使用攀钢标识体系，达到理念、厂徽、厂旗、厂歌、标准字体、标准色六统一。

攀钢坚持科学的发展观，走可持续发展道路，积极搞好“十大”环保工程，修建了攀钢文化广场、攀钢文化展示厅和产品展示厅，倾力打造具有攀钢文化特色的工业旅游，开展生产现场的整治和管理，努力把攀钢建成“绿色工厂”、“清洁工厂”、“园林式工厂”。与此同时，公司在生活环境建设上以文明示范生活小区建设为重点，建立和完善社区文化设施，营造了健康、祥和、温馨的生活环境，满足了职工求知、求美、求乐的精神需求。

打造“桥”文化　振兴桥事业

——中国铁路工程总公司大桥局集团有限公司的“生命工程”

中国铁路工程总公司大桥局集团有限公司的前身是铁道部大桥工程局，成立于1953年。50年来，大桥局在国内外设计、建造桥梁近600座，承揽其他工程百余项，获得国家科技进步奖17项，国家优质工程金、银奖8项，中国建筑工程鲁班奖12项。拥有中国工程院院士2名，中国工程设计大师2名，享受国务院特殊津贴专家30名。现已发展成为集桥梁科研、设计、施工、制造“四位一体”，立足国内、面向世界的大型现代桥梁企业集团。

在经济全球化、竞争信息化、企业人本化的时代浪潮中，大桥局把建设优秀企业文化作为“振兴桥事业”，实现企业“百年辉煌”的“生命工程”。

他们提出：打造“桥”文化，具有桥行业的特色，继承桥企业传统，提炼桥精神内涵，融入桥文化魅力，体现大桥人追求，服务大桥局和桥梁事业发展。

一、锻造桥精神，构建桥理念

公司在广泛征集职工意见的基础上，经过反复归纳提炼，确定了大桥局的企业精神：跨越天堑，超越自我。其实质是以跨越和创新精神，鼓舞新时期大桥局人要勇于超越历史的辉煌，跨越有形与无形的天堑，坚韧不拔、开拓创新、勇往直前。

大桥局确定的核心价值观是：“创新发展、以人为本、科技领先”；改革理念是：“不求四平八稳，但求开拓创新”；人才理念是：“人人都是人才，人人都可成才”；科技理念是：“强中自有强中手，创新永远无止境”；经营理念是：“联合、竞争，有所为、有所不为”和“业主永远没有错，我们永远有不足”等。

大桥局集团确立了“一业为主、二元经营、三个转变”的经营发展战略，即：坚持做专做精做强建桥主业，拓展建桥上下游产业链，大力发展工程总承包和设计施工总承包；实行建桥和投资业“二元经营”，积极稳妥发展投资业，开展资本运营，培育企业新的经济增长点；实现由内陆建桥向跨海大桥建设转变，由国内建桥向国外建桥转变，由建筑承包商向承包商兼投资商转变。

集团3年～5年内的发展目标是，力争新签合同额、完成营业额达到“双百亿”，把大桥局建成产权结构合理、管理技术密集、核心竞争力强的国内一流、国际知名大型现代桥梁建设企业集团。

二、培育桥人才，发展桥科技

大桥局贯彻“以人为本”、“建桥育人”方针，倡导“人人都是人才、人人都能成才”，大胆培养选拔“想干事、能干事、能干成事”的人，主动超前地为人才成长创造条件、提供舞台。一大批年轻有为的人才被推上管理和重要技术岗位。积极开展创建“学习型企业”、“学习型员工”活动，推行双向交流和人性化、科学化的员工绩效考核办法，实行管理、技术、资本等要素参与分配，有效地激发了企业人才活力。

他们坚持“科技领先”战略，以“差距不小、创新无限”鞭策自己，近两年投入3亿多元用于新装备开发，打造了我国第一艘海上运架起重船“小天鹅”号及其一大批先进的海上施工装备。在跨海大桥、大跨度公铁两用桥、斜拉桥、悬索桥、钢管拱桥等建造技术方面取得了新的发展。同时，加强与世界桥梁前沿科技的交流。在多年承办中国铁路桥梁技术交流会的基础上，2003年，与茅以升科教基金桥梁委员会和中国铁道学会桥梁工程委员会联合举办了“21世纪国际桥梁技术的发展与展望”技术论坛，来自国内外的230余位专家学者和有关领导参加了这次盛会。国际桥协主席伊藤学先生，中国工程院院士项海帆先生，美国工程院院士、中国工程院院士邓文中先生，交通部总工程师风懋润先生等国内外知名桥梁专家，以前瞻的眼光阐释了21世纪桥梁科技创新与发展的趋势。这次论坛，也展示了大桥局雄厚的技术实力和跻身国际知名建桥企业的坚强决心。

三、提升桥形象，打响桥品牌

卓越的品牌形象体现着企业卓越的产品质量和信誉。大桥局高度重视企业诚信文化建设，大兴重承诺、守信用之风。在加强诚信教育的同时，尤其重视诚信制度建设，成立了集团诚信考评管理委员会，对集团各单位诚信状况定期检查、考评，对信誉不好的单位进行曝光，营造了企业良好的诚信环境。

50年来，他们以“建一座桥梁，树一座丰碑”为质量追求，精心建造了近600座经得起时间考验的优质桥梁工程，牢固地支撑起大桥局这块金字招牌。他们不断创新质量理念，不仅注重工程内在质量，而且狠抓外观质量，高度重视环保，使工程质量管理迈上新台阶。近4年，大桥局一年夺得一个“鲁班奖”，并被评为“全国工程建设质量管理优秀企业”。由大桥局承建的孟加拉国第二长桥帕克西桥最近建成通车，其建造质量获得了孟国政府高度赞誉。中国商务部、建设部联合发文，将帕克西桥等作为我国对外承包工程质量管理的典范，通报表扬。

为塑造大桥局集团统一的对外形象，他们制定实施了集团形象识别系统。集团所属100多个工点，都按照统一的标准重新布置、美化。规范而醒目的集团徽、旗、字体、标准色、企业精神用语和宣传口号等，使大桥局集团在公众眼里的形象为之一亮。他们还坚持在重点项目推行“四个一工程”，即：出一部录像片、一本文集、一本画册、一批新闻稿件，加大工程宣传力度，着力展示企业品牌形象。

“人类美好生活创造者”

——彩虹集团公司的企业文化树

彩虹集团公司是中国建厂最早、规模最大、配套最全的彩色显像管制造企业。年生产能力达1300万只，居国内同行第一位、世界第五位。从1982年投产至2004年5月，共生产显像管9815万只，累计销售收入767亿元，实现利税98.3亿元，2003年利润总额5.94亿元。

彩虹集团处于全球竞争最激烈的显示器件领域，面对三星、松下、飞利浦等世界著名跨国公司的挑战，他们积极推进企业文化建设，凝练了“人类美好生活创造者”的企业理念和“敬人敬业、追求卓越”的企业精神，构建了独具特色的彩虹企业文化体系——“彩虹企业文化树”。

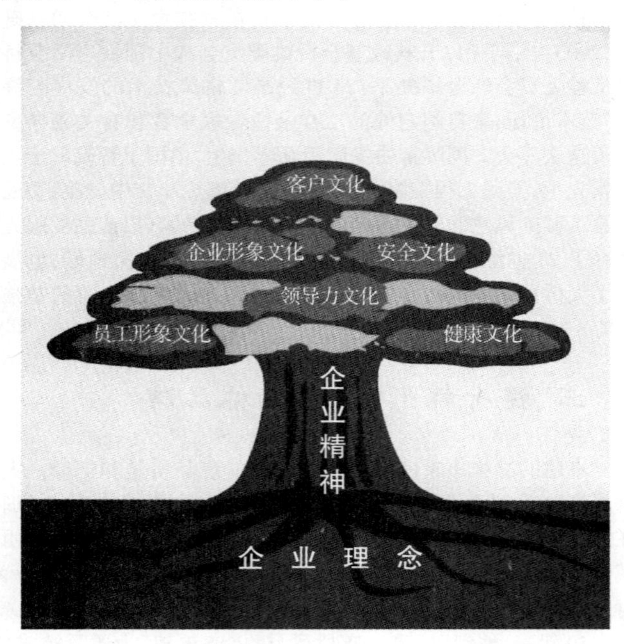

彩虹企业文化树由树冠（五个分支文化）、树干（企业精神）、树根（企业理念）、土壤（企业员工）组成。

一、彩虹的企业文化树冠——彩虹的分支文化

安全文化：从制度管理到文化自觉

彩虹人认为：要想让每一位员工成为懂安全、会安全的安全人，必须将安全从制度管理上升为文化管理。彩虹集团提炼了安全文化理念：“安全和健康是最大的财富”，“进彩虹，做安全人”，“珍爱生命，播种幸福”，使安全第一的观念深入人心。

客户文化：超越客户期望才能赢得市场

为客户服务不能仅仅是被动地满足客户需求，更重要的是要站在客户的角度思考，使企业的思想、行为和结果源于客户而高于客户。不仅尊重客户，也要尊重供应商，使彩虹的客户文化渗透于企业供应链的每个环节。

领导力文化：开发每个员工的潜能

彩虹人认为领导力是“以个人品格和言行影响他人、激励自我、不断挑战极限目标的能力”。领导力文化的四个基本点是：人人都有领导力；学习提升领导力；不埋没一个人才；乱位匹配。为提升团队领导力，公司出台了“彩虹六条”，即“彩虹事业至上；恪守诚信；痛恨虚假；敢于负责；持续创新；勇于变革；沟通、协作；终身学习”。

员工形象文化：我的形象就是彩虹的形象

公司要求员工“有文化、有修养、高素质、高能力”，从内在气质到外在形象，从精神修养到仪表仪容，全方位展现员工良好形象，并对言谈举止、涉外礼仪等作了详细规定。通过形象文化培育员工良好的职业道德意识，进一步展示企业的良好形象。

健康文化：追求健康人生，建设卓越彩虹

彩虹公司认为，健康不仅是员工个人的财富，也是企业的财富。“追求健康人生，建设卓越彩虹”的健康文化理念，从“环境和健康”，“心理和健康”，“运动与健康”，“饮食与健康”四个方面提出了要求，使员工拥有强健的体魄、自信的心态、宽容的胸怀。

企业形象文化：为统一企业形象宣传，设计了企业CIS识别系统。

彩虹形象文化启用了新标徽，确立了彩虹集团公司的英文名称、企业标准色、标准字、企业造型及应用设计系统近80种，并印制了《彩虹集团公司VI手册》。彩虹形象文化通过视觉识别，表现出了企业文化的核心理念体系，标志着彩虹进入了一个新的发展阶段。

二、彩虹企业文化树的主干——彩虹的企业精神

“敬人敬业、追求卓越”是彩虹的企业精神。公司领导认为，如果干部不敬人，员工就不会敬业；只有干部敬人、员工敬业，才会形成相互激励的局面。

敬人：首先是尊重和发挥员工的才能，帮助员工实现自我价值。要正确理解敬人。不但要敬上级，还要敬下级；不但要敬先进的人，也要敬落后的人；不但要敬客户，还要敬供应商。

敬业：首先是要负责到底。员工要讲上进心，中层干部要讲责任心，上层领导要讲事业心。不但要把本岗位的工作做好，而且还要关心彩虹整体的发展。

追求卓越：是“敬人敬业”有效运作的内在要求，充分体现了“人类美好生活的创造者”的经营理念的思想真谛。首先是产品要做到质量最好、成本最低，这样企业将在竞争中占有优势。其次是不断挑战极限，树立“瞄准星星总比瞄准树梢打得

高”,不断追求更新、更高的目标。

三、彩虹企业文化树的根——彩虹理念

“人类美好生活的创造者”是彩虹理念。它体现了一个企业的社会责任。彩虹不仅努力为社会创造物质财富和精神财富,而且在生产经营过程中,强化资源意识和节约意识,创建资源节约型企业。集团坚持节约资源型的消费,节约资源型的生产,减少使用损害环境的设备和原材料,坚持三废达标排放,通过技术革新的手段,淘汰浪费资源、污染环境的落后工艺、技术、设备,为改善环境、为人类创造美好生活做出贡献。

四、彩虹企业文化树的土壤——彩虹员工

企业文化树植根于员工之中,它体现了企业文化的全员性特征,说明了企业文化是全体员工实践的结果。在总结提炼客户文化的过程中,员工积极参与,提出建设性意见多达2000多条,并开展了“我谈客户文化”征文活动,使企业文化有着广泛的群众基础,每位员工都是企业文化的实践者、传播者、受益者,从而发自内心地热爱企业,为发展彩虹努力拼搏。

通过企业文化建设,增强了企业的凝聚力,彩虹员工都在争当“人类美好生活创造者”,都在为“立百年彩虹”创造性地工作。

文化再造　百岁新生

——开滦集团公司的企业文化建设

开滦集团公司是国有特大型煤炭企业,始建于1878年,公司前身是开滦矿务局,1999年12月改制为国有独资公司,下设煤业、多经、服务、经贸四个分公司。开滦早期的经营理念和管理方式曾为中国近现代许多企业所吸纳。新中国成立后,开滦人发扬毛泽东同志所赞誉的“特别能战斗”精神,以顾全大局、报国尽责的品格,在各个历史阶段为国民经济的发展“出了力、立了功、救了急”(周恩来语);它不仅为新中国源源不断输送了8亿多吨优质煤炭,并且创造出一系列代表着先进生产力发展水平的采煤技术和管理方式。

开滦人认为,在21世纪,哪个企业有了强劲的文化力,就会拥有在市场经济大潮中谋求新发展的优势;现有的物质资源总会枯竭,惟有生生不息的文化是企业持续发展的不竭动力。开滦的百年发展史积淀了厚重的文化底蕴,其中既有“特别能战斗”的精神品格,百折不挠、顾全大局的群体意识,励精图治、扎实苦干的品质作风等优秀文化,也同时存在自大封闭、万事不求人、接受新鲜事物较慢等陈旧观念的弊端。面对改革开放后市场经济的挑战,开滦人坚持用先进科学的文化观对原有文化加以整合、重塑,弘扬其精华,剔除其糟粕,让弱势文化变强大,让零散文化变系统,让病态文化变健康,让先进文化更卓越,形成体现时代精神、具有鲜明个性的企业文化体系,使之成为推动企业改革发展的现实文化力。

一、找准定位,确立总体目标和战略思路

明确企业文化的定位和本质内涵,是开展企业文化建设的基本前提。开滦公司把企业文化定位为“以人为核心的经营管理文化”。这一定位内涵是:运用精神和文化的力量,将企业的追求渗透于企业经营管理过程之中,蕴藏于员工自身之内,体现在三个文明建设成果之上。开滦人将创建新型的企业文化,作为企业党政领导的共同任务,作为企业管理创新、思想政治工作创新和企业三个文明建设的重要载体。推进企业文化建设的目的在于:培育企业精神,讲究经营之道,塑造企业形象,优化企业环境,提升企业的整体素质,以达到管理功能整体优化、企业凝聚力和市场竞争力明显增强的目标。精练概括便是:铸魂、立道、固本、塑形、聚力共10个字。铸魂,就是按照建立现代企业制度和社会主义市场经济的本质要求,对开滦企业价值观、企业精神进行重塑和提炼,为企业实现跨越式发展开掘出振奋精神的力量源泉。立道,就是确立与社会主义市场经济相适应的经营之道,即经营理念,借助于文化和精神的力量,把企业经营管理的指导思想、原则和积累的经验凝结升华成独具特色的经营理念,转化成一种精神力量。固本,就是坚持“以人为本”,全面提高员工队伍素质,促进管理创新。一方面加强员工思想道德建设,形成群体认同的职业道德规范和岗位行为规范;另一方面全面提高员工的技术业务素质,提升员工工作能力和品质作风。塑形,就是借助文化力量,努力培育企业知名度和美誉度,在社会公众中树立良好企业形象,再创开滦“金字招牌”。塑造开滦企业形象,主要包括“产品质量形象”、“企业公众形象”、“员工队伍形象”三个方面。聚力,就是尊重人、理解人、关心人,营造亲和向上的团队精神,帮助员工认同企业追求的目标,引导员工自觉参与管理,耐心细致地理顺员工思想情绪,满腔热忱地解决员工实际问题,使员工对企业产生强烈的归属感,形成强大的凝聚力、向心力和亲和力。

二、以理念为先导,以制度为枢纽,打造企业快速发展的管理平台

企业文化是在共同的价值追求基础上,将企业员工的思想、作风和行为准则统一于共同的经营哲学之下,从而成为企业发展的内动力;而科学规范的管理,则是通过规章制度把企业员工行为统一于共同的价值准则基础之上,成为企业发展的推动力。“两力”相连的枢纽是企业行之有效的管理制度。一个企业,如果只有理念,没有体现和保证理念实现的制度,那么,理念就是空洞的口号,就只能是“魂不附体”;而若只有制度,没有理念,制度就是没有灵魂的躯壳。因此,开滦人坚持以理念为先导,以制度为枢纽,运用文化的杠杆在实现管理创新上寻找有效支点。

他们把整合提炼具有时代特色和开滦鲜明个性的企业理念系统作为开滦文化建设的首要任务。历经两年多的广泛征集、深入调研和充分论证,开滦人构建提炼出了包括:企业宗

旨、企业核心价值观、企业精神、企业战略目标等在内的14方面价值理念体系。

他们在这一理念系统指导下,在总结开滦成功管理经验的基础上,制定并推行了“精细管理、双向控制(简称RMDC)管理法”。从强化员工行为规范养成做起,着眼于企业生产现场每一天、每一人、每一处、每一事的工作状态和劳动绩效,实施精确、细致、规范、严格的管理,激发员工的内在潜能,做到管理者与被管理者的双向互动、共同提高。理念与制度的紧密融合,夯实了企业改革发展的现代管理平台,解决了多年来煤矿现场粗放管理的问题;实现了由偏重结果向过程控制与结果管理相结合的转变,由单纯的刚性约束向刚柔并济结合约束的转变;企业管理驶入了精细、规范、民主、现代的轨道。

三、挖掘底蕴,重塑形象,再造开滦金字招牌

开滦人以开滦历史文化为机缘,以开滦新文化为推动力,全力重塑开滦新形象。他们挖掘悠久丰富的企业历史文化资源,先后策划出版了传记文学《庚子遗恨》,大型图志《开滦120年》,历史丛书《开滦沧桑》和《开滦老股票》等一批饱含开滦历史文化的读物。反映开滦创始人——民族实业家唐廷枢生涯业绩的大型历史连续剧《大龙脉》也正在筹拍之中。按照尊重历史、敬重文化、开创未来的思想,全面导入企业VI视觉识别系统,把用于1921年的“双环黑钻”标识重新进行整合与打造,赋予其新的时代内涵,形成了体现新开滦人“特别能战斗”精神风貌的新标识。两年多来,他们全面灌注“产品源于人品,用户满意是标准”、“追索市场,创造需求”、“诚信第一,合作双赢”等理念,用这些理念提升员工素质,指导企业的经营活动,赢得了用户的信赖和支持,提升了开滦的品牌形象。他们本着“量力而行、尽力而为、整体设计、分步实施”的原则,大力加强企业环境形象建设,相继对工业广场、公共设施、工作场所及居民生活小区进行整治改造,彻底扭转了煤矿“黑、脏、乱、差”的形象。

开滦改制以后,开滦企业文化建设经历了由“自在文化”向“自为文化”的转变。他们坚持主导与主体并举,发挥制度的枢纽作用,立足于文化创建实践,使老企业焕发了青春,获得了新发展。

融入世界 合作共赢

——建设以SAIC价值观为核心的上汽文化

上汽集团是一个以轿车工业为主导、多元化发展的企业集团,现有中外员工6万名,拥有上海大众、上海通用、上汽通用五菱、上海通用东岳、上汽仪征等五大乘用车基地,桑塔纳、帕萨特、波罗、高尔、别克君威、凯越、赛欧等7大轿车系统,同时生产经营客车、载重车等多种商用车,是国家重点发展的三大汽车集团之一。上汽集团销售收入、轿车销量和市场占有率连续多年名列全国第一。上汽集团通过确立企业核心价值观,构筑价值观实践平台,形成了以“融入世界、合作共赢”为特性的企业文化。

一、上汽文化的构想

1. 企业文化定位

——**思想认识定位**:上汽集团有一个大家都比较熟悉的故事,叫《人对了,世界也就对了》,这个故事启示我们,企业持续发展,最终取决于人,归结于文化。办企业办到最后,也是最高层次的就是办文化。

——**发展目标定位**:上汽集团提出到2007年,实现年产汽车100万辆、跻身世界500强、生产自主品牌汽车5万辆三大战略目标,实现这个目标,要有一面凝聚人心的旗帜。这面旗就是写有集团奋斗目标、体现集团价值观的上汽文化。

——**外部环境定位**:WTO挑战和经济全球化,使蕴含在产品、技术、管理和人才中的文化因素日益显现,文化力正在成为跨国公司参与市场竞争的重要武器,上汽集团领导充分注意到这一变化发展的趋势,并亲自致力于文化力的建设。

——**内部关系定位**:任何一个企业的集团化都伴随着资金集成、技术集成、管理集成和文化集成,其中文化集成更具有稳定性、持久性和渗透性。上汽集团在处理上下关系、中外关系和跨地区关系时,深深感到:注入文化比注入资金更重要。

2. 确立企业价值观

——**抓价值观就是塑魂**。在激烈的市场竞争中,靠制度管人,累死人;靠文化管人,抓住魂。建设上汽文化,根本在于抓住灵魂,确立核心价值观,并使企业、员工的个体价值观统一于集团的群体价值观。

——**企业价值观应当具备三个特质**。历史的:上汽集团价值观所继承的文化传统就是发展的文化、精益的文化、开放的文化和用户至上的文化;大众的:即用户大众和员工大众,因为人是文化发生作用的媒介,离开人,文化就是无源之水、无本之木;世界的:企业要参与国际竞争和合作,文化必然是世界语言。

——**上汽价值观的表述**。上汽集团SAIC核心价值观,在设计上,将上汽集团的名称与集团的价值取向巧妙地结合起来,准确地提示了集团价值观的内涵。因此SAIC,既是上汽集团价值观,又是上海汽车工业(集团)总公司的英文简称。

Satisfaction from customer 满足用户需求

Advantage through innovation 提高创新能力

Internationalization in operation 集成全球资源

Concentration on people 崇尚人本管理

3. 建设企业文化,关键的问题是构筑价值观实践平台

上汽集团在设计价值观的同时,设计了与之相对应的“四大工程”,这四大工程,既是集团经济工作的运行平台,也是集团企业文化建设的实践平台,从而实现了价值观由虚到实、由理念到实践的转变。

“满足用户需求”价值观的实践平台——用户满意工程

这是上汽集团的“生命工程”,其基本理念是“三心”:让用户放心,使用户称心,以用户为中心。基本抓手是“三找”:找自己的用户、找用户不满意的地方、找让用户满意的措施。在集团广大员工中形成这样一种共识:没有用户,就没有岗位;失去用户,就失去岗位;用户不满,就难保岗位。

“提高创新能力”价值观的实践平台——全面创新工程

包括技术创新、管理创新和机制创新。在技术创新上，集团提出了超前开发、联合开发和自主开发并举的战略。在管理创新上，集团在学习借鉴国外先进管理的基础上，形成了具有上汽特色的管理经验。包括“零缺陷”质量管理、数字化管理、预算控制管理、“人人成为‘经营者’”管理、“一体化”管理、中外合作管理、员工教育培训管理、SAIC文化管理和合资企业党建工作管理。这些管理创新成果已编成《上汽集团特色管理丛书》。

“集成全球资源”价值观的实践平台——全球经营工程

包括“走出去”与“引进来”并举、“出海跨洋”和“抢逼围”的战略。其中，“引进来”实现国内市场向国际市场、国产化向国际化、单一制造向多元经营三大转变；“走出去”实现整车出口批量化、零部件出口规模化、海外公司建设本土化三大突破。

“崇尚人本管理”价值观的实践平台——人本管理工程

形成了“以真挚的情感留住人、以精彩的事业吸引人、以艰巨的工作锻炼人、以有效的学习培养人、以合理的制度激励人”的指导思想和工作思路，注重培育敬业、开放、创新、成才的上汽职业精神。

二、上汽文化的世界特性

在上汽文化历史的、大众的和世界的三个特质中，“融入世界、合作共赢”是最有时代感、最具影响力的特性，它鲜明地凸现了上汽文化的世界性，一定意义上讲，上汽文化是一种合作文化。

1. 上汽集团合作文化的渊源

——汽车工业特殊性的渊源。在经济全球化的背景下，国际“6+3”汽车跨国公司全面进入中国，这种进入，不仅是资本、产品、技术和管理的进入，更重要的是文化的进入。同样，上汽集团要走向世界，不仅资本、产品要出去，文化也要出去。因此，全球化的企业经营必然产生全球化的企业文化。以立足世界汽车工业之林、跻身世界500强为目标的上汽集团文化建设，必须要有世界眼光。

——轿车产品特殊性的渊源。在所有的工业产品中，轿车是文化特征特别明显的产品之一。尤其在当前世界各大品牌纷纷进入中国市场的情况下，市场和用户已经越来越从世界的范围、从文化的角度评判轿车产品的安全、节能、环保、舒适和性价比，这就要求轿车制造商具有全球思维能力，建设面向世界的企业文化。

——上汽集团发展道路特殊性的渊源。在中国的轿车工业中，上汽集团是对外合作最早、对外交往最广的企业集团。在这条开放式发展的道路上，面对多元文化的摩擦、碰撞和融合，如何使合资双方“摩擦”出的是智慧的火花而不是斗争的火星，“碰撞”出的是积极的创造力而不是消极的内耗力，这是一个世界性的难题，需要上汽集团去探究、去攻克。在这种情况下，建设“融入世界、合作共赢”的上汽文化就成了一种历史必然。

2. 上汽集团合作文化的特征

合作是一种境界，它需要精诚、理智与和谐。而引导合作成功的，则取决于合作的理念，这种理念的核心就是顺应全球化发展趋势的SAIC价值观：集成全球资源。在这一理念指导下，上汽的合作文化建设，越来越显露出强强合作、战略合作、全面合作与共赢合作四个特征。

——强强合作

强强联合，才能实现“优生、优育”，才能带来世界上最先进的技术、管理和企业文化。上汽集团合作伙伴中，有10家进入世界500强的世界一流轿车和汽车零部件企业，这种强强合作的结晶，就是建成了具有国际先进水平的上海大众、上海通用两大轿车整车企业，建成了延锋伟世通、联合电子等企业组成的国内最先进、最具竞争力的汽车零部件系统。目前，上汽集团已经建立了58家合资企业，其销售收入和利润已经占到整个集团经济总量的95%。上汽集团以其强劲的实力和良好的形象，成为跨国公司竞相合作的主要对象。

——战略合作

上汽集团的强强合作，不是战术的，而是战略的；不是一时一事的，而是志在长久的，这是上汽文化又一重要合作理念。

作为上汽集团合作典范的上海大众，是20多年来中国轿车工业的领航者。经过18年的滚动发展，目前已经形成了三个整车厂、两个发动机厂和一个技术中心，资产增长了150倍，能力增长了15倍，产品的市场保有量超过200万辆，德国大众在中国市场的销量已经超过德国的本土。2002年，上海大众续约20年，德国大众决定未来5年对上海大众新增投资30亿欧元，充分显示了中德双方进一步实行战略合作的坚定信心。

上海通用汽车有限公司，曾经创造了23个月建成投产这个让跨国公司深感惊叹的“中国速度”。进入新世纪，美国通用和上汽集团联合宣布建立战略伙伴关系。紧接着，联合双方连续写下了携手参股韩国大宇汽车，实现中国汽车工业资本“走出去”重大突破；携手收购组建上海通用在山东的东岳汽车制造基地；携手在广西组建上汽通用五菱汽车有限公司，创造了中外合作的新模式等一系列大动作、大手笔。特别是中美双方成功联合开发的别克君威、凯越轿车，成为市场追捧的热点，上海通用2003年一跃跻身中国轿车工业三甲行列。延锋伟世通则以美国伟世通在中国业务平台的方式建立了战略合作关系，公司业务每年以50%的速度增长，成为中国最具成长性的零部件企业。

——全面合作

上汽集团“集成全球资源”的价值观，决定了集团的合作理念必然是一种全面合作的理念。在这一理念的指引下，上汽集团的对外合作从制造开始，不断拓展合作的新领域。现在，合作的范围已经涵盖了从产品开发到生产制造、再到市场营销和服务贸易，包括汽车金融、汽车物流等整个汽车产业链，包容了资本、技术、管理和文化等各个要素，涉及了轿车、微型车、城市客车和拖拉机等多种车辆，以及多达数以百计的汽车零部件。特别是技术领域内国产化和联合开发的全面合作，使集团的轿车制造水平从上世纪80年代迅速提高到与世界同步的先进水平。

——共赢合作

共赢合作的理念，更是上汽合作文化的精髓所在。他们在多年的对外合作中形成这样一个共识：合作，不是谁胜谁负，也不是控制与反控制，而是以合资企业利益为重，合作双方一个声音、一致行动、一个团队、实现共赢。在这一思想指导下，诞生了上海通用著名的、具有浓厚文化韵味的“4S”合作理念：即学习理解；以上海通用利益为重；规范行为；灵活务实。同时还产生了上海通用中外双方高层领导的“约法三章”。4S合作理念的核心就是“共赢”。

上汽集团致力于建设“融入世界，合作共赢”的上汽文化，日益为集团合资外方所认同。合作共赢，为合资外方在中国赢得了广阔的市场、赢得了众多的用户，也赢得了必要的回报。而上汽集团归根结底，则赢在了发展上。这是上汽集团迅速成长为上海重要的支柱产业和国家重要的轿车制造基地的成功秘诀。

近年来，上汽集团先后获得“全国五一劳动奖状”、“中国500家最大经营规模工业企业第一名”、“全国质量效益型先进企业特别奖”、“全国先进基层党组织”、“全国实施用户满意工程先进单位”、“全国精神文明先进单位”、“全国思想政治工作优秀企业”等荣誉称号。

同修仁德　济世养生

——中国北京同仁堂(集团)有限责任公司的企业文化建设

同仁堂是有着335年悠久历史的中医药行业著名的老字号企业。三百多年来，同仁堂人继承中华民族优秀传统文化，严格遵守“炮制虽繁必不敢省人工，品味虽贵必不敢减物力”的古训，树立“修合无人见，存心有天知”的自律意识，在经营过程中坚持“德、诚、信”的优良传统，确保了同仁堂金字招牌熠熠生辉。

改革开放以后，同仁堂在继承传统文化精髓的基础上，不断融入新的文化内涵，确立了与时代发展相适应的经营观、义利观、质量观、人和激励观、发展观和人本观，始终坚持“同修仁德，济世养生”的企业宗旨。优秀的企业文化培育指导着同仁堂人不断创新进取，使得同仁堂在市场竞争中不断发展壮大。

一、坚持诚实守信的经营观

同仁堂的创业者始终恪守诚实敬业的品德，并将其作为同仁堂职业道德的精髓而代代相传。这也是同仁堂历经335年昌盛不衰的秘诀之所在。

在培育诚实守信经营观的实践中，该公司一方面通过整章建制规范员工行为，一方面要求员工把讲信誉提高到适应市场竞争和企业生存需要的高度去认识，要求员工做到“一言一行顾着集体荣誉，一思一念为了企业兴衰”，并把诚实守信内容具体细化：

诚：即诚实、诚心和诚恳。诚实，内涵为货真价实，绝不弄虚作假，同仁堂绝不出假药，在服务中强调童叟无欺，一视同仁。诚心，即诚心诚意，不虚不伪，讲求周到服务，不讲份内份外。诚恳，即以恳切的态度倾听顾客意见，不计较顾客身份。

信：即信念、信心和信誉。信念，就是同仁堂人要有一种坚定的信念：服务同仁堂，献身同仁堂，立志岗位成才。信心，就是在困难面前，要敢于迎接挑战，善于排除各种障碍，在工作岗位上做出出色的成绩来。信誉，集中体现在“同仁堂”三个字上，这是三百多年历史的结晶，是同仁堂金字招牌的最好体现。通过坚持不懈的教育和规范，诚实守信已成同仁堂的经营观，并体现在广大员工以德兴企的各项工作中。

二、培育以义取利的义利观

在市场经济条件下，同仁堂有自己独特的义利观。该公司把利益融入在“济世养生”之中，融入在为患者治病服务的过程中。这也是同仁堂之所以能由小到大、声名远播的秘诀之一。如今，同仁堂仍然坚持本小利微，甚至赔钱的代客加工、代客邮寄、代客煎药、送药等工作，不仅受到了众多病患者的热情欢迎，而且增加了客源，带动了其他药品的销售。

同仁堂人把企业义利观上升到企业的经营哲学——“以义为上，义利共生”。该公司教育员工要以崇高的社会责任感，讲求社会大义，当义、利发生矛盾时，员工以义为上、为先，先义后利，义利并举，教育员工要有长远战略眼光，讲小义者即得小利，只有讲大义者才能有大利。

三、坚守以质取胜的质量观

在生产过程中，同仁堂总结出了“配方独特，选料上乘，工艺精湛，疗效显著”的制药质量规范，这也成为同仁堂人的共同质量观。“配方独特”，是指药方科学有效、独具特色，既有祖传秘方，又有民间验方和清宫秘方，且久经考验。“选料上乘”是指制药关键是选优质地道材料。我国北方最大的药市——河北祁州药市，历史上曾有同仁堂不到不开市的习规，原因是同仁堂会出大价钱专买优质地道的药材。如今，同仁堂不仅继承了这一传统，而且建立了企业七大药材种植基地。“工艺精湛”是企业古训“炮制虽繁必不敢省人工，品味虽贵必不敢减物力”的具体体现。为使中药生产步入现代化轨道，该公司在大力培育员工以质取胜质量观的同时，引进国外一流的生产流水线，使生产基本上实现了微机控制。“疗效显著”是以上三个方面的集中体现，由于从配方、选料到加工制作，都严格按照国家最高标准进行，从而确保了同仁堂的药品质量。许多顾客，包括海外患者都专程或让亲朋好友到北京同仁堂购药，他们的评价是：吃同仁堂的药放心。

四、创建团结奋进的人和激励观

同仁堂传统文化的突出特色是讲礼仪、重人和，具有浓郁的“人情味”。在市场经济条件下，同仁堂在继承“人和”传统的基础上又融入了新时代的团队精神。即通过各种手段，教育员工增强群体意识，树立大局意识，营造出一种相互关心、精诚合作的人际关系和企业发展环境。

一是全心全意依靠职工办企业，推行厂务公开，让员工拥有更多的知情权、参与权，实现了领导与员工的双向沟通，尤其是关心困难员工生活，定期给他们送温暖，使员工心情舒畅，一心扑在工作上。二是营造良好的“人和”氛围,要求各级班子成员之间、各单位之间、同事之间、上下级之间都要把团结放在第一位,发扬同仁堂讲礼仪、重人和的传统,共创团结和谐的人文环境。三是通过导入企业形象战略,逐步统一了企业的外部形象,规范了企业的理念行为,使员工为一个共同的目标而奋进。四是加大对外宣传力度,该公司与北京人艺合作拍摄了六集电视连续剧《同仁堂的传说》,与北京京剧院合作创作了京剧《风雨同仁堂》,与北京音像文化出版社共同投资拍摄了22集电视连续剧《大清药王》。这些合作不仅树立了同仁堂的良好形象,也增强了企业自身凝聚力。此外,该公司通过定岗、定资、定编、评先进、树典型等有效的方法,建立了能上能下、能进能出、鼓励先进、淘汰落后的运行机制。

五、树立继承创新的发展观

伴随着企业发展,同仁堂将德、诚、信等优良文化传统不断赋予时代新内容,并改造成为适应企业发展和社会主义市场经济的新文化。该公司用这种新文化培育同仁堂员工,不断提升员工的价值取向,逐渐形成了同仁堂人以“德、诚、信”为核心的职业道德,以古堂训为基本内涵的经营理念,以“以义为上,义利共生”为宗旨的经营哲学,以“同心同德、仁术仁风”为训导的管理信念等一系列文化新理念。这些新理念,已经成为同仁堂员工的共同理念准则和行为准则,赢得了社会上广大用户的广泛赞誉。

六、贯彻以人为本的人本观

同仁堂集团一方面坚持用企业的文化理念教育和凝聚职工,不断提高员工的整体思想道德素质,一方面建立起了以职工全面发展为目标的教育培训机制。如:师带徒制、竞赛比武制、派出进修制、多岗培训制、自学奖励制等。通过持久而不懈的文化培育,同仁堂员工不仅保持了以“德、诚、信”为核心的良好的职业道德、强烈的质量意识和服务意识,而且增强了现代市场意识、效益意识、竞争意识和集团整体意识,为企业可持续发展提供了强大的人力资源保证。

文化铸魂　解困发展

——黑龙江华安工业公司的企业文化建设

黑龙江华安工业(集团)公司是中国兵器工业的大型骨干企业,曾参与了著名的“两参一改三结合”文化管理经验的创造,受到毛泽东主席的赞扬。在共和国抗美援朝、边境自卫反击战和“两弹一星”等重大事件中,华安公司都做出了突出的贡献。从1988年到1996年,受经济体制转轨、军品任务锐减等因素影响,华安公司效益严重下滑。1997年,华安公司新领导班子大力推进企业文化建设,调整产品结构,转换经营机制,企业效益、职工工资逐年提高,企业形象和职工精神面貌焕然一新。中共中央总书记胡锦涛同志在评价该公司巨大变化时说:“华安公司新一届班子转变作风,切实加强与百姓的血肉联系,使困难重重的企业起死回生。这样的企业能搞好,对其它企业都有借鉴。”

一、高举旗帜,铸企业之魂

企业文化是竞争文化,而作为军工企业的文化还应具有强固国防的理念和拼搏献身的精神。华安公司结合自身的实际,确定了企业文化建设的目标,那就是从思想道德建设和价值观确立方面加强对员工的凝聚和引导,打造具有凝聚力的厂魂和军工企业精神。

1997年,华安公司经过科学调查之后,提出了一系列的企业文化理念:

治厂方针是:“要好名声,树新形象,自己艰苦奋斗,争取多方支持”。

企业精神是:“用崭新精神面貌重塑企业形象,以实际行动拼搏振兴工厂经济”。

厂魂是:“卧薪尝胆,克服眼前困难,追求企业长远发展;破釜沉舟,拼搏才有出路,不达目的誓不罢休”。

企业哲学是:“事物是发展变化的,兴衰是交替进行的。在市场经济中,一定要有不向命运低头的拼搏精神”。

指导思想是:“解放思想,抓住机遇,团结奋进,真抓实干,深化改革,加强管理,促进发展,保持稳定”。

一系列文化理念的确立,使广大干部职工看到了领导班子的决心和信心,大家纷纷聚集在企业解困发展的大旗之下,树立了“苦心人天不负,有志者事竟成”的坚定信念。公司领导提出了“人是华安人,心是华安心,创我华安业,铸我华安魂”;“工厂光荣我光荣,我为工厂争光荣,工厂发展我发展,我为工厂促发展”等肺腑心音,坚定广大干部职工振兴企业的信心,并决心用自己的生命和热血去践行这种崇高的责任。

二、科学管理,育企业之本

人的素质开发是企业文化建设的核心内容。华安注重人本管理,强调开发人才资源,重视文化与经济、管理的融合,发挥文化的激励功能、育人功能、融合功能与规范功能,为企业解困发展提供持久的动力。

企业兴衰事,成败皆由人。华安把人置于生产和经营管理的最高位置,视人才为企业发展的第一资源,把人的科技和文化素质的提高,人的积极性和创造性的发挥,视为企业发展的动力之源。为此,华安公司提出了“立业先立志,脱贫先脱愚;发展靠人才,振兴靠科技”等经营理念。他们注意培养和发现各方面的专业技术人才,加强各类人员的技术业务培训;特别是对有突出贡献的科技人员给予重奖。华安公司在中层以上干部中率先实行了风险抵押金制度;在全公司范围内开展了专业技术、管理干部和技术工人的“双百精英”评选活动,对入选者逐年提高津贴额度;开展了“能工巧将、生产工作者标兵”评选活动,对有突出贡献的人才进行奖励,有力调动了员工的积极性。企业相继通过了生产现场管理、安全评价和质量体系认证。

三、塑好形象，扬企业之名

华安公司认为企业形象是企业文化的外在表现，良好的企业形象，是企业巨大的无形资产。为此：

一是抓环境建设上水平。1997年，针对当时厂区衰败凄凉的状况，公司提出了“穷家勤扫地，贫女勤梳头；虽然不富贵，仍然有风度”的要求。企业动员了3万名职工、家属和学生开展了热火朝天的突击会战，厂区环境得到根本改观，并被省市政府授予“花园式企业”称号。

二是抓形象宣传上台阶。他们充分利用企业电视台、广播站、《华安报》、《华安通讯》、《铸剑快报》等媒体加大宣传力度，形成舆论氛围。编印了《华安魂》、《华安人》、《华安颂》、《华安业》系列丛书，印发至基层班组和全体干部；编写出版了员工演讲作品集《爱我华安》、诗歌大赛获奖作品集《华安诗萃》。《人民日报》、新华通讯社、《求是》杂志社、中央电视台、《工人日报》等中央新闻单位也纷纷对华安的巨大变化给予了报道。

三是抓阵地建设上规模。华安在经济很困难的情况下，拿出100多万元建设闭路电视、调频广播、修缮文化设施。成立了职工“山花”艺术团、离退休职工“夕阳红”文工团和威风锣鼓表演队，办起了老年大学，丰富职工业余文化生活。仅“夕阳红”文工团每年就演出自编自演的赞美企业变化的文艺节目达100余场，为振奋职工精神，塑造企业形象发挥了积极的作用。他们还投入2000多万元建设了集军工旅游、国防教育、爱国主义教育为一体的省级教育基地。来公司视察、参观的领导和宾客们一致称赞华安公司精神面貌好，政治气氛浓，企业文化建设有特色。

四是抓品牌形象上档次。企业加强品牌形象宣传力度，努力扩大企业声誉和产品知名度。被黑龙江省政府授予“知名企业”称号后，主要民品——高档水龙头、玻璃钢型材、铝合金气瓶被省政府评定为知名品牌；民爆器材系列产品也呈现出旺盛的市场生命力，增强了企业实力和产品的竞争力。

大力实施企业文化重塑工程，华安公司先后被授予“全国百家思想政治工作优秀企业”称号；被省委、省政府授予“国企解困先进典型”和“以德治厂典范”；被中国企业文化研究会授予企业文化建设创新实践奖。

全面导入 CIS 引领企业发展

——北京城建集团有限责任公司的形象工程

北京城建集团有限责任公司是1983年由部队集体转业人员组建的以建筑业为主的大型企业集团，拥有成员企业230家，经营范围从单一的建筑业扩展到房地产开发、勘测设计、工业生产、商贸、旅游等领域，形成了“一业为主，多元经营”的格局。在2002年国有企业500强的排名中，北京城建集团位列第70位。

城建集团以增强企业“文化力”为宗旨，围绕“内聚人心、外树形象”的工作思路，全面导入CIS，有重点、分层次地积极培育具有城建特色的企业文化，使企业的管理水平有了明显提高，品牌意识得到提升，核心竞争力得到了增强。

一、全面导入CIS，创新文化体系

城建集团从1997年开始着手策划并推行CIS，逐步建立了理念、行为、视觉三个识别系统，对企业精神、企业作风、企业宗旨、企业哲学等要素进行了提炼，创作了企业歌曲。同时，还建立了上至董事长，下至作业人员，涉及97个不同岗位的行为规范和5大类49个不同场合的礼仪规范。在运作方式上，城建集团注意把CIS原理与企业文化建设相结合，发动职工广泛参与。通过召开发布会、下发推行意见、拍摄CIS战略宣传教育专题片、开展以CIS战略为内容的知识竞赛和企业歌曲大赛等形式推广CIS战略。同时，紧贴生产经营活动，积极开展创建“文明施工区”、“文明办公区”、“文明职工家属区”和“文明民工生活区”的文明四区活动，使CIS战略的推行有了新的鲜活载体，实现了CIS的三个覆盖：即覆盖全员，落实到每个岗位；覆盖每个工作区域，解决好盲区和真空带问题；在时间上全覆盖，包括八小时之外。

二、提高职工素质，培育共同价值观

一是以理论教育武装人。20年来，城建集团始终坚持全员政治轮训制度。每年结合形势的发展变化和企业的工作目标、工作重点，有针对性地确定一个主题，开展全员政治轮训。轮训时间不少于24小时，轮训率不低于96%。

二是以成果教育鼓舞人。2002年，为迎接建党80周年，宣传企业建设成就，城建集团精心筹备、认真组织了反映集团组建以来主要成就的《跨越世纪——北京城建集团组建18周年建设成就展》。用3个月的时间，组织集团3万余人分期分批参观了展览。同时，在职工中开展了“忆创业史、明改革路、寻发展源”活动，起到了“回顾过去、展望未来、鼓舞士气”的作用。

三是以模范群体感染人。1996年以来，集团先后宣传推广了优秀共产党员于忠新、勇斗歹徒的田景贵、舍己救人的郜三喜、王洪娥等先进人物典型。宣传推广了伊朗德黑兰地铁项目部“龙舞中东、为国争光”、抢险大队“为民抢险、无私无畏”的集体典型。这些典型宣传，在树立正气、培育职工良好的思想道德风尚方面，产生了非常好的效果。

四是以规范教育提高人。集团所属各单位根据各自行业的特点，编写了自己的岗位职业道德规范。如一公司、四公司、五公司、道桥公司、安装公司等单位编写了岗位道德规范，二公司编写了岗位信条，亚东混凝土公司编写了服务规范，旅游饭店管理公司出版了80万字的饭店管理法典等。这些规范标准，成为激励和约束职工职业道德行为的准则。

三、打造企业品牌，塑造企业形象

城建集团从一开始，就把“重信兴利，服务社会”作为企业宗旨，并用“三信”要求打造品牌：一是信用，落实到工作中，就是要遵守合同，按时交工。城建集团和集团所属企业

已有36家子公司被北京市授予“重合同、守信用”先进单位称号；二是信任，以“创建精美工程，提供满意服务”为质量方针，树立精品意识和服务意识，提出“建一项工程、树一座丰碑”、“踏一方热土、留一片美名”、“育一批人才、开拓一片市场”的口号，先后创出了首都机场新航站楼、天安门广场改造、新东安市场、中华世纪坛等十多项鲁班奖，赢得了社会各界的赞誉；三是信证，城建集团及所属46家企业已通过了ISO9002质量体系认证；15家单位通过了ISO14000系列环保体系认证；8家企业通过了OHSI8000系列职业安全卫生健康体系的认证。“三信”要求的落实，规范了企业管理行为，极大地提高了企业信誉。

与此同时，城建集团把企业文化建设同企业精神文明建设、企业思想政治工作有机地结合起来，大力营造良好的企业文化氛围和企业文化环境。他们连续四年赞助北京城建女足，在集团内部成立了书画协会、摄影协会等组织，不定期举办笔会和绘画、摄影比赛，先后两次在中国美术馆举办了书画摄影展。在河南举办的国际山水摄影节上，城建集团摄影协会拍摄的四幅作品获了奖；针对集团外埠工程多和担负国际工程的特点，注意对外埠和国际工程进行报道，扩大了集团在国内外的认知度；编辑出版了两集共270万字的新闻作品选和12万字的《十七年大碰撞》一书。最近在对企业文化进行整合的基础上，又编辑出版了38万字的《建筑业企业文化》一书。这些文化举措，起到了“内聚人心，外树形象”的巨大作用。

几年来，城建集团经营总额由1997年的76.13亿元，上升到2003年的181亿元；全员劳动生产率由10.8063万元，上升到2003年的16.7009万元。集团先后被评为北京市和全国建设系统思想政治工作优秀企业和全国思想政治工作优秀企业。城建集团的“CIS”识别系统被中国企业文化建设协会评为“中国企业文化创新实践奖”，被国家经贸委经济研究中心等三家单位评为“中国型CI”探索奖，该企业并被授予中国（建筑业）著名品牌称号。

以德致远　以信惠通

——远通工程有限公司的企业文化建设

中铁十七局集团远通工程有限公司于1985年在福建省福州市成立。组建初期，人员来自原铁道兵第七师（1984年集体转业为铁道部第十七工程局），2000年脱离铁道部进入中央企业工委序列，2001年10月改制为中铁十七局集团远通工程有限公司。经过18年艰苦创业，远通公司已发展成为具有国家公路工程施工总承包一级资质、通过ISO9002质量体系认证、年施工能力在10亿元以上的综合性集团企业。

远通公司注重企业文化建设，他们弘扬当年铁道兵精神，大胆吸收、借鉴外来先进管理思想，不断创新企业经营管理理念，深入挖掘“远通”品牌的文化内涵，确定了“四远”、“四通”和“以德致远、以信惠通”的核心价值取向。

一、重塑企业核心理念

远通人在创业时期，为促进全员观念的转变，提出了“永争第一，第二就是失败”的生存观，“无可挑剔，不留遗憾”的质量观，“社会效益第一，经济效益第二”的效益观，“尽了力就是贡献，专一行就是人才”的人才观，“一切以满足业主和客户的信誉为最后评价，一切以取得最佳社会效益和经济效益为最后肯定，一切以取得国优、省部优工程为最终结论“的绩效观等，为企业的快速发展提供了良好的思想行为导向及强大的精神动力和智力支持。

随着企业的发展，远通人不断挖掘企业发展壮大的内在“文化基因”，重塑企业核心价值理念，结合“远通”的品牌，他们提出“以德致远，以信惠通”，并具体化为“四远”、“四通”：

“四远”，即目标宏远、志向高远、目光长远、品牌久远。“目标宏远”就是让远通的牌子在社会上具有广泛的知名度和信誉度，成为跨地区、跨行业，独具竞争力的企业名牌，使远通公司成为“中国远通”、“世界远通”。“志向高远”就是大力实施人本战略，培养和造就以托起远通明天的辉煌为己任，胸怀宽广、志向远大的远通团队，最大限度地实现企业价值和全体员工的人生价值。“眼光长远”就是始终坚持人的价值高于物的价值，共同价值高于个人价值，社会价值高于利润价值，全局利益高于局部利益，长远利益高于眼前利益。“品牌久远”就是在残酷激烈的市场竞争中，牢固树立“第二就是失败”的新理念，做到各方面“争上进，争荣誉，争一流，争第一”，打响远通，创出名牌。“四通”，即“变”通、“融”通、“精”通、“惠”通。“变通”就是以变应变，以变求新，与时俱进，始终走在行业领先位置，敢于否定自己，决不固步自封。“融通”就是把铁道兵时期的优良传统和作风融入到现代企业管理之中，把人类社会创造的优秀文化成果，特别是现代企业管理成果融入企业的管理实践中，把局部利益、眼前利益、个人利益融入全局利益、长远利益和国家利益中，把个人的奋斗目标、人生价值观融入到推进企业改革发展的整体事业中。“精通”就是树立强烈的终身受教育意识，紧跟时代步伐，构建学习型组织，使职工掌握新知识、新技能、新工艺，成为“精一门、会两门、懂三门”的岗位能手和业务尖子，担当起建设远通、强盛远通的时代重任，大力推进管理技术密集型企业的构建，将远通做成“精”字牌企业。“惠通”就是培育团队精神和信用机制，使员工与公司、公司与合作伙伴间形成利益共享、风险共担的经济和命运共同体，使公司与业主、监理、政府、社会建立双赢合作关系，营造宽松和谐的内外环境，构筑长久不衰的核心竞争力。

二、强化企业人才管理

企业的核心价值理念只有在实践中变成高素质员工的自觉行动，才能促进企业的发展。因此远通不断培育忠诚企业、归属企业、追求企业价值观和个人价值观相一致的人才团队和人才梯队。远通公司把心系职工的系列做法写进了企业的规章制度，制定、出台人才激励机制办法十多个，如评选企业年度“三十佳”、“企业功臣”、“优秀经营管理者”、“优秀科技工作者”，享受企业的特殊津贴；积极深化干部人事制度改革，推选干部公开竞岗选拔、任前公示和岗位绩效考核，把最合适的人放到最合适的岗位，形成了内部良好的人才竞争机制；大胆起用年轻干部，通过传帮带、压担子、搭梯子、鼓号子，为年轻干部成长搭建舞台；努力调动和保护老同志积极性，实行班子老中青搭配，保持企业领导班子和干部队伍充满活力，做到“感情留人、事业留人、待遇留人、文化留人”。目前，远通公司人才优势逐渐显现，30岁以下干部占干部总数的69%，大专以上学历的占80%，35岁以下的中层领导干部占中层领导干部总数的70%，16个所属基层单位领导班子成员平均年龄为33岁，大专以上学历占85%。担任上亿元工程建设项目的项目经理90%年龄在35岁以下。良好的企业文化和人才运作机制，使得一些长期聘用的高级技术人才纷纷要求调进远通，原先辞职的大学生、研究生请求返回单位，原来调动到其他大型集团企业的也要求返回公司。他们说，远通“关爱人、造就人”的环境好，在远通能更好地体现自我价值。

公司注重营造全员参与、上下互动沟通的良好氛围，一是发挥以企业内刊为主的文化传媒的沟通作用。公司创办了《远通内外》等报刊10余种，在传播企业文化、促进文化认同、加强信息沟通上发挥了巨大作用。二是发挥“数字远通”企业信息化建设的“共享性”、“开放性”沟通作用。公司开发了办公自动化系统，引进宽带网，申请IP地址，开通了网站，实现了公司内外网并行。三是畅通上下平等、诚信反馈的沟通渠道。远通公司积极培育“讲实情、谈问题、谈解决方案”的上下平等“对话”氛围，使员工能真正参与到企业各项建设中，关心企业、爱护企业，为企业贡献聪明才智。公司还通过举办“企业文化与企业健康”内部论坛，改“领导讲”为“大家谈”，针对企业存在的问题，动员大家为企业健康“会诊”，形成了上下同欲的良好局面。

远通公司坚持“以德致远，以信惠通”，促进了企业的可持续发展。目前，远通公司已成为福建建筑领域迅速崛起的一个名牌企业，享有较高的行业和社会知名度，荣获多种省部级荣誉。2004年，远通公司被福建省首批授予“福建省企业文化建设示范单位”。

弘扬民族精神　中外成功合作

——小浪底水利枢纽建设管理局的企业文化建设

水利部小浪底水利枢纽建设管理局成立于1991年10月5日，直属水利部，是小浪底水利枢纽工程业主单位。自工程建设以来，小浪底水利枢纽建设管理局发挥业主主导作用，坚持在国际工程中弘扬民族精神、爱国主义精神和主人翁精神，在业主发包，外国承包商承包，中国工程局分包的“中—外—中”施工结构情况下，打了漂亮的志气仗，掌握了施工主动权，使小浪底工程成为国际国内协作的典范，成为爱国主义教育的好场所，为中国的工程建设管理全面与国际接轨积累了宝贵的经验。

小浪底水利枢纽工程，是黄河干流在三门峡以下惟一能够取得较大库容的控制性工程。工程建成后，使黄河下游防洪标准由六十年一遇提高到千年一遇，基本解除黄河下游凌汛威胁。小浪底水利枢纽工程战略地位重要，工程规模宏大，地质条件复杂，水沙条件特殊，运作要求严格，被中外水利专家视为世界上最复杂的水利工程之一。水利部小浪底水利枢纽工程建设管理局作为小浪底水利枢纽工程的项目业主，承担了项目筹资、建设、运营、还贷及国有资产保值增值等重大责任。

一、爱国奉献是小浪底企业精神的核心内容

小浪底工程是在国家经济较为紧张时期上马的。该工程部分资金利用世界银行的贷款。能否获准世行的贷款，取决于前期工程的施工进度和质量能否通过世行的严格检查。1991年，前期工程悄然开工。小浪底建管局党委注重精神激励作用，以“艰苦奋斗，为国争光”的主题，教育全体建设者充分发扬中国水电施工队伍艰苦奋斗的优良传统和巨大创造力。来自全国的22支施工队伍上万人，通过两年大干苦干，以高质量和高速度拿下前期工程，让世界银行的官员看到了中国工人的力量！前期工程经15次严格检查后正式通过评估。

1995年，外国二标承包商借3条导流洞相继发生塌方之机，不积极组织抢险，却擅自停工，提出了巨额索赔和推迟一年截流的要求。如果接受这一残酷的现实，让外商牵着鼻子走，那么，1997年截流的目标就会成为泡影，国家将为此付出40亿元人民币的惨痛代价！

小浪底建管局党政一班人没有被这突如其来的困难吓倒，向全工区的中方建设者发出号召——小浪底是中国的小浪底！广大建设者要用实际行动夺回耽误的工期！小浪底建管局党委举行每月一次的升国旗庄严仪式，及时发动了一场弘扬民族精神的爱国主义教育活动。通过业主、监理和OTFF广大将士的浴血奋战，顽强拼搏，中国水电人用不屈的脊梁战胜了塌方，夺回了外商延误的11个月的工期。1997年10月28日，小浪底胜利实现了如期截流！

二、发挥政治优势是小浪底企业精神的突出特色

1994年9月12日，小浪底主体工程开工，50多个国家和地区的700多名外国承包商、专家、工程技术人员和中国承包商又披挂上阵。在拥有先进的管理、先进的设备和先进技术的国际工程建设中，需不需要有党的组织？小浪底建管局党委明确指出，“小浪底工程是建在中国的土地上、由中国人进行管理的工程。党的领导和社会主义制度优越性应该也必须在小浪底得到体现，党的路线、方针和政策不能在小浪底出现‘真空’！”他们卓有成效地发挥了政治优势和党组织的政治核心作用，把工程建设的主动权牢牢地掌握在业主手中。

局党委向所有参战单位发出号召：“小浪底是国际工程，不能给中国的改革开放抹黑！”他们提出了“是劳务，更是主人”的响亮口号。强大的宣传阵势产生了巨大感召力和凝聚力。在抢工期期间，局党委针对“中(业主)—外(外商)—中(中方分包商)”的组织构成，采取“夹心饼干”(抓两头，带中间)战术，倡导凡是在小浪底参战的中国人，无论是业主、设计和监理，还是施

工单位，人人要当“主人”，发扬工人阶级主人翁精神，全力以赴干好各自工作，积极帮助和促进外商赶工，掀起一个接一个的赶工高潮。

三、搞好“两个五湖四海”是小浪底企业精神的成功之笔

小浪底党委率领广大的中国建设者，以黄土高原的广阔胸怀，以黄河容纳百川的气度，积极学习外方的先进管理经验和先进技术，“西为中用”，打出了“两个五湖四海”的旗帜。一是中国的建设者要搞好五湖四海；二是中国建设者与外籍人员要搞好五湖四海。通过工程现场政治核心的凝聚，政治优势的发挥，中国员工顽强拼搏，十几处塌方一一穿越，“九七截流”曙光在即。中国工人的精神深深感动了外商，他们欣然学着中国的宣传方式扯起了大红标语：“中德意联营体：1997 年 10 月 31 日，就是这一天！”传达了外籍人员对截流目标的认同。

每逢中外重大节日，中外建设者相互宴请，欢聚一堂；水利部和河南省邀请著名艺术家到工地为中外建设者慰问演出；外商人员住院，业主委员到医院看望；工余时间，外籍员工和中方员工进行足球比赛……国际接轨猛烈撞击之后，两者悄然地融合起来。

小浪底没有“红灯区”，没有“黄、赌、毒”的市场，就连“法轮功”也无藏匿之地。小浪底既是改革开放的一块热土，也是国际工程的一方净土。“小浪底”筑起了一座能抵御千年一遇洪水冲击的巍巍大坝，也筑起了一道抵御腐朽没落思想的堤防。

四、坚持社会效益第一是小浪底精神的本质体现

小浪底是利用巨额外资建设的社会公益性工程，工程建成以后，小浪底人将要背起 120 亿元的巨额贷款。多发电、提高发电经济效益自然就成了小浪底人考虑最多的一个大问题。面对严酷的现实，在关键时刻小浪底人甘愿自己吃“亏”，把最广大人民的根本利益放在首位，无条件地服从黄河水利委员会的水调指令，忠实地履行自己的承诺。2000 年起向下游供水 607 亿立方米，累计停机 163 天，基本保证了黄河下游工农业生产和城市生活、生态用水。据有关部门测算，供水保证了下游 300 多亿元的国民经济的产值，而小浪底水电厂却少发电 7.7 亿千瓦时，损失效益 2.3 亿元。小浪底牺牲的是局部利益，但遏制了黄河连续多年出现的断流现象。2003 年，黄河流域连降强雨，小浪底建管局又无条件服从国家和黄河防总的防洪调度，把上游洪水拦截在水库，有效削减洪峰，发挥了不可取代的巨大的防洪作用。

小浪底建设者以坚韧不拔的民族精神排除了种种干扰和困惑，树立起一面爱国主义的旗帜，形成了小浪底特色的企业精神——爱国至上，顽强拼搏，无私奉献。水利部小浪底水利枢纽建设管理局让双文明建设在小浪底国际工程中结出了累累硕果，他们也因此获得了全国“五一”劳动奖状、全国思想政治工作优秀企业等多项荣誉。

全员参与铸“金鼎”

——中国新兴建设开发总公司的“金鼎”文化

中国新兴建设开发总公司是一家具有 50 年历史的国家特级建筑企业，原隶属于中国人民解放军总后勤部，1998 年 12 月与军队脱钩归并中国新兴（集团）总公司，成为中央企业的一员。过去，他们曾以承建了军事博物馆、京西宾馆、丰台体育中心等著名建筑而声名显赫；近 5 年来，他们又以承建了军委办公大楼、人民大会堂万人礼堂改造装修、中国现代文学馆、中央组织部办公大楼、CBD 财富中心等名优工程而再现雄风。为实现“创百亿产值，立百年基业”的战略目标，他们发动全体员工积极参与，启动了以“金鼎”为名的现代企业文化建设工程。

一、选好载体和切入点，启动企业文化“金鼎”工程

新兴公司以导入企业形象识别系统作为切入点，制定了详细的工程推进计划和实施方案，分四个阶段实施。

第一阶段，自我剖析把脉。该公司成立了专门组织，先后召开了不同层次、不同形式的座谈会，深入分析企业的优劣势，并就如何建设企业文化、建设什么样的企业文化等问题进行了广泛深入的讨论。提炼出包括核心价值观、企业目标、企业作风、经营理念等系列理念，形成了理念识别规范的雏形。

第二阶段，专家“会诊”。该公司邀请中国企业文化研究会的专家介入“金鼎”文化工程，成立了企业文化工程推进委员会，同时，成立三个执行小组，分别协助或独立担负起理念识别规范、行为识别规范和视觉识别规范的制定工作。通过开展高层领导访谈、职工代表座谈、问卷调查、资料查询、企业文化征文、施工现场观摩等定性定点调查，经整理汇总，专家们以“第三只眼睛”的视角起草了《主观型结论报告》和《客观型结论报告》，指出了新兴公司的优劣势和文化现状。之后，中层以上领导通过学习理论、观看案例、沟通感情和对重大战略问题的研讨，在企业战略目标、经营定位、文化要素提炼等方面达成了共识，统一了思想。

第三阶段，确定理念识别规范。根据调查研讨的成果，经专家进一步总结提炼，起草形成了《中国新兴建设开发总公司企业文化策略定位建议书》，内容包括企业五大优劣势、基本信念、行为信念、道德信念和服务信念五部分。针对《建议书》中提出的问题，本着“实践性、特色性、时代性”的原则，增加了学习理念、创新理念、环保理念等内容，最终确定了企业文化理念识别规范的具体内容。

第四阶段，制定行为和视觉识别规范。由于企业的规章制度已经很健全，因此，行为识别规范只增加了员工、领导行为规范和礼仪规范三方面内容。由于视觉识别规范专业性和时代

感比较强，该公司与中国企业文化研究会专家共同研讨、设计、开发了40个子项内容，分为基础要素、办公用品和施工现场用品三部分。这样，按照“从理念到行动，从抽象到具体，从口头到书面”的思路，完成并编印了《中国新兴建设开发总公司CIS规范手册》发放给职工，使之成为新兴总公司“金鼎”文化建设的管理法典。

二、领导倡导示范，是启动“金鼎”文化工程的关键

企业领导者是企业文化的建筑师和设计师，也是第一身体力行者、第一实施者、第一宣传者。“金鼎”企业文化工程启动后，公司成立了以总经理为主任、党委书记为副主任的企业文化工程推进委员会，工程的口号为“铸诚信大厦，立百年基业”；取名“金鼎”，标志着该公司工程质量可靠，社会信誉良好，50年基业鼎盛而稳固，也预示着在知识经济时代企业文化将成为公司的基石，开启国际市场的利剑，打造现代一流企业的宝鼎。在公司主要领导大力倡导示范下，公司54名中层以上领导人员全身心投入，全过程参与，潜能得到充分释放，思想得到充分迸发，达到了企业文化策略定位的预期目的。

启动企业文化工程的过程，是领导者宣传倡导、身体力行、率先垂范的生动实践。在2003年“非典”疫情肆虐的关键时刻，该公司各级领导站在第一线，身先士卒，靠前指挥，带领全体员工与“非典”展开了一场坚韧顽强的阻击战，使公司“自强不息、永争第一”的企业精神得到进一步弘扬和升华，并提炼形成了“同心同德、坚强自信、雷厉风行、科学务实、服从大局、勇于奉献”的24字抗击“非典”精神，充实了企业文化的内容。

三、职工广泛参与，是建设“金鼎”文化工程的基础

新兴总公司认为，企业文化实质上是一种“认同”文化。一定要树立职工群众是企业文化主体的思想。不被群众所理解、所接受的文化，不把群众作为实践主体的文化，就不成其为文化。为此，他们通过开展深度访谈、员工座谈、问卷调查、企业文化征文以及企业文化策略研讨等多种活动，发动广大员工投身企业文化启动的活动中。他们先后征集到1000余条企业精神理念用语，800余条企业文化建设的意见和建议，近80篇企业文化征文，司歌歌词15首，为企业文化策略定位、架构定型和理念提炼奠定了厚实的基础。公司先后召开总经理办公会、企业文化工程推委会、中层以上领导人员会议等10余次，反复讨论推敲，征求意见。充分运用企业《新兴建设》报，先后出了18个专版，大力宣传企业文化的有关知识、启动活动开展情况及其成果，利用各种会议传唱《新兴建设之歌》，并组织了大规模的司歌合唱比赛。通过自上而下、自下而上的互动过程，广大员工都来关心和参与企业文化建设，最大限度地发挥了集体智慧，提炼出的文化基础也就更科学、更优秀，更加切合企业实际。

尊重两个“上帝”实行人性化管理

——正泰集团的企业文化建设

正泰集团是一家专营电气产品的私营股份制企业，创办于1984年7月。20年来在“争创世界名牌，实现产业报国”的企业理念和“和谐、科学、求实、创新”的企业精神指引下，取得了跳跃式发展。员工从8人到13000多人；资本金从5万元到22.9亿元；厂房从简陋的50平方米到现在的30万平方米；年产值从不到1万元到现在的81.5亿元；销售公司从自我外出推销到遍布国内外的1200多家。

正泰集团的企业文化建设独具特色，可以浓缩为：尊重两个“上帝”，实行人性化管理。

一、尊重两个“上帝”

正泰集团的企业文化建设坚持“以人为本”，搞人本文化。他们把用户和员工当成企业的两个“上帝”。除了全心全意为用户服务、为用户着想以外，企业尤其重视尊重自己的员工。他们十分重视用人本文化来发动群众、组织群众共同规范员工行为以发展企业。正泰领导者认为，没有广大员工参与和认可，企业所制订的制度，充其量只能叫“制度文字”，而不能叫“制度文化”。所以，从正泰集团精神文明建设委员会成立之日起，他们就给自己制订了“以人为本，文明塑魂，内强素质，外树形象”的十六字方针。意思是说：企业要用人类所创造的一切文明，来武装全体正泰人的头脑，使员工们一个个都能自觉学习，加强自身素质的修炼与提高。员工们的素质提高了，企业外部形象必然会变得优秀。正泰领导明白，企业之间第一位的竞争，是优秀人才的竞争。市场上需要的是产品新、质量优、价格廉和服务好的一流产品和一流服务；而这两个“一流”则都是靠员工来创造完成的。因此，正泰认为员工是“第一上帝”，必须要尊重“上帝”，善待“上帝”。

正泰集团贯彻“财聚人散”与“财散人聚”的辩证观点，十分注意让利给员工。正泰领导清楚，一切竞争归根结蒂是人才的竞争，而人才要体现自身价值。尽管人才自身价值需求是多方面的，但是工薪奖金等收入是很重要的一个方面。从长远的战略角度来考虑，多散掉一些奖金小钱，留住有用之才，人才必将会在以后的日子中为企业创造出更大的效益、更多的财富，最后必将达到人大聚、财也大聚的目的。正是基于这一考虑，正泰集团给员工的工资与奖金，在温州地区是比较高的。此外，正泰还从关心员工生活入手，让职工有归属感，如员工生日，公司领导送去生日蛋糕，或召开烛光生日晚会以示祝贺；员工有困难，集团领导及时做到雪中送炭送温暖，解人危难，使员工们对企业有家的温馨之感。此外，正泰还给全体员工购买了社会养老保险和工伤保险，解除了员工的后顾之忧。

二、实行人性化管理

为实行人性化管理,正泰集团建立了"主人谈心接待日"制度,每周六上午由党委书记、文明委主任和工会主席接待员工的来访。在正泰花名册上的所有员工,不论资本多寡与地位高低,大家都是正泰的主人,人人政治权利和人格尊严都是平等的。参加接待的党群组织领导还在接待中实行"一二三四五制度",即对每一位来访的员工,都能做到"一起立、二请座、三倒茶、四办事、五送客"。在指导思想上,他们要求领导用"6—9换位思维"来说服教育对方。究竟是"6"字还是"9"字呢? 因为各人的位置不同,所以对同一问题的认识也往往不同。在解决矛盾时,领导以事实为依据,以法律、政策和正泰员工守则为准绳从中调解,使矛盾双方能够做到理智、客观、公正、心平气和地处理问题,最后双方达到"四解":互相了解、理解、谅解和和解。不少媒体称赞正泰的"主人谈心接待日"是老板与员工的"通气日"。

此外,正泰集团坚持正确分析人性的两面性,坚持人性化管理。古往今来大量史料说明:任何一个自然人、社会人或组织人,都有"双重性格":既是驯服的"绵羊",又是咆哮的"吼狮";既是美丽的"天使",又是凶恶的"魔鬼"。人是有感情的高等动物,渴望对方尊重。要经常用换位思维将心比心,以真情感动人,以道德教化人,善待每一名员工,理解与宽容那些因认识差异而暂时落伍的人。企业思想政治工作和企业文化建设的目的,就是要尽量挖掘与发扬人性中真善美的一面,尽量避免和遏制假恶丑的另一面。倘若人人都能如此,人们见到的必定都是温驯可爱的绵羊和笑容灿烂的天使。

正泰集团通过多年来对企业文化的不断认识、探索与实践,取得了明显的成效:集团内提高了亲和力、战斗力和生产力。"科学技术是第一生产力"的观点人们早已达成共识,而"精神文明建设也是发展社会生产力"和"坚持三个文明建设一起抓是正泰腾飞的秘诀"等观点,也被越来越多的正泰人所认同。正泰集团企业文化建设的成功,使其党委当之无愧地被评为"全国先进基层党组织",企业也被评为"全国精神文明建设先进单位"和"全国双文明企业"。

建设重在人 用人重德才

——万向集团公司的育人文化

万向集团公司创建于1969年7月,目前拥有总资产112亿元,员工13800多人,是国务院120家改革试点单位和国家520家重点企业集团之一。万向集团在世界上八个国家设立了25家公司,产品远销50多个国家和地区。2002年,万向集团以营业收入118亿元,利税10.47亿元,出口创汇2.8亿美元,进入全国大型工业企业50强。

万向集团之所以能在激烈的市场竞争中不断创新发展,关键点之一是把企业文化建设作为事关企业兴衰的重大任务来抓,把文化育人作为企业可持续发展的根本任务来做。

一、万向文化的发展

企业管理的第一层次是经验管理,它解决的是企业的生存问题;第二层次是科学管理,它所解决的是企业当前存在的问题;而第三层次,则是文化管理,即以企业文化作为管理的主要手段,这个层次的管理目标是解决企业如何获得持续发展能力的问题。

万向30多年持续稳定发展,技术、市场、人员等等都发生了巨大的变化,使得企业的传统文化与现实文化,外来文化与本地文化显示了很大的差异性。这些差异文化,在企业内相互碰撞、融合。

万向集团的发展史,也是万向文化的创新史。20世纪70年代,万向依靠"求实、图新",在动荡的年代求得了生存;20世纪80年代,以"立足国内创业,面向国际创汇,扎根企业内部,脚踏实地工作"赢得了市场;20世纪90年代初,贯彻"大集团战略、小核算体系、资本式运作、国际化市场"的方针,谋求跨行业、跨国界的发展,获得了较大成功。20世纪90年代末,提出新的经营理念:"大集团战略,小核算体系,资本式经营,国际化运作"。

万向人精心培育、提炼的《万向文化》,从企业目标、企业哲学、企业宗旨、企业精神、企业道德、企业作风等方面,阐明了企业的理念,并由此构建起万向文化的理念系统,成为万向文化的核心和灵魂。

二、万向文化的建设

文化的载体是人,文化作用的对象也是人,因此,万向企业文化建设首先从专职队伍抓起。上世纪90年代后期,万向集团在原有精神文明建设队伍中精选出一批高学历、高素质、负责任的青年员工近60人组成企业文化建设队伍。其中一个企业选定一名中层干部作为单位企业文化建设负责人,各生产车间都有专职或兼职企业文化干部负责企业文化建设工作。为了确保企业文化建设工作的顺利开展,万向集团制订了《企业文化建设工作条例》,对企业文化的目的、内容、实施细则做出具体规定,要求各个企业每月必须上报企业文化建设工作总结及下月计划等。集团每月开一次会议,就企业文化建设工作中的重点、热点问题进行讨论;设计了一张企业文化建设月报表,对36个项目都提出了考核标准,每月都要填报、打分、考核,进行归纳总结通报,从而把文化的"软任务"变成了"硬指标"。

为了有效向员工灌输万向文化,该公司规定,新员工进公司首先要进行企业文化学习。万向企业文化灌输传播的方式主要有三种:一是理念灌输。通过广播、万向报、宣传窗、黑板报、车间文化岗等多种形式,使企业文化精神深入到员工心中。二是将企业文化寓教于乐,潜移默化。在集团内各单位进行"员工满意度"活动,以听取员工意见、建议、困难、呼声,落实解决。每周六组织员工举办各种类型的晚会,开展拔河、篮球、书法等比赛,这些活动都是传播企业文化的有效载体。三是著书立说,总结升华。万向集团将万向文化的精髓集结成了《万向文化》、《万向员工手册》、《万向小故事》等多册书籍,发到每位万向员工。

三、万向文化的弘扬

万向一直把企业文化视野中的人,不视为传统管理观念中单纯作为劳动力的人,而是有感情、有思想、有个性、有追求的活生生的人,是具有无限潜力的一种宝贵资源。为此,万向集团提出了"想主人事、干主人活、尽主人责、享主人乐"的文化育人要求,并通过各种文化活动和企业各项工作培育激励员工主人翁精神。

1999年,万向出资1.2亿元在上海浦东购得集团标志性建筑用地,事后出现城建控制高度与土地出让协议高度不符的问题。在有关责任人多次交涉未果的情况下,万向上海投资公司一名员工本着"尽主人责"的高度责任感,以普通市民的身份,通过网络给当时的徐匡迪市长写了一封信,充分阐述理由,引起了市政府的重视,使事情得到了圆满解决。

万向的"主人翁"文化不但凝聚了国内的员工,而且也凝聚了万向在国外公司的"洋打工"。2003年"十一"前夕受到国务院总理温家宝、副总理吴仪等党和国家领导人表彰的50位"国家友谊奖"人员中,有位叫盖瑞·威斯尔的外国友人,就是万向美国公司的员工。盖瑞从1998年4月进入万向,积极奉行万向"一天做一件实事,一月做一件新事,一年做一件大事,一生做一件有意义的事"的岗位目标,从未缺勤过,每天工作时间超过11小时,是公司内部公认的标准"时钟",小到打扫卫生、清点仓库、日常修补,大到技术洽谈、参与收购企业,他事事当先,是爱岗敬业的榜样。2002年,万向美国公司的所在地——美国伊利诺伊州根据决定将每年的8月12日命名为"万向日"。

万向一直视诚信为经营之本,要求员工必须有良好的职业道德和社会公德。对工作中一切有失诚信的事情,公司都不放过。一次,集团人力资源部通知下属企业财务部负责人,对打算安排到其部门工作的应聘人员进行面试。而应聘人员准时到场时,该部门负责人却不知去向。这种行为严重违反了万向一直倡导的"诚信"文化内涵,损害了万向形象,因而,集团决定对该责任人通报批评并罚款1000元。

万向向来倡导以"德"取人。万向的用人观是:"有德有才者,大胆聘用,可三顾茅庐,高薪礼聘;有德无才者,委以小用,可培训提高,促其发展;无德无才者,自食其力;无德有才者,坚决不用,如伪装混入,后患无穷。"近几年来,万向的企业扩张力空前增强,从东到西、从南到北、从国内到国外,收购或并购的企业很多,成为日创利润数百万元的汽车零部件大型生产企业,这和万向旗下聚集了一批"有德有才"之人是密不可分的。

万向文化育人要求有德,还要有才,要德才兼备。万向的座右铭是"读万卷书、行万里路,交万人友,创万年业",同时,要求员工"任何成就都是时间的积累,一寸光阴一寸金,寸金难买寸光阴,珍惜业余时间,抓紧分分秒秒提高自己,这样,生命会过得更有意义。"在这样的企业氛围中,万向员工掀起了学习各种科学文化技术的热潮,涌现出了一批技术革新能手、能工巧匠。从20世纪80年代中期万向就开始派出多批较高素质人员去各地大学院校进修。90年代中期,万向建立了集团的教育培训体系,制订了26支专业队伍标准;在企业内,有年度员工培训计划,并逐月执行;部分员工主动参加大专、专升本等电大、函授学习。集团还与浙江大学合办了MBA研究生班,并每年派出多批科技人员到国外进行技术培训。万向集团要求各单位负责人要带头学习国际先进的管理方法,积极研读高层次经济类刊物。正因为如此,公司才涌现了一大批懂经营、善管理的职业经营者。

让"家"的感觉更好

——宁波方太厨具有限公司的家族文化

宁波方太厨具有限公司创立于1996年1月,坐落于浙江省慈溪市,专业生产以方太牌深型吸油烟机、灶具、食具消毒柜、集成厨房为主导的系列产品。在2002年中国最具价值品牌评估中,方太品牌价值达8.42亿元。在2003年中国商标大赛中,方太被评为"2002年中国十大最具潜力商标"。连续七年保持国内同行业市场占有率第二位,油烟机销售额已经跃居同行业第一位。

多年来,方太矢志不渝地打造"设计领先的厨房专家"形象。他们自觉站在改善人类生存、生活环境的高度,通过不断开发人性化、智能化、健康型、环保节能型的厨房产品及真诚、主动、周到、规范的服务,让家的感觉更好。方太在发展过程中形成了独具特色的家族企业文化——包括制度文化战略、人才文化战略和品牌文化战略。

一、制度文化战略:传统家族制向现代家族制转变

方太认为,民营企业在创业初期一定要依靠家族制,但是民营企业发展到一定规模的时候一定要淡化家族制,但当前阶段要彻底否定家族制是不可能的。

传统家族制的优势有:委托代理成本低,团队合作实力强,决策机制灵活,易于控制风险。劣势有:家族企业规模发展到1~3亿元资产时会出现管理错位;家族矛盾与管理矛盾混淆在一起,清官难断家务事。这时就要淡化家族制。在方太,董事长和总经理是父子,总经理下面所有中高层干部全部是引进的硕士生、本科生,没有董事长的亲戚和家族成员任干部。这样,不但没有家族矛盾,还能大量引进人才。

二、人才文化战略:从"小家文化"向"大家文化"转变

人是企业第一要素,人才是企业最宝贵的资源和财富。淡化家族制为人才创造了一个最佳的环境,而"大家文化"的建立为人才的引进、培养和能力发挥提供了更好的人文条件。

提倡"大家文化"是方太企业文化战略的一个重要组成部分。方太建立了党委、工会、团委和妇联,7年来发展了100多名党员,党员人数占职工总数的10%以上。方太充分授权,为中高层管理人员发挥自我价值创造了一个良好的平台,打破了一般家族企业认为权力不能交外人的做法。中高层人才从内心感到:这不是一个独断的家族企业,而是一个开放的家族企

业。方太敢于在培训上进行大投入，每年花在培训上的费用有300万元，全员进行TQM培训，中高层干部进行EMBA培训；良好的家庭学习氛围使方太人才引得进、留得住，人才的价值得到充分体现。

三、品牌文化战略：品牌定位和品牌塑造

产品定位是家族企业十分重要的一种文化战略。方太品牌仅用7年时间就在行业中成为佼佼者，重要原因在于方太有三大定位：专业化定位，中高档定位，精品化定位。

专业化定位：做厨房专家，做专、做精、做强。世界上的产品太多，行业太多，而企业的实力有限，管理有限，人才有限，必须做透本行，成为本行的专家才能成功。世界500强中的大多数均是某一个领域的专家。做行业的专家能让顾客充满信心，让他们觉得专家肯定做得最好。

中高档定位：世界这么大，市场这么大，顾客这么多，企业不能太贪，一定要找准自己的顾客群，认清谁是服务的对象。方太认准三类人是自己的服务对象：有一定文化品位的，追求时尚的，有相当经济收入的。这三类人随着小康社会的全面实现会越来越多。

精品化定位：这是质量定位。一个好的产品还必须要有一个好的厂品，而产品和厂品的基础是一个好的人品。“三品合一”是方太塑造品牌一贯恪守的文化理念。方太牢牢抓住核心价值观，实行产品、厂品、人品三品合一，才创造了方太知名品牌。

家族企业的这三大文化战略，是传统家族企业走向现代家族企业的制胜法宝，也是家族企业做百年老店、实现可持续发展的必要保证。

方太通过建设企业内部的家庭文化，激发了员工的积极性和创造性，使方太产品走向千家万户，使广大消费者得到“让家的感觉更好”的享受。

德报人类　力创未来

——德力西集团有限公司企业文化建设

德力西集团有限公司是创业于1984年的一家民营企业，现资产总值已近30亿元，综合实力跃居全国民营企业500强前列。1991年，该公司率先进行了股份制改造，实现了企业股份化。1998年底，由母公司全资注册成立了上海德力西集团有限公司，建成了国内一流水准的高低压成套及高压元件生产基地。从1999年开始，德力西主动参与国企改革，由母公司全资整体并购杭州西子集团和乌鲁木齐宾馆等企业，成功实现了大规模资本经营。中国加入WTO之后，集团在做精做强主业的基础上，继续向地产、物流、商贸、交通、环保、农业、金融和IT等产业延伸。

多年来，德力西集团以“德报人类、力创未来”为企业最高理念，建设人本文化，推行品牌文化战略，使企业获得了跨越式发展。

一、育人引才，德报社会

人是企业成败的关键，也是企业活力的源泉。德力西正是崇尚和实施了“以人为本”文化战略，依靠全体员工的团结协作和辛勤努力，使企业逐步发展壮大起来。与许多民营企业一样，德力西在发展过程中也受到“三缘”(地缘、亲缘、情缘)文化的影响。德力西初创时，生产者和管理者都是亲戚或者本地人。20世纪90年代初，随着生产规模的扩大，德力西推出了“高薪引才”举措；90年代中期，又推出“事业留人”政策。一批优秀人才在享受高薪的同时也品尝到了事业成功的喜悦。90年代末，该公司将高薪引才、事业留人的政策升华到“文化留人”的战略高度。即“海纳百川，任蛟龙腾飞；千舟竞发，任群英争先”——德力西从此踏上了人本兴企的道路。德力西通过多种方式从国内外引进数十位硕士、博士及近千名各类中、高级人才。外籍专家艾哲先生被聘为该公司副总裁，2002年获得了“国家友谊奖”。公司逐步完善现代企业制度，建立了“能者上，平者让，庸者下”的现代用人机制，完善了“干部能上能下、机构能设能撤、人员能进能出、收入能高能低”的“四能”现代管理机制。

德力西的人本文化重在充分挖掘人才潜力，如为员工设计职业发展生涯，制定专门的再培训计划，培训既有技术、管理、社会政治经济等方面的内容，又有启发创新和创业管理、创业经营等方面的内容。10多年来，德力西与上海电科所、西安高压电器研究所、天津电气传动研究所、上海交通大学、河北工业大学、西安交通大学等国内多所科研机构、大专院校保持合作关系，陆续建立了高等职业教育教学基地，还建立了福州大学电器工程系德力西实践基地等教育基地。他们每年选派优秀员工出国深造，使员工管理知识和生产技术与国外同行同步。德力西公司尊重人的尊严、人的劳动，满足人的生存欲和发展欲。公司适时调整薪资结构，实行工资集体协商，保证员工实际工资每年都有提高。他们还投入巨额资金兴建员工宿舍、食堂、俱乐部、“职工之家”和党员活动室，成立了工人艺术团、德力西文联，组织员工疗养，开展各类文体活动，保证员工生活安定舒适。此外，该公司还组织员工参加了社会医疗保险和养老保险，解决了员工的后顾之忧。该集团工会也因此被授予“全国模范职工之家”光荣称号。

德力西把“德报人类，力创未来”作为最高理念，积极倡导社会责任感，真诚回报社会。近年来，德力西先后捐资6500多万元用于扶贫济困、支持教育事业、希望工程和慈善、环保等事业，得到了社会各界的高度赞誉。

二、打造知名品牌，力创企业未来

早在创业初期，德力西就非常明确地提出“质量立厂，品牌兴业”的经营理念。为保证产品质量，德力西不惜花巨资率先在温州同行业中创建热继电器试验室，从上海等地高薪聘请高级工程师进行技术创新和产品开发，积极推行全面质量管理，从而为德力西品牌的创立奠定了基础。信誉关系到一个企业的形象，是企业赢得用户的保证。德力西不仅向社会公开承诺

产品质量，而且在技术咨询、售后服务上保证做到热情、周到、快速、优质，使用户感到满意、方便、放心。信誉的提高，使德力西的品牌声誉逐渐深入人心，并得到广泛认可。

营销是品牌文化的重要环节。十多年来，德力西集团始终抓住营销，并要求公司其他部门围绕营销全方位做好服务工作。创业之初，德力西采取“游击战”、“运动战”的营销方式；随着品牌声誉的不断提高，1994年，他们把品牌资源与广大营销精英队伍的优势互相嫁接，首开网络营销之先河，实现销售职能社会化。网络营销战略的实施，快速推动了企业产供销良性循环。1998年根据宏观市场形势的变化，他们对网络进行整合，逐步形成总部营销中心、省级销售公司、地市级分销公司的三级销售体系，规模营销崭露头角；1999年，他们又提出了“纵向合一，矩阵式整体推进”和“六统三分”的战略思想。为了避免集团公司和各产业单位可能形成的矛盾冲突，2002年，他们把网络营销与品牌营销相结合，实行了“独立经营，资源共享”战略。

“网络营销与品牌营销”的协调发展，是德力西拓展品牌的重要战略。德力西在全国各地建立了600多家销售公司，在国外30多个国家设立了销售代理机构，拥有一支高素质的销售队伍。庞大的销售网络，不仅使德力西的销售额不断高升，其品牌也从国内走向国际。德力西十分注重依靠人的品质塑造产品的品牌。企业员工的个人品质形象是一个企业的工作作风、产品质量、技术开发、创新能力、生产管理、服务态度等全方位的综合体现。德力西集团正是注重了“人的品质塑牌”，才使德力西品牌在众多的品牌中脱颖而出，被国家工商局认定为“中国驰名商标”。

1999年，德力西整体购并了杭州西子集团后，同时启用了“西子”品牌，2001年，德力西在新疆兼并了两个国有企业，并投资3.8亿元兴建了新疆德汇国际广场，并使其房地产业品牌“德汇”大放异彩，之后，该公司又在美国纽约成立了美国世纪德兰投资公司，其“德兰”品牌以“诚实守信、卓越服务”成为欧美市场的又一亮点。

经过全力打造，“德力西”品牌由名不见经传一举变成了“中国驰名商标”、“美中著名品牌”。公司有三类产品荣获“中国名牌产品”称号，其电气产品进入中国酒泉卫星发射中心，助“神舟五号”载人航天飞行圆满成功。这种由最初“打造国内知名品牌”到“创造中国人自己的国际品牌”的升华，构成了德力西独有的品牌文化体系。品牌文化已成为企业发展战略的核心内容，为企业“力创未来”打下了坚实的基础。

始于客户需求　终于客户满意

——青岛供电公司“亮出精彩”的服务文化

青岛供电公司是山东电力集团公司所属的大型供电企业，担负着向青岛七区五市的供电任务，供电区域面积达1.06万平方公里，用电客户84万户。近年来，该公司不断更新价值观念，将“以人为本”作为企业文化建设的基础，注重文化管理，精雕细琢创建了“诚信服务”、“文明服务”和“精彩服务”的服务品牌，形成了独具特色的企业文化。

一、更新价值观念，提高全员的思想境界

我国的供电行业作为独家经营的垄断行业，由于客观外界环境形成竞争压力小，因而员工危机意识不强。面对这样一种情况，青岛供电公司居安思危，居安思变，主动从转变思想认识和价值观念入手，树立供电企业崭新形象。他们从领导干部转变观念做起，从过去强调电的商品属性、重视经济效益，转向强调供电的社会属性，坚持社会利益第一的价值观。领导班子带头实践“人民电业为人民”的核心理念，身体力行“服务真诚，追求卓越”的企业精神，认真奉行“让政府放心，客户满意”的企业道德，以领导骨干的高境界、高起点的行动，带动员工自我加压，敬业进取。他们通过教育培训，强化员工服务意识，营造争创一流的良好氛围。在此基础上，公司组织员工开展了“服务变革和服务创新”大讨论，实施了“确立全员服务意识，维护企业整体形象”的主题教育整治活动。深入的思想教育活动和外界环境的变化，使员工逐步转变了观念，进而树立了“客户为中心，真情换真心；服务创价值，满意是标准；服务是资源，挖掘靠大家”等新的经营服务理念，从而实现了由传统服务向现代服务的转变，由单向服务向全方位服务的转变，由浅层次服务向智能化、亲情化服务的转变。

二、坚持“以人为本”，促进企业创新发展

以人为本，对内以员工为本，对外以客户为本，是企业发展之源。公司将员工和客户作为管理的要素，关注和满足员工与客户的多元化需求，使员工与企业结成命运共同体，将自我价值与企业价值的实现结合起来，使企业精神得到弘扬；真正实现客户的需求是我们工作的范围，客户满意是我们的工作标准，客户感动是我们的服务需求，企业实现管理与需求的统一。

坚持人力资源第一，为员工创造精彩人生

要员工心系企业，对企业具有强烈的使命感和责任感，焕发出追求卓越的激情，就要求企业的管理者真正做到心系员工。公司一是坚持生活上关心，让员工心情舒畅地工作。从情感上贴近员工，营造干群和谐、心情舒畅的良好氛围。从1997年起，公司组织实施了“安居工程”，并建立了图书阅览室、健身房、电子会议室、老干部活动中心等。1998年以来的3年间，公司建设员工宿舍9.43万平方米，使1136名员工喜迁新居，极大地提高了员工的生活质量，解除了后顾之忧。二是坚持尊重人、关心人、理解人、培育人，为员工营造广阔的发展空间，搭建个人发展与成功的平台。公司人力资源的配置与企业培训紧密结合，先后制定了《人才工程》、《企业员工培训五年规划》、《企业人力资源配置与置换五年规划》等，先后分期分批选送中层干部、管理人员、技术工人、生产骨干参加MBA研究生班、本科生班、专科生班的学习。组织管理人员分别进行上岗考

试,考核培训工作实现规范化、制度化。全员的文化技术素质得到了不断的提高,也进一步激发了全员的学习自觉性和主动性,为员工成才发展、创造精彩人生打下基础。

坚持客户利益至上,为客户提供精彩服务

从员工服务意识的培养,到管理与服务流程的设置,坚持以客户的利益至上,全面满足客户需求。公司认真履行“让政府放心,让客户满意,让员工幸福”的企业道德,从加强道德建设入手,建立完善的《职业道德规范》和《岗位行为规范》,以此规范员工行为。生产岗位推行了“安全誓约”,服务窗口单位推行了“服务誓约”,在机关人员中推行了“工作誓约”,以此约束员工的行为。为了更好地接受社会监督,公司向社会公布了10项服务承诺,设立了100万元的行风建设奖励基金,以“彩虹条”的形式花钱买批评,实施规范化服务。坚持“诚信兴业,文明服务”,兑现承诺,提高服务的含金量,努力打造诚信企业。在市行风评比中,青岛供电公司连续三年获得第一名。

为实现“让客户用上放心电、可靠电”的承诺,根据青岛市未来发展的规划,按照社会进步与生态环境相适应的“高起点、高标准、高科技”的原则,加大供电基础设施的建设。从1997年以来,公司投资近30多亿,对辖区域进行大规模的电网建设与改造工程。2000年青岛市成为山东省第一个居民用电“一户一表”的城市。一个结构合理、装备先进、运行可靠的现代化电网为青岛市的改革开放、经济建设和人民生活水平的日益提高,提供着强大的电力支持,为提升服务的质量与品质奠定坚实的物质基础。

坚持客户利益至上,还要从客户需要出发,构建个性化服务模式。公司提出了业扩工程“五通道”个性化服务理念:一是对于100KW以下的低压客户用电申请,采用现场“一站式”服务,通过综合服务车完成,并做到50KW以下48小时送电,50~100KW72小时送电;二是对于100~500KW的客户申请,采用“扁平化”的快速通道办理;三是对于500~2000KW之间的客户申请,采用业扩流程办理,减少审批过程,实行会签备案制;四是对于居民小区供电申请,通过小区工作小组专题办理;五是对于全市重点工程项目和大用电量客户,由客户中心大项目工作办公室特殊办理。使“始于客户需求,终于客户满意”服务理念内涵在现实的服务中得到充分体现。

打造服务品牌,树立精彩形象

根据集团公司“优质服务年”、“彩虹工程”等活动的开展,坚持以丰富的服务文化为基础,努力创新服务体系,把服务作为一种艺术,精雕服务创品牌,提升全员的服务意识。公司从制度建设与机制创新入手,不断完善管理体系,策划了“亮出精彩”服务品牌,制定了《服务品牌管理办法与考核细则》和《彩虹工程常态运行机制》等,企业的服务实现全方位监督与闭环管理。真正实现“凡事有人负责、凡事有章可循、凡事有据可查、凡事有人监督”,做到保障机制有效、服务机制健全、监督机制有力、激励机制兑现,实现全过程规范服务,供电服务质量得到不断提升。

在青岛市创建品牌城市和山东电力实施企业文化发展战略的大氛围里,公司在加强服务文化和服务机制建设取得显著成绩的基础上,努力打造具有本企业特色的服务品牌。经过几年的努力,2002年在“青岛市创建文明行业工作会议”上,青岛供电公司(原青岛电业局)“亮出精彩”服务品牌获得“青岛市服务名牌”;2003年初“亮出精彩”服务品牌被青岛市政府命名为青岛市名牌(服务类)。

“亮出精彩”服务品牌是“软”的服务,“硬”的标准,它提升了服务的品质,具有丰富的内涵。“亮出精彩”服务品牌推出后,公司把主要精力放在抓落实上。从职业道德的教育,到行为规范的培训,从电网建设,到管理与服务机制的建立完善,把打造服务品牌同建设行为文化、物质文化有机结合。

从“彩虹热线”到“亮出精彩”,是一种管理与服务质的提高与延伸,体现了从以外在监督为主,转向以内在保证为主,从制度管理为主,转向以文化管理为主。一个新的飞跃,展示了青岛供电公司广大员工永不满足、开拓创新、超越自我、追求卓越的精神风貌和时时处处以客户满意为最高标准的道德风尚。

2002年青岛供电公司荣获全国首批“全国创建文明行业先进单位”、“全国城网建设与改造先进单位”、“全国职业道德建设十佳单位”、“山东省企业文化建设先进单位”等荣誉称号。

夯实文化基础　构筑生产优势

——山东德棉集团有限公司的企业文化建设

山东德棉集团有限公司成立于1997年,是集纺织、印染、针织、服装加工和进出口经营于一体的国有大型企业集团。现有16个子公司,15000名员工,总资产21亿元,综合经济实力始终保持行业排头兵的地位。企业现已通过ISO9001质量管理体系和ISO14001环境管理体系认证,先后荣获全国纺织系统双文明建设先进单位、全国五一劳动奖状、海关信得过企业、中国企业形象AAA级单位等荣誉称号。

德棉集团在企业发展中清楚认识到,资产纽带连接的是劳动关系,企业文化连接的才是人心。要建设在市场经济中搏击风浪的“联合舰队”,就必须用文化纽带把人心凝聚在一起。几年来,他们结合集团的发展目标和企业定位,从导入CIS战略入手,用文化强企育人,提高了德棉的综合竞争力。

一、导入CIS战略,用文化统一“联合舰队”

为用文化纽带把集团内各企业及员工凝聚在一起,德棉集团在大量调查研究的基础上,提炼总结出德棉集团的企业理念系统,即“经天纬地,并织未来”的企业精神;“新布局中夺第一”的企业目标;“一分素质,十倍机遇”的经营哲学;“我们努力是为了你的满意”的行为准则;“德布天下,美化人家”的广告宣传用语等等。他们还设计了突出德棉形象的视觉识别系统,制定

出行为识别系统，并编印成《员工手册》。

德棉集团通过报纸、电视、广播等形式，对企业文化进行广泛宣传。他们还制作了宣传牌，设计印制了企业文化的宣传画进行张贴，并开展了“弘扬德棉文化，爱我德棉集团”主题征文、演讲系列活动。德棉集团把《员工手册》发至每一名员工，以班组会为基本形式组织学习，对员工进行宣讲。每年新员工进厂培训，德棉文化是必修第一课。

为全面推广视觉识别系统，德棉集团在办公楼、会议室、公司大门口、宣传橱窗等显眼地方都换上了集团标志，公用车辆都喷涂了集团标志和标准字体；办公用品、各种证件、宣传广告用品和商品包装都重新设计，印上了企业形象标志；各种标志牌、指示牌根据视觉识别系统的要求统一制作；他们还按照《视觉识别手册》的要求，设计了统一工作服装。

为了用企业文化规范员工行为，德棉集团制定了《德棉集团员工行为规范系列》，细化了员工在着装、语言、仪表、接待等方面的行为规范，并制定了考核办法。对领导层，则要求具有“以礼敬人的绅士风度、以德示人的贤者风范、以情动人的尊者形象”。2003年，他们还对管理人员进行了商务礼仪培训，并积极进行普通话推广工作。

二、以企业文化战略为先导，构筑德棉竞争优势

德棉集团以企业文化战略为指导，从人才、科技、市场等方面综合提升企业的竞争实力。

一是强化人才战略，构筑德棉人才竞争优势。

德棉集团注重“以人为本”，大力加强“人性化”管理，不遗余力地引进、培育、爱护和使用人才，在企业内部营造出有利于人才脱颖而出的宽松环境。

为引进人才，企业出台了优惠的政策，在工资、福利待遇、晋升等诸方面予以重点倾斜。大学生跨入德棉门槛，可享受高薪及安家费，企业还努力为其成长创造良好条件，搭建适宜人才实现个人价值的“舞台”。在用人方面，他们坚持能者上、平者让、庸者下，岗位靠竞争、收入凭贡献，制度约束与自我约束相结合的机制。为培育更多更好的人才，他们采取了走出去学、请进来教，联合办学与自主培训相结合等方式加强员工教育培训。他们专门成立了德棉培训学院，投巨资对员工进行系统教育培训，努力把德棉打造成学习型企业。

二是加大科技创新力度，构筑德棉科技竞争优势。

德棉集团以优秀企业文化为先导，坚持科技创新不动摇，不断加大科技投入，研发费用从1997年的不足2000万元递增到2003年的6774万元。研发投入占自营产品销售收入的比例也由3.1%提高到4.52%，为全面落实技术创新计划提供了充足的资金保证。

他们站在可持续发展的战略高度，遵循“立足高起点，坚持高档次，追求高效益”的技术改造思路，坚持以市场为导向、以产品为龙头、以效益为中心，投巨资进行设备的更新改造，技改投入累计超过15亿元。他们先后从国外成套引进国际一流纺织设备，提高了装备水平，增强了企业发展后劲。

德棉集团先后自主开发了1000多项新产品，66项通过省级鉴定。其中3项达到国际先进水平，40多项产品达国内领先水平，有5项核心技术和核心产品申请了国家专利。《纤维素纤维生态纺织品加工关键技术研究及产品开发》被确定为国家级技术创新项目，填补了国内空白，技术处于国际先进水平。

三是实施外贸带动战略，构筑德棉市场竞争优势。

针对瞬息万变的国内外市场，德棉以优秀企业文化理念为先导，及时调整了营销策略，构筑德棉的市场竞争优势。他们实行了“内外并举，突出外贸”的经营方针，充分利用国际、国内两种资源，积极开拓两个市场。在稳定巩固老客户的同时，积极开发新客户，想方设法扩大销售利润的增长空间。他们通过大力实施外贸带动战略，使得外贸经营发生了显著变化：一是出口市场结构趋于合理。集团改变了过去长期以东南亚、东亚为主的单一市场结构，出口欧美加市场及非洲市场的份额稳步攀升，出口市场正由近岸市场向远洋市场辐射延伸。二是出口产品结构进一步优化。德棉采取多元化出口方式，除搞好自产产品出口外，还积极开展来料加工、收购出口、代理出口等业务，出口产品延伸到国家限制外的各类商品，大大优化了出口产品结构，扩大了出口份额，提高了企业市场竞争力。

逐日求新　播撒光明

——国电荷泽发电厂的企业文化建设

国电荷泽发电厂是中国国电集团公司控股的一座发展中的大型火力发电企业，总装机容量850千瓦。该厂坚持“做实、做新、做大、做强”的八字方针，实施“科技兴企、人才强企、文化铸魂”的企业战略，形成了具有时代特色和企业特点的“逐日求新”文化，树立了为社会“播撒光明”的企业目标，促进了企业发展。

一、确定企业文化的战略原点

企业文化是以企业为主体的张扬个性的文化。一个企业的企业文化，离不开形成该企业有别于其他企业的文化基因，即“企业文化的战略原点”。科学地选择企业文化的战略原点，是建设高品位企业文化的基础。

菏泽发电厂把“逐日求新”作为企业文化的战略原点。“逐日”典出于传统神话“夸父逐日”，即追赶太阳，指征服自然的强烈愿望和决心；“求新”，源于商朝始祖商汤的“苟日新，又日新，日日新”，指求创新、求发展、求突破的坚定信念和信心。荷泽人秉承“夸父”追逐希望和梦想、抗争困难的昂扬斗志，为社会播撒光明。这一企业文化战略原点的确立，符合荷电人的行业特征和企业实际，得到了社会各界的高度赞同。

在确定企业文化战略原点的基础上，荷电人系统整合了企业理念。他们把建设企业文化与创建学习型组织有机结合，确立了“创新动力，精彩生活”的企业愿景；形成了“秉承齐鲁厚德，追求恒久光明”的企业理念；树立了“共逐光明、共谋发展、共创繁荣、共享辉煌”的主体价值观，建立了荷电人“逐日求新”的文化体系。

二、建全企业文化的保证体系

企业文化重在建设。荷电人构建了企业文化建设的四个保证体系。一是健全和完善的组织保证体系，成立了以厂长、书记为主任，副厂级领导和主要职能部门负责人为成员的“企业文化战略推进委员会”，负责协调、督促、指导、检查全厂企业文化战略实施的各项工作。二是健全和完善思想保证体系。对企业文化理念的宣传贯彻工作，党政工团分工合作，齐抓共管，做到真学、真懂、真信、真用，提高了广大员工参与实施企业文化战略的积极性、创造性和能动性。三是健全和完善责任保证体系。公司实施企业文化宣传贯彻推进责任制，各部门一把手为第一责任人，每项工作都有具体负责人，并成立监督考核组，严格考评。四是健全和完善经费保证体系，把实施企业文化战略专项经费纳入企业年度预算体系，由企业文化战略推进工作组负责编制专项经费预算，并按资金计划实施控制。

企业文化战略的实施，使荷电企业形成了“以机制管理企业、以制度规范行为、以文化凝聚职工、以创新推进发展”的良好企业氛围。职工树立了“厚德宽载、敬业奉献”的精神和“岗位靠竞争、收入凭贡献”的观念。全厂上下形成了风正、气顺、心齐、劲足的良好局面，企业的管理水平明显提升。荷电人在实践中创造的“发电企业竞争力要素优化管理”项目，荣获全国企业管理创新成果一等奖。企业在为百姓送去光明的同时，也为国家做出了贡献。2003 年实现利税 2.649 亿元，同比增长了 7680 万元。

创造者的乐园

——北汽福田股份公司的企业文化建设

北汽福田汽车股份有限公司是经北京市人民政府批准于 1996 年 8 月成立的跨地区、跨行业、跨所有制的上市公司。公司成立以来，以发展为永恒主题，通过资产重组、资本运营、人才战略、技术创新、管理机制创新、区位调整、产业调整，使企业取得了持续、健康、快速的发展。2002 年，福田公司被确定为北京市汽车生产三大基地之一，福田商用车被确定为振兴北京现代制造业十大产品之一。该公司以汽车为主导产业，拥有以欧曼、风景、奥铃、冲浪、时代轻卡五大品牌为代表的 7 大类 230 多个品种，已形成 35 万辆汽车和 15 万台汽车发动机的综合生产能力。该公司 2003 年汽车销量突破 26 万辆，实现销售收入 240 亿元，公司成立近 8 年来保持了 75% 的年平均增长速度，列全国汽车行业第五位。

福田公司的企业文化建设和公司的发展同步进行。公司以人为本，广纳人才，全力将企业打造成创业者的乐园。

一、以人为本——满足人的双重需求

该公司党委书记、总经理王金玉同志在 2003 年福田公司年中经济工作会议上对福田文化做了如下的定义：“福田文化，简单地讲，就是把福田做强做大，为永不休止追求的福田人和愿意加入福田系的人提供足够大的事业平台，使他们物质和精神得到更大的满足，同时推动中国现代化，为中华民族伟大复兴做出更大的贡献。”可以看出，福田文化是以人为本的文化，福田人的精神追求大于物质追求，福田公司是创业者的乐园，创新冒险家的理想可以在这里实现。福田公司是一个福田体系，即：以福田汽车这个法人企业为核心，包括福田公司控股、参股的事业部、子公司等在内的集合，在整个福田系工作的福田人能够得到更多的物质和精神的满足。

福田公司的企业使命为：致力人文科技，驱动现代生活。企业愿景为：引领行住产业。核心价值观为：热情创新永不止步。

福田公司成立以来，一直是以驱动现代生活为己任，为城乡物流提供各种工具和解决方案，帮助商用车的拥有者提高效率和创造财富。在企业发展过程中，遵循“突破、超越、领先”三阶段竞争理论，从轻卡、到轻客、到重卡，从行业的参与者、到竞争者、到领先者，处处体现出福田人“热情创新，永不止步”的核心价值观。福田人以热情的态度和行为能力，勇于创新、善于创新，把握机遇，变不可能为可能，变可能为现实，并把已实现的目标作为另一个新起点。

二、文化整合——凸现主流凝聚人心

在百家法人造福田这种大背景下，福田文化一开始就具有多元文化色彩。不同地域之间文化沉淀形成的差异化，必须整合为统一的、先进的福田文化；而在福田文化的整合中，主流文化的确立和形成尤为关键。

企业成立之初，福田文化建设是以导入 CI 为切入点，从统筹全公司 CI 经营策划开始。首先从 VI 部分入手，统一基本要素，确定各种使用规范。随后，通过制度建设加强管理，逐步规范员工的行为。2003 年导入并全面启动了 BIS 品牌识别战略，更加凸显企业的市场导向、传播资源和品牌本身所包含的竞争优势。在福田公司经济快速发展的同时，企业文化建设伴随着企业经济发展而不断发展，伴随着企业战略调整而不断升级，逐渐形成了以使命、愿景和价值观为核心的福田文化体系。福田文化以强大的整合力，经历了不断磨合、不断调整、逐渐趋同的过程，并显示出企业巨大的凝聚力，这是支撑福田快速、持续、健康发展的强大驱动力。

三、文化导航——做大做强持续发展

在福田 7 年的发展历程中，做大做强一直是福田文化建设终极目标的核心本质。作为一个诞生于市场经济条件下的企业，发展是福田公司永恒的主题。从“四年三大步”到“新三步”发展战略目标，从粗放式发展到集约式发展等等，一切都在发展中实践着发展的思想。大跨度的资产重组，盘活国有存量资产是为了积累发展；股票上市、股权融资是为了可持续发展；产业区位调整、管理区位调整是为了集中发展；调整知识结构，提升产业文化是为了跨世纪发展。与时俱进，创新发展的福田文化，始终能够与国家经济发展方向相一致，与企业发展目标相一致。截至 2003 年底，福田的总资产已由 4.78 亿元发展到

45.5亿元,汽车产销量由2.6万辆增长到25万辆,实现利税由0.33亿元增长到5.14亿元,保持了75%的年平均增长速度。

在创新中构建企业文化新格局

——承德钢铁集团有限公司的企业文化建设

承德钢铁集团于1954年建厂,是国家"一五"期间由前苏联援建的156个项目之一。50年来,承钢一直致力于钒钛磁铁矿冶炼技术的开发和利用,从1965年钒钛磁铁矿高炉冶炼技术的实验成功,到2003年企业四大技改工程建设,承钢始终牢牢把握住发展这一主旋律,将企业逐步建设成中国钒钛产业的先导企业。多年来,承钢始终坚持以人为本,在发展中不断探索企业文化建设的新格局,为承钢发展提供了强大精神动力和智力支持。承钢先后获得冶金行业"产品、服务质量双十佳企业"、"全国用户满意企业"、"河北省先进基层党组织、思想政治工作优秀单位"等称号。

建厂50年来,承钢人形成了"创业、创新、创一流"的精神,总结出以目标激励、榜样激励、文化激励三大机制为内容的人本管理体系,形成了以"发挥钒钛资源优势、技术优势和产品优势,努力把承钢建成中国东方钒钛产业基地"为核心的价值观。进入新世纪以后,他们大力探索企业文化建设的新格局,从构筑共同愿景、创新理念体系、创建学习型企业、建立制度文化、展示企业形象等方面入手,加强企业文化建设。

一、启动新一轮跨越式发展战略,用共同愿景教育、激励和凝聚员工

进入新世纪,承钢集团确立了跨越式发展的新战略,即:通过准确的产品市场定位,充分利用钒钛资源、技术和产品优势,借助ERP系统,强有力地推进企业精细化管理,完善服务体系,贯彻"做大做强"的方针,将承钢建设成具有钒钛特色,能够不断适应市场变化,诚信、快速发展的专业化钢铁生产企业,为客户创造最大价值,为企业和员工创造最大利益。承钢集团将企业发展战略作为全体员工的共同愿景,并以此为核心建立各职能部门、子公司、班组以至个人的愿景,形成以企业战略、企业经营价值观为核心的企业愿景体系。以此团结、激励和凝聚全体员工,为企业发展而团结拼搏。

二、用先进理念统领员工,构建承钢文化理念新体系

企业理念是指企业价值观念系统的确立和共识,包括企业价值观的内涵和概述,企业的经营理念和经营哲学,企业的发展战略和目标等。

企业价值观念系统的提炼和确立,必须以企业发展的现实阶段为背景,以企业深化改革发展的既定目标为参照,以企业战略需要与干部职工实际存在的不适应性为切入点,把握核心价值观的定位。承钢对已经形成的企业理念不断赋予其新的时代内涵,形成了有自身特色的理念体系,即:企业精神——创业、创新、创一流;企业道德——忠诚企业、服务用户、奉献社会、追求一流;经营理念——资源有限、创造无限、综合利用、持续发展;质量观——质量领先、技术领先、诚信为本、用户至上;管理理念——"精心、精细、精品"。新的理念体系成为统一员工思想观念并指导员工行为的企业灵魂。

三、突出以人为本,创建学习型组织,培育适应企业跨越式发展要求的新型员工

市场的竞争,归根结底是人才的竞争;提高员工整体素质,是公司加快发展的重要保证。为此,承钢集团积极倡导"学习无处不在、学习无时不在"的新型学习观,提倡"学习工作化、工作学习化",把学习作为一种动力和最高奖励,为优秀员工提供更多的学习机会。他们从加强领导班子和干部队伍建设入手,建立完善了教育培训体系和学习机制,持续开展"万、千、百、十"职工技术练兵比武、全员读书活动,促进了员工技术文化素质的提高;他们大力培育和表彰企业先进人物,重奖对公司有重大贡献的人员,激励员工忠诚企业、奋发向上;他们与各类高校联合办学,组织企业各类人员参加学习和培训;他们严格职业技能资格鉴定,通过严格的考核,提高职工实际操作能力和水平;他们注重专业技术人才的开发和使用,制定相应的奖励制度;他们建立了末位淘汰、竞争上岗的激励机制,营造了人人争先、努力学习、提高素质的良好氛围。

四、大力推进管理文化创新,构建现代企业管理制度体系

承钢不间断加强成本、财务、质量、设备和安全等方面的管理,积极采用先进的管理方式,推进管理创新和升级。企业先后通过了ISO9000质量贯标认证、ISO14000职业安全贯标体系认证和ISO10012·1计量贯标体系认证,实施了ERP管理和OA管理工程,为推进企业现代化管理奠定了坚实基础。

承钢不断推进企业深化改革,建立适应市场经济体制需要的管理体系。在大力推进管理创新的同时,企业狠抓制度文化建设,注重对规章制度和厂规厂纪的宣传教育,使企业价值观、理念和道德规范在企业战略、制度文化中体现出来,规范引导员工形成良好的作风和习惯。

五、大力推进企业形象建设,构建承钢文化形象新体系

首先是加强产品形象建设,展示企业优质名牌产品新形象。"质量第一,用户至上"已成为公司全体员工的重要理念,追求优质名牌产品也已成为企业发展的重要目标。为实现这一战略目标,企业积极开展"上工序为下工序、辅助为主体、企业和员工为用户提供满意服务"的活动。大力实施名牌产品战略,不断扩大承钢品牌在社会的影响和市场占有率,不断开发

高附加值和科技含量高的新产品,努力做到"人无我有、人有我优、人优我精、人精我新",掌握市场竞争的主动权。

其次是加强环境形象建设,提高企业文化品位,展示公司新形象。为此,他们聘请专业人士对企业环境进行总体规划,分步实施,努力创建花园式工厂,把承钢建成"能源消耗低、环境污染少"的新型工业化环保企业,塑造良好企业外观形象。

三是加强企业形象建设,提高公司的知名度和美誉度。他们加强了对企业标语、广告、橱窗等文化载体的规范管理,将企业精神、企业理念融入企业静态形象的设计当中,对企业标志、员工服装、办公用品和设施等所有可视物品进行统一规范和表现。他们充分利用各种社会传媒宣传企业形象,积极参加各种社会活动和社会公益事业,不断向社会展现、宣传、推销企业形象。

战略引导　整合塑形

——南方机车车辆工业集团公司的企业文化建设

中国南方机车车辆工业集团公司,成立于2000年9月,是经国务院批准,由原中国铁路机车车辆工业总公司分立组建的国有独资大型集团公司,下属24个企业。集团公司现有资产222亿元,员工11.4万人,年销售收入140亿元以上。该公司从事铁路机车车辆、城市轨道交通车辆、各类机电设备及部件、电子电器等产品的设计、制造、修理等业务。其电力机车生产规模居世界第一,铁路车辆、内燃机车生产规模居世界前5名,部分产品主要技术经济指标接近或达到国际水平。

南车集团公司在整合企业资源,建立集团化运行结构的同时,将企业文化要素的整合作为重要环节进行操作。统一企业行为准则,制定企业文化建设战略,打造规范的形象识别系统。环环相扣的企业文化建设行动有效地提升了企业的核心竞争力。

一、制定企业文化发展战略,提出企业文化建设新目标

为适应企业面临的新形势、新任务,2003年,南车集团公司对《"十五"企业发展战略》中的企业文化战略进行了修订,更客观、深入地分析了南车集团企业文化建设面临的形势和发展现状,提出了"十五"企业文化建设新的目标和措施:一是明确规定了企业的行为准则,即:继承中国铁路工业百年发展史中的文化积淀,不断赋予其新的时代内涵,不仅用优质的产品回报社会,更以强烈的责任感和切实的人、财、物力投入公益事业,与社会和公众分享成功。二是确定了以人为本的企业文化准则,即:坚持以人为本,努力为员工个人成长和提高生活质量创造条件,使员工价值与企业共同价值协调一致,构筑员工与企业的命运共同体,不断增强企业的影响力和凝聚力。

二、实施企业文化整合,提高企业核心竞争力

南车集团把整合企业文化资源作为企业资源整合的重要内容,以统一的产品质量标准,统一的用户服务标准,统一的企业文化来整合各子企业的行为,进而通过集团内产业链调整和现代企业制度的建设,提升南车集团的核心竞争力。集团公司大力实施品牌战略,制定了《品牌整合建设纲要》,统一了整车和部分部件的品牌,提高了南车产品认知度。集团公司各子企业统一广告宣传形式、统一参展形式、统一服务规范,使品牌的规划、整合、标识、管理与产品设计、制造、服务融为一体,充分发挥了品牌文化建设在企业发展中的引导作用。

面对新世纪交通运输业的机遇与挑战,该集团将资源开掘、市场开拓、用户服务向国际市场延伸,在合作与竞争中加快中国轨道交通装备的现代化进程,真诚回报用户与社会。他们将"以精品为合格,视今天为落后"的制造理念贯注于产品诞生的每个环节,瞄准国际标准和先进水平,以现代化的管理方法,全方位的质量保证,一流的技术手段,精心完成从科技到产品的全过程演绎,追求产品的"零缺陷"目标。该公司把握核心技术,突出领先优势,谋求差别化,创造新特色,在交流传动、高速、重载等关键技术领域不断取得突破,把高档次、高质量、高性能的产品推向国内外市场,并在满足功能性和安全性设计的基础上,注重产品的人性化设计,为旅客营造舒适美观的出行环境。

三、建立完整的企业识别系统,宣传推广南车集团形象

南车集团公司在设计企业标识时,力求做到特色鲜明、简洁明快、易为识别和记忆。通过《视觉识别手册》、《视觉识别管理手册》和《员工手册》,企业的名称、标志、标准色、标准字的运用得到了规范。南车集团公司运用各种媒体,广泛宣传企业价值观、企业精神和企业作风,要求所属单位在新闻媒体上正确使用企业名称,规范广告宣传标识和对外报道口径,树立南车集团鲜明的整体形象。

四、积极倡导和推进学习型企业建设,提高企业创新能力

南车集团在全体员工中大力倡导学习型价值观,努力创建有利于企业和员工学习的人文环境和激励机制,利用各种形式宣传建设学习型企业的知识、做法和经验。南车集团加强企业文化建设的做法被中国企业文化研究会主编的《企业文化教程》一书收录,并作为成功案例推广。

在进行企业文化建设的同时,该公司积极打造具有机车车辆工业特色和南车集团特点的企业文化产品。由南车集团和中央电视台联合制作的纪录片《中国火车》在中央电视台四套、九套、十套节目中相继播出,收到良好的社会反响。《中国火车》和《创建学习型企业,提高企业核心竞争力》一文,分别被中国企业文化研究会评为中国企业文化建设二十年优秀"设计案

例奖”和优秀“理论成果奖”。南车集团内刊《中国南车》获2003年度全国企业内部报刊交流评比一等奖。累累企业文化成果极大地促进了南车集团市场竞争力的提升。

永济电机 时代动力

——中国北车集团永济电机厂的企业文化建设

中国北车集团永济电机厂是目前国内最大的牵引电传动装置研制基地。经过34年的发展，生产的电机电器装备了国产内燃机车的65%，电力机车的29%。

地处山西省最南端、黄河岸边的永济电机厂，注重汲取中华文化的深厚底蕴，面对国内外激烈的市场竞争，大力培育优秀的强势企业文化。以“诚信、创新”为核心价值观，以“认真做好每一件事情，满足用户每一个需求”为企业精神，形成了独具特色的企业文化体系，为企业提升核心竞争力，开拓国内外市场，提供了强有力的文化支持。

一、具有鲜明特色的企业文化理念体系

2003年，永济电机厂在回顾建厂34年的历程中，挖掘自身优秀文化，对企业的理念进行了一次整合和提升，形成了较系统的企业理念体系。

企业价值观：诚信、创新

企业精神：认真做好每一件事情，满足用户每一个需求

经营理念：卖产品更是卖信誉

竞争理念：市场竞争最强的对手不是同行，而是自己

市场理念：市场是检验企业一切工作的最高标准

质量理念：一次把事做好，反复就是浪费

企业愿景：瞄准国际一流目标，打造电传动百年基业。

“认真做好每一件事情，满足用户每一个需求”，它的核心是“认真”和“真诚”。

“认真”，这是一种科学的态度，也是企业的优良传统。它强调正确做事，做正确的事；注重细节，从小事做起；认真做事，用心做事。永济电机厂从最初的抓厂内禁烟到现场管理首家在集团公司通过一级达标评审，乃至在全国同行业首家通过ISO9001质量体系、ISO14001环境体系和职业安全卫生管理体系三大体系认证的企业，靠得就是这种认真精神。

“真诚”，即尽心竭力为用户提供满意的服务。这是以用户为中心的企业生存理念的体现。企业通过多种途径让员工明白：用户就是给企业开工资的人；用户的满意就是我们的工作标准；要把用户的需求放在一切工作的首位；任何情况下都不能对用户的需求说“不”。

永济电机厂企业理念体系，具有鲜明的永电特色。

——永济电机，时代动力。面对国内外强大的竞争对手，永电人自强不息，志存高远，成为中国机车电传动行业的排头兵，为共和国的铁路运输装备提供了源源不断的强劲动力。2003年，工厂又提出加快向国际知名企业学习步伐，缩短与国际同行产品接轨时间，致力于让电传动技术更多地造福于人类，促进社会文明的发展。

——崇尚创新，拒绝平庸。创新是永电的价值观，也是永电的发展动力。永电教育员工：创新就是根据环境的变化对既有思维、做法的不断扬弃；只有创新才会在同等条件下领先对手。基于这样的认识，永济电机厂技术创新成果迭出，为共和国创造出了一项又一项第一，有50多项科研成果获省、部和国家奖。

——诚信经营，信誉第一。永电视信誉为企业的生命。企业让员工知道，产品有价，信誉无价，信用的积累和升华形成的商品信誉是企业宝贵的无形资产；企业卖产品，更是卖信誉；要做到件件产品是下工序（用户）合格的精品，件件产品是下工序（用户）满意的商品。

二、推动企业文化建设的“五力工程”

永济电机厂通过实施增强企业创新力、形象力、吸引力、亲和力和战斗力的“五力工程”，推进企业文化建设。

理念教育打造企业的创新力

永济电机厂通过对员工开展以培育“市场人”为主的理念教育，培养企业和员工的创新能力，形成了“团队的胜利就是个人的成功，团队的兴旺就是个人的幸福”的团队理念；“管理就是服务”的管理理念；“订单是企业最高的无声命令”的营销理念；“让放心产品出厂，把满意留给用户”的服务理念等，促进了企业的管理工作。

文化体系塑造企业的形象力

以“认真做好每一件事情，满足用户每一个需求”的企业精神，培养员工认真做事，用心做事，引导员工从仪表着装等每一件小事做起，时时处处体现企业的“精气神”。企业导入CI策划，确立厂旗、厂歌、厂徽，制作浮雕纪念墙等，这些标识不仅出现在企业各种工作场所，而且深入员工家庭，成为富有永电特色的企业文化风景线。

文化投入营造企业吸引力

企业先后投入巨资绿化厂区和生活区环境，改善员工文化生活设施。工厂成立专业健美操队，多次在全国获奖。环境好了，员工素质在潜移默化中得到提高，对待工作的态度发生了积极变化，知道什么该做，什么不该做，关心企业、无私奉献的事例层出不穷。

道德建设增强企业亲和力

工厂以“岗责管理”为载体，培养员工团队精神和敬业精神。通过每个岗位承担质量和成本两项责任，传递市场压力，形成一种能使员工适应环境变化的价值观，实现由制度约束行为向员工自觉行为的转变，同心同德，恪尽职守，把一项项工作做好、做到位。

素质工程培育企业战斗力

积极实施“素质工程”，与高等院校联合，采取在职学习和送出去深造的方式，选拔技术人员、管理人员和优秀员工参加MBA工商管理班、六西格玛班和电传动技术班的学习。同时，在全厂员工中广泛开展技术业务知识培训和技术比武活动，激发员工岗位成才。2003年，员工张峰杰在全国钳工比赛中荣获第一名。

企业文化建设促进了企业的发展。2003年永济厂首次实

现了由电传动装置配件出口向电传动装置系统集成出口的跨越。全体员工将向着建设与世界发达国家产品互换、中国最具竞争力的牵引电气企业集团的目标迈进,实现打造电传动百年基业的梦想。

聚五羊灵气　取本田精髓
创世界一流

——五羊—本田摩托有限公司的合资企业文化

五羊—本田摩托(广州)有限公司是由广州摩托集团公司和日本本田技研工业株式会社共同投资、经营的中外合资企业,于1992年8月正式成立。合资以来,五羊—本田摩托(广州)有限公司的综合效益在全国摩托车行业中一直保持前10强的地位。

公司自成立以来,坚持“高起点、高质量、高档次”的发展道路,积极学习、吸收日本本田公司先进的技术和科学管理经验,在中日双方精诚合作的氛围中,现已建立起一套既反映本田管理思想、又符合中国国情的管理体制和企业文化。该公司注重通过企业精神和企业经营理念创建、CI形象设计、文化娱乐活动等文化形式来影响修正员工行为,从而促使企业实现从“人治”管理向“法治”管理转变,最后达到“文治”的境界。

一、锤炼以“继承、借鉴、创新”为特征的企业精神

从1994年开始,五羊—本田公司就运用系统工程、网络工程和行为科学原理,创立以企业精神为中心的企业文化宣传教育活动。他们向公司内外广泛征集企业精神、企业商标等形象识别标识,经过收集、优选,制定了《五羊—本田企业识别手册》,并概括出“聚五羊灵气,取本田精髓,创世界一流”的五羊—本田十五字企业精神。公司通过“抓认同、抓灌输、抓基础、抓领导、抓渗透”的“五抓”措施,使公司的企业精神深入人心。

公司立足实际,借鉴日方先进的管理经验和技术,大力弘扬艰苦创业精神,在中日双方的共同努力下,短短几年时间,五羊—本田摩托车便成为中国名牌产品并风靡九州,逐渐向国外拓展市场,被誉为“中国摩托车王”。多年实践证明,五羊—本田企业精神对五羊—本田公司的生产经营管理,对提高员工素质和建设企业文化都起到了不可替代的作用。1998年6月,围绕公司精神而展开的“五羊—本田企业精神建设工作”荣获了机械工业部第五届企业管理创新奖。

二、塑造“规范着眼、细微入手、追求一流”的企业形象

五羊—本田公司认为,市场竞争是企业整体实力的竞争,其中包括企业形象的竞争。要塑造良好的企业形象,就必须对品牌进行规范化管理。为创建产品和企业形象识别系统,五羊—本田公司对企业整体形象进行了规范设计,制定了《五羊—本田企业识别手册》,确立了产品品牌标识,将公司的标准色定位为红色,公司的旗帜、徽志、产品装潢及宣传品均以标准色为基调,并加载企业形象标识,创造出一种规范化、美化的外在企业形象。公司还创作了《五羊—本田之歌》,对企业形象进行了立体式塑造。为了宣传企业形象,五羊—本田公司除了重视广泛利用传媒、路牌、招贴画、统一形象的CI店、大型促销活动等方式进行宣传外,还举办零售现场咨询、展览会、参加公益活动、支持社会福利事业等活动进行公关造势,充分展示了企业形象和产品形象。

五羊—本田公司十分注重从小事抓起,从加强基础设施建设做起,全面塑造企业形象。几年来,公司投入大量的资金绿化、美化环境,聘请专职的清洁、绿化队伍,保证公司环境清洁优美。公司还有设施齐全、环境优美的职工培训场所,如投影室、语言室、电脑室、实操室等。公司投巨资建设的自动化办公大楼、多功能会议厅以及设施齐全的健身房、娱乐室、图书室和员工餐厅,为员工提供了舒适的办公场地和休闲场所,增强了企业的内在凝聚力和员工的归属感。

公司制定了一系列清洁卫生管理制度和规范员工言行举止的规定。《CI手册》、《员工手册》和《关于塑造良好的企业活动形象》等条规,对企业办公生产环境的营造,企业文化建设系列活动的开展,提高员工的综合素质等都做了明确规定。《企业员工基本行为规范》更对员工的仪容、服饰、谈话及电话礼节等提出了明确的要求。《企业员工基本行为规范》规定:厂区的非吸烟区禁止抽烟,非本公司人员违反者要处罚相应的接待人员,本公司雇员违反者按违纪予以辞退。

三、创建“求真务实、不断进取”的经营管理文化

创业之初,中日双方领导层就清楚地认识到,五羊—本田公司要从几个强手盘踞的国内市场脱颖而出,就必须走一条既能体现中日合资双方优势,又符合当地实际的中国摩托车企业发展的新路子。在这种思想的指导下,该公司确定了以“高起点、高档次、高质量、高效益”为目标的名牌战略,将“以人为本”和“三种喜悦”(即购买的喜悦、销售的喜悦、制造的喜悦)的本田哲学贯穿于企业的生产经营中,以生产优质、安全、可靠、美观、舒适的产品和提供完善周到的服务为载体,创建出“求真务实、不断进取”的经营管理文化。五羊—本田的经营管理文化包含以下四个方面:

第一、以“以人为本”为核心的人本文化。五羊—本田公司在人力资源开发上集中体现“三个有利于”的思想,即有利于企业资源的合理配置;有利于集中人才、增大企业发展后劲;有利于企业物质文明和精神文明协调发展。“争天下者必先争人,取市场者必先取人”,这句话是五羊—本田公司的信条。

第二、以“以信为本”为原则的营销文化。在市场经济条件下,企业经营正逐步从商品经营向品牌经营转变。企业要发展,要开辟、占领并不断扩大市场,就必须树立强烈的名牌意识,创造知名品牌。

第三、以“以质为本”为主线的产品文化。为了实现“追求

零缺陷,创世界名牌”的质量工作目标,五羊—本田公司建立了科学的质量管理体系,自上而下形成了一个由全面质量管理委员会(TQC)为主导、品质科负总责,以三级(班组、科、部)管理为基础的质量控制监督网络,形成了特有的产品文化。

第四、以“自发管理”为目标的制度文化。制度文化建设的要领在于通过微妙的文化渗透和企业精神的激励、感染,形成一种约束倾向,进而使其演化为员工的行为准则。从某种意义上讲,员工的行为和表现是企业文化的延伸和展示。五羊—本田公司在员工行为管理上通过企业精神、企业价值观、企业形象建设来影响和修正员工行为。管理模式实现了从“法治(法规、规章、制度约束)”为主向“文治(以企业精神为核心的企业氛围引导)为主、法治为辅”的阶段转变,经过了从严格的制度管理到自主管理,再到自发管理这一过程,实现了从行为到思想、由思想指导行为的良性循环。

1997年,该公司通过了ISO9002国内外联合认证,1999年,公司被美国《财富》杂志评为“中国整体最受赞赏的外资企业”,是国内摩托车行业中惟一获此殊荣的企业,且全部车型均率先达到了国家定于2003年1月1日起全面实施的欧洲Ⅰ号环保标准;2000年,公司获得了日本本田技研工业株式会社“Honda”单独商标的使用授权。通过10多年的耕耘,五羊—本田摩托有限公司企业文化建设硕果累累:先后被授予“广东省思想政治工作优秀企业”、“中国机械工业企业500强企业”、“全国质量效益先进单位”等称号。

扎实推进 文化兴企

——上海仪电集团控股(集团)公司的企业文化建设

上海仪电集团控股(集团)公司是在原上海市仪表电讯工业局基础上改制而成的,是以资本运行为主的国有独资企业。目前,已形成IC卡产业链、智能化仪表及终端、新型元器件、绿色照明、微电子、系统软件与集成等八大产业。截止2002年底,仪电集团总资产达141.96亿元,净资产为98亿元,实现利润额达5.89亿元。在长达8年的企业组织结构、产品产业结构、工业布局结构的三大结构调整过程中,仪电集团坚持文化搭台,系统实施企业文化战略,按企业改革发展的不同阶段,分步推进精神文化、管理文化和形象文化建设。

一、整体构思仪电集团的文化战略,形成仪电精神文化的基本架构

仪电集团在汇集几代仪电人“自力更生、奋发图强、挖潜革新”,“勤奋自学、刻苦钻研、奋力攻关”,“联合攻关、统一协作”,“勇为人先、敢为人先、能为人先”的创业、创新精神,提炼出仪电集团“精诚致远”的核心价值观,并赋予“精心经营、精心制造、精心服务”的深刻内涵,以文化力感召每个仪电人专心致志,实现企业的发展愿景。

根据企业的总体发展战略,仪电集团制定了集团、子公司、员工不同层面的具体愿景:经过若干年努力,仪电集团要成为投资信息产业和金融业相结合的、拥有相当资产规模的、能聚集数十亿资金实施战略决策的大型投资集团;子公司要成为主业突出,有较强的核心竞争能力,拥有一定的知识产权,在人才、技术、管理、服务等方面形成自己的优势,年利润要达到3~5亿元的经营主体;仪电员工通过持续学习、实践,成为能满足全球用户研发、生产、经营、服务的专业人才。

二、与管理体制建设同步,建设具有上海仪电特色的管理文化

仪电集团董事会在颁布一系列制度规范的同时,注重将集团的经营理念和管理风格融入到经营者、管理者、员工各层面的经营准则和行为规范中,实现企业管理的“法治”和“德治”的有机融合。

按照《公司法》规定,他们制订、实施了《上海仪电经营者职业道德规范》和《关于子(分)公司主要经营者考评办法试行意见》,对子公司主要经营者试行国有资产委托经营,行使股东监督,在机制上确保国有资产保值增值,促使经营者自觉地完成从“假老板”到“真老板”身份的转变。

对集团内部的管理工作,仪电集团从完善管理制度的工作规范和工作流程入手,建立完善了3个子系统6大系列、38项管理制度、202项工作规范和工作流程,并将责权利对称性的管理理念融入集团管理制度中,帮助管理者主动自觉接受集团日常运行的工作准则。

仪电集团制订了《员工手册》,规范员工职业发展、职业道德、行为规范、权利义务、业绩考核等各个方面行为,在集团内营造了“没有一事不认真,没有一人不努力”的良好氛围。

三、以整体塑造企业形象为载体,提升上海仪电的知名度、信赖度和美誉度

1999年,仪电集团完成了“1+9”的CIS手册全套平面设计,旨在推广应用集团与子公司的视觉识别系统,整体塑造仪电集团的新形象。

此外,仪电集团以“用户满意”为服务宗旨,开展“用户满意工程”,创立、保持“上仪”、“亚”字、“飞乐”、“核光”等8个品牌为“上海市名牌”的称号,塑造企业高科技含量的产品形象,发挥了名牌的良好效应。

根据仪电集团的发展特色,他们一方面统一规范仪电工业园区的建设标准,建成金桥、马陆、杭州SMT等新工业园区,改建漕河泾工业园区,整体塑造仪电集团“国字牌”、“上市牌”、“合资牌”企业良好的环境形象。另一方面,他们以建设仪电集团展示链为重点,2000年建成工业系统第一家集团综合展示馆,通过设立集团展示馆、厅(子公司)、室(三级预算单位)展示链,较全面反映仪电集团的历史沿革、工业发展、杰出人物、产品技术、国企改革的总体概貌。仪电集团展示馆不仅展示了企业的风貌,而且被上海市工业系统列为对外开放的青少年爱国主义教育基地之一。

2001年11月,仪电集团被中国机械工业联合会授予“全国机械行业文明单位”称号,并被中国机械产业文化协会评为

“全国机械行业企业形象十佳”。

立足创新　追求卓越

——上海三菱电梯有限公司的创新文化

上海三菱电梯有限公司是由中方控股和管理的中日合资大型电梯企业，成立于1987年1月1日。公司经过近16年的发展，现有注册资本1.55亿美元，总资产48亿元人民币，是合资初的59倍；累计生产电梯约8万台，实现销售收入314亿元人民币。公司从1993年起连续10年主要经济指标名列中国电梯行业首位。2001年11月22日，被中国机械产业文化协会授予全国机械行业企业形象十佳企业。上海三菱立足发展，追求卓越，确立了“技术、成本、服务、人才”四大战略，坚持全方位创新的企业文化，力争把上海三菱电梯有限公司建成“国际区域性知名公司”。

一、致力于文化理念创新

上海三菱把“创造更和谐的生活空间”的经营理念，作为生产经营的指导思想和宗旨。他们确立了“以顾客为中心，为顾客提供上上下下的享受”的核心价值观，努力为用户创造超值的价值。他们确立了“超越自我，从零开始”为核心的文化理念，要求全体员工克服自满和惰性，挑战自我，永不满足，始终把取得的每一点成绩作为一个新起点，永远保持奋发向上、不断进取的精神。

二、致力于技术创新

上海三菱的技术创新战略突出“高”、“快”、“紧”、“追”四个字，即高起点引进和开发新技术，快字当头实现新产品的商品化，以紧的精神培养造就技术队伍，追国际一流、促技术发展。1987年公司引进日本三菱VVVF全电脑控制技术电梯，在当时的中国电梯市场上是一枝独秀。以后又动态引进日本三菱的先进电梯技术，陆续推出智能化网络控制的多种系列电梯，使产品始终处于国际先进水平。在引进的同时，上海三菱始终注重培育自己的开发能力，建立了国家级企业技术中心，培养了一支以博士、硕士为骨干的高素质技术开发队伍，研究新的产品技术和制造技术，开发新产品，改造工厂，强化自主知识产权。公司自主开发的“希望”系列电梯等产品已具有国际先进水平。上海三菱致力于管理创新，不断吸收和借鉴世界上先进经营方式、管理方法，努力实现企业管理与国际接轨，经过上下一心的努力，他们已通过了ISO9001认证。

三、致力于营销创新

上海三菱在全国范围内建立了由20个直属分公司，200多个营销网点，3000多人的营销和安装维修服务代理队伍，组成了高效、灵敏的营销网络和服务体系，与上海三菱共创品牌，共同拓展市场。企业的市场占有率连续多年保持在20%左右，上海三菱在社会上和行业中赢得了良好的信誉和口碑。

四、致力于服务创新

随着国家经济体制的转型，上海三菱决定实现服务战略升级，实现从生产经营型企业向服务经营型企业的转变，把业务增长及盈利来源逐步转移到电梯安装保养等服务中去，以保证公司稳定盈利长盛不衰。他们的战略是：立足做大做强电梯主业，不断发展电梯生产规模，到2010年，电梯产销量要达到17000台。同时，寻找新的经济增长点，开辟新的服务领域，推进维修保养事业，到2010年，电梯维保量达到10万台。维保事业做好了，服务品牌打响了，又进一步促进二产主业的发展。二产带三产、三产促二产的二、三产联动发展将是上海三菱可持续发展的中期战略。

五、致力于企业形象创新

上海三菱很注意在细节上策划并宣传自己的企业形象。上海三菱的电话总机号码“64303030”与公司名称的谐音巧妙的吻合，给广大客户留下深刻的印象。1989年初，电话局通知上海三菱，本地区的电话号码要全部更改，局号由“35”改为“30”，局箱为“1”。总经理办公室的同志马上意识到，这是一次大好机会。局号为“30”，与公司名称吻合，但局箱为1，则又不理想，如能将本区的局箱变为3，后面再选“030”，则是非常妙的电话号码，客户购买电梯可以拨打“303030”。电话局被上海三菱员工的爱厂敬业精神所感动，同意提前使用“303”局箱。这样，上海三菱取得了“303030”的电话号码使用权。“303030”电话号码一到手，他们又不失时机地马上在报刊电台作广告宣传。一时间，“电梯的最佳选择是‘303030’（三菱三菱）”进入千万公众的脑海，飞入寻常百姓家，上海三菱的知名度一夜之间以倍数增加。电话号码成为上海三菱巨大的无形资产。

1988年1月1日，三菱在合资一周年庆祝活动时，公司隆重举办上海三菱同龄人（三菱娃娃）活动，即凡是1987年1月1日出生的市区婴儿，自然成为三菱娃娃。公司为他们立卡存档，授予证书，以后保持跟踪联系，直到他们踏上工作岗位，并承诺到他们大学毕业之后，根据公司发展需要，成绩优秀的“上海三菱娃娃”优先招聘入公司就职。从此以后，上海三菱与三菱娃娃联系没有中断，每年向三菱娃娃赠送生日礼品和学习用品，关心他们的生活，关心他们的成长，并且经常组织一些活动。比如，举办“上海三菱娃娃”艺术展、摄影展、作文展等，鼓励在各种比赛中获奖的上海三菱娃娃。“上海三菱娃娃”活动，有效地提升了上海三菱电梯有限公司的社会知名度与荣誉度。

16年的不断追求，使上海三菱取得了长足发展，两个文明建设取得丰硕成果，成为全国最大的500家外商投资企业之一，并被1999年《财富》杂志列为“中国最受赞赏的外资企业之一”。公司连续多次被评为全国质量效益型先进企业；2002年又获得全国质量管理奖。从1991年起，该公司连续六届荣获“上海市文明单位”称号，连续四届荣获“上海市最佳工业企业形象单位”称号，并获得“全国精神文明建设先进单位”和“全国思想政治工作优秀企业”称号和“五一”劳动奖状。

山高人为峰

——云南玉溪红塔集团“提质创新”的企业文化

玉溪红塔集团有限责任公司是我国最大的烟草生产企业，其生产的“红塔山”牌等系列香烟已成为广大消费者认可的知名品牌。该公司以“大品牌、大市场、大企业”为战略发展目标，围绕市场创新和服务消费者培育企业文化，形成了“山高人为峰”的独特文化理念。

“山高人为峰”，蕴含了两层最重要的基本含义：从企业内部来说，它反映了红塔集团“以人为本，追求卓越”的管理思想和“超越自我，勇攀高峰”的精神；从企业外部来看，则表明了红塔集团以市场为导向，以消费者为中心，努力满足消费者需求的经营理念。

一、“山高人为峰”——员工始终是企业发展创新的基石

红塔人认为，塔的价值在于它祈求平安和富足，而山的形象则包容了开阔、厚实的文化内涵。如果把红塔集团喻为一座大山，每一位红塔人的素质和红塔人的创新精神则是支撑和组成这座大山的坚实基础和岩石。任何一方基础和一块岩石的松动都会导致这座大山的不稳固。将塔、山、人三元素进行提炼和整合，塔被抽象了，山被凸显出来，山与人的巧妙融合，构成了“山高人为峰”的品牌理念。

“山高人为峰”蕴含着“超越自我”、“以人为本”的精神和哲理。正是基于这一点，红塔集团将这种人文关怀渗透到企业运作的每一个细节。为此，红塔集团总裁姚庆艳提出：红塔的品牌文化要体现的是一种“以人为本，超越自我，科技领先，关爱健康”的追求和理念。

在同一个市场环境下，许多企业所拥有的资金、设备、自然资源都差不多，但为什么有的发展了，有的衰落了，有的甚至倒闭了？这一结果说明，关键是企业之间的核心竞争力，即企业文化和企业创新能力的差距。实践表明，只有实现观念的转变，实施体制和组织结构的创新，才能使企业在市场竞争中立于不败之地。

核心竞争力通俗地说就是“人无我有，人有我优，人优我特”。过去的20多年，红塔集团正是凭借着独特的企业文化和员工创新精神，在中国烟草业独领风骚。然而时代总在变，人们的生活观念、消费需求也在变化。如何与时俱进，与时代保持同步，与消费需求保持同步，便成为新世纪摆在红塔新领导班子面前急需解决的问题。

2002年，红塔集团新领导班子上任伊始，就确定了“提质创新”的文化理念。提质创新，不仅指产品质量的提升和创新，还包含思想观念的创新，科技水平和管理制度的创新。为此，红塔集团在企业内部实施了一系列深刻的改革。公司对明显不适应市场变化的内部组织结构和管理机制进行了大幅度调整和再造，并按照市场要求精心设计了最佳组织结构，完善了尊重人、激励人、鞭策人的一系列规章制度。

“提质创新”理念的实施，实实在在把市场压力传递到了企业内部，员工深刻体会到了危机感并产生了强烈的竞争意识。员工之间的关系由原来生硬的上下级关系变成了平等的市场关系和紧密合作关系。

红塔集团董事长柳万东总爱讲一则为管理界所熟知的寓言：在非洲大草原，羚羊清晨醒来的第一个念头就是一定要跑得比最快的狮子还要快，不然就可能成为狮子的美餐。而狮子醒后所想的第一件事则是一定要跑得比最慢的羚羊要快，否则就可能会被饿死。他请大家思考：红塔奔跑的速度有多快？红塔应该怎么做才能比对手更快？

为保持对外界变化的敏感和自身求新求变的速度，红塔集团及时提出了打造学习型企业、争当学习型员工的要求，要求员工要成为专家型员工，专于一业，精于一业，全力以赴地做好每一项工作。通过深刻的教育和启迪，“左脚否定右脚”、“平庸就是错，无功就是过”、“收入靠贡献，岗位靠竞争”等与市场经济相适应的时代观念已成为全体员工的共识。

新世纪，红塔已搭建起了具有较强竞争力的企业战略研究平台、产品研发设计平台、ERP信息管理平台、生产制造平台、营销与服务平台，产品研发能力走在国内烟草行业前列，“玉溪”、“红塔山”、“红梅”、“阿诗玛”等名优品牌的生产已形成系列和规模。在国内市场上，红塔通过工商联手，与多个省区逐步建立起战略同盟关系，加强了对营销终端的服务和管理；随着红塔国际化战略的推进，红塔与国际著名企业之间也从竞争向多边竞合、实现双赢的方向发展。

二、“山高人为峰”——消费者始终是企业最尊崇的“上帝”

“山高人为峰”的另一层含义里：山是红塔山，人是消费者，无论企业如何强大，红塔山如何高大，都是消费者成就的，只有不断地满足了消费者的情感和消费需求，红塔山才会永远挺拔和坚强。

进入新世纪，通过对市场消费动向的全方位分析，红塔集团把烟草消费者的新需求确定为“高香气，低危害”的产品。而要满足这一需求，必须依靠科技创新的力量。红塔人认为，品牌竞争的核心要素之一是技术含量。为此，红塔集团始终把“科技兴名牌，品味求最佳”作为企业的质量方针。

为满足消费者的新需求，红塔新领导班子上任后，以“提质创新，服务市场”为宗旨，对烟草制造的原料、工艺、生产技术等进行了一系列技术创新。其中，每一项市场调查、每一次配方试验、每一个策划细节，都体现了与消费者心灵沟通的文化诉求和“山高人为峰”的内涵。

2002年，红塔集团经过一系列综合创新，推出了“铂金”红塔山和“铂金”玉溪牌香烟。2003年，又推出了适应更广泛消费群体的“新红塔山”牌香烟。新品牌上市后，很快以其时尚典雅的包装和醇和自然的吸味，受到了消费者的普遍好评，并成为“高香气、低危害”卷烟品牌的典型代表。

几款新产品的迅速推出，展现了红塔集团作为中国最大的烟草集团倡导理性消费、关爱消费者健康的勇气和作为；更为

有价值的是实现了红塔集团经营品牌的战略转型。

用发展的、文化的、市场的观念引导企业的每一个行为，是新世纪红塔人的全新目标。红塔在消费者的心目中到底是什么形象？这个问题曾无数次拷问着红塔的管理者和普通员工。在红塔的发展史上，曾有过多次突破陈规、勇于创新的成功实践，但从计划经济到市场经济的转型中，能否把消费者放到“上帝”的地位，这是衡量企业转型是否成功的显著标志。红塔人已十分明确，红塔集团应该是一个能够让消费者欣赏的企业，应该是让消费者持久关注和信赖的企业。

一切以市场为中心，一切为消费者着想，不断否定自己，不断改革创新，时刻保持着对市场和外界的敏锐的反应和判断力，并迅速高效地付诸行动，这是红塔在市场竞争中的文化和行为坐标，也是红塔集团的现代营销理念核心。

育人　创牌　强企

——雪莲公司品牌为本、诚信为魂的企业文化

北京雪莲羊绒股份有限公司是六家法人单位参股，由北京雪莲羊绒有限公司依法变更组成的现代羊绒加工企业，年生产羊绒衫100万件。作为我国第一家生产、开发羊绒制品的全能纺织企业，“雪莲”牌羊绒衫先后荣获“中国名牌”和“北京名牌”荣誉称号；国家质量监督检验检疫总局颁发的“产品质量免检”证书。2003年公司被北京市地税局评定为“纳税信誉A级企业”；被北京工商局授予“守信企业”称号；产品荣列本年度同类产品销售领先品牌。

雪莲人用冰清玉洁的雪莲花为自己的产品命名，并在长期的实践中逐步形成了以“雪莲花品、雪莲产品、雪莲人品”三品合一的特色文化，建立了育人、创牌、强企的文化管理体系。正如专家评价：雪莲是“品牌孕育了文化，文化托起了品牌”。

一、育人的雪莲文化

“争创一流，务实守信，勇攀高峰”的雪莲精神是雪莲文化建设的核心，以雪莲精神为旗帜，实施育人的五项工程。

凝聚工程。以“开拓凝聚路，架起贴心桥，温暖雪莲人”为主要内容，应用“企业畅想法”和“目标规划法”调动职工；通过办雪莲报、雪莲广播站、图片展等多种形式教育职工；通过送喜报、送雨具、点歌、疗养等方式凝聚职工。

素质工程。通过系列培训、征集雪莲之歌、开展“做合格雪莲人，塑雪莲形象”演讲、发动职工制定“一句话岗位职业道德规范”、印发《员工手册》等方法培育职工；通过成立“雪莲艺术团”、组建舞协、太极协会等方式寓教于乐，陶冶职工。

形象工程。加强制度文化建设，树立领导干部公仆形象；开展争优创先活动，树立模范党员形象；弘扬雪莲精神，树立“雪莲之星”员工形象。

竞赛工程。开展“市场在我心中，质量在我手中”；“闪光在岗位，奉献在雪莲”；“青工拜师学技”等竞赛活动，造就一支应变能力强、敢于打硬仗的高素质员工队伍。

人才工程。营造良好氛围聚才、采用多种途径育才、搭建施展舞台用才。公司通过对特殊人才实行特殊分配政策，选送管理、工程、技工人员深造学习，用人之长、人尽所能，充分发挥了人才资源的潜能。

“源于花品、形为产品、魂系人品”的文化特色从始至终贯穿于雪莲的育人工程之中。

二、创牌的雪莲文化

以诚信为魂，做大做强雪莲品牌是企业的战略发展目标。雪莲人凝练了“心中有市场，心中有职工，心中有人才，心中有党的事业”的文化建设精髓，它体现的是对员工的情义，对消费者的诚信。

以诚信创名牌。讲求经营之道，在激烈的竞争中演绎出挤进市场“追订单”，开拓市场“抢订单”，把握市场“躲订单”，看准市场“慎接单”，紧盯市场“快接单”的经典之作。恪守对消费者的忠诚，从不掺杂使假，永远货真价实，是雪莲人对消费者的庄严承诺！

以质量铸金牌。坚持“科技创新、优质高效、顾客至上、诚信务实”的质量方针，强化质量管理，严格检测标准，形成了质量高、款式新、做工细、服务好、信誉卓著、时尚高档的独特风格。雪莲牌羊绒衫自1981年获国家金奖以来，在历次质量抽验中一直名列前茅。

以科技壮品牌。依靠自身力量研制成功“羊绒联合分梳机”获“国家发明三等奖”、“中国发明创造金奖”。社会化推广后，国内再没有进口一台套专用分梳设备，实现了全部国产化，产生了丰厚的经济和社会效益。

三、强企的雪莲文化

在实现可持续发展的进程中，公司党委适时地推出了“2001～2005年雪莲文化第二个五年规划”，制定了新形势下雪莲文化建设的四十条具体目标和“五新”的具体要求。

新基地。公司于2004年迁址至大兴瀛海工业园，实行“六化”管理：厂区建设花园化、引进设备现代化、工艺流程科学化、员工宿舍规范化、职工食堂餐厅化、娱乐设施多样化。

新机制。公司深化体制改革，吸纳民营资本改变国有控股比例，加快机制创新，推出与市场接轨的用工、薪酬管理方案；实现减员增效，管理科室扁平化。

新管理。公司在科委系统申请了《雪莲网络化制造工程》立项，实现从原辅料供应、生产计划、车间作业、产成品出入库、直至全国各地网络营销的全流程化网络管理，还将完成ISO9000、ISO14000、OHSAS18000三个体系的整合。

新产品。与国际羊毛局合作成功研发利用SP高新技术生产出具有天然茶树油芬芳气味、杀菌抗毒的新羊绒制品；推出了牛奶纤维、竹纤维与羊绒结合的新材料，生产出绿色环保型新产品。

新战略。2003年集团公司制定了2004～2008年战略发展规划，把加强品牌宣传、扩大市场份额、改变营销方式、提升员工素质、创新文化管理等内容作为实现可持续发展的重要举措，到2008年销售收入实现翻番的目标。

符合市场的新基地,贴近市场的新机制,适应市场的新管理,满足市场的新产品,做大市场的新战略,"五新强企"铸成雪莲事业的新发展、大发展。

用"三服务"文化营造社区商机

——北京燕丰商场有限责任公司的社区服务文化

北京燕丰商场有限责任公司是朝阳区国有商业企业改制首家试点单位。10年来,燕丰紧紧围绕社区居民的需求,从商品经营到服务经营、从店内服务到走进社区,始终认准了社区商业服务这个方向,形成了家庭式服务、邻里式服务、亲情式服务的社区服务文化,带动了企业全面发展。年销售额连续8年超亿元,10年累计完成利税近5500万元。使一个开业初期的小区配套副食商场,发展为集副食、百货、餐饮、修理、建材、中介服务于一身的现代"社区综合服务中心"。

一、贴近社区百姓,为百姓提供家庭式服务

燕丰开业的1992年,正是中国市场经济步入快速发展并发生急剧变化的一年。在接踵而起的精品店、专卖店、豪华商场包围中,燕丰准确把握住了自身的定位:作为居民小区内的商场,首先要考虑为社区百姓做好日常生活服务。在此观念的指导下,燕丰把小区老百姓过日子一天也离不开的"菜篮子、米袋子、油瓶子、肉案子"这些看起来普通、利润不高的生活必需品作为初期经营的主攻目标。为了丰富主食品种,新成立的粮食部多次考察附近几家大企业的内部食堂,组织了十几种粮食制品和三十几种杂粮,把到集贸市场买粮的居民"拉"进了副食商场。粮食部越办越红火,日销售从不足100元增长到17000元。

随着社区居民消费需求的不断提高和企业规模逐步扩大,燕丰积极构筑完善的社区服务,建立了80平方米的24小时日夜便民店,两处"放心早点"供应站,700平方米的便利快餐厅,1000平方米的大众餐厅,2000平方米的"吃"类大卖场,近4000平方米的综合购物中心。商品通过多次调整,突出和加大了燕丰主营商品的力度和营业面积,使顾客一进"燕丰"感觉到副食厅、食品厅、家庭厨房鲜明的个性经营特色。

二、融入社区生活,为小区居民提供邻里式服务

燕丰以"同在社区、呼唤相应、需求相扶"为经营理念,坚持"眼睛要盯住消费者需要,而不是群众的钱包"的经营之道,积极融入社区生活。他们和区域内25个社区居委会建立了服务联系制度,了解到周边大小社会单位有167家,走访周边居民近10万人,60岁以上老人有近2万人,在此基础上组建了社区上门服务小分队。服务项目包括:送货、送餐、送水、修理计算机、修换灯管、修理门锁、修理灶具、修理水龙头、修理马桶、跑线安灯、安装移装空调、家庭影院调试、安装电视分配器、厨房保洁、清理下水道等100余项服务项目。店内在服务项目的设计上,也注重从顾客需求的角度出发,尽力帮助社区居民解决那些看起来微不足道的小麻烦,但却是日常生活常遇见到的不愉快事情。如:居民家中的台阶、门窗的修补,修理自行车、修配钥匙、修理皮鞋、修换拉锁、修理钟表、修理家电,还有免费存放自行车、免费电打气、免费缝裤边、打皮带眼,代发水产品、代杀活禽净膛、代办自行车牌照等。他们还把铁丝、钉子、小铁铲、炉子压火盖、一公斤装的水泥、白灰、自行车零件、煤气灶的气管、空调的过滤网等日常用品摆上了货架。总之,居民生活中时常遇到的一些小麻烦,在"燕丰"基本上都可以得到解决。虽然商场为开展100余项服务项目已投资近150万元,但所带来的社会效益和社区居民的信赖是无法用金钱来衡量的。

三、着眼社区发展,为小区居民提供亲情式服务

燕丰商场周边方圆不足一公里,就有燕莎、天元等9家大中型商场、超市及批发市场。特别是1995年底,世界大型连锁企业"家乐福"在其百米内的同一条街上开业了。然而不到半年时间,相继有三家大中型商场、超市关门转业,燕丰的客流量也一度锐减三分之一。在残酷的现实面前,燕丰经冷静分析后认为:家乐福的消费群体是辐射途经三环路的全市顾客,而自己主要的消费群体是本地区的周围居民;此外,双方商品结构不同,文化氛围服务方式也不同。针对差异,他们采取果断措施,避开直接竞争,努力开发新商品的经营,合理安排班次,提高售货速度和服务水平,让顾客在与售货员愉快交流中购买商品。

"情到理方至,情阻理难通"。一些顾客看到"燕丰"发生这么大的变化,感慨地说:"虽然家乐福和燕丰都是以经营生活日需商品为主,但却让我们感觉到是满足我们不同需求的两类购物场所"。经过大家的努力,燕丰顶住了家乐福超市的强大冲击,当年的销售额增加2000多万元,比往年同期增长16.6%。

燕丰总结自身发展经验认为:一个企业,不管有多大的规模与实力,如果没有鲜明的个性和特色文化,终将注定被市场所淘汰。

沟通从"心"开始

——广东移动通信公司的企业文化建设

广东移动通信有限责任公司于1998年1月注册成立,是广东省规模最大的外资企业,也是全国信息产业公司中规模最大的省级公司。2002年,该公司业务收入占中国移动集团的1/5,净利润占中国移动集团的1/3,2000~2002年连续3年位列广东省50强企业第三名,纳税大户第一名。

广东移动通信有限责任公司成立以后，自觉而理性地实施企业文化建设，深入实施“沟通从‘心’开始”工程，尤其注重企业文化在不同阶段的实践，为企业发展铸造了科学灵魂和动力源泉。

一、对内沟通——员工上下同心

广东移动通信有限责任公司注册不久，便把企业文化建设及时而理性地提到了议事日程。经广泛调查研究，八易其稿，构建了包括企业文化建设目标、核心价值观、企业精神、企业形象及人性化管理模式等内容的企业文化理论框架，完成了企业文化从实践到认识的第一次飞跃。从2000年起，该公司每年制定企业文化建设实施意见，提出企业文化建设具体内化落实的任务。通过大面积灌溉式的导入培训，企业文化迅速传播到每一位员工：编制了《广东移动通信企业文化标识手册》；对全省办公、营业和社会活动等重要场所进行布置；广泛开展了“沟通从‘心’开始”主题演讲比赛和征文活动，营造浓厚企业文化环境和氛围。

2001年，该公司提出了要将企业文化“内化到企业的经营理念和员工的思想意识中，渗透到企业管理制度和员工行为规范中，体现在企业整体和员工个体形象上”的实践要求，标志着企业文化建设进入了全面实施阶段。2002年，根据该公司新三年发展目标，他们又提出了“内化与固化结合，文化与管理一体，隐性与显性相融”的企业文化建设总体思路；编印了《广东移动通信企业文化之行为规范》，并展开了大规模的宣传贯彻培训，重塑员工形象，培育职业经理人和职业化的员工。

各级管理者对企业文化建设衷心认同并率先垂范；全体员工广泛参与企业文化的建设和实践；企业文化建设与企业生产经营紧密结合，实现了“文化与管理一体”、“隐性与显性相融”的突出特点。经过理性的总结和实践，企业文化已成为广东移动通信人的科学灵魂和动力源泉。各级管理者已能初步将企业经营理念融入到经营决策中。自1999年以来，该公司提出的“企业发展由技术驱动向市场驱动转变”、“企业管理从面向生产管理到面向客户管理转变”、“企业经营从注重内部管理到注重外部市场环境转变”、“企业战略从注重短期目标到注重长远发展转变”以及服务第一、盈利第二、创新服务、品牌营销、以人的价值为本等新的经营理念，深入公司各级经营管理者心中，像无形的手调节着各级管理者的思维方式和企业的运作方式，使企业发展取得了长足进步。该公司为适应市场开放和竞争的需要，近几年在组织结构、管理制度等方面进行了循序渐进的改革，包括用工制度和薪酬制度改革，绩效考核和竞争上岗等一系列竞争激励机制的建立。由于广大员工积极参与，全力理解支持，减少了改革的阻力和成本，保证了公司平稳协调发展。

二、对外沟通——展示企业形象

该公司一方面进行企业制度的改革和创新，另一方面在全企业开展了“总经理沟通日”活动，编印了《广东移动通信企业文化案例》等书籍，将企业文化内化落实工作逐步引向深入。该公司在深入开展“客户沟通日”活动的基础上，又推出了首席客户经理制，要求各级领导直接为大客户服务，加强与客户的沟通，促进了“沟通从‘心’开始”在企业外部的落实。

2003年，广东移动对4年多来公司企业文化建设进行了全面系统总结，编制了《广东移动通信企业文化建设经验交流会材料汇编》；在对企业文化第一版进行调整、充实、提高的基础上，修改完成《广东移动通信企业文化》(第二版)并开展了大规模的宣传贯彻内化工作；组织开展企业文化“显性化”宣传，对外“造势”，对内“造市”，通过树榜样、抓典型，对内部员工和社会公众传播公司企业文化及先进人物和事迹。他们举办了广东移动通信企业文化“显性化”事迹报告会，在省内企业巡回演讲，产生了良好效应。

1999年，该公司所属各企业按照CI规范，统一了企业对外形象；2000年初，以“沟通从‘心’开始”为主题，在全省范围内投放“牵手篇”广告，形成了强烈的企业视觉冲击；积极参与“客户超千万”大型宣传及“香港亚洲电信展”等活动，展现了该公司“发展型、效益型”企业形象；2002年，该企业加大模范人物典型事迹的“显性化”宣传力度，与新闻媒体加强联系与沟通。上述一系列举措，使企业曾一度存在的“公关危机”风险得到了有效化解，为企业发展营造了良性的生存空间。通过扎扎实实的建设实践，该公司企业文化已成为社会先进文化的有机组成部分。《广东移动通信企业文化研究报告》(即企业文化第一版)获得2000年度广东省邮电科技进步二等奖。该公司“沟通从‘心’开始”企业形象广告片获第一届中国国际影视广告评比“最佳沟通大奖”和第30届世界莫比广告大赛第一名，这是我国广告界首次获得的国际殊荣。“沟通从‘心’开始”还被确定为中国移动通信集团公司企业形象宣传主题词；“沟通从‘心’开始”广告片作为中国移动通信集团公司形象广告在国家电视网上播放。

信条为本　止于至善

——西安杨森制药有限公司的企业文化

西安杨森制药有限公司是1985年兴建的中外合资企业，自1991年起，连续四年被评为中国十大最佳合资企业。1996年荣登国家医药管理局组织的中国医药行业50强评选榜首；1999年和2002年，两度被美国著名的《财富》杂志(中文版)评为“最受赞赏的外资企业”。

西安杨森制药有限公司成功的经验就在于“建造学习型组织，形成别具一格的企业文化”，而文化的核心价值观在于“信条为本，止于至善”。“忠实于科学，献身于健康”成为鼓舞杨森人锲而不舍追求和前进的巨大动力。

西安杨森信奉并认真履行的信条是：第一对顾客负责，第二对员工负责，第三对社会负责，第四对股东负责。信条已经深植于每个员工的心中，成为全体员工的共识；是规范每个人行为的准则，是企业的经营理念和价值观的体现，是企业处理内外关系的指南，是企业经营价值观与员工人生价值观的高度统一，是西安杨森获得巨大成功的法宝，是形成西安杨森企业文化的核心内容。

对客户负责，信条要求树立市场导向、客户至上的经营理念，努力为内外部顾客提供超值服务。员工个人的成功与公司的成功紧密结合，并最终建立在顾客满意的基础之上。要求培养员工对顾客以诚信相待；对待病人、护士、医生和所有顾客，像对待自己的父母那样忠诚；让患者与医生在产品的利益与风险中，进行符合实际的正确选择。

对员工负责，信条要求管理人员重视人的因素，充分尊重员工的个性、人格、尊严和才干。在企业成功的同时，给员工提供发展的条件和机遇；生活上爱护关心员工，使西安杨森成为员工感觉幸福温暖的大家庭；在知识经济时代，注重用现代科学知识不断培训员工，建造学习型组织，建设闻名医药行业的“杨森大学”；倡导员工树立努力拼搏、团结奋斗的团队精神，形成独具特色的“鹰雁文化”。

对社会负责，信条要求不断地向社会、大众提供真正安全有效的药品，为保障民众健康不断做出新贡献。要遵守国家法律，积极纳税，遵守社会公德，反对“回扣腐败风”；支持社会公益事业，从事慈善和助困活动；要保护环境，节水植树，造福一方。

对股东负责，信条要求不忘股东冒风险投资的的功绩。以“谁投资谁受益”为基本原则，正确处理“分红”与扩大再生产之间的关系，立足发展，降低成本，使企业在不断发展中增加利润，同时股东也可以获得更大的收益，最终达到“双赢”的目的。

坚持信条为本，做好四个负责，西安杨森树立了自己良好的企业形象：客户信任，员工爱戴，社会推崇，同行尊敬。无论杨森人走到哪里，都是西安杨森品牌企业形象的缩影，如此强大的影响力，成为推动西安杨森持续发展的有利保证。

西安杨森的企业文化，还强调“止于至善”。“止于至善”源于孔子的《大学》。西安杨森融西方的现代管理学与中国古老的文化为一体，将“止于至善”作为自己的座右铭，意指西安杨森用发展的眼光，面向市场，面向世界，面向未来，要求自己不断创新，持续改进，努力达到尽善尽美的理想境界。

“止于至善”在西安杨森有丰富的内涵：产品质量应追求“至善”，让病人吃放心药；市场营销应追求“至善”，建立健全的销售网络，创造辉煌的销售业绩；企业管理应追求“至善”，通过推行“品质标志”、“流程优化”、“领导力标准”等一系列国际先进的管理手段，不断实现管理的快速高效，形成强有力的竞争优势。西安杨森发展追求“至善”，从成功不断走向伟大，努力成为世界一流大企业。杨森未来仍要追求“至善”，通过几代人的努力，使其雄立于世界的东方，基业常青。

“信条为本”与“止于至善”紧密相联，融合创新。“信条为本”是通向“止于至善”的基石，“止于至善”是“信条为本”追求的目标。只有坚持“信条为本”，才能达到“止于至善”是西安杨森推崇的经营理念。

西安杨森的企业文化，是西安杨森公司在创建和发展过程中逐步形成了中西合璧的文化内涵，是西方先进的科学管理制度和经营理念，与中国传统的伦理道德和光荣的革命传统相结合的文化产物。这种融汇了中西文化精华的企业文化乐于为中国员工所接受，因而能形成巨大的凝聚力，成为西安杨森成功的基石。

成就港口大业　永葆基业常青

——青岛港(集团)有限公司的企业文化建设

青岛港是我国综合性国际亿吨大港。2002年吞吐量超越1.2亿吨，集装箱突破340万标准箱，位居世界集装箱大港14强。10年来，青岛港(集团)有限公司上缴国家税费近50亿元，为国家净增135亿元优良资产。

多年来，青岛港(集团)有限公司坚持以人为本，谋变创新，文化制胜，使青岛港从一座百年老港一举成为世界港口巨人。

一、谋变制胜，打造核心实力

——变坐商为行商。改革前的港口，计划经济色彩浓重，历来是坐等送货上门，只有货主求港口，港口不会求别人。随着市场经济的发展，特别是邓小平同志“三个有利于”的提出，给青岛港带来了难得的发展机遇，他们迅即提出了检验港口改革发展的“四条标准”，即：港口对国家的贡献越来越大；竞争实力和发展后劲越来越强；员工生活质量越来越高；精神文明建设越来越好。他们坚持“发展是硬道理”，树立了“变坐商为行商”的经营理念和重点抓“两头”的举措，一头抓为“货主”服务，一头抓与“船主”联动。

公司大力实施“港口的主战场在港外”的战略，在全国22个省市设立了办事处，主动在当地寻找需要的运输货源。并提出“客户的事再小也是大事，千难万难绝不让船东、货主一时犯难”等一系列服务宗旨。一次，某煤矿工人不慎将一把扳手混入出口煤中，为维护货主商誉，前港公司发动上百名员工用近一个月时间，从6万吨出口煤中将这把扳手捡出，保证了出口煤炭的质量。同时，放眼国际航运市场，积极吸引外资共建万国码头。2003年7月21日，青岛港与英国铁行集团、丹麦马士基、中远集团在北京人民大会堂共同签署了前湾集装箱码头合资项目，国务院总理温家宝和英国首相布莱尔亲自参加了这一盛事。“三国四方”成功合作，打破了以往惯有的模式，被世界航运界誉为“国际合作的神来之笔”。通过这一创新合作，他们不仅引入了8.87亿美元的资金，而且引进了技术、管理和箱源，使青岛港的发展插上了金翅膀，为以港兴市做出了新的贡献。

——变迎变为谋变。在市场经济条件下，企业的快速发展不仅需要良好的现代化管理，更需要及时做出具有前瞻性、创造性和科学性的发展决策。青岛港以常德传为代表的决策者们居安思危，以敏锐的洞察力、敢为天下先的风险意识，把握稍纵即逝的发展机遇，超前并成功地制定和实施了一系列重大决策，如黄岛油二期工程的启动、集装箱国际中转大港地位的确立、20万吨级矿石码头的建设、外贸集装箱成功西移和“煤、油、矿、箱、粮”五大核心竞争力的形成，每一步都蕴涵着出奇制胜、创新求胜的谋略。这一系列经典决策，在港口设施和能力、资金运筹和市场开拓等方面为青岛港的迅猛崛起奠定了坚实的基础，具备了领军全国沿海港口、比肩世界著名码头企业的实力，青岛港也从一座百年老港一举成长为世界港口的巨人。

10多年来，青岛港改造了这座百年老港，建立了一座现代化亿吨大港。共上缴国家税费近50亿元。资产总额由5亿元裂变增值到140多亿元，为国家净增135亿元优良资产。港口生产连续跨越7个千万吨级大台阶，2003年仅用8个月零20天，吐吞量就突破亿吨大关，全年完成吞吐量1.4亿吨，经济运行质量显著提升。

二、信誉制胜，铸造“三个第一”

1. 以人为本是第一原则

以人为本是青岛港成功之本。十几年来，青岛港把全心全意依靠员工工作为建设企业文化的重要环节，致力于把青岛港办成充满亲情的大家庭、大熔炉、大学校；始终把员工拥护不拥护、赞成不赞成、高兴不高兴、答应不答应作为决策的出发点和落脚点，组织员工广泛参与民主管理；充分尊重员工的首创精神，把抓提案的落实作为一号文件、一号工程、一号任务，先后投资1.2亿元，全面落实了员工提案。

港口领导认为“员工的事再小也是大事，再难也要办好”，倡导弘扬“一心为民，造福民工”的厚德载物精神，坚持“只要愿意干，好好干，决不撒手不管，决不推向社会”的一贯宗旨，在历次改革中，近万名转岗员工全部得到妥善安置，没有把一名员工推向社会。

2. 诚信服务是第一宗旨

青岛港以“诚纳四海”为宗旨，提出了“没有货主，没有用户，我们就没有饭吃；货主的满意就是我们的质量标准；手续便捷，价格优惠，24小时服务”的经营理念。他们还相继提出“集装箱保班作业10小时完船”和外轮理货“零时间签证”等超值服务承诺，并实施了一系列保证措施。青岛港利用港口优势，无偿为煤矿找用户、跑运力；组织多家小型钢厂拼装大型矿石船，节约了运费；与铁路联手，开通了青岛至内陆城市的集装箱“直通”班列，把港口“搬”到了内陆腹地。广大员工视“质量、服务、信誉”为港口的生命线，既创造了巨大的社会效益，也为港口带来了丰厚的经济效益。

3. 创造卓越是第一标准

“市场竞争中，最大的对手不在外部，而是我们自己；身背金字塔的人，永远走不到世界前列；不敢超越自我的人，也不会拥有未来”。这段话已经成为全港员工超越优秀、打造卓越的风向标，全面拉开了挑战“五大目标”、勇创世界第一的攻坚战。

2003年4月以来，明港公司以顽强的拼搏斗志，先后两次分别以单船集装箱装卸每小时339和381自然箱打破了世界纪录，被誉为“振超效率”，在世界航运界引起连续轰动。在“振超效率”精神鼓舞下，青岛港又先后创出了矿石、纸浆等货种装卸多个世界纪录，充分展示了青岛港人挑战第一、创造卓越的宏伟壮志和坚定信心。

三、文化制胜，锻造忠诚团队

青岛港企业文化的形成与发展，历经了初步形成、培育提高和凝练深化三个时期，逐步形成了“坚持党的基本路线，坚持三个代表重要思想，一切从实际出发，把青岛港自己的事情办得更好”的指导思想；确立了“一代人要有一代人的作为，一代人要有一代人的贡献，一代人要有一代人的牺牲”的港口精神；形成了以“信念、感情、珍惜、奉献”为核心价值观的企业文化；全力打造了“诚纳四海”的服务品牌。

在青岛港的跨越发展中，企业文化始终在引领着员工进取、奋斗。无论从创业的起步阶段还是发展攻坚，始终坚持宣传实践“三个代表”重要思想和港口总体战略，咬定发展不放松，持之以恒地对员工开展发展观教育，把港口的战略目标宣传、灌输给每一名员工，把个人愿景培育成为全港的共同愿景，以此凝心聚智，担负使命，创造了今天的成就和明天的机会。

青岛港把发挥党的思想政治优势同培育企业精神、塑造企业价值观紧密结合，每年坚持开展具有港口特色的主题思想教育活动，让身边人讲身边事，让身边事教育身边人，并创新了宣讲教育、访谈教育、对比教育、激励教育和“五学”等载体，形成了创建学习型团队、学习型港口的浓厚氛围。

今天的青岛港人在企业文化的熏陶下，已不单纯把致富作为惟一追求，而是把实现自身价值、成就伟大事业、回报港口、国家作为共同的志向。为了建设前湾新港，广大员工积极响应集团号召，毅然挥师西征，在艰苦的环境中建起一座座新码头，架起一台台新桥吊，创造了一个个新奇迹。2003年上半年，面对突如其来的“非典”灾害，广大员工和衷共济，众志成城，严保海上通道的安全，并捐款600万元，其中员工自发捐款110万元，支援抗击“非典”，展现了国家至上、民族至上、大局至上的崇高精神。

交的是朋友　运的是真情

——青岛交运集团公司“情满旅途”的服务文化

青岛交通运输集团公司是1994年由原青岛市公路运输总公司转制组建而成的集交通综合运输、海陆空运代理、综合进出口贸易、国际国内物流、商资购销运存等多元经营于一体的大型企业集团，具有全国同行业一流的运载能力。1995年，青岛交运集团发起了“情满旅途联手大行动”的创举。多年来，该集团突出真情服务，构建了一个以“情”字为核心的交运文化，实现了从传统服务向名牌服务的过渡，创建了“情满旅途”服务品牌，并经国家商标局注册，成为中国公路运输业的第一个注册服务商标。

和谐与卓越是青岛的城市精神。和谐的人际关系、浓郁的文化氛围和文明向上的道德风尚是一个城市、一个企业追求卓越的基础。在企业中，和谐，就是人与人和睦相处、人与生产经营环境协调一致、人与企业融为一体，最终达到“人企合一”的最高文化境界；卓越，就是企业要不断创新，挑战自我、战胜自我、超越自我、与时俱进、永不满足。

一、以德治企——道德力增强凝聚力

在企业文化建设实践中，交运集团倡导“情”是纽带，“德”

是准则,构建了一个以“情”字为核心的交运“一、二、三、四、五、一”文化体系。即:一个品牌(“情满旅途”品牌),是交运文化的主体;两个文明(物质文明和精神文明),是交运文化覆盖的范围;三情理念(“情满家庭”、“情满企业”、“情满社会”),是交运文化的延伸;四种精神(诚信精神、创新精神、团队精神、奉献精神),是交运文化的价值体现;五大工程(管理创新、星级服务、技术进步、形象塑造、精神凝聚),是交运文化的保障规范;一个目标体系(不断提升的发展目标),是交运文化追求的目的。

在青岛交运集团公司内部,每当员工生日时,都会收到一张总经理亲自签名的生日贺卡和一个生日蛋糕;每当员工家里遇到困难,领导都会登门拜访,帮助解决实际问题。企业的真情使员工深深感到企业就是自己的家。在实际工作中,交运集团在员工中十分注意加强职业道德教育和建设,注意以道德力增强企业凝聚力,以凝聚力提升企业市场竞争力。他们要求各单位以真诚服务为载体,全力打造青岛交运集团公司的服务品牌。企业隆重推出了“情满旅途”服务品牌,创造了多种特色的服务体系,如:长途客运站的“苏学芬工作法”、城市公交的“温馨巴士”、城市出租车的“敬老车”等,都体现了一个“情”字。青岛长途汽车站40年学雷锋如一日,推出了“托运老人”、“邮寄儿童”等特色服务,成为传播精神文明的窗口;交运快车公司推出的“阳光快车”文化服务,在原有航空式服务的基础上,以创新服务延伸“情满旅途”的内涵,免费为乘客提供报纸阅览、卡拉OK点唱等服务项目,活跃了车厢气氛;交运陆海货柜公司实行“真情24小时”全天候服务,向客户承诺:“不管您的业务量多少、不管您是什么时间来办理业务,我们都一样对待,为您提供一流服务”,做到提箱随时有人发,入货随时有人接。

二、以文兴企——文化力推动经济力

交运集团发动全体员工根据企业实际提炼本企业的文化理念,开展企业文化理论研讨活动,参与集团广告语、企业歌曲征集,形成了“勇于创新,诚于真情”的企业精神;“严、细、实、恒”的管理理念,“比顾客的需求做得更好”的服务理念,“情满旅途”品牌,成为交运文化的主体和文化标志。同时,他们多次邀请社会知名专家学者对文化建设进行理论研讨。在此基础上,集团企业形象策划小组相继编发了《青岛交运集团CIS手册》和《交运文化手册》;制作了《情满旅途》、《交的是朋友,运的是真情》、《交运之歌》、《交运进行曲》等文化资料;对企业旗帜、品牌形象、车体颜色、员工着装、企业环境、员工日常工作标准都进行了统一规范。交运集团先后发布了《“情满旅途”服务品牌发展战略》、《“情满旅途”服务品牌服务体系》、《“情满旅途”服务品牌保证体系》、《服务质量和管理责任追究制》、《安全管理责任追究的若干规定》和《品牌管理责任追究暂行规定》等有关企业文化建设的十五个文件;实施了与“情满旅途”配套的五大工程,即:管理创新工程、星级服务工程、技术改造工程、形象塑造工程和精神凝聚工程。他们以“情满旅途”为主导品牌,实行品牌动态控制,成立了“情满旅途”品牌管理办公室,每月对基层单位进行抽查,形成了定期督查、整改落实、责任追究、持续改进的品牌管理流程。

三、以诚待客——情感力提升竞争力

“没有真情,微笑也是假的”、“老百姓认的牌子才有价值”、“服务没有终点,永远是起点”,交运员工靠真诚、热情和细致入微的特色服务赢得了顾客。

“苏学芬工作法”是全国劳动模范、青岛长途汽车站迎门班班长苏学芬,根据多年工作经验和岗位特征总结的一套服务工作法,特点是“五心”:热心、细心、耐心、诚心、舒心。其核心是“情感服务”,即根据顾客的不同需求提供个性化的服务。交运温馨巴士在城市公交车中设立了监控仪、零币兑换盒、便民服务袋、常用药品、针线包、纸巾、清洁桶等服务设施;车厢内还配备了当日报纸、旅游指南和景点风光照片。夏天,温馨巴士在座套上加了凉席,换上白色窗帘;雨天,车门旁设置了塑料自动雨伞套机;冬天,温馨巴士把扶手包上了绒布套,暖手更暖心。交运的“阳光快车”推出了“托运老人”、“邮寄儿童”的服务措施,乘客将老人、孩子送上车,交送接站人的工作就全部留给了驾乘人员。“公益的士”是为社会公益事业提供免费服务的出租车。其中,有免费为70岁以上老人提供服务的“敬老车”;有在“八一”期间免费为军人提供服务的“拥军的士”;有教师节期间免费为教师提供服务的“尊师车”以及免费为高考学生提供服务的“高考的士”等。青岛交运服务的亲和力和细致入微得到了老百姓的认同,集团拥有了一个忠诚的顾客群,市场竞争力大大增强,货运市场占有率也进一步提高。他们还与海尔、青啤、香格里拉等国内大公司实现了强强联合,与美国、日本、韩国、新加坡等诸多国家的大公司建立了经济合作关系,使企业知名度和美誉度明显提高。

2001年,青岛交运集团获得中国企业文化研究会授予的“全国企业文化创新实践奖”。

在兼并发展中进行文化整合

——青岛啤酒股份有限公司的整合文化

青岛啤酒股份有限公司前身为国有青岛啤酒厂,始建于1903年,是中国历史最为悠久的啤酒生产厂。1993年6月16日公司注册成立,随后在香港发行了H种股票,成为首家在香港上市的中国企业。同年7月,公司在国内发行A种股票并于8月27日在上海证交所上市。目前,公司全资拥有青岛啤酒一厂、二厂、四厂、扬州啤酒厂、日照啤酒厂和青岛麦芽厂,并控有青岛啤酒西安有限公司55%的股份及深圳青岛啤酒朝日有限公司35%的股份。公司销售收入、实现利税、出口创汇等指标均位居中国啤酒行业之首。

有着百年历史的青岛啤酒同时也拥有深厚的文化渊源。随着现代企业制度的建立和发展模式的嬗变,青岛啤酒股份有限公司在注重文化传承的基础上,更重视文化创新。他们在企业兼并发展中,积极探索企业文化的整合方式和创新途径,为实现国际化大公司的战略定位奠定坚实的文化基础。

一、文化整合是企业发展的内在要求

世界闻名的“青岛啤酒”在上世纪90年代出现了规模危机，1996年其产量仅有30多万吨。面对国外啤酒品牌进军中国市场和国内众多啤酒企业的激烈竞争，青岛啤酒股份有限公司处于“帆大船小”的矛盾境地。为此，公司制定了推进规模扩张、实现市场化运作的重大战略。随着青岛啤酒股份有限公司的并购扩张，40多家企业陆续加入青啤大家庭。不同的企业文化短兵相接，必然要引发矛盾冲突，这就给企业的经营管理和发展带来了巨大困难。为此，青啤集团加大了内部各企业文化整合的力度。

公司首先统一了企业CI形象，培育青岛啤酒系列品牌。但这只是表层文化的统一，各企业和母公司在思想观念、管理制度等深层文化上的冲突却十分激烈。一是计划经济的陈旧观念与市场经济的开放意识的冲突。比如母公司“先市场后工厂”观念与被收购企业“先工厂后市场”观念的冲突；二是不同文化背景、思维方式的冲突。三是消极观望思想与母公司“锐意进取、奉献社会”核心理念的矛盾。“背靠大树好乘凉”和担心“会低人一等”是被收购企业职工的两种心态。比如，青啤收购原主要竞争对手崂山啤酒以后，崂啤的职工担心他们辛苦十几年培育的崂山啤酒品牌被丢弃，担心被另眼看待。四是母公司与子公司管理制度上也存在差异。这些文化冲突，反映出企业在扩张过程中面临着严峻的控制和管理危机，如果解决不好，不仅不能有效地实现规模扩张，而且还会使公司自身陷于困境。因此，以先进的青啤企业文化对子公司进行文化整合，就成为青岛啤酒股份有限公司加快发展刻不容缓的现实课题。

二、文化整合推进了企业并购和企业文化的创新

青啤在“锐意进取，奉献社会”核心理念的指导下，设计并导入了CI战略，形成了“科学严格的管理与和谐的人际关系相统一”的青啤管理模式和“热爱青岛啤酒，献身青岛啤酒”的团队精神。通过反思青啤自身发展壮大的经验，公司领导层深深地感到：企业并购之后的整合是一场革命，其中最难的是观念的转变，而要转变人的观念，关键又在于灌输、整合、创新青啤文化。

第一，既要投入资本，更要输入“青啤模式”。输入“青啤模式”首先是灌输青啤文化，增强子公司员工对青啤文化的认同。公司大力倡导“请进来讲，走出去学”的文化整合方式。一些子公司开展了“学一厂、二厂，做青啤人”活动。公司还通过企业报、文化活动等多种渠道和形式，形象地宣传企业文化，把公司理念形象化；利用各种形式向职工宣传青岛啤酒的历史、现状和发展前景，以此来增强员工的自豪感、责任感；同时邀请专家、学者为职工分析当前的经济形势，分析青岛啤酒在中国乃至世界的地位，使职工认清整合是改革带来的重要机遇，只有乘势而上，才能使企业更好地生存和发展。其次，在各并购企业中实行“有情”管理，以真心赢得员工的信任和拥护。青岛啤酒股份有限公司把“以人为本”的观念贯穿在各项工作中，为职工办实事。如在收购企业中建起了职工食堂、浴室、存车棚等设施，极大地方便了职工的生活。再次，通过建章立制，约束员工行为，促进职工观念转变。制度可以使职工思想观念和行为方式的转变日常化、程序化、持久化。公司通过建立员工日常行为规范、思想政治工作制度等措施，把青啤文化的灌输、整合落实到具体规定中。如崂山啤酒通过机构调整等一系列措施，在岗职工由907人减到651人，中层干部由110人减到34人，干部职工感到了压力，从而极大地增强了工作责任心，工作积极性明显提高。总之，企业文化的整合就是要把职工的气理顺，情聚拢，使之自觉自愿地接受新的企业文化。

第二，既要坚持改革，又要兼收并蓄。文化整合，不应仅仅是青啤文化的单向输出，而应是母、子公司优秀文化的兼收并蓄，共同创新。文化整合的实质是对双方企业文化的评判、选择、提升和优化的过程。对被收购企业优质文化的挖掘、吸收，既是对子公司的充分尊重，也是文化创新的源泉之一。如“新鲜度管理”是青啤对啤酒行业营销理念的一个重要贡献；华南事业部将其推而广之，不仅在营销环节，而且在经营管理的各方面、各环节上都讲究“新鲜度”，突出一个“快”字，围绕市场建立快速反应机制。这种对“新鲜度管理”的阐释，大大丰富了青啤文化的内涵。再如西安公司提出的“对质量的投入就是对市场的投入’这一理念，深化了原有“高、精、严、细”的质量观，阐明了质量与效益、质量与市场的关系，对市场条件下恪守企业价值观念具有重要的推广和指导作用。通过企业文化整合，母公司与子公司互相汲取文化营养，双方不断调整，共同成长。

三、走向世界，积极吸收先进文化理念

新世纪之初，青岛啤酒股份有限公司提出了建立国际化大公司的目标。国际化是获取和增加资源的一种方式和能力，也是学习和融合世界大公司优秀企业文化的一种机遇。青啤认识到，招商引资是浅层次的开放，与国际大公司合作，除引进资金外，更重要的是要把先进的理念、文化，先进的营销、管理引进来，这才是深层次的开放。2003年，青啤与世界上最大的啤酒酿造商AB公司结成战略联盟。本着“双赢、诚信、创新”的原则，开展“最佳实践交流活动”，把青啤的产品、服务、技术、流程、市场管理、公司治理模式等与AB公司一一比较，学习他们的先进经验，找出差距，并加以改进，使青啤的核心竞争力和盈利能力大大提高，从而丰富和发展了青啤文化。

另外，公司还特别在对外交往中注意提升和丰富自身的文化。他们注意借用“外脑”，仅2002年就花费上千万元聘请国际著名公司咨询，使公司员工深入了解和把握了如何与国际化管理标准接轨。他们适应国际竞争需要，提出了“人人都是人才，创新型人才是公司的特殊资源，是企业核心竞争力的核心”的人才新理念，“人力资本”观念逐渐取代了原有的用人观念。青岛啤酒公司在将自己纳入国际间企业文化大碰撞、大整合的同时，又不断地用新质文化去整合子公司的文化，使所属事业部和子公司纷纷掀起了创建学习型团队的热潮。

青岛热电　温暖无限

——青岛热电集团公司“暖到家”的品牌文化

青岛热电集团公司是国有独资大型热电联产企业，主要担负着为青岛市企事业单位和居民供热及部分发电任务，拥有总资产13亿元。在建投资10亿元，成员单位30多个，年供蒸汽200多万吨，年发电能力达34亿千瓦时，供热市场辐射山东省的菏泽、青州和青岛老城区之外的区域。其主要经济指标居全国同行业前列。

近年来，青岛热电集团在国内首创了以“温暖无限”为服务广度、以“暖到家”为服务深度的企业品牌文化，实现了企业跨越式发展。

一、“暖到家”品牌的内涵

“暖到家”服务品牌寓意丰富，其中“暖”是主题、是灵魂、是核心，是服务工作的着力点。“暖到家”品牌内涵分解为四个要素：一是体现供热送暖的企业性质：“温暖送到千万家”。围绕这个企业性质，集团公司制订了远景发展规划、经营战略和实施措施，以不断扩大市场份额，把企业做强做大为目标，不断提升集团的经营文化水平。二是突出服务品牌的特色：“暖情服务到你家”。集团公司以用户满意为标准，把温暖的真情渗透到为用户服务的全过程。他们制订了集团公司“暖到家”服务实施规范，推出了全能星级服务标准，不断提升集团公司的服务文化水平。三是强化集团内部温暖如家的文化氛围：“集团温暖如到家”。集团公司以营造团结、和谐、友爱的家庭氛围和强烈的凝聚力、亲和力、归属感为目标，实施人本化管理，建立了关爱、尊重、培养员工，激励员工施展才华的人力资源管理机制和后勤保障机制，不断提升企业的管理文化水平。四是实施集团各项工作的标准和目标：“真正实践‘暖到家’”。集团公司强调各项工作要高标准、严要求、责任到位、工作到家。围绕“暖到家”品牌标准，各单位制定了各项工作的考核细则，使企业各项工作尽量完美，减少遗憾，在实践中不断发展创新，提升企业的制度文化水平。

二、“暖到家”品牌的培育

青岛热电集团公司从做好三个方面工作入手，精心打造了“青岛热电，温暖到家”的文化品牌。

一是抓活动，营造品牌氛围。为引导全体员工自觉认同“暖到家”品牌，实践热电文化，青岛热电集团公司通过坚持不懈地加强“暖到家”服务品牌的宣传教育，在全体员工中形成自觉实践“暖到家”品牌服务的良好氛围。首先是运用各种媒介广泛宣传。集团以《青岛热电》报、网站、宣传橱窗、黑板报和《热电文化手册》、《热电发展画册》、《热电史志》、《热电先锋谱》等书籍和《热电之路》、《热与电的火花》、《青岛热电温暖无限》等电视宣传片，坚持不懈地向员工灌输、播种“暖到家”理念，使其潜移默化，人人皆知，形成共识并认真实践。其次是精心设计载体，开展形式多样的文化教育活动。青岛热电集团公司党政工团组织，结合企业形势任务，抓住时机，开展形式多样、丰富多彩的文化教育活动。如每年春节举办一次“贤内助畅谈会”，铅印精美的《给员工家属的一封信》，并以“进家门，知家情，连家心，我爱我家”为主题，邀请员工的亲人来公司参观生产工艺流程，感受品牌文化魅力，在员工中营造“集团温暖如到家”品牌文化氛围。

二是抓培训，提升品牌质量。集团公司以创建学习创新型团队为目标，积极开展“重发展、重道德、重科技、重管理、重形象，创建学习型企业”的“五重一创”活动。公司充分利用青岛热电集团培训中心，合理安排培训内容，分批、分层次对员工进行法制、业务、职业道德等方面的培训，不断增强员工队伍的整体素质，强根固本，使以“暖到家”品牌为核心的企业文化在员工的心中深深扎根，进而提高品牌的文化质量。

三是抓规范，创新品牌管理。为保证“暖到家”服务品牌的建设落实到具体实践中，青岛热电集团公司参照ISO9001质量管理体系，制定和实施了《“暖到家”品牌管理控制程序》、《员工基本行为规范》、《“暖到家”服务管理标准》、《企业标志使用规范》、《服务商标使用规范》、《企业标识色彩使用规范》等管理规范，形成了程序化、规范化运作的企业品牌建设管理体系。他们建立健全了“供热解忧”、“全能服务”、“一户一日一清”、“三自备”（自备工具垫、鞋套、接水器具）等以“暖到家”服务为核心的各项服务制度和服务措施，赋予了“暖到家品牌”服务实实在在的内容。同时，集团公司从严格考核入手，建立了“三查”机制：一是自查，员工定期对照品牌文化管理文件内容，对自己的服务进行总结、检查，发现问题，立即纠正；二是互查，每位员工都面对一个市场，既要对上一岗位员工提供的“产品”或服务进行检查，又要接受下道工序员工的检查，环环相扣，不留空项；三是专查，就是由公司企业文化管理部门进行检查，对检查的结果进行限期整改和经济考核，使“暖到家”行为标准落到了实处。同时，热电集团还聘用了50位社会监督员，真心实意地接受社会监督，促进了“暖到家”品牌的服务实施。

三、“暖到家”品牌的实效

“暖到家”服务品牌的推出，得到了全体员工的认同和服务用户的肯定。集团公司为解决为用户服务中的热点、难点问题，实施了“进千家门，排千家忧，解千家难，暖千家心”供热解忧工程和“六公开”等服务规范。一名服务员工突患十二指肠溃疡，做完手术后，在大夫没有允许出院的情况下就回到了工作岗位。当他的妻子第二天到医院补办出院手续时，大夫不解地说：“我从医20多年来，还没见有这样的人。到底图的是什么？”春节期间，一位员工接到用户打来的暖气不热的求助电话后，立即赶到用户家中。但用户却说：暖气片又开始热了，不用修了。但这位员工没有马上返回，而是出于对职业的责任感和对“暖到家”品牌的维护，认真负责地检查了用户的暖气片，果然发现了问题。他立即进行维修，消除了暖气隐患，使用户深受感动。用户动情地说：热电集团“暖到家”服务品牌的推出，不仅为用户提供了舒适的环境，而且为用户提供了优质的服务，增进了相互的感情和信任。几年来，公司供热收费率均在

95%以上，供热服务满意率达98%，供热投诉率为零，居全国同行业先进水平。企业涌现出一批全国和省、市"五一"劳动奖章获得者等先进人物。"暖到家"品牌的创建，增强了企业活力，促进了企业的快速发展。集团公司依靠"暖到家"品牌的无形资产优势，以较低的成本，收购了青岛花园等供热站上亿元资产。同时，也赢得了青岛市区以外地区政府的信任。公司先后承揽建设了城阳金海热电工程、金田热电工程、菏泽颐海热电等工程，实现了跨地区供热市场的扩张和经营。

青岛热电的"暖到家"品牌文化，还赢得了企业、社会和国外大公司的信赖。去年，某地政府看重"暖到家"品牌资源优势，将濒临倒闭的一个有1.6亿元资产的热电厂以"零"资本移交青岛热电集团。公司通过注入企业品牌文化，建立科学的管理运营机制，使该厂起死回生。如今，国内外一些大公司先后与青岛热电集团签订了合作协议。

公司先后荣获全国建设系统思想政治工作优秀单位、文明服务示范窗口单位、企业文化建设先进单位等称号。

没有最好　只有更好

——青岛澳柯玛集团的文化系统框架

青岛澳柯玛集团是我国最早被认定为"中国驰名商标"的四家家用电器企业之一，国家大型一级企业，山东省重点工业企业集团。澳柯玛集团以家用电器产品生产为主，涉及15大门类、36种、102大系列、476种型号的产品，其中电冰柜、洗碗机、饮水机、家用桑拿浴房等产品多年来产销量一直居于全国同行业第一名。该集团下属制冷、空调器、电子信息、厨洁具、洗衣机、商贸6大事业部及2个国内控股企业，2个国外合资控股企业，1个国外合资参股企业，无形资产与有形资产总值已超过66亿元。

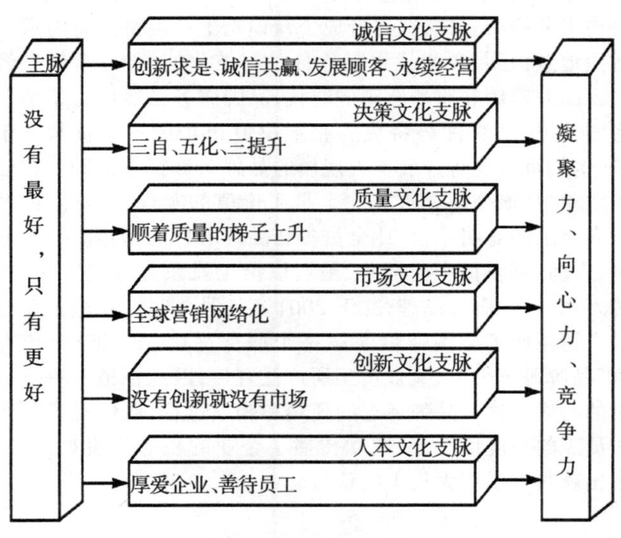

澳柯玛文化体系框架模型

"没有最好，只有更好"是贯穿澳柯玛整个文化体系的主线，是其他6条文化支脉的依据和指导思想。这一理念，表明了该公司反对过分宣传"第一"和"惟我独尊"的科学态度，并时刻将"创新"与"创造"的要求与价值放在最显要位置，充分体现了澳柯玛文化建设与发展的宗旨和特色。

一、"创新求是、诚信共赢、发展顾客、永续经营"的诚信文化

"创新求是、诚信共赢、发展顾客、永续经营"是澳柯玛的诚信文化理念，也是澳柯玛人的共同价值取向，并在顾客、员工、社会中产生了深刻的影响。从经营方面理解"诚信文化"，澳柯玛建立了"建设长期战略合作伙伴关系"的价值创造方法，以诚信为所有受益者创造价值。从精神文明方面理解"诚信文化"，澳柯玛对社会做出了"创造财富服务社会"的承诺，提出了"满足顾客需求、保证公司效益、确保员工利益、增进企业和社会同步发展"的文化理念。

二、"三自"、"五化"、"三提升"的决策文化

所谓"三自"、"五化"、"三提升"的决策文化，是指澳柯玛集团在第一个发展阶段提出了"自我挖潜、自我改造、自我约束，走内涵式滚动发展"的战略。这一战略的实施，使澳柯玛从资不抵债，走上了中国电冰柜行业龙头企业的地位，并在1995年以2.93亿元的利税总额成为山东省第二利税大户。澳柯玛在第二个发展阶段提出了"产业规模化、产品多元化、生产集约化、管理现代化、经营国际化"的发展战略。他们充分发挥园区经济特色，大胆实施规模扩张、高科技结构调整和资本运营，成功运作股份公司A股上市，实现了超常规跳越式发展目标。在第三个发展阶段，澳柯玛提出了"传统家电向智能家电和高科技产业提升，粗放型管理向具有现代企业制度特色的精细化管理提升，区域经营向全球化经营提升"的战略。这一战略使企业大幅增加了高科技项目投入，并大举进军高科技产业，成功开发出一批起点高、成长快、竞争强，并拥有自主知识产权的高科技产品和项目，推动集团进入了新一轮发展高潮。这三个阶段的战略决策，使澳柯玛成功完成了从"亏损大户"，到"中国电冰柜大王"，到"家电王国"，最后进入高科技、国际化、现代化一流企业的"三级跳"。

三、"顺着质量的梯子上升"的质量文化

"顺着质量的梯子上升"是澳柯玛的质量文化。首先，澳柯玛提出了"知道怎样抓质量才知道怎样做人"的文化理念。综观澳柯玛的发展历史，就是一部质量发展的历史：1990年为寻求困境中突围，澳柯玛人建议更换"澳柯玛"商标，希望抹去质量事故阴影。企业决策者断然否决，并强调"从哪里跌倒就要从哪里爬起来，不改变以往的质量观念，就是换100个牌子也没有用"。1991年，他们在国内率先实施了"全面质量管理"，建立了"十要十不要"等一系列严格的质量管理制度；1993年，他们开始按照国际质量保证体系建立自己的质量标准体系。

澳柯玛冰柜 1992～1995 年连续四年荣获国产商品“金桥奖”，1995 年被国家统计局等命名为“中国电冰柜大王”，2002 年被评为“中国名牌产品”。正是因为“顺着质量的梯子上升”，澳柯玛冰柜、空调、电热水器、洗衣机已成为国内首批出口免检产品，这是国内企业质量管理获得的最高肯定。

四、“全球营销网络化”的市场文化

在建设“全球营销网络化”的市场文化方面，澳柯玛树立了“一切为了顾客需求，竭诚追求完美一流”的市场理念，引导员工追求一流的质量、一流的服务、一流的效益。市场文化体现在不断建设“全球营销链”上。他们实施分三步走(产品输出→技术输出→资本输出)的“全球化战略”，实施“两结合”(专业出口公司和地区经营商相结合)的市场开发机制，每年召开“全球配套洽谈会”和“全球贸易洽谈会”。企业投资信息化及网站建设，体现在实施了 ERP 管理，建设成了企业电子商务平台。他们推行 SZDP 管理模式，提出如何满足顾客不断变化的需求和如何保持公司永续发展这两个命题，促使各个生产经营环节缺陷趋于零。为充分满足顾客需求，他们加快产品开发周期，产品技术不断向绿色化、智能化、网络化、节能化方向发展。公司建立了“技术人员对顾客回访制度”和“管理人员站柜台制度”。董事局主席亲赴市场第一线拜访顾客，参观一级卖场，考察乡镇三级市场。他们在国内外市场上建设的由主经销商、分销商和零售商组成的三位一体的网络框架，已形成了有 1 万多家紧密合作伙伴的稳定协作体。该集团还建设了“总部服务中心—各省服务中心—维修服务站”三位一体的服务体系，不断扩大服务范围，提升服务质量，形成了从调查咨询到使用服务系统一条龙的优质服务。

五、“没有创新就没有市场”的创新文化

“没有创新就没有市场”是澳柯玛的创新文化。澳柯玛的创新文化包括“四个方面”和“一个原则”。“四个方面”为：一是观念创新。随着企业内外部发展环境及战略目标的变化，不断转变市场观念。二是经营创新。正确掌握投资决策，科学分析经营风险，积极探索新的利润增长点。三是科技创新。高度强调“科学技术是第一生产力”的观念，通过努力，最大限度缩短科技与市场、科技与生活的距离。四是管理创新。以机制与体制的改革创新为突破口，以资本为纽带，完善法人治理结构，建立真正依照现代企业制度要求开展管理的高科技企业。“一个原则”是“实事求是”的原则，即在实事求是思想的指导下开展创新。根据有所为、有所不为的原则，冷静分析自身实力、竞争对手实力和市场容量，不怕失败，但也不能盲目冲动；强调自我挖潜、自我约束，走内涵式扩大再生产的路子。

六、“厚爱企业，善待员工”的人本文化

在建设“厚爱企业，善待员工”的人本文化方面，澳柯玛对员工做出了“被吸引、被任用、受培养、获发展”的承诺；提出了“发展人就是发展企业核心竞争力”的理念，并把员工满意度纳入到文化建设当中。企业建立了“以人为本，以法治企”的人才机制，从融智机制、用人机制、分配机制建设着手，为员工的发展提供舞台。他们大力倡导创建学习型组织，形成了学习、竞争和进取的良好氛围；通过合理激励措施，为员工进取、晋升和发挥潜能提供了舞台。为了创造学习型组织，企业在资金最紧张的时候，投资 30 多万元建设了教育园地、职工之家、图书馆等；筹资近亿元兴建了占地 200 亩的“澳柯玛科技人才生活小区”。澳柯玛坚持“尊重人，信任人，理解人”的原则，使员工觉得在这里有干头。在“以人为本”的企业文化影响下，“自强自立，爱厂敬业，开拓进取，协作奉献”已成为员工的自觉信条。

以“没有最好，只有更好”为企业文化主脉，以“诚信文化、决策文化、质量文化、市场文化、创新文化、人本文化”为企业文化支脉，澳柯玛集团的内部凝聚力、向心力不断增强，企业竞争力得到了大幅度提升。

情传万家

——青岛通信公司“情传万家”的品牌文化

青岛通信公司是伴随着中国电信业的不断改革重组，由原青岛电信重组后形成的公司。他们创造的“为客户创造价值”的通信企业管理模式，获得全国管理创新成果一等奖。最近，该公司又获得全国用户满意服务单位称号。

在激烈的市场竞争中，公司变“以我为中心”为“以客户为中心”，倡导“为客户创造价值”的经营理念，全力推行真情服务，塑造并注册了“情传万家”的著名文化品牌，使其成为国内电信业注册的第一个服务品牌，并连续获青岛市名牌服务认可，在全省电信行业推广。

一、注重真情，塑造品牌

近年来，中国电信业不断改革重组，企业名称多次变更，公司形象纷杂多样，往往造成公众识别上的混乱。青岛通信敏锐地意识到，在产品和服务日益同质化的今天，营销已经进入品牌营销和服务营销的时代，品牌服务已经成为了消费者的首选，品牌优势将成为企业决胜市场的竞争优势。于是，他们审时度势开展了大规模的品牌名称征集活动。在征集活动中，该公司尊重每一个员工价值的实现，注重发挥每一名员工的聪明才智，让全员参与品牌名称的制定。他们通过《青岛通信》报广泛征集，最后以员工投票方式确定了“情传万家”这一服务品牌，并于 2001 年 5 月 17 日，在国家商标局申请注册了全国通信业第一个服务品牌。由于“情传万家”品牌源于员工，又被员工所广泛宣传，因此根植于每个员工的心底。这一品牌标志的征集和确立过程，既体现了公司对员工的高度信任，又成功传播了企业的核心价值观，一经推出就得到了广大员工的认可。

二、客户至上，用心服务

在市场竞争中，青岛通信遵循“以客户为中心，方便留给客

户，麻烦留给自己”的服务承诺，不是把用户当“上帝”，而是实实在在把用户当亲人。“情传万家”服务品牌推出不久，公司收到一位用户来信。信中说，因一时疏忽，写装机申请时将门牌402号，错写成403号。当他想把门牌号改过来时，却被告知按规定要交30元改址费。这位用户的来信对领导和职工触动很大，总经理当即批示在公司内部开展了一场规章大检查。他们废止了那些不符合“情传万家”宗旨的老“教条”，一大批方便客户、更具亲和力的新规章和新流程建立起来。在此基础上，公司从完善服务机制入手，提供“用心服务”，全面提升客户满意度。公司先后出台了高于电信条例标准的《服务规范标准》、《责任赔偿及社会举报奖励实施办法》、《首问负责制》等高层次的服务措施和办法。在此基础上，公司完善职工技能培训和考核制度，每年组织全员进行服务知识和技能考试，成绩与绩效工资挂钩。在具体的服务过程中，公司针对不同客户群体，分别提供各有特色的贴心服务。公司建立了350多人的重点客户服务中心，实施了重点客户网络运行质量保障服务系列工程，为重点客户开辟了服务“绿色通道”，提供“一站式”服务，并建立快速“3A”信息反馈处理机制。针对普通用户，公司成立了300多人的客户服务中心，推出了“10060网上营业厅”，客户足不出户就可以查询或办理50多项业务。

三、取之社会，回报社会

“情传万家”服务品牌的创建促进了青岛通信服务和管理工作的全面升级。2002年由集团公司在全国范围内进行的客户满意度调查中，山东4城市（包括青岛）住宅客户满意度为96%，位居全国第三；重点客户满意度100%。2003年前三个季度，青岛通信又在山东省通信公司的服务检查中取得零投诉的佳绩，最近又获得了全国用户满意服务单位的称号。青岛通信正是靠实施“情传万家”品牌战略，靠为客户创造价值，与客户实现双赢，有效地扩大了市场份额，为稳定和吸引客户群创造了有力的内外部环境，企业效益和企业核心竞争力在竞争中持续提高，市场占有率始终保持在60%以上。

取之社会，用之社会，是青岛通信应有的责任，也是宣传通信文化和品牌创建的重要内容。在抗击“非典”的战役中，广大员工不怕生命危险，为医疗机构安装可视电话、宽带视频等，踊跃捐款捐物达400多万元。“情传万家”精神的生动体现，凸显了广大员工的责任，彰显了一种高尚的品牌精神。公司还为全市6000户残疾人、福利企业免费安装电话；连续4年捐资40余万元为特困职工、慈善事业送温暖等，既扩大了品牌的知名度、影响力，又体现了品牌内涵。公司成立了“情传万家”爱心基金会，已捐助了10多位特殊困难家庭；为残疾人高光开办“晨光热线”；为家住嘉祥路的孤寡残疾的戴老安装电话、交纳使用费等。今年春节，王总又收到了戴老的新年贺卡，老人写到：“贵公司发动员工为弱势群体设立基金，使我有幸成为首位受益者。由我的经历充分说明你们的服务属一流，所推出的服务品牌“情传万家”确实言行一致，绝非花架子，是岛城所有服务行业的典范”。2002年，公司被评为青岛市“九五”期间扶残助残先进集体。2003年被评为全市十佳职业道德单位；送粮行动被评为百件精神文明好事之一。

四、规划职业生涯，促进员工成长

“用每个人的成功铸就青岛通信辉煌”是青岛通信公司企业文化所大力倡导的价值理念。公司通过各种途径和做法加强员工对企业愿景的认同，从而形成共同奋斗的合力。公司开设了“观海听涛”内部网上论坛。在虚拟世界里，员工畅所欲言地发表自己对公司方方面面的建议和意见，使许多企业难以做到的深度会谈、深层沟通成为现实，营造了一个民主、宽松、和谐的环境。在此基础上，公司建立了绩效考核评价体系，以业绩导向激励人，实行“双推双考一公示”的用人机制，为员工提供充分施展才华的机会。与此同时，公司针对不同层次的人才，进行了系统的职业生涯规划，使公司形成了以技术、管理、营销三架“马车”并驾齐驱的人才成长渠道，让适合的人到适合的岗位上发展，赢得了员工的心。

打造先进文化　重振企业雄风

——青岛钢铁控股集团有限责任公司的企业文化建设

青岛钢铁控股集团有限责任公司是全国冶金骨干企业，1995年和1996年，青钢曾连续两年亏损，成为全国冶金行业和山东省“第一亏损大户”。但几年以后，该公司一举扭亏为盈，利润每年以115%的幅度增长，成为青岛市十大企业集团之一，在全国500强企业排序中位列第135位，在冶金行业124家企业中排序第19位。

一个濒临破产的国有企业为什么能迅速扭亏并连续盈利？重要原因之一，在于青钢善用文化打造企业核心竞争力，注重文化管理，大力推行“五个日”管理模式，用文化力推动了生产力。

一、构建理念体系，注重人才培育

企业的竞争力源于职工的创新力，而职工的创新力则来自企业的文化力，即精神支柱。青钢为走出困境，首先构建了企业文化建设的理念体系。他们以“厚德载物，积贤为道”为厂训，精心培育“求新、求异、求变”的企业精神，弘扬“舍命以赴，追求成功”的企业作风，建立完善了现代企业制度和“以用户为中心、以产品开发为重点、以营销为龙头、以质量和超值服务为保证”的经营机制，制定了把青钢建成全国一流、世界强势集群化钢铁产业的短、中、长期发展战略，确立了“安全为天、质量为命、教育为本、科技为先、管理为头、市场为家、用户为王”的治厂方针，即经营理念。以上述理念为核心，青钢创造出自身的企业价值观体系。这一价值体系包括：“市场为家、用户为王”的经营观；“用人也管人，善用人亦善责人”的用人观；“始于教育、终于教育、天天教育”的育人观；“科技为先”的科技观；“质量为命”的质量观。

青钢集团尤其重视企业人才的培养和聚集。他们认为，企业的成功实际是用人的成功；优秀企业应该是优秀人才的集合。为此，青钢集团着力建立一套有利于人力资源发挥作用的激励机制，从而实现了真正的人本管理。“企业即人、企业靠人、企业为人”是青钢人本管理思想的形象写照。青钢把人才作为企业最宝贵的资源，实施全新的人才资源配置机制，制定完善了选人、用人、留人、育人和引进人才的机制，把各类人才调配到合适的岗位。近几年，企业不仅引进了一大批包括硕士、博士的各类专业人才，还培育选拔了一大批出类拔萃的年轻干部。在合理用人的同时，青钢按照“始于教育，终于教育，天天教育”的原则，坚持不懈抓好员工的学习教育工作，提高了企业整体素质。2002年，他们与韩国浦项制铁联合举办了“再造现代化企业研讨会”；2003年，与美国国际营销专家科特勒对话“青钢品牌”。这些举措，即开阔了员工视野，又吸纳了国外先进管理文化经验。

二、实施“五个日”管理，实现全控联动

青钢把企业理念、管理思想落实到实际管理工作中。在汲取国内外先进管理经验的基础上，青钢推行了企业独创的“五个日”全控联动管理法，有力推进了企业由科学管理到文化管理的转变。

“五个日”管理集人本管理、目标管理、危机管理、随机管理等现代管理思想于一体，以科学的规章制度为行为规范，运用教育、激励、约束等手段规范职工行为，通过每天实现“日目标、日反馈、日分析、日考核、日工资”这“五个日”，进行全员、全方位、全过程控制，使各项指标始终处于最佳状态，有效保证了各项目标的顺利完成。这一管理实践，实现了由对物的管理到对人的管理、由静态管理到动态管理、由经验管理到现代化管理的转变。“五个日”管理不仅形成了完善的管理闭合回路，更重要的是实现了对每个人、每一天、每项工作的期望管理和目标管理。

“五个日”企业文化管理，促成了多层次创新体系的形成。如，以产学研一体化为核心，以科技创新促产业升级，以高新技术改造传统产业的技术创新体系；以大财务战略为核心，资本运营为手段，创新资本注入为动力，完善了企业可持续发展的资本增值体系；以人才开发为核心，以用人、分配机制改革为动力，以事业吸引人，以情感凝聚人，以发展鼓舞人的人才创新体系；以大营销战略为核心，与国际国内两个市场接轨的销、开、产、供的市场营销创新体系等等。由于企业文化管理的触角延伸到企业经营的全过程，因而企业管理层次不断提升，企业改革与发展快速进展，企业面貌发生了翻天覆地的变化。

三、优化企业环境，重塑企业形象

企业形象是企业文化外在表现和综合反映，也是增强企业凝聚力的有效载体。青钢本着外树形象、内强素质的指导思想，把实施建设集群化钢铁产业发展战略同实施企业形象战略结合起来，着力加强企业环境建设。青钢在塑造企业员工形象、产品形象、服务形象的同时，努力塑造优美的企业形象。他们以现场定置管理为切入点，制定了严细的定置管理规划及考核标准，逐步规范工作现场与职工行为，达到了道路干净整洁、货场整齐划一、厂房设备干净无污、生产现场物流有序。青钢把建设生态型工厂作为发展目标之一，对每一块空地都进行绿化，在净化和绿化的基础上，对厂区环境进行美化加工和再创造。通过厂区标色设计，路边广告牌设计，企业标志、企业歌曲设计等，把企业形象战略具体化并加以落实。他们在加快自身发展的同时，大力支持并积极参与社会活动，增强了企业的社会美誉度和知名度。

2002年，青钢荣获全国质量效益型企业称号；“五个日”全控联动管理模式，获第九届全国现代化管理创新成果一等奖。2003年，该企业荣获中国讲诚信、守合同、重质量典范企业称号。

在发展中创新　在创建中提升

——日照港(集团)有限公司的企业文化建设

日照港是我国沿海主枢纽港口之一，新亚欧大陆桥东方桥头堡。1982年开工建设，1986年建成投产。2003年日照港务局与岚山港务局企业部分重组，组建日照港(集团)有限公司。该公司自成立以来，坚持“综合性发展、多功能建设、全方位服务、集团化经营”的战略，港口吞吐量持续增长，1991年突破1000万吨，1999年达到2000万吨，2003年已突破4400万吨，实现利税达2亿元。日照港企业文化建设在发展中不断创新，从建港初期的自发建设，发展到现在有意识、有目标、有步骤的系统性建设与管理，逐步形成了具有个性特点的港口企业文化，促进了港口企业管理水平、竞争实力的不断提升，全员素质不断提高，港口凝聚力不断增强。

一、在发展中不断探索和创新企业文化

企业文化因势而变，因时而变，不断创新才有生命力。日照港的企业文化建设是一个与时俱进、不断创新的过程。创业时期，日照港主要倡导以“改革创新，艰苦创业，无私奉献”为核心理念的企业文化；随着港口吞吐量与经济效益的不断增长，又形成了以“团结、奋进、求实、竞争”企业精神为核心的企业文化；到2000年，企业形成了较为完备的企业文化体系，提出了日照港企业文化的八条理念：“服务社会，创造一流”的核心理念；“团结、奋进、求实、竞争”的企业精神；“多功能建设、综合性发展、全方位服务、集团化经营”的发展战略；“讲究科学，追求卓越”的管理观；“高标准、高水平，最大限度地满足客户的要求”的质量观；“高信誉、创市场、大腹地”的市场观；“以人为本，将人作为活力来源”的人才观；“博采众长，不断创新，科技兴港”的科技观等。

进入21世纪，体制转换使港口面临新的发展形势，日照港的企业文化开始了新一轮的建设。根据港口改革与发展的需要，他们提出了“创建亿吨大港”的跨越发展愿景。围绕这一时代课题，全面开展了文化创新提升活动，先后确定了以产权多元化为指导的“和商共赢跨文化发展战略”、以客户为核心的

“服务最好品牌战略”，在生产经营建设各领域实施“精品工程战略”、“企业形象提升战略”和“创建学习型组织”等一系列新的文化理念。在管理思想和文化理念上有了新的提升和突破，把“跨越发展、服务创新”作为企业文化建设的重要目标。该公司坚持以人为本，在全体员工中积极倡导全新的市场、改革、安全、服务、创新、发展观等理念，大刀阔斧地改革了经营机构，清晰地划分为决策层、经营层、操作层；以三项制度改革为突破，全面转换经营管理机制，推行了全员竞争上岗，有效地进行了分配体制改革，极大地激发了全港职工的活力和潜能。他们根据日照港的实际情况，建立完善了企业法人治理结构，人力资源、绩效考核、薪酬分配、成本管理、市场营销等方面的新机制，并统一整合了企业形象标识，进一步提高了港口在广大客户和社会公众心目中的知名度和美誉度。

二、运用系统方法建立健全组织体系和工作机构

日照港加强企业文化建设的组织领导，建立了较为完善的组织体系，形成了有效的企业文化建设工作机制。1997年，该公司成立了港口新闻文化中心，将企业文化列入职能管理工作范畴。1999年，新闻文化中心会同企管、宣传部门制订了《2000～2005年日照港企业文化建设规划》，将港口精神文化、制度文化和物质文化三个层面统一设计，系统规划，全面细致地规划了港口企业文化建设蓝图，成为指导全局企业文化建设的纲领性文件，日照港也成为全国沿海港口中第一家制定企业文化建设规划的企业。2003年，日照港进一步加大了企业文化建设力度，建立了企业文化建设委员会，形成了由总经理、党委书记、分管领导亲自抓，各有关部门职责明确，分工合作，齐抓共管的局面，使企业文化建设走向制度化、规范化轨道。

三、高度重视创建和提升集团文化架构内的个性文化

日照港集团特别重视引导所属各单位塑造集团文化架构内的个性文化，这是日照港企业文化建设的一大亮点。陆桥第一装卸公司是日照港的装卸煤炭公司。他们在1998年就较完善地建立了公司“自主管理”模式，在夯实企业管理，发挥积极性、能动性方面取得了突出效果。2001年又确立了“管理塑品牌，品牌促发展”的品牌战略，把“品牌就是效益”的理念融入企业管理中，形成了以管理塑品牌，以品牌促发展的良性循环。他们紧紧围绕“客户满意是我们的追求”这一宗旨，提出了“卸车无小事，场存无限制，系统无障碍”、“任何事故都是可以避免的”等理念，实施了“三零工程”（零损耗、零杂质、零缺陷）等措施，提高货运质量和装卸效率，在国内外树立了良好的品牌形象，并于2003年创造了16.8小时卸煤16万吨的世界纪录。陆桥第二装卸公司是日照港的散杂货装卸生产单位，他们重点开展“装卸真诚”服务品牌的锻造，先后形成了以创建学习型组织为推力，精品工程为内容的企业文化建设特点，“不但让客户满意，还要让客户感动”，取得了诚信为本、与客户互动、和商共赢的大好局面。日照港集装箱公司坚持科学发展观，重点加强了“绿色码头、超值服务”文化建设，用优美的环境和优质的服务吸引客户，使公司吞吐量、效益双丰收，成为港口业一颗耀眼的新星。通信公司以“搭建文化平台，突出行业特点”的管理，轮驳公司以“文化带动管理”的战略，铁路运输公司以“努力创新每一天”的理念等各具个性的文化实践，都为日照港集团文化的丰富和提升奠定了更加坚实的基础。日照港先后获得“全国思想政治工作优秀企业”、“全国企业文化建设实践奖”、“山东省企业文化建设先进单位”、“山东省企业文化建设示范单位”和“山东省企业文化建设示范基地”等称号。

奉献光热　追求卓越

——郑州热电厂“三维九纵”的企业文化建设

郑州热电厂是河南省电力生产的骨干企业，总装机容量60万千瓦，是高温高压发电、供热的中外合资企业。

该厂实施“文化兴企”战略，遵循“理论领先、科学规划、全员参与、分步实施、务求实效、渐进发展”的思路，树立“奉献光热，追求卓越”的企业精神，构建了“三维九纵”的企业文化构架，全方位推进企业文化建设向纵深发展。

“三维九纵”即：第一维，厂区文化，下设分场文化、专业文化、班组文化三个纵向层面文化，以创新管理方式，提高职工素质为目的；第二维，社区文化，下分为管理文化、老年文化、家庭文化三个纵向层面文化，以丰富社区文化生活，形成健康向上的文化氛围为目的；第三维，多经文化，下分为总公司文化、分公司文化、专业文化三个纵向层面文化，以提高经济效益，增强企业竞争实力为目的。通过搭建“三维九纵”的组织架构，基本形成了全厂包括党政工团组织在内的从科室到分场、班组，从厂区到社区的文化建设格局。

在推进“三维九纵”企业文化建设过程中，企业制定了《企业文化建设规划》，成立了企业文化学会，提出重点抓好“四个工程建设”：一是形象塑造工程。全厂上下开展了“内强素质、外树形象、勇创一流”、“摒弃不文明习惯”等活动。通过设立“形象监督岗”、组织“千人签名”，告别不文明行为，建设优美环境，同时加大了对外宣传力度，树立了企业的良好形象。二是观念转变工程。全厂开展了“转变观念和电力走向市场”大讨论，干部职工以“知耻而后勇”的气魄，主动查找与全国同行业先进企业之间的差距，树立“创建一流火力发电厂”的目标，自我加压，深化改革，取得了成效。三是价值观工程。以“确立新思维，建立新理念”为指导思想，开展了全厂范围的价值观大讨论，形成了“追求科学、追求文明、追求先进、追求完美、追求高效、追求协调”的企业价值观体系。四是企业精神工程。企业始终把培育企业精神作为建设““三维九纵”文化之魂，通过在全厂上下广泛征集、反复论证，最终形成了具有发电企业特色的郑州热电厂精神：“奉献光热，追求卓越”。在企业精神指导下，全厂在厂区、社区、多经三维和九纵范围内，开展了“以人为本”的大讨论活动，增强了管理人员的“人本”观念，提高了实现广大职工自我价值的意识，为实施“人本”管理，提高企业管理水平奠定了良好的思想基础；建设班组文化，提高了基层的管理水平；通过建设先进的社区文化，提高了居民生活的文明程

度，“社区老年书画协会”名震全省；“老年督导队”为加强社区管理发挥着独特的作用；“楼道文化”成为新的文化亮点，多家新闻媒体作了专题报道。

郑州热电厂《全员参与，积极实践，重塑郑热企业文化》一文获得2001年“首钢杯创新实践奖”；与郑州大学软科学研究所合作，对多经企业进行了多角度的经营策划；对企业文化现状进行全面调研，写出了《加强企业文化建设，推进一流目标实现》及《现代企业文化创新与发展》两篇调研报告；与郑州大学合著了《二十一世纪企业成长与先进企业文化建设》一书；整理编写了《郑州热电厂企业文化发展史略》。

企业文化建设，促进了企业的发展。2000年企业步入了全国“一流火力发电厂”行列；2001年荣获全国“五一劳动奖状”；2002年获国电公司“双文明单位标兵”；2003年，荣获“全国厂务公开先进单位”。

用优秀文化打造知名品牌

——中房集团合肥公司的品牌文化

中房集团合肥公司属国家一级资质开发企业，他们在开发建设住宅小区的过程中，注重社会效益、环境效益和经济效益，曾被视为当时国内小区建设先进水平的代表，并为合肥城市建设做出了突出的贡献。

中房集团合肥公司注重发挥企业文化各种功能，使企业文化成为促进企业健康发展的保证。

一、发挥企业文化的导向作用，把员工引导到企业方向和目标上来

中房合肥公司以“为老百姓办好事、办实事”作为自己的宗旨和责任，在生产经营实践中逐步形成了“奉献、开拓、务实、求效益”的企业精神。这种企业文化鲜明地表现出了它的导向功能：首先规定了企业行为的价值取向——为老百姓办实事、办好事；同时明晰了企业的行动目标——勇于开拓、争创一流。正是这种文化的导向作用，促进了公司跨越式发展。1985年，开发建设合肥市西园新村时，该公司就确定了“屋为人用、以用为主、一切为用户着想”的指导思想。公司围绕为人所需的“住、行、学、用、乐”等方面做好规划设计，在实用、经济、安全和美观并重的前提下，注重社会效益、环境效益和经济效益，取得了令人瞩目的成绩。1987年，该小区因“研究工作的先进性和大规模解决住房问题”荣获联合国人居中心在意大利热那亚颁发的“利古里亚国际特别荣誉奖”，国家建设部也颁发了“优秀勘察设计二等奖”，成为当时国内小区建设先进水平的代表。

此后，中房合肥公司以“振奋精神干实事，事事都要争一流”为行动目标，自我加压，自觉比照国家试点小区的内容和条件，精心规划，精心组织，精心施工，坚持高标准、严要求，将承建南园新村打造成了具有先进水平的现代化住宅小区，并一举通过了合肥市、省建设厅和国家建设部的综合验评。该小区先后获得“合肥市优秀住宅小区”、“安徽省优秀住宅小区”和“全国城市住宅优秀小区”称号，并获得“全国城市住宅小区建设试点综合银牌奖”以及单项中的一个金牌奖、两个银牌奖和三个铜牌奖。原建设部长到南园新村视察时，把这种“不是试点，但比照试点，扎实苦干，争创一流并取得突出成绩”的精神，赞誉为“南园精神”。

二、发挥企业文化凝聚功能，培育员工“团队精神”

中房合肥公司党组织把培育优秀的企业文化作为企业的灵魂工程，把塑造主人翁形象作为文化建设的重要内容，并以此作为企业文化建设的出发点和归宿。在“我是中房人，中房是我家”的责任感、使命感和自豪感的凝聚下，“振奋精神干实事，事事都要争一流”的行动目标已为广大员工所接受并努力实践。党、团组织和工会十分关心和爱护职工群众。每当员工遇到家庭困难，生病就医，婚丧之事，工会都会送去全体员工的温暖。强大的凝聚力并非只来自优越的物质条件，共同的目标追求、企业的吸引力和企业精神、对员工的关心、尊重和信任，都使企业产生强大的凝聚力。中房合肥公司的组织凝聚力还来自领导班子的威信和表率作用。领导班子鲜明地提出：要求员工做到的，自己首先去做；要求员工不做的，自己保证不做。各级领导班子成员双休日深入工地、现场已成惯例。公司领导科学民主的决策、严谨务实的工作态度和扎实肯干的工作作风赢得了职工群众的信任。文化凝聚力使该公司拥有了一支积极向上的职工队伍去竞市场、闯难关。

三、发挥企业文化约束功能，塑造企业形象和品牌

房地产开发各项活动与社会各方面密切相关，如不注意品德意志修养，就难以抵制各种诱惑。中房合肥公司注意从大处着眼、小处着手，潜移默化地对员工进行思想品德教育。他们一方面组织学习老一辈革命家的高风亮节；一方面用反面教材进行警示。他们先后出台了“工程招投标管理规定”、“关于加强招标工作纪律的暂行规定”、“财务报销管理办法”、“礼品上缴登记规定”、“收入申报办法”等规定，并与公司党风廉政建设结合起来，制度文化产生了无形的道德约束力，最终形成了约束和控制全体员工的企业文化氛围，收到了良好效果。

中房合肥公司注意通过企业文化建设把员工的个体意识与企业的群体意识统一起来，要求企业内部必须尊重员工、关心员工、信任员工；企业外部则要尊重客户、理解客户、使客户满意，从而强化了企业及员工的社会责任感。

他们把“真诚地为一切客户服务”作为经营宗旨，公司的每一项工作、每一个环节都要以客户为中心，以为客户提供优质实惠的“放心房”、“满意房”为己任，使企业及员工树立起对客户负责的强烈责任意识，并以此来指导企业的经营活动，为企业树立了良好社会形象。

“要买房，找中房”，“买好房，到中房”的口碑不胫而走，成为中房合肥公司企业文化建设的显著成果之一。中房集团合肥公司用优秀的企业文化打造企业知名品牌，荣获了“全国建设系统企业文化建设先进单位”称号。

追求完美沟通　奉献全新生活

——上海市电信有限公司的企业文化建设

上海市电信有限公司是中国电信股份有限公司所属的具有法人资格的全资子公司，通信主体部分下设长途、数据、无线、电信卡等4个事业部，16个区县电信局，上海信息产业公司、电信技术研究所等7个专业公司。

上海市电信公司成立不久，就以《企业文化三年规划》为指导，确立了企业文化变革与构建的阶段性目标。几年来，上海市电信公司在企业文化的建设上取得了丰硕成果，"以诚取信"的经营宗旨，"团结拼搏，同创价值；和谐创新，共享繁荣"的企业精神，"客户就是价值，员工就是财富，创新就是未来"的企业核心价值观，"追求完美沟通，奉献全新生活"的共同愿景，体现了上海电信以人为本的经营信条和对美好未来的憧憬。

一、企业精神：团结拼搏，共创价值；和谐创新，共享繁荣

"团结拼搏、和谐创新"的理念，始于移动业务剥离之后。固定网独立运行后出师不利，局面严峻。一方面，固定网新的增长点尚在培育之中；另一方面，公司组建伊始，改革发展重任接踵而至。上海电信决策层敏锐预见到在这艰难时刻，上海电信比以往任何时候都需要宽松的环境和高度的凝聚力。正是在这种情况下，公司及时喊出了"团结拼搏，和谐创新"的口号，旨在号召公司广大员工凝聚一心、协同作战，克服不利的局面，创造新的业绩。事实证明，"团结拼搏，和谐创新"的精神确实起到了巨大的激励作用。它唤起人们的斗志，使上海电信在竞争加剧、业务收入增幅趋缓、2001年初跌入"零增长"的不利状况下，力挽危局，创造了改革和发展的奇迹。

"团结拼搏、和谐创新"理念，有着厚实的理论依据，《哈佛商业评论精粹译丛·人员管理》一书分别以"团结一致"与"和谐交往"为纵、横坐标，绘图说明了现代企业文化的四种类型（如图）：

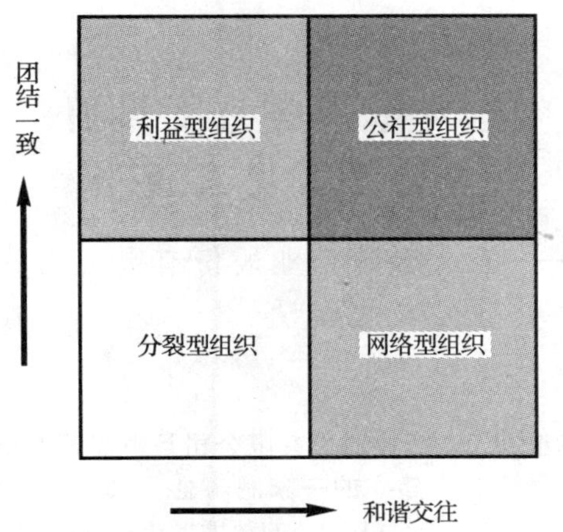

电信企业这类处于动态、复杂的环境下，需要多部门协同工作、互相学习的企业，比较适于团结一致程度与和谐交往程度都比较高的公社型组织文化。换言之，行业的定位从客观上要求企业必须团结与和谐，只有团结才有可能共同拼搏，只有和谐才有可能持续创新。

在社会主义市场经济的条件下，企业精神中的"团结"与"和谐"，其内涵不仅仅停留在企业内部的员工与员工之间，更应扩展到企业的整个"共生圈"。所谓"共生"，是指此企业与彼企业决不是"你死我活"的关系，而是充满了各种相互维系、相互依赖甚至同生共死的关系。企业与市场为一个共生系统。这个系统不但应包括企业、股东、客户、员工、合作伙伴、政府等各类利益群体，也应把竞争对手包括在内。共生圈中的任何两个部分，从获取各自的利益出发，都会自觉不自觉地追求或保持与对方的团结、和谐的关系。这是"共创价值"的基础，只有能给客户带来价值的产品（业务），才能实现企业自身价值的可持续性。这也是"共享繁荣"的条件，因为只有在"共生圈"维系下保持长盛不衰的企业，才能积小胜为大胜，最终坐拥繁荣。因此，"共创价值"，是共生圈所有成员共同创造的必然；"共享繁荣"，是共生圈所有成员共同拥有的结果。

上海电信的"共生圈"如图所示：

上海电信"共生圈"示意图

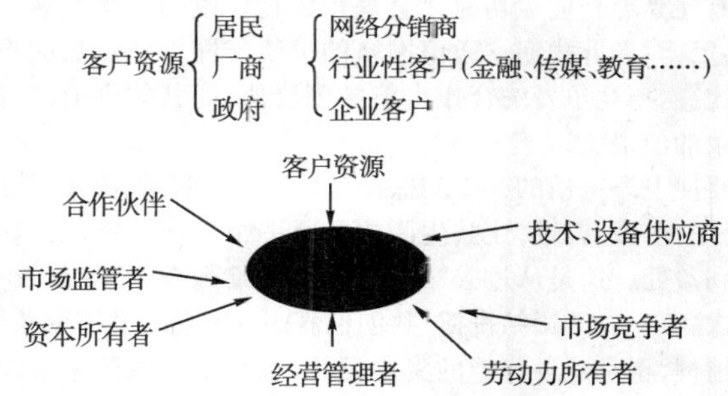

在这一共生圈中，上海电信和资本所有者即股权人或债权人之间，由资本或资产纽带所维系。上海电信必须按照国家规定承担国有资产保值增值的义务，并以公司资产对公司债务承担责任。进入资本市场后，股东还要按照出资额享有资产受益、重大决策和选择管理者等所有者权益。为资本所有者创造价值，这是上海电信赢得资本所有者信赖、获取更大发展资源、实现跨越式发展的关键。

上海电信与监管者的关系比较清晰：监管者在制定规则、监督管理、规范行业及市场行为的同时，即营造了有利于市场良性发展、社会有序进步的业态，促进上海电信走向规范和成熟。这些结果无疑都有利于企业创造价值。作为主导的电信业务经营者，上海电信应通过自身的影响力，配合监管机构维护行业和市场秩序，防止恶意或违规竞争。上海电信和技术设备供应商的关系，是下环节与上环节之间的供应链关系。技术设备供应商的发展有赖于下游企业，但是，技术设备供应商的成熟与发展也能够有力地反作用于下游企业。帮助供应商降低成本，也就是帮助企业自己降低成本。

上海电信与客户的关系，位于价值链的中心环节。没有客

户即没有市场,没有市场即没有企业。在社会主义市场经济的前提下,客户给予企业的,是信任和由信任所带来的支付行为;企业给予客户的,是服务和由服务带来的节约或增值。客户所追求的,是需要的满足;企业所追求的,是满足这种需要。客户所要做的,是选择服务;企业所要做的,是赢得信任。企业的一切经营行为都应是为了赢得客户的信任,并使他们的支付行为持续不断地成为上升曲线。

企业与员工的关系,是大河与小河的关系。再宽再长的大河,无不由一条条小河点点滴滴、涓涓细流汇聚而来。上海电信离开了员工的支持就会变成无源之水;而"大河有水小河满"的道理又反过来说明:只有上海电信发展和强大了,才会有员工个人的发展和前途。上海电信致力于通过企业文化建设来再造一个更优化的软环境,以优秀的企业品牌、远大的共同志向、温暖的人文环境、良好的激励机制,与员工建立起超越于"劳动契约"之上的更加牢固和默契的"心灵契约"。

上海电信与合作伙伴间,是一种真诚以待、唇齿相依、祸福同担、共赴前程的战友关系。重要的是合作企业双方拥有共通的理想、诚挚的合作愿望和互补的能力。上海电信推崇的理念是:愿以平等友好的态度对待一切合作伙伴,共创价值,共享繁荣,共同成就美好事业。

上海电信与竞争者的关系,是一种新型的合作关系,即"竞合关系"——在合作中竞争,竞争中合作。这是因为社会进步带动了分工的细化,单纯地强调竞争已经不合时宜,大多数企业只有在其他企业成功时才会赢得成功。电信网络发展中的"梅氏定律"告诉我们,"通信网络的价值与网络节点数的平方成正比"。与竞争者的合作也能共创价值,而共创价值正是共享繁荣的前提。

要使上海电信的共生圈保持良好的生态环境,必须更新观念,采用"多赢"思维,让共生圈中的每一个成员都能从合作中体验到益处。这是从过去"你死我活"思维到今天"双赢"思维的一次新跨越。"团结拼搏,共创价值;和谐创新,共享繁荣"的企业精神,正是这种跨越的集中反映,也是上海电信未来的必由之路。

二、核心价值观:客户就是价值,员工就是财富,创新就是未来

"国内领先、具备国际竞争力的通信和信息服务公司"的"三年目标"仿佛像挂在高处的一只大苹果,需要上海电信跳起来才可能摘到。怎样才能跳得更高?只有蹲下去,才能跳得高!

"客户就是价值",企业的点滴进步皆有赖于客户的信任,惟有为客户带来价值的提升,上海电信才可能增值。这一全新的理念,使上海电信以全新态度最大限度地蹲下身去与客户贴得更近,把握其脉动,观察其气色,从而更加精确、主动地奉上服务,赢得客户的信任,实现冲天的一跃。

"员工就是财富",员工是为客户提升价值的最重要资源。与其他资源相比,员工资源最大的特点就是可以再生。资金、物资可以准确地度量,可以被消耗,但员工资源的潜力是生生不息、难以估量的。"员工就是财富",就意味着必须尊重员工,包括人格上的尊重、价值上的尊重,就要给予员工与所创造的价值相对等的回报。

"创新就是未来",创新是企业进步的助推剂。创新包含技术创新、管理创新和机制创新。其中,管理创新和机制创新相辅相成,构成了创新的主体框架,也是技术创新的基础。有创新就有风险,但决不能因为有风险就不敢创新。上海电信相信,不冒风险才是企业最大的风险,知难而进,坚定地以改革激发潜能,向竞争学习竞争,依靠不断的创新,持续地提高企业的核心竞争力,并最终赢得成功。

三、共同愿景:追求完美沟通,奉献全新生活

"追求完美沟通",揭示出上海电信作为一个先进的、充满社会责任感的通信、网络和信息服务公司,视沟通为天职,视完美沟通为矢志不渝的梦想,永远以更先进、更可靠的通信和网络技术服务于国家和社会,服务于人与人、企业与企业、人与企业之间的热切诉求。

"追求完美沟通",同时也揭示了上海电信致力于公司内部沟通的决心。沟通是团结与和谐的必要条件,无障碍沟通将是公司内部完美沟通的标志。惟有好的沟通,才有好的管理、好的氛围、好的团队、好的服务、好的市场、好的未来。

"奉献全新生活",揭示了上海电信将始终以是否能提高人们的生活品质、是否能提高社会的运行效率为基本检验尺度。这是上海电信人的共同信念和承诺。

四、公司口号:网络好,服务更好

"网络好,服务更好",展示出上海电信的自信和豪迈。网络一流,是上海电信的竞争优势,但技术的进步和资本市场的发达使得竞争对手直接复制或仿造相似的竞争优势并非难事。靠什么在市场中立于不败之地?只有靠服务!优异的服务要求必须有良好设计的业务流程,有先进的组织原则和独特、创新的企业文化。只有当上海电信的核心价值观深深植根于公司每一位员工的心底,并实实在在反映在企业和员工的每一次行动之中时;只有当上海电信的共同愿景真正引领大家,公司理念和经营哲学被不折不扣地贯彻实现时;上海电信的服务才能获得真正的成功,才能造就出企业牢不可破的竞争力,进而为上海电信"共生圈"的每一个成员带来价值的最大化。

三大体系强力支撑的企业文化大厦

——正大天晴药业股份有限公司的企业文化建设

江苏正大天晴药业股份有限公司是由江苏农垦集团与泰国正大集团合资建立的一家制药企业,成立于 1997 年。几年来,企业效益每年以 30%的速度增长。2000 年,中国化

学制药企业百强排名中，正大天晴名列第 42 位。正大天晴拥有 4 大系列 81 种产品，初步形成了以“肝病药研究和开发”为核心的企业竞争优势。截止到 2001 年 8 月，正大天晴的所有制剂车间均通过国家 GMP 认证，磷甲酸钠原料生产通过美国 FDA 市场准入验证。2000 年，正大天晴被国家科技部等评定为“国家火炬计划重点高新技术企业”、“全国质量效益型企业”。

正大天晴药业股份有限公司的企业文化建设从 2000 年 6 月启动，经过几年来的实践，初步建立了一套符合该公司特点的企业文化理念体系、传播体系、修正体系。这套体系（见下图）的建立，为该公司企业文化建设的系统化、规范化和科学化奠定了基础。

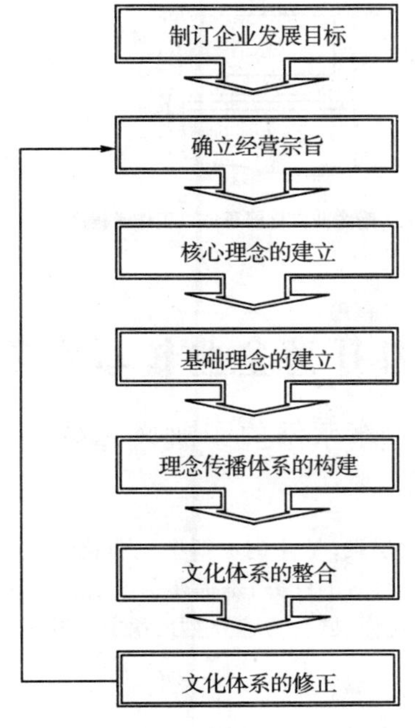

正大天晴企业文化建设流程

一、理念体系的建设

理念体系建设是整个企业文化创建工作的基础，没有一个符合企业发展要求的理念体系，整个企业文化就会缺少活力。它的建立过程包括两个阶段：一是学习研究的过程，即：总结历史（提炼传统文化理念，整理符合传统和当前文化理念的典型事例）、研究别人（学习和借鉴外单位的先进企业文化理念、经验、案例，探寻企业文化建设规律）、研究企业战略（制定与公司发展战略相匹配的文化策略）、研究管理环境（将经营管理与文化管理相融合，使其相得益彰）、研究员工思想（摸准职工思想脉搏是使理想获得员工认同的前提）、研究社会环境（了解企业外部环境，认清形势、把握趋势，企业文化建设方能与时俱进）；二是理念提炼的过程，即：核心理念、基础理念的提炼及理念大厦的构建。正大天晴企业文化理念大厦如图所示：（见下图）

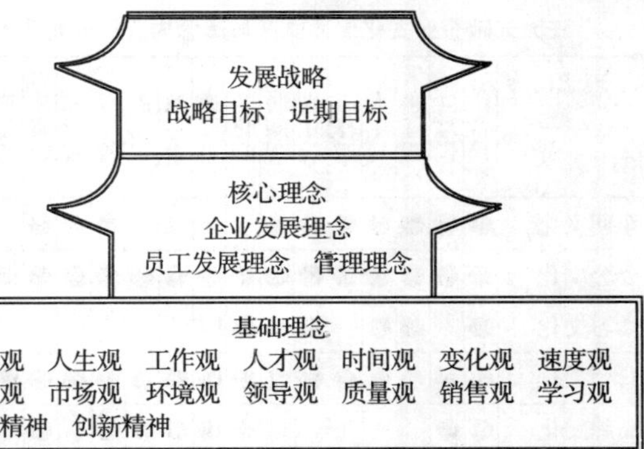

理念大厦由战略目标、核心理念、基础理念构成，正大天晴人认为，企业文化就是一个企业所有员工共同遵循的做人、做事的原则和方式。企业文化建设要紧紧围绕“如何做人”和“如何做事”这两个目标，从思想上引导行为，从方式上规范行为。理念大厦中的核心理念和基础理念正是引导员工正确做人、做事的正大天晴企业文化的基础，没有丰厚而又坚实的基础，文化大厦不会宏伟牢固，这个基础必须根据发展战略来确定，基础过于庞大和高远会使整个大厦显得华而不实。

二、传播体系的建设

传播体系是在充分研究理念体系和公司发展环境的基础上创建的全方位的传播策略，它是传播理念信息的桥梁。这个“桥梁”的好坏，直接影响到理念信息的传播效率和员工的认同程度及接纳速度。这个传播不是简单的理念口号宣讲，而是将理念宣传融于生活、融于管理、融于企业经营的各个角落，让员工处处感受到一种浓烈的文化氛围，长期耳濡目染，潜移默化，逐步形成对文化理念的接纳和认同。可通过理念宣传、视听传播、主题活动、典型创树等不同的方式进行。正大天晴公司对传播要素进行了细分和定位，构建了正大天晴企业文化传播桥。（见下图）

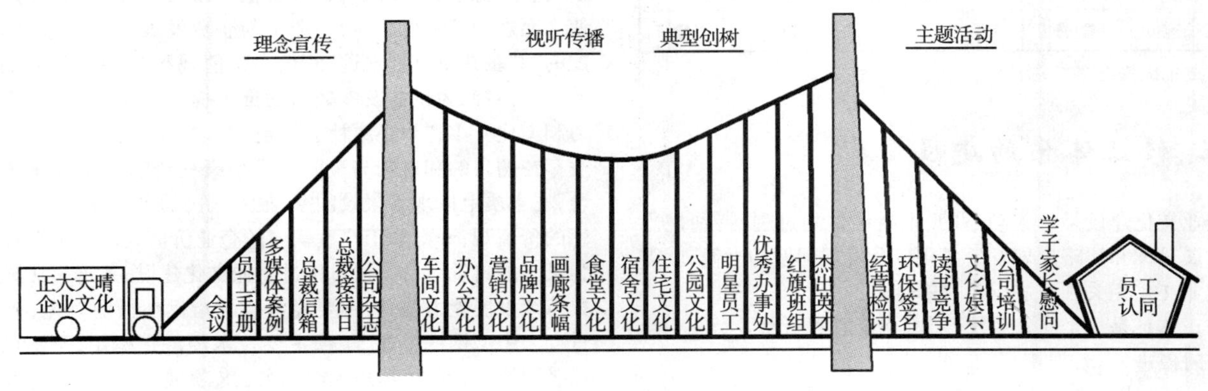

“正大天晴文化传播桥”的主拉索为：理念宣传、视听传播、典型创树、主题活动，每一个传播内容则为垂直拉索。少了一根垂直拉索虽然不会导致大桥的立即垮塌，但会使大桥发生危机；只有全部拉索都能有效地发挥作用，这个大桥才是最为牢固的，而且是最美的。为了检视企业文化传播结构的优劣，正大天晴公司还通过矩阵图，检查各项理念的传播密度，及时发现问题，调整传播策略，提高传播效率。（见下图）

正大天晴企业文化传播体系与理念内容关联矩阵表

理念内容 传播体系	发展目标	经营宗旨	事业观	人生观	工作观	人才观	时间观	变化观	速度观	效益观	市场观	环境观	领导观	质量观	销售观	学习观	团队精神	创新精神
车间文化	●	●	●	●	●	●	●					●	●	●		●	●	●
办公文化	●	●	●	●	●	●	●	●	●	●	●	●	●	●	●	●	●	●
学习文化	●		●	●		●	●	●								●	●	●
营销文化	●	●	●	●	●	●	●	●	●	●	●	●	●	●	●	●	●	●
品牌文化	●	●						●	●	●	●	●		●				●
环境文化	●	●								●		●		●				
食堂文化	●	●	●	●	●	●	●	●	●	●	●	●		●	●	●	●	●
宿舍文化	●	●	●	●	●	●	●	●	●							●	●	●
住宅文化	●	●		●						●		●				●	●	●
公园文化	●	●	●	●	●	●				●		●				●	●	●
胸　　卡	●	●	●	●	●	●	●	●	●	●	●	●		●	●	●	●	●
画廊条幅	●	●	●	●	●	●	●	●	●	●	●	●	●	●	●	●	●	●
经营检讨	●	●	●	●	●	●	●	●	●	●	●	●	●	●	●	●	●	●
总裁接待日													●				●	
多媒体案例	●	●	●		●	●	●	●	●	●	●	●	●	●	●	●	●	●
总裁信箱													●				●	
员工手册	●	●	●	●	●	●	●	●	●	●	●	●	●	●	●	●	●	●
杂　　志	●	●	●	●	●	●	●	●	●	●	●	●	●	●	●	●	●	●
青年先锋队		●		●	●	●				●	●	●					●	●
环保签名		●								●		●						
读书竞赛		●	●	●	●	●										●		●
文化娱乐																	●	
公司培训	●	●	●	●	●	●	●	●	●	●	●	●	●	●	●	●	●	●
学子家长慰问		●	●										●				●	

注：“●”处的纵横内容相关。

三、修正体系的建设

企业文化建设是一个动态的、不断调整的过程，特别是当企业发展目标和战略规划发生变化以及发现问题的时候，就需要对企业文化相关领域进行及时修定。

修正体系是一个完善系统，随着企业的不断发展而使企业文化与时俱进、不断创新。

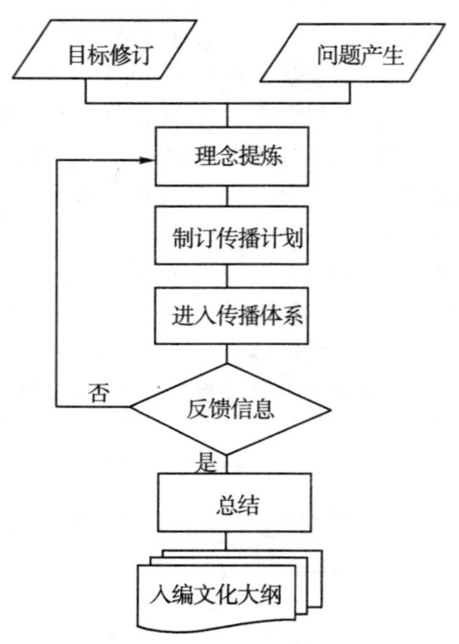

正大天晴企业文化修正体系工作流程图

用文化力打造企业核心竞争力

——山东莱钢的企业文化建设

加强企业文化建设，是莱钢走新型工业化道路、实现可持续发展的一项刻不容缓的任务，是提高企业核心竞争力的不竭之源。学习力、文化力、创新力、超越力、竞争力的提升，促进了莱钢跨越式发展。

一、共盈共享　直到永远

莱钢在企业文化建设中，注重将企业发展战略目标与员工个人价值实现吻合，统一起来。

企业员工的价值观、行为准则与企业战略目标相和谐，具体表现为：构筑了企业共同愿景，明确地告诉员工“我们的企业将成为什么”（全员学习型企业、绿色生态型企业、持续发展型企业），用愿景激发员工工作的信心和创新的欲望，个人理想追求与企业愿景有机结合、自我价值实现与企业目标融为一体，使之愿意为其全力奋斗；塑造了与企业发展战略相适应、相匹配的“共赢共享直到永远”的核心价值观和“学习、超越、领先”的企业精神，为企业发展战略的推进提供了智力支持、精神动力和文化支撑；“为小康社会铸造钢铁脊梁”的企业宗旨，将企业存在的目的和意图与全面建设小康社会的宏伟目标紧密结合，在本质上体现了报效国家、报效人民的主人翁自豪感、使命感的价值观；干部职工高度认同的企业价值观已逐步将其转化为员工的自觉行动。通过推进企业文化建设，莱钢超常规跨越式持续发展能力强劲，主要经济技术指标在行业领先，在全国重点大中型钢铁企业 57 项主要技术经济指标中，莱钢已有 8 项名列第一，有 11 项进入前三名，28 项进入前十名，整体进入了全国同行业先进行列,并且保持着持续上升的态势。在钢铁主业快速发展的同时,形成了多元发展的新格局。莱钢已在济南、淄博、青岛、东莞、西安等地建立了钢结构基地,辐射周边市场;在青岛建立了工业园,与日照联合开发日照港;以高速度、高质量完成的上海世福汇大厦获得了国家建设金奖,得到上海市委的高度赞扬。

二、创新理念　创新思维

莱钢的企业文化建设,将理念创新作为企业核心竞争力的核心,以理念创新为企业创新发展提供动力支持。

"系统思考、创意无限"(企业哲学)、"严细实快、精益求精"(企业作风)以及与其相关的比较优势的理念、抢占资源的理念、快速推进的理念、数一数二的理念、不断整合内部资源的理念、创造双赢的理念、抢占前沿技术的理念、经营资产的理念、资本运营的理念九大经营理念;该管住的一定要管住、该达到的水平一定要达到,用心用脑工作,精细地做事、高效地做事,持续挖潜、降本增效,嫉慢如仇、提速提效等一系列管理理念,在企业文化建设和创建学习型企业过程中被广大员工所接受,使大家认识到,管理企业必须靠制度、靠行政手段,但比制度和行政命令更有威力的是思想和理念,是为核心竞争力提供不竭动力的企业文化。

三、打造莱钢品牌　展示良好形象

莱钢将企业文化理念贯穿于重大发展事项或阶段,贯穿于重大科技进步、管理创新、结构调整及重大改革之中,借助企业文化理念的优势,有效地把法治、德治融合统一起来;发挥思想政治工作优势,使思想政治工作、精神文明建设与企业文化建设有机结合起来;坚持以企业文化理念打造莱钢品牌和形象等等。另外,通过培育有利于莱钢自身发展的公共关系、有目的地进行广告策划、信息传播和新闻宣传,突出了莱钢"共赢共享、直到永远"的核心理念,突出了莱钢具有比较优势的尖端产品,进一步增强市场和用户的认同感和信任感,在市场和用户中树立起了良好的形象。莱钢的多项技术专利或方法,被国内许多企业采纳。如:连铸机快速更换定径水口技术在全国推广,年创经济效益达10亿元人民币;750m^3高炉系统已成为莱钢的技术品牌,在全国乃至世界隆重推出。莱钢企业文化建设得到了社会各界的广泛关注,全国900多家单位到莱钢参观学习,扩大了莱钢的知名度和影响力。

优化地球环境　造福人类生活

——大连三洋制冷有限公司的企业文化建设

大连三洋制冷有限公司(简称三洋制冷)坐落在大连经济技术开发区,是由日本三洋电机株式会社、大连冷冻机股份有限公司、日本日商岩井株式会社共同兴建的中外合资企业,主要为大、中、小型中央空调系统提供制冷设备,年生产能力2000台。该公司1992年9月成立,1993年10月正式投产,投资总额60亿日元。

三洋制冷汲取中国传统文化的精华,引进国外先进的管理思想和管理模式,形成系统的企业价值观念和思想体系、企业经营理念实施体系、企业管理和行为体系。各体系之间相互影响、相互作用、相互融合。该公司大力倡导"优化地球环境,造福人类生活"的企业纲领,将中外多元文化有机融合在一起,逐渐形成了具有自身特色的结构模式。

一、三洋制冷企业文化思想体系

三洋制冷企业文化思想体系包含企业价值观念、企业哲学、企业道德、经营思想和经营目标;企业对环境、社会、顾客、股东、员工和自身生存各要素相互关系认知的基本态度。三洋制冷追求企业和社会、国家、环境、顾客、股东、员工之间的贡献与利益的平衡。它所演绎出的企业精神,是三洋制冷企业文化建设的核心,是统一思想及价值观念的基础。

1. 从对个人愿景的满足尊重到对企业核心价值观的共有认同

企业的价值观可以统一员工的思想,使企业精神和经营理念成为员工认同的共同精神支柱,使企业的方针目标成为员工共同的努力方向。三洋制冷公司所提出的"贡献于人类和地球"的企业宣言,包括"优化地球环境,造福人类生活"的企业宗旨,既是日本三洋企业理念的升华,也是该公司对自身企业经营理念的精辟概括,凝聚和体现了三洋制冷的价值观和精神取向,其核心内容是企业与劳动者、环境、社会和国家之间的和谐共存。

企业文化建设是员工劳动价值观念和理想的提炼,员工在创造物质文明的同时,也完善着自己的精神文明。公司关怀员工的生活、学习和发展,为有突出贡献的员工购买住房。公司开业至今,已经为200多名业绩突出的员工提供购房补贴。员工医疗费实施全额报销。三洋制冷公司的员工平均年收入居开发区之首,达3万余元,且平均年增长率达10%,这是员工和企业利益和谐共存最好的体现。企业也为员工的发展提供条件和机会,诸如选派优秀员工出国研修,与西安交大联合举办研究生班等。随着企业的发展,三洋制冷实现了员工的个体理想与企业目标的统一,使企业的方针目标成为员工共同努力的方向。

2. 从个体愿景的追求到共同愿景的提升

企业文化建设是一个渐进的过程,员工或群体对企业文化的认同也需要一个过程。在三洋制冷企业文化思想体系的创建过程中,企业每年都根据发展的需求,确定新的学习主题,有针对性地开展年度主题改善活动,同时不断修改、完善公司的管理制度,使其更具有人性化和适应性。

三洋制冷公司根据企业发展的需要,把公司的经营状况、市场客户需求、企业内部管理情况及时向员工传达,通过每年开展的主题大讨论活动,采取各种教育、培育形式,坚持不懈地向员工灌输托马斯·J·彼得斯(美)的观点:"没有什么机会是微不足道的,没有什么讲坛是无足轻重的,没有什么听众是幼稚可笑的"。长期的思想教育,使员工逐渐认同公司的价值观,明确企业的经营方针和目标,进而自觉自愿地投入到公司的各项工作之中。2001年开展的市场观教育,提出企业要适应市场求生存,员工要适应企业求发展的辩证关系。公司通过组织员工学习《华为的冬天》、《冬天的震撼》等文章,达成思想观念的统一,进而形成行为的统一。2002年元旦,公司组织员工学习《谁动了我的奶酪》一文。通过学习,员工适应市场环境变化能力得到提高。切实有效的企业文化建设,提高了员工的思想认识和素质,培育和发扬了员工的"务实、创新、追求卓越"的精神。

二、三洋制冷企业文化的实施系统

要实现企业的价值观念和经营目标,贯彻企业纲领,就要确定企业的经营理念,形成支配企业发展战略实施的思想认识基础和行为意识指南。三洋制冷创建企业文化的主要实践活动就是形成这种基础的重要途径和指南。

1. 建立"无止境改善"的有效机制

三洋制冷在企业文化建设中,强调建立"无止境改善"的有效实施体系。1994年年末,三洋制冷组织、发动全体员工总结企业运营一年的工作,发现来自旧有观念所形成的认识和习惯,制约着新思想、新观念的接受,阻碍着新的思维认识、行为方式的形成。为克服这些障碍,公司在广泛研究员工自我改善活动的基础上,总结归纳出"改善的十条基本精神"。公司总经理把"创造无止境的改善"提升为企业的经营理念,作为企业管理的主导思想。

改善的十条基本精神为:①抛弃僵化固定的观念;②过多地强调理由,是不求进取的表现;③立即改正错误,是提高自身素质的必经之路;④真正的原因,在"为什么"的反复追问中产生;⑤从不可能之中,寻找解决问题的方法;⑥只要你开动脑筋,就能打开创意的大门;⑦改善的成功,来源于集体的智慧和努力;⑧更应该重视不花大钱的改善;⑨完美的追求,从点滴的改善开始;⑩改善是无止境的。

1999年8月,日本客人到三洋制冷参观时,看到该公司实施改善的"十条基本精神",非常感兴趣,认为总结得很好,而且有一定的普遍性、思想性和指导意义,特别嘱咐随行人员索要有关资料以供借鉴。

2. 营造"上下同欲者胜"的文化氛围

三洋制冷"创造无止境改善"的经营理念,是通过广泛开展的"ZD"零缺陷小集团活动、QC小组活动、改善提案活动、生产现场质量管理"三确认"(3C)、强化班组建设的"7SEA"活动等许多卓有成效的活动得以实施的。其目的,就是充分调动全体员工的积极性和创造性,营造"上下同欲者胜"的文化氛围。

开展"ZD"零缺陷和改善提案活动的基础是班组。1996～2001年,三洋制冷员工立足本岗位、提出自我实施的改善提案达15000多条,降低成本近千万元。电装班的员工经过一段时间的工作实践,发现按照图纸尺寸要求剪裁下的连接感应器(控制点)与电控盘的电缆线总是比实际需要长出那么一小段。这一小段累计起来可是一个不小的数目,既浪费了资源,又增加了成本。于是,他们就将各种机型的所有规格(250余种)的机器配线图、标准尺寸与现场的同机型、同规格产品一一进行了精确核对,靠实际测量与以往的经验结合,制定出精确剪裁控制电缆的一览表,提出改善提案,经有关部门核准后予以实施。班组"ZD"零缺陷小集团活动,改善提案、创新管理体系等系列活动,推动了生产现场管理的规范化、秩序化进程。

3. 适应市场是自我改善活动的基点

三洋制冷认为,"积微成大,陟遐自尔",改善意识的前提是要有问题意识。2001年在开展"CS强化提高客户满意月活动"中,公司强调提高"四个认识",即:改善意识、问题意识、团队意识、协调意识。强调立足岗位,CS客户满意,是自我改善的新要求。他们要求员工以适应市场为基点,以高标准进行自查,以高起点进行自改;并指出成绩是昨天的,不应成为前进的包袱。通过自查个人与满足市场需求有哪些关系、个人适应并满足公司需要和市场需求有哪些差距,找出了解决问题的办法。员工的自我改善意识和团队改善意识形成了强大力量,成为三洋制冷发展的重要动力和贯穿所有经营活动中的指导思想。

继承传统 重融再生

——成飞集团有限责任公司的企业文化建设

成都飞机工业(集团)有限责任公司,组建于1958年,是我国研制和生产歼击机的重要基地,目前正承担着国家重点型号工程的研制生产任务。公司现有资产总值达53亿元,员工15000余人,有一支包括中国工程院院士、省部级专家在内的上千人的高级人才队伍。公司研制、生产、交付了十余个型号的军机数千架,多种机型荣获了全国科学大会奖、国家金质奖和国家金牌。公司已有数百架飞机出口到世界108个国家,曾荣获了全国"五一劳动奖状"和"全国精神文明建设先进单位"等称号。1999年4月20日,江泽民总书记亲临成飞视察并题词"铸国防利剑,扬中华国威"。

改革开放以来,军工企业经历了两次重大转变。第一次是80年代中期的"军转民",迫使军工企业由计划生产走向市场经营;第二次是中国加入WTO,军工企业又从国内经营被推向国际竞争。由于外部环境的巨大变化,使成飞人面临新的困境:如体制困境,由于国家改革是渐进式的,军工企业在体制上碰到的许多问题不可避免地出现计划与市场两个体制的摩擦、并行;又如机制困境,由于受旧体制制约,对机制转换中解决劳动用工、策划激励方式等诸多敏感问题上难有大的作为;再如观念困境,改革中,老传统与新观念的碰撞不断产生矛盾。综合分析上述困境,成飞领导班子意识到:军工企业深化改革,改到深处是文化;加强管理,管到难处是文化;转变观念,转到实处是文化;角逐市场,拼到最后是文化。企业面临的种种困境,归根结底是文化困境。所以,如果不对企业文化作重大改造,势必制约军工企业的发展。过去军工企业文化体现了一切忠于党、服从祖国需要、把军品任务当成重大政治任务完成的政治意识。但在市场经济条件下,仅靠这些已不能满足企业发展的需要。为此,成飞集团对其企业文化实施了重建和再造。

一、理念再造,奠定文化基础

成飞最早的企业精神是"团结、严格、求实、创新"。1992年,邓小平南巡讲话后,通过在员工中广泛征集论证,成飞人将原来的企业精神修改为“团结、实干、创新、奋进”。世纪之交，成飞内部推进跨越式发展的要求日益强烈。成飞公司把战略管理作为突破口，把文化再造作为切入点，提出了“航空报国，追求卓越”的新企业精神和“强壮(航空)主体，丰满(非航、三产)两翼”的发展战略。这之后，适应时代的人才理念、市场理念、管理理念、质量行为准则等一系列文化理念应运而生，为企业再造奠定了良好的文化基础。

二、重融再生，促进文化认同

成飞集团公司始建于上世纪中叶，在国防三线建设的浪潮推动下，来自北京、辽宁、四川、江西、黑龙江、湖南、贵州等全国各地的人们，聚合成了第一批成飞人。40多年来，他们及其子女已成为当今成飞人的主干部分，是他们奠定了成飞军工文化的基础。改革开放以来，大中专学生、转业军人、境外专家等来到了成飞，组成了新的文化群体。如何把不同的文化背景的成飞人，在新的发展目标、新的成飞文化的感召和整合下，再造为理念统一、观念先进、行为科学的新成飞人已显得十分必要。这一文化整合，是军工企业在新的产业背景下，实施企业文化重融、重铸的过程。整合的目标，是形成全体员工对新文化的广泛认同。

三、碰撞交融，促进文化创新

成飞集团公司从军转民开始，先后与麦道公司、波音公司、空客公司、达索公司等国际知名航空企业建立了民机部件转包生产合作，因此，外国大公司的文化对成飞集团的影响很大。制造麦道机头时，一位熟练的老工人做出来的产品总是通不过美方的验收，他急得直哭，说当年抗美援朝也没像今天这样被美国人逼得掉泪。制造空中客车A320后登机门时，有一次出现了产品超差，公司写了纠正措施，对工人进行教育、培训，但外方老板坚决不同意，认为光是教育、做思想工作不行，坚持要惩罚其下岗三个月，否则造登机门的合同就不给成飞。制造波音尾段时，美方代表把工人在现场喝茶定为违规。成飞的工人十分不解，美方解释说茶水的水气蒸发，会增加工作间的空气湿度，势必腐蚀飞机的蒙皮表面。几经管理文化的碰撞，使成飞人认识到，外方的坚持是对的，外方的管理文化正好可以注入成飞文化，成为改造成飞文化的可贵动力和宝贵基因。

四、理念普及，增添企业后劲

中国加入WTO，终于把中国军工企业推上了国际经济的大舞台。尽管还有短暂的过渡期，军工企业也不像其他企业那样受到的冲击大，但与国际军工寡头相比，成飞的差距十分明显。成飞的企业精神是“航空报国，追求卓越”；中航一集团的企业精神是“航空报国，追求第一”。成飞重组进入第一集团后，实现了与中航一集团企业精神的统一。为实现集团公司跨越式发展，成飞集团加大了宣传教育力度，使其文化理念人人皆知，家喻户晓。通过《成飞宣传手册》、《成飞报》、《成飞政工研究》和成飞电视台、成飞广播站等企业媒体，使成飞文化理念深入人心，企业也由此获得了跨越式发展的强大动力。

在全体职工的共同努力下，成飞公司已先后荣获了全国“五一”劳动奖状、国家质量管理奖、全国模范职工之家、全国思想政治工作优秀企业、全国精神文明建设先进单位等荣誉称号。

创建一流环境　促进企业发展

——陕西宝成航空电子公司的企业文化建设

陕西宝成航空电子公司隶属中国航空工业第一集团公司，是国家“一五”期间156项重点工程之一，属于国家大型Ⅱ类企业，主要从事航空仪表、导航系统以及特种空调制冷设备等军民用产品的研制生产，并为航天、兵器、船舶等领域提供大量配套产品。公司拥有总资产5.05亿元，现已通过ISO9001质量体系认证，并按GJB/Z9001模式运行。

宝成企业文化经过近50年的接力，在集团文化引领和全体员工的共同打造下，以“一流环境”建设为突破口，在实践中大胆创新，在创新中不断完善，创造了环境牵动的企业文化建设模式。

行政吹号，党委出招——在打造新型宝成文化中，总经理大力倡导“航空报国，追求第一”的集团理念，并提出了“开拓创新，永无止境”的宝成精神以及企业发展战略的系列理念，为宝成企业文化建设吹响了号角。

宝成党委充分发挥思想政治工作和企业文化共振的作用，开展了连续八年的“解放思想、转变观念”活动，拆除了一个个阻碍改革发展的“篱笆墙”，为改革发展提供了强大的精神动力。党委“把发展作为第一要务，把市场作为第一导向，把创新作为第一精神，把解放思想、转变观念作为第一工序，把经营管理者作为第一因素，把人才作为第一资源，把文化作为第一根基，把调查研究作为第一方法，把群众的呼声作为第一信号”的“八个第一”要求，为宝成发展目标的实现提供了方向保证；而党委的《从严治党若干规定》、《关于加强经营管理者队伍建设的若干规定》的文件，则为宝成事业的发展提供了组织保证。在实践中，党委不断挖掘创新企业文化建设的新思路、新方法，不断丰富拓展企业文化建设的新领域，从而把全体员工的价值认识调整到了同一频率，营造了“志同道合”的环境氛围。

部门合力，全员打造——宝成公司各职能部门按照“一拳五指”的集团文化建设框架，结合文化建设的具体方案，伸开五指抓落实，并拢五指聚力量。他们各尽其责，不断创新，为了一个共同的目标，充分发挥分工协作的团队精神，相互联动、密切配合，积极投身到企业文化建设中，确保了各项措施真正落到实处。宝成以创建一流环境、推进“6S”管理为企业文化建设突破口。1997年，在宝成最为艰难的日子里，总经理提出：“垃圾堆里生产不出好产品，只有一流的环境，才能塑造出一流的员工，才能生产出一流的产品，才能赢得用户的信赖。”一场治理“脏、乱、差”环境的革命在宝成轰轰烈烈地开展了起来。“6S”管理和“一流环境”建设得到了全面的落实和推进，使宝成的基础管理逐步规范，环境面貌持续改观，员工素养显著提高，企业形象大幅提升。许多客户纷纷与宝成建立了合作关系，军民品定单络绎不绝，企业呈现出良好的发展态势。

文化认同，理念先导——对于企业来说，文化建设的最重要基础就是文化认同。因为，只有思想上认同了，才能在行动上加以落实。宝成公司通过深入持久、形式多样的宣传、灌输、引导，逐渐使宝成系列理念渗透到宝成员工的内心，形成了宝成员工的共同观念，实现了企业文化的认同。宝成员工觉得企业文化是大家共识与共享的文化，是自己的文化，是自己在宝成立足、成长、发展的根本。这种全员观念的交流与认同，使员工从内心深处自觉与企业保持一致，自觉实践宝成文化，为企业的发展增添了巨大动力。

制度保证，素养为要——宝成的特点之一就是以理念的确立、文化的养成来确保管理制度的落实。宝成在由粗放管理向科学化管理的转变中，逐步建立起了一整套较为成熟深厚的制度文化，以此来引导管理的刚性约束向着员工行为的日常养成转化。他们从最初上百万字的规章制度中提炼归纳成《宝成员工行为基本规范》和《宝成员工职业道德规范》、《员工素养公约》等，并建立了持久保持的机制。宝成的员工都清楚，素养来自规范，习惯来自文化。宝成通过建立与制度相适应的文化，解决了理念、口号游离于制度的弊端，在潜移默化中提高了员工的素养。

因地制宜，细部做好——宝成公司立足于困难企业的实际，发扬自力更生、艰苦奋斗精神，坚持“工厂投一点，车间筹一点，大家多干点”，广大员工放弃节假日，动脑动手，修旧利废，用勤劳的双手，美化宝成。“没有精彩的细部，就没有壮观的全局。”在“一流环境”建设中，宝成人牢记“天下大事，必做于细”的教诲，从精密加工间、高等级洗手间等细部抓起，以“蚕食”的方式推动管理不断深入。企业一个个精彩的细部，记录了宝成人在一流环境建设中的每一次创新，共同构建了宝成形象的壮观全局。

长久保持，创新提高——宝成公司的“一流环境建设之所以能够长期保持，就在于他们形成了一个日臻完善的持久保持机制。宝成按“井田制”管理将生产区域都进行了科学划分，做到区域清楚，标准明确，责任到人，严格考核，工资包干。物业部门明确了各个岗位的工作区域、工作标准、工作程序及检查办法和考核办法，真正体现了“责任分明人人有事干，项目分细事事有人干，区域分清处处无死角”的分工协作精神。该企业每周由主管部门进行抽查，每月召开班组长以上干部会讲评，最后评定出岗位工资档数，实现了工资的动态管理。井田、样板示范、双重检查、连检激励、培训制度等一系列制度的实施，使宝成公司的“一流环境”建设常抓常新。

德是商之本　信为利之源

——咸阳步长制药有限公司的诚信文化

咸阳步长制药有限公司成立于1993年，是致力于健康产业的高科技企业，公司下设制药、保健品和网络三个企业和步长医院及陕西国际商贸专修学院。公司从成立之初就树立了“德是商之本，信为利之源”的文化理念，并以此作为企业的生存之本、经营之策。他们从讲政治、育人才、重质量等方面入手，不断建设企业的诚信文化，促使企业快速、健康发展。步长公司连续6年被省财政厅、省国税局、省地税局联合评定为陕西省非公有制经济第一纳税大户，被陕西省银行同业协会授予“诚信企业”称号。

一、讲政治

步长公司作为非公经济企业，始终把“讲政治”作为企业的大事来抓。董事长赵步长要求职工“听党的话，走社会主义道路，尊重各级政府领导，遵纪守法经营”。使员工心里时刻装着“国家”这个大局，树立了企业必须回报社会的理念。公司把企业的诚信放在对国家、对社会负责的高度，用政治的理念来统领，因此步长职工讲诚信是发自内心的，步长企业讲诚信是持之以恒的。多年来，公司向消费者提供了优质产品，积极主动向国家交纳税费，从不拖欠别人一分钱，还多次出资扶贫、修路、助学等，为国家和社会做出了贡献。

二、育人才

企业要持之以恒地保持对消费者的诚信，必须培育具有诚信品格的员工。

步长公司以忠诚对待每一位客户为原则，提出了六条人才标准，即：坚定正确的政治方向；丰富的专业知识；勇敢的创新精神；一丝不苟的敬业精神；灵活机动的公关交际能力；有效的组织管理能力。在此基础上还推出了“步长四讲”，即：讲正气，讲团结，讲原则，讲廉洁。公司要求员工必须与党和政府保持一致；公司倡导员工创新，并鼓励冒险，容忍失败；公司提出敬业如敬神，心诚则灵。为了杜绝不正之风，步长公司成立了企业的廉政办、审计局，出台了《廉政建设十项规定》和《法制教育手册》。

为了使职工具备学习和创新能力，公司提出“将步长变成一所大学”的理念，编辑了企业内刊《管理大参考》，专门介绍国内外知名企业的经验教训；开展了读书活动，要求机关人员每月读一本书，中层以上干部每月读两本书，并写出读后感在公司大会上交流。

三、重质量

作为医药企业，最大的诚信是生产救死扶伤的优质药品。步长公司坚持“忠实于科学，奉献于健康”的理念，每年拿出销售收入的10%～15%作为科研经费，开发了“步长脑心通”等高科技产品。

在药品的生产过程中，公司坚持精益求精，严把质量关。为了及时了解消费者的需求，公司提出“天大的事，没有市场上的事大”的理念，并规定同级干部中，市场系统的干部可以调动机关部门的干部；市场上反映的问题，急事当天办完，疑难问题不过三天，重大问题不过一周。如果没有做好市场服务工作，只要接到投诉，部门领导撤职，员工辞退或开除。这种强制性措施保证了步长公司对消费者的诚信承诺。

公司的诚信文化建设使步长员工的综合素质得到明显提高，在企业内部形成了政令畅通、事事落实、讲真话、办实事、言必信、行必果的良好局面。步长公司以诚信的员工队伍保证了对广大消费者的诚信。公司董事长作为企业诚信的带头人被选为“陕西省信用协会”副会长，步长公司荣获陕西省“诚信纳税”金牌。

坚持以人为本 用“三合一”文化促发展

——四川铁骑力士集团的企业文化建设

四川铁骑力士集团位于中国科技城——绵阳，创建于1992年，现已发展为以饲料、绿色食品、生物科技为主业的四川省高新技术企业，现有资产3亿多元，员工近1800名。该集团曾先后荣获“全国青年文明号”、“全国饲料百强企业”、“中国饲料行业具有竞争力十大品牌”、“四川省企业文化建设先进单位”等称号。十几年来，铁骑力士集团坚持以“追求人的全面自由发展”为核心理念，以“三合一”的文化促进人的素质全面提高，使企业“三个文明”建设得到快速和谐发展。

铁骑力士崇尚以人为本的企业文化，视员工为财富、事业伙伴，以“追求人的全面自由发展”为核心理念，尊重人，信任人，依靠人，为了人，发展人，始终把人放在第一位。尊重人，就是尊重人的情感、尊重人的人格、尊重人的个性；信任人，就是要给其责、授其权、放心大胆让员工去工作；依靠人，就是以人为事业成功的根本；为了人，就是要以人性需求为出发点；发展人，就是要使“小人变成大人”，把普通人变成成才的人。

搭建三个平台，用“三合一”文化提升员工素质，促进员工全面发展。

公司“三合一”文化就是指企业要成为：一个家庭，解决情感问题；一支军队，解决意志力问题；一所学校，解决智能问题。

一个家庭，就是要培养员工之间的亲和力，把员工的心凝聚在一起，员工之间像兄弟和家庭成员一样亲切。家庭就是命运共同体，要同喜同悲，让员工有归属感、安全感。家庭是员工的保护所、避风港，员工受到威胁、危险时，要保护他们；员工有困难时，要帮助他们；员工出了问题时，要关心、爱护、鼓励他们。集团把员工的辛劳、成就记在企业功劳薄上；为员工们上好了各类保险；党支部、工会士气委员会、团支部、妇联等社团组织，专门解决员工的生活问题，做到了员工生日、婚庆有祝贺，生病有看望，辛劳有慰问，子女上学有关心，使员工安居乐业。一个家庭，就是员工人人平等，没有老板与打工仔的区分，人人都在实现自身的价值，员工之间一律互称为事业伙伴。一个家庭，就是尊重人、理解人、信任人、关心人。在铁骑力士集团综合办公楼上，有一个“8米×12米”大的“人”字，这正是铁骑力士集团以人为本管理哲学的昭示。一个家庭，就是要有亲和力和爱心，做到品格第一，使命至上，有强烈的团队精神。孝敬父母是中华民族的美德，铁骑力士每年比其他公司多三个假日，即每年清明节、中秋节和重阳节，是为了让员工回家尊老尽孝。企业每年还要评选“杰出人物”、“荣誉员工”、“好媳妇、好贤内助”、“好儿童”等，在厂庆前要开家属座谈会，请员工家属来公司聚聚表示感谢。

一所学校，员工成长的土地。铁骑力士集团，始终把企业当成一所大学校，把员工素质的提高放在第一位，把员工的发展看作是公司实现可持续发展的源泉。公司认为培训员工要先投入、后产出；员工们则把外出学习当成是最高奖赏。

公司每年要送一批骨干员工到附近高校参加学历培训；选一批员工到北京、上海等地参加管理、营销、技术培训；还要请国内著名大专院校的专家教授到公司授课。公司每个部门每年都要制定培训计划，将员工培训纳入考核内容之一。此外，公司还实行了结对子、师傅带徒弟等学习方式，要求员工互学互帮。企业员工还自发组织了“企业文化小组”、“英语俱乐部”、“研究生俱乐部”、“艾迪尔俱乐部”等非正式学习组织。这些学习组织有自己的章程、自己的纪律，大大优化了公司的学习气氛。

公司还根据企业发展需要，将各种职位归纳为78个岗位，每个岗位都有它的发展空间、权力和责任，要求员工从自己职业生涯出发有目的地学习、选择。新员工一进公司，企业首先要对其进行价值观、人生观教育。公司每月举行“名人系列讲座”，让员工从毛泽东、邓稼先、拿破仑、华罗庚等历史伟大人物身上学到闪光的品格；公司还利用“香港回归”、“澳门回归”、“申奥成功”等重大历史事件教育员工，激发员工积极向上、振兴企业的斗志。

公司积极鼓励职工自学，自考大学本科合格一门奖励200元；员工购书达一定数量时公司赠送书架一个，每月发给员工80元的书刊补贴；员工购置计算机公司资助3000元，并承担员工上网费。公司还设立了家属就业基金，用于培训员工的家属。集团公司建立的铁骑力士大学，下设铁骑力士职业经理人学院、铁骑力士技术学院、铁骑力士经销商学院，三个学院可为企业培养不同层面的高级人才。

一支军队，铁打的意志。就是要有“铁的纪律”、“铁的管理”、“铁的质量”、“铁的信誉”，有过硬的作风，形成铁打的意志。铁骑力士集团要把员工打造成一支纪律严明、能打硬仗的“军队”；要把铁骑力士集团办成“企业家族”，而不是家族企业。打破“血缘、地缘、情缘”，用德、才、绩、能来衡量、选拔、使用人才。

凭倚荆楚文化传统 淬炼民企文化精华

——湖北蓝星(集团)有限责任公司的企业文化建设

湖北蓝星(集团)有限责任公司是一家涉及建材生产与流通、化学清洗、电子商务、房地产等多领域的大型民营企业。全国三大建材市场之一的湖北蓝星商贸城和两湖最大家居超市湖北蓝星国际家居城都是其下属企业。

蓝星集团位于三国文化名城——荆州。在企业文化建设中，他们一贯注重传承荆楚文化“虽九死而无悔”的爱国精神、“荜路蓝褛”的奋斗精神、“兼收并蓄”的学习精神和“重工尊商”的经营精神。萃取三国文化的精华，蓝星集团充分挖掘“忠、义、仁、勇、智”五大精髓，充实、丰富蓝星企业文化内涵，融汇民营经济的文化特点，提炼出了蓝星文化的特质内容。

一是以“忠”为源，确定“热爱祖国”与“热爱蓝星”相统一的企业文化宗旨

蓝星是民营企业，为了确保企业发展的政治方向和为企业发展提供思想政治支撑，企业在全市非公企业中第一家成立党委及党委领导下的工会和团委。企业在员工中广泛开展了“祖国在我胸中，蓝星在我心中，贡献在我手中”的教育活动；在商户中开展了“顾客满意在蓝星”、“诚信宣言”签字履约活动。在抗击“非典”斗争中，该公司组织了广大青年志愿者参加抗击“非典”战斗，大张旗鼓地开展颂党爱国的思想政治教育，使“爱国、爱企、爱岗、爱业”成为蓝星人信守的准则。

蓝星集团积极响应市委市政府的号召，自觉担当“工业兴市”的主力军。他们充分利用荆州传统的商贸优势，相继兴建了蓝星装饰城、陶瓷城、家居城，盘活了建材、家居市场，为荆州集聚了大量的人流、物流、信息流、资金流。2003 年，企业又根据地方资源禀赋和自身优势，充分认识到传统市场的巨大潜能，认识到市场必须要有自己的工业基地提供强大支撑的重要性，提出以“大工业、大生产”带动“人物流、大商贸”发展的战略构想，将原来企业集聚的商贸优势转化为产业转型的良好基础，大胆实施产业转型，向工业领域进军，为工业兴市提供一个发展平台。

二是以“义”为源，树立“低调做人，博爱奉献，诚信为本”的企业文化品质

诚信是荆楚文化的又一瑰宝。“得黄金万两，不如季布一诺”的千年古训，奠定了企业“诚实守信”的基本品质。蓝星企业的“义”文化，首先体现在诚实守信的经营理念中。湖北蓝星集团以“诚信”为本，讲信义，重承诺，担责任，连续多年被国家工商行政管理总局及省、市、区人民政府评为“重合同、守信用先进单位”、“纳税先进单位”，被省农行评为“AAA 级企业”。蓝星集团一贯提倡中华民族“吃苦耐劳”的创业精神和“笃诚守信”的传统美德，通过企业精英的表率作用，确定了民营企业员工的优秀行为规范，注重用人文关怀凝聚员工。在工业兴市战略实施中，蓝星人敢打攻坚战，善啃硬骨头。他们仅用 100 多天时间就建成了现代化的蓝星国际家居城，仅用 90 天，就完成了“蓝星工业园”动工准备，展示了“神奇的蓝星速度”。

三是以“仁”为源，建立“以‘仁’为本创天下”的企业文化基础

蓝星在企业发展中始终遵从“仁”文化的传统，在企业职工队伍建设中，强调以鲜明的企业文化连结员工、企业与社会，增强企业的凝聚力、向心力与团队精神。蓝星集团针对自身规模较大，各子公司资本结构不尽相同的特点，以明晰产权关系为重点，展开了管理制度的整合。他们结合自身发展需要，利用股份制改造的机会，推动企业向现代、文明、透明、有序方向迈进。蓝星文化的“仁”性特质，更集中体现在回报社会的奉献中。近年来，公司积极投入光彩事业，投资近 2000 万元济贫扶困、帮残助学，扶持贫困地区兴办企业，发展经济。2002 年 12 月，企业募资 200 万元成立了“蓝星扶助特困职工基金会”。

四是以“勇”为源，锻造“以博为本富天下”的企业文化核心

蓝星文化以“勇”为源，提出了“以博为本富天下”的企业理念。企业发展初期，公司成功地实现了产业突围和超常规跨越式发展：兴建了全国三大建材中心市场之一的国家重点商品市场——湖北蓝星商贸城；兴建了两湖平原最大家居超市——湖北蓝星国际家居城。在家居城建设中，该公司遇到了“非典”疫情、梅雨季节长和百年罕见高温等重重困难。蓝星人发扬关公“勇”的精神，迎难而上，攻克道道难关，按期完成了工程。荆州市政府提出工业兴市战略后，蓝星审时度势，提出了“聚集产业资本，共创财富家园”的经营理念，实现“整合资源、打造平台、孵化财富”的经营目标。他们凭借蓝星商贸城和国际家居城的优势，确立了“延伸产业链、做大做强建材家居产业”的发展思路，最终为市场提供强大产业支撑。蓝星集团还适时提出了力争三年时间，实现企业全员持股、全员保险、全面小康、全国文明单位的“四全”宏伟目标。

五是以“智”为源，确立“以智为本先天下”的企业文化优势

蓝星集团以智为本，积极致力于创建学习型企业。一是发挥领导者的示范作用。蓝星公司很早就成立了企业领导班子中心学习小组，强化个人政治素质的提高。胡锦涛总书记提出“立党为公，执政为民”的重要论述，蓝星集团领导班子不仅认真领会，而且努力实践。他们大力实施再就业工程，倾心奉献社会公益事业。二是有计划地选送优秀员工深造，鼓励员工参加“电视大学”、“自学考试”学历教育，制定了相应的奖励制度，营造了一个有利于员工学习竞争的良好氛围。三是办起了“职工夜校”，采取知识竞赛、知识讲座、多媒体教学等形式，开展专业知识培训，为职工提供了良好的学习机遇和场所。

蓝星集团以智为本还表现在倚重科技求进步方面。他们适时开拓电子商务，向信息产业进军，经国家建材局批准首期投资 1800 万元建成“中国建材商务网”，实现有形市场向时间永恒、空间无限的无形市场转型。

湖北蓝星集团公司先后被授予“中国诚信企业”、“湖北省先进党组织”、省“十强民营企业”和省“文明单位”等称号。

民生在勤 勤而不匮

——杭州民生药业集团有限公司的企业文化建设

民生药业是创建于 1926 年的老字号企业。2000 年，民生药业集团公司改制为杭州民生药业集团有限公司。

在激烈的市场竞争中，民生永葆企业生机和活力的法宝，

是以独特的员工信条,具有民生特色的文化体系"民生在勤,勤而不匮"来感召人心、凝聚队伍。近几年来,该公司逐步构建起具有民生特色的文化体系,逐步实现了企业理念与员工思想行为的统一,与管理规范实践的统一,与企业形象目标的统一,发挥了企业文化力在企业生产经营中的推动作用。

一、深度挖掘,高度提炼,构建具有民生特色的观念形态文化

民生人勤于思考,根据行业特点和员工群体意识,确立了"创优创新,造福人类"的企业宗旨。1996年,公司策划设计企业形象,构建了企业识别系统,并确立了"尽心、尽力、尽责"的企业精神。为使公司窗口单位在推广CIS中起到带头示范作用,公司又制定了四个窗口部门文明服务规范。如:佩带工作证上岗,实行首问责任制,文明礼貌用语等。1999年9月份,该公司在全体员工中开展了征集"企业经营理念"活动,经整理归纳,确定了以"团队精神、员工信条、尊重客户、尊重员工、产品质量、企业目标"为内容的企业经营理念。与此同时,他们发动全体员工,制订了与企业经营理念相配套的206个岗位的职业道德规范。通过整合、重塑,使企业文化得到进一步提升。2000年,该公司在完成产权制改革后,面临着如何进一步推进企业员工的观念创新、管理创新和技术创新,从根本上转换经营机制、建立现代企业制度的问题。为此,公司结合企业实际向广大员工提出了"民生在勤,勤则不匮"的员工信条和"改变我们自己"的创新理念。为使员工信条和创新理念得到广大员工的认同,公司总裁在中高层管理人员培训班、党员培训班、公司预算大会等场合反复宣讲:勤就是要尽心、尽力、尽责地创造,就是要坚持不懈地变革创新;只有勤,才能做到精神财富和物质财富不匮乏。公司广泛组织员工深入研讨"勤"和"变"的理念,在员工中产生了强烈的反响。公司研究所以新理念为动力,加快了机制创新,促进了科技创新,3年开发出新产品10余个。2003年5月份,他们开发出第一个具有自主知识产权的产品,从而实现了新产品开发从仿制到创制的历史性跨越。

二、求新、求精,构建质量第一的经营文化

该公司把质量第一的经营理念与打造一流品牌有机结合起来,用"产品求新,质量求精"的经营理念指导生产经营实践,建立起了规范高效的质保体系。全公司已创出部优产品9个,省优产品25个。自1996年以来,大输液产品已连续六年被评为"浙江省高质量医药产品"。企业的拳头产品——"21金维他"先后获得"中国科学技术博览会金奖"、"浙江省名牌产品奖"等11项殊荣。产品质量的提高和良好的品牌形象,有力地提高了企业的市场竞争力,仅"21金维他"2003年销售额就达到4亿元。

三、完善制度,规范管理,构建企业制度文化

为把理念文化转化为企业员工的行为规范,该公司建立健全了《公司章程》、《员工行为规范》、《奖惩办法》、《员工职业道德行为规范》及各部门的管理制度、工作标准。公司还根据GMP管理要求,建立起了完整的生产工艺规程和操作规程,使公司生产经营活动实现了规范化、正规化、现代化运作。

2001年11月,公司总裁给公司每位中、高层管理人员赠送了《谁动了我的奶酪》,并在书的扉页上签上"改变我们自己"的赠言,勉励各级骨干在开放竞争的环境中,转变观念,不断创新,经过不懈努力,为企业找到更多的"奶酪"。

四、改善环境,改进装备,提升企业物质文化

漂亮整洁的厂房,先进的生产设备是企业物质文化的主要组成部分及直观的外在表现形式,也是企业的重要形象。近几年来,民生根据医药行业GMP管理要求和企业生产发展需要,投资数亿元资金进行企业技术改造:新建了小容量注射剂车间;改建了质检大楼;新建了输液分公司;先后对制剂、原料药等所有车间作了GMP改造并通过GMP认证;2个原料药产品通过了美国FDA检查认证。工作环境和设备技术的改善,使民生公司的形象和企业美誉度都大大提升。

五、以人为本,构建学习型企业的组织文化

民生领导班子认为,员工是企业文化建设的主体,员工的工作技能、工作作风、职业道德、言谈举止、精神状态等,集中体现了一个企业的精神文化风貌;有了良好的员工形象,才能塑造出良好的企业形象;有了高素质的员工队伍,才能形成具有鲜明个性和高品位的企业文化,才能不断提升企业的核心竞争力。为不断提高员工素质,公司坚持每年举办中高层管理人员、党员、班组长、分公司工会主席等各类脱产培训班,进行政治思想、企业文化、专业管理知识等方面的培训。为提高营销人员综合素质,公司对药品销售分公司专门设立"人事培训部",负责对营销人员的销售技能、文明举止、政策法规等方面的培训。此外,还面向广大员工,开办了工商管理、计算机应用、外语知识、GMP管理等21个方面的业余培训班。

民生药业"勤而不匮"的特色文化建设实践证明,文化力也是生产力,只有把企业文化力注入生产力,才能大力提升企业核心竞争力。公司改制三年来,企业呈现出跳跃式发展态势,销售收入、利税和利润总额比改制前有了大幅度的增长,企业先后获得全国思想政治工作优秀企业、省级文明单位及杭州市党建工作"四好"企业等荣誉称号。

以文化力提升企业核心竞争力

——新疆特变电工股份有限公司的企业文化建设

位于天山脚下的新疆特变电工股份有限公司,由一个总资

产不足15万元的街道小企业发展而成。历经十余载艰苦创业,该公司已经实现年利润超亿元,发展成为中国变压器行业首家上市公司,国家级重点高新技术企业及中国大型输变电产品生产和国际工程承包企业。

新疆特变电工股份有限公司的前身是建于1988年的昌吉市街道小型企业。特变电工之所以能够由小变大,由弱变强,原因之一是坚持"以文化力提升企业核心竞争力",构筑了以超常发展和不断创新为核心,以广招贤才、海纳百川为特色的特变电工企业文化体系。这种开放式、创新型的企业文化,已成为企业创造力和凝聚力的重要源泉和灵魂。

一、以"四特精神"为核心,增强企业凝聚力

1."四特精神"来自企业创业发展实践中的积累和凝练,"四特精神"已成为广大员工的价值观和行为规范。靠着"特别能吃苦"的精神,企业在一无资源优势,二无市场优势,三无人才优势的不利条件下,不断发展壮大;靠着"特别能战斗"的精神,特变电工足迹踏遍祖国大地山川,产品远销国外24个国家和地区;靠着"特别能奉献"的精神,不断超越的特变电工人在企业规模裂变、效益倍增的过程中始终坚持产业报国、造福社会;靠着"特别能学习"的精神,特变电工从名不见经传的街道小厂一跃成为同行业的排头兵,并向"百亿"企业集团的行列不断迈进。"四特精神"是特变电工十五年发展的真实写照,是全体员工集体智慧的结晶,是全公司近5000名员工价值观的完美体现。

2.健全以"四特精神"为核心的企业文化价值体系。通过广泛研讨和群众性的创新实践,特变电工赋予了"四特精神"新的内涵:特变电工人"开拓进取,创业无限",以特别能吃苦的精神从单机出口向国际成套工程承包领域迈进。该公司2003年已承包了3000多万美元的苏丹110KV及220KV输电线路成套项目工程,极大地提升了企业在国际市场的竞争力;仅用9个月时间就完成了德缆工业园的整体搬迁。目前,公司正在实施国家重点国债贴息项目"双百万"工程——100万KVA/100万V制造能力技术改造。该工程全面投产后,将成为国内最大、世界领先的变压器制造基地。特变电工人"团结协作,勇挑重担",以特别能战斗的精神,仅用一年就完成了500KV变压器产品的研发和鉴定,并在"西电东送"工程中得以使用;同时在中国"西北750KV输变电示范工程"中一举中标。特变电工人"经营人生,追求卓越",以特别能奉献的精神先后承担了"中国丝绸之路光明工程"、"无电乡通电工程"、"沙漠公路绿化工程"和北京奥体中心建设项目。如今,公司又赢得了西部七省区"送电到乡"工程第二期新疆生产建设兵团1.2亿元工程项目。特变电工人"超越自我,创新求变",以特别能学习的精神应对挑战,使员工的价值观和企业价值观成功实现了对接,形成了强大的命运共同体,独具特色的凝聚文化。

以"四特精神"为核心,特变电工形成了"产业报国、造福社会"的企业宗旨;"汇聚科技和人才,传载光明与未来"的企业使命;"改革就是创新,创新才能特变"的企业理念;由此延伸拓展,形成了企业文化理念体系。

二、以文化融合为手段,构筑企业扩张力

特变电工坚持以文化融合为手段,借助多种机制和活动把无形的精神、价值观赋予在各种有形的载体中。

1.在企业内部管理中,文化融合就是有效整合内部资源。他们以活动为载体提升和凝聚人:企业文化研讨营活动确立了特变电工的企业文化价值体系;德缆目标共识营活动统一了企业发展思路;天变公司文化月等活动提升了公司整体文化建设水平。

2.抓住兼并重组机遇,实施"洗澡"与"洗脑"工程。特变电工在实施兼并重组时,不仅注重输出资金和技术,更加注重输出管理思想和企业文化。2003年9月,特变电工与山东鲁能泰山电缆股份有限公司强强联合,由特变电工控股的特变电工山东鲁能泰山电缆有限公司正式成立。企业重组过程始终伴随着企业理念的对接和融合。《特变之路》、《特变之星》、《文化手册》等书籍的出版发行,电视、报纸、宣传牌等媒体的有力宣传,座谈会、研讨会、培训班的顺利举办,加之公司组织的"四特精神"演讲团,如同"洗澡""洗脑"工程,有效推动了企业文化的融合。

在向外不断扩张和实施兼并重组的同时,该公司注意用文化来融合地域性、人文性和企业特性的差异,形成了强大的良性文化扩张力。不论是在新疆、在四川、在天津、在湖南、在山东,每一个重组后的企业都给人焕然一新的感觉。在具体实施中,有人形象地把它比喻为"洗一次澡,洗一回脑"。"洗澡"就是从企业环境、员工仪表、规范化管理入手,使企业在社会,尤其是在市场上的形象发生根本的改变。"洗脑"就是更新观念,用特变电工好的管理思想和经营理念来改造和发展重组后的企业。重组后花园式的工厂和人文化的生产环境,使员工的身心舒畅,极大地激发了员工的创造性和积极性。特别是当良好的企业形象得到了社会认同的时候,员工的自豪感和成就感油然而生,不知不觉又"洗了一次脑"。观念的更新带来的是生产力水平的空前发展和解放。

特变电工从一个街道小企业,发展为拥有对外经济技术合作经营权和新疆首家博士后科研工作站,曾先后荣获"全国五一劳动奖状"、"全国重合同、守信用先进单位"、"全国精神文明建设先进单位"等荣誉称号。特变电工的超常规发展,引起各方面的关注和重视,党和国家领导人先后到特变电工视察指导。新疆特变电股份有限公司坚持走文化兴企之路,他们以实践证明:谁拥有文化优势,谁就拥有竞争优势、效益优势和发展优势。

"双树双靠"谋自强

——贵州华烽电器有限公司的企业文化建设

中国航空工业第一集团公司贵州华烽电器有限公司,是1992年由原华文厂、烽光厂合并的企业。由于合并搬迁等多

种原因，企业负债率曾一度达到104%，连续六年亏损。一时间人心涣散，人才外流，各种矛盾叠起，华烽公司成了濒于破产的企业。通过开展“华烽人救华烽厂”、“华烽人发展华烽厂”的文化自救、文化自强活动，使濒于破产的企业终于扭亏为盈，走上了持续发展的轨道。

一、文化自救——“华烽人救华烽厂”

华烽厂1992年完成合并搬迁后，由于举债，企业一步步陷入了人心散、管理乱、企业资不抵债、濒临破产的边缘。1994年底，深陷困境的华烽人在企业危急时刻提出了“华烽人救华烽厂”的口号。身处困境的华烽员工深深认识到：个人命运已和企业命运紧紧联系在一起，要救华烽厂，已没有外来的救世主，只能靠华烽人自己！“华烽人救华烽厂”的口号成为全体员工背水一战、拼搏奋斗的共同理念和企业精神，并由此形成了华烽厂一系列富有特色的企业文化理念和工作思路。

一是把“团结、务实、高效、创新”作为华烽厂领导班子的工作理念和行为规范，要求全体干部要争做“七个带头人”：即做生产经营管理的带头人；做团结稳定的带头人；做吃苦耐劳的带头人；做化解矛盾的带头人；做知难而进的带头人；做廉洁自律的带头人；做振兴华烽的带头人。领导干部率先垂范，在全体职工中树立了良好形象和威望。

二是确立了“双树双靠”治厂方针，“四讲四上”基本任务和“四用”工作要求。“双树双靠”方针为：外树形象、内树信心；上靠政策、下靠改革。“四讲四上”基本任务是：“讲政治、讲团结、讲大局、讲贡献；上产值、上新品、上管理、上效益”。“四用”工作要求为：“用企业的发展凝聚人心，用人格的力量规范行为，用良好的氛围优化环境，用‘依靠’的方针增强活力”。这些治厂方针、基本任务和工作要求，明确具体，具有很强的号召力和约束力，成为振兴企业、形成华烽团队合力的强大精神动力。

三是深入实施厂务公开、深化民主管理。为落实全心全意依靠职工办企业的方针，实现“华烽人救华烽厂”的目标，华烽厂领导班子把企业面临的困难、存在的问题及解决的办法和盘向职工托出，争得了职工的理解和全力支持，使企业在最困难的时刻度过了难关。比如：企业流动资金极度匮乏，如保证了生产投入，就保不了职工工资；保了职工工资，就保证不了生产投入。公司把这一严峻的情况完全向干部职工交了底，把先保工资还是先保生产投入的决定权交给干部职工。结果，经深入讨论后，大家一致选择了后者。就这样，在连续四个月没发工资的情况下，企业迎来了转机，生产蒸蒸日上，员工队伍情绪稳定。

“华烽人救华烽厂”的理念，把全体华烽人的注意力和工作动力吸引到为企业生存、为职工利益全力拼搏的核心任务上。终于使华烽厂在连续亏损六年之后，于1998年实现扭亏为盈。为此，中国航空工业第一集团公司所属贵州航空工业总公司专门下发了“关于表彰华烽电器总厂的决定”。

二、文化自强——“华烽人发展华烽厂”

2000年7月，华烽厂由工厂制转入公司制，成为国有独资公司。华烽厂注重培育适应新体制和企业发展需要的企业文化新体系。该公司领导班子根据企业发展新要求，及时提出了“华烽人发展华烽厂”的新理念，并以此为核心构建了企业文化新体系。

一是确立了“一年打基础、两年上台阶、三年跨步式发展”的企业发展战略。“一年打基础”，就是用从2000~2001年近一年左右时间，完善体制改造后各项规章制度的建立和基础管理的建设工作，为企业发展打下坚实基础。“两年上台阶”就是用从2002~2003年两年左右时间，深化改革，加快发展，实现产值、销售收入超亿元，使企业发展跨上一个新台阶。“三年跨步式发展”就是用从2004~2006年三年左右时间，使企业经济总量有一个大的飞跃，企业由生产经营型提升为资本经营型，并转变为集团化经营模式。

二是确立了“资产运作、分类整合，壮大主业、激活辅业”的发展思路。公司总部成为公司的决策中心和投资中心，负责企业的策划和资产运作，子公司成为公司的成本中心和利润中心。公司向分层次管理、专业化经营转变，并以产品为龙头，对资产、人员与产品市场进行整合，同时，推进主辅分离改革，做强主业，搞活辅业，为企业进行资产运营、建立产权多元化的股份有限公司或中外合资企业创造条件。

三是制定了“十个突破”的工作重点。即“产值突破历史水平，利润突破历史记录；新品突破按部就班，市场突破现有客户；体制突破国有全民，机制突破传统方式；思想突破个人自由，认识突破个人自在；工作突破基本要求，管理突破各自为政”。

新的企业文化体系运作以后，该公司工业总产值年均递增24.5%，销售收入年均递增38.5%，利润年均递增37.5%，于2002年提前一年实现“两年上台阶”的目标。先后被评为“全国厂务公开先进单位”、“中国航空工业总公司精神文明建设暨航空凝聚力工程先进单位”、“贵州省机电产品出口先进企业”。

培育合力文化　打造许继品牌

——许继集团有限公司的合力文化

许继集团有限公司是以电力系统自动化、保护及控制设备的研发、生产及销售为主的国有控股大型企业，国家520户重点企业和河南省重点组建的12户企业集团之一。集团公司控股“许继电气”和“天宇电气”两家上市公司、8家中外(港)合资公司等子(分)公司。该公司各类专业技术人员占员工总数的63%，其中硕士228名，博士29名，博士后13名，国家级突出贡献专家24名。目前许继集团拥有1000多个品种、1万多种规格的产品，其中40多种获国家省部级成果奖，30多种达国际先进水平。

面对新世纪的机遇与挑战，许继集团提出了“许继集团、合力奉献”的合力文化理念，并把“融合”理念贯穿在合力文化战略之中，着力营造具有共同目标的企业内部和外部的合作关系，形成企业强有力的核心竞争力，为打造“百年许继”奠定了坚实基础。

一、以融合理念打造合力文化

2001年初，许继集团提出“融合”的理念，希望许继的发展融合于主流，融于时代先进的生产力发展之中，融于先进的文化之中，融于广大人民利益之中。“融合”是广义的，是指认识的融合、组织的融合、技术的融合、文化的融合、经济的融合，它包含着整合、融汇和创新的精神特质。

许继集团把“融合”理念贯穿在合力文化战略之中，在“融合”理念与合力文化的牵引下，公司首先对人事、产品、销售资源进行了整合，在此基础上不断加强外地子公司本土文化与许继本部文化的融合，加强东芝、日立等外域文化与许继文化的融合，在企业内部逐步形成了融洽、开放、务实、合作的文化氛围。

在长期发展的过程中，许继集团培育、形成了独具特色、内涵丰富的企业文化。公司先后提出了“质量第一，用户至上”的企业宗旨和“理想、纪律、勤奋、向上”的企业精神。经过一代人的努力，“团结一致、坚韧不拔、力争上游”已成为许继人的自觉行动。为了不断挑战自我发展极限，实现努力服务于社会的承诺，1999年许继集团庄严宣示了自己的使命宣言——《许继集团使命宣言》，提出了“许继集团、合力奉献”的核心价值观，使许继集团的企业文化和经营理念得到进一步升华。

合力文化的企业核心价值观遵循的基本原则是：人的价值高于物的价值，即以人为本；集体价值高于个人价值，即以合为贵；社会价值高于企业价值，即以诚为重。合力文化的基本特征是：开放、务实、合作、创造价值。只有具备开放的心态、务实的作风、合作的精神，才能为客户和社会创造出满意价值，合力文化才有保证，合力作用才能发挥。可以说，企业合力文化的本质就是通过核心价值观协调各种关系，形成组织合力，整合内外部资源创造价值，使个人价值、集体价值、社会价值得以共同实现。总之，合力文化就是将一切有效资源合理地整合在一起，向一个共同的目标快速推进的理念。

二、合力文化打造许继品牌

合力文化突破企业传统的经营理念，通过对企业内外部价值链进行整合，从多方面积极吸附外部资源支持：一是由较强的凝聚力和向心力形成的合力对内部、外部优秀人力资源的强吸附作用，大家会因为志同道合和优势互补而长期合作、共事；二是积极同供应链中的参与者改善关系，获得支持，增强合作；三是通过综合的营销策略，增加顾客总价值，减少顾客总成本，提高其满意度，竭力同最终顾客建立更牢固的契约和忠诚关系。合力文化将企业变成一个开放式、能与外部环境广泛进行能量交换的动态系统，以取得快速发展。

在中国传统继电保护和控制装置市场萎缩了60%的今天，许继集团凭借“合力文化”这一独具特色、内涵丰富的企业文化，使企业的经济效益、技术水平、人员素质等走在了全国同行业的前列。

企业核心竞争力集中体现在企业的核心产品上。在提倡开放合作的合力文化牵引下，许继集团先后完成了一次设备、工程设计和生产流程、箱式变电站、继电器、售后服务流程、市场销售、配网自动化、调度自动化、结构生产、备料生产、电度表、保护自动化、电力MIS等一系列的整合工作，整合后当年销售收入就增长了20%，合同按期交货率提高了20个百分点，客户满意度显著提高；3100变电站自动化系统、800系列线路母差保护、890系列电铁保护的精品化工作等许多重点项目均取得巨大的阶段性成果；8000变电站综合自动化系统在产品展示会上，也得到了用户的高度认可。

集团不断进行管理创新，引入EVA，推行KPI和中期述职制度，推行以整合内部资源、形成竞争优势为目的的事业部治理模式。同时对集团公司的营销及供应系统进行整合，构筑适应现代企业制度要求、能够快速应对市场经济变化的营销及供应平台，全面推进集团非主业零件单位的市场化改制，剥离和释放非主业资源，将资源配置更加集中于主业，避免重复投入，握紧拳头提高主业核心竞争力，吸引了国内外众多优秀人才的加盟。

许继集团在合力文化的牵引下，已发展成为全国同行业品种最多、规格最全、配套能力最强、技术水平最高、经济效益最好的企业。国家对许继的总投资为1200万元，而2002年许继集团的市值达到32亿元，17年时间增长了268倍，平均每年递增35%，保持了行业龙头地位。2003年1－6月份，许继公司实现销售收入16.7亿元，利润1.09亿元，分别比上年同期增长32%和21.85%，表现出良好的发展势头。

求真务实　全面创新

——天津天士力集团的企业文化

天士力集团成立于1994年。经过十年的快速发展，已成为资产总值达46亿元的大型企业集团，累计完成利税20亿元，进入天津市政府重点支持的大型企业集团之列。

天士力集团十年发展，走出了一条“科技启动、市场带动、文化推动”的企业发展之路，形成了以“追求天人合一，提高生命质量”为核心的理念，以“三个人”（祖先、消费者、员工）为内涵的企业文化体系，以“诚信通达”为共同价值观，以“创造健康，人类共享”为目标的企业文化构架和实践体系。

天士力特色企业文化，对内形成了强大的凝聚力和向心力；对外提升了市场竞争力和品牌亲和力；最终形成推动企业快速健康发展的文化推动力。

一、弘扬祖先文化——“继承”传统、“创新”未来

天士力企业文化离不开民族文化的本源，是在不断继承的基础上不断创新。

为弘扬拥有五千年历史的优秀中医药文化，天士力创制了巨型雕塑《中华医药图》，共刻画古代历史人物132位，记载医学典籍28部，中药药方、剂型20余种，重大历史事件16个；荟萃了《黄帝内经》、《神农本草经》、《伤寒论》、《千金方》、《本草纲目》、《医宗金鉴》等医学典籍，树起了一座中华医药文明灿烂辉煌的历史丰碑。

2001年6月天士力成功策划承办了“中国（天津）首届中医药文化节”，有力地促进了中医药文化交流，推动了中药现代化的发展进程。天士力还承办了国际中医药博士论坛，举办了中药国际化高级论坛，将中医药学术活动推向国际。

在天士力现代中药城，西方医学鼻祖希波克拉底、医学之父阿维森纳、医学理论奠基人盖仑及东方现代医药巨擘等在内的大型雕塑“世界医学之光”，展现出中西方医药文化的融合与发展。

天士力每年4月组织企业管理人员、科研人员和优秀员工赴陕西，谒黄陵——寻民族文化之根；访商洛——寻中药现代化之根；拜延安——寻中国革命之根。

十年来，天士力集团坚持在发展中创新，在创新中发展。

（一）科研创新：建设没有围墙的天士力研究院，形成自主研究与合作研究、国内研究与国际研究相结合的大科研体系。

（二）技术创新：自主研制出先进的大型自动化滴丸制剂生产线，现代化程度和规模产能居领先地位，成为全国最大的滴丸剂型生产基地。

（三）标准创新：天士力商洛丹参药源基地建立了中药材种植生产质量管理规范标准（GAP），并首家通过国家GAP认证。

天士力制药股份公司通过国家GMP、ISO9001、ISO14001、澳大利亚TGA·GMP等质量管理体系认证，实现了中药复方制剂定性、定量、有效成分可控，推动了中药现代化进程。

天士力医药营销集团通过国家药品经营质量管理规范标准（GSP）认证，形成上接科研、生产，下接商业、终端客户，反应敏捷、行动迅速的市场服务体系。

“天士力——中药现代化的全面创新之路”案例，被选入天津大学MBA教材。评语是：天士力的全面创新之路，为我国中药现代化提供了极富启迪意义的经验。

二、打造消费者文化——“服务”患者、“诚信”制胜

天士力视顾客为上帝，把诚信和服务表现在每一个人、每一项工作和每一个环节上，一切经济活动就是天士力诚信、服务的实践过程。

为建立科学消费理念，营造放心消费环境，集团在全国开展了“健康之星天士力行”活动，把消费者请进企业，让企业贴近消费者，让消费者走近中药现代化。三年来，共有31个省市的100多万名消费者参加活动，其中29个省市的3000多名健康之星走进了天士力现代中药城。这项独创的大型社会公益活动，获得了消费者的热烈欢迎，得到了政府部门的肯定和支持。2003年被列入“中国城镇居民健康教育工程”。

为回报社会对天士力的关爱，体现天士力的价值和责任，天士力多次向边防战士、劳动模范、老将军、老干部、敬老院捐赠药品；支援抢险救灾，向灾区人民捐款赠药。“非典”时期，集团积极响应中央号召，支援抗非一线，捐款赠药200多万元。

三、提升员工文化——承载“责任”、实现“价值”

员工文化主要体现在“责任、价值”两个方面。责任是价值的前提，一个对社会、对顾客、对家庭、对企业、对事业、对自己负责任的员工，才能谈得上价值实现。企业的共同价值高于员工个人价值，员工个人价值要在企业目标的达到中实现。

企业文化是以员工为主体的实践文化。天士力创立了体现员工责任和价值的管理机制——持股机制、分配机制、岗位机制、责任机制、创业机制、沟通机制、激励机制、项目机制、培训机制，成为天士力员工文化有血有肉的实体感受。

为使企业文化真正成为员工身体力行创造企业特色文化的趋动合力，天士力在员工中树立六种全员意识。

全员市场意识。一切工作要以市场为出发点，以消费者认同为终结目标；围绕市场轴心，互连互动。

全员危机意识。克服盲目骄傲、自我欣赏的倾向；如履薄冰、如临深渊、居安思危。

全员科研意识。形成关注科研、关心科研、服务科研、推动科研的工作氛围。

全员参与意识。积极参加天士力集团全面推广的TPM改善提案活动，开展技术创新和岗位技能比武。

全员创新意识。树立一个“抢”字，抢时间、抢速度、抢机遇；不甘平庸、超越自我、勇于创新。

全员忠诚意识。全体员工与企业同甘共苦，把自己的荣辱与企业的发展紧紧地绑在同一条战船上。

实践证明，天士力企业的巨大活力，正是来源于以“三个人”为内涵的文化实践。

以核心价值观支撑企业文化大厦

——安徽电力建设第一工程公司的企业文化体系

安徽电力建设第一工程公司是具有国家电力工程总承包一级资质的电力施工企业，业务以各类火电厂整体建筑安装、核电常规岛辅助生产建筑和设备安装为主，兼营各类工业和民用建设项目的建筑安装等业务。

2001年初，该公司开始构建企业文化框架，先后设计、颁布了6个企业文化建设模型：公司企业文化结构模型、企业核心价值观模型、企业文化推进模型、企业发展战略模型、实现企业发展战略的措施模型、企业文化大厦模型，初步形成了具有自身特色的企业文化体系。

一、构建企业文化建设体系

1999年，国家宏观调控，大型火电工程三年不新开工，几乎把安徽电建一公司逼到了“绝境”。面对严峻的形势，安徽电建一公司该向何处去？该公司新的领导班子一方面大刀阔斧地改革企业的组织机构和运作模式，把下辖的3个分公司、5个专业工程公司、6个子公司、3个服务性单位推向市场，促使大家都来找米下锅，解决生存问题；另一方面，他们立足长远，提出了公司经营理念，即：精诚合作，精细管理，精益施工，精品奉献。

全面奉行公司的经营理念，就必须有对应的价值观作支

撑。于是,该公司在2001年第五次党代会上,提出了“十个价值观”体系。具体内容是:任人唯贤的用人观,效率优先的分配观,勤奋学习的成才观,科学精细的经营观,公正廉明的执法观,勤俭节约的消费观,忠诚敬业的荣誉观,追求卓越的成就观,和谐互补的共事观,健康文明的休闲观。其中任人唯贤的用人观,效率优先的分配观处于关键位置。“十个价值观”明确提出了对公司方方面面工作的指导原则。在此基础上,公司又先后推出了“创建电力基建优势企业”的共同愿景和企业文化建设的五个子系统模型,即:企业核心价值观模型、企业文化结构模型、企业文化推进模型、企业发展战略模型、实现企业发展战略的措施模型。

下面是公司的企业文化结构模型,其中核心价值观模型处于中心地位。核心价值观模型是由十个扇形组成的一个圆,每个价值观处于一个扇形区。核心价值观对企业的制度文化、行为文化和物质文化起着决定作用。

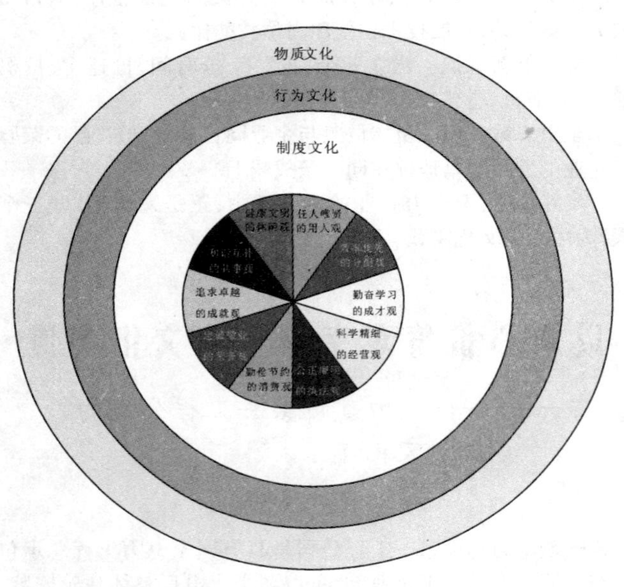

“十个价值观”涵盖了公司方方面面的工作,并对这些工作提出了具体的要求,从而成为公司干部和职工行动的指南。

二、实施企业文化建设推进工程

为了稳步推进以“十个价值观”为基础的企业文化建设,做到系统规划,分段实施,全面推进,使职工对公司的企业文化从认知到认可,最终实现认定,公司制定了企业文化建设的五年规划,并按照下面的模型,全面推进企业文化建设。

(一)舆论引路,提高认识。

首先,该公司注重营造浓厚的企业文化建设氛围。各类全局性的会议,如职代会、党代会、工作会,都有企业文化建设的内容和书面材料,公司还每年召开一次企业文化研讨会。其次,开展中层干部企业文化知识的培训和考试。公司制作了企业文化培训幻灯片,对全体中层干部进行了培训,并组织了闭卷考试,使中层干部对公司的企业文化有了全面系统的认识。

(二)视觉冲击,凸显企业个性。

公司自行设计了CI(企业识别)手册,内容包括MI(理念识别)、BI(行为识别)和VI(视觉识别)。通过统一的视觉识别设计,将自己的管理理念和经营活动信息传递出去,与社会公众建立了双向沟通的关系,从而使社会公众对公司产生了良好的认同感。目前,公司VIS(视觉识别系统)已在所有下属单位得到较好实施,体现了“主体的统一性,视觉的冲击性,管理的规范性”。

(三)组织保障,干部示范。

中层干部在企业的生产经营中起着承上启下的作用,是企业决策的实施者,具体生产经营活动的组织者,同时也是公司形象的体现者。职工直接接触公司高层领导的机会并不很多,他们对公司领导的信任程度、对公司前途的信心、对企业文化的认同程度,往往是通过身边领导、直接上司的行为来衡量的。因此,该公司在企业文化建设的组织保障上,重点抓了以下两个方面:

第一,按照“任人唯贤的用人观”重塑中层干部队伍。一是建立了中层干部队伍准入制,凡是学历低于大专、职业能力测试低于60分、德能勤绩考核低于80分的不予提拔。二是严格中层干部的年度考核和末位淘汰制度。每年考核在后5%的中层干部就地免职或调整;平时工作能力不强、作风不正、群众反映差的随时调整,符合“四化”要求的优秀人才大胆提拔。三是推行中层干部学习积分制。中层干部每年要利用业余时间完成4门课程的学习,并参加公司统一组织的考试;考试不及格,积分达不到规定限额的,要让出岗位。

第二,根据“十个价值观”考核中层干部。一是加强对中层干部日常工作和生活中表现的考核。二是在各级班子年度民主生活会上,要求大家在成绩面前找问题,对照“十个价值观”找差距,明确自己存在的不足和下一年改进的方向。三是在制度制定和日常管理工作中,充分体现“十个价值观”。四是监督基层单位按德才兼备的原则和“四化”方针选人用人。

(四)利益导向,激励争先。

面对紧缩的市场和有限的资源,该公司顶住阻力,积极实践“效率优先的分配观”,对分配制度进行改革。一是对一线生产工人实行计件工资制,真正体现“多劳多得”。2002年,该公司的一线生产工人收入最高者是最低者收入的20倍,但大家口服心服。职工们都明白,要想提高收入,只有提高自身的技能,提高工作效率多干活。二是对管理和服务岗位,根据工作复杂程度和劳动强度重新测定岗位系数,实行新的岗位工资制,合理拉开收入差距。公司管理和技术人员中出现了一股考证热。因为只有具备相应的资格证,才有可能进入高收入的岗位。三是对项目经理逐步实行经营目标责任制,奖优罚劣,调动了项目经理的管理积极性和创新热情。四是实行大学生住房补贴和最低工资保障,稳住了人才队伍。

(五)精细管理,实现管理升级。

为了积极实践“科学精细的经营观”和“勤俭节约的消费观”,该公司积极引进、消化、吸收国内外先进的管理思想和管理手段,不断提高科学管理水平。譬如,运用P3工程计划管理软件,提高了计划的科学性;运用新的资金运作流程,提高了资金的利用效率;建立了全国施工企业中最先进的MIS(管理信息系统),逐步理顺了管理业务之间的相互关系,形成了接口严密、运作顺畅、人机相融、互为联动的局面,提高了管理效率和精细程度。公司领导即使出差在外,也可以随时进入公司MIS处理自身业务，保证了工作的高效运转。他们实行了单项工程费用总承包制，办公费、差旅费、招待费限额包干使用，有效控制了成本。到安徽电建一公司，无论哪个项目部或办公室废纸篓里，也不会见到单面使用的白纸；施工现场也见不到散落的电焊头、钢筋头。他们还通过工程分包和大宗材料采购公开招标等办法，降低成本，杜绝了违规、违纪、违法事件的发生。

“铜材王国”的文化整合与创新

——浙江海亮集团有限公司的企业文化建设

海亮集团有限公司创办于1989年底，是一家集工业、贸易、教育和科技于一体的跨地区、跨行业的大型民营企业集团，现为国内最大的铜加工材料供应商。海亮现有总资产14亿元。2002年海亮以销售额21.65亿元、利税1.1亿元等跻身于中国民营企业100强和中国成长企业100强，被业内人士称为“中国的铜材王国”。

海亮坚持以“高效、卓越、服务、奉献”的企业精神创建具有海亮特色的企业管理，注重围绕管理和发展水平的提升推动企业文化建设，依托企业文化推进企业生产建设发展，体现出物质和精神的辩证统一。

一、实施“三能管理”、“三种机制”，营造竞争文化

海亮内部没有“家族工和外来工”之分，不讲资历，不论亲疏，以工作能力、态度和业绩为依据，以公开竞岗为手段选拔任用各级管理人员，真正做到了“用人不唯亲，亦不避亲”。平等、和谐的良好氛围，强烈的认同感，使企业凝聚了一大批来自全国各地的中、高级人才。海亮通过企业文化建设不断完善管理机制，实现了“三能管理”，即：管理人员能上能下；操作人员能进能出；员工报酬能高能低；形成能者上、庸者下、平者让的竞争氛围。和“三能管理”相辅相成的还有“三种机制”，建立了使员工人尽其才的用人机制，为人才的成长提供舞台，实现了赛马中识马，竞争中选人，即对经营者的激励约束机制、员工竞争上岗机制和年度民主评议“末尾淘汰”机制。“三能管理”、“三种机制”充分调动了干部员工的积极性，提高了企业核心竞争能力。

二、加强质量管理，铸就质量文化

首先，公司注重培养员工的质量意识，将质量意识教育作为职工培训永恒的主题。“质量是企业的生命”，通过努力将其内化为每个员工的自觉行动，从而以零缺陷的产品去赢得商机，赢得市场。其次，公司通过制度建设强化质量保证体系。通过分层次、多种形式的质量教育活动，促进员工自觉地把先进的质量观贯彻到生产经营活动的全过程，使不接受缺陷、不制造缺陷、不隐瞒缺陷、不传递缺陷成为员工的自觉行动。从1995年起，公司实行了全面质量管理，1998年通过了ISO9002质量保证体系认证，2002年1月，又通过了ISO9001认证，2000年质量管理体系的换版转换认证，近期又引进了ISO14000环境管理体系认证。海亮每年坚持把质量意识考核与干部的综合考核、末尾淘汰挂钩，使考核方法逐步合理、规范，取得了良好效果。第三，持续引进精良的设备，确保产品品质的稳定和卓越。1995年以来，“海亮”先后从美国、意大利、德国和瑞士等国家引进一批铜加工制造业的先进技术和领先的生产检测设备，其中3150吨挤压机、内螺纹成型机等设备都具有当代国际先进水平，确保了公司产品品质的稳定和卓越。第四，强化质量管理，提高质量管理体系运行的有效性。一是强化原料进厂、生产、运输等主要过程控制，实现过程增值，确保产品质量；二是注重新技术的研究和应用，努力依靠科技进步，提高产品质量。

三、加强科技管理，提升科技文化

海亮提倡“永不满足，超越自我”的卓越观。为立足长远，推进产品向高技术含量、高附加值、精细化方向发展，近几年来，公司坚持“市场设计产品”理念，实施“技改创新、科技强企”的发展战略。他们创立了海亮集团浙江铜加工研究所，汇聚了上百位行业技术骨干，以技术力量雄厚的企业技术中心为依托，自主研发多项拥有自主知识产权的国内领先、达到国际水平的专利技术产品，开发了以铜管、棒、杆为主导的新产品牌号，呈现出品种系列化、结构多元化、科技含量高的显著特色。其中，新型内螺纹铜盘管获得了“第18届世界发明、新产品、新技术博览会”国际金奖；高低齿内螺纹芯头荣获“第五十一届尤里卡世界发明博览会”金奖，并通过了国家级火炬计划项目验收。海亮不断扩大铜加工研究所的职权，制订了激励科技进步的一系列政策，增加投入，加强对新产品和高附加值产品的开发，为企业发展提供可靠的科技保障。2001年，海亮集团研究所被省经贸委认定为省级技术中心。

四、加强财务管理，形成成本管理文化

成本是企业进入市场的门票之一。“海亮”在创业伊始就注重财务制度建设，近两年引进了微机管理，努力盘活资金，对外加大货款清欠力度，提高货款回收率；对内盘活存量资产，降低设备、材料配件的各种储备和产品库存，减少资金占用，提高资金运作效率。“海亮”认真推行了模拟市场核算和成本否决制，实行目标成本管理，成本指标细化分解，落实到人；内部供需模拟市场运作，把成本目标管理责任单位之间的关系视为供应与顾客之间的关系。他们建立了目标成本考核体系，本着“干什么、管什么、算什么、考什么”的原则，严格考核奖惩。

五、围绕市场优化服务，建立营销文化

市场是海亮的衣食父母。海亮公司主动适应市场、创造市场，积极激发、培育员工“服务、奉献”的企业精神。首先，公司为员工确立了“岗位成才，质量创效，服务升值”的岗位目标，教

育员工树立服务大局、服务下道工序、服务客户，忠诚履行“客户满意我快乐”的服务观，使个人和企业在服务中升值。他们采取有效措施控制退货产品，通过品保部对退货产品组织责任鉴定，及时提出纠正措施，并将处理结果反馈给客户，要求责任人限时对客户满意度进行调查。海亮要求员工牢固树立“用户是我们的上帝”思想，组织精兵强将做好售后服务，为客户排忧解难，维护好公司产品的声誉。其次，海亮不仅要求员工奉献热情、劳动，而且奉献忠诚、智慧，创造财富。海亮引进全国质量管理奖标准，及时导入“CS”理念，从客户需求调研、产品设计、生产过程控制、市场营销、售后服务等环节，提出了“如何满足客户不断变化的需求”命题，确立“合格产品≠客户满意”的观点，要求研发、生产和营销人员从观念、管理、产品和销售等环节贯穿服务意识，贯彻公司“以客户的抱怨为金为礼”的理念，在满足客户产品质量要求的前提下，履行“企业形象、职业道德、服务行为”三个规范。为适应市场变化、满足客户潜在需求，强化服务客户的管理，海亮将市场部的客户服务职能并入到营销部，将服务客户直接推向市场前端。公司为客户建立档案，依据不同的目标客户群体，细分市场，追求服务的“标准化、个性化和人性化”。

随着2003年高清洁度紫铜盘管项目三期工程的竣工，海亮已形成了年产3万吨紫铜盘管材的规模。海亮产品已通过了美的、格力、海信、奥克斯和美国飞达仕、开利等国内外知名企业质量体系审核，内螺纹铜盘管业已逐步打入这些企业的市场。

名品兴店　以文兴商

——沈阳商业城的商业文化

沈阳商业城是国家大型一类零售商业企业，成立于1991年底，2000年12月公司A种股票在上交所成功上市。沈阳商业城下设10个经营公司，经营商品10万余种，是集购物、休闲、娱乐、餐饮、外贸、物流等多种服务功能于一体的现代百货商厦。面对企业内部重重困难和外部市场激烈的竞争，沈阳商业城实施了以企业文化为核心的企业发展“五大战略”，实现了跨越式发展。

沈阳商业城牢牢把握企业改革与发展这条主线，从企业和行业的实际与特点出发，实施了以企业文化为核心的企业发展“五大战略”，即把培育和形成共同企业价值观的精神文化、名品兴店的品牌文化、以文兴商的营销文化、“城中求诚”的服务文化、科学规范的管理文化作为企业文化战略的基本内涵，并逐步构建了具有商业城特色的企业文化体系，以文化力提升企业核心竞争力，带动商城走出困境，步入良性发展循环，使企业经济效益和社会效益取得了明显成效。

“务实为民，创新报国”是沈阳商业城的企业价值观。在此基础上，他们又逐步提出了“以民为本，争创一流”的企业精神；“为人民服务，向社会负责，让顾客满意”的经营理念；“忠于企业，服务人民，报效祖国”的企业誓言；“商业城购物无风险，不满意就退换”的服务承诺；“沈阳商业城，城中求诚”的企业品牌。

在系统开展企业文化建设中，沈阳商业城建立了制度化、规范化的操作方式，使之成为有章可循、有序可行、有标可达的常规工作。例如，例行的升旗仪式；“天天一小时，月月一本书”的读书活动；英雄模范人物的帮学活动；“商业城——我心中的太阳”主题演讲活动；常抓不懈的社会公益活动等。这些活动，已经形成了传统、习惯与风气，成为广大员工认可的文化建设实践。

沈阳商业城重视企业文化创新。他们根据行业特点和企业实际，将企业管理文化与经营文化、服务文化、品牌文化等融为一炉，对丰富商业文化进行了积极有益的探索。面对新世纪、新挑战，沈阳商业城又提出了把企业文化建设与企业体制、经营和管理创新相结合，与传统百货业调整转型相结合，与建立学习型组织相结合等新的文化发展战略。

企业先后获得国际白金星质量管理大奖、国家级诚信单位、全国用户满意服务单位、全国售后服务先进单位、全国质量效益型企业等称号，并被中国商业联合会确定为“中国商业名牌”。2001年，该商城荣获“首钢杯”中国企业文化实践创新奖，2003年荣获中国企业文化建设二十年“建设实践奖”。

文化建设找准“点”

——浙江中房置业股份有限公司的企业文化建设

浙江中房置业股份有限公司是以中国房地产开发集团嘉兴总公司整体改制、由全体员工参股的规范性股份公司；是一家以房地产综合开发为主、集多种经营为一体的集团型企业。2000年至今，该公司连续被评为浙江省第四届、第五届“消费者信得过单位”，成为全省惟一蝉联这一殊荣的房地产企业。

在二十多年的发展进程中，该公司结合行业特点和当地文化、企业的实际，努力找准企业文化建设的着力点，培育出具有行业特色的企业文化。

一、融合地域文化找准结合点

浙江中房置业股份有限公司地处嘉兴这个小城市，所经营的房地产业也恰恰是不动产，主要的消费群体就是当地以及周边的百姓，企业生存的环境处处被这江南水乡文化所浸润。因此，该公司第一个“着力点”就是把当地传统文化与中房公司的企业文化建设有机结合起来。勤劳、务实、友善、热情、守秩序、不张扬，是嘉兴传统文化的特质。该公司在房产开发上注意与当地居住文化相结合，开发出符合当地人居住习惯并融入时代精神的精品楼盘。如，城南花园、万家花园两个小区均被评为优秀小区、园林式居住区，城南花园还被中房集团授予中国房产品牌小区。嘉兴与国际大都市上海毗邻，使中房公司时时感受到现代文明的气息。为此，中房公司参照二者文化和企业发展实际，总结提炼出了“高效、合力、拓展、奉献”的企业精神。这一精神现已深入人心，并体现在企业每个决策、每项工作和每个员工身上,体现在商品房开发产品上。

二、强化服务意识找准着力点

强化服务意识是由房地产开发企业的行业属性所决定的。房地产开发企业是高竞争性的行业。十年以前,嘉兴市区仅有四家房地产开发公司,一年开发数万平方米的房子。而如今,房地产开发企业已增至五十多家,年开发商品住宅数十万平方米。面对高度竞争性的市场环境,提供良好的服务势在必行。

为此,该公司将企业文化建设的着力点放在服务社会。二十多年来,该公司积极参与城市发展和旧城改造等项目。同时,该公司员工连续三年每年捐献一个月工资支持城市水利建设,现已捐献10万元。该公司从设计、施工、销售到物业管理,始终将"以人为本,服务顾客"的理念贯穿其中。他们做出了"置中房房产,享终身服务"的承诺,并在嘉兴成立了第一家专业的物业公司,把物业管理纳入商品房售后服务。为方便客户咨询,营销部坚持一年四季现场看房均有专车接送、专人陪同。他们还成立了嘉兴第一个由房地产公司设立的消费者投诉维修中心。为鼓励员工成为一专多能的人才,公司每年组织各类培训以提高员工素质。为创造公平竞争、能者为先的环境,该公司提出"重文凭、职称但不唯文凭、职称,重团队集体力量、轻个人英雄主义"的理念,并专门制订了关于学习培训的奖励政策。

三、强化质量意识找准关键点

质量是产品的生命。中房公司认为,只有每位员工都树立了质量是生命的意识,才能在工作中创造出优质的产品。重视质量应是100%的时间,应是时时处处。2000年,中房置业按照国际标准建立起了一套完整的质量管理体系,所有环节都按照ISO9001要求运作。"重品牌,精心营造优质产品"已成为每个员工自觉的理念和行动。该公司开发建设的项目优良品率都在60%~70%以上。

四、培育团队精神找准根基点

人是企业兴旺发达的根基,团队精神是企业立于不败之地的保证。该公司认为,培育团队精神的关键是要始终爱护人、尊重人,承认他人的劳动和成绩,构建企业上下左右良好的沟通系统,让人才了解和参与企业的决策与管理,并切实为他们提供各种必要的保障,增强他们的认同感、归属感。这是企业文化建设的根本。

中房置业公司通过开展"团队精神"大讨论和演讲比赛等活动,让每个员工在自我教育、互相教育过程中增强团队精神。同时,该公司还将员工的讨论文章结成集子,出版了《我们的团队精神》一书,并将其确定为新员工的培训必读教材。每年年终,该公司对有突出贡献的先进部门、先进员工及学历、专业技能有提高的员工均给予一定的物质奖励。职工在实际工作中感悟到的"信任感、认同感和成就感",是中房置业公司培育团队精神的具体写照。

文化管理与理念创新

——北京同仁医院的医院文化建设

北京同仁医院始建于1886年,而今已经发展成为拥有3个院区、1800余张床位、2700余名职工、年门诊量120余万人次,担负着医、教、研、防等重任的大型现代化综合医院。

追溯北京同仁医院历尽百年沧桑而长盛不衰的根本原因,就会发现,是底蕴深厚、独具特色的同仁文化赋予了这片土地以神奇的力量,是博大精深、魅力无穷的同仁精神熔铸了同仁人敢为人先、勇于进取的时代特征。

一、同仁文化管理的核心——以人为本

1. 建立现代化人力资源体系,使员工与同仁一起成长

医院要实现总体发展目标,必须要调动全体员工的积极性,首先要解决的便是共同价值与个体价值的关系问题。医院的所有问题都在于人,而每个人都有自己的意愿,医院文化就是要研究人、研究人的意愿、人的心智,如果员工本身没有被充分激励去向目标挑战,当然不会有医院的成长。同仁文化管理把"以人为本"的理念提升到加强医院核心竞争力的高度,并将其渗透到医院管理的三个层面:一是打破传统的用人观念,以博大的胸怀广纳群贤,医院的人员能够优胜劣汰,正向流动;二是为人才才智的发挥提供广阔的驰骋舞台,为医院进一步发展增添动力源泉;三是建立人才竞争激励机制,形成"能者上、平者让、庸者下"的人才竞争机制,造就一支能力强、作风硬、素质高的开创性的人才队伍。这一理念深入地贯彻到医院的体制创新和机制创新中,对各种人才都着眼于学习能力和创新能力的培养,促使每个员工把其内在潜力和创造力最大限度地发挥出来。

2. 营造为患者服务的良好氛围,赋予人文关怀

医院想方设法赋予患者更多的人文关怀。如为了尊重病人的时间而调整医院多年不变的工作流程,开放假日医疗服务,方便患者就医;主办"青藏高原光明行"等公益活动,投资改造门诊、病房、手术室、医技科室;建立手术病人家属休息室等。医院还积极挖掘内部潜力,加强内部管理,制定动态工作流程,启动预约挂号系统,保证患者就医。

二、实施同仁品牌文化战略

作为被国家工商局商标局认定为全国惟一的一家医疗服务驰名商标,"同仁"包含着巨大的知识产权和宝贵的无形资产,凝聚着同仁的技术价值和服务信誉。在患者的心中,"同仁"不仅是个名称,它还代表了一种信誉,一种水平。一位经济学家说:"在未来21世纪市场经济的大舞台上,没有丰富的文化内涵的品牌是断然得不到青睐的。"同仁的品牌文化包括:

1. 质量意识

医疗质量是医疗市场竞争的生命线,也是医院的生命线,

是顾客就诊的首选,“医疗质量是医院永恒的主题”。医院管理者始终把医疗质量管理工作放在一切工作的中心位置,对全部工作进行全过程质量控制,使全体员工自觉参与质量管理,让“质量第一”的观念转化为医护人员的自觉行动,像对待自己生命一样地对待医疗质量。

为了建立健全具有同仁特色的质量服务体系,同仁医院将医务部调整为“医疗质量控制部”和“客户服务部”,制定了工作流程,明确了工作细则,修订、完善了全院各级各类人员的岗位职责及奖惩条例,要求每一位职工严格按照岗位职责时刻对照自己的行为,加强自我约束。各科室和医院每个月按照规定进行自查和检查。

目前,医院正在确定所有岗位的质量控制规则,并建立完整的监督体系。最终形成人人遵守规则、人人维护医院声誉的良好氛围。

2. 创新意识

医学技术创新是医院发展的核心和动力,医疗水平质的飞跃以技术突破为前提,医院的跨越式发展也是依靠并通过技术创新、技术进步来实现的。北京同仁医院的眼科、耳鼻咽喉科是国家级重点学科,有明确的技术创新战略。即追踪当代医学科学技术的前沿,巩固本学科在国内、国际的学术地位和学术影响,创建一流的大学科。为了保障创新人才的发展,优化医院创新资源,明确技术创新难点,确定发展重点和优势项目,找准突破口,使技术创新建立在有效、实用、增值的基础上,同仁医院制订出台了《新技术、新项目准入条例》,组织业内专家对新技术、新项目进行评估。与此同时,医院积极营造鼓励优秀创新团队、优秀创新人才脱颖而出的良好氛围,制定了优秀团队和学科学术带头人标准,用100万元奖励重大科研成果课题组,以56万元奖励新技术、新业务开发研制集体。医院教育引导大家在技术创新上投入精力、倾注心血;注重发扬团结协作精神,组织联合攻关和跨学科协同作战,力争再建设一批重点优势学科,以重点学科带动并提高医院整体医疗技术水平。

3. 服务意识

精湛的医疗技术、优质的医疗服务是医院赖以生存和发展的基础,也是吸引病人的有力手段,因此,医院把医疗质量视为医院的生命,把医疗服务视为生命的营养。同仁医院的服务理念是:“技术精湛,服务一流”。医院坚持树立以病人为中心的医德观念,强调医院的生存与发展取决于病人的向背。为病人提供优质、高效、低耗的医疗服务成为医院参与市场竞争的基础。

4. 营销意识

医疗市场的开放,城市医疗机构的多元化,医疗消费者的自主性进一步增强,势必会造成医疗市场的重新划分。因此,加强营销、开发医疗服务市场已成为医院实现市场份额的根本。对此,一要树立既重医院,更要重市场的营销理念;二要健全营销机构,充实市场开发队伍;三要建立营销网络,既要巩固老的服务对象,同时又要发挥自身的特色和品牌优势,开发潜在的医疗市场,建立一个稳定的市场开发网络。北京同仁医院南下北京经济技术开发区创建南区,东购金朗大酒店打造服务特区,其目的就是要通过品牌营销,将同仁医院做大做强,以满足人民群众日益增长的多层次、多样化的医疗保健需求。

三、同仁的可持续发展理念

同仁医院的发展证明,医院要实现持续稳步的前进,最根本的是要树立一种可持续发展的文化理念。麦肯锡公司的咨询专家通过对全球增长最快的30家公司的跟踪调查,完成了一项企业增长的科研项目,该项研究成果指出,企业可持续发展的秘诀在于要同时考虑企业三个层面的发展机遇:第一层面:发展和保有核心业务;第二层面:建立新业务;第三层面:选择企业更长远发展的新生业务。而且这三个层面的活动必须同时并举。

同仁医院的发展充分兼顾到了这三个层面的业务。在夯实和发展眼科、耳鼻咽喉科传统优势学科的基础上,为适应疾病谱的变化而组建了心血管疾病诊疗中心;确立了内科、外科、麻醉科、急诊科为亚重点学科;发展了糖尿病专业、肝胆胰专业、足踝外科、器官移植等非重点特色学科,全面提高了医院的整体综合实力。

面对日益开放的医疗市场,随着国际经济一体化,同仁医院以品牌经营带动资本运作,实行规模扩张,并确立了医院战略发展思路:规模扩张分期建设,滚动发展;分区经营,协调发展;资本运作,持续发展;品牌经营,共同发展;文化管理,加速发展。医院充分利用百年同仁沉淀的技术、品牌和文化,通过对同仁资源的有机整合,以品牌运营推动资本运作,实现同仁低成本规模扩张,不断增强综合竞争能力;通过发展重点学科,加速发展亚重点学科,并兼顾非重点学科业务,积极探索基础学科和交叉学科的发展,努力寻求经济增长点,不断变革和创新,扩大竞争优势,实现同仁事业持续稳定成长,逐步实现相关多元化产业发展格局。

实施素质教育 促进诚信服务

——上海第二医科大学附属仁济医院的诚信服务文化

上海第二医科大学附属仁济医院创建于1844年,具有159年的悠久历史和文化。该院先后被评为全国卫生系统先进集体、全国卫生系统思想政治工作研究会先进集体、全国卫生文化建设先进单位等称号,连续14年荣获“上海市文明单位”称号。

近20年来,仁济医院在不断实践和探索中,逐渐形成了一种“以思想教育为基础,以文明活动为载体,以组织管理为手段,以理论研究为先导,以诚信建设为根本”的具有仁济特色的医院文化建设模式。

一、以组织管理为手段,全面实施素质教育

医院文化建设的核心是提高人的思想道德和业务素质。

为此，仁济医院以文明活动为载体，以组织管理为手段，相继充实了党委宣传科和文明办的人员配备，成立了医院伦理委员会，建立了病人接待中心，进一步修订了考核奖惩条例、岗位责任制、行为规范、医德规范等；完善了满意度测评、医德查房、医德讲评、离岗培训、首问负责和医德档案等六项制度，将精神文明的各项工作渗透到业务工作之中。仁济医院党委结合形势和医院的中心工作，不失时机地对医务人员进行思想政治教育，全面实施素质教育工程。通过举办"仁济医院报"、开设"仁济医院网"、建设"仁济闭路电视"等现代化的教育手段和各种文明活动，对医务人员进行社会主义、爱国主义和集体主义的教育，帮助他们树立正确的道德观、人生观和价值观。这些年来，仁济医院先后开展了十大窗口"达标创优"活动；科室"好招新招"评比活动；医院精神、医院标志、院徽、院歌征集活动；科风创建活动；病区"文化一角"展示活动；"抗洪赈灾"募捐活动以及"新世纪仁济人形象"大讨论、"优秀仁济人"评选等各种文明创建活动；建立了职工培训中心，设立了人文、管理教研室，形成了完整的职工教育体系。2001 年以后，仁济医院在全体员工中普遍开展了诚信培训工程：举办系列讲座，纳入学习考核，严格学分登记，并记入个人医德档案。此外，医院还派送 10 位 40 岁以下的青年管理干部赴台学习医院管理和医院文化建设经验。

通过素质教育工程的实施，全体员工素质有了大幅度提高。近年来，医护人员累计撰写各类管理论文 327 篇，其中正式发表的有 162 篇，获奖论文 53 篇，有力地提高了医院整体医疗水平。

二、以规范服务为载体，实施以诚信为本的文化建设

为真诚取信于患者，仁济医院从以下八个方面入手，改善和提高服务水平。

一是改善就医环境。仁济医院东、西两部房屋都是老式的回廊式建筑，病人一进医院，好像进入迷宫。为此，医院把门诊、急诊路线改为不同颜色，患者就医时，只要沿着确定的颜色路线走，就可以直接到达目的地。同时，该院还投入大量资金，建立了门诊病人电视宣教系统，分频道、分科室为不同的病人提供不同的健康常识，为病人提供实实在在的服务。二是成立病人接待中心和机关青年助医志愿者服务队，主动服务病人，转变了机关作风，提升了医院形象。三是建立了医患一小时的诚信沟通制度。在病房里，每天有一名副主任医师与病人和家属沟通，答疑病人或家属的咨询。这种真诚的交流形式不仅缓解了医患矛盾，而且提高了医疗质量。四是开通了急诊绿色通道，对危急病人实行"绿色专用卡"，启动抢救程序，可以优先检查、优先治疗、专人陪护、畅通无阻。五是实行了弹性工作制。为方便病人，一些科室和部门实行弹性工作制，做到忙时全部开诊，闲时可以下班，减少病人长时间等候。六是窗口服务适时化。根据病人需要，收费、挂号等窗口采取适时服务模式，即挂号病人多时，收费窗口也可挂号；收费窗口排长队时，挂号窗口也可收费，灵活地为病人提供便捷服务。七是开设了层面收费。医院在有限的医疗用房中，合理布局，合理利用，千方百计开设多个层面的收费窗口，实行层面收费，就近收费，大大缩短了病人排队、往返时间。八是预约中心一门式服务。医院为了减少病人的往返，在东、西两部各建立了预约中心，所有检查不必东奔西走，只要在预约中心即可马上预约，所有化验单有专门电脑人员进行电脑查询，避免了化验单遗失，病人既方便、又放心。

由于采取了上述举措，医院服务水平和医疗质量均有了极大提高，医院文化建设也进入了更高层次。

内炼素质　外塑形象

——松江河林业有限公司的企业文化建设

松江河林业有限公司位于长白山西麓松江河畔，1957 年建设，经过 40 多年的发展，现已建成木材加工基地，山野菜、浮石加工基地和食用菌、梅花鹿养殖基地，形成了营林生产、基本建设、文教卫生、生活服务等完整的生产生活体系。

松江河林业有限公司在规划企业战略蓝图时，把企业文化建设作为企业发展的精髓，以企业形象战略为切入点，全面提高企业内在素质和外在形象。该公司以长白山森林旅游城建设和创建学习型企业为载体，通过六个环节，努力塑造具有鲜明时代特色的松林企业文化。

一、开放视野。该公司科学审视企业发展历史、现状与未来，从未来看现在，从一滴水看大海，努力在领导未来、开拓未来中不断进取，顺应旅游产业方兴未艾的时代潮流，发挥得天独厚的资源优势和地域优势，提出了建设长白山森林旅游城的战略。

二、描绘愿景。在全体员工中全面培植旅游创业理念，加快建设世界闻名的长白山第一城，使其实现美起来、亮起来、活起来、富起来的目标。

三、价值构建。以"有限资源、无限生机"为理念，以"创业、创新、创效、创牌"企业精神为统领，重塑员工的超越意识和拼争精神。《长白山森林旅游城之歌》唱出了松林人的心声和美好愿景。

四、知识主导。该公司教育员工确立知识是第一位经济资源和生产力要素的观念，探索以知识为主导的管理实践，提出了全方位创建学习型企业的战略。他们以提高员工综合素质、促进员工全面发展为中心，倡导工作学习化和学习工作化，构建多层次、开放性、立体化教育体系，促进企业成为具有人力资源挖掘和再造功能的可持续发展的现代企业。

五、塑造形象。该公司扎实开展形象建设活动，强力塑造"四大"员工形象：与时俱进的创新形象；海纳百川的开放形象；高效务实的进取形象；淳朴向上的文明形象。全体员工在参与形象建设活动中，自觉牢固地树立了企业形象意识，上上下下都把企业形象的管理要求不折不扣地落到实处，并将其转化成实实在在的优质产品和优质服务。2003 年，松林公司共投入 1500 万元改造环境，塑造企业形象。他们修建街区，改造文化广场，使松林公司环境形象大大改观。

六、制度规范。该公司以工作高效、严守纪律、追求和谐、

绩效显著、廉洁自律为核心,以创建文明队伍为载体,确立员工在思想道德、产品质量、本职工作、交往礼仪等各方面的行为规范百余条,形成了系列制度规范。

此外,该公司还建立健全了党政工团齐抓共管、各负其责的组织机构,为企业文化建设提供了有力的组织支持系统。

理念创新 强军壮民

——湖南江麓机械集团有限公司的企业文化

湖南江麓机械集团有限公司(简称江麓公司)的前身是江麓机械厂,创建于1958年,是中国兵器工业集团公司所属大型企业,以机械制造为主,2001年底整体改制为有限公司。下属13个经营单位,拥有5个全资子公司、1个控股子公司,资产总额10.3亿元。

1997年以来,江麓公司实施了“强军壮民”发展战略,几年内完成了“改革、脱困、发展”的历史性跨越,步入良性发展轨道。

一、实施“强军壮民”战略谋发展

江麓是一个军工老企业,几十年来研制生产的军用产品和民用产品为国防和现代化建设做出了重大贡献。但在进入市场经济新时期后,民品合资公司生产的振动式压路机、塔式起重机、施工升降机等产品的市场竞争日益激烈。国有企业固有的种种弊端、各种矛盾以及沉重包袱,使企业陷入了空前的困境:亏损半停产、欠发员工工资、人心涣散。

1996年底,新领导班子通过广泛深入的调查研究,多方收集员工意见,对企业内外环境和企业发展前景作了周密、科学的分析,果断做出了实施“强军壮民发展战略”的决策。即以党和国家推进国防和军队现代化建设的方针政策为依据,以江麓公司企业理念为先导,以改革创新为动力,执行“强军固本、壮民健体、军强民兴、军歇民补、军民共进、长盛久安”的战略方针,量力而行、分步实施,使公司步入快速、持续发展的轨道。

公司在分析环境和总结自身经验的基础上,提出“服务国防、建设家园”、“强军固本、军民共进”、“科技领先、共创一流”、“诚信经营、互动双赢”、“团结一条心,敢拼就能赢”的战略理念系统,有力地凝聚和激励了广大员工。

二、以文化力驱动生产力

公司坚持以先进文化促企业发展,走企业文化与企业发展互动的环络,将文化力转化为生产力,为实施强军壮民战略铺平了道路。

坚持企业发展的理念,“化”文化的内在驱动力、凝聚力为生产力”。

江麓公司从生产经营活动中提炼企业理念,形成“服务国防、建设家园”(企业宗旨)、“敢想敢干江麓人,自强自信军工魂”(企业风尚)、“公司以人为本,我以公司为家”、“公司有前途,人人有奔头”等系列企业理念,借文化先导的力量融入每个员工的脑海,融入生产经营的全过程。特别是形成的“团结一条心,敢拼就能赢”的江麓精神,成为公司打硬仗的重要法宝。

增加产品(服务)科技文化含量,“化”智力、创造力为生产力。

江麓公司面对与外国企业同台竞技的情况,增加了产品科技、文化的投入,立足本土,吸收外来优秀文化成果,打造多元文化、合作文化,并提出“我有利,客无利,则客不存;我利大,客利小,则客不久;客我利相当,则客可久存”,变竞争关系为合作关系、“双赢”关系,实现资源共享,优势互补,使新产品开发走上良性轨道。近两年,公司推出了18项高技术含量、高文化附加值的具有国际竞争力的民品优秀成果。

打造企业文化环境,“化”整治、形象力、感召力为生产力。

江麓公司建设优美的厂区环境,给人以视觉的冲击力。同时,他们营造富于创新意识、危机意识、竞争意识的企业文化氛围,使员工在美好环境的享受中受到感染、启发和教育。公司还加大了企业文化设施建设,以增加文化感召力,扩大文化的造血功能。公司特别着力创建“学习型企业”,开展全员学习、动态学习和终身学习,提高了员工的综合素质。

二、企业形象策划成果选编

【中国石油天然气集团公司】

企业标识

标志释义：中国石油天然气集团公司的标志为椭圆形，上黄下红，中间白色字母“CNPC”为集团公司名称英文“CHINA NATIONAL PETROLEUM CORPORATION”的缩写形式。椭圆外形代表地球，象征集团公司实行国际化经营。红、黄两色比照国旗用色，同时与国际惯用的石油、天然气代表色相符。两色上下工整对接，既象征了集团公司的国有性质，也寓意集团公司实行石油、天然气的上下游，内外贸，产销一体化的经营理念。

理念识别

企业精神：爱国、创业、求实、奉献。

爱国：爱岗敬业，产业报国，持续发展，为增强综合国力作贡献。

创业：艰苦奋斗，锐意进取，创业永恒，始终不渝地追求一流。

求实：讲求科学，实事求是，“三老四严”，不断提高管理水平和科技水平。

奉献：职工奉献企业，企业回报社会、回报客户、回报职工、回报投资者。

核心经营理念：诚信、创新、业绩、和谐。

“诚信、创新、业绩、和谐”集中体现了集团公司经营管理决策和行为的价值取向，是有机的统一整体。其中诚信是基石，创新是动力，业绩是目标，和谐是保障。

诚信：立诚守信，言真行实。

创新：与时俱进，开拓创新。

业绩：业绩至上，创造卓越。

和谐：团结协作，营造和谐。

【中国航空工业第一集团公司】

企业标识

理念识别

企业文化理念：航空报国，追求第一。

“航空报国，追求第一”是中国航空工业第一集团公司的集团理念，是集团文化建设的核心。“航空报国”是集团理念的要旨与精髓，是航空人的精神支柱。“航空”既是中航一集团的主业定位，又体现着航空工业高科技和航空产品以及航空人服务的高质量。“报国”表达了航空人以国家利益为重，慷慨献身、无私奉献的崇高精神和光荣传统，又体现了中航一集团航空人以航空产品建设蓝天长城和空中通途、保卫祖国和以高效益报效国家的报国途径。“追求第一”是集团的目标定位，是航空人精神状态的体现。“追求”是航空人意志、品德的集中体现，是一种不懈攀登、永不言败的精神状态。“第一”是航空人面向新世纪，建设大集团，决心跻身于世界一流航空工业企业的目标和志向。“航空报国，追求第一”既继承了航空工业的传统精神（自力更生、艰苦奋斗、大力协同、无私奉献），又充分体现了“两弹一星”精神（热爱祖国、无私奉献、自力更生、艰苦奋斗、大力协同、勇于登攀）。

【中国国家电网公司】

企业标识

标志释义：球型图案是企业团结、力量的象征，寓意企业与客户互利互惠、共同发展的和谐关系；纵横交错的两组经纬线代表公司“经营电网”的核心业务，又寓意电能安全、及时的传输；标志的标准色为绿色，代表公司向社会提供洁净能源。标志突出了公司的性质和实力，展示了友好、真诚的视觉效果。

行为识别

(一)基础行为规范

品质、技能、纪律是文明服务行为规范的基础规范，是对供电营业职工在职业道德方面提出的总体要求，也是落实文明行为规范必须具备的综合素质。供电营业职工必须养成良好的职业道德，牢固树立“敬业爱岗、诚实守信、办事公道、服务人民、奉献社会”的良好风尚。

1. 品质：热爱电业、忠于职守。

坚持“人民电业为人民”的服务宗旨，为客户提供忠实、高效的服务，做到让政府放心、领导满意、客户高兴。

具有强烈的职业责任心和事业感，做到对工作兢兢业业，对同志满腔热忱，对客户服务周到。

强化市场观念和竞争意识，讲求优质服务和经济效益，维护客户与供电企业的共同利益。

树立诚信观念和信用意识，做到诚实守信、恪守承诺，公平、公正。

讲究文明礼貌、仪表仪容，做到尊重客户、礼貌待人、使用文明用语。

发扬团队精神，维护企业整体形象，部门之间、上下工序之间、员工之间相互尊重，密切配合，团结协作。

2. 技能：勤奋学习、精通业务。

勤奋学习科学文化知识，积极参加文化、技术培训，努力达到中等以上文化专业水平。

刻苦钻研业务，精通本职工作，熟练掌握与本职工作相关的业务知识，达到中级以上专业技术水平。

苦练基本功和操作技能，精通业务规程、岗位操作规范和服务礼仪。

不断充实更新现代业务知识和工作技能，努力学习和运用最新的科学技术。

加强思想业务修养，增强综合业务能力，不断提高分析、认识、解决问题的能力，提高交往、协调能力和应变等方面的能力。

3. 纪律：遵章守纪、廉洁自律。

遵纪守法，掌握与本职业务相关的法律知识，模范地执行国家的各项法律、法规。

严格遵守企业的各项规章制度，自觉执行劳动纪律、工作标准、作业规程和岗位规范。

严格遵守作息时间，不迟到、不早退，工作时间不打私人电话，不擅自离岗、串岗，不聊天，不做与工作无关的事情。

廉洁自律，秉公办事，不以电谋私，不吃拿卡要，不损害客户利益。

(二)外在形象规范

着装、仪容和举止是供电营业职工的外在表现，它既反映了员工个人修养，又代表企业的形象。只有规范的仪表、举止，才能赢得客户良好的印象。

1. 着装：统一、整洁、得体。

服装正规、整洁、完好、协调、无污渍。扣子齐全，不漏扣、错扣。

在左胸前佩戴好统一编号的服务证(牌)。

衬衣下摆束入裤腰和裙腰内，袖口扣好，内衣不外露。

着西装时，打好领带，扣好领扣。上衣袋少装东西，裤袋不装东西，并做到不挽袖口和裤脚。

鞋、袜保持干净、卫生，鞋面洁净，在工作场所不打赤脚，不穿拖鞋。

2. 仪容：自然、大方、端庄。

头发梳理整齐，不染彩色头发，不戴夸张的饰物。

男职工修饰得当，头发长不覆额、侧不掩耳、后不触领，嘴上不留胡须。

女职工淡妆上岗，修饰文雅，且与年龄、身份相符。工作时间不能当众化妆。

颜面和手臂保持清洁,不留长指甲,不染彩色指甲。

保持口腔清洁,工作前忌食葱、蒜等具有刺激性气味的食品。

3. 举止:文雅、礼貌、精神。

精神饱满,注意力集中,无疲劳状、忧郁状和不满状。

保持微笑,目光平视客户,不左顾右盼、心不在焉。

坐姿良好,上身自然挺直,两肩平衡放松,后背与椅背保持一定间隙,不用手托腮。

不翘二郎腿,不抖动腿,椅子过低时,女职工双膝并拢侧向一边。

避免在客户面前打哈欠、伸懒腰、打喷嚏、挖耳朵等。实在难以控制时,应侧面回避。

不能在客户面前双手抱胸,尽量减少不必要的手势动作。

站姿端正,抬头、挺胸、收腹,双手下垂置于大腿外侧或双手交叠自然下垂;双脚并拢,脚跟相靠,趾尖微开。

走路步伐有力,步幅适当,节奏适宜。

(三)一般行为规范

接待、会话、服务、沟通属文明服务的一般行为。供电营业职工的一言一行事关工作质量、工作效率和企业的形象,必须从客户的需求出发,科学、规范地做好接待和服务工作,赢得客户的满意和信赖。

1. 接待:微笑、热情、真诚。

接待客户热情周到,做到来有迎声、去有送声、有问必答、百问不厌。

迎送客户时,主动问好或话别,设置有专门接待员的地方,接待客户至少要迎三步,送三步。

无论办理的业务是否对口,接待人员都要认真倾听,热心引导,快速衔接,并为客户提供准确的联系人、联系电话和地址。

2. 会话:亲切、诚恳、谦虚。

使用文明礼貌用语,严禁说脏话、忌语。

语音清晰,语气诚恳,语速适中,语调平和,语意明确、言简,提倡讲普通话。

与客人交谈时,要专心致志,面带微笑,不能目光呆滞,反应冷淡。

尽量少用生僻的电力专业术语,以免影响与客户的交流效果。

认真倾听,注意谈话艺术,不随意打断客人的话语。

3. 服务:快捷、周到、满意。

认真、仔细询问客户的办事意图,快速办理相关业务。

遇到两位以上客户办理业务时,既要认真办理前面客户的业务,又要礼貌地与后面的客户打招呼,请其稍候。

接到同一客户较多业务时,要帮助他们分出轻重缓急,合理安排好前后顺序,缩短办事时间。

遇到不能办理的业务时,要向客户说明情况,争取客户的理解和谅解。

4. 沟通:冷静、理智、策略。

耐心听取客户的意见,虚心接受客户的批评,诚恳感谢客户提出的建议,做到有则改之,无则加勉。

如果属自身工作失误,要立即向客户赔礼、道歉。

自己受了委屈时,要冷静处理,不能感情用事,不能顶撞和训斥客户,更不能与客户发生争执。

自己拿不准的问题,不回避,不否定,不急于下结论,应及时向领导汇报后再答复客户。

(四)具体行为规范

具体行为规范是指与业务工作更直接相关的服务规范。柜台、电话(网络)及现场是我们为客户服务的具体场合,要通过高效、真诚、周到、优质的服务,让客户高兴而来,满意而去,赢得更多客户的信赖,为供电企业开辟更广阔的市场。

1. 柜台服务:优质、高效、周全。

2. 电话(网络)服务:畅通、方便、高效。

3. 现场服务:安全、守信、满意。

附件:

文明用语、忌语

序号	服务内容	服务用语	服务忌语
1	称谓	老大娘、老大爷、师傅、同志、先生、女士、小姐、小朋友。	喂!老头儿、老太婆、伙计、哥们儿。
2	客户进门	您好!请坐,请问您有什么事?	干什么?那边等着,那边坐着。
3	为客户办理业务时	请问、请稍候,我们马上为您办理。	急什么!等着!你没看见我正忙着吗?
4	客户所办业务不属于自己的职责时	对不起,您的事情请到××处找××同志,请往这边走。	不知道!我管不着!
5	所办业务一时难以答复需请示领导时	请稍候,我们马上研究一下。或对不起,请留下电话号码,我们改日答复您。	我办不了!找领导去!
6	客户交款时	您这是××元钱,应找您××元,请点清收好。	快交钱!给你!拿着!
7	与客户交谈工作时	您好、请、谢谢、打扰了、劳驾、麻烦、再见。	少废话!少罗嗦!
8	客户离开时	请您走好,再见!	快走吧!
9	到客户处	您好,我是××电业局的×××,来抄电表(收费、装表、换表等)。	电业局的!
10	离开客户时	打扰了,再见!谢谢您的合作!	
11	接客户电话时	您好!我是××电业局,请问您有什么事?	什么事?我忙着呢!不知道!
12	客户打错电话时	同志,您打错了,这里是电业局。	错了!
13	未听清楚,需要客户重复时	对不起,我没听清楚,请您再说一遍,谢谢您!	听不着!

续表

序号	服务内容	服务用语	服务忌语
14	接到电话问题不属于本岗位职责时	同志，对不起，请您挂××电话找××，好吗？	我不管！
15	工作出现差错时	对不起，我错了，请原谅，请多批评。	错了！有什么了不起。
16	受到客户批评时	您提的意见我们一定慎重考虑，有利于改进我们工作的，我们一定虚心接受，欢迎多提宝贵意见。	有意见找领导去！愿上哪告上哪告！
17	遇有个别客户蛮不讲理时	不要着急，有话慢慢说，如果有不同意见，可以请有关方面解决。	你愿找谁找谁，我没法跟你谈！
18	填发电费通知单时	这是您的电费通知单，电量是××，电费是××，请收好。	给！拿着单子！
19	客户询问电费时	微机里有存贮，请您通过触摸屏来查看，有不明白的地方，我给您解释。	那边，自己看去！
20	遇客户无理拒缴电费，多次做工作无效时	根据《电力法》第××条规定，经过批准，给予停电请做好准备。	不交电费，就给你停电！
21	客户电话预约验表时	请您×日×时在家等候，我们为您验表。	等着吧！有空就去了！

序号	服务内容	服务用语	服务忌语
22	客户询问电表损坏原因时	对不起，电表损坏原因需经过检定才能确定，然后答复您。	不知道！
23	客户电表损坏丢失时	劳驾！请您介绍一下电表损坏(丢失)的情况好吗？	赔表！
24	电表“自走”经确认不属于我们的责任时	对不起，经工作人员检测，您家的电表自走属内部原因。	自己查，我们不管！
25	客户对校验结果不相信时	同志，经检定电表确定合格。如果您不放心，我们可以一起到技术监督部门复验。	不信有什么办法！
26	客户怀疑电表有误差不按时缴电费时	本月电费您还是按时缴纳，如果怀疑电表超差，可以申请验表。如确定超差，我们会在下月退还电费差额。	先交了电费再说！
27	收验电表时	同志，请交××元钱验表费。若电表超差，验表费将返还给您。	验表，先交钱！
28	为客户换表后	请您打开开关，看看是否有电。	换完了！自己试去吧！
29	遇有障碍物需挪动时	请您把这个挪动一下好吗？谢谢！	挪一边去！

续表

序号	服务内容	服务用语	服务忌语
30	需要借用椅子等物时	同志，借用一下您的椅子可以吗？	给我用用！
31	借用客户物品归还时	您的××用完了，谢谢！	完工了，拿去吧！
32	发现客户违章窃电时	同志，您违犯了《电力法》第××条规定，请您立即停止这种行为。	违章窃电还有理！

序号	服务内容	服务用语	服务忌语
33	客户前来询问图纸审核情况时	您好！请坐，您的图纸正在审核中，请稍候。	听通知，等着吧！
34	在审校图纸中发现问题时	您好！此处设计不符合规程要求，请修改一下。	标准都不知道，快改去！
35	到现场竣工验收时	我们前来竣工验收，请协助我们工作。	喂！来验收了！
36	验收中发现问题时	经检查发现，此处不符合规程要求，请尽快修改。	怎么搞的？水平这么低！
37	客户工程验收合格时	您的工程经验收合格，可以申请送电。	就算合格吧！
38	客户询问停电时	因为线路检修(或线路故障)，导致您那里停电了，请谅解。大约会在x时送电。	不知道！
39	接故障报修电话时	您好！××电业局，××号为您服务。请您稍候，我们将立即派人前去修复。	等着吧！
40	客户要求修理内线时	很抱歉，室内设备不属于我们管辖范围，建议您找××部门处理。	我们管不着！
41	客户报错地址未见人去修理又来电话时	对不起，我们已经去过了，但没找到，请详细报一下您的地址。	怎么搞的！地址都说不清！让我们白跑一趟。
42	客户向我们道谢时	别客气，这是我们应该做的。	算了！算了！
43	客人参观检查工作时	您好！我叫××，负责××工作，欢迎检查指导。	哪来的？看什么？

【中国兵器工业集团公司】

企业标识

理念识别

基本理念：科技领先，创新未来。

企业精神：团结、求实、创新、服务。

【中国海洋石油总公司】

企业标识

中国海洋石油总公司徽记图案含义：

1. 蓝色的外圈和波纹象征中国海洋；

2. 红色“CNOOC”为中国海洋石油总公司英文缩写字母，其中：第一个大“C”象征初升的太阳，寓意海洋石油事业欣欣向荣；“NOOC”象征海洋上钻井平台；“N”突出部分象征井架。

理念识别

战略目标：以较快的发展速度、较强的盈利能力和较好的发展质量在2008年建成具有国际竞争力的综合型能源公司，全面建成现代企业制度。在此基础上，建设一个国际一流的综合型能源公司。

发展战略：协调发展战略、科技领先战略、人才兴企战略和低成本战略。

【中国国际航空公司】

企业标识

标志释义：凤是一只美丽吉祥的神鸟。传说中黄帝的重臣天老曾这样描述过凤的形象：从前面看它像一只威武的麒麟，从后面看又像一只奔腾的骁鹿，它的颈像蛇，尾巴像鱼，下巴像燕子，口喙像鸡，它身上长着龙一样的花纹和龟一样的背脊。远远望去，五色缤纷，绚丽多彩。凤的故乡是素有仁德之称的东方君子之国。美丽的凤凰飞越高耸的昆仑山，翱翔于四海之外，食饮砥柱山下湍急的流水。它在弱水中濯洗高贵的羽毛，在险峻寒冷的风山上居住。这只神奇的鸟在哪里出现，就给那里带来安乐与祥和。所以，每当它在蓝天中展翅飞翔，总有成千上万只各种各样的鸟伴随和跟从着它。选用凤作为自己的航徽，正是希望这神圣的生灵及其有关它的美丽的传说带给朋友们吉祥和幸福。

【中国远洋运输（集团）总公司】

企业标识

理念识别

中远使命：发展在航运及物流业中的领先地位，保持与客户、雇员、合作伙伴诚实互信的关系，最大程度地回报股东、环境和社会。

企业价值观：服务客户最优，回报股东最大。

企业精神：求是创新，图强报国。

经营理念：全球承运，诚信全球。

经营目标：创国际一流企业，跻身世界500强。

质量方针：安全、快速、优质、高效。

企业广告语：走近中远，走向世界。

光荣传统：艰苦创业，爱国奉献。

行为识别

人的形象：健康、进取、高素质。

事的形象：组织明晰、制度健全、管理科学、质量唯上。

物的形象：世界精品，国际名牌。

员工行为规范：热爱企业、承担责任、慎独诚信、遵纪守法、同舟共济、拼搏进取、举止文明、服务社会。

企业经营者形象标准：开拓创新、意识前瞻、统揽全局、科学决策、严谨务实、公正果断、博学多能、干练稳健。

环境保护规范：全面管理、珍爱资源、保护环境、员工有责。

公关原则：实事求是、平等坦诚、互惠互利、遵守法律。

【中国机械装备(集团)公司】

企业标识

标志释义:标识采用中国机械工业惯用的,代表高科技、创新和进步的蓝色为主色调,传达着一种既秉承传统,又开拓创新的意境。跃动的图形中点与线的碰撞,则体现出国机集团的勃勃生机和睿智的进取精神。国机集团企业标识整体造型质朴简约、线条流畅、富有动感。于方圆之间置放一个变形的"中"字,既昭示国机集团是一家带有"中国"字头的国有超大型企业,又预示着国机集团立足中华大地、走向世界的全球化发展空间;错落而置的四条竖线,着重展现出国机集团科、工、贸、金一体的基本功能,上下对接则寓意着开放搞活、内引外联,突出表明国机集团所有企业行为的准则是相互沟通、平等互利。

理念识别

使命:以振兴中国机械工业为己任,以跻身世界先进行列为目标。

质量方针:追求卓越品质,创造一流企业。

质量方针的内涵:追求卓越品质,体现了集团公司对顾客的关注以及满足并超越顾客要求和持续改进的承诺。创建一流企业,体现了集团公司发展战略思路。一流企业是集团公司追求的目标,不但要成为国内一流企业,还要争创国际一流企业。集团公司创建一流企业,就必须拥有一流的人才、一流的技术和一流的管理。"追求"和"创造"浓缩了集团公司全体人员的奋斗、进取精神。

环境方针:营造绿色环境,共享和谐美好。

环境方针的内涵:营造绿色环境,就是要遵守有关环境法律、法规和其他相关要求,创造符合法律、法规要求的绿色环境。营造绿色环境,就是要进行污染预防和持续改进。既包含集团公司区域内的环境保护工作,也包含集团公司业务和管理活动中的环境保护工作。要将环保意识和环保工作延伸到非实体经营活动中。共享和谐美好,就是要以人为本,通过我们的环保工作,使集团公司的每个人直到我们的顾客、相关方都能受益。要实现这一方针,要明确目标,细化指标,努力实现,持续改进。

【中国建筑材料集团公司】

企业标识

标志释义:中国建材集团的新标识代表着中国建材集团的核心理念:中国建材集团是由8个业务平台组合起来的国家级建材企业,8大集团的紧密结合是企业生存和发展的基础。象征8个业务平台的8个正方体向四周同心围绕,展示中国建材集团的核心理念"中新一家"。最终形成虚实相生的内8角和外8边形标识,并以红色为主色调,预示着企业的团结、力量和信念。

理念识别

中国建材集团倡导"诚信务实、团结向上"的企业文化,培育出一支具有共同理念和愿景的员工团队。

鼓励员工终身学习,强调工作学习化、学习工作化,不断更新知识结构,不断改善心智模式,最大限度地发挥创造力;引导员工培养积极、开放、沟通的心态,营造健康向上的组织氛围,从而保持企业的永续活力,随时迎接变革与竞争的挑战。

【中国医药集团总公司】

企业标识

理念识别

企业理念:关爱生命,呵护健康。

健康之于生命,如光芒于太阳。拥有了健康,生命才生生不息,熠熠生辉。生活因健康而美好,生命因健康而精彩。关爱生命,呵护健康,是中国医药集团总公司崇高的使命。五十年的企业经历,三代人的创业与发展,为保障公众的生命和健康不懈努力,谱写了《为了六十一个阶级兄弟》的感人篇章。关爱生命,呵护健康,是不变的诺言。中国医药集团用行动履行诺言,用实力兑现承诺。依靠工业产群、科研设计力量和国内外的营销网络,把关爱与呵护撒遍人间。关爱生命,呵护健康,是永无止境的追求。致力于全面提升企业素质,在发展中不断超越自我。向着跨国医药集团的目标迈进。承诺如泰山,追求如海洋。关爱生命,呵护健康,中国医药集团永远在您身旁。

【中国电力投资集团公司】

企业标识

理念识别

1. 发展战略:充分发挥集团公司的优势,在发展壮大电力核心产业的基础上,稳步向相关产业延伸,积极寻求海外发展,努力把集团公司建设成为具有较强核心竞争能力、获利能力、可持续发展能力的控股型、经营型、集团化、现代化、国际化的大型跨国企业集团。

2. 企业战略:“三三二三”发展战略

三大发展重点:以电力为核心产业、稳步向相关产业延伸、积极寻求海外发展。

三力:竞争能力、盈利能力、可持续发展能力。

二型:控股型、经营型。

三化:集团化、现代化、国际化。

3. 企业精神:奉献绿色能源、服务社会公众。

4. 经营理念:

“三最”理念:最佳管理、最佳服务、最佳效益。

最佳管理:严格管理、科学管理、人本管理。

最佳服务:规范服务、优质服务、热情服务。

最佳效益:社会效益、企业效益、员工效益。

5. 企业价值观:诚信奉献、竞争创新、务实严谨。

诚信:诚信交易、诚信合作。

奉献:奉献人民、奉献国家、奉献家庭。

竞争:生存靠竞争、发展靠竞争。

创新:体制创新、技术创新、管理创新。

务实:讲实话、干实事、求实效。

严谨:严格、严肃、严明。

6. 企业形象:优秀的现代国有企业、优秀的市场竞争主体、优秀的绿色能源行业、优秀的跨国经营公司。

员工形象:

全体员工做到:四有职工的模范、本职岗位的专家。

管理人员做到:讲政治、有本事、肯实干、能自律。

【中国路桥(集团)总公司】

理念识别

企业精神:筑路架桥,奉献社会;以人为本,追求卓越。

企业精神体现了中国路桥集团的职业特色,是企业数十年奋斗的积淀和凝聚,贯穿了企业管理的精髓,包含着中国路桥集团迈向现代企业的不懈追求,是全体路桥员工素质的反映。

经营理念:一流的服务,一流的质量,一流的管理,一流的效益。

一流的服务,是对客户的承诺。

一流的质量,是对社会的责任。

一流的管理,是成功的保障。

一流的效益,是对国家的贡献。

企业价值观:以诚信为本,承诺我们的社会责任;以质量为本,提供客户满意的服务。

战略目标:依靠全体员工的智慧和汗水,把中国路桥集团建成:组织体系科学化、市场结构多元化、生产经营集约化、企业管理现代化的跨地区、跨行业、跨所有制、跨国经营的一流企业集团。

行为识别

员工行为规范:我的一言一行代表集团的形象,维护集团形象是我的天职。

【中国中旅(集团)公司】

企业标识

理念识别

价值观:重视知识资本,坚持市场导向,强调责任意识。

企业精神:诚信、敬业、进取、创新。

文化理念:焕发企业精神力量、释放人力资源活力,融汇员工心智创新、奉献社会公益爱心。

【中国第一汽车集团公司】

企业标识

标志和旗帜

标志释义:标志形象是第一汽车集团公司视觉识别系统的核心要素。标志图形以"1"字为视觉中心,由"汽"字构成展翅的鹰形。椭圆长宽比例取黄金分割率的近似值,为实地反白效果。标志图形与中文简称字体共同组成"第一汽车"完整的企业品牌形象。标准色为蔚蓝色(C100 M60),体现出"第一汽车"像蓝天一样博大宽广的风范,构成雄鹰翱翔在蔚蓝天空中的视觉景象。

旗帜:中国第一汽车集团公司旗帜是中国第一汽车集团公司的象征和标志。悬挂公司旗帜表示公司及其所属机构、企业所在地的存在。使用公司旗帜是涉外、礼仪和大型活动中公司象征的标志。

理念识别

愿景:建设新一汽,实现"三化"新一汽。

继续深化企业改革,加快企业发展,用5至8年时间建设五个相当于2001年的一汽。三化:"规模百万化";建设百万辆级的现代化企业,形成以体系支撑的开发、采购、营销、制造规模效应。"管理数字化":以IT为手段,提高管理效率及管理质量,形成集团管理数字化平台和管理积累。"经营国际化":经营方式与国际接轨,具有国际重要资源的组合能力,建立海外营销体系。

核心理念

企业价值观:第一汽车,第一伙伴。第一汽车奉行"用户第一"的经营理念。追求人、车、社会和谐发展。第一汽车与用户共享创新的快乐,牵手合作伙伴实现共赢,与用户一道创造幸福生活和美好未来。

企业宗旨:永求第一。推行精益思想,追求产品尽善尽美。依托科技进步,提高性能,创造低成本优势。建立快速反应机制,形成适应市场经济的工作方式。坚持走新型工业化道路,建设具有国际竞争实力的汽车生产企业。

企业精神:学习、创新、抗争、自强。学习是一汽发展的源泉,不断培育员工的学习能力,和新技术保持同步。创新是一汽发展的精髓,全力支持创新的人们实现梦想。抗争是一汽发展的骨气,承载现实压力,顶着困难干。自强是一汽发展的根本,强化对资源的掌握能力,耐住寂寞、战胜自我、超越自我。

经营理念:用户第一。用户是企业存在的唯一依据。满足用户需求是从事各项工作的基本出发点。遵循用户第一,就是建立一个能快速满足用户需求的体系。

企业哲学:观念是生产力,观念是竞争力。奇迹与成就源于观念的推陈出新。要增强忧患意识、大局意识、发展意识、市场意识。明晰环境差距、结构差距、速度差距、素质差距、流程差距、管理模式差距、战略目标差距。自加压力,推进改革,创新体制,完善自我。

产业梦想:让中国每个家庭都拥有自己的汽车目标的实现源于梦想。通过不懈努力,并与合作伙伴及国内的汽车企业携起手来,共同推动中国汽车产业的发展,使汽车能够以更快的速度走进中国的每一个家庭,成为陪伴人们享受美好生活的朋友。

生存理念:狮子和羚羊赛跑。快则生、慢则死,视速度为竞争优势。

企业发展理念:民族品牌、开放合作。扩大合作,博采众长,移植借鉴、科技创新,以自主品牌体系,提高自主组合国内外资源的能力。掌握关键技术,获得自主品牌调整和成长空间,实现互利共赢。

产品开发理念:比市场需求快一步。牢牢抓住中国市场,小步快跑,全面发展高、中、低端产品,形成持续的开发能力,永远使反应比市场需求快一步。

职能管理理念:管干分开;管理放大、决策集中;正常时服务,异常时监控。强化对功能、流程、机制、素质、信息无偿充分准确及时占有和资源配置的管理。实施基础数据分析型、基础规划型、资源配置型和关键节点控制型管理模型。以服务和支持取代命令和控制,赋予员工权力与责任,提高管理体系运行能力。

有序管理理念:市场经济最讲计划。自信源于规划和体系的成熟。市场经济下的企业最需要根据市场信息做出的经营计划。只有所有单位按照同一个节奏行动,才能够达到高效率、高质量地满足用户需求。

基础管理理念:把"0"和"1"做实。必须善于把复杂的管理工作拆分成"0"和"1",有序地加以组合,把基础工作做牢做实。

产品品质理念:质量是策划出来的。把握产品开发、生产准备、制造、销售和服务的全过程,对可能存在的问题进行分析并提前采取措施,注重每一道工序工作质量,用优质的工序质量保证产品质量,第一次就把事情做对。

行为准则:以第一的质量造名牌汽车,把第一的服务送广大用户。管理者按程序办,操作者按工艺干。不轻视小事,把每一个细节做到位。正视工作中暴露的问题,尽最大努力帮助用户解决难题或将影响降至最小。因地制宜,给予用户个性化的服务。

双赢理念:全力支持一汽合作伙伴做大做强。合作伙伴的相互支持是为用户创造价值的前提条件。要建立公开、透明的采购及销售管理体系;共同开发,提供更多的能够创造效益的产品;优势互补,全心全意开展合作。

人本理念:人赢则赢。必须坚持先人后事原则。强化对每一个人的能力的开发,使其成为所在领域的专家或内行的管理者与操作者。不以劳动力的外表形式作为生产力的先进标志和分配标志,注重在科技与产品背后的长期劳动积累。

诚信理念:以对用户忠诚赢得忠诚用户。坚持诚信原则,坦诚相待。说实话、办实事、求实效。

企业形象理念:建设具有良好社会形象高品位的企业。为了赢得社会的认可与尊重,必须保证做到用户第一、诚信经营。通过行为在公众中建立良好的口碑,体现出高度的社会良知和责任意识,成为有信誉,值得信赖的企业。

【大庆石油管理局】

理念识别

1. 企业方法论:"两论"起家,"两分法"前进,用"三个代表重要思想"统领企业发展。

"两论"(《实践论》《矛盾论》)起家,"两分法"(一分为二)前进,用"三个代表重要思想"统领企业发展。

2. 企业精神:大庆精神、"铁人"精神。

大庆精神:为国争光、为民族争气的爱国主义精神;独立自主、自力更生的艰苦创业精神;讲究科学、"三老四严"的求实精神;胸怀全局、为国分忧的奉献精神。即"爱国、创业、求实、奉献"。

"铁人"精神。"铁人"精神是对全国著名劳动模范、铁人王进喜的崇高思想、优秀品德的高度概括,是我国石油工人精神风貌的集中体现,是大庆精神的具体化。"铁人"精神内涵主要是:"为国分忧、为民族争气"的爱国主义精神;为"早日把中国石油落后的帽子甩到太平洋里去","宁可少活二十年,拼命也要拿下大油田"的忘我拼搏精神;为干革命"有条件要上,没有条件创造条件也要上"的艰苦奋斗精神;"要为油田负责一辈子","干工作要经得起子孙万代检查",对技术精益求精,为革命"练一身硬功夫、真本事"的科学求实精神;不计名利,不计报酬,埋头苦干的"老黄牛"精神。

3. 核心经营理念:为市场提供最好服务,为企业创造最佳效益。

4. 二次创业发展观:树立依托油田、不依赖油田求发展的观念;树立两种资源、两个市场求发展的观念;树立市场份额与效益并重求发展的观念;树立靠比较优势求发展的观念;树立以合作促发展的观念;树立全面发展的观念。

5. 职工基本行为规范:坚持"三老四严",做到五项要求。

坚持"三老四严":即对待革命事业,要当老实人、说老实话、做老实事;对待工作要有严格的要求、严密的组织、严肃的态度和严明的纪律。本质就是"诚信"。

做到五项要求:即人人技术过硬,项项工作质量全优,事事做到标准化,处处厉行勤俭节约,时时注意精神文明。实质就是"敬业"。

6. 市场开拓理念:开拓市场有理,开拓市场有功,开拓市场有利,开拓市场光荣。

7. 拓展市场"八种意识":

树立慢进则退、不进则亡的市场危机意识;树立时不待我、稍纵即逝的市场机遇意识;树立锐意进取、敢争第一的市场竞争意识;树立不等不靠、自强自立的市场创业意识;树立着眼长远、先予后取的市场培育意识;树立体现价值、业绩取酬的市场分配意识;树立以诚相待、合作双赢的市场公关意识;树立能力本位、人尽其才的市场人才意识。

8. 质量方针:展大庆精神保证质量,以三老四严取信用户。

【中国石油大庆炼化公司】

理念识别

1. 发展方针:发扬大庆精神,搞好二次创业,建设一流企业。

2. 持续发展目标:建设两个基地,实现五高发展。

两个基地是:世界级聚丙烯及油田化学品基地。

五高是:管理高效率,产品高质量,科技高水平,经营高效益,队伍高素质。

3. 核心价值观:创造能源与环境的和谐发展,实现企业与员工的价值追求。

4. 企业宗旨:科技炼化,绿色炼化,人文炼化。

科技炼化:不断依靠科技进步,坚持科技创新,提高企业的科技含量,增强企业的竞争力。

绿色炼化:在追求发展、追求效益的同时,要保护环境,减少污染,创造能源与环境的和谐,让健康永驻人间。

人文炼化:体现以人为本、发挥人的能动作用观念。

5. 企业精神:创业、创新、创优、创效。

创业:每名员工都要树立创业思想,用大庆艰苦创业精神来干工作,为公司的持续发展贡献力量。

创新:每个员工都要立足于创新,为企业不断超越、持续发展提供不竭的动力。

创优:每名员工都要创优秀业绩,以优质名牌产品和优质服务赢得用户,占领市场,拓宽企业发展空间。

创效:企业只有创造效益,才能不断发展壮大。

6. 企业作风:严细认真、务实高效。

要求每一名员工对待每一项工作、每一件事情,必须体现"严",必须讲求"细"。

7. 核心理念:和、诚、智、创。

和:即人和、和谐。体现了以人为本、创造和谐的理念。

诚:即诚实、诚信、忠诚。体现了做人标准和处事哲学。

智:即智慧、才智。体现了重视科技、尊重人才的理念。

创:即创业、创新、创优、创效,体现了企业精神。

8. 效益理念:效益靠创造,财富靠积累。

9. 市场理念:掌握市场变化,满足市场需求。

10. 质量理念:以质量求生存,以精品求发展。

11. 营销理念:客户是上帝,诚信到永远。

12. 人才理念:人才为企业发展提供动力,企业为人才成长打造平台。

13. 安全理念:最可贵的是生命,最可怕的是违章。

14. 环保理念:绿色炼化,金色未来。

15. 科技理念:汇聚全员智慧,追求科技领先。

行为识别

1. 基本行为规范

为企业之忧而忧,同企业荣辱与共。

遵守企业法规,弘扬职业道德。

着装规范,整洁大方。

礼貌待人,举止文明。

爱护公物,保护环境。

2. 领导干部行为规范

目光远大,决策科学,经营有方。

总揽全局,牢记责任。

求才若渴,礼贤下士。

令行禁止,言而有信。

严于律己,清正廉洁。

倡导民主,凝聚人心。

3. 一般干部行为规范

精通业务,适应需要。

上通下达,服务为本。

办事讲效率,工作讲标准。

作风朴实,勤下基层。

工作有计划,事事有着落。

4. 操作工人行为规范

上岗准时,交接仔细。

巡检及时,记录清晰。

严格工艺,维护设备。

预防事故,确保安全。

提高技能,提质增效。

附:企业形象

企业形象:作风过硬、技能高超的队伍,质量卓越、品牌知名的产品,善于经营、高效廉洁的管理,信誉第一、客户至上的服务,清新幽雅、优美整洁的环境。

管理者形象:勤于学习,善于思考;求真务实,开拓创新;管理从严,作风民主;团结协作,廉洁勤政。

员工形象:遵纪守法,素质过硬;举止文明,着装整洁;勤奋敬业,求真务实。

产品形象:品牌优秀,质量卓越;包装精美,客户满意。

【中国第一重型机械集团公司】

理念识别

企业理念:祖国的利益第一,用户的要求第一,满意的服务第一,产品的质量第一,公司的信誉第一,争工业企业第一。

祖国的利益第一:祖国的利益高于一切。

用户的要求第一:树立"用户永远是对的"全员观念。

满意的服务第一:用户至上、满意要求、服务一流、注重质量。

产品的质量第一:高标准、高要求、精细化。

公司的信誉第一:信守合同,诚实服务,用信誉赢得用户。

争工业企业第一:民族工业的骄傲。我们有一重人的为国奉献精神,我们有一重人的拼搏进取精神,我们有一重人的开拓创新精神。这是自豪,是责任,是警示,是自豪感、责任感、危机感交融的合声。追求卓越的产品和服务,敬业报国、锐意进取,为中国工业发展创造辉煌 .

企业精神:团结、拼搏、求实、创新。团结求人和、拼搏讲敬业、求实论实效、创新谋发展。

企业宗旨:国内领先、国际知名。事业报国、产业报国、敬业报国。

企业信条:精品育人、精诚服务、精勤敬业、精忠报国。以诚取信,以质取胜。机会共享、资源共享、利益共享、事业共享。

经营理念:用户满意是我们最大的心愿,用户的需求是我们最大的幸福。

用人理念:用活人才,活用人才。

企业目标:提高效率,做大图强。

产品理念:精品是用心造出来的。

质量方针:中国一重、技术领先,强化控制、持续改进,质量一流、顾客满意。

形象用语:千锤百炼,一重品质。

【中国第二重型机械集团公司】

企业标识

标志释义：中国二重的标志，是集开放性、扩展性与全球化为一体的造型符号，对外易使社会公众达成认知识别之作用，对内则包含了归属向心凝聚之精神表征。

设计题材：变形为圆体的英文字母“E”既是“二重”的开首字母，也是“地球”(EARTH)的开首字母，取材于赖以生存的地球。

造型含义：二重缩写字母不封闭的环形象征地球，环绕地球的弧线寓意中国二重充满活力的扩展趋势。应用科技服务世界，造福人类。

精神内涵：缩写字母“E Z”为“中国二重　创造卓越”存在价值的表述：环形象征中国二重开拓进取，不断前进，腾飞于世界之林。

集团公司英文为“CHINA NATIONAL ERZHONG GROUP CO.”缩写“CNEG”第一个“C”字母拖出先前延伸的渐变箭头，把后三个字母紧密连接在一起，且成一定角度倾斜，具有整体性，易于识别，富有一定动感；寓意“中国二重”开拓进取，勇于创新，团结向上的精神风貌；在国际竞争中一直处于领先地位。

理念识别

公司使命：致力于将人类科学技术最新思想和成果融铸于企业永无止境的创造中，以卓越的产品和服务满足国民经济发展和国防建设的需要，为中国跻身世界强国之列不懈奋斗，为二重员工提供个人发展的最大空间。

公司品质：坚韧不拔的意志；海纳百川的胸怀；雷厉风行的作风；卓越超凡的品格。

公司哲学：只有尚未改变的，没有不能改变的。

义利观：责任和义务比金钱－效益更重要。

人才观：企业首先是创造人才，然后才是制造产品。

市场观：岗位就是市场，市场始于服务。

发展观：只有人的全面发展，才会有企业的发展。

科技观：科技源于创新，创新成就未来。

学习观：学而知不足，学而知进取。

用人观：德为前提，能力本位。

质量观：持续改进工作，与用户一道进步。

管理观：从严管理，管理者必先付出代价。

成本观：省下的，是收入的提高，更是竞争力的增强。

荣誉观：工作着是幸福的，创造者是光荣的。

行为识别

员工行为规范：诚信、乐业、守纪、奉献。

职业行为规范

企业管理：廉洁奉公，勤政务实，以身作则，发扬民主，诚信为本，效率优先，忠诚企业，顾全大局。

市场营销：捕捉信息，及时准确，把握机遇，不畏艰辛，精通业务，言行有礼，优质服务，用户第一。

科研开发：学无止境，科学严谨，满足用户，精益求精，攻克难关，不断创新，配合生产，服务先行。

生产作业：坚守岗位，服从分配，钻研技术，精益求精，安全生产，文明施工，厉行节约，质量第一。

专业管理：忠于职守，实事求是，刻苦钻研，严谨细致，讲求实效，深入基层，团结协作，服务大局。

后勤服务：用户至上，主动热情，面向生产，保障有力，有求必应，决不推诿，兑现承诺，遵章守纪。

员工文明规范：举止讲文明、上岗讲纪律、环境讲整洁、说话讲礼貌、开会讲秩序、处处讲节约、着装讲美观、生产讲安全。

【中国华电集团公司】

企业标识

标志释义：犹如粗壮的绳索，丝丝缕缕，拧结一体，形成强大的合力，她是一种力量的体现，是企业发展、员工团结的象征。

蓝色，是天空的颜色，寓意博大、宽广；蓝色，是大海的色彩,寓意睿智、理性、稳健;蓝色代表着科学技术和先进的生产力;蓝色,是对生命的珍视,作为科技环保型的现代企业,致力于无污染,可再生能源的合理开发与利用,以表明企业以人为本、造福人类的宏伟志向。

流畅的线条是动力的形成与传输,是能量之间的转换,强化并传达出"中国华电"的企业特征。展现了大工业的气势和能量的聚合,充满现代企业蓬勃的朝气。给人一种持续发展、不断创新、积极向上的感觉。形似涌动的波涛,形象而动态地体现了华电集团全体成员激流勇进、携手共进的企业精神。寓意企业面向社会、面向市场,锐意进取、海纳百川、开拓无限的经营思想。

理念识别

发展战略:以市场为导向,以发展为主题,以效益为中心,坚持生产经营和资本经营并重,坚持企业发展与员工发展协调,坚持走集团化、多元化、国际化、现代化的路子,把公司建设成为以电为主,综合发展,实力雄厚,管理一流,具有可持续发展能力和国际竞争力的现代企业集团。

企业形象:诚信、高效、合作、服务、环保。

【中国化学工程总公司】

企业标识

企业标识:总公司注册标记,用于较大幅面或较正式场合

总公司简化标记,用于一般场合。允许颜色进行调整

理念识别

宗旨:用户的要求,公司的服务。

方针:精心策划、严密组织、科学管理,为国内外顾客提供满意的工程和服务。

发展目标:将中国化学工程总公司建成国际型的工程公司。

企业精神:爱公司,做贡献。

企业宗旨:诚信为本,客户至上。

经营理念:服务客户,发展自己。

行为识别

职工道德准则:爱国爱企、遵纪守法,清正廉洁、艰苦奋斗,文明礼貌、平等相处,团结协作、诚实守信,爱岗敬业、积极奉献。

职工行为准则:自觉遵纪守法,做到廉洁自律;倡导为人服务,反对个人主义;工作勤奋敬业,提高工作效率;言行稳重端庄,仪表着装整齐;弘扬团结精神,维护集体利益;保持环境清洁,营造文明氛围;倡导相互学习,理论联系实际。

【中国化工建设总公司】

企业标识

理念识别

发展战略:以贸易为龙头,以实业为后盾,以科研为先导,走科、工、贸一体化多种经营的集团化道路。企业追求领先时代,挑战传统,创造辉煌。

经营理念:合作双赢、尊重文化、崇尚创新、以人为本、回馈社会、诚信至上。

合作双赢,这是一个非零和博奕的时代,在这个特定的时代中,谁都可以赢,在竞争与对抗中,只有合作才意味着双赢;尊重文化,资源是会枯竭的,唯有文化生生不息;崇尚创新,在知识经济的社会中,创新始终是企业生存与持续发展的根本动力;以人为本,卓越的人才是企业发展的主要牵引力,在企业发展的过程中,人力资本的增值要优先于财务资本的增值;回馈社会,从社会这片厚实的土地上汲取营养的我们,愿始终为产业报国、科教兴国做扎实而不懈的努力;诚信至上,诚信不仅是为人之本,更是企业生存的基础。

员工信念:敬业有为,勇担重任,有所作为,作高附加值的现代人,是 CNCCC 每一成员矢志不渝的基本信念。

企业追求:以高效的人才、先进的技术、一流的资信开拓中国化工事业的辉煌未来。

企业精神:团结奉献、拼搏进取、创新发展。

【中国工艺美术(集团)公司】

企业标识

理念识别

集团愿景:成为具有深厚的实业背景、坚实的行业基础、以服务贸易为核心竞争力的世界知名的跨国企业集团。

集团使命:以客户至上为理念,建立一支适应市场竞争的高素质员工团队及不断创新的学习型组织。弘扬民族文化,打造中工美国际品牌,实现资本价值最大化,回报社会。

企业精神:超越自我、共创未来。

集团定位:集团公司定位于战略控制型公司,主要从事战略制定、实施、管理、政策制定、资本运筹、财务预算控制、投资决策、人力资源配置等职责。

【中国免税品(集团)总公司】

理念识别

公司精神:我不怕困难,我愿意成为你的合作伙伴。

公司使命:分享旅游的快乐,延伸旅游的享受。

公司经营理念:以客户为中心,以市场为导向。

品牌定位:中国最大的免税品经营商,中国免税业的代表。

公司愿景:做国际一流的免税品经营商,培育旅游零售市场,让购物成为旅行中不可缺少的经历。

【中国国际工程咨询公司】

企业标识

理念识别

核心价值观:服务国家,贡献社会,追求卓越。

企业精神:团队、敬业、求实、创新。

服务宗旨:独立、公正、科学、可靠。

行为准则:敢言、多谋、慎断。

发展目标:把中咨公司建设成为诚信为本、优质高效、国内有权威、国际有影响的工程咨询机构。

【中国种子集团公司】

企业标识

标志释义:标识以一粒破土而出、孕育生命的种子作为造型。勃发的种芽体现了中国种子集团公司以农作物种子为主营业务的行业特点,给人一种奋发向上、充满生命力的感觉。种芽极具动感的造型恰似“昂首巨龙”和“滔天巨澜”,喻示了中种集团在行业中的龙头地位和引领行业的先驱者形象。

吉祥物取名为“壮壮”,造型采用了一个生机勃勃、茁壮成长的种苗,以极具亲和力的拟人化卡通形象,展现了中种集团健康有力、团结向上的企业精神面貌。

【中国地质工程集团公司】

企业标识

理念识别

企业精神：爱国主义精神、集体主义精神、开拓进取精神、无私奉献精神、精益求精精神。

企业观念：以市场为导向，积极参与竞争的市场观念；正确处理局部利益与整体利益、眼前利益和长远利益，追求整体利益最大化的效益观念；不进则退，不发展则消亡，发展才是硬道理的发展观念；人才是企业之本，能者上、庸者下，不拘一格，广纳人才的人才观念；效率优先，兼顾公平，按劳分配和按经营要素分配相结合的分配观念。

【中国新兴建设开发总公司】

企业标识

标志释义：司徽中大厦拔地而起，两侧用网格构成，既简洁明快又赋予曲线之美，整座大厦犹如中国新兴建设用辛勤和汗水为共和国铸就的丰碑。

大厦上的红色五星，既说明中国新兴建设是一支经过人民解放军锤炼和熏陶的队伍，又道出中国新兴建设是中国建筑业的一颗有着光荣传统、闪耀着辉煌业绩的明星。

蓝底衬着松叶，既饱含中国新兴建设热爱自然，注重环保的经营理念，又寓意中国新兴建设蓬勃向上、长盛不衰的美好前景。

中间"中国新兴建设"六个大字，字字浑厚有力，笔笔力挽千钧，既像是中国新兴建设几十年奋斗留下的一个个清晰的脚印，又映出中国新兴建设特别能吃苦、特别能战斗的精神。

司徽设计采用传统技法，既给人一种强烈的历史厚重感，又展现出一个讲究诚信的大型国有企业的风范。

企业视觉识别系统还包括以下内容：

标准色、司徽制作规范、司徽构成示意、司徽应用、标准字、中文标准字制作规范、英文标准字制作规范、印刷字体、传播语样式和字体规范、司徽与公司名称应用组合规范、名片、信纸、信封、文件袋、传真纸、文本封面、卷宗夹、笔记本、纸杯、手提袋、工作证、办公室标牌、胸卡、证书、奖牌、聘书、商务车、公司旗、门旗、直旗、挂旗、吊旗、桌旗、工地围墙、围档、施工机械形象牌、工地住房形象、工地会议室、宣传栏、规章制度标牌、安全帽。

理念识别

1. 基本信念

核心价值观：至优品质，追求发展。

企业目标：中国建筑看我，国际市场有我。

企业愿景：铸诚信大厦，塑时代精品；立百年基业，谋人类福康。

经营定位：做强施工主业，发展相关产业，推进资本运营。

企业家哲学：办企业就是办人。谋事在人，成事也在人。

经营理念：源于市场，基于诚信，忠于客户，至善至美。

企业精神：自强不息，永争第一。

企业作风：雷厉风行，善打硬仗，纪律严明。

企业标语：

用新兴建设的智慧和忠诚实现对客户的承诺。

筑广厦万千，传新兴美名。

牵手新兴建设，享受经典生活。

建造时代精品是新兴建设永远的追求。

中国新兴建设，建设新兴中国。

对内精神口号：

新兴建设是我家，永恒发展靠大家。

岗位靠竞争，收入凭贡献。

创新无极限，快乐每一天。

每天前进一步，永远创新生活。

成功属于过去，爱学赢得未来。

2. 行为信念

创新理念：变则无垠，唯新方兴。

用人理念：忠诚为先，能力为贵。

市场理念：尊重市场，嘉惠客户，利泽长流。

学习理念：孜孜以学，成就明天。

质量理念：过程精品，时代名牌。

安全理念：安康高于一切，责任重于泰山。

环保理念：绿色施工，呵护自然。建筑审美理念：天人合一，自然和谐。

3. 道德信念

个人修养：激情做事、平和做人。

思想工作原则：超前思维，启发心智，真情互动，凝聚共识。

思维方式：超越定势，系统思维。

奖励原则：让创造价值的人分享企业价值。

监督原则：近观其能，远观其忠，常观其德。

警示录：今日不创新，明日难生存。

不变则衰，不学则危。

成于忧患，衰于安逸。企业没有平安夜，员工没有平庸日。

时间无开关，流去不回还。

最大的敌人是自己。

4. 服务信念

服务理念：超越客户期望，真诚赢得信赖。

5. 企业形象

人的形象：诚信、务实、笃学、敬业。

事的形象：大事做对、小事做实。

物的形象：科学化、规范化、人文化。

客户满意十大期望：建筑人文化、形象完美化、经营诚信化、质量最优化、价格合理化、服务超值化、环境舒适化、施工文明化、沟通及时化、合作亲情化。

员工五大努力方向：持续学习，提高自身素质。转变观念，增强市场意识。敬业爱岗，贡献聪明才智。服务客户，创建满意工程。团队合作，实现企业目标。

客户满意三大策略：实施企业名牌策略，迎战形象力时代。实施客户满意策略，提高客户忠诚度。实施文化制胜策略，提升核心竞争力。

行为识别

员工行为规范：内容包括基本原则，仪容仪表，工作纪律，工作程序，接打电话，待人接物，环境与安全，素质与修养。

领导人员行为规范：内容包括总则，素质要求，工作角色，工作要求。

礼仪规范：内容包括礼仪修养，公关活动礼仪，公关人员礼仪规范，公关文书礼仪规范。

【中国保利集团公司】

企业标识

标志释义：1983年，解放军总参谋部、中国国际信托投资公司(简称中信公司)联合组建一家对外贸易公司，时任中信公司总经理徐兆龙为公司起名“保利”，取保卫胜利之意。英文前缀词POLY恰与中文“保利”一词发音相同。保利公司的司徽P，取英文“PLA”(中国人民解放军缩写)、“POLY”、“POWER”之含义，变形的英文字母P，象征拳头，代表信心和力量。P中心的空间，喻意把握现在，放眼未来。

1993年保利公司成立十周年庆典之际，贺平总经理邀请书法家启功先生书“中国保利集团公司”，有简体和繁体两个版本。1994年11月，保利公司正式注册“P”和“保利”两个商标，并取得国家工商局颁发的商标证书。

理念识别

企业精神：“团结、务实、创新、高效”。

团结：团结就是力量，团结出凝聚力，团结出经济效益。保利人在实践中深深懂得领导班子的团结是企业改革、发展和稳定的决定因素，广大员工的团队精神是企业发展的基础，只有这样才能在更大范围内去应对多方面的挑战，增强企业的应变能力和灵活性。

务实：务实就是要坚持发展这个第一要务，了解企业自身、市场、客户等事物的真实状态，据此做出正确的创新决策，并付诸行动，以务实的作风把企业的创新目标和实际行动结合起来，使创新设想转化为现实。

创新：企业竞争能力的核心是创新能力，面对国内外市场的纷繁变化，保利惟有与时俱进，不断进行创新，在创新中求生存，在创新中求发展，才能确保企业永远立于不败之地。

高效：市场反应速度已成为决定企业生存发展的基本要素，不断增强组织的效率，发扬只争朝夕的精神，练就快速高效的市场应变能力，是保利获得持续发展的重要保证。

【中国水利电力对外公司】

企业标识

理念识别

企业精神：讲团结、搞协作、争奉献、钻业务、比勤奋、看效益。

企业宗旨：信守合同，保证质量，为顾客提供满意的工程和优质的服务。

【中国铝业股份有限公司】

企业标识

理念识别

企业精神：创新求强，励精图治。

【中国中化集团公司】

企业标识

理念识别

企业精神:

做人:诚信、合作、善于学习。

做事:认真、创新、追求卓越。

核心价值观:

中化人的信念:不干则已、干则必成、干则一流。

价值观:追求企业价值与个人价值的共同提升,实现企业与员工的“双赢”,“我与企业共同成长”。

人才观:人才=高尚的品格+高超的智慧+高效的业绩。中化公司要用事业留人、感情留人、待遇留人。

经营策略:延伸服务链,为客户提供增值服务;面向市场,培育核心竞争能力。

市场观:市场可以没有中化,中化不能没有市场。

服务观:构筑有价值的服务模式,“客户的需要就是我们的创造”。

生存观:不创造价值的企业,就没有存在的价值。

【中国通用技术(集团)控股有限责任公司】

理念识别

发展战略:立足于服务领域,以重大技术装备和机电产品贸易为主业,通过全面提升专业化经营水平和为客户提供全方位增值服务,实现主业的经营内涵向项目管理及商品供应链管理转型的战略调整;同时,通过战略投资和业务延伸,培育和发展医药、金融等新的核心业务,最终成为具有综合实力和竞争优势的国际化经营的大型企业集团。

最高经营理念:股东权益最大化、客户满意度最大化、员工个人发展空间最大化。

核心价值观:团结协作、开拓创新、诚实信用、增值服务、以人为本、创造价值。

团结协作:即在集团内部形成团队精神。

开拓创新:即迅速应对内外部环境的变化,进行管理体制与机制的创新和业务创新。

诚实信用:即在对待客户和其他业务伙伴时恪守职业道德。

增值服务:即把为国内外客户提供全面的增值服务,作为集团的生存之本。

以人为本:即把尊重员工的个人价值、为员工的个人发展创造空间,作为集团持久成功的基础。

创造价值:即集团的一切活动,以股东权益的最大化为出发点。

【中国昊华化工(集团)总公司】

理念识别

经营理念:依法治企、以德治企、人才强企、科技兴企、勤俭办企。

集团定位:以科技为先导,以化工新材料和军用化学品为主业,金融贸易为两翼,科工贸金一体化的大型化工产业集团。

发展目标:到2005年,集团总资产达到100亿元、销售收入50亿元、实现利润2亿元(“一五二”计划);到2010年,集团总资产争取达到200亿元、销售收入达到100亿元、实现利润5亿元(“二一五”计划)。

【中国普天信息产业集团公司】

企业标识

理念识别

人力资源管理模式:公平、竞争、激励、择优。

重视员工的学习和培训,注重对各类专业技术人员的培训和年轻干部的选拔。

中国普天积极倡导以学习文化、业绩文化、沟通文化、执行文化为核心的普天企业文化。通过全面实施新CIS,提高了集团的凝聚力,增强了员工的荣誉感;通过普天劳模的评选、表彰和宣传工作,激发了普天员工积极投入改革发展的热情。

【中国蓝星(集团)总公司】

企业标识

理念识别

企业理念:兴业报国。

蓝星人奉行的理念是发展清洗事业,振兴民族工业,回报国家和社会。蓝星在发展过程中,形成了一套自己的价值体系和处世之道。我们以国家利益、社会公众利益为重,努力把爱国主义精神贯穿于企业经营之始终。

行为理念:事在人为。

俗话说:世上无难事,只怕有心人。蓝星人在为客户提供服务的过程中,为了超越客户的期望,遇到过许多困难和挑战,但"事在人为"理念激发了蓝星人的潜能,从而战胜了困难和挑战,实现了一个又一个目标。

蓝星观念:

人才观:天生我才必有用。

用人观:吃里扒外的人不能用。

金钱观:钱是社会对一个人勤奋与才能的承认。

发展观:发展优先(先发展,后分配)。

质量观:产品如人品。

销售观:存在决定销售,汗水浇灌市场。

义利观:最鄙视见利忘义的人。

人情观:受人滴水之恩,当以涌泉相报。

人际观:君子之交淡如水。

生存观:人与人要相互依赖着生存。

功过观:无功就是过。

文化观:海纳百川。

【中国新时代控股(集团)公司】

企业标识

标志释义:图案主体为"新时代"英文"NEW ERA"中第一个字母 N 的变形。草绿色∧象征国防科技工业,海蓝色∨象征民用工业、民用技术,两者在一起寓意军民结合,军工技术向民用转移,和平利用军工技术;同时绿色象征生命,蓝色象征健康,代表公司高新技术产业发展方向。○代表公司是一个集团,是一个整体,亮银色象征公司实力雄厚,声誉卓越。

理念识别

1. 新时代人的追求。

企业追求:让我们一起走进新时代,共同创造新时代的辉煌!

"三大"和"三卓"是新时代人的执着追求。

"三大"是:大事业的目标;大市场的胸怀;大家庭的感受。

"三卓"是:卓越的经济效益;卓著的社会效益;卓然的职工队伍。

员工追求:在新时代大舞台上实现人生价值和理想;在新时代大家庭中享受世间友谊和真情。

2. 经营宗旨:三个促进。

促进军工技术的和平利用;

促进科技成果的商品化和产业化;

促进军工产品进出口和国际经济技术合作。

3. 总体经营理念:竞争创新,科学诚信,服务温馨。

竞争创新 - 创新求变,领先半步。

科学诚信 - 科技兴企,诚信经营。

服务温馨 - 服务至上,真情待人。

4. 财务管理理念:财务管理是企业管理的中心,资金流是财务管理的中心。

财务管理是企业管理的中心:企业是创造财富的单位,必须以财务管理为中心。

资金流是财务管理的中心:资金流在企业运转中的作用,犹如血液对人一样重要。企业财务管理必须以资金流为中心,使之不仅流量丰盈,而且流速畅快。

5. 营销理念:以义兴业,以新致胜。

以义兴业:想方设法为用户提供超额价值。

以新致胜:千方百计为公司创造新的市场。

6. 生产管理理念:企业敏捷化,产品现代化。

企业敏捷化:新产品开发能力强,生产场地和设备对市场变化的响应能力强,员工素质对市场竞争的应变能力强,市场变化的响应能力强,具有创新管理能力,信息系统能真实反映市场变化的情况。

产品现代化:正常化考虑产品的先进性,实用性,更要考虑服务的周到性和满意度。

7. 新时代人的经营之道。运用《孙子兵法》:道、天、地、将、法五大谋划要素,树立"先谋势后谋利"、"先求强后求大"、"先做人后做事"、"先知彼后知已"、"先借梯后登楼"的五种价值观,谋求"人才、品牌、管理、机制、技术"五大优势,实现"用户、伙伴、社会、员工、股东"五方满意的经营目标。

行为识别

1. 各级领导的理念:学成于创,行成于思,威成于廉,功成于众。

学成于创:学习的成功在于创造。在创造中学习,在学习中创造。

行成于思:行为的成功在于思考。系统思考才能避免片面性,善于思考才能发现规律性。

威成于廉:威信来自干部廉洁自律。无私才能无畏,已正才能正人。

功成于众:成功取决于广大员工的积极性和创造性。

2. 改善员工的"心智模式"才能树立团队的统一价值观;开发员工的潜力才能创造巨大财富;坚持"法治"与"文治"相结合,才能做到事有人管、责有人负、上有人抓、下有人干、上下协调、左右沟通、各有所事、各有所得。

3. 广大员工的理念:想主人事、干主人活、尽主人责、享主人乐。

想主人事:个人和公司共成长,在公司发展中实现自己的价值和理想。

干主人活:努力学习超越自我,为实现公司的共同愿景而添砖加瓦。

尽主人责:当家作主兢兢业业,岗位神圣守土有责。

享主人乐:员工利益的提升是事业兴旺的标志,人才价值的实现是员工最大的享乐。

【浙江广厦股份有限公司】

企业标识

理念识别

广厦目标:到2010年,把广厦建设成为具有较强国际竞争力的跨国企业集团。

广厦宗旨:倡导和建设人类美好生活。

广厦精神:敬业、团队、超越、贡献。

广厦风气:正气、志气、锐气。

经营理念:大市场、大基地、大品牌。

管理理念:以人为本,尊重契约。

人才理念:责任、胜任;善任、信任。

分配理念:承认劳动差异,强调等级差别,突出人力资本。

质量理念:产品就是人品,质量就是生命。

成本理念:高效精细,科学节约。

服务理念:精益求精,服务无止境。

行为识别

广厦人的基本行为规范:忠于广厦,诚实守信,敬业尽职,团队协作,勤于学习,创新进取。

公司领导行为规范:胸怀大局,公正公平,自律慎独,充分授权。

管理人员行为规范:严谨务实,勤于沟通,重视协同,讲求效率。

【中国首钢集团公司】

企业标识

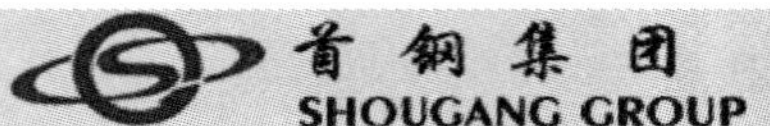

首钢总公司企业标志、商标图形标准样

首钢总公司商标图形标准样

理念识别

1. 企业精神:自强开放、务实创新、诚信敬业。

2. 企业理念

发展理念:没有发展就没有首钢的一切。

机遇理念:把握时机就能获得发展。

共存理念:人人为企业,企业为人人。

责任理念:我就是首钢形象。

人才理念:有什么不如有人才。

环保理念:人、技术、环境高度和谐一致。

质量理念:以顾客满意为宗旨,以持续改进为手段。

生产理念:安全、顺行、清洁、高效。

营销理念:诚信、高效、共赢、发展。

服务理念:一切为用户着想。

【中国石化集团 北京燕山石化公司】

企业标识

标志释义:燕化图形标志为沉稳的山的造型结合寓意蓝天中飞翔的银燕构成的几何图形。英文标识为"YANSAN",是根据汉语、英语、拉丁语及西班牙语等语系发音,用四种拼音字

母组合而成,Petrochmical是石化行业的标注。

理念识别

企业精神:团结、求实、严细、创新。

企业传统:不怕困难、不怕牺牲、脚踏实地、革命加拼命的艰苦创业精神,自力更生、奋发图强、为国争光、为工人阶级争气的主人翁精神,认真负责、自觉从严、实事求是、勇攀高峰的开拓创新精神,胸怀全局、同心同德、互相支援、共同奋斗的团结协作精神,不计报酬、不讲名利、克己奉公、忘我劳动的无私奉献精神。

企业形象:技术精、管理好、贡献大、信誉高。

发展战略:不求最大,只求更好,油化纤一体化,效益最大化。

经营战略:实施名牌战略,提升核心竞争能力。

经营理念:只有客户的成功,才有燕化的发展。

战略目标:把燕化建成核心业务突出,产品特色显著,组织结构合理,并形成特色文化的现代企业。

战略措施:依靠深化改革增强活力,依靠科学管理增加效益,依靠先进文化增强凝聚力。

【海尔集团】

企业标识

Haier　海尔

理念识别

发展主题:速度、创新、SBU,3万名海尔人正在努力成为人人自主经营的SBU。

海尔企业文化:海尔文化是被全体员工认同的企业领导人创新的价值观,海尔文化的核心是创新。

海尔文化以观念创新为先导、以战略创新为方向、以组织创新为保障、以技术创新为手段、以市场创新为目标,伴随着海尔从无到有、从小到大、从大到强,从中国走向世界,海尔文化本身也在不断创新、发展。员工的普遍认同,主动参与是海尔文化的最大特色。

海尔文化的核心是创新。海尔文化分三个层次:外层是物质文化,中间层是制度行为文化,核心是精神文化。

海尔精神:敬业报国、追求卓越。

海尔作风:迅速反应、马上行动。

海尔形象用语:真诚到永远。

各类产品形象用语:海尔冰箱,为您着想。海尔空调,永创新高。海尔冷柜,创造品位。海尔洗衣机,专为您设计。海尔电脑,为您创造。海尔彩电,风光无限。海尔热水器,安全为本。海尔国旅,诚信相聚。海尔商用空调,永领时代新潮。海尔手机,听世界,打天下。海尔家居,给我一个毛坯房,还您一个温馨的家。

生存理念:永远战战兢兢,永远如履薄冰。

用人理念:人人是人才,赛马不相马。你能够翻多大跟头,给你搭建多大舞台。

质量理念:优秀的产品是优秀的人干出来的。高标准、精细化、零缺陷,有缺陷的产品就是废品。

品牌理念:国门之内无名牌。如果在国内市场做得很好,不进入国际市场,那么优势也是暂时的。资本是船,品牌是帆。企业是人,文化是魂。

营销理念:先卖信誉,后卖产品。

服务理念:海尔人就是要创造感动。用户永远是对的。您的满意就是我们的工作标准。对内是"一票到底"的流程,对外是"一站到位"的服务。一站到位式服务,让您处处感受家的方便!

市场理念:

只有淡季思想,没有淡季市场;只有疲软的思想,没有疲软的市场。

紧盯市场创美誉。

绝不对市场说"不"。

用户的抱怨是最好的礼物。

以变制变,变中求胜。海尔认为:市场唯一不变的法则是永远在变。

竞争理念:

浮船法:只要比竞争对手高一筹,半筹也行,只要保持高于竞争对手的水平,就能掌握市场主动权。

打价值战不打价格战。

出口理念:先难后易

资本运营理念:东方亮了再亮西方。

技术改造理念:先有市场,再建工厂。

技术创新理念:创造新市场,创造新生活。市场的难题就是我们创新的课题。

【联想集团公司】

企业标识

lenovo联想

理念识别

联想使命:四为,即,为客户:联想将提供信息技术、工具和服务,使人们的生活和工作更加简便、高效、丰富多彩;为员工:创造发展空间,提升员工价值,提高工作生活质量;为股东:回报股东长远利益;为社会:服务社会文明进步。

联想的企业文化与管理思想的内涵用"12345"来表示。

1是指"一种文化",2是指"两种意识",3是指"3个三",4

是指“4个四”,5是指“五个转变”。

一种文化:任何一个企业只能有一种文化,联想就要建立统一的企业文化,一种以人为本、客户至上的文化。联想对“以人为本”的理解是:通过联想事业目标的实现来达到员工个人理想和高素质生活追求的实现。因而联想文化的核心理念是:“把员工的个人追求融入到企业的长远发展之中”。这句话包含三层含义:(1)员工个人的追求只有与企业的长远发展目标相一致(对企业忠诚、为企业发展尽心尽力),才有可能得到实现;(2)企业发展了势必会给员工带来更多的发展机会,为每位员工提供“没有天花板的舞台”;(3)联想为每位员工都提供了平等的发展机会,不惟学历重能力,不惟资历重业绩,每位联想员工都有相当的舞台,每个人都有成功机会,员工与企业相互依存,相互促进,共同成功。

两种意识:客户意识、经营意识。是联想文化的重要内容。

联想倡导的客户意识具体体现在四个方面。一是对待最终客户方面:比如在服务送货上门时,是否能做到及时和有效;在对软件故障维修、解答问题过程中,是否能对客户耐心地解释服务政策;另外在运输过程中,对包装箱出现的印痕和锈迹,是否能正确地和客户解释或者考虑到这些问题;直至到研发对整个产品设计思想的考虑是站在客户的角度,还是站在企业这方面等,这些都涉及到直接客户。二是对待合作伙伴方面:如代理协议中的有关条款是否能公正地对待代理商,而不体现霸气;在商务红利率测算上是否能讲求信誉;在发货运输上是否能及时地为客户考虑,而不是仅仅从自己的费用、成本上考虑;另外在与代理商的联系上,是否能及时地沟通。除了上述两个方面外,在公司内部倡导互为客户的意识。三是对待部门间的合作方面:比如在发文时是否能做到发文明确,让对方理解发文的用意,并且易于接受;对于部门之间的合作上,是否能够主动、积极而非推委、懈怠;电子邮件的处理效率是否及时,能否及时补台,等等。四是上下级的关系方面:上级与下级的关系实际也体现了一种互为客户的关系。①上级对下级:如工作任务的布置、签字授权、对待下级提出的请求能否及时满足等。②下级对上级:在上级提出要求时,是否能把理由表述清楚,能够让上级在做出决定的过程中有一个充足的依据。

经营意识:有两方面要求:一是要“开源”,二是要“节流”。开源就是如何利用资源与优势去拓展业务,赚更多的钱。

3个“三”:

第一个三,就是“管理三要素”,第二个三是“做事三准则”,第三个三是“处理投诉三原则”。

管理三要素:就是“建班子”、“定战略”、“带队伍”。

做事三准则:在联想电脑公司,做任何工作,都要遵循三个准则:第一条,“如果有规定,坚决按规定办”;第二条,“如果规定有不合理处,先按规定办并及时提出修改意见”;第三条,“如果没有规定,在请示的同时按照联想文化的价值标准制定或建议制定相应的规定。”

处理投诉三原则:企业经营过程中,免不了会出现客户投诉的情况,如何处理客户的投诉,在一定程度上反映企业的客户意识到底如何。联想在处理客户投诉方面下了很大功夫,有一套严密的处理规范,在处理客户投诉时必须把握基本三原则,即“处理投诉三原则”。

第一是“首先处理好与用户的界面,给用户一个满意的处理”。不论这事与你是否有关,只要用户找到你头上,你就必须负责给用户一个满意的答复,不允许借口与自己无关或自己忙而把用户推给别人,更不允许再增添用户的不满。没有别的选择,只有以“用户是上帝”、“客户至上”的态度理所当然地接待好用户。

第二是“找到相关的责任人并分析问题的性质,进行批评和处罚”。这个过程就要有相关的部门和领导参与,对责任人必须进行批评和处罚。

第三是“触类旁通分析问题的根源,制定改进的措施”。这里体现着联想对目标彻底负责的精神和一股认真劲儿。对于已出现的问题不是简单孤立地看待和处理,而是要本着彻底消除类似的问题,多问几个为什么?为什么会造成这个问题?根源在什么地方?采取什么措施办法拔掉这个根源等等,就是一件事一定要把它问到底,一定要把它做到底。

4个“四”:

第一个四——“联想精神四个字”;第二个四——“联想员工四天条”;第三个四——“管理风格四要求”;第四个四——“问题沟通四步骤”。

联想精神:求实进取

联想四天条:“不利用工作之便谋取私利”、“不收受红包”、“不从事第二职业”、“工薪保密”。

管理风格四要求:认真、严格、主动、高效。

沟通四步骤:一是“找到责任岗位直接去沟通”,即直接找到解决问题涉及的关键岗位协调解决;二是“找该岗位的直接上级沟通”,即可以要求关键岗位的上级岗位予以帮助;三是“报告自己上级去帮助沟通”,就是可以要求自己的上级岗位去找那个关键岗位进行沟通;如果还不行,那就采取最后一招:“找到双方共同上级去解决”,就是请求自己上级与对方上级的共同上级来决策。

“五个转变”:

是由被动工作向主动工作转变,即由过去按照上级指令被动工作,转变为以目标为导向主动地推进工作;二是由对人负责向对事负责转变,即由过去对上级负责,转变为对岗位职责和工作目标负责;三是由单向负责向多向负责转变,即由过去只对直接上级负责,转变为对广义的“客户”(内、外)负责;四是由封闭管理向开放管理转变,即由过去以部门为界限进行行政管理,转变为以目标为导向进行资源协调管理;五是由定性管理向定量管理转变,即由过去不规范的随机管理转变为进行目标、考核、流程的精细化的定量管理。

要实现这五个转变,最根本的是要树立起“以目标为导向,主动获取和组织多方资源,对目标负责到底”的观念和意识。

【北汽福田汽车股份有限公司】

企业标识

标志释义：

造型基础：新的钻石标志形象，突出了福田汽车作为一个专业化的汽车公司，高科技和精密始终是企业的质量追求。钻石，象征着财富、品质和企业的长久生命力；代表了追求完美、恒久、坚固、晶莹、美丽、高贵、稳重、纯洁。福田汽车公司的标识需要体现品质、追求完美、价值、透明、坚韧、刚毅。两者结合起来成就了福田汽车的新形象。

标志色彩：新标识以立体钻石形象为原形，在此基础上进行了抽象变形，银色代表的是卓越的工业化气质和现代感。在整体色调的改造上，福田汽车摒弃了以往红色的主色调，而采用了国际上更为推崇的蓝色作为新标识的主色调。

图案象征：钻石造型所蕴涵的珍贵、恒久之意，象征着福田人对优异质量和完美境界的追求；钻石图案所反映的透明、纯净感，体现了企业诚信的价值观；钻石造型的三条边象征福田汽车的三大主导产业：汽车、建设和金融；三条斜线构图自下而上代表了“突破、超越、领先”的三阶段竞争策略。

中文名称：福田汽车，福：创造，田：完美境界，福田意指：创造和追求完美。英文名称：FOTON，含义：为车，为人（For Ton，for Man），象征义：双O有车轮的动感，喻永不止步。

理念识别

使命：致力人文科技、驱动现代生活。

应用以人为本的科技，为客户服务，为城乡经济发展服务，为提高城乡人民生活品质服务，成为现代化建设和现代文明进程的驱动力量。

愿景：引领行住产业。

福田公司志存高远，以突破、超越、领先三阶段竞争策略为重要手段，成为产业领先者和领导者。

核心价值观：热情、创新、永不止步。

福田人对事业、对未来充满热情，是系统创新的探索者和实践者，追求卓越，永不止步。

管理标杆：战略管理学通用、作业管理学丰田。

经营思想：规模决定空间、竞争决定位置。

【北京医药股份有限公司】

企业标识

标志释义：北京医药股份有限公司图形标识以两只展翅飞翔的鸽子及十字图形为基本设计元素。展翅腾飞的鸽子成YY造型，组成北京医药股份有限公司之“医药”的汉语拼音缩写，代表着北京医药股份有限公司在改革开放的大潮中奋发向前，腾飞发展。

双鸽造型优美、舒展，是健康平安的使者；翅膀又像大鹏，喻意北京医药大鹏展翅；其造型又或大树，喻意北京医药繁荣昌盛；标识中的绿色十字确立了企业的行业特征；外围的圆形使整个标识更加完整，又有圆满如意的含义。黄绿色调使标识的整体造型更富有行业特征及强烈的时代感，象征着企业的光明前景和强大的生命力。

理念识别

企业使命：以现代医药流通为主业，拓展医药保健事业空间，提高生命健康保障力。

战略目标：具有国际竞争力的医药流通产业旗舰。

价值取向：在北药人的天平上，人品与药品同重。

企业精神：真诚、信实、惟新、卓越。

经营哲学：财智先于财富，信誉重于资本，品牌基于质量，利润源于市场。

经营方针：先一步胜百步，快速创新路。以最优的产品造福于民，以最适的价格让利于民，以最佳的服务方便于民，以最好的商誉取信于民。

管理哲学：理性治业、情感待人。

企业作风：求真、求实、求精、求美。

主打理念用语：一分北药，百分爱心。医保全新——健康生活天天有。

理想组织特征：以客户为轴心的理念；永无休止的改善与创新文化氛围；以信息为基础的科学决策方式；充满正直、活力和责任感的经营团队；员工心智融合、优势互补的共赢平台；承认差别及多样化、信赖和谐的人际关系；危机意识及有效的风险管理体制；能力本位及成果导向型的激励机制；不断学习、视今天为落后的进取性体征。

行为识别

全体人员行为规范：法、德、诚、勤、美。

法：懂法理，遵法规，守法纪；德：修心理品德，讲社会公德，奉职业道德；诚：对客户真诚，对同事热诚，对企业忠诚；勤：勤奋好学，勤恳工作，工作勤俭节约；美：心灵美，语言美，行为美。

领导干部行为规范：高、全、新、实、廉。

高：高屋建瓴，高瞻远瞩；全：全局谋划，全员激励；新：思维创新，方法求新；实：实事求是，作风扎实；廉：勤政无私，廉洁自律。

管理人员行为规范：忠、严、正、合、效。

忠：忠于企业，恪尽职守；严：严守法纪，严格纪律；正：作风正派，办事公道；合：通力协作，善用合力；效：追求高效，注重实绩。

采购人员行为规范：

洞悉市场，掌握行情；以销定进，保质保量；降低成本，提高效益；遵纪守法，洁身自律。

营销（外勤）人员行为规范：

通晓市场，客户第一；熟悉品种，扩大销售；资金安全，提高利润；信息灵敏，反馈及时；顾全大局，沟通协作；遵纪守法，规范经营。

营销(内勤)人员行为规范:

热情服务,有求必应;精通品种,熟悉流程;操作娴熟,准确无误;执行决策,服务全局。

储运人员行为规范:

分类码放,规范操作;库容整洁,精心养护;效期清楚,先进先出;账实相符,准确无误;配送及时,服务到位;遵守规章,确保安全。

零售人员行为规范:

熟悉商品,精通业务;顾客至上,服务周到;质量把关,价格准确;店堂整洁,文明礼貌。

质量监督人员行为规范:

掌握政策,遵守法规;严格审验,杜绝伪劣;跟踪质量,信息畅通;全面监督,坚持原则。

生产人员行为规范:

严格工艺,规范操作;精益求精,确保质量;降低成本,增加效益;研发新品,开拓市场。

财务人员行为规范:

遵守法纪,原则性强;数据真实,责任心强;预算决算,准确性强;财务分析,预见性强。

计算机管理人员行为规范:

及时提升信息系统,保证网络正常运行,维护数据准确安全,严守企业经营机密。

行政人员行为规范:

后勤保障,服务一线;财产清楚,当好管家;上情下达,政令畅通;按章操作,确保安全。

【北京城建集团有限责任公司】

企业标识

北京城建集团

标志释义:北京城建集团有限责任公司企业标志的设计创意是:以平面的方格与立体的建筑图形构成的图案,体现了企业全方位、多元化开发施工的综合性城市建设集团的特征。图形中严谨的方格既是城市规划、建筑构架的象征,也寓意着集团各公司和企业组织有方,管理有序,质量上乘;方格外形缺口寓意着集团经营机制灵活,广开渠道,竭诚服务。

理念识别

企业精神:同心图治、唯实创新、追求卓越。

企业宗旨:重信兴利、服务社会。

质量方针:创建精美工程、提供满意服务。

企业作风:团结拼搏、令行禁止、严谨求是、艰苦奋斗。

企业哲学:以市场为生存之源,以管理为发展之本。

企业经营方针:一业为主、多元经营、立足北京,积极开拓国内外市场。

企业口号:踏一片热土留北京城建美名。

北京城建与您携手共建美好家园。

用科学的管理和先进的技术追求完美。

用知识和智慧浇注理想的丰碑。

同心图治求发展,科教兴企创辉煌。

行为识别

岗位规范

1. 职工共同行为规范:热爱企业,忠于职守;钻研技术,提高技能;精心操作,创造优质;信守合同,竭诚服务;遵章守纪,安全生产;文明施工,保护环境。

2. 领导干部共同行为规范:忠于职业责任,讲求企业信誉;牢记百年大计,坚持质量第一;勇于开拓创新,遵纪守法经营;精心企业管理,提高两个效益;密切联系群众,关心职工生活;办事公道正派,勤政廉洁为先。

3. 管理岗位共同行为规范:热爱本职,尽职尽责;刻苦学习,精通业务;面向基层,作风扎实;办事认真,讲求效率;礼貌待人,热情服务;遵纪守法,勤政廉洁。

4. 技术人员共同行为规范:敬业守职,敢于负责;尊重科学,精益求精;一丝不苟,勤奋钻研;追求新知,培育新人。

5. 生产工人共同行为规范:献身建筑事业,热爱本职工作;严格操作规程,保证安全生产;刻苦钻研技术,确保工程质量;严守职业纪律,坚持文明施工;爱惜一草一木,厉行勤俭节约;发扬团结协作,提倡尊师爱徒。

6. 物业服务人员共同行为规范:热爱本职,忠于职守;面向用户,主动服务;提高技能,讲求质量;遵章守纪,作风端正;团结协作,互相配合。

7. 餐饮旅游服务人员共同行为规范:待客热情,服务周到;主动细腻,舒适方便;生熟宾客,不分远近;不论国别,一视同仁;公平交易,诚信无欺;文明礼貌,亲善友好;一颗爱心,真诚至上;义利并举,宾客第一。

【北人集团公司】

企业标识

标志释义:标志整体由企业名称"北人"两字组成,两字又是印刷机上的墨辊及平台;又为折纸机的折纸板,总体表现了产品属性;外框的六面体表示北人产品面向新闻出版、报刊印

刷、包装装潢、商业印刷、办公印刷、金融票证六大印刷市场和多品种、全方位服务，同时寓意企业的牢固性，产品的优质性，符合机械工业行业的特点。

中间三角形的"人"字象征"北人"顶天立地；"北人"具有打造国际知名品牌的理想和奋发向上的追求，表达了企业在经营管理上以人为本的坚定信念。两侧的北字，又象征"北人"展开双翅向着预定的目标展翅腾飞，显示了企业不断攀登、永葆活力的坚强信条。

理念识别

北人理念

企业战略定位：以印刷机械制造为主导产业，打造"北人"国际知名品牌。

核心价值观：创造最大价值。

经营宗旨：关爱员工、造福社会、回报股东。

企业精神：团结、求实、夺魁、奉献。

人才观：实现人才价值最大化。

市场观：以高品质的产品和服务占领市场。

产品观：制造超值产品，满足个性需求。

管理观：大胆创新管理，获取最大效益。

质量观：追求零缺陷。

经营观：至诚至远、讲求双赢。

服务观：寻求心灵的满足。

行为识别

管理人员道德规范：开拓创新、守德兴业、重绩讲效、管理科学、知人善用、作风民主、勤奋求实、公正廉洁。

职能人员道德规范：尽职尽责、业务精湛、团结协作、全局观念、当好参谋、服务基层、更新知识、思路超前。

科技人员道德规范：热爱企业、献身科技、钻研尖端、勇破难关、严守秘密、淡泊名利、学术民主、服务实践。

操作人员道德规范：热爱岗位、技术高超、质量第一、低耗高效、遵章守纪、文明生产、团结互助、不辞辛劳。

营销服务人员道德规范：公平竞争、信誉至上、义利并举、品牌服务、不畏劳苦、网络通畅、遵纪守法、树立形象。

【北京首都国际机场股份有限公司】

企业标识

理念识别

1. 集团宗旨：用创造满足客户需求，用创新谋求集团发展，用创业实现人生价值。

2. 核心价值观：

安全观：安全是生命线，安全无旁观者。

诚信观：有诚走遍天下，无信寸步难行。

整体观：围绕核心运作，追求整体利益。

效益观：效率产生效益，效益回报社会。

人才观：人才是第一资源，机制塑造人才。

行动观：行动积累经验，实践创造未来。

学习观：学习就能进步，文化决定竞争力。

创新观：机遇改变命运，创新才能发展。

3. 企业精神：诚、效、知、行。

诚：即诚信为本，对事业赤诚、对企业忠诚、对客户真诚、对同事坦诚。

效：即工作讲效率、经营讲效益、办事讲效果，为客户、企业和社会创造实实在在的价值。

知：即构建学习型组织，倡导科学精神，持续创新，与时俱进。

行：即身体力行，勇于实践，把先进的理念化为实际行动。

行为识别

行为准则

如何对待集团：在集团发展顺利之时，要居安思危，再接再励；在集团变革之时，要理解支持，积极配合；在集团遇到困难之时，要挺身而出，献计献策。

如何对待工作：用"就业"态度对待工作是我们起码的要求，以"职业"精神从事工作是我们的合格标准，把"事业"理想融入工作是我们的努力方向。

如何对待用户：客户是我们的行动指针，客户愿望是我们的改进方向，客户满意是我们的追求目标，客户价值是我们的利益基点。

如何对待同事：团结互助，不结党营私；公平竞争，不妒贤嫉能。

如何对待自己：自律自励，自信自强。

如何对待上级：尊敬领导，不阿谀奉承；服从命令，不阳奉阴违。

如何对待下属：以理服人，不以权压人；任人为贤，不任人为近；善待下属，不贬损包庇；勇纳谏言，不心存芥蒂。

【北京大唐发电股份有限公司】

企业标识

标志释义:标志由汉字小篆体“大唐”两字演变页来。“大唐”是盛唐的美称,是中华民族引以为骄傲的称谓。标志将“大唐”的民族文化内涵以视觉语言表达出来,形如编仲、御玺,端庄大方,寓意深远,独具东方神韵,识别性极强。

理念识别

经营理念:适应市场需求,提高生产能力,提供优质安全的电力;实践对股东的承诺,实现股东价值最大化;保持财务稳健,实现公司可持续发展;激发员工群策群力的精神和忘我工作的热情。

未来发展方向:立足华北地区,重点开发位于成本优势、市场优势、政策优势地区的发电项目,并收购现有运行中发电厂。重点开发建设单机容量在300兆瓦及以上的燃煤发电厂。开发建设大中型水力发电厂。利用新能源、新技术开发建设环保型发电厂。优化公司资本结构,进一步提高股东回报。发展国内外企业间策略性合作关系,以求共同发展。

企业文化的精髓:团结,务实,追求卓越。

奋斗目标:争创国内一流、国际知名的发电公司。

【北京自来水集团有限责任公司】

企业标识

标志释义:1. 标志色彩含义:白色象征水的清醇、纯洁、无私、透明的特性,体现京水人至清、至善、至柔、至刚的企业精神和朴实无华的性格;蓝色象征朝气、高尚、庄重、成熟、深沉,既体现京水企业百年文化的深邃,又体现京水改制后的活力焕发、朝气蓬勃。蓝色最适宜的组合是白色,较深的蓝色与白色相配,给人以文雅、大气、和谐、庄重的印象。

2. 标志构图含义:构图中的基本图形是地球、水、人。以地球为基本形状、以水为中心、以人为本展开,地球是人类赖以生存的环境,水是生命之源,人是万物之灵。地球、水、与人的组合是人类社会繁衍生息的基本元素。三者的协调组合寓意水与地球、与全人类的相互依存关系;寓意水务事业是人类社会崇高的、生生不息的事业。

3. 整体图案似中国传统的“同心结”,寓意京水集团上下同欲、精诚团结、顾全大局,确保首都供水,争创服务一流。

4. 纵横交错的弧线好似自来水的供水管网,无限延伸,流入千家万户;又如自来水层层过滤的净化过程。图案在中心汇集,形成一“水滴”图案,水滴上的白光晶莹剔透,寓意京水人“视水质为生命”的诚信理念。

5.“水滴”图案的两侧似两片树叶,寓意京水人崇尚自然的绿色环保理念。

6.“水滴”形状又似一颗心体现了京水人以人为本、关爱人、滋润人的奉献之心和“用心就会动心”的服务理念。

7. 富有张力的线条与具有动态感的水滴的组合,体现着京水人“柔中有刚、刚柔共济”、坚定执著地向既定目标前进的性格。

8. 弧线沿地球向外有序扩展并显示为开放形状寓意企业面向国际,全面开放,努力实现企业国际化、多元化发展的战略目标。

9. 弧线间形成的多个箭头,富于扩张感的动势,传达京水人将企业“做大、做强、做活、做好”的奋斗目标;寓意京水集团和各成员企业蓬勃向上的发展势头;也表达了京水人永远进取的不懈追求。

理念识别

京水核心文化:诚信服务。

发展目标:打造中国水业龙头,创建世界企业品牌。

企业使命:安全优质供水,服务回报社会。

企业价值观:水润万物,志行千里。诚信无价,义利相宜。

企业精神:至清、至善、至柔、至刚。

经营宗旨:公益为先、效益为本。

企业风气:正气、朝气、大气。

企业人才观:人皆有才尽其才。

企业质量观:水质是灵魂。

企业服务观:用心就会动心。

企业成本观:滴水成河。

企业形象代言:确保首都供水,争创服务一流!京水集团与您共创美好生活!供水责任重于泰山!一点一滴,铸就非凡!点点滴滴,生命之源!润泽万物,竭奉生命!清水长流,爱心永驻!

行为识别

全体员工行为准则:爱我京水,服务社会。团结协作,顾全大局。忠于职守,讲求效益。

高层领导行为准则:先学、先思、先行。

管理人员行为准则:重沟通、重协同、重实效。

生产服务人员行为准则:坚守岗位要专心、生产操作要细心、遵章守纪要铭心、确保安全要尽心、学习技术要用心、各项服务要热心。

【攀枝花钢铁(集团)公司】

企业标识

理念识别

攀钢精神:艰苦奋斗,求实创新,诚信团结,永攀高峰。

经营理念:诚信:让顾客满意,让职工满意,让社会满意。

管理理念:以人为本,人企合一;严字当头,一丝不苟。

职工职业道德:爱岗敬业,争创一流。

攀钢人形象:遵纪守章,行为端正,实干进取,忠诚于攀钢。

发展战略:有限、相关、多元、持续。

【中国葛洲坝集团公司】

企业标识

葛洲坝集团徽标

标志释义:葛洲坝集团徽标(图案)说明:徽标整体为圆形,由两大部分构成:外圈为“葛”的汉语拼音首字母“G”,“G”的一横象征锁定江河的水利枢纽大坝;内圈为一组对称直角三角形,以葛洲坝工程大江截流使用的主体材料——混凝土四面体为构图依据,表示大坝的截面,中间的竖行缝隙表示长江高峡。整个图案象征葛洲坝集团拥有驰骋江河的雄厚实力,表现全体员工水电报国、追求卓越的壮志雄心。

理念识别

战略目标:管理型、现代化、多元化、国际化。

经营理念:干一项工程,树一座丰碑,交一批朋友,拓一片市场,育一批人才。

这一理念是中国葛洲坝集团公司(简称集团公司)从建企30多年的历史经验中归纳提炼出来的。2001年9月,“五个一”经营理念作为其经营法则和经营指导思想被正式确立。“五个一”理念集经营认识论、经营价值论和经营方法论为一体,界定了企业的发展基础是“干工程”,企业的施工目标是“树丰碑”,企业的公共关系是“交朋友”,企业的根本出路是“拓市场”,企业的发展根本是“育人才”。“五个一”经营理念具有特定的涵义和独立的地位,相互贯通、相互依存、相互促进,共为一体。“五个一”经营理念是中国葛洲坝集团公司实践证明行之有效的基本指导思想。集团公司把质量诚信作为“五个一”经营理念的基础,在工程施工中提出“建一流队伍,建一流工程”、“铸精品工程,展葛洲坝人雄风”、“创优质工程、精品工程”、“共挂一面旗、共悬一个徽、共唱一支歌、共打一个品牌”、“重塑葛洲坝新形象,共铸葛洲坝新辉煌”等目标,集中展现了集团公司理性经营、稳健发展的经营个性与经营风格。在三峡、隔河岩、漫湾、龙滩等国家重点工程中,集团公司以“五个一”理念为指导,树立了“艰苦创业、水电报国”的良好形象,成为中国水电建设“铁军”。“五个一”理念的提出与践行,标志着中国葛洲坝集团公司正在成为一个文化自觉、理念自觉的现代企业。

文明主题:建文明葛洲坝城,做文明葛洲坝人。

质量方针:诚信守约,追求卓越。

质量目标:质量优良,业主满意。

【中国石化集团胜利石油管理局】

企业标识

理念识别

新时期胜利精神:从创业走向创新,从胜利走向胜利。是胜利文化的灵魂,是胜利油田全体干部职工一致的信念追求和共同的价值目标。新时期胜利精神是在继承过去优良传统的基础上创新发展的结果,适应了新形势、新任务的要求,从根本上保证了胜利文化具有与时俱进的先进性。

新时期胜利精神具有鲜明的民族特点,把中华民族勤劳勇敢、自强不息的优良传统和社会主义企业艰苦创业、求实创新等多种精神因素结合起来,使之"深深熔铸在民族的生命力、创造力和凝聚力之中",从而具有鲜明的民族特点能够激励广大干部职工始终保持积极进取、昂扬向上的精神状态,艰苦创业,竞争进取,用勤劳的双手和不懈的奋斗创造我们的幸福生活和美好未来。

新时期胜利精神具有强烈的时代特征,在世界政治多极化和经济全球化的时代背景下,综合国力的竞争,在经济上主要表现为各国大企业、大公司之间的竞争,其得失兴衰主要决定于企业有无较强的创新能力以及由创新能力所形成的企业核心竞争力。强烈的使命感、责任感和巨大的市场竞争压力,要求国有大中型企业必须解放思想、实事求是、与时俱进、开拓创新,在总结提炼新时期胜利精神时突出"创新"这个灵魂,使胜利文化体现时代性,保持先进性,从而为胜利油田的持续稳定发展注入勃勃生机和活力。

新时期胜利精神具有独特的企业个性。"从胜利走向胜利"着意在"胜利"二字,它既是地域名词和企业名称,又具有达到预定目标、取得成就之意,一语双关,意境高远。"从胜利走向胜利",这是胜利油田一个独有的特色和优势。"从创业走向创新,从胜利走向胜利"这一新时期胜利精神,以其鲜明的个性化语言,不仅反映了胜利油田过去几十年的辉煌成就,而且反映了胜利人在新的历史条件下实现更大发展为国家做出更大贡献的雄心壮志、崇高追求和豪迈气慨。

经营理念:以人为本,科技领先,效益至上,竞争发展。是油田生产经营的指导思想,是油田改革发展一系列重大决策的思想基础,它在胜利观念形态文化中具有先导作用。

经营战略:打造胜利品牌,实现持续发展。是根据油田面临的内外部环境条件和比较优势作出的事关企业长远发展的筹划和谋略。

经营宗旨:经济效益最大化,社会效益最优化。是企业以效益为中心的必然反映和追求,体现了胜利油田的历史使命和社会责任。

经营准则:诚信规范,科学高效。是油田生产经营活动的道德原则和管理标准,展现了胜利油田参与国内外市场竞争的良好信誉形象。

胜利文化核心内涵:创业、创新、竞争、发展。是对新时期胜利精神和有关企业理念的高度浓缩,是胜利观念形态文化的精髓,是指导油田改革发展和一切生产经营活动的主线。这一具有原创性的理论创新成果,具有重要的理论价值和实践意义,为油田的改革发展稳定提供了强大的精神支柱和不竭的动力源泉,保证了企业生产经营目标任务的顺利完成,促进了油田各项事业的蓬勃发展。

【山东电力集团公司】

企业标识

标志释义:山东电力集团公司标志是以正方形和正三角形为基础发展建立的。正方形,寓意集团公司的核心主导地位,象征稳固、坚实、潜力巨大的发展基础;正方形的标准色为橘红色,象征作为集团公司主导产业的电力工业,是人类社会文明进步和经济发展的光明使者,传达一种无穷的能量感。同时,橘红色作暖色,象征积极热情、真诚服务的企业理念。正三角形,寓意集团在主导产业的基础上向其它领域无限拓展的强劲势头;右上角的小三角形,给人以强烈的突破感和冲击力,指向更高、更远的目标,象征开拓进取,永不满足、追求卓越的企业理念。正三角形的标准色为黑白两色,黑白相间的组合象征集团跨地区、跨行业、跨所有制和跨国经营,展示了一种庄严、坚定、势不可挡的锐气。

标志底部的英文"SEPCO"为白色,以集团公司英文缩写字头为主,特属山东电力集团公司的英文单词。

理念识别

企业精神:追求卓越,服务真诚。

企业理念:今天比昨天做得好,明天比今天做得更好。

企业宗旨:以人为本、安全第一、效益至上。

企业作风:自我加压、顽强拼搏、无私奉献、争创一流。

服务理念:您只需要一个电话,其余工作由我们来做。

发展战略:双向延伸,两翼齐飞,内外并举。

队伍建设要求

领导干部:团结、奉献、廉洁、进取。

职工队伍:勤奋、实干、和谐、敬业。

【青岛发电厂】

理念识别

青岛发电厂"路径开新"文化战略体系,包含3大系统15项内容:

1. 战略路径系统

企业目标：以优秀员工、优秀产品、优秀技术、优秀管理、优秀环境，永远与国际一流同步。

企业使命：筑造文化品牌，做行业规则领先者。

企业战略：热电联产，二元推进。

企业哲学：以人为本，育人为先。

经营宗旨：安全第一，科技领先，环保与效益并举。

2. 思维路径系统

企业精神：追求卓越，服务真诚。

企业价值观：奉献大于索取，团队重于个人。

企业道德：忠诚、敬业、团结。

人才坐标：德为人本，能级任用，酬显其绩。

座右铭：今天比昨天做得好，明天比今天做得更好。

3. 行动路径系统

管理境界：凡事有人负责，凡事有章可循，凡事有据可查，凡事有人监督。策略方针：把握奥运契机，全面提升素质。

规范模式：激励进步。

环境风格：色调清新流畅，布局简洁有序，文化韵调致雅。

宣传警言：辉煌，只是曾经的历史；创新，才能推动未来。

广告用语：环保优先，诠释青电员工的社会使命；绿色能源，演绎岛城人民的生命科学。

【青岛海信集团】

企业标识

Hisense海信

理念识别

海信认为，未来的竞争是企业文化的竞争。

“敬人、敬业、创新、高效”、“严格要求、雷厉风行”，勤勉持重、不事炫耀的海信人演绎出内求团结、外求发展的良好氛围。

海信是一个企业，更是一项事业！远大务实的选择使海信人不懈追求着专家治理结构及学习型组织的远大目标，理性求实的企业文化将把海信推的更高、更远……

核心理念：创造完美，服务社会。

企业精神：敬人、敬业、创新、高效。

企业作风：严格要求，雷厉风行。

团队意识：团结共进，众志成城。

发展战略：高科技、高质量、高水平服务，创国际名牌。

发展目标：国内一流企业，国际知名品牌。

人才观念：胜任本职工作就是人才，创新开拓就是优秀人才。

经营宗旨：理性、效益、安全。

科技宗旨：博采众长，勇创新高。

质量目标：高标准，零缺陷。

市场原则：创造市场，引导市场。

发展理念：创新科技，立信百年。

海信信念：创新就是生活。

服务理念：一日承诺，立信百年。

服务宗旨：天下事，客户的事是头等大事。

服务承诺：一经选择，天天省心。

【青岛交运集团】

企业标识

理念识别

“情满旅途”是青岛交运集团的服务品牌，是中国公路运输业的第一个注册服务商标，也是全国第一例用一个文化理念注册的服务商标。其文化内涵是：“情”是核心，员工对企业倾注深情、对顾客满怀亲情、对社会奉献真情；“满”是标准，以顾客和员工满意度为评价标准，提高员工对岗位的忠诚度和顾客对企业的信任度；“旅途”是过程，做到全方位、全过程的优质服务，在奉献的过程中实现员工人生价值和企业报效社会的职责。

【青岛纺织机械厂】

理念识别

企业宗旨：追求质量零缺陷——为了用户更满意，为了明天更美好。

企业精神：拼搏、坚韧、创新、奉献。

企业作风：严细、快捷、求实、协作。

企业方针：科技兴业、质量立企、创新为魂、品牌至上。

企业目标：国际知名企业，世界一流产品。

企业信条：品牌决定一切。

经营战略：瞄准世界水平，加快赶超步伐；创造青锋名牌，参与国际竞争。

经营目标：一流效率、一流产品、一流服务、一流效益。

双优工程：让每一名员工都成为优秀员工，让每一个零件都成为优质产品。

工作理念：一切工作的根本标准——让用户满意，所有工作的基本原则——同市场接轨。

质量理念：追求质量零缺陷。

服务理念：人人都是服务主体，人人都是服务对象。

机关为基层服务，后勤为一线服务。

上工序为下工序服务，全员为用户服务。

营销理念：主动服务，贴近用户；超值服务，感动用户。

企业道德：诚信为本，用户至上。

行为规范：良好的道德素养，认真的工作态度；严谨的思想作风，严格的组织纪律；文明的举止仪表，和谐的人际关系。

员工素质要求：爱岗敬业，优质高效；严守纪律，讲求道德；顾全大局，团结协作；举止文明，仪容整洁。

管理人员素质要求：注重学习，不断创新；严格管理，勇于负责；树立正气，顾全大局；廉洁自律，勤政尽职。

形象塑造：员工形象——文明人，产品形象——工艺品，企业形象——小康园。

【日照港港务集团】

理念识别

核心理念：服务社会、创造一流。要以一流的服务质量，一流的管理水平，一流的经济效益，为社会、为地方经济做出积极的贡献。

企业精神：求真务实、求新思进、厚德和谐、奋发有为。求真务实，就是要实事求是，追求真理干实事，讲实效，做到脚踏实地。求新思进，就是倡导不断创新，艰苦奋斗的精神。厚德和谐，就是要形成克已奉公、诚实礼让、见义勇为、健康向上和团结和谐的良好风气。奋发有为，就是培育职工的开拓、向上，敢于争先，善于创新的大眼光、大智慧、大气魄。

发展战略：多功能建设，跨越式发展，全方位服务，集约化经营。要把日照港建设成为一个具有现代企业管理体制，功能全，规模大，效益好，环境美，集团化经营，一业为主，多业并存，充满生机与活力的现代化综合性港口。

管理观：强本、集约、科学、高效。要建立规范的法人治理结构，形成一系列科学的管理制度。

安全观：安全是个圆，只有起点无终点。要严格执行安全操作规程，做到不安全不生产。

质量观：以质量创信誉，以诚信赢市场，客户满意是我们最大的追求。以优质的服务质量，巩固老客户，吸引新客户；导入诚信管理机制，不断开拓市场，扩展货源。树立客户至上的观念，使客户享受到一流的服务，帮助客户实现利润最大化，实现与客户共赢。

市场观：高信誉、创市场、大腹地。不断开拓市场，形成经络中原、通衢沿黄、带动鲁南、辐射全国的战略态势。

科技观：博采众长，科技兴港。就是要不断学习运用港口先进技术，加强设备管理，实施科技兴港战略，建立科技创新机制，重视科技人才的培养。

人才观：重才聚智，尚贤选能，将人作为活力来源。就是要建立科学的用人机制和激励机制，最大程度地发挥职工的积极性，实行人性化管理。

【日照供电公司】

企业标识

标志释义：诚信彩虹——拼音中的四个字母“CXCH”融为一体，生成一个夸张变形的电力符号。其右侧取光色中的原色红黄绿蓝，以线条的形式表现彩虹，意寓“电力彩虹”。其结构采用巴洛克艺术的设计风格，组合简洁明快，视觉冲击强劲，以一种奋进的姿态展示诚信彩虹的无限热诚，体现企业持续快速健康发展的强劲动力，展现企业改革发展稳定协调推进的良好态势。下方的字母“CXCH”与上方的图案形成对比，诠释图案形象中诚信彩虹的涵义。

诚信彩虹——树立一种理念：“诚信彩虹、服务日照”。搭建两个平台：搭建电网支撑平台、诚信服务平台。强化三个保障：强化制度保障、监督保障、素质保障。

以服务品牌为支撑的文化体系建设是一个系统工程，需要全员参与，全方位多层次全过程精心培育。

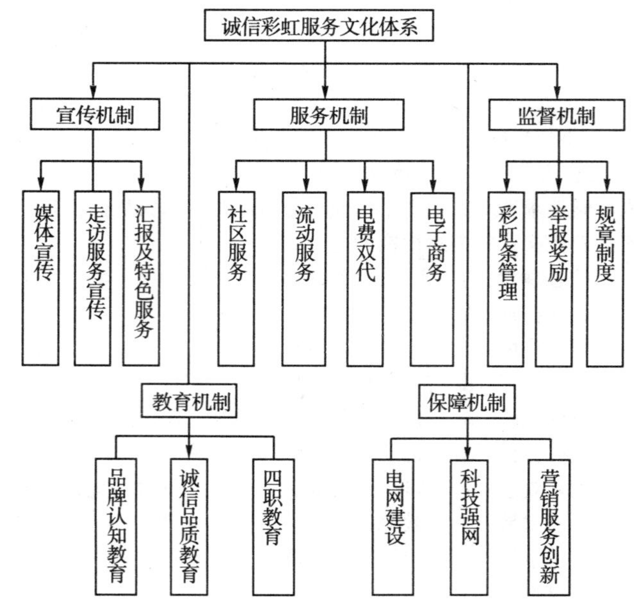

【山东真情集团】

企业标识

理念识别

企业宗旨:用我们的“真情”,美化世人的生活。

企业精神:团结、勤奋、求实、争先。

企业口号:沧海桑田,真情不变;让真情温暖人间。

经营哲学:真品与真情同在;用我们的真情,换“上帝”的真情。

经营方针:以经营为龙头,以管理作保障,以科技争先导,以品质占市场。

经营思想:生产围绕销售转,销售盯着市场变,一切为着效益干。

市场战略:以外贸保稳定,以内贸求发展。外贸:稳占日本、发展中东、开发欧美、辐射全球。内贸:占领齐鲁大地,进军东北西北,攻克黄河流域,挥师拼搏江南。

价值取向:黄金般的质量,白银般的价格。我靠企业生存,企业靠我发展。

行为要求:严实为本,勤奋工作,团结互助,勤俭创业。衣冠整齐,场地清洁。助人为乐,语言谦和。

座右铭:品质在我手上,真情在我心中。

企业形象:优美的厂区环境,和谐的人际关系,科学的内部管理,稳定的经济效益。

职工形象:身体健康,仪表端庄,遵纪守法,斗志昂扬。

产品形象:新颖的设计,精细的加工,完美的质量,真诚的奉献。

厂长岗位形象:精通管理经营,组织指挥若定,改革创新进取,志在企业振兴。

党委书记岗位形象:政治立场坚定,胸怀大度坦诚,凝聚企业人心,共建两个文明。

【潍坊四棉纺织有限公司】

企业标识

理念识别

1. 四棉宣言

我们在献身一种事业——民族事业;我们在实现一个理想——世界一流企业理想;我们在创造一种精神——四棉精神。

2. 四棉愿景

做强做大,打造行业一流企业,让员工生活得更美好。

3. 四棉使命

为客户提供满意产品和优质服务;为社会创造财富和服务社会文明进步;为员工搭建体现自身价值的平台,提升员工精神物质文化生活的质量。

4. 四棉精神(核心价值观)

超越自我,追求完美;创新求优,馈效社会。

5. 四棉作风

敏锐快捷,雷厉风行。

6. 四棉管理风格

100 - 1 = 0,要讲究,不要将就,做足做好“小事情”。

7. 四棉经营风格

经营企业如做人——诚信是四棉的天性和语言;诚信:做人之根本,经营之利器;诚信为本,以义生利。

8. 四棉营销理念

适应→创造→发展;客户利益第一原则;为客户着想,让客户成为赢家。

9. 四棉学习理念

应变的根本之道在于学习;工作学习化,学习工作化;坚持团队学习、知识共享;未来竞争的惟一优势,是学习得比别人更快;向一切可以学习的人学习,向一切可以学习的事学习。

10. 四棉产品理念

人无我有,人有我优;质量零缺陷,服务零距离;让服务成为一种品牌;高品质的产品是持续竞争的核心。

11. 四棉生存意识

青蛙理论:危机的定义是:趁你不注意时积累的灾难;生于忧患,败于优越。

12. 四棉领导干部行为准则

严格自律表里如一,身体力行争当表率,关心厚爱严暖结合,全员同心共创佳绩。

13. 四棉领导者的角色

设计师:领导者不是忙于解决问题,而是通过设计一个理想的系统“化除”问题,即“不产生”问题;仆人:共同愿景的仆人,领导者要永远忠于四棉的共同愿景;教练:当好教练,这是对领导者能力的考验。

14. 四棉成功信念

四棉的忠诚循环理论:四棉的成功 = 员工的忠诚 × 顾客的忠诚。

15. 四棉人才观

员工是基础,学习是关键,公平搭舞台,人才唱主角。

【中国石化集团齐鲁石化物流公司】

企业标识

标志释义：企业标志运用中国传统图形“太极”：太极生两仪，两仪生八卦……生生不息，融会贯通，联接世界，强调化工为主的物流企业，用“齐”字与苯环相组合，既有文化的“文”字感，又有“齐”字的感觉，把化工的感觉与“齐”字的变形相结合，表达了文化与第三方物流的概念。绿色代表环保安全与快捷，蓝色代表科技与博大精深，表达了企业的经营目标：做国内物流典范，创国际物流名牌。

理念识别

1. 基本信念

经营目标：做国内物流典范，创国际物流品牌。

经营定位：化工物流主导，多元推进，打造服务品牌。

经营理念：培育物流市场，创造客户忠诚。

核心价值观：创新、诚信、惠仁、多赢。

企业精神：追求卓越，回报真情。

企业作风：快速反应，立说立行。

2. 行为信念

生存理念：不学则退，不快则失，不变则亡。

发展理念：抢先一步，快变制胜。

用人理念：公平竞争，不拘一格，育人育人，激发潜能。

竞争理念：永远比同行更贴近客户。

市场理念：创造需求，引领市场。

资本运营理念：把握先机，科学论证，风险决策，周密实施。

学习理念：变革中学习，学习中变革。

安全理念：优化安全环境，造福人类生活。

3. 组织管理信念

组织模式：扁平、简捷、高效。

向上管理：绝对忠诚，尊重服从，及时沟通，坚决执行。

向下管理：表率、授权、激励、培养、监督。

平行式管理：大局为重，守土有责，沟通协作。

对客户管理：无微不至每一天。

对同盟者管理：分担风险，合作共赢。

对社会管理：用感恩的心回报社会。

对国家管理：产业报国，为民族争光。

对人类管理：把健康和绿色留给人间。

4. 企业道德修炼信念

个人修养：襟怀坦白，敬业负责，坚韧不拔，低位人生。

企业思想政治工作原则：超前思维，真情互动，创新工作，与时俱进。

思维方式：变革创新，永立潮头。

激励原则：绩效优先，坚持三公，即时激励。

监督原则：制度至高无上，自律高于监督。

时刻提醒：只有创新才能生存。

日日如履薄冰，一日三省吾身。

勿以善小而不为，勿以恶小而为之。

我是最优秀的吗？今天我超越了吗？丝毫的惰性就是更大失败的开始。

生命只有一次，安全警钟长鸣。

顾客满意吗？今天我有缺陷吗？危机距离我们只有半步之遥。

企业警示录：不敢批评、回避问题，重复发生问题是企业之大忌；不良习气，不良习惯，害人损企，不可小觑；问题就在你身边，关键看你管不管；看不出问题就是最大的问题；时间无开关，流过不回还。

5. CS100 客户满意

服务理念：超越客户期望，真诚赢得客户。

服务座右铭：服务追求完美。

营销理念：文化增情，服务增值，市场增效，全员增收。

6. 企业形象（人、事、物）

人的形象：诚信、创新、热情、感恩。

事的形象：管理科学，规范高效。

物的形象：凝聚文化内涵，展示企业风采。

7. 员工五大努力方向

明确定位，实现自我价值。

深入市场，了解客户需求，提高与客户的沟通能力，为客户提供超值服务，创造客户忠诚。

持续学习，不断创新，超越自我。

发扬团队精神，实现企业目标。

与时俱进，适应时代要求。

【山东时风（集团）有限责任公司】

理念识别

企业精神：务实、求严、文明、优化。

愿景：中国驰名，世界著名。

品牌理念：时风时风、路路畅通，中国时风、永攀高峰。

价值理念

安全理念：安全第一、生产第二，安全第一、服务第二。

质量理念：产量是钱，质量是命，不能要钱不要命。

营销理念：用户需求第一，经销商利益第一。让公司放心，让用户满意,让家庭幸福。

市场理念:围着市场转,跟着市场干,随着市场变。

竞争理念:时刻比竞争对手快半步。

四个不能手软:抓安全不能手软、抓质量不能手软、抓现场不能手软、抓廉洁不能手软。

三个第一:安全第一,质量第一,市场需求第一。

三个当天:当天收款、当天生产、当天发货。

领导与员工:血肉联系、鱼水感情。

【莱芜钢铁集团公司生活服务部】

理念识别

一、服务文化理念体系

核心价值观:职工为本、顾客至尊、锻造品牌、持续创新。

服务宗旨:创造顾客满意,赢得顾客忠诚。

管理理念:制度至上,"严"字为先。

经营理念:视对手为伙伴,与用户互惠利。

工作作风:说到做到,做到做好。

质量观:今天的质量,明天的市场。

效益观:让服务升值,让品牌闪光。

效率观:嫉慢如仇,快速应变。

学习观:工作学习化,学习工作化。

人才观:让合适的人干合适的事。

二、企业格言

1. 团队篇

团队愿景:顾客满意,不断超越。

团队目标:服务优、品牌强、信誉高、风气正、环境美。

团队幸福观:快乐工作,快乐生活。

2. 目标篇

发展战略:依托莱钢、面向社会、创造满意、快速发展;做精餐饮、做优幼教、做强商贸、做活家政。

市场体会:市场是企业的最高领导。

3. 管理篇

三三管理法:"三标准":严、细、实。"三措施":超标准检查、超常规考核、超微机管理。

管理法则:制度大于总经理。

管理标准:管得严、管得细、管得有情、管得有度。

4. 政治篇

落实"三个代表"措施:建设服务文化、提升服务品质、提高职工收入。

政治意识:带领员工奔小康是最大的政治。

5. 经营篇

经营宗旨:为顾客创造价值、为社会奉献真诚。

经营法则:抱怨是金。

经营理念:顾客的需求就是我们的追求。

经营定律:没有疲软的市场,只有疲软的企业;没有疲软的消费,只有疲软的产品。

6. 作风篇

时间效率观:走在前面发财,走在后面发呆。

情商要求:有1%的希望就做100%的努力。

工作原则:要把做事做不到位当作致命的恶习加以克服。

工作精神:系统思考、自我超越。

7. 工作学习篇

工作观念:处理好昨天,把握好今天,谋划好明天。

勤奋意识:今天工作不努力,明天努力找工作,今天工作不学习,明天学习找工作。

岗位意识:爱岗位就是爱自己。

创新意识:不怕做不到,就怕想不到。

工作目标:单项工作争第一,全面工作创一流。做学习型员工,当自主管理典范。

8. 诚信篇

诚信理念:将心比心,换位思考。

诚信法则:讲诚信者得人心,得人心者得市场。

诚信标准:服务态度让顾客满意,产品质量让顾客放心,把最严的标准给自己,把最好的服务给顾客,把麻烦留给自己,把方便让给顾客。

9. 质量篇

质量理念:质量是干出来的,不是检测出来的。

质量目标:零缺陷、零故障、零事故。

质量法则:不选择百分之百就是零。

10. 服务篇

服务意识:顾客永远是对的。

善待每一位顾客。

用心做好每一件小事。

抱怨是金。

哪里有最挑剔的顾客,哪里就有最优质的服务。

用心服务,用情服务。

【吉林化纤集团有限责任公司】

理念识别

企业宗旨:创造财富、回报社会。意即为企业、为职工、为客户、为社会创造财富,并最终以此来回报社会。

企业精神:学习创新、追求卓越,强调企业的整体学习创新能力,及适应变化能力。

企业作风:务实、严谨、协作、高效,强调在确保个人工作质量基础上的团队协作、整齐划一,最终实现企业整体工作的高质高效。

发展战略:建设具有国际竞争力的化纤集团。即以国际市场为舞台,抢抓机遇、主动出击,以资源的优化配置,以投资主体的多元化融资合作、开放扩张,以管理运营的最优化决策,最终实现企业发展目标——具有国际竞争力的化纤集团。

用人理念:信任尊重、授权赋能。即信任人才、尊重人才,强调在信任、尊重基础上的授权与赋能并重,一方面让人才适其职、尽其能,另一方面让人才求其所、学其用。

管理理念:丝丝入扣。从字面上"丝"取粘胶纤维及腈纶纤维即主导产品之意,“入扣”则从内涵上分别强调了管理的严密、无漏洞,工作的高效、无差错,以及人与人之间的密切协作,其中既包括了组织内部的分工协作,又包括了与上下游价值链之间的合作共赢。

经营理念:以市场为导向,以质量求生存,以科技促发展。即生产经营要与市场一致,要以质取胜,不断赋予产品高新科技含量。强调市场、质量、科技三者互相依赖、互相影响,缺一不可。

质量理念:用户满意的是最好的。即依据用户的差异化需求以及质量与成本的最佳结合点,对质量进行最优定位,使产品品种的差异、质量指标的细分以及不同档次的价格能够适合于用户、被用户所认可。

研发理念:市场缺位,我们的定位。即避开市场争夺的焦点,发现用户的潜在需求,及时调整产品定位,以用户需要而市场没有的产品为主攻方向,即把研发的产品定位在市场缺少的而又被用户所期待的产品上。

营销理念:先买信誉,后卖产品,共赢共进。即以信誉营销为核心,通过对利益分配的适当调整来赢得与用户的长期稳定合作。强调信誉为先,共赢为矢,从而实现与用户共同进退的稳定的价值链系统。

市场理念:适应市场,创造市场,引导市场。即要在使自己的产品能够适应市场需求的基础上,发现用户市场的潜在需求,从而以能够满足这种潜在需求的产品来创造市场,同时,还要以高科技、多样化、个性化、需求化的产品来引导市场。强调在被动地适应市场基础上的主动出击。

服务理念:帮客户获利,助用户成功。即服务于用户,为用户解决难题,帮客户(包括中间商及直接用户)共同获利。强调在服务基础上的合作共赢。

【中铁十七局集团远通工程有限公司】

企业标识

标志释义:图案为红色,企业名称为蓝色。红色——热烈、辉煌、热情、奔放,象征企业红红火火,蓬勃向上;蓝色——稳健、开阔、理智、安详,象征企业广阔的发展空间。标志图案为圆形,“圆”与“远”谐音。图案中部有四条通道,构成的图形如字母“Y”和“T”,是“远通”两字的第一个拼音字母。四条通道,向上无限延伸,四通八达,象征企业多元经营、齐头并进,道路宽广、通向远方;又如同一颗苍劲茂盛的榕树,四季常青。与远通“自强自立、敢为人先、时思危机、追求无限”的企业精神相符,与远通企业文化的内涵“四远”、“四通”、“四个远通”相一致。“四远”——目标宏远、志向高远、眼光长远、品牌久远;“四通”——变通、融通、精通、惠通;“四个远通”——文化远通、数字远通、实力远通、品牌远通。

企业吉祥物

名叫“通通”。设计上使用抽象的卡通人物造型,集醒目性、活泼性、趣味性于一体。“通通”是个建筑工人,与远通公司企业性质相同;身穿红色上衣,蓝色工装裤,“红”与“蓝”的运用,与公司标准色一致;头戴安全帽,阔步向前,身扛远通旗,健步如飞,憨厚可爱,活泼乐观。高举的大拇指,蕴涵着远通“永争第一”、“追求无限”的理念;通过夸张、变形、幽默的手法,“通通”表现出有浑身使不完的劲,具扛鼎移山的实力气概,充满必胜的信心,是远通公司的拟人形象写照。“通通”具有很强的可塑性,可制作成玩具、印刷品、图腾标志物、充气物等,是个既可固定,也可活动的小精灵,用于公司对外形象展示的任何场所,以增强公司的形象亲和力。整个设计充分展现出个性独特的远通文化。它激励远通人永远创一流、争第一、扛红旗。

理念识别

企业精神:自强自立、敢为人先、时思危机、追求无限。
经营哲学:天地人合、以变应变。
企业目标:中国远通、世界远通。
发展战略:文化远通、数字远通、品牌远通、实力远通。
经营方针:适应市场、立足主业、多经并举、协调发展。
企业道德:友善、诚信。
企业作风:求实、严谨、遵规、守则。
主导价值观:人才为本、信誉至上。
人才观:尽了力就是贡献、专一行就是人才。
生存观:永争第一、第二就是失败。
管理观:文化引导、情理相济。
创新观:领先一步、力创示范。
质量观:无可挑剔、不留遗憾。
效益观:社会效益第一、经济效益第二。

环境观:关爱人、造就人。

塑形观:精字牌远通(人员精、设备精、管理精、产品精)。

修身观:终身学习、日省吾身。

绩效论:一切以满足业主和客户的要求为最高准则,一切以取得业主和客户的信誉为最后评价,一切以取得最佳社会效益和经济效益为最后肯定,一切以取得国优、省部优工程为最终结论。

价值排序论:人的价值高于物的价值,共同价值高于个人价值,社会价值高于利润价值。

【招商局集团有限公司】

企业标识

理念识别

企业精神:爱国、自强、开拓、诚信。

爱国:爱国主义是崇高的思想境界,有着极大的号召力和凝聚力。招商局一个多世纪以来保持和发扬着爱国主义的优良传统,这个传统已升华成为企业的灵魂。招商局与祖国共命运,同发展,国兴我荣,国难我忧,无论任何时候,招商局都将以自身的不断发展为国家兴盛做出贡献,并在企业发展壮大过程中始终以国家利益为重。

自强:是立身之本。招商局一直是在自强不息的拼搏中发展壮大的。将永保这种精神风貌,无论面对困境或顺境,都要奋斗不止,勇往直前。

开拓:是时代精神的体现。招商局创造过许多"中国第一"。将继承和发扬前人那种勇于进取、敢为天下先的精神,永不满足现状,刻意追求发展,牢牢把握时机,不断创造新的辉煌。

诚信:是招商局一贯崇尚的商德。在市场激烈竞争中,坚持重合同、守信誉,以诚待人、以诚取信,期盼友好合作,谋求长远发展。

企业作风:团结、务实、严谨、高效。

团结:团结是力量的源泉,要在招商局内形成一种互相体谅、互相帮助支持的和谐气氛,增强企业的向心力和凝聚力。

务实:空谈误国,实干兴邦。要埋头苦干,实事求是;说实话、办实事、讲实效;踏踏实实工作,老老实实做人。

严谨:要兢兢业业,一丝不苟。每个员工对职责范围内的基本规范、工作程序有准确了解,在工作中严格执行。

高效:时间就是金钱,效率就是生命。追求办事的高效率和高效益。要有一股雷厉风行、只争朝夕的劲头;任何一项工作都要有明确的标准和严格的完成时限。

【华润集团有限公司】

企业标识

理念识别

企业使命:通过坚定不移的改革与发展,把华润建成在主营行业有竞争力和领导地位的优秀国有控股企业,并实现股东价值和员工价值最大化。

1. 企业精神:诚信、团队、务实、积极、专业、创新。

诚信:坚守诚信原则,重视个人操守,加强互信关系,巩固卓越商誉。

团队:尊重不同文化,包容各种观念,倡导平等沟通,发挥团队精神。

务实:贯彻务实态度,激励奋发精神,壮大企业根基,奠定领导地位。

积极:积极迎接挑战,勇于面对改变,主动学习新知,实现自我价值。

专业:整合丰富资源,荟萃各方精英,积累中外经验,提升专业水平。

创新:营造开放环境,鼓励创新思维,构思非凡意念,推动企业发展。

2. 企业承诺:开放进取,以人为本,携手共创美好生活。

3. 企业标语:与您携手,改变生活。

【上海汽车工业(集团)总公司】

企业标识

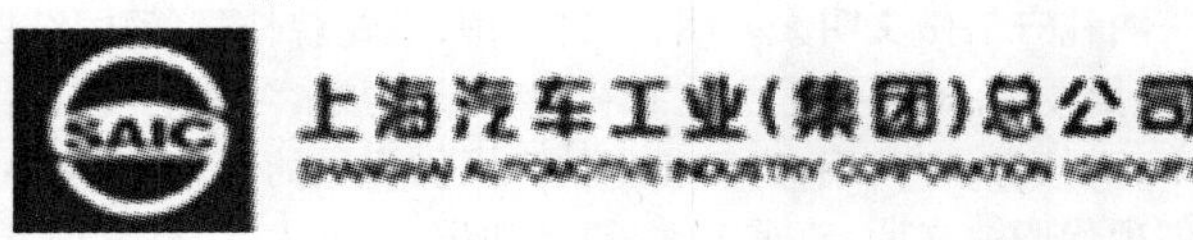

理念识别

SAIC价值观。SAIC既是上汽集团的英文简称，也是上汽集团的价值观。(S－Satisfaction from customer，满足用户需求；A－Advantage through innovation，提高创新能力；I－Internationalization in operating，集成全球资源；C－Concentration on people，崇尚人本管理)

SAIC价值观由三个层面构成：表述层——SAIC，既是上汽集团价值观，又是上海汽车工业(集团)总公司的英文简称：Shanghai Automitive Industry Corporation (Group)。内涵层——SAIC将上汽集团的名称与上汽集团的价值取向有机结合，巧妙而准确地提示了上汽集团价值观的内涵：S代表Satisfaction from customer就是满足用户需求；A代表Advantage through innovation就是提高创新能力；I代表Internationalization in operation就是集成全球资源；C代表Concentration on people就是崇尚人本管理。实践层——根据SAIC价值观基本内涵的要求，上汽集团将价值观融入生产经营管理，精心设计了与此相对应的四个实践平台：用户满意工程、全面创新工程、全球经营工程、人本管理工程。

【中国石化上海石油化工股份有限公司】

企业标识

中国石化上海石油化工股份有限公司
SINOPEC SHANGHAI PETROCHEMICAL COMPANY LIMITED
SPC

理念识别

职业道德基本要求：

敬业守职做明白人。敬业：忠诚石化事业，热爱工作岗位，有职业的理想、抱负，愿意为企业奉献自己的智慧和力量；守职：恪尽职守，尽心尽力，掌握技术，精通业务，成为本职工作的行家里手；明白人：思想、技术、作风过硬，具备做好本岗位工作所需要的知识和能力。

遵章守纪做老实人。遵章：严格遵守企业的各项规章制度和操作规程，杜绝有章不循和习惯性违章现象；守纪：令行禁止，服从指挥，具有工人阶级良好的组织纪律性；老实人：尊重科学，尊重客观规律，求真务实，踏实肯干，不弄虚作假，不摆花架子。

明礼守信做文明人。明礼：讲道理，懂礼貌，同事间团结协作、互助友爱，对外业务交往有礼有节、热情好客；守信：以诚信为本，讲信誉，守信用，为客户和他人提供优质的服务；文明人：提倡现代职业文明，尊重劳动，尊重知识，尊重人才，尊重创造，争创文明岗位，争做文明职工。

行为识别

员工行为规范篇

1. 员工基本守则

仪表大方精神好，举止稳重谈吐雅。五讲四美三热爱，遵章守纪又懂法。谦虚真诚乐助人，敬业爱岗厂如家。团结进取多奉献，三学一练争百佳。

2. 员工日常活动规范

公共场所行为规范

公共场合守秩序，谦虚礼让讲斯文。老弱病残应帮助，先人后己莫相争。七不规范我做起，礼貌待人显真诚。扶正祛邪树新风，维护石化好名声。

工作场所行为规范

厂纪厂规须遵行，坚守岗位不分心。发生意外速处理，安全第一心中铭。衣装穿着合规范，内外环境保洁净。工作情况有记录，当日任务当日清。

家庭生活行为规范

养老育幼夫妻敬，睦邻互助胜远亲。勤俭持家不奢靡，户内整洁室外净。健康生活不赌博，公益活动献爱心。人来客往重礼节，安全防范保家宁。

3. 员工职业行为规范

领导干部行为规范

思想纯正观念新，心系事业不懈惰。办事公正效率高，决策科学办法多。联系群众讲民主，知人善用心胸阔。廉洁自律不谋私，"守土"尽职能开拓。

(注)核心要求：勤奋开拓，廉洁务实。

(注)守土：指为官一任，守土一方。

管理干部行为规范

服务基层情况明，参谋咨询水平高。部门协调不推诿，办事认真讲实效。业务精通知识新，外语电脑均达标。廉洁奉公不徇私，科学管理有新招。

(注)核心要求：科学管理，服务基层。

科研、技术人员行为规范

科技开发勇攀登，协作攻关汇群英。研究成果产业化，国际国内争先进。思维清晰勤实践，广采博取艺更精。不计名利求真理，科学进步企业兴。

(注)核心要求：开发科技，面向生产。

操作值班工行为规范

岗位规范为准绳，安全警钟时常鸣。巡检交接严而细，精心操作高水平。装置设备保清洁，故障隐患莫放行。高产优质低消耗，岗位成才争标兵。

(注)核心要求：精心操作，确保安全。

检修保养工行为规范

早晚巡检处处到，听看摸测察秋毫。一丝不苟查故障，应修必修修必好。千台设备千本账，技艺精湛易诊疗。检修保养讲科学，安全生产创新高。

(注)核心要求：应修必修，修必修好。

销售、采购人员行为规范

销售采购循规章，廉洁守法意识强。信誉第一诚为本，买卖公平戒欺诳。货比三家信息灵，市场行销达四方。调研反馈利开发,生产营销两兴旺。

(注)核心要求:买卖公平,信誉第一。

医务人员行为规范

救死扶伤讲人道,医德高尚医风正。望闻问切查病情,科学严谨下确诊。不拉关系不受礼,一视同仁心热忱。卫生预防常宣传,员工健康有保证。

(注)核心要求:救死扶伤,人道主义。

餐厅工作人员行为规范

白衣白帽白口罩,热饭热菜热心肠。博采众家练厨艺,烹饪讲究色味香。器具环境勤消毒,食品卫生不可忘。千种佳肴调众口,热情服务三餐忙。

(注)核心要求:精心烹调,热心服务。

警卫人员行为规范

客人来访须登记,热情礼貌问来意。人员出入细观察,巡回检查不麻痹。车辆进出查凭证,执行制度行有理。保卫财产我尽责,文明值勤不违纪。

(注)核心要求:严格执勤,保卫财产。

接待人员行为规范

环境整洁人精神,宾至如归显热情。参观会务妥安排,忙而不乱条理清。介绍情况有分寸,答疑解难须耐心。信息反馈及时传,服务上乘使人亲。

(注)核心要求:热情好客,答疑解难。

电话接线员行为规范

三声铃响必应答,热情快捷讲礼貌。规范用语标准化,千次转接无错号。熟悉部门与人员,百问不倒易查找。不厌其烦留方便,通讯顺畅架话桥。

(注)核心要求:三声铃响,必有应答。

驾驶员行为规范

交通法规记心中,交警指挥要服从。宁让三分不抢道,精力集中切莫松。服务周到无差错,不徇私利心为公。安全驾驶行万里,文明守信树新风。

(注)核心要求:安全行车,礼让三先。

教师行为规范

教书育人当园丁,为人师表重言行。钻研业务勤备课,因材施教倾全心。虚心好学不耻问,教学相长互促进。工学结合育英才,诲人不倦凝深情。

(注)核心要求:教书育人,为人师表。

新闻工作人员行为规范

基本路线立根本,正确舆论作导向。讴歌人间真善美,弘扬社会新风尚。紧贴经济鼓与呼,倡导文明树形象。尊重事实文风正,业务纯熟有专长。

(注)核心要求:尊重事实,正确导向。

勤杂辅助工行为规范

吃苦耐劳手脚勤,工作认真场地清。不计得失当配角,自尊自强又自信。事务繁杂不零乱,服务周到见真情。平凡岗位不平凡,奉献企业一片心。

(注)核心要求:吃苦耐劳,甘当配角。

【上海焦化有限公司】

企业标识

理念识别

企业精神:精细、精湛、精益、精干。

企业宗旨:立足市场、公平竞争、面向社会、诚实信用。

企业价值观:以人为本,焦化公司的价值在于服务。

企业道德:以集体主义为原则,以爱祖国、爱人民、爱科学、爱社会主义为基本要求,崇尚社会公德、职业道德、家庭美德。

公司产品:不断调整和优化产品结构,向可持续发展、高附加值的精细化工方向发展。

行为识别

企业经营者行为识别:稳步推进学习型组织建设。提倡领导带头,终身学习;以改善工作作风为手段,深入生产一线,重调研、重研究,加强与员工的交流沟通,提高发现问题、分析问题、解决问题的能力;贯彻诚信为本的、符合市场经济运作规律的企业经营哲学;带头成为企业制度执行的示范者。

企业员工行为识别:提倡以大局为重,协同作战的团队精神;切实贯彻中央颁布的《公民道德建设纲要》的有关内容,重点加强职业道德教育;反对庸俗、世故的人际关系,倡导人际交往的新风尚;完善各项日常工作制度,并用企业各项制度规范企业成员的言行;乐于学习、善于学习,不断提高自身素质。

企业模范人物行为识别:重视企业各个层次上的模范人物的作用,使之成为体现企业核心理念与价值评判标准的形象载体;利用好企业内部传媒(焦化报、焦视要闻)的推广先进、宣传先进的作用;重视企业创建者,尤其是那些为焦化创业作出巨大贡献的老干部们的模范作用。

【新黄浦集团】

企业标识

理念识别

企业精神:善采百家长,敢争天下先。

企业原则:不把包袱甩给社会、不把责任推给政府、不把困难留给职工。

企业理念:不找领导找市场,不怕困难抓机遇。凡事要做到最好。不用扬鞭自奋蹄。爱拼才会赢。无功无失也是过。

人才理念:选、育、引、借、用、管的人才战略。目标管理、实践考验、奖优罚劣、动态发展,营造人才发挥作用和脱颖而出的良好工作环境和舆论环境。

发展策略:加加减减新黄浦。成绩面前找差距,振奋精神再创业——做一个清醒的新黄浦人。跨地区、跨行业、跨所有制、跨国界发展。

经营理念:物质文明与精神文明两手抓,以抓队伍保证抓业务。发展经济与办好实事两手抓,端正业务指导思想,发展经济回报社会。积极追求科技进步,运用科技成为占有市场的优势。

文化理念:内强素质,外塑形象。稳定、持续提升企业品质,积极建设学习型的企业。

凝聚力工程:政治上热情鼓励,工作上发挥作用,生活上关心入微,学习上提供机会,通过事业的发展增强企业的凝聚力。

企业道德:单位里做个好职工,社会上做个好公民,家庭中做个好成员。质量决定命运、效益决定兴衰、素质决定成败。以德治企、依法经营、科学管理。

企业格言:

在没有大厦之前,
我们只是普通的砖头。

平凡而普普通通,坚实负重
砌成了河边小筑,摩天大楼
由平凡、普通走向堂皇

新黄浦集团
如砖头的叠加,层层坚实
平凡的我
能构筑辉煌

行为识别

1. 总则

严格遵守公司规章及办公场所的各项管理制度。

工作精神饱满,办事高效规范,维护公司利益。

待人接物热情、礼貌,言谈举止文明优雅。

2. 分则

仪表规范、办公规范、语言规范、电话使用规范、会议规范、待客规范、公共场所行为规范。

【上海广电集团】

理念识别

企业理念系统体现为:超越(Surpass)、价值(Value)和行动(Action)三方面含义(也称“SVA”理念),其中“价值”是核心,“超越”是精神,“行动”是准则。三者之间相互依存、互相促进、共同发展。

“超越”理念:塑造“创新每一天”的企业精神,拓展思维空间。

“价值”理念:确立“需要就是价值”的经营哲学,不断追求卓越。

“行动”理念:培养“重在行动、贵在创新”的企业作风,把希望变为现实。

发展战略:从传统家电制造企业发展成为集信息电子产品制造和信息技术服务于一体的国际先进的信息电子企业。上广电通过实施“产业升级、管理创新”的发展目标,确立“集信息电子产品制造和信息技术服务于一体”的战略目标。

经营哲学:需要就是价值。

管理理念:单摆共振原理。企业如同悬垂在单摆上的小球,受到来自于外部市场竞争和内部传统思维定式而形成的阻尼力,如果没有一个驱动力不断激励球体,单摆的振幅将越来越小,企业的发展空间也将越来越小。这个驱动力就是来自于员工的创新力。如果创新力的驱动频率与企业的内在潜能相适应时,将产生共振现象,此时企业找准了创新激发点,实现综合价值最大化。

企业精神:创新每一天。观念创新、组织创新、管理创新、技术创新、产品创新、服务创新、价值创新。

企业作风:重在行动,贵在创新。

企业宗旨:创造价值,满足需求,追求卓越。

行为识别

品行操守:员工必须具有良好的思想品行,主要体现在坦诚、守信、遵纪、理性。

坦诚:为人正直,以诚待人。

守信:言而有信,承诺必做。

遵纪:令行禁止,遵纪守法。

理性:冷静思考,理智处事。

团队精神:员工必须培养积极向上的团队精神,具备参与、虚心、协同、奉献意识。

参与:团队活动,人人有责。

虚心:三人共行,必有我师。

协同:注意合力,服从大局。

奉献:人人为我,我为人人。

工作标准:员工必须树立一流的工作标准,努力做到:勤奋:尽心尽职,踏实工作。认真:事无大小,追求更好。创意:否定自我,不断创新。高效:日事日清,讲究实效。

交往礼仪：员工既要做文明职工，又要做文明市民。基本要求是：整洁：讲究卫生，整齐整洁。礼貌：礼貌待人，尊老爱幼。合作：不卑不亢，友善合作。和睦：遵守公德，家和邻睦。

【上海市电信有限公司】

企业标识

中国电信 上海市电信公司 CHINA TELECOM SHANGHAI TELECOM 用户至上 用心服务 Customer First Service Foremost

理念识别

企业精神：团结拼搏，同创价值；和谐创新，共享繁荣。

核心价值观：客户就是价值，员工就是财富，创新就是未来。

共同愿望：追求完美沟通，奉献全新生活。

公司理念：不断满足和创造客户的需求，引领、促进市场健康发展，优化各利益群体的价值分配，实现可持续的企业价值最大化。

企业口号：网络好，服务更好！

【上海浦东发展银行】

企业标识

行徽

标志释义：行徽由“P”、“D”连接“S”巧妙组成上海浦东发展银行行徽。正视行徽，英文缩写行名一目了然，给人以浪潮迭起之感；从上、下、左、右不同角度变化透视，又得到不同角度的空间意境。由此体现了银行现代化的气息和金融业滚动增值的内涵。同时又象征着上海浦东发展银行将在改革浪潮的簇拥下承上启下，拓展向前。

理念识别

企业文化建设的总目标：勇闯新路，树立独特企业理念；以人为本，培育高素质员工队伍；服务卓越，塑造一流企业形象；发展自我，争创行业最佳效益。

浦发理念：笃守诚信、创造卓越。

浦发价值观(浦发信条)

发展观：勇闯新路，稳健高效。

管理观：以人为本，优化机制。

人才观：求贤若渴，人尽其才。

竞争观：超越自我，以优取胜。

经营观：客户至上，集约经营。

服务观：满意服务，奉献社会。

分配观：绩效为先，公正公平。

道德观：团结敬业，廉政守信。

浦发人的座右铭：智慧奉献社会，敬业实现理想。

【上海通用汽车有限公司】

理念识别

宗旨：依靠一支训练有素、富有使命感和团队精神的员工队伍，贯彻精益管理原则，注重不断学习和积极创新，安全地为顾客提供世界级的高质量产品和服务，使上海通用汽车成为面向21世纪、国内领先、国际上有竞争力的汽车公司。

核心价值观：

1. 以客户为中心：以满足客户需求的程度作为衡量工作成效的标准。

——明确内外客户需求。

——保护客户长期热忱。

2. 安全：充分关注人的安全和健康以及环境安全。

——安全的产品。

——安全的设施。

——安全意识。

3. 充分授权的团队合作：创造良好氛围，积极发挥员工与合作伙伴特点、长处。

——团队的力量来自于有不同特长的队员。

——团队合作互利双赢不仅限于部门之间。

——成功的团队需要的是队员的引导和培训而非纯粹的管理和控制。

4. 诚信正直：成为值得信赖的公司和员工。

——守法守信，忠诚可靠。

——互相尊重，敢于纠错。

5. 不断改进与创新：更好、更快、更有效，更多运用新思维。

——不断学习，解放思想。

——追求卓越，突破传统思维方式。

【大众交通(集团)股份有限公司】

理念识别

企业使命：服务大众、报效社会。

大众交通集团致力于提高社会大众的生活质量，倾力提供规范、优质、超值的服务。

企业目标:大众交通集团志在成为世界一流的大型企业集团,使“大众交通”成为现代客运领域的世界领先品牌,成为现代物流领域的世界知名品牌。

事业领域:大众交通集团将以现代客运、现代物流为核心主业,积极发展高科技、金融保险、旅游服务等产业,成为跨地区、跨国界的大型企业集团。

核心价值观:一切为大众。提供大众客户温馨满意的服务,回馈大众股东稳定良好的收益,创造大众员工幸福美好的生活。

企业理念:从严管理,风正务实,开拓创新,志在一流,一人有难,大众相助,团结协作,发展共进,德才并举,海纳百川,艰苦创业,勇攀高峰。

企业口号:大众服务,服务大众。大众出租,服务大众。大众物流,服务大众。大众公交,服务大众。杭州大众,服务大众。

行为识别

核心行为准则:爱岗敬业,诚实守信。

通用行为准则:

个人仪表行为规范:精神饱满,乐观开朗。言行得体,仪态大方。统一着装,佩带标志。

人际关系行为规范:相互尊重,友好合作。融洽沟通,以诚相待。热心公益,乐于助人。

办公作业行为规范:遵章守纪,作风严谨。恪尽职守,礼貌待人。精简会议,务实高效。

团队意识行为规范:倡导全局观念,维护整体利益。心系集团事业,施展个人才华。共创大众伟业,同享发展成果。

公共关系行为规范:礼貌平等,热情周到。不卑不亢,言而有信。统一识别,注重形象。

环境意识行为规范:爱惜企业财物,美化工作环境。工作场所禁烟,创造健康空间。倡导环保意识,弘扬绿色旋律。

【上海三枪(集团)有限公司】

企业标识

理念识别

企业精神:发展三枪,永不满足

发展目标:管理创新,技术创新,机制创新,产品一流,质量一流,人才一流,成为中国纺织行业规模最大,实力最强,效益最好的世界名牌大型企业集团之一。

品牌理念:扬民族之魂,攀名品之巅。

经营理念:做得出,卖得掉,赚得着,追求效益最大化。

质量理念:消费者满意是质量最高标准。

人才理念:以人为本,用人之长,解人之难,奖人之功,聚人之心。企业之长是员工之长的总和。

【上海铁路建设(集团)有限公司】

理念识别

企业精神:勇于拼搏,锲而不舍。

职业道德:文明施工,优质守信。

工作标准:四保一创——保安全、保质量、保工期、保服务,创信誉。

整体形象标准:团结、文明、高效、务实。

企业质量方针:自己永不满足,业主永远满意。

行为识别

领导干部:公正廉洁,团结务实,决策科学,开拓进取。

工会工作人员:参与民主管理,维护职工权益,关心群众生活,发挥纽带作用。

共青团干部:服务青工,积极进取,岗位育人,当好助手。

纪检工作人员:坚持原则,刚正不阿,作风严谨,秉公执纪。

党政办公室工作人员:团结协调,严守纪律,主动服务,当好参谋。

党委组织工作人员:坚持党性,公道正派,热情诚恳,任人惟贤。

党委宣传工作人员:坚定信念,思想敏锐,坚持导向,注重实效。

教育工作人员:忠诚教育事业,教学结合实践,精心培育人才,处处为人师表。

经营、计统工作人员:信息灵敏准确,经营开拓求效,计划科学合理,资料及时准确,

施工技术人员:精通业务,严循规范,深入现场,指导帮促。

人事劳资管理人员:公正廉洁,尊重人才,执行政策,奖惩分明。

财会工作人员:严守制度,准确核算,严格监督,开源节支。

安全质量管理人员:贵在指导,严在监督,精通业务,秉公办事。

企业管理人员:强化管理,开拓创新,纵横协调,当好参谋。

审计工作人员:依法审计,严格监督,忠于职守,当好参谋。

工程设计人员:精心设计,降低造价,提高质量,方便现场。

物资管理人员:严守纪律,开源节流,采购及时,确保施工。

多种经营工作人员:文明经营,开拓搞活,精心管理,注重效益。

地亩管理人员:严守法令,服务协调,资料齐全,当好先行。

生活管理人员:热情服务,主动解难,严格管理,讲究实效。

信访工作人员：热情耐心，平易待人，办事高效，服务职工。

设备管理人员：主动服务现场，安全规范管理，确保设备完好，提高机械效率。

公安工作人员：廉洁自律，秉公执法，精通业务，忠诚积极。

人武工作人员：军政训练，安全创优，平战结合，常备不懈。

调度工作人员：严守岗位一丝不苟，掌握信息当好参谋，监督检查讲究效率，处理问题及时果断。

线路工：整齐夯实，作业规范，线路平稳，确保安全。

装吊工：高空作业，确保安全，装吊稳准，团结协作。

泥瓦工：砌砖盖瓦，横平竖直，珍惜材料，讲究效益。

通信工、信号工、电力工：严格操作，确保畅通，显示准确，不留隐患。

水道工：管接牢固，水通汽畅，排列规范，防止滴漏。

电工：作业规范，服务现场，确保安全，灯明场亮。

木工：精凿细刨，材尽其用，安全操作，当好配角。

钢筋工：讲究工艺，捆牢扎实，节约材料，确保质量。

油漆工：工艺精良，漆画洁亮，装点房屋，尽职尽责。

测量工：精心测量，数据准确，眼明腿勤，不误施工。

司机(汽车、轨道车、吊车、起重机)：安全驾驶，爱车爱货，节约油料，服务现场。

电焊工：严守规章，防火防爆，焊接牢固，主动服务。

机械、电器修理及加工人员：安全操作，精检细修，定期养护，热情服务。

装卸工：安全作业，堆码整齐，尊客爱货，遵纪守法。

架子工：高空作业，安全第一，捆严扎牢，满足施工。

混凝土工：灌捣扎实，养护跟上，爱护设备，节约材料。

材料工：严格管理，账料相符，精打细算，保证供应。

炊事员：清洁卫生，保质保量，热情服务，花色多样。

锅炉工：爱炉爱岗．安全当先，水开饭熟，节能勿忘。

门卫巡守人员：尽职尽责，见义勇为，按章办事，礼貌待人。

普工：虚心好学，工作主动，安全生产，当好配角。

【太平洋机电(集团)有限公司】

理念识别

集团精神：以卓越的人格追求一流的业绩。

核心理念：不迷恋昨天，不满足今天，不等待明天。

价值观：提升自我，成就集团。

集团目标：纺织装备的引领者。

经营哲学：真诚合作，利益共享。

集团形象：胸怀大海的气魄，织造美好的家园。

行为准则：我的工作和服务是为了您的满意。

竞争原则：以产品占领市场，用诚信赢得用户。

工作信条：只有起点，没有终点；永不满足，永争第一。创学习型行业：终生学习，提升自我，构建太平洋机电21世纪精英团队。

职业规范：讲政治责任，讲经济效益；讲民主法制，讲廉洁自律；讲勤政为民，讲自我奋进；讲职业道德，讲团队精神。

工作作风：忠于职守，诚实守信，务实高效；以人为本，管理民主，办事公道。

道德形象：以礼敬人、以德示人、以情动人。

行为规范：勤学习，精业务，勇进取，敢负责，善管理，严自律。

团队精神：大局为上，互助互学；团结协力，聚劲聚神。

职业守则：树理想，讲道德，学技能，守纪律。

行为识别

经营者：依法经营、信誉至上、勇于开拓、廉洁奉公。

领导干部：勇于进取、顾全大局、关心群众、民主明智、谦虚谨慎、廉洁奉公。

党务工作人员：开拓进取、勤政务实、紧贴经济、抓好党建、联系群众、掌握动态。

行政管理人员：严抓细管、敢于负责、深入现场、尽心服务。

工会干部：参政议政、民主监督、依法维护、凝聚员工。

共青团干部：当好助手、服务青年、勤学苦练、岗位成才。

班组长：关心组员、善于管理、以身作则、秉公办事。

市场营销人员：熟悉产品、开拓市场、客户至上、热情服务。

产品开发人员：钻研科技、了解市场、精心设计、勇于创新。

劳动人事干部：坚持原则、聚才育人、合理分配、提高效率。

统计人员：数据准确、统计及时、勤于分析、严格纪律。

质监人员：严格标准、精心把关、客观公正、服务生产。

监审人员：坚持内审、监察务实、秉公处理、廉洁自律。

财会人员：精于业务、加强核算、严格纪律、不徇私情。

医务人员：热情服务、认真负责、遵守制度、钻研业务。

教师：钻研业务、教书育人、为人师表、爱护学生。

企业报工作人员：导向鲜明、服务经济、内容准确、报道及时。

餐饮服务人员：规范服务、热情周到、价格合理、清洁卫生。

打字人员：认真细致、快速准确、严守机密、热情服务。

安保人员：坚守岗位、言行文明、严格制度、勤于防范。

档案管理人员：分类准确、保管完好、热情服务、严守机密。

采购人员：熟悉业务、重视材质、比价采购、不谋私利。

库房管理人员：环境整洁、定置管理、防火防盗、文明服务。

电话总机工作人员：规范用语、服务热情、业务熟悉、讲究效率。

老干部、退管会工作人员：热情服务、分忧解难、尽心尽责、管理有序。

机动车辆驾驶员：保养车辆、节约油料、重视安全、文明驾驶。

一线生产操作人员：钻研技术、爱护设备、保质保量、厉行节约。

二、三线生产服务人员：热爱本职、服从分配、服务生产、厉行节约。

【上海港集装箱股份有限公司】

理念识别

发展的核心价值观：勤勉敬业、富有创新精神的员工是上港集箱最宝贵的财富。爱祖国、爱集箱事业和爱生活是上港集箱公司凝聚力的源泉。实事求是是上港集箱公司的行为准则。跟上行业与技术的发展步伐，遵循市场规律不断创新，是上港集箱永恒的主题。主张在股东、经营者、顾客、员工与合作者之间结成利益共同体。

在根本利益一致的前提下，上港集箱崇尚团队精神，个人和各企业局部利益服从上港集箱整体利益。

上港集箱倡导合作精神。公司通过强强联合、广泛合作，汲取先进的管理经验和经营理念，引进先进技术，扩大经营规模。无论企业发展到何等规模，上港集箱始终铭记合作精神是企业成功的关键要素之一。经济地理位置优越的码头岸线是上港集箱拥有的重要资源，集装箱专业码头是公司核心资产。

【上海三菱电梯有限公司】

企业标识

上海三菱电梯有限公司

理念识别

企业理念：创造更和谐的生活空间。以人为本，为员工创造和谐的工作、学习空间；为客户创造和谐的乘行空间；为社会创造和谐的生活空间。

企业文化核心：超越自我、从零开始。不断克服自满和惰性，挑战自我，把每取得的一个成绩，作为一个新的起点，不断追求，与时俱进，坚持创新，永无止境。

企业精神。合资后的企业精神：“精诚团结、努力拼搏”。进入21世纪的企业精神：团结、敬业、自律、创新。

团结：合资各方通力协作，全体员工精诚团结，同舟共济，共创辉煌。

敬业：树立职业理想，强化职业责任，主动、高效、求实、进取，成就高品质的共同事业。

自律：自爱以保障自身形象，自省以完善道德修养，自控以实现自我监督、自我引导，自觉以形成什么该为、什么不该为的意识。

创新：创新是进步的灵魂，技术革新与管理突破并举，在创新中寻找新的经济增长点，实现“人无我有，人有我优”。

营销方针：上上下下的享受——上海三菱电梯。

上海三菱上上下下全体员工的共同努力，为社会为用户提供高科技、高性能的电梯产品，提供上上下下舒适的乘行享受。

质量方针：用户的需要就是上海三菱的追求。

质量贯穿于经营活动的始终，面对用户不断提升的需求，以先进的质量管理意识和卓越的质量管理能力，使用户的消费享受得到满足。

环境管理方针：为未来而珍惜。

从一点一滴做起，为社会、企业、员工的未来而珍惜环境，保护环境，要做到十分有心，十分用心，为实现社会的可持续发展贡献力量。

职业安全卫生方针：预防为主、珍惜生命。

坚持预防为主，关注健康，珍惜生命，引导员工增强自我保护意识，强调电梯作为特种设备的安全重要性，为员工、为用户提供安全可靠的工作、生活保障。

【上海复星高科技(集团)有限公司】

理念识别

复兴理念：修身、齐家、立业、助天下。

修身：古人常需“吾日三省吾身”。对于企业和个人来说，“修身”就是要通过不断地反省，全面审视自身的优势与不足，客观地评价自我；要通过反复修正，不断提升，最终实现自我完善。面向未来，整个团队必须保持旺盛的学习激情，具备相当的学习能力，努力建设学习型的组织，进而达到超越自我的更高境界。

齐家：古人所谓的“老吾老及人之老，幼吾幼及人之幼”，是齐家的精神实质。复星强调“企业家庭”的概念，倡导一种宽容、互敬的氛围，不断激励员工建立企业的共同情感和共同责任，建设创业型的团队，确立共同的志向、共同的追求，为企业的明天尽一份力；同时，企业努力为全体员工创造良好的工作条件，完善保障体系，为员工解决后顾之忧。企业是所有复星人的创业之家，企业是所有复星人的合作之家，企业也是所有复星人的感情之家。

立业：企业需要立业，个人同样需要立业。复星将企业的发展与员工的前途紧密相连，为每一位员工提供广阔的发展空间，充分激发全体员工的创业激情与专业才华。在复星的旗帜下，相互帮助、相互支持、相互依托，在融洽的氛围中，共同学习、共同提高、共同成长。创立复星之基业，振兴民族之产业，为推动社会经济的发展与繁荣作出积极的贡献。

助天下：复星的发展离不开社会各界的关爱，要对社会始终保持一种感恩心态。凭借着知识和技术的优势，对已拥有的资源进行利用和整合，创造出更多的价值回报社会。复星将“助天下”作为企业经营的理想目标，通过创造财富贡献于社会，通过创造品牌服务于社会，通过参与公益事业造福于社会。

【上海西部企业集团】

企业标识

理念识别

企业精神:开拓进取,艰苦奋斗,高效运转,争创一流。

改革和发展的总的指导思想:树立品牌意识,构筑人才高地,拓展多元经济。

经营方针:房地产开发要有新的发展,物业管理要有新的提高,多元经济要有新的突破。

企业理念:创意、创新、创造、追求卓越。

行为识别

1. 员工整体风貌:仪表优雅、举止文明、品行端正、态度和善、作风严谨、好学上进。

2. 职业道德规范

遵守国家政策法令,遵守上海市市民行为道德规范,遵守公司规章制度。热爱企业,热爱本职工作,积极提出合理化建议。态度和蔼讲文明,挂牌上岗守纪律,公开办事讲规范,遵章办事不违规,做好回访重信誉。相互尊重,团结协作,奋发向上。努力学习,刻苦钻研,接受公司培训及考核。爱护公共财产,勤俭节约,维护公司利益。

3. 商务活动规范

商务活动交往时,维护公司利益。不得将赠予公司的礼品或任何有价物,据为己有。不得泄露公司机密。亲切、负责地接受客户咨询。认真对待客户投诉,采取行动,及时解决。

4. 员工日常行为规范

工作态度

服从领导:员工应遵守公司层级管理制度,服从和执行上级指派的任务及工作调配。

严于职守:坚守本职岗位,不得擅自离岗、串岗。

正直诚实:对上级、同事和客户要以诚相待。

团结协作:各部门之间、员工之间要互相配合。

勤勉高效:发扬勤奋踏实的精神,优质高效地完成所担负的工作。

服务态度

礼貌:这是员工对客户和同事最基本的态度,在任何时刻均应使用礼貌用语,“请”字当头、“谢”字不离口。

热情:尽可能为同事和客户提供方便,热情服务。

耐心:对客户的要求应认真、耐心地聆听。

平等:一视同仁地对待所有客户。

仪容仪表

员工必须保持衣冠整洁,按规定要求着装和佩戴胸牌。

在工作场所不得穿短裤、背心、拖鞋。

皮鞋要保持干净,不准钉响底。

女员工不得浓妆艳抹。

行为举止

举止大方得体。

遇上级领导或有客来访应立即起身相迎并问好;来客告辞应移步相送。

注意走路姿势,在走道内行走脚步要轻,不得奔跑(紧急情况除外)。

进入上级领导或其他部门办公室前,应先立在门外轻叩门三下,征得同意后方可入内;若进去时门是关住的,出来时则应随手将门轻轻带上。

对客户或来访人员提出的询问、疑难、要求、意见,要耐心倾听,有问必答并做到每件事回答准确(对自己无把握的应婉转地表示歉意,联系有关人员给予解答,或留下文字记录,限时予以回复)。

接听电话

各服务部门的电话,务必在三响之内接答。

拿起话筒先说“您好,××××,请讲!”语气平和。

通话时,尽量不使用免提键。

按公司有关规定做好记录,将要点向对方复述一遍。

通话完毕应说“再见”,不得用力掷听筒。

上班时间,一般不得打(传)私人电话,如有急事,通话时间不宜超过3分钟。

5. 考勤

员工上、下班,应按规定考勤(或打卡),不准代他人或委托他人考勤。

因公外出或因特别理由不能考勤(或打卡)的,要由部门主管领导签字认可。因故不能出勤者需事先请假(特殊情况事后必须补假)。

6. 安全生产

员工要做文明人,实行文明管理,建设文明环境,实现文明生产。

员工安全生产责任制。遵纪守法,防止事故;禁止违章操作。

爱护和正确使用机器设备,工具和个人劳动防护用品。

接受三级教育,积极参加有关安全生产的各项活动。

【上海东方商厦有限公司】

理念识别

1 以礼为魂:东方商厦企业文化之魂是礼、东方商厦最基本的价值观念也是礼。

东方商厦持续存在的目的：促进员工成长，传播美好生活，追求盈利贡献。

企业使命宽度定位：生活服务产业。

企业理念：礼在东方、礼在心中。

企业精神：敬业创新、和谐高效。

企业作风：严谨简练、求实求精。

企业目标：追求经典、追求超越。

2. 礼品化经营

东方商厦企业文化中的“礼”是一种经营理念，即礼品化经营。礼品就是高档不一定高价，有文化品位的国内外著名品牌、有东方特色包装的商品，礼品化经营的境界是商业成功和文化辉煌的结合。

3. 礼貌服务

东方商厦企业文化中的“礼”是一种服务理念，即礼貌服务，有形商品、无限服务，也就是“规范”、“全员”、“全程”、“全面”的全方位服务。

4. 礼仪氛围

东方商厦企业文化中的“礼”是礼仪的氛围。

5. 制度文化

东方商厦企业文化中的“礼”是一种企业秩序和管理制度。东方商厦管理制度的精华是市场化，核心是精、简、严、活。

6. 管理战略

东方商厦企业文化中的“礼”是一种企业管理战略，东方商厦实施的管理战略是基础管理标准化、经营管理目标化、综合管理现代化、人员管理市场化。

7. 情感接点

东方商厦企业文化中的“礼”是企业和员工的情感接点。东方商厦凝聚力工程的特色是“严中有情”，刚性管理，柔性操作；东方商厦和员工的关系是市场经济条件下的共生关系，“东方是我家，兴旺靠大家”。

8. 全面发展

东方商厦企业文化中的“礼”是企业全面发展全面进步的标志。

【上海生命科学研究院生物化学与细胞生物学研究所】

企业标识

中国科学院上海生命科学研究院
生物化学与细胞生物学研究所
Institute of Biochemistry and Cell Biology, SIBS, CAS

行为识别

(一)科技工作者行为准则

1. 拥护党的领导和党的基本路线，遵纪守法，坚持辩证唯物主义和历史唯物主义，树立正确的世界观、人生观和价值观。继承“科学、民主、爱国、奉献”的优良传统，积极弘扬科学精神，传播科学思想和科学方法。

2. 在科研工作中，遵守职业道德、同事间互相尊重，团结协作，提倡合作交流的团队精神，从协作获得机会求价值，发扬尊老扶新的良好风尚。

3. 坚持“三老四严”（说老实话，做老实人，办老实事；严肃、严密、严格、严谨）的科学态度，发扬独立思考，大胆探索，勇于创新，追求真理的精神。在科研活动中追求真实的研究结果或实验数据，注重严谨论证与研讨，确保研究项目的真实性和科学性。加强社会责任感。

4. 在应用、开发项目的申报或接受委托时，应对项目进行认真的调查研究和充分的可行性论证，科研立项材料应做到客观、真实。在技术开发、转让、咨询、服务等技术交易活动中，应遵守诚实守信互利原则，遵守社会主义市场经济法则，严格履行合同，保证成果转化的质量和应用效益。

5. 在科研立项、成果评审、鉴定、验收等活动中，应对社会高度负责，遵循客观、公正、准确的原则，如实评价，不使用不符事实的夸大或贬低用语。

6. 自觉保守国家秘密，遵守学术规范，保护知识产权。在科研论著中引用他人成果，须注明引证出处；未参加研究或论著写作的人员，不得在论著中署名或牟取其它不正当利益。严禁抄袭他人著作、论文或者剽窃他人科研成果的行为。在项目完成后，不得故意隐瞒关键技术或者资料，故意妨碍后续研究与开发。职务技术成果的完成人应当保证单位充分、有效地使用，禁止将研究成果非法据为己有。

(二)服务人员行为道德规范

1. 服务科研，尽心尽职。树立全局观念，搞好保障服务；明确职责范围，工作尽职到位；确保科研需要，工作讲究时效。

2. 勤奋学习，技术过硬。学习科学文化，钻研业务技能；苦练过硬本领，技术精益求精；服务细心周到，善解各种难题。

3. 乐于奉献，行为文明。不计名利待遇，甘做无名英雄；节省各种开支，为所多作贡献；注意良好形象，待人接物文明。

(三)管理人员行为道德规范

1. 观念新、职责明、思路清。紧跟时代步伐，不断更新观念；树立创新观念、竞争观念、人才观念、服务观念、效率观念、经济观念；明确岗位职责，工作尽心尽职，工作主动，勤于思考，思路清晰，条理清楚，快捷高效，事半功倍。

2. 态度好、办事快、服务勤。笑脸相迎，耐心倾听；判明事由，能办即办；确有困难，耐心解释；设身处地，互相理解；以诚相待，坦诚相见；工作讲究效率，确保按时优质；重视科学管理，不断提高水平；深入科研一线，及时了解情况，勤为科研服务，主动解决问题。

3. 爱学习、多调研、勇创新。管理部门要成为学习型组织，人人热爱学习和研究。管理干部要学政治理论、文件政策、法律知识、科学文化以及与业务相关的专业和技能；要想问题、多调研、善分析、出思路、提方案，勇于探索和实践。

4. 乐奉献、讲文明、作表率。正确对待名利，发扬奉献精神，重视精神文明，培养高尚情操，注意自身形象，要作职工表率。

【上海松下电子应用机器有限公司】

行为识别

公司纪律——就是规则、制度,以及公司的规定等,都是为了避免麻烦别人,同时为使自己不至于遇到麻烦而制定的。对于这些规则、制度都应该从我做起,严格遵守。另外,公司先辈长期形成的习惯、礼节等,对于愉快地过好公司生活,与他人建立良好的人际关系起着重要的作用。包括:不要给别人添麻烦。不发牢骚,不讲别人的坏话;对公司不满的地方应以正当手段坦率地提出来。不要在工作中聊天,在他人的工作处或同邻近的人聊天,会使别人思想不集中,影响他人的工作,造成失误。

注重礼节——礼节是良好教育的基准,所谓适当的行为就是指注重礼节的行为。礼节的本质就是不要给人添麻烦。即使别人不这样做,自己也应从我做起。这也可以说是身为一个社会人,取得了同别人友好相处的资格。

正确的态度——如果仅浮于形式,无诚心,则是虚礼。所谓礼节就是把自己的真心以正确的态度表达出来。包括令人愉快的动作、表情。姿势端正、服装清洁。语言准确。反应正确。其中礼节又以内心、教养、思维方式、感情为基础。

培养心智——成为可信赖的、令人喜欢的人:首先要考虑自己的性格,发掘个性;发现长处,发扬优点;即使有时有自卑感,也别过分在意(自卑感谁都有,但是如果能战胜它,则会变得更强,更能很好地发展自己);树立努力方向,并朝着努力方向前进;不要消沉,勇往直前;不要犹豫,主动商量;养成对任何事情都努力做好的习惯。

相互合作、相互协调——同上司、先辈、同事相互合作是非常重要的。首先自己应主动同他人协作;必须遵守纪律和礼节;以明朗的态度工作;在任何场合下,都不要争吵;不讲别人的坏话。若不能与人友好协作,就要弄清原因,努力将对方看成自己的共事同僚,友好地协调;反省一下是否因为自己努力不足而给别人添了麻烦;如果自己有错,就要主动改正;不要仅考虑自己,应站在集体及对方的立场考虑问题;积极参加公司的活动。

令人厌恶的人——讲坏话、吵架、发牢骚等;只顾做自己的工作,忽视其他人的存在;违反纪律还很得意;不打招呼,别人打招呼却无反应;不遵守休息时间,在楼道、洗手间聊天;当别人指出不正确的地方时,马上发怒、哭闹等;不爱护工作用具;不能真心道歉;时常发牢骚,发泄不满;事实与意见混淆,在讨论工作时掺杂个人感情;不能同他人友好协调;公私不分,损公肥私;化浓妆,服装过于随便、脏乱;用手搔头发;工作失误也满不在乎;随地吐痰;在办公室大声讲话,影响他人工作。

令人喜欢的人——注重礼仪;礼貌地对待卫生人员、保安人员及门厅工作人员;不伤害对方的自尊;认真倾听他人的意见;不要抹杀别人的功绩,适当的时候表扬别人;不要过分强调自己的优点;为了整体利益,适当忍受;勇于承认错误;平等待人;行为有礼;热情工作、努力学习;注意健康,重视家庭;发表意见不掺杂个人感情;遇事不慌;责任心强;永远不失明朗;严守时间。

日常反省检查表——是否感情用事?是否被当时、当地的气氛所左右?是否能表达真心意思?是否不直接说明,却以态度间接地表现出来?是否不懂装懂?是否没有搞清事情的原因,就发牢骚?是否追究过事情的根源呢?因为自己聪明、长得漂亮,与上司关系好而自傲?同自己不喜欢的人,是否搞不团结或者故意为难别人?是否经常在工作中聊天?有没有不够热情地对待上司的命令?工作方法或工作安排有变动时,是否毫无理由地反对?是否有不顾全大局,只注重团体的利益?有没有注意力不集中,不竭尽全力工作?做工作是否有毅力?是否依赖心过强、逃避责任?

使公司气氛明朗的七语言——早上好!谢谢!请……对不起。辛苦了。抱歉。再见!

适宜回答方式——看着对方。表情明快。心情舒畅。大声。主动。

工作的准备——出勤打卡及卡的使用,都要按规定的出勤手续准确地执行。在规定的更衣室内快速地更换衣服。整理工作桌、作业台等,做好工作的准备。在一些有早晨进行扫除习惯的车间,要提前到达,主动扫除。

同外界人员交往的心理——在楼道里遇到迎面走来的客人时,要轻轻点头,面带微笑打招呼。外边来的客人想找某个人讲某件重要的事,如果看到他有危难之事时,不管是谁都应主动上前打招呼。工作中有人参观工厂时,不要来回观望,不要盯着对方。此外,没有必要停下手中的活和别人聊天。

保持工厂内的清洁——轮流值日做扫除是一个好方法。清扫时,要轻轻地进行,注意不要影响他人的工作。灯罩及荧光灯盖要及时清扫,以保证良好照明。由室外进入室内时如果鞋上带有脏东西,请清理后再进入室内。

【上海医药工业研究院】

理念识别

立身之本:求真,崇尚科学敬业奉献的精神境界。
发展之基:创新,精进追求卓越的价值取向。
力量之源:合作,协力同心和衷共济的工作氛围。
成功之路:争强,敢于竞争求胜领先的事业目标。

【太原钢铁(集团)有限公司】

企业标识

太原钢铁(集团)有限公司
TAIYUAN IRON AND STEEL (GROUP) CO.,LTD.
TISCO
www.tisco.com.cn

理念识别

企业发展战略目标:把太钢建设成为具有国际水平的以不锈钢为主的特殊钢企业,进而建成全球最具有竞争力的不锈钢企业。

工作方针:以发展为主题、以结构调整为主线、以对标挖潜为重点、以改革创新和科技进步为动力、以人为本。

企业精神:李双良精神。

李双良是太钢加工厂渣场原负责人,早在50年代就以工业炉爆破能手闻名全国冶金行业。1983年退休以后,带领渣场职工,把堆积了半个世纪的1000万立方米的渣山搬掉,创造价值1.4亿元,使原来污染严重的渣山变成花园。先后荣获全国"五一劳动奖章"、"全国劳动模范"和"全国优秀共产党员"等光荣称号,联合国环境规划署把他列入"保护及改善环境卓越成果全球五百佳名录"并授予"全球500佳金质奖章"。太钢聘任他为冶渣顾问。李双良精神的核心是主人翁精神,李双良精神的实质是"把太钢的事当作自己家的事",李双良精神主要体现在:想企业所想、急企业所急,心系企业,将企业的事当作自己的事去办,为企业发展做贡献的主人翁思想和精神;为企业着想,不畏困难、艰苦奋斗的主人翁思想和精神;关心群众、依靠职工群众办企业的主人翁思想和精神;与时俱进、开拓创新的主人翁思想和精神。

企业核心价值观:以人为本、用户至上、质量兴企、全面开放、不断创新。

【广东移动通信有限责任公司】

理念识别

(一)企业使命报告书:广东移动通信致力于"争创世界一流移动信息运营公司",立足于做市场的"主导者",技术的"引领者",服务的"佼佼者"。公司视"客户为企业生命,员工为企业之本",崇尚"沟通从心开始"的企业精神,把世界距离拉近,使人类联系更紧。沟通创造价值,沟通充满欢乐,是我们孜孜不倦的追求!

(二)奋斗目标:争创世界一流通信企业。

2002-2004年发展目标:提升核心竞争力,打造品牌新优势,争创世界一流移动信息运营公司。

(三)企业核心价值观:

1. 尊重员工自我价值的实现:员工与企业共同成长。以人的价值为本。能力优于学历,业绩优于资历。你有什么样的能力,就给你什么样的舞台。今天工作不努力,明天努力找工作。

2. 客户是企业生命所在:客户永远是对的。服务第一,盈利第二。满足需求是本能,创造需求是本事。不断为客户创造价值。让客户120%满意。

3. 创新是可持续发展的动力:观念创新是第一位的创新。鼓励创新,容忍失误。不创新就要遭淘汰。学习是知识经济时代的立身之本。以变带变,才能领先。

4. 发扬团队精神实现企业目标:团结:1+1>2;不团结:1+1<1。只有企业好,员工才能好。工作就是服务。你想别人怎样对你,你就要怎样对别人。要管好别人,先管好自己。

(四)企业精神:沟通从心开始。

作为为社会公众提供移动信息服务的企业,是在从事一项旨在使千千万万人实现自由的、无限制沟通的事业。沟通无处不在、无时不有,员工之间、上下级之间、部门之间,与客户、与股东、与合作商、与社会公众之间都需要沟通。沟通必须是真心、真诚的,是发自内心的,只有真心、真诚、用心去沟通,才能使障碍烟消云散,真情取代冷漠,温暖驱除孤寂,信息获得共享,矛盾得以化解,效率大大提高,生活更加愉快。沟通永远需要,永无止境,沟通只有起点,没有终点。

(五)企业形象

在社会公众中的形象:责任型、贡献型。

在客户中的形象:优质、真诚。

在员工中的形象:公平、信任。

股东认可的形象:发展型、效益型。

在合作商中的形象:公正、廉洁。

在行业中的形象:守法经营、竞争双赢。

(六)个性化管理模式

人性化管理的核心思想是企业要建立一种机制,使人性中的优点得到最大的发挥,使人性中的弱点得到最大限度的制约,从而使企业可持续发展与个人的需要满足和一生幸福得到最佳的结合。

【彩虹集团公司】

理念识别

1. 彩虹精神:敬人敬业,追求卓越!

2. 彩虹理念:人类美好生活的创造者!

3. 客户文化理念:超越客户期望。

4. 客户文化目标:发展永恒的客户。

5. 客户文化承诺:

永远站在客户的角度第一次就把工作做好。

您有一份需要,我会百倍努力。

时刻为客户着想,永远为客户服务。

客户的满意就是我们的工作目标,客户的需求就是我们永恒的追求。

用高质量产品,为客户创造足够的发展空间。

以有效的方法为客户排忧,以最佳的效率令客户满意。

客户的每个电话都有热情的回复,每个询问都有详细的回答,每个问题都有满意的解决,每个要求都有愉悦的结果。

用完美与和谐为客户创造价值。

6. 安全文化理念:珍爱生命,播种幸福。

7. 安全文化价值观:安全和健康是最大的财富。

8. 安全方针:预防在先,全员参与;落实责任,分级管理。

9. 安全人本思想:

永远肯定和尊重人的尊严和才能。

尊重员工价值，安全力求完美。

安全归根结底是为了员工自己。

10. 安全誓词

履行安全责任，做好本职工作。

不伤害自己，不伤害他人，不被他人伤害。

做彩虹安全人。

【新疆特变电工股份有限公司】

企业标识

理念识别

核心理念：改革就是特变，改革就是创新，创新才能特变。创新是特变电工发展的灵魂。企业在不断的变化中追求、创造新的和谐，做到和谐、融合。企业与社会和谐共荣；企业与环境和谐共存；企业与用户和谐共进；企业与员工和谐共享；企业与合作者和谐共赢。融合世界经济，走国际化道路；融合世界人才，建立多元化团队；融合世界企业，实施文化扩张。

企业精神：特别能吃苦：开拓进取，创业无限；特别能战斗：团结协作，勇挑重担；特别能奉献：经营人生，追求卓越；特别能学习：超越自我，创新求变。

企业愿景：员工实现梦想的舞台；职业经理人的摇篮；全球化的行业先锋。

发展目标：国内一流企业，国际驰名品牌。领跑国内同行业，竞技国际大舞台，打造世界驰名品牌。

经营理念：以诚信立业，以创新发展，以文化经营。诚信是特变电工的立业之本，创新是特变电工发展的灵魂，文化经营是特变电工竞争的最高境界。

创新理念：观念创新为先导，制度创新为保障，技术创新为动力，文化创新为根本。

用人理念：尊重、理解、信任、造就。尊重是企业对员工价值的肯定；理解是企业对员工追求的关爱；信任是企业对员工潜能的激发；造就是员工价值和企业价值的完美实现。

团队意识：沟通、创造。沟通是创造的基础，企业由若干个团队组成。团队内外做到沟通渠道畅通、信息共享、优势互补、平衡对称，成为战斗力、创造力极强的团队，去创造企业的一切财富。

【华为技术有限公司】

企业标识

理念识别

核心价值观

追求

第一条　我们的追求是在电子信息领域实现顾客的梦想，并依靠点点滴滴、持之以恒的艰苦追求，使我们成为世界级领先企业。

员工

第二条　认真负责和管理有效的员工是我们公司最大的财富。新生知识、新生人格、新生个性，坚持团队协作的集体奋斗和决不迁就有功但落后的员工，是我们事业可持续成长的内在要求。

技术

第三条　广泛吸收世界电子信息领域的最新科研成果，虚心向国内外优秀企业学习，独立自主和创造性地发展自己的核心技术和产品系列，用我们卓越的技术和产品自立于世界通信列强之林。

精神

第四条　爱祖国、爱人民、爱事业和爱生活是我们凝聚力的源泉。企业家精神、创新精神、敬业精神和团结合作精神是我们企业文化的精髓。我们决不让雷锋们、焦裕禄们吃亏，奉献者定当得到合理的回报。

利益

第五条　我们主张在顾客、员工和合作者之间结成利益共同体，并力图使顾客满意、员工满意和合作者满意。

社会责任

第六条　我们以产业报国，以科教兴国为己任，以公司的发展为所在社区做出贡献。为伟大祖国的繁荣昌盛，为中华民族的振兴，为自己和家人的幸福而不懈努力。

基本目标

顾客

第七条　我们的目标是以优异的产品、可靠的质量、优越的终生效能费用比和周到的服务满足顾客的最高需求。并以此赢得行业内普遍的赞誉和顾客长期的信赖，确立起稳固的竞争优势。

人力资本

第八条　我们强调人力资本不断增值的目标优先于财务资本增值的目标。具有共同的价值观和各具专长的自律的员工，是公司的人力资本。不断提高员工的精神境界和相互之间的协作技巧，以及不断提高员工独特且精湛的技能、专长与经验，是公司财务资本和其他资源增值的基础。

核心技术

第九条　我们的目标是在开放的基础上独立自主地发展具有世界领先水平的通信和信息技术支撑体系。通过吸收世界各国的现代文明，吸收前人、同行和竞争对手的一切优点，依靠有组织的创新，形成不可替代的核心技术专长，持续且有步骤地开发出具有竞争优势和高附加值的新产品。

利润

第十条　我们将按照我们的事业可持续成长的要求，设立每个时期的足够高的利润率和利润目标，而不单纯追求利润的最大化。

公司的成长

成长领域

第十一条　只有当我们看准了时机和有了新的构想，确信能够在该领域中对顾客做出与众不同的贡献时，才进入新的相关领域。

公司进入新的成长领域，应当有利于提升我们的核心技术水平，有利于增强已有的市场地位，有利于共享和吸引更多的资源。顺应技术发展的大趋势，顺应市场变化的大趋势，顺应社会发展的大趋势，就能使我们避免大的风险。

成长的牵引

第十二条　机会、技术、产品和人才是公司成长的主要牵引力。这四种力量之间存在着相互作用。机会牵引人才，人才牵引技术，技术牵引产品，产品牵引更多更大的机会。加大这四种力量的牵引力度，促进它们之间的良性循环，并使之落实在公司的高层组织形态上，就会加快公司的成长。

成长速度

第十三条　我们追求在一定利润率水平上的成长的最大化。我们必须达到和保持高于行业平均的增长速度和行业中主要竞争对手的增长速度，以增强企业的实力，吸引最优秀的人才，和实现公司各种经营资源的最佳配置。在电子信息产业中，要么成为领先者，要么被淘汰，没有第三条路可走。

成长管理

第十四条　我们不单纯追求规模上的扩展，而是要使自己变得更优秀。因此，高层领导必须警惕长期高速增长有可能给公司组织造成的紧张、脆弱和隐藏的缺点，必须对成长进行有效的管理。在促进公司迅速成为一个大规模企业的同时，必须以更大的管理努力，促使公司更加灵活和更为有效。始终保持造势与务实的协调发展。

我们必须为快速成长做好财务上的规划，防止公司在成长过程中陷入财务困境而使成长遭受挫折，财务战略对成长的重要性不亚于技术战略、产品战略和市场战略。

我们必须在人才、技术、组织和分配制度等方面，及时地做好规划、开发、储备和改革，使公司获得可持续的发展。

【万向集团】

企业标识

理念识别

1. 企业目标

战略目标：成长为拥有核心竞争能力和核心价值的现代公司。

经营目标之长远目标：实现两个“三级跳“——省级集团→国家级集团→跨国集团。

经营目标之近期目标：奋斗十年添个“零”，日创利润一千万。

管理目标：人尽其才、物尽其用、钱尽其值、各尽其能。

岗位目标：一天做一件实事，一月做一件新事，一年做一件大事，一生做一件有意义的事。

2. 企业哲学

经营哲学：财散则人聚，财聚则人散；取之而有道，用之而欢乐。

经营理念：大集团战略，小核算体系，资本式经营，国际化运作。

经营原则：利他共生，共创共享。

管理哲学：人人头上一方天，个个争当一把手。

万向奖罚观：奖罚分明，多奖少罚。

人本哲学：两袋（口袋、脑袋）投入，使员工身心与物质受益。

实践“三个代表”：具备“三个必须”，坚持“三个一切”，落实“三个围绕”，实践“三个代表”。

3. 企业宗旨：为顾客创造价值，为股东创造利益，为员工创造前途，为社会创造繁荣。

4. 企业精神：讲真话，干实事。

5. 企业道德：外树企业形象，内育职业忠诚。

万向用人观：有德有才者，大胆聘用，可三顾茅庐，高薪礼聘。有德无才者，委以小用，可教育培训，促其发展。无德无才者，自食其力。无德有才者，坚决不用，如伪装混入，后患无穷。

万向公私观：舍己为公，大公无私，公而忘私，是先进的；先公后私，公私兼顾，是允许的；先私后公，私字当头，是要教育批评的；假公济私，损公肥私，是要制止与打击的；表面为公，暗中为私，是伪君子，不可重用，是要防止的。

6. 企业作风

信条篇

之一：务实、创新、卓越。

之二:不赶时髦,不搞形式,不讲假话,走自己的路,圆自己的梦。

之三:思路决定出路,作为决定地位,一切都是人为,时间检验行为。

之四:天上不会掉下馅饼,地上没有免费午餐,从来就没有救世主,一切都靠自己创造。

之五:做事——进一步海阔天空,退一步前功尽弃。做人——忍一时风平浪静,退半步海阔天空。

操守篇

之一:做好“四管”,严字当头。

之二:多看则清,多听则明,多思则聪,多干则成。

之三:读万卷书,行万里路,交万人友,创万年业。

之四:以勤砺志,以俭养德。

之五:想主人事,干主人活,尽主人责,享主人乐。

【宁波方太厨具有限公司】

企业标识

理念识别

方太使命:方太要成为一家充满活力、令人向往、受人尊敬的世界一流企业。不断为人类提供更新、更好的厨房文化与生活方式,竭尽全力,让家的感觉更好。同时让员工实现人生梦想,让社会得到极大回馈,让股东与合作伙伴充分受益。

方太哲学

核心价值观:产品、厂品、人品三品合一。

企业精神:敬业、协作、学习、创新。

企业作风:迅速反应,立即行动。

三大纪律:不弄虚作假、不滥用职权、不贪污受贿。

三大原则:诚信为本,坚持以顾客满意为第一标准,决不为短期利益而出卖未来。

行为判别三准则:是否有利于公司持续发展,是否有利于提升顾客满意,是否有利于平衡相关方利益。

思维方式:我是一切的根源。

方太信念:我们是最棒的。

工作态度:满怀激情,全力以赴。

团队观:方太是一个“团队”,只有“我们”,而没有“你们”、“他们”。

方太的承诺

对顾客承诺:以顾客为关注焦点,坚持为顾客创造最大价值。

对员工承诺:尊重并且关爱每一位员工,重视员工的意见与建议,重视员工的成长与发展。

对自己承诺:每天进步一点点,不说不可能;坚持到底,永不放弃。

对公司承诺:创造公司最大价值,追求企业永续经营。

对合作伙伴承诺:强强合作,寻求双赢。

对社会承诺:承担社会责任,推动社会发展。

方太方针

总方针:不断创新,追求卓越。

市场方针:创造消费,决胜品牌。

销售方针:渠道为王,终端取胜。

人事方针:业绩导向,优胜劣汰。

财务方针:稳健、规范、真实。

管理方针:简单有效,直奔目标;系统可控,追根究底。

质量方针:不断改进,力求完美,追求顾客完全满意。

环境方针:节能降耗,奉献绿色产品;预防污染,创造美好家园。

职业健康与安全方针:健康为根,安全为本;关爱生命,永续经营。

制造方针:精品化。

研发方针:高档、独特、领先。

采购方针:优质适价,利益共享。

远景目标:2012年,方太总部将位于上海或宁波,在欧美分别拥有一个设计中心,在国外拥有五个分公司,拥有来自五个国家(含中国)以上的员工10000名。在中国高端厨房市场居于领先地位,全球中高端厨具市场位于前五名,“方太”与“FOTILE”成为中国高端厨房第一品牌及国际著名厨具品牌,销售收入达50亿元,其中出口达10亿元,税前利润达到6.5亿元。净资产收益率达到30%。

方太战略

公司战略:以“厨房专业化”为核心战略(第一个“十年战略”),适时实施相关多元化战略(第二个“十年战略”),逐步进入卫浴及部分家居等紧密相关领域,并力争在每个领域都达到国内领先、国际先进水平。同时实施国际化战略,使得国际市场的销售收入占到总量的20%以上,使方太健康持续、稳定的发展。

竞争战略:采取差异化以及聚焦战略,打造方太在厨房领域的核心竞争能力,全面建立竞争优势。方太核心竞争能力包括方太的产品力、顾客体验、顾客服务以及将方太内外部资源进行全面整合,并使之方向一致,高度协调的系统整合能力。

事业定位:厨房。

产品定位:高端定位,兼顾中端。

市场定位:高端市场领导者(中国高端厨房第一品牌)。

品牌定位:设计领先的厨房专家。

消费者定位:追求时尚、个性、高品质生活的、有一定文化素养及经济实力的个人和家庭。

【李宁体育用品公司】

企业标识

一切皆有可能 Anything is possible

李宁牌商标

标志释义：整体设计由汉语拼音“LI”和“NING”的第一个大写字母“L”和“N”的变形构成主色调为红色，造型生动、细腻、美观，富于动感和现代意味，充分体现了体育品牌所蕴涵的活力和进取精神。

李宁牌商标的象征意义：飞扬的红旗——青春，燃烧的火炬——热情，律动的旋律——活力。

理念识别

企业精神：源于体育，用于体育。

公司以“源于体育、用于体育”为经营宗旨，积极参与国家和地方的体育事业。通过专业化的高品质产品，传递积极、健康的生活理念。“李宁”是一个具有浓厚体育内涵的品牌，“李宁”产品展示的是富于体育运动精神和进取精神的生活理念。

挑战自我，超越自我。

每个人都有着巨大的潜质，只有面对机遇，迎接挑战，才能不断发掘自己的潜质，实现完善自我，超越自我。这是李宁公司取自于体育精神、得以实现不断创新发展的源源动力。

三、员工行为识别系统

李宁人：喜爱运动，拥有积极、健康的生活方式。

作为体育品牌公司的员工，大多数李宁人都是年轻人，活力与热爱运动是李宁人的共性。

开朗乐观，有创造性和挑战精神。

有朝气而勇于进取，勇于面对困难，并相信自己有实力，能够通过努力达到目标。

有很强的团队意识

一个团队的实力取决于其成员的凝聚力。同样，一个公司的竞争力有赖于所有部门为达到共同理想所做努力。这就是李宁人所崇尚的合作精神。

【大连三洋制冷有限公司】

理念识别

企业宣言：贡献于人类和地球。

企业宗旨：优化地球环境，造福人类生活。

四个共存的理念：企业发展与国家发展和社会进步共存，经济发展与地球环境共存，企业发展股东利益与顾客利益共存，企业与劳动者共存。

企业精神：务实、创新、追求卓越。

经营理念：创造无止境的改善。

企业方针目标：严格管理、提高质量、降低成本、创世界一流企业(1993年)；严格管理、降低成本、确保质量、创世界一流企业(1998年)；科学管理、技术领先、培创高信誉度客户、形成国际竞争能力(2000年)。

改善的十条基本精神：抛弃僵化固定的观念；过多地强调理由，是不求进取的表现；立即改正错误，是提高自身素质的必经之路；真正的原因，在“为什么”的反复追问中产生；从不可能之中，寻找解决问题的方法；只要你开动脑筋，就能打开创意的大门；改善的成功，来源于集体的智慧和努力；更应该重视不花大钱的改善；完美的追求，从点滴的改善开始；改善是无止境的。

阻碍改善的十大主义：不思进取，安于现状的盲目乐观主义；工作推之却之，一切都办不到主义；工作责任心差，但求平安主义；遇难而退，丧失信心的悲观主义：得过且过，患得患失的惜力主义；明哲保身，但求无过的好人主义；天下太平，没有危机意识的公司安全主义；坐井观天，自我独立的漠不关心主义；少贪事，绕道走，免惹麻烦主义；总说别人不好，推卸责任的责他主义。

员工的工作价值观

我们的工作是：创造舒适的空间和谐的环境，创造人类的幸福和新的文明。

员工五准则：严守时间、礼节仪表、确保质量、整理整顿、爱我公司。

六高良性循环：员工的高素质、产品的高质量、生产的高效率、服务的高水平、企业的高效益、员工的高收入。

零缺陷的目标理念：质量提高，次品为零；成本降低，浪费为零：有秩生产，库存为零；安全第一，伤害为零：环境保护，污染为零：顾客满意，投诉为零：改正错误，重犯为零；自我改善，缺欠为零。

岗位基本准则：自律、尽职、改善、创新。

五项基本要求：团队精神，自省自修，改善意识，制度规范，质量效率。

三项认识：允许犯错误，不允许低级错误反复发生，认识其危害；工作面前，先想我应该做什么？协助别人做什么？发生问题，先找自身的原因，努力补救。

【广西玉柴集团】

理念识别

企业精神：顽强进取、刻意求实、竭诚服务、致力文明。

理想抱负：把玉柴建设成为一个水平高、批量大、品种多、覆盖面广的动力机械与行走机械的生产基地和出口基地；争当我国两项文明高度发达的典范。

经营哲学：人为本、争第一、零起点。

经营之道：用高价值的劳动创造高价格、高效益。

玉柴人崇尚的五种“意识”和五种“观念”：

以强烈的历史使命意识，树高素质、敢进取、快节奏的观念；以紧迫的生存发展意识，树竞争机制中的强者观念；以顽强的实践意识，树探索与改革的求实观念；以劳动者是主人翁的自觉意识，树新时期建设者的价值观念；以日趋成熟的大工业生产意识，树生产关系中的竭诚服务观念。

对内关系原则：

多一些，再多一些尊重；多一些，再多一些理解；多一些，再多一些爱护；多一些，再多一些支持。

强者观：强于实践，强于困难，强于自身，强于效果，辩证区分虚荣与顽强。

育人方针：为每一个岗位的发展提供机会，为每一个阶层的攀登创造条件。

用人方针：尊重、爱护、发挥、发展。

服务宗旨

现在式服务宗旨：倾我所有、尽我所能、竭诚用户、诚信天下。

未来式服务宗旨：最大限度地集合最优，最大限度地集合最佳，把我国国情有可能造就的最优和最佳聚合起来，通过玉柴送至用户，献给社会。

安全管理理念：玉柴人生命贵无价；玉柴物价值不可估。

设备管理理念：强保养，零等候。（注：零等候是指设备发生故障时，现场等候备件时间为零，等候人员时间为零，等候工具时间为零，等候资料时间为零。）

生产管理理念：强保证，零存放。（注：零存放是指在生产现场，在制品存放数为零，不良品存放数为零，超期量低耗品存放数为零，产成品存放数为零。）

管理模式：精细作业，精细管理。

对外关系准则：择优天下，系统组织，尽取其长，为我所用。

对干部的十字要求：民主、开朗、顽强、竭诚、约束。

干部六项基本功：

说清楚要求，使绝大多数职工愿意达到要求，使每一个岗位的职工懂得如何达到要求，使每一个岗位的职工能够达到要求，使每一个岗位的职工必须达到要求，集思广益、反复检讨、周而复始、完善要求。

质量理念：

质量方针：产品设计要超前构思，主动更新，循环完善，反复验证；制造控制要扬强弃弱，集合最优，递进责任，机制保证；用户服务要倾我所有，尽我所能，竭诚用户，诚信天下。

质量目标：领先适用，台台可靠，顾客满意，对接国际。

质量的三个责任递进：生产者就是检查员，检查员就是用户代表，岗位责任就是质量责任。

加强市场抗争能力的宗旨：抓每一个，做多一点，拼抢市场，保我发展。

对外合作方针：大胆合作，放手合作，信任合作，竭诚合作，有效监督。

配套协作原则：择优天下，优增劣减，优质优装，优质优价，有情有义，有法有天。

联协工作原则：重信用，重资格，重实力，高层次。

事业发展思维：强强联合，规范发展。

技术服务工作方针：铺天盖地，周密无隙，收缩时空，尽慰用户。

技术服务工作要求：以两化（标准化、规范化）求两高（对用户服务的高水准、高适用性）。

四个信用：借贷与还贷信用，投资与回报信用，真实与对接信用，承诺与践诺信用。

【远大空调有限公司】

理念识别

以原则为中心

企业经营原则：注重长远利益，拒绝短期行为。不为一时、一事、一人的得失而影响企业整体利益，企业长远发展。

产品技术原则：永远围绕人类室内环境的改善和地球环境的保护展开技术活动。尽量多的满足人类追求文明生活的愿望，尽量少的增加环境负担，绝不生产低技术含量、低性能、低质量的产品。绝不生产高能耗、高生命周期成本的产品。

商品交易原则：维护由双赢关系构成的商业生态体系，以公正、公平、公开的方式，从用户取得合理的利润。并将其中部分利润分配给供应商，使供应商有能力向我们提供优质的元件材料，使我们有能力向用户提供优质的产品和终身的优质服务。

售后服务原则：将优质的售后服务视为应尽的责任，将服务活动中的草率或牟取不合理的高利润视为不守信用的行为。

远大宣言

世界上任何一个仅仅由组织体系组成的企业，它的生命力都是有限的，都会因市场因素、社会因素、政治因素或者是企业内部因素而终结。要想使企业拥有无限的生命力，我们必须在组织体系之上，建立另一个体系，这就是文化体系。

它虽是无形的，但它是无限的。它超越时间和地域的概念，它超越个人、团体和国家的概念。远大文化体系，将使我们每一个人的思想息息相通，使我们每一个人的情感紧紧相连，使我们每一个人的行为相互协调，使我们每一个人的知识相互补充。远大文化体系将使我们成为一个永不可摧的精神统一体。

远大文化体系将建立在自然法则基础之上，将揭示以原则为中心的企业理念和视品牌为生命的经营观念，远大文化体系将实现人类不断追求更高的生活质量的愿望，将激发我们无穷的智慧，将使我们的企业不负于这个世界上最美好的名字——远大！

我们将根除损害我们心理健康的自满情绪及自悲情绪，永远认清企业前途的光明和曲折。

我们将拨开阻碍我们视野的短期利益和一时的得失，拒绝任何短期行为，永远看清企业及个人的长远目标。

我们将拒绝违背我们价值观的投机行为，永远信奉付出与回报对等的农场法则。

我们将克服扭曲我们人生观的享乐主义，永远坚信劳动是人生的必须也是人生幸福的源泉。

我们将摆脱困扰我们心灵的贵贱差别和雇佣观念，永远维系人与人、员工与企业的平等与互助。

我们坚信敬业精神是维护企业、个人、社会共同利益的基本条件,永远将不敬业行为视为堕落和愚昧。

我们尊重每个人的特殊才能和特别贡献,永远反对平均主义。

我们尊重每个人的工作权力和劳动成果,永远倡导员工终身制,永远奉行四高方针,并持续改善福利,使之永远处于本地区、本行业最高水平。

我们维护商业生态体系,永远保持我们与顾客、供应商及所有合作伙伴之间的公平关系。

我们信奉顾客至上的商业道德,永远把满足顾客根本愿望作为我们企业活动的核心。

我们信奉恩恩相报的道德准则,永远不忘记给予我们帮助的任何人,尤其在逆境中帮助我们的人。

我们抛弃束缚科技进步的保守思想,永不间断地研究、学习和吸收新技术,并以最快的速度将新技术应用于产品和服务。

我们树立坚定而清醒的质量观念,永远不忽视产品质量链中的任何环节,在企业的软硬件环境中体现出严格的质量水准,以此从根本上造就每一个与我们产品直接或间接相关人员的认真工作习惯。

我们信守万事求源的工作态度,实行以过程为中心的管理原则和以制度为行动指南的管理方针,永不草率行事,并且不轻视任何小事。

我们珍惜自然资源和人类财富,永远反对任何形式、任何规模的浪费。我们视任何有意或无意的浪费为犯罪。

我们积极探求地球环境与人类文明的合理关系,永远反对低效率使用能源、制止材料浪费、尽量延长产品寿命,并积极使用无公害材料。

我们积极参与促进社会政治进步的活动以及扶助弱者的活动,在这些活动中,我们永远抛开任何功利目的。

我们努力关注人类的精神生活,力求以多样化的企业活动直接或间接地促进人类精神文明。

我们永远坚持“完善自我、出类拔萃”的信条,绝不自大和守旧。我们必须使自己的精神境界和经济实力一天比一天进步。我们只有在产业规模和声望上永远超越同行业、在技术水平和管理水平上领先全球,我们的各项有助于人类的企业活动才能得以延续,我们的远大理想才不会成为空想,我们的名字才会永远闪光。

【江西铜业集团公司】

理念识别

使命:共创、共享。

目标:做大、做强、做好,创建世界一流铜业公司。

企业理念:用未来思考今天。

企业精神:同心、同创、同进。

经营理念:与顾客共创价值。

道德准则:以诚为节、信用守恒。

企业作风:规范、自省、协作、高效。

主体价值观:至高、至精、至诚、至远。

价值观体系:

资源观:无限资源源于无限创意。

发展观:超前想好、想好再做、做就做好。

人才观:用好该用的人,做好该做的事。

制度观:制度力+创新力=控制力。

竞争观:市场无常变者胜。

管理观:精细过程、效益优先。

质量观:品质源于细节。

品牌观:信赖源于价值。

服务观:责任就是服务。

学习观:学习能力决定企业成长能力。

环境观:创造永远的绿色。

【江铃汽车集团公司】

企业标识

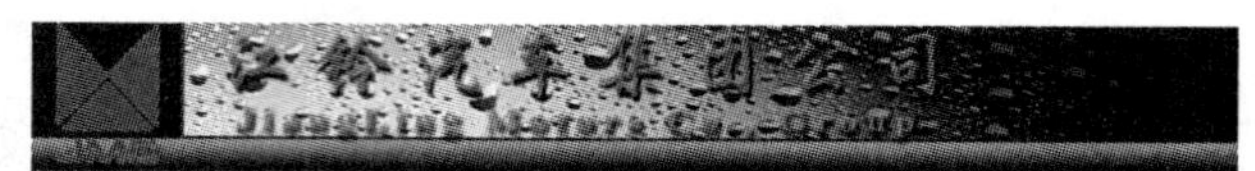

标志释义:江铃徽由三个三角形组成:底部三角形底边朝下,稳稳地竖立在大地上。两个对顶三角形牢固地坐在底部三角形上,两底边竖直朝上,直指太空。底部三角形意指:江铃以“团结进取、改革创新”的企业精神磐石般地屹立在中国江西这块红土地上。两个对顶三角形表示两层意思:一是江铃对外引进国际先进水平的汽车产品和制造技术,对内联合消化吸收引进技术,创新发展江西五十铃轻型汽车,企业蒸蒸日上;二是江铃生产、销售两个车轮协调、平衡、不息地向前飞速滚动,企业兴旺发达。图形与文字商标组合:JMC是江铃汽车集团公司之缩写。顶部“V”字表示胜利,整个组合商标图形似一顶皇冠,表示江铃生产的江西五十铃汽车为轻型汽车之冠。

理念识别

核心价值观:团结进取、改革创新。

使命:造车育人。

愿景:建设中国最好的商用车基地。

经营方针:高品质、多品种、中价位、优质服务。

质量目标:让顾客满意。

质量方针:贯彻高品质、多品种、中价位、优质服务的经营战略,实施设计、采购、制造、服务全过程、全员质量管理,持续打造江铃产品高品质形象,不断提高企业综合竞争能力。

环境方针:遵守环保法律法规的要求,不断增强员工的环境意识,节能降耗减废,预防为主,持续改进,创造和保持优美环境。

【中国华源集团有限公司】

企业标识

手写标准字体

英文缩写标准字体

标志释义：中国华源的司标上有三股巨浪。三股巨浪即象征着三种资本即产业资本、商贸资本、金融资本，又象征着科技发展史上的三次浪潮。现在正处在以电脑、原子能、激光、生物遗传工程等为标志的第三次浪潮之中。中国华源集科、工、商贸、金融、房地产五位于一体，把科学技术放在第一位．才能在强手如林的世界经济舞台上站得住脚。中国华源的司标是蓝色的，蓝色象征着大海，象征着海洋文化。从中国华源诞生的第一天起以蓝色的海洋文化为宗旨，要立足浦东，立足上海，面向全国，面向世界。中国华源的司标是圆的，意味着我们中国华源是全方位开放的。中国华源和世界100多个国家和地区有贸易往来，在全球五大洲都设立了子公司或办事处。

中国华源的司标“CWGC”是China Worldbest Group company Ltd的缩写，“Worldbest”就是世界第一。这标志着华源人力争世界第一的气概。华源要继续创业，不断开拓，不断发展，大步前进。

理念识别

企业精神：卓越、开拓、协同、进取。

卓越，是华源人的追求，华源人以振兴中国民族工业为已任，以探索国企改革发展新路为使命。在工作上好上加好，产品质量上精益求精，工作态度上一丝不苟。

开拓，是华源人实现“卓越”的方式和方法，华源创办了全国第一家由一个公司创办的具有行业特色的国家级高科技园区——中国纺织国际科技产业城，全国第一家具有行业特色的生产资料保税交易市场——中国纺织保税贸易中心；采用低成本扩张战略，通过收购、兼并、重组、整合，拥有了华源股份、华源发展、华源凯马、华源制药四家上市公司，迅速地从外贸型、房地产的轻型结构公司转变为具有几十家工业企业的大集团，实现了中国华源独特的工业化道路。

协同，就是协力同心。高科技、外向型、多元化，是华源的发展模式。天下英才为我所用是华源用人机制。中国华源是一个跨行业、跨所有制、跨地域、跨国界的拥有近5万员工的特大型企业，要正常运转，一定要同舟共济，协力同心，有协同的精神。

进取，是华源人对待工作、对待事业的永不满足的精神状态。1992年7月，华源诞生时，只有1.4亿元资金，到2000年扩展到净资产55亿元，总资产150亿元，销售总收入超100亿元，成为上海市第四大工业集团和第四大出口企业，直属中央企业工委管理的163户重点大型国企之一，靠的就是不断进取的精神。从1999年1月起，华源成为由中央直接管理的特大型企业，正是华源创立以来不断进取的结果。

【烽火科技集团（武汉邮电科学研究院）】

企业标识

理念识别

企业精神：敬业、奉献、创新、诚信。

企业作风：克难奋进，知行合一。

战略定位：在“十五”期间，不断优化集团治理结构、资源配置、产品与服务、经营管理者队伍，以产业发展为基础，通过资本运作获取竞争优势。

发展思维模式：跨越、提速、规模。

三大产业方向：光纤通信技术产业、以IP为代表的未来公用网技术产业、无线通信技术产业。

四大核心技术：光电子设计与制造技术、ASIC设计技术、软件开发技术、光纤制造技术。

产品开发方针：应用、服务、赢利。

【中航商用飞机有限公司】

企业标识

标志释义：中航商用飞机有限公司制定企业形象视觉识别系统，全面、系统地将中航商飞和 ARJ21 飞机的标志、标准字体、标准色彩及其组合规范在产品、广告、展示、包装、样本、礼品、环境、庆典、服饰、事务用品等场合的应用作出了规定，并在各种场合实施。

理念识别

经营原则：客户至上。

经营理念：市场需求是我们的动力，乘客满意是我们的宗旨，客户赢利是我们的目标，一流服务是我们的承诺。

【南光（集团）有限公司】

企业标识

理念识别

企业精神：严细、务实、团结、自强。

企业宗旨：用最好的回报社会。

企业发展目标：立足澳门、联合内地，创建多元化的国际企业集团。

企业价值观：

经营观：稳健发展、开拓创新。

管理观：以人为本、严细科学。

人才观：公平竞争、人尽其才。

【大唐电信科技产业集团 电信科学技术研究院】

理念识别

核心理念：建光荣的国家队、做自豪的大唐人。

企业定位：成为国内领先的电信设备制造与服务企业。

发展战略：非常规跳跃式、技工贸经并举。

工作方针：联合开发、虚拟制造、委托经营。

经营原则：以人为本、管理科学、科技领先、规模效应、贴近客户。

企业精神：诚信立业、艰苦奋斗、奉献为先、创新突破。

价值观：国家、客户、员工；创造、高效、成就。

职业道德：忠诚、敬业、求实、立信。

管理素质：战略思考、果断决策、经营意识、适应变革、团队协作、公正无私。

【华联发展集团有限公司】

企业标识

華聯發展集團

理念识别

文化理念：

焕发企业精神力量、释放人力资源活力，融汇员工心智创新、奉献社会公益爱心。

以人为本，共创未来。

企业精神：团结、务实、创新、奉献。

【天士力集团】

企业标识

理念识别

企业理念：追求天人合一，提高生命质量。

在中医药文化背景下，这种理念将从我们的企业技术进步、产品科技含量、药品质量和全员服务中得到体现和升华。

共同价值观：以人为本，诚信通达。

天士力价值观主要体现在“创新”和“服务”两个方面。以创新适应变化，以创新谋求发展，以诚信忠诚企业，以诚信服务市场，以服务赢得顾客，以服务实现价值，员工与企业共同发展，企业与社会共同进步。

企业目标：现代中药，人类共享。

企业精神：拼搏奉献、进取创新、精益求精、追求完美。

经营方针：以科技为核心，以市场为导向，以营销为动力，以质量为保障。

发展思路:从传统走向现代,从中国走向世界。
营销战略:基础市场在国内、目标市场在国际。
行为方针:退伍不退役。
小企业做事,大企业做人。
大事讲原则,小事讲风格。
只有不想干的事,没有干不成的事。
人才准则:决心不等于成功、勤奋不等于出色。
辛苦不等于业绩、年龄不等于资格。
资历不等于水平。
市场营销:商品是文化的载体,文化是商品的信使。
销售是用智慧推动市场,而不是用价格推出市场。
市场需求就是十万火急,一刻也不能等、一时也不能耽误。

树立六种意识:树立全员市场意识,围绕市场轴心,互连互动,创新全员营销模式;树立全员科研意识,形成关注科研、关心科研、服务科研、推动科研的工作氛围;树立全员危机意识,克服盲目骄傲、自我欣赏的倾向;树立全员参与意识,积极参加集团全面推广的 TPM 改善提案活动,开展技术创新和岗位技能比武;树立全员忠诚意识,号召全体员工与企业同甘共苦;树立全员创新意识,抢时间、抢速度、抢机遇,不甘平庸、超越自我、勇于创新。

【邯郸供电公司】

理念识别

企业理念:与强者为伍,与时代共进。
企业精神:创新务实,超越自我。
发展战略:内造机制、外拓市场;激活资源,创新未来。
企业宗旨:客户至上、优质供电。
企业目标:创建学习型企业。
兴企方针:文化育人强动力,以德兴企促发展。
企业风尚:忠诚企业,亲和一致。
企业作风:实事实做,做到最好。
服务理念:您的需要是我的服务,我的心愿是您的满意。
安全信条:人人安全尽责,事事安全为重。
人才观:育人在机制,绩效论英模。
哲学观:员工是创造财富的财富,企业是营造环境的环境。
价值观:追求卓越,奉献社会。
思想道德观:敬业先爱岗,做事先做人。

【元宝山发电厂】

理念识别

价值创新导向管理体系

在企业文化建设中,元宝山电厂提出"价值创新导向管理体系"。价值创新导向管理是学习型组织理论的新实践,是把员工的工作过程看成是一个人的价值创新过程,以"价值创新"为导向形成"学习+创新"体系,体现工作中生命的意义,提高员工自组织和自适应能力(即自主管理能力)。为实现价值创新的总体导向作用,从人性本来愿望和员工文化背景出发,把员工的成长过程等同于价值创新过程,形成"目标——动力——规则——支持"导向力量。其意义在于发挥人的主观能动性,使以人为中心的管理成为现实。

元电精神:与时俱进,不断超越。
经营哲学:创造市场,不争善胜。
元电道德:诚信为本,以德铸魂。
企业主体价值观:
企业价值取向:动力报国,精彩世界。
管理观:精细过程,满意结果。
人力资源开发:人人都是一颗星。
群体价值观:活要干得漂亮,人要活得精彩。

【大连石油化工公司有机合成厂】

理念识别

企业哲学:思变思新思进。
企业精神:携手开拓,编织未来。
经营理念:追求顾客"喜出望外"的服务。

企业共同愿景:通过企业文化建设,把企业建设成具有核心竞争力,具有知名品牌,具有较高效益和对社会有较大贡献的现代化企业。具体表现在员工的高素质、服务的高质量、企业的高效益、员工的高收入、社会的高奉献。

企业管理原则:凡事有章可循,凡事有人负责,凡事有程序,凡事有案可查,凡事有保证。

【东北电业管理局第二工程公司】

理念识别

企业核心价值观:诚实、守信、优质、高效。
企业精神:为光明铺路,为发展奠基。
企业目标:做市场竞争中的强者,树电建企业的一面旗帜。
企业道德:先施后得,有大我才有小我。
企业作风:"钢班子"、"铁队伍",雷厉风行,严谨有序。
企业质量观:给我蓝图,还您精品。
企业安全观:以人为本,自省责任。
企业经营观:成人成己,双赢互惠。
企业人才观:能出色地完成本职工作的都是人才。

企业市场观:见人所未见,行人所不及。

【中房集团沈阳公司】

企业标识

理念识别

中房集团沈阳公司在企业文化建设中,积极探索、培育具有自身特色的、行之有效的企业文化模式——"1 + 10 = 无穷大"。其中"1"是一个中心,是指企业文化是企业的灵魂,"10"是十大理念(品牌理念、人才理念、产品理念、哲学理念、政治理念、创新理念、学习理念、经营理念、团队理念、道德理念),"无穷大"是指企业文化所产生的效益深远、广大。

品牌理念:树立中房品牌,建立起强大的客户关系、信心,在目标客户和消费者之间制造亲和力,通过客户忠诚创造竞争优势。

人才理念:造就一批有共同价值观和共同理念的员工;吸引各方人才、吸收各方面"营养",丰富文化构成;强调能人治事,通过报酬、股权、培训、情感吸引人才共创大业。

产品理念:把"打造良心工程"作为每一个员工的工作原动力。内涵有三个层次,一是产品质量过关,争取屹立百年不倒;二是以最公道的价格提供最优质的产品,让普通百姓住得起好房子;三是追求自然、建筑、人的完美统一。

哲学理念:运用马克思主义哲学原理,正确认识和把握房地产发展中的诸多重大问题。在实际工作中,形成了一整套从群众中来,到群众中去的领导方法和工作方法。

政治理念:视思想政治工作为企业兴衰存亡的生命线,把思想政治工作与企业命运紧密结合在一起,促使企业的思想政治工作扎根于企业的热土,充分展示生机与活力。建立一整套规章制度,使思想政治工作进入"常态化"。

创新理念:创新是企业永恒的话题,也是企业保持活力的重要条件。在经营上提倡创新,不拘泥于传统的禁锢,容许失败,放权一线决策,激发所有员工的创造力。

学习理念:树立"只有学习才能生存,否则将被淘汰"的危机意识,大力提倡员工利用业余时间进行本专业和相关专业学科的学习,为员工提供良好的培训机会,使员工的能力和公司的业务水平同步提高,倡导员工通过学习成为复合型人才。

经营理念:把回报社会这一企业精神融入到生产、销售各个环节。实行规模开发战略,通过大规模的开发优势降低整体开发成本。同时"让利于消费者",让普通市民住上好房子。

团队理念:企业领导关心员工、尊重员工,增强亲和力、凝聚力。公司坚持厚德载物的哲理,要有家庭般的温暖与亲情,才能形成"命运共同体",实现效益最大化。

道德理念:坚持把道德水准和责任感作为录取新员工的重要条件,在日常的工作实践中,不断培育并引导员工建立起符合企业发展要求的价值观。

【本钢设备维护检修中心】

企业标识

本钢设备维护检修中心标识内函

标志释义:1. 蓝色的 W、J 组合:颜色上蓝色代表沉稳、醒目与宽广,与维检中心的工作性质和服务宗旨相得益彰,即:维检中心工作追求卓越、追求最好、追求更好。结构上双 V 字交叉浑成一体,紧紧围绕和表现出维检中心维护和检修两者之间相辅相成、相互配合、相互制约这一主题和彼此科学运行的关系;同时两个 V 字型分别代表了维护和检修的双胜利,体现维检中心手挽手、心连心、众志成城团结在一起,为本钢主体厂设备的安全经济运行,为了美好的明天拼搏向上的激昂斗志和克服一切困难的坚定信心。

2. 红色的圆点有三层含义:红色代表着希望、美好与热情,象征着企业各项工作的圆满完成。圆点首先代表集团公司和主体厂,位置在 W、J 的上方,可看作是我们的领导和上帝;其次代表维检中心在集团公司的领导下努力工作,保证集团公司的设备和生产正常运行,圆圆满满;再次代表维检中心就象从蔚蓝色的海面上冉冉升起的朝阳,充满活力和朝气,富有生机。

3. 图案看上去,犹如一个站立的人,可理解为维检人。包括二种含义:首先它可寓意为维检中心以人为本的企业理念,强调维检中心人的核心作用,人是最重要的资源,表示企业尊重职工的尊严、劳动和个性;其次体现维检中心是智力密集型和依靠双手劳动的特征。

4. 图案可视为一个双翼吊钩,是大型钢铁企业设备组成中的重要部分,又可看作是维护检修过程中必须使用的机具,代表了设备维护检修中心的工作对象和工作特点。

理念识别

企业精神:以人为本、追求卓越、守信奉献、高效创新。

核心价值观:不计名利,甘当配角。

“三步走”发展战略:打基础、上台阶、拓市场。

“四最”服务品牌:速度最快、质量最好、成本最低、服务最佳。

经营理念:以优质服务求生存,靠技术进步谋发展。

文化理念:凝聚职工心,铸造企业魂。

管理理念:谋事在人,成事在人;正确地做事,做正确的事。

服务理念:满意不满足。

安全理念:勿以安小而不为,勿以险小而为之。

制度理念:方圆之中追求完美。

用人理念:人才为我所用,我助人才成功。

技术理念:家有良田百亩,不如薄技随身。

学习理念:学习为了工作,工作必须学习。

形象理念:人人都是形象大使。

【辽宁实华集团房地产开发有限公司】

理念识别

核心理念:树百年实华,谋求在我们从事的各个领域取得领先地位。

创新理念:与时俱进,勇于创新,不断实现更高的目标。

用人理念:尊重和发挥每个人的才能和创造力,为每个人才搭建更高的发展平台。

服务理念:客户第一,用心服务。

员工信念:不断为社会、企业和员工创造更多的价值。

企业精神:用勤奋创造奇迹,用品牌塑造形象。

效益观念:以最小的投入,创造最大的收益。

质量观念:质量是实华的生命。

市场观念:不断培育市场、开发市场,实施品牌战略占领市场,以经济效益和社会效益为出发点,以客户需求为己任,不断扩大实华集团的市场份额。

企业风气:永不满足、勤奋学习的风气;团结向上、互相关心的风气;讲求效率、求真务实的风气;对企业有贡献得到满意回报的风气。

经营策略:人无我有,人有我新,人新我精。

发展目标:以房地产开发为龙头,向建筑安装、新材料制造、油品经营、房屋租赁、商贸旅游、餐饮服务业延伸,建立多元化产业的企业集团,产值、人均利税、劳动生产率处于同行业先进水平,不断创新,不断超越,不断实现做强做大的发展目标。

企业座右铭:勤奋——是做好一切工作的前提,学习——是自我充实自我完善的基础,实践——是勇于探索追求真理的标准,创新——是实华人不断的追求,超越——是实华人的奋斗目标。

【辽宁亿达集团】

企业标识

标志释义:亿达集团的企业标识(司徽)是亿达集团企业形象的主要视觉传达和识别,是企业文化的主要表征。

标识主题:生长,希望,追求,奋斗。

形象渊源:以“亿达”的音译英文“YIDA”的字头“Y”和初升的红日为标识的主框架,寓意生机盎然的春苗在朝阳中破土而出,红色传达亿达企业和亿达人的理想信念和创业热情。

引申释义:大地上破土而出的春苗在阳光的照耀下茁壮成长,既暗示了企业的创生历史,又表达了社会和国家对企业的哺育和关爱,也喻示亿达人充满自信、不畏艰难、奋发向上的理想追求和亿达事业的蒸蒸日上。同时,“Y”的形状又恰似一只振翅高飞的海燕,既暗示了企业的创生地(海滨城市大连),也喻示亿达人在市场经济的海洋中,不怕风浪、奋勇搏击,用追求和奋斗的双翅托起明天辉煌的太阳。

“亿达”的中文释义:“亿”乃泛指极大的数目,寓意远大的目标和无限的发展;“达”乃通达和到达之意,预示前途的光明和理想目标的实现。另“亿”的繁体字乃由“人”和“意”构成,人乃企业人,意乃思想和文化,正所谓:亿达,亿达,有人有意才能达。

“亿达”音译英文释义:YIDA = Y + I + D + A。Y:YOUNG,年轻的。I:IDEAL,理想的,完美的。D:DO,做,干,行动。A:ACHIEVEMENT,成就,成绩,成果,功业。故 YIDA 的涵义为:亿达企业和亿达人要永远年轻,充满青春活力,有远大理想,永远追求卓越,奋勇向前,勤奋做事,激情行动,建功立业,创造价值。

理念识别

企业宗旨:创造明天的企业,造就未来企业人。

企业理念:立意发展,追求卓越,以人为本,文化兴企。

企业精神:同心同德,团结拼搏,学习创新,超越自我。

企业经营基本原则:以效益为中心,视人才为资本,以市场为导向,视信誉为生命。

企业管理基本目标:责权明确,目标清晰,协同有序,快速高效。

人生基本信条:投入才有回报,忠诚才有信任,主动才有创新,执着才有成功。

基本素质标准:要有仁者之心,不要损人利己;要有礼者之表,不要庸俗粗鲁;要有诚者之实,不要虚情假义;要有容者之怀,不要心胸狭隘;要有义者之举,不要背信弃义;要有明者之见,不要黑白不分;要有智者之才,不要不学无术;要有勤者之行，不要懒惰投机；要有勇者之气，不要畏难怕苦；要有贤者之志，不要贪图安逸。

亿达集团"三观三理三论"：企业社会观（企业为社会而生存），市场价值观（价值在市场中创造），品牌信誉观（信誉是品牌的基础）。推迟危机原理，团队制胜原理，小才大用原理，无条件成果论，与巨人同行论，小象和大象论。

【东北电网有限公司白山发电厂】

企业标识

标志释义：白山发电厂确定的标识是：外型为三角形，是山的概念，包含着稳定向上发展的寓意，绿色象征着生命，象征着自然，白色折线图形是电的信息，也是水的信息，整个标识传达了白山发电厂是绿色能源，水力发电，坚实的基础，稳定的发展的信息。

理念识别

1. 形象定位：一家具国际先进水平的水力发电企业。

这是白山发电厂形象塑造的总目标，也是训导全体员工和对外传播企业形象的依据。

2. 企业使命：让世界充满活力，令生活灿烂光明。

白电企业使命表明企业的产品——电力，是为社会进步、经济发展提供动力，为人类生活提供能源。企业的目标、任务，就是要让世界充满活力，让人类的生活更加灿烂、更加光明。

3. 价值观：绿色能源，稳定电网。

这一价值观集中表述了白电产品的"绿色能源"属性，及其"造福人民"的多功能奉献，发电、防洪、灌溉、绿化，表明了白山发电厂在整个东北地区稳定电网的举足轻重地位，展现了白山发电厂在整个东北地区稳定电网的举足轻重地位，为全区社会经济发展提供动力能源的重要作用，充分展现了白山发电厂和全体白电人的社会价值与个人价值。

4. 经营理念：活力，来自动力。

在白电整个企业理念系统中居于源头、核心地位，故可称作白电的核心理念。这一核心理念产生于白电的产品——电力人价值的深度挖掘：电作为动力，是世界活力的源泉，是对动力价值的深化。

5. 企业精神：创新永恒，活力无限。

白电企业精神是白山发电厂创业二十年的优秀文化传统与新世纪现代企业建设目标的有机结合提炼而成。"创新永恒，活力无限"互为因果，互为推动构成白电企业强烈的个性特征。

6. 管理观：全员责任，科技先行。

将人本管理与科学管理融为一体，是白电孜孜以求的管理模式。"全员责任，科技先行"，是这一管理模式的观念性描述。"全员责任"突出人本管理的核心。"科技先行"强调管理手段的先进性、科学性、国际化。这是白电管理的重要特色，实现管理目标的有效途径。

7. 人才观：让每个人的智慧都燃烧起来。

唯有燃烧，才有激情，才有活力，才能产生源源不断的创造力，推动企业不断向前发展。

这一人才观与白电"创新永恒，活力无限"的企业精神相互融合、相互推动构成白山发电厂的内在活力源泉。

8. 企业文化观：携手共进的学习型文化。

"携手共进"是对"大家庭文化"团结进取内涵的延续；"学习型文化"则是在市场经济条件下，白电按照"学习型组织"管理模式创新企业的时代要求，通过"学习型"文化的培育，形成白电特色的企业文化。

9. 企业环境观：绿化、美化、人文化。

这样的人文环境与绿化、美化的自然环境融为一体，成为白山发电厂全体员工愿意为之奋斗的事业所在地，令他们有归属感，凝聚力，使白山发电厂与世界先进水平保持同步发展。

10. 企业道德：诚信经营、奉献社会、关爱员工。

白电道德观传达了白山发电厂与社会、与国家、与人民、与员工的关系和行为准则。

11. 白电标语、口号

绿色能源，稳定电网。

让世界充满活力，令生活灿烂光明。

活力，来自动力。

创新永恒，活力无限！

全员责任，科技先行。

让每一个人的智慧都燃烧起来！

诚信经营，奉献社会，关爱员工。

绿化、美化、人文化。

12. 广告语

绿色能源，稳定电网。

让世界充满活力，令生活灿烂光明。

活力，来自动力。

【中国吉林森工集团】

企业标识

CHINA JILIN FOREST INDUSTRY GROUP

标志释义:集团标志,选用字母“J(吉)”、“L(林)”、“S(森)”和汉字“森工”的有机结合,表示集团再次腾飞,再展雄风。从精神内涵看,表现集团积极向上。圆形标志着集团成员企业团结一致,开拓全球市场的勇气和信念。从造型上看,用J、L两条彩带围成的圆形以及中央的S带表示集团的主要产品是装饰和维护广大消费者的家庭,也可以反映木材横截面:中央是一棵大树,表示集团的资源依托和发展基础;中央树状表示规范的集团现代化管理体制和稳步发展、步步登高的向上发展态势,也可用大树好乘凉表示集团将竭诚为广大消费者提供安逸、舒适的环境:一条粗壮有力的竖线表示集团资源优势和竞争力:下面的横线表示集团将根植大地:中央背景“S”,突出森工特色,用来表明生(sheng)活、胜(sheng)利,表示集团服务于消费者生活,以及在市场竞争中取胜的信念。

统一集团名称的中英文标准字体。对于集团名称(即中国吉林森工集团),采用如下统一字体:中文标准字采用琥珀体形式(英文标准字采用线体形式　统一集团标准色,采用绿色,绿色是林木的本色。给人以宁静、青春的印象,使人感到和平、安全。绿色又是大自然的色彩,是木材产品的主色调。统一集团产品品牌名称采用“吉森”牌;品牌标志同集团标志;商标是品牌名称和品牌标志的结合。统一集团宣传口号是“绿色产业,森工先锋”。集团是保护森林资源、开发利用森林资源的国有大型企业,所从事的是名符其实的“绿色产业”;吉林森工集团是国家首批现代企业制度试点企业之一,是国有企业500强之一,是全国第一家上市的大型国有森工企业,改革成果及经济效益为全国同行业之首,所以,作为全国森林工业的先锋,是当之无愧的。

理念识别

经营理念:有限资源,无限生机;要利用有限的资源去创造无限的价值,使企业充满无限的生机和活力。

发展战略:进行集约经营,实施营林采运基础战略;创精品名牌,实施林产工业主导战略;发展林地经济,实施资源综合开发后续战略;发展外向型经济,实施外向型经济发展战略。

总体目标:要使集团实现“管理现代化、经营规模化、经贸国际化、决策科学化”,实现集团跨越式发展。

企业精神:“四创”精神。即创业、创效、创牌、创新。“四创”精神兼顾过去现在和未来。创业就是要继续发扬艰苦创业精神。创效,就是要最大限度地挖掘我们的潜力,创造最佳的经济效益和社会效益。创牌,就是要在市场经济中打造享誉国内外的吉林森工知名品牌。创新,就是要在工作中不断创新。

【丰满发电厂】

理念识别

企业宗旨:动力永恒、创造繁荣。
企业目标:双业拓展、永创一流。
企业使命:为社会进步注力、为员工生活添彩。
企业作风:规范严谨、团结高效。
企业理念:戒满扬新、超越自我。
企业精神:创优传承历史、创新成就未来。
主体价值观:创新出财富、同心创卓越。
企业文化系列价值观
人才观:营造成才环境、推动事业发展。
服务观:服务创造价值。
竞争观:与同行一起成长。
发展观:激活资源、协同发展。
危机观:兴于忧患、衰于自满。
管理观:责任为大、绩效为天。
质量观:产品源于品格,质量源于素质。
安全观:企业之本、生命之魂。
环境观:青山滴翠、绿水溢彩。
经营哲学:外拓市场求发展、内聚合力增效益。
企业道德:曲直于德、是非于理。

行为识别

1. 企业总体行为规范:诚信奉献、业务精湛、安全第一、效率优先。

2. 层级行为规范。

决策层行为规范。以先进理念培育企业,以战略思维引导企业,以市场意识锤炼企业,以科学技术装备企业,以竞争机制搞活企业,以科学程序管理企业,以开拓精神发展企业,以团队精神重塑企业。

管理层行为规范:工作创新,组织有序;措施得力,管理到位;协调沟通,待人诚实;勤奋学习,不断进取。

执行操作层行为规范:从我做起,工作出色;团结友爱,互相配合;苦练技能,勤奋上进;遵规守纪,爱岗业精。

3. 主业机关人员行为规范中包括办公礼仪规范、仪容仪表规范、交往礼节规范、工作言语规范；在生产人员行为规范中包括厂门、厂区行为规范和工作区行为规范；在主要生产部门行为规范中包括发电部门行为规范、机电部行为规范、水工部门行为规范、通讯部门行为规范。另外还制定了工装劳保行为规范和员工上岗、在岗、交岗行为规范。

4. 多经公司经营层行为规范：机智果断，抓住机遇；遇事冷静，灵活应对；严格规程，科学管理；运筹帷幄，决战千里。多经公司服务人员行为规范中包括形态礼仪规范、装饰礼仪规范、接待礼仪规范、服务用语规范。

5. 公共行为规范。

社会公德规范：爱护公共财物，维护公共秩序；履行公民义务，勇于坚持正义；讲究文明礼貌，珍惜绿色环境。

职业道德规范：廉洁自律，忠于职守；勤奋学习，精通业务；克勤克俭，居安思危；相互尊敬，诚信为本。

家庭美德规范：尊老爱幼，平等互敬；夫妻恩爱，勤俭持家。和睦友善，身心健康。

遵纪守法规范：对法律法规要学法、懂法、守法、用法，对厂纪厂规要遵规守纪，自我管理。

工作作风规范：工作作风要讲究“精、严、细、实、快、勤”。精：精益求精；严：严格管理；细：细致周密；实：实实在在；快：快捷敏锐；勤：勤奋好学。

【盾安控股集团】

企业标识

DunAn

标志释义：此标志严谨的字母外部结构体现了盾安人对事业的态度，代表企业稳健、永续经营的形象。“D”、“A”两个字母的处理，既强化了盾安的发音，又体现盾安的个性；“U”、“N”处理富有弹性，既有工业企业特征，又预示盾安企业内部充满了活力。整个标志的设计刚柔相济，寓意盾安人严谨而又不失灵活的经营思想。

理念识别

经营宗旨：致力民族工业昌盛，提升人类生活品质。

经营理念：居安思危，永不满足，超越现在，把握未来。以“更优的质量，更好的服务，更高的效率”迎接市场挑战。

经营方针：主动出击，驾驭市场，知己知彼，步步为营。

企业精神：敬业、诚信、合作、创造。

行为准则：认真做事，踏实做人。

人才观：“人品至上，人尽其才”和“公平、公正、公开”是用人的基本原则；以事业吸引人，以文化塑造人，以机制激励人，以事业和待遇留住人。

利益观：在顾客、员工、合作者与社会之间结成利益共同体；“财散人聚”进而创造更大的经济效益和社会效益。在企业内部提倡奉献精神，要让奉献者得到合理的回报，决不让奉献者吃亏。

利润观：“求甘泉不求暴雨”，按照盾安事业永续发展的要求，设立每个时期的合理利润目标，而不是单纯追求利润的最大化。

顾客观：顾客的利益所在，就是企业生存与发展的最根本的基础所在。

员工观：认真负责和管理有效的员工是盾安最大的财富。尊重知识、尊重个性、集体奋斗和不迁就有功的员工，是我们事业可持续发展的内在要求。

文化观：百年基业，文化为本。

质量观：质量即人格，质量即生命。

质量方针：改进创新，精益求精，用心服务，追求完美。

责任观：对股东——稳定回报，资产增值；对员工——安居乐业，事业有成；对客户——用心服务，诚信保障；对社会——回报社会，贡献人类。

价值观：实现价值最大化是永恒的追求，公司价值最大化是个人价值最大化的基础；在实现公司价值的同时实现员工的个人价值。

【海亮集团有限公司】

企业标识

理念识别

1. 企业目标

战略目标：做精、做强、做大，创新、创优、创名。

做精，即创造核心竞争力，生产高精尖产品，提供第一流服务，提升企业盈利能力；做强，即低成本、高效益，具备与国际一流铜加工企业竞争的先进技术、管理水平；做大，即扩大规模，参与国际一流铜加工企业的竞争。创新，即企业体制、机制、技术、管理创新；创优，即创一流企业团队、一流企业文化、一流经济效益、一流社会贡献；创名，即名品、名人、名牌，不断推出核心的高科技产品、培养高水平的职业经理人、打造国际名牌。

长远目标：以铜加工业为基础，以高新技术、资本运作为两翼，以造就高素质的人才团队、高效率的新型组织、高品位的企业文化为主要支撑，体制、制度、技术、管理四创新，经营品牌创造市场链，提升企业核心的竞争力和文化力，持续巩固国内铜加工业龙头地位，成为国际铜加工业知名企业。

近期目标：规划用3年的时间，到“十五”期末，实现产销量、销售收入、利税翻番，跨越式发展，稳定地成长，进入中国民营企业100强、中国企业500强。

管理目标：实现社会效益、客户效益、员工效益、企业效益的最大化。

岗位目标：岗位成才、质量创效、服务升值。

2. 企业宗旨：服务客户，关爱员工；回报社会，泽被后人；产业报国，教育兴邦。

3. 海亮哲学

经营理念：人本管理，诚信双赢。

经营哲学：产品经营和资本经营同步，有形资产经营和无形资产经营互动，知识经营和人才经营并举，专业化经营和多元化经营齐驱。

经营方针：全方位发挥“海亮”品牌优势，打造高精尖产品，突出主业，综合经营，多元化发展，实现市场国际化、人才市场化、资金社会化和管理现代化。

管理哲学：顺应天时，借助地利，营造人和。

文化理念：以竞争获取利润，以服务赢得竞争，以文化提升服务。

4. 海亮精神：高效、卓越、服务、奉献。

5. 企业道德：待人忠、办事诚、服务好，以德赢人；质量好，信用好，创业实，以德兴业。

6. 海亮作风：脚踏实地，精益求精；快速应变，雷厉风行。

7. 海亮价值观

核心价值观：以人为本、诚信立业，利益共享，共筑辉煌。

人本观：为客户创造价值，为股东创造利益，为员工创造前途，为人类创造财富。

用人观：无德有才者，不用；有德小才者，可用；德才兼备者，重用。

财富观：员工的创造力是企业最大的财富。

公私观：公而忘私，可赞；公私分明，可行；损公肥私，可憎。

奖罚观：奖罚分明，奖比罚好。

廉洁观：清清白白做人，干干净净做事，老老实实创利。

工作观：今天做得比昨天好。

学习观：活到老、学到老、用到老。

市场观：尊重市场才能顺应市场，顺应市场才能驾驭市场，驾驭市场才能创造市场，创造市场才能拥有市场。

客户观：客户为海亮创造效益，海亮为客户实现价值。

服务观：客户满意我快乐。

质量观：质量胜于生命。

品牌观：经营品牌到永远。

诚信观：守信是成功者的座右铭，失信是失败者的墓志铭。

现场观：现场是海亮形象的第一张名片。

产品观：市场设计产品，人品决定产品，科技打造精品，用户享用精品。

科技观：高科技缔造海亮。

创新观：不创新毋宁死。

危机观：海亮离破产永远只有一步之遥。

竞争观：战胜自己，挑战他人。

风险观：规避风险，挑战风险。

发展观：员工同企业共成长，企业同市场共壮大。

培训观：培训是员工最好的福利。

国际观：人才国际化、资本国际化、科技国际化、品牌国际化、市场国际化。

卓越观：永不满足，超越自我。

8. 海亮训词：干部：同心同德，开拓创新；员工：敬业爱企，追求一流。

9. 员工信念：不断完善自我，努力铸就百年海亮。

10. 海亮座右铭：眼睛盯在市场上，功夫下在质量上，效益出在管理上。

【中国铝业股份有限公司中州分公司】

企业标识

理念识别

使命宣言：将中州分公司建成全国乃至全世界最富活力的铝工业企业。

企业精神：自强、诚信、和谐、卓越。

自强——企业发展的精神动力。拼劲：自加压力、奋发图强；牛劲：自尊自信、敢于竞争；傻劲：乐于奉献、甘于牺牲；韧劲：锐意进取、勇往直前。

诚信——企业发展的基本准则，诚信为本，回报至上；做事讲信誉，做人讲信用；对投资者负责，对客户负责，对员工负责；以厂为家，恪尽职守，荣辱与共。

和谐——企业发展的良好环境：安全、环保、健康、卫生，营造愉悦环境；沟通、理解、融合、流畅，发扬团队精神。

卓越——企业发展的本质要求：更快、更好、更强，天天挑战，月月创新，超越自我，永不满足。

企业目标：创办一流企业。一流队伍、一流管理、一流产品、一流服务。

一流队伍——身心健康，素质优良，奋发向上；勤奋学习，学以致用，不断超越；整洁朴实，严以自律，勇于奉献；真诚友善，团结奋进，自强不息。

一流管理——依法治厂，德法并举；以人为本，以质求存；夯实基础，持续改进；政令畅通，雷厉风行。

一流产品——高品质、低成本、成系列；向科技要品质，向科技要效益；抓住拳头产品，开拓市场需求；立足国内市场，参与国际竞争。

一流服务——诚实守信，遵纪守法；零距离服务是企业的承诺；客户满意是企业的成功；员工乐业是企业的追求；社会公益是企业的奉献。

行为规范

对社会：尽职尽责。追求产品的零缺陷，注重环境质量与环境保护,不损害社会的主流价值观,热心社会公益事业。

对市场:诚实参与。遵守市场经济法则,公平竞争:不以非法手段谋求企业或个人利益;择优选择供应商和合作伙伴。

对员工:知人善用。员工是企业最宝贵的财富;任人唯贤,用其所长;职责明确,奖惩分明;鼓励创新思维,提供挑战机会;引导员工追求完美,不断地让员工有理想、有目标、有希望。

做员工:敬业爱岗。爱国、爱厂、爱岗;操作上认真细致,精雕细刻;成本上勤俭节约,精打细算;管理上不断创新,精益求精;居安思危、居优思劣、居盈思亏、居易思难;立足岗位、不断学习、完善自我、共同发展;遵纪守法、热爱生活、热爱家庭。

【长沙中联重工科技发展股份有限公司】

企业标识

理念识别

1. 核心理念

诚信为本,不息为体,日新为道;广博揽物,厚德载物,悠远为物。

取意于《中庸》第二十六章

“至诚无息,不息则久,久则征,征则悠远,悠远则博厚,博厚则高明。博厚,所以载物也;高明,所以覆物也;悠久,所以成物也。……天地之道,博也,厚也,高也,明也,悠也,久也。”

译文:至诚无息,无息才能长久,长久才能产生征效,有了征效才能悠久无穷,悠久无穷才能变得广博厚重,广博厚重才会变得高大光明。广博厚重可以承受万物;高大光明可以笼罩万物;悠久无穷可以完成万物。……天地之道,是广博、厚重、高大、光明、悠久、无穷!

取意于《中庸》,创新于中联,延展于世界。

2. 分支理念

质量理念:表里如一,品质卓越。

产品理念:人性化,标准化,科技化。

市场理念:市场有价,服务无价。

竞争理念:淘汰你的人,不是你的竞争者,而应是你自己。

人际理念:躬自厚而薄责于人。

团队理念:厚则聚众,众聚则强。

创新理念:不息为体,日新为道。

价值理念:个人价值源于企业,企业价值源于社会。

用人理念:做品牌人,用品牌人。

【迈普(四川)通信技术有限公司】

企业标识

理念识别

核心价值观:经营理念+企业宗旨+企业精神+员工责任+企业文化。

经营理念:以诚待人,以信取利。

企业宗旨:培育正直人品、打造诚信企业、追求阳光利润、享受坦荡幸福。

企业精神:尽责、团队、创新、奉献。

员工责任:坚守诚信品质、严格履行职责、高效完成任务、持续做出贡献。

【新希望集团】

企业标识

理念识别

核心价值观:

第一,是顺潮流而动的发展观。时代潮流,顺之者昌。我们顺潮流而动,就是要顺国家的政策潮流,做政府倡导、政策扶持的事,就是要做市场需要,百姓满意的事。同时也要顺企业的发展潮流,走规范化、规模化、科学化、现代化之路,向现代企业制度迈进,不断寻找新的优势。说到底,顺潮流而动就是理智性的创新,不断超越自我实现新的发展。

第二,是以实业报国的经营观。从1982年刘氏四兄弟到农村创业,许下“一年带动十家农户脱贫致富”的朴素理想,到现在新希望集团带领上万员工“致富思源,富而思进”,我们搞企业的宗旨——以实业报国——始终没有变,始终不会变。产业经营是基础、是足,品牌经营是躯干,资本经营是灵魂、是头,头足正立而不是头足倒立,三者结合,新希望才能走向健康、长远,这样的发展才会真正有益于国家、有益于社会、有益于人民、有益于企业员工。

第三,是讲义利兼顾的形象观。早在1994年,刘永好董事长就在北京联合10位民营企业家发出《让我们投身到扶贫的光彩事业中来》的倡议,作为先富起来的一个群体,他们积极响应《国家八七扶贫攻坚计划》,提出到老、少、边、穷地区投资兴厂,为贫困地区的经济发展作贡献。讲义利兼顾,循财富良心无疑是我们企业经营的一个出发点。

第四,是树成本意识的管理观。不讲成本也没有"希望",严格的成本管理,强烈的成本意识是"希望"在竞争中的生存之术,是我们之所以生存下来的比较竞争优势。艰苦创业、精细管理应当是我们新希望坚持不懈的优良传统。

第五,是创百年老店的企业观。企业的长期存在才是真实的存在。20年来,我们的企业和企业家如过江之鲫,生存下来的优秀企业和企业家则屈指可数。新希望早在1997年就明确提出了争创"百年老店、百年名店"的目标。这几年来,我们在人力资源开发和克服短期行为等方面也付出了诸多努力,并且见到了成就。但创百年老店本身就不是一劳永逸,而需要百年不懈的持续努力,需要我们与时俱进。只有这样,我们才有机会成为中国民营企业的"长青树"、"不倒翁"。

宗旨之变:

2002年底,在创业20周年之际,新希望对自己的企业宗旨进行了修改。确立了新的企业宗旨:与客户共享成功、与员工共求发展、与社会共同进步。新希望沿袭希望集团的"与祖国一起发展、与人民携手致富、与社会共同进步"的企业宗旨。原宗旨表达的是一片拳拳报国之心。刘永好认为,这个宗旨原则上是对的,但是随着中国市场经济的进程,随着买方市场的形成,随着人本管理意识的增强,我们的企业宗旨需要落实到我们的客户和员工。

与社会共同进步。社会在发展、国家在发展,给我们提供了发展的机会。党的十六大提出2020年国家经济总量要翻两番,这就意味着我们的生活水准还要提高很多,这给我们带来巨大的机会,我们应该跑过这个大势,就是说国家翻番我们肯定还要超过这个增长的速度,因为全国的企业有发展得好的,有发展得慢的,我们算是发展得好的,应该超过这个才是。这就是与社会共同的进步,与社会共同的进步就要求我们很多地方都要规范、要创新、要有激情,要与社会同步,共同发展。这就是我们企业的宗旨。

新希望企业文化的三个层次:像家庭、像军队、像学校,是新希望企业文化的三个层次。

像家庭:企业应该像家庭一样,和睦温馨,团结一致,但必须避免家族式的管理。

像军队:好的企业应该像军队一样,纪律严明,令行禁止。企业规模做大之后,集团式的管理首先需要的是严明的制度和纪律,新希望集团倡导企业文化要像军队,就是要倡导一种有执行力的严格文化。

像学校:优秀的企业也应该如同一所学校,让它的员工能够不断成长、提高。新希望倡导企业文化要像学校,就是提倡一种有生命力的学习文化。

新希望的经营管理文化:"加减乘除"。

"加"就是增加诚信的意思,以及共赢的理念。我们要取信于我们的客户,取信于我们的员工,取信于政府,只有诚信才能兴企;所谓共赢的理念,就是只有大家共同来做我们企业才会发展。我们会跟我们的合作伙伴们、跟我们的客户、员工,以及我们的社会共赢,只有共赢事情才能做得大,做得好,做得长。"加",也是增加国际的理念和现代管理的理念。

"减",就是减去纯家族式管理的一些不足。纯家族式管理不足在于外来的管理人才引不进来,引进来了不能充分发挥才能,这就是不足,我们要减去。

"乘",就是要注意生产经营、品牌经营、资本运作的结合。当我们生产经营做好了,我们就有好的产品了,当品牌运作做得好我们可以把产品卖到很好的价格,当我们的资本运作做得好,在资本市场就可以求得一个增值,这个增值就是乘法。

"除",就是要除去一些短期化的行为。新希望在短期行为上有过深刻的教训。我们要做百年老店就得克服这种短期化的行为,把眼光放长远去考虑问题。还要除掉老板和老总一手遮天的习惯。如果老板或者老总一个人说了算,谁的话都不听,在他那里的员工和人才总是留不住,总是会走人,这就是一手遮天的问题。这就得除去。

【云南铜业股份有限公司】

企业标识

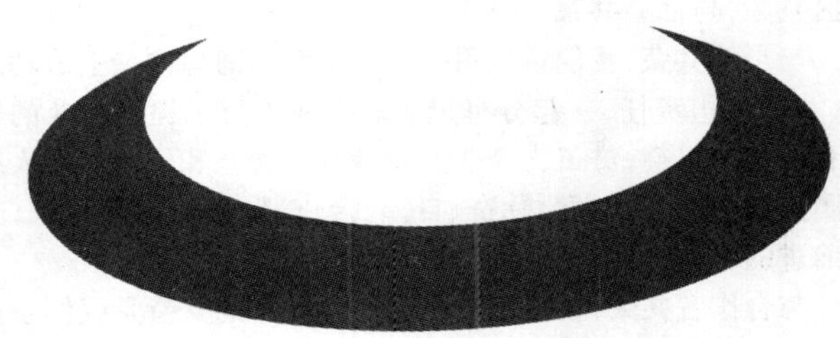

标志释义:由两条弧线相切构成牛角外形,象征企业脚踏实地、开拓进取、兼收并蓄、团结合作;敢于突破、勇于争先、一往无前。

理念识别

核心理念:经济力做强,文化力致胜。

核心竞争力:技术进步、管理创新、资本经营。

企业精神:求实奉献,超越自我,敢为天下先,永远争第一。

价值观:求实奉献,超越自我。

道德观:做事争一流,做人求完美。

经营理念:依法经营,规范运作,科学管理,自我约束,效益至上,做大做强。

管理理念:市场取向,开办投资,自主经营,自负盈亏,盈利分红,亏损不补,发展支持,破产关闭。

产品形象:慧外秀中,知名品牌。

队伍形象:开放自信,忠诚敬业。

环境形象:花园工厂、文明企业。

内在风格:团结、民主、创新、实干。

外在形象：守法、诚信、公正、共赢。

员工追求：今天我为云铜骄傲，明天云铜为我自豪。

员工信念：学习永不言满，创新永不言止，竞争永不言败，奋进永不言退，奉献永不言悔。

【西安海星科技投资控股（集团）有限公司】

企业标识

理念识别

经营理念：与员工共荣，与合作者共荣，与竞争者共荣，与社区共荣，与社会共荣。

与员工共荣：我们希望每一位员工跨入海星便踏上成功之路，共同承担责任，一起分享风光。企业为员工提供事业的舞台和成长的机会，员工为企业的发展奉献智慧和汗水。个人服从团队，自我服从制度，勤奋、自律、合作，形成向上的正气，凝成前进的合力。

与合作者共荣：获得他人的合作和股东的支持是我们事业的保证。我们信奉：长远的合作重于短期的利益；企业的形象重于企业的利润。以诚实赢得伙伴，以成就获得尊重，彼此达成共同的业务目标，互相促进事业的拓展。

与竞争者共荣：我们摒弃独步市场的企图。垄断是暂时的，竞争是永远的。向竞争者学习，与竞争者共舞是我们应取的态度。我们的成长，来自竞争者的成长；我们的壮大，来自竞争者的壮大。我们以大气魄较量，不小肚鸡肠；我们以高品质进取，不固步自封；从竞争始，以双赢终。

与社区共荣：我们的产品不仅为满足市场需求，更为创造市场需求，提升社区群众的生活品质。我们伴随产品和服务一同出售的还有企业的观念与文化，我们致力于社区建设，保护环境、弘扬文明。社区滋养我们，我们恩报社区。

与祖国共荣：员工的素质决定企业的素质，企业的素质决定社区的素质，社区的素质决定社会的素质。我们必须不断努力，勇于创新，紧跟时代步伐，追求科技进步，不断将企业的经济努力变成社会财富的增量，持续发展，永续经营，与民族共荣，同祖国共荣。

企业精神：永不满足，挑战昨日之我！

我们的每一个人在海星情感锁链之下，携起手来，相互团结，相互促进，一起往前走，给海星历史一个很好的答卷，给海星人明天的生活、后天的生活带来更美好的前景。今天的海星集团作为一个民营高科技企业是非常庞大的，但海星的每一个经营者、管理者都应该非常清醒的看到：庞大并不等于强大。我们今天正在致力于把庞大的海星建设成为强大的海星。我们希望在海星这个大网络的每一个环节、每一个连接点上，都有一批富有奉献精神和挑战意识的海星人来支撑海星这“金字塔”。从庞大走向强大，是我们每个海星人肩负的使命。

人才观念：人适其事，乃得其才（人）。

人才的选、育、用、留都基于对人的正确认识。正确地选择和使用人，是企业竞争致胜的关键。

人才不仅仅意味着专业知识的精通，也意味着具备忠诚敬业、心理健康、创造力、责任感、事务管理能力、善于协调关系等综合素质。

【辽宁本溪供电公司】

理念识别

企业精神：团结向上、艰苦创业、务实求新、优质供电。

企业目标：安全基础扎实、经济基础厚实、职工收入丰实、为客户服务诚实的一流供电企业。

企业宗旨：发展电网、壮大企业、服务地方、造福职工，全心全意为客户服务，真诚热情奉献社会。

企业风气：讲道德、讲文明、讲礼仪、崇尚先进、崇尚科学、追求卓越。

企业价值观：与客户共命运，与社会同发展，用真诚服务使客户满意，以优质供电创最佳效益。

人才观：德才兼备、以德为先，上岗靠竞争、提拔重实绩。

安全观：安全是生命，责任重于泰山，靠大家共同承担；安全是效益，夯实生存基础，利益把我们相连；安全是幸福，珍惜热爱生活，共建美好的家园。

服务观：立足市场，千方百计满足客户需求；服务至上，千辛万苦换得客户满意。

管理观：以严格规范的制度管理确保生产的安全高效；以人本思想的个性化管理激发职工的创造活力；以科技创新的现代化管理提升企业的竞争实力；以强化市场的需求管理实现企业的最优效益。

价值观：奉献才有回报，形象就是效益。

营销战略：以市场为导向并不断开拓市场；以客户满意为标准并不断拓展服务领域；在客户得到满足并愉悦的消费后获得效益；在促进地区经济发展和社会进步的同时实现增供扩销。

经营哲学：传输社会发展的永恒动力；提供客户满意的无限服务；创造以人为本的企业文化；追求企业与社会的最佳效益。

经营理念：始于客户需求，终于客户满意。

企业形象宣传用语：电力永恒，服务无限。发展经济，电力先行。提供无限动力，服务千家万户。想致富，电到户。电线一拉，幸福到家。与您相伴，与您共享现代生活，与您共建美好家园。天上太阳,人间电力。电是绿色能源,用电是您最明智的选择。随时为您提供真诚的服务。愿为山城人民传输光和热。

【辽宁省本溪市城市信用联社】

理念识别

企业理念:市民银行,民富市强。
企业精神:让每一分钱都成为财富的种子。
服务理念:一切为了客户,为了客户的一切。
企业道德:挚诚、守信、勤俭。
企业作风:优质、快捷、规范、高效。
企业誓言:联社的事,员工办;员工的事,联社办。

【辽宁省本溪市北台钢铁(集团)有限责任公司】

理念识别

企业精神:合作、创新、发展。
企业理念:追求无止境。
发展目标:五年内把北钢建设成为规模优、效益好、环境美,充满生机与活力的大型企业集团。实施"1685"发展规划,即:工业增加值年度平均增长10%,实现利税6亿元(其中利润2亿元),建安产值8亿元,员工工资收入增长5000元,主要技术经济指标达到国内一流水平。
发展策略:市场为导向,实业为基础,经贸为纽带,实施资本经营战略。
发展原则:效益优先、结构优化、量力而行。
事业领域:以钢铁实业为基础,拓宽经营领域,形成钢铁、机械加工和建筑安装三条发展主线。
经营方针:以人为本,以深化改革为动力,以经济效益为中心,以科技进步和科学管理为两轮,达到提高效率的目的。
企业宗旨:为全体员工谋幸福、为社会发展做贡献。
企业用人观:让适合的人做合适的事。
企业管理观:大处着眼、小处着手。
企业资源观:资源有限、创意无限。
员工信条:我靠北钢发展、北钢靠我生存。
工作作风:讲时间、讲标准、讲纪律。
经营信条:为用户创造价值,共同获得利益。
价值观:开拓生存空间,创造无限价值。
员工价值观:学习创造未来。
座右铭;决战在市场、生存靠自己。
企业标语:厂兴我荣,厂衰我耻。质量是生命,效率是金钱。勤俭节约光荣,奢侈浪费可耻。违章操作就是自杀,违章指挥就是杀人。用户是上帝。信心就是力量。爱我北钢、兴我北钢。爱护环境、美化环境。

【荆州远程路桥有限公司】

荆州远程路桥有限公司是一家建筑施工企业,以建设桥梁道路为主。

理念识别

企业理念:一切为了工程建设。
企业精神:团结、务实、灵活、创新。
企业宗旨:以质量立足、靠信誉发展。
企业目标:施工机械化、管理科学化。
企业哲学:把今天视为落后。
企业氛围:认真、敬业、勤奋、向上。
经营战略:抢市场、树品牌、创效益。
经理格言:发展中求稳健,稳健中求发展。

【荆州市公交总公司】

理念识别

公交精神:爱岗敬业,无私奉献,团结拼搏,争创一流。
服务宗旨:一切为了乘客满意。
经营宗旨:安全第一、服务为本、讲求信誉、乘客至上。
经营目标:两个效益一齐上,五项指标同步升。
服务标准:运营准时、行车安全、车辆整洁、举止文明。报站勤一点,宣传活一点;语气甜一点,纠纷少一点;行车稳一点,事故降一点;卫生亮一点,形象美一点;品牌响一点,效益增一点。
管理理念:严(严标准、严奖惩)、实(讲实效、办实事)、细(细分析、细谋划)、高(高效率、高效益)、满(满负荷、满热忱)。
工作理念:自加压力、自我奋斗、超前进取、居安思危。
工作方针:高标准、严要求、快发展、强约束、稳推进。
工作作风:雷厉风行、闻风而动、日事日毕、日清日高。
服务理念:公交服务,天天进步。

【中国信合荆州市农村信用联社】

理念识别

信合精神:创业、进取、超越、奉献。
创业:艰苦奋斗、勤俭办社、弘扬传统、保持本色。
进取:与时俱进、开拓创新、争创一流、领先时代。
超越:超越自我、超越社会、引领潮流、设计未来。
奉献:吃苦耐劳、不计得失、恪尽职守、献身信合。

信合企业理念：培养正直、谦和、勤奋、廉洁的员工，树立文明、团结、诚信、稳健的社风，奉行合作、服务、管理、创新的社策。

企业文化核心：团队合作、客户至上、善待员工、积极创新。

经营理念：以市场为导向，以客户为中心，以效益为目标。

经营机制：资本自聚、资金自筹、经营自主、盈亏自负、风险自担。

经营主题：改革、创新、发展、规范。

经营目标（2003年度）：一增（存款净增11亿）；二控（年末贷款投差控制在3亿元以内）；三压（不良贷款净压2亿元）；四扭（全力扭转亏损局面）；五降（经营成本费用大幅度下降）；六盈（全辖盈余社达76个，盈余金额1000万元）；七绝（杜绝各类金融案件的发生）。

经营品牌：小额农贷、优质服务。

工作重心：支农、增效、降本、控案。

工作要求：政策目标化、目标阶段化、阶段日常化。

工作作风：扎根土地、返乡归农、“挎包银行”、“三铁”精神。

服务标准：亲切、体贴、准确、方便、高效、快捷。

服务创新标准：变开发何产品就向客户推销何产品为：客户需要什么产品就开发什么产品。

营销理念：变坐等客户上门为主动贴身式营销服务。

产品开发：生产一代、销售一代、开发一代、研制一代、构想一代。

人才战略：吸纳，激励、尊重、培训、储备。留住人才四要点：政策留人、位置留人、待遇留人、环境留人。

广告宣传：小康路上走，信合好帮手。选择信用合作，共创美好生活。农村信用社，农民自己的银行。农村信用社，通向幸福的桥梁。小康社会是天堂，信用合作是天梯。天有不测风云，我有信用合作。欲奔小康路，信合来帮助。一握信合手，终生是朋友。信用合作、信用为本、信用至上。与社员手挽手、与农户心贴心。

【荆州市红商百货有限公司】

理念识别

红旗理念：顾客永远是正确的。

红旗精神：求实、高效、奉献、真诚。

红旗宗旨：一切为了顾客。

红旗目标：顾客满意就是商场的追求。

红旗经理格言：发展中求稳健，稳健中求发展。

红旗经营格言：从不回避每一位顾客。

红旗经营战略：商场就是服务。

红旗哲学：把今天视为落后。

红旗伦理：商品有价情无价。

红旗氛围：敬业、勤奋、团结、向上。

红旗商品定位：工薪族的消费水准。

红旗工作作风：稳重而又开放，大度而又周密，深沉而又洒脱，机灵而又真诚。

红旗价值观：有比创造利润更高层次的追求—为社会提供优质商品和服务。

【松滋市新星建材集团】

理念识别

企业精神：贡献智慧、共创未来。

企业宗旨：至诚至信。

企业使命：“安得广厦千万间”。

竞争战略：人才、品牌、服务。

经营口号：新星普惠天下人。

奋斗目标：向亿元企业迈进。

【湖北银欣集团】

企业吉祥物

理念识别

企业管理导师：日本企业经营之神——松下幸之助。

演兵模式：精锐之师、千日养成。

企业纲领：稳健经营、追求永续。

企业理念：创业育人、发展报国。

银欣精神：精明勤奋、奉献竞争、诚实谦虚、开拓创新。

经营宗旨：创业育人，发展报国。

经营八要：经营要诚、反应要快、形象要高、效益要好、信息要灵、竞争要拼、创意要新、眼光要远。

管理标准：严明的组织纪律、严肃的工作态度、严谨的工作作风、严密的工作制度。

为人准则:对朋友要诚、对公司要忠、对自己要严、对父母要孝、对家庭要爱、对事业要拼。

管理人员应具备的素质:通晓企业全貌、不断学习进步;勇于变革现实、具有创新精神;尊重领先员工、善于民主科学;组织能力卓越、工作方法科学;坚持工作原则、处处以身作则。

公司训条:确实认识自己、随时提醒自己、时常检讨自己、绝对发挥自己、严格要求自己。

总经理要求:诚实、守时、守纪、讲求效率。

【沙市中商百货集团】

理念识别

企业精神:和谐、求实、超越、奉献。

经营理念:顾客的需求就是我们的追求。

服务理念:顾客的满意就是我们的服务目标。

企业行为取向:社会造就中商、中商服务社会。

【荆州市白天鹅家私有限公司】

理念识别

经营理念:诚信经营、服务社会。

企业精神:务实求新、团结自强,诚信、务实、严谨、规范。

公司诫训:踏踏实实做人,勤勤恳恳做事。

品牌创建的四大支柱:一个强有力的核心领导层、一支素质较高的人才队伍、一套科学的管理机制、一批优秀的家具品牌。

【荆州市邮政局】

理念识别

企业精神:筚路蓝缕、和衷共济、科技兴邮、争创一流。

企业口号:邮政邮政、战无不胜,企业靠我富裕、我靠企业生存。

服务理念:将心比心、让用户称心;用户是亲人,服务要尽心;卖门票找邮政、买门票找邮政。

企业价值观:高质量的生活、高效率的工作、高速度的发展、高效益的创收。

【济南市明水化肥厂】

理念识别

核心价值观:诚信为本、创新无限。

“诚信为本、创新无限”。一个企业要做到不断发展,立百年基业,一靠诚信,二靠创新。诚信是基础,创新是根本。一个不讲诚信的企业,不能长期立足于社会,一个没有不断创新的企业,定会被日新月异的社会所淘汰。

企业精神:艰苦奋进、拼搏奉献。

“艰苦奋进,拼搏奉献”。艰苦奋斗是任何时期、任何企业必须发扬的光荣传统,要在艰苦奋斗中前进。面对经济全球化的趋势,面对国内外化工市场竞争越来越激烈的现实,容不得你安乐,容不得你满足,要永立潮头,一是拼搏、二是拼搏、三还是拼搏。拼搏的目标就是为社会提供优质的产品和服务,用感恩的心奉献社会。

经营理念:创造市场、诚信双赢。

生存理念:物竞天择、战胜自我、变革图强。

发展理念:追求完美、永不满足。

服务理念:满足需求、超值服务、创造客户忠诚。

学习理念:创新中学习、学习中创新。

企业目标:立明化百年基业、创一流化工品牌。

经营理念

提出了当今做人做事的第一准则——诚信。人人讲诚信、创造诚信社会是历史发展的必然要求,是立企业百年基业的第一要素。

摒弃“市场疲软,产品没有市场”的观念,提出了“创造市场”的观点。

【北京协和医院】

医院标识

理念识别

医院精神:严谨、求精、勤奋、奉献。

【北京大学第一医院】

医院标识

理念识别

办院方向：综合性、多学科、国际型、第一流的临床医学院。

指导思想：坚持社会主义方向，面向四化，面向未来，面向世界，培养合格的医学人才，全心全意为人民服务。

院风：崇尚科学，理实并重，严谨求是，奋进创新。

院训：患者至上，献身医学。

【中国人民解放军总医院】

医院标识

理念识别

医院精神：以人为本、诚信服务、精益求精、满意放心。

【北京同仁医院】

医院标识

理念识别

同仁精神：精、诚、勤、和。

【北京儿童医院】

医院标识

理念识别

院训：公、慈、勤、和。

【上海仁济医院】

医院标识

理念识别

服务宗旨：病人至上，质量为本。

仁济院训：团结、勤奋、优质、创新。

质量方针：仁德仁术、济世济众、优质高效、便捷安全。

管理理念：守信、奉献、和谐、卓越。

仁济人誓言

我为自己是仁济人而感到自豪，
我要终身为人类的健康服务，
我要时刻维护仁济的荣誉。

要尽力维护医学事业的神圣和高尚，
要尊敬师长、友爱同事，
要首先考虑患者的健康，

要尊重和保守患者的秘密。

不论患者的年龄、性别、身份，
不论患者的民族、国籍、疾病，
不论患者的宗教信仰、社会地位，
都要一视同仁。

尊重人的生命，
维护人类健康，
为此，我郑重地、自愿地，
并以我的名誉作出上述承诺。

【上海华山医院】

理念识别

医院宗旨：创业、敬业、改革、奉献，救死扶伤，一切为病人。

【青岛市市立医院】

医院标识

生命绿洲

王训题敬书

二00三年六月五日

标志释义：“生命绿洲”指医院是带给患者生命希望和健康的绿洲。

医院院徽的外形由盾构成，显示市立医院在医疗领域的权威性和信誉度，也寓意市立医院是大众健康的屏障；中心图案由欧洲传统图案蛇杖组成，橄榄枝象征和平与友谊，红色体现温暖与热情，展示红十字精神，显示行业特色；标志整体的绿色色调象征生机和活力，寓意市立医院是长青的生命绿洲；卡通人物服务商标，由身着职业服装、佩带院徽的卡通变形医生和医用急救包组成，突出了职业特点，伸展的双手象征着医护人员用爱心拥抱生命的伟大情怀和精心呵护健康的仁爱精神。

理念识别

医院宗旨：救死扶伤，奉献社会。生命高于一切，患者重于一切，精心救死扶伤，提高生命质量，为患者奉送健康，为社会奉献爱心。

核心理念：爱心质量。

医院精神：仁爱、和谐、奉献、卓越。

管理理念：严谨有序、情理交融。

经营理念：诚信为本，品牌为帆。

服务理念：服务无缝隙，医患零距离。

人才理念：不拘一格，人尽其才。

医院作风：分秒必争，精益求精。

座右铭：生命之托，重于泰山。

主打广告语：爱心永远，质量永恒。

行为识别

道德准则

医院道德：至真至善，仁德仁术，互敬互学，尽职尽责，厚爱员工，善待患者，尊重同行，忠诚国家。

医院形象

员工形象：医德高尚、业务精湛。

服务形象：宽厚热情、耐心周到。

环境形象：整洁安静、优美舒适。

团队形象：团结协作、追求卓越。

领导干部形象、医生形象、护士形象、管理人员形象、公勤人员形象（略）。

誓词

我宣誓：忠诚医疗事业，热爱市立医院，履行“救死扶伤，奉献社会”的宗旨，牢记“生命之托，重于泰山”的责任，弘扬“仁爱、和谐、奉献、卓越”的精神，实践“服务无缝隙，医患零距离”的承诺，以白求恩为榜样，以南丁格尔为楷模，用爱心浇灌“生命绿洲”，以质量铸就服务品牌，珍惜市立医院今天，创造医疗航母明天，为了人民的健康幸福，为了市立医院的持续发展，拼搏奉献，创新不止。

服务行为规范

一个标准：让患者满意。

两个明白：让患者明明白白就医，明明白白消费。

三个一切：一切为了患者，为了一切患者，为了患者一切。

四个主动：患者来诊主动招呼，患者提问主动解答，患者不便主动帮助，患者出院主动回访。

五个追求：为患者诊治追求“零差错”，为患者护理追求“零缺陷”，为患者服务追求“零遗憾”，医疗过程追求“零障碍”，医患关系追求“零距离”。

六个承诺：诊治质量让患者放心，服务态度让患者顺心，诊治程序让患者省心，医疗环境让患者舒心，实践承诺让患者安心，医药价格让患者称心。

七个不准：不看人情病，不乱开药方，不另眼待人，不推诿患者，不冷落患者，不吃请受礼，不脱岗聊天。

【南京市儿童医院】

医院标识

标志释义：院徽运用儿童头部剪影作为设计主体元素，辅之以叶片的造型，将儿童比喻为花朵和幼苗，两片叶片就像一双手，象征在医护人员的悉心呵护下，患儿能够很快解除病患茁壮成长。儿童头部造型生动可爱，寓意今日的儿童，明日的栋梁，直接点明了医院服务的对象。叶片的造型又像展开的翅膀，喻指儿童将来能够健康的生活、自由快乐的飞翔。标志整体造型寓意丰富，结构简洁，易于识别。

标志色彩清新明快，冷暖对比强烈，深蓝色象征智慧与科技实力，粉红色温暖、亲切，体现医院人性化服务的特色，三色组合更加显示出无限生机。

中文采用舒同体，轻松但不失稳重，英文缩写使用富有稚趣的手写体，活泼可爱，符合儿童的审美情趣。

理念识别

院训：团结、仁爱、严谨、创新。
使命：至善至尊、造福儿童。
善：心善、质善、业善。尊：自尊、民尊、品尊。
愿景：迈向现代化一流儿童医院。

【广州中山医科大学一附院】

医院标识

院徽：

标志释义：标志以中山一院中文“中”和“山”为基本造型骨架。中间的竖型为“1”字，组成中山一院的文字视觉形象，并且既巧妙地形成人形图案，又使左右两个圆弧形成保护、爱护之感，象征充满爱心的医疗行业，整体形象也犹如地球和太阳，象征中山一院的国际交流，全球性医疗网络概念及如日中天，蒸蒸日上的光辉前景。整个标志造型简洁明了个性鲜明，视觉识别性强，并且有强烈的权威感、崇高感和永恒感。

理念识别

院训：崇德、敬业、求精、图强。

整体含义：体现中山一院崇尚良好的医德医风和职业道德风尚，倡导爱岗敬业精神，追求技术上精益求精，为把中山一院建设成为国内一流、国际知名的现代化医院而不懈奋斗。

崇德：意指中山一院素以“技精德高”在中国和东南亚一带久负盛名，自始至终十分重视和突出医德建设，把爱心、耐心、细心和责任心奉献给病人。“崇德“也是医务工作者对自身的道德、特别是职业道德的要求。

敬业：就是要热爱医疗事业、执着本职工作，以中山一院人为荣，把救死扶伤作为自己的神圣职责，全心全意为病人服务。

求精：追求医疗、技术上一丝不苟，精益求精；学科建设上创造名牌和精品；医学教育上培养医学精英。

图强：就是在崇德、敬业、求精的基础上，全院职工团结一致，努力拼搏，

开拓创新，为把中山一院建成国内一流、国际知名的现代化医院而努力奋斗。

【牡丹江中医医院】

理念识别

医院精神：技术上精益求精、服务上至善至美、信誉上真诚可靠、环境上整洁温馨。

【辽宁本溪市中心医院】

理念识别

核心理念:以病人为中心,创建优秀服务品牌,打造百姓放心医院。

医院精神:仁爱、精诚、勤奋、图新。

服务宗旨:服务健康事业,造福山城人民。

发展战略:科技兴院,质量强院。

经营理念:以病人为中心、以市场为导向、以质量为根本、以效益为目标。

【湖北荆州市中医医院】

理念识别

医院精神:团结奉献、弘扬国粹、务实诚信、开拓创新。

【厦门市妇幼保健院】

理念识别

院训:团结、敬业、创新、奉献。

服务宗旨:关爱女性、呵护新生。奋斗目标:省内领先、全国先进。医院精神:高尚的医德,精湛的医术艺术的服务。

管理观念:以人为本,以高尚的思想陶冶人,以明确的目标激励人,以完美的形象塑造人,以严格的制度约束人,以诚挚的人格感召人。

经营观念:效益在社会的满意中。

科研宗旨:不畏风险,激发创新热情,允许尝试失败。

医院作风:认真严谨、团结拼搏、勇于探索。

【白求恩国际和平医院】

理念识别

院训

全心全意:是对医务人员思想道素质的要求。医院全部工作的出发点和落脚点,就是要一切为病人着想、一切让病人满意,全心全意为军民服务。

精益求精:是对医务人员专业技术素质的要求。在医疗服务工作中,要精确诊查,精心治疗,精细护理,同时要刻苦钻研,大胆创新,不断提高自己的专业技术水平。

【玉溪市人民医院】

理念识别

院训:团结、奉献、求实、进取。

奋斗目标:一流的管理、一流的人才、一流的技术、一流的服务、一流的环境。

【牡丹江市中医医院】

医院标识

标志释义:

院徽:红十字标志代表医疗机构。绿色为[中医医院]汉语拼音 Zhong Yi Yi Yuan 每字前四个英文字母[ZYYY]的变形,同时该图案形似一株本草植物,代表牡丹江市中医医院的医疗特色。

图案集中体现了人性化设计理念,象征着有力量,充满爱心的双手将患者的生命高高擎起,极富爱心。更让人联想到这是一幅绿叶(医院)衬托红花(患者)的感人景象。

理念识别

院训:敬业、拼搏、自强、争先。

医院形象:技术上精益求精,服务上至善至美,信誉上真诚可靠,环境上整洁温馨。

服务理念:全心全意为病人着想,尽心尽力为患者服务。

医院作风:科学、严谨、务实、高效。

员工形象:热忱、真诚、无私、奋进。

医院信条:用一流的技术,一流服务,一流管理,一流信誉,建一流医院。

经营理念:今天的信誉就是明天的市场。

价值观念:珍视生命、关爱健康、信誉第一、病人至上。

奋斗目标:用绿色医药建设绿色医院。

【牡丹江市第二人民医院】

医院标识

标志释义：森林须要护林使者，啄木鸟担当着森林的医生，树木、啄木鸟形成标志的主色调，使人联想起医生的神圣使命。

绿色：联想草原、森林，象征新鲜，向上和平。

理念识别

院训：医乃仁术、医必重德。

精神：实事求是、崇尚真理、探索求识、精诚合作。

服务理念：入院是亲人，出院是朋友。

服务宗旨：以仁人之心关爱病人，以德技之术服务病人。

院色：绿白相间，绿色代表绿色通道和生机，白色代表白衣天使和纯洁。

工作作风：科学、严谨、踏实、高效。

【广州护士学校】

理念识别

校训：勤奋、精细、温文、慎独。

三、品牌营销策划案例选编

五粮液:品牌策划五步曲

在老百姓心中,中国顶级的白酒非茅台和五粮液莫属。2002年11月13日,深圳市《深圳商报》发布的一项名为《深圳人最喜爱的酒》的调查很能说明问题:在被列举的白酒品牌中,74.6%和74.3%的被访者表示最喜爱的白酒品牌是五粮液和茅台,两者并驾齐驱。

但五粮液的地位曾经非常尴尬。在品牌价值上,五粮液和茅台不在一个档次上;在销量上,它也曾经位居山西汾酒之后。当时的五粮液与泸州老窖、剑南春、全兴大曲、古井贡酒、洋河大曲等浓香型名酒比较,并没有特别的优势。那么,为什么五粮液能够在短短的几年时间内脱颖而出,成为中国的顶级白酒呢?这得益于五粮液集团出色的品牌策划五步曲。

第一步:提价。在早期白酒市场上,众多名酒价位接近,除茅台外,相互间几乎没有档次差别。在不少名酒追逐销量而忽视了价格差本身表现出的品牌差别时,茅台和五粮液却竞相涨价。1993年,众多名酒仍在10多元、20多元徘徊时,茅台和五粮液已经涨到了100多元。于是,不知不觉中,白酒分化成了高端产品和中低端产品。而五粮液和茅台,凭借高价格,品牌实现锐利化,与其它名酒拉开了档次,将高端白酒市场变成了两家的"私家花园"。

第二步:舆论提升品牌。单纯的提价,消费者肯定会无法接受,会导致销量大减,所以涨价必须做好消费者的"思想工作"。通过换包装、原料涨价等机会适时地涨价,同时通过大众媒体告诉消费者令人信服的涨价理由。他们还通过制造新闻热点的方式提升品牌形象。比如,五粮液举行白酒拍卖活动,一公斤拍得数万元,这条"五粮液拍出天价"的新闻顿成媒体关注热点。媒体围绕这个新闻事件,让社会各界人士讨论五粮液的"天价"是否合理。这样的公关行为,可谓是四两拨千斤,为五粮液提价转移了视线,同时也让消费者更容易接受五粮液的涨价行为。

第三步:重视企业整体形象的宣传。五粮液集团虽然也有悠久历史,但并不刻意追求沧桑感;相反,五粮液的商标形象、产品包装形象、主题歌曲等更多给人以现代感。每天晚上五粮液都会在中央电视台播放企业形象宣传片,孜孜不倦地诉说自己的实力和形象。这种策略非常温和,也非常有效。

第四步:与区域品牌联手扩张。1996年,五粮液集团还只有两个品牌——高档酒品牌"五粮液"和低档酒"尖庄",没有中高档、中低档产品。而以送礼为主的五粮液市场有限,利润上升空间不大;低档酒虽然能走量,但利润很低,能够将销售量和利润率结合起来的只有中档白酒。

1997年,五粮液公司将自己开发、收购的品牌运营权采用"买断经营"的方式,交给代理商或者地区流通企业运营,而五粮液负责为其合作企业进行贴牌生产。这种方式虽然利润不高,但没有任何风险,能够迅速实现企业规模扩张。另一种合作方式由代理商或者流通企业申请商标,五粮液负责开发和生产产品。京酒、金六福、长安之星等均采用这种策略。这种做法让五粮液避免了和地方品牌的正面冲突,聪明地将各地的流通渠道商家变成了自己的盟友。

第五步:品牌收缩。到2002年末,五粮液集团已成为一个庞大的舰队,除了旗舰五粮液品牌,五粮液集团自主开发的品牌已达67个之多,加上联营、收购、衍生的各种品牌,已超过100个。品牌过多,致使众品牌良莠不齐、其高下差别判若云泥,行内人士戏称五粮液为"超生游击队"。为了保持领先优势,五粮液进行了市场收缩,设法对地方性品牌加以创造性地利用,以出让部分利润的方式来换取渠道支持,实现渠道锐利化。在品牌传播上,五粮液十数年如一日,坚持和消费者沟通——通过新闻让消费者关注五粮液,通过众多子品牌的大量广告投放,从而在短期内,让品牌价值迅速上升,提高了知名度和美誉度。

奇瑞QQ:瞄准目标客户群

2003年,中国家用轿车市场上的竞争格外激烈,但在众多的中国汽车厂商推出的新车型中,上汽集团奇瑞汽车有限公司的"QQ"品牌就像是一位时尚、新锐的女郎,格外受人注目。"QQ"靠什么获得瞩目?主要是凭借他们对目标客户群的准确定位。

"QQ"选择的目标客户群体的特点是对新生事物感兴趣,富于想象力,崇尚个性,思维活跃,追求时尚。虽然由于资金的原因,他们崇尚实际,对品牌的忠诚度较低,但是对汽车的性价比、外观和配置十分关注,是容易互相影响的消费群落。从整体的需求来看,他们对微型轿车的使用功能要求较多。奇瑞把"QQ"定位于"年轻人的第一辆车",从使用性能和价格比上满足他们通过驾驶"QQ"所实现的工作、娱乐、休闲、社交的需求。奇瑞公司根据对"QQ"这种营销理念,推出了符合目标消费群体特征的品牌策略。

在产品名称方面:“QQ”在网络语言中有“我找到你”之意,“QQ”突破了传统品牌名称非洋即古的窠臼,充满时代感的张力与亲和力,同时简洁明快,朗朗上口,富有冲击力。

在品牌个性方面:“QQ”被赋予了“时尚、价值、自我”的品牌个性,将消费群体的心理情感注入品牌内涵。

在品牌语言方面:富有判断性的广告标语“年轻人的第一辆车”,以及“秀我本色”等流行时尚语言配合创意的广告形象,将追求自我、张扬个性的目标消费群体的心理感受描绘得淋漓尽致,与目标消费群体产生了情感共鸣。

在相关信息的立体传播方面:选择目标群体关注的报纸、电视、网络、户外、杂志、活动等,将“QQ”的品牌形象、品牌诉求等信息迅速传达给目标消费群体和广大受众。

在综合宣传方面:从新闻发布会到传媒的评选活动,形成了全国市场的互动,创造了良好的营销氛围。“QQ”作为一个崭新的品牌,在进行完市场细分与品牌定位后,投入了立体化的整合传播。他们以大型互动活动为主线,开展了“QQ价格”网络竞猜、“QQ秀”个性装饰大赛、“QQ”网络FIASH大赛等等,为“QQ”2003年的营销传播大造声势。在所有的营销传播活动中,特别是网络大赛、动画和内装饰大赛,都让目标消费群体参与进来,在体验之中将品牌潜移默化地融入消费群体的内心,与消费者产生情感共鸣,起到了良好的营销效果。

统一润滑油:高端突围

北京统一石油化工有限公司从一开始就生产高级润滑油,在品质上与美孚、壳牌这些国际著名品牌没什么差别,但润滑油的高端市场一直让其难以突破。2002年后,统一通过与强势媒体携手,造就强势品牌,成为统一润滑油品牌调整的突破点,借此打入高端市场。

以前,统一的品牌、产品宣传主要依靠30多家全国性的报纸和一些与车有关的专业媒体。但随着汽车在人们日常生活中影响力的加大,润滑油已开始向日常消费品转变,因此,宣传媒介应该向更具有大众影响力的电视媒体倾斜。统一已经拥有了覆盖全国的销售网络和越来越多的销售人员,公司利润也越来越好,此时投放央视的广告将会收到显著的效果。

在决策之后,接下来的问题就是:到底投入多少资金?这不但在统一公司内部出现了较大的争论,而且与外部合作的咨询公司、广告代理也产生了争论,这些“外脑”认为,第一年投一两千万就行了,投多了风险太大。经过反复讨论,统一公司最终决定,既然要做中国最好的品牌,就要选择中国影响力最大的媒体;既然选择了影响力最大的媒体,就应该大胆地投入。当时,统一公司做的预算是7500万元。2002年11月18日,统一润滑油首次参加中央电视台黄金广告段位招标,中标额为6000多万元,成为第一个在电视媒体投放广告的润滑油品牌。

2003年3月21日,伊拉克战争爆发,中央电视台进行了前所未有的大规模直播报道。统一润滑油迅速做出了反应,在战争开始的当天,停掉了当时正热播的广告片,而改为播放一则五秒的广告片。广告片没有任何画面,只有一行字并配以雄浑的画外音:“多一些润滑,少一些摩擦”。这则广告紧贴《伊拉克战争报道》之后,和新闻浑然一体,非常有震撼力。这则广告的妙处就在于既准确地表述了“多一些润滑”的产品特点,又一语双关道出了“少一些摩擦”的和平呼声,含蓄、隽永,耐人寻味。统一为这则广告每天投入25万元,共播出了10天。这次事件营销对提高企业形象起到了绝佳的效果。广告播出后,各大媒体纷纷对这次营销事件发表评论,认为统一“多一些润滑,少一些摩擦”的广告,创造了小预算、大效果的神话(制作这个广告仅花18000元);统一公司自己的网站点击率提高了4倍;而且还经常有人打公司的服务电话,与统一公司讨论战争进展的情况和战争与和平的话题,统一润滑油的品牌影响已经远远超出了产品销售和使用的范围。

广告播放后,很多经销商给“统一”打来电话,他们认为这条广告才像是高端产品品牌的广告,许多原来不卖统一产品的零售店主动联系,给经销商以足够的信心;许多看过此广告的观众都以为这个广告是国外广告公司的创意,还有一部分人认为统一是合资企业或者外资企业,许多司机则点名要加统一润滑油。

这则经典广告,为统一润滑油带来了优秀的销售业绩,当月出货量比上年同期增加了100%,销售额历史性地突破了亿元大关。

雅尚·久久圆:挖掘品牌内涵

上海雅尚服饰有限公司专业生产中、高档男女西裤、休闲裤等系列产品,多年来为众多国内、国际名牌裤装承担加工制作。2002年起进一步调整发展战略,投入巨资,打造自有品牌,采用国际通行的连锁加盟专卖的运行方式,在全国推广“久久圆”裤装连锁,短短时间已声名雀起。

首先,从品牌创意开始,“久久圆”源自“所有的裤子都卖99元”的创意。每家店只卖裤子,西裤、休闲裤、男裤、女裤……所有裤子都卖99元。在中国老百姓的心目中,100元的价位是个坎,100与99元虽然只差1元钱,却突破了100元的心理价位。“所有的裤子都卖99元”的创意及“99元”的谐音,让“久久圆”琅琅上口,且与中国人崇尚“长长久久、圆圆满满”的心理相贴合,据此雅尚公司注册了“久久圆”商标,并作为主力品牌进行推广。

随着品牌内涵的挖掘和传播主题的提炼,“久久圆”的品牌得到了丰富,增强了信任度。但如何解决“为什么所有的裤子都卖99元”的问题,如何打消消费者对于产品质量的疑虑呢?顾客进店后,导购第一时间向消费者说明,统一标准的规模生产和统一管理的大幅度降低成本,使得平时180多元的裤子可以仅售99元。而且品牌内涵的挖掘使得理由更加充分:我们一直在秉承和发扬“高品质、低价位”的品牌文化。与此同时,精美的装修、品牌故事形象墙、悬挂的上海风情像框,无不让顾客深刻感受到了浓浓的上海服饰文化气息,美好品牌联想带来的是顾客对产品价值的认可。

品牌主题的确定同时也为形象识别系统的规划指明了方向。在所有的加盟连锁店的装饰上,并没有单纯使用企业的VI形象,而是加以丰富,这样使得新的店内装饰更加符合了服饰行业生动的特点。

第二，在挖掘“久久圆”的品牌内涵时，既深挖“上海雅尚服饰有限公司出品”所体现的地域优势——来自上海的品牌，又深挖上海的服饰文化、裤装文化。

上海作为中国服装文化之都，一直引领着中国服装之潮流。上海服装，因融会中西时尚元素，形成了自己鲜明的特色，赢得了“穿在上海”的美誉。早在20世纪30年代，因汇集了来自宁波、苏州等全国各地的服装人才，又得西方服装风气之先，上海已经发展成了中国服装文化的典范之城，并诞生了一大批至今仍在国际上颇有声望的服装品牌。

随着服装业的日趋成熟，专业裤装开始出现。由于设计、制作人员的专业化，一批以“高品质、低价位”的专业裤装品牌深受各阶层的欢迎，上至社会名流，下至普通职员，都形成了到专业裤装店购买、订制裤子的习惯。“久久圆”也是受此启发而诞生的。

同时，“源自上海，专业制裤”主题概念的提炼，使得品牌的历史文化内涵与专业形象更加鲜明和突出。为了演绎“源自上海，专业制裤”的主题概念，店内装修时都制作了精美的壁画，展示上海服饰文化与久久圆的品牌故事，在产品展架之间则悬挂着精美装裱的老上海照片，进店后，让人无不感受到了浓浓的上海服饰文化气息。

新的品牌策略的实施，使“久久圆”由一个单一、单薄的名称变成了一个具有丰富内涵的“经典上海裤装品牌”。

海王：健康成就未来

“海王，健康成就未来。”这句精练又铿锵有力的广告语，现在已经被广泛认同为海王品牌的核心价值所在。这句话的提出，不是一个缜密的逻辑思维过程，而是一个高度发散的形象思维过程。它同时也给海王一个清晰的产业定位：健康产业。它反映了海王的终极目标：推动民族医药工业发展，为人类健康谋福利。它也是海王在经历“成功的烦恼”后对自身的期望：除了人类健康需求外，企业也要健康，健康才能成就未来，健康才能成就辉煌。

在解决了“品牌之根”后，海王于2000年底发布了“21世纪海王集团品牌战略实施规划”，该规划使海王日后的成功有了明确的战术：

首先，这是一个品牌营销的时代，没有品牌就没有发展。而打造品牌的关键是品牌形象的统一。因此，必须首先实施“统一运动”，不仅产品、包装、传播、推广等，各营销环节都要围绕同一主题展开，而且1年、2年……10年、20年也要坚持同一个主题，同一种风格。

其次，适度转移产品重心，集中力量搭建OTC(非处方药)营销大平台，形成同一个品牌下重点经营OTC产品、处方药产品，努力开拓保健品市场及一般食品市场。

第三，海王品牌在行业众多品牌中脱颖而出，必须依赖一支产品的“强势球队”，而强势球队又必须以强势球星为依托。在过去海王几十个产品中，除了金牡蛎因为历史的原因有较高的知名度外，其它产品不仅销量不大，而且知名度都不高。海王2000年的品牌规划，不仅提出要打造一支高水平的强势球队，还要打造一个球队的精神领袖：“乔丹”。于是，“海王银得菲”被选中了。从2001年春节开始，海王开始高密度地出现在中国人的视野中：媒体中看得到，终端见得到。“海王银得菲”的实力加上海王强大的造星能力，终于烘托出一个海王“乔丹”。紧接着，海王又在众多产品中选择有实力的“海王金樽”、“海王银杏叶片”、“海王牛初乳”，开始一轮又一轮的造星运动。最终海王形成了一支由四个明星担当主力队员的“强势球队”。

第四，通过提升包装与设计品位征服消费者的直觉；通过大规模广告投入提升品牌传播速度；通过品质管理提升美誉度；通过服务及创新提升品牌忠诚度……最后，实施“大族品牌战略”。即集中优势兵力，主推几个产品；透过关键产品，让海王从健康产品的专业品牌，变为健康产业的强势品牌；然后借助品牌杠杆力，带动海王更多健康产品的销售。

由于正确的品牌规划，效果很快显现出来。在实施品牌规划后，海王的主推产品实现了数百倍的销售增长，主流产品的销售收入均已过亿元。

宏碁(Acer)：别具一格造品牌

台湾宏碁于1976年由五人创业小组成立，资本额仅100万新台币，从事微处理器相关业务的工业设计及贸易。二十多年过去了，宏碁成为台湾第一大的计算机集团，也是台湾惟一能够以自创品牌(OBM)行销全球的计算机公司。

宏碁原来的商标名为“Multi—tech”，全世界以“— tech”为名的资讯公司不胜枚举。在美国、德国、荷兰等国已被其他外商抢先登记，致使宏碁的品牌无法注册，无法推广，更无法变成国际知名品牌。此外，还因名字太长太普通，容易混淆，从而损失商机。关于这一点有一个小插曲：1981年，宏碁推出“小教授1号”，在世界各地颇获好评，西德的《6Chip》电脑杂志特别报道，却把英文名字错写成“Microtec”，这正是“全友”电脑的英文名字，结果使大批订单跑到“全友”。

所以，宏碁在加快国际化脚步时，不得不考虑更换品牌。而在美登记在案的Multi—tech公司要求宏碁放弃这一品牌，愿意给予三四千万新台币的补偿费。以此为契机，1987年9月宏碁果断地将品牌价值已达二千万的“Multi—tech”换成“Acer”，放弃行之多年的品牌。

Acer是拉丁字，意为“主动、敏锐、能干、犀利、强劲、灵巧”，简短响亮，没有负面联想的谐音，符合宏碁的企业文化，表明在日新月异的电脑业中宏碁正是“敏锐、犀利”地把握市场潮流，“积极主动”地向消费者提供最新鲜的产品。此外，Acer还隐含“ACE(王者)”之意，传达了宏碁追求世界级品质、信誉的信念。另一方面，Acer雷同性低，便于品牌推广、易记，可以在广告的瞬间就抓住观众，更利于沟通。而且在各种展览、资料及索引中，只要厂商按字母排序，Acer经常名列首位，具有惊鸿一瞥之效。

同时，宏碁建立了新的CIS。新的品牌、新的CIS，简洁统一，具有中国特色，合法、易记，与宏碁的产品形象一致，具有很强的沟通效果。到1994年，Acer的品牌价值已达1.8亿美元，成为台湾价值最高的品牌。

宏碁认为，领先的产品、技术与创新的管理模式推出之际是企业形象提升的最重要的契机。因此,宏碁建立形象的诉求重点是创新,持之以恒地透过各种有吸引力、有新闻价值的信息传达同样的精神,用潜移默化的方式建立一致的形象:“宏碁——新鲜的科技,新鲜的产品”。但是仅仅高喊创新无法赢得创新的形象,因此,宏碁每年以营业额的5%(早期)投入研发,不断以创新产品去塑造创新的形象。1995年9月,宏碁推出Aspire多媒体家用电脑更是其形象大幅度提升的契机:墨绿色及深灰色流线型电脑,外型大胆突破,功能领先同级产品,很快吸引国际媒体的注意,被美CNN等誉为“为家用电脑重新下定义”,美联社、路透社、《华尔街时报》都撰文介绍。

同时,宏碁运用其品牌资产与全球运筹能力,与各地市场营销商进行战略结盟,倡导“当地股权过半”,让合作者拥有过半的股权,在共同利益的驱动下,经销商才有时时压低风险、积极掌握机会的意愿。这使得宏碁不必承担渠道开发风险,而可以在短时间内就打开市场。后来宏碁在欧洲市场能够成为第一品牌,主要原因在于能结合当地的营销渠道,采取当地主导、利润共享的营销模式。在发展中国家可避免经济侵略的形象,在先进国家则可强化企业文化的说服力,当地化之后,容易招募杰出人才,为宏碁服务。

台湾IT产业最弱的部分是市场营销与国际品牌建立,而宏碁正因为以上几点原因,成为台湾少数能在品牌建立方面有所成就的企业。

红牛:舶来品如何赢得人心?

中国红牛公司的红牛功能饮料源于泰国,至今已有36年的行销历史,产品行销全球50多个国家与地区,全球年销量达10亿美元。1995年红牛进入中国,作为舶来品,红牛是如何赢得中国人心呢?首先是中国红牛公司从一开始就注重宣称红牛是中国人创造的配方,在市场进入初期大力宣传这个概念,大大地长了中国人志气;其次是名字起得好,红牛两字完全的中国化,很符合中国人的口味。

红牛1995年春节首次在中国亮相,那年春节联欢晚会之后的广告时间里,红牛初次出现,以一句“红牛来到中国”告知所有中国人民。而与此同时开始的红牛推广语言里,红牛配方的原创者是华裔人士的宣传占据很大比例。这个时期,红牛最注重推广两个概念:一是红牛是中国人创造的世界著名功能饮料,现在回到中国;二是提神醒脑,补充体力。相比之下,显然在消费者心态上,最容易并最先接受的是第一个概念,于是红牛在短短的一年里,成为中国功能性饮料知名品牌。

红牛的成功因素还在它的本土化策略,这首先体现在它的中文名字非常本土化,红牛,红字当头,牛劲十足,适合中国人吉祥如意的彩头,所以红牛刚一推出,它的礼品套装在国内某些地区就销售得非常红火,几至脱销。

红牛的本土化策略还体现在它的公司建设上,红牛总部最初设在深圳,而后移到北京。北京在国人心中一直代表“中国”,所以红牛身上就带上了浓重的本土味。至于红牛的生产基地从一开始就设在国内,更是红牛本土化策略中的成功之处。

六神:本土品牌文化的胜利

在《成功营销——新生代2002年-2003年度品牌竞争力排行榜》沐浴露产品类别中,上海家化的六神沐浴露以18.04%的市场份额排名第一,比第二名高出10.54%,而在市场份额前五名的品牌中,后四名均为跨国公司品牌。六神沐浴露的市场品牌忠诚度名列第二名,为72.85%;品牌竞争力综合指数以71.86%列第一位,排在第二名的只有32.14%。

面对来势汹汹且实力雄厚的外国竞争对手,“六神”把握住了中国消费者的特殊品味——对传统中医文化的信赖,由此而确立了产品独特定位——中药成分的沐浴液。“六神”沐浴露的策略,为中国本土公司如何利用本地优势做了一个漂亮的注解。

“六神”或“六位神灵”,是中医传统上用来治疗痱子和其它夏季疾病的药方名称,其中主要成分是珍珠粉和麝香。按照这个处方,1993年,上海家化推出了六神花露水,供夏天使用。以“去痱止痒、提神醒脑”为产品诉求,这个品牌迅速赢得了60%的花露水市场份额。两年后,上海家化推出了“六神”沐浴露,专攻中国夏季个人洗护用品市场。“六神”沐浴露的推出,一方面是鉴于“六神”品牌在市场上已具有的强大品牌效应,要将“六神”品牌的价值最大化;另一方面,面对跨国公司的挑战,上海家化把握住了中国消费者在一些领域更相信中医的特点。所以“六神”沐浴露将目标对准了“六神”花露水的使用者,以及长期青睐传统中药产品的消费者。产品推出后,很快就赢得了绝大部分“六神”花露水的用户。至1998年,在中国逐渐建立起的沐浴露市场中占据了最大的市场份额。

在中心城市的主流消费市场,“六神”面临着国际品牌的挤压;同时一些区域性品牌又试图凭借自己的价格优势从“六神”的市场份额中分一杯羹。然而,“六神”独特的产品定位成为它竞争的先天优势。在产品诉求上,与国际品牌大多宣扬的“润肤、除菌”等功效不同,“六神”沐浴露突出产品“清凉、清爽”的感觉,而又因为延续了“六神”花露水的传统风格,使人自然联想到中药成分对清热功能的促进,因此“六神”沐浴露树立了自己独特的清爽形象。

为了适应消费者新鲜、时尚的心理需求,近年来,“六神”沐浴露从简单的“清爽”产品诉求变为树立“夏季、清凉、家庭、健康、时尚”的品牌理念,在产品包装、广告宣传等方面均为品牌创新做了一定的调整,并加大广告投放力度,希望在将“六神”花露水用户悉数收尽外,吸引更多的年轻化但依旧对中国传统感兴趣的高端用户,争取到一些跨国公司的地盘。

在产品开发上,除了维持原有“清爽”的特点外,增加了具有“润肤、除菌”等功效的系列产品,将原来季节指向性明显的产品向夏季以外的季节扩展。加强了品牌创新工作,力图吸引更多、更年轻的消费者,这对“六神”今后的发展打下了坚实的基础。

动感地带:精确定位赢得新一代

中国移动通讯集团公司的通信品牌是“动感地带”,其目标客户群体定位于15岁到25岁的年轻一族。从心理特征来讲,他们追求时尚,对新鲜事物感兴趣,好奇心强,渴望沟通;从对移动业务的需求来看,他们对数据业务的应用较多,可以满足他们通过移动通信所实现的娱乐、休闲、社交的需求。中国移动据此建立了符合目标消费群体特征的品牌策略。

动感的品牌名称:“动感地带”突破了传统品牌名称的正、稳,以奇、特彰显,充满现代的冲击感、亲和力,同时整套VI系统简洁有力,易传播,易记忆,富有冲击力。

独特的品牌个性:“动感地带”被赋予了“时尚、好玩、探索”的品牌个性,同时提供消费群以娱乐、休闲、交流为主的内容及灵活多变的资费形式。

炫酷的品牌语言:富有叛逆精神的广告标语“我的地盘,听我的”、“用新奇宣泄快乐”、“动感地带(M-ZONE),年轻人的通讯自治区”等,流行时尚语言配合有创意的广告形象,将追求独立、个性、更酷的目标消费群体的心理感受描绘得淋漓尽致,与目标消费群体产生了强烈的情感共鸣。

犀利的明星代言:周杰伦,以阳光、健康的形象,同时有点放荡不羁的行为,成为流行中的“酷”明星,在年轻一族中极具号召力和影响力,与动感地带“时尚、好玩、探索”的品牌特性非常契合,可以更好地回应和传达动感地带的品牌内涵,从而形成年轻人特有的品牌文化。

“动感地带”其独特的品牌主张不仅满足了年轻人的消费需求,吻合他们的消费特点和文化,更是提出了一种独特的现代生活与文化方式,突出了“动感地带”的“价值、属性、文化、个性”。将消费群体的心理情感注入品牌内涵,是“动感地带”品牌新境界的成功所在。

国美:志做中国的“沃尔玛”

北京国美电器有限公司成立于1987年,是以经营各类家电用器为主的全国性家电零售连锁企业。十几年的发展,国美电器已经在全国许多地区拥有了上百家连锁商城,是国内家电连锁企业的一大品牌。国美电器的成功得益于战略策划的成功:以低价打市场(以包销、勤进快销、薄利多销为支撑),以管理服务稳市场(三级管理体系、奖惩分明、严密细致的管理制度);实行全方位本地化策略(管理人员、业务本地化)。

国美成立以来,始终以“繁荣市场、贡献社会”为宗旨,坚持“人无我有、人有我优、敢创人先”的经营理念,吸取国际上连锁超市的成功管理经验,确立了“立足北京,发展全国零售连锁网络”和“薄利多销、服务争先”的经营策略,使国美电器深受百姓青睐。“买电器、到国美”已成为广大消费者的共识。当许多生产商和经销商还忙于送礼设奖促销时,国美提出了“送礼不如送服务,设奖不如设方便”的理念,将以前送货只送近处(比如北京三环以内),货物必须是大件的规定,改为家电不分大小,送货不分地域。国美不仅是国外索尼、东芝、夏普等品牌的主营商,而且是长虹、TCL、海星等众多国内厂商的最大客户。

国美的发展目标是像沃尔玛那样,成为跨国经营的、中国最大的电器连锁经营公司。

康师傅:何以家喻户晓?

“康师傅”方便面在国内几乎家喻户晓,妇孺皆知,市场占有率高达25%左右。它的创立者是台湾的顶新国际集团。

“顶新”原是台湾彰化的一家油脂厂,属于家族式企业。1988年10月,魏氏家族四兄弟中最小的魏应行,首次来到北京发展。最初生产的“顶好清香油”在北京市场上“叫好不叫座”,后来推出的“康莱蛋酥卷”也由于当时老百姓的消费水平不高,未能真正打开销路。该公司到内蒙古投资蓖麻油项目时,情况更糟。

直到1992年“康师博”方便面问世,集团才初尝成功的滋味。这一次,他们做得特别仔细,先是对产品名称精心策划:“康”代表健康,又是扬声,念起来响亮;“师傅”是内地最普遍的尊称,印象好。于是他们决定用“康师傅”作为品牌名称。在营销方面,不论批发、直销,一律“先款后货”,避免了呆账、烂账以及由此引发的与客户关系紧张等问题。

在产品质量上,顶新的要求更是精益求精。创业初期,每天早上,魏应行兄弟4人都以方便面当早点,一方面为了节省时间,另一方面也是为了检验产品品质。产品虽受欢迎,但是面对市场幅员辽阔和运输线过长的重重限制,“康师傅”也绞尽脑汁突破各种难关,包括争取车皮,在各地设立发货仓库,建立经销商制度等。但根本之道乃是在全国各地快速筹建厂房,达到就地生产、就地供货的目标。于是从1994年开始,“康师傅”陆续在广州、杭州、重庆、武汉、沈阳和西安建厂。迄今,该公司在祖国大陆已建立起78条生产线,生产和销售覆盖全国每一个地区,品牌知名度在全国20个大城市达到了85%。“康师傅”的品牌价值合4.9亿元人民币,这在“康师傅”的无形资产中,还只占20%~25%,因为“康师傅”的销售网络占无形资产的比例要高过商标。

1996年2月,集团成功地在香港联交所挂牌上市,集资12亿港元,成了一支在中国成功经营并有典型意义的“中国概念股”。“康师傅”作为中国人自创的品牌,努力向多国、多元、多角化经营的方向发展,力图成为世界性华人企业集团。

娃哈哈:靓名及保护

杭州娃哈哈集团有限公司创办于1987年,前身是杭州的一家小学的校办工厂。1999年“娃哈哈”商标被国家工商局认定为中国驰名商标,有关资产评估部门评估其无形资产价值达22.48亿元,公司总资产达28.8亿元。娃哈哈的成功很大程度上得益于起名的成功。

“娃哈哈”品牌名称有以下特点:第一,“娃哈哈”三字读音中的韵母“a”是孩子最早易发的音节,极易模仿,且发音响亮,音韵和谐,容易记忆,因而容易被接受。第二,从字面上看,“娃哈哈”是各种肤色的人表达欢笑喜悦心情的共同方式,包含了一种健康和喜悦的寓意，不仅孩子喜欢，孩子的父母也喜欢。第三，同名儿歌及其特有欢乐明快的音调和浓烈的民族色彩，唱遍了大江南北，把这样一首广为流传的民歌与产品品牌联系起来，既为产品增强了文化色彩，又可使千千万万个消费者想起它、记住它，从而提高它的知名度。一言以蔽之，取这样一个别致的品牌名称，可大大缩短消费者与产品间的距离。

纵观成功的世界名牌，它们的名称既各具特色，又都遵循着共同的规则。比如"五好"原则：好听，好读，好记，好意义，好传播；比如打破常规，与众不同的原则；比如启发联想，寓意深刻的原则，等等。"娃哈哈"品牌的成功命名，给我们以启示。

稻香村：老字号的制胜法宝

稻香村南味食品店，从1912年到北京落脚，至今已近百年了。在市场竞争过程中，企业遇到了前所未有的挑战。北京稻香村食品集团能够应对这种挑战并且保持自己的竞争优势，体现了品牌制胜的恒定法则。

优质产品和服务是稻香村保持创建强势品牌的前提和基础。稻香村在理念上清晰地认识到，"顾客是衣食父母"，对产品的要求必须是"货真价实"，因此，他们时刻告诫员工，"蒙得了一时，蒙不了一世"。为生产优质产品和提供优质服务，他们在严格规章制度、精选产品原料、不断改进工艺的基础上，引进现代化的生产方式，从根本上解决了在落后的小规模生产条件下，人为因素过多、标准化程度不够、产品工艺难以控制、质量难以保证的局面，实实在在地为消费者创造了物质价值，这是稻香村成为强势品牌，取得竞争优势的基本原因。

不断开拓创新，是稻香村保持强势品牌持久生命力的根本保证。作为老字号企业，稻香村品牌之所以能够持续处于强势地位，关键的原因还在于稻香村的不断创新。他们每年平均开发十几个新产品，恢复了许多断档多年的传统食品，还针对消费群体日益细分的趋势，开发适应糖尿病人、素食消费者的食品以及普通时令大众食品；与此同时，他们还根据现代顾客消费行为的变化趋势，与大型百货商场等联合设立销售专柜，从而在销售方式上完成了从"自产自销"向"食品专柜"的过渡，不仅方便了广大消费者，而且以较低的成本完成了经营规模的扩大。

农夫山泉：巧创记忆点

在市场激烈的竞争中，每个企业都力图使自己的产品以及企业的整体形象广为人知，并能深入人心，为此想尽法子用尽手段。但对消费者而言，面对如此众多的企业和产品，要让他们记住其中的某一个并非易事，更别说印象深刻。

1999年农夫山泉的广告开始出现在电视台，而且来势汹涌，随之市场也出现了越来越热烈的反应，再通过跟进的一系列营销大手笔，养生堂有限公司的农夫山泉一举成为中国饮用水行业的后起之秀，实现了强势崛起。

农夫山泉的成功首先得益于"农夫山泉有点甜"这个经典中的经典，这句蕴含深意、韵味优美的广告语，一经出现就打动了媒体的受众，令人们牢牢记住了农夫山泉。为何会有如此的效果？原因正在于它极好地创造了一个记忆点，"农夫山泉有点甜"，亲切、清新、易记。通过强势媒体不断重复，给人视觉，听觉的强烈冲击。农夫山泉是如何创造这个记忆点的呢？

原则一，创造显著的差异性，自己的个性。

雷同、相近的东西很难让人记忆深刻，只有显著的差异才使人难以忘记。"农夫山泉有点甜"对此做出了很高明的应对。当其他同类产品都在表现各自如何卫生、高科技、时尚的时候，农夫山泉不入俗套，独辟蹊径，轻轻地点到产品的口味，也仅仅是"有点甜"，显得超凡脱俗，与众不同。这样就形成了非常明显的差别，使自己的产品具有了鲜明的个性，重要的是让电视机前的消费者感到耳目一新。

原则二，力求简洁，容易记忆。

消费者的记忆能力是有限的，而市场中各种产品的信息相对而言是无限的。要让消费者记住你的产品绝非易事，绝不是可以省去智慧、技巧、创新而能够做到的。而是要力求简单，给消费者创造一个容易记忆的点。

原则三，符合产品的特性，突出产品的优良品质。

名副其实才能盛名不衰，只有真实的才有力量。企业为自己的产品作广告就是为自己的产品特性作广告，广告中的核心记忆点更要以高度的准确性切中产品的特性，通过记忆点使消费者知道并记住产品的优点，这是产品成功的基础。

原则四，以信息配合、烘托这个点。

这个记忆点不是孤立、单薄的，它背后必须有一个宽阔的信息纵深面，而点正是面的浓缩，虽仅一个点，却蕴含着大量的信息。记忆一触发这个点，必会带动后面的大量信息，正所谓"牵一发而动全身"。这些信息正是企业绞尽脑汁要告诉消费者的。

原则五，针对消费者，要让他们感觉美好。

"有点甜"无疑是让人感觉美好，"甜"意味着甜蜜、幸福、欢乐，这是中国人终身的追求，所以很多人必定会追求感觉甜美的产品。

宜家：品牌与成本两相宜

宜家国际系统有限公司（IKEA）自1943年初从一点"可怜"的文具邮购业务开始，不到60年的时间发展成为在全球共有180家连锁商店，分布在42个国家，雇佣了7万多名员工的"庞然大物"。IKEA成功之处在于，既控制品牌又控制成本，品牌与成本两相宜。

IKEA并不满足于仅仅控制哪怕是全球最大的家居产品渠道，更希望自己的品牌以及自己的专利产品能够最终覆盖全球。基于此种理念，IKEA一直坚持由自己亲自设计所有产品并拥有其专利，每年有100多名设计师在夜以继日地工作，以保证"全部的产品"、拥有"全部的专利"。所以对于IKEA而言，绝不会存在所谓的"上游制造商"的压力，也没有任何一家制造商能对它进行所谓的"分销链管理"。

IKEA的研发体制也非常独特，能够把低成本与高效率结为一体。IKEA发明了"模块"式家具设计方法，不仅设计成本得以降低(基本每一种设计都是可制造的,不会因为大量的设计方案不具备可实施性而去莫名地浪费成本),而且产品的成本也能得到降低(模块化意味着可以大规模生产和大规模物流)。

尽管所有的产品设计工作由IKEA自己进行,但为了最大限度地降低制造成本,IKEA在全球范围内进行制造外包,每年有2000多家供应商会为此而展开激烈竞争,只有在保证质量的同时能达到最低成本的供应商才有可能得到大额订单,而且这些供应商在接到定单之后也并非可以“高枕无忧”,因为IKEA将会时常去考核他们。不仅如此,IKEA每年会重新评估其供应商绩效。另外,IKEA每年会对其供应商提出固定的压低生产成本的指标,使得其制造成本能够进入一个持续下降的良性循环。

IKEA还非常注重物流体系的设计,他们通过“平板包装”不仅提高运输效率和降低了运输成本,而且能够在装配上节省一大笔组装成本(IKEA并不提供组装好的家具成品,而是由顾客自行装运回家,自行组装)。为了进一步降低物流成本,IKEA把全球近20家配送中心和中央仓库集中于交通要道和集散重镇,以方便与各门店的物流联系。从门店提供的实时销售记录开始,反馈到产品中心,再到物流公司、仓储中心,直到转回门店,整个物流链的运转在IT技术的支持下极为顺畅。

IKEA的通路策略是绝对的不打折扣的直销,为了保证对产品价格、销售记录、专利权的维护以及整个销售体系的控制,IKEA一直拒绝对旗下的产品进行批发,对大宗团购客户也不提供任何“让利”服务;另外IKEA也不出租任何自己的柜台,连餐厅都是自己亲力亲为。在销售方式上,IKEA采用了多种营销策略:

“体验营销”:IKEA规定其门店人员不允许直接向顾客推销,而是任由顾客自行去体验做决定,除非顾客主动向其咨询。

“信息营销”:IKEA精心地为每件商品制定“导购信息”,有关产品的价格、功能、使用规则、购买程序等几乎所有的信息都一应俱全。

“生动化营销”:IKEA把各种配套产品进行家居组合设立了不同风格的样板间,充分展现每种产品的现场效果。

独特的策略才会产生超常规的绩效,IKEA的故事就是一个精典案例。

金利来:名牌的创立与维护

金利来领带,是香港金利来集团的起家和发家的产品,是该集团有限公司董事局主席曾宪梓先生一手创立的。1970年,他在香港正式创立了“金利来(远东)有限公司”,自己设厂织染专用布料,开设专门设计和缝制部门。金利来从创立名牌到名牌推广,从寻求、创造优势到发展优势,从树立产品形象到树立企业形象,沿着三个方向实施三大战略,构成了金利来的发展模式。

当年,曾先生目睹了香港领带市场充斥欧美过时产品的情况,激发了创立华人名牌领带的强烈意识和信心。但只有优良而且稳定的产品质量,没有广泛的社会认知,是不可能成为名牌的。金利来公司刚刚成立,资金极有限,曾先生抽出3万港元作电视广告。虽然投入不大,但成果不小,金利来领带已开始畅销。此时,随着收入的增多,他再投入上10倍乃至100倍的钱继续做广告,使金利来领带名牌地位在香港确立起来,随后扩展到世界的许多地方。当然,金利来的成功与其品牌定位也是密不可分的,金利来定位于“金利来,男人的世界”,几乎成了男人事业有成的标志。

创立名牌难,维护名牌更难。所谓更难,主要表现在三个方面:一是竞争者蜂拥而来,大家都要争夺有限的市场;二是假冒产品的侵袭;三是来自内部质量意识的松懈。以上各方面都是对维护名牌的挑战,如果听之任之,随时都会危及名牌的声誉,甚至会使艰苦创立的名牌毁于一旦。金利来维护品牌的市场策略,表现在毫不松懈的优良产品的质量追求,不做骗人的生意;在各地设立统一装修、统一形象的专卖店和专柜;不搞节日或季节降价推销,以营业总额5%的巨大资金强化广告宣传。在拥有的市场内实施推销三原则:经销商不准挑选花色;批发价与零售价由公司规定;现金交易。

在建立国际名牌基业的基础上,金利来提出“文化经商、形象经商、情感经商”,用以提升品牌的文化力、形象力与亲和力。此外,金利来以“勤、俭、诚”作为经营理念,加速了企业形象的塑造,社会公众通过金利来产品的优良品质,认知金利来集团公司是一家恪守信誉、财力雄厚、生产名牌产品的公司。

希尔顿:宾至如归

希尔顿国际饭店公司创立于1919年,在不到90年的时间里,从一家饭店扩展到100多家,遍布世界五大洲的各大城市,成为全球最大规模的饭店之一。80多年来,希尔顿饭店生意如此之好,财富增长如此之快,其成功的秘诀在于牢牢确立自己的企业理念,并把理念贯彻到每一个员工的思想和行为之中。饭店创造“宾至如归”的文化氛围,注重企业员工礼仪的培养,并通过服务人员的“微笑服务”体现出来。

希尔顿总公司的董事长唐纳·希尔顿曾在50多年里,不断到分设在各国的希尔顿饭店、旅馆视察业务。希尔顿每天从这一洲飞到那一洲,从这一国飞到那一国,专程去看看希尔顿礼仪是否贯彻于员工的行动之中。他写的许多书中有一本叫做《宾至如归》,时至今日,这本书已成了每个希尔顿旅馆工作人员的“圣经”。

希尔顿十分注重员工的文明礼仪教育,倡导员工的微笑服务。他一度每天至少到一家希尔顿饭店与饭店的服务人员接触,向各级人员(从总经理到服务员)问得最多的一句话,必定是:“你今天对客人微笑了没有?”1930年是美国经济萧条最严重的一年,全美国的旅馆倒闭了80%。希尔顿的旅馆也一家接着一家地亏损,一度负债达50万美元。希尔顿并不灰心,他召集每一家旅馆员工向他们特别交待:“目前正值旅馆亏空靠借债度日时期,我决定强渡难关。一旦美国经济恐慌时期过去,我们希尔顿旅馆很快就能进入云开日出的局面。因此,我请各位记住,希尔顿的礼仪万万不能忘。无论旅馆本身遭遇的困难如何,希尔顿旅馆服务员脸上的微笑永远是属于顾客的。”事实上,在那纷纷倒闭后只剩下的20%的旅馆中,希尔顿旅馆服务员的微笑始终是美好的。

经济萧条刚过,希尔顿旅馆系统就领先进入了新的繁荣期,跨入了经营的黄金时代。希尔顿旅馆紧接着充实了一批现代化设备。此时,希尔顿到每一家旅馆召集全体员工开会时都要问:“现在我们的旅馆已新添了第一流设备,你觉得还必须配合哪些第一流的东西使客人更喜欢呢?”员工回答之后,希尔顿笑着摇头说:“请你们想一想,如果旅馆里只有第一流的设备而没有第一流服务员的微笑,那些旅客会认为我们供应了他们全部最喜欢的东西吗?如果缺少服务员的美好微笑,正好比花园里失去了春天的太阳和春风。假如我是旅客,我宁愿住进虽然只有残旧地毯,却处处见到微笑的旅馆,也不愿走进只有一流设备而不见微笑的地方……”当希尔顿坐专机来到某一国境内的希尔顿旅馆视察时,服务人员就会立即想到一件事,那就是他们的老板可能随时会来到自己面前再问那句名言:“你今天对客人微笑了没有?”

金龙鱼:温暖亲情树品牌

1990年南海油脂工业(赤湾)有限公司,开始了第一批小包装食用油的生产,推出的第一个品牌就是金龙鱼。公司通过准确的市场切入点和灵活的市场策略,为金龙鱼的成长赢得了阳光和雨露。

从一开始,他们就高举品牌大旗,让自己的产品有一个响亮的名称。在东南亚,金龙鱼是幸运、高贵的象征。在品牌外包装设计上,金龙鱼特别强调精美、亲切而高贵,把瓶贴包装、图案设计都做得极为精致。他们的目标是“在整个食品货架上,它是最显眼的”。同时,在口味上他们也采用了最适合中国人的浓香风格。为了塑造品牌形象,金龙鱼首先确立“温暖大家庭”的品牌支点,以此打动中国消费者。金龙鱼从此以富贵、喜庆和健康温暖的形象深入老百姓心中。

树立了“温暖亲情”作为品牌支点后,公司又把“健康”作为“品牌理念”和追求目标,责无旁贷地承担起提高老百姓生活素质,普及国人健康用油习惯的重任。所以,金龙鱼投入大量的电视、报纸广告,宣传食用油知识,而且还积极参与政府对“放心油”的推广工作,打击了劣质油,避免了人们受毒油的危害,保护了人们的健康。

任何市场都不可能独家垄断,中国经济发展的不平衡和地区消费习惯的差异性,注定了市场有不同的需求。因此,为争取最大市场占有率,金龙鱼逐渐推出了鲤鱼、元宝、胡姬花、香满园、花旗、手标、巧厨等16个品牌的产品参与市场竞争,这样,他们差不多占据了中国小包装食用油市场的半壁江山。

好的品牌需要好的广告支持和代言,金龙鱼非常注重广告的创作,注重品牌形象的塑造。“金龙鱼”各阶段的电视广告一贯保持着高度的亲和力,既清新自然,又有文化内涵,无论是“列车员篇”、“万家灯火篇”还是“健康生活篇”,都在消费者心中留下了深刻印象。特别是“金龙鱼——万家灯火篇”中“快回家,快回家,亲爱的爸爸妈妈快回家……”的主题曲更是琅琅上口,在消费者中广为流传。

宝洁:多品牌的市场策略

宝洁(P&G)公司是美国蜡烛制造商威廉·波克特(WILLIAM PROCTER)与肥皂制造商詹姆斯·甘保(JAMES GAMBLE)于1837年在美国成立的,总公司设在辛辛那提。宝洁公司于1988年正式进入中国。

一提起宝洁公司,人们马上会想到“玉兰油”、“舒肤佳”香皂、“飘柔”洗发水、“佳洁士”牙膏等众多知名品牌。宝洁公司在全球率先推出品牌经理制,实行一品多牌、类别经营的经营策略,在自身产品内部形成竞争,使宝洁产品在日用消费品市场中占有绝对的领导地位。宝洁的成功,在很大程度上取决于其多品牌策略。

宝洁公司对品牌的命名非常讲究。他们深谙一个贴切而绝妙的品牌命名,能大大地减小产品被消费者认知的阻力,能激发顾客美好的联想,增进顾客对产品的亲和力和信赖感,并可大大节省产品推广的费用。宝洁公司通过对英文名字(单词)的精确选择或组合来给产品品牌命名,使中文名字与英文能在意义和发音上协调贴切地配合,准确地体现产品的特点和要塑造的品牌形象以及消费定位,提升了品牌的形象。

宝洁的广告很注重利益。如“佳洁士”反映了全国牙防组织推广“根部防蛀”的防牙、护牙理念;“舒肤佳”反映了中华医学会推广“健康、杀菌、护肤”的理念;洗发水的“去屑、健康、柔顺”理念等,无一不是品牌的利益诉求。除此之外,宝洁的品牌还加强了情感诉求,如最近两年,飘柔打出自信的概念大旗,从“飘柔吵架篇”、“飘柔老师篇”到现在的“飘柔指挥家篇”,飘柔广告无不以自信作为品牌的诉求点。通过利益诉求与情感诉求的有机结合,大大地提高了品牌的文化内涵。

在同一领域成功地推出多品牌,是宝洁在品牌营销中的又一大特点。人们知道,宝洁的每一款产品的特性是各不相同的,宝洁的家族中也没有完全相同的两款品牌。宝洁在同领域推出不同品牌的做法,与我们传统的产品理念有很大的区别,这是不是在窝里斗?会不会造成宣传资源的浪费?多年的品牌营销实践证明,答案是否定的。宝洁不断在相同领域推出自己不同品牌的做法,正是考虑到市场本身的多元化以及消费者不同性格、不同喜好、不同偏爱、不同需求这一根本差别,宝洁不仅要力争满足全球消费者的共同需要,同时也尽力满足具体市场的独特需求。

市场调查是宝洁公司的致胜法宝。在进军中国市场之初,宝洁公司在中国全境做了长达两年的市场调查,对目标市场和消费群体建立了比较充分、清晰、客观的概念。为了深入了解中国消费者,宝洁公司在中国建立了完善的市场调研系统,开展消费者追踪并尝试与消费者建立持久的沟通关系。早期国人的消费观念还停留在比较单纯的“名牌崇尚”阶段,宝洁在观察、认识、理解消费者之后,很注意与中国消费者在各个层面上的沟通,在其中国的市场研究部建立了庞大的数据库,及时捕捉消费者的意见。这些意见被及时分析处理后,反馈给市场、研发、生产等部门,以生产出更适合中国消费者使用的产品。

蒙牛:借势提升品牌

蒙牛集团公司作为中国乳业的一头“猛牛”,势头不可阻挡,仅用了四年的时间,就跻身于中国乳业前四强,创造了年均递增350%的速度。更创造了一种品牌神话——巨资投入神舟5号上天壮举。

面对中国乳业的激烈竞争,伊利、光明、三元、蒙牛等一线品牌自身不仅要迅速渗透巩固,还要面临全国区域市场二线品牌的挑战,面对巨大的潜力市场,国际巨头也纷纷卷入,品牌突围迫在眉睫!

怎么办?乳业巨头光明、蒙牛等都大量投入广告,2003年的央视招标会上,成了乳业巨头大手笔“烧钱”的表演。从电视上黄金时段热播的广告到超市里令人眼花缭乱的各种广告促销,层出不穷的概念之争一直是焦点。如何通过强有力的广告引导消费者的选择,是摆在各乳业巨头面前的一道难题。

2004年,蒙牛通过搭载“飞天梦圆”的平台,用以电视、平面、户外等各种软硬结合的新版广告出现在全国各大城市,成为广告差异化传播的一次成功转型点。各种类型的新版广告一改品质功能的主题诉求,以“举起你的手,为中国航天喝彩”的情感诉求、“健康是强国之路”的品牌主张,通过老、青、童三代不同的形象表现,以一种全新的形象走进人们的视野,以民族情和自豪感影响各种类型的消费群体,走出了乳业广告诉求与品牌形象雷同的僵持局面,可谓“百花齐放,一支独秀”。

蒙牛结合此次营销完成品牌提升,完全是一次运筹已久的公司重大品牌形象战略。在2002年就与中国航天所结成合作伙伴,足以从侧面证明了蒙牛的质量无可挑剔,同时为接下来的营销奠定了良好的基础。神舟5号飞天成功是民族最自豪的,同时神舟5号着陆地点又在内蒙古大草原,每一处都可以联想到蒙牛。蒙牛借势起势,将事件营销的威力发挥得淋漓尽致。

海信:悉心演绎品牌价值

家电业是当今中国市场化程度最高、竞争最激烈的行业。1995年,国内的家电品牌有200多个,而到了2000年仅剩下20多个,短短的5年时间品牌的淘汰率是90%。参照国际经验,有人预测,到2005年,国内家电品牌最终能生存下去的只有4~5家。可以说,家电市场的竞争最终是一场品牌的角逐。历来崇尚创新的海信集团公司,凭借其内部积蓄的力量,完成了漂亮的“转身”,在互动电视、智能变频、CDMA手机等领域拓展出一方全新的天地。如今的海信,已走出家电业“疏于内功、酣战价格”的怪圈,成为追求技术创新的“技术流”品牌。

海信原是一家老牌国有企业——青岛电视机厂,产品单一,管理落后,加之当时的计划经济体制,企业基本上没有品牌运作。1994年,“青岛”正式更名为“海信”,并导入了以蓝红相间的品牌标志“Hisense”为基础的CI工程,将“海纳百川、信诚无限”确立为企业与品牌的内涵,突出了当时海信欲以博大胸襟和无限诚信追求成长的强烈愿望。正如海信品牌的标志一样,冉冉升起在东海之滨,海信从此走上了品牌营销之路。

从企业的科研、生产、销售、传播、服务、人员等环节,全方位地维护、支持与加强品牌的核心价值,并以品牌的核心价值来统领市场营销与传播行为,是打造强势品牌的不二法门。基于此种认识,1999~2000年间,海信邀请了大量外脑与专家,开始了导入以品牌核心价值为中心,以品牌识别、品牌架构、品牌延伸、品牌管理为基础的品牌战略,真正开始走上全方位整合资源、累积品牌资产、打造强势品牌的道路。同时,追求创新的海信,还将品牌塑造提升到企业战略管理的高度,分别就品牌的愿景、架构、内涵、范围、组织管理等困扰品牌长期发展的问题作了战略性规划,制定了《海信品牌管理手册》、《品牌VI手册》与《市场推广手册》等三部基本大法,这实际上就为海信品牌的建设与管理颁布了宪法,确立了标准,指明了方向。

此后,海信的各种营销传播行为逐步得以统一。如实施一系列以“创新科技”为中心的事件营销,包括1999年率先上市网络机顶盒、引爆纯平彩电市场,2000年首推工薪变频空调、设擂防火墙叫板全球黑客,2001年进军第三代CDMA手机通信领域等,无论是涉足新产业还是降价促销等行为,都将“创新科技”的核心价值与消费者的利益联结在一起,比较成功且准确地传达了品牌的核心价值。同时,还以各类媒介为主要阵地,以企业内部的实际人物为代言人,从服务工程师、品牌经理、技术工程师到售后服务人员,推出一系列以“创新就是生活”为主题的品牌形象广告,以体现海信“创新无处不在,生活自然精彩”的品牌追求。

海信人认为,技术创新必须与一定的体制、观念创新环境相适应,才能完成创新的全过程,成为有价值的创新技术。

大红鹰:观念先行

“大红鹰”品牌近年来旋风般在全国形成强大冲击力,它直接将宁波卷烟厂——一个计划经济体制下运转多年且每况愈下的企业,顺畅地过渡到市场经济轨道上。

“大红鹰”品牌在行业内有相当强的竞争力。据国家统计局中国企业信息调查中心2001年市场调查显示:年度中国单品牌销售卷烟中,“大红鹰”销量居第8位,销售额居第2位。“大红鹰”的腾飞,得益于宁烟人正确的品牌发展策略。

第一,观念先行。“宁烟精神”首先表现为“敢于发展”。“大红鹰”的成长历程最好地实践了这种“敢于发展”的拼搏精神。“大红鹰”的腾飞首先源于宁烟人“敢于做品牌”的勇气和信心。1994年的宁波卷烟厂,欠税近1个亿,濒临倒闭。困境的磨难并没有让宁烟人气馁,恰恰相反,它成就了宁烟人心中的巨大渴望——“我们一定要有全国著名品牌!”在危机形势下,宁烟人发扬逆境中求生存的新时代精神,毅然决定了“高起点”的发展模式——要做就做最好的!宁烟人审时度势,抓住市场空档,果断向每盒10~20元高档位卷烟出击,终于梦想成真。

第二,大手笔的品牌传播。在品牌传播及形象战略上,宁烟一向以大手笔著称。通过“抢占至高点、选准切入点、寻求闪光点”的“三点战略”,大思路、大气魄进行形象宣传。首先他们选择了高层次、高品位、覆盖广、影响大的权威媒体作为主要宣传阵地,从而形成国家级与省级、市县三级宣传网络。“大红鹰”是第一家烟草企业在香港凤凰卫视推出形象广告的品牌。另外,“大红鹰”“飞上”高架桥、飞机、轮船、火车头,也都是烟草广告创新之举。开设专卖店成为他们传播品牌的第二招,自1995年在宁波成立第一家专卖店始,至今已陆续在省内外建立了160多家“大红鹰专卖店”,以统一装修、一致模式、连销经营、规范服务的新面目出现在广大消费者面前,以此为窗口,形成辐射全国的立体交叉的宣传效果。此外,他们还大规模赞助公益事业。9年来,宁烟共投入2.5亿元用于各种公益事业。先后向宁波慈善基金会捐资2000万元;投资2亿元建立“宁波大红鹰职业技术学院”;向中国青少年基金会捐资1000万元,为西部地区千所希望小学建立“大红鹰希望图书馆”;向山西河曲地区捐资200万元建立“大红鹰流动医院”;在南京大学、复旦大学等高校设立“大红鹰奖学金”、“大红鹰奖教金”等。

“大红鹰”正是凭借这种敢于做品牌,善于传播品牌的豪情,成就了这只“胜利之鹰”。

MOTO:摩托罗拉新物语

从2002年上半年开始,无论在电视、广播、路牌、报纸还是网络等各种媒体广告上,人们都可以看到或听到摩托罗拉一个新鲜的概念:MOTO全新为你。之所以启用“MOTO”这一全新品牌战略,深层次的原因是摩托罗拉已经深切感受到了其品牌形象老化的巨大危机。

摩托罗拉公司是最早进入中国手机市场的电讯巨子,它曾经以绝对的优势占据了中国手机市场的最大份额。在模拟手机时代,没人能和摩托罗拉抗衡,那时的8900、9900手机被称为“大哥大”,已经成为中国手机的代名词。到了1997年底,对新兴事物GSM的不同认识却使异军突起的爱立信公司一举夺取了35%的市场份额,成功地将摩托罗拉拉下市场霸主的宝座。另一北欧新军诺基亚也及时把握住了这一新的市场机会,争相拓展在这一市场上的份额,抢占了大片摩托罗拉的领地。1998年,摩托罗拉虽然及时调整了战略,推出一系列GSM手机,但无奈失去了先手,受制于人。消费者已隐隐约约觉得摩托罗拉开始老了。

1998年4月,摩托罗拉开始在世界各地发布它的新形象广告。5月,摩托罗拉在北京开始了“飞跃无限”的品牌推广活动。在新的广告片中,摩托罗拉英文名称的首个字母“M”变形为一只鸟的双翼,飞跃城乡、山水、时空。广告传达的主要信息是“摩托罗拉有如一双羽翼,让你自由飞翔”。伴随着这个品牌战役的行动,摩托罗拉推出了它精心设计的“掌中宝”手机。在广告中,一只只“掌中宝”扑闪着“翅膀”,化成轻盈的彩蝶,飞舞在天空中,最后变为摩托罗拉的标志“M”,极佳地传达了品牌的意义。新形象继承了原品牌的标志基础,但又赋予了它崭新的表现,他们希望这一新形象能使摩托罗拉“年轻20岁”。“飞跃无限”也融入了摩托罗拉人重塑辉煌的梦想。伴随着V70手机的上市,摩托罗拉公司开展了以“全心为你”为宗旨,以“MOTO”为代号的大规模品牌推广活动,取得了塑造潮流、引导消费的辉煌战果。

从品牌理论的角度来看,MOTO这一品牌战略的推出,是摩托罗拉公司对其品牌识别实施的时间管理。它是在新的市场形势下,对摩托罗拉原有品牌的强化和扩充,并赋予更能打动消费者的新元素。为适应时代的潮流和文化的演变,保持品牌的价值和活力,以及保持消费者对品牌的忠诚度和新鲜感,品牌识别的每项要素都要与历史和现行的识别形象进行比较,决定哪些联想物需要保持,哪些需要修改或增加,哪些品牌风格和准则要做改动,并最终制定相应的品牌传播活动。

为了将MOTO这一品牌新理念更快、更广、更猛地传播开来,摩托罗拉开始用广告树立新形象。MOTO广告宣传气势迅猛,新品牌手机以“酷”、“新”的口号席卷了各大媒体,甚至不惜动用获奥斯卡提名的大牌演员和导演来做宣传。

摩托罗拉的品牌创新并非否定旧的品牌形象,而是有所扬弃,充分挖掘品牌核心价值更新的因素。摩托罗拉并没有放弃原有的MOTOROLA商标及品牌,而是加以简单截取,使MOTO看起来、听起来更加形象、生动与时尚。摩托罗拉是这样演绎MOTO的:MOTO是我们的产品的一个昵称,把我们和消费者的距离拉得更近。MOTO并不只是一个简单的概念,它为消费者带来的好处不久就会显现。比如:我们的服务会更加个性化、更有人情味;我们的消费者俱乐部将组织更多你喜欢的活动;我们的产品会使你的生活更简单、更聪明、更富有乐趣。你享受到的一切都开始不一样,因为你得到的是MOTO,它和你更加贴心了。

所以,无论从品牌亲和力还是品牌内涵来说,MOTO都是一个成功的尝试。摩托罗拉借助MOTO这一新物语成功地为科技产品添加了时尚的新元素,加强了与新一代消费者的沟通,升华了品牌的核心价值。

喜之郎:策划的奇迹

创立于1993年的广东喜之郎集团有限公司以40万元起家进入果冻产业,以其专业的果冻布丁企业形象和凌厉的广告攻势,得到消费者的认同。从1998年开始,喜之郎便逐渐垄断果冻市场,在高峰时期,喜之郎曾占有70%的市场份额。仔细分析,其成功的策略主要有以下几点:

恰逢其时的市场进入时机。1985年,国内出现了首家果冻生产厂——天津长城食品厂。1986年,深圳市琼胶工业公司以老二的身份也推出了SAA牌的果冻。从1990年起,各地的果冻生产厂家开始大批涌现,家庭果冻作坊遍地开花。喜之郎的创始人李永军,敏感地意识到了果冻市场的巨大潜力,与兄弟李永良、李永魁一起筹集了40万元资金,进入尚处于萌芽状态的果冻产业。

一般来说,一个新产业的形成,要经历一个市场启蒙期,然后进入高速成长期。市场启蒙时期需要大量的推广费用,除非实力很强的企业,否则难以承受。而且,用巨额资金轰开的市场,会吸引大量的跟随者,一旦把握不好,便会被人将胜利的“果实”抢走。初创的喜之郎避开了果冻市场的启蒙时期,选择了在市场的高速成长期进入,搭上了便车。

众所周知,果冻的技术含量很低,其行业进入门槛也低。在1996年以前,这个行业还处于“战国”时代,当时的品牌难分高下。在竞争激烈的果冻市场如何才能树立行业权威地位?

喜之郎提出了“果冻布丁喜之郎”的口号，从1996年起，喜之郎率先在中央电视台投放巨额广告来不断强化这一概念，在产品和行业之间建立起一对一的联想，一提到果冻布丁就想起喜之郎，提到喜之郎就想起果冻布丁。同时，“果冻布丁喜之郎”这一概念人为地设置了一道同类产品难以逾越的市场壁垒。

儿童是果冻的消费主力。因此一开始，喜之郎的广告画面就是用儿童作为形象代言人，喜之郎那个戴着棒球帽的卡通形象，无疑就是儿童的化身。在广告中，喜之郎采取了“让卡通活起来”的策略，以儿童喜闻乐见的形式，吸引儿童的关注。

大宝：有话实说

在品牌方面并不具有历史渊源的北京大宝化妆品有限公司，在当今中国护肤美容品市场中具有相当重要的影响。从经营业绩上看，大宝一直有着较高的市场份额。其主要原因在于大宝的品牌思想和广告传播策略具有相当的独特性，打破了护肤品往常的经营法则。

常规的看法是：由于护肤化妆是一种较高的消费行为，加之许多消费者有崇洋媚外的潜在心理倾向，因而国际品牌或合资品牌占优势。而大宝无任何国际化的背景。同时，护肤化妆本身具有时尚趣味性，排斥大众化的形象，而大宝恰恰在大众化方面走得最远。所以，按常理来说大宝应该最缺乏竞争力。

大宝以自己对市场的深刻了解，确立了独特的形象策略和推广传播原则：始终坚持大众化方向。大宝较为持久地主推两款护肤品——SOD蜜、日霜和晚霜，而不以繁多品种四处出击。价格有明确的工薪指向。在大宝播出量最大的两则电视广告“职业分诉”篇和“众人称赞”篇中，其人物职业身份与环境选择，刻意追求平民化和生活的实态，产品功效则是一种温和的承诺：“大宝，挺好的。”

在广告宣传上，大宝追求概念和信息的简单，比如“大宝天天见”等。同时，在大宝的广告里，几乎不用三维动画，不做产品的复杂展示，而采用了人际交流的方式对产品品质做了直接的保证，这种方式也正迎合了中低消费阶层不大强调个性，而较重视人际经验和口碑的特点。

大宝坚持产品定位与形象传播的统一，坚持大众化的美学沟通，实话实说，打破了令人窒息的护肤化妆品广告的奢华氛围，清新之气扑面而来，这正是大宝品牌传播成功的核心所在。

欧莱雅：品牌造就辉煌

欧莱雅集团由一位法国化学家欧仁·舒莱尔创立，至今集团对科研创新仍极其重视，比如每年集团把3%的营业额投入科研和新产品的开发，每年要更新20%的产品。2002年，欧莱雅申请专利共501项，至今集团拥有2万个已生效的专利发明。自1996年在中国内地成立合资公司以来，欧莱雅在中国市场获得高速增长，5年销售增长了5倍。

欧莱雅成为世界最成功的化妆品公司之一的秘诀就在于品牌管理。欧莱雅有大小500多个品牌，其中的14个明星品牌更是风光无限，2001年它们的销售额占公司销售总额的92%。小心地将各个品牌定位于不同的细分市场，从而使这些产品品牌之间不至于互相混淆，一直是欧莱雅精心研究的课题。为此，欧莱雅不仅从产品、价格和包装上对各种产品品牌进行区分，而且还利用不同的渠道及促销方法来区分不同定位的品牌。比如，作为大众品牌，美宝莲在一般的商店、连锁店和超市都可以买到；薇姿和理肤泉通过药店销售；欧莱雅专业美发产品则在专业发廊销售；而兰·赫莲娜等高档品牌则在高档百货商店里出售，在那里，欧莱雅不仅出售产品，还提供美容顾问咨询服务，这些美容顾问会向消费者讲解皮肤和产品知识。欧莱雅中国区总裁盖保罗说：“我们的使命就是向不同层次的消费者提供相应的不同层次产品。”

欧莱雅认为美的概念在不同国家、不同地区是不同的，所以，它从不试图去推广一种美的模式。针对中国内地市场，欧莱雅就曾进行过长达6年、非常细致的针对中国女性皮肤的研究。比如，欧莱雅希望了解四川女性皮肤与哈尔滨女性的皮肤是否一样，研究结果表明确实不一样，因为她们的饮食习惯和所处的气候条件不一样。欧莱雅还发现，中国女性油性皮肤的比例略高一些；同时，中国女性对彩装大色彩下面的小色调的追求也不一样。欧莱雅根据这些研究成果对在中国投放的产品的配方进行调整，盖保罗说：“这不仅是一种微调，实际上是一种新的配方。”

欧莱雅大部分产品是通过超市和百货商店出售的，在中国市场尤其如此，因此销售员与销售顾问接触频繁。从这个意义上说，美容顾问或者销售员对欧莱雅的销售非常重要，因此欧莱雅投入非常大的精力培训他（她）们。盖保罗说：“我们保证所有的销售员都得到同样的、最好的培训，一个在哈尔滨的美容顾问与上海的美容顾问得到的培训是一样的，目前我们有2000余名美容顾问散布全国各地，对她们不仅有入职培训，还有入职后的再培训。”

在欧莱雅内部，实行产品经理负责制，每一个品牌都有自己的营销策略。盖保罗说：“不同的品牌就相当于一个小公司，它们各自有一套广告、渠道、促销和定价策略。”化妆品行业被称为把希望装在瓶子里出售的行业，而欧莱雅无疑是这个行业里的成功者。

白沙：品牌与文化的结合

在对香烟近乎诗意的描绘里，有一句尤其隽永：鹤舞白沙，我心飞翔。也许有一天，香烟在地球上消失了，但精神、意志和思想将永远向往飞翔。这就是白沙集团树立品牌的同时，刻意向人们展示的核心企业精神。

正如许多从事品牌研究的理论工作者所指出的，品牌时代的到来，使企业精神已经比品牌精神取得了更重要的地位，因为消费者所要信赖的是公司本身，而不是产品。

白沙集团近两年实施品牌战略的过程，事实上也是提升企业形象，表达和实现企业理想的过程。白沙的品牌知名度的迅速提升及其品牌内涵、品牌文化的广为传播，都与其倡导的品牌概念与品牌主题息息相关，核心是一个“飞”字。对“飞翔”的渴望，成为品牌的核心诉求，也成为企业的理想，白沙的生存和发展空间随“飞翔”而拓展。

"鹤舞白沙,我心飞翔"的品牌核心理念形成后,白沙集团开展了相应的整合传播。在电视上、在平面广告中,那飞向天穹的鹤、追寻鹤的双手,在人们心里留下了深刻的记忆,引发了不少人的遐想:古老的白沙井旁,两只美丽的丹顶鹤翩然起舞,给人们以闲云野鹤的自在,以似仙如幻的情愫……在传播"我心飞翔"这个主题方面,白沙是不惜投入的。在全国城市繁华区域发布路牌灯箱广告,在各大媒体轮番播放"鹤舞白沙、我心飞翔"的广告片。最引人注目的,是通过积极参加与"飞"有关的主题活动,借重大的事件诠释品牌的内涵。

白沙集团在树立品牌的同时,树立了一种昂扬向上的精神理想。不屈不挠,是"飞翔"的品牌精神,也是白沙集团不断追求的企业精神。事实上,随着品牌知名度的提升和"白沙"文化的扩张,白沙品牌也正从一个区域性的强势品牌,向全国性的强势品牌发展。

综　合　篇

一、有关企业文化建设的相关文件选编

中国石油天然气集团公司企业文化建设纲要(试行)

为了全面贯彻"三个代表"重要思想,促进集团公司实现"两个转变",全面推进具有国际竞争力的跨国企业集团建设,集团公司党组决定进一步加强企业文化建设。为此,特制定《中国石油天然气集团公司企业文化建设纲要》。

一、企业文化建设的重要意义

1. 加强企业文化建设是贯彻落实"三个代表"重要思想的必然要求

党的十六大提出建设经济、政治、文化全面发展的小康社会的奋斗目标。企业文化是社会文化在企业的有机延伸。国有企业建设优秀的企业文化,是发展先进文化的重要组成部分。集团公司大力加强企业文化建设,是全面贯彻落实"三个代表"重要思想的自觉实践,将有力地促进集团公司社会主义物质文明、精神文明和政治文明建设的协调发展。

2. 加强企业文化建设是集团公司实现"两个转变",建设具有国际竞争力跨国企业集团的迫切需要

面对经济全球化和国内外市场复杂激烈的竞争形势,集团公司大力加强企业文化建设,在企业管理方面易于吸收国内外先进经验,将有力地促进管理的现代化。内强素质,外塑形象,进一步增强企业核心竞争力,为把集团公司建设成为具有国际竞争力的跨国企业集团提供强有力的文化支撑。

3. 加强企业文化建设是建设高素质职工队伍的重要途径

先进的企业文化全面贯彻以人为本的管理思想,注重各方面利益关系的合理调整。大力推进先进的企业文化,有助于促进广大职工进一步解放思想,转变观念,树立与时代发展相适应的经营管理理念;有利于正确调整国家、企业、职工相互之间的利益关系;有利于企业内部形成开拓创新、锐意进取的良好氛围,不断增强职工队伍的凝聚力和战斗力,为集团公司的改革、发展和稳定提供强有力的组织保证。

4. 加强企业文化建设是继承和发扬优良传统,大力加强精神文明建设的切实举措

在中国石油工业的发展历程中,形成了以"大庆精神"、"三老四严"等为代表的独具特色的优秀企业文化成果。这些宝贵的精神财富,不仅促进了中国石油工业的发展,而且在社会上产生了积极、广泛的影响。新的历史条件下,集团公司必须不断吸收借鉴人类社会的一切文明成果,在继承和发扬优良传统的基础上,从内容和形式各方面积极创新,以富有时代精神和独具特色的企业文化为集团公司的发展提供更加强大的精神动力和思想保证。

二、企业文化建设的指导思想和应遵循的原则

5. 集团公司企业文化建设的指导思想是:以邓小平理论和"三个代表"重要思想为指导,全面贯彻以人为本的管理思想,在继承中国石油优良传统的基础上,积极吸收借鉴现代企业管理的优秀成果,努力建设具有鲜明时代特征和石油特色的企业文化,全面推进具有国际竞争力的跨国企业集团建设

6. 集团公司企业文化建设必须坚持以人为本

以人为本是现代企业经营管理最核心的理念,是集团公司企业文化建设的切入点和着力点。要把人的因素摆在企业管理的突出位置,充分调动广大职工的积极性、创造性,按照市场经济规律与时代要求进一步规范企业和职工的行为,树立一流的企业形象。通过合理调整利益关系,把各方面的积极因素凝聚到有利于集团公司持续发展的方向上来。同时,企业生产经营的目的是为了满足人的需要,因此要按照市场经济的要求,努力满足客户的不同需求,妥善处理与各种利益相关者的关系,这是集团公司在市场竞争中取得成功的重要因素。

7. 集团公司企业文化建设必须服务于企业的发展

企业文化建设的目的是推动企业的长远发展。因此集团公司企业文化建设必须紧紧抓住发展这个第一要务,从企业的组织结构、管理形式、发展目标、经营战略、生产经营特点和职工队伍状况的实际出发,并考虑外部政治、经济、文化环境等诸方面因素的影响,有的放矢地进行企业文化的设计和组织实施,既体现先进性、导向性要求,又具有针对性和可操作性,切实推进集团公司的持续发展。

8. 集团公司企业文化建设必须坚持重在创新

既要继承中国石油企业文化的优良传统，又要结合当前改革和生产经营的实际，更要着眼于作为跨国企业集团未来发展的需要，积极借鉴国内外先进的管理思想和企业文化的优秀成果，用发展的观点、创新的思维对现有的企业文化进行整合、提炼和创新，进一步弘扬时代精神，突出石油特色，使企业文化建设更加符合时代发展和形势任务的要求。

9. 集团公司企业文化建设必须坚持重在建设

要以深入宣传集团公司统一的企业精神、核心经营管理理念及公司标识为突破口，以企业文化建设带动和推进职工队伍的观念转变和企业的体制创新、机制创新、管理创新与科技创新，不断提高企业经营管理水平，促进经济效益的提高。要充分调动积极性，发挥创造性，努力促进职工队伍的全面建设。要进一步加强企业文化阵地建设，积极构建宣传企业发展成就的平台，不断提高集团公司在国内外的知名度和美誉度。

三、集团公司企业文化建设必须统一基本内容

10. 将“爱国、创业、求实、奉献”的大庆精神赋予新的时代内涵，作为集团公司统一的企业精神，在新的历史条件下加以继承和弘扬

11. 爱国：爱岗敬业，产业报国，持续发展，为增强综合国力作贡献

集团公司积极承担作为特大型国有企业的历史使命，努力发展壮大公司实力，致力于产业报国。以建设具有国际竞争力的跨国企业集团为目标，加快实施国际化经营战略，通过合理开发和利用国内外两种资源、两个市场，尽快完成由国内石油公司向跨国石油公司的转变，由单纯的“油气生产商”向具有复合功能的“油气供应商”的转变。

通过持续有效的生产经营和资本经营，依法向国家缴纳税费，为出资者提供理想的投资回报，不断满足国民经济发展对油气资源日益增长的需求，维护国家的经济安全和能源安全，为增强综合国力作出更大的贡献。

积极引导广大职工把强烈的爱国热情融入到振兴祖国石油工业、加快集团公司发展的实践之中。教育职工爱岗敬业，奋发有为，勤勉自励，为提高公司业绩多作贡献，这是爱国主义最直接最充分的体现。

12. 创业：艰苦奋斗，锐意进取，创业永恒，始终不渝地追求一流

艰苦创业是中国石油工业从小到大，从弱到强发展历程的真实写照。在入世后国内外市场竞争日趋复杂激烈的形势下，更要继续发扬艰苦奋斗精神，顽强拼搏，自强不息，知难而进，勤俭节约，反对浪费，力求避免决策失误。

紧紧抓住发展这个第一要务不放，坚持用发展的观点解决前进中的问题。锐意进取，发扬“有条件要上，没有条件创造条件也要上”的英雄气慨，积极拓宽发展思路，创造发展条件，开辟新的增长领域，谋求集团公司更大的发展。

永不满足，创业永恒。以创业的精神对待每一项工作，把每一个成绩当作新的起点，不断进行新的实践。努力建设一流的职工队伍，以一流的标准、一流的工作、一流的业绩，塑造一流的企业形象。

13. 求实：讲求科学，实事求是，“三老四严”，不断提高管理水平和科技水平

以辩证唯物主义的世界观和方法论为指导，尊重科学，勇于实践，开拓创新，这是集团公司致胜的法宝。其关键是始终坚持解放思想，实事求是，与时俱进的思想路线。

坚持求真务实，力戒形式主义。努力形成重实干、讲实效、看实绩的良好风气。按照“当老实人、说老实话、办老实事”的要求，努力建设一支高素质的职工队伍。以“严格的要求、严密的组织、严肃的态度、严明的纪律”，不断提高企业的管理水平。

牢固树立科学技术是第一生产力的思想，依靠科技进步促进集团公司发展。以超前的意识加强基础性研究和应用技术的开发，掌握更多关键核心技术的自主知识产权，努力把科研成果迅速转化为现实的生产力，不断提高集团公司的核心竞争力。

14. 奉献：职工奉献企业，企业回报社会、回报客户、回报职工、回报投资者

积极引导广大职工以王进喜、王启民、秦文贵等先进模范为榜样，竭诚奉献企业。牢固树立人才兴企的观念，努力形成广纳群贤、人尽其才、能上能下、充满活力的用人机制。把优秀人才集聚到集团发展的事业上来，为职工施展才干创造更加广阔的空间。

通过合理利用国内外资源，以持续有效的生产经营为社会、客户提供优质安全清洁的石油、天然气、化工产品及优质的服务，为投资者提供理想的投资回报。努力保护和改善人类赖以生存的自然环境，不断提高人民的生活质量，为社会的繁荣和经济文化的发展作出自己的贡献。

依法保障职工享有政治、经济、文化、社会生活各方面的民主权利。鼓励职工通过诚实劳动获取正当物质利益，树立把国家、社会、企业利益放在首位而又充分尊重职工个人合法权益的社会主义义利观。在企业发展的基础上，逐步改善职工的工作和生活条件，使公司的经营成果惠及每一名职工，为职工奉献更加美好的生活。

15. 将“诚信、创新、业绩、和谐”作为集团公司统一的核心经营管理理念，在培育和弘扬中予以升华

“诚信、创新、业绩、和谐”集中体现了集团公司经营管理决策和行为的价值取向，是有机的统一整体。其中诚信是基石，创新是动力，业绩是目标，和谐是保障。

16. 诚信：立诚守信，言真行实

诚信是市场经济对企业的基本要求，集团公司视诚信为立身之本、发展之基、信誉之源。

集团公司奉行全方位的诚信理念。企业、管理者及职工都要讲求诚信。不仅公司内部要讲求诚信，在同社会、客户和合作者交往中也要讲求诚信。诚信集中体现在高标准的职业道德和商业道德上。

切实加强职工思想道德建设，坚持依法治企与以德治企相结合。教育职工忠诚于企业，保守商业秘密，严禁任何为谋取私利而损害企业利益的行为。积极倡导在企业内部以诚相待，团结协作，群策群力，共同奋斗。

坚持合法经营，依法纳税。不断提高产品质量和服务质量，努力使客户满意。遵循市场经济规律，坚持“诚实、信用”的原则，认真履行合同，恪守对外承诺，保证合作者的正当利益。

确保对外披露信息的真实性，牢固树立诚信可靠、负责任的大企业形象。

17. 创新：与时俱进，开拓创新

创新是企业发展的不竭动力，也是集团公司永葆生机的源泉。创新的根本要求是体现时代性，把握规律性，富于创造性。按照“发展要有新思路，改革要有新突破，开放要有新局面，各项工作要有新举措”的要求，努力提高集团公司全方位的创新能力。

大力倡导创新精神，积极营造尊重劳动、尊重知识、尊重人才、尊重创造的良好氛围，在实践中不断进行体制创新、机制创新、制度创新、管理创新、科技创新、产品创新以及其他各方面的创新活动，努力领先竞争对手，不断超越自我。

学习是创新的重要基础。集团公司努力构建学习型企业，提倡全员学习、终身学习，鼓励职工不断学习业务知识，提高自身素质，把学习当作提升企业价值和职工自身价值的重要途径。大力倡导并采取有效措施创造团队学习的氛围，做到信息共享、经验共享、技术共享、知识共享。

坚持走以信息化带动工业化，以工业化促进信息化的新型工业化道路。努力把集团公司建设成为主业突出、拥有更多自主知识产权和知名品牌、国际竞争力强的跨国企业集团。

18. 业绩：业绩至上，创造卓越

业绩是企业一切生产经营结果的最终体现，是评价企业发展最关键的指标，是衡量单位和职工贡献的重要尺度。每个职工的业绩是构成公司业绩的基础，集团公司把业绩作为体现社会价值、提升企业价值和实现职工个人价值的结合点。

采取积极有效的步骤，建立和完善以业绩考核为核心的激励机制，明确并落实每个职工的目标和责任。通过制定科学合理的考核指标，严格考核兑现，形成企业在市场上以业绩论成败，职工在企业中以业绩论奖惩的氛围，激励企业和职工不断提高工作业绩，从而提升公司整体业绩。

积极倡导广大职工以昂扬向上的精神状态，努力追求卓越。把创造卓越的业绩作为集团公司永恒的目标和神圣的使命，以卓越的业绩展示公司强大的实力，以强大的实力在激烈的市场竞争中创造更加卓越的业绩，报效国家、奉献社会、回报职工。

19. 和谐：团结协作，营造和谐

和谐是集团公司正常运营和持续发展的重要保障。内部和谐创造发展的动力，外部和谐提供良好的生存、发展环境。

进一步完善管理体制，根据效益最大化原则和业务发展的需要合理设置内部组织结构，合理划分各个管理层级的权利和义务，做到责、权、利相统一，信息沟通顺畅，组织运行高效。正确处理好企业与职工、整体与局部、近期与长远利益的关系，形成能够充分调动全体职工和各方面积极性的制度性安排。大力倡导融洽的人际关系，创造和谐愉悦的工作氛围。

充分保证公司、社会、客户、合作伙伴的正当利益。以理性竞争、合作双赢的理念正确处理与竞争对手的关系，营造和谐的发展环境。在力所能及的条件下，积极参与社会公益事业，辐射和带动当地经济、文化的发展，树立集团公司良好的公众形象。

坚持走可持续发展的道路，大力加强健康、安全、环保工作。通过合理开发和利用资源，努力提高资源利用效率，注重开发和生产清洁可靠的能源及化工产品，加强环境保护基础建设，保护和改善生态环境，最大限度地发挥资源的经济效益、社会效益和环境效益，促进人与自然的和谐，创造能源与环境的和谐。

20. 规范使用统一的企业形象标识

集团公司总部及所属企事业单位要规范使用统一的公司标识，按照集团公司《关于印发集团公司 < 企业视觉识别系统规范 > 和 < 企业视觉识别系统规范手册 > 及有关事项的通知》（办字[2002]14 号）、《关于发布 < 企业视觉识别系统规范 > 等 4 项中国石油天然气集团公司企业标准的通知》（中油质安字[2002]278 号）的有关规定执行。

中国石油天然气股份有限公司的形象标识及使用办法，按照《关于加强股份公司服务商标管理的通知》（石油法字[2002]122 号）、《关于印发 < 加油站、加油加气站、加气站统一视觉形象识别手册 > 的通知》（油办字[2001]19 号）、《关于进一步做好中国石油加油站统一形象工作的通知》（油炼销字[2001]1 号）和《关于批准发布 < 企业视觉形象标识规范第 1 部分：基础应用 > 等六项企业标准的通知》（石油质字[2003]76 号）的有关规定执行。

四、企业文化建设的组织实施

21. 切实加强企业文化建设的组织领导

集团公司成立企业文化建设委员会，负责集团公司企业文化的培育、推行和指导。委员会主任由集团公司党组书记、总经理担任，副主任由集团公司党组成员、副总经理及其他集团公司领导担任，成员由有关部门和单位领导担任。委员会办公室设在政治思想工作部，主要负责组织协调工作。

各企事业单位行政、党委主要领导是企业文化建设的第一责任人。各企事业单位现有党群工作部门应同时承担企业文化部的职责（可一个机构、两个牌子），负责企业文化建设的组织协调。各级领导干部要深入学习企业文化的有关知识，努力成为企业文化建设的积极推动者，认真组织好本单位的企业文化建设工作。

22. 制定《企业文化建设规划》和《企业文化手册》

各企事业单位要把企业文化建设纳入企业发展的总目标，制定一个符合集团公司整体要求和本单位实际，科学规范，远近目标相结合的《企业文化建设规划》。此规划的制定工作应在本《纲要》发布后半年内完成。

各企事业单位要在认真学习企业文化知识的基础上，根据企业实际情况，组织力量制定《企业文化手册》（以下简称《手册》），对本单位企业文化进行整合、提炼和创新。《手册》要以《纲要》为指导，对深入贯彻集团公司统一的企业精神、统一的核心经营管理理念以及规范使用统一的企业标识作出明确而具体的规定。同时，对发展目标、具体的经营管理理念、企业行为、职工行为等方面的具体内容作出符合自身实际的规范。《手册》制定工作应在本《纲要》发布后一年内完成。

23. 以企业文化的基本理念为指导，不断完善各项企业管理制度

要把企业文化建设与企业管理创新、制度创新紧密结合起来。按照集团公司企业文化的基本精神，重新审视和修订原有的规章制度，制定和完善符合现代企业发展要求，符合本单位生产经营实际的各项管理制度、操作规程、工作职责。把集团公司企业文化的基本理念融入到各项规章制度之中，将集团公司的企业精神与核心经营管理理念内化为广大职工工作的动力和自觉行动。

24. 加大企业文化的宣传力度，实现全员参与

利用各种媒体和载体进行广泛宣传，营造浓厚的企业文化建设氛围。通过举办培训班、研讨会、报告会、交流会和企业文化论坛等多种形式，大力宣传企业精神、核心经营管理理念和企业发展目标等，使集团公司及本单位企业文化的基本内容为广大职工所了解、认同和接受。

紧密围绕企业文化建设的目标，组织开展各种活动。精心策划活动内容，保证活动质量，引导全体职工共同参与到企业文化建设中来。充分发挥有关业务部门和工会、共青团等群众组织的作用，形成企业文化建设的合力。加强对外宣传工作，通过以企业文化为主题的各种活动，组织新闻、广告媒体进行广泛的对外宣传，充分展示企业的价值观念和经营成果，提升企业的知名度和美誉度。

25. 重视企业文化的维护与发展

企业文化建设是一项长期的任务，各单位要坚持不懈、持之以恒，切实抓出成效。并随着企业内外部环境的变化及时对企业文化建设的具体内容进行必要的调整和修订，使其不断发展、完善。

26. 提供必要的物质保障

各单位要正确认识企业文化建设投入产出的辩证关系，加大对企业文化软硬件建设的投入。要统筹考虑企业文化建设所需要的资金，专门安排，专款专用，为企业文化建设提供必要的资金支持和物质保障。

27. 切实加强对基层单位企业文化建设的指导

各单位要及时总结经验，选树典型，加强交流，表彰先进。通过卓有成效的创造性工作，把企业文化建设的各项任务真正落实到基层。

国家电力公司《关于加强企业文化建设的若干指导意见》

国电政[1999]428号

企业文化是在现代化大生产与市场经济发展基础上逐步产生的一种以现代科学管理为基础的新型管理理论、管理思想与管理方式，是当今世界企业管理的一种新趋势。改革开放以来，越来越多的电力企业积极地进行企业文化的探索与实践。企业文化在电力系统的两个文明建设中正在发挥越来越重要的作用。但是，电力系统的企业文化建设目前仍处于起步阶段。为了推动企业文化建设在全系统普遍开展起来，并使之健康发展，开创电力企业文化建设的新局面，现根据党中央关于企业文化建设的一系列指示精神，依据企业文化理论，借鉴系统内外企业文化建设的成功经验，结合电力企业实际，提出电力企业进行企业文化建设的若干指导意见。

一、充分认识企业文化的地位与作用

1. 企业文化是指企业在长期的生产、经营实践中逐步形成的、占据主导地位并为全体员工认可和恪守的共同价值观念和行为准则

它强调以人为本，在一般的注重企业管理技术与方法的基础上，更多地强调企业赖以存在与发展的精神环境，重视“人”在现代企业中的作用。加强企业文化建设，可以全面开发和利用人的价值、道德、信念、情感等精神力量，激发职工的积极性和创造性，从而增强企业内部的凝聚力。

2. 随着我国社会主义市场经济的逐步发展，电力市场的逐步形成，企业之间的竞争将更加激烈

企业之间的竞争是企业综合实力的竞争。建设有中国特色的企业文化，可以不断提高企业的整体素质和综合实力，对内增强凝聚力，对外增强竞争力，从而促进企业持续、快速、健康发展。

3. 国家电力公司确立了建设控股型、经营型、现代化、集团化管理的国际一流企业的发展战略

加强企业文化建设，对于国家电力公司塑造现代经营理念，培育优良的企业精神，树立良好的企业形象，从而保证在复杂多变的国内、国际环境下，实现这一宏伟的发展战略有着重要的意义。

4. 思想政治工作是党的优良传统

改革开放以来的实践充分证明，在社会主义市场经济条件下依然需要发扬思想政治工作的优良传统。加强企业文化建设，可以拓宽思想政治工作的渠道，促进思想政治工作与经济工作更紧密结合，使思想政治工作内涵更丰富、形式更多样、效果更明显。

5. 企业精神文明建设的基本任务是培养社会主义“四有”新人，为企业发展提供精神动力、智力支持、思想保证和舆论环境

企业文化建设培养职工的企业共同价值观、加强职业道德建设、建立良好的人际关系等等，有利于良好的社会风气的形成、有利于社会的稳定，是落实精神文明建设的重要途径，是加强企业精神文明建设的有效载体。

二、当前电力企业文化建设的基本内容与要求

6. 当前，企业文化建设的基本内容与要求是讲究企业经营之道、培育优秀的企业精神、塑造良好的企业形象

7. 经营之道是企业生存与发展的宏观战略与微观策略

讲究经营之道是指企业要确立生产经营管理的基本原则与方法，包括确立符合社会主义市场经济规律的经营指导思想、宗旨、目标和发展战略等。经营之道是企业文化建设的基础，是企业谋求生存与发展的首要问题。

电力企业讲究经营之道，要认真做好以下工作：①要制定与社会主义市场经济和世界电力发展相适应的企业经营发展战略，以解决企业生存与发展的长远与根本问题；②要确立与企业发展战略相适应的决策、规划、生产、营销、创新、公共关

系、人际关系等理念在内的新的企业理念；③要建立科学民主的企业决策方式；④要确立规范、严格、统一的企业管理制度；⑤要建立体现职工当家作主的民主管理方式；⑥要建立科学的人才管理方式；⑦要建立职工平等、和谐的人际关系。

8. 企业精神是指企业在长期生产经营实践中所形成并为全体员工所认同与自觉遵守的群体意识

它是企业价值观的集中体现。企业作风、企业道德等是企业精神的外在表现。企业精神是企业生存和发展的精神支柱和动力源泉，是企业文化建设的核心内容。

电力企业要形成、保持和发扬优秀的企业精神，要认真做好以下工作：①要发动职工群众总结提炼体现本企业优良传统与时代特征的企业精神，并且注意随着企业的发展，不断地丰富其内容；②要开展多种多样的企业精神的主题活动，在实践中保持和发扬企业精神；③要制定能反映企业精神、促进企业精神发扬光大的规章制度；④要加强企业价值观、企业道德的建设；⑤企业领导人要率先垂范，亲自倡导企业精神；⑥要培养体现企业精神的先进典型。

9. 企业形象是指社会大众与企业职工对企业的整体印象与评价，是企业通过多种方式在社会上塑造起来的知名度、美誉度。企业形象本质上是企业的信誉

电力企业要树立和保持良好的企业形象，要认真做好以下工作：①要塑造好电力产品形象，即为客户提供优质、可靠、符合国家价格政策的电力；②要塑造好良好的服务形象，加强行风建设，纠正以电谋私的不正之风，为客户提供优质服务；③要塑造好职工队伍形象，努力培育一支适应社会主义市场经济的"四有"职工队伍；④要塑造好企业环境形象，治理污染，保护环境，做到企业生产和生活环境整洁优美；⑤要塑造好企业标识形象，精心设计并运用好企业标识；⑥要塑造好公共关系形象，重视用非经济技术手段，通过各种社会公关活动，扩大企业在社会上的影响；⑦要塑造好电力企业家形象。

三、电力企业文化建设的基本原则

10. 电力企业文化建设要以邓小平理论为指导

企业的经营之道、企业精神、企业形象等建设工作，都要贯彻党的十五大确定的路线和各项方针政策，确保企业文化建设沿着正确的方向进行，建设立足电力企业实际、继承我国企业的优秀传统、吸取外国企业文化有益成果的社会主义企业文化。

11. 企业文化建设要服从服务于企业中心工作

要以提高经济效益为中心，紧紧围绕电力生产、建设、经营、管理、营销等工作来进行，充分发挥企业文化功能，为企业改革和发展提供精神动力和良好氛围。

12. 要以人为本

职工是企业的主体，企业职工是企业活力的源泉。建设企业文化的根本任务是最大限度调动职工的主观能动性，为企业创造更多的经济效益和社会效益，同时促进职工的发展和职工价值的实现。企业文化建设的过程是全心全意依靠工人阶级办企业的过程。

13. 要从实际出发，突出个性

企业文化建设应当各具特色。企业文化建设既要博采众长，学习借鉴外国企业和国内其他企业文化建设的成功经验，更要立足于本企业的实际，发扬本企业的特点和优势，建设适合本企业的企业文化。切忌不加分析地简单摹仿，照抄照搬。

14. 要重在建设、循序渐进

企业文化建设要统筹规划，分步实施，重在建设，循序渐进。切忌大哄大嗡，急于求成。

15. 要处理好母公司与子公司企业文化建设的关系

作为一个集团公司，各子公司企业文化应当与母公司保持一致，尤其是在企业标识、企业价值观、企业精神等方面有集团的统一性。但各子公司情况各异，企业文化建设应当在保持统一性的同时，体现各子公司的特色。

四、电力企业文化建设的主要途径与方法

16. 普及企业文化理论

要广泛宣传企业文化理论，通过举办培训班、讲座等形式普及企业文化知识。通过宣传和培训，使企业全体职工特别是领导干部、管理人员明确企业文化建设的内涵、功能、意义与运作方式，提高对抓好企业文化建设的重要性的认识，从而增强建设企业文化的自觉性。

17. 营造文化氛围

各电力企业要注重建设文化网络，增加文化设施，加强文化活动，营造文化氛围，不断地提高文化品位，用文化的力量来影响职工。

18. 树立先进典型

要重视发挥典型的作用，经常培养典型、及时发现典型、适时宣传典型，用典型来推动企业文化建设。

19. 借助社会力量

社会文化团体在企业形象设计、策划上均具有一定的经验与优势。各种传播媒体对企业形象的塑造与影响有着无法替代的重要作用。各电力企业要善于借助这些社会力量，主动邀请优秀的社会文化团体、中介组织等为企业树立良好的形象出谋划策，保持与新闻媒体的经常联系，适时组织宣传报道。

20. 加强企业文化理论研究

企业文化理论是一种正在发展中的理论，为了充分发挥企业文化理论对企业文化实践的指导作用，要加强企业文化理论的研究，结合电力改革和发展的实践，确定研究课题，组织力量，上下结合，专群结合，进行研究。要发挥研究成果的作用，及时进行推广与应用。

21. 调查研究，选好切入点

要组织有关人员认真分析本企业的历史与现状，提出具有本企业特点的企业文化建设的整体思路与具体内容，查找薄弱环节，分清轻重缓急、认真选择切入点。切入点的选择应当根据企业的不同而不同。

22. 发动群众，广泛参与

企业职工是企业的主体，也是企业文化建设的主体。广大职工的参与是企业文化建设取得成效的重要保证。要深入发动并组织开展有关主题活动，广泛吸引职工参与，使企业文化建设始终保持生机与活力。

五、切实加强对电力企业文化建设的领导

23. 企业文化建设是一项事关企业发展大局的战略工程和系统工程，各电力企业要把企业文化建设纳入企业发展整体规划，切实加强领导，制定规划，分步实施

24. 要健全运转有序的企业文化建设机制

要明确企业文化建设职能部门，做到工作有人负责；要制定有关企业文化的制度、规范、标准等，做到工作有章可循；要形成有计划、有部署、有检查、有总结、有奖惩的工作程序，做到工作规范化、经常化。

25. 企业党政工团要明确分工，各负其责，密切配合，齐抓共建，共同肩负起在企业文化建设中的责任

26. 充分发挥企业党组织的政治核心作用，保证企业文化建设的正确方向，正确处理企业文化建设与思想政治工作、精神文明建设工作的关系，使它们有机结合，互相促进

27. 企业领导者的认识和重视程度是企业文化建设能否取得成功的关键

企业领导者不仅要做企业文化建设的设计者、组织者，更要作企业文化建设的倡导者，率先垂范、身体力行，以自己的实际行动影响广大职工。各级企业领导都要不断提高现代文化素质。

28. 国家电力公司将进一步加强母公司企业文化建设，并对系统各子公司企业文化建设进行指导

国家电力公司思想政治工作办公室是国家电力公司企业文化建设的职能部门。当前，要密切结合国家电力公司第二步改革，切实做好国家电力公司企业形象、企业精神与企业理念的塑造工作。

1999 年 8 月 19 日

中共山东省委宣传部
中共山东省委组织部
山东省经济贸易委员会
山东省总工会

鲁宣发[2001]30 号

《关于以“三个代表”重要思想为指导积极推进企业文化建设的意见》(摘要)

江泽民同志关于“三个代表”的重要思想，是新世纪全面加强党的建设，进一步推进社会主义现代化建设的伟大纲领和行动指南。以“三个代表”重要思想为指导，积极推进企业文化建设，是贯彻落实“三个代表”重要思想，建设有中国特色社会主义文化的重要举措，也是促进企业两个文明建设健康协调发展的重要保证。现结合我省企业文化建设实际，提出如下意见。

一、充分认识推进企业文化建设的重要性

1. 推进企业文化建设，是落实“三个代表”重要思想，体现先进文化前进方向的需要。江泽民同志“三个代表”的重要思想中，“代表中国先进文化的前进方向”是对加强社会主义精神文明建设指导思想的新发展。要从“代表中国先进文化的前进方向”的高度来认识和理解推进企业文化建设的重要意义，把握中国特色企业文化的本质特征。积极向上的企业文化是有中国特色社会主义文化的重要组成部分，是先进文化在企业中的具体体现。积极向上的企业文化必定对企业的发展产生长远的推动作用，保证我们的事业始终代表中国先进文化的前进方向。

2. 推进企业文化建设，是进一步加强、改进和创新企业思想政治工作的需要。加强和推进企业文化建设，是创新企业思想政治工作的突破口。企业文化建设是把文化的力量作用于企业的各个方面，更容易推动企业各种群体的思想组合、思想认同、思想协调和思想统一。企业文化作为一种以人为本的新的管理模式，只要应用到生产经营过程中，就会转化为现实的生产力。企业文化这种既属于意识形态又属于物质形态的特性，可以成为有效防止思想政治工作和生产经营“两张皮”的“粘合剂”以及加强思想政治工作和生产经营的“氧化剂”，从而有利于增强思想政治工作的生命力、渗透力和说服力。加强和推进企业文化建设既拓宽了思想政治工作的渠道和空间，又提升了企业管理水平。

3. 推进企业文化建设，是应对加入 WTO 挑战，增强企业核心竞争力的需要。面对共同的市场环境，企业之间的竞争越来越凸显为企业文化的竞争。企业文化建设的本质就是用文化力提升和促进企业的经济力。先进的企业文化，高度融合了企业理念、经营哲学、企业价值观和职工人生观，是企业的凝聚剂。建设先进的企业文化，能够为企业的持续发展提供强大的精神动力，能够有效地改善和提升企业形象，能够使企业保持旺盛的创新活力。成功企业的实践证明，建设积极向上的企业文化，是提高企业整体素质，增强企业凝聚力和核心竞争力的有效途径，是现代企业生存发展的基础工程。

二、突出“五重一创”，积极推进企业文化建设

1. 重发展。发展是硬道理，发展是企业文化建设的根本目的。企业文化建设必须推动企业持续快速发展。一是明确发展战略。企业发展战略是企业全局的、长远的总体谋划，是企业战略思想、经营方针的集中体现，是企业的行动纲领。企业必须立足经济全球化的客观现实，制定切实可行的、与整个国家和民族的复兴、与全国全省社会经济发展目标有机结合的发展战略。二是培育企业精神。企业精神是一种奋发向上的群体意识和企业凝聚力，是新时期创业精神在企业中的具体体现。要对职工进行企业精神教育，做到家喻户晓、深入人心，使之真正成为全体职工共同的价值判断和行为标准，成为职工的自觉行动。三是培植企业核心价值观。企业价值观是企业文化的核心，是企业在生产经营活动中的精神境界、理想追求和是非标准。用正确的企业价值观陶冶职工的思想情操，规范制

度建设，建立健全激励机制，增强企业发展后劲。

2. 重道德。加强社会主义思想道德建设，是发展先进文化的重要内容和中心环节，是企业文化建设的重中之重。社会主义市场经济既是法治经济，也是道德经济，必须坚持以法治国和以德治国并举，加快建立与之相适应的思想道德体系。《公民道德建设实施纲要》的颁布，是我国思想道德建设、宣传思想工作和群众性精神文明建设的一件大事。各企业要结合实际，将《纲要》内容具体化、规范化。在抓好社会公德、家庭美德教育的同时，要突出职业道德建设，做到三个深化：在道德观念上深化。进一步在全体职工群众中确立"为用户服务是为人民服务的具体体现"的道德观念，发挥道德对企业经营行为和对职工思想行为的教育引导和自我启发效能。在道德规范上深化。进一步推广"用户满意工程"，完善岗位职业道德行为规范，构筑企业和用户之间、企业内部上下道工序之间的新型的人际关系。在道德评估体系上深化。以用户满意为标准，建立量化可考的职业道德评估体系，纳入管理，强化养成。

3. 重科技。科学技术是第一生产力，是先进生产力的集中体现和主要标志。大力开展科学知识、科学思想、科学精神和科学方法教育，推动科技进步与创新，是企业文化建设的重要内容。广大企业要站在"始终代表中国先进生产力的发展要求"和"代表中国先进文化的前进方向"的战略高度，进一步提高认识，用先进科学技术知识武装自己，用先进技术装备自己，不断提高科技进步和创新的能力。

4. 重管理。企业的生命在管理，管理的核心是文化。人是生产力的第一要素，也是最活跃的因素，处于管理的中心和主导地位。优秀的企业文化是一种以人为本的管理方式，以人为本的管理理念是企业管理创新的核心内容。企业管理必须坚持以人为本，把尊重人、理解人、关心人、爱护人、培养人、合理使用人、全方位地提高职工的整体素质作为管理的主要内容。要通过世界观、人生观、价值观、思想道德、理想信念教育，培养广大职工的使命感、责任感，形成凝聚力和向心力。要全心全意依靠工人阶级办企业，尊重广大职工的主人翁地位。要把职工作为企业管理的主体，让职工参与管理，深化厂务公开，实行民主管理，把广大职工的内在潜力和创造力最大限度地发挥出来。

5. 重形象。良好的企业形象是企业的无形资产和无价之宝。在发展社会主义市场经济的新形势下，企业必须强化形象意识，把塑造良好的企业形象作为企业文化建设的重要内容和突破口。当前要注重以下三个形象的塑造：①塑造企业公众形象。企业生产经营直接面对社会公众，企业必须依法经营，遵守职业道德，讲诚信，重合同，服务周到，积极承担社会义务，以卓越的经营业绩赢得社会大众的认同。②塑造企业家形象。企业家在现代企业生产经营管理中居于支配地位，企业家的形象在一定意义上是企业形象的集中体现。企业能否经营管理好，在很大程度上取决于企业家的素质、事业心和进取精神。企业家要不断完善自我，用自己的良好形象激励和凝聚职工，扩大企业在社会公众中的影响，促进企业的发展。③塑造品牌形象。品牌形象是一个企业形象的物质基础，是一个企业产品的质量、性能、造型、设计、商标、包装、标识、价格在社会公众中的整体形象。品牌形象的优劣是企业形象好坏的集中体现。企业要在激烈的国际国内市场竞争中求得生存和发展，必须树立名牌意识，塑造名牌形象。

6. 抓学习，创建学习型企业。创建学习型企业是企业文化建设发展到一定阶段，企业提高自身综合素质和竞争力的必然追求。要大力倡导勤奋学习的良好风气，做到"学习工作化，工作学习化"，实现学习与工作的融合，让终身教育和终身学习的思想深入人心，形成浓厚的学习氛围。要建立学习工作领导机制，加强对学习的领导，确定学习目标，制定推进学习的计划和考核办法，建立完善的学习体制和激励机制，提高企业的学习力、文化力和创造力，增强企业的核心竞争力。"十五"期间，我省将有计划、有步骤地选择部分重点企业开展创建学习型企业试点，并逐步推开。到"十五"末，全省167户重点企业集团中要有1/3的企业成为学习型组织，并逐步带动全省面上企业整体素质的提高。

三、切实加强对企业文化建设的领导

1. 各级党政部门要高度重视，切实加强组织领导。各级党组织和企业管理部门必须把企业文化建设作为贯彻落实"三个代表"要求的重大举措，摆上重要议事日程，切实抓好。要确定目标，制定规划，落实责任，加强督导，建立良好的运行机制。企业党组织要充分发挥政治核心作用，党政各工作部门以及工会、共青团要密切配合，各司其职，各负其责，形成党政工团齐抓共管的良好局面。推进企业文化建设的关键是企业主要负责人。企业党政领导要增强企业文化建设的意识，切实树立起以人为本的管理思想，自学地学习国内外成功企业的经验，善于总结思考，提出企业的发展理念，培养一支建设企业文化的骨干力量，当好企业文化建设的设计者、倡导者和组织者。

2. 结合企业实际，明确目标，找准企业文化建设的切入点。不同类型的企业要根据本企业的实际确定不同的切入点。发展型、优势型企业要抓住发展良机，总结经验，巩固优势，升华企业理念，促进企业快速发展；困难企业则要通过企业文化建设，团结凝聚职工，艰苦创业，在激烈的市场竞争中求生存、图发展。推进企业文化建设要注意抓好结合，要与创建文明单位、建设思想政治工作优秀企业等工作结合起来，相互促进，共同提高。建设企业文化要坚持科学的态度，制定规划和措施都要有针对性，要注重实际效果，切实取得成效，防止形式主义、做表面文章。

3. 重视对企业文化理论的学习、研究和理论普及。要进一步深入学习江泽民同志"三个代表"重要思想，并在其指导下学习企业文化基本理论知识，有规划地组织企业文化建设骨干培训班，积极深入开展企业文化建设的调查研究活动，弄清企业文化的核心思想、基本内容、功能、作用，理清思想，掌握方法，把握基本规律。要善于用理论指导实践，在实践中学习，从实践中提高，创造性地推进企业文化建设。

4. 抓点带面，强化引导。总结和推广先进典型是推进企业文化建设的重要措施。各地要在认真学习海尔集团、山东电力、兖矿集团等企业开展企业文化建设的经验的同时，及时总结和推广一批企业文化建设的先进典型，以点带面；开展企业文化建设评先树优活动，并注重利用互联网等现代传媒手段，宣传先进的企业文化理念和企业文化建设经验，促进全省企业文化建设整体水平的共同提高。

2001年12月29日

中共福建省委宣传部
福建省职工思想政治工作研究会
福建省企业文化协会

闽委宣联[2003]27号

《关于开展创建企业文化建设示范单位活动的通知》

各省区市委宣传部、省直各有关厅局、总公司、各级职工思想政治工作研究会、有关企业：

为了深入贯彻十六大精神和“三个代表”重要思想，在企业文化建设方面进一步探索，总结经验，发挥先进单位示范、引导的作用，推动企业深化改革、加快发展，努力开创我省企业文化建设新局面，省委宣传部、省职工思想政治工作研究会、省企业文化协会经研究决定，在全省范围内开展创建企业文化建设示范单位活动。现将有关事项通知如下：

一、指导思想

以马克思列宁主义、毛泽东思想、邓小平理论和“三个代表”重要思想为指导，遵照党中央强调的先进文化建设的要求，联系我省企业实际，创新企业文化，提升企业的凝聚力、核心竞争力，多出经验，多出先进典型，推动全省企业文明建设新发展，为全省经济建设做出新贡献。

二、全省企业文化建设示范单位标准

1. 企业领导具有高度的企业文化建设的自觉性、主动性、积极性，形成齐抓共管的机制和良性运作的系统，扎扎实实搞好以人为中心的各项管理工作。

2. 认真执行中央印发的《公民道德建设实施纲要》，树立正确的价值观和正确的经营理念，培育和提炼具有个性的企业精神，形成良好的企业整体素质和品牌文化，具有很强的亲和力、凝聚力、向上力。

3. 坚持以人为本，全员努力学习，不断创新，提高产品科技文化含量，完善规章制度，形成职工良好的行为规范，企业核心竞争力增强。

4. 树立良好的企业形象，多次荣获市级以上“文明单位”、“思想政治工作优秀企业”、同行业先进单位等称号，受到广大用户的好评，获得一系列形象设计的良好效果。

5. 企业文化重建设、重实践、重创新、重发展，坚持实效性、可操作性、持久性原则，贴近生产、经营、改革和管理，进入班子、班组、现场、市场，不断提高水平，开创新局面。

三、创建示范单位活动办法

1. 各地各有关部门、省直有关厅局依据省企业文化建设示范单位标准，选择企业文化建设先进的企业(包括非公有制的各类型企业)，报请省委宣传部、省职工政研会、省企业文化协会考察，经确认后，颁发给统一制作的“全省企业文化建设示范单位”标牌。

2. 根据全省企业文化建设实际，省委宣传部、省职工政研会、省企业文化协会两年一次公布确认的企业文化建设示范单位。

3. 在全省宣传、推广示范单位的经验、做法，优先安排示范单位参加省内外高层次企业文化交流活动，并优先推荐参加“全国企业文化建设先进单位”的评选。

4. 各示范单位在继续前进的道路上，若停滞不前，不符标准，经查实，给予取消标牌，从示范名单中除名。

5. 把创建企业文化建设示范单位活动与创建文明单位活动紧密结合起来。通过加强和改进思想政治工作，进一步搞好企业文化，提高企业职工思想道德素质和科技文化水平，把“三个代表”重要思想落实在企业的生存、竞争和发展的过程中。

6. 加大宣传力度。在创建活动中涌现出来的新经验、先进单位，要通过媒体宣传推介，通过各种形式加以推广，营造树先进、学典型的良好氛围，把我省企业文化建设工作提高到一个新水平。

2003年7月25日

中共首钢总公司委员会关于推进企业文化建设的指导意见

为贯彻落实“三个代表”重要思想，推进首钢企业文化建设，加快首钢的改革、开放、创新、发展，特提出如下指导意见。

一、推进首钢企业文化建设的重要性和紧迫性

1. 企业文化是企业发展的底蕴，是企业的灵魂，是推动企业持续发展的最深层次的驱动力。它是一种无形力量，始终支配着企业广大干部职工的行为，左右着企业的前进方向和步伐。企业之间的竞争说到底是企业文化之间的竞争。企业文化的落后，是最可怕的落后。有先进的企业文化，才能创造好的环境和氛围，推动企业的发展。

2. 推进首钢企业文化建设，是首钢新形势新任务的客观需要。当前，首钢的改革发展已经进入了一个关键时期，今后三年的工作决定着首钢的兴衰成败。推进首钢战略性结构调整，加快首钢发展，再创首钢辉煌，必须上下同心，苦干三年，扎实打好四项基础。苦干三年，首先必须在思想文化上进行艰苦的变革和创新；打好四项基础，首先必须打好思想文化基础，从而为打好制度创新基础、经济技术基础和人才建设基础提供保证和动力。

3. 推进首钢企业文化建设，是首钢加快由传统企业文化向现代企业文化转型的迫切要求。首钢在80多年的发展过程中，形成了富有特色的企业文化传统。这种企业文化传统在推动首钢的发展壮大中发挥了重要的作用，产生了广泛的社会影响。在首钢新的发展时期，我们既要继承和发扬首钢企业文化传统中的优良、合理部分，又要积极进行文化创新，破除其中的过时、落后部分，旗帜鲜明地提倡和树立与时俱进的企业文化。

二、推进首钢企业文化建设的指导思想、目标和原则

4. 推进首钢企业文化建设的指导思想：以“三个代表”重要思想为指导，适应首钢发展战略的客观需要，围绕首钢加快改革、开放、创新、发展的重点任务，针对首钢企业文化建设中的现实问题，形成合力，扎实推进，务求实效，为实现首钢发展战略目标服务，为建设高素质职工队伍服务。

5. 首钢今后三年企业文化建设的目标：逐步建立起适应市场经济要求，继承中华民族优秀文化传统，融合国际最前沿管理理念，促进首钢加快改革、开放、创新、发展的先进企业文化。对内，确立这种先进文化在首钢的主导地位，激发每个人的潜能和活力，凝聚各方面的力量，推动各项工作的开展；对外，提供用户满意的产品和服务，展示首钢良好的企业形象，营造有利于首钢发展的外部环境，增强首钢的市场竞争力。

6. 推进首钢企业文化建设的原则：①坚持解放思想，实事求是，一切从首钢的实际出发，把继承优良传统与变革创新、体现自身特色与吸收外部经验结合起来；②坚持总体设计与分步实施、全面推进与突出重点相结合；③坚持推进企业文化建设与加强企业管理相结合，与加强企业党的建设相结合，与加强思想政治工作相结合；④坚持统一性与多样性、典型引路与广泛开展、领导带头与职工参与相结合。

三、推进首钢企业文化建设的重点任务

7. 培育和弘扬“自强开放、务实创新、诚信敬业”的首钢精神。企业精神是企业文化的核心和灵魂，是对企业价值取向、经营管理理念、道德规范、行为准则的高度概括。首钢精神是新时期首钢先进文化的集中反映，具有很强的针对性和丰富的内涵。弘扬首钢精神，对于我们进一步破除陈旧落后的思想，树立与时俱进的新观念，加快首钢的改革创新发展，具有重要的作用。

自强，就是要有一种不怨天、不尤人、一切靠自己的自主意识；就是要有一种不甘落后、迎难而上、奋发有为的精神状态；就是要有一种敢竞争、不服输、不服气、不达目的不罢休的决心和勇气，不断挑战自我、战胜自我、超越自我。

开放，就是要跳出自我封闭、夜郎自大的狭隘圈子，以博大的胸怀融入社会、面向世界；就是要积极接受新生事物，广泛开展合作，充分利用一切可以利用的资源；就是要以虚心的态度，海纳百川，博采众长，把首钢办成学习型企业。

务实，就要是一切从实际出发，讲真话，干实事，重实效；就是要坚决克服图虚名、重形式、走过场的坏风气，做到不惟书、不惟上、只惟实。

创新，就是要敢于突破，打破常规，走别人没有走过的路；就是要改变因循守旧的思维，摆脱僵化落后的状态；就是要以超常的努力，把挑战和压力变为机遇和动力，把目标变为现实。

诚信，就是要忠诚老实，诚恳待人，以信用取信于人，对他人给予信任；就是要信守合同，平等竞争，公平交易；就是要坚决反对弄虚作假、坑蒙拐骗、假冒伪劣的不道德行为。

敬业，就是要有强烈的事业心和高度的责任感，为企业发展恪尽职守，建功立业；就是要克服对事业不负责任、敷衍了事、推委扯皮的不良现象；就是要破除“不求有功、但求无过”的思想，树立开拓进取、永不满足、追求卓越的崇高境界，做到创新敢为人先、创业敢比人快。

8. 树立适应国际国内竞争的优秀理念。企业理念是企业精神在经营管理各个方面的具体化，是指导各项经营管理工作和职工行为的准则。要在全集团广大干部职工中不断树立、强化十个理念：①树立“没有发展就没有首钢的一切”的发展理念，把能不能促进发展，作为一切工作的出发点和评价工作效果的标准。②树立“把握时机就能获得发展”的机遇理念，抢抓机遇，抓紧机遇，抓实机遇，使机遇产生最大效果。③树立“人人为企业，企业为人人”的共存理念，职工为企业发展尽职尽责，企业为职工发展搭建舞台。④树立“我就是首钢形象”的责任理念，人人从我做起，从本岗位做起，从每件事做起，为优化首钢发展环境做贡献。⑤树立“有什么不如有人才”的人才理念，努力创造一个人才引得进、留得住、长得大、用得好的人才发展环境。⑥树立“人、技术、环境高度和谐一致”的环保理念，不断推进技术进步，加大环保投入，改善人与环境的关系。⑦树立“以顾客满意为宗旨，以持续改进为手段”的质量理念，用科技进步和标准化管理，创出用户满意的产品。⑧树立“安全、顺利、清洁、高效”的生产理念，在确保安全的前提下，实现生产的低成本、高效率、清洁化。⑨树立“诚信、高效、共赢、发展”的营销理念，建立与用户之间的互相信任、互惠互利、长久合作，实现共同发展。⑩树立“一切为用户着想“的服务理念，上道工序为下道工序着想，机关为基层着想，企业为用户着想。

9. 培养和锻炼求真务实、真抓实干、雷厉风行的工作作风。工作作风是企业精神在干部职工行为方式、工作方式上的直观体现。工作作风的好坏，直接关系到工作效率和工作质量，影响到企业形象和职工形象。要坚决克服只想不定、只定不干、干而不实、抓而不紧的不良作风，做到多想事、快定事、做实事、团结一致干大事；看准的事快定，定下的事快干，干就干出一流水平；用真实可靠的数据说话，用不掺水分的业绩说话，用具有说服力的典型说话。

10. 规范职业道德。职业道德首先是企业精神、经营管理理念在各个工作岗位的具体要求。讲究职业道德是企业在激烈的市场竞争中生存和发展的客观需要。要认真贯彻中央《公民道德建设实施纲要》，加强职业道德培训，提高职工职业道德素质。全集团各行业、各单位都要根据自己的工作岗位特点，抓住关键性的岗位责任，制定出简明易记的岗位行为规范，并建立考核、监督机制，保证落实。

11. 塑造首钢良好的企业形象。企业形象是企业内在素质的外部表现，良好的企业形象是企业竞争力的重要组成部分。首钢作为一个在国内外有影响的大型企业集团，必须高度重视企业形象的塑造，扩大知名度，增强美誉度。要塑造首钢注重环保、实现清洁化生产的绿色形象，按照走新型工业化道路，大力实施可持续发展战略的要求，实现清洁化生产和清洁化管理，优化首钢的生态环境和厂容厂貌。要塑造首钢积极推进科技进步、满足用户需要的产品形象，围绕市场需要，大力进行新产品研制和开发，形成首钢各个行业的拳头产品、名牌产品。要塑造诚实守信、文明健康的职工形象，从职工的衣着文明、语言文明等具体事情抓起，狠抓职业道德规范的落实，不断提高职工的综合素质。塑造首钢良好的企业形象，要把实际工作和形象展示活动有机结合起来。要对首钢的形象展示活动进行系统策划，统一协调，形成合力，达到最佳整体效果。

四、推进首钢企业文化建设的方法和途径

12. 建设先进的企业文化，必须从一把手做起。企业文化首先是一把手文化，企业文化建设是一把手工程。各级党政一把手要把企业文化建设摆在重要议事日程，加强领导，努力成为先进企业文化的积极倡导者、有力组织者、带头实践者，不断推动企业文化建设的深入开展。各级领导干部都要率先垂范，在各项工作中自觉地体现首钢企业文化的要求，用自身的言行去感染和带动广大职工。

13. 搞好首钢企业文化培训。要通过《首钢日报》、首钢电视台、《情况通报》、首钢网站以及各单位的厂报、黑板报等载体，广泛宣传首钢企业文化的内容，特别是首钢精神和基本理念，达到人人皆知、家喻户晓。总公司党委宣传部(企业文化部)、组织人事部、劳动工资部、党校、培训中心等部门，要把首钢企业文化的内容及时纳入各级干部和全体职工的在职培训，纳入新职工的入厂教育。同时，各部门和各单位要加强对广大职工科学文化知识和业务技能的培训，从而为先进企业文化的培育和成长提供良好的基础。

14. 把先进的企业文化典型化。先进的典型人物和典型事迹是企业精神、优秀理念的象征，具有很强的示范、辐射、传承作用。没有个性鲜明的典型，就没有独特的企业文化。各单位要在体制创新、机制创新、管理创新、技术创新、市场开发、生产建设、服务优化等实践活动中，大力发现、培养、总结、表彰、宣传体现首钢精神和理念的先进典型。把先进的企业文化典型化，要坚持先进性与广泛性、普遍性与多样性的统一，充分发挥先进典型的“滚雪球”效应，在培养、壮大典型群体上下功夫。通过开展比、学、赶、超活动，使各个层次、各个类型的先进典型不断涌现，从而使首钢先进的企业文化得到日益广泛的认同。

15. 把先进的企业文化具体化。企业文化建设重在实践，贵在常抓常新。把先进的企业文化具体化，就是要把企业的战略目标、企业精神、经营管理理念、行为规范落实到各项具体工作中，体现到各级组织和广大职工的具体行动中。把先进的企业文化具体化，必须在创新活动载体、吸引广大职工积极参与上下功夫。要紧紧围绕改革发展这一主线，开展主题突出、特色鲜明、积极向上、丰富多彩的活动，充分发挥文化育人、文化导向、文化激励、文化管理的作用，引导职工创新思维方式，更新思想观念，净化道德情操，提升价值追求。要把企业文化融入“六好”班子建设、党内“达晋创”活动中，树立领导干部和党员队伍的良好形象；要把企业文化融入到群众性的质量效益杯竞赛、“双革两化”、青工创新创效活动中，激发广大职工主动创造的热情；要把企业文化融入“双文明”先进评选、厂务公开活动中，增强职工的主人翁精神和企业的凝聚力；要把企业文化融入到各种示范岗、示范窗口活动中，规范职业道德，提高服务质量；要把企业文化融入到“送温暖、献爱心”、青年志愿者活动中，做好暖人心、稳人心的工作；要把企业文化融入到建“职工之家”，开展各种知识竞赛、文化节、艺术节等活动中，丰富职工的文化生活，提高文化品位；要把企业文化融入净化、绿化、美化环境和规范企业标识、员工服饰中，塑造良好的企业视觉形象。

16. 把先进的企业文化制度化。企业文化和企业的体制、机制是相互依赖、相互作用的辨证关系。把先进的企业文化制度化，就是把企业精神、优秀理念具体化为适应市场竞争的体制机制和各项管理制度，用制度来保证先进企业文化的建设，巩固先进企业文化的成果。各单位、各部门要按照建设首钢先进企业文化的要求，来审视现有的体制机制和各项管理制度，好的要坚持，过时的要修改、废止，没有的要建立。新的制度建立完善后，要维护制度的严肃性，在制度面前人人平等，一切按规章制度办事，充分发挥制度规范员工行为和企业行为的作用；要充分发挥党内监督、行政监督、群众民主监督的作用，保证各项制度贯彻到位、执行到位，形成从严治厂、从严管理、从严带队伍的局面。

17. 在推进首钢企业文化建设中，通过整合首钢的文化资源来发展文化产业。首钢作为一个历史悠久的企业，不仅有丰富的文化底蕴，而且有丰厚的文化产业资源。要以开放的形式，创新的思维，对首钢诸多的文化资源进行整合，充分发挥其在推进首钢企业文化建设中的作用，并通过精心策划做强、做大，逐步形成规模，实现产业化，为树立良好的企业形象，扩大首钢的影响和促进经济效益增长做出贡献。

18. 明确首钢总公司、子公司、厂矿等各层次和单位在企业文化建设中的权利和责任。首钢总公司对首钢总体的企业文化建设工作做出部署；对首钢的企业精神、基本理念、总体形象等做出明确规定。各子公司、独立厂和钢铁主流程各厂矿，要根据总公司的总体要求，结合实际，制定本单位的企业文化建设规划和年度实施方案；宣传贯彻首钢精神、基本理念、作风要求；执行总公司对企业形象展示的统一规定；建立和完善本单位的职业道德规范。

19. 把企业文化建设的成效纳入对各单位领导班子和领导干部的考核。首钢的企业文化建设工作能否长期有效地开展下去，关键是各级领导班子和每名领导干部能不能真正地把这项工作纳入日常工作来考虑、来安排、来组织实施。首钢各级领导班子和领导干部，在总结自己的工作和述职时，都要有关于开展企业文化建设工作的内容。各级组织人事部门要将各单位开展企业文化建设工作的成效纳入对领导班子和领导干部的考核。总公司每年要对全集团企业文化建设工作进行总结评比，对取得突出成绩的要进行表彰、奖励。

20. 认真落实《中共首钢总公司委员会关于推进企业文化建设的指导意见》，全面推进首钢企业文化建设。这次提出的《指导意见》，是对全集团各级党委、党政领导和各专业部门推进企业文化建设的总体要求。各专业系统和各单位都要根据《指导意见》制定出有关具体的实施方案和办法。

长江计算机(集团)公司
企业文化纲要

千万年来，奔腾不息的滔滔长江是中华民族的骄傲。以她的雄名冠盖的浇灌计算机集团以追逐世界信息化浪潮，振兴民族计算机产业为已任，在邓小平理论指引下，借助改革开放的东风，不懈搏击，扬帆奋进，走过了十几年的历程。

从搏击浪头闯过来的人，抚今追昔，展望未来，深切地感受到在向现代化的发展进程中，始终涌动着与企业同生共存的、具有鲜明个性的集团自己的企业文化。提炼、展示和弘扬作为集团观念形态的企业文化，必将形成无与伦比的凝聚力和归属感，形成众志成城的理念和一以贯之的准则，产生所向披靡的冲击波和辐射力。它将是集团生生不息的长江，奔向更加浩瀚、更加雄伟、更加壮观的事业大海所必须的保证。

一、核心价值观概括

企业宗旨：尽心创造价值，竭力提供服务。

尽心者，乃倾其全部心血和智慧。

竭力者，乃毕其全部精力和热忱。

创造价值，即创造物质价值与精神价值，创造集体价值与个人价值之统一。

提供服务，即围绕服务“用户”的根本理念，形成一切为市场服务，前道程序为后道程序服务，部门为整体服务，领导为群众服务的内外良性循环的服务链。

战略目标：两步走的战略目标。

第一步，实施跨世纪发展计划。到21世纪初成为中国信息产业的排头兵，成功地走出一条国有企业在改革中迅猛发展的道路，为建设上海工业新高地作出突出的贡献。

第二步，跻身全球性超强竞争。通过跨世纪发展计划积聚力量和发挥优势，以参与世界级竞争的雄心壮志和高超技术，跻身全球计算机产业超强竞争的行列，为中华民族的腾飞印上长江人拼搏的业绩。

战略方针：举长江旗，打东海牌，走联合发展之路。

旗帜，象征着企业的形象、企业的价值和企业的兴旺发达；

品牌，标志着企业的实力、企业的信誉和企业的宝贵财富；

发展之路，描绘着企业的目标、企业的探索和企业的价值取向。

举长江旗，打东海牌，走联合发展之路，是总结集团发展历史的科学概括，是一套完整、统一的发展战略方针，是指导集团发展的根本大计，是集团所有企业各方面工作的中心和主题，也是今后一个时期集团一切经营活动的行动纲领。

举长江旗，就是引导集团全体员工，为在计算机产业中高扬“长江”之旗而前赴后继、自强不息。它贯穿于发展进程，是统揽发展全局的灵魂。每个企业、每个员工都要为“长江”旗帜的升腾不遗余力，都要为“长江”旗帜的飘扬增光添彩。

打东海牌，就是提升集团拥有的、具有广泛社会影响的著名“东海”品牌的美誉度。以它为龙头，形成系列的“东海”信息网络产品链。在“长江”的旗帜下，众力创新“东海”，联手打响“东海”，应用靓丽“东海”，创造出中国的世界级名牌。

走联合发展之路，就是通过全方位、多元化的对内对外的各种合作形式，整合、聚积和扩张有效资源，在“长江”的旗帜下，增强集团的综合实力，最大限度地提高集团的经济效益和社会效益。

珍惜、呵护、支持和高擎“长江”之旗，抓住机遇、坚定信心、开拓前进，是每个长江人的庄严使命。

经营策略：以硬带软，以软促硬，软硬并举。

企业精神：一往无前、开创明天。

一往无前——发扬长江不懈奔腾、百折不回的执着精神，同舟共济、坚韧不拔，努力攻克前进航道上的种种激流险滩，开辟“高层次、新领域”的发展空间。以大江东去、一泻千里的豪迈气概和雄壮气势，追求企业的宏大远景。

开创明天——朝着不间断的发展目标，在发展中自我扬弃，做到出思路与出成果相统一，创新与务实相统一。发扬长江以博大胸怀为华夏提供舟楫之用、灌溉之益、饮用之便的奉献精神，使集团整体素质不断优化、提升，从必然王国走向自由王国，开创集团发展的辉煌明天，开创IT产业辉煌的明天。

根本机制：“赶浪机制”。

倡导“集团的业绩就是每个员工的业绩，每个员工的业绩刷新集团的业绩”的氛围，发挥团队的最高效能和员工的最高效率，强化制度的系统运作和压力的逐级传递，造就每个人都有超越别人的动力、勇气和精神，即长江后浪推前浪、争先创优的“赶浪机制”，使集团各环节始终处于激活状态。

二、思想理念体系

文化理念——“发扬光大”。长江集团企业文化是集团企业和员工相互依存的价值观念和行为方式的总和。它是历史和现实的融合、文化与经济的融合、精神与物质的融合。始终记住和遵循企业的基本价值观念和它的内容，是集团事业经久不衰的强大动力。

人才理念——“万马奔腾”。引人、用人、育人、激励人，是长江集团“人才链”的基本环节。充分发挥每个员工的聪明才智，充分尊重每个员工的个人价值，珍惜和开掘每个员工的想象力、创造力和原动力，是快速发展和高效运作的支撑。每个人的自由发展是企业全面发展的条件。集团努力造就人尽其才，才当其用，“不拘一格降人才，万马奔腾创新业”的气氛。

坚持引进人才与培养人才相结合；

坚持创建产业高地同构筑人才高地相结合；

坚持人才脱颖而出的正确政治导向与改革分配制度、完善激励机制相结合。

创新理念——“革故鼎新”。提倡不停息的改革和革新，提倡创造性思维。“积极性不等于创新，而创新是积极性的高层次体现”。创新是长江集团生命的源泉。在通向超强竞争的航道上，始终伴随着观念创新、组织创新、技术创新和市场创新。哪一天停止创新，企业的生命就终止了。为此，长江集团：

永远支持锐意进取、敢于创新的人；

爱护创新中受到挫折或不慎失误的人；

鞭挞那些得过且过、因循守旧的人。

发展理念——“得寸进尺”。发展是硬道理。不发展没有生路，发展慢了也没有生路。高新产业的发展决不能停留在算术级数的增长，必须是几何级数增长。如果强调困难、达不到目标，今后遇到的困难会更大、更严重。必须抓住机遇、“得寸进尺”、不断扩张。不进则退，维持就是落伍。小富即安，最终将没有生路。

科技理念——“标新立异”。科技是第一生产力，在当今经济的赛局中，科技的地位独领风骚。根据摩尔定律，计算机新品应市即面临淘汰。未来的产业必须是创造出来的，而不是现成的，计算机产业更是知识与科技优势的竞争。科技的灵魂就是与众不同的新创造、举世瞩目的新成果。长江集团致力于做到“人有我进、人进我升、人升我新”，在科研与产业、前沿技术与市场的结合上，生产一代、储备一代、开发一代、预研一代。以技术的先进性保持竞争的领先地位和率新地位。

市场理念——“高人一筹”。高人一筹的适销产品、高人一筹的规范服务、高人一筹的品牌形象,这三者是持久开拓市场的基础。因此,只有审时度势地运筹产品策略、行销策略和品牌策略,快速敏捷地引导市场、预测市场和创造市场,才能在市场竞争中永远立于不败之地。市场永远有新的空间。任何时候都树立为我们的用户提供高人一筹的产品和服务的理念,就是争夺和占据市场空间的保证。

服务理念——“尽如人意”。对顾客的挚诚是企业之树常绿的土壤。诚实守信、惠益人群既是中华民族的优良传统,也是取胜市场竞争的重要法宝。长江集团向用户提供终身服务的承诺,“把生命注入到服务中”是我们服务理念的最高境界。

质量理念——“精益求精”。质量是我们的自尊和信誉,更是我们赖以生存和发展的命脉所系。因此,所有员工、所有环节,在提高工作质量和产品质量中都要有永无止境的追求,发扬“治之已精、而益求其精”的作风。长江集团的质量定位是:

产品质量零缺陷;

服务质量零投诉;

开发质量与世界同步;

工作质量超越昨日高峰。

团队理念——“齐心协力”。坚持整体优势互补,把集体的智慧和力量最大限度地发挥出来,努力实现整体的最佳效能。以团队的合作和成就为自豪,以团队的信赖和尊重为激励,以对团队的责任和贡献为导标。

领导理念——“不负众望”。不负众望的领导群,才能引导方向、迸发激情、凝聚人心、冲锋陷阵。

领导是服务,提供目标、任务、方法和协调。领导是责任,对所管理的全部事项负起其责,尽足其职。领导是形象,使管辖范围的员工建立起信任。领导是探险,大胆抓住机遇,迎接挑战,敢于冒风险,敢于承担风险。

三、基本行为准则

1. 用人准则

贴心:忠于党的事业,与党心贴心,与长江集团的宗旨和追求心贴心。个人的发展目标与集团的发展目标一致,对企业高度忠诚,有共同的责任感、紧迫感和光荣感,诚实守信、襟怀坦白。

自律:形象、政绩双过硬,加强政治素质锻炼和道德品质修养,自觉做到:服从大局讲纪律,以身作则当表率,忠于职守办实事,关心群众见真情。干部就是旗帜,有人格感召力,带得出一支队伍,能激起集体的力量。

成事:有解决问题的能力,有取得突破性进展的能力,接到任务后锲而不舍,想方设法在尽可能短的时间内达到尽可能完善的结果。不畏千难万险,无怨千辛万苦,想尽千方百计,直至千了百当。

评价原则:无功就是过。

2. 管理准则

按照社会主义市场经济的发展和建立现代企业制度的总体要求,改管结合,实现管理观念、管理方式、管理手段的更新和发展,不断提高管理水平。

基本原则:即 4 + 1 原则:

坚持正确的经营战略和决策是企业管理的核心内容;

坚持严格的以效益为中心的方针是企业管理的根本目的;

坚持科学的以人为本的管理模式是企业管理的重要基础;

坚持完善的法人治理的制衡机构是企业管理的切实保证;

推进运用计算机管理系统,实现信息化动态管理是企业管理的先进手段。

控制方略:依据实际,调整思路,内部挖潜,控放有序。“管人”与“管资产”相结合,实行产权代表委任制、企业主要经营者竞聘制以及集团内部资产经营责任制。在产业发展中,不断建立新的运作机制,按照市场经济的规律理顺各种关系。通过强化管理,确保集团战略、政策和文化的统一性。

经营方针:积极慎重,以我为主,重点配套,有效突破,互惠互利,共同发展。以市场为先导,以科技为依托,以经济效益为中心,实现:

硬件和软件、整机和部件并举的内涵式拓展;

资金和技术,上海和外地互补的低成本扩张;

引进和创新、招商和合资齐进的外向型合作。

财务管理:确立财务管理在企业整个经营管理中的核心地位。坚持以效益为中心,加强企业资金的科学运作和依法监控。

全面推行企业预算制度。编制以现金流量和费用控制为中心的财务预算,建立两级控制体系,精打细算,先算后用。

不断优化企业资金运转。合理资金配置、降低筹资成本,提高资金利用效率,加快资金周转速度。做到筹资和运转并重,投资和回报并重。

始终强化企业成本核算。实施从产品设计、制造、销售等全过程的严格成本控制。采取以原材料采购认定、工序质量和工艺消耗控制等为基础的成本倒逼法。实行提高毛利率、控制各种费用、压缩消化库存、减少应收账款四项措施。

审计监察:集团实行内部审计制度,建立制衡机制和风险规避机制。发挥审计的“经济巡警”作用,对各企业经营活动的真实性、合法性、效益性、内部制度的科学性和有效性进行审查、核实和评价。检查防范并重,监督服务并举,优化经营环境,保护企业干部。

民主管理:坚持全心全意依靠工人阶级的方针,尊重职工的主人翁地位,推行企务公开,实施职工民主管理和民主监督,增加企业透明度,维护职工的合法权益。

3. 对外合作准则

重视广泛的对等合作和建立战略伙伴关系,优势互补,平等互利,通力合作,共同发展。

4. 市场准则

基本原则:瞄准市场,引导市场,取信市场,赢得市场。

基本体系:

市场信息体系——市场预测、市场分析、市场跟踪。

市场动员体系——市场策划、市场宣传、市场进攻。

市场联动体系——行业联手、工商联手、银企联手。

市场网络体系——销售网络、服务网络、控制网络。

营销方针:开发市场最需要的产品送往市场最需要的用户。坚持策划领先、技术领先、产品领先、服务领先。

营销策略:以点带面,以面促网,发展销地产,进军国门外。

营销体制:巩固直销,扩大分销,健全代理。

营销政策:互惠互利,多销多得,积极扶持,唇齿相依。

5. 科技准则

基本原则：坚持科技领先，建立创新体制；坚持市场引导，实现成果转化；优化开发环境，强化激励手段。

基本策略：

强占市场制高点——与国际最新技术同步，第一时间赢得市场和用户。

提高需求适应性——以市场需求为导向，使开发的新产品具有先进性、超前性和市场适应性。

注重高科技含量——增加高新技术含量，具有自主知识产权，追求市场高占有率和产品高利润率。

基本措施：

自成体系——建立健全以集团研究院为核心的科技开发体系。

借用外脑——产学研联手，建立多形式开发实体。

引智工程——引进海内外人才，培养一批学科带头人。

优势互补——汇合集团内各种科技优势，联合攻关。

改革分配——实现高人才高收入、利润分享、销售分成、技术入股、功臣授予等物质、精神激励。

强化管理——改进科技开发管理办法，对科技开发人员实行“三不三调”政策：即上手与不上手不一样，出成果与不出成果不一样，出大成果与小成果不一样；上不了手调离，不出成果调离，抓不出成果的科技管理干部调离。

6. 质量准则

标准：全方位贯彻国际质量管理系列标准，全方位满足用户需求标准。

目标：最佳的性能价格比。

优于用户需求的内部标准。

为用户提供满意服务。

控制要点：全面、全员、全过程。

①纳入一个系统工程。从市场调研、设计、工艺、外协配套、零部件供应、制造到销售、服务等全过程建立质量工程体系和质量保证体系。

②把好两道门，控制全过程。抓好进厂和出厂两个关键点。严格控制生产制造和质量管理的每个环节。

③坚持“三不放过”。质量问题原因未查清不放过；改进措施未落实不放过；质量责任未追究不放过。

7. 教育准则

基本原则：适应知识经济发展，实施职工终身教育，培养具有创造力和竞争力的知识员工。

基本方针：开发人力资源，优化人才配置，合理人才流动，加强人才培训。

分类培训目标：重点培养德才兼备的高级人才和复合型人才：

高素质经营者人才；

高级专业技术人才；

高级管理人才；

高级政工人才；

高级技工人才。

主要手段：

建立三级培训网络：社会——集团——企业；

采取六种培训方式：自学研修、技术培训、岗位模拟、实地挂职、专门训练、技能练兵；

形成连环激励机制：培训后的使用与才能素质挂钩，使用后的考核与职位工薪挂钩，考核后的业绩与继续培训挂钩。

8. 员工准则

热爱集团、忠于职守、努力学习、团结协作。

上海申达(集团)有限公司

——申达宣言

第一章 公司的宗旨

一、核心理念

第一条 公司的追求是紧密依靠科技进步、体制创新、人才支撑、以“创造一流”的精神，占领都市纺织高地，争雄天下纺织列强。

为了使申达成为持续发展的大型企业集团，必须坚持“创新没有终点，惟有终身学习”的创业观。以市场压力传递，使内部机制永远处于激活状态。

第二条 永不自满、永不妥协的员工是申达最大的财富。尊重知识、崇尚科学、富有个性、团结奋斗、认真负责、管理有效的员工，是申达事业可持续发展的内在要求。

第三条 广泛地吸纳世界纺织技术领域的最新研究成果，不断地引进国内外优秀企业的先进管理理念和经验，在集中优势、自主发展的基础上，多元化、多方位地发展核心技术专长的产业体系，用申达卓越的产品自立于全球经济之林。

第四条 爱祖国、爱事业和爱生活是体现申达凝聚力的源泉。责任意识、创新精神、敬业精神、奉献精神及团队精神是申达企业文化的精髓。实事求是、脚踏实地是申达各项行为的准则。

第五条 公司强调在用户、企业、员工及合作者之间建立利益共同体。积极探索按生产要素分配的内部动力与激励机制。申达决不让有识之士、有绩之才失望，奉献者与功臣定当得到真情的回报。

第六条 文化是知识、技术、管理、情操、理念……，包含了一切促进社会生产力发展的无形因素和精神动力。一切先进文化都是人类社会实践活动的智慧结晶。公司坚信：文化是企业发展的深层资源，是生生不息，永不枯竭的。

第七条 申达以振兴纺织为己任，以技术创新发展的成果为社会做出贡献。为祖国强盛、社会进步、员工愉悦而不懈努力。

二、基本目标

第八条 公司的目标是以优异的产品，一流的质量、合理的费用及有效的服务，不断满足消费者日益增长的需要。

“质量在脑中，顾客在心中”是申达人的质量观。

第九条 人是特殊资源，公司强调人力资源不断增值的目标优先于财务资本增值的目标。申达倡导：事业留人，舞台留人，机制留人，感情留人。

第十条 公司以市场需求为目标，通过技术创新，提升企业能级，发展公司核心专长，逐步建立产业用纺织品核心技术专长体系。

第十一条　公司将按照申达事业持续发展和树立公司良好形象的要求，追求资产保值增值率最大化；追求财富最大化；追求股东利益最大化。

三、公司发展

第十二条　公司进入新一轮发展时期。必须缩小初级产品规模，提升传统纺织能级；大力拓展产业纺织新领域，提升核心技术专长，强化合理有效机制。抓住机遇，探索求新，积极进入相关领域。

第十三条　机制、人才、技术和产品是公司成长的四大牵引力。机制牵引人才，人才牵引技术，技术牵引产品，产品牵引更多更大的市场。

第十四条　公司追求在一定利润率水平上成长的最大化。必须达到和保持高于行业平均的增长速度和主要竞争对手的增长速度，以增强公司的活力，吸引最优秀的人才，实现资源的最佳配置。

第十五条　公司成长关键在改革和创新。高层领导必须高瞻远瞩，审时度势，对成长进行有效管理，促使申达形成更加灵活高效的机制。始终保持造势和做实的协调发展。

四、价值分配

第十六条　人才、知识、资本、劳动，创造了公司的全部价值。

第十七条　知识资本化及适应技术和社会变化的有活力的产权制度，是申达持续发展积极探索的方向。

第十八条　组织权力和经济利益是申达可分配的主要价值。公司实行按劳分配与按生产要素分配相结合的分配方式。

第十九条　效率优先，兼顾公平，可持续发展，是申达价值分配的基本原则。

以能力、责任、贡献和工作态度为依据的按劳分配要充分拉开差距；以可持续性贡献、突出才能、责任和所承担的风险为依据的期权分配要向核心层和中坚层倾斜，并保持动态合理性。按劳分配与按生产要素分配的比例要恰当，分配额的增减必须以申达的可持续发展为原则。

第二十条　价值分配合理性。遵循价值规律，坚持实事求是，建立公平竞争机制，形成公正客观的价值评价体系。衡量价值分配合理性的根本标准是申达的综合竞争力和成就，全体员工的精神状态和对公司事业的忠诚意识。

五、形象塑造

第二十一条　公司注重发展形象。以 CIS 设计为基础，不断重塑企业良好的外部形象、经营形象、产品形象管理形象及员工形象；以创建“文明单位”为载体，为申达具有良好的社会知名度及形象体系创造条件。

第二十二条　优良的员工素质、高尚的职业道德及丰富的员工业余文化生活，是塑造公司形象的基本要素。

第二章　公司的运行机制

一、组织架构

第二十三条　组织建立的方针

1.有利于强化责任，确保公司目标和战略的实现；

2.有利于提高工作效率，建立快速反应机制，适应市场的变化和顾客的需求；

3.有利于责任和权利的统一，简化工作程序；

4.有利于信息采集、交流和开发，促进体制创新；

5.有利于创造使年轻人才脱颖而出的环境，人才培养，促进公司可持续发展。

第二十四条　组织结构的建立原则

战略决定结构是我们建立公司组织的基本原则，具有战略意义的关键业务和新经济增长点应当在组织上有一个明确的负责单位，这些部门是公司组织的基本构成要素。现阶段集团的组织结构应围绕以下目标建立：

①构建以资产为纽带的规范运作的母子公司运行体系；

②根据企业的产权特征，建立规范的法人治理结构及运行体制；

③依托母公司的规模实力和资产运作手段，实施集分权相结合的内部管理体制，使优势企业具有更大活力得以支持集团公司的长远发展。

④集团母公司以出资人身份通过对原有企业的归并、重组、剥离、销号，逐步消化集团内的不良资产和劣势企业，构建“上强下活”的集团运行结构。

第二十五条　职务设立原则

管理职务设立的依据是对职能和业务流程的科学合理分工，并以实现组织目标所必须从事的一项经常性工作为基础。

职务的范围应设计得足够大，以强化责任心和提高任职的挑战性与成就感。

设立职务的权限必须集中。对设立职务的目的、工作范围、隶属关系、职责和职权，以及任职资格应作出明确规定。

第二十六条　组织的扩张

经营规模的发展和经营多元化必然使公司不断向外扩张，组织的扩张程度还应视公司的干部队伍素质和管理控制能力而定，当组织的扩张影响公司的工作效率和效果时，公司应放缓对外扩张的步伐，转而致力于组织管理能力的提高。

公司的扩张还应从以资产经营为主向股权多元化、跨国经营的实体型公司转变。

第二十七条　按照《公司法》建立规范的公司法人治理结构，形成科学、高效的管理体系。

第二十八条　管理机构的设置。职能专业化原则是建立管理部门的基本原则。应本着精简、高效的原则建立公司的内部管理机构，根据公司产业分类，逐步实施公司为决策中心、事业部为利润中心、工厂是成本中心的规范的事业部管理模式。

第二十九条　建立规范的母子公司运作体系是体制创新的首要任务。母公司作为公司的核心，其基本功能在于决策和控制，通过不同形式的决策和控制，实现吸引社会资本，运用社会资本，增加公司实力。

子公司的设置应以减少中间管理层次，形成若干层次跨度比较合理，主业优势明显，综合竞争实力较强的品牌公司为目标的原则；按照有效的产业链、资本链和管理链的要求将公司产业机构、企业结构和资产布局的调整作总体考虑，对现有各层次子公司进行分类联动操作，“做强做大二级企业、放开搞活三级企业、清理取消四级企业”。

二、组织运行

第三十条　公司遵循民主决策、权威管理原则。决策的依据是公司的宗旨、目标和基本政策；决策的原则是，从贤不从众。营造成一种让不同意见存在和发表的环境。一经形成决议，就要实行权威管理。

第三十一条　管理的协调与控制

通过建立健全管理控制系统和必要的制度，确保公司战略、政策和文化的统一性。在此基础上对各级主管充分授权，造成一种既有目标牵引和利益驱动，又有程序可依和制度保证的活跃、高效和稳定的组织运行局面。

第三十二条　公司的管理控制系统包括：健全的预算控制体系、成本控制体系、质量管理和保证体系、内部审计体系以及项目管理系统等。对关系公司生存与发展的重要领域实行有效控制，建立起大公司的规范运作模式。

第三十三条　管理信息系统是公司经营运作和管理控制的支持平台和工具。随着信息时代的到来，公司要以计算机管理为手段，逐步建立信息管理网络系统，旨在提高流程运作和职能控制的效率，增强企业的竞争力，并有效支持管理决策。

第三十四条　公司的管理控制遵循下述原则：

分层原则。管理控制必须分层实施，越级和越权控制将破坏管理控制赖以建立的责任基础。

分类控制原则。针对部门和任务的性质，实行分类控制。对经营管理部门(单位)实行以目标责任制为主的考核控制；对职能和行政管理部门实行任务责任制的考事控制。

三、经营模式

第三十五条　中短期的经营方向。产业用纺织品代表都市纺织的发展方向，公司要大力发展产业用纺织品。拓展外贸市场，进一步提升传统纺织品加工的技术含量和质量水平。

第三十六条　追求多样化经营模式。抓住机遇，求新、求异、求精。推陈出新，创造核心业务能力。

第三十七条　坚持“优势集中，劣势重组”的发展理念，在发展方向和战略成长点上，集中人力、物力、财力实现重点突破，实现资产的有效流动和优化配置。

第三十八条　战略领域。新经济的重要特征是从独立转向结盟和合作，公司积极寻求在产业流程和双赢基础上的多种形式的内、外部合作。尤其注重寻找与著名跨国公司合作的机会，成为跨国公司战略联盟伙伴。

第三十九条　研究开发。重点开发具有国内、国际领先地位的产品，积极寻找新的待开发领域的突破点，坚持按销售额的5%拨付研究开发经费。同时，注重无形资产价值的利用和开发。

第四十条　从来没有夕阳产业，而只有夕阳技术。技术创新是企业发展的不竭之源，建立各级技术中心，形成技术开发的网络，强化研究开发能力、技术创新能力。

第四十一条　市场地位。保持全国纺织外贸进出口领先地位；全国产业用纺织品市场的领导者之一；传统纺织名列全市前茅的市场定位；形成以房产为依托的第三产业，保证稳定收入来源。公司更为注重新的产品及其所占的市场份额。

第四十二条　销售模式。逐渐摆脱纯粹中间商的模式，适应全球贸易形势，积极开展电子商务。网络销售和传统销售并重。

第四十三条　生产机制。形成灵活生产的机制，追求最佳的作业流程，强化过程管理，建立及时、敏捷的生产体系。

第四十四条　生产布局。按适应经济原则，成本最优原则，合理规划，统筹安排生产布局、加快海外拓展，优势互补，实现产、供、销有序配置。

第四十五条　融资渠道。充分利用上市公司融资渠道优势，创造条件，不失时机地筹措资金，考虑长期发展和短期盈利的平衡。

第四十六条　投资战略。在投入开发具有稳定现金流量回报项目的基础上，公司优先选择产业用纺织品的发展项目，适当的时机向其他领域发展，实施风险投资。依靠投资拉动加速经济发展的速度和提高经济运行的质量。

第四十七条　资本扩张。以小博大，以少博多，通过资产重组，资产置换，以收购、兼并、投资控股等手段，增强核心竞争力，延长产业链。将公司产业发展的主要方向产业用纺织品和高新技术领域作为资本运作的重点，力争跳跃式发展。

第三章　公司的管理机制

一、危机管理

第四十八条　公司危机管理是公司持续发展的保障。经济全球化和中国加入世贸组织，使得公司运行和管理的外部环境发生剧烈变化。从全球战略、市场管理的高度更新自我，提高经营管理水平，使员工与企业时时刻刻充满危机意识，防范未来。危机管理的目标就是变危机为机遇，使公司越过危机进入新的发展阶段。

第四十九条　全面预算是公司年度经营活动的依据，全面决算是公司年度经营活动的绩效结果，全面预决算是完善和修正公司经营战略目标的出发点和归宿。预算是为经营者驾驭市场经济提供目标；决算是为公司确定市场竞争力提供依据。全面预决算控制旨在提高公司抗市场波动能力，是检测经营者群体综合素质，评价公司整体绩效的重要标准。

全面预决算的主要任务是：

①统筹协调各部门的经营目标及经营活动；

③编制以实现现金流量和优化财务结构为目标的财务结果计划；

③确定各责任中心和企业经营者的经营责任；

④实现成本、费用控制，以财务决算评价各部门和企业经营绩效。

⑤以预、决算数据为企业经营分析依据，不断提高预算质量，使预决算能成为公司分析产品、投资产业结构市场适应度的有力工具。

公司有经营和费用活动的部门、全资企业和控股企业都应建立预算控制体系，设立独立会计核算的一律实行决算及预决算分析，各类收支一律纳入预算。

第五十条　各单位由指定或财务部门编制年、季预算和决算。公司的预决算经公司董事会通过后由总经理执行，公司财务部负责日常管理，各单位的预算由公司总经理批准后执行，财务决算用于对财务预算编制质量的考核，考核由公司财务部提供数据，公司总经理决定考核标准。

各类预算应重视财务结构，贯彻合理成本、开支，降低物耗,投资优化的原则,尤其是负债率和资本有机构成应控制在合适范围内,并正确处理现金流量、技术进步和利润实现的相互关系,谨防财务风险。

第五十一条 成本控制应以投入产出的综合效益出发控制品种成本、质量成本、规模成本、资金成本,各经营者群体应善于利用管理会计等先进管理工具确定控制策略,建立适合市场的经营成本模式。

应重点控制的主要成本是:

①产品设计的计划成本;

③采购成本和采购质量成本;

③产品质量或工作质量引起的返工、维护成本;

④能耗、原材料等一次性成本损耗;

⑤期间费用中的人工成本和资金成本;

⑥库存成本、采购闲置和呆死料,过期产品成品控制。

第五十二条 正确地依照配比原则确定成本是成本控制的基础。依照市场价格竞争机制确定成本目标是成本控制的原则。在产品立项、设计、接单中应普遍实行成本否决和倒逼成本法,确立市场只接受价格而不接受企业成本的经营理念。

降本控本应与绩效相挂钩考核,并联系到员工薪酬,建立起员工相互制约、相互激励的控制成本机制,并有一套切实可行的指标体系。控制成本最终建立从公司至企业、部门、车间、班组、员工的压力传递渠道。

二、质量管理

第五十三条 产品质量形成于从研究设计到使用的全过程。要使产品具有优越的性能和可靠的质量,必须使产品质量形成全过程中影响产品质量的多种因素始终处于受控状态;必须实行全流程的、全体员工参与的全面质量管理,从而向顾客提供符合质量标准的产品。

质量方针

①"顾客至上,质量领先,创造一流";

②质量从产品设计开始构建;

③按照合同规格生产;

④使用合格原材料;

⑤建立完整的质量监控体系,衽有效的质量管理。

第五十四条 以创新为主要手段,不断注入新的管理思路,建立健全有效的质量管理体系,积极贯彻 ISO9000 系列标准,创造一流的稳定的质量,构筑都市纺织新高地。

外贸——通过国家权威机构对质量管理体系认证和定期复审,具有质量保证和使客户满意的能力,从而获得通往国际市场的通行证。为客户提供满意的商品和服务,做客户放心的贸易伙伴。

汽车配套——技术上保持与世界潮流同步。创造性地设计、生产最佳性能价格比产品,准确无误的交货和完善的售后服务,立足上海,面向全国,走向世界。

产业用纺织品——以新材料应用和新加工工艺的运用为突破口,以重点工程和一流企业为切入口,在产品适应性上和技术上保持国内领先地位。

飞轮线业——真正适应高速缝纫和高档服装的要求,跻身世界制线五强。

传统纺织——运用质量管理的新理念、新思路,提升传统纺织的技术能级,使质量管理和质量保证体系与国际接轨。

第五十五条 产品决定命运。强调从上至下,人人参与,加强对员工的质量意识的培训教育,变被动管理为主动管理,变事后管理为事先管理,变少数管理为全员管理。

三、项目管理

第五十六条 没有投入就没有发展。但无效投入,将窒息公司的生命。

公司坚持"投资先投人、投资要改制、投资要回报、投资要还贷"的方针。要集中有效资源,加强对新项目的开发和培育,并逐步加大对项目的投入,同时要加强对项目的监管,要学习国际先进的管理模式,建立并逐步完善一整套先进的、规范化的项目运作和管理制度,以促进项目的健康发展,提高项目开发的成功率。

第五十七条 公司以出资人的身份对项目实施全面管理。项目管理贯穿于项目整个生命周期全过程,包括项目的立项、论证、决策、培育、建设、验收以及达标跟踪等。项目管理以网络化管理为基础,建立一套完整的科学论证和决策体系,严格对项目审批,加强项目进度、项目变更及各节点的有效控制,完善档案建设。

要发扬团队精神,多方合作,共同推进项目的建设和健康的发展,增强企业后劲。

第四章 公司的人才机制

一、人才开发

第五十八条 人是特殊资源。公司持续发展根本上依赖于拥有充满活力具有创造力的人才。人才资源开发的根本目的是,努力培育和造就一支素质高、能力强、具有智慧、善于行动、团结协作的员工队伍,以及合理人力结构,提高人力资本投入产出效益。同时创造一种激励人才,奋发向上,促进派人才脱颖而出的环境。

第五十九条 公司倡导的人才观是"素质至上,能力为先";"能翻多大跟斗,给其多大舞台"。

第六十条 人力资源管理的基本准则是公正、公平和公开。

公正:共同的价值观是公司对员工作出公正评价的准则,每个员工对所承担的工作目标和完成的效果,是公司对员工的绩效改进作出公正评价的依据,员工在履行岗位职责中表现出的能力和潜力,是比资历更重要的评价能力的公正标准。

公平:公司奉行实绩优先的原则。提倡和鼓励员工在诚意合作与责任承诺的基础上展开竞争;公司为员工的个性发展提供公平的机会;每个员工依靠自身的努力提高综合素质与能力,以实绩来争取公司提供的机会;依靠创造性地完成和改进本职工作绩效来实现自我发展的愿望。公司从根本上否定论资排辈的使用和分配上的平均主义。

公开:遵循公开原则是保障人力资源管理的公正和公平的必要条件。公司的重要政策与制度的制定与贯彻,遵循广泛听取意见与充分协商的原则,提高政策与制度执行上的透明度,制度面前人人平等。

第六十一条 公司不提倡终身聘用制,但这不等于不能终身在申达工作,要对公司发展作出贡献者的回报和提供发展的机会。公司在国家有关法律、法规指导下依据政策与制度进行人力资源的开发、配置和管理。

第六十二条 公司根据持续发展的战略和阶段目标，确定合理的人力资源结构，依靠公司的发展与文化、政策和待遇，逐步建立能够吸引高素质人才加盟公司共谋发展的机制。员工的招聘与录用更注重人的综合素质，包括潜能、情商、学历、技能，按照国家政策规定实行双向选择，择优录用。

第六十三条 公司建立内部人才市场，对中高级主管理(经理、书记)实行职务轮换制度。在人力资源开发中引进竞争和流动机制，通过内部人才市场和外部人才市场的置换，实现人才资源的合理流动和最优配置，努力实现人尽其才、才尽其用，促进优秀人才的脱颖而出。

第六十四条 爱才、育才、用才是各级管理者的当然职责。各级管理者都有责任指导、支持、激励与正确评价下属人员的工作，负有教育帮助下属人员成长和举荐优秀人才的责任。

第六十五条 公司员工拥有参与权、建议权、申诉权与保留意见权。

1. 有权参与企业的生产经营管理，并就有关方面的问题提出咨询；

2. 有权对改善经营与管理工作提出合理化建议；

3. 有权享受《劳动法》规定的有关权利。对认为不合法或不公正的处理，可向主管提出口头或书面申诉，但不得影响工作或干扰企业的正常运作；各级主管对员工的申诉必须尽早予以明确答复。

4. 有权保留自己的意见。但不能因此影响工作，主管不得因下属保留自己的不同意见而对其歧视。

第六十六条 公司鼓励员工增强主人翁意识和行为，帮助公司实现整体目标，拥有四项义务：

1. 确保完成本职工作和相关指标，努力为公司作贡献；

2. 学习文化和技能等知识，做到精一门、会二门、懂三门，提高参与竞争和创造能力；

3. 扩大视野，深刻领会公司对自己本职工作的要求，养成为他人作贡献的思维方式，搞好团队间的协作；

4. 自觉遵纪守法，并可就危害企业利益的言行向主管反映或提出批评。

二、人才培训

第六十七条 学习型组织是申达发展的基石。公司提倡员工把终身学习，提高素质作为履行岗位职责的责任和觉悟，采取鼓励自我学习提高和教育培训开发相结合；技能培训与智能培训相结合；专题培训与业务培训相结合的方式，不断提高员工队伍素质与能力。

根据培训计划，落实培训经费。同时，企业主要负责人作为人才培训的责任人。

三、人才考评

第六十八条 探求建立客观公正的绩效考评体系是为了评价人力资源开发的效果，建立人力资源投入产出的评价体系是公司人力资源管理的长期任务。

员工的考评，是根据明确的目标任务和岗位职责要求，按照业绩考核、态度考核、能力考核三个要素进行评价。

业绩考核侧重于：①目标任务的完成情况；②工作绩效的改进与创新。

态度考核侧重于工作责任心、主动性和人际协调性。

能力考核侧重于知识结构、技能潜力、策划能力、思想政治工作能力、管理能力、体能与意志等。

考评要素随公司不同时期的发展要求相应调整侧重点。考评结果纳入员工信息网络记录，并与晋级、轮岗、培训、薪酬挂钩。

员工的考评实行上级、同事、下属和相关人员的全方位考评，考评结果进行适当反馈。建立各级主管人员与下属之间的定期沟通制度，以促进上下级之间的理解和信任，形成团结协作的工作氛围。

第六十九条 “生产不合格产品，就是不合格员工”。公司对考核不合格的员工建立解聘和退出制度，实行竞争上岗和退出机制。对严重违反公司纪律，损害公司利益和严重影响公司形象的员工，按照公司人才考评制度强行辞退。

四、人才激励

第七十条 公司实行薪酬与待遇向对公司作出贡献的优秀员工和重点岗位倾斜的政策。薪酬分配实行绩效成果的分配模式，坚持与个人的能力和对公司贡献大小挂钩。养老保险、医疗保险和福利待遇按照国家政策和公司效益进行分配。同时，积极探索多种激励分配机制。包括年薪制、高薪制、期权期股、风险抵押承包等，对高级人才、紧缺人才和有特殊贡献人才实行区别于一般员工的差别待遇，努力营造尊重人才、吸引人才、留住人才、激励人才的良好氛围。

第七十一条 公司积极探索事业留人、舞台留人、氛围留人的新颖机制。鼓励员工通过自身的奋斗，提高素质和能力，在岗位工作中展示才干，把握公司提供的职务和任职资格的晋升。公司不拘泥于学历、职务和年龄的大小，对有突出才干和突出贡献者实施破格晋升任用。

第五章 公司的约束机制

一、内部审计

第七十二条 公司的内部审计将通过监事会、监审、财务“三位一体”监督体系的完善而形成更加开放透明的审计网络。

审计网络的职能是对各子公司及其对外投资单位经营活动的真实性、合法性、效益性及各种内部控制制度的科学性和有效性进行审查、核实和评价的一种监控活动。

通常情况下它履行对各子公司经理、厂长离任后的经济责任审计，各子公司及其对外投资单位财务状况审计等基本内部审计职能。

逐步推行对公司主要管理制度和内部控制制度执行情况的审查、核实，提出评价和考核意见。

第七十三条 公司实行以内部控制制度为核心的内部审计制度。内部控制制度将更加明确各级管理部门的监控责任，使财务管理、投资管理、周边纺织管理等等，与审计监督既相互独立运动又整体合力循环，贯穿于公司总目标的每一环节，体现自我约束机制从管理过程的开始直至结束。

第七十四条 通过内部审计网络的有效启动，促进审计方法的传播与审计水平的提高，为公司各项经营管理工作的有序展开提供服务和保障。

权限：

①直接对董事长(总经理)负责并报告工作，不受其他部门

和个人的干涉。

②具有履行审计职能的一切必要权限。

二、厂务公开

第七十五条　实行厂务公开,是把党的全心全意依靠工人阶级指导方针,完善民主管理在基层落到实处的重要制度,是员工民主管理在形式和内容上的进一步深化。有利于维护企业和员工的合法权益,推进基层民主建设;有利于促进企业持续发展,建立和完善现代企业科学管理体系;有利于调动经营者和劳动者的积极性,增强企业的凝聚力。

第七十六条　厂务公开的原则:

①要坚持实事求是,不弄虚作假,以保证公开的真实性;

②要以国家方针、政策、法律法规为依据和标准,以保证公开的合法性;

③要有全体员工代表参与,以保证公开的民主性;

④要结合企业实际,经过集体协商,制订实施细则和配套措施,以保证公开的规范性。

第七十七条　厂务公开的主要内容是十公开:

①企业转制、改制方案;

②财务收支情况;

③企业重大投资和巨额资金使用情况;

④工资、奖金分配方案;

⑤业务招待费使用情况;

⑥公积金、养老金、医疗保险金、失业救济金缴纳情况;

⑦福利基金使用情况;

⑧职工下岗分流实施再就业方案;

⑨职代会民主评议干部情况;

⑩企业主要经营者群体廉洁自律情况。

第七十八条　厂务公开的主要途径是职工代表大会,也包括相关渠道。

①企业主要经营者应就上述内容定期向职工代表大会报告;职代会应当对报告的事项进行审议,提出意见,通过或作出决定。

②在职代会闭会期间,需及时报告的事项,可向职工代表团(组)长和专门小组负责人联席会议报告,由联席会议协商处理,并经下次职代会予以确认。

③在公开报告条件尚未成熟的情况下,可首先召开恳谈会、集体协商会集体协商等,以取得员工和员工代表的理解,然后再向职代会或联席会议报告;

④关、停、并、转、迁、租、卖、破等企业的主要经营者应就上述内容向职代会联席会议报告,联席会议必须扩大到三分之一以上职工代表。

三、任职考核

第七十九条　任职考核是对企业经营者的管理、监督、激励和约束。因此,建立健全的对企业经营者的任职考核制度,是公司约束机制的重要组成部分,它包括企业主要经营者的行为准则,述职考评。

第八十条　任职考核应包括:述职考评、经济指标评估考核体系、奖惩条例和与绩效挂钩的分配制度。任职考核应由上级主管组织有关部门每年进行一次。

附则

第八十一条　《申达宣言》应结合公司的实际,一般每五年进行一次修订。《申达宣言》是公司宏观管理的指导原则,各企业管理人员必须认真学习,领会其精神,掌握其思想方法,创造性地工作,为推动公司的新一轮发展而努力。

二、解读 SA8000

(一)企业文化与企业社会责任

关于 SA8000 的综述和思考

韩　旭　周国银

最近,一个提及率不断提高的名词——“SA8000 社会责任国际标准”或见于媒体,或传于会议。有人说,它是针对遍布世界的“中国制造”设置的又一个贸易壁垒,我们必须坚决抵制;有人说,它是继 ISO9000 和 ISO14000 标准之后,又一个重要的国际标准,它将继质量认证后在全国掀起 SA8000 认证热潮,为企业提供新的发展机遇,因此我们必须积极应对。SA8000 究竟是魔鬼还是天使,从企业文化的视角究竟如何解读?

一、关于 SA8000 的综述

1. 扑面而来的“蓝色冲击波”

国际贸易领域经历了旨在保护环境的绿色贸易壁垒后,一种旨在保护员工(蓝领)的蓝色贸易壁垒开始走向前台。“中国制造”产品遍及世界各地,一直令我们为之自豪。然而近年来,我国的出口加工企业却遇到了前所未有的新问题——“客户验厂”的困扰。

沃尔玛、家乐福等世界知名零售集团不断对为其加工产品的企业进行入厂检查。这些跨国公司到中国的工厂主要看的不是产品质量、价格,而是看企业是否强迫工人劳动,是否使用童工,是否拖欠工资,是否有安全、卫生的工作环境等(详见附件)。如果他们认为这些条件没有达到 SA8000 标准,就会坚决取消定单。据有关专业人士粗略估计,目前在中国采购货物的国外客户中,至少超过 200 家客户要求在下定单前进行单独验厂,他们来自美国、加拿大、英国、法国、德国、瑞士、瑞典、意大利、比利时、澳大利亚等十几个国家,涉及包括服装、玩具、鞋业、五金、家具、通讯器材、办公设备、家用电器以至汽车等多种行业。一些大型跨国公司在中国设立了专门办事处和专职审核员负责工厂检查,如沃尔玛、耐克、迪斯尼、锐步等。这些公司的审核员会采取突袭的方式,在公休日甚至夜间突然对企业进行检查。另外,一些国际组织的采购代理商,如联合国项目服务署、联合国儿童基金会等也要求到工厂检查。深圳一些做出口加工的企业,一年内竟遭遇了不同客户 40 余次“验厂”。

跨国公司之所以要“验厂”,源于欧美国家的一些国际组织和消费者抵制“血汗工厂”产品的运动。1993 年深圳某玩具厂发生火灾造成 87 名工人死亡,总部设在布鲁塞尔的国际纺织工人组织公开呼吁全球零售商和消费者抵制中国大陆制造的玩具。1996 年美国消费者和劳工团体发起抵制购买耐克运动鞋,以抗议该公司在印尼和越南的合约工厂剥削、体罚工人,造成耐克公司销售业绩衰退,股价接连受挫。一些国家的新闻媒体每天都在揭露发展中国家违反 SA8000 标准的事件,巴拿马团结广播网联合加拿大的非政府组织从 2000 年开始,每年通过公众投票选出劳工问题最严重的零售商,授予“血汗工厂零售商奖”,沃尔玛于 2000 年、2002 年获奖,迪斯尼公司于 2001 年获奖。欧美国家的投资者注意到劳工问题对公司赢利的影响,发起了“社会责任投资运动”,将经济目标与社会伦理和企业环境结合起来,把资金投给对社会负责任的公司。银行也要求其贷款客户确保没有经营或使用“血汗工厂”。多年来,美国等发达国家政府一直批评发展中国家廉价的产品造成本国成千上万的工人失业,一直致力于在国际贸易多边谈判中确立劳工标准的地位,以此形成新的贸易壁垒。

跨国公司面对这种种压力,发起了对加工企业“验厂”甚至终止定单的蓝色冲击波。

2. 令人关注的 SA8000 标准

SA8000 标准的由来和主要内容:

“SA8000:2001 社会责任国际标准”(详见附件),是由“社会责任国际”组织(SocialAccountabilityInternational,简称 SAI。)制定的全球第一个可用于第三方认证的社会责任国际标准,1997 年 10 月首次公布。2001 年 12 月 12 日,SAI 发布了第一个修订版——“SA8000:2001 社会责任国际标准”,旨在通过有道德的采购活动来改善全球工人的劳动条件,创造公平而体面的工作环境。

“社会责任国际(SAI)”是由美国一家长期研究社会责任及环境保护的非政府组织——经济优先权委员会(theCouncilonEconomicPriorities, CEP)于 1997 年在美国纽约成立的,当时名为“经济优先权委员会认可委员会(theCouncilonEconomicPrioritiesAccreditationAgency, CEPAA)”, 2001 年更名为“社会责任国际(SAI)”。SAI 咨询委员会负责起草“社会责任国际标准”,它由来自 11 个国家的 20 个大型商业机构、非政府组织、工会、人权及儿童组织、学术团体、会计师事务所及认证机构的有关人士组成。

SA8000 标准是根据国际劳工组织(ILO)公约、联合国儿

童权利公约及世界人权宣言制定而成的,主要内容包括:童工、强迫劳动、健康与安全、结社自由和集体谈判权、歧视、惩罚措施、工作时间、工资报酬、管理体系9个要素,简要表述为:不得使用童工;不得强迫劳动;提供安全健康的工作环境;尊重员工自由组建和参加工会及集体谈判的权力;不得以任何原因支持歧视行为;不得体罚、强迫及言语侮辱;周工作时间不得超过48小时,周加班不得超过12小时,并支付额外津贴;确保工资能达到至少法定或行业最低工资水平;明确制定有关社会责任和劳动条件的公司政策,定期评审,确保公司达到SA8000标准。SA8000标准是一个通用的标准,不仅适用于发展中国家,也适用于发达国家;不仅适合于各类工商企业,也适合于公共机构。另外,SA8000标准还可以代替公司或行业制定的社会责任守则。

SA8000标准的权威性和认知度:

SA8000标准得到了国际社会的广泛认同。联合国项目服务局(UNOPS)曾作为SAI咨询委员会成员直接参与了SA8000标准的制定;美国国务院先后拨款180多万美元给SAI,用于研究推广SA8000标准;代表50万家大、中、小企业的欧洲纺织品零售商协会建议会员公司采用SA8000标准作为供应商行为守则;泰国劳动和社会福利部(MOLSW)投资500万美元用于推广SA8000标准和其他自愿性的劳工标准。

一些远见卓识的企业家意识到,承担企业的社会责任,是一个负责任的公司的重要标志,是展示自身良好形象的最佳途径之一,因此纷纷申请SA8000认证。一些知名的跨国公司、品牌公司纷纷要求海外加工厂通过SA8000认证。全球第一大玩具零售商,美国玩具反斗城公司(Toys“R”Us)要求全部5000家供应商(其中大多数在中国)通过SA8000认证。美国雅芳公司(Avon)直接采用SA8000标准作为其供应商社会责任守则,为工厂制订了一套逐步改善社会责任管理的实施指南,并开发了一套软件来监督供应链各个成员。截止到2004年5月20日,全世界共有36个国家的258家组织获得了SA8000认证证书,其中有我国10个行业的55家企业,数量位居全球第一。通过认证的企业往往定单源源不断,美誉度大大提高。深圳高新区物业管理公司作为全球第一家通过SA8000认证的物业管理公司,在世界高新区中树立了国际化、标准化的领先形象。

SA8000标准的认证制度和认证程序:

和ISO9000质量管理标准一样,SA8000标准也由独立的认证机构提供认证。SAI作为经过国际认可机构的多边组织IAF批准的全球唯一的SA8000标准的认可组织,它不直接对公司进行认证审核,而是评估审核认证机构。目前世界仅有瑞士SGS、挪威DNV、美国ITS、法国BVQI、意大利CISE、德国TUV等9家全球知名的认证机构获得了SAI的认可。与ISO9000标准认可制度不同的是,SA8000标准不存在由各个国家认可机构对认证组织的认可问题,因为到目前为止,SAI对认证机构的授权仅限于以上9家。

任何企业都可以直接向认证机构提出认证申请。认证程序包括企业提交申请书、认证机构评审受理申请、签定认证合同、现场认证审核、提交审核结论、颁发证书等10项内容。获得认证后,每半年要接受一次监督审核,认证书有效期三年,三年后需复评。SAI将认证机构名单及通过SA8000认证的公司名单向外界公布,任何团体和个人都可以向认证机构或直接向SAI咨询、投诉认证过程中存在的问题,认证公司必须将有关情况向SAI报告,SAI已经建立起一套程序来调查和处理有关的投诉和申诉。

二、关于SA8000的思考

1.推行SA8000标准,是坚持科学的发展观,将以人为本的方针落到实处的有效途径。

SA8000直接关系着企业的发展。

中央提出要坚持科学的发展观,其核心是以人为本。SA8000标准以关爱全球劳工为出发点和落脚点,从工人有无足够的用餐时间、卫生间有无清洁的洗手设备,到工厂是否每年进行紧急疏散演习等等,规定得非常具体,并且进行极为严格的检查。审核的结果决定企业是得到客户还是失去客户,直接影响企业的生存发展。不仅如此,随着世界各国对企业社会责任的不断关注,SA8000将成为一种符号,一种标志,判定企业是否承担了社会责任,将以是否通过SA8000为准。因此,SA8000的推广和实施,不仅关系着出口加工企业的生存,而且关系着几乎所有企业的发展。

SA8000有利于促进以人为本方针的落实。

以人为本就是要以实现人的全面发展为目标,并以发展的成果惠及人民。具体到企业,必须首先满足员工最基本的物质需求,并要用有效的机制给予保证。实事求是地说,我们在落实中央以人为本的方针方面,还有很大差距。仅从国内的媒体报道看,就暴露出很多问题:长期拖欠员工工资,甚至要共和国总理亲自为民讨债;令人触目惊心的恶性安全事故不断发生,等等。怎样才能把以人为本的方针落到实处呢?SA8000标准把企业的社会责任分解、量化,并固化为具体指标,通过第三方认证的方式,既做“量”的检查,又做“质”的判定,对保证将以人为本方针落到实处,起到了积极的促进作用。

企业实施SA8000标准,需要物质上的投入。众多成功企业的实践证明,这种投入是值得的。通过SA8000认证既可以使企业取得走向国际市场的通用护照,又可以成为企业展示自身良好形象的公开宣言,为企业的持续发展奠定坚实的基础。

2.推行SA8000标准,是企业走向文化管理的推动力量。

在企业管理的发展历程中,无论是经验型管理,还是古典科学管理,都是无休止地追求经济利益的最大化,而忽略了创造财富的劳动者本身。最可悲的是,在人类进入21世纪的今天,这种“血汗工厂”现象还远远没有杜绝。我们倡导关心人、理解人、尊重人的文化管理,对于不关心人、不理解人、不尊重人,但又没有违反法律的现象怎么办?不少单位在实施以人为本的文化管理时,还停留在仅凭领导个人意志的层面上,没有强有力的机制保障。SA8000标准的推出,把超前的引导性机制和滞后的惩治性机制集于一身。一方面,它详细规定了应该怎么做;另一方面,它对违反规定的现象制定了严格的惩治措施,用国际标准认证的方式强制推行,加大了文化管理的“执行力”。正如一位专家所说:“SA8000的出现意味着,市场经济作为人类文明现象达到了以往任何一个时期所不曾有过的有利于人自身发展的程度。”尽管西方发达国家想利用SA80000实行贸易保护主义,但就这一标准本身来看,是社会文明和企业文明的一大进步。SA8000标准的推广实施,是企业向文化管理迈进的推动力量。

3. 推行 SA8000 标准,是国际化进程中企业文化建设必须研究的新课题。

企业文化研究必须立足国际化、着眼前瞻性。

在经济全球化、经济文化一体化趋势不断加剧的今天,企业文化研究必须密切关注国际经济、文化的最新动向,及时了解全球企业的最新信息。SA8000 作为国外最新推出的社会责任标准,与企业的生存发展息息相关。预测它的发展前景,大有迅速蔓延推广之势。建设企业文化与贯彻 SA8000 标准有着天然的契合点,都是要坚持以人为本,都是要促进企业走国际化快速发展之路。贯彻 SA8000 标准要以先进的文化理念作指导,才能坚持正确的方向;企业文化建设需要借鉴 SA8000 标准的推广思路和操作方法,加强推进力度,把工作做细、做实。因此我们必须对 SA8000 的发展动向,以及它对企业文化的影响给予特别关注,进行跟踪研究。

企业文化建设的着力点需要分层次确定

过去我们往往更多地从精神层面上强调以人为本,对于员工的基本工作条件、安全保证措施等认为是顺理成章的事情,没有作为企业文化建设的着力点。中国的企业成千上万,企业文化建设的水平千差万别,对于较好解决了员工生活和工作基本条件的企业,应当着重从精神层面上调动员工的积极性。但确有一些企业在保证员工健康、安全方面存在问题,这些企业的企业文化建设,应把提高企业各级管理人员的文化自觉意识放在首位,把物质形态文化建设作为着力点,从解决员工的基本生活和工作条件入手,逐步推进。企业文化建设既要注重对“阳春白雪”的“锦上添花”,更要注重对“下里巴人”的“雪中送炭”,要分层次确定企业文化建设的着力点。

企业文化建设要在推进 SA8000 标准中发挥积极作用

SA8000 标准的实施,不是简单地改善一下环境的问题,它是从企业领导到每名员工的一次深刻的企业文化教育运动,只有通过积极的企业文化建设,才能从根本上保证 SA8000 标准的贯彻落实。如果企业以不择手段地追求利润的最大化作为其价值理念,必然会对 SA8000 标准采取你有政策我有对策的方法,头痛医头、脚痛医脚,甚至不惜弄虚作假应付检查。而企业文化的核心是树立先进价值观,通过企业文化建设,可以提高企业领导人的现代文化素质和文化自觉意识,使他们能够从战略的高度、长远的利益出发考虑问题,自觉承担企业的社会责任,把推行 SA8000 标准作为企业走向世界、快速发展的机遇。企业文化建设还有一个重要特征是“以文化人”,它可以作用于每一名员工:一方面使员工增强向心力,自觉为企业多做贡献;另一方面,提高员工的自我觉醒意识和自我保护意识,运用合法的方式抵制“血汗工厂”。实践证明,很多企业通过开展企业文化建设,领导关心员工,舍得投资为员工改善工作条件,而员工以加倍的努力回报企业,创出了远远大于企业投资的经济效益。由此可见,通过开展企业文化建设,可以使企业自觉增强社会责任意识,积极投入 SA8000 的贯标工作,提高企业的文化管理水平。

SA8000 标准的实施,是挑战,更是机遇。对于企业,勇敢地面对蓝色冲击波,可以促进企业的可持续发展;对于投身企业文化事业的有识之士,睿智地把握当前的机遇,可以大有作为,为促进中国的企业文化建设事业做出新贡献。

更重要的是,它给我们一种启示,先进理念的倡导、社会道德的建设,可以通过标准化的方式推进。

(二)专家学者谈 SA8000

企业社会责任制的人权评价(摘要)

王锐生

商界人士最近对全球化的国际贸易中出现的一种蓝色贸易壁垒颇感兴趣。蓝色贸易壁垒是指社会责任国际组织(SAI, Social Accountability International)于 1997 年公布的一种企业的社会责任国际标准 SA8000。当欧美发达国家的买家与我国出口企业洽谈之后,在签订单之前,买家大都要求检查工厂,评估工厂是否遵守其社会责任守则。一旦检查不合格,客户就会取消订单。由于发达国家与发展中国家的经济发展水平的差异,在劳工标准问题上,难以达到一致。所以劳工标准就成为影响后者出口的贸易壁垒。

从商家看来只是贸易壁垒的劳工标准,在人权哲学看来应当具有更多的含义。例如,劳工标准的出现,是否意味着一种社会进步?它在体现社会进步的同时,为什么又显示其“双刃剑”特色?它打出人权的旗帜,而作为人权文化又有什么缺陷么?

一、劳工标准

企业在自己的经营活动中对社会负起道德的责任,无论如何是一种社会进步的事情。但是在资本主义社会里,这样的事情要经过几百年的实践才能产生出来。

我们知道,市场经济是人类创造财富的强有力工具。而这个工具在创造财富的同时,却以市场中的弱势群体(作为生产要素的体力劳动者)的牺牲为代价。因为市场经济把经济活动(例如劳动力的买卖)只当作商品货币的关系,受商品交换规律的支配。根据这个规律,买主可以从他的商品的使用价值中取得尽量多的利益。由此就产生无限延长的工作日。19 世纪以前的资本主义企业的状况就是这样。但是劳动力的主体是人,过度攫取它的使用价值就涉及到道德因素。19 世纪的英国,围绕着童工和工作日长短问题,经过漫长的阶级斗争,终于有了现代工业中的正常工作日法案。这就是近代的劳工标准。

有了劳工标准,如果只有部分企业遵守,而另一部分不遵守,就产生不公平竞争的问题。所以这个标准要由国家把它变成一国之内所有企业都遵守的法律。发达国家担心,在国际市场上也会产生这样的不公平竞争问题。所以 1919 年成立国际劳工组织(ILO),由它出面制订并通过 180 多个公约和建议书,涉及工人权利和工作条件的各个方面——统称为国际劳工标准。当前,所谓企业的社会责任标准,其核心内容也就是这个劳工标准。

二、全球化条件下，劳工标准演变为国际间贸易壁垒

今天发达国家制定的高水平的劳工标准，是19世纪的欧洲工人所梦想不到的。这表明，人类通过市场经济这个创造财富的强有力工具已经为自己的精神－道德素质的提高，准备好了强大的物质基础。在欧美的发达国家，市场经济创造的人类文明现象有利于人自身发展的程度，是以往任何一个时期所不曾有过的。

但是，美好的东西也有其并不那么美好的一面。

当生活水平较高的工业发达国家的产品与发展中国家的产品在世界市场上相遇时，后者因为劳工标准低，劳动力的成本也很低（主要指劳动密集型产业的产品，例如，据《费加罗报》的报道，法国最大纺织品企业沙尔热公司发展部经理称，美国一名中等熟练程度的纺织工月薪为中国同类纺织工月薪的10倍，即1280美元与125美元之比），产品具有极强的竞争力。发展中国家的低劳动力成本加上低环保标准对工业发达国家来说是一种威胁。发达国家不可能通过普遍降低本国的劳动者的生活水平和放弃较高的环境保护标准来加强自己产品的市场竞争力，它希望把自己的劳工标准也推行到发展中国家去。在国内市场上，劳工标准可以通过法律的形式来推行。在国际贸易的范围，发达国家定下的劳工标准只能通过签订商业契约的形式来实现，即发达国家的买方以对方是否接受他们的劳工标准为下订单的条件。于是在卖方（出口企业）看来，如果他们达不到买方设定的社会责任标准或劳工标准，这些标准对于他们产品出口就成为一种贸易障碍。

至于被称为SA8000的劳工标准在发达国家那里是不是已经成为一种对发展中国家的贸易壁垒？在国内仍然有争议。本文作者认为，从当前的客观趋势看，劳工标准问题在某种程度上已经成为西方发达国家对发展中国家（包括我国）的一种新型国际贸易壁垒。理由是：

1. 经济全球化的实质是全球的产业结构大调整。发达国家的跨国公司把资金、技术集中在高新科技产业，而将劳动力密集的制造业转移到劳动力成本低的发展中国家。劳动力密集产业的大量外移，反过来影响发达国家相关行业，造成工厂关闭、工资下降 、工人失业。有人就归罪于发展中国家的建立在过低劳工标准的所谓“劳动力倾销”。

2. 毋庸讳言，发展中国家为了尽快发展经济，争取订单，相互之间也不断地降低成本，以至不同国家之间展开了“低工资标准竞赛”。这就使发达国家关于“劳动力倾销”的指责有了一定的依据。

3. 确实存在着海外的“血汗工厂”。它们违反了国际公认的劳工标准，使发达国家的同行业的企业觉得处在不公平竞争的地位。

4. 在上述背景下，发达国家兴起了抵制血汗工厂产品的消费者运动。这个运动发展迅速，对发达国家政府形成一种压力。此外，伴随着消费者运动，还出现所谓“社会责任投资运动（或称道德投资）”。原因是一些公司因海外血汗工厂问题，造成营业额和赢利的下降。投资者决定把伦理道德引进到投资中来，以此打击不道德的血汗剥削。投资者将经济目标与伦理、社会和环境结合起来，从环保、劳工标准、人道和是否违反自然规律等角度出发，将资金投于对社会负责任的公司，而把烟草公司、武器制造商、血汗工厂等行业排除在外。

由于上述原因的综合作用，西方社会公众对跨国公司推行社会责任的期望值越来越高。在这种情况下，发达国家把劳工标准当作贸易壁垒是在所难免的。

三、在社会哲学视野下

不管劳工标准是否被当作贸易壁垒，在许许多多有关劳工标准的案例中，我们都不难看到各方围绕争夺市场份额和竞争力的提高而发生利益磨擦，并由此形成不同的价值观。

在各种国际经济论坛上，发展中国家在劳动标准问题上一般地承认实施社会责任的国际运动具有进步性，例如2001年12月，联合国开发计划署和中国企业联合会在北京召开的全球契约中国论坛上，中国政府代表阐述了经济全球化条件下中国企业的社会责任立场，认为这个运动正在成为展现一个国家和企业为人类文明所做贡献的标志。另一方面他们反对为了保护主义目的而使用劳工标准。为此，发展中国家在某些国际会议上反对西方国家关于将劳工标准与贸易挂钩，即可以劳工标准为由实施贸易制裁，以贸易制裁促进劳工标准的提高。

发达国家则一方面要求发展中国家对其开放资本、贸易和服务市场，另一方面则对发展中国家设置新的障碍。以保护人权为借口的劳工标准壁垒是其中十分重要的一种。多年来，工业化国家一直指责发展中国家的过低劳工标准和较宽的环保标准限制是对他们的贸易不公平，并利用经济制裁来推行他们主张的劳工标准和环保标准，而人们普遍认为，隐藏在这些标准后面的，实质上是对付发展中国家的贸易保护主义。根据2000年的材料，这种贸易保护主义使发展中国家付出的代价约为1000亿美元，是工业化国家对贫穷国家全球援助的两倍（见《光明日报》2000年12月21日B4版）。

上述两种价值取向都立足于各自国家的眼前功利。如果我们的视界提升到一种社会哲学的高度，也许就能看得全面一些，看到作为贸易壁垒的劳工标准的实施其实对各方都有不同的利与弊。而我们尤其不能忽略的是它对整个人类伦理道德水平的影响。

第一，劳工标准在国际贸易中的实施对发达国家意味着减压（压力），而对发展中国家来说，意味着加压——出口贸易壁垒增加了。但是，如果后者善于把压力变成动力，不再只依靠低成本的劳动力来提升自己在市场中的竞争力。那么发达国家把劳动标准作为贸易壁垒的结果，反而会为自己培养出未来的强有力的对手。

第二，在发展中国家，劳动标准的实施虽然会使该国企业的出口能力受到负面影响，而对于企业的工人的劳动条件和生存状况则会相反地产生积极影响。本国的血汗工厂或发达国家外移到发展中国家去的血汗工厂都会因此失去存在的可能。当然，在一段时间内，由于血汗工厂被关闭，有些工人会因此失去工作。但从长远来看，整个社会的人权状况会因此得到改善，社会的道德和文明水平因此而大大提高。反之，如果发展中国家在全球竞争中的比较优势仅仅局限在与血汗工厂相联

系的极低成本的劳动力，那么不但发展中国家的劳动者的生存状况长期得不到改善，有的学者还认为，发达国家同类行业的企业也会被迫降低国内的劳工标准，出现所谓“低标准驱逐高标准”，产生社会退步的“向下竞争”。

第三，只要劳工标准在总体上得到实施和推广，不论发达国家是否出于贸易保护的动机和目的，被称作 SA8000 的劳工标准在客观上就代表着人类的文明进步。人类历史上常常有这样的现象：历史发展的动力借以表现出来的形式不是善，而是恶。人的情欲——贪欲和权势——成为历史发展的杠杆，是阶级存在的社会里的常规。即便社会责任标准的运动完全是发达国家跨国公司出于为发展中国家制造贸易壁垒的不好动机，我们也无法否认：它的实现在客观上是属于人类社会的进步，因为它充当了历史不自觉的工具。

四、劳工标准：作为人权文化的普遍性与特殊性

劳工标准就是劳动者的人权，是对他们的人权的维护。在这个意义上，推行企业社会责任，也就是弘扬人权文化。人权价值观成为人们的普遍心态，成为他们日常交往的行为规范准则，人权概念因此缓慢渗入文化生活之中，这样的文化和环境就是人权文化。

企业尊重人权是 20 世纪下半叶以来的一种人类社会发展的进步趋势。它的主要表现形式是企业在获得利润的同时，要对社会承担必要的责任。劳工标准是其中的一个方面。二战后，由于人类文明的进步，由于全球化使国际分工从不同产业的全球分工发展到产业内的全球分工，再到企业内的全球分工。达到全球规模的企业不但改变着世界经济格局，而且有能力承担起对社会的责任——其总产值超过一些中等发展中国家 GDP 的跨国企业若没有必要的社会责任观念，必将对世界产生巨大的负面影响。

企业对社会责任的认同首先出现于全球生态环境领域。20 世纪的六七十年代，有害工业垃圾大部分出自工业国家，后者把它向不发达国家出口以回避废物销毁和躲避国内公众严格监督。在遭到国际舆论的指责后，就开始有企业“扩大生产商责任制”。此责任制要求企业在生产的三个阶段，即①生产前阶段的原材料的选择，②生产过程，③生产后阶段的产品的使用和废弃，都要负起生态方面的社会道德责任。

此外，跨国企业还开始承担社会关系方面的责任，即公司在社会生活中应扮演的角色。一段时间以来，许多国际性论坛——世界经济论坛、世界实业可持续发展委员会、国际商会等，对此进行过讨论。由此产生一些新标准。其中，“沙利文全球原则”是较有影响的。沙氏起草了一套指导在全球经济发展过程中公司对社会应负责任的行为新原则。该原则受到了联合国秘书长的支持。

随后，联合国秘书长安南在瑞士达沃斯世界经济论坛上提出联合国与大公司间的协定。其内容与沙利文原则大致相同。该协定的目的是吸引跨国公司支持全世界在人权、改善劳动条件和保护环境方面所做的努力。此协定是从《世界人权宣言》、世界劳工组织（ILO）关于基本原则和权利的宣言、1995 年哥本哈根社会问题最高会议，以及 1992 年联合国环境和发展大会的《里约热内卢环境与发展宣言》中摘选出来的。它还得到了国际商会、世界劳工组织和联合国其他组织以及帮助制定该协定的国际雇主组织的支持。

综上所述，从 20 世纪下半叶到 21 世纪初，大企业的社会责任已经逐渐成为全球有识之士所关注的热点。目前的社会责任标准体系通过强调劳工标准，使企业对社会所负的责任提高到一个新阶段——把它融进企业的具体经营（发出订单）中去。

但是如上所述，作为人权文化的社会责任标准一旦成为贸易壁垒，又使全球竞争环境中受到制裁的发展中国家感到头痛。这似乎是一个悖论。

问题在于：人们如何处理人权文化中的普遍性与特殊性的关系。也就是说，当劳工标准被强制推行到参与经济全球化的发展中国家时，它的双刃剑效应表明：人们只承认这种人权文化的普遍性，而忽视了它的特殊性。或者说，人权的普遍性与特殊性被对立起来了。

任何一种人权文化都必然是人权的普遍性与特殊性的统一。所谓人权的普遍性是说，人权被看作是人作为人的权利。法国大革命提出了人作为人普遍具有的权利——自由、平等、博爱。根据人权的普遍性，只要是人就都具有某些超越具体环境的共同权利。

另一方面，普遍性寓于特殊性之中。与一个民族、国家、地区的具体环境相联系的人权的特殊性，也是不可否认的。当然，强调人权特殊性是以承认人权普遍性为前提，任何以民族、国家或地区的特殊性为借口，拒绝承认人权有普遍性的做法，都是从根本上站到人权文化的对立面。

不过，现在实施劳工标准制裁时给发展中国家造成困境，却是由于发达国家对人权特殊性的忽视。当劳工标准被发达国家当作贸易壁垒时，表现出来的却是：发达国家的跨国公司以人权的普遍性为借口，无视各民族国家、地区的因环境特殊而在维护人权的方式上应有的特殊性——比如说，前者要求后者推行他们主张的劳工标准和环保标准，否则就要实施贸易制裁。这同样会损害人权文化。

忽视人权特殊性之所以会导致损害人权文化，因为在实现人权中，权利与责任总是相连的。两个民族或国家处于相异的环境，经济、政治和文化的发展水平都大不相同。当他们在全球化市场相遇时，一方用自己的富裕环境所决定的方式来维护人权，并要求缺乏同样富裕环境的另一方也以同样的方式来维护人权。这实际上是把自己的维护人权的特殊方式当作人权的普遍性，而无视对方维护人权方式的特殊性。富裕一方指责不富裕一方拒绝人权，事实上是他自己把人权的普遍性与特殊性人为地对立起来了。这样说，并不是否认发展中国家在劳工标准问题上也确实有需要改进的地方。

人权不是一句空洞的口号。允诺人权，就要承担责任。而在什么程度上实现此责任，又只能取决于每个国家、民族的具体环境所决定的经济、政治和文化的发展水平。权利永远不能超出社会的经济结构以及由经济结构所制约的社会的文化发展。因此每个国家、民族都有自己的权利与责任的统一方式。不应当把自己的方式当作惟一标准强加于别人。在某些情况下，发达国家的跨国公司搞的劳工标准制裁就属于这种情况。

直面 SA8000,努力提升企业道德指数(摘要)

赵春福

目前,我国很多企业家非常关心 SA8000 问题,一些报刊也开展了讨论。本文仅就什么是 SA8000,怎样理解、应对 SA8000 和提升企业道德指数等问题谈点粗浅看法。

SA8000 是“Social Accountability 8000”的英文简称,即指社会责任标准。SA8000 是继 ISO9000 和 ISO14000 之后出现的又一个重要的国际标准,也是全球第一个企业道德规范国际标准。它规定了企业在赚取利润的同时,必须承担对社会和利益相关者的责任;必须表明,所提供的相关产品符合国际公认的最低劳工权利标准,不存在违反国际道德标准的问题,即其产品生产和销售符合社会责任的要求。

一、正确理解与应对 SA8000

SA8000 标准自公布以来,已在全球工商界中得到广泛传播,受到广泛关注和欢迎。一些发达国家积极推广 SA8000 标准,一些发展中国家也在出口加工行业推广 SA8000 标准,努力提高本国企业的出口竞争力。很多跨国公司表示实行 SA8000 标准,要求供应商和合约工厂申请 SA8000 认证,并且作为今后继续采购合约的一个必要条件。特别是劳动密集型产业,比如玩具、鞋、纺织、服装、体育用品等行业,受到买家的压力最大。在市场竞争压力下,一些制造企业出于自觉或被迫实行 SA8000 认证,以提高企业竞争力、开拓市场空间。到 2003 年 8 月,全世界 259 家企业获得 SA8000 标准认证,其中包括中国 42 家企业。

有人说 SA8000 是西方发达国家构筑的新的贸易壁垒。我认为,这种理解是片面的。SA8000 的宗旨是好的。SA8000 作为社会责任认证体系,不仅明确了企业的社会责任规范,也提出了相应的管理体系要求。SA8000 可以规范企业的道德行为,有利于提升企业的道德指数。但是,如果西方发达国家以实行 SA8000 为名,行贸易保护主义之实,把 SA8000 当作限制发展中国家劳动密集型产品出口的工具,我们必须坚决反对。中国等发展中国家经济发展水平低,劳动密集型产品在出口贸易中占很大比重。发展中国家对劳工的保护虽已开始,但起步晚,与发达国家相差较大,不能要求发展中国家与发达国家同时达到一个水准。如果按照同一水准要求,发展中国家原有的在劳动力方面的竞争优势将不复存在,发展中国家就永远不能发展。

面对 SA8000,中国企业不能消极等待。从短期看,由于中国不少劳动密集型企业在劳工保护方面不能达到 SA8000 的要求,从而对出口贸易有负面影响。从长期看,由于 SA8000 强制企业在劳工保护方面达到一定标准,这有利于塑造企业的社会责任形象,有利于发展与客户的长期合作,有利于提高职工对企业的忠诚度,有利于提高企业的信誉和竞争力,会为投资者带来更多的长期利益。所以,中国企业应大力推广 SA8000 标准,积极申请 SA8000 认证。

SA8000 标准对中国经济发展会产生什么影响呢?从长远看,这种影响是积极的。尽管我国也有保护劳动者权益的法规,但由于认识和执行上的偏差,劳工保护的现实与法规要求有不少差距。由于某些地方政府片面追求 GDP 的增长速度,某些企业片面追求最大利润,以致恩格斯在《英国工人阶级状况》中所描写的“血汗工厂”又重新出现,这不仅影响中国的国际形象,更不符合社会主义生产目的和“三个代表”思想。贯彻以人为本思想、保护劳工权益是政府和企业义不容辞的责任,也是现代文明的基本内容。所以,推行 SA8000 标准,用外力促进企业保护劳动者权益,有利于社会公正、稳定,有利于实现中国经济的可持续发展。

目前,我国对 SA8000 的研究很不够。政府有关部门、非政府组织、企业应该加强 SA8000 的研究工作,及早提出对策。我国企业不能只做标准的执行者,应该积极参与包括 SA8000 在内的国际标准化活动,积极参与国际标准的制定工作。只有当中国成为国际标准制定过程中有重要影响的参与者时,中国企业才能掌握执行国际标准的主动权。

二、履行社会责任,努力提升企业道德指数

SA8000 标准对企业管理发展将产生深远影响。它突破了传统的守则,把企业的非经营性、非技术性要求进行了指标化,即把属于精神层面的道德指标化了。它为切实解决企业社会责任问题提供了一个普遍性的工具。从本质上看,SA8000 是社会良知对资本权力的一种制约。它要求企业在为股东追求利益时,也要考虑企业相关利益方的利益,特别是雇员的利益。SA8000 要求,企业要履行社会责任,努力提升道德指数。对企业来说,传统的成本、质量、供货期等已经成为最基本、最平常的标准,道德标准正在成为保持企业竞争优势的关键因素。从表层看,改善社会责任表现可能增加成本,但企业得到的是长远的竞争优势。经验证明,我国一些通过 SA8000 认证的企业密切了劳资关系,减少了过去诸多的社会责任调查,提高了管理水平,大幅度提升企业社会形象,大大增强了出口产品竞争力。将 SA8000 纳入生产过程,已经成为企业管理发展的新趋势。企业管理正在从全面质量管理、环境管理走向社会责任管理。企业管理不仅是投资者、高级管理人员的事情,同时要有劳动者、消费者、原材料和零部件供应商、企业所在地居民等企业利益相关者的共同参与。

应该指出的是,我们今天说的企业社会责任,绝对不是计划经济条件下政企不分的社会责任。在计划经济条件下,政企不分,政府计划、指挥生产,企业按政府计划生产。当时的企业的社会责任是完成生产计划,管好职工生老病死、吃喝穿住。那时,很多大型国有企业有幼儿园、中学、医院,甚至有火葬场。计划经济条件下的政府和企业都管了自己不该管的事情。经过 20 多年的改革开放,我国初步建成了社会主义市场经济体制,初步实现了政企分开,企业作为独立法人可以自主生产、自主经营。随着我国社会保障体制的建立,企业的社会负担也大

大减轻了，政府承担了更多的社会责任。

目前，在社会主义市场经济体制初步建成的情况下，我国企业已经摆脱了严重束缚企业发展的政企不分的社会责任。但是，这并不是说企业就没有了社会责任。我认为，在市场经济条件下，企业的社会责任包括三方面内容：一是创造财富；二是对员工和客户的责任；三是对社区和社会的公益责任。现在，西方发达国家很多企业，已经由激烈反对企业“利润”之外的社会责任，逐步转变为自愿承担社会责任。目前，中国很多企业对社会责任的认识还停留在第一个层面，对于增加“利润”之外的社会责任意识不强。例如，最近在北京举办了一次“跨国公司与公益事业”高级论坛，几十家跨国公司积极参与，而国内的大企业却无一参加。随着 SA8000 的逐步推广，国内企业对社会责任冷漠的现象，一定会逐步得到转变。

人类社会已进入 21 世纪。企业家不能再用 19 世纪和 20 世纪上半叶的眼光看待企业和社会的关系。任何企业都是社会的一员，社会是企业利益的源泉。企业在享受社会赋予的自由和机会时，也应该以符合伦理、道德的行动回报社会。市场经济发展到今天，成熟的企业都非常重视社会责任形象的建立和推广，都把履行社会责任作为企业发展战略的重要组成部分。现在，中国企业面对 SA8000，无需惊慌失措，要认真研究、理解，积极应对。同时，我们也要逐步建立中国企业社会责任指标体系，开展自主认证。事实上，中国的有关立法，如《劳动法》、《安全生产法》、《职业病防治法》等早已具有强制约束性效果，有些标准，如工作时间指标甚至超过了一般的国际标准。我们一方面要积极宣传中国的劳工人权状况，不给他人以实施贸易保护主义的借口；另一方面，我国企业要积极履行社会责任，努力提升企业道德指数。履行社会责任是当代企业管理发展的趋势，也是我国企业转变经营方式、提高管理水平的需要，是促进中国经济与社会协调发展的必然。

SA8000 与企业可持续发展（摘要）

王旭晓

在西方，情人节素有购买并赠送巧克力的传统。但是近年来，人权组织却把香甜的巧克力与童工的血泪联系在了一起，有的人权组织还在情人节当天到巧克力店门前抗议，因为该组织认为，世界上的可可大部分来自非洲的加纳和科特迪瓦，是通过童工的劳动得来的，因此巧克力中饱含着童工的血泪。

的确，美国国务院的数据显示，近年来，共有约 1.5 万名 9 岁至 12 岁的儿童被当作奴隶卖到科特迪瓦，在可可、棉花和咖啡种植园中劳动。而世界 43% 的可可产于这个非洲国家。在欧美发达国家，新闻媒体和激进的非政府组织对这个问题也是非常关注，他们深入调查发展中国家违反劳工标准的事件，然后在报纸、电视和互联网等大众媒体跟踪报道，指责它们为“血汗工厂”，激起民众的强烈抗议。一些激进的团体还会公开质问公司领导人，冲击他们的办公室或商店，发动消费者抵制购买或者以抵制购买相威胁，造成公司股票价格下跌和公司声誉受损。欧美国家的电视和报纸每天都有披露发展中国家工厂违反劳工标准的报道。一项统计表明，自 1996 年至 2000 年，英国广播公司（BBC）和英国其他主要媒体报道了来自世界各地的超过 1100 多条有关童工的新闻，超过 850 条有关强迫劳动的新闻，超过 350 条有关恶劣的工作条件的新闻，超过 250 条有关虐待工人的新闻，超过 250 条有关超时加班的新闻，以及超过 250 条有关支付低于标准工资的新闻。这就使得越来越多的消费者注意到，他们用昂贵的价钱买来的名牌产品，原来是工作条件恶劣的工厂生产的，有的竟然是童工和囚犯生产的。他们要求跨国公司改善海外合约工厂的劳动条件，消灭“血汗工厂”。但是，一些跨国公司不但不接受，反而拒绝承担任何责任。跨国公司这种推卸责任的态度引起消费者和公众的强烈不满，他们批评、抗议，甚至抵制购买这些跨国公司的产品，对跨国公司造成很大的压力和损失。

这一切说明，随着经济、社会和科技的高速发展以及人们的富裕程度、教育水平与文明程度的不断提高，人们的社会关注意识增强了。现在的消费者已经不仅关心自己需求的满足，还进一步关心整个人类社会的进步、发展和长远的利益。他们对企业提出了更高的要求，要求企业在生产时不仅考虑到眼前的效益，还应承担一定的社会责任。公众的行动也表明，如果企业无视消费者的呼声，无视公众的社会关注意识，就必然会受到消费者的“惩罚”，对企业的生存与发展形成巨大的障碍。

面对社会公众越来越强的呼声和行动，SA8000 应运而生。

有关专家表示，SA8000 是继 ISO9000、ISO14000 之后出现的又一个涉及体系的重要的国际性认证标准。尽管 SA8000 标准不是 ISO 标准，但由于它得到代表全球广泛利益的公司和组织的支持，加上公众和消费者对全球社会责任的压力，SA8000 认证得到高度的认可。SA8000 标准自公布以来，已在全球工商界中广泛传播，受到广泛的关注和欢迎。它为消费者和投资者提供一个可以简单识别的标志，来鉴别哪些公司关注劳工问题；它也为工商业公司提供一种途径，向客户和公众展示其良好的社会责任表现和承诺，借此区别于其他公司。另外，SAI 公开和透明的政策、有效的投诉和申诉机制使 SA8000 标准的实施过程可以受到公众监督，因而具有更高的公信力。一个显而易见的事实就是，一家公司如果成功通过了 SA8000 认证，这无疑是对其所负的社会责任的最有效的承认。

所以，实施 SA 8000 是企业重视社会责任、推动社会责任、落实社会责任管理的最佳保证。对已实施 ISO 9000 或 ISO 14000 的厂商而言，建立 SA 8000 不会造成管理上的负担，反而可以提升全方位的管理效率，因为 SA8000 系统架构可与 ISO 9000 或 ISO 14000 相结合。SA 8000 社会责任管理系统的优点是满足客户强制性要求，确保与改善客户与供货商长期合作关系，从而增进企业竞争能力，改善现有社会责任管理，提升企业形象，提升员工向心力。

对于任何一个企业，可持续发展都是其追求的目标。所谓企业可持续发展，是指企业在追求自我生存和永续发展的过程中，既要考虑企业经营目标的实现和提高企业市场地位，又要保持企业在已领先的竞争领域和未来扩张的经营环境中始终保持持续的盈利增长和能力的提高，保证企业在相当长的时间内长盛不衰。

企业可持续发展的核心是创新。企业的核心问题是有效益，有效益不仅要有体制上的保证，而且必须不断创新。只有不断创新的企业，才能保证其效益的持续性，也即企业的可持续发展。伴随着知识经济时代的不断发展，知识创新、技术创新、管理创新、市场创新等已成为企业发展的动力。没有创新，企业就无法在竞争中取得优势，也无法保持企业永继发展的能力。所以，企业可持续发展重点强调的是发展而不是增长。无论是企业的生产规模还是企业的市场规模，都存在着一个增长的有限性。增长是一个量的变化，发展是一个质的变化。一个企业不一定变得更大，但一定要变得更好。企业可持续发展追求的是企业竞争能力的提高、不断地创新，而不只是一般意义上的生存。

企业创新是全方位的创新，其核心是观念创新。观念创新是按照新的外部环境调整价值尺度、思维方式、行为方式和感情方式等诸多方面的文化心理。创新意识的建立是一种否定自我、超越自我的过程。这是企业创新的先导。观念创新中首先是价值观念的创新。价值观念主要是指企业经营的价值观念，包括消费者价值观、利润价值观和社会价值观等。价值观念的创新是指要随着形势的发展而不断改变自己的价值观。观念的创新决定着决策的创新、管理的创新，决定着企业行为的创新。所以创新应该反映在企业的各个方面，包括技术创新、管理创新、体制创新、经营创新等等。所有这些创新，最后都会在企业的经营活动中反映出来，会落实在企业的产品创新上。

企业可持续发展、企业创新的具体落实首先在于企业的战略目标上。企业要在对企业未来发展环境的分析和预测基础上，为企业提出总体的战略目标，企业的一切目标都服从于或服务于这个战略目标。

其次，企业可持续发展在于环境的应变性上。成功的企业都有较强的适应环境变化的能力，这些能力是企业对市场信号显示的反应。因此，有人在界定长寿公司时指出："对周围环境的敏感代表了公司创新与适应的能力，这是长寿公司一大成功要素之一。"企业的适应性还表现在对生态资源利用的适应性，企业如果忽视对生态资源的保护和利用，企业就很难实现可持续发展的目标.

其三，企业可持续发展表现在竞争的优势性上。企业可持续发展与社会、生态系统可持续发展的不同之处是，社会、生态可持续发展要实现的是一种平衡，而企业可持续发展要实现的是在非平衡中求得竞争的优势。企业可持续发展的过程中，必须不断地提高自身的竞争能力和水平，才能实现继续发展目标。

SA8000国际认证标准的实施是企业推行社会责任管理的战略选择，它与企业可持续发展的要义统一于企业的战略目标、环境的应变、生产、销售各环节之中。具体来说，实行SA8000标准可以使企业在以下几个方面受益：

第一，在全球媒体和消费者越来越关注劳工问题时，有效地实施社会责任守则有利于保护和提升公司品牌，避免公司品牌因劳工标准问题受到损害。

第二，劳工标准及其原则包含在国家法规及国际公约之中，推行社会责任守则可以帮助公司及其商业伙伴更好地遵守法规，避免商业活动引起负面的法律诉讼。

第三，满足消费者的要求，避免消费者抵制。

第四，现在，越来越多的投资者在购买股票前进行深入的研究和筛选，避免投资那些直接或间接违反劳工标准的公司。越来越多的股东动议要求公司实施社会责任政策，采用独立的方法监督供应商的劳工问题，甚至要求公司撤出某些劳工问题严重的地区。有关劳工问题的负面报道使投资者抛售股票，导致股票下跌。因此，实行SA8000能关注股东意见，避免股价下跌。

第五，由于美国和欧洲已经或即将建立对某些被认为普遍存在劳工问题的国家，如印尼、中国和巴拿马的贸易制裁制度，跨国公司在这些国家推行社会责任守则，可以避免受到贸易制裁。

第六，可以协助供应商改善劳动条件，提高管理水平，从而提高产品质量和生产效率，降低成本。

因此，SA8000标准的严格实施必将为企业获得竞争的优势，获得可持续发展。

企业社会责任不再是道德呼吁（摘要）

唐 骅

中国改革开放以来，经济出现了连续多年高速增长。特别是加入了WTO之后，中国的经济正在融入到国际经济发展大潮中。时代为中国创造了机遇，同时也为中国的劳动力市场提出了一个尖锐的问题：如何保障企业劳动者的基本权益，保证中国经济健康发展。

近年来，在一些地方和企业的眼里，廉价劳动力是他们降低成本，提高本地竞争力的重要因素。甚至出现了物价涨几倍，工人的工资仍维持不变的情形。有些地区或企业，劳资纠纷不断，拖欠工人工资成了家常便饭，甚至需要温家宝总理亲自出面为劳动者追讨工资。因忽视安全造成的生产悲剧层出不穷，中国是世界上煤炭生产最多的国家，也是矿难最多的国家。据统计，2000年，我国每生产100万吨煤炭死亡5.68人，是美国的145倍。2003年1月至11月，仅死亡10人以上的煤矿事故为49起。至于环境污染侵害劳动者权益的现象更是司空见惯。

这一切使我们对经济发展的社会目标提出质疑：以牺牲劳动者的权益获得的社会发展，它的合理性和正当性在哪里？我们如何才能使企业意识到自己应该承担的社会义务和道德责任？为此，我们党和国家正在采取一系列措施来解决这一问题。国务院总理温家宝在2004年2月13日特别指示，要严格规范行政执法行为，着力解决损害劳动者利益的突出问题。SA8000就是在这一大的社会背景下悄然进入中国的。随着对这一国际标准的了解，社会各界越来越达成一种共识：SA8000的实施，对加强企业人性化管理，保障企业劳动者的权益，维护正常的经济秩序，可以起到推动作用。国家标准化委员会声明，要大力推进国际标准转化为国内标准的进程，计划在五年内由37%上升到70%。

SA8000社会责任标准认证制度一出现，就受到欧美国家工商界和消费者的欢迎和支持。目前，全球超过200家跨国公司已经制定并推行公司社会责任守则，要求供应商和合约工厂遵守劳工标准，安排公司职员或委托独立审核机构对其合约工厂定期进行现场评估。在中国，家乐福、耐克、锐步、阿迪达斯、迪斯尼、美泰、雅芳、通用电气等超过50家公司已经对其供应商进行社会责任审核，有些公司还在中国设立了劳工和社会责任事务部门。根据专家估计，目前我国沿海地区已经有超过8000家企业接受这类审核，超过50000家企业被随时接受检查。世界第一大零售连锁集团沃尔玛每年在中国的采购量已经达到100亿美元，全球采购总部驻深圳办事处总裁对希望成为沃尔玛供货商的中国企业再三强调的"原则"是：所有供货商均要遵守所在国的适用法律和美国法律，尤其是劳工法，在薪酬、工时、禁用童工、工作环境保护等方面，均应严格合法合理，而且要求供货商像沃尔玛一样将员工作为公司的合作伙伴关系。该公司已经在广东的深圳、东莞和福建的莆田等地设立专门的劳工监督小组。

SA8000社会责任标准的实施对中国企业影响很大。两年前，香港报纸报道了深圳某玩具厂使用400名童工包装玩具的事件以后，美国客户就委托调查小组前往深圳调查，虽然没有发现童工情况，但发现该工厂确实存在加班加点严重、工资偏低的问题，而该厂在多次被检验的过程中提供虚假的工时工资资料。为此，美国客户取消了该玩具厂及关联企业的供应商资格，其他客户也相继取消了定单。最后这家有4间工厂、近8000名工人的公司被迫关闭。目前，我国出口到欧美国家的服装、玩具、鞋类、家具、运动器材及日用五金等产品，都受到劳工标准的限制。美国、法国、意大利等传统中国轻工业产品进口的贸易组织正在讨论一项协议，要求中国所有纺织、成衣、玩具、鞋类等产品的生产企业必须事先经过SA8000标准的认证，否则就要联合抵制进口。据了解，目前国内通过SA8000的企业，大多是在外商的要求之下，被动做出的。

对这一新的国际标准应该采取什么态度呢？我认为，对SA8000正确的态度应该是认真研究，积极应对。

首先，要充分认识到：人性化管理是企业发展的必由之路。"企业社会责任"是把企业的行为纳入社会的大环境来定位。要求企业在重视经济效益的同时注重企业行为的社会效益。企业不仅要为社会创造财富，提供物质产品，改善人民的生活水平，还要为员工提供符合人权的劳动环境，教育职工在行为上符合社会公德，在生产方式上符合环保要求。引导企业家去关心社会，关爱社会，支持社会。SA8000的积极意义在于，SA8000国际认证标准与我国许多现行法规是一致的，它引导企业认识到自身的社会责任，体现了对社会发展的主体"人"的关怀。发达国家需要它，发展中国家也需要它。SA8000的出台不是扼杀企业发展的"大棒"，而是企业发展的指挥棒，有了它，就可以加快企业国际化的进程。有人认为SA8000削弱了企业在国际市场的竞争力。对这个问题应该辩证地看。对于掌握高新技术和市场化已经高度成熟的欧美国家而言，中国企业所面临的形势不容乐观。因为廉价的劳动力正是中国企业降低成本，提高竞争力的有效手段之一。一旦实行SA8000，企业必将面临更大的国际市场的压力。但是，另一方面，靠牺牲劳动者利益获得的竞争力不仅会激化社会矛盾，造成新的两极分化，而且破坏了正常的经济秩序，造成了企业间的不平等竞争，而最终受到损害的还是企业自身。

其次，SA8000是挑战更是机遇。中国进入WTO以后，市场变了，竞争对手变了，经济活动的规则也变了。以前只注意到国内市场，现在必须注意到国际市场。过去民营企业跟国有企业竞争，是国内企业之间竞争，现在面对的是国际大型集团。过去我们的经济活动没有和国际接轨，人治和计划经济的痕迹很浓，现在必须符合国际标准，否则就没有活动的空间。从这种意义上讲，SA8000的出现确实是一场挑战。但是，加速国际标准化的进程，可以使中国企业避免发达国家曾经走过的弯路和遇到的问题，如发展经济与环境保护问题，避免两极分化，重视劳动者权利问题，如何保证市场竞争的平等性问题，经济活动中的诚信问题等等。所以说，SA8000的出现，有利于企业的健康发展，是企业调整自己的战略目标难得的机遇。重视社会责任的企业，就等于抓住了这一机遇；忽视社会责任的企业，就会在今后的发展中处于不利地位，甚至内外交困，使企业陷入被动局面。同时，SA8000是一把双刃剑。它不是专为中国企业制定的标准。最近一些年，国外某些企业利用我国法律的不完善，把一些低端、污染的劳动密集型产业向中国转移，克扣工人工资，甚至对中国的劳动者进行人身侮辱。我们同样可以以SA8000为标准，对引进的外资企业进行筛选和监督，对工人的工资、劳动保障和基本权利做出相应要求，要求外资企业加大在社会责任方面的投入和成本。

其三，通过实施SA8000，建立企业信用体系。前些年，由于一些企业诚信观念薄弱，导致经济活动中的社会信用出现了危机，企业三角债、银行坏账呈上升趋势。这两年来，企业拖欠工人工资问题也日趋突出，经济犯罪不断出现。这些现象的出现不仅破坏了正常的经济秩序，也制约了中国的经济发展。"诚信"成为中国经济继续发展的头等问题。目前，中国的银行系统已经率先建立了个人社会信用体系。在建立正常经济秩序方面，SA8000在很大程度上也有助于企业社会信用体系的建立和完善，有助于企业树立良好的形象。通过SA8000的企业，不仅在银行贷款方面有较高的信誉，对于求职者也具有更大的亲和力，更容易得到劳动者的认同，它会直接影响到人才的流向。在国际上，通过SA8000的企业，比其他企业有更大的国际公信力。同时，也可以减少企业广告宣传的成本。

最后，SA8000的认证过程，可以推动企业文化建设。企业文化是企业发展的精神动力，它的核心是对人的重视和尊重。对企业内部而言，它可以使企业员工在心理上产生一种凝聚力；对企业外部来说，它必须符合社会的道德观和价值观，与社会发展的方向同步和协调一致。经济利益始终是一项衡量企业管理水平的重要标志，也是企业生存的基本条件。但是，在许多情况下，一些企业的管理者常常以牺牲劳动者和社会总体的利益来换取更大的利润，"见利忘义"者大有人在。要保证企业可持续发展，要做到"君子爱财，取之有道"，则需要靠先进的企业文化。SA8000恰恰可以推动先进的企业文化的传播。因为，SA8000所确定的基本原则，体现了企业家和一般员工利益的一致性，体现了企业利益和社会总体利益的一致性，把保证劳动者权利作为企业发展的一个必要条件。它使社会责任不再是一种道德的呼吁，而是一种和利益挂钩的市场机制。它使企业的管理者不断提高社会责任意识，使尊重知识，尊重劳动，尊重劳动者成为企业的自觉行为,使企业文化所蕴含的深刻内涵具体化,形象化。从而促进我国经济发展沿着健康快速的方向前进。

(三)附 件

附录一:
SA8000:2001 社会责任国际标准

(本标准中文版经适当修订,仅供参考,有关标准条款的最终解释以英文版为准。)

Ⅰ.目的与范围

本标准规定了有关社会责任的要求,以便公司能:

a. 制定、维持并实施适当的政策和程序,在公司可以控制或影响的范围内管理有关社会责任事宜;

b. 向利益相关者证明公司的政策、程序及措施符合本标准的要求。

本标准的各项要求具有普遍的适用性,不受地域、行业或公司规模的限制。

注:建议读者参阅 SA8000 指导文件,了解有关本标准条款的解释。

Ⅱ.规范要点及其解释

公司应遵守国家法律、其他适用法律、公司签署的要求以及本标准。当国家法律、其他适用法律、公司签署的要求以及本标准涉及同一议题时,公司应采用其中最严格的条款。

公司也应尊重下列国际公约的原则:

国际劳工组织第 29 和第 105 号公约(强迫劳动及抵债劳动);

国际劳工组织第 87 号公约(结社自由);

国际劳工组织第 98 号公约(集体谈判权);

国际劳工组织第 100 号和第 111 号公约(男女同工同酬,歧视);

国际劳工组织第 135 号公约(工人代表公约);

国际劳工组织第 138 号公约和第 146 号建议书(最低年龄及建议书);

国际劳工组织第 155 号公约和第 164 号建议书(职业安全健康及建议书);

国际劳工组织第 159 号公约(职业康复与就业/残疾人士);

国际劳工组织第 177 号公约(家庭工作);

国际劳工组织第 182 号公约(最恶劣形式的童工);

世界人权宣言;

联合国儿童权利公约;

联合国消除所有形式妇女歧视公约。

Ⅲ.定义

1. 公司:任何负责实施本标准的组织或商业实体的整体,包括所有人员(如董事、高级行政人员、经理、主管和非管理人员,无论是直接雇用、合同制聘用,还是以其他方式代表公司的人员)。

2. 供应商/分包商:向公司提供产品或服务的商业实体,它提供的产品或服务构成公司产品生产或服务的组成部分,或者被用于公司产品生产或服务。

3. 分供商:供应链中直接或间接向供应商提供产品或服务的商业实体,它所提供的产品或服务构成供应商或公司的产品生产或服务的组成部分,或者被用于供应商或公司的产品生产或服务。

4. 补救行动:因侵犯 SA8000 标准涉及的工人权利而对工人或前任雇员采取的纠正措施。

5. 纠正行动:为确保不符合项立即和持续纠正而采取的系统性改变或解决办法。

6. 利益相关者:关心公司社会表现或受其影响的个人或团体。

7. 儿童:任何年龄低于十五岁的人。如果当地法律规定的最低工作年龄或义务教育年龄高于十五岁,则以较高年龄为准;如果根据国际劳工组织第 138 号公约对发展中国家的例外规定,当地法律规定最低工作年龄为十四岁,则以较低年龄为准。

8. 未成年工:任何超过上述定义的儿童年龄但不满十八岁的工人。

9. 童工:低于上述儿童定义所规定的年龄的儿童所从事的任何劳动,符合国际劳工组织建议书第 146 号规定的除外。

10. 强迫劳动:任何人在任何受惩罚威胁的情况下被榨取的非自愿的工作或服务,或者为了偿还债务而进行的工作或服务。

11. 救济儿童:为了保障曾经从事童工后来被遣散的儿童的安全、健康、教育和发展而采取的所有必要的支援和行动。

12. 家庭工人:在直接或间接的合同条件下,不在公司场所为公司工作,根据雇主的要求提供产品或服务而获得报酬的人,不管是谁提供设备、材料或其他物品。

Ⅳ.社会责任要求

1. 童工

准则:

1.1 公司不得使用或支持使用符合上述定义的童工。

1.2 公司应建立、纪录和维持相关的政策和程序,以救济符合上述童工定义的儿童,并向员工及利益相关者有效传达。公司应提供足够的支持让这些儿童接受学校教育,直到他们超过上述定义的儿童年龄为止。

1.3　公司应建立、记录和维持相关的政策和程序，向符合国际劳工组织第146号建议书的儿童、符合当地义务教育年龄或正在就学的未成年工推广教育，并向员工及利益相关者有效传达。公司应采取措施确保上述儿童或未成年工不在上课时间工作，儿童和未成年工每天用于交通（工作地点与学校之间）、上课和工作的时间累计不超过十小时。

1.4　公司不得将儿童或未成年工安排在危险的、不安全的或者不健康的环境中，无论是在工作地点或外部其他地方。

2. 强迫劳动

准则：

2.1　公司不得使用或支持使用强迫劳动，也不得要求员工在开始雇用时交纳押金或寄存身份证件。

3. 健康与安全

准则：

3.1　公司应考虑本行业和其他任何制定的危险，提供安全健康的工作环境，应采取足够的措施，在合理可行的条件下最大限度地降低工作环境中的危害根源，以防止任何由工作引起的、与工作有关的或在工作过程发生的事故和伤害。

3.2　公司应任命一名高层管理代表负责全体员工的健康与安全，并负责实施本标准有关健康与安全的条款。

3.3　公司应确保所有员工定期接受健康与安全培训，并记录在案，对于新进及调职员工应安排重新培训。

3.4　公司应建立一套制度，以检测、预防和应对可能危害全体员工健康与安全的潜在威胁。

3.5　公司应为所有员工提供干净的厕所和饮用水，在必要时应提供存放食品的卫生设施。

3.6　如果公司提供员工宿舍，应确保宿舍设施干净、安全并能满足员工的基本需要。

4. 结社自由及集体谈判权

准则：

4.1　公司应尊重所有员工自由组建和参加工会以及集体谈判的权利。

4.2　当结社自由和集体谈判权受到法律限制时，公司应向所有员工提供类似渠道以获得独立而自由的结社和谈判权。

4.3　公司应确保上述员工代表不受歧视，并可在工作地点与其成员保持接触。

5. 歧视

准则：

5.1　公司不得基于种族、社会阶级、国籍、宗教、身体残疾、性别、性倾向、工会会员、政治派别或年龄的原因，在处理有关聘用、报酬、培训、升职、解聘或退休事务时从事或支持歧视行为。

5.2　公司不得干涉员工行使其所遵守信条和习俗的权利，也不得干涉员工满足有关种族、社会阶级、国籍、宗教、残疾、性别、性倾向、工会会员或者政治派别所需要的权利。

5.3　公司不得允许性强迫、性威胁、性虐待或性剥削的行为，包括姿势、语言和身体接触。

6. 惩罚措施

准则：

6.1　公司不得从事或支持体罚、精神或肉体强迫，以及言语侮辱。

7. 工作时间

准则：

7.1　公司应遵守有关工作时间的适用法律及行业标准。标准工作周应遵守法律规定，但正常工作时间不得超过四十八小时。应安排员工每七天至少休息一天。所有加班工作都应支付额外津贴，在任何情况下每名员工每周加班时间不得超过十二小时。

7.2　除非以下第7.3条许可，所有加班工作必须是自愿的。

7.3　如果公司作为谈判一方，与具有相当代表性的工人组织（根据国际劳工组织的定义）自由谈判并达成集体协议，根据协议可以要求加班工作以达到短期的商业需要。任何这类协议必须符合上述第7.1条的要求。

8. 工资报酬

准则：

8.1　公司应确保标准工作周的工资总能达到至少法定或行业最低工资标准，并足以满足员工的基本需要，还能提供一些可随意支配的收入。

8.2　公司应确保不以惩罚为目的扣减员工工资，并应确保定期清楚地向员工提供详细的工资福利构成；公司应确保工资福利的支付完全符合所有适用的法律，工资报酬应采用现金或支票方式支付，以方便员工。

8.3　公司应确保不采取纯劳务性的合同安排或者虚假的学徒计划，以逃避劳动和社会保障法律法规所规定的义务。

9. 管理体系

准则：

政策

9.1　最高管理者应明确制定有关社会责任和劳动条件的公司政策，该政策应：

a. 包括遵守本标准所有条款的承诺；

b. 包括遵守国家法律和其他适用法律、遵守公司签署的要求，以及尊重国际公约及其解释（见本标准第二节所列）的承诺；

c. 包括持续改进的承诺；

d. 有效地记录、实施、维持和传达，并以浅显易懂的形式供所有员工随时取阅，包括董事、高级行政人员、经理、主管和非管理人员，无论是直接雇用、合同制聘用，还是以其他方式代表公司的人员；

e. 对公众公开。

管理评审

9.2　最高管理者应依据本标准要求和公司签署的其他要求，定期评审公司政策、程序及表现的充分性、适用性和持续有效性。必要时应修订和改善管理体系。

公司代表

9.3　公司应任命一名高层管理者代表，无论他是否负有其他责任，以确保公司达到本标准要求。

9.4　公司应协助非管理人员选出一名自己的代表，就有关本标准的事项与高层管理进行沟通。

计划与实施

9.5 公司应确保公司全体员工都懂得和实施本标准要求,包括但不限于下列方法:

a. 明确界定角色、责任和权限;

b. 对新进和临时员工进行培训;

c. 对现有员工定期进行培训和宣传;

d. 持续监督有关活动和结果以达到公司政策及本标准要求,证明管理体系实施的有效性。

供应商、分包商和分供商的管理

9.6 公司应建立并维持适当的程序,在评估及挑选供应商和分包商(适当时,包括分供商)时应考虑其达到本标准要求的能力。

9.7 公司应保留供应商和分包商(适当时,包括分供商)有关社会责任承诺的适当记录,包括但不限于下列书面承诺:

a. 遵守本标准的所有条款(包括本条款);

b. 根据公司要求参与公司的监督检查活动;

c. 对违反本标准要求的任何不符合项及时采取补救的纠正行动;

d. 及时、完整地向公司通报与其他供应商、分包商和分供商的任何相关业务关系。

9.8 公司应保留合理的证据,以证明供应商及分包商达到本标准要求。

9.9 除上述第9.6条和9.7条之外,如果公司接受、处理或推广家庭工人作为供应商、分包商或分供商提供的产品或服务时,公司应采取特别的步骤,确保这些家庭工人同其他直接雇佣的员工一样获得本标准的保护。这些特别步骤应包括但不限于以下几点:

a. 依法签订书面的采购合同,并要求至少符合最低标准(根据本标准要求);

b. 确保家庭工人及其他相关人员明白并实施采购合同要求;

c. 在公司场所保存综合的记录,详细列明家庭工人的身份、产品或服务的数量、以及每名家庭工人的工作时间。

d. 定期安排预先通知的和突然袭击的监督检查活动,以核实他们是否遵守书面采购合同的条款。

处理疑问和纠正行动

9.10 对于员工和其他利益相关者提出的有关符合或违反公司政策或本标准的疑问,公司应调查、处理并作出反应;如果员工提供有关公司是否遵守本标准的资料,公司不得对其采取惩罚、解雇或歧视行动。

9.11 对于已经发现的任何违反公司政策或本标准的事项,公司应采取适当的补救和纠正行动,并根据其性质和严重性调配相应的资源。

对外沟通

9.12 公司应建立和维持适当的程序,就公司实施本标准要求的表现,定期向所有利益相关者提供数据和资料,所提供资料应包括但不限于管理评审和监督检查结果。

核实渠道

9.13 如果合同有要求,公司应向寻求核实公司是否符合本标准要求的利益相关者提供合理的资料和渠道;如果合同有进一步的要求,公司应透过采购合同条款要求供应商和分包商提供上述相似的资料和渠道。

记录

9.14 公司应保留适当的记录,以证明公司符合本标准要求。

附录二:

客户验厂检查表

1. 童工

审核问题	审核结果	备注
1.1 当地是否有强制入学年龄? 如果有,是多少岁? ________		
1.2 工厂是否有文件规定最小用工年龄? 如果有,最小年龄是________。 是否符合法规要求?		
1.3 如果当地没有相关法规规定,工厂的政策是否符合守则的要求?		
1.4 相关法规和工厂政策是否传达到全体员工?		
1.5 员工年龄是否符合工厂政策和当地法规的规定?		
1.6 如果聘用未成年工,是否根据当地法规准许安排工作?		
1.7 是否有保存证明工人年龄的资料?		

2. 强迫劳动

审核问题	审核结果	备注
2.1 工厂是否符合守则关于强迫劳动的文件规定?		
2.2 工厂是否使用强迫劳动?		
2.3 工厂是否使用抵押劳工?		
2.4 员工提出合理离职通知后,工厂是否允许其离职?		
2.5 工厂是否使用保安或管理人员压迫工人劳动?		
2.6 工厂是否有禁止使用囚犯劳动或分包给监狱工厂的文件规定?		
2.7 工厂是否使用囚犯劳动?		

3. 工作时间

审核问题	审核结果	备注
3.1 工厂是否有符合当地法规要求的关于工作和加班时间的文件规定?		
3.2 法定及工厂规定的工作时间资料是否提供给全体员工?		
3.3 工作时间有没有适当记录?(例如:出勤卡)		
3.4 工人加班是否出于自愿?		
3.5 工人每天工作时间最长是____小时。 每周工作时间最长是____小时。 是否在法定的最长工作时间和工厂文件规定的工作时间范围之内?		
3.6 每月加班时间最长是____小时。(请附详情) 是否在法定的最长加班时间和工厂文件规定的加班时间范围之内?		
3.7 工厂是否允许员工每七天有一天休息?		
3.8 工人如提供医生证明生病或怀孕,是否允许请假?		
3.9 工人是否有足够的用餐时间和小休时间?		

4. 工资福利

审核问题	审核结果	备注
4.1 工厂是否有符合当地法律要求的关于工资福利的文件规定?		
4.2 法定和工厂规定的最低工资资料是否提供给全体员工?		
4.3 工资福利是否符合法律和政策规定? 最低小时工资________ 最低加班工资________ 正常工作日工资________ 休息日工资________ 节假日工资________		
4.4 法规要求公司代扣工资是否依法执行,并上缴相关机构?(请附详情)		
4.5 工人在被聘用前,是否清楚知道这些代扣款及其他扣款事项?		

续表

审核问题	审核结果	备注
4.6 膳食和住宿的扣款是否合理合法?		
4.7 工厂因提供物品而扣款是否合理合法?		
4.8 是否提供法规所要求的福利(分红、带薪假期、饮食补贴等)?(请附详情)		
4.9 工人是否收到明细工资单?		
4.10 工人是否按期领取工资?		
4.11 工资是否以容易及方便形式支付?		

5. 惩罚措施

审核问题	审核结果	备注
5.1 工厂是否有关于惩罚措施的文件规定?该规定中禁止有精神上和身体上的虐待行为。		
5.2 此项规定是否已经传达到全体员工?		
5.3 是否有员工身体受惩罚的证据?		
5.4 是否有员工受恶性精神虐待、辱骂或威胁的证据?		
5.5 是否有指使保安人员或其他人员(非管理人员)惩罚员工的证据?		
5.6 罚款是否合理?如否,请记录罚款金额和违规情况。		

6. 歧视

审核问题	审核结果	备注
6.1 工厂是否有反对歧视的文件规定? 该规定是否传达到全体员工?		
6.2 招聘员工是否有歧视形象? 工作场所是否有歧视现象? 员工解雇是否有歧视现象?		

7. 结社自由

审核问题	审核结果	备注
7.1 员工是否可以向管理层发表意见?		
7.2 工厂是否有员工代表?他们是否由选举产生?		

续表

审核问题	审核结果	备注
7.3 工厂是否指定管理层代表与员工代表进行沟通?		
7.4 管理层是否与员工代表定期开会,并形成会议记录?		
7.5 员工代表是否了解守则要求或工厂相关规定?		
7.6 工厂管理层是否对员工代表的问题采取相关行动? 请描述。		
7.7 相对其他工人,员工代表是否受到平等待遇? 请描述。		
7.8 工厂是否有工会或者其他类似的工人组织?		

8. 工作环境

审核问题	审核结果	备注
8.1 工厂是否有符合当地法规要求的关于工厂内健康、安全、环境与作业条件的文件规定?		
8.2 工厂是否有高层管理人员负责健康、安全、福利及一般设施?		
8.3 厂内设施是否保持整洁、良好的状态?		
8.4 是否定期开展工厂检查?		
8.5 所有设备、设施是否保持安全状态? 发生故障后是否得到充分修理?		
8.6 是否建立有效的沟通渠道报告有关厂内外的紧急情况?		
8.7 作业场所温度和湿度是否符合安全操作规程的要求?		
8.8 通风控制是否能提供安全的工作环境?		
8.9 照明设施是否充足?		
8.10 是否定期对废物进行有系统收集? 最近一次收集废物日期:________		
8.11 是否对所有建筑的结构与强度进行过专业检查? 工厂可以出示"使用许可证"表明自己符合此项要求。		
8.12 是否对锅炉、压力容器和工业窑炉进行过专业检查?		
8.13 是否确定了楼板的允许承重量? 是否悬挂相应的标识并予以遵守?		

续表

审核问题	审核结果	备注
8.14 如果工厂在过去12个月内因违反有关安全法规而被传讯或受罚,是否在规定的时间内予以整改?		
8.15 是否有卫生的饮用水提供给所有员工饮用?		
8.16 厂内是否有足够的、可使用的及整洁的卫生设施?		
8.17 卫生间是否有可使用的及整洁的洗手设施?		
8.18 保安人员是否接受过充足的训练?		
8.19 是否有明显的吸烟或禁烟指示?		

9. 消防

审核问题	审核结果	备注
9.1 工厂是否制定充分的应急准备方案?		
9.2 员工是否接受过防火、应急准备方案的培训?		
9.3 是否指定联络人负责消防管理与应急准备?		
9.4 工厂是否有报警系统通知员工撤离现场?		
9.5 是否在适当位置安装应急灯,并对其定期检查?		
9.6 紧急信道及出口是否有明确标识? 是否有照明设施? 内外是否畅通无阻?		
9.7 作业场所是否有疏散路线及标识以明确指示逃生方向?		
9.8 是否每名员工可通往至少两个紧急逃生出口?		
9.9 易被误认为紧急出口的门、信道等是否明确标识为"非出口"?		
9.10 紧急出口门(未加锁)是否可以按逃生方向顺势直接打开,并不需任何特殊技巧?		
9.11 工厂是否每年都进行紧急疏散演习?		
9.12 报警器是否有明确标识? 使用是否方便无阻? 是否保持良好使用状态?		
9.13 是否有足够的灭火器? 是否有明确标识? 取用是否方便无阻?		

续表

审核问题	审核结果	备注
9.14 灭火器是否每月进行外观检查?		
9.15 应急人员是否接受过正确使用灭火器的培训?		
9.16 是否进行火灾事故调查以找出原因,防止同类事故再次发生?		
9.17 是否对其他防火设备进行定期检查和维护?		

10. 环境、健康与安全管理

审核问题	审核结果	备注
10.1 工厂是否制定环境、健康与安全工作计划?计划中应包括环境、健康、安全及工作条件等政策和工作程序。		
10.2 工厂安全健康计划是否用当地语言书写并向全体员工传达?		
10.3 工厂是否已受任命安全健康管理员?		
10.4 工厂是否有安全健康委员会或工作组?		
10.5 工厂是否积极宣传作业场所安全健康知识?		
10.6 员工开始新工作之前,是否开展针对性的安全健康培训?		
10.7 是否所有员工都可以就安全健康问题发表意见或看法?如果是,请描述。		
10.8 是否采取措施以确保具有潜在安全健康危险的新配件、材料、化学品、设备和产品等在未经评审前不得进入厂内?		
10.9 容器进入工厂前是否贴有清晰的标签?		
10.10 是否向承包商说明工厂有关环境、健康与安全规定?		
10.11 员工是否接受过化学品安全知识的培训?		
10.12 对生产、采购或已使用的化学品,是否都备有最新的材料安全资料说明书(MSDS)?全体员工是否都能得到以当地语言编写的 MSDS?		
10.13 现场是否有生产、采购和已使用的危险化学品存货清单?		
10.14 是否有洗眼站(Eyewash)及淋浴器(Shower)设在使用或存放腐蚀性化学品的地点?		

续表

审核问题	审核结果	备注
10.15 处理腐蚀性危险品的储槽、反应槽、管道、阀等是否予以标识并用不同颜色区分?		
10.16 是否对已发生事故和未遂事故进行调查? a. 是否做出事故/未遂事故报告? b. 是否要求并鼓励员工报告事故和未遂事故? c. 是否跟踪纠正与预防措施的完成情况?		
10.17 员工报告意外事故,是否会受到任何歧视或者报复?		
10.18 是否禁止员工穿戴宽松衣服、首饰或长发外露接近运转机械?		
10.19 员工是否接受过机械安全防护培训?		
10.20 机器设备是否安装有防护装置并得到使用?		
10.21 所有开机/停机控制是否有效? a. 是否提供给每名操作员? b. 是否有保护防止意外开机? c. 是否有标识或以颜色区分? d. 是否有红色紧急停车按钮?		
10.22 上面未提到的设备和装置是否处于良好的安全运作状态?		
10.23 油漆和化学品(如溶剂、焊料、粉尘)的作业点是否有足够的排气设施?		
10.24 全体员工所接触的有毒有害物是否不超过安全标准?请描述。		
10.25 工厂是否制定关于有害能量控制的程序文件?		
10.26 是否对指定的操作人员、相关员工及受有害能量影响的人员进行过控制程序的培训?		
10.27 是否有足够的锁定和挂牌隔离设备?		
10.28 对设备进行维护保养前,是否对其输入能量加以隔离?		
10.29 是否完成了书面的危险评价报告以确定各项作业所需的个人防护用品(PPE)?		
10.30 员工是否已接受提供并使用个人防护用品?		
10.31 员工是否接受个人防护用品使用知识的培训?		

续表

审核问题	审核结果	备注
10.32 所有需穿载个体防护用品的区域是否有明确标识?		
10.33 是否对起重机/吊车的操作人员进行安全知识培训?		
10.34 是否对起重机、吊车和吊索进行安全检查?		
10.35 起重机、吊索和卷机的承载量是否有明确标识?		
10.36 楼梯是否都设有符合安全要求的扶手和栏杆?		
10.37 开放式楼梯、平台及升降台是否在开放侧设有栏杆?		
10.38 当员工升高作业时,是否只有经认可的平台才可以使用?		
10.39 升高工作台(如吊篮)是否安全可靠地联接到升降设备上(如铲车、叉车等)?		
10.40 所有梯子是否处于良好安全状况?		

11. 福利设施

审核问题	审核结果	备注
11.1 工厂是否为员工提供宿舍?每房间住多少员工?人数:________		
11.2 每名员工是否有足够的生活空间?		
11.3 是否有足够的卫生间和沐浴设施?		
11.4 宿舍是否整洁且维护良好?		
11.5 是否配有洗衣设施?		
11.6 是否配有娱乐休闲场所?		
11.7 宿舍楼结构是否稳固且维护良好?		
11.8 是否制定了宿舍管理条例?如有,是否用当地语言予以张贴?		
11.9 对不遵守宿舍管理条例的人员是否采取适当的处理措施?		
11.10 员工下班后是否可以自由出入宿舍?禁止出入宿舍的时间?		
11.11 男女员工的房间、卫生间、沐浴地方是否分开?		
11.12 是否采取了保护员工及其财物的安全措施?请描述。		

续表

审核问题	审核结果	备注
11.13 宿舍内是否依照第 10 部分要求制定出消防及应急准备的规定?		
11.14 工厂是否提供饭堂?如果有,是否经过当地政府审核或申请相应的执照?		
11.15 饮食服务区是否整洁卫生?		
11.16 饮食服务人员是接受过食物制作过程中卫生知识的培训?		
11.17 有无保证饮食服务人员身体健康的规定?		
11.18 食品是否不在地面堆放?		
11.19 食品的储藏及控制措施是否足够防止变质?		
11.20 工厂是否制定了紧急医疗救护方面的文件?		
11.21 工厂是否提供一般紧急医疗护理?请说明。 如果工厂设有医务室,该医务室是否符合当地法规和标准的要求?		
11.22 工厂是否保存完整的伤病记录?		
11.23 每个工作班次是否有足够经过训练的急救员?		
11.24 在工厂和宿舍内是否提供合理必备的急救药品?		
11.25 医疗废品是否与其他垃圾分开存放并得到妥善处理?		

三、全国部分企业文化社团组织简介

【中国企业文化研究会】 中国企业文化研究会(China Research Institute of Enterprise Culture)成立于1988年,是经中华人民共和国民政部正式批准注册登记的第一家全国性具有法人资格的企业文化学术团体。

研究会宗旨:以马列主义、毛泽东思想、邓小平理论和“三个代表”重要思想为指导,团结企业界、理论界和其他有志于企业文化建设的人士,研究企业文化理念,推进企业文化实践,共同促进我国企业文化建设的开展,提高企业的整体素质,增强企业的凝聚力和竞争力,从而提高企业的经济效益、社会效益,促进物质文明和精神文明建设的同步发展。

研究会任务:协助企业探索建设企业文化的有效途径,总结独具特色的企业文化建设经验,召开各类企业文化研讨会;编辑出版企业文化书刊、报纸;组织国际企业文化交流;举办企业文化培训;开展咨询服务,组织企业文化信息交流以及其他有助于推动企业文化建设和为会员服务的各种活动。

研究会机构:名誉理事长:薄一波、韩天石;理事长:胡平;常务副理事长:张大中、张同舟、杜子端、孟凡驰、黄新惠、韩旭;秘书长:孟凡驰(兼);顾问委员会委员:马洪、王大明、王维澄、王照华、李昌、李德生、金鉴、陈清泰、郑必坚、贺光辉、徐惟诚、高占祥、袁宝华、程思远(以姓氏笔画为序)。

学术委员会委员:马仲良、王珏、王锐生、司马云杰、厉以宁、李燕杰、沈恒泽、吴敬琏、张大中、庞朴、罗国杰、周叔莲、赵春福、贾春峰、潘承烈(以姓氏笔画为序)。还建立了由全国50名专家组成的特邀研究员队伍。

所属部门和单位:秘书处、联络部、国际联络部、学术部、培训部、策划部、咨询部、音像部、培训中心、乡镇企业委员会、高科技企业委员会、民营企业委员会、企业美育委员会、医药卫生委员会、纺织企业委员会、金融企业委员会、CI研究中心、信息中心、《企业文化》杂志社、《企业文明》杂志社。

研究会主要成就:研究会成立以来,以各种形式在全国开展了30余次大中型研讨活动,举办了1000多次研讨班和报告会,完成了两项国家规划研究课题,出版了中国第一部《中国企业文化大辞典》和近100本企业文化著作。16年来,研究会坚持理论与实践相结合,为全国100多家大中型企业提供了咨询、策划和设计服务,有效地推动了企业文化的普及和发展。研究会在几次重要的会议上,先后提出了以下重要观点:企业文化是一门新型管理理论;建设具有中国特色的企业文化;企业文化的本质特征是以文化人、以人为本;企业文化是适应经济文化一体化时代要求的纽带;企业文化建设是坚持先进文化方向,促进两个文明相结合的有效方式;企业文化是社会主义文化的生长点,等等。无论困境与顺境,中国企业文化研究会始终不渝地坚持研究和推进实践,为中国企业文化事业做出了较大贡献。

中国企业文化研究会努力办成企业之家,成为企业家、理论工作者和一切热心企业文化建设事业有识之士的忠实朋友。

附:中国企业文化研究会主要成果

一、中国企业文化研究会理论研究主要著作

国家社会科学规划基金项目:《企业文化:人力资源开发与经济增长的关键》、《中国名牌论》。

其他著作:《中国企业文化大辞典》、《企业文化在中国》、《企业文化与市场经济》、《企业文化与企业改革》、《21世纪中国企业文化实践与探索丛书》、《企业文化理论与实践》、《走社会主义企业文化管理之路》、《文化力观》、《国内外企业文化论述精选》、《企业文化指南》、《赢得信任——塑造良好企业形象》、《冲出困境——走向现代管理的企业文化》、《企业文化论》、《理论与操作》、《新世纪中国企业文化》、《企业文化教程》、《中国企业文化形象大典》。

二、培训

中国企业文化研究会应邀为以下行业和企业开展了企业文化培训:中国工商银行、中国建设银行、中国农业银行、中国兵器工业集团公司、中国机械协会、国家邮政总局、国家电力公司、建设部、中国纺织协会、中国航空工业集团、中国冶金行业协会、中国空间技术研究院、中国房地产集团、中国石化集团、中国纺织机械集团、中视传媒集团、中国大唐集团公司、中国新兴集团、广东省工委系统、山东电力集团公司、河北省企业文化协会系统、广州市企业文化协会系统、北京市企业文化建设协会系统、济南市委工业系统、同仁堂集团、一汽大众、长安汽车

集团、北辰集团、华北电力公司、华能集团、大庆石油公司、大庆炼化公司、长庆油田公司、联想集团、首钢集团、中旅集团、攀枝花钢铁公司、广钢集团、上海药业集团、瑞士罗士公司、北京市供电局、北京雪莲羊绒公司、北京工美总公司、北京市文化局、北汽福田公司、济南铁路局、葛州坝电厂、大港油田集团公司、大港电厂、中铝河南分公司等。

三、咨询

中国企业文化研究会组织企业文化策划、设计、咨询、论证的企业：中国工商银行、中国建设银行、中国农业银行、中国人民保险公司、中国联通集团、中国石油大庆炼化公司、同仁堂集团、东安集团、双鹤集团、首都机场、黄台电厂、济南电业局、滨州电业局、莱城电厂、将军集团、青岛电厂、中视传媒公司、齐鲁石化储运厂、北京田华集团、山西体改委系统、山西漳泽电力有限公司、丰满电厂、中国一汽集团、开滦集团、中远集团、首钢集团、长安汽车集团、西安杨森制药有限公司、沈阳黎明航空发动机(集团)公司、安徽华光集团、沈阳飞机工业(集团)公司、江苏省烟草公司东海县公司、北京铁路局唐山机务段、元宝山发电厂、宁波港集团公司、昆明钢铁集团公司。

【全国工商联民营企业文化建设委员会】 全国工商联民营企业文化建设委员会成立于2003年8月25日。该委员会在全国工商联主席办公会议领导下开展工作，它的组织结构以民营企业家为主体，吸纳相关人员组成。

该会的指导思想：以邓小平理论和“三个代表”重要思想为指导，贯彻落实党的十六大“关于必须大力发展社会主义文化，建设社会主义文明”的战略部署，坚持求实、求新、求活和民族文化、地方文化、时代精神与企业文化相结合的原则，充分发挥民营企业文化在宣传教育、审美娱乐、启迪心智、凝聚人心、提升企业整体素质和核心竞争力等方面的功能，通过共同建设、共同交流、共谋发展、共同繁荣，不断提高民营企业文化建设的层次和质量，增强先进文化的凝聚力、创造力和竞争力。

该会的宗旨：全心全意为民营企业文化建设服务，为促进非公有制经济健康发展和非公有制经济人士队伍健康成长服务。

该会的职能：发挥参谋、咨询作用，对全国民营企业文化建设工作提出意见和建议，组织协调、指导民营企业文化建设活动不断向更高、更深层次发展，并逐步做到规范化、制度化、科学化。

第一届全国民营企业文化建设委员会主任由全国工商联副主席、香港恒通资源有限责任公司董事局主席施子清，重庆市政协副主席、工商联会长、力帆集团董事长尹明善担任。共有58名委员。全国工商联民营企业文化建设委员会成立以来，在近一年的时间里，围绕“民营企业与社会协调发展”、“关爱员工，实现双赢”、“优秀民营企业家进大学开展创业论坛”、“建立学习型组织、争当知识型员工”、“办好企业内报、内刊”等主题活动，先后组织了重庆、沈阳、海口论坛等重大活动，为民营企业文化建设创立了品牌，取得了初步的积极成果。

【中国建设企业文化建设协会】 “中国建设企业文化建设协会”，与中国建设职工思想政治工作研究会为同一机构，成立于1986年10月。

协会接受中国企业文化协会(中国思想政治工作研究会)和国家民政部的业务指导和监督管理。其宗旨是：以马列主义、毛泽东思想、邓小平理论和“三个代表”重要思想为指导；遵守宪法、法律、法规；宣传党的路线、方针、政策；以经济建设为中心，紧密结合建设系统改革与发展，组织推动思想政治工作的理论研究和实践活动；开展企业文化研究交流活动；为加强和改进基层思想政治工作，培育“四有”职工队伍，推动建设行业三个文明建设的发展服务。

中国建设职工政研会的最高权力机构是会员代表大会，每四年召开一次。理事会是会员代表大会的执行机构，在会员代表大会闭会期间，领导该会开展日常工作，对会员代表大会负责。现有理事100名。该会设立常务理事会。常务理事30余名，有名誉会长、顾问、会长、副会长、秘书长、副秘书长若干名。

该会现拥有30个省市建设政研会；40个企事业单位政研会和13个行业分会。

重要活动情况：

协会自成立以来，除正常的思想政治工作研究活动外，在企业文化建设方面，近年来主要开展了如下活动：

1.自1993年起七次组织企业党政领导去新加坡、日本、韩国、美国及欧州一些国家学习考察。

2.20世纪90年代以来，在深圳、北京等地多次举办基层政工干部企业文化培训班。

3.2001年7月29日～8月2日在北戴河举办了“全国建设系统企业文化建设专题研讨会”。出席会议的代表54人，提供论文28篇，12位代表在会上发言，交流了企业文化建设经验，探讨了企业文化建设的基本理论和操作方法。刘海英秘书长主持会议；郭锡权会长出席会议并作讲话；河北省建设厅纪检专员焦继民、秦皇岛市政府副秘书长杨洪涛等出席会议并讲了话。

4.2002年6月21～27日、7月12～18日先后在烟台、北京举办了三期“‘入世’与企业文化建设培训班”。

5.2003年2月25～27日，在北京举办了“全国建设系统首届企业文化建设论坛”。这次活动和中国建筑文化中心共同主办。参加这次“论坛”的来自全国建设系统的企业代表160人，中纪委驻建设部纪检组组长姚兵，部党组成员、办公厅主任齐骥参加了开幕式。姚兵作了“企业文化建设与现代社会”的专题报告。会长郭锡权作了总结讲话。北京城建集团、上海隧道工程股份有限公司等12家企业代表进行了演讲，专家逐一进行了点评。

此次活动还推出了建设系统企业文化建设先进单位36家并进行了表彰。并将他们的做法和经验汇成文集，供内部交流。

6.2003年5月份出版了全国建设系统《企业文化建设案例》一书，在行业内部发行。

【中国机械产业文化协会】 中国机械产业文化协会成立于1984年8月28日。系经中华人民共和国民政部正式批准注册登记，由全国机械行业广大企事业单位自愿结成、从事思想政治工作和企业文化研究、具有法人资格的群众性学术研究团体。

协会宗旨：以马列主义、毛泽东思想、邓小平理论和“三个代表"重要思想为指导,团结全国机械行业有志于思想政治工作研究和企业文化建设的企事业单位,共同促进思想政治工作创新和企业文化建设的开展,提高行业的整体素质和核心竞争力,推动物质文明建设和精神文明建设协调发展。

协会任务:指导机械行业企业加强精神文明建设,加强思想政治工作研究,推动企业文化建设;调查研究、总结推广先进经验;评选表彰先进单位和个人;编辑出版会刊《企业文明》和内部刊物《机械政工与文化》以及有关资料和书籍;组织境内外考察培训;开展信息交流以及其他有助于推动工作和为会员单位服务的相关活动。

协会领导机构:名誉理事长为于珍、邵奇惠、陆燕荪、贾成柄;理事长为薛德林;常务副理事长为杨淑云;副理事长为岳书学、邵瑛、于清笈、裴铕才、潘崇义、马士华、李崇璞;副秘书长为胡振铠、李祖荣。下设:秘书处、办公室、研究室、培训部。

【中国水利职工思想政治工作研究会】 中国水利职工思想政治工作研究会又称"中国水利宣传文化建设协会",其前身为成立于1986年5月的"中国水利电力职工思想政治工作研究会"。1988年,国家机构改革,水利电力部分开,分别成立中国水利职工思想政治工作研究会和中国电力职工思想政治工作研究会。

该会是中国思想政治工作研究会的会员单位,主管部门是中共水利部党组,挂靠单位是水利部综合事业局,由水利部人劳司、中共水利部直属机关党委分别管理。

该会在国家民政部正式注册登记,接受民政部社团管理机构管理。

该会宗旨和主要任务:

宗旨:坚持以马列主义、毛泽东思想、邓小平理论和"三个代表"重要思想为指导,遵守宪法、法律、法规和政策,围绕水利中心工作,结合水利改革和发展,开展水利行业思想政治工作和企业文化研究,在创新中改进,在改进中加强,为加强水利系统的物质文明和精神文明建设,倡导社会道德风尚,培育"四有"新人,促进水利发展服务。

该会的业务范围:

1. 配合有关部门推动领导干部对马列主义、毛泽东思想、邓小平理论和"三个代表"重要思想的学习,开展水利行业思想政治工作研究,鼓励广大职工的积极性、创造性,为全面建设小康社会贡献力量。

2. 教育水利职工爱岗敬业,弘扬"献身、负责、求实"的行业精神,艰苦创业。做好深入细致的思想政治工作,帮助职工解决思想问题和实际问题,增强水利职工队伍的凝聚力、战斗力。

3. 协助部文明办开展创建水利文明行业活动。

4. 组织开展水利企业文化建设,评比表彰企业文化建设优秀成果。

5. 开展优秀政研会的评比表彰和优秀政研成果的评选,办好《水利水电政工研究》杂志,出版优秀政研成果选集。

6. 根据部党组的决定,承担代管中国水利文协、中国水利体协的工作。

主要成果:近年来,中国水利职工政研会的工作取得了一定的成绩。汉江集团、广东水利二处、三门峡管理局、小浪底建设管理局等单位荣获"全国思想政治工作优秀企业"称号,黄委、海委、福建、广东、四川水利厅等政研会荣获"全国优秀政研会"称号。还有十多位党务政工干部荣获"全国企业优秀思想政治工作者"、"全国政研会优秀工作者"称号。思想政治工作理论研究空前活跃,涌现出一批质量高的优秀论文,淮委沂沭泗局赵爱国的《以德治国与弘扬水利行业精神》一文获全国政研会二等浆,湖南水利厅长王孝忠的《按照以德治国的思想加强道德建设》和黄委设计院逯龙坤等的《论以德治国》获优秀论文奖。小浪底建管局编写的《小浪底高举爱国主义旗帜》一书,经中宣部审定,由中国大百科全书出版社出版。黄小刚《用先进文化塑造企业之魂》获水利部政研会2002年优秀成果一等奖。

中国水利职工思想政治工作研究会现任领导为:会长李昌凡(法人代表),副会长顾浩、周保志、王星、王文珂、曾华樟(常务)、廖显铨,秘书长梁世闻。

该会建立学组活动制度,设地域、流域、企业、事业等8个学组,开展理论研讨活动,还聘请一批骨干为特约研究员。

【全国城市医院文化建设协会】 全国城市医院文化建设协会(政研会)成立于1990年10月,共有236家理事单位。

协会活动以基层为主、研究课题以当前为主、研究目的以应用为主,把全国各地区的在医疗工作第一线的医学院校附属医院、省市级医院组织起来,构筑了一个相互学习、相互交流、取长补短的阵地。协会每年召开一次年会和常务理事会。每年年会都收到各类论文300余篇,在此基础上汇编成论文集,并向有关杂志推荐。这些研究成果和经验对推动医院的建设发展起到了一定的作用。出版专著3部,出版内部杂志及协会报纸26期。2003年,及时收集整理、采写各类信息和经验,出简讯20期,对帮助和提供信息,指导各地抗击非典工作起到了一定的作用。

协助中国卫生杂志社举办记者培训班以及协助政研总会编写出版文化建设方面的书籍和刊物。同时还组织各理事单位根据各家医院的实际情况及需要,互相学习、交流、参观。对医院的管理、文化以及医疗技术的共同发展,起到桥梁牵线作用。为此全国城市医院政研会两次受到卫生部政研总会的表彰,多名常务理事、理事受到表彰,荣获先进称号。

【中国化工企业文化建设协会】 对内称中国化工职工思想政治工作研究会,简称中化政研会。

中国化工职工思想政治工作研究会于1984年成立,是由全国化工行业实际工作者和理论工作者自愿组成,开展职工思想政治工作研究和精神文明建设的群众组织,是民政部批准的全国性社团法人,有314个单位会员。

中国化工企业文化建设协会主要业务范围是:深入基层调查研究,及时了解、提供职工思想动态和思想政治工作的有关信息;向主管部门提出加强和改进思想政治工作以及精神文明建设的意见和建议;总结、交流、宣传、推广化工行业党建、思想政治工作、精神文明建设、企业文化建设的先进典型经验;参与开展行业评比(全国化工劳模、文明单位等);参与制定化工行业职业道德、行为规范、行业精神文明建设规划等;开展党建、思想政治工作、管理思想、群体意识、行为规范、职业道德、企业文化、创建文明单位等的调查研究、理论研讨和业务咨询;组织政工干部的业务培训,开展境内外考察及学术交流;组织优秀研究成果的鉴定、评比和推广;创办刊物、编辑出版思想政治工作、精神文明建设、企业文化建设的信息、论著及研究资料;组织文体比赛、引导和组织化工职工参加全民健身运动;组织开展企业文化、精神文明建设成果的展览和其他展示活动;承担政府和有关单位委托的其他业务。

会长潭竹洲,秘书长温洪。研究会常设机构:秘书处,研究会有4个分支机构:染料分会、涂料分会、化工高校分会、地质矿山分会。研究会会刊:《中化探索》。

【中国兵器装备集团公司企业文化研究中心】 中国兵器装备集团公司企业文化研究中心于1999年11月,在集团公司第一次工作会议期间宣告成立,由集团公司总经理王德臣担任理事长,理事单位为集团公司所属企业单位。研究中心副理事长兼秘书长贺德龙。

中心成立期间,形成了《塑造企业之魂》专题研究成果。2000年,编写了《集团公司企业文化建设“十五”计划及2015年规划》。兵器装备集团把企业文化建设纳入发展战略,同步规划,同步实施。

研究中心成立后,举办了以“学习海尔”、“创新求变”、“应对WTO挑战和品牌文化建设”为主题的研讨活动,并请著名专家到会讲学;与有关部门共同组织了知识竞赛、成就展览活动;推介理事单位参加中国企业文化研究会及其他团体的活动;到理事单位调研和讲学;为高峰机械厂、嘉恒公司和南方科技贸易公司等单位开展战略与文化专题研究。由中心和长安汽车集团公司联合主办的企业文化专业杂志《南方集团文化》,自创办以来发表了一大批研讨、交流的文章。中心与长安联合撰写的《21世纪中国企业文化实践与探索丛书:思想经营、创新长安》,全国人大副委员长邹家华作序。中国嘉陵集团有限公司的经验在全国性交流活动中受到好评。

研究中心的大多数理事单位,都成立了企业文化研究组织,由党政主要负责人牵头,开展学习、研究和推动本单位企业文化建设。例如大江集团公司、天兴仪表集团公司、华中制药厂、北方设备工程公司、中原特钢厂、长江光电仪器厂等单位的企业文化建设,都取得了良好的效果。先进的企业文化对兵装集团发展起到了重大的智力支持作用和精神动力作用。

【北京市社会科学院企业文化研究中心】 北京市社会科学院企业文化研究中心建于1992年3月,隶属北京市社会科学院科学社会主义研究所。主任:马仲良;副主任:于燕燕。

该中心主要研究方向:社会主义的企业文化建设,市场经济与企业文化,企业文化管理的理论与实践,中、日、美企业文化比较研究。中心与有关单位合作,对十几家企业进行了深入的企业文化建设的调查、分析与研究,参与写下了《蓝岛文化》、《同仁堂企业文化》等调研报告。主要成果有《走社会主义企业文化管理之路》等。

研究的主要课题有:企业文化管理、中外合资企业的文化冲突与融合、知识经济与企业文化。

【上海市企业文化促进会】 上海市企业文化促进会原为上海市企业文化研究会,成立于1984年12月,系经上海市社会团体管理局正式批准注册登记、具有法人资格的群众性学术团体。2003年3月经上海市社会团体管理局批准,更名为上海市企业文化促进会。

其宗旨是以马列主义、毛泽东思想、邓小平理论和“三个代表”重要思想为指导,广泛联合企业界、理论界以及有志于企业文化建设的人士,共同促进上海企业文化建设,提高企业的整体素质和核心竞争力,打造经济全球化条件下的企业品牌,树立企业良好形象,提高企业的经济效益和社会效益,促进企业的物质文明和精神文明的同步发展。其主要任务是:开展企业文化理论与实践的研究,探索建设企业文化的有效途径,总结提炼企业文化建设的经验,召开各类企业文化研讨会;组织企业文化成果的展示活动,宣传企业文化的典型经验和做法;编辑出版企业文化书籍,推介现代管理理论、管理理念和管理方法;运用多种形式,展示上海著名企业品牌,宣传上海优秀企业家群体;开展企业文化理论教育和实践培训,组织企业文化建设咨询策划、考察、信息交流以及有助于推动企业文化建设和为会员服务的各种活动。

上海市企业文化促进会围绕上海经济发展和建立现代企业制度的实际进程,积极开展企业文化理论与实践的前瞻性研究,举办了多次全市性的大型研讨活动,形成了一系列的研究成果,在企业文化基础理论研究、企业文化实践经验总结和企业文化发展趋势研讨等方面做了大量的工作。出版了《社会主义企业文化的理论与实践》、《上海企业文化建设实践经验和理论探索》、《面向21世纪的企业文化》、《上海企业文化案例》、《企业文化新论》等专著和论文专集。坚持理论与实践相结合,组织有关专家为企业提供咨询、策划和设计等服务,有效推动了上海企业文化的普及和发展。

【河北省企业文化研究会】 河北省企业文化研究会成立于1993年6月,系河北省民政厅批准注册登记,具有法人资格的社会团体,由中共河北省委宣传部主管。

研究会的宗旨:以马列主义、毛泽东思想、邓小平理论和“三个代表”重要思想为指导,坚持党的基本路线,坚持先进文化的前进方向,团结企业界和有志于企业文化建设的人员,共同促进企业文化建设的开展,培育和发展健康向上的企业文化;不断提高职工的思想道德素质和科学文化素质,增强企业的凝聚力和竞争力,提升企业的现代化管理水平,争取更好的社会效益和经济效益。

研究会的主要任务:总结研究企业文化建设的经验,召开企业文化理论研讨会,组织企业文化学术交流活动;举办企业文化培训班,开展咨询服务,组织企业干部到国内外参观考察;编辑出版有关企业文化的书籍和刊物;开展其他有助于推动企业文化建设和为会员服务的各种活动。

该会的组织机构:秘书处、学术委员会、办公室、组织联络部、培训部。

该会顾问:张群生;会长:于振华;副会长:张培林,吴晓林;秘书长:吴晓林(兼);副秘书长:张俊山,王振儒。

该会成立以来主要开展了以下工作:组织学术研究和交流,召开企业文化研讨会、报告会、经验交流会30多场次,举办了企业文化基本理论培训班12期,培训了企业干部850名,为基层的企业文化建设培养了一批骨干。总结推广了一批企业文化建设先进经验,有73个单位被评为“河北省企业文化建设先进单位”，有105名个人被评为“河北省企业文化建设先进个人”，有力地推动了全省企业文化建设。组织企业之间相互考察及赴国内外先进企业考察学习，为企业文化工作骨干提供学习机会。编辑出版了会刊《企业文化博览》40期，编辑出版了《企业文化创新与实践》一书，传播了企业文化理论和实践经验。

【内蒙古自治区企业文化研究会】 内蒙古自治区企业文化研究会，由内蒙古大学发起，联合区内企业界以及科技、文化、新闻等部门专家学者组建，1996年2月正式成立。以国有大中型企业为主体，并吸收其他企事业单位参加。

该会的宗旨：遵循科教兴企的原则，全心全意为企业服务。通过企业与高等学校及科研部门专家学者的交流合作，深入考察研究企业文化现象，广泛应用企业文化的研究成果，使企业获益，促进内蒙古经济的发展。

该会成立以来，已召开以组织发展和今后工作计划为内容的领导机构成员联席会议，确定了近、远期工作目标，并与有关部门联合举办了开展企业文化建设大型报告会。该会重视与区外兄弟社团的联系与交流，两次组织有关人员到区外考察学习，并积极参加中国企业文化研究会的活动。该会从1996年7月开始编发《内蒙古企业文化》会刊。该会领导机构为理事会和常务理事会，下设理论部、编辑出版部、联络与策划部、培训部、资金管理部，日常办事机构为秘书处。

【辽宁省企业文化联合会】 辽宁省企业文化联合会全称为辽宁省企业文化联合委员会，成立于1992年6月。该会由辽宁省理论界、企业界、文化艺术界、教育卫生和新闻界等有关单位组成，是为企业文化建设服务的法人社会团体。

该会的宗旨：建设和发展社会主义企业文化，提高企业管理水平，提高企业的业务和道德素质，发扬主人翁精神，树立良好的企业形象，为辽宁省改革开放和经济建设服务。

该会的主要任务：普及和宣传企业文化理论知识，介绍国内外企业文化建设的经验和发展动态，开展多种形式的交流研讨活动；为企业培训经营、管理、服务、公关和文体方面的人员；协助企事业单位进行广告宣传，举办展销会、联欢会、研讨会、博览会、新闻发布会以及提供咨询服务等。

近年来开展的主要工作：召开企业文化及企业形象战略研讨会，进行理论探讨与实践经验总结交流；召开企业文化建设现场经验交流会；召开企业家联谊会，组织企业文艺体育活动；组织企业有关人员外出参观考察，学习先进地区企业文化建设经验，参加全国性的企业文化活动；组织撰写企业文化研究专著和论文，出版了《企业文化管理论》、《企业道德》和《企业形象》等，发表了《企业文化与市场经济》、《企业文化初探》等大量论文。

该会还开展经济信息交流和国内外民间经济文化交流活动，并根据社会主义市场经济的发展，不断探索工作的新路子。

【吉林省企业文化研究会】 吉林省企业文化研究会成立于1989年10月，挂靠于中共吉林省委宣传部。

研究会以继承和发扬中国优秀传统文化，合理借鉴和吸收国外先进企业管理经验，创建具有中国特色社会主义企业文化为宗旨；以建设企业精神，塑造企业形象，培育“四有”职工队伍，推动企业发展为根本任务。

十几年来，研究会注重组织、协调省内作者的课题攻关，形成了较浓厚的企业文化理论研究氛围，并取得了研究成果。先后出版了《企业精神塑造论》、《中国企业精神大全》（上、下）、《中国企业文化概论》、《企业文化论纲》等著作。同时研究会理事还撰写了一批较有影响的论文，有的还被《新华文摘》转载。

几年来，研究会根据企业发展的需要，积极组织各种学习活动。曾先后组织团体会员单位到美国参观考察、招商引资，到沿海的改革开放的前沿地区参观学习。通过组织活动，使许多企业的领导者开阔了视野，更新了观念，扩大了企业的对外交流与合作。

【江苏省企业文化研究会】 江苏省企业文化研究会成立于1993年12月4日，是经省民政厅和省社联批准的省级社会团体，是江苏省广大企业文化工作者和热心企业文化事业的理论工作者、管理工作者、教育工作者、宣传工作者共有的学术性群众组织。江苏省企业文化研究会的宗旨是：促进企业文化的学习、研究、交流和运用，为省三个文明建设做出贡献。

江苏省企业文化研究会会员来自于全省160多家企业和大专院校。研究会设学术研究委员会、宣传教育委员会、专家咨询委员会、秘书处。该会主办的刊物是《企业文化研究》。

【福建省企业文化协会】 福建省企业文化协会成立于1990年6月，挂靠在中共福建省委宣传部。

协会坚持以马列主义、毛泽东思想、邓小平理论和“三个代表”重要思想为指针，以服务企业改革和发展，促进企业的科学管理和文化管理，更好地适应现代企业制度和参与国际市场竞争的要求，提高企业整体素质和经济效益，增强企业的凝聚力、竞争力。以推进企业三个文明协调发展为宗旨，培育有理想、有道德、有文化、有纪律的职工队伍为目的，立足于社会主义初级阶段的基本国情，坚持以建设先进文化，促进先进生产力发展为目标，紧紧依靠企业，团结企业界、理论界、教育界、文化界、新闻界和其他有志于企业文化建设的专家学者，推进企业文化建设。

协会在企业文化传播、研究、实践方面做了大量工作，经常组织召开各种专题研讨会、座谈会，组织会员到省外考察学习，评选优秀论文、优秀成果，培育先进典型，编发企业文化书刊。协会成立之初，组织编写了《企业文化导论》（苏振芳主编）一书，由福建人民出版社正式出版。1996年10月、1999年11月举办了全省企业文化节，编印企业文化优秀论文集和《决胜之道——福建企业文化纵横谈》VCD片。2000年，与福州市邮政局联合编制、由国家邮政局发行的《八闽企业文化之星风采》系列企业贺年片（企业金卡）。2002年11月初，协会和省委宣传部联合召开了全省企业文化创新研讨暨经验交流会，出版《福建企业文化在创新》专集，推动了全省企业文化创新的热潮。革命老区龙岩市也组织编印了《闽西：企业文化创新》一书，由厦门大学出版社出版发行。为进一步贯彻全省精神文明建设工作会议精神，探讨在非公有制经济领域开展精神文明建设工作的方法途径，推进全省非公有制经济持续快速健康发展，福建省文明委于2003年10月下旬召开了全省非公有制经济组织精神文明建设工作座谈会，会上各市文明委领导都充分肯定企业文化在企业精神文明建设中的重要作用。

协会会长由省委宣传部副部长宋闽旺兼任，秘书长由福建省职工思想政治工作研究会秘书长林亚平兼任。秘书处与中共福建省委宣传部企业宣传处、福建省职工思想政治工作研究会秘书处合署办公。有200个会员单位。

【山东省企业文化学会】 山东省企业文化学会于1988年12月成立。系经山东省经济体制改革委员会批准（后经山东省民政厅注册登记）的山东省学术团体。其宗旨是以马克思列宁主义、毛泽东思想、邓小平理论为指导，发动、联合、团结企业界、理论界和其他热心于企业文化研究与建设的先进分子，共同促进山东企业文化建设的开展，提高企业的整体素质，增强企业的凝聚力和竞争力，从而促进企业经济效益、社会效益和环境效益同步增长，为企业的全面、和谐、持续发展出谋划策。

学会主要任务：传播科学的企业文化理论，推广成功的企业文化建设经验；召开各种企业文化研讨会，举办各类企业文化培训班，培养企业文化研究与建设人才；编辑出版会刊《企业文化》杂志（后改为《美好企业》）和论文集，汇集、传播理论成果；培养先进典型，推广其成功经验；组团省内外、国内外参观考察，学习、借鉴别人经验。

学会名誉会长为苏毅然；会长为张瑞凤；常务副会长为荣滋白；副会长为张瑞敏、傅铭志、张安胜、郑玉平、董言武、韩风险、张宝贵、李光耀、蔺子荣、马传栋；秘书长耿兆林。顾问为季羡林、于光远、贾春峰、蒋冰海、张德、高立胜、管益忻、曹世潮，学会下设秘书处、《美好企业》编辑部、企业文化策划中心、企业美学研究室等。

学会成立15年来，举办过30多次大中型研讨会，经验交流会和学术报告会；5次组团到兄弟省市学习考察企业文化建设；3次组团到美国考察企业经营管理。会刊《企业文化》改为《美好企业》杂志始终正常出版，并逐年改进；编辑出版了近300万字的5本论文集。企业美学研究室首次提出并研究了“企业美学”、“美好企业”两大崭新的重要课题。学会为企业文化事业做出了有益的贡献。

【河南省企业文化研究会】 河南省企业文化建设协会，是在中共河南省委领导下，从事和组织推动企业文化研究和建设的群众性团体。1997年6月成立以来，一直挂靠在省委宣传部，其秘书处设在省委宣传部宣传处。研究会设名誉会长1名（由省委副书记担任）、会长1名（由省委常委、宣传部长兼任）、副会长若干名（由省直有关部门负责同志兼任）、秘书长1名，副秘书长5名（均为兼职）。现任名誉会长为省委副书记王全书，会长为省委常委、宣传部长孔玉芳。河南省企业文化建设协会与河南省职工政研会合署办公，实行团体会员制，现拥有团体会员单位170余家，形成了一支以政工干部为主体，由党政机关领导、企事业单位负责人、理论工作者、行政管理干部、科技人员和工人骨干参加的企业文化研究队伍。近年来，该会结合中国加入世贸组织后企业面临的新形势，加强了对企业文化的研究，所属郑州、许昌市企业文化建设协会，先后召开了企业文化建设研讨会。总结了全省数十家企业文化建设的经验，有8家企业分别荣获中国企业文化20年创新奖、贡献奖等奖励。

【浙江省经营管理研究会】 浙江省经营管理研究会是由省内从事经营管理的理论工作者、政府官员和实际工作者、著名企业家自愿组织起来，经省民政厅注册登记的社会法人团体，业务主管单位是省社联。其宗旨是：强化经营管理的理论研究与改革实践活动，积极发掘、培育经营管理人才，提高企业经营者素质和经营管理水平。现有企业团体会员单位300余家，个人会员800余人，设有秘书处、教育培训部、采访写作部和技术咨询服务部、企业服务部、市场开拓部等专职服务机构6个，并设有日本经营哲学研究专业委员会、企业文化专业委员会、信息专业委员会三个分支机构。下辖经营管理职业技术培训中心，杭州浙经贸易公司两个独立法人单位。

研究会自1989年成立以来，积极举办针对企业实际的各种高级论坛；各类学术研讨班，调查研究、总结表彰、出版书刊、管理培训、咨询服务、沟通商情、组织参观交流等多项活动数百场，参加人数达2万余人次。曾先后聘请全国人大常委副委员会长程思远、全国著名经济学家于光远等著名经济专家担纲主讲，举办了“中国经济改革的热点难点问题”、“温州模式的发展与创新”、“新形势下企业经营管理新趋势”等各种高级论坛、学术研讨会百余场，开展管理科技咨询服务、法律服务数十次，为企业增加经济效益百万余元，挽回经济损失2千余万元。

组织到台湾考察10多批，共100多人次；编辑出版论文集8部；出版杂志93期，通讯86期。为促进全省企业提高经营管理水平作出了积极的贡献。被省社团领导小组评为“优秀社会团体”，被省委宣传部评为全省科普宣传优秀组织奖，被中国企业文化研究会授予中国企业文化建设“组织推动奖”。

本会名誉会长：吕祖善、铁瑛、郑筱萸、叶荣宝。顾问：程炜、潘家玮、裘小玲、姚民声、宗庆后、楼忠福。会长：方根雄。副会长：陈关允

【广东省企业文化建设协会】 广东省企业文化建设协会（又称广东职工思想政治工作研究会）成立于1982年8月，系民政部门正式批准注册登记，具有法人资格的从事职工思想政治工作和企业文化研究的群众性学术团体，分别为中国思想政治工作研究会（中国企业文化建设协会）和广东省社会科学联合会的团体会员。主管单位是中共广东省委宣传部。

广东省企业文化建设协会由广东省委和省政府的有关负责人担任名誉会长和顾问；中共广东省委宣传部、组织部、省经济委员会、省总工会等单位有关领导分别担任本会的正副会长。现会长是省委宣传部副部长、文明办主任胡中梅，秘书长何崇辉，有团体会员126个。

协会的宗旨：在中共广东省委的领导下，联络与组织一切从事和热心于企业思想政治工作和企业文化工作的组织和人员，以马列主义、毛泽东思想、邓小平理论和党的基本路线为指导，围绕企业改革发展和两个文明建设的实际，积极开展职工思想政治工作和企业文化研究，为加强和改进新时期企业的思想政治工作服务，为全面提高职工队伍素质、促进企业的两个文明建设服务。

协会参与组织了“新形势下基层思想治工作理论与实践研

讨会”(2001年);全国性的“企业文化论坛”(2001年),时任中央政治局委员、中国社会科学院院长李铁映出席并发表重要讲话;与中国企业文化建设协会一起主办《加入WTO与思想政治工作》研讨会(2002年)。编辑出版了《广东企业文化》(一、二、三辑)、《职业道德新格言》、《灿烂之花、丰硕之果》(一、二、三辑)、《机遇挑战对策——加入WTO与思想政治工作》、《诚信与广东》、《当好排头兵再创新辉煌》等成果,不少成果获得全国优秀成果奖。

协会秘书处办有内部刊物《政工参考》,为企业交流经验、互通信息、发表成果提供阵地,为宣传、推介先进企业,树立广东企业的良好形象服务。

【广西企业文化建设协会】 广西企业文化建设协会于2003年1月成立。是经广西壮族自治区民政厅注册登记的独立法人社团,主管单位为中共广西壮族自治区企业工作委员会。

广西企业文化建设协会的宗旨和主要任务是:以“三个代表”重要思想为指导,围绕党的中心工作和企业改革发展的需要,开展企业文化理论研究和实践活动,促进广西企业文化建设的开展,为加强企业三个文明建设服务。

协会的最高权力机构是会员代表大会,理事会是会员代表大会的执行机构,常务理事会在会员代表大会闭会期间领导本会开展日常工作。理事会下设秘书处,在秘书长和副秘书长主持下负责处理日常工作。协会法定代表人由会长或副会长担任。截止2003年末协会有团体会员150个。现任领机构导是协会成立大会选举产生的首届理事会,有理事150人,其中常务理事41人。会长:何载福,秘书长:何载福(兼)。

广西企业文化建设协会2003年主要活动:2003年1月,在广西柳州市召开广西企业文化建设协会成立大会暨广西企业文化建设经验交流会;2003年8月与广西自治区党委宣传部、自治区企业工委、自治区经贸委、自治区文化厅组成联合调研组对广西企业文化建设状况进行专题调研,并形成了调研报告《广西企业文化建设发展现状》;2003年9月,与广西职工思想政治工作研究会在广西凭祥市联合召开了广西企业学习贯彻“三个代表”重要思想暨企业文化建设培训研讨会;2003年11月,配合广西自治区党委宣传部、自治区企业工委、自治区经贸委和柳州市委在柳州钢铁(集团)公司召开了广西企业文化建设研讨会。

【海南省企业文化促进会】 海南省企业文化促进会于2002年8月成立。主管单位:海南省发展与改革厅,是海南省民政厅注册登记的社团。

该会宗旨是坚持为企业服务、为经济服务、为社会服务的方向,发挥人才网、智囊团和桥梁纽带作用,组织、协调、推动海南省各行业的企业文化建设向纵深发展。主要任务是开展企业文化调查研究,进行经验交流;开展企业文化建设管理教育培训,提供咨询服务;出版会刊和相关资料;评选企业文化先进单位,表彰和奖励优秀企业文化成果;承办政府有关部门交办的各种业务等。

组织机构:设秘书处(综合部、会员部、社会活动部、联络部、培训部、施工企业文化工作部、财务部等)、专业委员会(海南省企业质量文化委员会、海南省产品质量文化委员会)。

社团领导:名誉会长:符气浩(海南省政协副主席);常务副会长兼秘书长:李凌(专职)。

【四川省企业文化学会】 四川省企业文化学会成立于1987年8月。学会挂靠和主管单位为四川省社会科学院。会长、法人代表达凤全。理事会根据工作需要,设立组织、学术、科普三个委员会。学会活动经费主要是会费收入。日常工作由副会长赵建伟、王小琪主持,王小琪兼学会秘书长。学会成立以来,联系、团结企业界和理论界有关人士,紧紧围绕企业改革与发展,积极开展活动。主要活动:1.举办研讨会。围绕党和国家重要会议和决策,围绕企业关注的热点、焦点,开展多种形式、不同规模的研究会、交流经验、探讨理论、提高认识。2.组织专家帮助企业制定企业文化建设纲要、规划,总结企业文化建设经验。3.有关专家、学者深入企业调研,就经济发展、企业改革、企业文化建设作交流和宣讲。4.组织优秀成果评奖。5.推动和开展省内外企业文化学术交流。近20年的活动,在省内企业界产生了较大影响,学会活动受到企业界欢迎,受到有关领导好评。

在四川省企业文化建设进程中,攀钢集团公司在兼并重组中创新企业文化、开展企业文化年活动,长虹公司不断创新公司文化,中国核动力研究设计院创建以院所文化为主导的复合型文化,在省内外产生了广泛影响,为中国企业文化提供了新的经验。

【贵州省企业文化研究会】 贵州省企业文化研究会成立于1993年,是经贵州省民政厅批准正式注册登记、具有独立法人资格的地方性企业文化研究学术团体,由省社科院、贵州日报社、省经委、省总工会、省文化厅、省乡镇企业局联合发起成立的,是具有法人资格的省级社团组织,以大中型企业为主体,同时也吸收具备一定条件的中小企业参加。

研究会有团体和个人成员60多个,大部份是贵州省知名的国有大中型企业。研究会会长:肖先治;常务副会长:陈明伟、肖伦祥;秘书长:聂秀丽;研究会下设秘书处、业务处、外联部等机构。

宗旨:在中国共产党领导下,以马列主义、毛泽东思想、邓小平理论和“三个代表”重要思想为指导,遵守宪法、法律法规和国家政策,遵守社会道德风尚,从贵州实际出发,探索创建有中国特色的企业文化,为提高企业整体素质,优化企业管理,促进企业发展,振兴贵州经济服务。

主要任务:推广企业文化理念,促进贵州省企业开发利用文化资源;加强与全国企业文化研究组织的交流与合作;提供包括咨询、培训、策划等旨在推动企业文化建设的多种服务。

该会致力于提高企业的环保意识,促进企业树立可持续发展理念,普及企业文化知识,推进企业文化建设,积极探索以人为本的企业管理模式。帮助企业培育企业精神,树立新的价值观念,提高企业群体素质,充分发挥员工的积极性,创造优良产品和优质服务,塑造企业形象,讲究经营策略,开拓与占领市场,增强企业凝聚力和竞争力,获取最佳经济效益。

主要活动:通过各种形式的研讨与活动,使企业界广结朋友,交流经验,互通信息。利用刊物为企业树立良好形象和推销产品进行宣传,提高企业知名度。推荐优秀团体会员及其名牌参加省内外和国内外举办的各种经贸交易、招商引资或博览会,并协办有关事务。为企业培训人才,寄送最新资料,提供经济技术信息及咨询。帮助企业解决自身难以解决的问题,维护企业利益和合法权益。

研究会召开了五次学术研讨会,评选出优秀论文近百篇;举办企业文化培训班;组织会员到东部发达地区参观考察;并多次开展了形式多样的交流会。研究会还不定期编纂和发行了会刊《企业文化研究与动态》30余期,获得有关单位和各界的好评。

【云南省企业文化研究会】 云南省企业文化研究会于1994年12月召开第一次会员代表大会,选举产生了第一届理事会,通过了章程。该会与云南省职工思想政治工作研究会系一套班子、两块牌子。

该会是在中共云南省委、云南省政府领导下,在省委宣传部的具体指导下,从事组织、协调和指导全省企业界和有志于企业文化建设的实际工作者、理论工作者开展企业文化建设活动的社团组织。该会为中国企业文化研究会团体会员,接受其业务指导。云南省企业文化建设协会坚持以马列主义、毛泽东思想、邓小平理论和"三个代表"重要思想为指导,认真贯彻党的基本路线,继承和发扬中国优秀传统文化,借鉴国内外先进企业文化和管理科学经验,促进全省不同所有制企业开展企业文化建设,以企业实际文化层面为对象,联系社区文化建设,逐步形成富有云南特点的企业文化,全面提高企业和职工素质,促进企业物质文明和精神文明建设的同步发展。

协会成立前已开始企业文化研究活动,会刊《云南企业政工研究》设有"企业文化建设"专栏。1993年2月由云南出版社出版发行《企业文化建设理论及其在云南的实践》一书,在"93中国企业文化节"理论研讨会上受到表彰,获得"荣誉奖"。1994年6月出版高级政工师研讨班《论文集》。会刊《云南企业政工研究》荣获云南省1990~1992年社会科学"优秀成果编辑奖"。

【甘肃企业文化建设协会】 甘肃企业文化建设协会成立于1994年6月,是由甘肃省民政厅批准登记注册的具备法人资格的全省性社会团体。会长由省委常委、宣传部长担任,副会长由甘肃省委宣传部、省委组织部、省经贸委、省总工会主管领导以及部分大型企业的党委书记担任。协会下设秘书处,挂靠在中共甘肃省委宣传部基层思想政治工作处。现任会长为甘肃省委副书记马西林,秘书长为甘肃省委宣传部基层思想政治工作处处长李贵富。

该会受中共甘肃省委宣传部直接领导,由全省各市、州、地企业文化建设协会、省直有关部门企业文化建设协会、国有大中型企业、具有较大规模和影响的其他所有制企业等团体会员单位自愿结合,开展企业文化建设活动、从事相关理论研究的非营利性、地方性群众组织。

宗旨:以马列主义、毛泽东思想、邓小平理论和"三个代表"重要思想为指导,团结组织甘肃企业界一切有志于企业文化建设的人员,本着建设、服务、交流的活动方针,适应社会主义市场经济的要求,发展具有中国特色的社会主义企业文化,为推动企业的思想政治工作与企业的改革发展、生产经营、管理相结合,增强企业凝聚力,提高企业的经济效益、社会效益和文化效益,促进企业两个文明建设的全面发展服务。

业务范围:宣传、介绍企业文化建设成就,总结、交流企业文化建设经验,指导、推动企业文化建设活动;进行企业文化建设综合性或专题性的调查研讨;开展国内外企业文化建设经验学习考察和学术交流活动;承担党政部门、科研单位和企事业单位委托的有关企业文化建设的研究课题,为企事业单位提供咨询策划服务;汇集国内外有关企业文化建设的研究成果,编辑出版企业文化建设的图书资料,提供信息服务;组织和协助企业举办有关企业文化建设的培训、讲座、观摩和其他服务活动;组织企业界与新闻、文艺等社会各界的交流和联谊活动;办好《企业政工与文化》会刊。

甘肃企业文化建设协会坚持继承、借鉴、创新、实践的原则,加强企业文化的理论研究和实践活动。每年与甘肃职工思想政治工作研究会联合下发文件,安排部署重点研究课题、重点工作和活动,在两年一次的年会上对优秀研究成果予以表彰。在会刊《企业政工与文化》上对企业文化建设方面的最新理论研究成果和实践经验及时进行介绍。宣传推广企业建设企业文化、塑造企业精神的经验和做法,推荐选送一些好的企业典型,参加全国企业文化建设的相关会议。认真组织召开年会,并组织培训、考察活动,学习借鉴外地经验,提高工作水平;已召开年会四次,有近千人参加了培训、考察活动。

【上海市卫生文化建设协会】 "上海市卫生文化建设协会"是在"上海市卫生系统思想政治工作研究会"的基础上于1997年8月成立的。

上海市卫生文化建设协会是上海市企业文化研究会的团体会员,挂靠上海市卫生局党委,业务主管为上海市卫生局党委宣传处。宗旨是以马列主义、毛泽东思想、邓小平理论、"三个代表"重要思想为指导,遵守中华人民共和国宪法、法律、法规和国家政策,遵守社会主义道德风尚。围绕党的中心工作,联系卫生行业的实际,遵循解放思想、实事求是的思想路线,探索医院文化建设及思想政治工作的规律,适应卫生系统两个文明建设的需要,为医疗卫生改革开放发展作贡献。

上海市卫生文化建设协会的主要任务是:坚持党的基本路线,紧密结合党的中心任务和卫生改革的实际,组织对医院文化的理论研究,总结、交流医院文化建设的实践经验;举办思想政治工作和医院文化建设的各类专题研讨会及讲座等;组织课题研究,推广研究成果;广泛加强对外联系,学习、借鉴各省市的经验,服务于改革、服务于基层。

上海市卫生文化建设协会设会长、副会长、秘书长、秘书处,拥有90个团体会员单位。包括复旦大学、同济大学及各医科大学附属医院、各区县卫生系统、企事业职工医院、部队医院及市局属各医疗卫生单位。会员单位遍及上海卫生系统。

协会采取多种形式深入基层,深入实际,深入群众,积极开展调研,组织对各种课题的研究,撰写出一批具有实用性、探索性、有一定影响的论文或课题报告。如"让窗口亮起来"、"把目标定在合格上"、"上海医院文化建设的回顾和思考"等文章,都对卫生系统的精神文明建设和医院文化建设起到良好的指导作用。上海仁济医院、公利医院、太平洋口腔医院等被评为全国卫生系统医院文化建设先进单位。在总结医院文化建设的实践基础上拟定了可操作的"医院文化建设状况评估"的考核标准。

【辽宁省营销文化研究会】 辽宁省营销文化研究会是经辽宁省民政厅批准于2002年7月成立的社团

组织(原名辽宁省营销科学研究会)。该会接受业务主管单位辽宁省社会科学界联合会和辽宁省民政厅社团管理处的业务指导和监督管理。会长:高立胜;副会长:张绍和、马杰、李燕、罗阳、张殿华、陈广源、范业忠、钱之荣、李永振、王景明、马晓红、唐旭天。秘书长:刘福成。

宗旨:以马列主义、毛泽东思想、邓小平理论和“三个代表”重要思想为指导,坚持党的基本路线,发扬理论联实际的学风,致力于辽宁省营销文化理论与实践的现状与发展的研究。遵守宪法、法律、法规和国家政策,遵守社会道德风尚。

主要任务:组织会员开展营销文化理论与实践研究活动,包括品牌文化、服务文化、商业文化和企业文化建设的研究和应用。定期提出研究课题和研究要点,组织召开研究成果发布会,专题研讨会和经验交流会,评选表彰优秀研究成果,并向社会以及有关领导部门推荐。组织会员围绕营销文化和企业文化的状况进行调查研究,总结具有先进营销文化理念与显著经营业绩的企业和企业经营者的成功经验,培养和树立先进典型。帮助企业从营销文化和企业文化的战略高度对于企业的营销实践经验进行理论概括和科学论证以及专业的咨询策划。收集整理国内外营销文化、企业文化及经济文化的研究成果和有关信息,开展营销文化和企业文化的信息咨询服务活动,组织会员到国内外企业文化理论与实践发达的地区进行学习考察,组织编著营销文化的著作、培训教材、学术文章以及编发内部通讯等,宣传和普及营销文化和企业文化知识。

研究会成立以来,组织了多种形式的活动,开展3次大型研讨会,举办了6次研讨班和报告会,有数百人参加了研讨和学习。在沈阳新光集团召开了“学习贯彻十六大精神报告会”,邀请了党的十六大代表作了传达报告;与沈阳市企业文化研究会共同召开了“辽宁省暨沈阳市企业文化建设现场交流会”,交流了沈阳舒丽雅集团公司从制造优质产品,实施一流服务,不断学习和走共存共赢之路,打造强势品牌文化的经验;召开了“辽宁省桓仁企业文化建设现场会,交流了5家企业的企业文化建设经验;与省企业工委、《中国企业报》驻辽宁记者站在大连市联合举办了“企业文化高层论坛”等。

【黑龙江省卫生文化协会】 黑龙江省卫生文化协会成立于2002年11月,是经黑龙江省民政厅注册登记的省级学术团体,主管部门为黑龙江省卫生厅。有团体会员112个,个人会员128名,理事156名,常务理事74名,由一位省委副书记兼任名誉会长,卫生厅党组书记、厅长兼任会长。设常务副会长1名,副会长8名,秘书长1名,副秘书长2名。协会办公室设在省卫生厅机关党委。

宗旨:以“三个代表”重要思想为指导,团结个人会员、单位会员,以及有志于卫生文化建设的人士,共同促进黑龙江省卫生文化建设的开展,提高卫生队伍整体素质和全行业管理水平,为促进卫生改革与事业发展,为全省人民健康做出贡献。

主要任务:组织、协调、指导全省卫生文化建设;进行卫生形象设计和卫生文化建设的宣传、咨询、服务;组织卫生文化建设理论研究、课题攻关、学术研讨、信息交流,进行成果评审;总结、推广全省卫生文化建设的新方法、新成果及典型经验;支持与保护卫生文化建设中的新方法、新理论和新成果,依法保护物质文化与精神文化的知识产权;调查了解卫生队伍现状,积极向政府提出建设性意见;承办卫生行政部门委托交办的相关工作。

协会成立了组织工作委员会、文化产业委员会、学术工作委员会等三个专业委员会,明确了各自的职能和分工,各工作委员会按照分管的工作职能开展活动。组织召开了全省卫生系统“讲文明、强素质、树形象”先进事迹报告会。把先进事迹报告团中的10个先进集体与个人的事迹材料及有关文件和领导讲话选编成书,供全系统广大卫生人员学习使用。组织各团体会员单位的专兼职政工干部,积极参加“中国医院文化论坛”暨征文活动;组织参加卫生部召开的对台工作会议;各团体会员单位的文化协会组织协同党政部门组织专兼职政工干部队伍参加“三个代表”培训班,卫生文化协会工作逐步深入开展。

【沈阳市企业文化研究会】 沈阳市企业文化研究会成立于1996年6月,是经沈阳市社会团体管理办公室批准成立的学术性群众团体,主管单位:沈阳市社会科学界联合会。挂靠单位:沈阳广播电视大学。该会是中国企业文化研究会的团体会员,与全国各省市企业文化学会具有广泛的资讯交往。

学会有80多个团体会员单位、个人会员40余人。会长:高立胜;副会长:杨洪浩、郭廷建、王富家、苏士印、宋贤君、张春风、马晓红、李书训、李燕;秘书长:刘金晔。

宗旨:以马列主义、毛泽东思想、邓小平理论和“三个代表”重要思想为指导,以理论联系实际为指导原则,组织本会会员学习、研究和交流企业文化建设的经验,为沈阳市改革开放和经济社会发展服务。全心全意为企业服务,成为学习的平台,交流的园地,交友的沙龙;学会精神:诚信、合作、学习、创新,学会口号:志同道合,携手共进。

主要活动方式和任务:举办各种形式的企业文化理论研讨活动,组织交流、学习和考察企业文化建设先进经验;为会员单位企业文化建设提供理论咨询与策划服务;提出研究课题并评选和表彰优秀研究成果;组织集体攻关和个人攻关,并适时召开研究成果发布会,评选和表彰优秀研究成果,并向社会和有关部门进行推荐;评选和表彰沈阳市企业文化建设先进单位。

研究会成立以来,组织了多种形式的活动,开展了12次大型研讨会,举办20多次研讨班和报告会,有数千人参加。学会召开的“沈阳市海天家装服务文化研讨会”等,取得了良好的社会反响。研究会坚持理论与实践相结合的原则,组织专家学者为10多家大中型企业进行了咨询和策划活动。曾帮助沈阳市香雪面粉股份有限公司导入CS(顾客满意)战略,协助沈阳市舒丽雅集团加强品牌文化建设,为海天家庭装修公司、沈阳一运实业有限责任公司等单位进行企业文化咨询策划,都取得了良好的经济效益和社会效益。研究会还发动各会员单位在总结本单位企业文化建设经验的基础上,撰写企业文化论文,促进了企业文化理论研究的发展。

【大连市企业文化研究会】 大连市企业文化研究会成立于1994年11月。主管部门:大连市社会科学联合会,注册登记部门:大连市民政局。

宗旨:通过不懈的企业文化理论研究和实践探索,把中国优秀传统文化与现代文化相结合,走出一条具有中国特色企业文化建设新路子,全心全意为企业文化建设服务,为国家和社会服务。

主要任务：组建企业文化理论研究和企业文化建设网络；组织企业文化研讨活动，创建企业文化活动体系；创建企业文化学术体系和理论框架；开展企业文化设计，为企业文化建设服务；开展企业文化基本理论和基本知识的宣传贯彻工作，组织报告会等活动；贯彻中国企业文化研究会精神，全面开展各项企业文化工作；编辑书刊、报纸，总结企业文化管理经验。

名誉会长：李永金、汤闯，会长：钟祥斌。

主要活动：1988 年 7 月策划举办了全国首次企业文化研讨会。国内著名专家学者与会，中央各大报刊予以报道，会后结集出版《企业文化探索》一书，在全国产生很大反响。1995 年 8 月组织召开了"大连市企业文化建设经验交流会"，原中纪委书记、中国企业文化研究会会长韩天石参加会议，并为大连市企业文化研究会题词："建设企业文化，促进经济发展"。1999 年初至岁尾与大连日报、成园山庄联办面向全国的企业文化建设征文，海尔、华西集团等中国著名企业领导相继撰稿，共发表文章 50 余篇。1999 年 8 月策划举办了全国"企业文化与环境保护研讨会"，来自全国各地企业界和理论界代表 50 余人参加会议，中国企业文化研究会理事长胡平应邀参加会议并作报告。多次开展企业文化报告会和理论研讨活动，由会长钟祥斌编著了《企业文化模式》、《顺达文化》、《企业文化设计》等 10 余部具有较高水平的著作和理论文章。积极开展企业文化设计工作，先后为大连万达集团、大连石油化工公司有机合成厂、大连铁道有限责任公司、东北电力集团第二工程公司等企业进行了企业文化设计。

【青岛市企业文化协会】 青岛市企业文化协会成立于 1994 年 3 月。主管部门：青岛市社会科学界联合会；挂靠单位：青岛市委宣传部；注册登记部门：青岛民间组织管理局。协会坚持以马列主义、毛泽东思想、邓小平理论和"三个代表"重要思想为指导，以建立社会主义现代化国际城市为目标，把企业文化建设摆在发展市场经济、加强企业管理的重要位置，紧紧围绕市委、市政府名牌战略和经济国际化战略实施，以海尔、海信、青啤、双星、澳柯玛等全国名牌企业为龙头，采取"三引导、三结合"的有利措施，坚持不懈地抓好企业文化建设，实现企业两个文明建设的协调发展，为提升城市整体形象和综合竞争力，推动全市经济持续快速发展和社会全面进步发挥重要作用。

抓好"三引导"，强化服务，确保企业文化建设健康有序发展。一是加强理论引导，扫清企业文化建设过程中的思想障碍；二是加强咨询引导，探讨推进企业文化建设的有效途径和方法；三是加强典型引导，发挥先进典型的示范带动作用。

搞好"三结合"，优势互补，整体推进企业文化建设。一是坚持与实施经济发展战略相结合，突出企业文化建设的先进性；二是坚持与强化企业管理相结合，提高企业文化建设的实效性；三是坚持与思想政治工作的改进创新相结合，增强企业文化建设的群众性。

青岛市企业文化建设取得了明显成效。城市的形象不断提升；对全市经济的支撑拉动作用日益显著；企业规模和实力不断扩张；大企业集团参与国际分工与合作取得积极进展。

【广州企业文化协会】 广州企业文化协会成立于 1988 年 10 月。是以广州市各级、各类企事业单位为主体，吸收中央、省和外地驻穗单位参加，组织和推动企业文化建设的非营利性社团组织，具有社团法人地位。

协会宗旨：在中共广州市委的领导下，坚持马列主义、毛泽东思想、邓小平理论和"三个代表"重要思想为指导，树立和落实科学发展观，坚持党的基本路线，遵守宪法、法律、法规和国家政策，遵守社会道德风尚，紧密联系广州市改革开放和现代化建设的实践，组织开展企业文化建设工作，为全面提高职工队伍素质和促进企业物质文明、政治文明、精神文明建设服务。

协会接受中共广州市委宣传部、广州市社会科学界社团登记管理办公室的业务指导和监督管理，并与广州市思想政治工作研究会合署办公。

协会成立以来的主要活动情况：深入开展企业文化理论的研究与宣传，增强企业对企业文化的认识和理解；先后组织了数十次专题理论研讨会，举办了"建立现代企业制度与企业文化大型研讨会"、"广州名牌战略大型研讨会"和"广州企业文化建设高级研讨会"等，为广州地区的企业在企业文化建设的启动与深入发展上起到了较好的作用。深入开展企业调研，推广和树立先进企业的典型经验，起到以点带面的示范作用；协会组织专业研究队伍，深入相关企业进行调研，系统总结其在企业文化建设中所取得的成功经验，并编撰成书向外推广。现已编辑出版了《五羊－本田企业精神》《五羊－本田企业脊梁》《新大新商业文化》《迈向电信现代化》《腾飞之路》《建立亿吨大港》《合资企业的思想政治工作》《现代企业制度与企业文化》《广州企业精神》《红棉花开》《迈向新世纪的广州企业文化》《得风气之先》《广州市医药公司司志》《广州本田管理实务丛书》等企业文化专著；此外，协会通过编撰《广州企业文化年刊》《广州企业文化专刊》及其他信息资料，及时报道和推广有关企业好的经验与做法。协会每年都举办现场经验交流会，为会员单位相互学习开展研究加强合作提供渠道。通过引导和协助企业塑造企业形象、提炼企业精神，增强了企业的凝聚力与品牌知名度；多年来，协会大力加强各部门职能，充分发挥专业优势，在进行企业调查、市场调查、社会调查的基础上，适应形势发展的需要，多方引导和协助广州钢铁企业集团、五羊－本田公司、南方制碱等企业塑造富有自己特色的企业精神。同时，秉承"专业、优质、高效"的服务宗旨，协会为广州石油企业集团、五羊－本田、环卫机械设备厂、恒运集团等企业进行企业形象设计，通过策划设计企业展示中心、电视专题片、企业宣传画册等形式，展示新时期优秀企业的良好形象。通过开展各种形式的群众文化活动，丰富了企业的精神文化生活；先后组织企业参与市委、市政府主办的各类大型社会活动，如"第二届中国金鸡百花电影节"、"中国星海音乐周"、"广州各界庆祝香港回归祖国联欢夜"、"国庆 50 周年珠江新城焰火文艺晚会"、"广州各界庆祝澳门回归祖国联欢晚会"、"新千年腾龙舞珠江"、"广州－奥克兰"活动；以及中央和广州交响乐团、广东省歌舞剧院等高雅艺术的普及演出。与此同时，协会为了促进企业精神文明建设，充分发挥工人阶级在改革发展和稳定中的主力军作用，检阅我市企业文化建设的丰硕成果，展示我市广大企业的良好精神风采，从 1994 年开始，先后成功举办了五届广州企业文化节，并开展了一系列形式多样、生动活泼的文艺汇演及体育比赛。通过组织企业领导赴国内外参观考察，开阔视野，提高企业文化建设水平。

【深圳市企业文化研究会】 深圳市企业文化研究会成立于1989年1月，是深圳市国有企业开展企业文化建设的研究组织。主管单位是市委宣传部，会长李小甘，秘书长侯晓莉。

研究会重视开展广泛的调查研究活动，帮助基层单位开展企业文化建设。1999年后，完成《深圳市企业文化建设基本情况》等调研报告，协调、参加市投资管理公司、市建设投资控股公司、莱英达集团、公交集团、燃气集团等团体会员单位开展“敬业爱岗”等研讨活动，并开展基层研究会的组建工作。

研究会注重以创新开拓的精神，努力丰富企业文化研究会工作新内涵，开创企业文化研究工作的新局面。组织企业干部赴昆明、北京、青岛、杭州等地考察企业文化和社区文化建设情况。以建国50周年为契机，在市投资管理公司系统开展“我为国旗添光彩”演讲活动，选拔推荐深圳机场集团和能源集团公司，代表深圳市参加全省企业庆祝建国50周年演讲大赛，分别获得二等奖和三等奖；以建党80周年为契机，选拔推荐市石化、高速公路等公司参加全省企业纪念建党80周年演讲比赛，取得一等奖1名、二等奖2名的好成绩。

【珠海市企业文化协会】 珠海市企业文化协会成立于1995年2月，是珠海市专业从事企业文化理论探讨与研究、把企业文化理论与实践相结合、以企业文化建设促进企业两个文明建设为已任的独立社团法人组织。主管单位为珠海市文联，法人代表：邱仕周（珠海市企业文化协会秘书长）。

协会在党的路线、方针、政策和现代企业理论的指导下，以面向广大职工、服务广大企业为宗旨，独立自主地开展学术交流、经验交流、专题研讨会、报告会、学习考察以及文艺演出、企业家联谊会、企业文化节等多种活动，帮助企业导入企业文化建设工程，促进企业之间的相互沟通和联系，交流企业管理和企业文化建设先进经验，联系珠海企业界、宣传文化界和热心企业文化研究的社会各界人士为探讨现代企业理论、培训企业精神、塑造企业形象、提升企业核心竞争力、实现企业利润最大化而做出应有的贡献。

协会聘请中央政策研究室、国务院发展研究中心、中国社会科学院、中国企业文化研究会以及清华大学、复旦大学、中央财经大学、上海市生产力学会、复旦大学企业研究所等著名专家、教授为智囊团，并与格力、海尔、海信、青啤（青岛啤酒集团）、科龙、美的、TCL集团以及康佳、万科等著名企业保持密切联系，协会有团体会员200余家。

成为珠海市跨战线、跨行业，有较强实力和较大影响力的社会团体。

【沧州市企业文化研究会】 沧州市企业文化研究会是在市委宣传部领导下开展企业文化研究与活动的群众性社会团体。该会成立于1993年3月，注册登记部门为沧州市民政局。现有会员单位85个。

宗旨：以马克思列宁主义、毛泽东思想、邓小平理论和“三个代表”重要思想为指导，坚持党的基本路线，坚持先进文化的前进方向，团结企业界有志于企业文化建设的人员，共同促进企业文化建设的开展，培育和发展健康向上的企业文化；不断提高职工的思想道德素质和科学文化素质，增强企业的凝聚力和竞争力，提升企业的现代管理水平，争取更好的社会效益和经济效益。

主要任务：结合企业实际，召开综合性或专题性的企业文化理论研讨会；总结和宣传企业文化建设经验，举办有关企业文化的征文、展览活动；组织和协助企业举办有关企业文化的培训或其他活动；编辑出版有关企业文化的书籍和刊物；摄制有关企业文化的宣传品。

组织机构：该会最高权力机构为会员代表大会。会员代表大会每3年召开一次，会员代表大会选举产生理事会，理事会每年召开一次会议。会长由市常委委员、宣传部长高慕娟担任，常务副会长兼秘书长由宣传部副部长姬建民担任。副会长若干名。

【鞍山市企业文化研究会】 本届鞍山市企业文化研究会是于1999年12月24日召开的会员代表大会选举产生的。原市委常委、市总工会主席范业忠当选为理事长，市政府办公厅副主任张继华等9位同志当选为副理事长，有常务理事34人，理事91人。截至2003年末，有会员132个（其中个人会员70人）主管单位是鞍山市政府办公厅。

研究会的宗旨：为企业文化建设服务，为鞍山经济发展服务。主要工作任务是研究企业文化理论，普及企业文化知识，传递企业文化信息，交流企业文化经验。

4年多来，征集研讨会文章266篇，达90万字，平均每年召开2～3次企业文化理论与实践研讨会；出版会刊《企业文化研究》28期，开辟265个栏目，刊登有关企业文化方面的文章436篇，约110多万字；帮助企业总结25个典型经验，召开一次全市性企业文化建设经验交流会，有4个典型推荐给中国企业文化研究会召开的全国性会议上交流，有10个单位被中国企业文化研究会评为企业文化“建设实践奖”；为企业培训企业文化工作者60多人，有理论骨干110多人，其中副教授（副高）以上专家学者26名；于2002年8月承办了由中国企业文化研究会召开的“WTO挑战与中国企业文化应对研讨会”。

研究会的工作得到上级组织和相关单位的认可，曾先后两次被中国企业文化研究会评为“创新实践奖”和“组织推动奖”；两次被辽宁省社科联评为“先进学会”；两次被市民政局评为“先进社团”和“示范社团”；两次被市社科联评为“标杆单位”和“标兵学会”。

【辽宁省本溪市企业文化建设协会】

2001年11月，辽宁省本溪市企业文化建设协会经辽宁省本溪市民政局正式批准注册登记，是具有法人资格的地方性学术团体。协会名誉会长为陈继壮、于天忱、赵铁林、郑广良、李宝权；会长为钱之荣；副会长为陈广源、王岳廷；秘书长由陈广源兼任。

协会有会员单位190余个。

宗旨：以马列主义、毛泽东思想、邓小平理论和“三个代表”重要思想为指导，以促进企业现代管理和先进文化建设为目标，团结企业界、理论界和其他有志之士，共同推进本溪企业文化建设的发展。主要职责：开展企业文化研讨活动，推广理论研究成果；举办企业文化培训，普及企业文化知识，培养企业文化建设骨干；开展咨询服务，办好企业文化简报，及时准确地传递企业文化信息；总结交流企业文化建设经验，指导企事业单位开展企业文化建设活动；指导企事业单位进行企业文化策划，帮助企业树立良好的整体形象；组织企事业单位开展群众性的文化活动；开展企业家联谊活动，增进企业管理者的友谊与合作；为企事业单位培训文秘和新闻写作人才。

协会成立以来，采取多种形式普及企业文化知识，举行形式多样的企业文化报告会、研讨会、座谈会30多次；举办企业文化骨干培训班10余期，培训骨干600多人；组织企业领导人赴欧洲10国，香港、澳门、深圳、青岛、大连、温州等地进行学习考察；组织全市企事业单位开展企业歌曲大赛、公民道德演讲比赛；先后帮助7个单位进行企业文化策划，为20多个会员单位的中层干部及广大员工做《企业发展与企业文化》的专题辅导报告；开展调查研究，总结推广典型经验；深入70多个会员单位调查研究，指导工作，总结经验。2003年指导和帮助辽宁桓仁药业集团、辽宁实华集团、桓仁东方客运公司、辽宁桓仁人造板公司、国电桓仁发电厂5家企业总结的各具鲜明特色的企业文化建设经验，引起有关部门的重视。2003年8月，与辽宁省文明办、辽宁省社科联、辽宁省营销文化研究会联合在桓仁县召开辽宁省企业文化建设现场经验交流会，推广了桓仁企业文化优秀群体的经验；组织会员单位开展“读书兴企”活动，推动创建学习型企业活动深入开展，先后推荐了《谁动了我的奶酪》《致加西亚的信》《造就罗文》《邮差弗雷德》《第五项修炼》《第五项修炼实践篇》等畅销书，印发了《海尔企业文化手册》《我是海尔》《温州人致富探秘》等文章；开展企业文化建设成果征集，参加辽宁省首届企业文化成果评选活动。推荐成果41篇，17篇成果获一等奖、24篇成果获二等奖；开展“构建服务文化，打造服务品牌”活动。2003年初，本溪市政府提出在全市企事业中实施品牌战略。协会开展了“构建服务文化，打造服务品牌”活动，购买下发了《服务文化理论与实践》《成败大扫描》等理论书籍，围绕如何打造服务品牌，组织了两次大型理论与实际相结合的培训与研讨活动。经过企事业单位自愿申报、新闻媒体公示、考核验收、评审委员会评审认定，2003年12月，有44个企事业单位的服务品牌为“本溪市优秀服务品牌”。开展企业文化建设先进单位评选活动。经过自上而下的申报评选，企业文化建设协会常务理事会审定，评选55个单位为本溪市企业文化建设先进单位、24个单位为企业文化建设有贡献单位、5个单位为推进企业文化建设创新单位；创办企业文化简报，为企业事单位提供信息服务。定期编发协会简报19期，约40万字。受到了会员单位的普遍欢迎和好评。2003年本溪市企业文化建设协会被市、省民政部门评为“优秀社团”。

【阜新市企业文化研究会】 阜新市企业文化研究会成立于2002年9月15日，原名为阜新市经济咨询协会企业文化研究分会，2004年1月8日更名为阜新市企业文化研究会，系经阜新市民政局批准注册登记，具有法人资格的地方性学术团体。

协会宗旨是以马列主义、毛泽东思想、邓小平理论和“三个代表“重要思想为指导，通过对企业文化的研究、传播和应用，为企业经营服务，为经济发展服务。研究会业务活动是组织会员开展企业文化的研讨、讲习和咨询；组织会员参加学术及有关工作情况的交流活动，提高会员企业文化研究的理论水平和相关知识的应用能力，使之适应企业文化建设不断发展的需要，以促进阜新企业经营管理水平的提高，为阜新经济的繁荣和发展贡献力量。研究会荣誉会长魏东，名誉会长刘克勤、王金瑛、李墨、孙玉仁；会长王景明；常务副会长韩伟功；副会长唐旭天、仲维清、金榜、朱亚轩；秘书长靖晓春。研究会设有《企业文化通讯》编辑委员会、学术委员会、应用委员会、法规顾问委员会及学习委员会。

研究会自2002年9月15日成立以来，开展讲习活动11次；举办企业文化论坛2次；收看专家学者电教讲座2次；举办小型研讨会(侃谈会)10次；编发《企业文化通讯》6期，先后刊登57篇文章。此外，该会先后为三家企业提供了咨询服务、为三家企业提供了培训服务。

研究会在开展活动方面坚持简朴、实效、业余、定期的原则。活动(除为企业提供咨询、培训服务外)基本安排在公休日，并切实做到了每个月都有活动。

【吉林市企业文化研究会】 吉林市企业文化研究会成立于2002年7月。是经吉林市民政局正式批准注册，具有法人资格的社会团体。业务主管部门：中共吉林市企业工作委员会。研究会实行团体会员制。现有团体会员单位47个，常务理事64名，理事192名。研究会会长：傅万才；常务副会长(法定代表人)：付志强；秘书长：杨晓明；研究会下设理论指导委员会、活动指导委员会、秘书处。秘书处设在吉林市企业工委宣传处。

研究会宗旨：以马列主义、毛泽东思想、邓小平理论和“三个代表”重要思想为指导，坚持党的基本路线，坚持中国先进文化的前进方向，努力研究和发展具有时代特征的优秀企业文化，促进企业“两个文明”建设，促进“以德兴企”，提高企业的整体素质，增强企业的凝聚力和竞争力，使企业经济效益、社会效益同步提高，物质文明、精神文明同步发展。

研究会的主要任务：研究企业文化形成的历史、发展过程和方向；研究企业文化在企业发展中的地位和作用；研究企业文化与建立现代企业制度的关系；企业文化与市场经济的关系；企业文化与社会主义精神文明建设、职业道德建设和思想政治工作的关系等；总结、推广、传播先进企业文化经验；研究与现代企业文化发展密切相关的企业形象设计与宣传；信息、网络等现代化手段以及广播、电视等艺术形式在企业文化工作中的科学运用和作用；组织开展丰富多彩的企业文化活动，促进企业与企业、企业与社会之间各种形式的文化交流；团结企业文化工作者，提高企业文化工作者的理论水平和实践能力，促进企业文化的发展，更好地服务于经济工作；介绍传播先进的企业文化理念，推进先进文化理念在企业的应用。

吉林市企业文化研究会积极推进企业文化建设工作，组织进行企业文化建设理论研究、企业对外学习交流、优秀论文评选、出版企业文化建设专刊、组织开展“企业文化建设年”活动，树立企业文化建设样板企业、进行企业形象宣传展示活动，2003年9月，组织了以振奋精神，展示企业歌曲为主题的“企业歌声大奖赛”活动，有20多个企业代表队参加演出，企业领导带头参赛，1500名职工参加演出，收到了较好的社会效果。

【无锡市企业文化研究会】 无锡市企业

文化研究会成立于1989年11月，经无锡市民政局批准注册登记。1989年11月至2001年1月主管单位为无锡市委宣传部。2001年1月，变更为无锡市社科联。是具有法人资格的社会团体。

研究会宗旨：以马列主义、毛泽东思想、邓小平理论和“三个代表”重要思想为指导。组织企业界、理论界和热心企业文化建设事业的社会各界、共同发展企业文化建设事业。为企业开展企业文化建设，提高企业的核心竞争力服务。主要业务范围：举办企业文化讲座、培训、组织交流、研讨、开展信息咨询、企业形象策划，总结推广企业文化建设的理论成果和实践经验，编辑出版书刊，组织企业赴境外考察企业文化等等。

研究会名誉会长：（以时间先后为序）宗菊如、范燕青、周解清、王立人。会长：黄生宝。副会长：余炳源、江国良、黄宝金、徐福民、施新民、姜荣根。

研究会自1989年成立以来，开展了一系列切实有效的活动。1989年至1991年的“铸魂”工程。1991年至1995年开展“铸魂塑形”工程。先后给一汽锡柴、无锡压缩机厂、威孚集团、无锡锅炉厂、无锡光明制衣集团等企业策划企业形象，提高企业和产品的知名度、美誉度。无锡先后产生了“柴油机”、“红豆”、“华西”、“小天鹅”、“威孚”、“阳光”等一批名优产品和著名品牌。研究会还根据现实需要组织了针对性较强的专题研讨：如企业文化与思想政治工作；企业文化与企业改革，建立现代企业制度；企业文化与迎接“入世”挑战；企业文化与人力资源开发等。适时举办了“WTO”与企业文化建设论坛，来自德国、日本的企业家、无锡市的企业家、理论工作者和专家、新闻单位约150人，围绕中国企业如何参与国际经济竞争进行了精彩的演讲。2002年，协助无锡市政协完成了“培育企业文化，迎接入世挑战”的年度重点课题。2003年9月，以“学习和创新与企业文化”为主题的现场经验交流会在一汽无锡柴油机厂召开，以创建学习型企业为重点的企业文化建设在无锡全面展开。研究会还组织赴国内外进行企业文化考察。研究会与中国企业文化研究会1993年5月举行中国乡镇企业企业文化研讨会，同时，成立了中国企业文化研究会乡镇企业文化委员会，1998年9月举行了中国企业文化与企业审美文化研讨会。研究会先后组织出版了5本书籍，共200多万字。研究会与江苏省企业文化研究会联合办了《江苏企业文化》会刊。2003年8月研究会与中国企业管理无锡培训中心，江苏企业文化研究会联合组建了“江苏企业文化培训中心”。

【扬州市企业文化建设研究会】 扬州市企业文化建设研究会于1994年1月成立，它是在扬州市委、市政府领导下，为建立现代企业制度，加强企业文化建设，组织研究和交流推广企业文化理论和实践经验的群众性法人团体。该会下设企业文化工作部、企业报工作部、企业职工政校工作部、对外联络部、秘书处、《企业文化建设》编辑部等工作机构。会刊为《企业文化建设》。

【连云港市企业文化学会】 连云港市企业文化学会成立于1994年9月，系经江苏省连云港市民政局正式批准注册登记，具有法人资格的社团。学会宗旨是以马列主义、毛泽东思想、邓小平理论和“三个代表“重要思想为指导，团结企业界、理论界和社会各界有志于推动企业文化理论研究和实践的人士，共同促进企业文化建设，提高企业的整体素质，增强企业的凝聚力和竞争力，从而保证企业持续发展，不断提高经济效益和社会效益，实现精神、物质两个文明双丰收。

学会主要任务和工作是不断配合和协助企业会员探索建设中国特色企业文化的有效途径，通过举办各类企业文化研讨会、培训、咨询、交流、评比、考察和编辑出版企业文化内刊、专集等活动和形式，10年来累计发表500余万字文章；先后多次被评为连云港市先进社团、全国企业文化实践创新奖。

学会名誉会长：吴加庆（市委常委、宣传部长）、施炎（副部长）、朱泰曾（市人大常委会副主任）、纽永樑（市政协副主席）；学会会长李万来、副会长侍述明、赵凤刚、彭维友、陈国兴、徐寿可、蒯天、张国良、张尧成、学会荣誉会长曹寿田。

学会成立以来，以各种形式召开全市性研讨会20余次、举办100余次研修班和报告会，组织4000余人次进行企业文化观摩、学习和交流，受中国企业文化研究会委托在连云港举行中国企业文化研究会第四届理事大会。学会先后出版《连云港企业文化》《企业文化实践手册》大型专著，每月向全体理事寄送《连云港企业文化简报》及内刊等资料。

学会目前已吸纳全市80%以上大中型企业为会员，已发展400余名理事。近年来，为了适应民营经济的发展，会员成份不断向民营企业拓展。学会坚持“动文化之力，活企业之脉，献至诚至爱，创卓越社团”的学会理念，奉行全心全意为企业服务的宗旨，不断推出新的学术研究课题、学习内容和服务形式，深入企业对会员近行全方位服务。学会始终站在理论研究的前沿，指导会员单位的企业文化理论学习研究和实践。先后提出了：企业文化是一门新兴的企业管理哲学，企业文化可以形成企业核心竞争力，应塑造和培育学习型的企业文化重要论点。

【嘉兴市企业文化研究会】 嘉兴市企业文化研究会成立于1989年。该会的宗旨是坚持党的基本路线，研究探索市场经济条件下的企业文化特点、规律，积极推动地区企业文化建设，为企业实现现代化管理，提高物质文明和精神文明建设水平，提高企业知名度服务。

近几年来，研究会主要开展以下工作：组织培训各类人才；组织企业管理人员国内外考察；组织企业开展精神文明建设系列活动；组织大型摄影图片展示等文化活动；每月编辑《企业文化简讯》。

研究会办事机构为秘书处，下设理论部、发展部、服务部、广联 公司等部门、单位。

【淄博市企业文化协会】 淄博市企业文化协会是在市委领导和市委宣传部的指导下，以全市大中型骨干企业为主体，探索、研究和传播企业文化理论与实践经验的群众性学术团体，于1989年4月正式成立。

协会自成立以来，牢牢把握“提高职工素质、增强企业凝聚力、全面促进企业发展”的宗旨，开展了丰富多彩的活动。每年年初召开协会年会，总结、部署企业文化建设工作；召开（参加）经验交流会或现场会，总结推广企业文化建设的经验，举办企业文化建设理论研讨会，促进了理论研究与实践经验的相互结合、相互提高；举办企业文化培训班，走出去学习先进经验，请进来讲授高层次的理论知识；下发文件有效地指导基层工作的开展。企业文化协会多次被市社联评为优秀学会。

【临沂市企业文化协会】 临沂市企业文化协会成立于1994年4月,系经临沂市民政局注册登记,具有法人资格的社团组织,隶属于市文联主管。协会以"真诚敬业、文化报国"为理念,以"建设企业文化、塑造企业形象、开发精神力量、推动经济发展"为宗旨,以创建现代企业文化、交流先进经验、导入企业文化、培训文化人才、开展咨询服务、编辑出版企业文化报刊等为主要任务,始终坚持高起点、高标准、高质量的原则,及时、直接、优质、高效地开展工作。会员单位162个,理事158人(其中常务理事52人),专(兼)职工作人员10人。协会成立以来,主要做了以下工作:

首先,内抓培训,外抓宣传。一是采取邀请省内外专家来临辅导、与南京理工大学合作举办研究生进修班、举办企业形象高级研修班等形式,每年培训骨干500人次以上;二是利用内部刊物及新闻媒介设置专栏,普及企业文化知识;三是分期组织企业骨干200余人次赴上海、成都、深圳、广州等地参观学习。协会定期召开年会,并开展了临沂企业文化迎春笔会、临沂市"学习的革命"大型主题展览等18项群众性活动。其次,发挥自身优势,导入企业形象策划与宣传,提升企业文化品位。10年来,组织制作了高质量的企划案26个,其中,为临沂工程机械集团进行CI战略策划,出版了《临工CI手册》,助其股票顺利上市;"临沂新视觉"企业形象展示广告在《工人日报》刊登;为临沂天元集团进行形象策划与宣传等,均产生良好影响,促进了临沂经济的发展。同时,协会注重策划实施后的服务与调研,对临沂真情集团进行跟踪服务;再次,深入基层调研,总结推广典型,巩固企业文化建设成果,先后深入兰陵集团、临沂针织厂、铁十四局四处、临沂陶瓷集团总公司等16家企业进行调查研究,写出有深度的文章,在内部刊物《企业文化建设通讯》上发表交流。协会还先后举办大型学术研讨活动4次、大型调研活动12次,参与组织全国性学术活动3次,其研究成果获国家级奖励6项、省级奖21项、市级奖136项,其中《区域性企业文化建设的实践与思考》一文获全国优秀研究成果一等奖;第四,积极编写学术著作,促进和指导企业文化建设。先后出版了《当代沂蒙》《企业思想政治工作新探》《新经验-新成果-新探求》《企业改革与企业发展》等13种书籍,协会参与主编了《中国企业文化大辞典》《中国企业形象大典》两部鸿篇巨著,是我国企业文化方面较权威和系统的大型工具书。

【章丘市企业文化研究会】 章丘市企业文化研究会于2002年4月正式成立。业务主管部门章丘市文体局,在章丘市民政局登记注册。

宗旨:以马列主义、毛泽东思想、邓小平理论和"三个代表"重要思想为指导,团结企业界和有志于企业文化建设的人员,共同促进章丘市不同所有制企业中企业文化建设的开展,不断总结企业文化建设的经验,逐步形成具有特色的企业文化,提高企业的经营管理素质,增强企业的凝聚力和核心竞争力,从而提高企业的经济效益,社会效益,促进物质文明和精神文明的同步发展。

主要任务:召开综合性专题性的企业文化研讨会,举办企业文化学术交流活动;承接政府部门,科研单位和企业委托的有关企业文化的研究课题;协助企业研究、总结、论证,宣传企业文化建设的成就和经验。汇集全市有关企业文化研究成果和资料,提供文化艺术咨询服务;举办有关企业文化的征文、展赛活动;组织和协助企业举办有关企业文化的策划、培训或其他活动;编辑出版有关企业文化的书籍、报刊;承接企业的委托,摄制有关企业文化的影视作品,宣传企业文化建设的成果;组织企业家与新闻界、文化艺术界的联谊活动,组织企业家考察;推动"以德治市",涵养人文环境,为招商引资创造条件;引进、培养、输送经营管理人才,开发人力资源,促进全市经济和社会事业的发展。

组织机构:研究会最高权力机构为会员代表大会。研究会会长:李万百;名誉会长:陈先运、王道忠、李文秀、张振彪、巩宪群;副会长:王成博、韩军、部先峰、张一林、石建忠、张跃、高建岭、孟祥村、方润刚、李永谦。研究会下设秘书处、信息部、策划部、培训部、编辑部。

研究会成立以来主要活动:邀请国内从事企业文化研究的专家讲课,培训人数1500人次以上;2003年4月举办了"章丘市企业文化建设经验交流会"。2003年6月,与市委宣传部、《章丘日报》三方共同组织了"东风杯"企业文化征文活动并对先进单位优秀论文进行了表彰。几年来,为海南圣泉集团股份有限公司、济南明水化肥厂、章丘东风煤炭集团公司等单位作了企业文化策划、咨询工作;2004年编辑出版了《章丘企业文化》专刊。

【威海市企业文化研究会】 威海市企业文化研究会成立于2003年12月,业务主管是威海市社会科学联合会。注册登记:威海市民政局。法定代表人:谷祖敏(秘书长)。

威海市企业文化研究会以推动和促进全市企业文化的建设和创新为宗旨,以研讨、传播和咨询、策划服务为方向,为本地企事业的成长与发展提供文化信息和智力支持。价值取向是:合作、互惠、多赢,与企业共进步,为社会尽奉献。理念是:文化开新,诚信致远;以不息为体,以日新为道。远景是:与会员共建学习型组织,协助会员单位建成以战略支持型企业文化领航的现代强企。研究会以学习型、实践性、服务性为理性选择,以桥梁架构、知识传播、应用策划为实物通路,把"入乎其内,出入其外"视为修炼化境。

会刊:《文化视野》,双月刊,内部赠阅

【荆州市企业文化研究会】 荆州市企业文化研究会成立于1998年2月,隶属荆州市社会科学联合会,是经省市民政部门正式批准登记注册并具有法人资格的全市性学术社团,现有团体会员1000家,个人会员2000余人;系中国企业文化研究会团体会员单位。

荆州市企业文化研究会是荆州市工商企业界自发组织起来的学会组织,旨在提高企业知名度,活跃企业文化生活,树立企业整体形象,创造企业文化研究氛围,为企业职工提供施展才华、自我发展的机遇,提供文学创作和新闻协作的园地;加强精神文明建设,推动企业两个文明建设向纵深发展。研究会的宗旨是:探讨企业文化理论,沟通企业文化信息,摸索企业文化建设经验,指导企业文化建设实践;以期达到"文化搭台、经济唱戏、企业文化服务企业"之目的。

研究会名誉会长刘柏芳;执行会长佃维胜;常务副会长张

茂立、龚家龙;副会长刘维汉、王洪运等15人;秘书长为周士国。顾问为刘光明、孟凡驰、赵亚平、陈立洲、杨玉华、易法新、莫大斌、赵萍等。

研究会下设秘书处、《企业文化》会刊编辑部、CIS策划部;现有专职工作人员5人。

研究会成立5年来,先后开展了30多次较大规模的企业文化交流、研讨和宣传展示活动,受到社会各界好评。先后为湖北新星建材集团、湖北永盛事业集团、湖北智源高科技发展有限公司、湖北南大高龙饲料有限公司、湖北省畜牧良种场、荆州电力局修试分局、荆州市工交总公司、荆州市农村信联社、沙市自来水总公司等20多家企业提供了CIS、CS创意设计、企业整体形象策划、企业歌曲创作、企业形象电视专题片的拍摄与制作;研究会先后有20多位会员的学术论文论著在国家级、省部级刊物(出版社)发表或出版。5年来,研究会会刊《企业文化》办"理论园地"30多期,发表企业文化理论文章近200篇,其中有20多篇先后被《中外企业文化》《企业文化》《企业导报》《企业文化动态》等国家级刊物转载,并有多篇在省内获奖。

【台州市企业文化协会】 台州市企业文化协会成立于2003年9月,系经民政部门正式批准注册登记、具有法人资格的学术团体。

协会宗旨是以马列主义、毛泽东思想、邓小平理论和"三个代表"重要思想为指导,团结企业界、理论界和其他有志于企业文化建设的人士,共同促进台州市企业文化建设的开展,提高企业的整体素质,增强企业的凝聚力和竞争力,从而促进企业的经济效益、社会效益,促进物质文明和精神文明建设的同步发展。

协会主要任务是协助企业探索建设企业文化的有效途径,总结独具特色的企业文化建设经验,召开各类企业文化研讨会;编辑出版企业文化书刊、报纸;组织企业文化交流;举办企业文化培训;开展咨询服务,组织企业文化信息交流以及其他有助于推动企业文化建设和为会员服务的各种活动。

协会名誉理事长为王中苏;理事长为李一;常务理事长为叶习义、叶仙玉、李建国、阮积祥、何小燕、张春雷、周夏龙、郑秀德、郭敏龙、黄利日;秘书长为包丽琴;顾问为李万来。研究会下设秘书处、会员部、企业文化建设部、培训部、策划部、咨询部。

【江苏企业文化培训中心】 江苏企业文化培训中心是2003年8月由中国企业管理无锡培训中心向江苏省企业文化研究会提议共同组建,经江苏省企业文化研究会同意,由江苏省企业文化研究会、中国企业管理无锡培训中心、无锡市企业文化研究会联合组建的。由中国企业管理无锡培训中心承担日常的教育管理业务。中国企业管理无锡培训中心是经审定的具有国家级资质的专业培训机构,是国务院发展研究中心所属的重要培训基地,具有全国大型企业经营者工商管理培训资格;具有江苏省外事办审定批准的聘请外国专家资格,常年聘请外籍教师授课,是培训高层次经营管理人才的教育培训单位。

中心位于无锡市太湖风景区五蠡湖南畔,有一支长于教学管理,精于咨询策划的教师队伍,专业和学科较为齐全,尤其企业管理、企业文化、外经贸、英语和计算机等学科已形成优势。

中心面向企业、面向社会、举办全国厂长统考,厂长、总经理岗位培训,中青年后备干部培训,工商管理培训,外向型经济管理培训,包括研究生教育在内各种学历教育等。并不断拓宽办学渠道,已培训各类人才12000余人。中心并常年聘请国内外学者、专家教授和企业家来授课。中心积极与境外高等院校联合开办多层次的培训班。教育培训工作多次得到国家省市领导的表扬,受到学员的好评。中共中央总书记胡锦涛曾给中心寄来贺信,对中心的教育培训工作给予高度评价。

【武汉市卫生文化研究会】 武汉市卫生文化研究会成立于1992年,是经武汉市民政局注册登记的市级学术团体,主管部门为武汉市委宣传部。其宗旨是在马列主义、毛泽东思想、邓小平理论和"三个代表"重要思想的指导下,按照社会主义市场经济的客观要求,紧密联系卫生改革和事业发展的实际,从理论上开展卫生文化研究,从实践上探索卫生文化的运作方式及规律,开展文化建设活动,促进武汉市卫生事业的快速发展,为人民的健康服务。其主要任务是:研究文化建设的工作目标及任务,讨论会员提出的重大提案和建议,培养和凝炼有较强凝聚力的群体价值观念,促进卫生系统精神文明和物质文明建设的协调发展;组织各分会研究和探索在社会主义市场经济条件下卫生文化建设的特点、运行方式和规律,总结交流卫生文化建设的工作经验、信息和成果;组织开展卫生文化建设的各项活动,推广研究成果的广泛应用;表彰和奖励在卫生文化建设研究和实践活动中做出显著成绩的集体和个人,奖励优秀研究成果。研究会拥有武汉地区44家医疗卫生团体会员单位,组织机构设名誉会长、会长、副会长、秘书长、常务理事、理事。现任社团领导为武汉市卫生局党委书记张建华。

武汉市卫生文化研究会成立后,制定了加强武汉市卫生文化建设的实施意见及实施细则等系列文件,凝炼了"开拓进取、奋发向上、服务优良、团结和谐、行风端正"的20字群体价值观念;提出了把各单位建成基本设施完备、内外环境和谐、服务技术精湛、工作质量优良、业余生活丰富的文明单位的奋斗目标,促进了武汉市医疗卫生单位的建设和发展。连续开展了8届白求恩新风杯竞赛活动,开展了"讲文明、树新风"等卫生文化建设的各项活动,促进了全市卫生系统服务观念、服务模式、服务结构及管理思想的转变。建成了一批品牌单位和科室。市儿童医院被授予全国百佳医院,市卫生防疫站被授予全国卫生系统先进单位,市四医院肿瘤科被授予全国青年文明号,每年评选一批优质服务示范单位、示范岗位和"十佳医务工作者",促进了医疗卫生服务质量和职工整体素质的提高。加快卫生基础设施建设,按照卫生文化建设实施意见中提出的奋斗目标和要求,建成了一批内外环境美化,整体布局和谐,配套设施完善的花园式单位。编写了《医院文化读物丛书·组织文化》一书及《医院管理学·医院文化分册》中的部分章节。研究会卫生文化建设经验曾在全国卫生系统进行交流,卫生文化建设理论探索取得了一定的成果。

四、中国企业文化建设大事记摘要

1984 年

8月，中国机械工业职工思想政治工作研究会成立，亦称中国机械产业文化协会。

12月，上海市企业文化研究会成立。（2003年经上海市社团管理局批准，更名为上海市企业文化促进会。）

1986 年

10月，中国建设职工思想政治工作研究会（中国建设企业文化建设协会）成立。

1987 年

8月，四川省企业文化学会成立。

1988 年

7月，全国首次企业文化专题研讨会在大连召开。与会专家学者、企业家对企业文化的内涵、功能及作用进行了广泛讨论。会后出版了《企业文化探索》一书。1988年7月30日人民日报以《一次以企业界为主的文化研讨会在大连举行——企业文化开始受重视》为题进行了报道，在全国产生了很大反响。

9月，中国水利宣传文化建设协会（中国水利职工思想政治工作研究会）成立。

9月20～24日，在中国企业家协会的支持下，由中国企业管理无锡培训中心（现江苏企业文化培训中心）、北京经济委员会、上海财经大学、江苏省技术经济现代化研究所主办的"1988年企业文化与管理创新研讨会"在无锡召开。来自全国各地的正式代表112名，演讲、交流论文64篇。会议论证了企业文化与创新的关系。

10月，广州企业文化协会成立。

11月，中国企业文化研究会成立。11月23～27日，中国东方文化研究会、北京大学《国外文学》编辑部、中国企业管理协会研究部、中国民办科技实业家协会、中国乡镇企业家研究会、广州软科学研究所、北京市社科院《城市问题》编辑部等7个单位在北京共同发起召开了"企业文化理论与实践研讨会"。出席会议的有来自全国17个省市80多个单位的百余名代表，其中有国有企业、集体企业、民办企业、个体企业的厂长、经理以及教育界、理论界的专家学者。中顾委委员黄华、李昌及郑必坚、于庆和、杨海波、沙洪、李宝恒、沙叶、张学书等有关方面的领导出席了会议。中顾委常委李德生派代表参加了会议。原中纪委书记、中顾委委员韩天石主持会议并作了题为"企业文化与企业发展"的主题报告。原北京市人大常委会副主任、市顾委常委张大中致开幕词，指出"企业文化是一个开创性的事业"。李昌、于庆和作了大会发言，著名经济学家厉以宁作了题为"企业改革与企业文化建设"的学术报告。大会共收到学术论文60余篇。在与会代表的共同呼吁下，会议经过充分酝酿、协商，成立了"中国企业文化研究会"，选举韩天石为理事长，张大中为常务副理事长，张同舟、于庆和、厉以宁、陆嘉玉等27人为副理事长，98人被选为常务理事、理事。张同舟兼秘书长。会后，中国企业文化研究会召开了第一届一次理事会，常务副理事长张大中就本会近期的工作任务作了说明。

11月，浙江省企业文化研究会成立。

12月，山东省企业文化学会成立。

1989 年

1月5～6日，广东省企业文化协会在广东大厦举行成立大会，中国企业文化研究会理事长韩天石出席了会议，代表中国企业文化研究会向大会致贺词并作了关于企业文化问题的报告。

1月8日，浙江省舟山市企业文化研究会成立。

1月13日，深圳市企业文化研究会举行成立大会，中国企业文化研究会理事长韩天石到会祝贺，并作了关于企业文化问题的讲话。

1月22日，中国国际广播电台、国际广播出版社、中国书法家协会、首都企业家俱乐部在京联合召开"首都企业文化建设座谈会"，中国企业文化研究会常务副理事长张大中应邀出席了会议，并作了关于企业文化的专题发言。

3月7～10日，中国企业文化研究会与北京市委宣传部和工业部、市企业党委书记联谊会、首都企业家俱乐部、中国人民大学伦理所共同举办"企业文化研讨会"。北京市16家大中型企业的厂长、书记及首都部分理论、新闻工作者共40余人出席了会议。理事长韩天石在会上介绍了全国企业文化建设的情况。管益忻、许启贤、戴扬毅、王伟等理论工作者分别就企业价值观、日本企业文化、美国管理理论的发展过程发言。北京电视机厂、北京制药厂、燕化公司、四通公司分别介绍了本单位企业文化建设的做法和今后打算。北京市委常委、宣传部长李志坚到会并讲话。中国企业文化研究会常务副理事长张大中就会上大家普遍关心的问题作了总结发言。

3月中旬，中国企业文化研究会与中国工人出版社合作，编辑出版了企业文化系列丛书。袁宝华、韩天石、朱厚泽、汤一介等为编委会顾问，厉以宁为主编，程路、陆嘉玉、黄河涛等为副主编。企业文化丛书共出四辑：第一辑为《企业文化指南》，主编时立军；第二辑《企业文化理论与实践》，主编陆嘉玉、姚秉彦；第三辑《冲出困境——走向现代化管理的企业文化》，主编黄河涛；第四辑《赢得信任——塑造企业良好形象》，主编徐洪烈、袁玉兰等。这套丛书是我国出版发行较早的企业文化系列丛书，对推动我国企业文化建设发挥了积极的作用。

4月1日，中国企业文化研究会正式编辑发行《中国企业文化研究会简讯》。

4月3~5日，山东省淄博市企业文化研究会正式成立，中国企业文化研究会副理事长兼秘书长张同舟、副理事长兼副秘书长陆嘉玉应邀出席并代表研究会致贺词。

4月20日，《人民日报》与《浙江青年报》联合在浙江省绍兴市召开企业文化研讨会，中国企业文化研究会副理事长兼副秘书长陆嘉玉到会祝贺，并在会上作了发言。

4月17~28日，中国企业文化研究会培训部在北京大学举办了首届全国“企业文化讲习班”。来自全国各地企事业单位的60余名学员参加。北京大学著名学者厉以宁等授课。中国企业文化研究会理事长韩天石出席了开学典礼，并就搞好企业文化建设问题讲了话。

6月19日，中国企业文化研究会与《国际商报》联合举办企业文化有奖征文活动。该项活动持续约半年，《国际商报》发表了数十篇优秀企业文化论文，并举行了颁奖活动。

8月14~24日，中国企业文化研究会培训部与山东兖石铁路临管处联合举办了全国企业文化讲习班。讲习班由研究会副理事长兼副秘书长陆嘉玉主持，淄博市委副书记时立军出席了讲习班开幕式并致词。来自全国各地的120余名学员参加了讲习班。

8月中旬，中国企业文化研究会编辑发行《中国企业文化通讯》刊物。该刊物由陆嘉玉、姚秉彦担任编辑。试刊号刊登了研究会理事长韩天石就企业文化问题答工人日报记者问，题目为“企业文化是企业发展的动力”。

9月中旬，中国农民企业家研究会在北戴河召开第二次代表大会，中国企业文化研究会副理事长兼副秘书长陆嘉玉出席会议并致贺词。

10月中旬，吉林省企业文化研究会成立。中国企业文化研究会理事长韩天石、副理事长张同舟、陆嘉玉出席了会议，并致贺词。

10月，深圳市企业文化研究会编辑出版了第一期《特区企业文化》(双月刊)。

11月，无锡市企业文化研究会成立。

1990 年

1月，中国企业文化研究院举办“中国企业文化理论研究班”。国家计委、经委系统学员共13000人参加。学制二年，教学形式以电视讲座为主同时进行函授指导，学历为大学后教育。课程设置：企业文化概论、企业文化与企业形象、企业文化与企业伦理、企业文化与企业心理、企业文化与企业管理、企业文化与企业经营、企业文化与企业人际关系、企业文化环境与企业生存环境、中国文化与东亚工业模式、基督教文化与西方工业模式、中国企业文化比较研究、中美企业文化比较研究、企业广告文化学共13门课程。

5月7~10日，中国企业文化研究会与中国东方文化研究会、鞍山市政府在鞍山市联合召开“全国企业文化建设经验交流会暨一届二次理事会”。来自全国各地企业界、理论界和高等院校的代表159人出席了会议。中国企业文化研究会常务副理事长张大中致开幕词。辽宁省副省长林声，鞍山市市长马延利、副市长于利人到会并讲了话。全国著名劳动模范王崇伦也出席了大会。中国企业文化研究会理事长韩天石作了“中国企业文化面临的问题和机遇”的主题报告。就大家关心的问题，张大中在闭幕式上作了“建设有中国特色的社会主义企业文化”的报告。鲜明地提出了我们所要建设的是有别于西方的具有中国特色的社会主义企业文化。会议期间，召开了中国企业文化研究会一届二次理事会。中国企业文化研究会副理事长陆嘉玉作了1989年工作总结报告。一致通过修改的《中国企业文化研究会章程》、《发展会员办法》、《会费缴纳办法》，并增补副理事长、常务理事、理事多人。

6月，福建省企业文化协会成立。

6月10日，中国企业文化研究会与中央人民广播电台联合举办“企业文化广播函授”讲座。讲座由中国企业文化研究会聘请专家撰稿，中央广播电台播出。先后共播出15讲，持续半年时间。讲座结合企业实例，深入浅出，系统地介绍了企业文化知识。

10月，全国城市医院文化建设协会成立。

10月20日，中国企业文化研究会与舟山市企业文化研究会、舟山第二海洋渔业公司、北京市社科院科社所在舟山市共同举办了“企业文化与思想政治工作研讨会”。来自全国28个省、市、自治区的540余人出席了会议。中国企业文化研究会理事长韩天石出席了会议，常务副理事长张大中、中国人民大学副校长罗国杰、中央党校教授张蔚萍、中国企业文化研究会副理事长、长春第一汽车制造厂党委书记李玉堂等在会上发言。舟山第二海洋渔业公司党委书记杨秀泉介绍了本公司企业文化建设的经验。

11月20日，中国企业文化研究会与中国东方文化研究会、中国工运学院合作在深圳大学举办了“企业文化与党政工会工作研讨会”。来自全国各地的448人参加了会议。中国企业文化研究会副理事长兼副秘书长陆嘉玉出席了会议并就当前企业文化建设的现状及发展趋势作了发言。会议组织参观了深圳企业文化建设先进单位康佳电子公司。

1991 年

6月4~7日，国家体改委经济管理研究所与北京铁路局在天津联合召开“建设企业文化经验座谈会”。这次会议以建设有中国特色的社会主义企业文化为主题，就企业文化的实践经验、具体操作办法等进行了交流和探讨。国家体改委副主任贺光辉到会讲话指出：建设社会主义企业文化是我们深化改革的一项重要内容。全国政协常委、原文化部副部长王济夫，中国企业文化研究会常务副理事长张大中，副理事长陆嘉玉应邀参加了会议。张大中代表中国企业文化研究会表示祝贺，并以“建设中国特色的社会主义企业文化是企业管理现代化的必然趋势”为题作了发言。

7月15～19日，中国企业文化研究会与中国东方文化研究会、延边朝鲜族自治州和龙制药厂联合在和龙县召开企业文化研讨会暨中国企业文化研究会一届三次理事会。中国企业文化研究会常务副理事长张大中、副理事长张李明（原吉林省委书记，省顾委常委）、翟光辉（四川长城特钢厂党委书记）、陆嘉玉等出席了会议。来自全国各地的代表共101人。这次会议的主题是：以党的基本路线为指导，以增强大中型企业活力为中心，探讨交流企业文化建设的理论和经验。会上，宣读了中国企业文化研究会理事长韩天石题为“我们所要建立的企业文化是具有中国特色的社会主义企业文化”的书面发言。和龙制药厂厂长李明善、四川长城特钢党委书记翟光辉等介绍了经验。会议期间召开了中国企业文化研究会一届三次理事会，听取了陆嘉玉代表理事会作的工作报告，增补了常务理事和理事。全国政协常委、原文化部副部长王济夫被增补为常务副理事长。

9月16日，中国企业文化研究会与中国东方文化研究会、中国国际文化交流中心以及山东聊城市委宣传部联合在山东聊城举办“孙子兵法与企业经营管理国际研讨会”，中国企业文化研究会理事长韩天石、中国东方文化研究会会长季羡林，中国企业文化研究会副理事长兼副秘书长陆嘉玉及来自蒙古、日本等国和台湾、内地学术界、企业界共120余人出席了会议。

11月20日，中国企业文化研究会与中国东方文化研究会、深圳市企业文化研究会联合在深圳市举办了“企业文化与企业党政工会工作研讨会”。中国企业文化研究会常务副理事长张大中，副理事长陆嘉玉、李玉堂（长春一汽党委书记），中国企业管理协会副理事长潘承烈，深圳市委宣传部部长杨广慧及来自全国各地的170余人参加了会议。会议的主要议题是，在改革开放的条件下，探讨企业文化与思想政治工作的关系。会上张大中作了题为“党的基本路线与企业文化建设”的报告。杨广慧作了题为“商品经济条件下的思想政治工作”的报告。会议期间，参观考察了康佳电子公司、蛇口工业区、华侨城。

1992 年

2月，武汉市卫生文化研究会成立。

5月10～14日，中国企业文化研究会与中国东方文化研究会、四川省企业文化学会、攀枝花钢铁公司在攀枝花联合召开“全国深化经济体制改革与企业文化建设研讨会”。来自全国24个省、市、自治区的200余人参加了会议。中国企业文化研究会常务副理事长张大中、副理事长兼秘书长张同舟、副理事长陆嘉玉，四川省经委主任邹广严，四川省冶金厅厅长王心让，四川省工交财贸政治部主任张如兰，攀枝花市市委书记孙本先、市长秦万祥，攀钢总经理赵忠玉、党委书记薛世成等领导出席了会议开幕式。张同舟致开幕词，指出这次会议的中心议题是以邓小平同志考察深圳时的讲话为指导思想，总结我国社会主义企业文化建设的经验，把企业文化的实践推向前进，更好地为深化改革、加快经济发展服务。中国企业文化研究会理事长韩天石向大会发来贺信，并提交了题为“中国社会主义企业文化必将在深化企业改革中大显身手”的论文。赵忠玉、薛世成介绍了攀钢企业文化建设的经验和体会。张大中作了题为“企业管理方式的选择”的发言。会议共收到80篇论文。

6月，辽宁省企业文化联合会成立。

10月6日，北京市企业文化建设协会召开成立大会。中国企业文化研究会副理事长兼秘书长张同舟代表中国企业文化研究会致贺词。

11月23～25日，中国企业文化研究会在北京国谊宾馆召开“中国企业文化研究会第二次会员代表大会”。会议主要议题是学习贯彻党的十四大精神，总结研究会四年来的工作，修订会章，选举产生新的领导机构，制订中国企业文化研究会新时期的工作规划，确定社会主义市场经济条件下企业文化建设的方向。大会聘请原中顾委副主任薄一波为名誉理事长，原中顾委常委李德生、全国政协副主席程思远、中国工业经济协会会长吕东、中国企业管理协会会长袁宝华、国务院发展研究中心总干事马洪、原中顾委委员李昌、中宣部副部长郑必坚、国家体改委副主任贺光辉、文化部常务副部长高占祥、首钢总公司党委书记周冠五、原冶金部副部长李超为顾问。出席大会开幕式的领导同志有：吕东、袁宝华，马洪、郑必坚、贺光辉、高占祥、李超及中国企业文化研究会理事长韩天石、常务副理事长张大中、王济夫、张同舟等。李德生、程思远向大会发来了贺电。来自全国各地的代表300余人出席了会议。韩天石作了题为“社会主义市场经济和中国企业文化”的报告。张大中作了题为“中国企业文化建设的现状与中国企业文化研究会的工作”的工作报告。郑必坚讲话指出：企业文化建设是个大题目，大题目要做大文章。著名经济学家厉以宁、中央党校教授王珏到会并作学术报告。会议一致通过了大会的工作报告和本会关于修改章程的说明。选举产生了第二届理事会成员共177人。选举韩天石为理事长。张大中、王济夫、张同舟（兼秘书长）、国林（北京铁路局局长）、戴舟（中宣部理论局局长）为常务副理事长。陆嘉玉等30人为副理事长，组成了本会新的领导机构。会议期间与会代表到天津铁路分局天津站参观。

1993 年

3月，河北省沧州市企业文化研究会成立。

5月10～14日，由中国企业文化研究会主办，无锡市企业文化研究会协办的“全国乡镇企业文化建设研讨会暨乡镇企业文化委员会成立大会”在无锡举行。来自全国80多家企业的150多名代表参加了会议。农业部乡镇企业司、无锡市委、市政府的领导出席会议并讲话。中国企业文化研究会理事长韩天石在开幕式上作了题为“乡镇企业呼唤企业文化”的报告，常务副理事长张大中在闭幕式上作了总结报告。会上正式成立中国企业文化研究会乡镇企业文化委员会并选举产生了第一届乡镇企业文化委员会委员。原农业部副部长杜子端当选为乡镇企业文化委员会主任，北京农业大学教授詹远一为副主任。

5月，中宣部文艺局、中央电视台文艺部、中国群众文化学会、中国文化报联合主办“93中国企业文化节”。

6月，河北省企业文化研究会成立。

6月2～7日，中国企业文化研究会与山东省企业文化学会在淄博市齐鲁石化公司联合举办了“首届全国企业文化社团组织秘书长联谊会”。中国企业文化研究会常务副理事长张大中、张同舟，山东省人大常委会副主任苗枫林、中共淄博市委副书记李新泰、齐鲁石化公司党委书记姜学敏和副总经理王延康等领导及来自14个省市的40余名代表参加了会议。会议通报了情况，交流了经验，加强了合作。会上，张大中以“共同推进我国社会主义企业文化的发展”为题，作了总结发言。

6月，重庆市工交企业文化研究会成立，中国企业文化研究会致电祝贺。

7月，贵州省企业文化研究会成立。

7月24～8月2日，中国企业文化研究会学术部在北戴河举办“企业文化与企业党的建设”研讨班。李燕杰、彭清一等专家在研讨班上讲学。

10月11～14日，“93中国企业文化节企业文化建设研讨会”在北京召开。来自全国各地的150余名代表参加了研讨会。中国企业文化研究会顾问高占祥、理事长韩天石、常务副理事长张大中和张同舟等领导出席了开幕式并讲了话。中央政策研究室陆云、国家体改委经济体制与管理研究所沈恒泽作学术报告。大会收到论文111篇，其中获一等奖5篇，二等奖15篇，三等奖30篇，还评选出荣誉奖、特别奖若干篇。

12月，江苏省企业文化研究会成立。

12月17日，中国企业文化研究会召开“中国企业文化发展战略座谈会暨成立中国企业文化研究会学术委员会”大会。韩天石、张大中、张同舟、王济夫、杜子端、高占祥等研究会领导及40余位专家、学者参加了会议。著名学者厉以宁、王珏、吴敬琏等15位专家、学者在会上发言。大会通过了中国企业文化研究会关于成立学术委员会和建立特邀研究员队伍的决定，公布了学术委员和特邀研究员名单。

12月20日，中国企业文化研究会乡镇企业文化委员会和北京市乡镇企业局在北京市房山区韩村河联合召开“乡镇企业文化建设理论研讨会”，张大中、张同舟、杜子端等研究会领导及市乡镇企业局的领导共100余人参加了会议。赵洪举代表乡镇企业文化委员会主任杜子端作了题为“加强乡镇企业文化建设促进乡镇企业健康、迅速地发展”的报告，韩村河党委书记田雄作经验介绍。中国企业文化研究会乡镇企业文化委员会特聘田雄为中国企业文化研究会乡镇企业文化委员会副主任，并向田雄颁发了证书。

1994年

1月，扬州市企业文化建设研究会成立。

3月16日，中国企业文化研究会与深圳市企业文化研究会在京召开“世界潮——社会主义企业文化在深圳”电视片脚本座谈会。中国企业文化研究会领导韩天石、张大中、张同舟、陆嘉玉等参加了座谈会。

3月，青岛市企业文化协会成立。

4月，临沂市企业文化协会成立。

5月3～7日，中国企业文化研究会乡镇企业文化委员会在浙江省桐乡市召开第一次年会暨学术研讨会。来自全国15个省市180余名代表参加了会议。中国企业文化研究会理事长韩天石致开幕词并作重要讲话，乡镇企业文化委员会主任杜子端作了题为“贯彻落实党的十四届三中全会决议精神，加强乡镇企业文化建设”的主题报告。王济夫、原农业部副部长刘培植、中宣部原理论局副局长贾春峰、浙江省乡镇企业局副局长王勤仁、嘉兴市委宣传部副部长王兆康、桐乡市委书记王云生等分别作了报告。张大中作了会议总结。会议期间，发布科技信息50多项，参观考察了著名的乡镇企业——杭州万向集团公司、桐乡塔松集团公司和河山绢纺厂。

5月4日，中国企业文化促进会成立。

5月26～29日，中国企业文化研究会与贵州省企业文化研究会联合在贵州水城钢铁厂举办“第二届全国企业文化社团组织秘书长联席会”，全国19个省市区企业文化研究会的秘书长40余人参加了会议。副理事长陆嘉玉代表中国企业文化研究会作工作报告。贵州省企业文化研究会会长、省社科院党委书记张雄龙，水城钢铁公司经理兼书记石光前介绍了企业文化建设的经验。贵州省领导龙志毅、李万禄、刘玉林、常征及贵阳市代市长刘长贵等出席了闭幕式。

6月9日，中国企业文化研究会召开理事长、秘书长联席会议。会议研究、讨论如何为企业服务等问题。会议增补杭州万向集团公司总经理鲁冠球、杭州金轮集团总经理陆汉振为中国企业文化研究会副理事长。

6月21日，中国企业文化研究会与中国冶金职工思想政治工作研究会、厦门市委政策研究室、首钢研究与开发公司精神文明研究所联合在厦门市召开“市场经济与企业文化研讨会”。企业界、理论界共40余名代表参加了研讨。

6月，甘肃省企业文化建设协会成立。

6月30～7月2日，经济日报社等单位联合在湖南省长岭炼油化工总厂举办“现代企业制度与企业文化建设”研讨会。

7月24～8月3日，中国企业文化研究会在北戴河举办“深化经济体制改革与企业文化、党的建设”研讨班。研讨班由学术部主任孟凡驰主持。贾春峰、张蔚平等专家、教授到会授课。

8月17～20日，中国企业文化研究会与辽宁省对外贸易经济合作厅在大连联合召开“现代企业制度与企业文化研讨会”。中国企业文化研究会理事长韩天石、常务副理事长张大中和张同舟、副理事长詹远一，辽宁省委书记王怀远、省对外贸易经济合作厅厅长于利人及来自全国各地企业界、理论界110余人出席了会议。韩天石在会上作“建立现代企业制度和企业文化建设相辅相成，同步进行”的报告，张大中作了题为“企业文化建设与现代企业制度”的讲话。贾春峰等学者在会上发了言。

9月，江苏连云港市企业文化学会成立。

10月12～16日，中国职工思想政治工作研究会在北京召开“全国第二次企业文化建设研讨会”。

10月18～20日，中央编译局和浙江省金华市委联合在金华市召开经济文化研讨会暨经济文化研究院成立大会，中国企业文化研究会副理事长贾春峰和学术部主任孟凡驰应邀出席会议。

11月，大连市企业文化研究会成立。

12月，云南省成立企业文化建设协会。中国企业文化研究会副理事长贾春峰到会祝贺并讲话。

1995 年

2月，珠海市企业文化协会成立。

3月7~9日，中国东方文化研究会与福来得信息咨询公司，在北京大学联合召开“中国95CIS企业形象战略研讨会”。中国企业文化研究会理事长韩天石、常务副理事长焦善民参加了开幕式。中国企业文化研究会学术委员会委员贾春峰、沈恒泽、潘承烈和特邀研究员黄钦若、管益忻参加并作学术报告。

4月19~23日，中国企业文化研究会与河南省企业文化研究会、郑州铁路分局联合在郑州召开第三届全国企业文化社团组织秘书长联席会。中国企业文化研究会常务副理事长焦善民、副理事长兼常务副秘书长荣德邻，河南省企业文化研究会理事长闫济民、常务副理事长付贵林、秘书长卢广森、常务副秘书长袁书勤，河南省委宣传部处长孙家礼、郑州铁路局党委副书记曾祥瑞、郑州铁路分局党委书记姚保国和分局长彭开宙，以及来自全国26个省市的50余位代表参加了会议。

5月18~19日，中国企业文化研究会与中国东方文化研究会、深圳超顺柴油发电机有限公司联合在北京大学举办“儒家文化与现代化企业管理”学术研讨会。中国企业文化研究会领导韩天石、张大中、王济夫、张同舟、陆嘉玉等出席。张大中致开幕词。季羡林、张岱年等专家、学者、企业家共80余人参加了研讨会。会议就儒家倡导的价值观与现代企业的价值取向、儒家文化与企业发展、儒家文化与现代企业文化问题进行了学术交流。

6月5~8日，中国企业文化研究会乡镇企业文化委员会在四川省德阳市召开“全国乡镇企业文化研讨会”。中国企业文化研究会理事长韩天石，常务副理事长张大中、张同舟、杜子端，四川省人大常委会副主任李永寿，省乡镇企业局局长黄永光、副局长郑文举，德阳市委书记严如高、副书记兀久才，德阳市副市长舒治良、陈久新等同志与来自全国各地的乡镇企业代表，有关专家、学者，新闻界人士共150余人出席了会议。韩天石作“关于培育造就优秀企业家、企业领导者的自我塑造问题”的报告，杜子端作“如何进行乡镇企业文化建设”的报告。省人大副主任李永寿、中共中央政策研究室文化组副组长陆云、著名教育家李燕杰教授在会上讲了话。会议期间收到学术论文28篇，发布高科技信息26项，还有21家企业签订了合作意向书。最后，张大中根据会议中大家关心的问题作了总结发言。

7月，中国企业文化研究会与北京城建集团联合主办了“城建杯”全国企业文化优秀论文评选活动。共收到来自全国各地的论文105篇，有54篇论文分别获得一、二、三等奖和优秀奖。

9月23~24日，中国企业文化研究会同北京城建集团公司联合在北苑饭店召开“企业改革与观念变革研讨会”，会议由中国企业文化研究会学术部主任孟凡驰主持。来自全国著名大学、中国社科院和国务院发展研究中心的领导、学者及企业家共60余人参加了研讨。中国企业文化研究会顾问马洪，理事长韩天石，常务副理事长张大中，学术委员会委员贾春峰、王锐生、司马云杰，特邀研究员张德、管益忻、王伟出席了研讨会并发言。

9月26日，经济日报理论部在京召开“地区形象设计与建设理论”研讨会。会议由经济日报社副总编辑宋静存主持，于光远、朱厚泽、贾春峰、何 伟、晓 亮、魏杰、罗治英、周浩然等学者，光明日报、工人日报、人民日报、中国青年报、新华社、中央人民广播电台等报社和电台负责人或记者约20人出席会议。中国企业文化研究会荣德邻、孟凡驰应邀出席并发言。

10月25~31日，中国企业文化研究会学术部在昆明举办“企业内部机制改革与企业文化建设”研讨考察班。来自全国各地的企业界领导干部和企业界骨干50余人参加。期间，组织考察了昆明重型机器厂的企业文化建设。

1996 年

2月，内蒙古自治区企业文化研究会成立。

2月5日，中国企业文化研究会在北京市委党校召开部分学术委员、特邀研究员参加的“立足企业、服务企业”座谈会。研究会领导及部分著名专家学者、《经济日报》、《光明日报》的有关同志出席了会议，周叔莲等学术委员先后发言。会议提出并确定了什么是中国式社会主义企业文化的体系，中国式企业文化的结构、内涵、要素和本质，中国式企业文化存在、发展的价值以及对企业文化建设的评价标准等研究课题。

4月9~12日，中国企业文化研究会与江苏省连云港市企业文化学会联合在连云港市召开第四届全国企业文化社团组织秘书长联席会。中国企业文化研究会副理事长贾春峰、荣德邻，中共连云港市委常委、宣传部部长吴加庆、副部长杨春流、张顺荣、连云港市社科联常务副主席、企业文化学会会长曹寿田、企业文化学会常务副会长、连云港市医药采购供应站党委书记、总经理李万来及来自全国23个省市自治区企业文化研究会的秘书长、代表40余人出席了会议。会议期间，参观考察了连云港新海发电厂、皮革机械厂的企业文化建设及亚欧大陆桥的起始点——连云港码头。

5月14日，北京市商业企业文化分会成立。

6月，沈阳市企业文化研究会成立。

6月中旬，为向中共十四届六中全会起草有关精神文明建设的报告提供资料，中国企业文化研究会向国家体改委及中共中央宣传部、中央政策研究室、国家经贸委、民政部报送了关于企业文化建设若干问题的报告，题目是，《大力推进企业文化建设，为促进“两个根本转变”、落实“两个文明建设”做出贡献》。报告分析了我国企业文化研究与建设发展的历史与现状，提出了有关中国企业文化建设的一些方针性建议及中国企业文化研究会自身建设的方向。

7月8~10日，中国企业文化研究会与中共江苏省昆山市委在昆山市联合召开了“企业形象与市场经济”研讨会。常务副理事长张大中、张同舟，副理事长贾春峰、荣德邻，人民日报副总编周瑞金及来自全国企业界、学术界、新闻界代表90余人参加了会议。张大中致开幕词，中共昆山市委书记李全林致欢迎词。江苏好孩子集团、上海宝山钢铁集团公司、北京四通集团公司、杉杉集团公司、光明丝绸集团、北京蓝岛大厦等企业分别在大会上发言。会议期间，参观了昆山市市容并考察了四家国有企业和外资企业。会议同时成立了中国企业文化研究会美育委员会，蒋冰海(上海市社科院研究员)为主任。

10月28～30日，中国企业文化研究会与北京大学燕京研究院、中国商业经济学会、中华工商时报、美国国际科技教育服务机构在北京联合举办了“96’商业道德国际研讨会”。全国人大常委会副委员长雷洁琼，研究会理事长韩天石、常务副理事长张大中和张同舟，以及有关方面负责同志胡平、侯仁元、胡德平等与国内外企业家、专家、学者、记者共200余人参加了会议。

10月31日～11月6日，中国企业文化研究会学术部在重庆举办“企业机制改革与企业文化建设、企业精神文明建设”研讨会。来自全国企事业单位共30余人参加了会议。学术部主任孟凡驰、四川省企业文化研究所所长侯定和、四川联合大学教授黎永泰授课。会议期间考察了重庆嘉陵摩托车集团企业文化建设情况。

1997年

5月9～14日，中国企业文化研究会与重庆市工交企业文化研究会联合在重庆召开“第五届全国企业文化社团组织秘书长联席会议”。正式代表40人，列席代表20余人。国家经贸委、重庆市委、重庆市人大、重庆市工交企业文化研究会及工交工委的有关领导出席会议。会议学习了国家经贸委《“九五”企业管理纲要》；研讨了我国企业文化的发展和深化问题，协商各组织之间如何合作，共同推进我国企业文化建设事业。会议期间参观考察了嘉陵集团、四川汽车制造厂、重庆船舶公司等企业。

5月18日，《改革理论》杂志社在北京人民大会堂举办“中国特色企业文化专题研讨会”。

6月，河南省企业文化建设协会成立。

8月12日，中国企业文化研究会乡镇企业文化委员会在京举办“乡镇企业二次创业学术研讨会”。研讨题目主要有乡镇企业发展新形势、新情况、新问题和新经验；社会主义经济体制下乡镇企业的改革与发展战略；乡镇企业二次创业与企业文化建设。

8月，上海市卫生文化建设协会成立。

1998年

2月，荆州市企业文化研究会成立。

5月，中国企业文化研究会在海南召开第六届全国企业文化社团组织秘书长联席会议。

5月，中国企业文化研究会与临沂市企业文化协会共同举办了“沂蒙山杯”全国企业文化优秀论文评选活动，共收到参评论文198篇，评选优秀论文55篇；中央人民广播电台、北京《中外企业文化》杂志等媒体也积极推荐优秀论文参评，全国除西藏、青海、台湾外，各省都有稿件。

8月，中国企业文化研究会与临沂市企业文化协会联合在临沂召开“全国区域性企业文化建设研讨会”。会议邀请全国一批知名专家学者全面探讨了不同区域企业文化建设的特点和方式，论证了区域企业文化建设与区域经济、区域文明建设、社会发展的关系。会议对克服企业文化建设方式单一，提升企业文化在区域整体发展中的地位和作用，都产生了积极的影响。参加会议的有各地学者、企业文化研究会负责人、企业界代表70多人。中国企业文化研究会理事长胡平同志参加会议并作了学术报告。

9月23～25日，中国企业文化研究会与无锡市企业文化研究会联合举办的“中国企业文化与企业审美文化研讨会”在无锡召开。来自全国各地的企业界、学术界代表80余人到会，中国企业文化研究会理事长胡平参加会议并作重要讲话。与会代表一致认为：企业审美文化是企业文化一个重要的、更高层次的组成部分，是企业文化建设的新境界。会议重点探讨了什么是企业审美文化；企业为什么要重视企业审美文化建设；企业家应树立什么样的审美文化观念；企业审美文化建设应掌握哪些要点等重大问题。

12月25日，中国企业文化研究会成立十周年纪念座谈会在北京召开。出席会议的有中国企业文化研究会名誉理事长韩天石、理事长胡平、常务副理事长张大中等有关领导，于光远、马仲良、王锐生、司马云杰、耿兆林、王成荣等专家学者，国务院体改办的有关领导以及中央人民广播电台经济部、《光明日报》、《中国改革报》等新闻单位的记者共50余人。

1999年

6月28～30日，中国企业文化研究会在苏州工业园区召开了“企业改革难点问题与企业文化”研讨会暨第七届全国企业文化社团组织秘书长联席会。

8月，大连市企业文化研究会举办了全国“企业文化与环境保护研讨会”，来自全国各地企业界、理论界代表50余人出席会议。全国政协常委、中国企业文化研究会理事长胡平到会并作报告。会后发表了“企业界环境保护大连宣言”，人民日报以《关注企业的绿色度》为题进行了报道。

11月，中国兵器装备集团公司企业文化研究中心成立。

2000年

元月15日，中国企业文化研究会与临沂市企业文化研究中心在北京人民大会堂联合召开“企业文化与管理创新研讨会暨《中国企业文化大辞典》座谈会”。《中国企业文化大辞典》由全国百余位专家、学者历时5年编著而成。辞典分上下两部，共12卷，是中国第一部全面介绍企业文化综合知识的大型工具书，它的出版对中国企业文化建设起到积极推动作用。全国人大常委会副委员长费孝通、成思危，全国政协副主席孙孚凌，原中顾委秘书长、当代中国研究所所长李力安，韩天石、胡平、张大中等研究会领导，王珏、周叔莲、贾春峰等专家学者及中央各大新闻媒体记者等70余人出席了座谈会。会议就企业文化与管理创新的关系、企业文化今后的发展趋势、《中国企业文化大辞典》出版发行的意义等有关问题进行了广泛深入的研讨和座谈；费孝通、程思危、孙孚凌、胡平等在会上作了重要讲话。

10月24～27日，中国企业文化研究会在山西召开“21世纪中国企业文化建设发展趋势研讨会暨第八届全国企业文化社团组织秘书长联席会”。中国企业文化研究会常务副理事长张大中作了题为以“三个代表”思想为指导加强企业文化建设的重要讲话。

2001 年

6月20～22日，由中国社会科学院、广东省委宣传部、广东省社会科学院联合举办的“21世纪中国企业文化论坛”在广州举行。全国人大副委员长李铁映作了《努力创建中国特色社会主义文化》的重要讲话。与会的专家学者、企业领导共同探讨了企业文化的内涵，企业文化与现代企业制度，企业文化与传统文化，中国企业文化与外国企业文化的关系，经济全球化、知识经济时代的企业文化，企业文化与思想政治工作，企业文化与企业家等论题。

7月，由国家文化部等部委主办的2001年“中国企业文化年”大型企业文化系列活动在人民大会堂拉开帷幕。中国企业文化年活动旨在弘扬健康向上的企业文化，展现企业发展的崭新形象和优秀文化成果。活动共有五项内容：中国企业文化发展论坛；企业文艺汇演；企业歌曲电视大赛；企业美术、书法、摄影展；企业广告艺术展（含企业营销文化故事大赛活动）。

7月28～30日，中国企业文化研究会与《企业文化》杂志社在哈尔滨召开了“全国企业文化社团组织秘书长联席会议暨企业文化建设方式研讨会”。全国各省市、地区、行业企业文化社团代表及企业代表130余人出席会议。孟宪忠教授等专家作了题为“企业发展战略与企业文化建设”、“企业家创新思维与企业文化建设”的专题报告，大会进行了经验交流并参观了龙电公司。

7月，中国企业文化研究会医药卫生委员会成立。中国企业文化研究会医药卫生委员会是在原全国卫生文化建设协会基础上组建的全国性学术团体。

8月9日，中国企业文化研究会授予山东省黄台发电厂“中国企业文化建设示范基地”称号。

10月12～14日，中华全国总工会、中国文学艺术界联合会、中国工业经济联合会在北京民族文化宫举办“中国企业文化高层论坛”。

11月，辽宁省本溪市企业文化建设协会成立。

11月16日，中国企业文化研究会与首钢总公司在北京人民大会堂举行“中国企业文化建设经验交流研讨会暨‘首钢杯’中国企业文化创新评选颁奖仪式”，来自全国的183位企业家参加了研讨会，海尔、联想等16家企业在会上做了经验介绍。全国政协副主席孙孚凌、著名经济学家历以宁、中国企业文化研究会及首钢总公司领导出席大会并为获奖单位颁发奖杯和证书。这次交流活动于4月正式启动，旨在全面总结企业文化建设的经验，探讨适合中国特色的企业文化建设方式。活动的内容主要有企业文化典型交流、企业文化建设考察、企业文化创新奖评选、企业文化培训、企业文化示范基地建设等。活动中，先后有1000多名企管人员接受培训，2000多人次考察先进企业文化典型，海尔、联想、大庆、小天鹅等40多个单位获“中国企业文化建设创新奖”。

2002 年

4月，章丘市企业文化研究会成立。

5月15日，由中国企业文化研究会金融委员会和SAP中国公司联合主办的“后WTO网络时代金融业知识化管理暨2002金融业管理战略与解决方案”研讨会在京召开。研讨会旨在探索一条为中国金融企业构建统一的知识化管理平台，全面提升金融企业的核心竞争力的信息化之路。会上，SAP、IBM和NTT Data等金融及IT行业的专家介绍了国际金融企业信息化建设的先进经验，并推出了为中国金融企业SAP金融行业解决方案。国内各大商业银行、保险公司及证券公司的高层人士应邀出席了会议。

7月，辽宁省营销科学研究会更名为辽宁省营销文化研究会。

7月，吉林市企业文化研究会成立。

8月23日，中国企业文化研究会与鞍山市企业文化研究会在鞍山联合召开第十届全国企业文化社团组织秘书长联席会。与会代表151人，大会听取了贾春峰、唐任伍教授关于“加入WTO与企业文化创新”、“入世后企业文化融合的基础与趋势”的主题报告。以“WTO挑战与中国企业文化应对”为题，进行了讨论，并就企业文化策划的具体问题，进行了可操作性的探讨。中国企业文化研究会常务副理事长张同舟特别指出：12年前在鞍山召开的企业文化年会提出了“建设中国特色的企业文化”的目标，推动了中国企业文化的正确发展，12年后又在鞍山研讨建立国际型企业文化、融入国际化浪潮的问题，必将对我国企业从国内竞争走向国际竞争产生积极的影响。中国企业文化研究会常务副理事长孟凡驰在总结发言时强调经济全球化带来文化的融合是不容置疑的，不理解、不融通，就谈不上接轨，这就要求企业必须进行体制再造、制度再造、文化自觉再造。

8月，中国企业文化研究会授予山东黄台火力发电厂“中国企业文化建设示范基地”称号。

8月，海南省企业文化促进会成立。

9月，阜新市企业文化研究会成立。

10月12～16日中华全国总工会、中国文学艺术界联合会、中国工业经济联合会在北京联合举办“首届中国企业文化论坛与展示”活动。参会代表近千人。

活动主要由三部分组成：一是企业经验介绍；二是企业文化成果展示；三是企业优秀文艺表演。

11月，黑龙江省卫生文化协会成立。

12月1～3日，由中国企业联合会、中国企业家协会主办，北京大学、清华大学作为支持单位参与的“首届（2002）中国企业文化年会”在北京举行。全国政协副主席万国权，中国企业联合会、中国企业家协会名誉会长袁宝华、理事长张彦宁，国务院研究室副主任侯云春等领导出席了会议。中国企业联合会、中国企业家协会名誉会长袁宝华为大会题词：“总结经验，开拓创新，进一步加强企业文化建设”。企业界、理论界、政界、新闻界400多名代表出席了会议。会议期间共举办了11场不同主旨的论坛。年会表彰了2002年度中国企业文化优秀成果，万国权、袁宝华等与会领导为获表彰的30家单位颁发了奖牌和荣誉证书。

2003 年

1月17日，广西企业文化协会成立。

7月28~29日，由江西省委宣传部主办、江西铜业集团公司承办的江西省企业文化建设现场研讨会在江铜集团举行。应邀出席会议的中国企业文化研究会常务副理事长兼秘书长孟凡驰教授围绕企业文化建设的地位、作用、性质等向与会人员作了报告。会议期间，与会代表们分批前往贵冶和铜材公司进行实地参观考察。

8月7日，由中国企业文化研究会组织的中国企业文化建设现场会在青岛发电厂召开。会议由中国企业文化研究会常务副理事长兼秘书长孟凡驰教授主持，青岛发电厂党委书记林荣模介绍了该厂“路径开新”文化建设的基本经验。由中国企业文化研究会学术委员赵春福、贾春峰、周叔莲、张国有、王锐生组成的专家鉴定委员会对青岛发电厂“路径开新”文化战略进行了全面鉴定。委员们一致认为：针对一些企业存在“路径依赖”的思维定势，“路径开新”战略是一个优秀的值得推广的企业文化战略。中国企业文化研究会授予青岛发电厂“中国企业文化建设示范基地”的荣誉称号，并举行了授证揭牌仪式。

8月25日，全国工商联民营企业文化建设委员会成立大会暨2003年中国民营企业文化建设论坛在重庆隆重召开。来自全国30个省、自治区、直辖市的民营企业家和全国工商联领导200余人参加大会。全国政协副主席、全国工商联主席黄孟复出席会议并作了重要讲话。大会推举全国工商联副主席、香港恒通资源有限公司董事局主席施子清和重庆力帆集团董事长尹明善为全国工商联民营企业文化建设委员会主任委员。40多位民营企业家围绕民营企业文化建设相继发言。

8月26~28日，由中国企业联合会联合北京大学、清华大学、海尔集团举办的“2003中国企业文化（海尔）现场研讨会”在海尔集团举行，主题是“企业变革与文化再造”。中欧商学院管理学教授忻榕作了“迎接挑战：通过企业文化创造企业竞争优势”的报告，海尔大学的讲师讲述了海尔“SBU管理与文化再造”。德国汉高的人力资源部总监张国维介绍了汉高集团企业文化的独特视角：“企业不是以利为主，而应以义为主。”

9月，台州市企业文化协会成立。

9月，由中国企业文化研究会医药卫生委员会、中华医院管理学会医院文化专业委员会主办的中国医院文化论坛（2003）在青岛举行。宗旨是“倡导人文精神，建设医院文化，提升管理水平，服务人民健康”，主题是“中国医院文化建设的现状与发展”。会议收集到论文近900篇，有近700名代表参加。卫生部副部长朱庆生作了书面发言，卫生部原副部长、全国政协科教文卫体委员会副主任孙隆椿作了重要讲话。中国企业文化研究会副理事长孟凡驰、中国企业文化研究会医药卫生委员会主任周凤鸣、中山大学教授叶煜荣等著名专家学者作了专题学术报告。中国企业文化研究会医药卫生委员会副主任高金声对医院文化的发展作了“回顾与展望”的专题报告。

9月16~20日，中国机械工业产业文化协会在乌鲁木齐召开全国机械行业企业文化建设经验交流及思想政治工作研讨会，一汽、上海仪电、北汽福田、北人集团等13个单位交流了建设企业文化和创新思想政治工作方面的经验。

9月23~25日，由中国企业文化研究会企业美育委员会与山东省企业文化研究会联合举办的《全国首届美好企业论坛暨山东省企业文化研究会成立15周年庆祝大会》在济南举行。来自全国各地的企业与理论界的企业家、专家、学者共100多人参加了大会，围绕“什么是美好企业”、“建设美好企业的途径”、“企业美学理论与实践”等问题进行了广泛深入讨论并取得了很好的效果。

9月23~26日，由湖北省企业文化研究会、湖北省企业报记者协会主办，荆州市企业文化研究会承办的“2003荆州·企业文化论坛暨企业文化媒体交流、展示研讨会”在湖北荆州举行。此次活动的宗旨是：展示企业文化成就，交流企业文化经验，探讨企业文化理论，打造企业传媒品牌，沟通四面八方信息，结交五湖四海朋友。应邀出席本次研讨会的专家、学者、媒体及企业代表120多人。

9月24~25日，由湖南省人民政府支持，中国企业联合会、中国企业家协会、中企联企业管理宣传工作委员会、远大空调有限公司共同主办的“2003中国企业文化年会系列（长沙）远大行”活动在湖南长沙举行。中国企业联合会、中国企业家协会副会长陈光复，博鳌亚洲论坛秘书长龙永图，湖南省常务副省长于幼军，中企联常务副理事长尹援平出席本次论坛并分别发表了讲话。会议探讨了企业文化战略及企业健康长寿之道。会议期间，代表们参观了远大工业园，并通过高层论坛、圆桌会议、互动讨论等形式就“湖湘文化与企业文化”、“基业长青”、“企业发展与社会责任”等议题进行了广泛交流。

10月27日，由中国企业联合会、中国企业家协会联合清华大学、中国人民大学共同举办的“第二届（2003）中国企业文化年会”在京开幕，主题是：“企业文化与企业健康”。大会发布“2003年度中国企业文化优秀奖”评选结果，上海汽车工业（集团）总公司等30家企业受到表彰。

11月15日，全国生态文化暨林业企业文化工作研讨会在云南思茅召开。研讨会由国家林业局宣传办公室主办，思茅地区林业局和卫国林业局承办。会议的主题是：大力加强文化建设，弘扬生态文明，为林业历史性转变和跨越式发展营造良好舆论氛围和文化氛围。会议总结了我国生态文化建设取得的成绩，交流了各地加强生态文化建设的经验，研究新形势下生态文化建设的新变化、新特点、新要求和新思路。会议要求努力加强对生态文化建设的领导，要坚持“三贴近”的原则，要巩固和加强生态文化阵地，要确立生态文化发展目标，要培养一支素质良好的生态文化队伍，要突出生态文化特色，要探索生态文化机制，要重视林业企业文化建设。来自国家林业宣传办、吉林森工集团、黑龙江省森工总局、内蒙古森工集团、四川省长江造林局、云南省林业厅、思茅地区林业系统的代表参加了研讨会。

11月29日~12月1日，由中国企业文化研究会主办的“企业文化与21世纪中国企业发展——中外企业文化2003青岛峰会”在青岛市举行。著名经济学家吴敬琏、厉以宁为大会题词；全国政协副主席罗豪才、王选为大会发来贺信。中外著名专家、国有大型企业集团、跨国公司、民营企业代表，行业和地方企业文化协会、学会负责人，主流媒体记者等共530多人出席会议。青岛市副市长吴经建到会致词，中国企业文化研究会理事长胡平出席会议并讲话。会上，举行了中国企业文化研究会授予青岛市“中国企业文化建设区域性示范基地”的揭牌仪式；举行了“中国企业文化建设20年系列表彰”的颁奖仪式。中国企业文化研究会常务副理事长张大中就中国企业文化建设20年的回顾做了主题报告。著名经济学家、中央党校王珏教授作了学术报告，特邀美国 New Leaders 公司首席企业文化顾问 John Lomberd 作了精彩演讲。在“城市营商环境与优秀企业文化群体塑造”的对话论坛中，青岛市委宣传部副部长姜正轩介绍了经验；韩国驻青岛总领事馆朴钟先领事作了演讲；青岛港集团等一批名牌企业的 CEO 与中央电视台著名节目主持人作了互动对话交流。在“国有企业文化塑造”、“中外企业文化的互补与融合”、“民营企业的二次创业与企业文化提速”、“文化营销”等专题研讨中，中航一集团等企业，美国的莎莉·里根、德国的尼格尔等国外专家都做了专题发言。在海尔集团现场研讨考察过程中，首席执行官张瑞敏就海尔集团的文化创新实践以及国际化战略等问题作了演讲。闭幕式上中国企业文化研究会副理事长贾春峰教授作了题为“企业战略新理念与企业文化走势——青岛的启示与我们的展望”的学术报告。加拿大专家 H·SCOTTIT CLINE(钟河山)、中国人民大学李桂荣博士就未来中外企业文化发展做了前瞻分析。中国企业文化研究会常务副理事长孟凡驰做了总结发言。与会代表认为，这是中国企业文化建设 20 年继往开来的一次重要会议，是中外跨文化交流的盛会，对于 21 世纪中国企业发展具有重要意义。

12 月，中国企业文化研究会授予中国航天科技集团公司第五研究院“全国企业文化建设先进单位”称号。

附：青岛峰会获奖名单

中国企业文化研究会 2003 年度评优获奖名单(排名不分先后)

1. 建设实践奖

获奖单位名称

大连三洋制冷有限公司
中房集团合肥公司
浙江中房置业有限公司
中铁十七局远通工程有限公司
广州钢铁企业集团有限公司
沈阳商业城
莱钢集团生活服务部
中国石油大庆炼化公司
攀钢(集团)公司
胜利油田东胜精攻石油开发集团股份有限公司
云南解化集团有限公司
青岛供电公司
安徽电建一公司
江苏正大天晴药业股份有限公司
河北衡丰发电有限责任公司
邯郸供电公司
云南三环化工有限公司
宁波方太厨具有限公司
万向集团公司
正泰集团公司
海亮集团有限公司
万事利集团有限公司
万丰奥特控股集团有限公司
富润集团有限公司
杭州民生药业集团公司
盾安控股集团有限公司
北汽福田车辆股份有限公司
华立集团
东风汽车集团
河南新飞电器有限公司
许继集团
江淮汽车有限公司
徐州工程机械集团有限公司
长安汽车工业集团
嘉陵工业集团
新疆牧复电工集团
广西玉柴集团
水利部小浪底水利枢纽建设管理局
山东滨州供电公司
青岛发电厂
日照港(集团)有限公司
北人集团公司
中国空间技术研究院
荆州市沙市自来水总公司
湖北省荆州电力局
湖北省荆州市自来水总公司
湖北省荆州市沙市一棉纺织有限公司
江汉石油管理局第四机械厂
中国石化湖北荆州石油分公司
湖北省荆州市久隆企业集团
湖北蓝星(集团)有限责任公司
湖北活力 28 集团公司
中国移动荆州分公司
湖北大田化工股份有限公司
玉溪红塔烟草(集团)有限责任公司
昆明铁路文明办
济南火车站
济南铁路分局党委
青岛热电集团有限公司
中国航空工业第一集团公司
沈阳飞机工业(集团)有限公司
西安飞机工业(集团)有限责任公司
沈阳黎明航空发动机集团公司
中国空空导弹研究院
宝成航空电子有限责任公司
西安飞行自动控制研究所
北京航空控制研究所
沈阳飞机设计研究所
中国航空无线电电子研究所
飞行试验研究院
贵州新艺机械厂

太原航空仪表有限公司
贵州华烽电器有限公司
成都飞机工业(集团)有限责任公司
福建省三钢(集团)有限责任公司
福建省福州电业局
中国石化胜利油田
将军集团有限公司
首钢总公司党委
山东黄台火力发电厂
济南市水质净化一厂
北京城建集团
元宝山发电厂
中国第一汽车集团公司
青岛利客来商贸股份有限公司
北京燕山石化公司党委
太原铁路分局侯马北工务段
太原铁路分局
大连铁道有限责任公司
羊城铁路总公司广州客运段
银川铁路分局石嘴山车辆段
徐州铁路分局
北京住总第六开发建设有限公司
山西阳泉煤业(集团)有限责任公司一矿
青岛港(集团)有限公司
上海第二医科大学附属仁济医院
江苏扬子药业集团
北京同仁医院
西安杨森制药有限公司
中国北京同仁堂(集团)有限责任公司
大庆油田有限责任公司
山东黄岛发电厂
中国新兴建设开发总公司
许昌市电业局
鞍山三和轧钢有限公司
辽宁康博士制药(集团)有限公司
鞍山供电公司
广州珠江钢琴集团有限公司
广州市电信局
广东移动通信有限责任公司广州分公司
焦作市海华纺织有限公司
五洋－本田摩托(广州)有限公司
河南省新乡市电业局
武汉钢铁(集团)公司
潍坊四棉纺织有限公司
石家庄电业局
威海供电公司
青岛纺织机械厂
新疆特变电工股份有限公司
广州电器科学研究院
济南圣泉集团股份有限公司
江苏远东集团
鞍钢集团建设总公司机电安装工程公司
鞍钢集团公司铁路运输公司
鞍山新轧钢股份有限公司
鞍山钻石城股份有限公司
鞍山市煤气总公司
辽宁省通信公司鞍山市分公司
鞍钢集团建设总公司
北京大唐发电股份有限公司张家口发电厂
河南省南阳市建筑工程总公司
北京田华集团
中国农业银行
沙溪口水力发电厂
山西长子丹峰化工公司
安徽华光集团
中石化齐鲁股份有限公司物流分公司
河南金冠王码信息产业股份有限公司
河南省新乡市公路管理局
烟台供电公司
澳柯玛集团
青岛钢铁集团总公司
天津滨海国际机场
山东德棉集团
唐山铁路机务段
鞍山钢铁集团公司
中国石油抚顺石油化工公司
海尔集团
中国石油吉化集团公司
黑龙江华安工业集团公司
安徽省皖北煤电集团有限责任公司
大同煤矿集团有限责任公司
济宁供电公司
日照供电公司
北京燕丰商场
青岛交运集团
青岛啤酒股份有限公司
广东移动通信有限公司

2. 理论成果奖

成果名称	作者
服务文化理论与实践	石家庄市委党校　陈步峰
现代市场的美学冲击 ——企业审美文化论	中国工运学院　黄河涛
企业文化设计	大连企业文化学会　钟祥斌
以企业文化整合推进 国企资产重组与发展	广州钢铁企业集团有限公司　袁今昔
企业文化管理论	沈阳市企业文化研究会　高立胜
文化致胜	攀钢集团有限公司　陈新桂　余朝刚
创造学习型企业 提高企业核心竞争力	中国南车集团公司

企业文化建设简明读本　国家电网公司　张安乐　黄金珍　郭正杰
管理千千结　宁波方太集团公司　茅理翔
三维立体　创新管理　山东电力集团公司　阎桂森
坚持两个文明建设一起抓是正泰腾飞的秘诀　正泰集团公司　南存辉
合力、使异己文化变为同己文化　广厦控股创业投资有限公司　楼　明
企业文化与品牌战略　德力西集团　胡成中
整合、创新 海亮文化　海亮集团公司
富而美－21世纪企业文化建设的战略目标　山东企业文化学会　杨代利
企业文化建设理论及其在云南的实践　云南省企业文化建设协会
对创建“学习型铁路企业”的几点思考　昆明铁路局　朱胜卿
企业文化的“五层次说”　中国社科院　于光远
航空力炬　文化黎明　沈阳黎明航空发动机(集团)有限责任公司
高举“三个代表”重要思想的旗帜，大力推进集团文化建设　中国航空工业第一集团公司　刘高倬
国企“老板”的十条“军规”　中国航空工业第一集团公司　林　左
“文化力”制胜　中宣部　贾春峰
企业文化建设是探索现代企业思想政治工作的有效途径　国务院国资委宣传局　金思宇
哲学与企业文化　中国社科院　王锐生
中国企业文化大辞典　中国企业文化研究会
企业文化建设　青岛市企业文化协会
企业文化与CI策划　清华大学　张　德
新世纪中国企业文化　中国企业文化研究会　华　锐
医院管理学—医院文化分册　卫生部　周凤鸣　高金声
儒家文化与华人管理模式　北京师范大学　唐任伍
文化通自然　黄台火力发电厂　胡福存　王云高
美学与市场营销　中国人民大学　王旭晓
企业美育初探　上海社科院　蒋冰海
五羊－本田企业精神　广州市企业文化协会
改革就是特变　新疆特变电工股份有限公司　张　新
合力文化创造企业价值　河南省许继集团公司　王纪年
福田文化——企业做大做强的灵魂　北汽福田汽车股份有限公司
高速公路管理新思维——超越传统公路管理的观念革命　山西京大高速公路有限责任公司　刘　美
迈向新世纪的贵州企业文化　贵州省企业文化研究会
创建物流文化体系提升企业文化再造力　中石化齐鲁股份有限公司物流分公司　林竹盛
吉化文化的底蕴与文化创新的必要性　吉化集团公司　吕桐树
中国名牌论　北京财贸管理干部学院　王成荣
企业改革与企业文化建设　北京大学　厉以宁

3. 个人贡献奖:

姓名	单位及职务
钟祥斌	大连企业文化研究会　会长
肖永勤	大连三洋制冷有限公司　党委书记、总经理
葛永成	中房淄博城市开发公司　董事长
袁今昔	广州钢铁集团公司董事长、党委书记
高立胜	沈阳市企业文化研究会 会长
李万来	连云港企业文化研究会 会长
张百余	安徽供电公司总经理、党委书记
冯海良	海亮集团董事长、总 裁
王文琦	青岛发电厂厂 长
刘晓明	东胜精攻公司总经理
郑建东	昆明铁路局 党委书记
刘高倬	中国航空工业第一集团公司总经理、党委书记
周厚健	海信集团有限公司 总裁
赵继东	中国网通北京市通信公司总经理、党委书记
耿兆林	山东企业文化学会会长
郁志桐	北京城建集团副董事长、总经理
范业忠	鞍山市企业文化研究会会长
常德传	青岛港(集团)有限公司董事局总裁、主席
刘建旬	青岛供电公司总经理
王印春	黑龙江电力股份有限公司 企业文化部经理
徐建华	山东黄台发电厂 党委书记
刘玉华	青岛天和企划有限公司董事长
孙淑光	大庆油田有限责任公司 党委书记、监事会主席
童志成	广州珠江钢琴集团有限公司 党委书记兼董事长
曹朝阳	风神轮胎股份有限公司 党委书记、董事长
张中吉	河南省新乡市公路管理局 党委书记
曹耀峰	胜利油田 局长、党委副书记、董事长
赵迎春	青岛交运集团 总经理、党委书记
刘　美	山西京大高速公路有限责任公司董事长、党委书记
赵景光	北汽福田有限公司 党委副书记
徐钦田	淄博山国电热电有限公司总经理
孟宪琪	张家口发电厂 党委书记
郝　真	北京市企业文化建设协会 顾问、原常务副会长
陈锦涵	福建省企业文化协会 常务副秘书长
杨广慧	深圳市企业文化研究会 原会长
陈家宝	中铁十七局集团远通公司工程公司党委书记
崔瑞驹	广州市企业文化协会 会长
陆嘉玉	中国企业文化研究会 副理事长
沈恒泽	中国企业文化研究会 副理事长
鲁群生	澳克玛集团 首席执行官
王玉科	青岛钢铁集团总公司 董事长兼党委书记
陈关允	浙江省经济文化研究会副会长
朱继民	首钢集团总公司 党委书记、董事长

周士国	荆州市企业文化研究会 常务副秘书长
李万百	章丘市企业文化研究会 会长
于宝祥	中国石油大庆炼化公司 党委书记
刘振元	田华集团 总经理
耿承辉	中石油石化集团抚顺公司 总经理
王树华	正大天晴药业 总经理
朱长富	山东电力集团公司董事长、党委书记
张瑞敏	海尔集团 首席执行官
许远明	黑龙江华安集团公司 董事长、党委书记、总经理
张立敏	元宝山发电厂 党委书记
钟洪瑞	五羊－本田摩托车集团公司 总经理
刘本仁	武钢集团公司 总经理
李桂荣	青岛啤酒股份有限公司 董事长、党委书记

4．组织推动奖：

单位名称

大连市企业文化研究会
攀钢企业文化研究会
连云港市企业文化学会
浙江省经营管理研究会
山东电力集团公司
中国远洋运输(集团)公司
云南省企业文化建设协会
昆明铁路局职工思想政治工作研究会
山东十大企业文化联谊协会
中共青岛市委财贸工作委员会、市政府财贸办公室
中国航空工业第一集团公司
临沂市企业文化协会
青岛市企业文化协会
云南石油化工集团有限公司
中国企业文化研究会医药卫生委员会
荆州市企业文化研究会
山东省企业文化学会
许昌市职工思想政治工作研究会
辽宁省鞍山市企业文化研究会
广州企业文化协会
中国机械产业文化协会
济南市职工思想政治工作研究会
北京市企业文化建设协会
合肥工业大学生产力促进中心
章丘市企业文化研究会
贵州省企业文化研究会
中共青岛市委工交工作委员会办公室
沧州市企业文化研究会
珠海市企业文化协会
福建省企业文化研究会
《企业文化》杂志社
《企业文明》杂志社
《中外企业文化》杂志社

5．设计案例奖：

成果名称	设计单位
企业文化建设大纲	大连万达集团
中国火车	中国南方机车车辆工业集团公司
企业文化案例	青岛市海润自来水集团有限公司
云南电力集团公司企业文化发展战略	云南电力集团有限公司
西飞集团公司集团文化建设“系统推进法”介绍	西安飞机工业(集团)有限责任公司
北人集团 CIS	北人集团公司
泱泱大中视　人文化天下	中国企业文化研究会策划部
远通企业文化系列丛书	中铁十七局远通工程有限公司
元电价值创新导向管理	元宝山发电厂
第一汽车 第一伙伴	中国第一汽车集团公司
青岛市市立医院形象识别系统	青岛市立医院
“四个不一样”先进管理理念的宣贯	大庆油田有限责任公司
北京同仁堂集团公司 CIS 手册	北京市企业文化协会
中国首都机场集团公司企业文化框架	中国企业文化研究会 CI 研究中心
吉化集团公司企业文化建设规划的实施与效果分析	中国石油吉化集团公司
路径开新文化战略	青岛发电厂
“神舟”文化	中国空间技术研究院
试论商业企业 CI 计划的导入与实施	荆州市红商百货有限公司
文化之舟－企业文化纲领	中远散货运输公司
首钢党委关于推进企业文化建设的指导意见	首钢总公司党委
球迷世界杯	大庆炼化公司
文化的力量	中远集装运输公司
胜利文化	胜利油田
构筑“三本”文化，争取国际一流企业	济南供电公司

五、部分企业文化刊物及企业内部资料介绍

【《企业文化》】 中国企业文化研究会会刊。由企业文化杂志社主办、编辑、出版。社长、总编:冯建福;执行总编:贺平;总策划:祝慧烨。

该刊为读者提供最新的企业文化专业资讯,同时,通过企业文化的实战案例分析,给企业以宽广的互动空间。致力于帮助中国的企业管理者在快速变化的时代里,占有领先地位,同步提升企业文化管理水平,将国内、国际的企业文化管理经验本土化,为企业所用,在全球经济一体化的浪潮中,使企业立于不败之地。

《企业文化》由国内外著名企业家、理论家、经济学家及各界知名人士为顾问,专家委员会(以姓氏笔画为序)由马仲良、王珏、王锐生、刘东辉、张大中、厉以宁、杨元庆、吴树青、吴敬琏、张瑞敏、孟凡驰、罗冰生、周叔莲、赵春福、贾春峰、高占祥、徐惟诚、潘承烈、魏杰组成。编委会(以姓氏笔画为序)由王成荣、王桂荣、冯建福、刘光明、苏勇、张国有、张德、孟宪忠、唐任伍、高立胜、黄河涛、韩庆祥、管益忻、黎群组成。

《企业文化》读者群主要集中在大型国企、民营企业及跨国公司,其中包括世界排名500强企业及国内外著名企业的管理者,经济文化理论的研究者,以及各级政府主抓经济工作的领导者。

主要栏目:理论版有理论新知、文化论坛等,主要介绍国内外企业文化建设的最新研究成果。

实践版有案例经典、管理漫谈等,展示丰富多彩的企业文化建设案例,突出个性化、形象化,具有可读性。

企业版有焦点企业、行业分析、营销策略等,主要内容有国内外著名企业改革发展的成功经验和失败教训,以及市场营销的成败得失。

《企业文化》杂志为月刊,出版日期为每月1日。国内统一刊号CN23-1305/G2。国际标准刊号ISSN-1003-5400。

【《企业文明》】 是面向国内外公开发行的大型月刊。主办:中国机械工业职工思想政治工作研究会(中国机械产业文化协会)、中国兵器工业职工思想政治工作研究会、西南兵工局。主管:中国兵器装备集团公司。1986年创办。社长:魏家安;副社长、总编:李祖荣。

该刊自创办以来,坚持服务企业两个文明建设,追求重要、实用、可读风格,突出读者意识,富于创新精神,形成了大视野、高品位的刊物风格,具有鲜明的自身特色,在全国有着众多的读者。

主要栏目:视点、特约报道、中层管理者、领导与决策、企业文化、策划与设计、改革与创新、管理视窗、人物、社会大视野、探索与研究、政工新干线、资讯宽频、名人名作。

国内统一刊号:CN50-1014/G2。国际刊号ISSN-1006-5989。

【《中外企业文化》】 北京市委宣传部主管,北京市企业文化建设协会主办,深圳市CIS应用学会协办。1995年创刊。

指导思想:以邓小平理论和“三个代表”重要思想为指导,努力适应企业改革与企业发展的需要,致力于服务政府、企业、社会和广大读者,力求知识普及性、理论深刻性、实践操作性和生动可读性等方面的有机结合,满足新老读者的需求。

宗旨:为企业发展服务,与企业发展同行。积极传播国内外优秀企业文化理念,宣传企业文化建设成功案例,展示优秀企业形象,为广大读者提供前瞻性的企业文化理论和企业文化建设最新信息,为开展企业文化建设提供及时性、权威性、借鉴性、操作性的优质服务。

编辑方针:站在时代前沿,传播前卫观点,汇集创业智慧,广纳知本百川。

主要栏目:本期关注、大势瞭望、专题论述、精华荟萃、500强之路、人物写真、域外来风、高科技园、金融专递、民企天地、财经观察、法理与法案、环球博览、信息驿站、咨询时空、资本市场、商海杂谈、文苑艺圃等。

该刊顾问(以姓氏笔画为序):于光远、艾 丰、厉以宁、龙新民、刘海燕、阳安江、李志坚、李燕杰、齐善鸿、陆 昊、何鲁丽、张大中、陈祖芬、孟宪忠、罗国杰、段柄仁、郝 真、袁宝华、高佐之、贾春峰、蔡赴朝、强 卫、韩天石、蒋黔贵、魏 杰。社长史秋秋,常务副主编包安,副社长肖利平,总编室主任黄志强。

国内统一刊号CN11—3656/G0,国际标准刊号:ISSN1006—6462,发行日期:每月10日、25日。

【《商业文化》】 国家国内贸易局主管,中国商业文化研究会主办,1990年创刊,2000年改版。该刊是国内外公开发行的大型经济文化综合性期刊,是中国惟一以商业文化为视角的大型期刊。基本读者群为全国工商企业的经营管理人

员和生产企业。逢单月出版。

该杂志以传播权威性商业文化学术观点，讨论商业领域热门话题，反映最新商业动态，介绍商业企业科学管理经验和新型管理理念，分析商业法规及案例，推介厂家产品，与商业企业、生产企业共同发展。

2000年新版《商业文化》以崭新栏目登场。从不同的角度与层面剖析纷繁的商业现象，给读者奉上商业与文化完美拼盘。主要栏目包括：商海风云、业界骄子、中国企业家世纪论坛、学术殿堂、文化超市、国际商务、专业词典、电子商务、时代感言、广角镜、每期专题、商业网讯、经理俱乐部等。

编委员主任委员：胡平。副主任委员：贺名仑；主编：贺名仑；副主编：郭志军；常务副主编：成一鸣；编辑部主任：成一鸣(兼)；编辑部副主任：李文启、伊民。

国际标准刊号：ISSN1006-4117，国内统一刊号：CN11-3456GO。

【《企业文化通讯》】 为中国企业文化研究会内部交流资料，创刊于1989年4月。主要刊登中国企业文化研究会的内部信息，每月一期，至今已刊出180期。本刊刊头题字：中国企业文化研究会名誉理事长、中纪委原书记、原中顾委委员韩天石同志。主编：吴鹤松；责任编辑：周美玲。办刊宗旨是：传达中央和有关领导关于企业文化建设的指示精神，展示中国企业文化研究会领导、专家学者和企业家研究企业文化的最新成果；传递各地企业文化研究会的活动信息；交流企业文化建设的经验；介绍国外企业文化研究的新思路、新经验、新动态。主要栏目：领导决策，情况通报，经验交流，考察报告、科研成果、建议建言、动态新讯等。

【《美好企业》】 原名《企业文化》，1988年经山东省新闻出版局批准创刊，鲁刊1180号。于1989年3月出版创刊号，季刊，由山东省企业文化学会主办。

宗旨和根本任务是：建设企业文化，提高职工素质，发展商品生产，繁荣民族经济。为传播企业文化科学理论和先进经验，服务广大会员和企业，推进企业文化建设，促进企业全面、和谐、持续发展。主要栏目有理论探讨、经验荟萃、企业美学、美好企业、专家论坛、他山之石、文艺园林等。

【《企业文化博览》】 河北省企业文化研究会、河北省企业(产业)文联主办。1995年创刊。刊号：河北省期刊登记证 第JK01—168号。发行周期：季刊。主要栏目：辉煌岁月、卷首语、题词、贺词、大写真、企业领导论坛、经营之道、人物风采、热点聚焦、文化沙龙、理论园地、他山之石。

【《辽宁营销文化》】 辽宁省营销文化研究会主办。创刊于1996年8月。属内部通讯资料。发行周期：双月刊。办刊宗旨：给会员搭建学习的平台；对内交流的园地；对外展示的窗口。主要栏目：会员论坛、读书座谈会、企业文化文摘、信息短辑。

【《江苏企业文化》】 由江苏省企业文化研究会、无锡市企业文化研究会联合主办，由江苏省哲学社会科学联合会主管。该刊于2001年下半年开始试刊，于2002年下半年江苏省新闻出版局批准为内部资料，系内部发行、免费交流的会刊，出版周期为双月刊。

吴镕为编委会主任，总编赵常林，主编黄生宝。彭冲为会刊题写刊名。

设有领导言论、实践"三个代表"重要思想、企业文化经典、建设学习型企业、他山之石、专家政谈、企业家风采、形象展示等20个栏目。

《江苏企业文化》是企业文化理论研究的论坛，企业文化实践的舞台，了解企业文化知识的窗口，宣传企业文化的阵地；是企业家、管理工作者和思想政治工作者的忠实朋友。

【《企业政工与文化》】 甘肃职工思想政治工作研究会、甘肃企业文化建设协会会刊，是对甘肃省企业思想政治工作和企业文化建设进行研究、指导和服务的专业性刊物，是研究会与各企业、各团体会员单位加强联系的重要渠道。

办刊宗旨：以党的十六大精神为指导，全面贯彻"三个代表"重要思想，大力宣传党的基本理论、路线和方针政策，宣传企业改革发展的进程和取得的伟大成就，展示企业改革风采，传播企业经管理念，推广企业思想政治工作和企业文化建设的典型，开展理论研究和经验交流，推动企业两个文明建设的发展，使《企业政工与文化》成为面向基层、服务干群的窗口和阵地，成为企业经营管理的参谋、广大政工干部的益友和助手，促进企业思想政治工作和企业文化建设，加快企业改革发展。

主要栏目有：重要言录、工作指导、理论学习、经验交流、政工论坛、企业文化、工作动态、管理园地、调查研究、思想漫谈、政工巡礼、WTO与企业、发展纵横、文化茶座、文学之页、精品选读、信息集萃、健康顾问等。

发行对象主要是企业领导成员、各团体会员单位、各政工职评办和广大企业政工干部。

创刊以来，在指导工作、深化研究、传递信息、促进交流、开展培训等方面发挥了重要的作用，促进了企业思想政治工作和企业文化建设的深入开展。

《企业政工与文化》由中共甘肃省委宣传部主管，甘肃职工思想政治工作研究会、甘肃企业文化建设协会主办，双月出版，刊号为：甘肃省内部资料N074。

【《企业文化研究与动态》】 贵州省企业文化研究会主办，创刊于1996年，属内部发行资料。发行范围：贵州省企业文化研究会会员单位、有关领导部门及国内有关部门和单位。办刊宗旨：为推动贵州省企业文化建设服务。主要栏目：企业文化、理论研究、学术动态、管理视窗、信息文摘等。

【《企业通讯》】 中共福建省委宣传部、福建省职工思想政治工作研究会主办。

省委宣传部《企业通讯》编辑部、福建省企业文化协会编辑出版。刊号：内刊准印证号：闽报刊特许证166号；发行周期：季刊。主要栏目：学习贯彻十六大精神、我爱中华、兴我八闽、政工论坛、研究与探讨、经验交流、企业文化、非公有制企业、政工动态。

【《广东企业文化》】 广东企业文化协会主办。主管：广东省社会科学院。编辑：《广东企业文化》编辑部。主要栏目：卷首语、本刊特别策划、企业文化论坛、企业与品牌、经理人访谈录、实践与探索、成就与展望、协会工作动态、新会员风采、文化广场、企业管理论坛、稿约、人物剪影、它山之石、明星企业、改革与创新、民营企业之页、政策与咨询。发行周期：双月刊。

【《研究与探讨》】 中共湖南省委宣传部主管，湖南省职工思想政治工作研究会主办。刊号：准印证号 0100；协办单位：株洲硬质合金集团公司、湘潭电机集团有限公司、湖南省交通科学研究院、湖南省电信公司常德分公司。发行周期：双月刊。主要栏目：卷首语、领导言论、学习实践“三个代表”重要思想、理论前沿、企宣工作提示、市场经济与思想工作、党政建设、调查报告、工作研究、光荣榜、文化建设、校园政工、医德与对策、民主与法制、政工职评、人事与人才、思想工作技巧谈、纵横谈、他山之石、文摘。

【《沈阳市企业文化通讯》】 沈阳市企业文化研究会主办，双月刊，每双月末出版。是学会内部企业文化信息交流材料。

办刊宗旨：为会员单位提供企业文化建设先进经验，提供学会间信息交流平台，为会员单位推荐创建学习型组织教材。

主要栏目：会员论坛、企业文化文摘、管理议事、学会活动、书讯、信息短辑等。

【《企业文化》】 大连市企业文化研究会机关报，大连市新闻出版局主管，1996 年 3 月创办，登记号：大内字 98090 号。

办刊宗旨：通过宣传国内外企业文化新知识、新理论、新做法，向企业和研究人员传达新信息。重点报道大连市企业文化建设情况、经验、方法和建设性意见，推动企业文化从理论到实践的健康发展。

【《企业文化研究》】 鞍山市企业文化研究会主办。主管单位：市政府办公厅。刊号：准印证 辽鞍内出简字[2003]011 号。办刊宗旨：为企业文化建设服务、为鞍山经济发展服务。创刊理念：研究企业文化理论、普及企业文化知识、传递企业文化信息、交流企业文化经验。主要栏目：领导讲话、名家演讲、青岛经验等。

【《连云港企业文化》】 连云港企业文化学会主办。主编：李万来。刊号：内刊准号：TSE—001905。月刊。至 2003 年 12 月 2 日共印发 58 期。向连云港市政府部门及全市企业和全国近 200 家社团、企业免费赠阅。办刊宗旨：坚持使内刊成为学会与会员之间联系的纽带，学习交流的平台，信息和知识传播的载体，成为全市企业家最爱看的刊物，达到传播先进文化、推动企业文化创新之目的。

主要栏目：企业文化理论研究、企业文化建设实践、企业文化优秀案例、学习型组织文化、管理哲学故事和漫画、学会活动简讯。

【《珠海企业文化》】 主管部门：珠海市文学艺术界学会，主办单位：珠海市企业文化协会，创办时间：1995 年 3 月 15 日，发行周期：季刊。

办刊宗旨：认真贯彻党的路线、方针、政策，坚持正确的舆论导向，紧跟时代步伐，探索企业文化建设的新路子。积极宣传报道基层企业两个文明的建设成果，讴歌企业职工的精神风貌和时代风采，为促进政府和企业、企业和企业之间的沟通交流架设桥梁，构筑平台和窗口。

主要栏目：人物专访、专家论坛、企业文化沙龙、企业巡礼、学习思考、南海文苑、他山之石、企业诊所、会员动态等。

【《企业文化》】 荆州市企业文化研究会会刊。刊号：荆州市内资准印证(14)012 号。由中共荆州市委宣传部主管，市社会科学联合会业务指导，由市企业文化研究会主办的一份报样刊物，四开四版。

荆州《企业文化》紧密围绕工业兴市、国企改革与发展主题，倡导企业文化建设与创新，树立企业的整体形象，提高企业的社会影响力和知名度，不断加大企业的文化实力和无形资产。是企业政工和管理人员的良师益友，是厂长经理的智囊和参谋。

荆州《企业文化》一版，开设特别报道、信息快递、文化快车、文化短波、荆楚快讯、谈天说地、典型报道、企业家谈企业文化等栏目。二版，开设企业家风采、一线采风、企业动态、人物写真、他山之石、改革之声、企业形象、五彩缤纷、科技之窗、经济杂谈、新闻集锦等栏目。三版，设百家论坛、一家之言、抛砖引玉、实话实说、七嘴八舌、问题探讨、各抒己见等栏目。四版，开设人在旅途、走马观花、寄情山水、当年回首、圣地觅踪、心海夜航、小楼风雨、人间真情、尺素寸心、心香一瓣、情书专递、诗词天地、书画集锦、企业歌声等栏目。

【《企业博览》】 辽宁省本溪市企业联合会、辽宁省本溪市企业家协会、辽宁省本溪市企业文化建设协会主办。属内部资料。办刊宗旨：为企业服务，交流企业经验、介绍企业情况，传达上级精神。主要栏目：经验介绍、专家论坛、经验交流、企业动态、新视野等。

【《企业文化纵横》】 主管部门：中国航空工业第一集团；主办单位：西安飞机工业(集团)有限责任公司；创办时间：1985 年。创办初期刊名为《思想政治工作通讯》，1994 年改刊为《企望》，2001 年改刊为《企业文化纵横》。刊号：陕新出内印字第 C9075 号。发行周期：月刊。

办刊宗旨：以代表先进文化的前进方向和“航空报国、追求第一”为核心价值取向，按照中航一集团的大集团战略和文化整合理念，立足集团文化建设和集团形象传播，成为集团重要的宣传阵地、文化平台和得心应手的工具，为集团的改革、管理、经营、发展服务，为从事科研、生产、经营、管理、文化等领导工作和具体业务工作的读者提供新理念、新方式和观察、分析、处理问题的文化视角；传达集团的重要资讯，交流各单位的经验，沟通航空人的精神世界；在企业文化研究和建设、拓展方面，对集团所属单位具有指导作用和导向价值，对兄弟行业和企业具有启示作用和借鉴价值。

主要栏目：大集团战略、集团文化、新理念、管理文化、经营文化、企业文化实务、CIS、道德文章、文化管理、文化诊断、文化现象研究、学习型企业、企业前沿、航空英模、相关学科动态、借鉴与参考、另类文化、文化人、员工茶座、企业理念的实践者。

【《航空人》】 系政工类综合性期刊。主办单位：中国航空工业第一集团公司；主管部门：中国航空工业第一集团公司政治部；承办单位：沈阳飞机工业(集团)有限公司；创办时间：1984年4月。原刊名《航空政工研究》，2000年1月改刊名为《航空人》。刊号：辽宁省准印证第01084号。发行周期：双月刊。

办刊宗旨：坚持以马列主义、毛泽东思想、邓小平理论和"三个代表"重要思想为指导，坚持党的基本路线和基本方针；以科学的理论武装人，以正确的舆论引导人，以高尚的精神塑造人，以优秀的作品鼓舞人；培育有理想、有道德、有文化、有纪律的员工，引导员工树立正确的世界观、人生观和价值观；在为集团公司的改革、发展、稳定服务中发挥好宣传、导向、教育作用。

主要栏目：卷首语、学习体会、重点型号之窗、探索与研究、领导论坛、经验交流、党的建设、集团文化建设、航空报国、工会工作、青年工作、神鹰文苑、思想漫谈、信息专递、企业介绍等。

【《南方集团文化》】 中国兵器装备集团公司主管，中国兵器装备集团公司企业文化研究中心、长安汽车(集团)有限责任公司主办，2000年初创刊。

办刊宗旨：弹奏时代旋律，讴歌兵器员工，展现集团精神，建设企业文化。主要栏目：本刊特稿、企业文化与品牌战略、文化与管理、文化套餐、企业文化与人力资源等。

刊号：渝内字(03)(258)号。双月刊。

【《燕山企业文化》】 中国石化集团北京燕山石油化工有限公司主办，为燕化思想政治工作研究会、燕化企业文化建设协会的会刊，企业内部杂志。刊号：Z2452—942050。原为《燕山油化政工研究》，原为季刊，1991年改为双月刊，1993年更名为《燕山企业文化》。《燕山企业文化》融企业管理、企业战略和企业文化研究、企业思想政治工作、职工文艺创作为一体，是一本综合性双月刊。

主要栏目：专稿特稿、燕化论坛、战略研究管理大舞台、政工大视野、科技大世界、燕化人风采、改革潮音、经验交流、生活一频道、文学广场等。

【《胜利文化》】 山东省新闻出版署主管，中国石化集团公司胜利石油管理局党委主办，2003年8月创刊，季刊。刊号：胜利石油管理局新闻出版办公室准印证(2003)3—034。

办刊宗旨：宣传胜利文化，弘扬胜利精神，打造胜利品牌，提升胜利形象。

主要栏目：领导论坛、专题论述、品牌形象、经验交流、先进典型、探索研究、他山之石、文化采风等。可根据情况变化和实际需要，适时增加一些新的栏目，使《胜利文化》的编辑形式不断创新，内容不断丰富，不断增强其指导性、知识性、实用性和可读性。

【《员工学习手册》】 主管部门：大庆炼化公司党委；主办单位：大庆炼化公司企业文化处；创刊时间：2001年1月；发行周期：每月1期。

办刊宗旨：选载国内外优秀企业文化典型案例和先进经验，传播国内知名企业文化专家和学者的相关理论，弘扬中华民族文化精髓，宣传贯彻公司企业文化理念，举办企业文化知识竞赛，以潜移默化的文化熏陶，把企业文化渗透到员工心中。同时通过开辟专栏，宣传党的方针政策，国内外时事政治，石油化工行业动态，宣传企业的工作思路，选树先进典型，活跃员工文化生活，交流思想动态信息，紧贴公司改革、生产、思想政治工作、企业文化建设等实际，加大宣传力度。

主要栏目：企业文化论坛、时政经纬、思想漫谈、炼化天地、党建之声、安全天地、一线速递、大课堂、中心组学习园地、篆刻赏析、域外来风、柠檬树下、智慧与幽默13个栏目。总编静德纯，副总编穆战群。

【《车间管理》】 主办单位：辽宁省机械工业车间管理研究会，主管部门：辽宁省机械工程学会，承办单位：沈阳飞机工业(集团)有限公司，创办时间：1987年。发行周期：季刊。

办刊宗旨：坚持为改革服务、为企业基层服务；直接面向车间、班组，研究和探讨新时期车间管理理论，独具微观管理研究特色。

主要栏目：车间主任论坛、现场管理、思想政治工作、班组建设、经营管理、安全管理、工作研究。曾发表过《谈团队激励运用与车间文化的形成》等重要文章。

刊号：辽宁省准印证(内)第01076号。

【《三洋之窗》】 主管部门：大连三洋制冷有限公司；主办单位：总务部事业推进课；创办时间：1996年。发行周期：双月刊单月发行。

办刊宗旨：对大连三洋制冷有限公司的经营方针、发展战略和近期工作状况进行报道，让员工们了解到外部市场信息、行业发展状况和最新的技术、管理等方面的知识和动态，让关心三洋制冷发展的朋友了解三洋制冷的企业开展的工作，为员工们提供一个展示才华的舞台，使之成为满足员工们日益提高的精神追求的文化载体，宣传企业形象的窗口，联系各界朋友的纽带，记录企业发展的"年鉴"。

主要栏目：卷首语、本刊特摘、特别报道、企业管理、企业文化、现场管理、八面来风、ERP专栏、来访专栏、人力资源、咨询专家、员工福利、时事快讯、海外传真、企业与法、营销世界、体系管理(ISO专栏)、QC活动、技术前沿、凡人轶事、员工之友、班组园地等。

【《通用时代》】 中国通用技术集团主办，企业文化杂志。内部刊物，刊号：京内姿准字2003—L0003。《通用时代》(GENERTEC TIMES)是由中国通用技术集团直属党委主管的企业文化刊物，逢偶数月发行，主要包括业内动态、经营哲学、人力资源、金融街、投资经纬、企业管理、财务管理、法律天地、员工生活等栏目。作为企业内部交流沟通的工具，《通用时代》遵循企业经营理念，传播企业的创新和奋斗精神，以沟通为目标，以文化气息为特点，以正面反映为手段，以促进企业文化的发展为己任，增强企业凝聚力，倡导企业精品文化，是集团企业文化建设和精神文明建设的重要阵地，也是集团内部信息沟通和交流的桥梁，更是维系集团团结向上的纽带。

【《新时代》】 太平洋机电(集团)有限公司文明建设活动委员会、职工思想政治工作研究会主办。创刊于2001年6月，不定期出版，已编辑6期。办刊宗旨：以党的十六大精神、"三个代表"重要思想为指导，坚持正确导向，围绕中心任务，唱响主旋律，打好主动仗。通过传递重要信息，总结先进经验，研讨热点问题，展示研究成果，进一步推进行业思想政治工作、企业文化建设的深入开展，为太平洋机电在新世纪的新发展服务好、为广大基层企业服务好、为广大干部职工服务好。主要栏目：卷首语、调研报告、人才战略、思想政治工作、企业发展、党的建设、廉政建设、企业文化、战略管理、素质工程、审计工作、经营策略、企业管理、团的工作。

【《日照港口》】 日照港（集团）有限公司主办。创刊于1988年；发行周期：月刊。刊号：准印证号：山东省内部资料准印证第1105号。办刊宗旨：贴近生产、贴近职工、贴近一线。主要栏目：本刊专稿、经营管理、党群工作、工作研究、图片报道、经验交流、技术探讨、图片新闻、大家谈、安全工作、一线报道、金沙滩、文摘、信息广场。

【《企业文化沙龙》】 河北省通信公司沧州市分公司主办。刊号：准印证号 JL10—0081；创刊时间：2002年5月；发行周期：双月刊。办刊宗旨：紧密配合公司企业文化建设的战略思想，坚持弘扬“求真务实，开拓创新”的创业精神，挖掘、总结本企业固有的传统文化中的亮点，通过学习和借鉴其他先进企业的优秀文化，充实、丰富、创新沧州网通的企业文化，起到“对内凝聚人心，对外树立形象”的作用。《企业文化沙龙》编辑部工作理念：精彩沙龙、激情人生。主要栏目：卷首语、经理世界、访谈、危机漫谈、大视野、精彩回放、经理讲故事、部门文化、论坛、争鸣、视点、岗位体验、外面的世界、员工茶访、我爱我家、文苑、精彩人生。

【《企业文化建设》】 四川长钢集团公司职工思想政治工作研究会、四川长钢集团公司工会委员会主办。四川省刊型内部资料第08—12号。主要栏目：管理研究、探索与思考、纪检与监察、企业文化研讨、管理艺术谈、工会工作、经验交流、大家谈、信息大观、小说、散文、诗歌、随笔。

【《科瑞人》】 科瑞集团公司主办。属企业内部文化刊物。创刊于1993年3月20日。发行周期：月刊。

【《邮政文化》】 国家邮政局主管，国家邮政局邮政文史中心承办。国家邮政工会、中国邮政职工思想政治工作研究会协办。准印证号：2000—L0091；创刊时间：2003年1月。发行周期：月刊。办刊宗旨：交流企业文化实践，传播邮史、邮票知识，展示职工生活风采，倡导健康文明生活。主要栏目：卷首语、企业文化实践、星光璀璨、企业文化论坛、长镜头、创建巡礼、绿叶心声、MBA经典案例、它山之石、文化短波、史林漫步、域外邮史、邮票欣赏、各抒已见、人生百态等。

【《中国卫生》】 中华人民共和国卫生部主办。编辑出版：卫生部《中国卫生》杂志社。主要栏目：卷首语、权威聚焦、特别报道、领导访谈、八方论坛、人物风采、热点追踪、医院文化、发展之路、卫生改革与发展论坛、论文园地等。国际刊号：ISSN 1009-1424；国内刊号：CN 11-3708/D。

【《中国医院文化》】 《中国医院文化》杂志社主办。主管：中华医院管理学会医院文化专业委员会、中国企业文化研究会医药卫生委员会。主要栏目：卷首、独家策划、封面人物、封面文章、权威发布、业界观潮、典范展示、要闻速递、域外传真、独家之言、医学人文、主编推荐、视点。

【《医院管理咨讯》】 中国企业文化研究会医药卫生委员会、中华医院管理学会医院文化专业委员会、卫生部中国卫生杂志社主办。创刊于2002年6月。发行周期：双月刊。属内部刊物。主要栏目：管理与文化、人文医学、发展之路、热点报道、他山之石、海外传真、医药动态。

六、部分中外企业文化著作书目

(一)中国企业文化著作书目

《孙子兵法与企业管理》李世俊、杨先举等主编,广西人民出版社 1984 年 8 月出版。

《企业文化新谋略》许宏著,湖南文艺出版社 1986 年出版。

《中国文化的深层结构》孙隆基编著,(上、下两册),华岳文艺出版社 1988 年出版。

《传统与中国人》刘再复、林岗编著,生活·读书·新知三联书店 1988 年出版。

《企业管理哲学》张龙治、李国才、潘天敏著,辽宁人民出版社 1988 年出版。

《三国演义与经营管理》李飞、周克西编著,北京体育学院出版社 1988 年出版。

《兵法经营十谋》杨先举编著,解放军出版社 1988 年出版。

《希望的火花——中关村电子一条街调查》于维栋主编,中国人民大学出版社 1988 年出版。

《社会·价值·英雄·仪式 》苏勇、叶永青著,中国展望出版社 1988 年出版。

《企业精神塑造论》尹元玄主编,职工教育出版社 1988 年 1 月出版。

《改革中的新型企业——白云山制药厂》范英、王荣武主编,人民出版社 1988 年 7 月出版。

《管理之魂—企业文化的理论与实践》邹广严主编,西南财经大学出版社,1988 年 9 月出版。

《企业文化概论 》张宗源、黎永泰主编,四川大学出版社 1989 年出版。

《中国企业文化论纲》杨槐印等著,吉林人民出版社 1989 年出版。

《企业形象的社会扩张: 企业文化的一种新视角》杨张乔、郑智强编,团结出版社 1989 年出版。

《企业文化探索》路英民主编,大连理工大学出版社 1989 年出版。

《企业文化与企业发展》朱来常、韩照华主编,安徽人民出版社 1989 年出版。

《企业文化——走出管理的困境》印国有主编,中国城市经济出版社 1989 年出版。

《升起人的太阳——二汽人与二汽文化》王载珏、刘玉峰著,云南人民出版社 1989 年出版。

《商业文化学纵横》穆励、赵婷编著,中国商业出版社 1989 年出版。

《沂蒙山下创新路》松涛主编,山东文艺出版社 1989 年 1 月出版。

《广东企业文化》周圣英主编,广东人民出版社 1989 年 2 月出版。

《儒家经济伦理》张鸿翼著,湖南教育出版社 1989 年 3 月出版。

《企业文化概论》尹元玄主编.吉林大学出版社 1989 年 4 月出版。

《企业文化》段国三著,武汉出版社 1989 年 4 月出版。

《企业文化指南》时立军主编,工人出版社 1989 年 5 月出版。

《中国企业文化》徐鹏航主编,华中理工大学出版社 1989 年 5 月出版。

《中国企业精神和企业文化》韩修山、贾庆昌著,中国经济出版社 1989 年 5 月出版。

《企业文化知识问答》张战友等编著,学术期刊出版社 1989 年 7 月出版。

《企业文化: 管理之魂》徐艳梅、孙中柱著,天津科技翻译出版公司 1989 年 8 月出版。

《走向管理的新大陆/企业文化概论》黎红雷著,广东高等教育出版社 1989 年 8 月出版。

《企业管理新方法》中国企业管理协会研究部编,1989 年 8 月出版。

《企业文化建设》王载珏主编,云南人民出版社 1989 年 9 月出版。

《企业文化概论》魏承思主编,云南人民出版社 1989 年 9 月出版。

《改革与中国企业文化》王春播著,中国人民大学出版社 1989 年 9 月出版。

《企业文化概论》袁礼周、孙洪涛主编,哈尔滨工业大学出版社 1989 年 12 月出版。

《发展新阶段的战略抉择》吴志辉主编,广东高等教育出版社 1989 年 12 月出版。

《企业发展的精神动力——企业文化与企业发展研究》王基铭主编,科学技术出版社 1990 年出版。

《企业文化与领导手册》石秀印、张潘仕主编,光明日报出版社 1990 年出版。

《人与企业共振: 一个大型航空工业公司的企业文化》陶辉武主编,经济科学出版社 1990 年出版。

《凝聚：上海石化总厂企业文化建设实录》周瑞仁、闻莲芳主编，上海人民出版社 1990 年 1 月出版。

《企业文化与企业思想政治工作》马俊才主编，中国广播电视出版社 1990 年 1 月出版。

《弘扬京铁精神》北京铁路局党委宣传部编著，1990 年 1 月出版。

《企业文化纵横谈》田峻岭主编，北岳文艺出版社 1990 年 2 月出版。

《企业文化》王景琪著，河北人民出版社 1990 年 2 月出版。

《企业文化理论与实践》陆嘉玉、姚秉彦编，中国工人出版社 1990 年 4 月出版。

《企业文化论》张文然主编，中国矿业大学出版社 1990 年 4 月出版。

《建设现代化企业文化》来耀勤、范鹏主编，兰州大学出版社 1990 年 4 月出版。

《企业文化概论》徐青民等编著，吉林大学出版社 1990 年 5 月出版。

《文化制胜：赢得优势的最佳选择》王缓、张新胜著，新华出版社 1990 年 5 月出版。

《企业文化：企业管理新模式》管益忻主编，气象出版社 1990 年 6 月出版。

《企业文化理论与实践》沈赓方等主编，杭州大学出版社 1990 年 7 月出版。

《铁路企业文化建设》吴秉元等主编，中国铁道出版社 1990 年 7 月出版。

《企业文化导论：建设具有中国特色的企业文化》张铭远著，辽宁大学出版社 1990 年 7 月出版。

《活力：上海企业文化集锦》许一春、白石主编，上海人民出版社 1990 年 8 月出版。

《企业文化研究·第一卷》于光远主编，中国科学技术出版社 1990 年 8 月出版。

《冲出困境——走向现代管理的企业文化》黄河涛编著，中国工人出版社 1990 年 8 月出版。

《铸造企业之魂》钱志新主编，气象出版社出版 1990 年 9 月出版。

《广州企业文化》杨钦泉主编，广东高等教育出版社 1990 年 10 月出版。

《现代经济文化》沈华嵩、周浩然等主编，中国经济出版社，1990 年 10 月。

《企业文化建设顾问》吴士英主编，河南人民出版社 1990 年 10 月出版。

《企业与企业文化》薛仲良主编，江苏江阴市企业文化研究会论文集锦，1990 年 10 月出版。

《漫谈企业文化》胡石明编著，经济科学出版社 1990 年 11 月出版。

《中国企业文化理论》李默之、朱双全著，新华出版社 1990 年 11 月出版。

《企业文化概论》管益忻、郭廷建著，人民出版社 1990 年 12 月出版。

《现代企业文化导论》徐厚德主编，辽宁人民出版社 1990 年 12 月出版。

《企业文化》项玲玲等编，团结出版社，1990 年 12 月出版。

《企业文化教程》潘肖珏主编，同济大学出版社 1990 年 12 月出版。

《企业之魂：论中国企业精神》张毅、史彤彪著，辽宁大学出版社 1990 年 12 月出版。

《企业的良心：论规范功能与职业道德》杨恒达著，辽宁大学出版社，1990 年 12 月出版。

《赢得信任——塑造企业良好形象》徐洪烈、韩庆祥、袁玉兰、孙亚南著，中国工人出版社 1990 年 12 月出版。

《企业文化系列丛书》杨宗兰、荣德邻主编，新华出版社 1991 年出版。

《管理思想探源——中国传统文化与现代企业文化建设》虞祖尧、沈恒泽、孙志伟主编，新华出版社 1991 年出版。

《社会主义企业文化建设》宗菊如主编，无锡市春运印刷厂 1991 年 1 月出版。

《走社会主义企业文化管理之路》张大中主编，《城市问题》编辑部 1991 年出版。

《企业文化建设论纲》刘炳英主编，中共中央党校出版社 1991 年出版。

《企业文化理论与实践》王成荣主编，中国社会科学出版社 1991 年出版。

《三国演义与企业领导谋略》冒祈主编，中国矿业大学出版社 1991 年出版。

《经营管理之魂：企业精神文化论》吴年等主编，中国商业出版社 1991 年出版。

《企业管理之魂：电化杯企业文化征文选》顾维良、周锦熙主编，知识出版社 1991 年出版。

《经营管理之本：企业物质文化论》李兴群等主编，中国商业出版社 1991 年出版。

《中国企业文化建设》俞礼祥等主编，经济管理出版社 1991 年出版。

《论商业文化》胡平主编，中国商业出版社 1991 年出版。

《当代企业文化建设》箫秀清著，重庆出版社 1991 年 1 月出版。

《策略与艺术：中国企业文化的建立》熊德斌、聂正安编著，中国商业出版社 1991 年 1 月出版。

《企业文化概论》长沙东塘百货大楼编著，中国人事出版社 1991 年 1 月出版。

《创建企业文化的途径》刘性凤主编，北京经济学院出版社 1991 年 2 月出版。

《当代企业文化研究》柏松、车占柱主编，吉林人民出版社 1991 年 2 月出版。

《煤炭企业文化建设》侯定和主编，煤炭工业出版社 1991 年 2 月出版。

《管理、激励、科学》邱宜家等主编，中国地质大学出版社 1991 年 3 月出版。

《企业的文化意识》堵根生、闻莲芳著，上海人民出版社 1991 年 3 月出版。

《企业文化的理论与实践》程国定主编，中国经济出版社 1991 年 3 月出版。

《企业文化新编》仲跻煜、李书臣主编，辽宁教育出版社

1991年3月出版。

《人力资源》《新经济时代解读哈佛》编委会，中华工商联出版社2001年4月出版。

《现代企业文化建设纪实》钟祥斌主编，大连理工大学出版社1991年4月出版。

《企业文化建设探索》韩光迪主编，大连理工大学出版社1991年4月出版。

《企业文化手册》周安伯主编，江苏人民出版社1991年4月出版。

《中国社会主义企业文化概论》王进主编，中国劳动出版社1991年4月出版。

《企业文化与道德建设研究》王育殊、倪马堂主编，中国广播电视出版社1991年4月出版。

《云锡企业文化》韦绍康主编，云南人民出版社1991年4月出版。

《企业文化导论》苏振芳主编，福建人民出版社1991年4月出版。

《企业家与学者共商九十年代企业精神》杨雅彬等编，海洋出版社1991年4月出版。

《企业文化论》祝友文、袁书勤编著，河南人民出版社1991年4月出版。

《铸造企业之魂——无锡市企业文化研究》钱志新、张慰冰主编，气象出版社1991年4月出版。

《人——企业之本》熊振邦主编，西南财经大学出版社1991年5月出版。

《先秦诸子与管理哲学》樊国华著，新华出版社1991年5月出版。

《企业文化发展原动力——论企业文化》黄钦若主编，新华出版社1991年5月出版。

《企业文化的治理与改造：去除神秘的文化表象》胡联奎、吕林编译，新华出版社1991年5月出版。

《国内外企业文化论述精选》于国祥、陈家振主编，新华出版社1991年5月出版。

《传统文化与现代管理》李躬圃著，新华出版社1991年5月出版。

《中国社会主义企业文化》黄厚载主编，石油大学出版社1991年5月出版。

《新视野新思路：企业文化与企业思想政治工作》李培、张红薇著，新华出版社1991年5月出版。

《实践先于理论——日本企业文化》王丹丹、纪廷许编译，新华出版社1991年5月出版。

《企业文化学》罗长海编著，中国人民大学出版社1991年6月出版。

《企业精神、凝聚力、科学管理》梁天林、张镶采主编，中国经济出版社1991年6月出版。

《中国现代企业文化》尉京虎、姜乐亭主编，山东大学出版社1991年6月出版。

《山东企业文化》关升兰主编，华龄出版社1991年6月出版。

《文化是明天的经济》朱来常著，改革出版社1991年7月出版。

《企业文化论》张国胜、王庆发主编，吉林大学出版社1991年8月出版。

《企业文化建设论纲》刘炳瑛主编，中共中央党校出版社1991年8月出版。

《企业文化辞典》易可君、雷世平主编，中南工业大学出版社1991年9月出版。

《企业文化知识》阎宝礼、杨企玉主编，山西人民出版社1991年10月出版。

《企业文化》王秀珍、程省文著，北方文艺出版社1991年10月出版。

《中国企业文化——现在与未来》张德、刘冀生著，中国商业出版社1991年10月出版。

《长虹之路》胡福明、李少宇主编，四川人民出版社1991年10月出版。

《生存发展之魂：中外企业文化建设实例选编》阎春芝等编，企业管理出版社1991年11月出版。

《企业动力之源：企业文化》李庆善著，科学技术文献出版社1991年11月出版。

《企业文化》郭纪金著，中山大学出版社1991年11月出版。

《潞安企业文化探索》：王和岐、弓应文主编，潞安企业文化研究会1991年11月出版。

《企业文化、企业精神与职业道德》张良等主编，陕西人民出版社1991年12月出版。

《企业文化与企业精神百题》相金科等编写，河北人民出版社1991年12月出版。

《当代企业文化导论》王驰主编，湖南出版社1991年12月出版。

《企业文化词典》韩照华等主编，改革出版社1991年12月出版。

《企业文化新论》陈国兴、李万来主编，中国工人出版社1991年12月出版。

《企业文化导论》范 周主编，世界知识出版社1991年12月出版。

《西方文化与管理》徐文俊，中山大学出版社1992年出版。

《企业与企业文化》薛仲良主编，香港欧亚经济出版社1992年出版。

《企业取胜的诀窍：企业文化理论与实践》吴士英主编，河南人民出版社1992年1月出版。

《开放前沿的文化震荡："三资"企业多层次文化冲突剖析》路英浩著，云南人民出版社1992年1月出版。

《煤矿企业文化概论》刘守仁主编，人民出版社1992年2月出版。

《现代企业文化建设》韩岫岚著，上海人民出版社1992年3月出版。

《企业文化理论与实践》张雄龙、黄子经主编，贵州教育出版社1992年4月出版。

《企业文化理论与实践》刘长海主编，新疆人民出版社1992年4月出版。

《理论与操作——建设我国社会主义企业文化的探讨》沈

恒泽主编,改革出版社 1992 年 5 月出版。

《企业的上帝:论企业文化建设的核心》张毅、伊敏著,辽宁大学出版社 1992 年 8 月出版。

《我的企业观》吕克健编著,中国经济出版社 1992 年 8 月出版。

《活力源——中国第一个现代化矿务局潞安企业文化初探》管益忻主编,经济日报出版社 1992 年 9 月出版。

《中国企业文化的理论与实践》邹和平、马郑刚主编,重庆大学出版社 1992 年 9 月出版。

《中国的企业文化》高效琨等著,天津人民出版社 1992 年 9 月出版。

《中国企业文化简论》陈寒鸣、周公望著,天津大学出版社 1992 年 11 月出版。

《企业文化建设论丛》渝生等主编,中国民族摄影艺术出版社 1993 年出版。

《儒家管理哲学》黎红雷著,广东高等教育出版社 1993 年出版。

《CI 策划——企业形象新境界》甘波、孙黎编著,企业管理出版社 1993 年出版。

《ZM 理论——北京牡丹电子集团公司企业文化研究》王伟主编,人民出版社 1993 年出版。

《同仁堂企业文化的启示》北京市社会科学院和北京市企业文化建设协会编,北京燕山出版社 1993 年出版。

《高层次商业营销策略》刘建章、曲汝慈编著,天津大学出版社 1993 年出版。

《商业文化与广告美学》王世德编著,中国经济出版社 1993 年出版。

《管理战略》,蔡溪平、赫聪译编著,外文出版社、上海远东出版社 1993 年 1 月出版。

《企业文化理论与实践》刘佐卿主编,黑龙江人民出版社 1993 年 1 月出版。

《谋略与竞争——孙子兵法与企业经营管理》陆嘉玉、姚秉彦主编,中国友谊出版公司 1993 年 1 月出版。

《企业文化建设理论及其在云南的实践》廖树东等主编,云南民族出版社 1993 年 2 月出版。

《企业文化新潮》张业清等主编,山西人民出版社 1993 年 4 月出版。

《市场经济与企业文化》张大中主编,北京大学出版社 1993 年 5 月出版。

《森工企业文化理论与实践》刘长生、陈永昌主编,中国林业出版社 1993 年 6 月出版。

《企业文化与企业行为 = Enterprise culture and behavior》沈大德、吴廷嘉著,甘肃人民出版社 1993 年 6 月出版。

《医院文化》郑雯、常毅、单宝德主编,山东人民出版社 1993 年 6 月出版。

《企业文化论》郭文奇,张占梅主编,山西人民出版社 1993 年 8 月出版。

《中国企业文化新论》林永和著,改革出版社 1993 年 8 月出版。

《文化力——经济力》蒋信成、贾永华、蒲心文主编,光明日报出版社 1993 年 8 月出版。

《亚都物语》何鲁敏著,经济科学出版社 1993 年 8 月出版。

《文化力——经济力——长岭炼油化工企业文化模式研究》重庆商学院经济文化中心编,光明日报出版社 1993 年 8 月出版。

《市场经济与企业文化》郑金良等著,湖北人民出版社 1993 年 9 月出版。

《管理文化的挑战:企业文化概论》黄钦若等著,中国广播电视出版社 1993 年 9 月出版。

《西南铁路企业文化建设》张东宏、赖宇辉主编,西南交通大学出版社 1993 年 10 月出版。

《建设企业命运共同体:广州钢铁有限公司企业文化研究》彭绍辉等主编,广东高等教育出版社 1993 年 10 月出版。

《企业文化简明知识》青岛市职工思想政治工作研究会编写,青岛出版社 1993 年 11 月出版。

《企业文化与企业发展》张国胜等主编,黑龙江人民出版社 1993 年 11 月出版。

《企业文化理论与实践》杨季春主编,山西人民出版社 1994 年出版。

《中国企业文化》李文诠主编,西北大学出版社 1994 年出版。

《蓝岛文化与企业发展战略》郝真主编,中国商业出版社 1994 年出版。

《企业形象》高立胜主编,辽宁人民出版社 1994 年出版。

《企业文化》许鹏、陈力著,人民出版社 1994 年出版。

《企业文化》张沈立等著,东北大学社 1994 年出版。

《全国企业文化建设征文获奖作品选》高占祥、单荣范主编,黑龙江人民出版社 1994 年出版。

《简明企业文化》李战盈编著,河北科学技术出版社 1994 年出版。

《精神动力之源——企业文化建设》邢树云著,群众出版社 1994 年出版。

《孔子与现代管理》潘乃樾著,中国经济出版社 1994 年出版。

《企业形象制胜》于显洋、廖菲合著,新华出版社 1994 年出版。

《企业迈向 CI 时代》雷晓明、李忠鹏、王诗建编著,成都科技大学出版社 1994 年出版。

《企业美育初探》蒋冰海主编,江苏人民出版社 1994 年出版。

《企业之魂——企业文化建设 100 例》张明智主编,四川科学技术出版社 1994 年出版。

《美学与市场营销》王旭晓著,春风文艺出版社 1994 年出版。

《中国文化概论》张岱年、方克立主编,北京师范大学出版社 1994 年出版。

《豪门文化透视——一个企业集团迅速崛起的启示》李亚梅、梁天林、张福墀、仇长生等著,企业管理出版社 1994 年 2 月出版。

《国内外企业文化论述精选》于国祥、陈家振主编,新华出版社 1994 年 5 月出版。

《市场经济与企业文化:'93 中国企业文化节企业文化建

设研讨会优秀论文选》《市场经济与企业文化》编委会编,中国工人出版社 1994 年 6 月出版。

《赢得成功:中外企业文化集粹》宋同亮等编著,山东人民出版社 1994 年 8 月出版。

《现代企业人力资源管理》安鸿章编著,中国劳动出版社 1995 年出版。

《领先一步:南阳农行的"CI"行动》程守关、陈荣友编著,河南人民出版社 1995 年出版。

《市场经济与企业文化》俞礼祥主编,武汉出版社 1995 年出版。

《企业文化研究》王忠本等主编,山东大学出版社 1995 年出版。

《世纪之交的中国企业文化》申秀云等著,甘肃文化出版社 1995 年出版。

《现代企业文化》王祥俊、陈福基主编,漓江出版社 1995 年出版。

《企业文化论纲》张晓光主编,吉林大学出版社 1995 年出版。

《企业文化》郭凤祥、任宝君编著,中国社会出版社 1995 年出版。

《建设社会主义企业文化》陆云主编,今日中国出版社 1995 年出版。

《文化力》贾春峰著,人民出版社 1995 年出版。

《文化力论》姚玉忠等主编,文化艺术出版社 1995 年出版。

《现代企业文化导论》吕德雄编著,南京出版社 1995 年出版。

《企业文化与企业发展:安徽省企业文化建设经验集萃》沈培新主编,安徽人民出版社 1995 年出版。

《中国企业文化建设》陈濯主编,企业管理出版社 1995 年出版。

《经济文化发展研究》周浩然主编,中国社会科学出版社 1995 年出版。

《韩非子与现代管理》潘乃樾著,中国经济出版社 1995 年出版。

《企业形象的魅力——CIS 战略概述》朱立恩编著,北京经济学院出版社 1995 年出版。

《企业形象识别(CIS)与广告经营》马玉涛编著,中国广播电视出版社 1995 年出版。

《东西方文化与企业管理》赵曙明编著,中国人事出版社 1995 年出版。

《企业文化新论》郭章生、索才法、李文江编著,中国物价出版社 1995 年出版。

《推销革命——超越 CI 的 CS 战略》李蔚编著,四川大学出版 1995 年出版。

《企业文化论》张大中、孟凡驰主编,东方出版社 1995 年 5 月出版。

《企业美学(论文集)》耿兆林主编,中国社会出版社 1995 年 6 月。

《管理现代化》总政治部宣传部编,白山出版社 1995 年 7 月出版。

《东亚企业文化》天津市委工业工委等编著,天津社会科学院出版社 1995 年 8 月出版。

《投向新视野》杨广慧主编,人民出版社 1995 年 11 月出版。

《企业文化建设的运作——有中国特色的社会主义企业文化建设理论与实践的探索》郝真主编,中国经济出版社 1995 年 12 月出版。

《企业文化:现代企业之魂》胡正荣、黄新民、王宇编著,中国水利水电出版社 1995 年 12 月出版。

《三资企业管理学》顾国祥、许小明编著,复旦大学出版社 1996 年出版。

《美国社会文化》王锦瑭编著,武汉大学出版社 1996 年出版。

《企业伦理》陈炳富、周祖城编著,天津人民出版社 1996 年出版。

《企业经营管理经典案例评点 CI 卷》李毕万主编,广西人民出版社 1996 年出版。

《现代商业企业文化建设》郝斌主编,中国国际广播出版社 1996 年出版。

《蓝岛大厦企业文化》李贵保主编,中国国际广播出版社 1996 年出版。

《西单商场企业管理:北京西单商场集团企业管理与企业文化建设纪实》李恒茂、丁淑芳主编,中国国际广播出版社 1996 年出版。

《现代商业企业服务文化》刘方等编著,中国国际广播出版社 1996 年出版。

《现代商业企业营销文化》刘凤元主编,中国国际广播出版社 1996 年出版。

《现代商业企业精神文化》王颖编著,中国国际广播出版社 1996 年出版。

《中日企业文化荟萃》潘承烈主编,企业管理出版社 1996 年出版。

《隐身巨人:三九企业文化》彭程著,新华出版社 1996 年出版。

《企业文化新绿》余易、老木著,东北财经大学出版社 1996 年出版。

《新概念管理:企业文化》张建平、张占耕主编,立信会计出版社 1996 年出版。

《企业文化管理学》陶泉禄、潘仁主编,黑龙江人民出版社 1996 年出版。

《企业文化:深圳的实践与探索》深圳市企业文化研究会编,海天出版社 1996 年出版。

《现实与探索:企业文化面面观》林泽奎等主编,湖南科学技术出版社 1996 年出版。

《中国企业文化的系统研究》苏勇著,复旦大学出版社 1996 年出版。

《经济魂:企业文化与企业精神》卜卫进著,人民出版社 1996 年出版。

《企业文化论纲》朱春香等著,武汉工业大学出版社 1996 年出版。

《广西企业文化》黄伦生著,广西人民出版社 1996 年出版。

《银行企业文化论》程守关、胡承顺著,河南人民出版社1996年出版。

《企业文化论文集》程锦川著,华东理工大学出版社1996年出版。

《商贸企业文化》杨帆、方光罗主编,中国财政经济出版社1996年出版。

《柔性管理》郑其绪编著,石油大学出版社1996年出版。

《合资企业的跨文化管理》俞文钊主编,人民教育出版社1996年出版。

《中国传统文化与现代企业管理》宋光华主编,中国建材出版社1996年出版。

《企业理念与企业行为》乔健、陈文江编著,兰州大学出版社1996年出版。

《华商巨头成功之道》卢业苗著,辽宁人民出版社1996年1月出版。

《现代市场的美学冲击——企业审美文化论》黄河涛主编,人民出版社1996年7月出版。

《医院文化读物丛书》张鸿铸、高金声、刘兵主编,天津社会科学院出版社1996年10月出版。

《企业文化箴言》中国企业文化研究会、中国企业政工信息报编辑,改革出版社1996年11月出版。

《企业文化与CI战略实务》张木先主编,中国民航出版社1996年12月出版。

《金融企业文化概论》李福钟、何小锋著,经济科学出版社1997年出版。

《乡镇企业产品质量文化》李之相、肖中铭主编,中国农业出版社1997年出版。

《企业文化的哲学思维》余松涛著,陕西师范大学出版社1997年出版。

《市场经济与企业文化》赵秀玲、张汉昌编著,河南人民出版社1997年出版。

《精神文明与企业文化建设概论》刘卫民、顾嘉福主编,人民交通出版社1997年出版。

《现代企业文化概论》尹家振等主编,云南民族出版社1997年出版。

《现代企业家与企业文化》刘光明著,经济管理出版社1997年出版。

《企业文化与企业形象工程建设全书》马郑刚、熊向清主编,工商出版社1997年出版。

《中国现代企业文化导论》奚从清等主编,杭州大学出版社1997年出版。

《乡镇企业人本文化》李之相,肖中铭主编,中国农业出版社1997年出版。

《建设具有自身特色企业文化——鲁班文化:中国建筑一局(集团)第五建筑公司'96论文集》中国建筑一局(集团)第五建筑公司、中国建设产业文化理论专业委员会编,中国建筑工业出版社1997年出版。

《秦皇岛企业文化研究》汪秉康主编,东北大学出版社1997年出版。

《企业文化研究》王宏飞、王力编著,东北大学出版社1997年出版。

《金融企业文化培育与构建》陈树华、胡晓宁编著,中国金融出版社1997年出版。

《乡镇企业市场营销文化》李之相、肖中铭主编,中国农业出版社1997年出版。

《托起辉煌:市场竞争与企业文化》罗仲伟著,广东旅游出版社1997年出版。

《企业文化管理概论》陈满泉编著,湖南大学出版社1997年出版。

《东亚企业文化的特点与发展趋势》季崇威主编,经济管理出版社1997年出版。

《现代企业文化新论:迈向成功企业之路》庄培章著,厦门大学出版社1997年出版。

《新集之魂:新集集团企业文化建设探讨》丁钊、黄樱编著,企业管理出版社1997年出版。

《和谐管理——衡水电机模式》张德、吴剑平、曲庆编著,机械工业出版社1997年出版。

《公共关系学》熊源伟编著,安徽人民出版社1997年出版。

《品牌策划》韩光军编著,经济管理出版社1997年出版。

《文化学——现代国富论》孙凯飞著,经济管理出版社1997年出版。

《公司文化》谭伟东著,经济日报出版社1997年出版。

《人力资源开发与管理》余凯成编著,企业管理出版社1997年出版。

《人力资源开发与管理》张德编著,清华大学出版社1997年出版。

《人力资源:组织和人事》MBA必修核心课程编译组,中国国际广播出版社1997年出版。

《哈佛商学院MBA教程系列——人力资源管理》罗锐韧、曾繁正编著,红旗出版社1997年出版。

《组织行为学》罗锐韧、曾繁正编著,红旗出版社1997年出版。

《管理沟通》曾繁正、罗锐韧主编,红旗出版社1997年出版。

《管理创新》芮明杰编著,上海译文出版社1997年出版。

《企业文化模式》钟祥斌著,人民出版社1997年1月出版。

《企业文化问答》高立胜编著,辽宁人民出版社1997年2月出版。

《丰田经营秘诀》戛年喜著,改革出版社1997年2月出版。

《波音经济秘诀》郑保华著,改革出版社1997年2月出版。

《拿破仑·希尔:成功学全书》田野主编,经济日报出版社1997年6月出版。

《社会主义市场经济与现代企业制度》邓荣霖主编,中国人民大学出版社1997年8月出版。

《众神狂欢·当代中国的文化冲突问题》孟繁华编著,今日中国出版社1998年出版。

《中国文化的整合与认知》田文棠编著,陕西人民出版社1998年出版。

《无形资产管理》张占耕编著，立信会计出版社 1998 年出版。

《农垦企业文化概论》王飞等编著，新疆大学出版社 1998 年出版。

《管理学》徐国华、张德、赵平编著，清华大学出版社 1998 年出版。

《海峡两岸之企业文化［海外中文图书］》郑伯埙等主编，远流出版事业公司，1998 年出版。

《铸造中华企业魂：无锡企业文化建设十年（1989 – 1998）》无锡市企业文化研究会编，中国计划出版社 1998 年出版。

《金融企业文化研究》任国强、邱晓雯著，延边大学出版社 1998 年出版。

《北京成功企业领导人访谈录：关于提高企业领导人现代文化素质的探讨》北京市企业文化建设协会著，北京出版社 1998 年出版。

《新型金融企业文化》李玉清等主编，四川大学出版社 1998 年出版。

《企业理念体系讲座：延安市邮电局企业文化管理探索》李俊义等编著，陕西人民出版社 1998 年出版。

《无风絮自飞：学者眼中的港澳信托企业文化》罗新等著，中国经济出版社 1998 年出版。

《企业文化》窦胜功等主编，东北大学出版社 1998 年出版。

《“一团火”精神：王府井人之魂 ：北京王府井百货（集团）股份有限公司企业文化研究》管益忻主编，经济管理出版社 1998 年出版。

《企业文化概论》马云志、李少惠编著，兰州大学出版社 1998 年出版。

《企业文化理论与实践》梁长平主编，河南人民出版社 1998 年出版。

《电力企业文化建设理论与实践》国家电力公司企业思想政治工作办公室编，中国电力出版社 1998 年出版。

《多维视界中的企业文化》荆建林、李忠义著，中国计量出版社 1998 年出版。

《现代金融企业文化》吕福来、李笋主编，西南财经大学出版社 1998 年出版。

《企业文化与职业礼仪》刘屹峰主编，中国铁道出版社 1998 年出版。

《金融企业文化概论》刘艺等编著，文汇出版社 1998 年出版。

《顺达文化：大连渤海顺达房屋开发总公司经营理念剖析》钟祥斌编著，人民出版社 1998 年出版。

《组织理论与设计》吴培良等编著，中国人民大学出版社 1998 年出版。

《关系营销》王方华编著，山西人民出版社 1998 年出版。

《领袖商论》齐畅、凡禹编著，中华工商联合出版社 1998 年出版。

《文化营销》王方华、伏宝会、肖志兵编著，山西经济出版社 1998 年出版。

《世界企业 500 强启示录》江淮编著，知识出版社 1998 年出版。

《新角色——企业文化人》夏有恒主编，吉林人民出版社 1998 年 1 月出版。

《哲学与当代文化》张践、朱立言、汤泽林、王国元著，中国人民大学出版社 1998 年 4 月出版。

《99 + “1” = 0：为什么》北京行为科学学会、北京开关厂著，新华出版社 1998 年 5 月出版。

《宝钢 CS 战略》宝山钢铁（集团）公司党委宣传部编，文史出版社 1998 年 5 月出版。

《企业改革与企业文化》孟凡驰、吴建明主编，东方出版社 1998 年 5 月出版。

《资产经营实务》吴光伟著，东方出版中心 1998 年 6 月出版。

《文化力观》贾春峰著，群众出版社 1998 年 7 月出版。

《企业文化在中国》陆嘉玉、姚秉彦主编，光明日报出版社 1998 年 10 月出版。

《有效管理者》李航主编，中国对外经济贸易出版社 1998 年 10 月出版。

《能力本位》韩庆祥编著，中国发展出版社 1999 年出版。

《管理模式——家庭企业版》刘光起编著，企业管理出版社 1999 年出版。

《比较·启迪：中日企业文化比较研究》孙钱章，袁玉兰著，中共中央党校出版社 1999 年出版。

《H 管理理论：人性、人格与管理》姜祖桐著，科学技术文献出版社 1999 年出版 。

《追求卓越：安玻公司企业文化理论与实践》李留恩著，企业管理出版社 1999 年出版 。

《东航企业文化论辑》中国东方航空集团编，中国民航出版社 1999 年出版。

《论企业文化》王新卯、剡社会主编，中华工商联合出版社 1999 年出版 。

《江苏企业文化年鉴. 1999（总第五卷）》贾轸主编，江苏文艺出版社 1999 年出版 。

《中国企业文化大辞典》张大中等主编，当代中国出版社 1999 年出版。

《企业文化》刘光明编著，经济管理出版社 1999 年出版。

《企业文化变革战略》龚绍东、赵大士主编，科学技术文献出版社 1999 年出版。

《企业文化纵论》许汉辉、刘寿林编著，海天出版社 1999 年出版。

《走出困境的选择：论中国特色的现代企业文化》范国兰等编著，中国社会科学出版社 1999 年出版。

《企业文化的理论与实践》李玉泉等著，石油工业出版社 1999 年出版。

《中国企业文化小辞库》魏民洲编著，陕西人民出版社 1999 年出版。

《中国企业之歌：精选全国企业之歌大赛佳作 100 首》雷鸣雏主编，中国工人出版社 1999 年出版。

《超越市场与超越政府——论道德力量在经济中的作用》厉以宁编著，经济科学出版社 1999 年出版。

《组织行为学》张德编著，高等教育出版社 1999 年出版。

《企业文化与企业现代化》阎焕东主编，宁夏人民出版社1999年出版 。

《管理学》芮明杰编著，上海人民出版社1999年出版。

《企业组织资本理论》翁君奕编著，经济科学出版社1999年出版。

《人本管理》文章代、侯书森编著，石油大学出版社1999年出版。

《走出混沌》黄卫伟、吴春波编著，人民邮电出版社1999年出版。

《企业理论与中国企业改革》张维迎编著，北京大学出版社1999年出版。

《企业文化丛书》李默之主编，新华出版社1999年出版 。

《文化：名牌之根》薛可编著，武汉大学出版社，1999年出版。

《创新与企业文化》罗仲伟著，广东旅游出版社1999年出版。

《与中国著名经济学家对话》毛增余主编，中国经济出版社1999年出版。

《企业信誉、企业行为与市场机制》李向阳著，经济科学出版社1999年出版。

《评述全球500强》孙剑峰等编，中国对外翻译出版公司1999年出版。

《转身看策划》叶茂中著，中华工商联合出版社1999年出版。

《制度变迁中企业家成长模式研究》丁栋虹著，南京大学出版社1999年出版。

《企业病诊断》陈放著，中国经济出版社1999年2月出版。

《中国名牌论》王成荣主编，人民出版社1999年5月出版。

《饭店适度管理》屈启晓著，中国旅游出版社1999年5月出版。

《市场解放——企业文化教程》李继贤、刘远征、苗绪法编著，天津人民出版社1999年8月出版。

《铸造中华企业魂》杜文园主编，中国计划出版社1999年9月出版。

《财富：全球500强》中经市场经济研究所、中国全球500强研究中心主编，中国经济出版社1999年12月出版。

《企业文化》王成荣编著，中央广播电视大学出版社2000年出版。

《全球现代企业发展大趋势》肖元真著，科学出版社2000年出版。

《没有规矩不成方圆》王跃生编著，生活·读书·新知三联书店2000年出版。

《改革就是特变》张新著，新疆人民出版社2000年出版.

《企业游戏》郭梓林编著，生活·读书·新知三联书店2000年出版。

《塑造国有企业腾飞的文化力：当代石油企业文化思考与探索》贾乃新、于翠萍编著，石油大学出版社2000年出版 。

《乡镇企业文化建设》卫望军等编著，新华出版社2000年出版 。

《东营市企业文化建设丛书》张卫总编，企业管理出版社2000年出版。

《营造企业文化》郑维东著，海天出版社2000年出版。

《企业管理与企业文化：学习、研究与实践文集》屈干臣编著，广东旅游出版社2000年出版。

《中外企业文化案例》刘光明编著，经济管理出版社2000年出版。

《思考·探索·尝试：企业文化论文集》孙现勤、王心峰主编，中国国际广播出版社2000年出版。

《建设具有自身特色企业文化——鲁班文化：中建一局集团第五建筑公司2000论文集》中建一局集团第五建筑公司、中国建设产业文化理论专业委员会编，中国建材工业出版社2000年出版。

《新世纪中国企业文化》华锐编著，企业管理出版社2000年6月出版。

《跨文化管理：碰撞中的协同》陈佳贵编著，广东经济出版社2000年出版。

《企业伦理学》千高原编著，中国纺织出版社2000年出版。

《精英化世纪——现代知识阶层与社会发展》陶文昭著，中国发展出版社2000年出版。

《智慧化世纪——知识经济及对中国的挑战》丁一凡著，中国发展出版社2000年出版。

《跨文化企业管理心理学》严文华、宋继文、石文典编著，东北财经大学出版社2000年出版。

《文化国力论》周浩然、李荣启著，辽宁人民出版社2000年出版。

《成功企业如何管人》吴必达编著，企业管理出版社2000年出版。

《员工管理手册》申望、周欣编著，中信出版社2000年出版。

《顶尖策划——中国企业著名策划全案》雷鸣雏编著，企业管理出版社2000年出版。

《企业文化与CI策划》张德、吴剑平著，清华大学出版社2000年3月出版。

《企业战略管理》黎群、万晓主编，中国铁道出版社2000年3月出版。

《中外医德规范通览》张鸿铸、何兆雄、迟连庄主编，天津古籍出版社2000年5月出版。

《民营文化论纲》杨忠洲等编著，新疆人民出版社2000年6月出版。

《面向21世纪的企业文化》上海市思想政治工作研究会、上海市企业文化研究会主编，上海社会科学院出版社2000年6月出版。

《海尔员工画与话》海尔集团工会编，青岛海尔丰彩印刷有限公司印刷2000年8月出版。

《迈向新世纪的贵州企业文化》肖先治、聂秀丽主编，贵州人民出版社2000年9月出版。

《巍巍炼塔情》张振主编，石油工业出版社2000年10月出版。

《现代企业服务文化》陈步峰、刘聚梅、刘建国著，国际文化出版社 2000 年 10 月出版。

《大败局》吴晓波编著,浙江人民出版社 2001 年出版。

《匠心独运——中外知名企业家的经营理念》李启明编著,中国经济出版社 2001 年出版。

《企业前沿问题》魏杰编著,中国发展出版社 2001 年出版。

《文化战略》曹世潮编著,上海文艺出版社 2001 年出版。

《战略管理——艺术与实务》项保华编著,华夏出版社 2001 年出版。

《人类管理之道》黎红雷编著,商务印书馆 2001 年出版。

《文化哲学》衣俊卿编著,云南人民出版社 2001 年出版。

《经济文化论》陶一桃著,冶金工业出版社 2001 年出版。

《企业的红飘带:中国企业家文化的描述》王载珏著,武汉出版社 2001 年出版。

《困惑与观照:伦理文化的现代解读》姚轩鸽著,陕西人民出版社 2001 年出版。

《中国烟草企业文化》张爱国主编,安徽大学出版社 2001 年出版。

《新企业文化丛书》《新企业文化丛书》编委会编,中国美术学院出版社 2001 年出版。

《企业文化建设简明读本》张安乐主编,中国电力出版社 2001 年出版。

《电力企业文化丛书》《电力企业文化丛书》编委会编,中国电力出版社 2001 年出版。

《现代企业文化新论:迈向成功企业之路》庄培章著,厦门大学出版社 2001 年出版。

《中外企业文化概览》关晓红主编,石油工业出版社 2001 年出版。

《品牌管理愿景与企业文化》施振荣著,三联书店 2001 年出版。

《经济与伦理整合:西部企业文化战略与经济伦理建设实证研究》肖平等主编,四川大学出版社 2001 年出版。

《西方企业文化纵横:当代企业管理思想》谭伟东著,北京大学出版社 2001 年出版。

《企业文化塑造》陈春花著,广东经济出版社 2001 年出版。

《现代企业文化概论》奚从清、谢健主编,浙江大学出版社 2001 年出版。

《电信企业文化》李立涛编著,北京邮电大学出版社 2001 年出版。

《企业文化与银行管理》孙俊岭编著,河南大学出版社 2001 年出版。

《知识管理》金吾论编著,云南人民出版社 2001 年出版。

《美国人企业家精神》郑风田编著,中国经济出版社 2001 年出版。

《华人企业家精神》郑风田编著,中国经济出版社 2001 年出版。

《企业文化概论》张仁德、霍洪喜编著,南开大学出版社 2001 年出版。

《美国人企业家精神》企业家精神研究组编著,中国经济出版社 2001 年出版。

《日本人企业家精神》企业家精神研究组编著,中国经济出版社 2001 年出版。

《犹太人企业家精神》企业家精神研究组编著,中国经济出版社 2001 年出版。

《北京大学中国企业家班论坛——民营中小企业发展新思路》郑学益主编,中华工商联合出版社 2001 年出版。

《海尔的策略——一个中国企业的成长》孙健等编著,企业管理出版社 2001 年出版。

《公司品牌经营》苗宇编著,云南大学出版社 2001 年出版。

《营销在中国——2001 年营销报告》卢泰宏著,广州出版社,2001 年出版。

《奥美的观点》奥美公司著,内蒙古人民出版社 2001 年 1 月出版。

《公司文化管理——永续经营的动力源泉》应焕红著,中国经济出版社 2001 年出版。

《海尔——中国造》颜建军、胡泳著,海南出版社、三环出版社 2001 年出版。

《文化建设》谭力文著,民主与建设出版社 2001 年出版。

《文化社会学》司马云杰编著,中国社会科学出版社 2001 年出版。

《新时代文化纲领》中国新时代集团编著,中国新时代集团 2001 年 2 月出版。

《求索聚踪》大庆炼化公司静德纯著,石油工业出版社 2001 年 3 月出版。

《品味全聚德》梁可著,中国商业出版社 2001 年 6 月出版。

《文化力启动经济和——21 世纪企业战备新思维》贾春峰著,中国经济出版社 2001 年 8 月出版。

《企业文化设计》钟祥斌著,辽宁人民出版社 2001 年 8 月出版。

《服务文化理论与实践》刘聚梅、陈步峰著,国际文化出版公司出版 2001 年 11 月出版。

《企业核心竞争力——战略管理赢家之道》管益忻编著,中国财政经济出版社 2002 年出版。

《企业文化学》王成荣、周建波编著,经济管理出版社 2002 年出版。

《企业文化设计与发展》邹广文编著,贵州民族出版社 2002 年出版。

《企业文化——企业文化是企业成熟的标志》肖峰编著,中国纺织出版社 2002 年出版。

《企业制度安排——企业存亡诊断书》魏杰编著,中国发展出版社 2002 年出版。

《大庆油田企业文化发展研究》李郁香等主编,黑龙江人民出版社 2002 年出版。

《制度重于技术》吴敬琏编著,中国发展出版社 2002 年出版。

《文化冲撞中的制度惯性》李宝臣编著,中国城市出版社 2002 年出版。

《转型时期企业家机制》李垣等编著,中国人民大学出版社 2002 年出版。

《管理之道》(林投集)，席酉民编著，机械工业出版社2002年出版。

《现代企业文化新论》戴钢书编著，武汉大学出版社2002年出版。

《海尔中国造之企业文化与素质管理》胡泳著，海南出版社2002年出版。

《现代企业文化建设研究》王雪松、张兆亮著，中国经济出版社2002年出版。

《企业文化与管理方式》梁绍川著，暨南大学出版社2002年出版。

《企业文化与品牌战略》胡成中著，经济日报出版社2002年出版。

《企业文化概论》方光罗主编，东北财经大学出版社2002年出版。

《企业文化设计与发展》邹广文著，贵州民族出版社2002年出版。

《企业文化简明手册》华锐主编，企业管理出版社2002年出版。

《文化是金：百余总裁诠释企业核心竞争力》全国工商联民营企业文化研究会筹委会编，中华工商联合出版社2002年出版。

《企业文化案例评析》田欣主编，学林出版社2002年出版。

《创新型企业文化》李桂荣著，经济管理出版社2002年出版。

《企业文化——管理的灵魂》赵建平著，中国石化出版社2002年出版。

《企业文化创新：21世纪企业竞争战略与策略》林平凡、詹向明等著，中山大学出版社2002年出版。

《企业文化学》王成荣、周建波著，经济管理出版社2002年出版。

《企业文化建设与高效管理》姜岩等编著广东经济出版社2002年出版。

《无形·有形：企业文化：管理的第四阶段》范喜贵著，经济科学出版社2002年出版。

《加入WTO后中国企业文化建设》马树林编著，红旗出版社2002年出版。

《杭州烟草企业文化建设巡礼》方祖英主编，中国科学技术大学出版社2002年出版。

《企业文化建设》刘广东等著，济南出版社2002年出版。

《企业文化塑造：企业生命常青藤》魏杰著，中国发展出版社2002年出版。

《古今智慧与企业文化·第一辑》陈光威主编，天津古籍出版社2002年出版。

《光威企业文化丛书》天津古籍出版社2002年出版。

《成功企业的企业文化》申望、李秋燕编著，中国华侨出版社2002年出版。

《道与人生：薛永新和恩威公司企业文化精神》吴野、张家钊著，巴蜀书社2002年出版。

《现代企业文化：二十一世纪中国企业家的思考》陈军，张亭楠编著，企业管理出版社2002年出版。

《企业文化生态》徐根兴编著.中共中央党校出版社2002年出版。

《企业文化的探索与实践》徐承秀等主编.中国文联出版社2002年出版。

《文化制胜：如何建设企业文化》贾强编著，沈阳出版社2002年出版。

《企业文化管理》陈春花主编，华南理工大学出版社2002年出版。

《企业文化建设》王永生主编，青岛出版社2002年出版。

《企业文化》黄锡明主编，吉林人民出版社2002年出版。

《企业文化》肖峰编著，中国纺织出版社2002年出版。

《中国企业文化高层论坛文集》中国企业文化论坛与展示组委会编，中国商业出版社，2002年出版。

《济南市企业文化建设论文集》中共济南市委宣传部、济南市职工思想政治工作研究会编，南出版社2002年出版。

《市场营销学》甘碧群编著，武汉大学出版社2002年出版。

《企业形象导入》刘光明编著，经济管理出版社2002年出版。

《现代企业文化》陈军、张亭楠编著，企业管理出版社2002年出版。

《中国，CI再出发》梅雨编著，广东经济出版社2002年出版。

《企业文化建设》青岛企业文化研究会编辑，2002年出版。

《中外企业文化知识500问》李大军主编，企业管理出版社2002年2月出版。

《中国加入世界贸易组织法律文件学习资料》无锡市企业文化研究会、无锡市律师协会、无锡市公证员协会联合编辑，2002年3月出版。

《21世纪中国企业文化实践与探索丛书》之《实践创新与时俱进》张文主编，企业管理出版社2002年3月出版。

《21世纪中国企业文化实践与探索丛书》之《文化兴企创新超越》孙东兴著，企业管理出版社2002年3月出版。

《集团文化建设读本》中国航空工业第一集团公司企业文化部组织编辑，航空工业出版社2002年4月出版。

《企业文化——人力资源开发与经济增长的关键》孟凡驰主编，东方出版社2002年6月出版。

《像领导那样思考——成功领导艺术的十大修炼》程龙宾、杨冰编著，华艺出版社2002年6月出版。

《管理千千结——方太董事长创业手记》茅理翔著，中国商业出版社2002年7月出版。

《21世纪中国企业文化实践与探索丛书》之《龙腾百年自强不息》赵立仁主编，企业管理出版社2002年7月出版。

《21世纪中国企业文化实践与探索丛书》之《航空报国追求第一》李燕主编，企业管理出版社2002年8月出版。

《海尔的企业文化》孙健著，企业管理出版社2002年9月出版。

《文化致胜》陈新桂、余朝刚主编，四川人民出版社2002年9月出版。

《经营丰碑》陈邦峰主编，湖北人民出版社2002年9月出版。

《21世纪中国企业文化实践与探索丛书》之《思想经营创新长安》贺德龙主编,企业管理出版社2002年10月出版。

《企业文化简明手册》华锐主编,企业管理出版社2002年10月出版。

《炼塔之恋》张振主编,大庆油田报社2002年10月出版。

《企业文化与品牌战略》胡成中著,经济日报出版社2002年12月出版。

《21世纪中国企业文化实践与探索丛书》之《凝心铸魂育人塑形》曹景山主编,企业管理出版社2002年12月出版。

《中国人性分析报告》黎鸣编著,中国社会出版社2003年出版。

《新经济时代的企业文化》同济大学出版社2003年出版。

《闽西:企业文化创新》厦门大学出版社2003年出版。

《文明之光——供电企业文化建设与评价》吴大器著,中国电力出版社2003年出版。

《现代企业形象策划学》林国建、王天臣主编,哈尔滨工程大学出版社2003年出版。

《企业文化沙龙》钱津主编,中国经济出版社2003年出版。

《胜敌无形》李宗红、朱洙编著,中国纺织出版社2003年出版。

《让企业文化起来》(企业文化塑造实务)张云初等编著,海天出版社2003年出版。

《企业文化与学习型组织策划》赵光忠编著,中国经济出版社2003年出版。

《企业文化与海尔业绩》郭鑫、毛升主编,民主与建设出版社2003年出版。

《企业文化教程》朱山河、陈翰武主编,武汉大学出版社2003年出版。

《灵魂的塑造》《TCL国际电工企业文化》温尚霖编著,企业管理出版社2003年出版。

《张瑞敏谈海尔模式》任新编著,线装书局2003年出版。

《成败大扫描——中国服务文化案例启示录》刘聚梅、陈步峰著,作家出版社2003年1月出版。

《高速公路管理新思维——超越传统公路管理的观念革命》刘美著,人民交通出版社2003年2月出版。

《上海企业文化案例》徐正初主编上海社会科学院出版社2003年2月出版。

《21世纪中国企业文化实践与探索丛书》之《追求完美争创一流》郭庚光主编,企业管理出版社2002年2月出版。

《与世界对话——胡茂元诠释上汽价值观的寓言故事》(中英文对照)上海汽车工业集团总公司编,上海人民出版社2003年3月出版。

《福建企业文化在创新》宋闽旺主编,2003年4月出版内部资料。

《"文化力"制胜》贾春峰著,红旗出版社2003年4月出版。

《二十一世纪企业成功之路》黄生宝主编,世界华人出版社2003年4月出版。

《三维立体　创新发展》阎桂森主编,企业管理出版社2003年5月出版。

《航空力炬文化黎明》李永江主编,企业管理出版社2003年5月出版。

《医院管理学医院文化分册》周凤鸣、高金声主编,人民卫生出版社2003年5月出版。

《论先进企业文化建设——兼述京大企业文化体系》刘美主编,企业管理出版社2003年6月出版。

《学习化生存》杨之藩、赵幼华著,云南人民出版社2003年7月出版。

《企业文化新论》上海市企业文化促进会编著,上海市社会科学院出版社2003年8月出版。

现代商业银行企业文化》唐宏等编著,中国金融出版社2004年出版。

《文化铸魂:中国国电集团公司企业文化征集活动获奖作品集》李庆奎主编,中国电力出版社2004年出版 。

(二)外国企业文化著作书目

《管理学基础》小詹姆斯·H·唐纳利等著,中国人民大学出版社1982年出版。

《经营管理之道》[日]土光敏夫著,张惠民译,北京大学出版社1982年12月出版。

《Z理论——美国企业界怎样迎接日本的挑战》[美]威廉·大内著,孙耀君、王祖融译,中国社会科学出版社1984年出版。

《日本企业管理艺术》[美]理查德·帕斯卡尔、安东尼·阿索斯著,陈今森、杨道南、陈今池译,中国科学技术翻译出版社1984年出版。

《经营与文化》[日]林周二著,中央公论社1984年出版。

《塑造企业文化》[美]迪尔、肯尼迪著,中山大学出版社1984年出版。

《人的现代化》[美]英格尔斯著,四川人民出版社1985年出版。

《追求卓越的管理》[美]戴维·布雷德福、艾伦·科恩著,蔚誉蛟(台湾)译,中国友谊出版公司(北京)1985年出版。

《硅谷热》[美]埃·M·罗杰斯等著,经济科学出版社1985年出版。

《美国企业精神——未来企业经营的八大原则》[美]劳伦斯·米勒著,中国友谊出版公司1985年出版。

《成功之路》[美]托马斯·彼得斯、小罗伯特·沃特曼合著,余凯成等译,中国对外翻译出版公司1985年3月出版。

《玛丽·凯谈人的管理》[美]玛丽·凯、阿什著,陈淑琴、张丽娟译,中国友谊出版公司1985年11月出版。

《艰难的选择:管理人员谈道德》[英]巴巴拉·利·托夫勒著,New York John Wileg,1986年出版。

《经营在于用人》[日]太田琴彦著,新华出版社1986年出版。

《奇迹般的人才育成法》[日]永守重信著,李永连、张友栋译,河北人民出版社 1986 年 4 月出版。

《志在成功》[美]汤姆·彼得斯、南希·奥斯汀著,中国对外翻译出版公司 1987 年出版。

《管理——任务·责任·实践》[美]德鲁克著,中国社会科学出版社 1987 年出版。

《历史唯物主义与文化范畴》E.A.互维林著,河北人民出版社 1987 年出版。

《致胜之道——英国最佳公司成功的秘诀》[英]沃尔特·戈德史密斯、戴维·克拉特巴克著,曹景行、潘慕平、连辉、秦建勋、冯天泽译,上海翻译出版公司 1987 年 4 月出版。

《无形的经营资源——卓越经营的十一个条件》[日]上野明著,王伟军译,上海交通大学出版社 1987 年 5 月出版。

《IBM 道路——国际商用机器公司成功秘诀》[美]巴克·罗杰斯著,刘文德、张翠译,中国展望出版社 1987 年 8 月出版。

《乱中求胜——美国管理革命通鉴》[美]托马斯·彼得斯著,科学普及出版社 1988 年出版。

《西方企业的服务革命》[法]菲利普·布洛克著,旅游教育出版社 1988 年出版。

《管理的前沿》[美]彼得·德鲁克著,许赋译,企业管理出版社 1988 年出版。

《变革中的企业文化》[日]河野丰弘著,讲谈社 1988 年出版。

《成功的探索》[美]托马斯·J·彼得斯、小罗伯特·H·沃特曼著,辽宁大学出版社 1988 年出版。

《革新与企业家精神——实践与原理》[美]彼得·德鲁克著,张遵敬译,上海翻译出版公司 1988 年 2 月出版。

《90 年代的挑战——重新创造公司》[美]约翰·奈斯比特、帕特丽夏·阿伯丹著,杨文士译,中国人民大学出版社 1988 年 3 月出版。

《经营之神——日本·索尼·AKMA》[日]盛田昭夫著,陈建译,经济管理出版社 1988 年 4 月出版。

《日本精神》[美]罗伯特·C·克里斯托弗著,马泉、孙健龙译,光明日报出版社 1988 年 6 月出版。

《人才培养百原则》[日]昌山芳雄著,鲁军、崔凤岐、王舒岩译,三联书店 1988 年 6 月出版。

《美国精神》[美]劳伦斯·米勒著,曹宇、周晓明译,工人出版社 1988 年 12 月出版。

《美国文化的经济基础》克拉夫·马伯格著,生活·读书·新知三联书店 1989 年出版。

《人事革命》[日]津田真澄著,人民出版社 1989 年出版。

《二十一世纪的角逐》[美]莱斯特·瑟罗著,社会科学文献出版社 1989 年出版。

《超越西方》[美] 理查·巴斯卡、安东尼·艾索斯著,花城出版社 1989 年出版。

《当代经济思想》[美]西德尼·漫特劳布著,商务印书馆 1989 年出版。

《企业文化——现代企业的精神支柱》特雷斯·E·迪尔、阿伦·A·肯尼迪著,唐铁军等译,上海科学技术出版社 1989 年出版。

《A 战略:人与效益的关系》[美]弗·舒斯特著,上海科学技术出版社 1989 年出版。

《西方企业的服务革命》[法]菲利普·布洛克、阿尔夫·阿布巴、多米尼克·格扎德尔著,汪家荣、史美珍译,旅游教育出版社 1989 年出版。

《实践经营哲学》[日]松下幸之助著,中国社会科学出版社 1989 年出版。

《公共关系与成功的管理》[英]弗兰克·詹弗金斯著,江林、魏伟译,中国人民大学出版社 1989 年 3 月出版。

《美国优秀企业家成功之路——变革管理更新观念》[美]诺尔·M·泰奇、玛丽·安·戴瓦娜著,解景林、王建华译,黑龙江人民出版社 1989 年 5 月出版。

《西方企业文化》[美]肯尼迪、迪尔著,孙耀君等译,中国对外翻译出版公司 1989 年 6 月出版。

《公司文化导论》[美]谢恩著,庄志毅译,科学技术文献出版社 1989 年 6 月出版。

《企业文化与领导》[美]沙因著,朱明伟、罗丽萍译,中国友谊出版公司 1989 年 9 月出版。《人的活力——经营之舟远航的风帆》进藤贞和著,梁秀山等译,电子工业出版社 1989 年 9 月出版。

《美国企业文化》[美]笛尔、肯尼迪著,黎红雷、王正译,广东高等教育出版社 1989 年 10 月出版。

《公司文化》[美]阿伦·肯尼迪、特伦斯·迪尔著,印国有、葛鹏译,生活·读书·新知三联书店 1989 年 10 月出版。

《转变中的日本企业》[日]中谷岩男著,企业管理出版社 1990 年出版。

《作为创造者的人和文化的创造》[德]兰德曼著,上海人民出版社 1990 年出版。

《企业文化的革新与创造》[日]梅泽正著,有斐阁 1990 年出版。

《论人力资本投资》[美]T.W.舒尔茨著,北京经济出版社 1990 年出版。

《管理学》(第十版) 哈罗德·孔茨著,张晓军等译,上海人民出版社 1990 年出版。

《看得到的企业文化》[日]梅泽正著,讲谈社 1990 年出版。

《企业经营的诀窍——日本企业家谈用兵法经营》[日]大桥武夫著,肖楠、岳岚、刘宪志译,军事科学出版社 1990 年出版。

《如何使企业展现活力》[日]河野丰弘著,彭德中译,远流出版事业公司 1990 年出版。

《经济发展理论》[美]约瑟夫·熊彼特著,商务印书馆 1990 年出版。

《管理学》哈罗德·孔茨、西西尔·奥唐奈著,上海人民出版社 1990 年出版。

《企业文化——理论和实践的展望》[德]E·海能著,张庆洪等译,知识出版社 1990 年 6 月出版。

《奖励——用人之道》米歇尔·勒波尔夫著,徐文栋、张玉妹译,南海出版公司 1991 年 5 月出版。

《改变共同价值:社会和环境政策指南以及英国大公司的实践》[英]理查德·亚当斯、杰恩·加鲁特斯、西安·哈米勒著,新客户有限公司,London Koganhgel991 年出版。

《企业文化——成功的次文化》[美]狄尔等著,郑杰光译,桂冠图书公司1991年出版。

《企业文化治理与改造》[美]斯坦利·M·戴维斯著,新华出版社1991年出版。

《企业文化论》[日]梅泽正著,吴晓林、刘迪译,贵州人民出版社1991年5月出版。

《企业文化的评估与管理》[美]戴维斯著,傅小平译,广东高等教育出版社1991年12月出版。

《超级管理者——梦想成真》[美]罗伯特·海勒著,徐华梁、魏同悟、胡尔湖、徐健华、李中印译,中国经济出版社1992年出版。

《企业之魂》[美]乔治·吉尔德著,曾伟光等译,上海译文出版社1992年出版。

《事实胜于雄辩:共同社会责任管理指南》[英]大卫·克鲁特伯克、德兹·戴尔拉伍、德伯拉·斯诺著,London KoganPoge in association with Kinzfisher PLC1992年出版。

《良好商业行为守则》[英]瓦尔特·W曼雷著,London Routledgel992年出版。

《商业道德和公司准则:英国目前最佳实例》[英]西蒙·威伯利著,商业道德学院bn—donl992年出版。

《商业道德:欧洲实例》[英]约翰·唐纳德森著,伦敦,学院出版社1992年出版。

《日本企业的经营理念——奉献社会的经营思想》[日]水谷内彻也著,同文馆1992年出版。

《经营革新的艺术》[日]立石一真著,王保祥译,北京大学出版社1992年出版。

《企业经营的艺术——麦克唐纳成功的秘密》[日]山口广太原著,本间正夫改编,蔡大纲译,任昌龙、孙宗珩制图,江苏美术出版社出版。

《掌握人性的管理》玛丽·凯著,潘秀玲译,中国工人出版社1992年出版。

《权力与影响力》[美]约翰·P·科特著,吴明、崔新健译,中国国际广播出版社1992年1月出版。

《消费者行为学》J·布英思著,中信出版社1992年2月出版。

《合乎道德的重要性》[英]安德烈·威尔逊、约翰·达蒙德著,阿什里其管理学院l993年出版。

《商业道德介绍》[英]乔治·D克里斯德、约翰·H卡勒著,LondonChapmanandHalll993年出版。

《道德和商业行为》[英]约翰·波特莱特著,Englewood Cliffs NJPrenticeHalll993年出版。

《企业改革与组织文化》[日]加护野忠男著,白桃书房1993年出版。

《父与子——IBM发家史》[美]小托马斯·沃森著,新华出版社1993年出版。

《管理战略》蔡溪平、赫聪译,外文出版社、上海远东出版社1993年1月出版。

《日本的全球出击》[英]比尔·埃莫特著,新华出版社1994年出版。

《第五项修炼》[美]彼得·圣吉著,郭进隆译,上海三联书店1994年出版。

《商业道德:欧洲观点》[英]布赖恩·哈威尔著,曼彻斯特商学院,Hemel Henpstead Prentice Hall l994年出版。

《处境困难:管理道德概述》[英]史蒂文·布里格雷著,巴斯大学管理学院London l994年出版。

《除了良好愿望:管理人员解决道德问题指南》[英]劳拉·纳什著,Boston Mass Harvard Business School Press l994年出版。

《管理商业道德:管理人员和学生的商业道德读物》[英]约翰·达蒙德、比利·贝恩著,Oxfood Butter worth Heinemann 1994年出版。

《企业文化是什么——向着新日本企业文化框架的构筑》[日]佐佐木晃彦著,北树出版社1994年出版。

《事成于思》[日]井植薰著。

《时代呼唤具有经营理念的鲜明的企业形象》[日]梅泽正著,有斐阁1994年出版。

《日本的经营文化——二十一世纪的组织与人》[日]津田真澄著,米耐鲁波书房1994年出版。

《商务圣经——<论语>与算盘》[日]涩泽荣一著,宋文、永庆译,九洲图书出版社1994年10月出版。

《吸引人才招聘人才》[日]浅井雅夫著,中国科学出版社1994年出版。

《给学习企业文化论的人》[日]梅泽正、上野征洋编,世界思想社1995年出版。

《我看英特尔》[美]虞有澄著,三联书店1995年出版。

《经理人员的职能》巴纳德著,江西人民出版社1995年5月出版。

《西方管理学名著提要》巴纳德著,江西人民出版社1995年5月出版。

《惠普之道》[美]戴维·帕卡德著,戴维·柯尔比、卡伦·刘易斯编、贾宗谊译,新华出版社1995年7月出版。

《回归哲学》[日]稻盛和夫、梅原猛著,学林出版社1996年出版。

《未来之路》[美]比尔·盖茨著,北京大学出版社1996年出版。

《国民财富的性质和原因的研究》[英]亚当·斯密著,商务印书馆1996年出版。

《麦当劳创业史》[美]雷·克罗克、罗伯特·安德森著,新华出版社1996年出版。

《组织行为学》(第七版)斯蒂芬·P·罗宾斯著,孙建敏等译,人民大学出版社1996年出版。

《中国问题》[英]罗素著,学林出版社1996年出版。

《创造一个新的文明》[美]阿尔温·托夫勒、海蒂·托夫勒著,上海三联书店1996年出版。

《改革政府——企业精神如何改革着公营部门》[美]戴维·奥斯本、特德·盖布勒著,上海译文出版社1996年出版。

《经营之圣稻盛和夫》[日]稻盛和夫著,将来世代国际财团生命文化研究所编译,国际文化出版公司1996年1月出版。

《新经营·新日本》[日]稻盛和夫著,国际文化出版公司1996年1月出版。

《掌握命运:通用电气的改革历程》诺乐·蒂奇、斯特拉福德·舍曼著,吴郑重译,上海译文出版社1996年4月出版。

《东芝经营之王》[日]浩一郎编著,甘肃人民出版社1996年4月出版。

《变革的力量——领导与管理的差异》约翰·科特著,方云君、张小强译,华夏出版社 1997 年出版。

《企业主义——日本经济发展力量的源泉》[日]松本厚治著,企业管理出版社 1997 年出版。

《数字化生存》[美]尼葛洛庞帝著,海南出版社 1997 年出版。

《精兵简政——经营新挑战》[日]日经商务著,三联书店 1997 年出版。

《经营之奥秘》[日]童门冬二著,三联书店 1997 年出版。

《现代企业的领导艺术》约翰·科特著,史向东、颜艳译,华夏出版社 1997 年出版。

《经理人员的职能》巴纳德著,孙耀君译,中国社会科学出版社 1997 年出版。

《企业生命周期》[美]伊差克·麦迪思著,中国社会科学出版社 1997 年出版。

《经营未来》[美]阿尔夫·钱德尔著,企业管理出版社 1997 年出版。

《国家竞争力》[英]查尔斯·汉普登——特纳、阿尔方斯·特龙佩纳斯著,海南出版社 1997 年出版。

《企业文化与经营业绩》[美]约翰·科特、詹姆斯·赫斯克特著,曾中、李晓涛译,华夏出版社 1997 年 3 月出版。

《企业主义》[日]松本厚治著,程玲珠、王新政等译,企业管理出版社 1997 年 3 月出版。

《战略管理》[英]C·鲍曼著,中信出版社 1997 年 8 月出版。

《经营管理》[英]T·布尔著,中信出版社 1997 年 8 月出版。

《改革管理》[美]詹姆斯·钱皮著,上海译文出版社 1998 年出版。

《长寿公司》[美]阿里·德赫斯著,经济日报出版社、哈佛大学出版社 1998 年出版。

《21 世纪 CEO 的经营理念》[美]PriceWaterhouse 公司编著,华夏出版社 1998 年出版。

《未来的领导》F·赫塞尔本等著,吕一凡等译,四川人民出版社 1998 年出版。

《未来的组织》F·赫塞尔本等著,胡苏云等译,四川人民出版社 1998 年出版。

《未来的管理》P·德鲁克等著,李小刚译,四川人民出版社 1998 年出版。

《关系营销》马丁·克里斯托弗等著,李宏明等译,中国经济出版社 1998 年出版。

《跨文化管理》[德]帕特里希亚·派尔－舍勒著,中国社会科学出版社 1998 年出版。

《文化帝国主义》[英]汤林森著,上海人民出版社 1998 年出版。

《挑战全球》[美]莫兰·里森伯格著,经济管理出版社 1998 年出版。

《把握变革》[美]爱迪思著,华夏出版社 1998 年出版。

《管理人力资本》[美]迈克尔·比尔著,华夏出版社 1998 年出版。

《民主的公司制》[美]大卫·P·艾勒曼著,新华出版社 1998 年出版。

《协作型竞争》[美]乔尔·布利克、戴维·厄恩斯特著,中国大百科全书出版社 1998 年出版。

《管理学的先知》[英]葆琳·格雷汉姆著,经济日报出版社 1998 年出版。

《合作竞争大未来》[美]尼尔·瑞克曼著,经济管理出版社 1998 年出版。

《第三资源:智力资本及其管理》[美]安妮·布鲁金著,东北财经大学出版社 1998 年出版。

《营销调研》P·M·奇兹诺尔著,中信出版社 1998 年 2 月出版。

《企业文化:排除企业成功的潜在障碍》[美]杰克琳·谢瑞顿、唐姆斯·L·斯特恩著,赖月珍译,上海人民出版社 1998 年 3 月出版。

《企业不败》[美]詹姆斯·柯林斯、杰里·波拉斯著,新华出版社 1998 年 8 月第 2 版。

《管理的革命:汤姆·彼德斯讲座》汤姆·彼德斯著,韩金鹏译,光明日报出版社 1998 年 12 月出版。

《MBA 实务企业管理速成教程》保罗·阿基提著,宋欣纯、杨本豫译,海南出版社 1999 年出版。

《开创数字化未来》[美]虞有澄著,三联书店 1999 年出版。

《人力资源管理》加里·德斯勒著,中国人民大学出版社 1999 年出版。

《汉哲学思维的文化探源》[美]郝大维、安乐哲著,施忠连译,江苏人民出版社 1999 年出版。

《企业经济学》哈罗德·德姆塞茨著,梁小民译,中国社会科学出版社 1999 年出版。

《科学管理原理》F·W·泰罗著,韩放译,团结出版社 1999 年出版。

《工业管理与一般管理》H·法约尔著,曹永先译,团结出版社 1999 年出版。

《经理工作的性质》H·明茨伯格著,孙耀君译,团结出版社 1999 年出版。

《管理的前沿》P·德鲁克著,许斌译,上海译文出版社 1999 年出版。

《九十年代的管理》P·德鲁克著,东方编译所译,上海译文出版社 1999 年出版。

《知识管理》P·德鲁克著,杨开峰译,中国人民大学出版社 1999 年出版。

《国际市场营销》S·J 帕利沃德著,中信出版社 1999 年 2 月出版。

《创新爆炸——通过智力和软件实现增长战略》詹姆士·奎恩、乔丹·巴奇、凯仑·扎恩著,惠永正译,吉林人民出版社 1999 年 3 月出版。

《创造一个学习型组织:通过教育促进卓越》[美]Barbara J. Braham 著,夏银平译,清华大学出版社 2000 年出版。

《创新与企业家精神》[美]德鲁克著,海南出版社 2000 年出版。

《打造领袖气质[海外中文图书]:培养领导者的眼光与企业文化的 25 个锦囊》[美]雷蒙·艾戴格(Ramon J. Aldag)、巴克·约瑟夫(Buck Joseph)著，黄汉耀译，新自然主义公司2000年出版。

《管理知识员工》弗朗西斯·赫瑞比著，郑晓明等译，机械工业出版社2000年出版。

《组织与管理》弗莱蒙特·E·卡斯特，詹姆斯·E·罗森茨韦克著，傅严等译，中国社会科学出版社2000年出版。

《企业教练法：利用转换式教练法创建高绩效的企业文化》[美]托马斯·G·克兰(Thomas G.Crane)著，陈霜叶译，中国标准出版社、科文(香港)出版公司2000年出版。

《做个好队员：团队队员手册》[美]桑迪·波克拉斯(Sandy Pokras)著，邹新明译，清华大学出版社2000出版。

《追求卓越》汤姆·彼得斯著，龙向东等译，中央编译出版社2000年出版。

《跨文化市场营销》[美]保罗A·郝比格著，芮建伟、李磊、孙淑芳译，机械工业出版社2000年出版。

《品牌的力量》[英]保罗·斯图伯特，中信出版社2000年出版。

《经营管理案例》(第二版)[英]罗伯特·约翰斯顿等著，经济管理出版社2000年1月出版。

《管理思想的演变》[美]丹尼尔·A·雷恩著，中国社会科学出版社2000年4月出版。

《管理思想全书》[美]杜拉克著，九州出版社2001年出版。

《营销管理》菲利普·科特勒著，中国人民大学出版社2001年出版。

《亚洲品牌之路》保罗·唐波拉尔著，张国华等编，上海交通大学出版社2001年出版。

《麦肯锡方法》埃森·拉塞尔著，华夏出版社2001年出版。

《管理咨询》菲利浦·萨德瑞著，中国标准出版社2001年出版。

《咨询绩效评估》杰克·菲力普斯著，上海远东出版社出版。

《公共关系教程》(Effective Public Relations)斯各特·卡特里普等著，华夏出版社2001年出版。

《微软帝国叛逆：解读微软企业文化——冲突中求存》[美]迈克尔·德拉蒙德著，朱正茂、梁文英译，机械工业出版社2001年出版。

《谁动了我的奶酪》[美]斯宾塞·约翰逊著，中信出版社2001年出版。

《公司创造力：创新和改进是如何发生的》艾伦·鲁宾逊、萨姆·斯特恩著，杨炯译，上海译文出版社2001年1月出版。

《用人之道——领导员工创造卓越》[美]鲍勃·亚当斯等著，上海世纪出版集团2002年出版。

《创造基于能力的企业文化》[美]迈克尔·茨威尔(Michael Zwell)著，王申英等译，华夏出版社2002出版。

《文化的重要作用——价值观如何影响人类进步》[美]亨廷顿、哈里森主编，新华出版社2002年出版。

《公司精神》[美]Jesper Kunde著，云南大学出版社2002年出版。

《管理价值观》[美]格里斯利著，华夏出版社2002年出版。

《基业长青》[美]詹姆斯·C·柯林斯、杰里·L·波勒斯著，中信出版社2002年出版。

《企业精神》[丹麦]杰斯帕·昆德著，云南大学出版社2002年出版。

《把信送给加西亚》[美]阿尔伯特·哈伯德著，企业管理出版社2002年出版。

《企业的灵魂：正确理解促进成功的企业文化的价值观》[美]理查德·S·加拉赫(Richard S. Gallagher)著，刘志慧译，中国对外经济贸易出版社2003年出版。

《人本管理模式》亚伯拉罕·哈罗德·马斯洛著，冯化平译，内蒙古人民出版社2003年出版。

《实现人生价值》亚伯拉罕·哈罗德·马斯洛著，冯化平编译，内蒙古人民出版社2003年出版。

《执行——如何完成任务的学问》[美]拉里·博西迪等著，机械工业出版社2003年出版。

《在文化的波涛中冲浪》[荷]丰斯·特龙彭纳斯待等著，华夏出版社2003年出版。

七、企业歌曲歌词选编

《我为祖国献石油》

薛柱国词 秦咏诚曲

锦绣河山美如画,祖国建设跨骏马。我当个石油工人多荣耀,头戴铝盔走天涯。身披天山鹅毛雪,面对戈壁大风沙,嘉陵江边迎朝阳,昆仑山下送晚霞。天不怕,地不怕,风雪雷电任随它,我为祖国献石油,哪里有石油哪里就是我的家。

大庆红旗映彩霞,铁人精神传天下。毛主席的革命路线指引着我们,自力更生建设国家。茫茫草原立井架,云雾深处把井打,地下原油见青天,祖国盛开石油花。天不怕,地不怕,放眼世界雄心大。我为祖国献石油,石油滚滚流,我的心里乐开了花。

(中国石油天然气集团公司)

《白鹭之歌》

在那翠绿的草坪中间,几只白鹭在漫步盘旋,每天上班我经过这里,他都向我问一声,朋友,你早安!

二十年前这里是一片荒滩,只有野鸟没有人烟,开工的炮声把白鹭惊走,也使他迷失了往日家园。

如今这里变成美丽的花园,树木繁茂,百花争妍,白鹭从四方飞回大亚湾,这里是我们共同的绿色家园。

在那翠绿的草坪中间,几只白鹭在漫步盘旋,每天下班我经过这里,它都向我问一声,朋友,你晚安!

(中国广东核电集团)

《问我航程有多远》

——招商局之歌

阎肃词 谷建芬曲

问我航程有多远,一八七二到今天,有过潮平,有过水扩,有过急浪险滩。问我航程有多远,一八七二到今天,金锚如山,何惧艰险,团结起来向前。天灿灿,海蓝蓝,心坦坦,意拳拳。自强的情与时代争先,赤诚的爱为祖国奉献。招商人啊,招商人,迎着太阳向前。招商人啊,招商人,迎着太阳永向前!

(招商局集团有限公司)

《华润之歌》

石顺义词 羊鸣曲

艰苦创业几代人,东方有华润有华润。华夏精神传四海,润泽大地志凌云。啊,华润,啊,华润,诚信敬业务实创新。啊,华润,啊,华润,携手进取忘我耕耘。新的世纪在召唤,再创辉煌有我们。新的世纪在召唤,再创辉煌有我们。

奋斗不息几代人,我们是华润是华润。立足香港枝叶茂,背靠祖国树有根。啊,华润,啊,华润,诚信敬业务实创新。啊,华润,啊,华润,携手进取忘我耕耘。新的世纪在召唤,再创辉煌有我们。新的世纪在召唤,再创辉煌有我们。

(华润集团有限公司)

《前进,COSCO——中远集团歌》

集体作词,吴仁华、闫庆林执笔 孟宪斌曲

拥抱大海,擎起朝阳,COSCO 雄风五洲激荡;满载友谊,满怀希望,巨轮架起金桥飞跨四大洋。我们脚踏浮动国土,蓝天大地谱新章,为我中华繁荣昌盛,团结拼搏奋发图强。前进,前进,COSCO 前进!从辉煌走向辉煌,前进,前进,COSCO 前进!进!从辉煌走向辉煌,走向辉煌!

(中国远洋运输(集团)公司)

《葛洲坝人之歌
——葛洲坝集团企业歌》

张藜原词，集体改编　臧云飞曲

告诉妈妈，告诉娃娃，告诉全天下，我是长江，我是三峡，我是葛洲坝。我是长江一滴水，浪里一颗沙，我是基坑那块石，坝上那道闸，垒起水上长城，捧出平湖高峡。造福万代子孙，母亲再无牵挂，穿越千山万水，奉献苦乐年华。播种光明，普照华夏，葛洲坝人胸纳百川，勇闯天涯。

（葛洲坝集团）

《航空人之歌》

集体创作词　雷雨赋执笔　敖昌群曲

踏着时代的旋律，迎着新世纪的曙光，用知识托起银燕腾飞，用真情谱写蓝天畅想。我们航空人，万里长空任翱翔。我们航空人，万里长空任翱翔。高举航空报国的旗帜，播种追求第一的希望，我们满怀豪情奔向未来，我们团结奋斗创造辉煌。为了祖国的富强，为了人民的安康，用热血铸就蓝天长城，用智慧架设空中桥梁。我们航空人，万里蓝天奏乐章，我们航空人，万里蓝天奏乐章。高举航空报国的旗帜，播种追求第一的希望，我们满怀豪情奔向未来，我们团结奋斗创造辉煌。

（中国航空工业第一集团公司）

《共享蓝天组歌》

集体创作词　雷雨赋执笔　敖昌群曲

（一）序曲

《拥抱蓝天》（领唱合唱）

（朗诵）一百年前的今天，莱特兄弟动力飞行成功了！人类几千年的梦啊，终于在这短短十二秒的载人飞行中实现！啊，多少可歌可泣的故事，多少披荆斩棘的探索，才迎来今天这撼动人心的百年庆典。让我们奏响震撼宇宙的壮歌，让我们一起拥抱蓝天！

拥抱蓝天，自由翱翔，是我们人类共同的梦想。嫦娥奔月，敦煌飞天，是华夏儿女五千年的梦想啊。飞翔，飞翔，从莱特兄弟第一次升空，揭开世界航空史壮丽的篇章，多少故事，多少悲壮，多少探索，多少开创，才迎来今天的百年庆典，才奏出震撼宇宙的蓝天交响。

（二）创业篇

1.《战火中诞生》（混声合唱）

（朗诵）歌声多么嘹亮，步伐多么雄壮，新中国的航空工业就在这战火燃烧的歌声中诞生。鸭绿江的断桥记得清，上甘岭的焦土记得清，祖国和人民也忘不了啊，我们鹰击长空三千里，保家卫国建奇功！

鸭绿江的断桥记得清，上甘岭的焦土记得清，新中国的航空人啊，与那场突来的战争同行，军情如火，血染旗红，将士盼战鹰，抗击侵略，保我领空，前方的呼唤就是命令，啊——新中国的航空工业，就在血与火的战争中诞生。

2.《兴建飞机城》（男声三重唱）

（朗诵）前方的战火燃烧在我们的胸膛，建设飞机城是我们急火如焚的渴望。看，就在这片黑土地上，天南地北聚精英，四面八方凝力量。那热火朝天的劳动号子，奏响了新中国航空工业创业史壮丽的乐章。

哟，嘿哟，哟，嘿哟，不怕那北风身上刮，哪管那暴雪脸上扎，为建设新中国飞机城，咱敢和风雪比高下，冻得牙根乱打架，大秧歌一扭冒汗花，累得眼皮直发沉，蛤蟆烟一抽解疲乏，抛家舍业来会战，谁梦中不想家中的她。哟，嘿哟，哟，嘿哟，不怕那掌心结茧疤，哪管那虎口冒血花，为建设新中国飞机城，暴风雪越大劲越大，咬紧牙把冻土挖，大铁镐一抡手发麻，铆足劲儿把大梁架，铁肩膀一抬山搬家，江南的小伙塞北的娃，谁胸前不想戴红花。

3.《脚步轻轻》（女声组合）

（朗诵）当我们还不能生产汽车的时候，新中国的蓝天上，就飞起了第一架我们的战鹰。它像腊梅报春，它像金鸡唱明。为了这一时刻的到来，有多少老专家，熬过多少不眠之夜，付出多少艰辛，他们累了，真的累了——

脚步轻轻，轻轻，脚步轻轻，轻轻，不要把老专家的好梦吵醒，共和国第一架飞机就要诞生，多少个夜晚他没有合过眼睛，晚风不愿从他身边吹过，夜莺不忍在他窗前啼鸣，就连那满天多情的星斗，也在向他默默地致敬

脚步轻轻，轻轻，脚步轻轻，轻轻，不要把老专家的好梦吵醒，共和国第一架飞机就要放飞，历史重任点燃他不老的生命，塔台注目期盼他的到来，银燕昂首等待他的指令，当那太阳升起的时候，共和国将飞起第一架神鹰。

（三）情怀篇

1.《孔雀展翅向西飞》（混声合唱）

（朗诵）为了响应党中央、毛主席的号召，一批批航空人奔赴三线艰苦创业，他们献了青春献终身，献了终身献子孙。啊，山美水美人更美，心灵最美的是三线人！

告别大城市，难舍父母泪，走进深山沟，住进干打垒，青山永作伴，终身不后悔，青春献航空，一辈传一辈，耳听山歌心也甜，口喝清泉人也醉，党把梧桐植边寨，孔雀展翅向西飞。大秦岭的山，黄果树的水，比不上三线人的心灵美，张家界的山，九寨沟的水，比不上三线人的心灵美。青山永作伴，终身不后悔，青春献航空，一辈传一辈。人在深山创大业，志在蓝天扬国威，

一腔热血洒三线，丹心化作红霞飞。

2.《老槐树》(女声独唱)

(朗诵)建厂时栽下的老槐树，现在绿荫铺满路。老槐树啊，老槐树，你的年轮记录着几代航空人的付出，你的花香散发着几代航空人的情愫。

厂房前有棵老槐树，花香飘十里，绿荫铺满路，当年我爷爷栽下它，寄托着多少航空人的抱负，年轮铭刻着创业的艰辛，躯干饱含着生活的酸楚。老槐树啊，老槐树，多像一位慈祥的老人，天天倾诉着老一辈的祝福。

厂房前有棵老槐树，暮送晚霞归，朝迎旭日出。今天我走进飞机城，在槐树下描绘未来的蓝图，枝叶召唤我与时俱进，花香伴随我开拓新路。老槐树啊，老槐树，多像一位慈祥的老人，天天倾听着我青春的脚步。

3.《铆枪在诉说》(合唱)

(朗诵)铆工为什么那样快乐？因为他把火红的年华铆进了飞机；铆工为什么那样自豪？因为他把全部的爱铆进蓝天。啊，铆枪哒哒，铆枪哒哒，请听年轻铆工的诉说。

风儿认识我，云儿认识我，铆枪声声在诉说，说我手艺巧，说我脑瓜儿活，说我人多情，说我最幽默，披星戴月织戎装，日夜奏凯歌，把火红年华铆进飞机，那展翅的银燕就是我。

彩霞了解我，长虹了解我，铆枪天天在诉说，说我劲头儿足，说我点子多，说我最勤奋，说我心肠热，满腔热血创伟业，豪情壮山河，把全部的爱铆进蓝天，那无名的星座就是我。

祖国记得我，人民感谢我，奉献何须再诉说，我是一支歌，我是一团火，我是橄榄枝，我是和平鸽，呕心沥血镶军徽，一生图报国，把峥嵘岁月铆进飞机，那翱翔的雄鹰就是我。

4.《战鹰，今天首航》(男声独唱)

(朗诵)蓝天虽大装不满我的梦，战鹰虽快飞不出我的心。每天当战鹰放飞，我激动的心啊，也跟随战鹰一起飞翔！

心儿啊，为什么加快跳荡，泪水啊，为什么溢满眼眶，亲爱的战鹰，今天要出航，今天要出航，望一望银燕是何等矫健，听一听发动机多么响亮，就连沾满身上的机油，也觉得分外清香，啊，谁能有我这样自豪，护送年轻战鹰首航

心儿啊，为什么激烈跳荡，泪水啊，为什么不住流淌，英勇的战鹰，立刻要出航，立刻要出航，多少人为了你望穿双眼，多少人为了你熬瘦脸庞，就连伸向天边的跑道，也写满对你的渴望，啊，谁能有我这样幸福，护送中国战鹰首航。

5.《望天》(男女声对唱)

(朗诵)第一个吃螃蟹叫作勇敢，第一个航海人叫作探险，试飞员天天都在经受生与死的考验。啊，每天有多少双眼睛在望天企盼，盼他成功，盼他凯旋。望天啊，望天，望天人的心啊，跟他们一起在蓝天飞旋！

(合)望天哟，望天哟，目送雄鹰去，望天哟，望天哟，盼望凯旋归

(男)我驾驶飞机上蓝天，(女)你牵着我的心儿飞，(男)我敢于闯那飞行禁区，(女)我紧紧地把你挂心内，(合)啊，当面的欢乐背后的泪，换来那庆功美酒一杯杯。(女)你搏击万里长空，(男)我怀着你的深情飞，(女)你勇于挑战飞行极限，(男)有你我信心增百倍，(合)啊，相依相伴同胜利，才有那神州战鹰一队队

(合)望天哟，望天哟，大地蓝天共祝福，望天哟，望天哟，祖国人民都欣慰。

(四)报国篇

1.《蔚蓝之恋》(女声独唱)

(朗诵)赤橙黄绿青蓝紫，我最爱那蔚蓝的美丽，蓝天是航空人的舞台，蓝天是雄鹰的天地。啊，我们一起飞翔，在梦里，在心里，在歌里。啊，我们一起飞翔，飞过大海，飞过高山，飞向蔚蓝的天际。

采朵白云抱在梦里，我和你一起随风比翼，摘颗星星亮在心里，我和你一起闪耀一起升起。剪片彩霞铺在梦里，我和你一样多彩美丽，一轮朝阳照在心里，我和你的生命辉煌无比。

飞翔，飞翔，在梦里在心里在歌里(像雄鹰像海燕像鲲鹏)

飞翔，飞翔，飞过大海飞过高山飞向那蔚蓝的天际。

2.《领袖来到飞机城》(童声合唱)

(朗诵)航空工业从无到有，从小到大，每前进一步，都离不开党中央和领袖的关怀。啊，领袖来到飞机城，东风传喜讯，战鼓催征程！

(童领)锣鼓敲，掌声迎，领袖来到飞机城啊，亲切的话儿暖人心，点亮心中一盏灯啊。(合)齐声高唱东方红，开辟蓝天新航程。(童领)芳草绿，鲜花红，领袖来到飞机城啊，春天的故事传四方，唱得人心暖融融啊。(合)改革开放奏凯歌，祖国蓝天披彩虹。(童领)百花开，百鸟鸣，领袖来到飞机城啊，描绘航空新蓝图，乐得人人血沸腾啊。(合)全面建设奔小康，万里蓝天飞神鹰。

3.《承诺》(领唱合唱)

(朗诵)承诺是誓言，承诺是鞭策，为了建设强大的国防，我们庄严地向祖国承诺，向人民承诺。

太阳把蓝天交给我，月亮把夜空交给我，航空报国为人民那，时刻激荡我心窝。用智慧，培育航空精英，用生命，锻造天骄品格，在蓝天筑起铁壁铜墙，这就是航空人庄严的承诺。历史把重任交给我，未来把期望交给我，航空报国为人民那，时刻激荡我心窝。迎挑战，誓将世界赶超，铸利剑，永葆神州春色，在空中架起和平金桥，这就是航空人庄严的承诺。

4.《你在哪里》(男声独唱)

(朗诵)在决战重点型号的第一线，有多少科技专家过早地离我们而去。他们用心血书写成功，他们用生命铸造丰碑，在我们欢庆胜利的时候，亲爱的战友啊，你在那里？你在那里……

白云轻轻地飘呵，飘向远远天际，亲爱的战友呵，你在哪里？鸟儿说，你还在车间劳作；星儿说，你还在灯下设计。战友呵，战友，你在哪里？战友呵，战友，你在哪里？你在无声的长空，你在无言的大地，战友呵，我的战友。白云轻轻地飘呵，飘向远远天际，亲爱的战友呵，你在哪里？草儿说，你还在指挥放飞，花儿说，你还在攻关不已。战友呵，战友，你在哪里？战友呵，战友，你在哪里？你在万里蓝天，你在我们心里，战友呵，我的战友。

5.《英雄飞豹》(女声独唱)

(朗诵)展翅亮神威，长空呈英豪。我们自己制造的英雄飞豹，是克敌制胜的法宝，人民为你欢呼，祖国为你自豪。啊，请看，好一个英雄飞豹！

我是雷,我是风,我是飞豹,我是雄鹰;我就是天空。一声雷,冲霄汉,飞腾千万里;一阵风,送一番,壮丽的豪情。一缕缕朝霞浸透了亲人的欢笑,一道道彩虹装点着祖国的繁荣,哦,我挟着雷,驾着风,披朝霞,舞彩虹,把蓝天写满我忠诚。

(五)尾声

共享蓝天(领唱合唱)

(朗诵)百年庆典,庆典百年,蓝天越变越美,生活越变越甜。啊,拥抱蓝天,让心与心越贴越近;啊,共享蓝天,让爱与爱不再遥远。

云海扬帆,九霄灿烂,蓝天写满我们的浪漫。银燕展翅牵出红日,长空舞起彩练。啊,情系蓝天,山河更加壮美,啊,珍爱蓝天,生活更加香甜,情系蓝天,珍爱蓝天,生活更加香甜。

云海扬帆,九霄灿烂,蓝天擎起我们的太阳伞。缕缕清风传颂祝福,云霞闪烁爱恋。啊,拥抱蓝天,心与心不再遥远,啊,共享蓝天,爱与爱充满人间拥抱蓝天,共享蓝天爱与爱充满人间。

(中国航空工业第一集团公司)

《我们是沈飞的脊梁》

冯玉良词　徐　鹰曲

我们是沈飞的脊梁,用双手托起初升的太阳。我们是沈飞的主人,用汗水谱写生机和希望。银色的战鹰是我们理想的寄托,蔚蓝的长空有我们的青春之光。啊,脊梁,脊梁,我们是沈飞永恒的形象,啊,脊梁,脊梁,我们创造沈飞新的辉煌。

我们是沈飞的脊梁,用热血塑造奋进的雕像。我们是沈飞的主人,用赤诚筑起腾飞的翅膀。难忘的昨天有我们不朽的诗篇,崭新的未来让我们奋力开创。啊,脊梁,脊梁,我们是沈飞永恒的形象,啊,脊梁,脊梁,我们创造沈飞新的辉煌,新的辉煌。

(沈阳飞机工业(集团)有限公司)

《沈飞的岁月》

张祖昌词　徐　鹰曲

听惯了发动机雷鸣般的吼声,看惯了银鹰翱翔天空。跑道像述说人生的丰碑,机群像那待阵的士兵。呵,沈飞的岁月啊,呵,沈飞的岁月啊。闪现着多少鲜活的身影,映画出多少熟悉的面容。在共和国历史的天空上,你永远是一道亮丽的彩虹,亮丽的彩虹,亮丽的彩虹。

有多少战天斗地的好汉,有多少叱咤风云的英雄。一代代前仆后继前仆后继,一茬茬旧去新生旧去新生,呵,沈飞的岁月啊,呵,沈飞的岁月啊。留下了多少壮志和豪情,展现出多少祝愿和光荣。在共和国历史的天空上,你永远是一道亮丽的彩虹,亮丽的彩虹,亮丽的彩虹。

(沈阳飞机工业(集团)有限公司)

《职工教育之歌》

任力华词　王　宁曲

走过闪光的历程,迎着改革的浪潮。战斗在职工教育战线,培育人才振兴飞机城。岗位训练继续教育,抓住根本发展腾飞,我们肩负着企业的重托,我们创造着飞机城的未来。团结、勤奋、文明、严谨,教书育人道远任重,我们的事业万古长青。

走过闪光的历程,迎着改革的浪潮。战斗在职工教育战线,培育人才振兴飞机城。奠基工程有效服务,提高素质振兴航空。我们肩负着企业的希望,我们铸就着飞机城的脊梁。团结、拼搏、求实、创新,忠诚党的教育事业,我们为沈飞再铸造辉煌,我们为沈飞再铸造辉煌。

(沈阳飞机工业(集团)有限公司)

《西飞进行曲》

孙洪波词　叶宝东曲

胸怀凌云志,慷慨世纪行,黄土地铭刻着我们奋斗的历程,荆山上翱翔着我们矫健的雄鹰。

云海飞舟迎宾客,蓝天筑起新长城。宏伟的事业,壮丽的人生——啊,西飞,我们与时代同行。

共创卓越扬国威,编队飞行展雄风!爱我中华,兴我航空,一路高歌,万里驰骋。

(中航一集团西安飞机工业(集团)有限责任公司)

《热爱西飞,建设新西飞》系列歌曲

1.《我们一起走来》

孙洪波词　纪承文曲

我们从塞北雪原走来,怀着对春天久久地期待。我们从江南水乡走来,让绿色把生活剪裁。渭水之滨汇聚着一群英雄儿女,黄土地抒发着创业情怀。一座座高大的厂房拔地而起,航空之花在这里盛开。

我们从坎坷的路上走来,呼唤祖国腾飞的时代。我们从春天的故事里走来,让成功为时代喝彩。十里长街奔走着一支航空大军,西飞人手挽手英勇豪迈。一架架矫健的银鹰呼啸而起，希望之星与日月同在。

我们一起走来，一起走来，一起走进新时代，穿越历史风雨，肩负民族兴衰，我们万众一心，开创光辉未来。

2.《请借我翅膀吧，银鹰》

田宝成词　李素萍曲

摘一束云霞，挂在希冀的窗口；衔一串明星，照亮创业的路径；用太阳的温暖，抚慰亲人的心灵；用白云的纯洁，装扮情人的笑容。蓝天在呼唤，引擎在轰鸣，心头的鹰啊，要振翅腾飞。向蓝天献上最美的色彩，点缀咱西飞人壮丽的人生。啊，请借我翅膀借我翅膀吧，银鹰！

3.《中国西部有座城》

王德芳词　唐杰曲

中国的西部有座城，世间扬美名，城里住着西飞人，心似火样红。

祖国要我造飞机，黄土地腾起一群鹰。胸怀凌云志，敢与天下争，雄风鼓荡千万里，千万里振翅高歌，一路豪情。

4.《西飞是我美丽的家园》

蓝宏业词　叶宝东曲

西飞是我们美丽的家园，飞机城绚丽如画，风光无限，一座座高大的厂房，蔚为壮观，一架架矫健的战鹰，翘首蓝天。在这里，我们用勤劳的双手，实现远古飞的梦幻，在祖国富饶的大地上，你是一颗明珠，璀璨斑斓。

我们爱这美丽的家园，飞机城笑语荡漾，处处欢颜，新建的住宅小区里，高楼成片，人们的生活步步高，幸福美满。在这里，我们用火热的激情，谱写未来壮丽的诗篇，把共和国的骄傲与尊严，铸在华夏神圣的蓝天。

啊，西飞，你是鹰的摇篮，啊，西飞，你是美丽的家园，我们愿用热血和生命，点燃你更加辉煌的明天。

5.《我爱你，西飞》

王玉平词　巴月曲

我爱你唤醒黎明的第一声号响，我爱你映入厂门的第一缕阳光，我爱你上班时奔涌如潮的车流，我爱你广播里乐曲声轻快悠扬，我爱你绿树环绕的高大厂房，我爱你通向云天辽阔的机场。

我爱你奋进中洒下的晶莹汗水，我爱你几十年走过的光辉历程，我爱你再创业描绘的宏伟蓝图，我爱你新西飞明天的美好前景，我爱你年轻人心中热切的向往，我爱你老职工脸上欣慰的笑容。

我爱你编队飞行，共创卓越的豪情，我爱你航空报国，追求第一的理想。你的每一个角落都凝聚着民族振兴的力量，你的每一寸土地都孕育着祖国腾飞的希望。

我爱你西飞，爱你西飞。

6.《我们的家在西飞》

唐杰词、曲

我的爸爸在西飞，一辈子不怕苦和累，机翼上倾注着他的向往，万里蓝天把彩云追。啊，西飞——创业者为了你呕心沥血，激励着我们新一辈。

今天我工作在西飞，岗位上洒下辛勤汗水，奉献我们的青春和智慧，为二次创业添光辉。啊，西飞——新一代为了你魂牵梦绕，要把你建设得更加美。

我们的家在西飞，千万双巨手铸丰碑，坚定理想，追赶太阳，打造祖国的新西飞。

7.《我和西飞一起成长》

宋丽杰词　纪溪平曲

小时候常听妈妈讲，荆山下是美丽的地方，三月桃红，十月菊黄，一年四季好风光。渭水湾湾在身边流淌，睡梦中我快乐地飞翔。

上学时总听老师讲，西飞是银鹰飞起的地方。晨迎清风，晚披霞光，大鹏展翅真漂亮。追着太阳放声高唱，在蓝天抒写父辈的梦想。

长大后我如愿进工厂，正赶上二次创业的时光，继往开来，豪情万丈，壮美的事业多辉煌。理想的花朵用汗水浇灌，用青春谱写新世纪的乐章。

啊！西飞，你是我人生的向往，你是我理想的殿堂，我和你一起成长，奔向灿烂辉煌。

8.《西飞城，故乡》

杨萍词　叶宝东曲

总是在远方的时候，才把故乡思念。走遍万水千山，难舍心中挂牵。啊，飞机城，啊，故乡，你是父辈创业，我眷恋的家园，西北风常伴银鹰唱，唱不尽拼搏苦也甜。

总是在回首的时候，才知心系蓝天。纵有万语千言，难诉报国心愿。啊，飞机城，啊，故乡，我们献身航空，忠心赤胆，黄土地任我写春秋，写不尽腾飞新诗篇。

9.《西飞，你好》

张锋词　叶宝东曲

春风吹拂我们的发稍，阳光亮丽滚滚车潮，啊，西飞你好，你好。航空报国的宏愿，要凝成前进步伐，把理想用青春点燃。

秦岭巍峨渭水滔滔，银燕翔空蓝天欢笑，啊，西飞你好，你好。追求第一的心愿，要化作拼搏号角，给祖国一份合格答卷。

西飞你好，你好，你好！

10.《西飞人昂首阔步走》

张玉平词　叶宝东曲

几十个春秋，几十年奋斗，几十回峥嵘岁月稠；编队飞行，共创卓越，西飞人不怕风雨骤。

两万颗红心，两万双铁手，两万个英雄齐声吼：航空报国，追求第一，西飞人昂首阔步走。新世纪，新追求，笑傲云海竞风流；二次创业成功时，高歌痛饮庆功酒。

11.《蓝天再谱新乐章》

张玉平词　纪承文曲

背负民族的期望，怀揣祖国的梦想，我们编队飞行，航空报国，大旗高扬！托起云海的桥梁，锻造腾飞的翅膀，我们共创卓越，追求第一，意志如钢！

啊，新世纪，新向往，西飞人挺胸气昂昂；二次创业不言败，蓝天再谱新乐章。

12.《放歌新西飞》

张松昆、王溪丹词　郭卓义曲

“英俊少年”拥抱初升的太阳，“新舟60”张开搏击的翅膀，西飞人，航空报国，——我们志在蓝天，播种希望。

“重点型号”摆开攻坚的战场，“冲天飞豹”筑起铁壁和铜墙，西飞人，编队飞行，——我们翱翔蓝天，放飞理想。

肩负着使命，纵览世纪的风云，二次创业，高奏凯旋的乐章，我们共创卓越，——我们笑傲蓝天，再铸辉煌。

13.《建设新西飞之歌》

郭成林词　凯砾曲

踏着前人献身奋斗的足迹，迎着世纪冉冉初升的朝阳；用智慧谱写航空报国诗篇，用双手奏响追求第一乐章。

博采人类文明史册的精华，尽领时代科技创新的风光；为祖国安全构筑空中长城，为世界和平架设天上长廊。

航空为本军民品比翼齐飞，奋力开拓国内外两个市场；给人民生活送去优质产品，给国民经济插上腾飞翅膀。

我们编队飞行，共创卓越，我们建设新西飞再造辉煌。

14.《前进吧，西飞人》

王宏科词　纪溪平曲

时代大潮惊涛拍岸，市场竞争风云变幻，前进吧！西飞人，踏着父辈的足迹，我们迎风起航挑战极限。架设蓝天虹桥，锻铸长空利剑，航空报国，追求第一，实现民族复兴的心愿。编队飞行共创卓越，我们万众一心永远向前。

15.《编队飞行走天下》

李永成词　敖搏曲

向前，向前，向前！

迎着灿烂的朝霞，迈着改革的步伐。胸怀航空报国的大志，我们拼搏奋进意气风发。

按动键盘用电脑来做画，开动机床在钢铁上绣花；舞动铆枪造飞机的骨架，攻关破难把汗水挥洒。让那一架架银鹰展翅腾飞，把西飞人的自豪带向海角天涯。

追求时尚赶世界的变化，美化环境建锦绣的大家，团结协作树精品的理念；处处绽放着文明之花。让咱新西飞美丽赛过江南，让西飞人的美名传遍神州华夏。

编队飞行走天下，共创卓越跨骏马。做一个西飞人多么荣耀，我愿把聪明智慧献给她。

向前，向前，向前！

16.《我站在停机坪上》

薛顺安词　李素萍曲

我站在停机坪上，深情地把祖国的蓝天遥望。每当看到银燕从这里飞向远方，我眼里就闪烁着激动的泪光。肩负着祖国的重托，铺设那长空的通道，我愿立志拼搏在这神奇的地方！

我站在停机坪上，身披月光把宁静的星空守望。每当看到铁鹰从这里展翅翱翔，我心底便荡漾起无尚的荣光。扛起那民族的尊严，铸就这空中的长城，我愿一生献给这神圣的地方！

啊，停机坪！你是哺育腾飞的摇篮，你是托起蓝天的霞光，为了西飞壮丽的明天，我愿耕耘在这属于蓝天的土地上！

17.《西沃之歌》

宫卓词、曲

曾经的坎坷我们一起走过，曾经的辉煌我们共同拥有过，伴随着飞机城里，开出的豪华客车，世界终于认识了崭新的西沃。西沃啊西沃，我们的西沃，你是改革春风吹绽的花，你是中外友谊结出的果，你是万众瞩目的星座。

新的挑战，已经到来，新的辉煌我们怎能错过！信奉着质量、安全、环保的理念，未来永远属于年青的西沃。西沃啊西沃，我们的西沃，你是我们希望的花，你是我们明天的寄托，我们与你一路高歌。

18.《设计人个个好样的》

张玉平词　纪承文曲

风儿在诉说，云儿在诉说，设计人个个好样的；花儿告诉我，草儿告诉我，设计人应该这么做：科研带头立新功，求实创新展自我；精心呵护新舟号，唱响重点型号歌。

风儿在诉说，云儿在诉说，设计人个个好样的；花儿告诉我，草儿告诉我，设计人个个好样的。美好蓝图心中绘，航空报国去拼搏；胸怀蓝天凌云志，辛勤劳作结硕果。

风儿告诉我，云儿告诉我，西飞人二次创业情似火。

19.《快乐铆工》

谭国君词　唐杰曲

蓝蓝的天空，飘浮着白云，飞翔着我的神鹰。我们歌唱，歌唱幸福，啊，我是一个快乐铆工。

宽阔的厂房，巨大的机身，我们在打造钢铁神鹰。航空报国，追求第一，啊，铆枪声声唱出我的深情。

明亮的厂房，坦荡的机坪，我紧握铆抢忙碌不停。共创卓越，编队飞行，啊，铆枪声声唱出我的深情。

我向往蓝天，我歌唱和平，啊，我是一个快乐铆工。

20.《我是一个锻件》

谭国君词

我是一个航空锻件，胸中燃烧着炽烈的火焰。如今我做了神鹰的骨骼，我的职责重大无限。追求第一是我的理想，航空报国是我的心愿。

我是一个航空锻件，我在熔炉中千锤百炼。如今我做了神鹰的铁肩，我的职责重大如天。共创卓越是我的性格，编队飞行是我的心愿。

啊，我是一个航空锻件，胸中燃烧着炽烈的火焰，为了人民的生活更加美好，我把祖国的蓝天深深眷恋。

21.《真情献航空》

孙洪波词　牧江曲

雨走天下，慷慨世纪行；胸怀凌云志，真情献航空。黄土地铭刻着我们奋斗的历程。荆山上翱翔着我们矫健的银鹰。

新西飞，新愿景，宏伟的事业，美好的前程，云海飞舟迎宾客，蓝天筑起新长城。共创卓越扬国威，编队飞行展雄风，创业精神代代传，大步高歌，万里驰骋！

作词：孙洪波、田保成、王德芳、蓝宏业、王玉平、唐杰、宋丽杰、杨萍、张锋、张玉平、张松昆、王溪丹、郭成林、王宏科、李永成、薛顺安、宫卓、谭国君，作曲：纪承文、李素萍、唐杰、叶宝东、巴月、纪溪平、郭卓义、凯砾、敖搏、李素萍、宫卓、张宏、牧江。

（中航一集团西安飞机工业(集团)有限责任公司）

《西飞颂》组歌

集体词(作者：孙洪波、宋丽杰、叶宝东、李永成、薛顺安、王德芳、王玉平、张玉平、刘文征、蓝宏业)

(一)序曲:《西飞礼赞》

牧江曲

以日月筑巢,织五彩春光。一个百年梦想,在高原,张开翅膀。西飞,西飞,在高原,张开翅膀——飞翔,飞翔……。

以日月筑巢,织五彩春光。一个百年梦想,在高原,张开翅膀。西飞,西飞,在高原,张开翅膀——飞翔,飞翔……。

(二)第一乐章:三线创业

1.《千军万马汇阎良》

李耀东曲

怀壮志,别故乡,千军万马汇阎良,建设航空创大业,高天云飞红旗扬。老军工,冲在前,小后生,跟着闯。祖国重托记心上,荆山脚下摆战场。

踏泥泞,顶骄阳,夏冒酷暑,冬战冰霜,多快好省争上游,自力更生建国防。赶走亘古的寂寞,驱散久远的苍凉。白手起家,奋发图强,一颗红心献给党。

马达声送走了满天星光,号子声唤起了一轮朝阳。一代伟业我们开创,创业风雷在高原上回响。

2.《工地号子》

牧江曲

拽紧绳哟,拉起夯;往下砸呀,拼一场。各路大军齐上阵,大干快上斗志昂。石川河上采石子,搬砖运沙日夜忙。

工程师上阵操起了瓦刀,描图员参战搅拌着泥浆。姑娘们拉车一溜跑,小伙子挥锹闪闪亮。

憋足劲哟,吼一嗓;使劲拉呀,拉机床。为了飞机早上天哟,瘦它几斤又何防。一壶烈酒一腔血呀,手拉肩扛搞安装。钢丝绳系我千钧力,铁撬扛负重嘎嘎响。汗珠子落地摔八瓣,半截子厂房机声唱。

3.《五风楼》

纪溪平曲

草帘遮门窗,红砖铺作床;笑迎五面风来访啊,苦累作寻常。赤膊汗如雨,呵手眉结霜。窝头菜汤甜又香,简陋工棚绘出图万张。

毛竹当房梁,芦席围作墙;点燃马灯来照亮啊,心中酿春光。收工尘满面,厚茧结双掌。喜看厂房平地起,“五风楼”里欢歌九霄扬。

(三)第二乐章:高原雄峰

1.《风雨兼程》

李耀东曲

几度阴云密布,几度风狂雨骤。蓬间雀噪,蚍蜉撼树,坎坷创业路。高原茫茫不眠夜,几多求索几多愁。花明柳暗路何在,西飞人该向何处?

西飞人,不停步,怀壮志,绘宏图。危难见真情,苦干不言苦。擎天有铁臂,攻坚无懦夫,八百里秦川一方热土,西飞人昂首阔步,跃马征途。

2.《月夜心声》

叶宝东曲

多想采一束星光,装点你窗前的灯盏;多想捧一汪清泉,滋润你沧桑的容颜。斗转星移不眠夜,月光似水三更寒。你一笔笔地画呀,画的是忠诚;你一页页地描啊,描的是甘甜。墨迹倾注报国情。看银鹰在笔下把羽翼舒展。

多想挽一缕清风,追随你战斗的华年;多想摘一片彩云,陪伴你远航的风帆。长路迢迢多风雨,一片痴情荐轩辕。这一张张图纸呀,打破的是封锁;这一个个方案呀,攻克的是难关。人生无悔赤子心,为祖国插双翅志在蓝天。

3.《今日雄鹰要首航》

牧江曲

锣鼓敲,彩旗扬,今日雄鹰要首航。人群围拥跑道边,塔台指挥调度忙。一声呼啸冲天起,闪似流星春雷响。

心儿跳啊,欢快地跳,热泪淌啊,尽情地淌!苦战多少日和夜,赢来长空任飞翔。飞机城的胸怀比蓝天更宽,西飞人的情意比航线更长。

新的起点新高度,脚下征程万里长。振兴航空催快马哎,无限风光在前方。

(四)第三乐章:春潮奏凯

1.《航城迎春》

牧江曲

春天来了,春天来了……

冰雪消融,江河激荡,三中全会喜讯传遍四方。中华巨轮扬帆起航,四化建设掀起滚滚热浪。新长征号角在耳边回响,飞机城洒满明媚的阳光。

航空为本,军民结合,一场新的战斗已经打响。走出国门,迎接挑战,挺起中华民族钢铁脊梁。改革开放的大道无比宽广,西飞人笑迎崭新的朝阳。

2.《为了周总理的嘱托》

牧江曲

一路风尘,一路求索,几度春秋,几多苦乐。日日夜夜牵挂着,那飞天的传说。一个信念,一腔执着,几分辛劳,几分收获。千里万里追逐,那个闪光的星座。啊,周总理,你殷切的嘱托,激励着我们勇敢拼搏。啊,运七万里,蓝天放歌,把母亲的微笑,撒满灿烂的星河。

一路风尘,一路求索,几度春秋,几多苦乐。风风雨雨扛起,这历史的重托。一个信念,一腔执着,几分辛劳,几分收获。理想的种子在这里开花结果。啊,周总理,你殷切的嘱托,指引我们永远开拓。啊,新舟展翅,誉满山河,把儿女的忠诚,献给伟大的祖国。

3.《军代表来到咱身旁》

牧江曲

八一军徽闪闪亮,军代表来到了咱身旁。春去秋来同甘苦,岁月悠悠情意长。机床边,我们一起对图纸;型架上,我们一起查工装;总装线上,我们一起验成品;停机坪,我们一起试飞忙。

机床边,我们劲往一处使,型架上,我们汗水一块淌;总装线上,我们重担一起挑,停机坪,我们心往一处想。八一军徽闪闪亮,军代表来到了咱身旁。亲如手足好兄弟,蓝天长城坚如钢。

4.《中国——西飞》

牧江曲

辛勤耕耘,今朝喜上眉,中外携手,育出新花蕾。航行五洲的波音,高耸银亮的垂尾,垂尾上闪耀着一个名字:中国——西飞!

“法航”的舱门,赢得赞美,“意航”的部件,壮我声威。国际合作开新路,蓝天竖起里程碑。让世界铭记着一个名字:中国——西飞!

5.《啊,西沃、西沃》

纪溪平曲

高速路上奔驰着豪华客车,车笛声声传遍锦绣山河。高楼挥手,田野扬波,到处都惊喜地呼唤着西沃!

西沃,西沃,你是改革开放的鲜花;西沃,西沃,你是中外合作的硕果——万里征途,载满春色,将靓丽的英姿展现给祖国。

西沃,西沃,你是时代翻卷的浪花,西沃,西沃,你的足迹写满了开拓——车轮滚滚,一路欢歌,奔驰的车队是流动的长河。

6.《盛典受阅》

牧江曲

看!飞豹金甲生辉,轰六携电挟雷。祖国庆典,接受检阅,天安门上空列队飞。领袖的目光流露着欣慰;人民的喝彩表达着赞美。雄鹰展翅,壮我军威,闪射着神圣的光辉!

听!北京传来喜讯,万家灯火沉醉。两万儿女高举金杯,脸上挂满喜庆的泪。报国的夙愿今朝实现,总装线又闻战鼓频催。十里航城,龙腾虎跃,去迎接新的起飞!

(五)第四乐章:再塑辉煌

1.《拥抱新世纪》

纪溪平曲

走过坎坷,走过风雨,黄土地铭刻着我们奋斗的足迹;走向未来,走向壮丽,西北风传颂着我们辉煌的业绩。

新的里程,新的世纪,催征号角响彻寰宇,时代的浪潮排山倒海,建设新西飞的旗帜高高举起。

迎接挑战,抓住机遇,继往开来,壮志不移。笑对环球八面来风,弄潮云海踏霹雳。

我们张开钢铁般的双臂,拥抱新世纪,铸一座历史的丰碑,永远高耸在祖国神圣的大地。

2.《坚决打好攻坚战》

叶宝东曲

我们西飞人,壮志在蓝天,铁肩担重任,众手挽狂澜。重点型号是金山,雄心万丈铸利剑。

我们西飞人,个个英雄汉,飞豹扬国威,新舟傲蓝天,后墙不倒保节点,为国为民做贡献。

新世纪,新挑战,坚决打好攻坚战;新业绩,新贡献,实现十五大发展。编队飞行齐向前,航空报国谱新篇。

3.《工业园,希望之园》

纪溪平曲

这里编织了多少梦幻,这里放飞着多少期盼,新西飞的工业园,我们心中的希望之园。

技术中心翻卷着创新的波澜,一项项设计轻叩着键盘;数控中心洋溢着青春的朝气,一组组编程银花烂熳;流水线奔腾金戈铁马,神奇地闪烁霞光一片。

转包中心环视着市场风云,一项项签约谱写着新篇;试飞中心激荡着隆隆回响,一架架银鹰展翅蓝天;开发区吹洒着春风绿雨,民品的园林叶茂枝繁。

这里编织了多少梦幻,这里放飞着多少期盼,新西飞的工业园,我们心中的希望之园。

4.《呼唤你,数码西飞》

纪溪平曲

你蕴藏着多少奥秘,你寄托着多少希冀。数码西飞,数码西飞,我们深情呼唤你!

用鼠标作笔,告别昨天的设计;把键盘轻击,指点精湛的工艺。在信息的海洋里,捕捞数码的奇迹。现代管理使西飞如虎添翼,我们是宽带网上的轻骑;电子商务一往情深,地球村没有了距离;实现产品数字化,与强手在蓝天对弈。

呼唤你,数码西飞,数码西飞,我们深情地呼唤你。

5.《西飞是我可爱的家》

牧江曲

一排排绿树一丛丛花,花里的西飞是我的家。厂房林立机声美,西飞大道通天涯;总装线高奏航空颂,车间盛开科技花。半个世纪的创业路,岁月风流人潇洒。

一座座新楼一幅幅画,画中的西飞是我的家。赵钱孙李一家亲,代代奉献好年华。温馨的港湾幸福的梦,我们爱她妆扮她。团结奋进的西飞人,蓝天续写新神话。

(六)尾声:《双手托起新西飞》

叶宝东曲

当我们把创业的记忆,珍藏在心底,开拓的征程上,留下我们坚实的足迹,雄伟的飞机城在这里崛起,看银鹰展翅扶摇万里。我们在这里播种理想,奉献青春,我们报效祖国人生壮丽。

当我们昂首走进了新的世纪,宏伟的蓝图绘就了我们。

新的希冀,催征的号角响彻蓝天,机遇和挑战将我们洗礼。

我们在这里编队飞行,共创卓越,我们双手托起一个新西飞。

热爱新西飞,建设新西飞,让我们用智慧和汗水,把西飞建设得更加美。

(中航一集团西安飞机工业(集团)有限责任公司)

《成飞之歌》

杨笑影词　敖昌群曲

壮志在飞翔,豪情在飞翔,穿云破雾向着太阳。大地创业,蓝天铸剑,一路高歌飞向辉煌。多少艰辛已化作长风,我们排除万难意志如钢,一代代成飞人挽起臂膀,让民族尊严在云海闪光。梦想在飞翔,希望在飞翔,人心归向赶月势不可挡。振兴航空,振兴中华,一路高歌飞向富强,多少奇迹已舞成彩虹,我们迎接挑战斗志昂扬,一代代成飞人继往开来,让中华风采在五洲飞扬。

(成都飞机(集团)公司)

《远通之歌》

陈家宝词 曾锦藩曲

迎着改革的春风，改革的春风，我们脱下戎装，挥师南下，脱下戎装，挥师南下，自强自立求发展，敢为人先闯市场，凝结铁军的神气，汇聚众人的智慧，塑品牌，创信誉。我们高唱创业之歌，开拓进取，精心描绘，开拓进取，精心描绘。啊，宽广的大道，就在我们脚下延伸。远通人，远通人，勇往直前，勇往直前。

踏着时代的步伐，时代的步伐，我们斗志昂扬，豪情满怀，斗志昂扬，豪情满怀，时思危机记心上，追求无限不自满，肩负历史的重任，迎接时代的挑战。图振兴，勇跨越，我们建设美丽家园，众志成城，昂首阔步，众志成城，昂首阔步。啊，美好未来，我们不懈追求。远通，远通，通向远方，通向远方。

（中铁十七局集团远通工程有限公司）

《北京城建集团进行曲》

程宜词 吕远曲

望一望头上的繁星点点，走一走脚下热土片片，描绘那美丽的蓝图，建设那幸福的乐园。服务社会，奉献人民。众志成城，大路通天。城建工人万千好汉，昂首阔步奋勇向前。

望一望面前的大厦高楼，走一走脚下的大道弯弯，熔铸青春智慧，挥洒毕生的热汗，美化世界，造福人类。众志成城，大路通天。城建工人万千好汉，昂首阔步奋勇向前。

（北京城建集团有限责任公司）

《我是一个城建工人》

吕远词曲

当朝阳染红了天边的白云，喧腾的城镇开始了新的早晨，无数的那高楼正在节节升起，一条条大路不停地向前延伸。哎，你看那明亮房间里人们在忙着新日程，你看那宽阔的公路上，车流滚滚正在飞奔。这一切都是我们汗水的结晶，我骄傲地告诉你，我是一个城建工人。

当夜幕降临了祖国的城镇，灿烂的灯光映照着片片楼群，繁忙的那工地上电花闪闪耀眼，一座座大厦在夜空中挺起腰身。哎，你看那明亮房间里家家户户欢声笑语，你看那柔软的摇蓝里婴儿睡得多么温馨。这一切都是我们汗水的结晶，我骄傲地告诉你，我是一个城建工人。

（北京城建集团有限责任公司）

《同仁之歌》

乔羽词 刘青曲

同仁，同仁同德，同心建造一个爱的港湾。同仁，同仁，同德，同心，让生命的航船，战胜风雨。我们不是天使，我们是热爱生活的人儿哟，我们也是天使，把幸福带给每一个人，带给每一个人。

筑起一座爱的大厦，让一切病痛者露出笑容。衣衫和心灵一样洁白，言语像春风一样，一样温馨。我们不是天使，我们是不停追求的人儿哟，我们也是天使，把幸福带给每一个人，带给每一个人。

同仁，同仁同德，同心建造一个爱的港湾。同仁，同仁，同德，同心，让生命的航船，战胜风雨。我们不是天使，我们是热爱生活的人儿哟，我们也是天使，把幸福带给每一个人，带给每一个人。

（北京同仁医院）

《友谊医院院歌》

黄奇石词 温中甲曲

我们守护着生命，我们奉献出爱心，每时每刻都在与死神抗争，我们守护着生命，我们奉献出爱心，日日夜夜为人类，为人类迎来新生。啊，啊，我们仁爱，我们博精，啊，啊，仁爱博精是我们的灵魂，啊，啊，我们仁爱，我们博精，啊，啊，仁爱博精是我们的灵魂。

我们传送着友谊，我们播洒真情，为了人间能够，能够少一分不幸，我们传送着友谊，我们播洒真情，为了世界能够，能够多一点欢欣，啊，啊，我们仁爱，我们博精，啊，啊，仁爱博精是我们的生命，啊，啊，我们仁爱，我们博精，啊，啊，仁爱博精是我们的生命，是我们的生命，生命。

（北京友谊医院）

《邯供职工之歌
——邯郸供电公司》

我们沐浴着时代的春风，日夜奋战在电力征程，风餐露宿，追逐日月，跋山涉水架起彩虹，立足本岗，创新一流，拼搏进取勇当先行。

座座铁塔我们筑起，条条银线是我们织成，热诚服务，心想人民，务实求严安全优供。为了祖国，繁荣昌盛，团结一心播撒光明。

（邯郸供电公司）

《塞北好》

靳春茂词　李瑞昕曲

塞北的水，塞北的山，塞北的风光醉心田，炎黄文明发祥地，轩辕古城五千年，清风明月无限好，蓝天白云映雄关，黄帝泉水清又醇，桑干河畔瓜果甜，啊……啊……清风明月无限好，蓝天白云映雄关，黄帝泉水清又醇，桑干河畔瓜果甜，桑干河畔瓜果甜。

塞北人勤劳，塞北人勇敢，塞北的真情暖人间，塞北的葡萄甜又香，酿出的好酒人称赞，东方美酒出沙城，五洲四海美名传，长城凝聚民族魂，长城雄风到永远。啊……啊……东方美酒出沙城，五洲四海美名传，长城凝聚民族魂，长城雄风到永远，长城雄风到永远，到永远。

（中国粮油食品有限公司、
中国长城葡萄酒有限公司）

《北钢之歌》

邢学谦词　高虹曲

大山是你的摇篮，志向高远气度非凡。钢铁是你的根基，坚强无比挺拔伟岸。（女）胆识撑起你的自信，（男）雄心调动你的果敢，（合）雄心调动你的果敢。为了北钢的辉煌，你踏着危机向前，为了北钢的辉煌，你迎着风雨向前。啊，我爱你，北钢，北钢，我爱你。北钢集团，向前，向前。

发展是你永恒的主题，与时俱进思危图变，创新是你生命的源泉，智慧无限创意无限。（女）诚信美丽你的生命，（男）合作映照你的肝胆，（合）合作映照你的肝胆。为了明天的辉煌，你追求卓越向前。为了明天的辉煌，你遍撒关爱向前。啊，我爱你，北钢，北钢，我爱你。北钢集团，向前，向前。

（辽宁省本溪市北台钢铁
（集团）有限责任公司）

《实华之歌》

邬大为、王　晶词　铁　源曲

我们靠勤奋白手起家，用血汗闯出崭新的天下；我们靠信誉占领市场，用质量建立光荣的实华。啊，同心同德同苦同甘，在团结求实中成长壮大，让共和国的旗帜上闪烁着我们的光华。

我们靠人才奋力开发，用智慧加快跨越的步伐，我们靠信誉占领市场，用理想描绘壮丽的图画。啊，共创共有共富共享，在奉献创新中催动骏马。让五大洲的土地，传颂着我们企业的神话。

（辽宁实华集团房地产开发有限公司）

《奋进的本溪电业》

——本溪电业局局歌

平顶山下太子河畔，记载着本电的光荣，创业传统改革雄心，激励着本电的振兴。条条银线传播我们的光热，巍巍铁塔树起拚搏的豪情。团结向上，艰苦创业，为了我们腾飞的山城，为了我们腾飞的山城。

平顶山下太子河畔，开拓着本电的锦程，科学管理安全运行，走向那本电的繁荣。踏遍青山奉献我们的青春，文明服务送上缕缕的春风。务实求新，优质供电，为了我们腾飞的山城，为了我们腾飞的山城。

（本溪电业局）

《道德自律歌》

本电职工个个要牢记，道德修养做人的根基，社会家庭工作岗位上，时时处处要从我做起。

第一社会公德要做到，助人为乐文明又礼貌，遵纪守法做个好公民，爱护公物环境营造好。

第二职业道德最重要，爱岗敬业工作才可靠，诚实守信办事讲公德，奉献社会为民立功劳。

第三家庭美德要记牢，尊老爱幼细心呵护到，勤俭持家是个好法宝，夫妻和睦邻里团结好。道德规范条条要记清，人民电业处处爱人民，优质服务传送光和热，山城人民拥护又欢迎。

（本溪电业局）

《维检之歌》

维检职工集体创作词　初　曙曲

钢铁的意志，火红的心，我们是设备维检大军，英雄的群体，奋发向上，十里钢城，我们拼搏的战场；焊花飞舞，映红了我们的脸庞，铁锤叮当，造就了我们的刚强，刚强。光荣的维检人，优质服务，誉满四方，我们是设备的华佗，为钢铁生产保驾护航，我们是设备的华佗，为钢铁生产保驾护航，铸就本钢辉煌。

过硬的技术，坚强的人，我们是设备守护神，文明的队伍斗志昂扬，沸腾的厂区，我们创业的地方，守信奉献，是我们无私的品格，高效创新，是我们成功的保障，保障，自豪的维检人，为钢铁生产插上翅膀，我们用智慧和力量，铸就本钢辉煌，我们用智慧和力量，铸就本钢辉煌。

（本钢设备维护检修中心）

《亿达创业歌》

抬起头，挺起胸，迈开大步向前走，肩挑重担，拼搏不休，亿达人人是英雄。

肩并肩，手挽手，团结一致向前走，同心同德，超越自我，亿达的事业同开拓。

山外山，楼外楼，英雄好汉争上游，豪情满怀，壮志在胸，创业路上不停留。

（亿达集团）

《让太阳之光永在》

孙承词　初曙曲

筑起情的高山，铺开爱的大海，我们用生命去把生命关怀。筑起情的高山，铺开爱的大海，我们用生命去把生命关怀。送走静静的黑夜，迎来希望的黎明。有我们就有患者的康泰。用真情去解除病痛，用爱心把欢乐灌溉。中心医院健康的卫士，中心医院健康的摇篮。让健康之路通达，让幸福之花盛开。让健康之路通达，让幸福之花盛开，太阳之光永在。

叠起旧的辉煌，瞩望新的光彩，我们用生命去把生命主宰。叠起旧的辉煌，瞩望新的光彩，我们用生命去把生命主宰。走过创业的艰辛，造就一代英才，从昨天我们走向未来。用精湛的技术服务，用热心把病人接待。中心医院山城的骄子，山城人民心中的医院。让生命之树长绿，让太阳之光永在。

（辽宁本溪市中心医院）

《白山明珠
——白山电厂之歌》

胡宏伟词　铁　源曲

松花江水天上来，碧波奔涌入胸怀；巍巍大坝挽紧臂膀，我们把光热奉献给时代。啊……深山创业，情满长白，丰碑高耸无言的爱。让世界充满活力，令生活灿烂光明，我们开创辉煌的未来。

松花江水手中来，化作神奇放异彩；推动祖国奔向理想，我们把春天留在塞外。啊……水电人生，点燃豪迈，白山明珠闪光的爱。让世界充满活力，令生活灿烂光明，我们开创辉煌的未来。发！

（东北电网有限公司白山发电厂）

《新力人之歌》

李志锋词　白世海曲

我们是新力人，一代拓荒者，艰苦奋斗创大业，靠着辛勤建电厂，彩笔绘宏图，厂房平地起，造福江城众百姓，奉献咱爱心。彩笔绘宏图，厂房平地起，造福江城众百姓，奉献咱爱心。

引进新理念，新厂新思想，奉献社会是根本，搞好经营报股东，利润为基础。文化是保障，众人拾柴火焰高，贡献咱力量。利润为基础。文化是保障，众人拾柴火焰高，贡献咱力量。

我们有志向，公司要做强，吉林企业站排头，一颗新星升江城，发展是目标，人本是关键，团结一心共奋斗，前程无限量。发展是目标，人本是关键，团结一心共奋斗，前程无限量，无限量。

（吉林新力热电公司）

《踏着铁人脚步走》

薛柱国词　刘巩祥曲

高举红旗战斗，踏着铁人脚步走。雄赳赳，气昂昂，泰山压顶不低头。为革命，献石油，胸怀祖国望全球。专为革命挑重担，我们是无产阶级硬骨头。

（大庆石油管理局）

《干打垒之歌》

王积福词　茅　地曲

飞起你的夯呀，抡起你的锤哟，架上木板打好桩啊，我把那泥土垒呀。干打垒呀干打垒，一座座土房是大庆的里程碑呀。记得当年入荒原哪，红旗引路战鼓擂呀，是干打垒呀干打垒，让千军万马扎下营哪。任刺骨寒风阵阵吹呀，干打垒，我们大庆人哪，一步一个脚印向前进哪。惊醒了沉睡的荒原，把古老的岩层钻个碎呀。石油奔流山河醉呀，洋油时代一去不复回呀。是干打垒呀干打垒。接过艰苦奋斗的传家宝哇，南泥湾精神展翅飞呀。我们大庆人哪，跟着革命前辈向前进哪，建设起震撼世界大油田，把敌人砸个碎呀。石油奔流山河醉呀，社会主义祖国多雄伟呀。

（大庆石油管理局）

《我们聚合生命之火》

胡宏伟词铁　源曲

炼塔昂首托起朝阳，管线挽津钢铁臂膀，沸腾的大庆热土，无限生机蒸蒸日上，我们炼出燃烧的爱。啊，为时代腾飞加油，推动祖国奔向富强，推动祖国奔向富强。来，来来，来，来来来，来来，来，来来　啊，大庆精神铁人榜样，召唤我们创新图强，绿色炼化金色未来，我们与时俱进，开创新的辉煌。

神奇白雪催化梦想，银丝编织绚丽春光，豪迈的炼化工人，铺展宏图激情奔放，我们聚合生命之火，实现伟大复兴，点燃中华灿烂希望，点燃中华灿烂希望。来，来来，来，来来　来，来来，来，来来　啊，大庆精神铁人榜样，召唤我们创新图强，绿色炼化金色未来，我们与时俱进，开创新的辉煌。

（中国石油大庆炼化公司）

《腾飞的希望》

侯永均词　吴国强曲

胶洲湾畔有颗明珠在闪亮，这就是我们的青岛发电厂。凝聚了几代人的汗水和智慧，沧海上矗立起腾飞的希望。团结拼搏，争创一流，求严务实，科技兴厂。大海是我们宽广的胸怀，双手托起明天的太阳。

胶洲湾畔有颗明珠在闪亮，这就是我们的青岛发电厂。机组轰鸣着时代的节奏，银线谱写着火红的乐章。燃烧自己，无私奉献，艰苦奋斗，敬业爱厂。炉火是我们炽热的情怀，双手托起明天的太阳。

（青岛发电厂）

《沧海桑田　真情不变》

——山东真情集团之歌

张铁民词　陈鸿林曲

春雨潇潇，春风翩翩，春天里成长起真情集团。开辟创业大道，迎接新的挑战，用真情美化世人的生活，让温馨充满幸福的家园。用真情温暖美好的人间，让生命焕发出靓丽的光焰。为了真品与真情同在，团结勤奋，求实争先，我们与世纪相约，沧海桑田，真情不变。

春雨潇潇，春风翩翩，春天里腾飞起真情集团。飞越五洲四海，飞遍塞北江南。用真情守护多彩的人生，让真善美装扮世界的明天。用真情滋润智慧和勇敢，谱写新世纪绚丽的诗篇。为了真品与真情同在，团结勤奋，求实争先，我们与世纪相约，沧海桑田，真情不变

（山东真情集团）

《华安魂

——华安集团之歌》

许远明词　王立明、冯宝昌、郭玉江曲

人是华安人，心是华安心，创我华安业，铸我华安魂。

人是华安人，心是华安心，创我华安业，铸我华安魂。

（黑龙江华安工业(集团)公司）

《东莞市人民医院院歌》

(《红楼之歌》)

集体作词　李鸿基曲

生命之树长绿，东江之水长流。啊古老红楼，普济莞邑百余秋，昔日借医传教，如今杏林泰斗。旧貌换新颜迎来发展新时代。啊！红楼，啊！红楼，同尽心同德美红楼，啊！红楼，啊！红楼，同尽心同德美红楼，同尽心同德美红楼！

病者情急急，医者父母心。啊医海茫茫，医学科学孜孜求，大家自强不息.个个仁爱博精。服务人性化，神圣职责记心头。啊！红楼，啊！红楼，同尽心同德美红楼，啊！红楼，啊！红楼，同尽心同德美红楼，同尽心同德美红楼！

（广东省东莞市人民医院）

《金城之歌》

周安华词　邹建华、苏文婷曲

浩浩长江，智慧汗水，精诚、金诚，我们的雄鹰翱翔蓝天。啊，应和着时代的挑战，精知信卓，以知识开道。我们心连心，我们肩并肩，奔向美好的明天。

巍巍钟山，虎踞龙蟠，执着，金诚，我们的铁骑滚滚向前。啊，回应着祖国的期盼，创意创新，以灵活制胜。我们心连心，我们肩并肩，谱写壮丽的诗篇。

（金城集团有限公司）

《吉林化纤公司之歌》

周信宜词　长影乐团曲

我们是光荣的化纤工人

我们是自豪的建设大军
美化生活造福人类
我们肩负着时代重任，机械纺丝
我们有勤劳的双手，描绘蓝图。
我们有必须的信心，
发扬艰苦奋斗的创业精神，
建设化纤，振兴化纤献身社会。
前进光荣的化纤工人！
前进自豪的建设大军！
开拓求实争创一流。
团结一心，大步前进。
团结一心大步前进。前进！

（吉林化纤公司）

《吉林 5704 厂歌》

王 巍词 杨学正曲

我爱这北国的江城，我爱这航修的摇篮，几十年风风雨雨，几代人，几代人，几代人，无私奉献，无私奉献。我们送银燕重上蓝天，朝霞北斗与我们相伴，我们把祖国放在心上，万里领空与我们相连，让我们手挽手，肩并肩，让我们手挽手，肩并肩，共创航修事业美好的明天。

我爱这北国的江城，我爱这航修的摇篮，前进中艰苦创业，竞争中，竞争中，竞争中，寻求发展，寻求发展。汗水和拼搏送走岁月，上下一心迎接挑战，我们与企业甘苦与共，工厂兴旺是我们心愿。让我们手挽手，肩并肩，让我们手挽手，肩并肩，共创航修事业美好的明天。

（中国航空工业第一集团公司第 5704 厂）

《丰满之光》

胡宏伟词 铁源曲

（女齐）一江绿水，两岸青山，巍巍大坝挽起波澜，我们让激流化作光热，照亮生活温暖人间。

（男齐）铁塔高耸，水轮飞旋，东电枢纽编织诺言，我们为祖国输送动力，推进理想点燃灿烂。

（丰满发电厂）

后　　记

《中国企业文化年鉴》创刊号的出版，凝聚了众多人的努力和心血。

编辑、出版中国第一部全国性企业文化年鉴的创意，得到了中国企业文化的先驱者——数位德高望重的老领导的肯定和支持。

在年鉴资料的收集过程中，得到了有关专家、学者，各省市、各行业、众多企事业单位、企业文化社团组织，尤其是国资委宣传工作局、《世界经济文化年鉴》编委会、中央电视台 CCTV—2《中国财经报道》栏目和《企业文化》、《企业文明》、《中外企业文化》、《企业文化通讯》等杂志的大力支持和帮助。

在年鉴的编辑过程中，得到了中国石油天然气集团公司、首钢总公司、北京燕山石化公司、石家庄电业局、日照电力公司、中国空间技术研究院、黄台火力发电厂、潍坊四棉纺织有限公司、十三陵蓄能电厂、山东真情集团、北京东方广信经济研究中心等单位的大力支持和帮助。

在《中国企业文化年鉴》创刊号出版之际，对所有给予支持和帮助的单位和个人一并表示深深的敬意和诚挚的谢意！

由于时间仓促，部分作者未能取得联系，请见本年鉴后，及时与编辑部联系。

《中国企业文化年鉴》第二部已经开始征集稿件，希望广大读者积极踊跃投稿。

联系方式：010.6513.9996　　qywh-china@163.com

《中国企业文化年鉴》编辑部

2004 年 10 月 8 日